PHILIPPIKA
Altertumswissenschaftliche Abhandlungen
Contributions to the Study
of Ancient World Cultures

Herausgegeben von / Edited by
Joachim Hengstl, Elizabeth Irwin,
Andrea Jördens, Torsten Mattern,
Robert Rollinger, Kai Ruffing, Orell Witthuhn

177

2024
Harrassowitz Verlag · Wiesbaden

Caput studiorum

Festschrift für Rudolf Haensch zu seinem 65. Geburtstag

Herausgegeben von Simone Killen,
Sandra Scheuble-Reiter und Stefanie Schmidt

2024

Harrassowitz Verlag · Wiesbaden

Bis Band 60: Philippika. Marburger altertumskundliche Abhandlungen.

Foto Seite V: D-DAI-MAD-DG-30-2022-10 (Ricardo Balbin).
CC BY-NC-ND.

Bibliografische Information der Deutschen Nationalbibliothek
Die Deutsche Nationalbibliothek verzeichnet diese Publikation in der Deutschen Nationalbibliografie; detaillierte bibliografische Daten sind im Internet über https://dnb.de/ abrufbar.

Bibliographic information published by the Deutsche Nationalbibliothek
The Deutsche Nationalbibliothek lists this publication in the Deutsche Nationalbibliografie; detailed bibliographic data are available in the internet at https://dnb.de/.

For further information about our publishing program consult our website https://www.harrassowitz-verlag.de/

Printed on permanent/durable paper.
Printing and binding: Hubert & Co., Göttingen
Printed in Germany

ISSN 1613-5628 eISSN 2701-8091
ISBN 978-3-447-12129-3 eISBN 978-3-447-39483-3

THE EARLY CHRISTIAN WORLD

Inhalt

Editionen & Textrezeption

Militär

Prosopographie

Recht & Verfassung

Religion & Kirche

Wirtschaft

Praefatio

Caput studiorum – Für jeden, der mit Rudolf Haensch und seinem wissenschaftlichen Oeuvre vertraut ist, ist die Anspielung auf seine dreifach ausgezeichnete, vielfach rezensierte und noch häufiger rezipierte Dissertation ‚Capita provinciarum. Statthaltersitze und Provinzialverwaltung in der römischen Kaiserzeit' offenkundig. Wir wählten diesen Titel für die Festschrift, weil er eine Ehrung beinhaltet und zugleich zum Ausdruck bringt, welche Verdienste der Jubilar für seine zahlreichen Forschungsgebiete erbracht hat, die sich von der römischen Herrschaft und Verwaltung sowie ihrer materiellen Evidenz, d.h. neben den Provinzhauptstädten insbesondere dem römischen Heer und der Provinz Aegyptus, über antike Religionen und das Judentum bis hin zum spätantiken Christentum, vor allem dem Klerus und dem Kirchenbau, erstrecken. Seine zahl- und umfangreichen Publikationen, die aus seiner unermüdlichen Schaffenskraft heraus entstanden sind, können als Meilensteine in der Erforschung der römischen und spätantiken Geschichte gelten, an denen sich ohne Zweifel noch viele zukünftige Generationen von Forscherinnen und Forschern orientieren werden. Darüber hinaus kann der Jubilar als eine Art Universalgelehrter gelten, dessen Wissen weit über seine eigenen Forschungsgebiete hinausreicht – es dürfte kaum eine antike Quelle und kaum einen Aspekt geben, zu dem er nichts beitragen kann.

Seine Expertise teilt Rudolf Haensch bereitwillig mit Kolleginnen und Kollegen sowie mit dem wissenschaftlichen Nachwuchs, dessen Förderung ihm sehr am Herzen liegt. Diese Kollegialität ist auf das Engste verbunden mit seiner außerordentlichen Hilfsbereitschaft: Mit seinem profunden Wissen steht er jederzeit mit Rat und Tat zur Verfügung, ungeachtet dessen, ob er auf dem Papier als jemandes Betreuer ausgewiesen ist oder nicht. Insofern hat der Jubilar nicht nur die Altertumswissenschaften als solche nachhaltig geprägt, sondern auch den persönlichen Weg vieler seiner Kolleginnen und Kollegen – vor allem den unseren. Wir, die Herausgeberinnen, haben Rudolf Haensch als engagierten und gerechten Mentor kennengelernt, der sich den individuellen Fragen und Problemen seiner Schülerinnen und Schüler intensiv widmet. Er unterstützt den wissenschaftlichen Nachwuchs nicht nur durch die Teilhabe an seinem umfassenden Wissen, sondern setzt Impulse, das eigene Potential zu entfalten und nach dem bestmöglichen Forschungsergebnis zu streben. Denn den hohen Anspruch, den Rudolf Haensch an sich selbst und seine wissenschaftlichen Arbeiten stellt, fordert er auch von anderen. So sprachen handschriftlich verfasste, oftmals schwer entzifferbare Kommentare auf unseren Manuskripten nicht nur zwischen den Zeilen, dass ihm der Text in seiner jetzigen Form „ganz und gar nicht gefalle", was nolens volens eine erneute intensive Beschäftigung unsererseits mit der bereits abgeschlossen geglaubten Materie nach sich zog. Diejenigen, die das Glück haben, mit Rudolf Haensch arbeiten zu dürfen, schätzen seinen kritischen Geist, der vermeintlich naheliegende Lösungen konsequent und ohne Umschweife hinterfragt.

Wohlbekannt dürfte allen die „eine Frage“ sein, die er gemeinhin am Ende von Diskussionsrunden noch hat und welche nicht selten die eigentliche Problemstellung des zuvor Gehörten vor Augen führt.

Das breite thematische Forschungsspektrum des Jubilars spiegelt nicht nur das umfangreiche Schriftenverzeichnis zu Beginn dieses Bandes wider, sondern auch die in dieser Festschrift vereinten Beiträge, die ihren Anfang gleichsam zur Unzeit inmitten der Corona-Pandemie nahm. Trotz breiten Zuspruchs zu diesem Projekt und anfänglicher Bereitschaft, Rudolf Haensch mit einem Beitrag zu ehren, sahen sich viele seiner Weggefährtinnen und Weggefährten bedauerlicherweise außer Stande, aktiv an dieser Festschrift mitzuwirken. Die Gründe hierfür reichten von einer plötzlichen Corona-Erkrankung über geschlossene Bibliotheken bis hin zu übermäßiger Arbeitsbelastung aufgrund der anhaltenden Ausnahmesituation. Dass diese Festschrift nun all diesen Widrigkeiten zum Trotz 41 Beiträge umfasst, freut uns als Herausgeberinnen umso mehr und verpflichtet uns allen Autorinnen und Autoren zu großem Dank. All diejenigen, die aus verschiedenen Gründen nicht die Möglichkeit hatten, einen Beitrag zu verfassen, bringen dem Jubilar ihre Glückwünsche in der Tabula gratulatoria dar. Wir haben uns nach besten Kräften bemüht, alle engen Wegbegleiterinnen und Wegbegleiter des Jubilars in dieses Projekt einzubeziehen. Dies hat uns erneut vor Augen geführt, wie weit vernetzt und hoch geschätzt Rudolf Haensch in der altertumswissenschaftlichen Community ist! In der Hoffnung, sie alle ausfindig gemacht zu haben, bitten wir um Entschuldigung, falls uns dies nicht in jedem Einzelfall gelungen sein sollte.

Des Weiteren sind wir den Herausgeberinnen und Herausgebern der Reihe *Philippika – Altertumswissenschaftliche Abhandlungen* sehr dankbar, die sich der Idee einer Festschrift anlässlich Rudolf Haenschs 65. Geburtstag wohlwollend angenommen haben. Besonderer Dank gebührt Herrn Stephan Specht, dem Leiter des Harrassowitz Verlags, der die Entstehung des Projektes von den ersten rudimentären Anfängen bis zum Ende mit großem Einsatz und Engagement begleitet hat. Ebenso danken wir Frau Ulrike Melzow vom Harrassowitz Verlag für ihre sorgfältige Arbeit beim Satz und ihre stete Unterstützung. Schließlich sind wir Frau Louisa Bergt für die Erstellung der Indices zu großem Dank verpflichtet.

Mit der Herausgabe dieser Festschrift möchten wir unsere tiefe Verbundenheit mit und vor allem Dankbarkeit gegenüber dem Jubilar ausdrücken und Dir, lieber Rudolf, ganz herzlich zum 65. Geburtstag gratulieren. Wir hoffen, die Lektüre bereitet Dir viel Freude!

September 2023
Simone Killen, Sandra Scheuble-Reiter & Stefanie Schmidt

Tabula gratulatoria

Juan Manuel Abascal Palazón (Alicante)
José-Luis Alonso (Zürich)
Felix Arnold (Madrid)
Filippo Battistoni (Pisa)
Stéphane Benoist (Lille)
François Bérard (Paris)
Franziska Beutler (Wien)
Bruno Bleckmann (Düsseldorf)
Sophia Bönisch-Meyer (München)
Alan Bowman (Oxford)
Cédric Brélaz (Fribourg)
Adam Bülow-Jacobsen (Paris)
Alfons Bürge (München)
Antonio F. Caballos Rufino (Sevilla)
Angelos Chaniotis (Princeton)
Marcus Coorssen (München)
Ségolène Demougin (Paris)
Karlheinz Dietz (Würzburg)
Charles Doyen (Louvain-la-Neuve)
Werner Eck (Köln)
Ulrike Ehmig (Berlin)
Armin Eich (Wuppertal)
R. Malcolm Errington (Berlin)
Denis Feissel (Paris)
Harriet Flower (Princeton)
Katharina-Luise Förg (Augsburg)
Jean-Luc Fournet (Paris)
Alexander Free (München)
Pierre Fröhlich (Bourdeaux)
Peter Funke (Münster)
Jean Gascou (Paris)
Hans-Joachim Gehrke (Freiburg)
Marius Gerhardt (Berlin)
Helena Gimeno Pascual (Alcalá)
Michael Hahn (München)
Kaja Harter-Uibopuu (Hamburg)
Dieter Hennig (München)
Christine Hoët-van Cauwenberghe (Lille)
Marietta Horster (Mainz)
Frédéric Hurlet (Paris)
Martin Jehne (Dresden)
Benjamin Kelly (York)
Anne Kolb (Zürich)
Jens-Uwe Krause (München)
Claudia Kreuzsaler (Wien)
Thomas Kruse (Wien)
Hartmut Leppin (Frankfurt)
Lennart Lundgreen (München)
Michael Mackensen (München)
Marc Mayer i Olivé (Barcelona)
Stephen Mitchell (Oxford/Berlin)
Isabelle Mossong (München)
Silvia Orlandi (Rom)
Karen Radner (München)
Marie-Thérèse Raepsaet-Charlier (Brüssel)
Dominic Rathbone (London)
Stefan Rebenich (Bern)
Christian Reitzenstein-Ronning (München)
Marcus Reuter (Trier)
Peter Riedlberger (Bamberg)
Cornelia Römer (Kairo)
Charlotte Roueché (London)
Philipp von Rummel (Berlin)
Patrick Sänger (Münster)
Thomas Schattner (Lissabon)
John Scheid (Paris)
Manfred Schmidt (Berlin)
Winfried Schmitz (Bonn)
Christof Schuler (München)
Wolfgang Spickermann (Graz)
Matthias Stern (München)

Silvia Strassi (Padova)
Karl Strobel (Klagenfurt)
Jakub Urbanik (Warschau)
Daniela Urbanova (Brno)
Andreas Victor Walser (Zürich)
Hans-Ulrich Wiemer (Erlangen)
Johannes Wienand (Braunschweig)
Josef Wiesehöfer (Kiel)
Christian Witschel (Heidelberg)
Katharina Wojciech (Würzburg)
Reinhard Wolters (Wien)
Uri Yiftach-Firanko (Tel Aviv)
Werner Zanier (München)
Institut du monde antique et byzantin, Université de Fribourg

Schriftenverzeichnis Rudolf Haensch (bis einschliesslich 2022)

Monographien

1. *Capita provinciarum*. Statthaltersitze und Provinzialverwaltung in der römischen Kaiserzeit (Kölner Forschungen 7), Mainz 1997.
2. „... *für die Errettung derer, die beitrugen und beitragen*". Sozialgeschichtliche Untersuchungen zur Finanzierung des Kirchenbaus in den spätantiken Patriarchaten Antiocheia und Jerusalem (Habilitationsschrift Köln 2001).
3. mit U. Ehmig, Die Lateinischen Inschriften aus Albanien (LIA), Bonn 2012.

Herausgeberschaft

4. mit J. Heinrichs, Herrschen und Verwalten. Der Alltag der römischen Administration in der Hohen Kaiserzeit. Akten eines internationalen Kolloquiums in Köln im Januar 2005 (Kölner Historische Abhandlungen 46), Köln 2007.
5. Selbstdarstellung und Kommunikation. Die Veröffentlichung staatlicher Urkunden auf Stein und Bronze in der Römischen Welt. Internationales Kolloquium an der Kommission für Alte Geschichte und Epigraphik in München, 1. bis 3. Juli 2006 (Vestigia 61), München 2009.
6. mit F. Arnold – A. Busch – U. Wulf-Rheidt, Orte der Herrschaft. Charakteristika von antiken Machtzentren (Menschen – Kulturen – Traditionen 3), Rahden/Westfalen 2012.
7. mit O. Dally – F. Fless – F. Pirson – S. Sievers, Politische Räume in vormodernen Gesellschaften. Gestaltung – Wahrnehmung – Funktion. Internationale Tagung des DAI und des DFG-Exzellenzclusters TOPOI vom 18.–22. November 2009 in Berlin (Menschen – Kulturen – Traditionen 6), Rahden/Westfalen 2013.
8. mit U. Wulf-Rheidt, Dialoge über politische Räume in vormodernen Kulturen. Perspektiven und Ergebnisse der Arbeit des Forschungsclusters 3 und Beiträge seiner Abschlusstagung vom 20.–22. Juni 2012 in München (Menschen – Kulturen – Traditionen 13), Rahden/Westfalen 2013.
9. Recht haben und Recht bekommen im Imperium Romanum. Das Gerichtswesen der Römischen Kaiserzeit und seine dokumentarische Evidenz. Ausgewählte Beiträge einer Serie von drei Konferenzen an der Villa Vigoni in den Jahren 2010 bis 2012 (JJP Suppl. 24), Warschau 2016.

10. mit Ph. von Rummel, Himmelwärts und erdverbunden? Religiöse und wirtschaftliche Aspekte spätantiker Lebensrealität (Menschen – Kulturen – Traditionen 16), Rahden/Westfalen 2021.

Aufsätze

11. Das Statthalterarchiv, ZRG 109, 1992, 209–317.
12. Ein Procurator der Provinz Arabia und die angeblichen Beinamen Aurelia Antoniniana von Gerasa, ZPE 95, 1993, 163–179.
13. Das römische Köln als „Hauptstadt" der Provinz Germania inferior, Geschichte in Köln 33, 1993, 5–40.
14. Die Bearbeitungsweisen von Petitionen in der Provinz Aegyptus, ZPE 100, 1994, 487–546.
15. Eine Ehreninschrift für C. Fulvius Plautianus: MAMA X 467, ZPE 101, 1994, 233–238.
16. *A commentariis* und *commentariensis*: Geschichte und Aufgaben eines Amtes im Spiegel seiner Titulaturen, in: Le Bohec, Y. (Hg.), La hiérarchie (Rangordnung) de l'armée romaine sous le Haut-Empire. Actes du Congrès de Lyon (15–18 septembre 1994), Paris 1995, 267–284.
17. Die Verwendung von Siegeln bei Dokumenten der kaiserzeitlichen Reichsadministration, in: Boussac, M.-F. – Invernizzi, A. (Hg.), Archives et sceaux du monde hellénistique, Torino, Villa Gualino 13.–16. Gennaio 1993 (BCH Suppl. 29), Athen 1996 (1997), 449–496.
18. Zur Konventsordnung in Aegyptus und den übrigen Provinzen des römischen Reiches, in: Kramer, B., et al. (Hg.), Akten des 21. Internationalen Papyrologenkongresses, Berlin, 13.–19.8.1995, Bd. 1 (APF Beih. 3,1), Stuttgart – Leipzig 1997, 320–391.
19. Die frühesten Inschriften für Matronen am Rhein. Zur Datierung zweier Zeugnisse der *legio VI Victrix*, KJ 31, 1998 (2000), 43–48.
20. Statthalterinschriften, ZPE 122, 1998, 286–292.
21. Heraclea ad Salbacum, die heiligen Dörfer der Artemis Sbryallis und der Kaiser, in: Eck, W. (Hg.), Lokale Autonomie und römische Ordnungsmacht in den kaiserzeitlichen Provinzen vom 1. bis 3. Jahrhundert (Schriften des Historischen Kollegs/Kolloquien 42), München 1999, 115–139.
22. Die älteste Datierung nach *consules* auf einem lateinischen Papyrus aus Ägypten, ZPE 128, 1999, 212.
23. Die Colonia Claudia Ara Agrippinensium – ein typischer Statthaltersitz?, KJ 32, 1999 (2001), 641–655.
24. Senatoren und Ritter in Inschriften aus Augusta Raurica, in: Schwarz, P.-A. – Berger, L. (Hg.), Tituli Rauracenses, Bd. 1: Testimonien und Aufsätze. Zu den Namen und ausgewählten Inschriften von Augst und Kaiseraugst (Forschungen in Augst 29), Augst 2000, 119–127.

25. Le rôle des officiales de l'administration provinciale dans le processus de décision, CCG 11, 2000 (2001), 259–276.
26. Inschriften und Bevölkerungsgeschichte Niedergermaniens. Zu den Soldaten der *legiones I Minervia* und *XXX Ulpia Victrix*, KJ 34, 2001 (2003), 89–134.
27. *Veteranus ex beneficiario consularis, equestris militiae petitor*. Mögliche Gründe für einen außergewöhnlichen Aufstieg, KJ 34, 2001 (2003), 135–139.
28. *Milites legionis* im Umfeld ihrer Provinz. Zur Rekrutierungspraxis, sozialen Position und zur ‚Romanisierung' der Soldaten der niedergermanischen Legionen im 2. und 3. Jahrhundert, in: de Blois, L. (Hg.), Administration, Prosopography and Appointment Policies in the Roman Empire. Proceedings of the First Workshop of the International Network Impact of Empire (Roman Empire, 27 B.C.–A.D. 406), Leiden, June 28 – July 1, 2000 (Impact of Empire 1), Amsterdam 2001, 84–109.
29. Zum Verständnis von P.Jericho 16 gr., SCI 20, 2001, 155–167.
30. mit N. Hanel, Von Panopolis nach Argentorate und zurück. Zur Frage der Stempelstöcke für römische Militärziegel, CE 76, 2001, 258–265.
31. mit D. Goren – P. Porat, Epigraphical Discoveries from Scythopolis, ZPE 140, 2002, 123–126.
32. Amtslokal und Staatlichkeit in den griechischen Poleis, Hermes 131, 2003, 172–195.
33. DNP 12.2, 2003, 898–900, s.v. Arabia. Römische Provinz.
34. Mogontiacum als ‚Hauptstadt' der Provinz Germania superior, in: Klein, M. J. (Hg.), Die Römer und ihr Erbe. Fortschritt durch Innovation und Integration. Landesmuseum Mainz, 2. Februar – 25. Mai 2003, Mainz 2003, 71–86.
35. Römische Amtsinhaber als Vorbild für die Bischöfe des vierten Jahrhunderts? in: de Blois, L., et al. (Hg.), The Representation and Perception of Roman Imperial Power. Proceedings of the Third Workshop of the International Network Impact of Empire (Roman Empire, c. 200 B.C.–A.D. 476), Rome, March 20–23, 2002 (Impact of Empire 3), Amsterdam 2003, 117–135.
36. La christianisation de l'armée romaine, in: Le Bohec, Y. – Wolff, C. (Hg.), L'armée romaine de Dioclétien à Valentinien Ier. Actes du Congrès de Lyon, 12–14 septembre 2002 (Collection du Centre d'études romaines et gallo-romaines n.s. 26), Lyon 2004, 525–531.
37. Die römische Provinzverwaltung, in: Erlemann, K., et al. (Hg.), Neues Testament und Antike Kultur, Bd. I: Prolegomena – Quellen – Geschichte, Neukirchen-Vluyn 2004, 149–157.
38. Das römische Heer und die Heere der Klientelkönige, in: Erlemann, K., et al. (Hg.), Neues Testament und Antike Kultur, Bd. I: Prolegomena – Quellen – Geschichte, Neukirchen-Vluyn 2004, 158–165.
39. Les capitales des provinces germaniques et de la Rhétie: De vieilles questions et de nouvelles perspectives, in: Ruiz de Arbulo, J. (Hg.), Simulacra Romae. Roma y las capitales provinciales del Occidente Europeo. Estudios Arqueológicos, Reunión celebrada en Tarragona, los días 12, 13 y 14 de deciembre del 2002, Tarragona 2004, 307–325.

40. mit J. Zangenberg, Antiochia, in: Scherberich, K. (Hg.), Neues Testament und Antike Kultur, Bd. II: Familie – Gesellschaft – Wirtschaft, Neukirchen-Vluyn 2005, 133–135.
41. Rom und Chersonesus Taurica. Die Beziehungen beider Staaten im Lichte der Ehrung des T. Aurelius Calpurnianus Apollonides, in: Cojocaru, V. (Hg.), Ethnic Contacts and Cultural Exchanges North and West of the Black Sea. From the Greek Colonization to the Ottoman Conquest, Iaşi 2005, 255–268.
42. mit P. Weiß, Gewichte mit Nennung von Statthaltern von Pontus et Bithynia, Chiron 35, 2005, 443–498.
43. L. Egnatius Victor Lollianus: la rhétorique, la religion et le pouvoir, in: Vigourt, A., et al. (Hg.), Pouvoir et religion dans le monde romain, en hommage à Jean-Pierre Martin, Paris 2006, 289–302.
44. La gestion financière d'une province romaine: les procurateurs entre résidences fixes et voyages d'inspection, in: Capdetrey, L. – Nelis-Clément, J. (Hg.), La circulation de l'information dans les états antiques (Ausonius éditions 14), Bordeaux 2006, 161–176.
45. Provinzhauptstädte als ‚religiöse Zentren'? Die Situation in Kaiserzeit und Spätantike, in: Cancik, H., et al. (Hg.), Zentralität und Religion. Zur Formierung urbaner Zentren im Imperium Romanum (Studien und Texte zu Antike und Christentum 39), Tübingen 2006, 125–144.
46. Das öffentliche Siegel der griechischen Staaten – zwischen Kontrollmittel und Staatssymbol, in: Rupprecht, H.-A. (Hg.), Symposium 2003. Vorträge zur griechischen und hellenistischen Rechtsgeschichte, Rauischholzhausen 30. September – 3. Oktober 2003 (Akten der Gesellschaft für Griechische und Hellenistische Rechtsgeschichte 17), Wien 2006, 255–279.
47. Religion und Kulte im juristischen Schrifttum und in rechtsverbindlichen Verlautbarungen der Hohen Kaiserzeit, in: Elm von der Osten, D., et al. (Hg.), Texte als Medium und Reflexion von Religion im römischen Reich (Potsdamer altertumswissenschaftliche Beiträge 14), Stuttgart 2006, 233–247.
48. Pagane Priester des römischen Heeres im 3. Jahrhundert nach Christus, in: de Blois, L., et al. (Hg.), The Impact of Imperial Rome on Religions, Ritual and Religious Life in the Roman Empire. Proceedings of the Fifth Workshop of the International Network Impact of Empire (Roman Empire, 200 B.C.–A.D. 476), Münster, June 30–July 4, 2004 (Impact of Empire 5), Leiden – Boston 2006, 208–218.
49. Von den *Augusti liberti* zu den *Caesariani*, in: Kolb, A. (Hg.), Herrschaftsstrukturen und Herrschaftspraxis. Konzepte, Prinzipien und Strategien der Administration im römischen Kaiserreich. Akten der Tagung an der Universität Zürich, 18.–20.10.2004, Berlin 2006, 153–164.
50. Le financement de la construction des églises pendant l'Antiquité tardive et l'évergétisme antique, AntTard 14, 2006, 47–58.
51. Provinzhauptstädte im Imperium Romanum, in: Ronning, C. (Hg.), Einblicke in die Antike. Orte – Praktiken – Strukturen (Münchner Kontaktstudium Geschichte 9), München 2006, 131–156.

52. Die deplazierte Königin. Zur Inschrift AE 1928, 82 aus Berytus, Chiron 36, 2006, 141–149.
53. Apokrimata und Authentica. Dokumente römischer Herrschaft in der Sicht der Untertanen, in: Haensch, R. – Heinrichs, J. (Hg.), Herrschen und Verwalten. Der Alltag der römischen Administration in der Hohen Kaiserzeit. Akten eines internationalen Kolloquiums in Köln im Januar 2005 (Kölner Historische Abhandlungen 46), Köln 2007, 213–233.
54. Inscriptions as Sources of Knowledge for Religions and Cults in the Roman World of Imperial Times, in: Rüpke, J. (Hg.), A Companion to Roman Religion, Malden u.a. 2007, 176–187.
55. Der Bezug zwischen Inschriften und architektonischem Kontext im Falle der Kirchen der östlichen Reichshälfte, in: Mayer i Olivé, M., et al. (Hg.), XII Congressus Internationalis Epigraphiae Graecae et Latinae, Barcelona, 3–8 Septembris 2002 (Monografies de la Secció Històrico-Arqueològica 10), Barcelona 2007, 695–706.
56. Types of Provincial Capitals, in: Santos Yanguas, J. – Torregaray Pagola, E. (Hg.), *Lavdes provinciarvm*: Retórica y politíca en la representación del Imperio Romano (Veleia. Anejo, Serie Acta 7, Revisiones de Historia Antigua 5), Vitoria-Gasteiz 2007, 265–276.
57. „Dans tout le prétoire ...“. Le personnel du préfet d'Égypte sous le Haut-Empire, CCG 18, 2007, 93–100.
58. *Damnatio* et *recordatio nominis* dans les inscriptions des églises de l'Antiquité tardive, in: Benoist, S. – Daguet-Gagey, A. (Hg.), Mémoire et histoire. Les procédures de condamnation dans l'Antiquité romaine (Publications du Centre Régional Universitaire Lorrain d'Histoire, Site de Metz 31), Metz 2007, 215–222.
59. mit W. Eck, Die römische Armee im Osten zwischen Staatskult und lokalen religiösen Kulturen, in: Rüpke, J. (Hg.), Antike Religionsgeschichte in räumlicher Perspektive, Tübingen 2007, 81–88.
60. mit P. Weiß, ‚Statthaltergewichte' aus Pontus et Bithynia. Neue Exemplare und neue Erkenntnisse, Chiron 37, 2007, 183–218.
61. Die Rolle der Bischöfe im 4. Jahrhundert: Neue Anforderungen und neue Antworten, Chiron 37, 2007, 153–181.
62. Die Provinz Aegyptus: Kontinuitäten und Brüche zum ptolemäischen Ägypten. Das Beispiel des administrativen Personals, in: Piso, I. (Hg.), Die römischen Provinzen. Begriff und Gründung, Colloquium Cluj-Napoca, 28. September – 1. Oktober 2006, Cluj-Napoca 2008, 81–105.
63. Des empereurs et des gouverneurs débordés. A propos des lettres d'Hadrien aux technites Dionysiaques récemment publiées, CCG 19, 2008 (2010), 177–186.
64. Typisch römisch? Die Gerichtsprotokolle der in Aegyptus und den übrigen östlichen Provinzen tätigen Vertreter Roms, in: Börm, H., et al. (Hg.), Monumentum et instrumentum inscriptum. Beschriftete Objekte aus Kaiserzeit und Spätantike als historische Zeugnisse. Festschrift für Peter Weiß zum 65. Geburtstag, Stuttgart 2008, 117–125.

65. mit F. Dönmez-Öztürk – H. S. Öztürk – P. Weiß, Aus dem Pera Museum (Istanbul): Weitere Gewichte mit Nennung von Statthaltern von Pontus et Bithynia, Chiron 38, 2008, 243–259.
66. mit F. Dönmez-Öztürk – H. S. Öztürk – P. Weiß, Aus dem Halûk Perk Museum (Istanbul): Ein weiteres Gewicht mit Nennung eines Statthalters von Pontus et Bithynia, Chiron 38, 2008, 261–265.
67. L'entrée par la mer dans l'antiquité, in: Bérenger, A. – Perrin-Saminadayar, E. (Hg.), Les entrées royales et impériales. Histoire, representation et diffusion d'une cérémonie publique, de l'Orient ancient à Byzance, Paris 2009, 91–99.
68. Die Städte des griechischen Ostens, in: Haensch, R. (Hg.), Selbstdarstellung und Kommunikation. Die Veröffentlichung staatlicher Urkunden auf Stein und Bronze in der Römischen Welt. Internationales Kolloquium an der Kommission für Alte Geschichte und Epigraphik in München, 1. bis 3. Juli 2006 (Vestigia 61), München 2009, 173–187.
69. mit G. Souris, RECAM III 112 (SEG 48, 583): Abuse of Power by Members of the Roman Administration and the Imperial Reaction, in: Haensch, R. (Hg.), Selbstdarstellung und Kommunikation. Die Veröffentlichung staatlicher Urkunden auf Stein und Bronze in der Römischen Welt. Internationales Kolloquium an der Kommission für Alte Geschichte und Epigraphik in München, 1. bis 3. Juli 2006 (Vestigia 61), München 2009, 349–365.
70. Not Official, but Permanent: Roman Presence in Allied States. The Examples of Chersonesus Taurica, the Bosporan Kingdom and Sumatar Harabesi, in: Eilers, C. (Hg.), Diplomats and Diplomacy in the Roman World. Results of a Conference held in Hamilton 2004 (Mnemosyne 304), Leiden 2009, 209–229.
71. Une nouvelle inscription d'Hippos (Sussita) et les monuments votifs des *cornicularii*, in: Wolff, C. – Le Bohec, Y. (Hg.), L'armée romaine et la religion sous le Haut-Empire romain. Actes du quatrième congrès de Lyon organisé les 26–28 octobre 2006 (Collection du Centre d'études et de recherches sur l'Occident romain n.s. 33), Paris 2009, 13–22.
72. Les capitales des provinces germaniques et de la Rhétie: de vieilles questions et de nouvelles perspectives, in: Hurlet, F. (Hg.), Rome et l'Occident (IIe siècle av. J.-C.–IIe siècle ap. J.-C.). Gouverner l'Empire, Rennes 2009, 421–447.
73. Kontrolle und Verantwortlichkeit von *officiales* in Prinzipat und Spätantike, in: Eich, A. (Hg.), Die Verwaltung der kaiserzeitlichen römischen Armee. Studien für Hartmut Wolff (Historia Einzelschriften 211), Stuttgart 2010, 177–186.
74. Tod in der Provinz: Grabmonumente für die beim Dienst außerhalb Italiens verstorbenen hohen Vertreter Roms, in: Rüpke, J. – Scheid, J. (Hg.), Bestattungsrituale und Totenkult in der römischen Kaiserzeit. Rites funéraires et culte des morts aux temps impériales, Stuttgart 2010, 35–55.
75. The Roman Provincial Administration, in: Heszer, C. (Hg.), The Oxford Handbook of Jewish Daily Life in Roman Palestine, Oxford 2010, 71–84.
76. Der *exercitus Aegyptiacus* – ein provinzialer Heeresverband wie andere auch? in: Lembke, K., et al. (Hg.), Tradition and Transformation: Egypt under Roman Rule.

Proceedings of the International Conference, Hildesheim, Roemer- and Pelizaeus-Museum, 3–6 July 2008 (Culture and History of the Ancient Near East 41), Leiden – Boston 2010, 111–132.

77. Quelques observations générales concernant la correspondance conservée des préfets d'Égypte, in: Desmuilliezet, J. (Hg.), L'étude des correspondances dans le monde romain de l'Antiquité classique à l'Antiquité tardive: permanences et mutations. Actes du XXXe colloque international de Lille, 20–22 novembre 2008, Lille 2010, 95–113.
78. Archäologie und Epigraphik, reichsweite Verbreitung und lokale Praktiken, KJ 43, 2010, 289–295.
79. mit R. Jouejati, Les inscriptions d'une église extraordinaire à Tell Aar dans la *Syria II*, Chiron 40, 2010, 187–207.
80. Databanks of Greek and Latin Inscriptions: Some Experiences, in: Akten des Workshops ‚Aswan tombstones' des DAI Kairo (13.–15.2.2010) (bei academia.edu).
81. L'attitude des gouverneurs envers leurs provinces, in: Caballos Rufino, A. – Beltrán Lloris, F. (Hg.), Roma generadora de identidades. La experiencia hispana (Collection de la Casa de Velázquez 123), Madrid 2011, 97–106.
82. Christlicher Euergetismus *ob honorem*? Die Einsetzung von Klerikern in ihre Ämter und die von diesen vorangetriebenen Bauprojekte, in: Leemans, J., et al. (Hg.), Episcopal Elections in Late Antiquity (Arbeiten zur Kirchengeschichte 119), Berlin – Boston 2011, 167–181.
83. Zu der neugefundenen Monumentalinschrift aus Gheriat el-Garbia, in: Mackensen, M., et al., Das severische Vexillationskastell Myd(---) und die spätantike Besiedlung in Gheriat el-Garbia (Libyen). Bericht über die Kampagne im Frühjahr 2010, MDAI(R) 117, 2011, 336–343.
84. mit M. Mackensen, Das tripolitanische Kastell Gheriat el-Garbia im Licht einer neuen spätantiken Inschrift: Am Tag, als der Regen kam, Chiron 41, 2011, 263–286.
85. *Omnibus pariter corruptis*. Korruption und Amtsmissbrauch in den Stäben der kaiserzeitlichen römischen Provinzverwaltung, in: Reuter, M. – Schiavone, R. (Hg.), Gefährliches Pflaster. Kriminalität im Römischen Reich (Xantener Berichte 21), Mainz 2011, 129–133.
86. mit U. Ehmig, Lateinische Inschriften aus Albanien: Nampame, Murcis und ihre Verwandten, ZPE 179, 2011, 279–290.
87. mit U. Ehmig, Adabei: Prominenz in und aus Epirus, Tyche 26, 2011, 77–85.
88. The Roman Army in Egypt, in: Riggs, Ch. (Hg.), The Oxford Handbook of Roman Egypt, Oxford 2012, 68–82.
89. Einleitung zu: Arnold, F., et al. (Hg.), Orte der Herrschaft. Charakteristika von antiken Machtzentren (Menschen – Kulturen – Traditionen 3), Rahden/Westfalen 2012, 1–2.
90. Die Angehörigen des römischen Heeres und der Kult des Iuppiter Dolichenus, in: Blömer, M. – Winter, E. (Hg.), Iuppiter Dolichenus. Vom Lokalkult zur Reichsreligion (Orientalische Religion in der Antike 8), Tübingen 2012, 111–133.

91. *Kolletiones* et *canalicularii*, in: Wolff, C. (Hg.), Le métier de soldat dans le monde romain. Actes du cinquième Congrès de Lyon, 23–25 septembre 2010 (Collection du Centre d'études et de recherches sur l'Occident romain 42), Lyon 2012, 503–511.
92. mit P. Weiß, Ein schwieriger Weg. Die Straßenbauinschrift des M. Valerius Lollianus aus Byllis, MDAI(R) 118, 2012, 435–454.
93. mit U. Ehmig, *Harmonia mundi*, Arctos 46, 2012, 53–58.
94. Vorausschauender Euerget und Getreideversorgung einer Kleinstadt. Eine bilingue Inschrift aus Albanien im Lichte von Wiener Unterlagen, Tyche 27, 2012, 73–91.
95. *Arx imperii*? Der Palast auf dem Palatin als das politisch-administrative Zentrum in der Reichshauptstadt Rom nach dem Zeugnis der schriftlichen Quellen, in: Dally, O., et al. (Hg.), Politische Räume in vormodernen Gesellschaften. Gestaltung – Wahrnehmung – Funktion. Internationale Tagung des DAI und des DFG-Exzellenzclusters TOPOI vom 18.–22. November 2009 in Berlin (Menschen – Kulturen – Traditionen 6), Rahden/Westfalen 2013, 267–276.
96. The Encyclopedia of Ancient History 10, 2013, 5603–5605, s.v. Provincial Capitals.
97. Die Statthalterarchive der Spätantike, in: Faraguna, M. (Hg.), Archives and Archival Documents in Ancient Societies. Trieste 30 September – 1 October 2011 (Legal Documents in Ancient Societies 4), Triest 2013, 333–349.
98. mit P. Weiß, Ein Bleisiegel mit den Namen von Petrus und Paulus, ZPE 185, 2013, 306–309.
99. Von Poppaea zu Pulcheria. Das Bemühen um göttlichen Beistand bei der Geburt eines kaiserlichen Nachfolgers, Arctos 47, 2013, 131–151.
100. Altäre von Armeeangehörigen aus Kleinasien, in: Busch, A. W. – Schäfer, A. (Hg.), Römische Weihealtäre im Kontext. Internationale Tagung in Köln vom 3. bis zum 5. Dezember 2009, Friedberg 2014, 369–379.
101. The Contributions of Inscriptions to our Knowledge of the Herodian Dynasty, SCI 33, 2014, 99–116.
102. mit P. Weiß, Weitere ‚Statthaltergewichte' von Nikomedeia. Neue Ergebnisse zur Stadt- und Reichsgeschichte, Chiron 44, 2014, 513–549.
103. Un discours épigraphique sur les faiblesses de l'Imperium Romanum? Le regard des princes et de leurs sujets, CCG 25, 2014, 297–306.
104. From Free to Fee? in: Kehoe, D., et al. (Hg.), Law and Transaction Costs in the Ancient Economy, Ann Arbor 2015, 253–273.
105. Bescheidenheit ist eine Zier: Der Gebrauch der Demutsformel „δοῦλος θεοῦ" in den Kirchenbauinschriften der spätantiken Patriarchate Antiochia und Jerusalem, in: Kuhn, A. B. (Hg.), Social Status and Prestige in the Graeco-Roman World, Stuttgart 2015, 315–339.
106. mit H. Beste – H. von Hesberg – E. Shehi – F. Tartari, Inschriften und Fragmente einer Arkadenarchitektur aus einer Notgrabung am Hafen von Durrës (Epidamnos – Dyrrachium), AA 2015.2, 45–75.
107. Vorwort, in: Haensch, R. (Hg.), Recht haben und Recht bekommen im Imperium Romanum. Das Gerichtswesen der römischen Kaiserzeit und seine dokumentari-

sche Evidenz. Ausgewählte Beiträge einer Serie von drei Konferenzen an der Villa Vigoni in den Jahren 2010 bis 2012 (JJP Suppl. 24), Warschau 2016, IX–XXVIII.

108. Im Schatten Alexandrias: Der *iuridicus Aegypti et Alexandreae*, in: Haensch, R. (Hg.), Recht haben und Recht bekommen im Imperium Romanum. Das Gerichtswesen der römischen Kaiserzeit und seine dokumentarische Evidenz. Ausgewählte Beiträge einer Serie von drei Konferenzen an der Villa Vigoni in den Jahren 2010 bis 2012 (JJP Suppl. 24), Warschau 2016, 165–182.
109. Die Protokolle der Statthaltergerichte der spätantiken Provinzen Ägyptens, in: Haensch, R. (Hg.), Recht haben und Recht bekommen im Imperium Romanum. Das Gerichtswesen der Römischen Kaiserzeit und seine dokumentarische Evidenz. Ausgewählte Beiträge einer Serie von drei Konferenzen an der Villa Vigoni in den Jahren 2010 bis 2012 (JJP Suppl. 24), Warschau 2016, 299–324.
110. Die westlichen Provinzen des Imperium Romanum unter Nero, in: Merten, J. (Hg.), Nero – Kaiser, Künstler und Tyrann. Begleitband zur Ausstellung (Schriftenreihe des Rheinischen Landesmuseums Trier 40), Darmstadt 2016, 132–140.
111. mit A. Lichtenberger – R. Raja, Christen, Juden und Soldaten im Gerasa des 6. Jahrhunderts, Chiron 46, 2016, 177–204.
112. mit E. Shehi, Steingewichte aus Dyrrachium, ZPE 200, 2016, 549–552.
113. Safety first? CIL III, 128 et la rhétorique de la securitas, Syria 93, 2016, 29–44.
114. Las ciudades del poder en el Imperio, Revista de Historiografía 25, 2016, 29–43.
115. Die hohen Vertreter Roms und die lokalen Kulte. Das Beispiel der kleinasiatischen und griechischsprachigen nordafrikanischen Provinzen, in: Raja, R. (Hg.), Contextualizing the Sacred in the Hellenistic and Roman Near East: Religious Identities in Local, Regional, and Imperial Settings (Contextualizing the Sacred 8), Turnhout 2017, 63–72.
116. Zwei unterschiedliche epigraphische Praktiken: Kirchenbauinschriften in Italien und im Nahen Osten, in: Bolle, K., et al. (Hg.), The Epigraphic Cultures of Late Antiquity (Heidelberger Althistorische Beiträge und Epigraphische Studien 60), Stuttgart 2017, 535–554.
117. Der Kirchenbau in der *dioecesis Asiana*: Ein Vergleich mit dem Kirchenbau in den Patriarchaten Antiocheia und Jerusalem und dem in Italien, in: Ameling, W. (Hg.), Die Christianisierung Kleinasiens in der Spätantike (Asia Minor Studien 87), Bonn 2017, 331–392.
118. Sag mir, wo die Steine sind ... Benefiziarier, Matronae Aufaniae und die Topographie des römischen Mainz, ZPE 203, 2017, 293–296.
119. Cui bono? Die Funktion der in Mainz gefundenen Schüssel mit der Nennung des *pr(a)etorium* Poblici Marcelli, in: Babusiaux, U., et al. (Hg.), Der Bürge einst und jetzt. Festschrift für Alfons Bürge, Zürich 2017, 455–466.
120. Le „visage“ du gouvernement romain dans la *provincia Macedonia*, in: Fournier, J. – Parissaki, M.-G. G. (Hg.), Les communautés du Nord égéen au temps de l'hégémonie romaine. Entre ruptures et continuités (Meletemata 77), Athen 2018, 1–18.

121. Die Herausbildung von Stäben und Archiven bei zentralen Reichskanzleien einer verschleierten Monarchie: Das Beispiel des Imperium Romanum, in: Wojciech, K. – Eich, P. (Hg.), Die Verwaltung der Stadt Rom in der Hohen Kaiserzeit. Formen der Kommunikation, Interaktion und Vernetzung (Antike Imperien 2), Paderborn 2018, 287–306.
122. mit C. Kreuzsaler, Neuzeitlich, asiatisch? Ein Ostrakon der Archäologischen Staatssammlung München, MDAI(K) 74, 2018, 73–81.
123. Die Vertreter Roms und die ‚heiligen' Stätten in Ägypten und Nubien. Vergesellschaftete griechische und lateinische Inschriften auf den Monumenten der Provinz Aegyptus, in: Ehmig, U. (Hg.), Vergesellschaftete Schriften. Beiträge zum internationalen Workshop der Arbeitsgruppe 11 am SFB 933 Materiale Textkulturen, Heidelberg 15.–16. März 2017 (Philippika 128), Wiesbaden 2019, 85–135.
124. Des nobles romains et pseudo-romains en pays grec. Les Domitii Sallentini à Byllis, C. Memmius Iulius C. f. Maioriarius à Scodra, in: Heller, A., et al. (Hg.), Philorhômaios kai philhellèn. Hommage à Jean-Louis Ferrary (Hautes études du monde gréco-romain 56), Genf 2019, 335–350.
125. Spiele und Spielen im römischen Ägypten: Die Zeugnisse der verschiedenen Quellenarten, Archimède 6, 2019, 175–185.
126. Das Ex-Voto in der antiken Welt: Vom archaischen Griechenland bis zur christlichen Spätantike. Eine Einführung in Befunde und Forschung, in: Ehmig, U., et al. (Hg.), Les ex-voto: objets, usages, traditions. Un regard croisé franco-allemand. Ex voto: Objekte, Praktiken, Überlieferung. Deutsch-französische Perspektiven (Pietas 11), Gutenberg 2019, 41–76.
127. Übergriffe römischer Soldaten in den östlichen Provinzen des Imperium Romanum, in: Harter-Uibopuu, K. (Hg.), Epigraphische Notizen. Zur Erinnerung an Peter Herrmann (Hamburger Studien zu Gesellschaften und Kulturen der Vormoderne 6), Stuttgart 2019, 249–276.
128. Zum *bellum desertorum*, in: Lafer, R., et al. (Hg.), *Antiquitates variae*. Festschrift für Karl Strobel zum 65. Geburtstag (Internationale Archäologie. Studia honoraria 39), Rahden/Westfalen 2019, 115–120.
129. mit P. Weiß, L. Egnatius Victor Lollianus, zum Dritten. Ein weiteres ‚Statthaltergewicht' aus Nikomedeia in Pontus et Bithynia, Chiron 49, 2019, 467–474.
130. Publius, nicht Gaius Petronius. Zur Zuverlässigkeit von Cassius Dio, ZPE 214, 2020, 51–66.
131. mit U. Ehmig, Wohnen in der Hauptstadt? Fragmente zweier sogenannter Militärdiplome aus Augsburg, BVBl 85, 2020, 127–134.
132. Perpetuierte Maximallösung oder in *dubio pro reo*? Ein neuer Blick auf einen bekannten Berliner Papyrus und den dort genannten Maximus (P. 8334r; ChLA X 417), APF 66, 2020, 88–119.
133. mit C. Kreuzsaler, Drei Kandidaten, bitte! Die Rolle des *praefectus Aegypti* bei der Ersatznominierung öffentlicher Funktionsträger zu Beginn des 2. Jahrhunderts, Chiron 50, 2020, 189–215.
134. mit E. Shehi, Neue lateinische Inschriften aus Durrës, Epigraphica 82, 2020, 425–431.

135. Zur religionsgeschichtlichen und historischen Einordnung der Votivfunde von Dambach, in: Czysz, W. (Hg.), Kastell Dambach am Raetischen Limes. Ausgrabungen im *Vicus* am Rand des Moosgrabentals (2008) (Materialhefte zur bayerischen Archäologie. Fundinventare und Ausgrabungsbefunde 113), Kallmünz 2020, 312–316.
136. Les *singulares* du gouverneur, in: Wolff, C. – Faure, P. (Hg.), Corps du chef et gardes du corps dans l'armée romaine. Actes du septième Congrès de Lyon, 25.–27. octobre 2018 (Collection du Centre d'études et de recherches sur l'Occident romain 53), Paris 2020, 279–287.
137. mit U. Ehmig, Die erste bildliche Darstellung eines römischen Warenetiketts, AK 51.2, 2021, 245–252.
138. From Gold to Iron? Provincial Capitals and the Changes from Marcus Aurelius to Constantine, in: Raycheva, M. – Steskal, M. (Hg.), Roman Provincial Capitals under Transition. Proceedings of the International Conference held in Plovdiv 04.–07. November 2019 (Sonderschriften des Österreichischen Archäologischen Instituts 61), Wien 2021, 15–31.
139. Der Bischof und die profanen Bauten in seiner Stadt – alltägliche Objekte seiner Fürsorge? in: Haensch, R. – Rummel, Ph. von (Hg.), Himmelwärts und erdverbunden? Religiöse und wirtschaftliche Aspekte spätantiker Lebensrealität (Menschen – Kulturen – Traditionen 16), Rahden/Westfalen 2021, 77–86.
140. mit M. Sartre, Un Syrien de l'armée de Mauretania Caesariensis et sa famille, AntAfr 58, 2022, 27–34.
141. Un thème commun franco-allemand: les gouverneurs de la province de Pontus et Bithynia, in: Hoët-van Cauwenberghe, Ch. (Hg.), Au service de l'épigraphie romaine: SFER, 1995–2020. Vingt-cinq années d'engagement de la Société Française d'Épigraphie sur Rome et le monde romain (Scripta Antiqua 160), Bordeaux 2022, 265–271.
142. mit U. Ehmig, Mach es recht! Ein bislang unbekanntes Fragment einer gesetzlichen Regelung aus dem Frühen Prinzipat, Archiv für Epigraphik 2, 2022, 1–7.
143. Augusta Vindelicum und die epigraphische Praxis, in: Gairhos, S., et al. (Hg.), Das römische Augsburg. Militärplatz, Provinzhauptstadt, Handelsmetropole, Darmstadt 2022, 24–26.
144. Augusta Vindelicum als Sitz des Statthalters der Provinz Raetia, in: Gairhos, S., et al. (Hg.), Das römische Augsburg. Militärplatz, Provinzhauptstadt, Handelsmetropole, Darmstadt 2022, 55–60.
145. mit C. Kreuzsaler, „Il testo ... necessiterebbe di una revisione approfondita." Irrungen und Wirrungen bei der Beschäftigung mit P.Hawara inv. 73 Verso (SB XVIII 13225), in: Berkes, L., et al. (Hg.), Papyrologische und althistorische Studien zum 65. Geburtstag von Andrea Jördens (Philippika 167), Wiesbaden 2023, 97–110.

Rezensionen

146. Breeze, D. J. – Dobson, B., Roman Officers and Frontiers (Mavors. Roman Army Researches 10), Stuttgart 1993, HZ 261, 1995, 509–511.
147. Speidel, M. P., Roman Army Studies. Volume Two (Mavors. Roman Army Researches 8), Stuttgart 1992, Klio 77, 1995, 505–507.
148. Schallmayer, E., et al., Der römische Weihebezirk von Osterburken, Bd. I: Corpus der griechischen und lateinischen Beneficiarier-Inschriften des Römischen Reiches (Forschungen und Berichte zur Vor- und Frühgeschichte in Baden-Württemberg 40), Stuttgart 1990, BJ 195, 1995 (1996), 800–819.
149. Supplementa Italica. Nuova serie 6, 7, Roma 1990/1, Gnomon 68, 1996, 530–533.
150. Dettenhofer, M. H., Herrschaft und Widerstand im augusteischen Prinzipat. Die Konkurrenz zwischen *res publica* und *domus augusta* (Historia Einzelschriften 140), Stuttgart 2000, AC 71, 2002, 452–453.
151. Lehmann, C. M. – Holum, K. G., The Greek and Latin Inscriptions of Caesarea Maritima, American Schools of Oriental Research (The Joint Expedition to Caesarea Maritima. Excavation Reports 5), Boston 2000, SCI 21, 2002, 323–327.
152. Kolb, A., Transport und Nachrichtentransfer im Römischen Reich (Klio Beih. N.F. 2), Berlin 2000, GFA 6, 2003, 1097–1101.

Veröffentlichungen für ein allgemeines Publikum

153. Das Gerichtswesen der Römischen Kaiserzeit. Drei trinationale Forschungskonferenzen an der Villa Vigoni, E-Forschungsberichte des DAI 2014.1, 3–8.
154. Herstellung einer Broschüre/herunterladbaren PDFs zum 10-jährigen Jubiläum des Jacobi-Stipendiums im Jahre 2015.
155. Baubischöfe: Antiker Euergetismus und der spätantike Kirchenbau, Archäologie Weltweit 3.2, 2015, 68–69.
156. Das ‚Corpus der Urkunden der römischen Herrschaft (CURH)'. Licht aus Scherben, Fetzen und Steinen. Die Arbeiten der Jahre bis 2016, E-Forschungsberichte des DAI 2016.1, 1–4.
157. mit C. Römer, Die Edition von Papyri – einzigartige Erkenntnisse, Archäologie Weltweit 6.2, 2018, 75–79.
158. DAI stärkt Kooperation und Förderung des wissenschaftlichen Nachwuchses. Gemeinsame Berufung mit der LMU München, Archäologie Weltweit 7.2, 2019, 8.

Editionen & Textrezeption

An Estate Account from Gafsa

Rodney Ast – Lucia C. Colella

Among the papers constituting Robert Marichal's Nachlass are photographs of three ostraca from Sidi Aïch in Tunisia, a settlement near the city of Roman Capsa (modern Gafsa).[1] They were purportedly from a group of sixty-nine ostraca found there, which Marichal had been contacted about in the late 1980s.[2] All three of the texts are undated, but one, an acknowledgment of receipt of wine and barley, seems to record the second year of a (Vandal?) ruler whose name does not survive; only the title *dominus* does. That ostracon was published by G. Iovine in 2017. A second, the estate account edited here, has not been previously published.[3]

Ostraca such as these are intrinsically valuable because of the general dearth of papyrological evidence from North Africa. This particular text is important for the new information, however ambiguous, that it provides regarding dry measures, and for the light it sheds on estate accounting methods. We can only hope that the rest of the group of texts from Gafsa will someday see the light of day.

O.Gafsa Marichal 2 — V/VI AD
Sidi Aïch(?), near Capsa (modern Gafsa) — Fig. 3
TM 981221

The ostracon is broken at the top and on the right. The upper left corner seems to have undergone damage, but only the beginnings of the first four lines are missing, as the left

1 We thank Julia Lougovaya for insight into metrological issues related to this and other North African ostraca and Roger Bagnall for comments on a draft of this edition. We are grateful to Maria Chiara Scappaticcio and the École Pratique des Hautes Études (EPHE) for access to photographs from the Marichal archive, which were scanned in the context of the ERC Project 'Papyri and LAtin Texts: INsights and Updated Methodologies' (PLATINUM). Work on this and other Latin texts from Egypt and North Africa was made possible by Heidelberg University's Cultural Research Centre 933, funded by the Deutsche Forschungsgemeinschaft, which supported L. Colella's research stay in Heidelberg in Spring 2022.

2 G. Iovine gives a succinct account of Marichal's correspondence regarding these pieces in Iovine 2017, 121–123.

3 See Iovine 2017, 124–131 for the edition of the one ostracon; he refers on p. 123 to the text edited here as "the second *ostrakon*", of which Marichal made no transcription. The third one we plan to publish at a later date.

side of lines 5–16 is intact. The right edge of the ostracon is also damaged, but very little text is missing there; this is clear from internal clues discussed below. On the basis of the scale pictured alongside the ostracon, we estimate a width of 17.1 cm. The height is unknown, because the full height of the sherd is not visible in the photo.

The text is an account perhaps of rent payments made by tenants. It registers payments of barley, goats, bread, olive oil, pigs, money, hens (or roosters[4]), chicks, eggs and almonds. Barley is measured in *modii* and probably *bilibres*, an interpretation based on parallels for the *b/* abbreviation found in texts from Gigthi and elsewhere (see below); bread is measured in pounds (*librae*), oil in jars, and almonds also in *bilibres*. Money is paid in *folles*.

The account is divided into three sections: 1) a preliminary description; 2) a table with individual figures, which is set off from the introduction by horizontal and vertical lines; 3) a summary. The entries in the table are arranged in nine extant columns and constitute an itemized list of foodstuffs, animals and money, which are summed up in the last three lines beginning with the statement *habemus tanta ...*, "we have so many in total [...]". Because the order in which the animals and goods are listed in the table matches the order in which the same things are summed up in the last three lines, we can tell that very little text is missing on the right. Furthermore, the sums found in the concluding lines allow us to check the amounts in the table. Thus, looking at line 15, we see that the 104 pounds of bread correspond to the total amount of bread in column 3 of the table (ll. 5–10); the number of *folles*, 456, matches the total of column 6 (ll. 5–13); the four hens (or roosters) correspond to the number in column 7 (ll. 6–8). Similarly, in the next line, the 16 eggs equal the total of eggs in column 9 (ll. 6–9). Finally, we presume that the 1 *bilibris* of almonds recorded at the end of line 16 was probably noted in a now-lost column 10 to the right of the column with eggs.

Most of the figures in the concluding part are clearly accounted for in the table, but in two instances we see that a conversion to a larger unit has taken place. This is the case with the entries for barley, in column 1 and line 14. Let us take a closer look at them. The beginning of column 1 is damaged so that the word for barley is not legible, but the abbreviation for *bilibris* is, which consists of a *b* and a low oblique slash. We think that barley is the commodity of account in this column for two reasons. To begin with, it is the first thing mentioned in the concluding part in line 14, before *capri*. Given that the order of items in the table for the most part matches that of the conclusion,[5] it is natural for barley to have been recorded first in the table. The fact that *capri* are listed next, in column 2, supports this argument. Second, the number at the bottom of column 1 (*xiii*) is the same as the amount of barley in line 4 of the introduction: *b(ilibres) xiii*. These clues are enough

4 See comm. to line 15.

5 There is one exception to this: pigs (*sus*), which are listed in col. 5, are not found at all in the concluding section. If they were referred to in the no longer extant part of the conclusion, they would not have been in the right order because they should appear between oil and *folles* in l. 15. The reason for their exclusion might have been that they were inserted in the table later. This suggestion seems to be supported by the way in which the pigs column was squeezed between oil (col. 4) and money (col. 6).

to convince us that column 1 deals with *bilibres* of barley, the total of which is 27. But a problem presents itself when we look at line 14. There, the 27 *bilibres* have been converted to 6 *modii*, 3 *bilibres*. For 27 *bilibres* to correspond to 6 *modii* and 3 *bilibres*, there would need to be a ratio of 4 *bilibres* to the *modius*. The *bilibris* is an ambiguous designation and there is no clear evidence for this ratio in other texts containing *bilibres*,[6] nor is it easy to reconcile it with the metrological units likely in use, such as a *libra* of c. 323 g and a *modius italicus* of c. 8.62 l.[7] But let us consider two pieces of unclear evidence.

First, in the Latin Vulgate of Revelation 6.6, the word χοῖνιξ in the Greek version is translated *bilibris* in Latin, which allows us to identify the *choenix* and *bilibris*.[8] The size and composition of the *choenix* varied, but if we assume that the *bilibris* had a weight of two Roman pounds, i.e. 646 g, the volume of that weight of barley would be c. 1.08 l. This is slightly larger than any of the parameters given for a *choenix*, but equaling two *sextarii*, which would be 1/8 of a *modius italicus*, as the *sextarius* is 0.539 l and 16 *sextarii* constitute a *modius*. The ratio of 1 *choenix* = 2 *xestae*, with 1 *xestes* equaling a *sextarius*, is found in the Syriac translation of Epiphanius, too,[9] and thus the equation of a *bilibris* with 2 *sextarii* might appear reasonable. The Gafsa ostracon, however, attests a *modius* of 4 *bilibres*, not the 8 that we would expect from the ratio 1 *choenix* = 1 *bilibris* = 2 *sextarii*.

The second piece of evidence gets us closer to what is in our ostracon. It comes from a curious but confused passage in Isidorus' *Etymologiae* (16.26.5–6), where volume units that are multiples of a *sextarius* are listed: *emina autem appendit libram unam, quae geminata sextarium facit. sextarius duarum librarum est. qui bis adsumtus nominatur bilibris; adsumtus quater 'fit Graeco nomine cenix'; quinquies conplicatus quinarem sive gomor facit. adice sextum, congium reddit*, "Furthermore, a *hemina* weighs one pound, and when doubled makes a *sextarius*. The *sextarius* is of two pounds, and when doubled is called the *bilibris*; when it is added four times 'it becomes the Greek *choenix*'; taken five times it makes a *quinarius* or *gomer*, adding a sixth completes a *congius*." Isidorus provides the corresponding weight in pounds for both the *hemina* and the *sextarius*, although he does not specify in what commodity. The stated ratio entails a *bilibris* of 4, not 2, pounds, a linguistic oddity that would have been easy to dismiss as a confusion or a flaw in transmission if not for the fact that Isidorus repeats that the *sextarius* amounts to 2 pounds. He states, "a *hemina* weighs one pound, and when doubled makes a *sextarius*. The *sextarius* is of two pounds, and when doubled is called the *bilibris*." Furthermore, a 4-pound *bilibris* of barley would amount in volume to 1/4 of a *modius* (4 Roman pounds of barley being c. 2.15 l in volume, about 1/4 of the *modius* of 8.62 l), the ratio now attested by the Gafsa ostracon.

---

6 See Ast et al. 2013, especially 224–226 and Ast 2022, 38–41 for discussion of the *bilibris*.

7 Cf. Bagnall 2011, 186–187; Duncan-Jones 2012.

8 *et audivi tamquam vocem in medio quattuor animalium dicentem bilibris tritici denario et tres bilibres hordei denario* translates the Greek καὶ ἤκουσα ὡς φωνὴν ἐν μέσῳ τῶν τεσσάρων ζῴων λέγουσαν, χοῖνιξ σίτου δηναρίου καὶ τρεῖς χοίνικες κριθῶν δηναρίου, "and I heard something like a voice in the midst of four animals saying, 'one *bilibris* of wheat for one denarius and three *bilibres* of barley for one denarius'." Cf. Ast 2022, 41 fn. 33.

9 Dean 1935, ch. 55, p. 65–66; cf. also Duncan-Jones 1976, 43–52 (esp. 44–45).

The difficulty is, of course, that Isidorus' conversion is impossible for a conventional *sextarius* of 0.539 l, because a *sextarius* of barley will weigh a pound, not 2 pounds; what he says about 4 *sextarii* making a *choenix* is also hard to reconcile with information from elsewhere.[10] Yet, the repetition of a volume-to-weight ratio that entails a *bilibris* of 4 pounds, which would accord with the conversion rate on the Gafsa ostracon, suggests that there may have existed a unit of volume that contained 4 pounds of barley (c. 1293 g) and comprised 1/4 of a *modius italicus*. Why it would be called a *bilibris* remains a mystery.

The entries for oil also present a difficulty resulting from a conversion. Column 4 records 9 units of a measure that is represented by an *o* with a slash through it (*ø*). The same symbol appears in the entry for oil in line 4. However, the total given for oil in the concluding part (l. 15) is a single unit of a measure that is abbreviated by means of an open-topped *q* with a diagonal line through its descender. The ratio is therefore 9 *ø*:1 *q*, but we are unaware of liquid measures that would fit this equivalence. From a paleographical standpoint, it is tempting to see the measure unit *orca* (barrel) in *ø*, but this does not help us with the metrology, since the capacity of the *orca* is uncertain.[11] While the *q* with diagonal stroke could, on paleographical grounds, reasonably be interpreted as the symbol for a *quadrantalis*, we have no compelling additional reason to take it that way.[12] Therefore, we leave the symbol unresolved and the question open.

The entry for money in line 3 is interesting because it helps explain a line in the other ostracon from Gafsa referred to above. The account here records in line 3 a payment of 72 *folles* of money: *pecuiniae* (sic!) *f(olles) n(umero) lxxii*. The symbol for *f(olles) n(umero)* is formed by the letters *fn* written in ligature, with a dot placed above the *n* (*fṅ*). The same symbol appears in several Albertini tablets (see especially T.Alb. 33, passim; pl. XXXII),[13] and we note its appearance in the Gafsa ostracon edited by Iovine, who prints in line 10: *uini o(–) uno f̣ xv* (fig. 1).[14] From the photograph in that edition it is clear that after *uini* there is an *o* with a slash through it (*ø*), then the word *uno* followed by *fn* with a raised dot, as in line 3 of our ostracon (see figs. 1 and 2a–b). We interpret that text as follows: *uini ø uno f(olles) n(umero) xv*. The dative/ablative *uno* might suggest that we are dealing with a

10 The phrase *fit Graeco nomine cenix* comes from the poem *Carmen de ponderibus et mensuris*, l. 69, which has been dated as early as the 3rd and as late as the 6th century (Geus 2007, 10 opts for the second half of the 4th). The passage in question (ll. 68–69) runs: *eminas, recipit geminas sextarius unus, | quis quater adsumptis fit Graio nomine choenix*. What is unclear is what *quis* (l. *quibus*) *quater adsumptis* refers to. It is possible to understand *heminis*, which would give the expected ratio 1 *choenix* = 4 *heminae*. From this, it might be tempting to suppose that Isidorus also meant *hemina*, not *sextarius*, when he said, *adsumtus quater 'fit Graeco nomine cenix'*, but confused the gender of the words, writing *adsumtus* instead of *adsumta*. However, this would not solve the main metrological difficulty in his text, which begins with the *hemina* weighing one pound.

11 For discussion of the *orca*, see Ast 2021, 142.

12 See the signs in Mommsen 1857, 80 (p. 295), where those for *quadrantalis* and *urna* are partially *q*-shaped. The symbol for *hemina* is also similar to that on the ostracon, but we think the *hemina*, which amounted to half a *sextarius*, does not fit the context because it is too small.

13 In T.Alb. 33 there is a tick above the *n* rather than a dot, similar to the tick in l. 15 of this text.

14 Iovine 2017, 124–131 with tab. 13 a–b.

Fig. 1: Line 10 of the ostracon published by Iovine 2017, 126: *uini ø uno fñ xv*. The symbol following *uno* resembles that in lines 3, 5 and 15 of the ostracon published here.

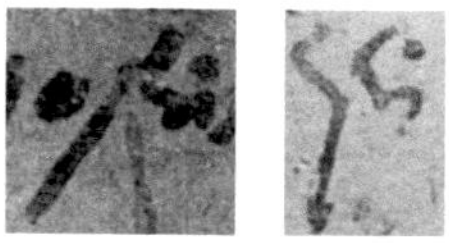

Fig. 2a–b: Close-up images of the *fñ* symbol in Iovine 2017, 126 and in line 3 below.

price, "with one *ø* of wine being 15 *folles*," but the ostracon is too damaged to be sure of this.[15]

The account edited below is in a New Roman cursive script that points to a date in the fifth or sixth century, quite likely during the period of Vandal occupation of the area or shortly thereafter. Parallels can be found in the ostraca published as O.Gascou 1–17, especially 1, 9, and 10 (first half of the 6th century AD); cf. too the ostraca in AE 1967, 588–592 and the Albertini tablets, especially 5, 7, 9 and 10 (AD 484–496). It is worth comparing *ole* in O.Gascou 1.3 with the same sequence of letters in line 3 below, and the ligature *ec* in O.Gascou 9.9 and T.Alb. 10.1 (*decimus*) with *ec* in lines 3 and 15 here. *B* has its belly to the right; the hasta of *d* can be either straight or curved; *c* and *e* are generally high; *l* has a very short vertical stroke, which turns into a long diagonal descender in numerals (e.g. *lxx*, l. 3); *f*, *p* and *q* protrude downwards. Abbreviations are indicated in several ways. Most common are diagonal strokes that intersect the lower part of a letter, as in the case of *L/* (*libra*), *amigd/* (*amygdalum*), etc. Occasionally ticks are applied above letters (e.g. in *m/* for *modius*), and there are a few examples of raised dots, as in *pan°* for *panis* (l. 4) and *fñ* for *f(olles) n(umero)* in lines 3, 5 and 15.

This edition is based on a photograph. The column numbers below the horizontal line after line 4 are not part of the original text, but have been added for ease of reference. We print a long horizontal line after line 4 in imitation of the line on the ostracon, but omit the two vertical strokes visible on the left side.

15 The neuter/masculine *uno* might seem to argue against interpreting the *ø* as the feminine *orca*. Interestingly, however, line 12 of this text has *uini urci unu*, "one *urceus* of wine". One therefore wonders if the *ø* is for *urceus*. According to Isid. Etym. 20.6.5, *orca est amphorae species, cuius minore vocabulo* urceus *diminutivo* urceolus *est*, "the *orca* is a kind of amphora, of which the smaller has the name *urceus* and the smallest, *urceolus*" (see, too, White 1975, 194–195). If *ø* was the symbol for *orca*, it might have extended also to *urceus*.

– – – – – – – – – – – – – – – –

[– – –]. ii pụll(i) ii pan(is) l(ibrae) . [– – –]
[– – –]. [± 6] pan(is) l(ibrae) v quọụo. l. . [± 2–3]. . [± 4]. [– – –]
[– – –]ḷḷ( ) ii pan(is) l(ibrae) xvi olei . ( ) i pecuinie f(olles) n(umero) lxxii amigd(alorum) ḅ(ilibris) ị
[– – –] . o . i ịṇ h(or)d(e-) b(ilibres) xiii pul(li?) cạp̣(ri) duo paṇ(is) p̣(ondo?) xvi oḷ(ei) ø i, pec(uniae) f̣[(olles) n(umero)

---

(1)	(2)	(3)	(4)	(5)	(6)	(7)	(8)	(9)	[(10)]
] b(ilibres)	*cap(ri)*	*panis l(ibrae)*	*olei*		*f(olles) n(um.)*				
/ii	*/ii*	*/xi*	*ø*	*sus*	*/xxiiii*	*ga(ll-)*	*pull(i)*	*ọba*	*[amigd/ b/*
/iii	*/i*	*/viiii*	*/i*	*/iiii*	*/xl*	*/ii*	*/i*	*/viii*	*[i*
/ii	*/i*	*/xxviiii*	*/i*	*/ii*	*/xxiiii*	*/ii*	*/i*	*/iiii*	*[*
/vii	*/i*	*/xxxviiii*	*/ii*		*/cxliiii*			*/iiii*	*[*
/xiii	*/ii*	*/xvi*	*/iiii*		*/iii*				
			/i		*/xcvi*				
					/liii				
					/lxxii				

habemụs tanta hord(ei) m(odios) vi b(ilibres) iii c̣ạp̣(ri) [vii]
panis l(ibras) ciiii olei q( ) i pec(uniae) f(olles) n(umero) cccclvi gall(-) iiii p[ull(os) ii]
oba xvi amigd(alorum) b(ilibrem) i

3 *pu]ḷḷ(i)* or *ga]ḷḷ(inae)*? : l. *pecuniae* : l. *amygdalorum*   6 l. *ova*   16 l. *ova* : l. *amygdalorum*

"[– – –] chicks(?), 2; lbs of bread, [– – –]; [– – –] lbs of bread, 5 . . . [± 2–3] . . [± 4] . [– – –] ; [– – –] lbs of bread, 16; ... of oil, 1; of money, 72 *folles*; *bilibres* of almonds, 1; [– – –] barley, *bilibres* 13; chicks(?) (and) goats, two; of bread by weight, 16 pounds; ... of oil, 1; of money [– – – *folles*]

(1)	(2)	(3)	(4)	(5)	(6)	(7)	(8)	(9)	[(10)]
] *b(ilibres)*	goats	lbs of	oil		*f(olles)*				
2	2	11	...	pigs	24	hens(?)	chicks	eggs	[almonds *b(ilibres)*]
3	1	9	1	4	40	2	1	8	[1]
2	1	29	1	2	24	2	1	4	[
7	1	39	2		144			4	[
13	2	16	4		3				
			1		96				
					53				
					72				

We have in total: 6 *modii*, 3 *bilibres* of barley, [7] goats, 104 pounds of bread, 1 *q/* of oil, 456 *folles* of money, 4 hens(?), [2 chicks,] 16 eggs and 1 *bilibris* of almonds."

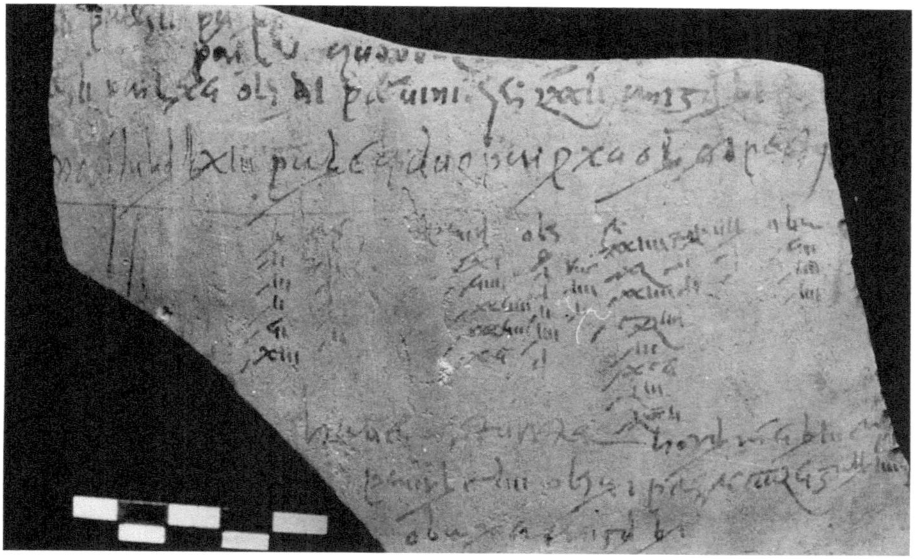

Fig. 3: O.Gafsa Marichal 2.

3 The letter after *olei* appears to have been corrected. Judging from col. 4 of the table, we think *ø* was intended.

The spelling *pecuinie* may be the result of a wrongly inferred diphthong (-*ui*-) after *c*. The phrase *pecuinie f(olles) n(umero)* is paralleled by T.Alb. 11.8–9 (AD 494: *fol(les) pecunie nume[ro] | trecentos)* and other Albertini tablets (12.8–9; 14.8; 19.9–10; 20.11–12; 25.3), where too the final diphthong *ae* is spelled *e*; cf. CIL V 8697, ll. 7–8 (*pecuniae | folles mille*).

4 At first glance, the beginning of the line seems to have *ṃoḍi*, but on closer inspection the reading of *d* is hardly tenable; the *m* is also open to question, as *n*, in ligature with another letter in the lacuna to the left, is also possible. Instead of the preposition *in*, one could also posit the numeral *iii*, which is why we refrain from resolving the abbreviation for *hordeum*. It could be either *hordeo* or *hordei*.

The line records a payment of *xiii bilibres* of barley, which corresponds to the last entry in col. 1 (l. 10). Next, we read the abbreviations *pul/* and *cap* plus the number *duo*. This suggests to us the readings *pul(li) (et) cap(ri) duo*, with the conjunction *et* omitted. The number 2 is an order of magnitude that is consistent with the amounts for chicks and goats in the table.

Cap could conceivably be an abbreviation for *caprifici* (scil. *arbores*) (see T.Alb., passim), but absence of the word *arbores* and the presence of other farm animals in the account make us opt for *capri* instead.

Elsewhere bread is given in *librae*, a word represented by an *l* with a diagonal stroke. Here, however, the abbreviated letter looks more like a *p* than an *l*. Thus, we print *p(ondo?)*, but retain the translation of 'pounds'.

5 The tick above *p* in *cap* could be a raised *r*, in which case understand *capr(i)*.

6 The column for pigs (col. 5) was squeezed between oil (col. 4) and *folles* (col. 6), perhaps as an afterthought. No total number of pigs is given in the concluding summary.

After the entry for money, there is an abbreviation consisting of two letters and a stroke. The first of these letters resembles a Greek gamma with an overstroke, followed by an *a*. These two letters run directly into a vertical stroke that forms the left side of *p* in *pull/* in the next entry. The total for this column is 4 (*iiii*), the same as the number of *gall-* in line 15, which we think is probably the total number of *gallinae* (hens) (see comm. to l. 15). As the entry for *gall-* in line 15 also comes after that for *folles*, we conclude that the gamma-like stroke and *a* are the first letters of *ga(ll-)*. The unusual ductus of the *g* might be explained by the reduction of the sinusoidal curve (see the *g* in l. 15) to a gamma-looking character with the top of the letter drawn above.

The numbers for eggs (*oba*) seem very low, but the reading of the word, especially in the summary (l. 16), is unimpeachable.

On the basis of line 16, we assume that the entry for almonds followed that for eggs, and we thus supply it in abbreviated form in the lacuna.

15 The letter interpreted as a *q* in this line has a shorter descender than the *q* in line 2, but it still resembles a *q* more than, for instance, a *u* (e.g., for *urceus* or *urna*).

Unlike line 6, this line shows *gall/* very clearly, which could be for either *galli* (roosters) or *gallinae* (hens). The ambiguity in the abbreviation makes us print *gall(-)* in the Latin text; however, we print 'hens(?)' in the translation, because the proximity of 'chicks' (*pulli*) and 'eggs' (*ova*) makes us prefer the feminine *gallinae* over the masculine *galli*.

Bibliography

Ast, R., Uniformity and Regionalism in Accounts on Ostraca from North Africa, in: Ast, R., et al. (eds.), Uniformity and Regionalism in Latin Writing Culture of the First Millennium C.E. (Philippika 162), Wiesbaden 2022, 33–54.

Ast, R., A Latin Letter from Carthage and the Whale-Bellied Jar, in: Stolk, J. V. – Van Loon, G. A. J. C. (eds.), Text Editions of (Abnormal) Hieratic, Demotic, Greek, Latin and Coptic Papyri and Ostraca (P.Hoogendijk), Leiden 2021, 141–144.

Ast, R. – Bagnall, R. S. – Drine, A. – Várhelyi, Z., Two Latin Accounts on Amphora Walls from Gigthi, A.Papyrol. XXIII–XXIV 2013, 205–236.

Bagnall, R. S., Practical Help: Chronology, Geography, Measures, Currency, Names, Prosopography and Technical Vocabulary, in: Bagnall, R. S. (ed.), The Oxford Handbook of Papyrology, Oxford 2011, 179–196.
Dean, J. E. (ed.), Epiphanius' Treatise on Weights and Measures: the Syriac Version, Chicago 1935.
Duncan-Jones, R. P., Weights and Measures, Roman, in: Bagnall, R. S., et al. (eds.), The Encyclopedia of Ancient History, 2012, https://doi.org/10.1002/9781444338386.wbeah06356 ⟨16.09.2023⟩.
Duncan-Jones, R. P., The Choenix, the Artaba and the Modius, ZPE 21, 1976, 43–52.
Geus, K. (ed.), Gedicht über Gewichts- und Maßeinheiten (*Carmen de ponderibus et mensuris*), Oberhaid 2007.
Iovine, G., Marichal's African Archive (1964–1992) and a New Ostrakon from Vandal Gafsa, in: Scappaticcio, M. C. (ed.), Per i testi latini. Prime riflessioni sul fondo inedito di Robert Marichal, Turnhout 2017, 113–131.
Mommsen, T., *Volusii Maeciani Distributio partium*, Abhandlungen der Philologisch-Historischen Klasse der Königlich-Sächsischen Gesellschaft der Wissenschaften 3, 1857, 281–295.
White, K. D., Farm Equipment of the Roman World, Cambridge 1975.

Figures

Fig. 1: Iovine 2017, 126. CC BY-NC-ND 4.0.
Fig. 2a–b: Iovine 2017, 126. CC BY-NC-ND 4.0.
Fig. 3: © PLATINUM/EPHE. CC BY-NC-ND 4.0.

Romano-British Writing-Tablets

Alan K. Bowman

Introduction

In the year 1970 no-one would have ventured to predict that over the next five decades the Roman province of Britannia would become the major location for the discovery of large numbers of new documentary texts in Latin from the first and early second centuries AD. Even allowing for the serendipitous nature of archaeological investigation, that in itself has much to tell us about the documentation and literate communication at the furthest reaches of the empire. The major recent discoveries are well known. In chronological order, first at Vindolanda from 1974 through to 2016, and predictably likely to continue for some time.[1] Then at Carlisle (Luguualium) in the 1980s and 1990s[2] and finally in London, on the car-park site of the London office of the Bloomberg Corporation (in 2010–2014).[3] The result is an accumulation of well over 1200 texts, many of them substantial. By the early 2000s it was obvious that a corpus of these texts is a serious *desideratum* and it has been promised for many years.[4] One obvious advantage of the delay in completing this project is that the cut-off date for recently published material has been extended to allow inclusion of the London Bloomberg Tablets and the new material from Vindolanda excavated in 2017/2018. The corpus of wooden leaf and stylus tablets will appear as 'Roman Inscriptions of Britain' IV, part 1, edited by Alan Bowman and Alex Mullen.[5]

As is normal in an epigraphic corpus, the entries will be summary and the individual items will be in abridged form, each consisting essentially of lemma, text, apparatus cri-

1 The annual excavation programme at Vindolanda, initiated by Robin Birley, continues under the direction of Dr. Andrew Birley. Discoveries have been made in each of the last six decades: Tab.Vindol. I (1983); II (1994); III (2003); IV 1 (2010); IV 2 (2011); IV 3 (2019).

2 Tab.Luguval.; see also Tomlin 1988; 1991a; 1991b; 1992; 2022.

3 Tab.Lond.Bloomberg.

4 As part of a British Academy Research Project on Romano-British Writing-tablets, see https://www.thebritishacademy.ac.uk/projects/academy-research-projects-romano-british-writing-tablets/ ⟨16.09.2023⟩. In addition to the ink and stylus tablets from London (nn. 1–3 above and RIB II 2443), Carlisle and Vindolanda there are ink tablets from Caerleon (Frere et al. 1986, 450–451) and Chew Stoke (RIB II 2443.13; EDCS 49600595), and stylus tablets from Exeter (AE 2011, 609; EDCS 64100282) and Trawsfynydd (AE 2004, 852; AE 2016, 41; EDCS 33800072).

5 Part 2 will comprise the lead curse-tablets and other texts on metal, edited by R. S. O. Tomlin.

ticus and translation, with minimal commentary. The chronological spread of the archaeological finds and the nature of their publication, which gives priority to decipherment, transcription and commentary, has meant that their impact has been somewhat diffuse, with a small number of general studies[6] and some specialised analyses.[7] The present short survey attempts to provide an overview of the main areas in which the discoveries of writing-tablets have had an important impact on our knowledge of culture and documentation in the Roman empire.

Writing and literacy

Stylus tablets were already well-known in the Roman world but the ink-written leaf tablets offered completely new evidence about the type of writing-materials and the ways in which they were used.[8] The Vindolanda finds were thus a major revelation and conditioned us to be less astonished by the subsequent finds at Carlisle, where ink tablets of the same kind heavily predominate in the published texts.[9] We are always dependent on the vagaries of archaeological opportunity or opportunism but it is striking that the practices of literacy and documentation are prominent from the earliest periods of the Roman presence in Britannia, in London from the middle of the first century, in Carlisle from the 60s/70s and at Vindolanda from the mid-80s.[10] The format and layout of accounts and more particularly correspondence on these thin wooden leaves allows us to appreciate both the flexibility of usage in multiple sets of tablets and existence of common patterns in letter-writing on folded diptychs with texts in two columns, formulaic openings and closures and addresses on the outside. It is worth emphasising the differences between these leaves and sets of stylus tablets, such as those from Herculaneum and Puteoli, used for more formal, durable documents as well as for correspondence, often secondarily. These were artefacts almost entirely absent from our evidence until the 1970s and they offer the opportunity to imagine what the original of a letter from Cicero or one of his friends might have looked like.[11] The common ground between Greek and Latin writing habits is also intriguing. We are often tempted to assume that Greek is the precedent and

6 E.g. Bowman 2003; Birley 2002.

7 E.g. Adams 1995; 2003; 2019.

8 Bowman 1975, see now Willi 2021.

9 The Latin word used to refer to such a tablet is *tilia* (Tab.Vindol. III Appendix 259; III 643 a.ii.4; Tab. Vindol. IV 3, 893, line 3). These are often made of lime-wood in Mediterranean countries, as the Latin word implies, but of birch, alder and occasionally oak in northern Britain. There are only two examples in the London Bloomberg tablets (Tab.Lond.Bloomberg 184–185, cf. Tomlin 2022).

10 Cooley forthcoming (e-book).

11 Presumably more often on papyrus than wood in Cicero's case. SB I 4639, https://berlpap.smb.museum/record/?result=0&Alle=11532&lang=en ⟨16.09.2023⟩ a Greek letter from the prefect of Egypt Subatianus Aquila (AD 209) written in what is sometimes called the Alexandrian chancery style employs the layout which is typical of the Latin letters from Vindolanda but not, as far as I know, common in Greek correspondence.

Latin the borrower but some of the writing practices might make us wonder whether it is sometimes the other way round.

Much of the information thus derived from the texts comes from the ink leaf tablets but it is important to bear in mind that this must be partly because they present fewer technical problems of legibility and decipherment than do the stylus tablets. The latter predominate at London, which may or may not be related to its early importance as a commercial centre where documents written and preserved on the more durable (and more expensive) writing material might have been more abundant and provided not only for formal written records but also for secondary use as personal correspondence. But there are well over 200 fragments of stylus tablets from Vindolanda, most of which have hitherto resisted complete decipherment and very many of which are (like the London Bloomberg tablets) palimpsests.[12] Overall, given the clear evidence that many of the tablets excavated at these sites were demonstrably sent there from other places there is no reason to doubt that these practices were widespread across the northwestern regions of the Roman Empire from the earliest periods of occupation.[13] Furthermore, lest we overlook it, we should emphasise that there are not only practical and functional texts, but also fragments of Latin literature which should be firmly embedded in our view of the cultural environment in Roman Britain (see below).

This brings us directly to the major issue of levels of literacy in the western Roman Empire. This has continued to be a subject of debate in terms of quantification, diffusion, regional and chronological concentration which no comparatively small and localised corpus of evidence is going to settle definitively. On the other hand, an accumulation of well over 1000 texts from three different sites, written or generated at those sites or sent from other places (not confined to Britain) by a large number of individuals ranging in status from high administrative officials to slaves, soldiers, civilians and traders is bound to have a significant influence, not least because (unlike the case often made for Egypt, unconvincingly in my view) there is no reason to suppose that Britannia was exceptional in this respect.[14]

If we shift our focus from quantification to emphasis on the function, quality and depth of literacy, we can see that the presence of the Roman military and civilian establishment brought with it a literate environment which is in evidence from the very earliest stages and certainly affected the spread of the Latin language into the local communities (see below). The very large number of individual hands, with hardly any groups or 'archives' attributable to individual scribes, shows that we are dealing with significant numbers of people who knew how to read and write, or at least understood the function of documentation. Significantly, this is true well below the elite military and administrative levels, as is shown by the brief reports (*renuntia*) written by *optiones*, the soldiers'

12 Bowman – Tomlin 2005; for ongoing improvements in the technology for capturing palimpsests with Reflectance Transformation Imaging (RTI) see Mullen – Bowman 2021, 78–83.

13 For an early example from Frisia, then at the geographical limits of the Roman occupation, see Bowman et al. 2009.

14 Bowman 1991; 1994.

personal requests for furlough (*commeatus*)[15], routine accounts, commercial transactions and letters, with the variation of the individual hands within the common characteristics of Latin cursive writing in the first two centuries AD. There is, inevitably, the question of the use of practised scribes by letter-writers which can clearly be observed. Even in that context, however, we can find a letter written by a fine hand with a closure written in a crabbed cursive but in Latin which is by no means substandard.[16] Another is clearly a draft written by the cohort commander Flavius Cerialis with an incomplete address and erasures which would probably have been turned into a fair copy by the author or a scribe.[17]

It thus bears repeating that literacy and the use of documentation for practical record-keeping and for correspondence may not touch a very large percentage of the population of the Roman Empire but it is spread both very widely and deeply, geographically and socially. The variety of different handwriting in our collections of texts shows that writing skills penetrated widely across society even if the total numbers and percentage of literates were relatively small.[18]

The large number and variety of individual hands makes a very significant, perhaps even transformative, contribution to the history of writing in Latin (palaeography), especially since so much of the evidence previously available comes from the eastern part of the empire, notably in papyri from Egypt and Dura-Europos.[19] Writing in the west has been comparatively well represented by wax tablets of the first century from Pompeii, Herculaneum and Puteoli but it is especially valuable from the palaeographical point of view that the ink tablets from Vindolanda and Carlisle are more directly comparable to the texts on papyri and are rich in samples that allow us to examine the scripts in detail.

The cursive scripts in Latin documents from this period have conventionally been classified by palaeographers into two main categories: Old Roman Cursive (ORC), prevalent in the first and second centuries and late into the third AD, and New Roman Cursive (NRC) which is well attested from the fourth century AD, but is thought to have its origins in the late third.[20] This (ORC) was plausibly believed to have had its origins in capital bookhands, but it is a belief not underpinned by any firm and precise evidence, perhaps not least because that early development should have become apparent in the second or first century BC for which there is no documentation. By the early imperial period the set of literary texts published in Tab.Vindol. IV illustrates the lack of firm boundaries between script types: "in all three [*sc.* texts], the attempt to make a distinction between thick and thin strokes, and the regular use of hooks, serifs and finials on the uprights, serve to emphasise the literary style of writing; but features of Old Roman Cursive (ORC)

15 Tab.Vindol. II 127–153; III 574–579 (*renuntia*); Tab.Vindol. II 166–177 (*commeatus*).
16 Tab.Vindol. II 291, the well-known birthday invitation.
17 Tab.Vindol. II 225.
18 Bowman 1994; Cooley 2002; Kolb 2018; Mullen 2021.
19 Mullen – Bowman 2021.
20 This section draws heavily on the account in Mullen – Bowman 2021.

are to be found in them all."[21] Another script for which more evidence would be welcome, is Roman shorthand, known as *notae Tironianae*, after Cicero's secretary Tiro. In the current state of play the only examples from before AD 300 which are likely to represent the type that we know existed in the Roman world, thanks to literary references, are a few undeciphered fragments from Vindolanda which, if correctly identified, attest to its use in military circles much earlier.[22]

Even before the discovery of the ink-written leaf tablets at Vindolanda and Carlisle (c. AD 70–130) it had been proposed that there were certain developments and changes in the character and style of the scripts in the early second century AD which are important both intrinsically and in relation to the later appearance of NRC.[23] The sparseness of evidence available until the 1970s has meant that the symptoms of such changes were drawn from a very limited and scattered body of text. Our analysis of NRC in the context of the documentation of the western Empire from AD 300 is even poorer than for earlier ORC because virtually all the earliest, fourth-century examples are on papyri deriving from the eastern half of the Empire. The newly acquired evidence of the Romano-British tablets, including those on metal, has offered us hope that if there is some relationship between ORC and NRC, we should be able to see ORC scripts of the first two centuries using letter forms which were critical for the development of NRC.[24] Small but significant items of evidence support the case: in particular supposed NRC forms of A, B, and E which had not previously appeared in an ORC context (for example the so-called 'Frisian ox sale' tablet contains As and Bs of NRC type in an otherwise early sample of ORC script on an inscribed stylus tablet) and a curse tablet from Bath, identified as NRC but with a mixture of ORC forms, including a B.[25] There are remaining uncertainties, which are not trivial. The shift of the bow or loop of cursive B from left- (ORC) to right-facing (NRC) which was thought to be a critical symptom of the change still lacks a universally accepted explanation, but it remains open to question whether that really was a diagnostic. Despite that, the steadily accumulating evidence has tended to support the view that the move to NRC was an evolving process in the second and third centuries, rather than a change in which stylistic canons were imposed – in other words more of a continuum than a sharp break, but a continuum whose apparent uniformity across the Empire is now the more striking in view of the complementarity of the data either end of the Empire, in Britain and in Egypt.

---

21 Tab.Vindol. IV 1, 854–856 at p. 191.

22 Tab.Vindol. II 122–126. See Boge 1973, Teitler 1985. For the documentary evidence of shorthand, both from Vindolanda and later sources, see Tab.Vindol. II, pp. 71–72.

23 A Roman will, probably from North Africa to judge from the names, has recently been published (Rothenhöfer – Blänsdorf 2016) and complicates the picture. It was written in ink on a wooden stylus tablet in AD 340 and in ORC, which is very unusual for its fourth century date and it certainly shows letter forms which look more at home in ORC than NRC. Finds such as this remind us of the partial nature of the evidence and the extent to which new finds may force us to rethink or qualify our analyses.

24 For a detailed discussion of the earlier scholarship (mostly by French and Italian palaeographers) see Tab.Vindol. I, pp. 55–60.

25 Bowman et al. 2009; Tab.Sulis 65.

Language

The evidence for the range of language and subject-matter also makes a very notable contribution, particularly in relation to the connections between Latin and Celtic and the unexpectedly early evidence for some linguistic usages hitherto known only from much later mediaeval sources.[26] There is both good and sophisticated language, some 'substandard' examples and important evidence for usages which cast light on the development of the Latin language. First, we should note the striking examples of quotations from literary sources which may or may not have been used for writing exercises. They clearly show that this literature is part of the common currency in at least part of that remote community.[27] The examples have been published individually and sporadically which perhaps does not do justice to their collective impact. The list so far yields two well-known quotations from Vergil and perhaps two others, a possible snapshot of Catullus, and there might even be some free literary composition.[28] This is redolent of a literary culture at least at a high professional and social level which is made more explicit in a remarkable fragment of a letter of recommendation in an elegant hand and sophisticated language reminiscent of Pliny's letters:[29]

uiri boni accedit eṭịạm libera-
lium studiorum amore
profectus morum denique
tẹ[m]peramentum et cu-
[- - -]

"[...] of a good man there is added also moral progress through love of liberal pursuits, and finally moderation and [...]"

Alongside this we have the surfacing of subliterary terms or usages which had never or hardly ever made an appearance in literary texts: "[...] chance discovery in Britain of the types of informal documents likely to contain humdrum terms which, though widely used across the empire, were rarely put into writing of a literary kind."[30] A short list of remarkable technical usages with significant implications is telling. The word *excussorium* meaning 'threshing-floor' is not attested outside Britain with this usage and lived on in Britain for almost 1000 years; *corticius* ('barky') a technical usage attested for the first time; *turta* (*torta*) an early loan word from Latin found in much later British medieval

26 This section draws very heavily on Adams 2007, 577–623. See also Hilla-Aho 2009 and Mullen forthcoming 2023/2024.

27 See Kruschwitz 2020.

28 Tab.Vindol. II 118 (Aen. 9.473); II 121 (Aen. 12.567?); II 119 (Catull. 86?); IV 1, 854 (Georg. 1.125); IV 1, 856 (?App. Verg., Copa 28); IV 1, 855 (free composition?).

29 Tab.Vindol. III 660; e.g. Plin. Ep. 7.22.

30 Adams 2007, 612.

Latin; *uectura* with the meaning 'wagon', rather than 'transport costs', only previously known from the medieval period.[31] These are obviously symptomatic of elements in the register of the Latin language in the west which can only now be backdated by centuries.

There is also the matter of the relationship between Latin in Britain and Gaul and the Celtic and Germanic speakers. Since Vindolanda was garrisoned by units of Tungrians and Batavians from the Lower Rhine area during the period between c. AD 85 and 120, the tablets provide direct evidence for Latin written by provincials, both those stationed in Britain and those writing to them from elsewhere. To quote Adams: "Since the Latin surviving from Britain was for the most part written not by Britons but outsiders, these 'north-western' elements must either have been introduced by soldiers and others with a continental Celtic background, or picked up from local contacts with British Celts."[32] There is a marked Celtic element in Vindolanda tablets. Gavo the name of a local entrepreneur is Celtic; the words *tossea* and *bedox* are possibly of Celtic origin. The Gallic word *souxtum*, some kind of a vessel used at the Saturnalia and completely unknown until it turned up at Vindolanda, then soon afterwards in an inventory of pottery, has found a route into Latin.[33] All of this speaks to a close connection between Britain and Gaul and their Celtic speakers, with common linguistic features from the Celtic background, whether from Continental or British Celtic. This is perhaps not so very surprising but the importance of this evidence is that it enables us to document the linguistic interpenetration in some detail at a level and in an early period which has not hitherto been possible.[34]

Military documentation

It might have been expected that the writing-tablets would cast light on the nature and operation of the Roman military documentation and bureaucracy, a subject which has received close attention from 20th-century historians. So they do, but perhaps not quite in the ways which might have been anticipated. We have not been blessed with archives of military units such as the papyri of Dura-Europos, or even the ostraka from the fort of Bu-Njem in Libya.[35] The London Bloomberg tablets predominantly reflect a civilian and trading environment and neither the Carlisle nor the Vindolanda tablets show that they belong to archives in the unit's record-office such as we find at Dura-Europos. There are nevertheless some significant items. The strength report of the Batavian cohort at Vindolanda is recognisable in the context of other such reports from elsewhere. Records from Carlisle of disbursements of barley and wheat and a letter detailing missing weapons and

31 Tab.Vindol. II 343; III 596; II 180; III 600; Adams 2007, 603; 608; 611; 612–613.

32 Adams 2007, 603. See now also Mullen forthcoming 2023/2024.

33 Tab.Vindol. II 192; 207; 218; Adams 2007, 582; Tab.Vindol. II 192; Adams 2007, 601, cf. 603; Tab. Vindol. II 301; Adams 2007, 597–598; 603; 622.

34 It is notable that older lexical works such as Holder 1896–1913 draw very heavily on the evidence of toponyms and personal names.

35 Welles et al. 1959, Marichal 1992.

equipment (spears, swords, and *subarmalia*) and the domestic accounts of the *praetorium* at Vindolanda can be imagined across the spectrum of Roman military communities.[36] The same is true of the group of requests for Vindolanda for furlough (*commeatus*) though there are no precise parallels from elsewhere. If not exactly intimate, the requests are both personal and specific even if some of the wording is broadly formulaic, with toponym and purpose of leave stated in some cases. And we may again draw attention to the variety of separate hands at work in these documents.[37] This speaks to a high degree of individuality in communication at this level within the unit.

A unique (so far) feature at Vindolanda is a group of formulaic texts which are called *renuntia*, a term not found anywhere else as the official designation of a type of military report.[38] They have turned up nowhere else (though that may change), they reinforce the point about individual composition and writing practices even in formulaic texts, though the universal repetition of the idiosyncratic verb-form *debunt* (sc. *debent*) suggests that they derive from a common exemplar.

xvii K(alendas) Maias.
renuntium uacat
coh(ortis) $\overline{VIIII}$ *Batauo-*
rum omnes ad lọca qui
debunt et impedimenta.
renuntiarunt optiones
et curatores.
detulit Arcuittius optiọ
(centuriae) Crescentis

"15 April. Report of the 9th Cohort of Batavians. All who should be are at duty stations, as is the baggage. The *optiones* and *curators* made the report. Arcuittius, *optio* of the century of Crescens, delivered it."[39]

This speaks to an unexpected degree of local flexibility and initiative in documentary practices in individual units which might rest with individual commanding officers of units or with the provincial governors and commanders. At any rate it militates against the idea of universal rigidity of practice imposed throughout from the highest levels (the sort of impression conveyed by manuals such as Vegetius, *De re militari*).[40]

36 Tab.Vindol. II 154; Tab.Luguval. 1; 16; Tab.Vindol. II 191.
37 Tab.Vindol. II 166–177.
38 Tab.Vindol. II 127–153; III 574–579.
39 Tab.Vindol. III 574.
40 For the context see Stauner 2004.

People

The intensity of communication and levels of literacy and culture (*amor liberalium studiorum*) displayed by some of the inhabitants of these communities contrast with the lack of evidence for the neighbouring local population except for a few explicit references and the inferences to be drawn from Celtic and Latin linguistic phenomena (see above). The contacts with the local Brittones might, after all, have been largely confined to matters of food supply, transport and population control in this early period of occupation, even if individuals could very occasionally penetrate the local patronage network.[41] Evidence of a broadly similar kind, though significantly from a civilian and commercial rather than a military context, is provided by the London Bloomberg tablets a generation earlier than the Vindolanda material.[42] Intriguing from a different perspective are the lines of communication which created and supported what might broadly be considered the Roman administrative elite. Generally speaking, we have always appreciated how the Roman imperial machine managed to control vast areas of territory with relatively few high-ranking administrators. The character and coherence of that small group of at most a few hundred civil and military officials is underlined by the connections across time and space that emerge from the written texts. The immediate or virtual presence of the emperor himself can hardly be imagined but the invocation of a '*maiestas*', probably the provincial governor, by a foreign trader (*hominem trasmarinum* [sic]) gives a sense of immediacy and contact with the highest authorities.[43] Perhaps just as striking, if correctly interpreted, is a piece of correspondence from a *comes Aug(usti)* who must have been very close to the imperial apparatus. The occurrence of this title at this time and place has been thought unlikely, but I am not aware of any more plausible alternative reading or any other interpretation of the words as they stand and *Aug(usti)* looks inescapable.[44] This individual is called Ascanius, a name which occurs only once elsewhere in Roman Britain, on the tombstone of one T. Licinius Ascanius and it is perhaps not too fanciful to wonder whether he might be the very same *comes Aug(usti)*.[45] This would not be the only evidence in the correspondence for links between London and Vindolanda.[46]

The provincial governor, Neratius Marcellus is invoked by the equestrian prefect at Vindolanda, Flavius Cerialis, in a draft of a letter seeking patronage or possibly promotion. Marcellus and his brother Neratius Priscus, a distinguished jurist, were leading

41 Tab.Vindol. III 649 refers to transport of emmer '*de carris Brittonum*'. Tab.Vindol. II 164 is a memorandum about the fighting characteristics of the '*Brittunculi*'. Brigionus of Tab.Vindol. II 250 (cf. 188) is a rare example of a local person benefitting from the patronage of the military officers.

42 See Tomlin 2022; Cooley forthcoming (e-book).

43 Tab.Vindol. II 344.

44 Tab.Vindol. III 650. The reference to the Caesariani, slaves, and freedmen of the imperial house (Tab.Vindol. III 645.8–9) supports the inference that there were people in Britannia who were close to the emperor and the imperial administration.

45 RIB I 14 (London, undated).

46 Tertius the *braciarius* in Tab.Lond.Bloomberg 12 and RIB II 2443.4 (Carlisle) and possibly also Tab.Vindol. II 343.21.

senators and surely as well-known at the imperial court as they were to Pliny the Younger. The intermediary addressed in this draft, Crispinus, is unknown, but also very likely to be a senator and a man influential enough to intercede with the provincial governor. Flavius Cerialis is a commander of equestrian rank, of native Batavian stock, reaching out to the highest senatorial circles. And, somewhat confusingly, in this letter another Crispinus (Gratteus) is asked to deploy his influence with the governor face-to-face.[47] Letters to the *consularis* were surely a regular feature of the network within the province and we can hardly doubt that the lines of written communication reached across the Channel to Gaul and beyond. More intriguing, if tantalisingly short of any detail, is a fragmentary reference to Rome itself, accompanied by a mention of *uiaticum* which hints at the possibility of travel and connections over longer distance.[48]

These hints reinforce the impression that the networks of influence between equestrian officers and the higher echelons of the administration were effective both personally and as an important cohesive factor in the security of Roman control. We know only a few details about individuals but these provide clear testimony to the status, careers, and interests of the officer class, as well as their movement around the empire. The very name of Flavius Cerialis, *praefectus* of the Ninth Cohort of Batavians evokes both the ruling dynasty and Petilius Cerialis, the governor of Britain in the 70s – a Batavian whose citizenship and advancement to equestrian officer status was perhaps a reward for loyalty on the part of his family to Rome at the time of the Batavian revolt. We might envisage a contrast with Julius Classicus, a Treveran noble, formerly *praefectus* of the Sixth Cohort of Nervians in the 60s, attested in the London Bloomberg tablets, who was commanding a cavalry unit (*ala*) in AD 70 and actually joined the revolt.[49]

The most distinguished equestrian officer to appear among the correspondents is T. Haterius Nepos, the writer of a letter to Flavius Genialis, *praefectus* at Vindolanda in the mid-90s, before Flavius Cerialis.[50] Nepos' equestrian career culminated in the prefecture of Egypt, held in AD 120–124.[51] He has traditionally been identified as the unnamed honorand of ILS 1338, from Fulginiae in Umbria, who held a string of posts before the prefecture of Egypt: *praefectus cohortis, tribunus militum, praefectus equitum, censitor Brittonum Anauion[ensium]* (or *Anauorum*), *procurator Augusti Armeniae maioris, ludi magni, hereditatium et a censibus, a libellis Augusti* and *praefectus uigilum*. This would give him an active career span of more than thirty years or more, perhaps including a *praefectura equitum* of the *ala Petriana* at Corbridge (Coria) in northern Britannia in the mid-90s. The only post which has a specific British context in ILS 1338 is that of *censitor*

47 Tab.Vindol. II 225; Plin. Ep. 3.8; Birley 1991, 95–96; for Crispinus as a possible senator see Tomlin 1996, 462.

48 Tab.Vindol. II 295 (letters to the governor); II 283.4–5 (*uiaticum* perhaps for travel to Rome, and for travel from Rome to London, cf. Cooley forthcoming (e-book), 92 n. 62, Tab.Lond.Bloomberg, p. 16).

49 Tab.Lond.Bloomberg 33; Devijver 1976, C24 (p. 198).

50 Tab.Vindol. III 611. He is very likely to be the father of the distinguished consul of AD 134.

51 Bastianini 1975, 284; 1988, 508.

and might perhaps be connected with the reference to a census in a Vindolanda tablet;[52] presumably any or all of the earlier equestrian militiae could have been held in Britain and it is perhaps most likely that the letter is residual in a later context and is to be assigned to a period in the 90s when Nepos was a young fellow-prefect of Genialis. The text of the letter itself is incomplete and gives us no further direct information, but Nepos' expressed wish that Genialis should come to Coria (Corbridge) suggests the possibility that this was his base. The idea that Corbridge was held by a cavalry *ala* would accommodate the hypothesis that Nepos was there as *praefectus equitum* commanding an *ala* (probably the *ala Petriana*), the third senior post of the *militiae equestres* recorded for the honorand of ILS 1338, and that the activity as *censitor* of the Anavionenses should be connected with this *praefectura*, perhaps held a few years before AD 100.[53]

Aelius Brocchus, friend and frequent correspondent of Cerialis, was surely an equestrian commander at a nearby fort, perhaps as *praefectus* of the *ala Petriana* in succession to Haterius Nepos.[54] The evidence in the letters for his hunting activities makes it attractive to suppose that he is also the author of a dedication to the goddess Diana found in Pannonia and made after further promotion to the fourth grade of the *militiae equestres* as *praefectus* of the *ala I Ulpia Contariorum*.[55]

Finally, we may return to the possible involvement of another equestrian officer in the world of letters. A certain Caecilius Secundus is the author of a letter to Julius Verecundus the *praefectus* at Vindolanda c. AD 85–92, and probably himself the commander of an *ala* stationed in the region. An attractive and plausible identification is with the patron to whom Martial dedicated Book 7 of his Epigrams. This Caecilius Secundus is to be found in a conquered area near the mouth of the Danube probably during or soon after Domitian's Sarmatian War of AD 92. If he is indeed the same man, he must have been transferred there after holding a prefecture in Britain contemporary with that of Verecundus.[56]

Few though these items of evidence are, they emerge from only a very limited archaeological context, both chronologically and geographically, and from a very small proportion of the Roman military/administrative community. It is surely not rash to believe that such contacts, networks and careers will have been multiply replicated across the prov-

---

52 Tab.Vindol. II 304.

53 See Birley, E. 1988, 370–371; Tomlin 1996, 461; Birley, A. R. 2001, 16 n. 1, and cf. Tab.Vindol. II 281 back, line 4; Tab.Vindol. III 700 back and introduction, p. 16. As A. R. Birley suggests (2001) the Anavionenses are also mentioned in Tab.Vindol. III 594.a.6. In that case, the same operation may be referred to in Tab.Vindol. II 304. The *ala Petriana* is attested several times in the Vindolanda correspondence, see Tab.Vindol. II 258; 277; 281; III 700.

54 See Tab.Vindol. III 622 and Appendix 292. Birley, A. R. 2002, 135–138 argues that he was probably at Briga which he identifies as Kirkbride.

55 Tab.Vindol. II 233; Birley, E., et al. 1993, 38; CIL III 4360 (Arrabona) (= EDCS 26600277): *Dianae | sacr(um) | C(aius) Aelius | Brocchus | praefect(us) | alae I [Ulp(iae)] | [Contarior(um?).*

56 Tab.Vindol. IV 3, 893; Devijver 1976, C24 (p. 198); Mart. Ep. 7.84: *Dum mea Caecilio formatur imago Secundo | spirat et arguta picta tabella manu. | I, liber ad Geticam Peucen Histrumque iacentem:| haec loca perdomitis gentibus ille tenet.* See also Tab.Vindol. II 252 for an officer also attested as previously in command of a unit in Syria.

inces of the empire, and in the civilian/commercial context as well as the military. The correspondence and documents from Vindolanda, Carlisle, and London are eloquent testimony to ways in which the habits of documentation, letter-writing, and the literate culture bound members of these communities together both over great physical distances and in an extensive social network, or perhaps a series of linked social networks reaching into Continental Europe,[57] and stretching from the highest ranks of the military and administrative personnel, including the imperial *familia*, down to soldiers and their families, freedmen and slaves, artisans and traders. Before 1970 we could only have imagined this for the northwestern provinces of the empire. The evidence emerging from Britannia over the past five decades has given us the substance and made it verifiable.[58]

Abbreviations

Tab.Lond.Bloomberg:	Tomlin, R. S. O., Roman London's first voices: Writing tablets from the Bloomberg excavations 2010–2014, London 2016.
Tab.Luguval.:	Tomlin, R. S. O., Roman manuscripts from Carlisle: the ink-written tablets, Britannia 29, 1998, 31–84.
Tab.Sulis:	Tomlin, R. S. O., The Curse Tablets, in: Cunliffe, B. (ed.), The Temple of Sulis Minerva at Bath, vol. II: The Finds from the Sacred Spring, Oxford 1988, 59–277.
Tab.Vindol. I:	Bowman A. K. – Thomas, J. D. (eds.), The Vindolanda Writing-Tablets (Britannia Monograph Series 4), London 1983.
Tab.Vindol. II:	Bowman A. K. – Thomas, J. D. (eds.), The Vindolanda Writing-Tablets II (Tabulae Vindolandenses II), London 1994.
Tab.Vindol. III:	Bowman A. K. – Thomas, J. D. (eds.), The Vindolanda Writing-Tablets III (Tabulae Vindolandenses III), London 2003.
Tab.Vindol. IV 1:	Bowman, A. K., et al. (eds.), The Vindolanda Writing-Tablets (Tabulae Vindolandenses IV, Part 1), Britannia 41, 2010, 187–224.
Tab.Vindol. IV 2:	Bowman, A. K., et al. (eds.), The Vindolanda Writing-Tablets (Tabulae Vindolandenses IV, Part 2), Britannia 42, 2011, 113–144.
Tab.Vindol. IV 3:	Bowman, A. K., et al. (eds.), The Vindolanda Writing-Tablets (Tabulae Vindolandenses IV, Part 3): New Letters of Iulius Verecundus, Britannia 50, 2019, 225–251.

57 On this in the context of the London Bloomberg Tablets see now Cooley forthcoming (e-book).

58 I am very grateful to Alex Mullen and Roger Tomlin for their helpful comments on an earlier draft of this paper.

Bibliography

Adams, J. N., The new Vindolanda writing tablets, CQ 53, 2003, 530–575.

Adams, J. N., The language of the Vindolanda writing tablets: an interim report, JRS 85, 2005, 86–134.

Adams, J. N., The Regional Diversification of Latin 200 BC – AD 600, Cambridge 2007.

Adams, J. N., The Latin of the new Vindolanda Tablets, Britannia 49, 2019, 253–263.

Bastianini, G., Lista dei prefetti d'Egitto dal 30a al 299p, ZPE 17, 1975, 263–328.

Bastianini, G., Il prefetto d'Egitto (30 a.C. – 297 c.C.). Addenda (1973–1985), ANRW II 10.1, 1988, 503–517.

Birley, A. R., The Anavionenses, in: Higham, N. J. (ed.), Archaeology of the Roman Empire: a Tribute to the Life and Works of Professor Barri Jones (British Archaeological Reports, International Series 940), Oxford 2001, 15–24.

Birley, A. R., Garrison Life at Vindolanda. A Band of Brothers, Stroud 2002.

Birley, E., The Roman Army: Papers 1929–1986 (Mavors 4), Amsterdam 1988.

Birley, E. – Birley, A., The Early Wooden Forts. Reports on the Auxiliaries, the Writing Tablets, Inscriptions, Brands and Graffiti (Vindolanda Research Reports, New Series 2), Greenhead 1993.

Boge, H., Griechische Tachygraphie und tironische Noten, Berlin 1973.

Bowman, A. K., The Vindolanda writing-tablets and the development of the Roman book form, ZPE 18, 1975, 237–252.

Bowman, A. K., Literacy in the Roman empire: mass and mode, in: Humphrey, J. H. (ed.), Literacy in the Roman World (JRA Suppl. 4), Ann Arbor 1991, 119–131.

Bowman, A. K., The Roman imperial army: letters and literacy on the northern frontier, in: Bowman, A. K. – Woolf, G. D. (eds.), Literacy and Power in the Ancient World, Cambridge 1994, 109–125.

Bowman, A. K., Life and Letters on the Roman Frontier. Vindolanda and its People, London 2003.

Bowman, A. K. – Tomlin, R. S. O., Wooden stilus tablets from Roman Britain, in: Bowman, A. K. – Brady, J. M. (eds.), Images and Artefacts of the Ancient World, Oxford 2005, 7–14.

Bowman, A. K. – Tomlin, R. S. O. – Worp, K. A., *Emptio bovis Frisica*: the 'Frisian ox sale' reconsidered, JRS 99, 2009, 156–170.

Cooley, A. E., Becoming Roman, Writing Latin? Literacy and Epigraphy in the Roman West (JRA Suppl. 48), Portsmouth/RI 2002.

Cooley, A. E., The role of the non-elite in spreading Latin in Roman Britain, in: Mullen, A. (ed.), Social Factors in the Latinization of the Roman West, forthcoming, ch. 5 (e-book).

Devijver, H., Prosopographia Militiarum Equestrium quae fuerunt ab Augusto as Gallienum, vol. I, Leuven 1976.

Frere, S. S. – Hassall, M. W. C. – Tomlin, R. S. O., Britain in 1985, Britannia 17, 1986, 363–454.

Holder, A., Altceltischer Sprachschatz, Leipzig 1896–1913.

Hilla-Aho, H., The Non-Literary Latin Letters. A Study of their Syntax and Pragmatics, Helsinki 2009.
Kolb, A. (ed.), Literacy in Ancient Everyday Life, Berlin – Boston 2018.
Kruschwitz, P., Poetry on the advance. The emergence and foundation of a poetic culture in Roman Britain, G&R 67, 2020, 177–202.
Marichal, R., Les Ostraca de Bu Njem (Libya Antiqua Suppl. 9), Tripoli 1992.
Mullen, A., Socio-literacy: an interdisciplinary approach to understanding literacy in the Roman North-West, in: Moncunill, N. – Ramírez-Sánchez, M. (eds.), Aprender la escritura, olvidar la escritura: Nuevas perspectivas sobre la historia de la escritura en el Occidente Romano, Vitoria 2021, 349–372.
Mullen, A. (ed.), Social Factors in the Latinization of the Roman West, forthcoming (e-book).
Mullen, A., Languages and literacies in Roman Britain, in: Mullen, A. – Willi, A. (eds.), Latinization, Local Languages and Literacies in the Roman West, Oxford, forthcoming 2023/2024.
Mullen, A. – Bowman A., Manual of Roman Everyday Writing, vol. I: Scripts and Texts, 2021 (e-book) https://latinnowepubs.github.io/ScriptsandTextsVol1/mobile/index.html ⟨16.09.2023⟩.
Rothenhöfer, P. – Blänsdorf, J., *Sana mente sanaque memoria testamentum feci*: Eine testamentarische Verfügung vom 12. April 340 n. Chr., Gephyra 13, 2016, 153–163.
Stauner, K., Das offizielle Schriftwesen des römischen Heeres von Augustus bis Gallienus (27 v.Chr. – 285 n.Chr.), Bonn 2004.
Teitler, J. C., Notarii and Exceptores, Amsterdam 1985.
Tomlin, R. S. O., Roman Britain in 1987, Britannia 19, 1988, 496–498, nos 30–35
Tomlin, R. S. O., Roman Britain in 1990, Britannia 22, 1991a, 299–300, nos. 24–25.
Tomlin, R. S. O., The Writing Tablets, in: Padley, T. G. – Winterbottom, S. (eds.), The Wooden, Leather and Bone Objects from Castle Street, Carlisle, Excavations 1981–1982 (The Cumberland and Westmorland Antiquarian and Archaeological Society Research Series 5), Carlisle 1991b, 209–218.
Tomlin, R. S. O., The Twentieth Legion at Wroxeter and Carlisle in the first century: the epigraphic evidence, Britannia 23, 1992, 146–148.
Tomlin, R. S. O., The Vindolanda tablets, Britannia 27, 1996, 459–463.
Tomlin, R. S. O., Writing on wood in Roman Britain, in: Ast, R., et al. (eds.), Uniformity and Regionalism in Latin Writing Culture of the First Millennium C.E., Heidelberg 2022, 115–131.
Welles, C. B., et al., The Excavations at Dura-Europos, Final Report V, Part 1: The Parchments and Papyri, New Haven 1959.
Willi, A., Manual of Roman Everyday Writing, vol. II: Writing Equipment, Nottingham 2021 (e-book) https://archive.org/details/willi-2021-writing-equipment-latinnow ⟨16.09.2023⟩.

Donativum, crue du Nil, procurateur et botte de choux

Hélène Cuvigny

Les trois lettres sur ostraca que je suis heureuse d'offrir à Rudolf Haensch sont issues du comblement de détritus de la 'chambre peinte' attenante à la salle des citernes du grand *praesidium* qui était le centre administratif des carrières du Mons Claudianus.[1] Ce comblement a livré plusieurs ostraca datés des règnes d'Antonin le Pieux et de Commode, en particulier dans le coin sud-est (SE) de la pièce, d'où proviennent nos trois documents et où les couches 5 à 9 contenaient un mélange d'ostraca datés, ou datables d'après la prosopographie, de ces deux empereurs.

Ces lettres ont pour point commun remarquable de mentionner l'*epitropos* d'un des correspondants, particularité sans parallèle dans les ostraca du Claudianus. Quel sens donner ici à *epitropos*? On peut écarter d'emblée celui de *tutor minoris*. Dans le corpus du désert Oriental, *epitropos* désigne presque toujours un procurateur impérial, de rang équestre (le préfet de Bérénice) ou affranchi (le *procurator metallorum*). Mais il ne s'agit pas dans le cas présent d'un haut personnage: l'*epitropos* a été chargé d'acheter du vinaigre et on lui adresse des reproches pour n'avoir pas fait parvenir de provisions. Le pronom possessif invite à considérer l'*epitropos* anonyme comme un mandataire. Des hypothèses sur son statut seront proposées en conclusion.

Les lettres **2** et **3** sont adressées par Didymôn à Koprès; aucun des deux n'est sûrement identifiable dans la prosopographie claudianienne. Didymôn parle dans ses deux missives d'une personne qu'il appelle, sans la nommer, "mon *epitropos*." La lettre **1**, quoique complète, est dépourvue de prescrit, si bien que son appartenance au dossier n'est pas totalement assurée. Plusieurs arguments plaident cependant en faveur de cette hypothèse: outre qu'elle rapporte les paroles d'un tiers désigné comme "ton *epitropos*", elle témoigne, comme **2** et **3**, de la difficulté de communiquer directement avec cet *epitropos*. Par ail-

1 Les peintures murales de cette pièce (la *room* 1 des indications stratigraphiques) sont publiées dans Eristov – Cuvigny – Van Rengen 2021, 183–254. Le comblement de la pièce semble constitué en partie des poubelles du bureau des curateurs successifs. La plupart des ostraca qui en proviennent ont été confiés à Diane Coomans, qui prépare le volume V des O.Claud. et à qui je dois d'utiles remarques sur l'interprétation des données stratigraphiques de ces trois lettres lors d'une présentation en séminaire; elles ont bénéficié des observations des participants, en particulier Jean Gascou et Benoît Laudenbach qui m'ont permis d'affiner ma compréhension de la ligne 5 du premier texte. Je remercie également Patrick Le Roux pour ses vues stimulantes sur le *donativum*.

leurs, les trois documents sont issus de couches proches et la lettre anonyme provient de la même unité stratigraphique que **2**. Il est donc raisonnable de supposer que le dossier est constitué de deux lettres envoyées par Didymôn à Koprès, qui se trouvait au Claudianus, et du brouillon acéphale d'une lettre de Koprès à Didymôn. Et Didymôn, où était-il stationné? Ce point est abordé dans l'introduction à **1**.

1 Lettre acéphale (de Koprès à Didymôn?)

O.Claud. inv. 7216		2ᵉ moitié du IIᵉ s. p.C.
FWI[2] – room 1 SE 5	15,5 × 11 cm	pâte alluviale

Le support est complet, mais la lettre est dépourvue de *formula valedicendi* et, surtout, de prescrit, ce qui fait penser à un brouillon qui n'a pas été envoyé; trois ratures renforcent cette impression.

Le texte comporte un indice sur le lieu où se trouvait le destinataire. En général, les lettres trouvées au Claudianus proviennent soit, surtout, de Raïma, dernière station avant le Claudianus sur la route du Nil au Claudianus, soit, plus rarement, de Tiberianè, *metallon* satellite situé à c. 11 km à vol d'oiseau au sud-est du Claudianus, dont il dépendait pour son ravitaillement en eau. Comme l'auteur de **1**, stationné en principe au Claudianus, transmet à son correspondant, Didymôn?, des nouvelles de la vallée du Nil, il y a peu de chances pour que ce dernier soit à Raïma. Un autre argument nous est fourni par la suite du texte: la lettre était accompagnée de quelques légumes. Or Raïma était le centre de maraîchage qui approvisionnait le Claudianus (O.Claud. II 370, intr.). Les légumes, s'il en parvenait à Tiberianè, transitaient vraisemblablement par le Claudianus.[3]

Mais la lettre n'est pas qu'un banal bordereau d'envoi de légumes. Elle contient deux informations exceptionnelles en provenance de la vallée: l'une concerne la crue du Nil, l'autre la distribution d'un *donativum*. L'allusion au *donativum* révèle que les correspondants, peut-être aussi l'*epitropos* (si l'aoriste ἐλάβαμεν à la ligne 2 fait partie de la citation en discours direct), sont des militaires.

Koprès? informe son correspondant que la crue a atteint le pic de 18 coudées depuis le premier du mois. Ce chiffre ainsi que la date montrent que le relevé a été effectué dans un nilomètre de Haute-Égypte, où le phénomène se manifestait avec une quinzaine de jours d'avance sur le nord de la province, et où le pic était atteint précisément vers le premier jour du premier mois de l'année alexandrine, la *neomènia* de Thôth (29/30 août) (comm. *ad* 4–5). Chaque année, la nouvelle de la hauteur maximale de la crue du Nil, déterminante pour la prospérité de l'Égypte et le rendement fiscal, était anxieusement[4] attendue aussi bien par ceux qui vivaient de la terre et la travaillaient que par les services de l'État.

2 On trouvera une liste alphabétique des abréviations désignant les sondages dans O.Claud. III, p. 110–115.

3 Nous n'avons à vrai dire aucun témoignage sûr de légumes envoyés ou réceptionnés à Tiberianè.

4 Cf. Diod. Sic. 1.36.11: διὰ δὲ τὴν ἀγωνίαν τὴν ἐκ τῆς ἀναβάσεως τοῦ ποταμοῦ γινομένην.

Il est surprenant d'en trouver un écho dans une lettre du désert (qui plus est écrite par un soldat à l'intention d'un autre soldat), ce genre d'écrit ne reflétant habituellement que des préoccupations locales et immédiates. L'expression employée dans l'ostracon rappelle curieusement celles qu'on rencontre chez deux témoins visuels, Strabon et Aelius Aristide (comm. *ad* 5).

Le corpus ostracologique du désert Oriental a livré une seule autre mention de *donativum*, et ce dans une lettre trouvée au Claudianus et provenant de Raïma, également issue du comblement de la chambre peinte (O.Claud. II 258, 4–5 [NW 5]: ἐξπουγεύσαμεν τῶν δονάτιβον). Ni la stratigraphie, ni la prosopographie ne confirment que cette allusion énigmatique soit contemporaine du présent dossier, mais c'est vraisemblable. Faut-il également invoquer O.Florida 6 (lettre d'un décurion au curateur d'un *praesidium* inconnu)? Le mot n'est pas *donativum*, mais *congiarium*, qui désigne habituellement les largesses faites aux civils. Hadrien emploie aussi *congiarium* dans son allocution à l'*ala I Pannoniorum* prononcée à Lambèse le 13 juillet 128: enchanté par la démonstration irréprochable des cavaliers de cette aile sur le champ d'armes, l'empereur leur accorde une prime (*congiarium accipite*).[5] Ce passage est considéré comme la première attestation d'un *donativum* gratifiant des soldats n'appartenant pas à des unités traditionnellement constituées de citoyens romains.[6] Le choix de *congiarium* dans le discours d'Hadrien est sans doute intentionnel: soit parce que les bénéficiaires sont des auxiliaires,[7] soit plutôt parce qu'il s'agit d'une récompense, d'une prime au mérite, non d'une largesse pour entretenir la loyauté des troupes au prétexte de quelque heureux événement du règne.[8] L'emploi de *congiarium* comme simple synonyme de *donativum*[9] me semble sujet à caution, en tout cas pour l'époque impériale.[10]

Nos deux correspondants devaient appartenir eux aussi à des unités auxiliaires, comme tous les militaires stationnés dans le désert Oriental, nonobstant de rares centurions légionnaires. C'est la première fois que nous connaissons le montant d'un *donativum*

5 Speidel 2006, 14 et 63.

6 Ainsi Rathbone 2007, 162, n. 19, qui considère aussi que *congiarium* en O.Florida 6 est synonyme de *donativum*.

7 Patrick Le Roux me suggère que c'est une manière flatteuse de les traiter en citoyens.

8 Dans ce sens, Berthet et al. 2003, 91: "*Congiarium* [...] a d'abord désigné les distributions de vin ou d'huile faites au peuple, bientôt remplacées par une somme d'argent (Suet. Aug. 41.2). Ces distributions se font aussi à l'armée, qui en bénéficie en plus du *donativum* accordé par un nouvel empereur à son avènement. Les princes distribuent en effet des *liberalitates*, souvent commémorées par le monnayage. Les congiaires, qui profitent aux civils et aux militaires, apparaissent comme des générosités liées à un événement particulier. Dans le cas des Pannoniens, il s'agit évidemment d'une récompense pour un exercice particulièrement réussi." La généralisation ne s'impose pas: les seules attestations de primes militaires appelées *congiaria* à l'époque impériale sont l'inscription de Lambèse et O.Florida 6.

9 Clairement affirmé in Thédenat 1887, 1444: "nous avons dit que le mot *congiarium* désignait une largesse faite au peuple: quelquefois cependant, mais par exception, il usurpe le sens du mot *donativum*."

10 Que Cicéron évoque des *congiaria* qu'Antoine aurait tenté de distribuer à des légions (Att. 16.8 = lettre dccxviii [CUF]) s'explique du fait que le terme technique *donativum* n'existait pas encore.

attribué à des *auxilia*. Il s'élève à 62 deniers (= 248 drachmes), ce qui le situe en-dessous de l'échelle erratique et dilatée des montants attestés chez les auteurs et qui concernent presque toujours les prétoriens et les légionnaires.[11] Si l'on suit les projections de M. A. Speidel, il correspond à peu près au *stipendium* quadrimestriel d'un *miles cohortis* avant l'augmentation survenue sous Domitien (62,5 deniers).[12] À l'époque de l'ostracon, le *stipendium* d'un fantassin auxiliaire devait être de 83,33 deniers.

Le *donativum* a été versé, non pas uniquement en *aurei* comme c'est l'usage sous le Haut-Empire, mais sous la forme de 2 *aurei* et de 12 statères de billon (qui correspondent à la valeur nominale d'un demi-*aureus*, arrondie au denier inférieur). La modicité de cette gratification évoque plutôt les montants connus pour les *donativa* du Bas-Empire, qui concernaient tous les soldats et pas seulement les unités les plus prestigieuses et les plus influentes politiquement: entre 3 et 9 *solidi* pour un avènement.[13]

Dans l'ostracon, le *donativum* est qualifié de "nouveau", comme s'il faisait suite à une gratification récente: on songe à la rapide succession des règnes et des usurpations à la mort de Commode, mais, de Pertinax à Septime Sévère, aucun *dies imperii* ne tombe en été. Sans doute ne serait-il pas étonnant que la mise en paiement d'un *donativum* à l'occasion d'un événement aléatoire ait pu être différée, par exemple jusqu'à la date de la solde. De fait, le troisième *stipendium* de l'année tombait le 1er septembre, soit le 4 Thôth, c'est-à-dire au moment même du pic de la crue (est-ce une coïncidence si O.Florida 6 mentionne aussi la νουμηνία?). Patrick Le Roux me suggère une autre possibilité, qui s'intègrerait parfaitement à ce calendrier: ce *donativum* célèbrerait le *dies natalis* de Commode, qui est le 31 août.

La lettre s'ouvre par les mots: "Ton *epitropos* dit". Suit une citation des paroles de l'*epitropos* au style direct. Mais où s'arrête-t-elle? Inclut-elle l'allusion à la crue du Nil, auquel cas l'*epitropos* serait allé dans la vallée et aurait délivré son message à son retour auprès de l'expéditeur, à moins que, demeuré dans la vallée, il ne l'ait fait passer oralement par un messager. En revanche, à partir de la ligne 7 ("reçois ... une botte de choux..."), je pense que l'expéditeur a repris la parole. Les légumes sont apportés, en même temps que la lettre, par un certain Pharitas, qu'il est difficile, vu la rareté du nom, de ne pas identifier avec le Pharitès qui en O.Claud. II 257 apporte des choux de Raïma au Claudianus (*comm. ad* 7). Ce détail ouvre la possibilité que **1**, malgré l'absence de prescrit, a été envoyé de Raïma au Mons Claudianus, et qu'il est étranger à la correspondance entre Koprès et Didymôn.

11 Ainsi, dans son testament, Auguste lègue aux prétoriens 250 deniers et aux légionnaires 75; Claude, qui avait donné 3750 deniers aux prétoriens lors de son avènement, ne leur distribue que 25 aux anniversaires de cette date; Marc Aurèle donne 5000 deniers aux prétoriens pour son avènement, Septime Sévère 250 deniers aux légionnaires pour le sien et 250 aux prétoriens pour ses *decennalia*. Voir le tableau "Donatives and bequests to the troops in literary evidence" in Duncan-Jones 1994, 257.

12 Speidel 2015, 739.

13 De Julien (360p) à Justin I (518p), le montant habituel est 5 *solidi* et une livre d'argent, soit 9 *solidi* quand il était versé entièrement en or (Hendy 1985, 481). Trois *solidi*: Hendy 1985, 625. Le *solidus* constantinien (c. 4,48 g) est une pièce plus légère que l'*aureus* sous les Antonins (7,2–7,3 g).

Mais nous avons vu qu'il y a de bons arguments pour réunir les trois lettres dans un même dossier.

λέγι ὁ ἐπίτροπός σου ⟦οὐ⟧ ὅτι· οὐχ εὕρηκα
ὀξίδιν ἀγοράσω σοι. ἐλάβαμεν
ἄλλα δονάτιβον κενὲν δύω
μνᾶς καὶ ⟦δ̣ύ̣ω̣⟧ δηνάρια \ι̅β̅/. ὁ Νεῖλος
πεπλήρωκε ι̅η̅ πηχῶ<ν> ἀπὸ
νομηνία<ς>. κόμισαι δέσμην καυ-
λία καὶ σεῦτλα παρὰ Φαριτᾶ.
γρά⟦α̣⟧ψομ μοι περὶ τῆς
σωτηρίας σου.

1 l. λέγει ‖ ου *inductum* 3 l. ἄλλο? ‖ l. καινὸν δύο 4 δυο *elutum* 5 l. πήχεις 6 l. νεομηνίας 6–7 l. καυλίων 7 l. σεύτλων 8 γρά⟦α̣⟧ψομ: α *elutum*, l. γράψον

"Ton mandataire dit: je n'ai pas trouvé de vinaigre à t'acheter. Nous avons reçu un autre? *donativum*, un nouveau: deux mines et 12 deniers. Le Nil culmine à 18 coudées depuis la nouvelle lune. Reçois de Pharitas une botte de choux et de bettes. Donne-moi des nouvelles de ta santé."

1 λέγι. Si l'on se fonde sur l'emploi de ce verbe dans les lettres du désert, il exclut à mon avis que les propos de l'*epitropos* soient parvenus à l'auteur de cette note sous la forme d'une lettre de l'*epitropos*.

1–2 εὕρηκα ... ἀγοράσω. En O.Claud. I 171, 6-7, εὑρίσκειν est construit avec un infinitif de destination: ἐπὶ οὐχ εὕρων ἐνθάδε ἀγοράσαι (l. ἐπεί, ηὗρον). Je n'ai pas trouvé d'autre exemple d'εὑρίσκειν commandant un subjonctif paratactique. Naïm Vanthieghem propose de voir ici une haplographie (ὀξίδιν <ἵν'> ἀγοράσω).

3 ἄλλα δονάτιβον κενέν. Ou "(nous avons reçu) d'autres fonds (que le *stipendium*?), un nouveau *donativum*."

3–4 δύω μνᾶς καὶ ⟦δ̣ύ̣ω̣⟧ δηνάρια \ι̅β̅/. Le montant du *donativum* est libellé en mines et deniers. La référence à la mine (100 drachmes, donc 25 tétradrachmes ou deniers) comme unité monétaire est exceptionnelle. Je n'en relève que deux exemples dans la DDbDP: SB XX 14355 et P.Alex. 28 (tous deux datés par leurs éditeurs du IIIe s. p.C.). Dans le cas présent au moins, je pense que μνᾶ sert de calque sémantique à *aureus*, le denier d'or qui avait une valeur nominale de 100 sesterces, soit 25 deniers d'argent. Μνᾶ est donc une alternative à χρυσοῦς (δηνάριος) / χρυσοῦν (δηνάριον), ce qui rappelle le μναιεῖον, nom de la pièce d'or créée par Ptolémée Philadelphe, ainsi désignée parce que sa valeur nominale était 100 drachmes. Les montants connus pour les *donativa* sous le Haut-Empire, qui sont toujours des multiples de 25, montrent en effet qu'ils étaient habituellement payés en *au-*

rei (Watson 1969, 114). De fait, les deux trésors d'*aurei* découverts en Égypte (van Heesch 2014, 159) révèlent que cette pièce, frappée en occident et vouée à la thésaurisation, avait cours dans la province, à défaut d'y circuler. Les *aurei* trouvés en Égypte avaient sans doute été donnés à des militaires en certaines occasions, dont les *donativa* sont parmi les plus évidentes. On connaît aussi la lettre BGU II 423 = W.Chr. 480, cf. BL XIII 21 (IIe s. p.C.), dans laquelle le soldat Apiôn écrit à son père: εὐθέως ὅτε εἰσῆλθον εἰς Μησήνους, ἔλαβα βιάτικον παρὰ Καίσαρος χρυσοῦς τρεῖς καὶ καλῶς μοί ἐστιν, "dès mon arrivée à Misène, j'ai reçu de César trois *aurei* à titre de viatique et je m'en trouve fort aise." Ici, le *donativum* est inférieur d'environ un demi-*aureus* au *viaticum* d'Apiôn. À côté de 2 pièces d'or, les soldats ont reçu 12 statères de billon. SB XX 14355, 3–4 (IIIe s. p.C.?) associe aussi des mines à des deniers: στρ. . ἀργ[υ]ρίου μν(αῖ) ια (δηνάρια) δ, "[...] 11 mines d'argent 4 deniers." L'ostracon étant cassé, l'expression de cette somme est sans contexte. Le mot στρ. . qui précède ἀργυρίου fait penser à une forme abrégée de στρατιώτης, ce qu'en l'absence de photographie il n'est pas possible de vérifier. Faut-il comprendre là que ἀργ[υ]ρίου signifie que toute la somme est en monnaie d'argent (i.e. de billon) ou bien sert-il à signaler que les μν(αῖ) sont des mines monétaires et non pondérales, ce qui n'interdirait pas de comprendre "11 *aurei* et 4 deniers"?

4–5 Ce nombre de 18 coudées (1 coudée = 0,525 m) associé à la *neomènia*, montre que la mesure a été relevée dans un nilomètre de Haute-Égypte et non au nilomètre de Memphis qui servait de référence pour les projections économiques l'administration provinciale (et qui n'a pas été retrouvé). La hauteur de la crue était en effet plus élevée dans le sud de la province, où le phénomène se manifestait une quinzaine de jours plus tôt, et où le pic était atteint précisément vers le premier jour de l'année alexandrine, la *neomènia* de Thôth (29/30 août). En moyenne Égypte, il ne l'était que vers la mi-septembre, comme l'illustre une lettre ironique de Julien au préfet d'Égypte, qui avait négligé de lui communiquer les chiffres de la crue: l'empereur feint de lui annoncer la nouvelle réjouissante que "le Nil, dit-on, a fortement monté, gonflé de ses coudées, et a rempli toute l'Égypte" (πολύς, φασίν, ὁ Νεῖλος ἀρθεὶς μετέωρος τοῖς πήχεσιν ἐπλήρωσε πᾶσαν τὴν Αἴγυπτον), et que la hauteur atteinte le 20 septembre (= 22/23 Thôth) est de 15 coudées (Lettre 50 [108 CUF]). Sans doute gardait-on la mémoire de quelques crues record (catastrophiques) de 18 coudées à Memphis (Bonneau 1971, 49 et n. 198), mais les hautes eaux devaient rarement dépasser 16 coudées à cet endroit, ce qu'illustre la mosaïque nilotique de Sepphoris qui semble célébrer une crue de 17 coudées dont le caractère exceptionnel est symbolisé par la gravure d'une nouvelle graduation sur l'échelle (Talgam 2014, 359 et fig. 446). Pline présente 16 coudées comme le maximum d'une bonne crue: *XIV cubita hilaritatem adferunt, XV securitatem, XVI delicias* (HN 5.58) et signale en HN 18.168 qu'au-dessus de 16 coudées, la crue est excessive et entraîne la famine, ce qui est en contradiction avec le message de la mosaïque. Des pics de 18 coudées sont en revanche bien attestés en Haute-Égypte. À cette latitude, ils dénotent des crues médiocres, mais qui s'inscrivent dans la fourchette définie par une inscription démotique du nilomètre du temple de Chnoum à Éléphantine: la crue ne doit pas être en-deçà de 15 coudées et ne doit pas excéder 22 (cf. Locher 1999, 185). Sur la hauteur de 18 coudées à Éléphantine, cf. Bonneau 1971, 49–50. Nos 18 coudées n'ont d'ailleurs pas nécessairement été relevées à Éléphantine: les nilomètres s'échelonnaient le long de la vallée du Nil, et la mesure a pu être prise à proximité de Kainè (Qena), tête de la route du Nil au Claudianus. À Thèbes et Koptos, 20 et 21 coudées dénotaient de bonnes crues (Bonneau 1971, 34–35); des maxima de 18 coudées sont attestés à Thèbes (ibid. 34).

5 πεπλήρωκε. Le sens général est clair, mais l'expression présente deux anomalies: l'absence de complément d'objet de ce verbe normalement transitif et le génitif πηχῶ<ν>. Génitif de la matière (les coudées d'eau) dont un contenant est rempli? Le contenant élidé serait alors le nilomètre, ou, comme dans la lettre de Julien, la campagne environnante. Il me paraît moins filandreux de supposer une faute pour l'accusatif πήχεις, qui est précisément complément de πληροῦν dans trois passages d'auteurs relatifs aux maximales de la crue du Nil et sur lesquels Benoît Laudenbach a attiré mon attention: καὶ δώδεκα μόνον πληρώσαντος πήχεις τοῦ Νείλου μέτρου, "même quand le nilomètre atteignait seulement douze coudées" (Str. 17.1.3); ὁ γὰρ Νεῖλος ... ἐπιδίδωσι τοσοῦτον ὥστ' ἐν μησὶ μικροῦ τέτταρσι τοὺς τέτταρας ἢ πεντεκαίδεκα τούτους πήχεις πληροῦν περὶ Μέμφιν, "le Nil [...] monte en sorte qu'en presque quatre mois il atteint près de Memphis les fameuses quatorze ou quinze coudées" (Aristid. Or. XXXVI, p. 336 [Jebb]); même emploi dans cet autre passage du Discours égyptien qui décrit le Nil en crue traversant le goulet de la première cataracte au sud de Syène: θαυμαστῷ κτύπῳ διεξιόντα καὶ πληροῦντα τριάκοντα πήχεις ἄγοντα ὡς μέσως εἰρῆσθαι, "(on sait communément que le Nil) se fraye un chemin dans un formidable fracas en charriant les trente coudées qu'au bas mot il atteint" (Aristid. Or. XXXVI, p. 348 [Jebb]). Dans ces exemples, πληροῦν est employé au sens figuré, comme dans l'expression de l'âge en P.Flor. III 382, 6: εἰ ἑβδομήκοντα ἔτη ἐπλήρωσας, "si tu as atteint soixante-dix ans révolus", ou même, avec des coudées, dans cette description du Tabernacle chez Flavius Josèphe (Ant. Iud. 3.119): ὥστε συμπληροῦσθαι τοὺς τριάκοντα πήχεις ὑπ' αὐτῶν, "en sorte qu'ensemble ils (les piliers jointifs formant les murs) atteignaient les trente coudées." Dans le cas de la crue du Nil, l'emploi de πληροῦν est surmotivé, le fait de remplir, πληροῦν (les canaux, les marais, la province), ou d'être rempli, πληροῦσθαι (par les pluies tropicales), étant souvent attribué au Nil chez les auteurs, qui appellent la crue du Nil πλήρωσις. Contrairement à ἀναβαίνειν qui exprime un phénomène évolutif dont la quantification varie de jour en jour (cf. par ex. P.Rain. Cent. 125 *passim*), πληροῦν indique que le Nil a "fait le plein", c'est-à-dire qu'il a atteint le maximum de sa crue pour l'année qui commence (ἀνάβασις peut également désigner le pic de la crue, comme en SB XXII 15622, 4, rapport administratif sur la décrue en cours).

5–6 ἀπὸ νομηνία<ς>. Après avoir atteint son pic, la crue restait stationnaire une dizaine de jours, ce qui explique l'expression "depuis la nouvelle lune".

7 Φαριτᾶ. Hors du désert Oriental, les papyrus livrent quatre occurrences de Φαρίτης ("l'homme de Pharos") et six de l'hypocoristique Φαριτᾶς. Le comblement de la chambre peinte a livré trois autres occurrences de la forme Φαρίτης dans un dossier de listes de noms (ce qui suggère que ce Pharitès était affecté au Claudianus). La rareté du nom invite à penser que Φαριτᾶς et Φαρίτης ne font qu'un. L'une de ces listes, inv. 7233, provient

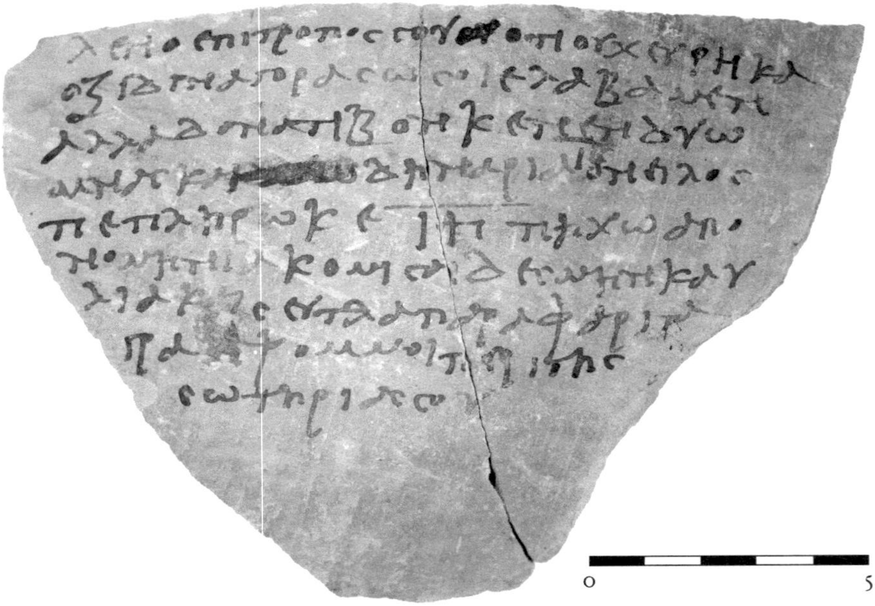

Fig. 1: Lettre acéphale (de Koprès à Didymôn?).

de la couche 5 du coin SE comme notre lettre 2; Pharitès y est qualifié de *dekanos*, "chef d'équipe", souvent de transporteurs. Par ailleurs, O.Claud. II 257 (FSE – 11 C 24), daté par son éditeur du milieu du IIe s. p.C., mentionne un Pharitès transportant des choux de Raïma au Mons Claudianus. Rien ne permet de privilégier pour la date des documents mentionnant Pharitès le règne d'Antonin ou de Commode. Si mon hypothèse est correcte, Pharitas portera les légumes non de Raïma au Claudianus, mais du Claudianus à Tiberianè.

2 Lettre de Didymôn à Koprès

O.Claud. inv. 7271		2e moitié du IIe s. p.C.
FWI – room 1 SE 5	14,5 × 12,4 cm	pâte alluviale

Au moment où **2** est rédigé, l'*epitropos* ne se trouve ni à l'endroit où est stationné Didymôn, ni là où est Koprès, puisque Didymôn demande à ce dernier d'écrire à l'*epitropos*, qui peut-être a toujours été dans la vallée. Pourquoi Didymôn n'écrit-il pas lui-même? À mon avis, parce qu'on n'était pas sûr, dans les fortins du désert, qu'une lettre envoyée au-delà d'un *praesidium* immédiatement voisin atteindrait son destinataire. Didymôn indique dans le prescrit son patronyme ainsi que celui de son correspondant, ce qui n'est pas habituel dans une lettre privée entre familiers. La raison en est peut-être que l'ostracon a été confié à un messager qui ne connaissait pas Koprès; les patronymes pouvaient aider à la distribution du courrier.

Διδύμον Ἀθηνοδώρου Κοπρῆτι{ς}
Ὁρίων τῷ ἀδελφῷ̣ μου πόλλα χαίριν.
μὴ ἀμελήσῃς γράφον μοι περὶ τῆς σωτηρί-
ας σοι. ἔγραψα τῷ ἐπιτρόπῳ̣ μου ὅτι· πέμ-
ψον μοι κιβάρια, καὶ οὐκ ἔπεμφέ με
περὶ καλοῦ περὶ σαπροῦ. οἶδε ὅτι ἀνα-
βέβηκα εἰς τὸ ὄρος μηδὲν ἔχον. Τὰ νῦν
γράψεν οὖν αὐτῷ, μέμφις αὐτῷ.
ἀσπάζομαι Ταυρῖνον καὶ Νεφωτια-
νός. πέμψον μοι κομμάτιν καν-
νος εἰς γυργαθὸς ἐπὶ οὐκ ἔχω ποῦ
βαλῶ τὰ ψομία μου. μελεσάτω σε̣
γράψας τῷ̣ ἐπιτρόπῳ.

1 l. Διδύμων 2 l. Ὡρίονι *vel* Ὡρίονος ‖ ἀδελφῷ ‖ χαίρειν 3 l. γράψον 4 l. σου ‖ ἐπιτρόπῳ 5 l. ἔπεμψέ μοι 7 l. ἔχων 8 l. γράψον ‖ μέμψει 9–10 l. Νεπωτιανόν 11 l. γυργαθόν ‖ ἐπεί 12 l. ψωμία ‖ μελησάτω σοι 13 l. γράψαι ‖ τῷ

"Didymôn fils d'Athènodôros à mon cher frère Koprès (fils d')? Hôriôn, un grand salut. Ne manque pas de m'écrire au sujet de ta santé. J'ai écrit à mon mandataire de m'envoyer des vivres et il m'a envoyé rien de rien. Il sait que je suis monté au désert sans rien. Alors maintenant, écris-lui une lettre bien sentie. J'embrasse Taurinus et Nepotianus. Envoie-moi un morceau de jonc pour (fabriquer) une corbeille parce que je n'ai rien où mettre mon pain. N'oublie pas d'écrire à mon mandataire."

1 Διδύμων. Contrairement à Διδυμίων, cette forme est rare, mais non inconnue, y compris dans l'Égypte romaine (huit attestations). Au Claudianus, un Διδύμων est aussi attesté dans l'*entolè* O.Claud. inv. 5697 (mil. ou 2e moitié du IIe s. p.C.).

3 γράφον. Sur μὴ ἀμελήσῃς suivi d'un impératif, voir Steen 1938, 162 (je remercie N. Gonis pour cette référence).

6 περὶ καλοῦ περὶ σαπροῦ. Sur cette expression de la langue familière qui signifie "rien du tout", voir O.Krok. II 266, 18n.

οἶδε ὅτι. Les nombreuses fautes d'orthographe de l'ostracon invitent à se demander si l'intention du scripteur n'était pas plutôt οἶδες ὅτι, "tu sais que", "tu n'es pas sans savoir que". Cette expression qui prend le correspondant à témoin, souvent d'un manque, est un

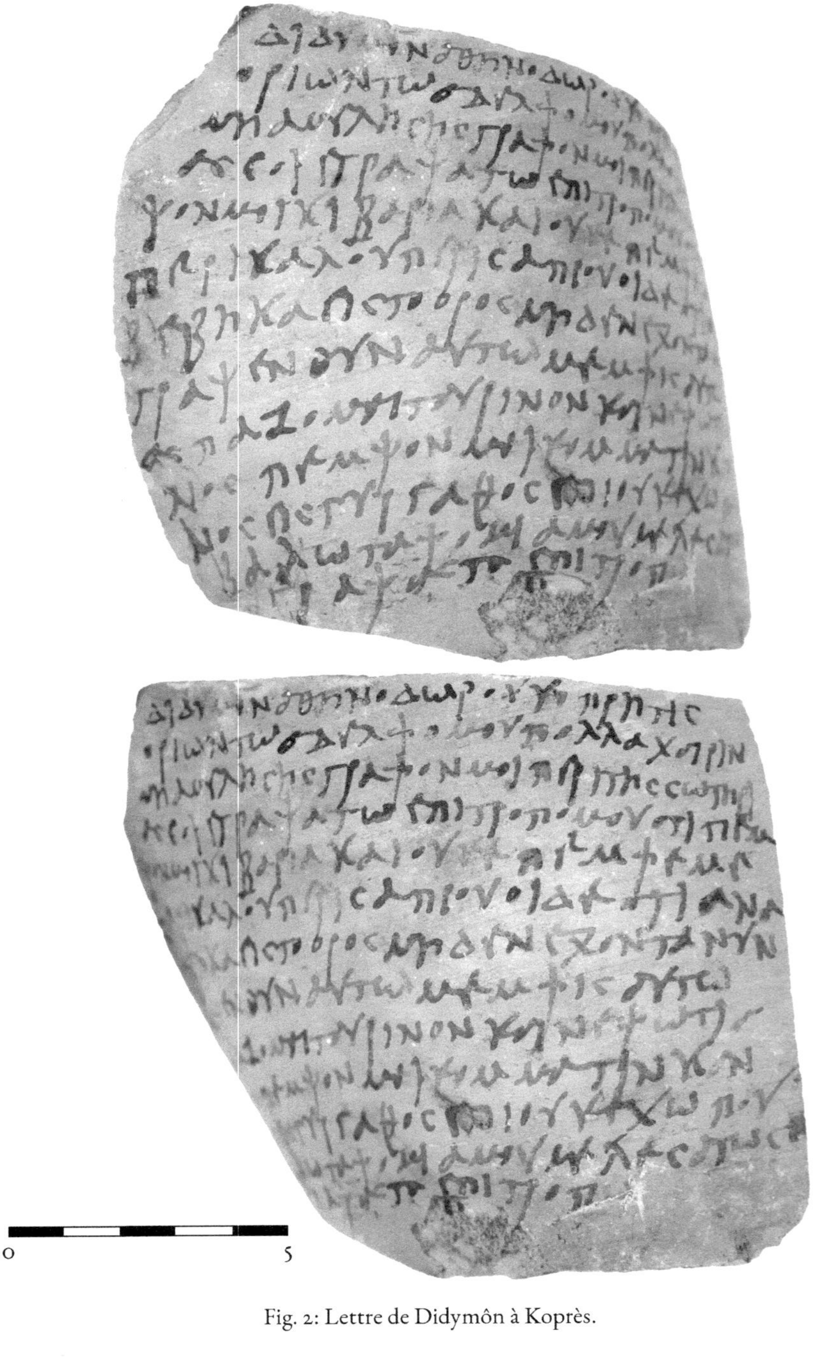

Fig. 2: Lettre de Didymôn à Koprès.

cliché épistolaire fréquent dans les lettres du désert (par ex. O.Claud. I 173, 3–4; IV 889, 6; O.Did. 325, 4; 350, 4; 9; 380, 10; 390, 3; 9; O.Krok. II 155, 10; 238, 12).

8 μέμφις αὐτῷ. La conjugaison de μέμφομαι à la voix active n'est pas sans parallèles, cf. par ex. P.Mich. VIII 473, 7 (déb. IIe s. p.C.). L'impératif γράψον, qui est sur le même plan, invite à corriger μέμφις en μέμψεις, indicatif futur ayant ici, comme souvent, valeur impérative. Cette correction est d'autant plus admissible que le scripteur écrit à deux autres reprises φ au lieu de ψ (l. 3 et 5).

10–11 καννος. Haplographie pour κανῶνος, ce dont P.Cair. Masp. III 67327, 3 (539^p^) offre un exemple? Dans le document byzantin, κανών (probablement dérivé de κάννα, Chantraine et al. 2009, 493) a son sens métaphorique et fiscal d'"impôt régulier", tandis qu'ici il serait employé dans son acception première de baguette. Ou faute pour κάννης? Cette piste est plus intéressante. Κάννα ou κάννη est susceptible de désigner diverses espèces de roseaux ou de signifier "roseau" en général (André 1985, 47 s.v. *canna*). Ses dérivés ὁ κάνης, τὸ κανοῦν, etc. signifient "corbeille" (cf. κανητοποιός "vannier", κανηφόρος, "porteuse de corbeille").

12 ψομία plaide en faveur d'une datation basse du dossier. Dans le désert Oriental, ce mot tardif ne devient d'un emploi régulier qu'au IIIe s p.C. Dans les *entolai* antoniniennes, où le pain est souvent mentionné, le mot est toujours ἄρτος. Au Claudianus, ψωμίον n'est attesté que dans quatre ostraca provenant tous du secteur FWI. L'un d'entre eux, inv. 7243 (FWI, room 1, SE 9), est datable de c. 189 p.C. sur la base de la prosopographie. Les premiers frémissements de ce grand retournement lexical se font donc peut-être sentir à partir de Commode.

3 Lettre de Didymôn à Koprès

O.Claud. inv. 7427		2e moitié du IIe s. p.C.
FWI – room 1 SE 7	8 × 8 cm	pâte alluviale

Cette seconde lettre de Didymôn est-elle de la même main que la précédente? Les différences sont-elles seulement une affaire de style, de soin et d'humeur? Les analogies les plus nettes sont dans le tracé des φ (certes assez banal), certaines ligatures de μ avec la lettre suivante et surtout deux bizarres ligatures de χ avec la lettre précédente où l'ordre de tracé des traits est inversé (**2**, 7; **3**, 5). En revanche, tous les ν de **2** sont de style épigraphique, tandis qu'ils sont constamment cursifs en **3**.

La lacune de gauche empêche de restituer un texte suivi. L'*epitropos*, qui, pour une fois, a écrit directement à Didymôn, pourrait l'avoir informé qu'il a remis une somme d'argent à un tiers; Didymôn demanderait à Koprès si ce tiers l'a effectivement reçue.

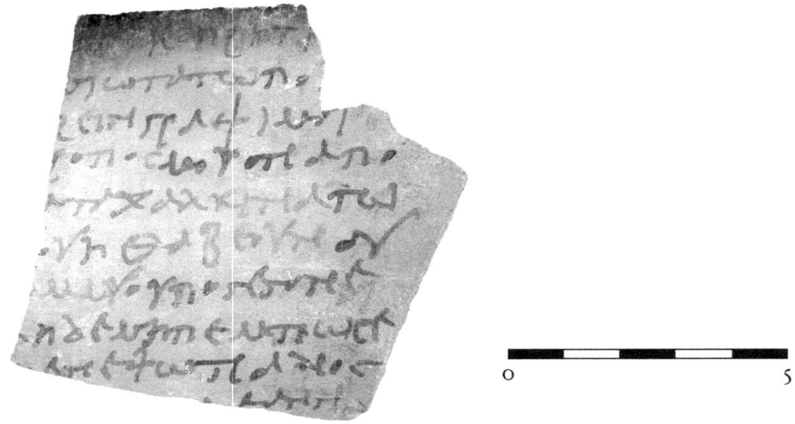

Fig. 3: Lettre de Didymôn à Koprès.

[Διδύ]μ̣ω̣ν Κοπρῆτι [τῷ̣]
[τι]μιωτάτῳ πολ̣[λὰ]
[χαί]ρειν. γράφι μ̣α̣ι
[ὁ ἐπίτ]ροπός μου ὅτι ἀπο
[– ± 5 –]α τὰ χάλκινα τῷ
[– – –]ου ἢ ἔλαβε οὖν αυ
[– – –].μ̣μυ οὖπο γέγονε
[– – –]. ἢ δὲ μή, πέμπω σε
[– – –]. ε Νεφωτιανός
[– – –].[.] ἐὰν γι̣-
– – – – – – – – – – – – –

3 l. με i.e. μοι   5 l. τοῦ?   6 l. εἰ   7 l. οὔπω   8 l. εἰ || σοι

"Didymôn à son très estimé Koprès, un grand salut. Mon *epitropos* m'écrit: '[j'ai remis]? l'argent à [ton? – – –]' S'il l'a reçu, écris-moi. Il n'y a pas encore eu [de– – –]. Sinon, je t'enverrai [– – –]."

3 μ̣α̣ι. μοι me paraît difficile. Cf. l. 8: πέμπω σε.

4–5 E.g. ἀπο|[δέδωκ]α.

6 E.g. [ἀδελφῷ σ]ου. À moins que τω à la fin de la l. 5 ne soit une faute pour τοῦ ("l'argent du [– – –]").

6–7 ἠ (l. εἰ) ἔλαβε οὖν αὐ|[τὰ γράψ]ọμ (l. -ψον) μυ (l. μοι). Ou, pour rendre compte de la place de οὖν: ἠ (l. εἰ) ἔλαβε, <λαβὲ > οὖν αὐ|[τὰ καὶ γράψ]ọμ μυ.

9 [– – –] κ̣ὲ (l. καί) Νεφωτιανός?

Hypothèses sur l'*epitropos* de Didymôn

Si l'on admet l'unité du dossier, Didymôn et Koprès sont vraisemblablement des militaires (allusion au *donativum*, noms latins de leurs amis Taurinus et Nepotianus). Didymôn compte, pour son ravitaillement, sur une personne qu'il désigne seulement par le lien juridique qui les unit: mon *epitropos*. Celui-ci devait lui acheter du vinaigre, mais n'en a pas trouvé; il aurait dû lui envoyer des *cibaria* et il ne l'a pas fait. Didymôn se trouve dans un site du désert plus isolé que le Mons Claudianus où Koprès est stationné. Empêché de communiquer directement avec son *epitropos*, Didymôn doit passer par l'intermédiaire de Koprès pour avoir des nouvelles du vinaigre qu'il a commandé ou faire entendre sa contrariété. Nous ne savons pas où se trouve l'*epitropos*. En **1**, il semble avoir échangé de vive voix avec Koprès, mais en **2**, Didymôn demande à Koprès d'écrire pour lui à l'*epitropos*. On pourrait l'imaginer au moins épisodiquement dans la vallée, d'où il aurait rapporté la nouvelle du *donativum* et celle de la hauteur de la crue.

Nous n'avons pas de certitude sur le statut socio-juridique de l'*epitropos*. Il n'est pas exclu qu'il soit lui aussi soldat (si l'information sur le *donativum* fait partie de ses paroles rapportées au discours direct), mais, en ce cas, ce n'est pas un camarade commun à Didymôn et Koprès; sinon ils l'appelleraient par son nom dans leurs échanges. Si c'est un soldat, on pourrait le rapprocher de Serenus, cavalier de l'*ala Veterana Gallica*, qui, agissant comme *procurator* de ses camarades d'escadron, s'occupe de réceptionner en leur nom le foin d'un mois pour leurs montures (Rom.Mil.Rec. 80 [130 p.C.]).[14]

Mais il est également possible que l'*epitropos* de Didymôn ait été un civil.[15] La hauteur de la crue pouvait intéresser Didymôn si celui-ci avait une propriété agricole dont il aurait délégué la gestion à un *epitropos*, qui lui rendrait en outre de menus services.

---

14 Lignes 1–6: *alae Veterane Galliga turma Ḍoṇaciani Serenus procuratọr conducṭoribus fenaris ṣalute. accipi fenum contur[m]alibus meis mensis Iuni et naulum sọḷḷui.*

15 Comme sans doute, ce Sôkratès que l'auteur anonyme de la *lettre* BGU III 815, 5–6 (140–143 p.C.) appelle ὁ προ[κου]ράτορ μου; à partir de la ligne 8, au milieu d'une phrase, intervient un changement d'écriture. La nouvelle main est clairement celle d'un latiniste, qui a donc quelque chance d'être un militaire.

Bibliographie

André, J., Les noms de plantes dans la Rome antique, Paris 1985.

Berthet, J.-F., et al., Les inscriptions: établissement du texte, in: Le Bohec, Y. (éd.), Les discours d'Hadrien à l'armée d'Afrique (De l'Archéologie à l'Histoire), Paris 2003, 79–114.

Bonneau, D., Le fisc et le Nil, Paris 1971.

Chantraine, P., et al., Dictionnaire étymologique de la langue grecque, Paris 2009.

Duncan-Jones, R., Money and Government in the Roman Empire, Cambridge 1994.

Eristov, H. – Cuvigny, H. – van Rengen, W., Le Faune et le préfet. Une chambre peinte au Mons Claudianus, BIFAO 121, 2021, 183–254.

Hendy, M. F., Studies in the Byzantine Monetary Economy: c. 300–1450, Cambridge 1985.

Locher, J., Topographie und Geschichte der Region am ersten Nilkatarakt in griechisch-römischer Zeit (APF Beiheft 5), Berlin – Boston 1999.

Rathbone, D., Military finances and supply, in: Sabin, P., et al. (eds.), The Cambridge History of Greek and Roman Warfare, vol. II: Rome from the Late Republic to the Late Empire, Cambridge 2007, 158–176.

Speidel, M. A., Pay and income: Principate, in: Le Bohec, Y. (éd.), The Encyclopedia of the Roman Army, Oxford 2015, 738–740.

Speidel, M. P., Emperor Hadrian's Speeches to the African army – A New Text (Monographien des Römisch-Germanischen Zentralmuseum 65), Mainz 2006.

Steen, H. A., Les clichés épistolaires dans les lettres sur papyrus grecques, Copenhagen 1938.

Talgam, R., Mosaics of Faith: Floors of Pagans, Jews, Samaritans, Christians, and Muslims in the Holy Land, Jerusalem 2014.

Thédenat, I., Dictionnaire des antiquités grecques et romaines, vol. I 2, 1887, 1442–1444, s.v. *congiarium*.

Van Heesch, J., Paying the Roman soldiers in the East (1st–2nd cent. AD), in: Reddé, M. (éd.), De l'or pour les braves! Soldes armées et circulation monétaire dans le monde romain, Bordeaux 2014, 139–159.

Watson, G. R., The Roman Soldier, London 1969.

Illustrations

Lammfromm: Eine wiedergefundene neopunische Stele in der Dresdner Antikensammlung

Ulrike Ehmig

Die hier behandelte Inschrift in der ehemals Königlichen Antikensammlung Dresden war 1822 Gegenstand eines Briefwechsels zwischen Christian Daniel Rauch und Aloys Hirt. Sie wurde im Verlauf des 19. Jahrhunderts mehrfach im Kontext der Dresdner Sammlung erwähnt, ist aber bis heute nahezu unbekannt geblieben. Das lag sicher nicht zuletzt daran, dass das Stück bis Ende August 2022 als verschollen galt. Die Wiederentdeckung in den Staatlichen Kunstsammlungen Dresden nahm ihren Anfang in einem Abklatsch der Inschrift, der ebenfalls erst im Jahr 2022 in der Arbeitsstelle des Corpus Inscriptionum Latinarum der Berlin-Brandenburgischen Akademie der Wissenschaften aufgefunden wurde. Mit dem Beitrag erfolgt eine erste, auf Autopsie begründete Edition der Inschrift, wobei ihre verschiedenen Überlieferungsstränge und auch Hirts Deutung von Text und Darstellung zum Tragen kommen.

Der Abklatsch

Die Anfänge eines räumlich fassbaren, in Ablage und Zugänglichkeit organisierten epigraphischen Archivs des Corpus Inscriptionum Latinarum (CIL) reichen in das Jahr 1886 zurück. In den Folgejahren wurde zuerst unter Christian Hülsen, dann unter Hermann Dessau die schon damals große Menge an Abklatschen lateinischer Inschriften mit Unterstützung der seinerzeit Königlich Preußischen Akademie der Wissenschaften geordnet und inventarisiert.[1] Trotz dieser Bemühungen tauchen noch heute in der Berliner Arbeitsstelle des CIL einzelne oder aber auch ganze Konvolute bisher nicht erfasster Abklatsche auf. In einer solchen Entdeckung aus dem Frühjahr 2022 befand sich das im folgenden interessierende Exemplar.

Das zweilagig verwendete Papier, in dem bei Gegenlicht die Ripp- und Kettdrähte aus seiner Fertigung gut sichtbar sind, misst in Höhe und Breite 43,7–44,5 × 31,2–32,0 cm. Die beim Abklatschen auf dem Stein anliegende Seite des Papiers zeigt den In-

---

1 Zum Beginn des epigraphischen Archivs des Corpus Inscriptionum Latinarum Ehmig 2024.

Abb. 1: Gespiegelte Rückseite des Abklatsches der Dresdner Inschrift in der Arbeitsstelle des Corpus Inscriptionum Latinarum der Berlin-Brandenburgischen Akademie der Wissenschaften.

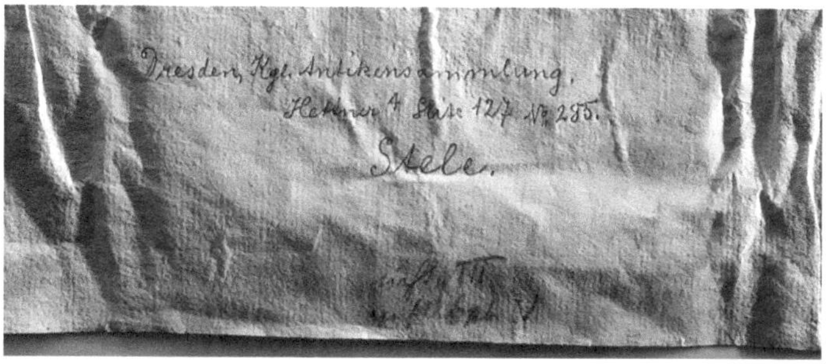

Abb. 2: Ausschnitt mit Bleistiftvermerk auf der nicht gespiegelten Rückseite des Abklatsches der Dresdner Inschrift in der Arbeitsstelle des Corpus Inscriptionum Latinarum der Berlin-Brandenburgischen Akademie der Wissenschaften.

schriftentext spiegelverkehrt, jedoch deutlich prägnanter als von seiner eigentlichen Vorderseite. Diese Rückseite ist hier daher gespiegelt wiedergegeben (Abb. 1). Mittig unten trägt dieselbe Seite zwei von verschiedenen Händen mit Bleistift ausgeführte Vermerke (Abb. 2). Der obere benennt mit „Dresden, Kgl. Antikensammlung, Hettner ^{4} Seite 127 N° 285. Stele.“ die bis heute jüngste Publikation der Inschrift aus dem Jahr 1881.[2] Darunter ist am unteren Blattrand in zwei Zeilen „nicht VIII“ bzw. „nicht Eph V“ notiert. Damit wurde festgehalten, dass die Inschrift weder in CIL VIII noch in Band 5 der Ephemeris Epigraphica Aufnahme gefunden hatte. Die Teile I und II von CIL VIII, in denen Theodor Mommsen die lateinischen Inschriften aus Nordafrika erfasst hatte, waren 1881 erschienen. Bereits drei Jahre später, 1884, legte Johannes Schmidt in Band 5 der Ephemeris Epigraphica umfangreiche Nachträge vor. Die Notiz auf dem Abklatsch kann demnach frühestens an dieses Datum anschließen. Nimmt man an, dass „nicht VIII“ auch die Supplement-Bände einschließt, die zwischen 1891 und 1916 erschienen waren, wäre der Vermerk erst nach 1916 gemacht worden. Hinweise darauf, wann der Abklatsch angefertigt wurde, liegen nicht vor. Bis heute hat die Inschrift keine Aufnahme in Referenzeditionen oder epigraphische Datenbanken gefunden.

Das Original

Auf der Suche nach dem Original machte ein Blick in den 2018 erschienenen Katalog der antiken Bildwerke der Staatlichen Kunstsammlungen Dresden, der auch die Inschriften enthält, klar, dass sich das Stück weder unter den darin besprochenen vorhandenen

2 Hettner 1881, 127–128, Nr. 285.

Abb. 3: Vorderseite mit Text und Darstellungen sowie rauh belassene linke Seite der Dresdner Inschrift in den Staatlichen Kunstsammlungen Dresden.

Objekten, noch aber den verschollenen befindet.[3] Die Anfang Mai 2022 erfolgte erste Anfrage bei den Staatlichen Kunstsammlungen Dresden war entsprechend mit geringen Erwartungen zu möglichen Informationen über den Verbleib der Inschrift verbunden. Die Antwort, wonach das Stück „seit dem Umzug der Skulpturensammlung aus dem Japanischen Palais in das Albertinum 1890/92 nicht mehr nachzuweisen"[4] sei, verwunderte daher nicht. Zugleich fügte Sascha Kansteiner, Konservator der Skulpturensammlung, aber einen Scan der Museumsakte bei. Diese enthält Exzerpte aus den Verzeichnissen der Bildwerke der Königlichen Antikensammlung von Heinrich Hase und Hermann Hettner, die das Stück jeweils nennen.[5] Es folgt ferner die Abschrift einer Besprechung zur Publikation von Louis Carton zum Heiligtum der Tanit in El-Kanissia unweit von Hadrumetum – Sousse im heutigen Tunesien,[6] wo man aufgrund der Darstellung auf der Dresdner Stele wohl ihre Provenienz vermutete. Schließlich hängen an der Akte zwei kleine Fotografien des Objektes an.

Die Bitte nach einem reproduzierfähigen Digitalisat der Aufnahmen war Anlass für nochmalige Nachforschungen in den Kunstsammlungen. Am 25. August 2022 gelang es Kansteiner, die „gesuchte Stele [...] an versteckter Stelle im Depot"[7] wiederzufinden. Sie trug keine Inventar-Nummer und war mit nicht zutreffenden Hinweisen in die digitale Datenbank der Sammlung aufgenommen worden. Die Stele trägt jetzt die am jüngsten Sammlungsverzeichnis von Hermann Hettner orientierte Inventar-Nummer H4 127 / 285.[8] Wann und unter welchen Umständen der Stein in die Königliche Antikensammlung Dresden gelangte, bleibt unklar.[9] Die Autopsie der Inschrift erfolgte am 30.8.2022. Auf ihr beruht die nachfolgende Beschreibung und Auseinandersetzung mit der Inschrift (Abb. 3).

Es handelt sich um eine lateinische Sakralinschrift in Form einer Giebelstele aus grauem Kalkstein mit den maximalen Original-Maßen 52,0 × 12,5 × 11,5 cm. Der Schaft ist unten gebrochen und mit einem Rücksprung von 0,5 cm von der originalen Oberfläche auf der Vorderseite schräg verlaufend mit einer größten Höhe von 4,5 cm ergänzt. Auf der rechten Steinseite beträgt die Ergänzung in der Höhe bis zu 8,5 cm, auf der linken Seite und der Rückseite 9,5 cm. Der Schaft ist an der originalen Substanz 42,0 cm hoch. Der Giebel misst in der Höhe 10,0 cm und hat eine Neigung von 35°. Der Schaft ist, außer auf der Vorderseite, auch auf seiner rechten Seite geglättet. Die linke Seite und die Rückseite sind rauh belassen. Alle Darstellungen auf der Vorderseite sind als erhabenes Relief gearbeitet. Im Zentrum des Giebels befindet sich ein achtstrahliger Stern mit einem Durchmesser von 2,0 cm. Die Mitte des Sterns ist wie mit einem Zirkel eingestochen. Unter

---

3 Knoll – Vorster 2018, 282–294, Nr. 99–112 (*inscriptiones Latinae sincerae*); 113 (*inscriptio Latina falsa vel suspecta*); 116 und 117 (verschollene Objekte).

4 Freundliche Mitteilung von Sascha Kansteiner per E-Mail am 6.5.2022.

5 Vgl. dazu unten die Zusammenstellung der Literatur, in der die Inschrift bislang Erwähnung fand.

6 Abschrift von Schulten 1907, 470–471. Schultens Besprechung nennt die Dresdner Inschrift nicht.

7 Freundliche Mitteilung von Sascha Kansteiner per E-Mail am 25.8.2022.

8 Die Stele ist mittlerweile in der Online Collection der Skulpturen-Sammlung unter https://skd-online-collection.skd.museum/Details/Index/5205982# abrufbar ⟨16.09.2023⟩.

9 Vgl. dazu auch Anm. 16.

dem Stern ist eine liegende Mondsichel in Form eines Mondschiffchens dargestellt. Es befindet sich fast auf der angerissenen Grundlinie des Giebels, an dessen linker Schräge ebenfalls Reste eines Anrisses erkennbar sind. Der Schaft wird durch zwei eingetiefte Felder gegliedert. Das obere ist 9,2 × 9,6 × 0,2 cm groß und zeigt ein 8 cm hohes, an den oberen Rand des Feldes anstoßendes, erhaben gearbeitetes Tanitzeichen. Das untere hat die Maße 8,0 × 10,5 × 0,2 cm und enthält das Relief eines auf der Grundlinie des Feldes stehenden, nach links gewendeten Schafes. 1,7 cm über dem Feld mit Tanit und 0,7 cm darunter sind weitere waagerechte angerissene Linien zu sehen, eine dritte findet sich auf dem unteren Balken des Dreiecks, der das Tanitzeichen formt. Der Anriss verläuft ebenso leicht schräg wie dieser untere Balken selbst. Zwischen den Bildfeldern stehen drei Zeilen Inschriftentext:

> *Aquillia ◦ L ◦ L (*i.e. *duorum Luciorum) ◦ l(iberta) ◦*
> *Phartenio*
> *v(otum) ◦ s(olvit) ◦ l(ibens) ◦ m(erito)*

Die Buchstaben haben eine Höhe von 1,4 cm in den Zeilen 1 und 3 sowie 0,8 cm in Zeile 2. Unter dem Schaf-Bildfeld folgt eine weitere Zeile mit Buchstaben von 1,0 cm Höhe:

> *VI ◦ Eid(us) ◦ Nov(embres)*

Bisherige Publikationen

Die Inschrift, exakter formuliert vor allem der Inschriftentext, wurde bislang in folgenden Publikationen besprochen:

> Hamaker 1828, 117–118.
> de Sacy 1829, 746–747.
> Hase 1836, 176–177, Nr. 440.
> Hase 1839, 183–184, Nr. 440.
> Leemans 1842, 65–66, C.B.a.1.
> Hettner 1856, 111, Nr. 437.
> Judas 1860/1861, 71–73.
> Hettner 1869, 110, Nr. 407.
> Hettner 1875, 125–126, Nr. 321.
> Hettner 1881, 127–128, Nr. 285.

Die Entzifferung des Textes und sein Verständnis warfen von Beginn an keine Probleme auf. Allein bei der Abkürzung VSLM wusste der Assyriologe und Orientalist Hendrik Arent Hamaker, der seine Beobachtungen wie Leemans 1842 an einer im Museum van Oudheden in Leiden befindlichen Gipskopie der Inschrift machte, keine Lösung. Er richtete sein Augenmerk stärker auf die Darstellung des Schafes sowie die darunter positionierte Datumsangabe und interpretierte das Monument als Ausdruck des Dankes an Baal und Astarte für Schutz und Fruchtbarkeit einer der Aquillia unterstellten Vieh-Herde. Die Iden des November brachte er mit dem Zeitpunkt der Lammung in Verbindung. Die von de Sacy an dieser Interpretation geäußerten Zweifel wurden von den Autoren, die sich in der Folge mit dem Stück auseinandersetzten, geteilt. Die Beschreibung der Inschrift ist wortgleich bei Hase 1836 und 1839 sowie bei Hettner 1856 und 1869. Ebenso stimmen, abgesehen von einem Satz,[10] die Katalogeinträge bei Hettner 1875 und 1881 überein. Hier finden sich auch weitergehende Beschreibungen des Monuments in seiner Form als Giebelstele und der Gliederung der Frontseite durch Text- und Bildfelder. Dazu kommt ferner erstmals der Hinweis auf Vergleichsstücke in Leiden und London.

Der Leidener Gips

Für das Museum van Oudheden in Leiden ist außer den bei Hettner angeführten Parallelen seit 1824 auch eine aus Gips gefertigte Kopie der Dresdner Inschrift verzeichnet. Sie war Grundlage der ersten Besprechung des Stücks durch Hamaker, der seine Überlegungen 1828 anhand des „ectypon gypseum in collectione Lydensi“ formulierte und dabei gleichzeitig dessen Edition durch Caspar Reuvens ankündigte.[11] Reuvens, seit 1818 außerordentlicher Professor für Archäologie in Leiden und Direktor des Archäologischen Kabinetts, legte mit seinen intensiven Sammlungsbemühungen den Grundstock des heutigen Rijksmuseum van Oudheden. Er trieb diese durch zahlreiche Reisen in europäische Städte und Museen voran; seine Hochzeitsreise führte ihn 1822 unter anderem nach Dresden.[12] Wohl aufgrund seines übervollen Arbeitsprogramms zwischen universitärer Lehre, Ausgrabungen, Museumsarbeiten sowie Besichtigungs- und Ankaufsreisen kam es nicht zur angekündigten Edition. Reuvens starb 1835 auf dem Rückweg von London im Alter von 42 Jahren. Sein Schüler und Nachfolger als Leiter des Museums, Conradus Leemans, beschrieb die Inschrift wenig später in seinem Katalog „Asiatische en Amerikaansche Monumenten van het Museum van Oudheden“, wo er den karthagischen, numidischen und libysch-phönizischen Altertümern ein eigenes Kapitel widmete.[13] Auch Auguste Célestin Judas kam im Rahmen seiner Erörterung numidisch-punischer Inschriften aus dem algerischen Constantine ausgiebig auf das Dresdner Stück zu sprechen, das ihm anhand des Leidener Gipses bekannt war.[14]

Eine am 12. September 2022 an das Rijksmuseum van Oudheden gerichtete Anfrage nach näheren Informationen zu dem Gips brachte weitere Aufschlüsse zur In-

---

10 „Vergl. O. Jahn: Berichte der sächs. Gesellschaft 1857“ findet sich nur in der dritten Auflage von Hettners Katalog.

11 Hamaker 1828, 118.

12 Halbertsma 2003, 28 und 153.

13 Zu Reuvens und Leemans sowie der Entwicklung der Altertumssammlung in Leiden grundlegend Halbertsma 2003 und Hoijtink 2012.

14 Judas 1860/1861, 71–73. Zu seinen Überlegungen vgl. unten den Kommentar.

Abb. 4: Gipsabguss der Dresdner Inschrift im Rijksmuseum van Oudheden Leiden.

schrift: Der Abguss ist in Leiden bis heute unversehrt vorhanden (Abb. 4). Er war, so teilt Ruurd Binnert Halbertsma mit, 1824 der Sammlung von Reuvens geschenkt worden.[15] Der Gips ist mit jener Katalog-Nummer beschriftet, unter der Leemans das Stück 1842 besprochen hat. Leemans zufolge soll der Stein über Italien nach Dresden gelangt sein.[16] Seine Ähnlichkeit mit Stücken, die in Karthago gefunden wurden, veranlasste ihn, die Inschrift in einer Reihe mit entsprechenden Funden zu verzeichnen.[17]

Reuvens Reise, die ihn im Anschluss an seine Hochzeit, die am 19. Juli 1822 stattfand, auch nach Dresden führte, fiel zusammen mit den wiederholt für das betreffende Jahr bezeugten Gipsabformungen antiker Monumente in der Königlichen Antikensammlung Dresden.[18] Es ist zu vermuten, dass Reuvens die hier besprochene Inschrift 1822 in Dresden sah. Womöglich entstand die zwei Jahre später von ihm an das Museum in Leiden geschenkte Kopie im Zuge jener Abformung des Steins, von der Christian Daniel Rauch in einem Brief an Aloys Hirt vom 30.11.1822 sprach.

Der Briefwechsel Rauch – Hirt vom 30.11. und 1.12.1822

Rauch[19] war seit 1819 erster Leiter der Königlich Preußischen Gipsabguss-Anstalt.[20] Ziel dieser Einrichtung und der wachsenden Berliner Gipsabguss-Sammlung war, Kunst, Wissenschaft und Gewerbe zu stärken und so zur Bildung der Nation beizutragen. Rauch war bereits 1816, als er noch in Rom tätig war, vom Preußischen Innenministerium damit beauftragt worden, in Italien einen antiken Werkkanon zu definieren, der sich zur Reproduktion eignete. Unterstützend arbeitete Hirt, seit Gründung der Berliner Universität 1810 ordentlicher Professor für Theorie und Geschichte der zeichnenden Künste, im

15 Freundliche Mitteilung per E-Mail am 15.9.2022. Vgl. die *annotatio* pag. 26. zur *oratio* von Matthijs Siegenbeek in den Annales Academiae Lugduno Batavae 1823–1824. In dem an dieser Stelle eingeschobenen Bericht von Reuvens über die Neuzugänge im sog. Museum Antiquarium referiert er (44): „*tum ectypum gypseum lapidis e Museo Dresdensi, in quo eadem symbola, quae in lapidibus nostris Cartaginiensibus (ipse dedi)*". Die Stele ist in der Online-Datenbank des Rijksmuseum van Oudheden Leiden unter https://hdl.handle.net/21.12126/165905 abrufbar ⟨16.09.2023⟩.

16 Hinweise hierauf liegen nach freundlicher Auskunft von Sascha Kansteiner nicht vor. Womöglich handelt es sich um eine Vermutung von Leemans, da viele der Antiken in der Dresdner Sammlung aus Italien stammen.

17 Leemans 1842, 66. Leemans äußert hierbei Kritik am Vorgehen von Hamaker, der die Ähnlichkeit zu den karthagischen Stücken zwar bereits 1828 sah und die Inschrift entsprechend unter diese einordnete, hierfür aber keine hinreichende Erläuterung gab.

18 Der Berliner Hofbildhauer Christian Daniel Rauch thematisierte die Arbeiten in einer Reihe von Briefen an Karl August Böttiger als dem Oberinspektor unter anderem der Antikensammlung. Vgl. dazu den Kommentar zur Passage „die Abgüße von 20 im Augusteum zu Dresden geformten Gegenstände in Abgüßen" im nachfolgend besprochenen Brief von Christian Daniel Rauch an Aloys Hirt vom 30. November 1822 unter https://aloys-hirt.bbaw.de/briefe/detail.xql?id=hirt_xhk_hbt_4x&view=k ⟨16.09.2023⟩. Zu Böttiger Sickmann 1955 und zuletzt Schmidt-Funke 2006.

19 Grundlegend zu Leben und Werk von Rauch: von Simson 1996, dies. 1997 und dies. 2003.

20 Hierzu und zum Folgenden Fendt 2012.

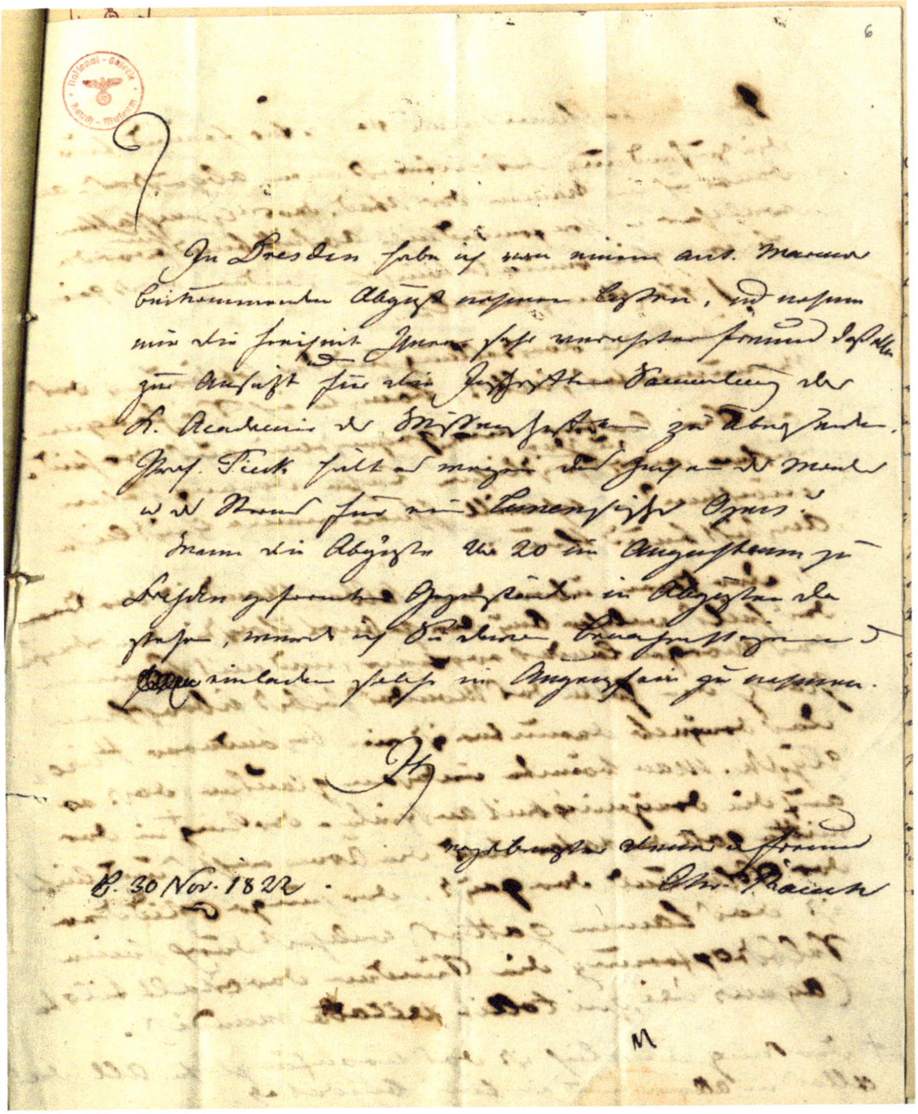

B. 30 Nov. 1822

Abb. 5: Brief von Christian Daniel Rauch an Aloys Hirt vom 30.11.1822.

selben Auftrag an einer entsprechenden Liste, in der er insgesamt 89 antike Bildwerke zusammenstellte. Hirt hatte 1798 die Aufsicht über die Antiken im Besitz des preußischen Königs übernommen und war seit 1815 Teil der Kommission, die die Einrichtung des Museums vorantrieb, in dem diese gemeinsam mit den Gemälden in königlichem Besitz in Berlin vereint werden sollten. An der 1799 neu begründeten Berliner Bauakademie hielt Hirt Vorlesungen zur Geschichte der Architektur, die auch Rauch besuchte.[21]

Berührungspunkte zwischen Rauch und Hirt, beide seit 1811 bzw. 1796 Mitglieder der Akademie der Künste, gab es hinreichend, so dass es nicht verwundert, dass Rauch am 30.11.1822 eine in Dresden angefertigte Abformung der Inschrift an Hirt schickte. Rauch verband damit explizit den Wunsch, sie der Inschriftensammlung der Königlichen Akademie der Wissenschaften zur Kenntnis zu bringen. Im Blick auf das Original sprach er von „einem antiken Marmor“ und ergänzte die Ansicht seines langjährigen Werkstattkollegen Christian Friedrich Tieck, der die Inschrift aufgrund der Darstellung von Mond und Stern im Giebel für ein Werk aus Luna, dem ligurischen Luni, hielt (Abb. 5).[22]

Hirt antwortete einen Tag später (Abb. 6 und 7). Er versprach, die Akademie der Wissenschaften in Kenntnis zu setzen, wenngleich diese nur griechische Inschriften bearbeite.[23] Hieran schloss Hirt eine inhaltliche Erörterung der Inschrift an. Rauch hatte eine solche nicht angefragt. Man gewinnt beim Lesen den Eindruck, Hirt wollte seine Gedanken zu dem Stück formulieren und dabei gegebenenfalls bewusst polarisieren und irritieren. Es wird deutlich, dass er sich sehr wohl darüber im Klaren war, wie die Inschrift eigentlich zu verstehen ist, nämlich als pagane Votivinschrift. Trotzdem stellte er eine christliche Deutung von Bild und Text vor, die als „originell“ bezeichnet werden kann: Stern und Halbmond verstand er als Stern von Bethlehem und mit Bezug zur Geburt Christi. Das Tanitzeichen in seinen Bestandteilen von Dreieck, Kreis und Armen erklärte er im Sinne der Dreifaltigkeit, dem umfassenden allmächtigen Gott, dem zur Rechten der Sohn, zur Linken der Heilige Geist sitze. Das Schaf interpretierte Hirt nach Joh. 1, 29 als Symbol für den Tod des Mensch gewordenen Gottes. Im Blick auf die Inschrift ist es marginal, dass Hirt die drei L nach Aquillia nicht *duorum Luciorum liberta* verstand, sondern *Luci liberti liberta*. Auch, dass er die Iden des November offenbar nicht mit dem 13., sondern dem 15. des Monats bestimmte, und bei der Datumsangabe weiter- statt zurückzählte, *VI ◦ Eid(us) ◦ Nov(embres)* also mit dem 20. statt dem 8. November identifizierte, ist

21 Von Löhneysen 1972; Borbein 1988. Zur privaten Korrespondenz von Hirt und seinen amtlichen Schriften vgl. das von Uta Motschmann bearbeitete Editionsprojekt der Berlin-Brandenburgischen Akademie der Wissenschaften unter https://aloys-hirt.bbaw.de ⟨16.09.2023⟩. Uta Motschmann danke ich für den projektübergreifenden innerakademischen Austausch.

22 SMB-ZA, IV/NL Rauch XI.3, Bl. 6. Zur Edition: https://aloys-hirt.bbaw.de/briefe/detail.xql?id=hirt_xhk_hbt_4x&view=k ⟨16.09.2023⟩. Für die Bereitstellung der Digitalisate des Briefwechsels danke ich Michaela Hussein-Wiedemann und Nancy Röstel, Zentralarchiv Staatliche Museen zu Berlin – Preußischer Kulturbesitz.

23 Das anhand von Abschriften arbeitende Corpus Inscriptionum Graecarum war 1815 an der Preußischen Akademie der Wissenschaften von August Boeckh begründet worden. Das auf Autopsie der Inschriften begründete Corpus Inscriptionum Latinarum wurde erst 1853 unter Leitung von Theodor Mommsen, Wilhelm Henzen und Giovanni Battista de Rossi initiiert.

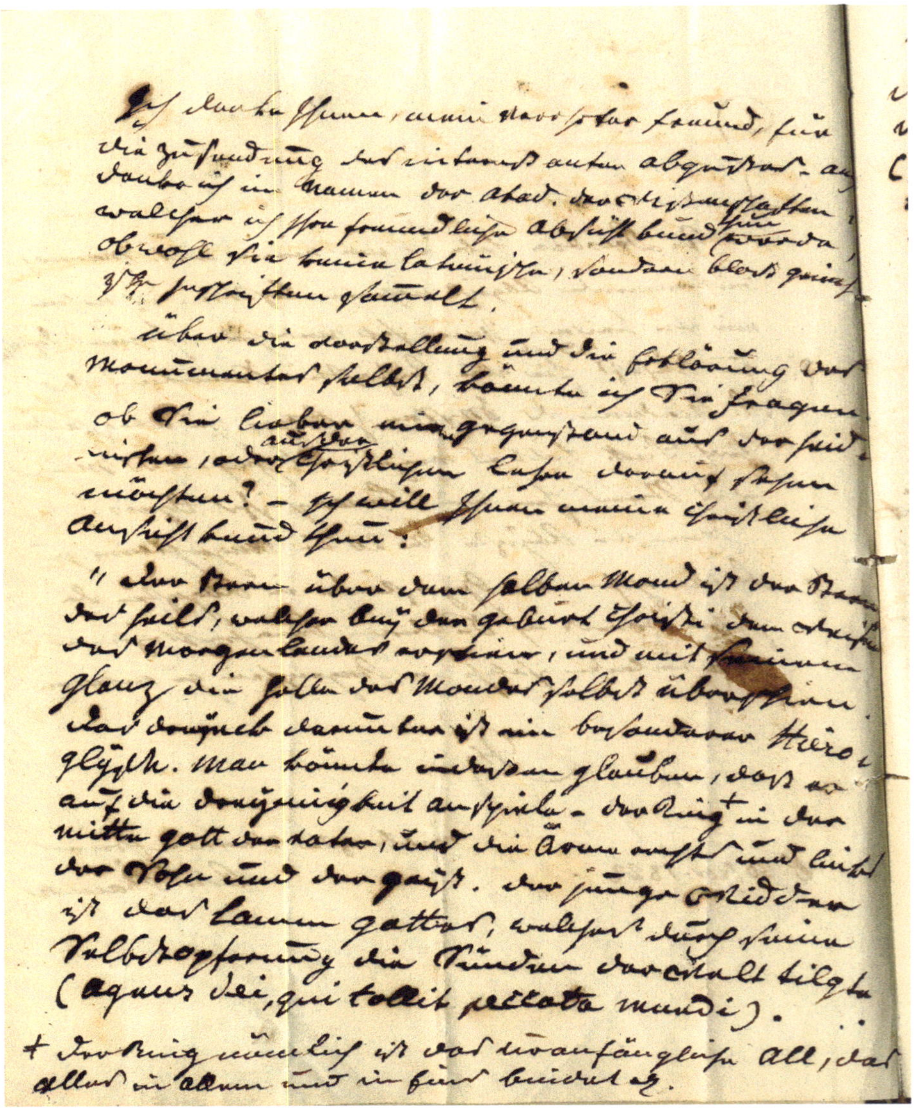

Ich danke Ihnen, mein verehrter freund, für
die zusendung des sinnreich [illegible] abgusses. an-
danke ich im namen der akad. der wissenschaften,
welcher ich Ihre freundliche absicht kund thun werde,
obwohl Sie keine belehrung, sondern bloß meine
Ihr. [illegible] gewünscht.

über die darstellung und die erklärung des
monumentes selbst, könnte ich Sie fragen,
ob Sie lieber ein gegenstand aus der heid-
nischen, oder außer der christlichen lehre darauf sehen
möchten? – Ich will Ihnen meine christliche
ansicht kund thun:

„der stern über dem halben mond ist der stern
des heils, welcher bey der geburt Christi den weisen
des morgenlandes erschien, und mit seinem
glanz die helle des mondes selbst überschien.
das dreyeck darunter ist ein besonderer hiero-
glyph. man könnte indessen glauben, dass es
auf die dreyeinigkeit anspiele – der Ring+ in der
mitte gott der vater, und die arme rechts und links
der sohn und der geist. der junge widder
ist das lamm gottes, welches durch seine
selbstopferung die sünden der welt tilgte
(agnus dei, qui tollit peccata mundi).

+ der Ring nämlich ist das uranfängliche All, das
alles in allem und in sich bedeutet.

Abb. 6: Antwort von Aloys Hirt auf den Brief von Christian Daniel Rauch vom 1.12.1822.

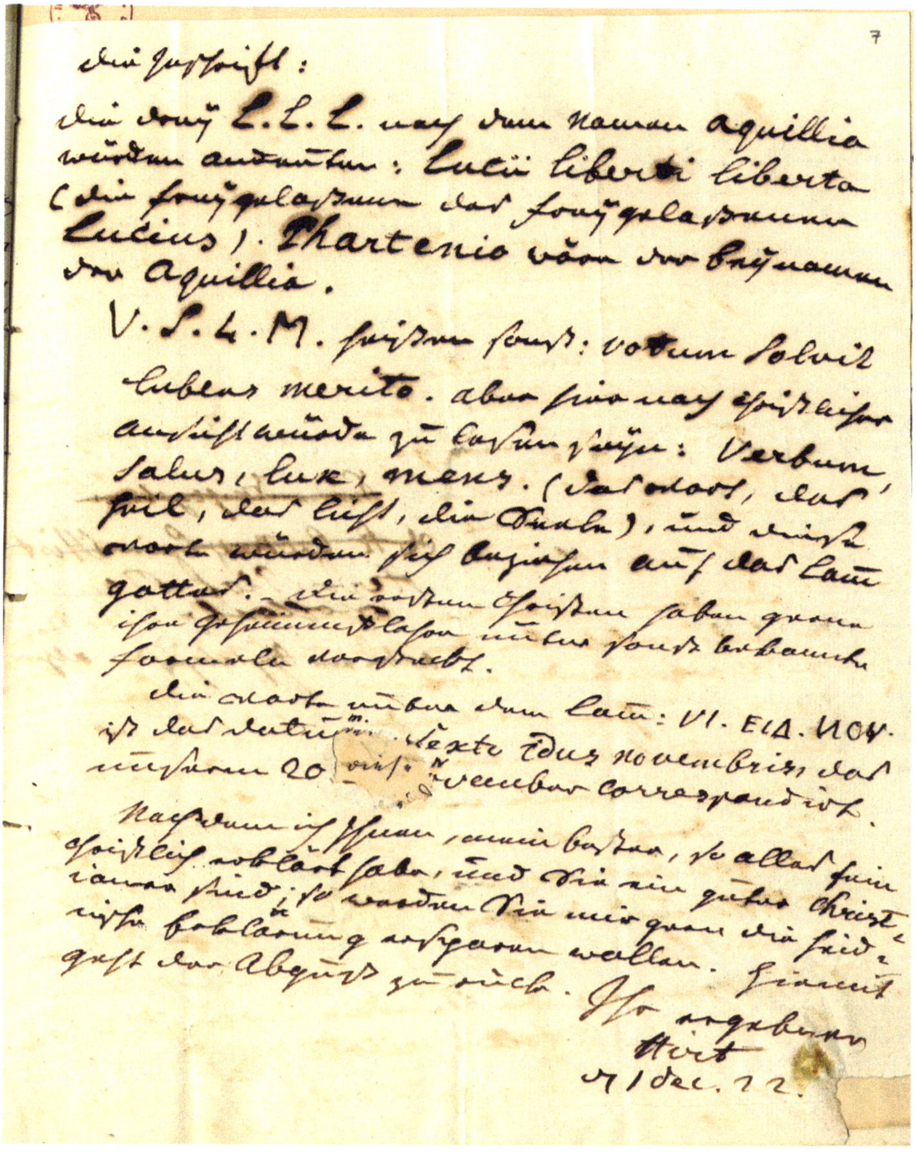

Abb. 7: Antwort von Aloys Hirt auf den Brief von Christian Daniel Rauch vom 1.12.1822.

zu vernachlässigen. Überraschend dagegen ist Hirts Deutung der Formel VSLM, aus der er, bezogen auf das Lamm Gott, *verbum, salus, lux, mens* rekonstruiert.[24] Parallelen hierzu lassen sich nicht anführen. Hirts abschließender, wieder direkt an Rauch gerichteter Satz „Nachdem ich Ihnen, mein Bester, so alles fein christlich erklärt habe, und Sie ein guter Christ immer sind; so werden Sie mir gern die heidnische Erklärung ersparen wollen." mutet wie Ironie über die eigenen Erläuterungen an.

Kommentar

Im Vergleich des in Dresden wiedergefundenen Originals, der Gipskopie der Steinvorderseite in Leiden, dem in Berlin aufgetauchten Abklatsch sowie den Publikationen der Inschrift aus dem 19. Jahrhundert fallen verschiedene Punkte auf:

Die von Hettner 1875 und 1881 referierte, seinerzeit am Stein angenommene Höhe des Monuments – 0,52 cm –, die so auch Leemans 1842 für den Gips vermerkte und die heute am Original nachgemessen werden kann, zeigt, dass der Abklatsch nicht das komplette Monument erfasste. Auch wenn im vorliegenden Fall nur die untersten 10 cm des Schaftes fehlen, wird exemplarisch deutlich, dass Abklatsche zwar sehr präzise Reproduktionen des Inschriftentextes sind, das Artefakt aber in zahlreichen Dimensionen nicht wiedergeben. Das gilt allgemein für dessen dreidimensionale Form und Ausfertigung, dann speziell für das Gesamtlayout der beschrifteten Seite und schließlich für Details wie beispielsweise die eingangs beschriebenen Anrisse.

Die Gegenüberstellung der verschiedenen Dokumentationen macht des Weiteren deutlich, dass sich der Stein bis heute nicht erkennbar verändert hat. Sein Zustand des Jahres 1824, dokumentiert in dem Leidener Gips, entspricht dem aktuellen unterschiedslos. Die geringen Substanzverluste am linken und rechten Rand der Vorderseite sind so auch in der Kopie und im Abklatsch erkennbar. Rezente Bestoßungen oder Substanzverluste sind am Original nicht auszumachen. Die deutliche Beschädigung am Fuß der Stele hatte bereits Hamaker 1828 mit „lapidis basis fracta" beschrieben, sie ist ferner in der Leidener Gipskopie entsprechend erkennbar.

Die Inschrift ist den sogenannten neopunischen Stelen zuzuordnen, Monumenten, die in ihren Bildmotiven noch mehr oder minder stark auf punische Elemente zurückgreifen, jedoch in römischer Zeit in Nordafrika entstanden waren.[25] Die typische Form punischer Votivmonumente war die der Giebelstele. In ihren Maßen zeigen sie tendenziell eine Entwicklung hin zu einer deutlichen Verbreiterung. Während punische Stelen des 4.–2. Jh. v.Chr. im Schnitt 13,5 cm breit waren, erreichten neopunische Exemplare

24 SMB-ZA, IV/NL Rauch XI.3, Bl. 6v und SMB-ZA, IV/NL Rauch XI.3, Bl. 7. Zur Edition: https://aloys-hirt.bbaw.de/briefe/detail.xql?id=hirt_emk_12t_4x ⟨16.09.2023⟩.

25 Wurnig 2006, 55. Die folgende Einordnung rekurriert in hohem Maße auf die Arbeit von Wurnig zu den Reliefstelen aus dem römischen Nordafrika.

Breiten von bis zu 31 cm.[26] Typisch für punische Stelen, deren Schaft sich oftmals durch voneinander abgesetzte, leicht vertiefte Felder gliedert, waren mit Mondsichel und Sonnenscheibe astrale Symbole der caelestischen Macht im Giebel sowie das Tanitzeichen.[27] Diese Merkmale bildeten ein starkes punisches Substrat bis in die beiden ersten nachchristlichen Jahrhunderte.[28] Das Tanitzeichen entwickelte dabei immer stärker anthropomorphe Züge.[29] Neben diesen Symbolen wurden mit Delphinen, Fischen, Vögeln und Widdern regelmäßig auch Tiermotive dargestellt. Insbesondere der Widder, der häufig auf Votivstelen des 3. und 2. Jh. v.Chr. auftrat, explizit aber bis in die römische Zeit tradiert wurde und dann etwa auch auf Monumenten für Saturn zu finden ist, war weniger göttlich konnotiert als vielmehr eine konkrete Darstellung eines Opfertiers.[30] Als neue römische Elemente traten dann unter anderem Darstellungen von Körben, *cistae*, Girlanden, aber auch Personen und weiteren Opfertieren hinzu.[31] Römische Reliefstelen der Kaiserzeit unterschieden sich von ihren Vorläufern durch neue architektonische Gliederungen sowie Darstellungen von Porträtfiguren oder mythologischen Szenen.[32]

Die Dresdner Inschrift stellt sich als Votivstele mit starken punischen Wurzeln dar. Mit ihrer Breite von 12,5 cm greift sie frühe Formen auf, nicht jene der breiten neopunischen Stücke späterer Zeit. Die astralen Zeichen im Giebel der Stele, die Gliederung ihres Schaftes mittels Feldern und die Darstellung der Tanit führen ebenfalls zentrale punische Traditionen fort. Speziell das stark abstrakt gehaltene Zeichen der Tanit ist als deutlicher Rückgriff angesichts ihrer ansonsten zunehmenden Tendenz zu einer menschenähnlichen Darstellung zu verstehen.[33] Die insgesamt große formale Ähnlichkeit mit karthagischen Funden, speziell den Parallelen im Rijksmuseum van Oudheden in Lei-

26 Mendleson 2003, 4; Wurnig 2006, 58, dazu als punisches Beispiel aus Cirta Taf. 9, Abb. 1 sowie als neopunische Exempel aus Thibursicum Bure, Taf. 20, Abb. 1 und 2. Für Beispiele aus dem Tofet genannten sakralen Raum von Salammbô nahe dem Hafen von Karthago Bisi 1967, Taf. XV; XVI; XVIII; XIX.

27 Wurnig 2006, 32 sowie 42–44 und 46–48 im Detail zu den astralen Symbolen und dem Tanitzeichen. Vgl. dazu die beiden neopunischen Stücke aus Anm. 26.

28 Mendleson 2003, 4–6; Wurnig 2006, 56–57.

29 Mendleson 2003, 10; Wurnig 2006, 112.

30 Wurnig 2006, 116 sowie 122–124 zum Widder. Entsprechende Darstellungen zeigen beispielsweise punische Stelen aus Karthago, Taf. 8, Abb. 4 sowie Taf. 34, Abb. 3–5 oder eine römische Reliefstele aus Mascula Taf. 30, Abb. 2.

31 Mendleson 2003, 10–11; Wurnig 2006, 57.

32 Wurnig 2006, 60–63.

33 Tanit, die Stadtgöttin Karthagos, wurde nach 146 v.Chr. per *interpretatio romana* zur (Dea) Caelestis, die von Beginn an menschlich dargestellt wurde, vgl. Wurnig 2006, 131–134. Zur Caelestis noch immer grundlegend Cumont 1897; Halsberghe 1984; Wurnig 1999. Bisi 1967, Fig. 7 stellt verschiedene Darstellungen der Tanit auf karthagischen Stelen zusammen. Dem Dresdner Stück am nächsten ist t, wo jedoch die Angabe der abgewinkelten Hände fehlt. Ähnlich dagegen ist die Darstellung auf der fragmentierten Stele aus Altiburos in Fig. 79.

den[34] oder in großen Sammlungen wie dem Pariser Louvre[35] und dem British Museum[36], legen, wie bereits von Leemans 1842 explizit formuliert, eine entsprechende Provenienz für das Dresdner Stück nahe.[37]

An einer römischen Einordnung der Inschrift bestehen nach der Wahl von Latein als Sprache des Textes, den Namensformen und der Selbstbezeichnung der Votantin als *liberta* sowie der Verwendung der typisch römischen Widmungsformel *v(otum) s(olvit) l(ibens) m(erito)*[38] und des römischen Kalenders zur Angabe des Datums keine Zweifel. Aus dem Namen der Weihenden lassen sich weitere Schlüsse ziehen: Während das *cognomen* Phartenio in lateinischen Inschriftentexten bislang ein Hapaxlegomenon darstellt,[39] ist das *nomen gentile* Aquillius/-a gut bezeugt. Zwei von drei der knapp 120 Belege stammen aus dem Kernland des römischen Reiches. Darüber hinaus lässt sich der Name in den ostmediterranen Provinzen, in Dalmatien und der Gallia Narbonensis nachweisen. Auffällig dabei ist, dass die betreffenden Zeugnisse zu nicht geringem Teil noch aus republikanischer Zeit stammen[40] und für zahlreiche weitere Exemplare ein chronologischer Rahmen bis gegen Ende des 1. Jh. n.Chr. abgesteckt werden kann. Mit dem Namen der Stifterin ist damit eine deutlich römische, womöglich genuin italische Komponente der Inschrift auszumachen, die zeitlich gut zur Einordnung der neopunischen Stelen passt.

Von Judas wurde die Frage diskutiert, ob es sich bei der Dresdner Inschrift überhaupt um eine Votiv- und nicht eher um eine Grabinschrift handele.[41] Maßgeblich für

34 Zu den Reliefstelen in der Leidener Sammlung Wurnig 2006, 102–104. Maßgeblich für ihre Verortung sind die Aufzeichnungen des mit Arbeiten am Hafen von Karthago beauftragten Jean Émile Humbert; zu ihm vgl. Halbertsma 1995.

35 Eine Abfrage der Sammlungsdatenbank https://collections.louvre.fr ⟨16.09.2023⟩ nach „stèle punique Carthage“ ergibt annähernd 900 Treffer. Die formalen und dekorativen Eigenschaften dieser Monumente machen die Verwandtschaft mit der Dresdner Stele evident.

36 In der Datenbank des British Museum https://www.britishmuseum.org/collection ⟨16.09.2023⟩ werden bei einer Abfrage nach „stela punic Carthage“ über 170 entsprechende Ergebnisse ausgeworfen.

37 Vgl. so auch die Angabe in der Objektdatenbank des Rijksmuseum van Oudheden Leiden zur oben besprochenen Gipskopie unter https://www.rmo.nl/collectie/collectiezoeker/collectiestuk/?object=165905 ⟨16.09.2023⟩.

38 Zum Aufkommen der Widmungsformel in lateinischen Sakralinschriften gegen Mitte des 1. Jh. v.Chr. Ehmig 2017, 25–26.

39 Ein Zusammenhang mit den wenigen Zeugnissen für *cognomina* auf Parten- scheint zweifelhaft, zumal die meisten der Belege in die fortgeschrittene oder späte Kaiserzeit und einen christlichen Kontext gehören.

40 Vgl. so etwa die *fasti consulares*: CIL I^2 p. 340 = InscrIt XIII 1, 1a; die *fasti triumphales*: CIL I^2 p. 341 = InscrIt XIII 1, 1b; die *fasti Cuprenses*: CIL I^2 p. 62–63 = CIL IX 5289–5293 = InscrIt XIII 1, 7 cf. p. 572; die Meilensteine des Manius Aquillius in Kleinasien: CIL I^2 646 cf. p. 926 = CIL III 7177 = 14199, 8 = RRMAM III 1, 9a; CIL I^2 647 cf. p. 926 = CIL III 6093 = 7183 = RRMAM III 1, 3; CIL I^2 648 cf. p. 926 = CIL III 7184 = RRMAM III 1, 2; CIL I^2 649 cf. p. 926 = CIL III 7205 = RRMAM III 1, 5; RRMAM III 1, 7; RRMAM III 1, 8 = AE 2012, 1517; RRMAM III 1, 9b = AE 2012, 1518; RRMAM III 1, 10 = AE 1991, 1529 = SEG 41, 1336; CIL I^2 650 cf. p. 926 = CIL III 479 = 14201, 11 = RRMAM III 1, 6; CIL I^2 651 cf. p. 725; 926 = CIL III 14202, 4 cf. p. 2328^{84} = RRMAM III 1, 4; RRMAM III 1, 1 = AE 1995, 1464 = SEG 45, 1625.

41 Judas 1860/1861, 71–73.

seine Überlegung war die Beobachtung, dass die für Votivinschriften typische Wendung *v(otum) s(olvit) l(ibens) a(nimo)* auch in Grabinschriften auftreten kann.[42] Entsprechend schloss er nicht aus, dass auch das häufigere VSLM Bestandteil von Epitaphen sein könne. Als Auflösung zog er *vivus sibi legavit monumentum* in Betracht.[43] Die Wendung ist so jedoch nicht weiter bezeugt. In gleichem Kontext thematisierte Judas die auf der Inschrift gegebene Datierung. Er sah die meisten lateinischen Widmungen über die Angabe eponymer Konsuln datiert und führte vor dem Hintergrund seiner Überlegung, dass es sich bei dem Dresdner Stück auch um eine Grabinschrift handeln könne, christliche Epitaphe ins Feld, die zur jährlichen Erinnerung ein Datum trügen.[44] Christliche Parallelen führen im Falle der neopunischen Stele in der Dresdner Antikensammlung jedoch nicht weiter. Mit ihrem knappen Formular – einfacher indigener Name oder Bezeichnung eines Freigelassenen und anschließender Tagesdatierung – sowie einer zeitlichen Einordnung in das 2./1. Jh. v.Chr. erscheinen die aus Rom, genauer dem republikanischen Gräberfeld „in vinea S. Caesarei", zahlreich bezeugten keramischen Aschegefäße mit entsprechendem, *post cocturam* geritztem Inschriftentext viel ähnlicher.[45]

Folgt man jedoch weiter dem überzeugenden Gedanken, dass es sich bei der Dresdner Inschrift um eine neopunische Votivstele handelt, so ist tatsächlich die tagesgenaue Datierung, hier auf einen 8. November, bemerkenswert: Votivinschriften, wie allgemein individuell verfügte lateinische Sakralinschriften, enthalten nur selten auf eine Tagesangabe beschränkte Datierungen.[46] Das hier besprochene Monument zeigt in Größe und Dekoration Elemente, die, anhand der Steinbreite und der Darstellung der Tanit beschrieben, weit in punische Tradition zurückreichen. Es lohnt daher zu fragen, ob in dieser Wurzel ein Schlüssel für das Verständnis der Angabe *VI ◦ Eid(us) ◦ Nov(embres)* auf dem Stein liegen könnte. Dass derartige strukturelle Übertragungen aus den punischen Texten in die lateinischen erfolgten, verdeutlicht eine kleine Gruppe von Inschriften aus der Africa proconsularis:[47] Mit punischen Texten versehene Votivstelen leiten typischerweise mit der Wendung BYM N'M WBRK „am günstigen und gesegneten Tag" ein und beschreiben damit den Tag der Sakralhandlung bzw. Gelübdeeinlösung. Die Wendung wurde in

---

42 Judas 1860/1861, 66 mit Bezug auf die später unter CIL VIII 7104 edierte Inschrift *D(is) M(anibus) C(aius) Gargilius Felix sacerdos Saturni vixit a(nnos) LXXXXV v(otum) s(olvit) l(ibens) a(nimo) h(ic) s(itus) e(st)* aus Constantine. Ergänzen lassen sich ebenfalls aus Nordafrika AE 1914, 241 = AE 1982, 979 (Tipasa) und IAM II 2, 526 (Volubilis). Anzuschließen sind ferner eine fragmentierte Inschrift aus dem lusitanischen Emerita ERAEmerita 465 und vermutlich ein Exemplar aus Capidava in der Moesia inferior IScM V 27 = AE 1980, 799.

43 Judas 1860/1861, 72.

44 Judas 1860/1861, 72.

45 Zu den Inschriften CIL VI 8211–8397 *Ollae effossae in vinea S. Caesarei*; erläuternd Shaw 2006, 93–101.

46 Zu entsprechenden Angaben in individuellen Sakralinschriften vgl. CIL VI 31169 (Roma); AE 2004, 367 (Ostia); CIL IX 784 (Luceria); CIL IX 5565 (Tolentinum); CIL III 3904 (Praetorium Latobicorum); AE 1978, 641 (Poetovio); AE 1937, 181 (Aquincum); AE 2006, 1005 (Ljubovija); CIL VIII 10913 = 20439 (Novaricia); AE 1986, 734 (Volubilis).

47 Vgl. zum Folgenden im Ansatz schon Fantar 1975, 423; insbesondere Ferron 1993, Ferjaoui 2008, 193 und Schörner 2009, 291–292.

der Form *die bonu*,[48] *die bonu felici*,[49] *die bonu et felice*,[50] bzw. *die bonu fastum felice*[51] wörtlich ins Lateinische übertragen und an derselben Position des Textes belassen. Die betreffenden Zeugnisse zeichnen sich, wie ihre punischen Vorgänger, durch ihre Kürze aus. Auf die genannte, einleitende Wendung folgen lediglich der Name des Stifters und eine mehr oder minder knapp gehaltene Widmungsformel. Anzuschließen ist eine Inschrift aus El Afareg, die stärker dem Schema römischer Sakralinschriften entspricht, indem die Gottheit, an die die Widmung gerichtet war, die erste Position einnimmt, gefolgt vom Namen des Stifters. Die im Punischen einleitende Segensformel ist hier zu *bonum diem sollemnem* geworden und gegen das Ende des Textes gerückt.[52] Datierte Exemplare thematisierte auch Hans Peter Roschinski im Kontext punischer Sakralinschriften zum MLK-Opfer. Dieses konnte, explizit mit MLK 'MR verbalisiert oder mit einer entsprechenden Darstellung visualisiert, die Form eines Lammes haben.[53] Die betreffenden zeitlichen Angaben sehen jedoch immer, anders als bei dem Dresdner Stück, eine eponyme Datierung vor. Gleichwohl spricht analog den angeführten lateinischen Parallelen nichts dagegen, im 8. November jenen Tag zu sehen, an dem die mit der Dresdner Stele dokumentierte Gelübdeeinlösung der Aquillia Phartenio erfolgte.[54]

Die eindrückliche Darstellung eines Schafes im unteren Bildfeld lässt sich überzeugend mit der im Rahmen des *votum* gelobten Gegengabe der Aquillia verbinden. Ob sie auch einen bewussten Rückgriff auf das MLK-Opfer darstellt, ist dagegen nicht zu erhärten. Als Widder jedenfalls ist das Tier im Relief nicht zu identifizieren, es fehlen Hörner oder Geschlechtsmerkmale. Auffällig jedoch ist die ausgeprägte Darstellung des nach unten hinzunehmend dicker werdenden Schafschwanzes. Das Merkmal erinnert an Fettschwanzschafe, die für Nordafrika wie auch den Nahen Osten bereits in der Vormoderne typische Schafrasse.[55]

---

48 ILTun 573 = Leglay 1961, 230 = AE 1942/1943, 109.

49 ILAfr 505 = Leglay 1961, 203 = AE 1922, 24.

50 AE 2014, 1522.

51 AE 2014, 1523.

52 Leglay 1961, 269 = AE 1968, 612.

53 Roschinski 1991, 609 mit einer Reihe nachfolgender Belege. Zur Thematik stellvertretend und mit älterer Literatur Bauks 2008 und ders. 2009. Eine Gruppe römischer Votivinschriften aus dem numidischen Nicivibus steht mit dem Begriff *molchomor* erkennbar in dieser Tradition: CIL VIII 4468 = 18630 = Leglay 1966, 74; AE 2006, 1802; Leglay 1966, 69 = AE 1931, 58; Leglay 1966, 72 = AE 1931, 59; Leglay 1966, 74 = AE 1931, 60; anzuschließen ist das fragmentierte Exemplar Leglay 1966, 74. Vgl. Schörner 2009, 292 mit den Anm. 25 und 26.

54 Zur Ursache der Gelübdeeinlösung, ob der 8. November etwa der Tag der Freilassung der Votantin war, macht die Inschrift keine Aussagen.

55 Stellvertretend Hilzheimer 1928; Werth 1941; Epstein 1970; Rohde 2010.

Abkürzungen

SMB-ZA: Staatliche Museen zu Berlin, Zentralarchiv

Literaturverzeichnis

Bauks, M., Kinderopfer als Weihe- oder Gabeopfer. Anmerkungen zum *mlk*-Opfer, in: Witte, M. – Diehl, J. F. (Hg.), Israeliten und Phönizier. Ihre Beziehungen im Spiegel der Archäologie und der Literatur des Alten Testaments und seiner Umwelt (Orbis Biblicus et Orientalis 235), Fribourg u.a. 2008, 233–251.

Bauks, M., Opfer, Kinder und *mlk*: Das Menschenopfer und seine Auslösung, in: Lange, A. (Hg.), Wege zur hebräischen Bibel: Denken, Sprache, Kultur (Forschungen zur Religion und Literatur des Alten und Neuen Testaments 228), Göttingen 2009, 215–232.

Bisi, A. M., Le stele puniche, Rom 1967.

Borbein, A., Aloys Hirt, in: Lullies, R. – Schiering, W. (Hg.), Archäologenbildnisse. Porträts und Kurzbiographien von Klassischen Archäologen deutscher Sprache, Mainz 1988, 12–13.

Cumont, F., RE 3. 1, 1897, 1247–1250, s.v. Caelestis.

Ehmig, U., Donum dedit. Charakteristika einer Widmungsformel in lateinischen Sakralinschriften (Pietas 9), Gutenberg 2017.

Ehmig, U., Jeden Dienstag von 11–1 Uhr: Der Beginn des epigraphischen Archivs des Corpus Inscriptionum Latinarum (CIL) und die Materialität der Dokumentation von Inschriftentexten, thersites 18, 2024 https://doi.org/10.34679/thersites.vol18.245.

Epstein, H., Fettschwanz- und Fettsteißschafe (Die neue Brehm-Bücherei 417), Lutherstadt Wittenberg 1970.

Fantar, M., Téboursouk, stèles anépigraphes et stèles à inscriptions néopuniques, Mémoires présentés par divers savants à l'Académie des inscriptions et belles-lettres de l'Institut de France. Première série, Sujets divers d'érudition 16.1, 1975, 378–431.

Ferjaoui, A., Inscriptions néopuniques de Henchir Ghayadha, AntAfr 44, 2008, 191–205.

Fendt, A., Die Anfänge der Berliner Gipsformerei in der Werkstatt von Christian Daniel Rauch und im Königlichen Museum, in: Schröder, N. – Winkler-Horaček, L. (Hg.), ... von gestern bis morgen ... Zur Geschichte der Berliner Gipsabguss-Sammlung(en), Rahden/Westf. 2012, 83–90.

Ferron, V., La formule BYM N'M WBRK des stèles votives puniques ou néopuniques de l'Afrique du Nord, Bulletin CEDAC Carthage 13, 1993, 36–54.

Halbertsma, R. B., Le solitaire des ruines. De archeologische reizen van Jean Émile Humbert (1771–1839) in dienst van het Koninkrijk der Nederlanden (Collections of the National Museum of Antiquities at Leiden 9), Leiden 1995.

Halbertsma, R. B., Scholars, Travellers and Trade. The Pioneer Years of the National Museum of Antiquities in Leiden, 1818–1840, New York 2003.

Halsberghe, G. H., Le culte de Dea Caelestis, ANRW II 17.4, 1984, 2181–2201.

Hamaker, H. A., Miscellanea Phoenicia sive Commentarii de rebus Phoenicum, Lugduni Batavorum 1828.

Hase, H., Verzeichniss der alten und neuen Bildwerke und übrigen Alterthümer in den Sälen der Kgl. Antikensammlung zu Dresden, Dresden [4]1836.

Hase, H., Verzeichniss der alten und neuen Bildwerke und übrigen Alterthümer in den Sälen der Kgl. Antiken-Sammlung zu Dresden, Dresden [5]1839.

Hettner, H., Die Bildwerke der Königlichen Antikensammlung zu Dresden. Auf Hohe Veranlassung, Dresden 1856.

Hettner, H., Die Bildwerke der Königlichen Antikensammlung zu Dresden. Auf Hohe Veranlassung, Dresden [2]1869.

Hettner, H., Die Bildwerke der Königlichen Antikensammlung zu Dresden. Auf Hohe Veranlassung, Dresden [3]1875.

Hettner, H., Die Bildwerke der Königlichen Antikensammlung zu Dresden, Dresden [4]1881.

Hilzheimer, M., Nordafrikanische Schafe und ihre Bedeutung für die Besiedlungsfrage Nordafrikas, Zeitschrift für Säugetierkunde 3, 1928, 253–277.

Hoijtink, M. H. E., Exhibiting the Past. Caspar Reuvens and the Museums of Antiquities in Europe, 1800–1840 (Papers on Archaeology of the Leiden Museum of Antiquities 7), Turnhout 2012.

Judas, A. C., Sur dix-neuf inscriptions numidico-puniques découvertes à Constantine, Annuaire de la Société Archéologique de la Province de Constantine 5, 1860/1861, 1–102.

Knoll, K. – Vorster, Chr. (Hg.), Römische Reliefs, Geräte und Inschriften (Staatliche Kunstsammlungen Dresden. Skulpturensammlung. Katalog der antiken Bildwerke 4), München 2018.

Leemans, C., Beredeneerde Beschrijving der Asiatische en Amerikaanische Monumenten van het Museum van Oudheden te Leyden, Leyden 1842.

Leglay, M., Saturne africain. Monuments, Bd. I: Afrique proconsulaire, Paris 1961.

Leglay, M., Saturne africain. Monuments, Bd. II: Numidie-Maurétanies, Paris 1966.

von Löhneysen, W. Freiherr, NDB 9, 1972, 234–235, s.v. Hirt, Aloys.

Mendleson, C., Catalogue of the Punic Stelae of the British Museum (Occasional Paper 98), London 2003.

Rohde, M., Das wissenschaftliche Bibellexikon im Internet (www.wibilex.de) 2010, s.v. Schaf / Schafzucht https://www.bibelwissenschaft.de/stichwort/26209/ ⟨16.09.2023⟩.

Roschinski, H. P., Punische Inschriften zum MLK-Opfer und seinem Ersatz, in: Kaiser, O. (Hg.), Texte aus der Umwelt des Alten Testaments, Bd. II 4, Religiöse Texte: Grab-, Sarg-, Votiv- und Bauinschriften, Gütersloh 1988, 606–620.

de Sacy, S., Henrici Arentii Hamakeri, Miscellanea phoenicia, sive Commentarii de rebus Phoenicum, JS, Decembre 1829, 736–747.

Schmidt-Funke, J. A., Karl August Böttiger (1760–1835). Weltmann und Gelehrter (Ereignis Weimar-Jena. Kultur um 1800. Ästhetische Forschungen 14), Heidelberg 2006.

Schörner, G., Neue Bilder für alte Rituale: Die Saturn-Stelen als Kultmedien im römischen Nordafrika, in: Hekster, O., et al. (Hg.), Ritual Dynamics and Religious

Change in the Roman Empire. Proceedings of the Eighth Workshop of the International Network Impact of Empire (Heidelberg, July 5–7, 2007) (Impact of Empire 9), Leiden 2009, 285–306.

Schulten, A., [Rezension zu] Carton, L., Le Sanctuaire de Tanit à El-Kénissa, Berliner Philologische Wochenschrift 27, Nr. 15, 13. April 1907, 470–471.

Shaw, D. B., Seasonal Mortality in Imperial Rome and the Mediterranean: Three Problem Cases, in: Storey, R. G. (Hg.), Urbanism in the Preindustrial World: Cross-Cultural Approaches, Tuscaloosa 2006, 86–109.

Sickmann, L., NDB 2, 1955, 414, s.v. Böttiger, Karl August.

von Simson, J., Christian Daniel Rauch. Oeuvre-Katalog, Berlin 1996.

von Simson, J., Christian Daniel Rauch, Berlin 1997.

von Simson, J., NDB 21, 2003, 195–197, s.v. Rauch, Christian Daniel.

Werth, E., Die afrikanischen Schafrassen und die Herkunft des Ammonkultes, Zeitschrift für Ethnologie 73, 1941, 307–320.

Wurnig, U., Reliefstele der Dea caelestis. Studie zu Religion und Kunst im römischen Nordafrika (Nachrichten aus dem Martin-von-Wagner-Museum der Universität Würzburg. Reihe A. Antikensammlung 3), Würzburg 1999.

Wurnig, U., Untersuchungen von Reliefstelen aus dem römischen Nordafrika. Beiträge zur Akkulturation und Romanisierung in der kaiserzeitlichen Provincia Africa Proconsularis, Diss. Würzburg 2006 urn:nbn:de:bvb:20-opus-20250 ⟨27.10.2022⟩.

Abbildungsnachweis

Abb. 1–2:	Foto: Richard von Bremen 25.4.2022. CC0.
Abb. 3:	Foto: Elke Estel / Hans-Peter Klut 13.9.2022. CC0.
Abb. 4:	Inv.-Nr. KD. CC0. 1.0.
Abb. 5:	SMB-ZA, IV/NL Rauch XI.3, Bl. 6. CC BY-NC-ND.
Abb. 6:	SMB-ZA, IV/NL Rauch XI.3, Bl. 6v. CC BY-NC-ND.
Abb. 7:	SMB-ZA, IV/NL Rauch XI.3, Bl. 7. CC BY-NC-ND.

Una inscripción inédita en Jerez de los Caballeros (Badajoz)

Helena Gimeno Pascual

En el año 2012, en el marco de la redacción de la *pars septentrionalis* del *conventus Hispalensis*,[1] viajé junto con José Luis Ramírez Sádaba a Jerez de los Caballeros (Badajoz), ciudad en la que una gran parte de los investigadores – con los que estamos de acuerdo y así lo aceptamos en CIL II^2 – localiza Seria Fama Iulia, la *civitas* citada por Plinio en HN 3.14. Sin embargo, no hay por ahora ningún documento epigráfico que lo acredite, ni tampoco los pocos datos arqueológicos conocidos permiten descartar definitivamente otras probabilidades.[2]

En esta ciudad se encuentra la inscripción objeto de este estudio y que conocimos a través de la información e imagen que tomó don Gervasio Rodríguez Pérez[3] con ocasión de la renovación del pavimento de la iglesia de Santa María de Jerez de los Caballeros en 2005. En estas circunstancias fue levantado del suelo el escudo situado en perpendicular a la lauda del túmulo de Theresa Petronila Cáceres Quiñones y Bela de la casa de Bargas[4] (fig. 1). El blasón (fig. 2), que presenta esculpido un león rampante a la izquierda, lenguado y coronado, tiene en su dorso la inscripción que nos ocupa, y fue vuelto a colocar en el mismo sitio y posición en la que estaba con anterioridad a las obras, ocultándose de nuevo la cara inscrita. A pesar de no haber podido hacer la autopsia del texto, podemos asegurar que este se conservaba en muy buen estado; la lectura es clara como puede verse en la imagen (fig. 3).

1 El manuscrito de este fascículo fue entregado en el año 2013 para su revisión por el coordinador del volumen A. U. Stylow.

2 Para un estado de la cuestión véase Álvarez Martínez 2017, 66–73.

3 A quien agradecemos vivamente su estimable ayuda y colaboración en nuestra estancia en Jerez para la autopsia de las inscripciones.

4 Solo hemos encontrado una transcripción de la inscripción en Martínez 1892, 487. Llama la atención que el mármol es igual que el del escudo del otro túmulo de esta familia situado muy próximo a este también en el pavimento y en la misma posición respecto a la lauda. No sería imposible que hubieran sacado material para los dos escudos de un mismo monumento antiguo.

Fig. 1: Lauda del túmulo de Theresa Petronila Cáceres Quiñones y Bela de la casa de Bargas.

◄ Fig. 2: Blasón del escudo de Theresa Petronila Cáceres Quiñones y Bela.
▲ Fig. 3: Cara posterior del blasón: inscripción romana.

El soporte parece haber sido o la parte central de un pedestal de mármol para una estatua,[5] que pudo ser recortado de su forma original para adaptarlo a su función secundaria,[6] o, lo que nos parece menos probable, una placa que estuviese fijada en un pedestal realizado de mampostería y recubierto de *crustae*. Sus dimensiones actuales son 80 cm de altura, 70 cm de anchura y más de 15 cm de grosor, esta última dimensión es la que se obtiene en donde hoy se puede medir. Llama la atención que el escudo del túmulo de la hija, situado muy próximo a este y con un blasón inserto en el pavimento también en perpendicular a la lauda, parece del mismo mármol y en ambos casos distinto al de las laudas; no sería imposible que se hubiera partido un mismo pedestal para elaborar los dos escudos; según consta en

5 No hay datos biométricos ni fórmulas funerarias que pudieran hacer pensar en la parte central de un ara funeraria.

6 La utilización de material romano por la nobleza en sus blasones parece haber sido bastante común en la zona: en el actual parador de Zafra se utilizó un ara romana para la elaboración del escudo de D. Gómez Suárez de Figueroa de la casa de Feria en época medieval; asimismo en Llerena se utilizó un pedestal dedicado a Tiberio, probablemente de la cercana ciudad romana de Regina (Casas de Reina) para un escudo de la familia de los Zapata y Chaves (CIL II^{2}/7, 978) y de este mismo yacimiento procede una escultura de Juno que hoy se conserva en el Museo de Badajoz (inv.n.° 13881) reutilizada para esculpir el escudo del contador D. Sancho de Paz, un hidalgo avecindado en Llerena en el siglo XVI (cf. Silva 2011). Del siglo XVIII es el espectacular escudo de armas de los Molina y del Marqués de Urueña colocado en la casa de este último en Mérida, elaborado a partir de dos togados y una estela con retrato (Fusco – Mañas 2006, 41).

Fig. 4: Túmulo de la hija de Theresa Petronila Cáceres Quiñones y Bela.

la lauda de la madre, quien encargó el monumento fue la hija,[7] y por tanto no sería extraño que se hubieran hecho los dos cuando se puso el de esta última (fig. 4). Si esto fuera cierto, tendríamos la parte central de un pedestal, soporte que, como ya hemos señalado, nos parece más verosímil que una placa de revestimiento.

El campo epigráfico, no delimitado ni rebajado, contiene 5 líneas que colman el espacio a lo ancho, aunque en la línea 2 este fue mal calculado y el lapidario se vio obligado a reducir de tamaño la E final. Lo mismo ocurrió en la línea 3, en la que además de crear un nexo NT omitió la O de *testamento*. Las letras, capitales cuadradas de buena factura, son más altas en las dos primeras líneas y en la última.[8] Para las interpunciones se ha utilizado la forma triangular. El texto dice:

Iuliae • L(uci) • f(iliae)
Restitutae
ex testament(o)
C(ai) • Vibi • Vegeti
viri

La estatua que sustentaba este pedestal fue erigida por manda testamentaria de C. Vibius Vegetus, marido de Iulia C. f. Restituta, su beneficiaria. Este individuo debe ser familiar bastante cercano a L. Vibius Vegetus,[9] el ejecutor de una dedicación a Iupiter Optimus Maximus en la vecina ciudad de Segida Restituta Iulia (Burguillos del Cerro)[10] a finales del siglo II o inicios del III. De la misma familia debió ser L. Vibius Secundus que, en la segunda mitad o a finales del siglo I, dedicó un ara a Salus también en Seria,[11] y de G. Vibius Probus L. Brocci f.[12] mencionado en una inscripción sepulcral, de la misma fecha que la anterior, hallada en Los Berrocales a unos 2 km hacia el sur de Jerez de los Caballeros. En

7 El texto dice "Hic yacet la señora Dª Theresa Petronila Cazeres Quiñones y Vela viuda del señor don Juan Sanchez de Silba y Bargas señores de lo espiritual y temporal de la villa de la Higuera de Bargas. Murio el dia primero de febrero año MDCCLXXX requiescat in paze. Se puso esta a debozion de su hija primogénita y subzesora en el mismo señorio y mayorazgos".

8 Aplicando una regla proporcional a partir de la medida de la altura que tomamos del escudo y de las que se obtienen en la foto, las letras tendrían aproximadamente 7,5 cm en las líneas 1 y 2, 5,5 cm en las líneas 3 y 4 y 7,5 cm en la línea 5. Las T sobresalen de la caja del renglón en las líneas 2 y 3.

9 Según Hernández 1988, 171, el 40 % de los testimonios de la *gens* Vibia en Hispania se halla en la Bética. ADOPIA sin embargo, contabiliza 36 en Lusitania, de ellos 14 en Augusta Emerita, 1 en su territorio y 26 en la Baetica (consulta 16-03-2022).

10 Hübner, EE IX, 143; ERBeturi n.° 61; Gimeno – Stylow 2004, 77–79 con foto.

11 EE IX, 150; ERBeturi n.° 1 con foto (HEp 7, 1997, 89).

12 CIL II 6277c; ERBeturi n.° 22 con foto. Falta el gentilicio del padre, sin duda Vibius, como me ha indicado gentilmente J. L. Ramírez Sádaba con quien he discutido este pormenor. De hecho, parece que el *scriptor tituli* grabó el genitivo de la l. 2 en la l. 1 y por eso tuvo que añadir por encima de la caja del renglón el final del nominativo en l. 1. Para el entorno familiar del difunto la omisión del *nomen gentile* no suponía ningún problema y menos aún si el enterramiento no era en una necrópolis urbana sino en una *villa*.

la misma Jerez se encontró cerca de la Puerta de Santiago un ara de finales del siglo II o inicios del III dedicada también por un Vibius Septumius a su mujer Iulia Felicissima.[13]

Esta concentración de Vibii en Seria y sus alrededores da cuenta del arraigo de esta familia en la zona durante 150 años – desde la segunda mitad del siglo I hasta finales del siglo II o inicios del III. Los personajes más tempranos atestiguados son L. Vibius Broccus, padre de G. Vibius Vegetus, seguido por este último y por L. Vibius Secundus. Los más recientes, L. Vibius Vegetus establecido en Segida y Vibius Septumius. Por el tipo de letra de nuestra inscripción Iulia Restituta habría sido contemporánea de los Vibii serienses de la segunda mitad del siglo I o inicios del II.

En cuanto a los Iulii, de las ciudades betúricas del *conventus Hispalensis* situadas en las actuales provincias de Sevilla y Huelva,[14] es precisamente en Seria[15] donde se produce la mayor concentración con ocho personajes,[16] a los que hay que sumar una Iulia Seriensis desplazada a Italica.[17]

También en la relación de la familia de los Vibii con los Iulii en este confín del *conventus Hispalensis* hay datos reseñables que pueden ser fruto o no de la casualidad: Es singular que en las proximidades de Arucci se constate una Iulia Restituta *parens* de Vibia Marcella[18] en un ara que se fecha en la segunda mitad del siglo II o inicios del III. Esta Vibia Marcella es probablemente la misma mujer que se encarga de poner un ara funeraria, muy similar a la anterior, a Q. Vibius Bebianus muerto con 40 años, en el panteón de su *villa*,[19] situada hacia el oeste del *oppidum* a unos 4,5 km.

13 Canto publica la misma pieza tres veces: ERBeturi n.° 17 tomándola de Naval 1930, 842–843 y dándola como perdida; ERBeturi n.° 18 con foto, solo las líneas 1–8 pensando que se trata de una inscripción distinta a la anterior y a ERBeturi n.° 20 que es el fragmento que corresponde a la base y que ella invierte fabricando un nuevo texto y una falsa Iulia Nasonis liberta.

14 En Nertobriga dos: CIL II 974, ERBeturi n.° 44; AE 1997, 60. En Segida uno: ERBeturi n.° 72. En Ugultunia seis: Gimeno – Ramírez 1998, 159–160; Mateos – Pizzo 2015, 240; CIL II 1000, ERBeturi n.° 120 con dos Iulii en la misma inscripción y EE IX, 182, ERBeturi n.° 120 con dos Iuliae en la misma inscripción. En Arucci una: CIL II 966, ERBeturi n.° 166.

15 Rechazamos cinco Iulii publicados por Canto. En primer lugar, dos de ERBeturi n.° 16: en la primera línea tanto al inicio como al final la pieza ha sufrido un gran deterioro. La lectura LIA delante de la C no se puede verificar, y tampoco ni IRA detrás de CAM ni IVLI al final de l. 2. Junto con J. L. Ramírez Sádaba y P. Rothenhöfer hice la autopsia en 2009. Se conserva en el Museo Arqueológico Provincial de Badajoz (inv.n.° 7360). En segundo lugar, ERBeturi n.° 17, Iulius Vicentius lectura no verificable; por último, para los ERBeturi n.° 18, Iulia Leu(isa?) y ERBeturi n.° 20, Iulia Nasonis liberta (véase supra, nota 12).

16 Iulia C. lib. Modesta (EE VIII, 303, ERBeturi n.° 10), Iulia Felicissima (Naval 1930, 842–843, ERBeturi n.° 17), Iulia Ianuaria (CIL II 6277b, ERBeturi n.° 19), Iulia Lupa (CIL II 1007b), Iulia Optata (EE IX, 155), M. I(ulius) Lupe{e}rcianus (ERBeturi n.° 14), Sex. Iulius Lupus (EE VIII, 304, ERBeturi n.° 21).

17 *Rubria Iulia, incola Italicensis origine Seriensis* (CILA II 2, 478).

18 CIL II 966, ERBeturi n.° 166 con foto.

19 Se halló reutilizada en la ermita de Santa Clara. Rodrigo Caro (1932, 159 n.° 77 cf. 185) describe los restos arqueológicos que aún se veían: “y cerca della se ven todavia dos sepulcros antiguos, que del uno, aun restava, quando yo le vi, casi toda la capilla entera de bóveda”.

Respecto a la ubicación de nuestra estatua no tenemos datos para saber en qué lugar se erigió; el hecho de su reutilización en Jerez de los Caballeros no asegura que esta hubiera sido su sede en época romana, pues los señores de la Higuera de Bargas fueron también señores de la villa de Burguillos donde, como hemos visto, L. Vibius Vegetus ofreció un ara a Iupiter. Por otra parte, es un homenaje *post mortem* en el que no hay ninguna indicación del rango de los personajes sólo de su vínculo familiar, y no podemos saber si la estatua se erigió en un espacio privado o público.[20] Tampoco sabemos quién se encargó de ejecutar la manda testamentaria, pero sí es seguro que quiso enfatizar el nombre de la homenajeada, una Iulia, y su condición de esposa de un Vibius, ambos pertenecientes a familias de notables, probablemente con explotaciones agropecuarias, que fortalecieron los vínculos familiares durante más de un siglo asegurándose así una preponderancia en el control económico y, seguramente político, en ese fértil rincón del *conventus Hispalensis*.

Bibliografía

Álvarez Martínez, J. Mª, *Seria Fama Iulia* y la *domus suburbana* de "El Pomar" (Jerez de los Caballeros, Badajoz), in: Segovia Sopo, R. (coord.), Arqueología e Historia en Jerez de los Caballeros y su entorno. I Jornadas de Historia en Jerez de los Caballeros, Badajoz 2017, 61–96.

Caro, R., Adiciones al Principado y antigüedades de la ciudad de Sevilla y su convento jurídico, Hazaña de la Rúa, J. (ed.) – Toro, L. de (anot.), Sevilla 1932.

Fusco, A. – Mañas Romero, I., Mármoles de Lusitania, Mérida 2006.

Gimeno Pascual, H. – Ramírez Sádaba, J. L., Nuevos testimonios arqueológicos y epigráficos de Medina de las Torres (Badajoz), en un manuscrito inédito del siglo XIX, Spal 7, 1998, 149–162.

Gimeno Pascual, H. – Stylow, A. U., Epigrafía de la Beturia Céltica en la Casa de Pilatos (Sevilla), in: Auliard, Cl. – Bodiou, L. (eds.), Au Jardin des Hespérides. Histoire, société et épigraphie des mondes anciens. Mélanges offerts á Alain Tranoy, Rennes 2004, 77–85.

Hernández Fernández, J. S., Los *Vibii Pac(c)iaeci* de la Bética: una familia de hispanienses mal conocida, Faventia 20.2, 1988, 163–176.

Martínez, M. R., El libro de Jerez de los Caballeros, Sevilla 1892.

Mateos Cruz, P. – Pizzo, A., Un santuario urbano hallado en Contributa Iulia (Medina de las Torres, Badajoz), Lucentum 34, 2015, 231–246.

Melchor Gil, E., Indicaciones y omisiones del rango personal de los dedicantes en los homenajes estatuarios realizados en los municipios y colonias hispano-romanos, Saldvie 3, 2003, 129–142.

Naval, F., Nuevas aras funerarias en Jerez de los Caballeros, Boletín de la Academia de la Historia 96, 1930, 836–845.

20 Sobre homenajes estatutarios *ex testamento* de las élites cívicas sin mención del rango remitimos a Melchor Gil 2003.

Silva Cordero, A. F., Posible concordancia entre dos fragmentos escultóricos romanos depositados en el Museo Arqueológico Provincial de Badajoz, Anas 24, 2011, 193–207.

Créditos de las ilustraciones

Fig. 1. 2. 4:	Foto: H. Gimeno Pascual. CC BY-SA.
Fig. 3:	Foto: G. Rodríguez Pérez. CC BY-SA.

P.Mich. IX 522: Das Edikt des Valerius Eudaimon zur Bekämpfung anonymer Anzeigen*

Claudia Kreuzsaler

Neben dem Edikt des *praefectus Aegypti* Valerius Eudaimon[1] über die Eintreibung von Schulden, welches in der Petition der Dionysia überliefert ist (P.Oxy. II 237, VIII 7–18),[2] fand das zweite von diesem Präfekten bekannte Edikt P.Mich. IX 522[3] bislang kaum Beachtung.[4] Dies dürfte an dem fragmentarischen Erhaltungszustand des Papyrus liegen, der nur wenig Text überliefert, weshalb zwar ganz allgemein der Gegenstand des Edikts erfasst wurde, sein Regelungsgehalt aber unkommentiert blieb.

Nur die rechte obere Ecke des Blattes ist erhalten.[5] Wie das erste in Z. 1 lesbare Wort [ὁ]μοίως zeigt, dürfte links mindestens eine weitere Kolumne verloren sein. Der Erstedi-

* Nachdem meine erste Beschäftigung mit dem Papyrus in die Zeit meiner Mitarbeit an CURH im Jahr 2007 zurückreicht, sei es mir hier eine höchst willkommene Gelegenheit, diese dem Jubilar gegenüber längst bestehende Schuld endlich abzutragen.

1 Zu Valerius Eudaimon, der nur in der kurzen Zeitspanne von 142 bis 143 als Präfekt bezeugt ist, s. zuletzt Faoro 2016, 96–99 mit weiterer Literatur.

2 Zu diesem siehe etwa Collinet 1936; Menkman 1946; Lemosse 1948; Hässler 1960, bes. 31–37; Urbanik 2020, bes. 130–132.

3 Ohne Tafel im Editionsband. Eine digitale Abbildung ist auf der Internetseite der University of Michigan verfügbar: s. P.Mich. inv. 4694; Recto. https://quod.lib.umich.edu/a/apis/x-2264/4694r_a.tif ⟨16.09.2023⟩. University of Michigan Library Digital Collections, hier als Abb. 1.

4 Schon die Erstedition von Elinor M. Husselman beschränkte den Kommentar auf ein paar Zeilen, in den Besprechungen wurde auf den Text nur beiläufig aufmerksam gemacht; vgl. etwa Speidel 1971, 118; Hennig 1973, 726; Boyaval 1973, 177; Wolff 1974, 126 und Sijpesteijn 1976, 97 sowie das juristisch-papyrologische Urkundenreferat von Modrzejewski 1975, 492.

5 Der Papyrus stammt aus Karanis und wurde bei den Ausgrabungen der Universität Michigan (s. Husselman 1979) in Straße BS 1 nahe dem Haus B 17 gefunden. Dieser Fundort legt eine Zugehörigkeit der Ediktsabschrift zu den etwa 200 in jenem Haus gefundenen Papyri des Sokrates, Sohn des Sarapion, zumindest nahe (zum Archiv des πράκτωρ ἀργυρικῶν Sokrates und seiner Familie s. TM ArchID 109 sowie die jüngeren Editionsbände P.Cair. Mich. II und III). Explizit für die Zugehörigkeit von P.Mich. IX 522 zum Archiv sprach sich Strassi 2001, 1217–1218 aus. Der Fundort und die potentielle Zuordnung zum Sokrates-Archiv sprechen für eine Datierung des Papyrus in die Zeitspanne von 142 bis etwa 185 – denn, während das Edikt selbst natürlich in die Amtszeit des Eudaimon zu datieren ist, könnte die erhaltene Abschrift auch deutlich später angefertigt worden sein. Als Datierung des Papyrustextes ist entsprechend „ab 142" oder eben „142–ca. 185" anzugeben.

Abb. 1: P.Mich. IX 522 (Karanis, 142–143, Abschrift 142–ca. 185 n.Chr.).

tion nach lässt sich auch für die erhaltene Kolumne das Ausmaß der fehlenden Zeilenanfänge nicht bestimmen. Zwar ist am Beginn der zweiten Zeile mit Sicherheit nur Αἰγύπτου zu ergänzen, doch die Editorin bemerkt, dass diese noch zur Überschrift gehörende Zeile möglicherweise eingerückt geschrieben wurde und der links verlorene Teil entsprechend umfangreicher sein könnte. Diese Beobachtung lässt sich zwar anhand von Parallelen untermauern (vgl. etwa P.Princ. II 20, Fr. A, 1–2 [= SB V 8072; 2. Jh.[6]]), doch zeigen andere Edikte mit fortlaufender Schreibung (etwa das Edikt des Titus Haterius Nepos in SB XII

6 Reinmuth weist in der Erstedition des Textes (Reinmuth 1936) die Schrift dem 2. Jh. zu und mutmaßt mit aller Vorsicht über eine mögliche Autorenschaft des M. Petronius Mamertinus. Diese Hypothese basiert allerdings auf wenig verlässlichen Kriterien, wie der Verwendung des Wortes ἐξωνέομαι in Z. 9, das auch in dem Edikt des Mamertinus P.Fay. 21, 20–21 vorkommt, sowie dem Thema der Steuereintreibung, worüber wir auch andere Edikte des Mamertinus (aber ebenso einer Reihe anderer Präfekten) kennen. Sie sollte daher nur mit Vorbehalt übernommen werden. Der Eintrag zum Text in BL VIII 283 ist insoweit missverständlich, als Katzoff 1980, 816 die Datierung nicht selbst thematisiert, sondern bloß den Vorschlag Reinmuths mit Fragezeichen übernimmt. Völlig unzutreffend ist es, die vermutete Zuschreibung und damit Datierung des Edikts von Fr. A auch auf Fr. B zu übertragen. Der fragmentarisch erhaltene Text auf jenem zweiten, nachträglich an Fr. A angeklebten Blatt dürfte entgegen der bisherigen Annahme selbst gar kein Präfektenedikt sein. Vielmehr wird in Z. 16–17 auf ein solches verwiesen. Auch der mutmaßliche Hinweis auf mehrere Präfekten in Z. 14 (τοῖς ἐπάρ[χοις?]) spricht gegen ein Edikt. Ein Zusammenhang mit dem Edikt auf Fr. A ist überhaupt nur durch die Anbringung an diesem argumentierbar. Diese lässt freilich eher auf einen inhaltlichen als auf einen zeitlichen Konnex schließen.

11236 [Abschrift nach 138]) oder einer bloß minimalen Versetzung der zweiten Zeile (wie im Edikt des Petronius Mamertinus in PSI V 446 [133–137]), dass es diesbezüglich keine feste Konvention gab. Von daher ist die Annahme eines beträchtlichen Textverlusts an den Zeilenanfängen keineswegs zwingend. Die erhaltenen Textpassagen sprechen eher dafür, sie in einen engen inhaltlichen Zusammenhang zu setzen und zu versuchen, sie ohne größere Ergänzungen in ein syntaktisches Gefüge zu bringen.

Der Text des Edikts

Geht man zunächst einmal von einer linksbündigen Schreibung aller Zeilen aus, so stellt sich der erhaltene Text nach der Erstedition und das Ausmaß der verlorenen Zeilenanfänge, das angesichts der unregelmäßig abgebrochenen linken Kante stark variiert, wie folgt dar:

[± 5 ὁ]μοίως Γάιος Οὐαλέριος Εὐδαίμων ἔπαρχος
[Αἰγύπτου] λέγει·
[± 3 τὸ δ]οθέν μοι βιβλίδιον χωρὶς ὀνόματος
[± 3 κ]αὶ ἐντυγχάνω μὲν ἅπασι ἡγοῦμαι δὲ τοῖς
[± 8 γ]ράμμασι πιστεύειν ἐν οἷς διαβολαὶ
[± 6 ἐκ]είνων ἄνευ δὲ ἐλέγχων γείνεται
[± 12 ο]ὐ̣δὲ ἔλεγχος οὐδέ τις γεί[νετ]αι
[± 20]επικ[± 12]
[± 20]μμα[± 12]
[± 20]ι̣γ .[± 13]
– –

Die erhaltenen Satzteile aus dem Edikt sind immerhin signifikant genug, um den Beginn der Regelung inhaltlich erfassen zu können und auch einen möglichen Übergang zwischen den einzelnen Zeilen anzudenken:

1 Die naheliegende Ergänzung des Zeilenbeginns zu [ἄλλου ὁ]μοίως wurde bereits von H. C. Youtie vorgeschlagen, wie der Zeilenkommentar der ed. pr. vermerkt. Zeit- und kontextnahe Parallelen sind BGU I 361, II 10 (26. Mai 184), wo mit dieser Wendung ein weiteres Prozessprotokoll eingeleitet wird (ἄλλου ὁμοίως ἐξ ὑπομνηματισμῶν), sowie P.Amh. II 66, II 29 (nach 17. Sept. 124), wo freilich [ἄλλο]υ größtenteils ergänzt ist. In P.Ryl. II 75, 13 (150, Abschrift spätes 2. Jh.) wird ein zweites Protokoll einer Verhandlung vor Munatius Felix mit ἄλλου τοῦ αὐτοῦ angeknüpft, in P.Oxy. XLV 3240, 8 (ca. 88–89) eine *epistula* des Mettius Rufus mit ἄλλης. Nicht erst ἄλλου, bereits das dem Präfektennamen vorangestellte [ὁ]μοίως bedingt, dass es sich um zumindest den zweiten Text einer Sammlung von Edikten oder anderen Rechtsquellen zum selben Themenkreis gehandelt haben muss, der erhaltene Abschnitt also aus zumindest einer zweiten Kolumne stammt. Die mutmaßliche Ergänzung der Zeile ist auch ein triftiges Argument gegen einen größe-

ren Textverlust an der linken Seite. Es ist nicht zu erwarten, dass vor ἄλλου noch weiterer Text in der ersten Zeile stand.

3 Die hier im Singular stehende Anzeige, βιβλίδιον, die dem Präfekten anonym überreicht wird, kann angesichts der allgemeinen Anwendbarkeit eines Edikts keinen bestimmten, in der Vergangenheit vorgekommenen Fall meinen, sondern nur prototypisch auf jedweden anonym eingebrachten *libellus* verweisen. Unter der Annahme, dass für die Ergänzung des Satzanfangs nur drei Buchstaben zur Verfügung stehen, ist am ehesten an eine Einleitung des Edikts mit einem Konditionalis ἐάν zu denken: „wenn eine mir übergebene Klage anonym sein sollte". Das in P.Oxy. XII 1406 (213–217) überlieferte Edikt Kaiser Caracallas setzt in gleicher Manier mit ἐὰν βουλευτὴς ... τύψῃ (Z. 6–7) ein.

4 Die in der nächsten Zeile folgende μέν ... δέ Konstruktion wird kaum, wie in der ed. pr. angenommen, durch καί angebunden gewesen sein. Dagegen fehlt noch das zum βιβλίδιον der vorangehenden Zeile gehörende Verb, das in etwa ausgedrückt haben muss, dass die Anzeige anonym abgefasst, niedergelegt oder eingereicht wurde. Da der Papyrus hier weiter hinausreicht, als in den anderen Zeilen, bleibt bei gleichen Zeilenanfängen nur Platz für ein kurzes Verb in einer auf -αι endenden Form (vermutlich ein Konjunktiv wegen des präsumtiven ἐάν), etwa γένηται.

Die nächste Sinneinheit dürfte sich über mehrere Zeilen erstreckt haben. In der allgemeinen „zwar"-Aussage erklärt der Präfekt, sich mit allen, also ebenso den anonymen Anzeigen auseinander setzen zu wollen. Das hier gewählte Verb ἐντυγχάνω könnte auch konkret für die Eröffnung eines Gerichtsverfahrens stehen. Der Präfekt lässt demnach zumindest indirekt anklingen, dass er Prozesse gleichermaßen aufgrund von anonymen Denunziationen einzuleiten gedenkt. Die darauffolgende „aber"-Einschränkung ist mit ἡγοῦμαι eingeleitet. Als bloße Meinung des Präfekten formuliert wirkt die Erklärung etwas abgeschwächt, freilich entfaltet sie im Rahmen des Edikts gleichermaßen rechtliche Wirkung. Eudaimon erklärt sein Vorhaben, mit bestimmten anonymen Eingaben nun doch anders zu verfahren als zuvor in der generellen Regel postuliert. Dies wird in den folgenden Zeilen näher ausgeführt.

5 τοῖς ... γράμμασι bildet sicherlich eine Einheit. Dazwischen könnte ein Adjektiv gestanden haben. Da eine Konkretisierung der Schriften im folgenden Text erfolgt, würde sich hier das qualifizierende Demonstrativum τοιούτοις zur Ergänzung anbieten.

Eine Schlüsselstellung nimmt das nun folgende πιστεύειν ein: Der erhaltene Satzteil „solchen Schriftstücken zu glauben" kann unmöglich anders als durch eine negative Aussage zu Ende geführt werden. Die in Rede stehenden Schriftstücke können nur weniger Glaubwürdigkeit beanspruchen, keinesfalls mehr.

Doch zuerst werden eben jene weniger glaubwürdigen γράμματα noch näher konkretisiert: Es sind solche, in denen Vorwürfe erhoben werden, wobei das Wort διαβολαί eine deutlich negative Konnotation einbringt. Gemeint sind Verleumdungen, üble Nachreden, also präsumtiv falsche Anschuldigungen, *calumniae*. Der Ausdruck kommt in den dokumentarischen Papyri nur äußerst selten vor. In P.Cair. Zen. III 59481 (3. Jh. v.Chr.) berichtet

Paesis, dass er übler Nachrede von Seiten der Töpfer ausgesetzt ist (Z. 17–19: γίνωσκε δὲ καὶ | παρὰ τοῖς κεραμεῦσιν | διαβολὴν ἔχοντά με). Die Statuten einer Gilde in P.Mich. V 243 (14–37) bestimmen eine Strafzahlung für jeden, der gegen einen anderen gerichtlich vorgeht oder ihn verleumdet (Z. 7–8: ἐάν τις τοῦ ἑτέρου κατηγορήσῃ ἢ ι διαβολὴν ποιήσηται). Der ehemalige Logistes aus SB VI 9558 (11. Dez. 325) rechtfertigt seinen Rücktritt mit den gegen ihn gesponnenen Verleumdungen und Intrigen (Z. 7: κατ' ἐμοῦ δι[α]β[ολῶ]ν τε καὶ συσκευῶν). Die διαβολαί sind jeweils unberechtigte und falsche Vorwürfe, gegen die sich die Betroffenen aus der Ich-Perspektive verwehren. Dabei ist das Wort nicht wirklich ein rechtlicher Terminus technicus. In Justinians Novellen findet es sich nur einmal in der allgemeinen Bedeutung ‚Vorwurf' (Novell. 90, 1), wogegen *calumnia* regelmäßig als συκοφαντία bezeichnet wird (s. etwa Novell. 13, 6 und 89, 8). Dennoch klingt im Begriff διαβολή bereits die Falschheit des Vorwurfs an und auch die böswillige Absicht dessen, der ihn erhebt. Eine zeitgenössische Parallele für das Sprachverständnis bietet Lukians περὶ τοῦ μὴ ῥᾳδίως πιστεύειν διαβολῇ mit der bekannten Verleumdung des Apelles sowie zahlreichen weiteren Beispielen für verleumderische διαβολαί. Wenn Eudaimon also von Anzeigen mit διαβολαί spricht, so denkt er offensichtlich an maliziöse Denunziationen.

6 Die ganze nächste Zeile dürfte sich immer noch auf die vorgenannten Schriftstücke beziehen. Im ersten Teil fehlt gedanklich noch, dass die Vorwürfe darin gegen andere erhoben werden. Anstelle von ἐκεῖνοι der ed. pr., das erwarten ließe, dass „jene" zuvor bereits erwähnt worden wären, wird eher von irgendwelchen Leuten (τινες) die Rede sein. Zu ergänzen wäre entsprechend [κατά τ]ẹινων, wobei der Schreiber wie auch in den folgenden Zeilen ει anstelle von ι schrieb. Davor bliebe noch Platz für ein kurzes Verbum, also etwa ἐν οἷς διαβολαί | [εἰσιν κατά τ]ẹινων.

Der nachfolgende Satzteil thematisiert die mangelnde Erbringung von Beweisen. Mit ἔλεγχος wird gerade der Beweis im Rahmen eines Gerichtsverfahrens bezeichnet, so etwa auch im zweiten Edikt des Eudaimon P.Oxy. II 237, VIII 7–18, hier 17, s. auch P.Oxy. XXII 2342, 26 (102) oder P.Phil. 4, 9 (nach 141). Von den anonymen Anzeigen im Generellen sind also jene zu unterscheiden, in denen Vorwürfe, respektive Verleumdungen gegen andere erhoben werden, ohne dass die nötigen Beweise darin erbracht werden konnten. Hierbei ist mitzudenken, dass der anonyme Denunziant im Rahmen des Verfahrens gar nicht zur Beweiserbringung aufgerufen werden könnte. Die einzige Möglichkeit der Beweiserbringung bestand daher darin, diese bereits in dem anonymen Libell hinreichend darzulegen. War die darin enthaltene Beweisführung unzureichend oder fehlte sie, so war der Beweis von Seiten des Anklägers auch nicht mehr zu erbringen.

7 In der Lücke am Beginn der Zeile sollte nun endlich eine Verneinung gestanden haben, die sich auf das vorangehende πιστεύειν bezieht und den komplizierten Satz zum Abschluss bringt. Der Gedankengang des Präfekten kann nur auf eine Weise sinnvoll rekonstruiert werden: Zwar werde er sich mit allen anonymen Anzeigen befassen, er meine aber, dass Schriftstücken mit unbewiesenen Verleumdungen zu glauben, unrichtig, nicht statthaft oder nicht nötig wäre. Erforderlich ist also eine Ergänzung im Sinne von „besteht kein Grund", „soll nicht erlaubt sein" oder „gebührt nicht", etwa μὴ ἐξεῖναι, μὴ

δύνασθαι oder μὴ ὀφείλειν. Insoweit aber der Präfekt über seine eigene richterliche Tätigkeit spricht, ist vielleicht eher an *non debet* als an *non licet* zu denken. Eine mögliche Ergänzung in diese Richtung wäre μὴ χρῆναι, wie in dem Gerichtsurteil P.Münch. I 6, 27 (583) oder in Novell. Iust. 151 (Proömium).

Danach könnte ein neuer Sinnabschnitt beginnen. Im erhaltenen Teil der Zeile ist statt οὐδέ τις besser οὐδὲ εἷς zu lesen, womit eine doppelt verstärkte Negation vorliegt: „auch nicht ein einziger Beweis". Eine ähnliche Konstruktion findet sich etwa in den Briefen P.Oslo. II 63, 5 (3. Jh.): ὡς ἄρτι οὐδὲ εἷς ἠγόρασεν und P.Oxy. XIV 1668, 19–20 (3. Jh.): οὐκέτι φόβος οὐδὲ εἷς ἔνει, vgl. auch Novell. Iust. 30, 6, 1: καὶ ἔσται παντελῶς οὐδὲ εἷς. Durch diese Emphase auf der Negation werden die zuvor erwähnten anonymen Denunziationen, in denen der nötige Beweis nicht erbracht wurde, von den jetzt zu diskutierenden abgesetzt, in denen überhaupt nicht der Ansatz eines Beweises zu finden ist bzw. gar kein Beweisversuch unternommen wurde. Es ist nahe liegend, dass solche Anzeigen noch strenger zu behandeln sind. Vermutlich begann die Phrase daher mit einem neuerlichen Konditionalis, etwa mit ἐὰν δέ.

8 Der deutlich zu lesende Wortteil [– – –]επικ[– – –] könnte auf mannigfaltige Weise zu ergänzen sein, etwa zu einer Form von ἐπικρίνειν oder von ἐπικεῖσθαι. Denkbar wäre natürlich ebenso eine Worttrennung ἐπὶ κ[– – –]. Davor ist mit etwas Abstand (etwa drei Buchstaben) noch ein Buchstabenteil, vielleicht von τ, erhalten. Etwa fünf Buchstaben nach επικ sind noch weitere Tintenreste zu sehen, die am ehesten als [– – –]ιου[– – –] oder [– – –]ιον[– – –] zu lesen sind.

9 Hier ist vermutlich erneut, wie schon in Z. 5, von [γρά]μμα[τα] (in einem beliebigen Kasus) die Rede.

Der erhaltene Text kann durchaus ein Grundgerüst für das Verständnis der ersten Passage des Präfektenedikts bieten. Mit kleinen Berichtigungen zur Erstedition und beispielsweisen Ergänzungen der Zeilenübergänge lässt sich der Ediktsbeginn in etwa folgendermaßen rekonstruieren:

[ἄλλου ὁ]μοίως· Γάιος Οὐαλέριος Εὐδαίμων ἔπαρχος
[Αἰγύπτου] λέγει·
[ἐὰν τὸ δὲ] ο̣ὐ̣δὲ μοι βιβλίδιον χωρὶς ὀνόματος
[γένητ]αι, ἐντυγχάνω μὲν ἅπασι, ἡγοῦμαι δὲ τοῖς
[τοιούτοις γ]ράμμασι πιστεύειν ἐν οἷς διαβολαί
[εἰσιν κατά τ]ε̣ινων, ἄνευ δὲ ἐ̣λέγχων γείνεται,
[μὴ χρῆναι. ἐὰν δὲ] ο̣ὐ̣δὲ ἔλεγχος οὐδὲ εἷς γεί[νε]τ̣αι
[±16] .[±3]επικ[±5] ..[±5]
[±20]μμα[±12]
[±20]ι̣γ̣[±14]

3 [τὸ δ]οθέν ed. pr. 4 [κ]αί ed. pr. 6 [ἐκ]είνων ed. pr.; l. τινων; ἐλέγχων ed. pr.; l. γίνεται 7 [ο]ὐ̣δέ ed. pr.; οὐδέ τις γεί[νετ]αι ed. pr.; l. γίνεται 8 [– – –]επικ[– – –] ed. pr. 10 [– – –]ι̣γ .[– – –] ed. pr.

Übersetzung

„[Anderswo] ebenso: Gaius Valerius Eudaimon, *praefectus [Aegypti]*, sagt: [Wenn die] mir überreichte Anzeige ohne einen Namen [verfasst ist], werde ich mich zwar mit allem befassen, meine aber, [solchen] Schriften zu glauben, in denen Verleumdungen [stehen gegen] irgendwelche Leute, ohne dass es Beweise gibt, [besteht kein Grund. Wenn es aber] auch nicht einen einzigen Beweis gibt [– – –].“

Eudaimon und die Glaubwürdigkeit anonymer Anzeigen

Der Regelungsgegenstand des Edikts ist unabhängig von den Ergänzungen schon durch den erhaltenen Text klar definiert: Es geht um den Umgang des Präfekten mit an ihn gerichteten Klageschriften (*libelli*), die keine Verfasserangabe aufweisen. Der Anwendungsbereich des Edikts liegt demnach prinzipiell in der statthalterlichen Gerichtsbarkeit, wobei die Art der Eingaben von Eudaimon nicht näher definiert wird. Es kann sicherlich nicht von privatrechtlichen Ansprüchen die Rede sein, da bei diesen ein anonymes Vorbringen gänzlich sinnwidrig wäre. Wer sein eigenes Recht durchsetzen will, muss zwangsläufig seine Identität preisgeben. In Frage kommen also nur dem strafrechtlichen Bereich zuzurechnende Vorwürfe[7] und unter diesen insbesondere Majestäts- oder Fiskalvergehen, bei denen das ‚Opfer‘ nicht eine Privatperson, sondern der Staat, der Kaiser oder die kaiserliche Kasse ist und für die sich die römische Rechtsordnung ganz grundlegend auf selbst unbeteiligte Privatanzeiger (*delatores*) stützte.[8]

Prinzipiell bedurfte es mangels eines Amtes entsprechend der heutigen Staatsanwaltschaft einer privaten Anzeige (*delatio nominis*), auch um ein Strafverfahren in Gang zu bringen.[9] In Folge konnte der Verfasser dieser Anzeige selbst Prozesspartei werden, wobei ihm die Beweislast oblag und er bei Obsiegen eine Prämie oder einen Anteil am Vermögen

7 Zur besonderen Zuständigkeit des *praefectus Aegypti* in bestimmten strafrechtlichen Angelegenheiten ist die in SB XII 10929 (133–137) erhaltene kaiserliche Konstitution aufschlussreich, s. Jördens 2011. Zur strafrechtlichen Kognitionsgewalt der Provinzstatthalter im Allgemeinen s. Kirner 2004 und Nogrady 2006.

8 Zur zwiespältigen Stellung der *delatores* im römischen Strafprozess s. Mommsen 1899, bes. 366–375, 381–386 und 504–511; Kunkel 1974, 74–78; Rutledge 2001; Rivière 2002; Robinson 2006 und Robinson 2007. Zur Situation speziell in Ägypten s. Taubenschlag 1953 und Kelly 2011, 294–304. Den römischen Delatoren entsprechen die συκοφάνται im attischen Prozess, wobei der Begriff als Bezeichnung für Ankläger oder Verleumder später im griechisch-sprachigen Teil des römischen Reiches übernommen wird, s. etwa P.Yadin I 25, 18 und 52 (131); P.Flor I 6, 6 (210); SB XVI 12692, II 24 (339) oder das Edikt des Tiberius Iulius Alexander (s. unten Anm. 20)

9 S. Bianchini 1964; Fanizza 1988; Giuffrè 1994 und Santalucia 2007.

des Verurteilten erhielt.[10] Freilich begünstigte dieser finanzielle Anreiz der Klageerhebung auch den Missbrauch des Systems. Gerade in der frühen Kaiserzeit wurde das Denunziationswesen zu einem einträglichen Geschäftszweig. Quellen berichten von rücksichtslos agierenden Denunzianten, die ein weitreichendes Bespitzelungssystem aufbauten, durch Anklagen zu großem Vermögen gelangten und zu Günstlingen der Kaiser wurden, während sie zahllose Mitglieder der Nobilität durch Anzeigen wegen eines angeblichen *crimen maiestatis* zu Fall brachten.[11] So befand sich der Staat auf der ständigen Gratwanderung zwischen der Unterstützung der Rechtsverfolgung durch wachsame Bürger, die es zu fördern galt, und der Distanzierung von all jenen, die das Justizwesen durch Verleumdungsklagen für ihre eigenen Zwecke zu instrumentalisieren suchten. Um maliziöses Prozessieren einzudämmen wurde gegen Personen, die vorsätzlich falsche Anklagen erhoben, mit einem Kalumnienverfahren vorgegangen, das empfindliche Strafen nach sich zog:[12] Der *falsus accusator* setzte sich jedenfalls der Gefahr der Infamie aus, aber auch Brandmarkung, Körperstrafen, Verbannung und sogar die Todesstrafe sind für das *crimen calumniae* bezeugt. In späterer Zeit droht dem Verleumder nach dem Talionsprinzip eben jene Strafe, die den Beschuldigten getroffen hätte, wenn er verurteilt worden wäre.[13]

Die Ausgangslage bei der anonymen Anzeige ist freilich etwas anders: Der sich nicht zu erkennen gebende *delator* kann keinen finanziellen Vorteil aus der Anklage ziehen. Im Gegenzug ist dafür sein persönliches Risiko durch ein drohendes Verleumdungsverfahren minimiert. Er kann auch im Gerichtsverfahren selbst gar keine Rolle spielen, sondern setzt nur den Anstoß dazu und verschwindet sogleich von der Bildfläche. Aber gerade dieses Verharren des Anklägers im Dunkel der Anonymität muss den Zweifel an der Begründetheit des Vorwurfs aufdrängen und den Verdacht nähren, dass es sich eher um eine maliziöse Verleumdung handeln könnte.

So widmet sich auch Eudaimon den anonymen Anzeigen primär unter dem Aspekt ihrer Glaubwürdigkeit. Ihre Zulässigkeit steht für Eudaimon außer Frage: Er ist bereit, sich auch mit Denunziationen ohne Namen auseinanderzusetzen, sie gegebenenfalls vor Gericht zu bringen und sie nicht allein aus dem Grund der mangelnden Identifizierung des Anklägers zurückzuweisen (Z. 4). Soweit aber für die im Libell erhobenen Vorwürfe nicht auch bereits in diesem der Beweis erbracht wird, seien die Anzeigen schlicht unglaubwürdig (Z. 5–7). Die Notwendigkeit der Beweisführung bereits im Rahmen der Klageschrift ist freilich schon durch die Anonymität des Anklägers bedingt, der selbst im

10 Von dieser Option der persönlichen Bereicherung des Anklägers durch die Prozessführung leitet sich auch die verächtliche Bezeichnung von Delatoren als *quadruplatores* ab, s. schon Rhet. Her. 2, 41; Cic. Verr. 2, 22.

11 S. die eindrucksvolle Prosopographie der Delatoren in Rutledge 2001, 185–290; speziell zu den zahlreichen Berichten des Tacitus über das Delatorenunwesen s. Petersen 2019.

12 Zum Verfahren und den Strafen bei missbräuchlicher Prozessführung s. Mommsen 1899, bes. 490–500 und 877–880; Levy 1933, 153–177; Centola 1999; Giomaro 2003. Der *calumnia* nahestehend, aber doch gänzlich anders gelagert ist das Delikt der Verleumdung durch Schmähschriften, s. Cod. Iust. 9, 36 *de famosis libellis*; Pólay 1989; Santalucia 1998.

13 Erstmals unter Konstantin Cod. Iust. 9, 12, 7, später auch umfassender in Cod. Iust. 9, 2, 17; 9, 3, 2 und 9, 47, 10. Zum möglichen Einfluss der altorientalischen Talion s. Petschow 1973 und Ries 2005.

weiteren Verfahren nicht auftritt und insoweit nicht zur Beweiserbringung angehalten werden könnte. Noch ablehnender dürfte die Haltung des Präfekten sein, falls in dem Schriftstück nicht ein einziger Beweis vorgebracht, also nicht einmal ein Beweisversuch unternommen wurde (Z. 7). Zwar bricht der erhaltene Text hier ab, doch kann die Stelle nicht anders weiterzudenken sein. Ob nun der Präfekt für solch gänzlich unbegründete Vorbringen doch deren Unbeachtlichkeit ins Auge fasst oder er zu einem möglichen Kalumnienverfahren gegen den sich nicht zu erkennen gebenden Autor Stellung bezieht – in jedem Fall muss der folgende Satzteil eine dezidierte Ablehnung dieser Art von Eingaben beinhaltet haben.

Soweit erscheint die Argumentationslinie des Präfekten durchaus schlüssig: Nicht die Anonymität der Anschuldigungen an sich stellt das Problem dar, sondern deren Beweisführung und damit deren Überzeugungskraft. Dennoch verwundert Eudaimons so zurückhaltender Standpunkt. Anonyme Eingaben passen schon an sich nicht zu den Prinzipien des römischen Gerichtsverfahrens. Die Beweisbarkeit eines Vorwurfs ist im Prozess ohnehin maßgeblich für die Glaubwürdigkeit der Klage, gleich ob sie anonym oder namentlich eingebracht wurde. Insbesondere die konkrete Wortwahl des Edikts, die mit *διαβολαί* bereits die Verleumdung anklingen lässt und die nicht nur auf ungenügende Beweiserbringung, sondern auf das Fehlen von Beweisen abstellt, nimmt die von Eudaimon letztlich postulierte Unglaubwürdigkeit bereits vorweg. Im Grunde hält der Präfekt nur das Selbstverständliche fest, wenn er sagt, dass unbewiesene Verleumdungen nicht glaubhaft sind. Besonders aber der zu Beginn erklärte allgemeine Grundsatz der Beachtlichkeit anonymer Anzeigen überrascht angesichts einer nur wenige Jahrzehnte älteren Stellungnahme zu anonymen Anzeigen, die von Kaiser Trajan überliefert ist und wesentlich strikter ausfiel.

In einem aufgrund seiner religionsgeschichtlichen Komponente vielbeachteten Brief[14] aus der Korrespondenz zwischen Plinius dem Jüngeren und Kaiser Trajan konsultierte Plinius als amtierender Statthalter der Provinz Bithynien und Pontus seinen Kaiser bezüglich des korrekten Verfahrens gegen beschuldigte Christen: Plin. epist. 10, 96 mit der Antwort des Kaisers in 10, 97 (112). Inmitten einer umfangreichen Schilderung der bislang von ihm abgehandelten und noch anhängigen Prozesse erwähnt Plinius, dass „eine Klageschrift vorgelegt wurde ohne Verfasserangabe, die die Namen vieler enthielt".[15] Diesen Punkt greift Trajan nach Beantwortung der eigentlichen Frage noch eigens auf und stellt ganz dezidiert fest: „Ohne Verfasserangabe vorgelegte Klageschriften dürfen bei keiner Straftat Platz haben, denn das wäre ein sehr schlechtes Beispiel und passt nicht in unsere Zeit."[16]

14 S. etwa Babel 1961; Sherwin-White 1966; Freudenberger 1967; Schillinger-Häfele 1979; Reichert 2002; Thraede 2004; Cook 2010, 138–251; Corke-Webster 2017.

15 Plin. epist. 10, 96, 5: *Propositus est libellus sine auctore multorum nomina continens.* (Übersetzung der Verfasserin).

16 Plin. epist. 10, 97, 2: *Sine auctore uero propositi libelli in nullo crimine locum habere debent. Nam et pessimi exempli nec nostri saeculi est.* (Übersetzung der Verfasserin).

Dieser unmissverständlichen Äußerung Trajans steht das Edikt des Eudaimon diametral entgegen: Während Trajan die völlige Unbeachtlichkeit anonymer Anzeigen verlangt, erklärt Eudaimon sie ausdrücklich für zulässig. Der Widerspruch zwischen den beiden Stellungnahmen lässt sich auch nicht dadurch auflösen, dass Trajan einen ganz spezifischen Fall vor Augen hatte, nämlich den von Plinius geschilderten Libell, der offenbar nichts anderes erhielt als eine Aufzählung einer Reihe von Personen, um sie als Christen zu diffamieren.[17] Denn nicht nur für diesen Fall, sondern *in nullo crimine* sollten solche *libelli sine auctore* Beachtung finden, verstärkt noch durch den abschätzigen Nachsatz, dass dies eine üble Vorbildwirkung haben könnte und überhaupt rückständig wäre.

Nun lässt sich aus dem literarisch überlieferten kaiserlichen Zitat[18] kaum eine generelle Rechtsregel konstruieren, die Eudaimon in Kenntnis oder Unkenntnis mit seinem Edikt gebrochen hätte. Dennoch ist die Diskrepanz der Anschauungen eklatant. Zu bedenken ist allerdings die unterschiedliche Position von Kaiser und Statthalter. Für den Kaiser war es leichter in einem generösen Akt anonyme Anzeigen ausnahmslos vom Tisch zu wischen. Der Statthalter war ein nachgeordneter Amtsträger, der dem Kaiser verpflichtet war.[19] Da insbesondere Vergehen gegen die *maiestas* des römischen Staates und des Kaisers oder gegen den *fiscus* für anonyme Denuntiationen in Frage kommen, hätte sich der Präfekt allzu leicht dem Vorwurf ausgesetzt, die römischen Interessen nicht zu wahren, wenn er solche Anzeigen nicht einmal zur Kenntnis nähme. So mag es eher als ein geschickter Kunstgriff des Eudamion anzusehen sein, wenn er erst ausdrücklich betont, sich auch mit anonymen Eingaben auseinandersetzen zu wollen, sie aber gleich darauf als tendenziell unglaubwürdig qualifiziert und sich damit doch als Schutzinstanz gegen Verleumdung und Denunziation positioniert. Dabei darf auch nicht vergessen werden, dass nur der Anfang des Edikts erhalten ist und es sich eventuell bloß um eine einleitende Stellungnahme handelt, während die wirklich entscheidenden Maßnahmen erst im weiteren Ediktstext getroffen wurden.

Die eigentliche Motivation hinter dem Edikt ist jedenfalls schon durch die ersten Worte vorgegeben: Eudaimons Ziel war (entgegen dem Anschein, den der erste Satzteil erwecken mag) die Bekämpfung anonymer Anzeigen. Das Edikt ist damit ein indirektes Zeugnis dafür, dass die Praxis der anonymen Denunziation auch in Ägypten in der Mitte des 2. Jh. eine reale Rolle spielte und die Justiz in unzumutbarer Weise strapazierte.[20] Nur so

17 Damit würde jene dem Plinius vorgelegte Schrift in der von Eudaimon getroffenen Einteilung wohl in die dritte Kategorie der Anzeigen ohne jeden Beweisversuch (Z. 7) fallen und eventuell auch von Eudaimon nicht als prozessrelevant angesehen werden.

18 Zu Historizität und möglichen Eingriffen in den Text s. den Überblick bei Öhler 2021, bes. 270–274 mit weiterer Literatur.

19 Zu den vielfachen Versuchen einer Einordnung der politischen und rechtlichen Stellung des *praefectus Aegypti* s. Jördens 2009, bes. 46–53. Zur Frage inwieweit die Präfekten eine eigene Provinzpolitik betrieben und betreiben konnten s. Jördens 2006 in Gegenüberstellung zu den senatorischen Statthaltern bei Meyer-Zwiffelhoffer 2002.

20 Ein älteres beredtes Zeugnis für den Missbrauch des Justizsystems durch verleumderische Anzeigen (wobei dort nicht von anonymen Eingaben die Rede ist) bietet das Edikt des Tiberius Iulius Alexander (6. Juli 68) CIG III 4957 = OGIS II 669, 40–45. Der Präfekt tritt scharf gegen die von ihm als

ist es zu erklären, dass sich der Präfekt gezwungen sah, rechtssetzend mittels eines generell gültigen Edikts dagegen aufzutreten.[21] Dabei nähert er sich dem Problem auf rhetorisch geschickte Weise durch die Feststellung eines Grundsatzes, der im selben Atemzug durch eine weitreichende Ausnahme ausgehöhlt wird. Im Ergebnis sind nach Eudaimons Edikt *libelli sine auctore* durchaus zulässig, jedoch zumeist unglaubwürdig und damit für die Prozesseröffnung ungeeignet, womit er sich des lästigen Mißbrauchs seiner Jurisdiktionsgewalt durch anonyme Verleumdungen auf elegante Weise entledigt. Im Ergebnis ist der kleine in P.Mich. X 522 erhaltene Ediktsteil durchaus eine aussagekräftige Quelle für die prozessuale Praxis im römischen Ägypten, speziell jener der Privatanzeige an den Präfekten durch unbeteiligte Dritte.

Literaturverzeichnis

Babel, H., Der Briefwechsel zwischen Plinius und Trajan über die Christen in strafrechtlicher Sicht, Erlangen 1961.

Bianchini, M., Le formalità costitutive del rapporto processuale nel sistema accusatorio romano, Mailand 1964.

Boyaval, B., Bibliographie: P.Mich. IX, REA 75, 1973, 176–185.

Centola, D. A., Il crimen calumniae. Contributo allo studio del processo criminale romano (Pubblicazioni del Dipartimento di Diritto Romano e Storia della Scienza Romanistica dell'Università degli Studi di Napoli „Federico II" 14), Neapel 1999.

Chalon, G., L'édit de Tiberius Julius Alexander. Étude historique et exégétique (Bibliotheca Helvetica Romana 5), Olten 1964.

Collinet, P., L'Edit du Préfet d'Egypte Valerius Eudaemon (P. Oxy. II 237, col. VIII, ll. 7–18) (138 ap. J.-C.). Une hypothèse sur l'origine de la „Querela non numeratae pecuniae", in: Atti del IV Congresso Internazionale di Papirologia. Firenze, 28 aprile – 2 maggio 1935 (Aegyptus, Serie Scientifica 5), Mailand 1936, 89–100.

Cook, J. G., Roman Attitudes Toward the Christians. From Claudius to Hadrian, Tübingen 2010.

Corke-Webster, J., Trouble in Pontus. The Pliny-Trajan Correspondence of the Christians Reconsidered, TAPhA 147, 2017, 371–411.

Fanizza, L., Delatori e accusatori. L'iniziativa nei processi di età imperiale (Studia Juridica 84), Rom 1988.

Sykophanten bezeichneten Verleumder auf, da Alexandria „schon nahezu unbewohnbar geworden ist aufgrund der Menge falscher Ankläger und jedes Haus beunruhigt ist" (Übersetzung nach Pfeiffer 2015, 264). Sein Ziel sind gerade jene Denuntianten, die sich dem Risiko einer Verleumdungsklage durch juristische Winkelzüge zu entziehen suchten, s. Lewis 1955–56; Chalon 1964, 197–205; Rivière 2002, 43–44. Es ist kein Zufall, dass sich das Problem der συκοφάνται für Tiberius Iulius Alexander gerade in Verfahren vor dem Procurator des Idios Logos zeigte, dessen Hauptaufgabe die Einziehung von dem *fiscus* zufallenden Vermögenswerten war.

21 Zur Rechtsentwicklung der Präfekten durch den Erlass von Edikten bei gehäuft auftretenden Anlassfällen s. Jördens 2006, bes. 91–96.

Faoro, D., I prefetti d'Egitto da Augusto a Commodo (Dipartimento di Storia Culture Civiltà. Storia antica 3), Bologna 2016.

Freudenberger, R., Das Verhalten der römischen Behörden gegen die Christen im 2. Jahrhundert dargestellt am Brief des Plinius an Trajan und den Reskripten Trajans und Hadrians (Münchener Beiträge zur Papyrusforschung und antiken Rechtsgeschichte 52), München 1967.

Giomaro, A. M., Per lo studio della calumnia. Aspetti di „deontologia" processuale in Roma antica, Turin 2003.

Giuffrè, V., *Nominis delatio* e *nominis receptio*, Labeo 40, 1994, 359–364.

Hässler, M., Die Bedeutung der Kyria-Klausel in den Papyrusurkunden (Berliner Juristische Abhandlungen 3), Berlin 1960.

Hennig, D., Rezension: P.Mich. IX, Gnomon 45, 1973, 725–727.

Husselman, E. M., Karanis Excavations of the University of Michigan in Egypt, 1928–1935: Topography and Architecture. A Summary of the Reports of the Director, Enoch E. Peterson, Ann Arbor 1979.

Jördens, A., Eine kaiserliche Konstitution zu den Rechtsprechungskompetenzen der Statthalter, Chiron 41, 2011, 327–356.

Jördens, A., Statthalterliche Verwaltung in der römischen Kaiserzeit. Studien zum *praefectus Aegypti* (Historia Einzelschriften 175), Stuttgart 2009.

Jördens, A., Zum Regierungsstil des römischen Statthalters – das Beispiel des *praefectus Aegypti*, in: Wiemer, H.-U. (Hg.), Staatlichkeit und politisches Handeln in der römischen Kaiserzeit (Millennium-Studien zu Kultur und Geschichte des ersten Jahrtausends n. Chr. 10), Berlin – New York 2006.

Katzoff, R., Sources of Law in Roman Egypt. The Role of the Prefect, ANRW II 13, 1980, 807–844.

Kelly, B., Petitions, Litigation, and Social Control in Roman Egypt (Oxford Studies in Ancient Documents), Oxford 2011.

Kirner, G. O., Strafgewalt und Provinzialherrschaft. Eine Untersuchung zur Strafgewaltspraxis der römischen Statthalter in Judäa (6–66 n. Chr.) (Schriften zur Rechtsgeschichte 109), Berlin 2004.

Kunkel, W., Kleine Schriften. Zum römischen Strafverfahren und zur römischen Verfassungsgeschichte, Weimar 1974.

Lemosse, M., Querela non numeratae pecuniae et contradictio, in: Studi in onore di Siro Solazzi nel cinquantesimo anniversario del suo insegnamento universitario, Neapel 1948, 470–482.

Levy, E., Von den römischen Anklägervergehen, ZRG 53, 1933, 151–233.

Lewis, N., On Legal Proceedings under the Idios Logos: κατήγοροι and συκοφάνται, JJP 9/10, 1955/1956, 117–125.

Menkman, A., The Edict of Valerius Eudaimon, Prefect of Egypt, in: David, M., et al. (Hg.), Symbolae ad Jus et Historiam Antiquitatis Pertinentes Julio Christiano van Oven Dedicatae (Symbolae van Oven), Leiden 1946, 191–210.

Meyer-Zwiffelhoffer, E., Πολιτικῶς ἄρχειν. Zum Regierungsstil der senatorischen Statthalter in den kaiserzeitlichen griechischen Provinzen (Historia Einzelschriften 165), Stuttgart 2002.
Modrzejewski, J., Papyrologie juridique, 18ème Rapport, SDHI 41, 1975, 475–604.
Mommsen, T., Römisches Strafrecht (Systematisches Handbuch der Deutschen Rechtswissenschaft I 4), Leipzig 1899.
Nogrady, A., Römisches Strafrecht nach Ulpian. Buch 7 bis 9 De officio proconsulis (Freiburger rechtsgeschichtliche Abhandlungen N.F. 52), Berlin 2006.
Öhler, M., Pliny and the Expansion of Christianity in Cities and Rural Areas of *Pontus et Bithynia*, in: Tiwald, M., et al. (Hg.), Early Christian Encounters with Town and Countryside. Essays on the Urban and Rural Worlds of Early Christianity (Novum Testamentum et Orbis Antiquus / Studien zur Umwelt des Neuen Testaments 126), Göttingen 2021, 269–298.
Petersen, J., Recht bei Tacitus, Berlin – Boston 2019.
Petschow, H., Altorientalische Parallelen zur spätrömischen calumnia, ZRG 90, 1973, 14–35.
Pfeiffer, S., Griechische und lateinische Inschriften zum Ptolemäerreich und zur römischen Provinz Aegyptus (Einführung und Quellentexte zur Ägyptologie 9), Berlin 2015.
Pólay, E., Der Schutz der Ehre und des guten Rufes im römischen Recht, ZRG 106, 1989, 502–534.
Reichert, A., Durchdachte Konfusion. Plinius, Trajan und das Christenum, ZNTW 93, 2002, 227–250.
Reinmuth, O. W., Two Prefectural Edicts Concerning the Publicani, CPh 31, 1936, 146–162.
Ries, G., Calumnia und Talion. Einfluß altorientalischen Rechts auf das Syrisch-Römische Rechtsbuch, in: Thür, G. (Hg.), Antike Rechtsgeschichte. Einheit und Vielfalt (Sitzungsberichte der Österreichischen Akademie der Wissenschaften, Philosophisch-Historische Klasse 726; Veröffentlichungen der Kommission für Antike Rechtsgeschichte / Österreichische Akademie der Wissenschaften 11), Wien 2005, 1–10.
Rivière, Y., Les délateurs sous l'empire romain (Bibliothèque des Écoles françaises d'Athènes et de Rome 311), Rom 2002.
Robinson, O. F., Roman Law: Reality and Context. The Role of Delators, in: Gamauf, R. (Hg.), Festschrift für Herbert Hausmaninger zum 70. Geburtstag, Wien 2006, 255–267.
Robinson, O. F., The Role of Delators, in: Cairns, J. W. – Du Plessis, P. J. (Hg.), Beyond Dogmatics. Law and Society in the Roman World, Edinburgh 2007, 206–220.
Rutledge, S. H., Imperial Inquisitions. Prosecutors and Informants from Tiberius to Domitian, London – New York 2001.
Santalucia, B., Costantino e i libelli famosi, Index 26, 1998, 185–198.
Santalucia, B., Nominis delatio e interrogatio legibus: un' ipotesi, in: Cascione, C. (Hg.), Fides humanitas ius. Studii in onore di Luigi Labruna, Bd. VII, Neapel 2007, 4991–5006.

Schillinger-Häfele, U., Plinius, ep. 10, 96 und 97: Eine Frage und ihre Beantwortung, Chiron 9, 1979, 383–392.
Sherwin-White, A. N., The Letters of Pliny. A Historical and Social Commentary, Oxford 1966.
Sijpesteijn, P. J., De novis libris iudicia: P.Mich. IX, Mnemosyne 29, 1976, 96–98.
Speidel, M., Book Review: P.Mich. IX, BASP 8, 1971, 117–119.
Strassi, S., Le carte di Σωκράτης Σαραπίωνος, πράκτωρ ἀργυρικῶν a Karanis nel II sec. d.C., in: Andorlini, I., et al. (Hg.), Atti del XXII Congresso Internazionale di Papirologia. Firenze, 23–29 agosto 1998, Bd. II, Florenz 2001, 1215–1228.
Taubenschlag, R., Il delatore e la sua responsabilità nel diritto dei papiri, in: Studi in onore di Vicenzo Arangio-Ruiz nel XLV anno del suo insegnamento, Bd. I, Neapel 1953, 501–507.
Thraede, K., Noch einmal Plinius d.J. und die Christen, ZNTW 95, 2004, 102–128.
Urbanik, J., O regułach prawnych w Egipcie rzymskim albo jak rodzi się reguła, Zeszyty Prawnicze 20.4, 2020, 111–148.
Wolff, H. J., Compte rendu: P.Mich. IX, RHD 42, 1974, 125–129.

Abbildungsnachweis

Abb. 1: P.Mich.inv. 4694 Recto; University of Michigan Library Digital Collections. https://quod.lib.umich.edu/a/apis/x-2264/4694r_a.tif ⟨16.09.2023⟩. CC 0. 1.0.

Besitzdeklaration an das Gauarchiv des Arsinoites

Thomas Kruse

Pap. Graec. Mon. 420	Fr. A: 10,5 × 16,5 cm	Euhemeria (Arsinoites)
Abb. 1	Fr. B: 2,3 × 5,4 cm	60–62 n.Chr.

Hellbrauner Papyrus. Das größere Fragment A weist oben sowie auf der linken Seite einen freigelassenen Rand von 2 bis 2–5 cm Breite auf. Auf der rechten Seite reicht die Schrift in den meisten Zeilen dagegen bis an den Rand des Blattes. Zwischen Z. 2 und 3 ein Spatium von etwa der Höhe einer Zeile. Das kleine von derselben Hand beschriebene Fragment B, dessen linker Rand teilweise erhalten ist, ist wohl zugehörig, paßt aber nicht unmittelbar an Fragment A an, und zwischen beiden Fragmenten dürfte eine unbekannte Anzahl von Zeilen fehlen. Sein inhaltlicher Zusammenhang mit Fragment A bleibt unklar. Das Verso ist leer. Der Papyrus wurde erst im Jahr 2020 restauriert und verglast.[1] Er gehört zum älteren Bestand der Sammlung der Bayerischen Staatsbibliothek. Über die Erwerbungsgeschichte liegen keine Aufzeichnungen vor, jedoch könnte das Stück aus den Ankäufen bzw. Verlosungen aus der Zeit der Mitgliedschaft der Bayerischen Staatsbibliothek im Deutschen Papyruskartell zwischen 1909 und 1914 stammen.[2] In den handschriftlichen Kurzbeschreibungen Münchner Papyri von Ulrich Wilcken[3] findet sich kein Hinweis auf das Stück. Es ist unklar, wann Wilcken diese Aufzeichnungen angefertigt hat. Es ist aber wohl naheliegend, dass sie in der Zeit seiner Professur in München zwischen 1915 und 1917 entstanden sind[4]. Dass Pap. Graec. Mon. 420 in diesen Aufzeichnungen nicht erwähnt wird, lässt vermuten, dass Wilcken das Stück seinerzeit nicht gesehen hat.

Der Text ist eine an die Vorsteher des Gauarchivs des Arsinoites – βιβλιοφύλ(ακες) τῆς ἐν Ἀρσι(νοείτῃ) δημο(σίας) βιβλιο[θ(ήκης)] – Dios und Apion adressierte Deklaration einer Frau namens Thaisarion aus dem Dorf Euhemeria im Themistos-Bezirk des Arsinoites. In ihr deklariert Thaisarion gemäß der Anordnung des *praefectus Aegypti* Lucius Iulius Vestinus den ihr gehörenden Besitz in dem besagten Dorf Euhemeria als zum Zeit-

1 Erneut danke ich herzlich Wolfgang-Valentin Ikas von der Abteilung Handschriften und Alte Drucke der Bayerischen Staatsbibliothek sowie Karin Eckstein, Heidi Fischer und Thorsten Allscher vom Institut für Bestandserhaltung und Restaurierung der Bayerischen Staatsbibliothek für ihre stete Hilfe und Unterstützung bei meiner Arbeit an den Münchner griechischen Papyri.

2 Siehe Arnold 1981, 61; Arnold 1986, 11*–12*; zum Deutschen Papyruskartell siehe Primavesi 1996.

3 Diese handschriftlichen Aufzeichnungen finden sich in dem „Catalogus Papyrorum“ genannten Verzeichnis BSB-Hss Cbm Cat. 46.

4 Siehe Seibert 2002.

punkt der Einreichung der Deklaration frei von hypothekarischen und sonstigen Belastungen. Der Besitz umfaßt aus ihrem väterlichen Erbteil die Hälfte eines Hauses mit Hof, drei Aruren eines zum Katökenland gehörenden Ölgartens (ebenfalls aus dem väterlichen Erbe), drei weitere Aruren Katökenland, 3/8 Arure ἐπιβολή (also die den *proximi possessores* auferlegte Zwangspacht kleiner Staatslandparzellen)[5] sowie eine Sklavin und deren Nachkommenschaft, dann bricht der Text ab.

Wegen der Erwähnung des Präfekten Lucius Iulius Vestinus läßt sich der Text aufgrund der bekannten Eckdaten von dessen Amtsperiode in die Zeit zwischen 60 und 62 n.Chr. datieren. Bei der Deklaration handelt es sich um eine sog. Generalapographe auf Befehl des *praefectus Aegypti*, mit welcher der Statthalter von Zeit zu Zeit (und wohl zu Kontrollzwecken) zur Deklaration des gesamten Besitzes (an Immobilien und Sklaven) aufgerufen hat. Dieser Deklarationstyp ist zu unterscheiden von dem der supplementären Besitzdeklaration (in den Quellen mitunter als προσαπογραφή bezeichnet), die nur erforderlich war, wenn jemand zusätzlichen, dem Archiv bisher noch nicht gemeldeten Besitz erworben hatte.[6] Aus der Zeit der Präfektur des Lucius Iulius Vestinus, aus welcher auch Pap. Graec. Mon. 420 datiert, sind bislang noch vier weitere Generalapographai bekannt, welche auf Befehl dieses Statthalters dem Gauarchiv des Arsinoites eingereicht worden sind.[7]

Wie in der Forschung bereits seit mehr als 40 Jahren diskutiert, wurde zu einem noch nicht genau festzulegenden Zeitpunkt vor dem Jahr 89 n.Chr. die βιβλιοθήκη ἐγκτήσεων unter eigenen βιβλιοφύλακες vom Gauarchiv (der δημοσία βιβλιοθήκη) abgespalten.[8] Jene fungierte nunmehr ausschließlich als Besitzarchiv und Einreichungsstelle für die Besitzdeklarationen, wohingegen der übrigbleibende andere Teil des ehemaligen ungeteilten Gauarchivs für die Archivierung der Akten der öffentlichen Verwaltung zuständig war. Dieses Archiv wird oftmals auch als βιβλιοθήκη δημοσίων λόγων bezeichnet – eine Bezeichnung, die allerdings erst im 2. Jh. n.Chr. bezeugt ist – oder nach wie vor als δημοσία βιβλιοθήκη, wobei die letztgenannte Bezeichnung mitunter auch für die beiden Archive gemeinsam gebraucht werden konnte. Der Auslöser für die Aufteilung des Gauarchivs und die Einrichtung der βιβλιοθήκη ἐγκτήσεων als gesondertes, nur für die Besitzdeklarationen und die Führung der auf ihnen beruhenden Akten zuständiges Archiv mit eigenen Vorstehern (βιβλιοφύλακες ἐγκτήσεων) und weiterem Personal dürfte wohl gewesen sein, daß der Geschäftsanfall durch die Besitzdeklarationen so groß geworden war, daß ihn die Archivbeamten des früheren (ungeteilten) Gauarchivs nicht mehr bewältigen konnten.

Was den Zeitpunkt der Trennung der beiden Archive betrifft, so war bisher nur gesichert, daß diese vor dem Jahr 89 n.Chr. erfolgt sein muß, da aus diesem Jahr ein Edikt des *praefectus Aegypti* Marcus Mettius Rufus datiert, in welchem dieser offenbar schon seit längerer Zeit bestehende Mißstände in der βιβλιοθήκη ἐγκτήσεων adressierte und

---

5 Siehe hierzu auch Poethke 1969, 24–26.

6 Siehe Wolff 1978, 226–232.

7 BGU I 112 (= M.Chr. 214 = FIRA III 102) (Karanis/Arsinoites, 60–61 n.Chr.); SB XII 10788 A (Oxyrhynchos, 60 oder 61 n.Chr.); P.Oxy. II 250 (Oxyrhynchos, 61 n.Chr.?); SB XXVIII 16899 (Soknopaiu Nesos/Arsinoites, 60–61 n.Chr.).

8 Zur βιβλιοθήκη ἐγκτήσεων siehe insbesondere Wolff 1978, 222–255.

diesbezügliche Regelungen erließ.[9] Das Besitzarchiv muß also im Jahr 89 n.Chr. bereits seit einer geraumen Zeit bestanden haben. Aus den umfangreichen Akten aus dem Jahr 114/115 n.Chr. (P.Fam. Tebt. 15) zu einem Rechtsstreit über die Verantwortlichkeit und die Haftung für die seit diesem Zeitpunkt seit bereits mindestens 25 Jahren bestehenden Mißstände im Gauarchiv des Arsinoites ergibt sich ferner, daß zumindest in diesem Gauarchiv seit dem Jahr 71/72 n.Chr. insgesamt vier βιβλιοφύλακες amtiert haben müssen, was F. Burkhalter plausibel als Indiz für eine zu diesem Zeitpunkt bereits bestehende Trennung von dessen Geschäftsbereichen in eine βιβλιοθήκη δημοσίων λόγων und eine βιβλιοθήκη ἐγκτήσεων interpretiert hat.[10] Der genaue Zeitpunkt der Trennung der beiden Archive ist in der Forschung indes ebenso umstritten wie die Frage, ob manche frühe Besitzdeklarationen der späteren julisch-claudischen Zeit an Archivbeamte, in deren Titel der Zuständigkeitsbereich ἐγκτήσεων nicht erscheint, gleichwohl als ἀπογραφαί an die βιβλιοθήκη ἐγκτήσεων und daher als Indizien für deren Bestehen zur Zeit der Entstehung der betreffenden Deklarationen zu betrachten sind. So hat etwa H.-J. Wolff die obengenannten Generalapographai auf Befehl des Präfekten Lucius Iulius Vestinus als Verkörperungen „eines neuartigen Vorgangs" betrachtet und daher für eine Einrichtung der βιβλιοθήκη ἐγκτήσεων bereits um das Jahr 60 n.Chr. herum plädiert;[11] wohingegen andere ihre Etablierung erst um das Jahr 71/72 n.Chr. herum annahmen.[12] Es dürfte aber methodisch wohl am saubersten sein, nur solche Deklarationen sicher als an die βιβλιοθήκη ἐγκτήσεων gerichtet zu betrachten, die diesen Kompetenzbereich auch ausdrücklich nennen, zumal der Vorgang der Besitzanmeldung an das Gauarchiv ja auch schon durch Deklarationen seit dem Jahr 53 n.Chr. bezeugt ist.[13]

Was die Einrichtung der βιβλιοθήκη ἐγκτήσεων im Arsinoites betrifft (ob sie in allen Gauen Ägyptens zur gleichen Zeit erfolgte, steht dahin),[14] so ergibt sich ein gesicherter Terminus post quem aus der Besitzdeklaration BGU II 379 (= M.Chr. 219) aus dem arsinoitischen Dorf Karanis, adressiert an Dios und Protogenes, βιβλιοφύλακες τῆς ἐν Ἀρσινοείτῃς δημοσίας βιβλιοθήκης, vom 28. Mai 67 n.Chr., in welcher diese also noch als Vorsteher des ungeteilten Gauarchivs fungieren. Einen neuen gesicherten Terminus ante quem liefert nunmehr der jüngst von G. Claytor publizierte P.Lond. II 146 descr. mit einer an die βιβλιοφύλακες ἐγκτήσεων Ἀρσινοίτου Apollonios und Theon gerichteten Besitz-

9 P.Oxy. II 237, VIII 27–43 (= M.Chr. 192 = Sel.Pap. II 219 = Jur.Pap. 59).
10 Burkhalter 1990.
11 Wolff 1978, 230–231.
12 Für die weitere ältere Literatur zur βιβλιοθήκη ἐγκτήσεων und dem Zeitpunkt ihrer Einrichtung siehe Claytor 2020.
13 Siehe P.Mich. IX 539 und 540 (Karanis/Arsinoites) sowie P.Oxy. XLVII 3332; siehe auch Claytor 2020, 35–36 mit Anm. 34. Der Versuch von Wolff 1978, 231, diese Zeugnisse unter Hinweis auf ihren von späteren Besitzdeklarationen abweichenden Stil und Inhalt (weil etwa keine Besitztitel genannt werden) als irrelevant für die Frage nach dem Zeitpunkt des Aufkommens der verpflichtenden Besitzdeklarationen und der damit verbundenen Zuständigkeit zunächst des noch ungeteilten Gauarchivs bzw. später dann der βιβλιοθήκη ἐγκτήσεων zu betrachten, kann nicht überzeugen.
14 Siehe auch Claytor 2020, 35 mit Anm. 33.

deklaration vom 6. April 74 n.Chr., ebenfalls aus Karanis.[15] Hierbei handelt es sich um die bisher früheste exakt datierte Besitzdeklaration an βιβλιοφύλακες ἐγκτήσεων. Apollonios und Theon sind als βιβλιοφύλακες ἐγκτήσεων auch noch in den zwei Besitzdeklarationen BGU I 184 (Soknopaiu Nesos, 72–78 n.Chr.) und SB XVIII 13235 (Auaris, 69–78 n.Chr.) bezeugt. In BGU I 184, 17 wird außerdem eine frühere Besitzdeklaration aus dem Jahr 72 n.Chr. an sie erwähnt, was in Zusammenhang mit den oben bereits erwähnten Prozeßakten P.Fam. Tebt. 15, II 44–46 und III 79–80, woraus sich ergibt, daß zu diesem Zeitpunkt zwei Paare von Bibliophylakes im Gauarchiv des Arsinoites amtiert haben (siehe oben), F. Burkhalter zu der Vermutung geführt hat, daß Apollonios und Theon auch im Jahr 72 n.Chr. als βιβλιοφύλακες ἐγκτήσεων fungiert haben.[16] In der Besitzdeklaration P.Mich. IX 541, 1–3 aus Karanis werden sie hingegen als βιβλιοφύλακες τῆς [ἐν τῷ] Ἀρσινοείτῃ δημοσίας βιβλιοθ(ήκης) adressiert, fungierten also zu dem Zeitpunkt der Einreichung der Deklaration noch als Vorsteher des ungeteilten Gauarchivs des Arsinoites, weshalb diese Deklaration nach Meinung vieler Gelehrter in die Zeit vor 72 n.Chr. datieren muß. Allerdings beruht dieser Datierungsansatz nur auf der Vermutung, daß Apollonios und Theon unmittelbar nach ihrer Funktionsperiode als Bibliophylakes des alten, noch ungeteilten Gauarchivs aus dieser Position heraus auf direktem Wege in die der Vorsteher des nunmehr davon abgetrennten Besitzarchivs gerückt sind. Diese Vermutung ist indes nicht beweisbar, und Apollonios und Theon könnten daher auch durchaus zu verschiedenen Zeitpunkten zunächst als Bibliophylakes des ungeteilten Gauarchivs und dann nach einem Intervall von einigen Jahren erneut als solche der nunmehr davon abgespaltenen βιβλιοθήκη ἐγκτήσεων fungiert haben, wofür etwa G. Claytor plädiert hat.[17]

Aus dem von G. Claytor publizierten P.Lond. II 146 descr. ergibt sich nun aber zunächst mit Sicherheit, daß die Abspaltung der βιβλιοθήκη ἐγκτήσεων vom Gauarchiv des Arsinoites in dem Zeitraum zwischen 67 und 72 n.Chr. erfolgt sein muß, wobei sich Claytor aufgrund seiner plausiblen Analyse der Quellen dafür ausspricht, daß diese Reform zwischen dem 28. Mai 67 und Frühjahr oder Sommer 68 n.Chr. und mithin in der Verantwortung des berühmten *praefectus Aegypti* Tiberius Iulius Alexander durchgeführt worden ist.[18]

Aus dem bisher Gesagten ist außerdem klar, daß die beiden in Pap. Graec. Mon. 420 adressierten βιβλιοφύλακες τῆς ἐν Ἀρσινοείτῃ βιβλιοθήκης Dios und Apion die Besitzdeklaration als Vorsteher des noch ungeteilten Gauarchivs entgegengenommen haben. Dieselben beiden βιβλιοφύλακες werden nun aber auch in der oben bereits erwähnten Besitzdeklaration P.Mich. IX 541 an die βιβλιοφύλακες ἐγκτήσεων Apollonios und Theon als Empfänger einer früheren Deklaration des Deklaranten erwähnt, zu welcher die in P.Mich. IX 541 vorliegende Besitzdeklaration mithin eine προσαπογραφή ist: πρὸς οἷς | [ἀπεγρα]ψάμην Δίωι καὶ Ἀπίωνι | [προσαπο]γράφομαι καὶ οὓς ἠγόρασα |[10] [παρὰ Θεναπ]ύνχιος τῆς Πετεῦτο κ.τ.λ. (Z. 7–10). Die diversen Möglichkeiten, dieses Paar von Bibliophylakes auf der Basis der seinerzeit verfügbaren Daten in der Liste der Inhaber

15 Claytor 2020, 20–26.
16 Burkhalter 1990, 209–210; Claytor 2020, 22–24.
17 Siehe Claytor 2020, 35–41.
18 Siehe Claytor 2020, 35–42, insbes. 41–42.

dieses Amtes im Gauarchiv des Arsinoites im 1. Jh. n.Chr. zu platzieren, hat G. Claytor in einer *appendix* zu seiner Edition von P.Lond. II 146 descr. ausführlich dargelegt und kritisch gewürdigt.[19] Durch Pap. Graec. Mon. 420 ist nunmehr gesichert, daß Dios und Apion spätestens im Jahr 62 n.Chr. als βιβλιοφύλακες τῆς ἐν Ἀρσινοείτῃ βιβλιοθήκῃ amtiert haben müssen, und spätere Ansätze ihrer Amtszeit daher obsolet geworden sind.[20] Ebenfalls darf nunmehr als gesichert gelten, daß, wie bereits G. Claytor vermutet hat, Dios und Apion direkte Nachfolger von Ammonios und Sarapion waren, den Adressaten der Generalapographe BGU I 112, die in das Jahr 60/61 n.Chr. zu datieren ist.

Text

Fr. A

Δίωι κεκοσμητευκότι καὶ Ἀπ̣[ί-]
ωνι βιβλιοφ̣ύλ(αξι) τῆς ἐν Ἀρσι(νοείτ̣η) δημο(σίας) βιβλιο[θ(ήκης)]
vac.
παρὰ Θαισαρί̣[ο]υ̣ τῆς Ἀκουσιλάου τοῦ
Ἀκουσιλάου τῶν ἀπὸ Εὐη̣μερίας
τῆς Θεμίστου μερίδος μετὰ κυρίου
[τ]ο̣ῦ ἀνδρὸς Ἀκουσιλάου τοῦ Χαιρήμο(νος).
κατὰ τὰ ὑπὸ τοῦ κρατ̣ίστου ἡγεμόνο(ς)
Λευκίου Ἰουλίου Οὐηστείνου προστε-
τ̣α̣γμ̣έ̣να ἀπ̣[ο]γ̣ράφομαι τὰ ὑπάρχον-
τά μοι εἰς τὴν̣ ἐνεστῶσαν ἡμέραν
κ̣[α]θαρὰ ἀπὸ [ὀ]φειλῆς ὑποθήκη`ς´ καὶ
[μ]ε̣σειτείας καὶ παντὸς διεγγυήματ(ος)
ἐ̣ν τῇ π̣ροκειμέμη̣ κώμη̣ πατρικὸν
ἥμισυ μέρος οἰκίας καὶ αὐλῆς
[καὶ περὶ] τὴν [κ]ώμην πατ̣ρ̣ικὰς
ἐλαιῶν̣ος ἐ[ν] κατοικικῇ τάξι ἀρο(ύρας) τρεῖς
καὶ ὁμοίως κλ̣ήρου κατοικικοῦ ἀρο(ύρας) δύο
[καὶ] ἐπι̣βολῆς τέ̣τ̣αρτον ὄγδ[ο]ο̣ν ἀρο(ύρης) καὶ
[πα]ιδίσκη`ν´δουλὴν Δ̣ιοδώραν `τ´ ....
[..] .πεν̣των καὶ τὰ ταύτη̣ς ἔγγονα
[± 7] ..ε̣..π̣η̣ ....[± 4] .ν ..υ
– – – – – – – – – – – – – – – – – –

2 βιβλιοφυ^{λ} 6 Χαιρημ° 7 ἡγεμον° 10 ἡμέραν: ν *corr. ex* ς 12 l. μεσιτείας, διεγγυημα^{τ} 16 l. τάξει 16, 17, 18 ἀρ°

19 Claytor 2020, 35–41.
20 Siehe Jördens 2012, 374–375 Anm. 27.

Fr. B

Spuren

[– – –]ωρον καὶ ὠνητὰς

[ἔτους X Νέρωνος] Κλαυδίου Κα̣ί̣σ̣α̣ρος

[– – –] κ̣ώμη . . [. . . .] . . α . [.]

– – – – – – – – – – – – – – – – – –

Übersetzung

„An den ehemaligen Kosmeten Dios und Apion, Vorsteher des öffentlichen Archivs im Arsinoites. Von Thaisarion, Tochter des Akusilaos, des Sohnes des Akusilaos, aus Euhemeria im Themistos-Bezirk, mit ihrem Ehemann Akusilaos, Sohn des Chairemon, als Vormund. Gemäß der Anordnung seiner Exzellenz des Präfekten Lucius Iulius Vestinus deklariere ich meinen Besitz als zum heutigen Tag frei von Hypothekenschuld, Verpfändung und jeglicher Sicherheitsleistung: in dem obengenannten Dorf den väterlichen halben Teil eines Hauses mit Hof und auf dem Gebiet des Dorfes drei Aruren eines Ölgartens in der Kategorie Katökenland und ebenso zwei Aruren eines Katökenkleros und eine Viertel (und) eine Achtel Arure Epibole und ein Sklavenmädchen [– – –] und deren Nachkommen [– – –].“

Zeilenkommentar

1–2 Zu den βιβλιοφύλακες Dios und Apion siehe die Bemerkungen am Schluß der Einleitung. Die Bezeichnung des Dios als ehemaligen Kosmeten ist sehr wahrscheinlich das früheste Zeugnis für die Existenz dieses Amtes in den Gaumetropolen der ägyptischen Chora im 1. Jh. n.Chr. (siehe hierzu insbesondere Hagedorn 2007). In Anbetracht der Tatsache, daß Dios nach der Kosmetie als βιβλιοφύλαξ des Gauarchivs des Arsinoites (also in einem quasi-liturgischen Amt) fungierte, gehe ich nämlich davon aus, daß er das Amt des Kosmeten ebenfalls in der Metropole dieses Gaus und nicht etwa in Alexandria bekleidet hat, wie etwa die beiden als ehemalige Kosmeten bezeichneten Gaustrategen Philoxenos (W.Chr. 176, 1; Soknopaiu Nesos, 60–64 n.Chr.) und Papiskos (P.Oxy. II 246, 1–2 [= W.Chr. 247; Oxyrhynchites, 24. Juli 66 n.Chr.] und P.Oxy. I 44, 1 [Oxyrhynchos, 66–70 n.Chr.]). Denn die Gaustrategen des 1. Jh. n.Chr. waren, nach allem was man bisher weiß, in der Regel Alexandriner (siehe auch Hagedorn 2007, 197–198). Ich wüßte außerdem kein Beispiel für ein Mitglied der alexandrinischen Oberschicht – denn als ein solches hätte Dios ja wohl zu gelten, nähme man an, er habe die Kosmetie in Alexandria bekleidet – zu nennen, das nach der Bekleidung einer alexandrinischen ἀρχή als Vorsteher eines Gauarchivs amtiert hätte, was wohl als ein beträchtlicher sozialer Abstieg anzusehen wäre (siehe auch Hagedorn 2007, 202). Das früheste bekannte Zeugnis für die Kosmetie in der Chora war bisher SB XIV 11270, 1 (Ptolemais Euergetis, 96–98 n.Chr.), weshalb Hagedorn 2007, 198 und 203 das Aufkommen dieses Amtes in der Chora erst gegen Ende des

Abb. 1: Pap. Graec. Mon 420.

1. Jh. n.Chr. vermutete. Pap. Graec. Mon. 420 zufolge hat Dios sein Amt als βιβλιοφύλαξ aber frühestens 60 und spätestens 62 n.Chr. angetreten und war mithin irgendwann vor 60 oder 62 n.Chr. Kosmet in Ptolemais Euergetis. Das würde zu dem Bild passen, welches auch die frühesten Zeugnisse für andere munizipale Ehrenämter in der Chora zeichnen. Denn die frühesten Zeugnisse für die Gymnasiarchie als munizipales Amt in Ptolemais Euergetis datieren aus dem Jahr 53 n.Chr. (P.Mich. IX 539, 1 und 540, 2 sowie P.Oxy. XLVII 3332,1; siehe zu diesen Texten auch oben in der Einleitung und Hagedorn 2007, 202). Da hier noch aktive Gymnasiarchen zugleich als βιβλιοφύλακες amtieren, vermutet Hagedorn, daß es sich lediglich um Vorsteher lokaler privater Gymnasien handelt und das munizipale Amt erst dann gemeint ist, wenn kurze Zeit später solche βιβλιοφύλακες zugleich als ehemalige Gymnasiarchen bezeichnet werden (siehe BGU I 112, 2–3 [= M.Chr. 214] aus dem Jahr 60/61 n.Chr. und Hagedorn loc. cit.). Auch in Oxyrhynchos datieren, wie Hagedorn 2007, 200 gezeigt hat, die frühesten Belege für die Existenz des munizipalen Amtes des Exegeten aus der Zeit um die Mitte des 1. Jh. n.Chr. (P.Oxy. Hels. 15, 7 aus den 50er oder 60er Jahren n.Chr. und P.Oxy. II 257 [= W.Chr. 147] von 61/62 n.Chr.).

Auf dem linken Freirand, etwa zwischen Z. 1 und 2, fünf Buchstaben in sehr kleiner und stark verwischter Schrift, die vielleicht zu einem Bearbeitungsvermerk des Gauarchivs gehören könnten.

2 Abkürzung βιβλιο[θ(ήκης)] nach den Parallelen in BGU II 379, 3 (Karanis/Arsinoites, 67 n.Chr.) und P.Mich. IX 541, 3 (Karanis/Arsinoites, 69–79 n.Chr.). Außer in diesen beiden Texten ist ἡ ἐν Ἀρσινοίτῃ (δημοσία) βιβλιοθήκη als Bezeichnung des Gauarchivs des Arsinoites noch in P.Mich. IX 539, 2–3 (Karanis/Arsinoites, 23. Juni 53 n.Chr.); 540, 2–3 (Karanis/Arsinoites, ca. 53 n.Chr.); P.Oxy. XLVII 3332, 1–2 (Arsinoites, 53 n.Chr.); P.Fam. Tebt. 15, II 44 (Arsinoites, 114–115 n.Chr.) bezeugt.

10–12 Vgl. die ähnlichen Wendungen in den arsinoitischen Besitzdeklarationen BGU I 112, 9–12 (Karanis, 60/61 n.Chr.): εἰς | τὴν ἐνεστῶσαν ἡμέραν τὰ ὑπάρχοντά | μοι ὄντα καθαρὰ ἀπό τε ὀφίλης (l. ὀφείλης) καὶ | ὑ[π]οθήκης καὶ παντὸς διεγγυήματος; SB XXVIII 16899, 5–7: (Soknopaiu Nesos, 60/61 n.Chr.): εἰς τὴν ἐνεστῶσαν | [ἡ]μ̣ε̣ραν καθαρὸν ἀπὸ ὠφειλῆς (l. ὀφειλῆς) ὑπο|[θ]ήκης καὶ παντὸς διεγγυ̣ήματος; ebenso in BGU II 536, 6–7 (cf. BL I 50; VIII 28; IX 21; Soknopaiu Nesos, 5. Januar 84 n.Chr.); etwas anders formuliert in BGU XI 2098, 12–13 (Ptolemais Euergetis, 83 n.Chr.): κ̣α̣θαρ[ὸν] ἀπὸ ὀφε̣ι̣λ̣[ῆς δη]μ̣ο̣σίας | κ̣α̣ὶ διεγγυήματ[ος und SB I 5808, 15–16 (= SPP XIII p. 1; Ptolemais Euergetis, 23. März 124 n.Chr.): καθαρὰν ἀπ[ὸ ὀ]φ[ειλήματος] | ὑποθήκης παντὸς δη[μοσίου χρέου]ς; siehe ferner noch BGU XI 2100, 28 (Ptolemais Euergetis, 83 n.Chr.); P.Narm. 2006 3, 19–21 (Narmuthis, 24. Mai 93 n.Chr.); P.Narm. 2006 4, 16–18 (Narmuthis, 17. Oktober 99 n.Chr.); P.Col. VIII 213,17–18 (Ptolemais Euergetis, 84–105 n.Chr.); SPP XXII 85, 19–21 (cf. BL X 275; Alabanthis, 1. November 128 n.Chr.); P.Prag. I 20 Recto, 4–5 (Dikaiu Nesos, 28. August 159 n.Chr.). Die Aufnahme auch der μεσιτεία in die Formel (die sich offenbar nur in den arsinoitischen Besitzdeklarationen findet) ist hier erst zum zweiten Mal nach

P.Lond. II 300, 12–14 (p. 150–151) (Arsinoites, 1. Februar 129 n.Chr.) bezeugt: καθαρὰς ἀπὸ | ὀφειλῆς μεσειτẹίας (l. μεσιτείας) παντὸς διενγυή|ματος (l. διεγγυήματος).

18 Vgl. P.Mil. Vogl. IV 209 Fr. B, III 9: τέταρτον ὄγδον (l. ὄγδ<ο>ον) ἀρούρης.

19 Die Deklaration von Sklaven an das Gau- bzw. Besitzarchiv ist, wie bereits Wolff 1978, 223–224 bemerkt hat, auffallend selten bezeugt, siehe noch P.Col. VIII 213 (Ptolemais Euergetis, 84–105 n.Chr.); P.Wisc. II 54 (Ptolemais Euergetis, 3. Juni 116 n.Chr.); SB I 5808 (= SPP XIII p. 1; Ptolemais Euergetis, 23. März 124 n.Chr.); P.Lond. II 299 (= M.Chr. 204; Ptolemais Euergetis, 26. Oktober 128 n.Chr.); P.Vindob. Worp 5, 24–25 (Ptolemais Euergetis, 22. Dezember 168 n.Chr.); SB I 5809 (= SPP XIII p. 2; Arsinoites?, 1.–2. Jh. n.Chr.). Deshalb hat Wolff 1978, 225 im Gegensatz zur früheren Forschung vermutet, „daß Sklavenbesitz von ihr (sc. der βιβλιοθήκη ἐγκτήσεων) in der Regel nicht erfaßt und ihr daher nur in Ausnahmefällen und vielleicht überflüssigerweise gemeldet wurde." Wolff 1978, 225 Anm. 15 räumt jedoch selbst ein, daß P.Wisc. II 54, 17–19 gegen diese Vermutung sprechen könnte, da der Deklarant dort erklärt, daß er nicht möchte, daß das Besitzarchiv mit ihm zusammenarbeitet, solange er nicht die Quittung über die Rückzahlung einer Schuld beigebracht hat, für welche er seine Sklavin verpfänden will, was wiederum darauf schließen lassen könnte, daß auch die Veräußerung von Sklavenbesitz ebenso wie die von Immobilienbesitz einer (ἐπίσταλμα genannten) Autorisierung durch das Besitzarchiv bedurfte. Seit Wolff sind keine weiteren Zeugnisse bekannt geworden, die diese Frage hätten klären können.

19–20 \`τ´ . . . . | [. .] . πεṿτων: Die Lesung dieser Stelle ist schwierig. Das normal groß geschriebene Ny am Ende von Z. 19 ist möglicherweise eine Dittographie des Ny am Ende von Διοδώραν, und der Schreiber hat dann seinen Irrtum durch ein hochgestelltes Tau zu korrigieren versucht, welches in Anbetracht der Endung eines Partizips im Genitiv Plural in der folgenden Z. 20 zu dem bestimmten Artikel τῶν gehören könnte. Die Anbindung des Epsilon in πε . των in Z. 20 paßt m.E. sehr gut zu einem Ny; man vgl. etwa ἐν in Z. 2. Zu lesen wäre demnach \`τ[ῶ]´ṿ(?) . . . | [ . . ] . πέṿτων. Damit könnte eine kollektive Bezeichnung einer Gruppe von Personen (oder Gegenständen?) gemeint sein, der die Sklavin Diodora zugerechnet wird, welche als ] . πεṿτων charakterisiert wird. Zu überlegen wäre vielleicht: \`τ[ῶ]´ṿ(?) ἀ̣π̣[ο]|[κλ]α̣πέṿτων; das (verlorene) Omikron von ἀπό wäre in diesem Fall kleiner und etwas hochgestellt geschrieben vorzustellen, ähnlich wie in τῶν ἀπὸ Εὐημερίας in Z. 4. Demnach wäre die Sklavin Diodora gestohlen worden bzw. würde zu einer kollektiv als (δοῦλοι) ἀποκλαπέντες bezeichneten Gruppe gestohlener Sklaven gehören. Die Nebenform ἀποκλέπτω ist in den Papyri bisher zweimal, allerdings erst in byzantinischer Zeit bezeugt: SB XXIV 15970, 14–15 (Oxyrhynchos, 455 n.Chr): τὰ ἀποκλαπέντα | κτήνη; PSI I 71, 6–7 (cf. BL I 71; IX 311; Oxyrhynchos, 6. Jh. n.Chr.): ἕνεκεν δερμάτων | ἀποκλαπέντων; ein früheres literarisches Zeugnis findet sich im homerischen Hymnus an Hermes (ibid. 522 [Allen – Sikes 1936]). – Eine Alternative wäre die Lesung \`τ[ῶ]´ṿ(?) ἀ̣π̣[ὸ] | [κλ]α̣πεṿτῶν, was ebenfalls als „zu den gestohlenen (sc. Sklaven) gehörend" aufzufassen sein könnte. Das Aorist-Partizip κλαπέντα ist zur Bezeichnung gestohlener Gegenstände in den Papyri gut bezeugt (siehe etwa BGU I 322, 26–27 [= M.Chr. 124; Duplikat P.Louvre I 3; Soknopaiu Nesos, 216 n.Chr.]), jedoch bisher nicht für gestohlene Sklaven. Allerdings wird der Diebstahl von Sklaven (siehe auch Suet. Aug. 32) in den römischen Juristenschriften thematisiert, wo ein gestohlener Sklave als *res furtiva* betrachtet wird (siehe z.B. Paul. dig. 12, 1, 31, 1; 13, 1, 3; 13, 1, 13; Ulp. dig. 13, 1, 7, 2; siehe auch Krause 2014, 122 mit Anm. 614).

23 Ein mögliches Bezugswort des Adjektivs ὠνητάς könnte ἀρούρας sein, und Fr. B könnte daher zu einem Passus in der Deklaration gehören, in welchem vom Erwerb oder Verkauf weiteren Besitzes durch die Deklarantin die Rede war. Zu ὠνητός („käuflich") vgl. etwa: PSI VIII 909, 1–2 (Verkauf eines Hauses, Tebtynis, 16. Mai 44 n.Chr.): ὁμολογοῦμεν οἱ προγεγραμμένοι τέσσαρες | [πεπρακέναι Κρονίωνι Πετεσούχου] κατὰ τήνδε [τὴν] πρᾶσιν {ταύτην} ἀπὸ τῆς ἐνεστώσης ἡμέρας ἐπὶ τὸν ἅπαντα χρόνον τὴν ὑπάρχουσαν ἡμῖν πατρικήν τε κ(αὶ) ὀνητὴν (l. ὠνητὴν) οἰκίαν παλαιὰν τρίστεγον κ.τ.λ.; SB XII 10786, 16–18 (Gelddarlehen mit Hypallagma, Tebtynis, 22. Juni 133 n.Chr.): ὑπηλλ|[αγμ]έναι \`τῶι Διογένει΄διὰ τῆς τῶν ἐνκτήσεων βιβλιοθήκης τὰς ῦ̣παρχούσας αὐτῇ περὶ Τεβτῦνιν ὠ̣ν̣ητὰς | κ̣ατὰ μέρος ἐπὶ [τ]ὸ αὐτὸ κ̣λήρου ἀρο̣ύρας [ἐ]ν̣νέα τέταρ̣τ̣ο̣[ν]; siehe auch P.Mich. V 329, 1–3 (Gelddarlehen mit Hypallagma, Tebtynis, 40–41 n.Chr.).

25 In dieser Zeile wäre eigentlich die Titulatur Kaiser Neros zu erwarten, nämlich Σεβαστοῦ Γερμανικοῦ Αὐτοκράτορος, wozu jedoch weder der zur Verfügung stehende Platz im verlorenen Teil der Zeile ausreicht, noch die danach sichtbaren Buchstaben passen. Ich habe indes zwei sichere Beispiele gefunden, wo in offiziellen Texten in der Datumsformel dieser Teil der Titulatur weggelassen wurde, und zwar: O.Petr. Mus. 301, 4–5 (Steuerquittung, Koptos, 11. Okt. 59 n.Chr.): (ἔτους) ε Νέρ̣ω̣ν̣ο̣[ς Κλαυδίου] | Καίσαρος Φαῶ(φι) ιδ; P.Oxy. XIV 1648, 65 (Zusammenfassung eines Vertragsinhalts, Oxyrhynchos, 27. März 57 n.Chr.): γ (ἔτους) Νέρωνος Κλαυδίου Καίσαρος Φαρμοῦθι α; dieser Text ist allerdings erst im späten 2. Jh. n.Chr. entstanden. Zwar sind dies lediglich zwei von insgesamt mehr als 200 Belegen für Datumsformeln aus der Regierungszeit Neros, die alle die vollständige Titulatur aufweisen, sie zeigen jedoch immerhin, daß eine solche abgekürzte Version der Kaisertitulatur Neros möglich war. Wegen der Erwähnung des *praefectus Aegypti* Lucius Iulius Vestinus in Z. 7–8, der zwischen 60 und 62 n.Chr. amtierte, kommen für die Entstehung von Pap. Graec. Mon. 420 das 6. (= 59/60 n.Chr.), 7. (= 60/61 n.Chr.), 8. (= 61/62 n.Chr.) und 9. (= 62/63 n.Chr.) Regierungsjahr Neros in Frage.

Literaturverzeichnis

Allen, T. W. – Sikes, E. E., The Homeric Hymns, Oxford [2]1936.

Arnold, E., Die Papyrussammlung der Bayerischen Staatsbibliothek und ihre Erschließung, Bibliotheksforum Bayern, Jg. 9, 1981, 1/2 „Handschriften in Bayern", 57–67.

Arnold, E., Die Papyrussammlung der Bayerischen Staatsbibliothek. Ein historischer Abriß, in: Heisenberg, A. – Wenger, L. (Hg.), Byzantinische Papyri der Bayerischen

Staatsbibliothek München. Zweite ergänzte Auflage besorgt von D. Hagedorn (= P. Münch. I), Stuttgart 1986, 9*–16*.
Burkhalter, F., Archives locales et archives centrales en Égypte romaine, Chiron 20, 1990, 191–216.
Claytor, G., Two Papyri from the Archive of Mikkalos and the Establishment of the *Bibliotheke Enkteseon*, BASP 57, 2020, 19–42.
Hagedorn, D., The Emergence of Municipal Offices in the Nome-Capitals of Egypt, in: Bowman, A. K., et al. (Hg.), Oxyrhynchus. A City and its Texts (Graeco-Roman Memoirs 93), London 2007, 194–204.
Jördens, A., Reparaturen in arsinoitischen Gauarchiven, in: Schubert, P. (Hg.), Actes du 26e Congrès International de Papyrologie, Genève 16–21 août 2010 (Recherches et rencontres 30), Genf 2012, 371–379.
Krause, J.-U., Gewalt und Kriminalität in der Spätantike (Münchener Beiträge zur Papyrusforschung und Antiken Rechtsgeschichte 108), München 2014.
Poethke, G., Epimerismos. Betrachtungen zur Zwangspacht in Ägypten während der Prinzipatszeit (Pap.Brux. 8), Brüssel 1969.
Primavesi, O., Zur Geschichte des Deutschen Papyruskartells, ZPE 114, 1996, 173–187.
Seibert, J., Ulrich Wilcken, Professor in München 1915–1917, in: J. Seibert (Hg.), 100 Jahre Alte Geschichte an der Ludwig-Maximilians-Universität München (1901–2001) (Münchener Universitätsschriften, Universitätsarchiv. Ludovica Maximilianea, Forschungen Band 19), Berlin 2002, 47–49.
Wolff, H.-J., Das Recht der griechischen Papyri Ägyptens in der Zeit der Ptolemaeer und des Prinzipats, Bd. II: Organisation und Kontrolle des privaten Rechtsverkehrs (Handbuch der Altertumswissenschaft X 5.2), München 1978.

Abbildungsnachweis

Abb. 1: Bayerische Staatsbibliothek München, Abteilung Handschriften und Alte Drucke, Pap. Graec. Mon. 420. CC BY-NC-SA.

Notas sobre la tradición y composición de dos inscripciones atribuidas a Aesis in Vmbria: CIL XI 778* y 779*

Marc Mayer i Olivé

El códice XIII B. 7 de la Biblioteca Nazionale di Napoli nos proporciona las cuidadas imágenes de dos inscripciones de Aesis, CIL XI 778* y 779* (fig. 1), que resultan ser evidentemente apócrifas, pero no por ello menos interesantes, ya que parecen haber sido compuestas por quien primero nos da la imagen de estos epígrafes: Pirro Ligorio.[1]

Nuestro trabajo versará sobre el proceso de composición que da lugar a los textos transmitidos y a sus posibles fuentes. El manuscrito Vat. lat. 6035, que procede del humanista Onofrio Panvinio, conserva la copia de ambos textos en dos folios, 88 y 48 respectivamente, y puede ser la clave para nuestra interpretación, ya que contienen las copias de otras inscripciones, que corresponden a textos auténticos dedicadas a los Oppii de Auximum en los dos casos, lo que nos puede también ilustrar de cómo los humanistas en el círculo de Panvinio procedían, y de cómo las nuevas noticias obtenidas eran acumuladas a lo ya existente.[2] Ambos epígrafes se encuentran también en el manuscrito Vat. lat. 9139, fols. 71 y 70 respectivamente, que, como parece creer el editor de CIL XI Eugen Bormann, parece estar en el origen de las copias del manuscrito de Panvinio, Vat. lat. 6035, por lo menos en el caso de CIL XI 779*.[3] Como es bien sabido, el manuscrito perteneció a Panvinio, aunque la mano que copia las inscripciones que nos interesan no parece corresponder

1 Cf. para estas inscripciones ahora la edición de los libros de las inscripciones latinas y griegas, libros 34 a 38 del códice de la Biblioteca Nazionale di Napoli, XIII B. 7 a cargo Orlandi 2008, 318 (355 del manuscrito ligoriano). Vagenheim 2011, 217–226. Cf. además EDF001121 y 001118 respectivamente con bibliografía.

2 El manuscrito Vat. lat. 6035 ha sido objeto de sucesivos estudios entre los cuales: Buonocore 1993, 155–161 y Vagenheim 1988, 191–209. Las inscripciones falsas de Aesis que nos interesan están copiadas en el primer caso CIL XI 778* en el fol. 88 junto con entre otras CIL IX 5833 y 5839 de Auximum, recortadas de la obra impresa de la *Orthographiae ratio* (edición de 1566) de Aldo Manuzio el Joven, de las páginas 99 y 170 respectivamente; en el caso de CIL XI 779*, este se halla copiado en el fol. 48 junto al recorte de CIL IX 5831 también de Auximum, que corresponde a la página 170 de la obra de Manuzio. Se trata de un procedimiento bien constatado, ya que lo mismo sucede en el mismo manuscrito con CIL XI 5672, cf. Mayer i Olivé 2021, 65–66 y fig. 8.

3 Nada parece impedir que la información pudiera proceder también de un complemento de la obra de Manuzio o bien directamente de Ligorio. Cf. para el manuscrito últimamente citado: Buonocore 2008, 65–86.

cuius dedicatione cenam coloniae dedit

I[1] II[2]

Fig. 1: Inscripciones CIL XI 779* y 778* en el manuscrito de Pirro Ligorio.

a la suya, lo que no sucede en el caso del códice napolitano evidentemente de mano de Ligorio.[4] A partir de Ligorio, la circulación de estos epígrafes fue relativamente importante, especialmente a través de los autores de repertorios de epigrafía italiana como Doni, Muratori, Raffaelli y Morcelli y de los que se ocuparon de la historia local, especialmente Colucci y Baldassini.[5]

Analizaremos separadamente en función de su contenido y diversa composición las dos inscripciones y, naturalmente, no nos ocuparemos de la importancia histórica, prosopográfica o arqueológica de su contenido, dado que se trata evidentemente de falsos, razón por la cual nos deberemos ocupar fundamentalmente de identificar las fuentes que sirvieron para su composición.[6]

4 Debo a la amistad de G. Vagenheim, tanto la imagen que reproduzco como una información epistolar en la que textualmente dice: "come vedi nel Vat. lat. 6035 la copia non è di mano né di Ligorio né di Panvinio, ma forse del 'copista' di Panvinio che l'avrà copiata da una scheda di Ligorio, forse. Nel codice di Napoli è ovviamente di mano di Ligorio."

5 Cf. por ejemplo para esta tradición: Doni 1731, 155, donde indica explícitamente que la copia "ex Schedis Manutianis Bibliothecae Vaticanae"; Muratori 1740, p. MC, 1 y MC, 2 para CIL XI 778* y 779*, respectivamente; Baldassini 1765, p. 13, I para CIL XI 778* y p. 15, III para CIL XI 779*; Morcelli, 1781, p. 438; Colucci 1791, tomus X, 13 y tomus XIII, 30 para CIL XI 778*; Colucci 1789, tomus IIII, 13 y Colucci 1791, tomus X, 156 para CIL XI 779*.

6 Aunque en nuestro trabajo, como ya hemos señalado, no nos ocupamos de los aspectos históricos de los Oppii de Auximum, pero no será vano dar algunas referencias bibliográficas al respecto para encuadrar la cuestión: Demougin, 1975, 158–159; 178; 186; 194; 197; Demougin 1988, 467; 483; 710; Mrozek 1989, 279; Delplace 1996, 71–79; Branchesi 2006, 153–177.

Señalemos ya de entrada que dicho recorrido resulta especialmente facilitado por el contenido de la obra del propio Ligorio, y por el hecho de que para encontrar los elementos que combina en sus textos no se haya alejado para ello de la ciudad a la que los atribuye, Aesis (la actual Jesi en Le Marche), sirviéndose de ejemplos de la cercana Auximum (hoy Osimo en la misma región). Es un hecho bien sabido que Ligorio está en el origen de una buena parte de los falsos de la zona, a los que había añadido información que no era comprobable en su época, pero que en algunos casos se ha revelado ser una intuición acertada con el progreso de los conocimientos. En el caso de Auximum el excelente trabajo de Giuseppina Prosperi Valenti nos permite seguir la tradición epigráfica y anticuaria de la segunda mitad del siglo XVI, momento en el que hemos de situar la redacción de los dos textos que pretendemos analizar, aunque cabe decir que las transcripciones de textos auximates comienzan ya tempranamente en el siglo XV.[7] La obra 'Antiquae inscriptiones vetustissimae civitatis Auximi', con entre 39 y 40 inscripciones, de las que existen diversas copias,[8] no cabe duda de que presenta concomitancias con los dibujos de las inscripciones que estudiamos por parte de Ligorio, hecho que puede hacer suponer una inspiración en las imágenes de las genuinas para producir unas invenciones creíbles, aunque debemos notar que no parece haber elementos que puedan establecer una relación de dependencia, y que dependencia. Parece que Ligorio depende realmente para construir sus ficciones de copias fiables obtenidas de otra fuente. Caso distinto sería considerar el eventual peso de Ligorio o de su fuente en esta obra, cuyas copias adolecen de errores no presentes en Ligorio.

Hay que reconocer, sin embargo, que la maestría de Ligorio en la confección de los textos que tratamos, que podrían pasar por genuinos en su época, no engañó más tarde al editor del CIL, Bormann,[9] ya que contenían elementos de información que en su momento pudieron parecer legítimos, pero que el desarrollo posterior y el avance de los conocimientos habían ido poniendo en evidencia. Precisamente es esta la razón por la que hemos querido insistir en ellos como demostración práctica de una técnica lograda aplicada a lo que creemos que se puede denominar "arte de la falsificación".

El primero de los textos que trataremos corresponde a CIL XI 779*, que en la copia napolitana de Ligorio reza del modo siguiente:

M · Oppio · M · f · Vel
Secundioni
equo · publico
propr · prov · Gall ·

---

7 Prosperi Valenti 1991, 5–26. Para Auximum continúa manteniendo un cierto valor la obra de Gentili 1955, 37–48.

8 Prosperi Valenti 1991, 19, todas las copias se pueden datar del 1577, las atribuidas a Gabriel Bucarellus, Gabriele Bucarelli, y en 1578 las atribuidas a Martiolus Sanctius, Marziolo Sanzi, este último un excelente calígrafo, aunque todo parece haber sido fruto del trabajo del primero y el segundo sería un copista experto y cuidadoso de la obra ya redactada, como ha visto con razón Prosperi Valenti. Puede verse la descripción de los códices en pp. 9–22.

9 CIL XI, pp. 82*–83*.

curat · municip · Numant
decur · eiusdem · munic
patrono · colon · Aesis
perp · curat · r · publ · Pesaur
curat · r · p · Attidiat · curat
Casuentin · ad · agr · dividen
dat · ab · imp · Caes · Antonin
Aug. Pii · cor · aurea · hasta · pur
pleps · colon · Aes
ob · merita · eius · in c · d · c · d
l · d · d · d.

Procederemos ordenadamente al comentario o, si se prefiere, deconstrucción de este texto cuya apariencia como genuino está excelentemente lograda, tanto en su imagen como en su contenido, que comporta contradicciones con la información de la cual hoy disponemos que Ligorio, por su cronología, pudo perfectamente ignorar.

El *praenomen* y el *nomen* del personaje, están presentes por ejemplo en CIL IX 5831 y 5832, referido a M. Oppius Capito en la zona de referencia que es Auximum.[10] Por el contrario, el *cognomen* no está documentado entre los Oppii con cuyas inscripciones podemos relacionar el texto que nos ocupa.

El contenido de CIL VI 23516 de Roma: *Dis Manib(us) | M(arcus) Oppius Ianuar(ius) | Secundioni | servo suo*, prácticamente explicaría el origen del *praenomen* y *cognomen* del texto del personaje al que Ligorio atribuye su texto. El problema radica en que dicha inscripción, al parecer hoy perdida, no fue hallada hasta 1853, cuando fue demolida la puerta de S. Pancrazio. No conocemos el contexto en que fue encontrada, ni la posibilidad que de alguna manera hubiera podido llegar precedentemente a conocimiento de Ligorio o de su círculo.

La tribu por el contrario no tiene problema alguno, ya que es la que portan los Oppii de Auximum, aunque denotaría que, aunque decurión y patrono de la ciudad de Aesis, se trataba de un forastero, cosa que muy probablemente Ligorio no debió tener en cuenta como veremos también al comentar el epígrafe siguiente, ya que desconocía la tribu a la que mayoritariamente debieron pertenecer los habitantes de Aesis.

La fórmula *equo publico* se da en CIL IX 5831 y 5832, que Ligorio conoce perfectamente. Por el contrario, la indicación PROPR·PROV·GALL· representa el principal punto débil de la construcción ligoriana, ya que se trata de un cargo impreciso y poco definido, evidentemente sólo atribuible a una de las Galliae distinta de la Narbonensis y con una indicación del cargo *propraetor* inusitada para un legado. Evidentemente Ligorio no tenía en aquel momento ninguna razón para conocer la administración de las Galliae y se limitó quizás a parafrasear de forma incompleta CIL IX 5833: *leg(ato) Aug(usti) pr(o) pr(aetore)* |

10 Ligorio la conoce perfectamente en Libri delle iscrizioni latine e greche, Orlandi 2008, 280 (356 del manuscrito).

provinc(iae) Lusitaniae, que recoge él mismo en el mismo manuscrito y que corresponde a C. Oppius Sabinus.[11]

La curatela del municipio de los Numanates y el patronato de la ciudad de Aesis encuentran su paralelo en CIL IX 5831 y 5832, con la particularidad de que el patronato es calificado como *patronatus perpetuus* en nuestro caso, una forma conocida, pero poco común.[12] Quizás estando a inicio de renglón se trate de una confusión de Ligorio al construir el texto del epígrafe, ya que pudo estar referido el *perpetuus* a un cargo, posiblemente un flaminato,[13] contenido en el renglón anterior de un modelo que no copió en este caso, quedando así vinculado en el texto construido por Ligorio al patronato o en último término a la curatela, la cual tampoco presenta posibilidad alguna de ser perpetua, ya que se trata de la de una ciudad; conocemos sólo curatelas perpetuas en el caso de *curatores aquarum*, *collegia* y entre las corporaciones de *Augustales*.

La forma R·PVBL·PESAVR, presenta diversas cuestiones entre las cuales una alternativa al desarrollo *rei publicae* por otro *rerum publicarum* presente para Pisaurum en CIL XI 6338, que por su cronología de circulación humanística pudo conocer Ligorio; la segunda de las cuestiones es la forma PESAVR, evidentemente una contaminación del nombre Pesaro a la forma Pisaurum latina.

Nada tiene de extraño que sigan en el fingido *cursus* las *curatelae* de los Attidiates y de los Casuentini que el texto de Plinio el Viejo, en el que parecen inspirarse seguramente estas atribuciones, HN 3.111–113, nos proporciona una secuencia que sigue el orden en que aparecen en la pretendida inscripción: Numana, Aesis, Pisaurum, Attidium y los Casuentini.

Los Casuentini son conocidos también por Ligorio a través de CIL XI 4209 de Interamna Nahars,[14] una inscripción de mediados del s. III d.C. que presenta la secuencia: *patrono municipi(i) Interamnat(ium) Nart(ium) Casuentinorum Vindenatium*, inscripción que recoge en su obra y que como hemos notado contiene texto de Plinio de gran circulación en aquel momento.[15] Recordemos en este punto que precisamente CIL IX 5831 y 5832, al recordar la carrera de *M(arcus) Oppius Capito Q(uintus) Tamudius Q(uinti) fil(ius) T(iti) n(epos) T(iti) pr(o)n(epos) Vel(ina) Milasius Aninius Severus*, dan una secuencia que podemos resumir como: *patronus coloniae Auximatium et coloniae Aesis | et municipii Numanatium*, que está en el origen de los títulos de CIL XI 779*, que en este caso prescindiría de *patronatus Auximatium* muy probablemente para ocultar su fuente por motivos de verosimilitud. Una explicación que parece plausible.

El uso de la fórmula *ad agros dividendos* pudo venir sugerida a Ligorio por una fuente literaria, como sería el caso de Varrón (Rust. 1.2.20), ya que no es frecuente en las inscrip-

11 Libri delle iscrizioni latine e greche, Orlandi 2008, 279 (315 del manuscrito).

12 La forma es frecuente sólo en las provincias africanas y se da una vez en Lilybaeum CIL X 7240.

13 Véase por ejemplo CIL XI 4371 y 4373 de Ameria, el primero de los cuales conoció Ligorio.

14 Libri delle iscrizioni latine e greche, Orlandi 2008, 306 (342 del códice napolitano).

15 No estamos seguros de la realidad del doblete Casuentini, Casuentillani que parece recoger Zehnacker 1998, 92, en su texto siguiendo a los manuscritos, y en el comentario en la página 113 en la que recoge el testimonio de CIL XI 4209.

ciones que conocemos y parece que en ningún caso pudo tener conocimiento por ejemplo de CIL VI 1460 por la cronología de su hallazgo.

No presenta dificultad el explicar: DAT·AB·IMP·CAES·ANTONIN | AVG·PII·COR·AVREA·HASTA·PVR, una secuencia habitual de condecoraciones que podría *mutatis mutandis* ser relativamente semejante a CIL XI 5646 de Matilica, que conoció Ligorio,[16] por continuar sin salir de la zona y sus aledaños. Para la forma *datus* en lugar de *donatus*, que no es desconocida,[17] pudo pesar también en este caso la expresión contenida en CIL IX 5832: *curatori dato ab* | *Imp(eratore) Antonino Aug(usto)*, usada fuera de lugar en otro contexto.

La mención de la *plebs* tiene su claro antecedente de nuevo en CIL IX 5832: *ordo et plebs Treiens(ium)* y las fórmulas finales lo tienen de nuevo en CIL IX 5840: *in cuius ded(icatione) cenam col(onis) ded(it)* | *l(ocus) d(atus) d(ecreto) d(ecurionum)*, y CIL IX 5831: *coloni ob merita eius* | *in cuius dedic(ationem) cenam col(onis) ded(it)* | *l(ocus) d(atus) d(ecreto) d(ecurionum)*, y, más lejanamente, en CIL IX 5833: *et in dedic(atione) statuae* | *colonis cenam dedit*, y CIL IX 5823:[18] *quorum dedicatione* | *singulis decurionibus* | *|(denarios) III Augustalibus* |*(denarios) II et* | *colonis cenam dedit* | *l(ocus) d(atus) d(ecreto) d(ecurionum)*, todas ellas correspondientes a personajes de Auximum que llevan el *nomen* Oppius. De todas maneras, el propio Ligorio nos propone en el manuscrito como entiende que debían ser leídas las siglas en su intención: *cuius dedicatione cenam coloniae dedit*.

Creemos así haber contribuido a ilustrar de forma clara el proceso de composición que podemos considerar relativamente coherente a partir de los modelos de las inscripciones de los Oppii, como puede demostrar también el manuscrito Vat. lat. 6035 donde CIL IX 5672 sino recortado de un ejemplar de la 'Orthographia' de Manucio, Cabe decir además que Ligorio conocía evidentemente la 'Orthographia' de Manucio y pudo ser ésta una de sus vías de información epigráfica, aunque, como veremos al final de estas páginas la opción más probable, sin descartar la obra de Manucio sea otra, por lo menos para este caso.

El segundo de los textos corresponde, como ya hemos anunciado a CIL XI 778* y dice lo siguiente:

Soli
invicto · Mithrae
Q · Iunius · Q · f · Vel · Trebu-
llianus · Severianus
eq · publ · praef · fabr ·
colon · Aesis · procurator
r · p · Asculan · curator · reip

16 Está copiada en Pirro Ligorio, Delle Antichità, vol. 11, indicado como lib. XII de la Enciclopedia del mondo antico, es el manuscrito Ja. III. 13 del Archivio di Stato de Torino, fol. 63 v. Amantius – Apianus, 1534, CLI.

17 Un solo caso en África AE 1936, 136.

18 Ligorio XXXX, p. 279 (p. 315 del manuscrito).

Piul · patro · colon · Aes ·
v · v · l · m
l · d · d · d.

Notemos en primer lugar que la dedicatoria *Soli invicto Mithrae*, no es desconocida en la zona de la que parece tomar en este caso Ligorio sus modelos.[19] Sus *praenomen* y *nomen* no presentan mayor problema. Caso distinto es el de los *cognomina* donde Severianus no presenta dificultad alguna, pero sí Trebullianus, ya que en la zona conocemos tan sólo Trebellianus, CIL XI 6796, y diversos casos del *nomen* Trebellius. Notemos fundamentalmente las inscripciones de Q. Plotius Maximus Trebellius Pelidianus de Auximum, CIL IX 5835 y 5836, conocidas por el propio Ligorio, ambas conservadas en Osimo.[20] La tribu Velina es evidentemente errónea si se trata de personajes de Aesis, los cuales parecen haber pertenecido a la Pollia según muestran las inscripciones de militares que tienen su *origo* en Aesis, una razón mas para suponer que Ligorio se base en la epigrafía de Auximum cuyos habitantes pertenecen mayoritariamente a la Velina.

Trebullius y en este caso Trebullianus pueden ser sin problema variantes de Trebellius y Trebellianus, lo cual, sin embargo, no representaría una dificultad si la inscripción hubiera sido legítima, dado que puede suponerse la presencia de un doblete de tipo arcaico o arcaizante, como sucede en otros casos, una posibilidad de la que el falsario quizás pudo aprovecharse.

La fórmula *equo publico* y el cargo de *praefectus fabrum* son sobradamente conocidos en la epigrafía de Auximum, que como ya hemos dicho más arriba, es la que parece inspirar la construcción de Ligorio. El hecho de que dicha *praefectura* se ligue a una colonia ya no parece tan claro, aunque sea una culminación típica de un *cursus* municipal con la promoción al *ordo equester*. *Procuratores rei publicae* se dan en pocos casos[21] y seguramente no en la zona de referencia donde en cambio sí conocemos numerosos *curatores* de diversas ciudades de la zona. Naturalmente no se puede olvidar que el patronato de Aesis es común con CIL XI 779* y que como hemos notado el patronato de la colonia de Aesis está documentado en CIL IX 5831 y 5832 precisamente por un Oppius. Por otra parte, la epigrafía de Auximum presenta por lo menos otros 7 casos referidos a la propia ciudad en que han sido encontrados. La curatela de la *res publica Pitulanorum* completa el cuadro, aunque como ya hemos señalado en el caso anterior no deja de presentar problemas en lo que concierne a su entidad administrativa. Los Pitulani o Pitinates como hemos visto anteriormente deben de nuevo depender del texto de Plinio el Viejo[22].

Cabe pensar además que pudo pesar en la intención de Ligorio la existencia de una inscripción de Auximum, CIL IX 5823 (= ILS 6048) dedicada por un liberto de C. Oppius

19 CIL IX 5824 de Auximum conocida desde el siglo XVI.

20 Libri delle iscrizioni latine e greche, Orlandi 2008, 280 (316 del manuscrito), para ambas inscripciones.

21 Tan sólo conocemos un *procurator rei publicae* en Madauros, AE 1936, 136.

22 Los Pitinates son mencionados en Plin. HN 3.114, pasaje en el que los códices dan Pitulani, la corrección en Pitinates es de Mayhoff y Nissen, cf. Zehnacker 1998, 92 y comentario 237–239, esp. 237.

Sabinus, Leonas, presente también en CIL IX 5833 (= ILS 1059), a Aesculapius et Hygia, lo que podría haber proporcionado la idea de atribuir a Aesis una inscripción con el atractivo suplementario de un culto oriental.

Si recapitulamos y queremos preguntarnos sobre que base pudo Ligorio construir estos dos falsos, tenemos que buscar sus posible o posibles fuentes. La vía más simple y fácil para suponer cómo pudo haber conocido los materiales reales que le dan ocasión de forjar en este caso sus inscripciones es la disposición por su parte de las 'Inscriptiones sacrosanctae vetustatis' de Bartholomaeus Amantius y Petrus Apianus (1534) que contienen la totalidad de las inscripciones identificadas como posibles fuentes de inspiración de sus textos. Las inscripciones de Auximum se encuentran recogidas en las páginas CLII–CLVI de este libro que contiene en este orden: CIL IX 5831 (= ILS 6572), 5840 (= ILS 2085) y 5839 (= ILS 2084, sólo el texto principal), p. CLIII; CIL IX 5833 (= ILS 1059), p. CLIV; CIL IX 5832 (= ILS 6573), p. CLV; CIL IX 5823 (= ILS 6048), p. CLVI.[23] El elenco permite ver que están presentes todas las posibles referencias utilizadas por Ligorio para CIL XI 779*. Pudo tener en sus manos también Ligorio la obra de Martinus Smetius, publicada en forma impresa por Iustus Lipsius en 1588, pero de la cual se conserva un manuscrito datado en 1567.[24] En ambos casos el orden de las inscripciones referidas a los Oppii de Auximum se presentan en el orden siguiente: CIL IX 5839, 5840, 5833, 5832, 5831 y a continuación las de Trebellius 5835 y 5836. Evidentemente hemos de descartar que Ligorio viera la edición de 1588, ya que murió en 1583, pero pudo muy bien recibir del propio Smetius las inscripciones que éste había recogido y que están contenidas en la copia manuscrita de 1567, que data de cuando todavía estaba vivo. Resulta difícil decidirse por una u otra fuente, ya que los argumentos existen para ambas posibilidades son sólidos: la fácil accesibilidad del libro de 1534 por una parte y la amistad entre Ligorio y Smetius por otra.

No podemos más que especular sobre las razones que llevaron a Ligorio a componer los textos que hemos estudiado, en primer lugar, y es una razón que podría ser considerada un factor seguro, sería dotar a Jesi, Aesis, de un prestigioso pasado romano o como mínimo colmar una laguna de información. La elección de un Oppius no podía ser mejor, ya que estaban documentados en Auximum como relacionados con la ciudad de Aesis. La mención de un culto mitráico en CIL XI 778* no sería menos útil para sus fines, ya que aseguraba una atención y curiosidad seguras en su momento. Podemos añadir además que el hecho de que C. Oppius Sabinus, cónsul con Domiciano en el año 84, hubiera muerto

---

23 En la obra mencionada están presentes además CIL IX 5823 (= ILS 6048, que es solamente la parte de la datación por separado de este epígrafe), 5828, 5826, 5835 (= ILS 1415), 5839 (= ILS 2084), sólo la datación consular independiente del texto principal), 5841, 5843, 5850, 5861, 5865 (con un texto distinto al aceptado generalmente).

24 El manuscrito conservado en la Biblioteca de Leiden, BPL 1, lleva el título 'Inscriptiones antiquae collectae' a M. Smetio y las inscripciones que nos interesan se hallan en los folios LXXVII v. y LXVIII, aunque en este caso no contengan a continuación CIL IX 5835 y 5836 como en el texto impreso. La obra de Smetius publicada lleva en cambio el título 'Inscriptionum antiquarum quae passim per Europam liber', y salió de la Officina Plantianiana de Leiden en 1588, las inscripciones se hallan también en los folios LXXVII v. y LXXVIII.

a manos de los godos en la Moesia inferior en el año 86, según las fuentes,[25] añadía seguramente interés a los Oppii para quienes, como Ligorio demuestra sobradamente, conocían profundamente la historia romana.

Nos hallamos, en resumidas cuentas, ante un ejemplo claro y explícito del método de invención y construcción de textos epigráficos ficticios por parte de Ligorio y ante una página que no dudaríamos en denominar ilustre para entender este tipo de falsos, excepcionalmente informados y bien construidos, que constituyen una página más, no sólo de la historia de la epigrafía sino de la cultura humanística italiana, que estamos seguros de que nuestro homenajeado sabrá apreciar.

Bibliografía

Amantius, B. – Apianus, P., Inscriptiones sacrosanctae vetustatis, Ingolstadt 1534.

Baldassini, G., Memorie istoriche dell'antichissima città di Jesi, Jesi 1765.

Branchesi, F., La colonia di *Auximum* (*Picenum*) e la gestione dello spazio pubblico: l'apporto della documentazione epigrafica, CCG 17, 2006, 153–177.

Buonocore, M., Onophrius Panvinius et Antonius Augustinus: de codicibus Vaticanis Latinis 6035–6036 adnotationes nonnullae, in: Crawford, M. H. (ed.), Antonio Agustín between Renaissance and Counter-Reform (Warburg Institute Surveys and Texts 24), Londres 1993, 155–161.

Buonocore, M., Il codice Vat. lat. 9139 della Biblioteca Apostolica Vaticana: un fons per la storia della tradizione manoscritta delle iscrizioni di Atina, in: Solin, H. (ed.), Le epigrafi della Valle di Comino. Atti del Quarto Convegno Epigrafico Cominese. Atina, Palazzo Ducale, 26 maggio 2007, Cassino 2008, 65–86.

Colucci, G., Delle antichità picene, tomus IIII, Fermo 1789; tomus X, Fermo 1791; tomus XIII, Fermo 1791.

Delplace, Ch., Les élites municipales et leur rôle dans le développement politique et économique de la région V Auguste, in: Les élites municipales de l'Italie péninsulaire des Gracques à Néron. Actes de la table ronde de Clermont-Ferrand (28–30 novembre 1991) (Collection de l'École française de Rome 215), Roma 1996, 71–79.

Demougin, S., Les juges des cinq décuries originaires d'Italie, AncSoc 6, 1975, 143–202.

Demougin, S., L'ordre équestre sous les Julio-claudiens (Collection de l'École française de Rome 108), París 1988.

Doni, G. B., Inscriptiones antiquae nunc primum editae ... ab Antonio Francisco Gorio, Florencia 1731.

Gentili, G. V., Auximum (Osimo) Regio V – Picenum (Italia romana. Municipi e colonie ser. 1, 15), Roma 1955.

25 Iord. Get. 13.76; Suet. Dom. 6; Eutr. 7.23. Cf. al respecto por limitarnos a dar sólo una referencia el estudio ya clásico de Liebenam 1888, 69, 160 y 276.

Liebenam, W., Forschungen zur Verwaltungsgeschichte des römischen Kaiserreichs, vol. I: Die Legaten in den römischen Provinzen von Augustus bis Diocletian, Leipzig 1888.

Manutius, A., Orthographiae ratio, Venecia 1566.

Mayer i Olivé, M., Las colecciones de antigüedades de Fabriano y su territorio, I. El nacimiento del interés epigráfico por la zona, in: Baratta, G., et al. (eds.), Fabriano e le sue collezioni di antichità. La continuità di una tradizione di studi (Armarium 1), Roma 2021, 59–88.

Morcelli, S. A., De stilo inscriptionum Latinarum libri III, Roma 1781.

Mrozek, S., Le cumul de certaines fonctions municipales en Italie au Haut-Empire, in: Mactoux, M.-M., et al. (eds.), Mélanges Pierre Lévêque, vol. III: Anthropologie et société (Annales littéraires de l'Université de Besançon 404), Besançon 1989, 277–283.

Muratori, L. A., Novus thesaurus veterum inscriptionum in praecipuis earumdem collectionisbus hactenus praetermissarum, tomus secundus, Milán 1740.

Orlandi, S., Pirro Ligorio, Libri delle iscrizioni latine e greche (Edizione Nazionale delle Opere di Pirro Ligorio 7), Roma 2008.

Prosperi Valenti, G., Un esemplare inedito delle "Antiquae inscriptiones vetustissimae civitatis Auximi" (Picus suppl. 1), Canale Monterano 1991, 5–26.

Smetius, M., Inscriptionum antiquarum quae passim per Europam liber, Leiden 1588.

Vagenheim, G., À propos de Valeria Brocchilla (CIL VI 9346). Remarques sur la tradition manuscrite et le classement des inventions ligoriennes, Epigraphica 50, 1988, 191–209.

Vagenheim, G., La falsificazione epigrafica nell'Italia della seconda metà del Cinquecento. Renovatio ed inventio nelle Antichità Romane attribuite a Pirro Ligorio, in: Carbonell Manils, J., et al. (eds.), El monumento epigráfico en contextos secundarios. Procesos de reutilización, interpretación y falsificación, Bellaterra 2011, 217–226.

Zehnacker, H. (ed.), Pline L'Ancien, Histoire naturelle, livre III, París 1998.

Créditos de las ilustraciones

Fig. 1: Biblioteca Nazionale di Napoli, XIII B. 7, según Orlandi 2008, 318. CC BY-NC-ND.

The *fulgur conditum* Ritual: Two New Examples from Rome

Simona Morretta – Silvia Orlandi

The archaeological context

Between 2015 and 2018 the archaeological excavations for the Porta Metronia Station (previously called Amba Aradam Station) of the Rome Metro C line brought to light over 20 meters of anthropogenic stratigraphy, from constructions of the early twentieth century to the republican wells.[1] The most significant phase, with regard to the archaeological evidence, is a building complex begun by Trajan and completed by Hadrian. It can be interpreted as barracks due to the type of buildings and the particular positioning in the topography of the Celio.

Fig. 1: Eastern *fulgur conditum*, currently being excavated.

Below a courtyard of the military complex, in room 40, two quadrangular pits emerged with an east-west orientation and they can be interpreted as lightning burials (*fulgur conditum*).

To the south of an imposing wall, a probable property limit, and cut into a fill layer rich in construction debris with

1 The excavation, carried out under the scientific direction of the Special Superintendence of Rome, in particular by R. Rea for the first part and then by the author, and conducted in the field by F. Failli (Coop. Parsifal), involved an area of over 3,000 sq m, for a depth of over 20 meters. An initial presentation of the excavation, with an in-depth study of the ancient barracks, is in Morretta – Rea 2018 and Morretta – Rea 2020, with a brief description of the *fulgur conditum*.

Fig. 2: A fragment of marble slab inserted along the western wall of the pit, above a brick.

a beaten walking surface, the first pit emerged (fig. 1).[2] Its walls are covered with heterogeneous material,[3] bound by weak mortar, used also for the thin bottom lining. A fragment of white marble slab was inserted along the western wall of the pit, above a brick, with the inscribed side facing the wall (fig. 2).

This is a portion of the small plate with the inscription *Fulgur conditum* found in fragments above the filling of the pit, also made up of rubble and earth, laid in various laying levels, on which, when closed, a surface was arranged with tuff fragments.

About two and a half meters away, a second, smaller pit came to light,[4] with walls lined with pieces of tuff bound with rather weak mortar, also used for lining the bottom. The filling of the pit consisted of building rubble and, on the surface, of burnt organic material and an iron nail. The roof consisted of roof tiles arranged 'alla cappuccina', with a double sloping roof, covered by a small box in conglomerate with tuff fragments. Along the western wall the inscription *Fulgor conditum* on a counter marble slab was still in place. As in the other burial, the inscribed face was turned against the wall of the pit (fig. 3).

To the east of the burials, a row of ten amphorae emerged, stuck vertically in the ground and consolidated by fragments of brick and tuff bound by mortar. Close to the row of amphorae, on the north side, there were five small quadrangular pits, one of which

2 Dimensions: 2.70 × 1 m, 0.50 m depth.

3 Tuff fragments, flakes of travertine, cubilia, ceramic fragments and bricks.

4 Dimensions: 1.50 × 0.55 m, 0.40 m depth.

Fig. 3: Western *fulgur conditum*, being excavated. In the foreground the inscription begins to emerge, behind the roof covering 'alla cappuccina'.

showed traces of thermotransformation on the walls and bottom and contained a layer of ash inside.[5]

The *fulgur conditum* exemplars, which according to the stratigraphy are framed within the first century AD,[6] were likely obliterated when the barracks were built in the Trajan age.

S. M.

5 The preparation of the row of amphorae and the five quadrangular dimples (fire points?), under study, could be part of the ritual connected to the sacralization of the area or, instead, to the desacralization, necessary in order to obliterate the *fulgur conditum* on the occasion of the construction of the courtyard of the barracks (for the ritual see Torelli 1986, 213–215).

6 At the present stage of the studies, the archaeological phase is dated – from the ceramic materials of the adjacent cultivated land, from the layers relating to agricultural work, from the beaten surface and from the amphorae found in rows – to the Neronian-Flavian age. However the *fulgur conditum* can also be dated shortly before or after this chronological range, still in the first century AD. The ceramic materials contained in the obliteration layers of the *fulgur conditum* date back to a period ranging from the last quarter of the 1st to the 2nd century AD, and are therefore compatible with the construction of the Trajan barracks, dated with certainty by the brick stamps.

The inscriptions

In the newly found context, both marble slabs were inscribed with a similiar text, with slight but significant differences:

On the fully preserved slab, one can read a two-line text, with very regular letters 2.2–2.5 cm tall (fig. 4):

Fulgor
conditum.

Fig. 4: Western *fulgur conditum.*

On the damaged slab, four fragments completely preserve a text in two lines, with very elegant letters; the letters in the first line are 3.5–4 cm tall, those in the second line are 2.8–2.5 cm tall. Traces of red color are still visible inside the letters, as well as guidelines in the first line (fig. 5):

Fulgur
conditum.

Fig. 5: Eastern *fulgur conditum.*

Archaeological data and palaeographic characteristics indicate a chronology within the first century AD, but small differences in the letter style (more 'squared' letters in text 1) and in the language (with the archaic form *fulgor* instead of *fulgur*) suggest that the first inscription is more ancient than the second, probably belonging to the first decades of the first century AD.

Both texts are very short and simple, but they undoubtly refer to the well known religious practice of *fulgur condere*, that is "burying" objects or ground struck by lightning, in order to separate from the rest of the city what was signed negatively by the will of the gods. According to the interpretation (*interpretatio*) of the experts in this art, the *haruspices*, lightning had a special negative meaning, for which a simple form of espiation (*lustratio*) was not enough. The place, the plant, the object or even the person that was hit, had to be clearly and visibly defined as *locus religiosus*. All that was touched, struck, trespassed or burned (*ictum*, *tactum*, *percussum*, *exustum*),[7] and therefore 'signed' by the divinity, was collected, surrounded by a more or less monumetal precinct, sometimes closed in a sort of sarcophagus, and buried, even if sometimes the upper surface of the 'tomb' was left open. According to a very fragmentary passage of Festus, related to the *puteal Libonis* or *Scribonianum* in the Roman Forum, Scribonius Libo was commissioned by the Senate to carry out the expiatory rites (*procuratio*) after a few religious places (*sacella*) were hit by a lightning and therefore had to be buried, but in such a way that the tomb had rather the aspect of a well (*puteal*), where heaven could always be seen through a hole (*foramine aperto caelum patet*).[8] The sacrifice of a couple of two-year-old lambs (*oves bidentes*), by special priests (*sacerdotes bidentales*), often linked with the cult of *Semo Sancus Dius Fidius*, was also added to the rite, so that the name *bidental* was extended to the lightning burial in a translated sense.[9] An inscription – that symbolically represented in stone the lightning itself – was normally added to show the reason why that particular place or thing was buried, and to show that it now belonged to the divinity.[10] The formulas used in this kind of texts sometimes distinguish between lightning that struck during the day (*fulgur dium* or *divum*, derived from *dies*)[11] or at night (*fulgur Summani* or *Summanium*, that is sacred to the god *Summanus*, who had a special cult), while there are no epigraphic documents, at present, mentioning the *provorsum fulgur*, whose nature was uncertain;[12] in any case,

7 On the different kinds of lightnings see Lorsch Wildfang 2000.

8 Fest. p. 448 L: *[Scribonianum ap]pellatur ante[a] atria [puteal quod fecit Scri]bonius cui negotium da[tum a Senatu fuerat ut] conquireret sacella att[acta; isque illud pro]curavit, quia in eo loco [attactum fulmine] sacellum ... fuit. Quod igno[raverant contegere] ut quidam fulgur conditum. [Quod cum scitur, quia ne]fas est integi semper forami[ne ibi aper]to caelum patet*. On this passage and the *puteal Scribonianum* see Coarelli 1985, 166–189, esp. 169–170.

9 Schol. Pers. 2.27: *Bidental dicitur locus sacro permissus fulmine, qui bidente ab haruspicibus consecratur, quem calcare nefas est*. On this aspect see Burnelli 2004, discussing the previous literature.

10 The most complete collection, currently, of this kind of inscriptions can be found in Laubry 2016, 124–128.

11 Attested also in the opposite order: *divum fulgur* (AE 1983, 681 = HD000614 and AE 1992, 1210 = HD053526, both from the Gallia Narbonensis; CIL V 6778 = EDR183510, from Eporedia). From now on, the inscriptions will be quoted with reference to EDR (for the materials from ancient Italy), or to EDH and EDCS (for the provincial materials), where the reader can find images and further bibliography for each text.

12 *Provorsum fulgur appellatur quod ignoratur noctu an interdiu sit factum* (Fest. p. 229 M = 254 L).

these formulas are so common that they are often abbreviated only with the initial letters. The most attested is *fulgur conditum*, but there are also many cases in which the verb is not expressed and we find just the simple word *fulgur*, with or without the related adjective *dium / divum* or *Summani / Summanium*.[13] In just a few cases the formula includes the word *sacrum*, abbreviated in different ways.[14] Much more interesting is the explicit tie with the cult of Jupiter, in his nature as *Fulgurator*,[15] that we find in an altar from the third century AD from Apulum, in Dacia, where the formula *hic fulg(ur) cond(itum)* is preceded by the dedication *Iovi / Fulgera(tori)*.[16] The version *Iovium / fulgur* that is attested on an inscribed block of stone found in Gallia Narbonensis[17] can also be interpreted in the same manner. We also find a reference to this rite, after a tree was hit by lightning, in the Fasti Ostienses for the year 91 AD: *in [fundo] Volusiano arb[or ful]mine icta; cond[itum per] aedilicios*.[18]

The same variety, even within the framework of a recognizable ritual, characterizes the type of objects inscribed with this formula: in addition to traditional marble slabs, which we have to imagine placed at the top or at the edge of the sacred area, we also have blocks of stones, carved on the front or on the lateral sides, which should belong to the 'sarcophagus' containing the collected remains of the objects struck by lightning, as described in the case of the famous 'Ercole Mastai',[19] now lost but known from a drawing (fig. 6).[20]

The stone blocks found in Minturnae[21] and, more recently, in Todi[22] probably belonged to monumental structures with a similar function, even if the position of the in-

---

13 The word *fulgur* seems to be omitted only in a couple of cases: an inscription from Bracara Augusta, in Hispania Tarraconensis: *Conditum sub [divo ex iussu] Imp(eratoris) Caesaris [Augusti Divi f(ili)] patris patri[ae]* (CIL II 2421 = EDCS-05501785), and one from Opitergium, in Venetia et Histria: *De caelo tactum et conditum* (CIL V 1965 = EDR098203).

14 In a fragmentary marble slab from Rome, now lost: *F(ulgur) D(ium) / s(acrum) c(onditum)* (CIL VI 39870 = EDR167511), in an inscription from Mevania, in Umbria: *Sacr(um) fulg(ur) condit(um)* (AE 1927, 114 = EDR073031) and on a stone block found re-used in Aventicum, in Germania Superior: *Fulg(ur) s(acrum) c(onditum)* (AE 1999, 1115 = HD048486). See also Adnotationes super Lucanum [Endt] ad 1.607, where the abbreviation is explained in an alternative way, but with the same meaning: *... est autem in hisdem locis, ubi F S C videris scriptum, id est fulmen sacrum conditum*.

15 Or *Fulgerator*, *Fulminaris*, *Tonans Fulminans*, *Fulminator*, *Fulmen Fulgur Tonans*, according to the different examples collected by Cesano 1906, 335.

16 AE 1999, 1284 = HD039228. Good images of the altar can be found at the following link: http://lupa.at/12241 ⟨16.09.2023⟩.

17 AE 1957, 155 = HD017264.

18 CIL XIV 4536 = EDR121541. Cf. also CIL XIV 4540 = EDR121681: *[ful]mini ictum*.

19 Found in 1864 in the courtyard of Palazzo Righetti, inside a stone case with the inscription, of uncertain date, *F(ulgur) C(onditum) S(ummani)* (CIL VI 29836 = 39872 = EDR115877). A record with an image of the statue can be found at the following link: https://catalogo.museivaticani.va/index.php/Detail/objects/MV.252.0.0 ⟨16.09.2023⟩.

20 Cf. the example now preserved in Palazzo Rondanini (CIL VI 206 = EDR114978) that has the same shape.

21 CIL I^2 2720 = EDR130878, recently published also by Ferrante 2015.

22 Manconi – Spiganti 2017, now in AE 2017, 398 = EDR167943.

Fig. 6: The 'sarcophagus' including the so-called Ercole Mastai.

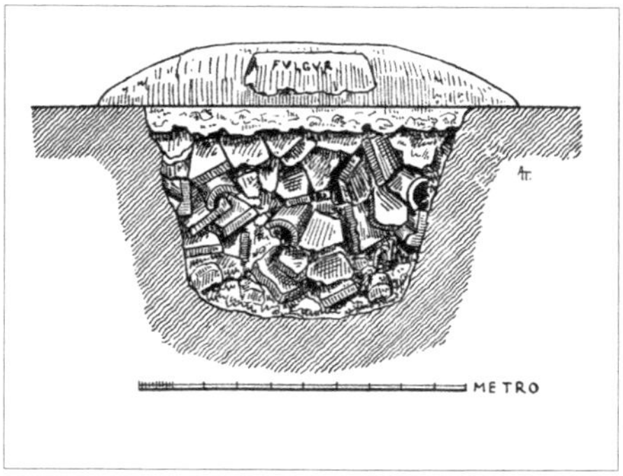

Fig. 7: The *fulgur conditum* in the 'Casa dei Quattro Stili' in Pompei.

scription is different. It is carved on two of the lateral sides of a calcar slab that probably covered the puteal where the material struck by lightning was collected.

On the other hand, in a well known case, in a private house in Pompei[23] the word *fulgur*, which linked to this ritual a small hill of earth and fragmented building materials collected and surrounded by a precinct of stone, was simply scratched on a brick,[24] now lost unfortunately, but known from a drawing (fig. 7).

As we have seen, the inscribed materials related to this ritual are attested all over the western part of the Roman Empire, but Gallia Narbonensis is definitely the area where they are most numerous, with more than twenty inscriptions found in different places in this province.[25] Isolated documents have been found also in other Gallic provinces including Aquitania,[26] Alpes Maritimae[27] and Gallia Lugdunensis,[28] as well as in Britannia,[29] Germania Superior,[30] Pannonia Superior,[31] Dacia[32] and Africa (Proconsularis[33] and Maure-

23 The *fulgur conditum* was discovered in 1938 and published by Maiuri 1942; it was then excavated more accurately and re-published by Van Andringa et al. 2010.

24 CIL IV 8223 = EDR073610.

25 Collected by Rémy – Buisson 1992 and recently discussed by Laubry 2016.

26 With the formula *F(ulgur) d(ium) c(onditum)* carved on a vulcanic stone found re-used in a church of Le Puy-en-Velay (CIL XIII 1586 = ILA-Vell 23 = https://petrae.huma-num.fr/160100700023 ⟨16.09.2023⟩).

27 AE 2003, 1061 = AE 2006, 764 = AE 2007, 887 = HD045545.

28 CIL XIII 1785 = EDCS-10500740, from Lugdunum, and AE 2000, 974 = HD047718, from Lutetia.

29 RIB I 1426 (https://romaninscriptionsofbritain.org/inscriptions/1426 ⟨16.09.2023⟩) = HD070613, from Halton Chesters (ancient Onnum).

30 AE 1999, 1115 = HD048486, from Aventicum.

31 AE 2011, 953 = HD069019, from Savaria.

32 The already mentioned AE 1999, 1284 = HD039228, from Apulum.

33 ILTun 1516 = EDCS-00800039, from Thugga (EDCS-80600024 is probably a double entry for the same inscription).

tania Caesariensis[34]). The other relevant group of documents comes from different regions of Italy, including Venetia et Histria,[35] Aemilia,[36] Etruria,[37] Umbria,[38] Picenum,[39] Lucania et Bruttii,[40] Apulia et Calabria,[41] Sicilia,[42] with an expected concentration in Latium et Campania.[43] The nearly a dozen documents found in Rome were recently collected, discussed and published (or re-published) by Silvio Panciera in the supplementary volume of CIL VI 8.1,[44] including the first part of the *inscriptiones sacrae*, but this collection is already in need of updating not only with the two new examples presented here, but also with a lime slab inscribed with the simple word *Fulgur*, recently published by Serena Zoia in the catalogue of the Civico Museo Archeologico of Milan. The archaeological origin of the stone is unknown, but since it used to belong to the collection of Amilcare Ancona, that was mostly made of urban material, a Roman provenance is highly probable.[45]

Most of the inscriptions related to the *fulgur conditum* ritual are known only from manuscripts and old bibliographies, or were found re-used in other buildings, or are not accompanied by detailed information about their archaeological context. Only in a few cases are we informed about their provenance from an original, well preserved place, that shows all the characteristics typical of this ritual.

Both the previously mentioned example from the garden of the 'Casa dei Quattro Stili' in Pompei, and the *fulgur conditum* from the peristyle of the Domus Fulminata (III, VII, 3–4) in Ostia,[46] as well as the traces recently found in the *viridarium* of the *domus* of the *Valerii* on the Celio in Rome,[47] belong to private buildings, while, on the other hand, some of these places are clearly set in a public context.[48] This is the case of the *bidental* found in the Forum of Minturnae, where under the control of the local magistrates all

34 AE 1961, 221 = HD017917, from Bida.
35 InscrAqu I 212 = EDR118948, from Aquileia, with a very good image at the following link: http://lupa.at/14095 ⟨16.09.2023⟩; AIJ 169 = EDR129032, from Emona, dating from the first to the second century AD, with images at the following link: http://lupa.at/8884 ⟨16.09.2023⟩.
36 CIL XI 1024 = EDR145971, from Brixellum.
37 AE 1978, 318 = EDR077153, from Luna, and CIL I² 3343 = CIL XI 7394 = EDR076182, from Volci.
38 Beside the already mentioned example from Todi, see also AE 1927, 114 = EDR073031, from Mevania, and AE 1983, 365 = AE 1988, 494 = EDR081006, from Spoletium.
39 AE 1979, 200 = EDR077475, from Urbs Salvia.
40 CIL X 40 = EDR171024, from Vibo Valentia.
41 CIL IX 1047 = EDR183451, from Frigento.
42 CIL X 6990 = EDR183376, from Tauromenium, and CIL X 7015 = EDR141066, from Catina.
43 CIL XIV 4294 = EDR072646 and AE 1946, 188 = EDR073640, from Ostia; AE 1973, 180 = EDR075482, from Interamna Lirenas; CIL X 1603 = EDR167129, from Puteoli and the already mentioned CIL IV 8223 = EDR073610, from Pompei, and CIL I² 2720 = EDR130878, from Minturnae.
44 CIL VI 206, cf. p. 4136; CIL VI 30877–30880, cf. p. 4144; CIL VI 39864–39873, all recorded in EDR.
45 Sartori – Zoia 2020, 436, no. 427 = EDR178076.
46 AE 1946, 188 = EDR073640, recently published also by Cébeillac-Gervasoni et al. 2010, 166–167, no. 37.
47 Published by Barbera et al. 2005 and Barbera et al. 2008, 94–95; now in CIL VI 39865 = EDR122103.
48 Cf. also the inscriptions where the public character of the ritual can be inferred by the presence of the word *publice*: *Ful(gur) con(ditum) p(ublice)* (CIL IX 1047 = EDR183451, from Frigento); *Fulgur /*

Fig. 8: The *fulgur conditum* inscription from Luna.

the objects hit by lightning were probably thrown in.[49] The same can be said for the traces found in the area of the ancient Roman town of Luna, where a collection of fragmentary building materials, surrounded by a precinct of small stones, was 'signed' by an inscribed stone[50] that, for its palaeographic aspect and formulary, is very similar to the newly found Roman examples presented here (fig. 8).

There are also other examples in which, like in our case, lightning seems to have struck the same place twice, or two very nearby places, like the two twin stones found in Rome, on the Esquiline,[51] but none of the cases already known, until now, have been found with the inscribed surface facing the ground. The closest parallel can be considered a marble slab found in Viale Giotto and now on display in the Epigraphic Gallery of the Capitoline Museums. It is inscribed with the same text – *Fulg(ur) / condit(um) Summ/nium* – on both faces, in order to be seen from each of the two sides.[52] But our example, although isolated, is not a problem from a religious point of view, since according to the definition by Festus, the place hit by lightning (*fulguritum*) is to be considered *religiosus*, since it is as if the god had dedicated it to himself.[53] Not by chance, as Stefania Burnelli recently pointed out, are all the *fulgur conditum* inscriptions anonymous, as if the text was dedicated and ideally written by the god himself. This particular aspect of the ritual has now found, for the first time, an archaeological and epigraphic confirmation.

S. O.

publice conditum (AE 1979, 200 = EDR077475, from Urbs Salvia); *Sacrum / publicum / fulguris* (CIL XI 1024 = EDR145971, from Brixellum).

49 Uncertainty remains as to the public or private status of the *fulgur conditum* recently found in Todi: see Manconi – Spiganti 2017.

50 The above-mentioned AE 1978, 318 published for the first time by Frova 1973, 823.

51 CIL VI 29834a = 39867 = EDR115920 and CIL VI 29834b = 39868 = EDR115875. Cf. also CIL V 6990 = EDR183510, from Eporedia, where the same text is repeated twice, maybe on the same stone.

52 CIL VI 39873 = EDR073695.

53 Fest. p. 92 L: *Fulguritum, id quod est fulmine ictum, qui locus statim fieri putabatur religiosus, quod eum deus sibi dicasse videtur.*

Bibliography

Barbera, M. R. – Palladino, S. – Paterna, C., La *domus* dei Valerii a Roma, FOD&R the Journal of Fasti Online 47, 2005, http://www.fastionline.org/docs/FOLDER-it-2005-47.pdf ⟨16.09.2023⟩.

Barbera, M. R. – Palladino, S. – Paterna, C., La *domus* dei Valerii sul Celio, PBSR 76, 2008, 75–98.

Burnelli, S., Il *fulgur* nelle epigrafi della Cisalpina e delle Gallie, Epigraphica 66, 2004, 185–215.

Cébeillac-Gervasoni, M. – Caldelli, M. L. – Zevi, F., Epigrafia Latina. Ostia: cento iscrizioni in contesto, Rome 2010.

Cesano, L., Diz. Epigr. 3, 1906, 323–334, s.v. Fulmen.

Coarelli, F., Il Foro Romano. Periodo repubblicano e augusteo, Rome 1985.

Ferrante, C., Minturno. Foro. *Bidental*, in: Ferrante, C., et al. (eds.), Fana, templa, delubra. Corpus dei luoghi di culto dell'Italia antica (FTD 4), Regio I: Fondi, Formia, Minturno, Ponza, Rome 2015, 102–104.

Frova, A., Scavi di Luni, vol. I: Relazione preliminare delle campagne di scavo 1970–1971, Rome 1973.

Laubry, N., Les "coup de foudre" de Jupiter et l'exportation de la religion romaine en Gaule, Gallia 73, 2016, 123–144.

Lorsch Wildfang, R., *Fulgura et Fulmina*: Or What it Portends When the Family Tomb is Struck by a *fulmen quod decussit*, in: Lorsch Wildfang, R. – Isager, J. (eds.), Divination and Portents in the Roman World (Odense University Classical Studies 21), Odense 2000, 67–78.

Maiuri, A., *Fulgur Conditum* o della scoperta di un *bidental* a Pompei, RAAN 21, 1942, 55–72.

Manconi, D. – Spiganti, S., Un *fulgur conditum* a Todi (Umbria), Otium 3, 2017, www.otium.unipg.it/otium/article/view/33 ⟨16.09.2023⟩.

Morretta, S. – Rea, R., Una nuova caserma alle pendici meridionali del Celio, in: D'Alessio, A., et al. (eds.), Roma Universalis: l'impero e la dinastia venuta dall'Africa, Catalogo della Mostra (Roma, novembre 2018 – settembre 2019), Rome 2018, 190–200.

Morretta, S. – Rea, R., Una caserma alle pendici del Celio (II sec. d.C.): gli alloggi dei soldati, la domus del comandante, il giardino e l'edificio di servizio, in: Wolff, C. – Faure, P. (eds.), Actes du 7e Congrès international de Lyon sur l'armée romaine. Corps du chef et gardes du corps dans l'armée romaine (25–27 ottobre 2018, Université Jean Moulin – Lyon 3) (Collection études et recherches sur l'Occident romain 53), Lyon 2020, 387–407.

Rémy, R. – Buisson, A., Les inscriptions commémorant la chute de la foudre dans les provinces romaines de la Gaule. A propos d'un nouveau document découvert à Saint-Geoire-en-Valdaine (Isère), RAN 25, 1992, 83–104.

Sartori, A. – Zoia, S., Pietre che vivono. Catalogo delle epigrafi di età romana del Civico Museo Archeologico di Milano, Faenza 2020.

Torelli, M., La religione, in: Pugliese Carratelli, G. (ed.), Rasenna. Storia e civiltà degli Etruschi (Antica Madre 9), Milan 1986, 159–240.

Van Andringa, W. – Creissen, T. – Chevalier, C., Pompéi: Le *fulgur conditum* de la maison des Quatre Styles, I 8, 17 (campagne 2008), FOLD&R the Journal of Fasti Online 208, 2010, http://www.fastionline.org/docs/FOLDER-it-2010-208.pdf ⟨16.09.2023⟩.

Digital resources

EDCS: Epigraphische Datenbank Clauss/Slaby: http://www.manfredclauss.de/ ⟨16.09.2023⟩.

EDH: Epigraphic Database Heidelberg: https://edh.ub.uni-heidelberg.de/ ⟨16.09.2023⟩.

EDR: Epigraphic Database Roma: www.edr-edr.it ⟨16.09.2023⟩.

Figures

Fig. 1–3: Soprintendenza Speciale di Roma. CC BY-NC-SA.

Fig. 4–5: Photo by Simona Susanetti, Soprintendenza Speciale di Roma. CC BY-NC-SA.

Fig. 6: Drawing from C. Pietrangeli, Bidentalia, RPARA 25–26, 1949–1951, fig. 7. CC BY-NC-SA.

Fig. 7: Drawing from A. W. Van Buren, News Items from Rome, AJA 45, 1941, p. 470, fig. 19 (available at https://www.jstor.org/stable/499028?seq=43 ⟨16.09.2023⟩). CC BY-NC-SA.

Fig. 8: Photo: Martina Ferrari. By concession of the Ministero della Cultura – Direzione Regionale Musei Liguria. CC BY-NC-SA.

Some Observations on the Textual Transmission of Julian's Law on Subordinate Judges*

Peter Riedlberger

The Theodosian and Justinian Codes share a similar name, and to any casual onlooker their respective editions resemble one another very much. But this apparent similarity is treacherous, for the essence of the two enterprises which yielded these works was very different indeed. The Theodosian Code, compiled in the 430s, is merely an ordered collection of the relevant material. In its creation, constitutions were stripped of their non-juristic parts. The remaining juristic cores were split if they pertained to more than one subject, and the resulting excerpts were then organized according to their content matter (for example, a juristic rule pertaining to heretics was put into book 16 on religion, and there into the partition, 'title,' devoted to heretics, i.e., title 5). One might describe the creation of the Theodosian Code, therefore, as a taking of inventory and preparation of the raw material. This had not been the original purpose: initially, Theodosius II had planned the logical next step too, namely the removal of outdated rules and the elimination of contradictions. But nothing came of it, and he settled for what he had, merely adding the rule that any newer rule supersedes the older ones, even if the older ones themselves were included in the Theodosian Code.[1]

Theodosius' compilers had little liberty to modify the wording. They were supposed to, and did, shorten the texts, but could otherwise change the wording only in cases of textual problems or obscurely phrased passages, a license they were furthermore reluctant to use. It took almost another century until Justinian ordered the creation of a consistent Code. This time, editing was carried out much more drastically. Anything diverging from the current legal status quo was removed or recklessly rewritten. By the same token, Justinian's editors went to great lengths to keep the resulting texts as short as possible, eliminating on the way much further text which Theodosius' compilers had spared.

* This contribution is part of a project that has received funding from the European Research Council (ERC) under the European Union's Horizon 2020 research and innovation program under grant agreement No. 101001991. – The topic of the present contribution brings together an unabridged constitution, some epigraphical evidence and even a Bamberg manuscript. In my eyes, it seemed ideal to honor a birthday celebrant who is an epigrapher, and to whom I owe a huge debt of gratitude for being able to work on unabridged constitutions in Bamberg.

1 Riedlberger 2020, 136–152.

DOI: 10.13173/9783447121293.119

The Theodosian Code which originally comprised 16 books is not extant in its entirety. While we possess books 6 to 16 almost completely, books 1 to 5 must be pieced together from various sources. Yet between all of these sources, only about a third of the content of these five books can be reconstructed. This is why there has always been a dangerous temptation to add material extant only in the Justinian Code. It is true enough that the Justinian Code almost exclusively derives its raw material for the period covered by the Theodosian Code from it, hence anything extant in the Justinian Code without counterpart in the extant Theodosian Code should derive from a portion of the Theodosian Code that is lost to us. But the idea of using Cod. Iust. material to patch our incomplete Cod. Theod. text is not salutary. Although it is a customary practice for modern scholars to add rephrased passages to the reconstruction of a text otherwise extant in genuine citations or fragments, in the case of the Cod. Theod. / Cod. Iust. we are faced not with 'rephrased' but 'possibly deliberately and profoundly modified passages' which consequently could deform our vision of the real contents of the Cod. Theod. Furthermore, the structure of the Cod. Iust. was designed afresh, with many excerpts being moved to different titles, which means that we can never be sure into which Cod. Theod. title a fragment extant only in the Cod. Iust. belongs. At any rate, there is no reason whatsoever to add an additional and superfluous 'Cod. Theod.' label to these Cod. Iust. texts, as they can be conveniently cited as 'Cod. Iust.,' and such a reference should also be a clear warning to any competent scholar that the corresponding lost Cod. Theod. fragment might have had a strikingly different content. So, when reconstructing the first five books of the Cod. Theod., let us better stick to the sources that transmit unaltered passages of it. The three most important of these sources are, first, the Visigothic Breviary (extant in numerous manuscripts) which includes a fixed selection of unmodified fragments from the Theodosian Code; second, a manuscript called **A**, which transmits a large portion of book 1; and third, a now destroyed palimpsest called **T** which consisted of individual pages from a full Theodosian Code manuscript, many of which pertained to books 1 to 5. In our modern editions of the Cod. Theod., the overwhelming majority of fragments in books 1–5 are derived from these three sources.[2]

Yet some more scraps can be gathered: in a time when people still had access to full manuscripts of the Theodosian Code, they sometimes copied fragments they deemed useful and cited them in other contexts. For example, in one recension of the collection of gromatic writers we find the full Cod. Theod. title (2.26) *de finium regundorum* of five fragments, of which the Breviary had preserved only two (three of them, one of them extant in the Breviary, are included in the Cod. Iust. in radically shortened and rewritten versions).

Manuscripts that transmit additional Cod. Theod. texts can be divided into two categories: 'augmented Breviaries' and 'other.' An 'augmented Breviary' is a Breviary manuscript which includes more fragments than the canonical Breviary selection does.[3] This means that apparently some scribe or later user deemed the Breviary selection too restricted

2 Riedlberger – Niemöller 2021, 3–10; Riedlberger 2020, 172–180.

3 Mommsen (1905, LXXXII–LXCII) gives a full survey of all such augmented Breviaries, and how they contributed to his Cod. Theod. edition.

and added some more unaltered fragments from a full Cod. Theod. manuscript still available to him. The most important such manuscript is manuscript **A** which has already been mentioned: between the fragments which belong to the Breviary, **A** adds further ones, which doubtlessly stood there in the full Codex Theodosianus (which can sometimes even be confirmed, if there is the odd page of **T** available). One welcome feature of the augmented Breviaries is that we can be quite sure about the original position of the additional fragments they present: after all, we can expect that they stood in the Cod. Theod. title in which the scribe added them into his Breviary manuscript. With 'other' sources, i.e., manuscripts which transmit single Cod. Theod. texts in various contexts (like the gromatic writers mentioned above) things are only evident when the citation is introduced by a reasonably clear reference. For example, Berlin Staatsbibl. Ms. Cod. Philipps. 1741 transmits two Cod. Theod. fragments, each of them introduced with *lex de Theodosiano sub titulo XXVII de episcopali definitione*. Consequently, we (1) know for sure that these texts directly come from the Theodosian Code, and we (2) also know exactly where to place them (well, almost: the book number, namely 1, must be inferred; and there is no way to be sure about the exact sequence number of these two excerpts within the title).[4]

The fragment which is the subject of the present article is not known from any extant manuscript at all. The only source we have is an indication in a 17th century printed work, namely Gothofredus' Theodosian Code edition, which was published only posthumously. Cod. Theod. 1.16.8, the number by which scholars know it today, was assigned to it by Mommsen. As the authenticity of the text as a Cod. Theod. fragment is at the core of the present article, I will call it 'Gothofredus' law' rather than 'Cod. Theod. 1.16.8,' in order to avoid any preconceptions. This is what the relevant portions in the first posthumous edition of 1665 (by Antoine de Marville) look like:[5]

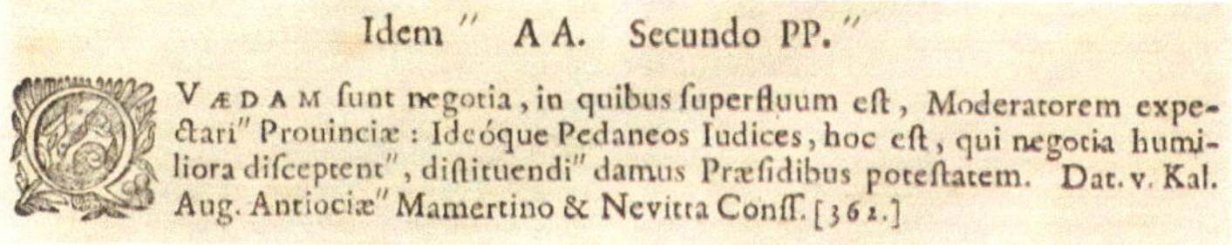
Idem " A A. Secundo PP. "

QVAEDAM ſunt negotia, in quibus ſuperfluum eſt, Moderatorem expectari" Prouinciæ: Ideóque Pedaneos Iudices, hoc eſt, qui negotia humiliora diſceptent", diſtituendi" damus Præſidibus poteſtatem. Dat. v. Kal. Aug. Antiociæ" Mamertino & Nevitta Conſſ. [362.]

Fig. 1: Gothofredus 1665, bottom section of page 42 (National Library of the Czech Republic, F II 000030/T.1).

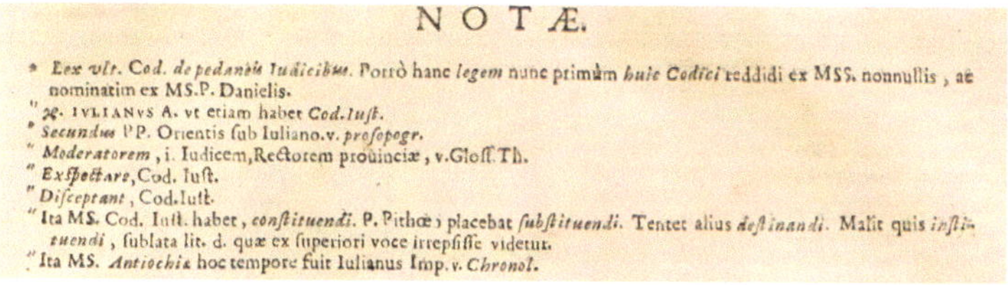
NOTÆ.

* *Lex vlt. Cod. de pedaneis Iudicibus.* Porrò hanc *legem* nunc primùm *huic Codici* reddidi ex MSS. nonnullis, ac nominatim ex MS.P. Danielis.

" *Iul.* IVLIANVS A. vt etiam habet *Cod.Iuſt.*

" *Secundus* PP. Orientis ſub Iuliano.v. *proſopogr.*

" *Moderatorem*, i. Iudicem, Rectorem prouinciæ, v.Gloſſ.Th.

" *Exſpectare*, Cod. Iuſt.

" *Diſceptant*, Cod.Iuſt.

" Ita MS. Cod. Iuſt. habet, *conſtituendi*. P. Pithœo placebat *ſubſtituendi*. Tentet alius *deſtinandi*. Malit quis *inſtituendi*, ſublata lit. d. quæ ex ſuperiori voce irrepſiſſe videtur.

" Ita MS. *Antiochia* hoc tempore fuit Iulianus Imp. v. *Chronol.*

Fig. 2: Gothofredus 1665, top section of page 43 (National Library of the Czech Republic, F II 000030/T.1).

4 Riedlberger 2020, 195–196.

5 Gothofredus 1665, 42–43.

This, i.e., *ex MSS. nonnullis, ac nominatim ex MS. P. Danielis* (see fig. 2), is all we have. No manuscript today (apart from Cod. Iust. manuscripts, see below page 123) is known to include the text. Gothofredus fails to mention the Daniel manuscript anywhere else in his work, and despite much effort by later scholars, it has not been identified. Most manuscripts of Pierre Daniel d'Orléans (1531–1604) ended up in the Vatican, where Hänel and Krüger attempted in vain to retrieve Gothofredus' manuscript.[6] Their last hope was a manuscript which, according to a Vatican catalog entry, might have been a possible candidate. This manuscript apparently spent the 19th century misplaced at an unknown location so that neither Hänel nor Krüger could follow up on that lead. Today, a full reproduction of this manuscript is available online, but this last hope has been dashed as well.[7] Even more mysterious is Gothofredus' remark that he edited Julian's law "from several manuscripts." Manuscripts kept vanishing in the modern period, it is true – but how can "several" manuscripts disappear without leaving any trace? An alternative explanation is to assume an inaccuracy by Gothofredus (or by his editor Antoine de Marville), i.e., he had seen the text only in the Daniel manuscript (and his "several others" are just imaginary or perhaps Cod. Iust. manuscripts); note that he claims that he edits the fragment "from several mss., and especially from the Daniel manuscript," but later cites textual variants with the abbreviation "MS." rather than "MSS."

Mommsen[8] counted Gothofredus' law as one of the fragments contributed by an 'augmented Breviary' – but this is haphazard, as Gothofredus does not provide any indication at all whether the Daniel manuscript and the "several others" were Breviary manuscripts or not. This means that we do not know how the Daniel manuscript presented the text, and even less from which source the text was added to it. This also leads to our ignorance as to why Gothofredus chose to integrate his fragment at the position he did, i.e., into the Cod. Theod. title *de officio rectoris provinciae*, "on the function of a provincial governor." Certainly, *if* he found it in an augmented Breviary at this position, the answer is straightforward. But it is equally likely that the Daniel manuscript transmitted this fragment without any context, and Gothofredus tentatively put this text in the Cod. Theod. title on provincial governors because, after all, it talks about provincial governors. For good reason, Hänel insisted that the position of Gothofredus' fragment cannot be considered assured (a warning not repeated by Mommsen or Krüger).[9]

There is one further observation to make which should very much raise an alarm. The excerpt Gothofredus transmits is otherwise unknown as a Cod. Theod. fragment, but we are familiar with the text: it is (practically) identical with a fragment of the Justinian Code, namely Cod. Iust. 3.3.5. I mentioned above that a majority of Cod. Theod. frag-

6 One might think of Vat. Reg. Lat. 520 (Mommsen 1905, LXXXVI–LXXXVII), which actually belonged to Pierre Daniel and furthermore contributes several Cod. Theod. fragments otherwise unknown. But of course, no manuscript was more carefully scrutinized than this one, to no avail.

7 Riedlberger – Niemöller 2021, 68–69, n. 163.

8 Mommsen 1905, LXXXV.

9 Hänel 1842, 161–162; cf. Mommsen 1905, LXXXV and Cod. Theod. 1.16.8 in the edition, Krüger 1923 in the edition.

ments were shortened or rewritten if taken over into the Cod. Iust., and that this was done in order to reduce the bulk, to make things clearer, or to adapt to the legal situation under Justinian. I have made a rough count among the preserved fragments of Cod. Theod. book 1: there, around 80% of fragments adopted into the Cod. Iust. are modified in one way or other (more than 40 examples), only 20% are not (I counted eleven such cases). So, yes, it is not unheard of to encounter identical Cod. Theod. and Cod. Iust. fragments, but it is not terribly common, and this unlikely coincidence might make one feel uneasy. After all, we have no indication whatsoever from where the Daniel manuscript adopted 'our' fragment. Given that it presented the Cod. Iust. text, one cannot escape a hunch that its source was a Cod. Iust. manuscript (rather than a Cod. Theod. manuscript). The first to voice this suspicion was probably Ritter in his Gothofredus edition of 1736.[10] Furthermore, remember Gothofredus' indication that he edited the text *ex MSS. nonnullis, ac nominatim ex MS. P. Danielis*; Hänel[11] was quite right to point out that we do not know the Daniel manuscript, let alone "several manuscripts" that contain it – except if we count the numerous Cod. Iust. mss. containing Cod. Iust. 3.3.5. I share Hänel's opinion that at least with regard to the "several manuscripts," Gothofredus' notes must have been misunderstood by his posthumous editor Antoine de Marville.

But then again, there is also conflicting evidence, i.e., evidence which points to an origin of Gothofredus' fragment being something other than a Cod. Iust. manuscript (which in turn would hardly leave any explanation other than accepting it as an original Cod. Theod. fragment). This evidence is twofold: on the one hand Gothofredus' own indications, on the other hand the (few) variants the text presents to the Cod. Iust. text.

In his commentary, Gothofredus clearly distinguishes between "MS." and "Cod. Iust." So, in his eyes, there was reason to presume that the text present in the "MS." was *not* from "Cod. Iust." Gothofredus was an outstanding scholar, and I deem it unthinkable that he himself simply overlooked the possibility of the fragment stemming from the Cod. Iust. I wish we knew more about why he was so optimistic that the text from the "MS." does not derive from "Cod. Iust." Yet it would be questionable to take his opinion (which is devoid of supporting evidence and presented in a posthumous publication to boot) as proof. Furthermore, it could easily be that it was exactly the textual differences between the canonical Cod. Iust. text and the (possibly) isolated fragment he found in the Daniel manuscript that made Gothofredus exclude a Cod. Iust. origin for it.

Let us now compare the text of Gothofredus' fragment with the text of Cod. Iust. 3.3.5. What follows is the text as printed in Mommsen's Cod. Theod. edition:

10 Ritter 1736, 46, and on the second unpaginated page of Ritter's preface.

11 Hänel 1842, XXX, n. 174.

> Cod. Theod. 1.16.8
> *Imp. Iulianus A. Secundo PPO.*
> *Quaedam sunt negotia, in quibus superfluum est moderatorem exspectari provinciae: ideoque pedaneos iudices, hoc est qui negotia humiliora disceptent, constituendi damus praesidibus potestatem.*
> *Dat. V kal. Aug. Antiochiae Mamertino et Nevitta conss.*

In his apparatus, Mommsen succinctly indicates that the only source for this alleged Cod. Theod. fragment is Gothofredus; that the text has been adopted into the Cod. Iust.; and that there are two pieces of epigraphical evidence (to avoid the ambiguous word 'inscription' for once, as I shall presently need it in the sense of 'introductory line of a constitution / Cod. Theod. fragment')[12] which feature the full constitution (more on that below, page 126). Otherwise, Mommsen mentions only two things: that the Cod Iust. has *exspectari*, and that the subscription is preserved by a Cod. Iust. manuscript (he should have added by all means: "as well," as Gothofredus clearly indicates that *his* subscription directly comes from the Daniel manuscript). A glance into Gothofredus' edition is revealing, as it shows us the incompleteness of Mommsen's apparatus. Ignoring for now the inscription and subscription (which are especially important for our interests), a complete list of variants is:

– *exspectari*: both the Cod. Iust. (with one known exception)[13] and the epigraphical evidence concur on *exspectare*.
– *disceptent*: confirmed by both the Cod. Iust. and the epigraphical evidence. Gothofredus claims (likely based on Haloander's edition) that the Cod. Iust. has *disceptant* which, however, is a variant not even mentioned in the apparatus of Krüger's *editio maior* (accordingly, Haloaner's *disceptant* might be no more than a misprint).
– *distitutendi*: both the Cod. Iust. and the epigraphical evidence concur on *constitutendi*.

The chain of transmission is clear: from the full constitution (as preserved to a large extent by the epigraphical evidence), the Cod. Theod. version was derived; from the Cod. Theod. version, the Cod. Iust. version. Hence, whenever the stones and Cod. Iust. concur, we can be fairly confident to have the correct Cod. Theod. version, too. It is therefore infelicitous that Mommsen printed *exspectari* instead of *exspectare*; but it is praiseworthy (if inconsistent) that he has *constitutendi* (although there is little excuse for not indicating Gothofredus' diverging reading). None of these variants offers conclusive evidence to answer the question whether Gothofredus' text derived directly from a full Cod. Theod. manuscript or rather from a Cod. Iust. manuscript (*exspectari* and *distitutendi* are certainly mistakes that originated at a later point in time during the textual transmission).

12 Confusing these two types of 'inscriptions' can lead to unfortunate gaffes, cf. my note 17.
13 This is the Bamberg manuscript Msc. Jur. 20 (formerly, i.e., at the time of Krüger, known as D I 3). Given that Msc. Jur. 20 does not share any further reading with Gothofredus' law and is devoid of a subscription, we may assume that the incorrect *exspectari* arose independently twice.

But we still have the inscription and the subscription. Gothofredus gives the subscription as *Dat. V kal. Aug. Antiociae Mamertino et Nevitta conss.* The latter is identical (except for the spelling of *Antiochiae*) with the subscription found in Krüger's Cod. Iust. edition which itself is based on the sole evidence of Haloander's early Cod. Iust. print (which used the lost Codex Egnatianus). It is well known that the vast majority of our Cod. Iust. manuscripts do not preserve subscriptions, and many subscriptions are extant only in Haloander's edition. In Julian's law as preserved by the epigraphical evidence there is a direct address to the recipient Secundus (*Secunde parens carissime atque amantissime*), who furthermore happened to be Pretorian Prefect in the year given by the subscription. Consequently, the subscription should be correct.[14] Gothofredus' subscription is furthermore not based on Haloander's edition, because Gothofredus himself explicitly notes the difference between *Antiociae* in his manuscript and *Antiochiae* in "Cod. Iust." So, if Gothofredus' law ultimately derived from a Cod. Iust. manuscript, then this manuscript was a rare specimen which included subscriptions. But let us not forget that we cannot tell when the text was added to the Daniel manuscript. It could have been at a point in time when many more such manuscripts were still around.

Even more significant is the inscription which Gothofredus gives as *Idem AA. Secundo PP.*, "The same two emperors to Secundus PP." (cf. fig. 1). Let us note, first, that Gothofredus has PP (just like Krüger's Cod. Iust. edition), while Mommsen prints PPO without further ado. Abbreviations fluctuated greatly between individual scribes, and this would not be newsworthy if there were not modern scholars who identify a divergence between the Cod. Theod. text (based on Mommsen) and the Cod. Iust. text because of this alleged PP/PPO variance.[15] The sender indication is more interesting than the recipient. Gothofredus himself notes that instead of *Idem AA.*, this should be *Iulianus A.*, "*ut etiam habet Cod. Iust.*," "just as the Cod. Iust. has it, too."[16] If the law was copied from a Cod. Iust. manuscript to the Daniel manuscript, how could *Iulianus A.* have been changed to *Idem AA.*? Without any doubt, this is the most compelling piece of evidence to indicate that Gothofredus' law does not derive from a Cod. Iust. manuscript but rather from a Cod. Theod. one where it seemingly had a different inscription.

However, we are not finished yet. First of all, Gothofredus' inscription (if authentic at all) must be somewhat corrupt, because Julian had no colleague. Admittedly, correcting from *Idem AA.* to *Idem A.* is not a violent emendation, but an emendation it is. Let us

---

14 Saturninius Secundus Salutius (PLRE I 814–817, Secundus 3) was PPO of Oriens during the period 361–367 (apart from a short break in 365). The consuls indicated in the subscription are those of 362. One might add that the subscription is consistent intrinsically: according to Julian's letter 114 [Bidez], this emperor was present in Antioch on the 1st of August 362, which confirms the date/place combination of the present subscription (which has Julian at the same place four days earlier).

15 In this respect, the otherwise magisterial article by Feissel 2010 unduly relied on Mommsen's edition of Cod. Theod. 1.16.8. Of the three variants Feissel 2010, 221, n. 45, points out as differences between the Cod. Theod. (i.e., Gothofredus' law) and the Cod. Iust., two are actually inexistent (including *PP/PPO*), while he leaves the most important variant unmentioned.

16 Mommsen omits to tell his readers that his inscription of Cod. Theod. 1.16.8 (*Imp. Iulianus A. Secundo PPO*) has nothing to do with the inscription to be found in our only source, Gothofredus.

ponder what it means if we accept it. If *Idem A.* is correct and really comes directly from the Cod. Theod., then there was (at least) one further, older, totally unknown Julianic constitution in the same title Cod. Theod. 1.16 before it (because *Idem A.* needs to pick a preceding *Imp. Iulianus A.*). So thought Krüger[17] who consequently added an empty dummy entry for a Cod. Theod. fragment with the number Cod. Theod. 1.16.7b. While this is possible, it is unlikely. Given his short reign, Julianic constitutions are not numerous, and it is an even rarer occurrence to encounter two or more of these rare specimens in the same time title. I have counted only eight such cases, a result which corresponds to around 20% of all known Cod. Theod. titles which include at least one Julianic constitution. Hence, it is an existing but rather infrequent phenomenon. One should perhaps be wary of creating it artificially by applying an emendation.

Pondering the evidence from the inscription and the subscription, I think it is fair to conclude that it remains inconclusive. The subscription proves that the text either comes from the Theodosian Code, or that it is an early addition from a Justinian Code manuscript before it became fashionable to leave out subscriptions. The inscription does not match the Cod. Iust. inscription and, in the way in which it is transmitted, cannot match the Cod. Theod. inscription either. The most straightforward correction *Idem A.* is possible if unlikely, as it would artificially create a rare case of several Julianic excerpts in sequence in the same title. If we stick to the transmitted *Idem AA.*, we must assume a confusion with perhaps Valentinian and Valens (which could have happened at any stage of the textual transmission). Given that Gothofredus' manuscript did not preserve a pristine text (remember the mistakes *exspectari* and *distitutendi* in the precious few words it contains), one should not put too much trust into the transmitted text.

We have one last methodological avenue to explore. Julian's law on subordinate judges belongs to the very few constitutions excerpted for the Cod. Theod. for which the full constitution is extant (or mostly extant).[18] We know of two epigraphical copies of the full constitution, one displayed on Amorgos (CIL III 459), the other on Lesbos (CIL III 14198). The latter, however, is so fragmentary that it cannot help us here. The Amorgos inscription once covered (together with a publication edict) two slabs, of which one is still extant, the other one is only known through a drawing.

The Amorgos inscription uses an atrocious orthography, which means that it is quite taxing to do a careful edition of it. The authoritative study is an article by Denis Feissel[19] who gives the text no fewer than three times, first diplomatically (e.g., *ouopipi solent nonnul[. .]*), then in a restored version (e.g., *Ovoriri solent nonnull[le]*) and finally in a tentative reconstruction of the official version (e.g., *Oboriri solent nonnullae*). It would make

17 Krüger's reasoning was strangely misunderstood by Brendel 2017, 90–91, who took *ex inscriptione c. 8 colligitur* as referring to the epigraphical evidence (not to the introductory line of constitution no. 8).

18 There are 19 such cases all in all. Ten from the Sirmondians, three each from the Vatican fragments and various conciliar acts, one from the *Mosaicarum et Romanarum legum collatio*, and two from inscriptions (including our present case). See Riedlberger 2020, 219.

19 Feissel 2010.

little sense to repeat Feissel's work here, hence I provide here only his 'official' version. However, unlike him, I have abstained from marking any completions I deem fully safe, but I have put any heavily reconstructed portions (whose reconstruction as proposed by Feissel is, furthermore, quite possible, but then again far from compelling) in cruces. The two underlined portions made it into the Cod. Iust. version (and Gothofredus' law, if they are really to be cited as independent entities). Words in bold font are adapted in the Cod. Iust. (and in Gothofredus' law):

> *Exemplum sacrarum litterarum: Oboriri solent nonnullae controversiae quae notionem requirant et examen iudicis celsioris, tum autem quaedam* ***negotia sunt*** *in quibus superfluum* ***sit*** *moderatorem exspectare provinciae. Quod nobis utrumque pendentibus rectum admodum visum est,* ***ut*** *pedaneos iudices, hoc est* ***eos****, qui negotia humiliora disceptent, constituendi* ***daremus*** *praesidibus potestatem. Ita enim et sibi partem curarum ipsi dempserint et tamen nihilominus quasi ipsi hoc munus administrabunt cum illi quos legere administrent. Cuius rei †conscii ani[– – –]† atque eminentem Excellentiam Tuam sancimus, Secunde parens carissime atque amantissime, †[– – –]icum e[– – –]ici[– – –]i[– – –] gratissimum conc [– – –] tare in quo publico commodo consulatur.†*

- negotia sunt : sunt negotia
- sit : est
- ut : ideoque
- eos : –
- daremus : damus

All of these changes are fully in line with the reduction of this constitution to its mere essence. None of the text left out belongs to the legal core.[20] Note that the legal content of the full original is unchanged in Gothofredus' law. Otherwise, this would constitute proof that it cannot derive from the Cod. Theod.; but as things stand, this is not evidence for either side. Perhaps one might feel that the extreme conciseness of Gothofredus' law rather suggests the application of the Cod. Iust. editors' radical procedure (rather than the more conservative one used by the Cod. Theod. compilers). Yet there are also numerous very succinct Cod. Theod. fragments, and at any rate any such argument is far too speculative to be taken seriously. So once again, the result is inconclusive.

All in all, our investigation ends up in aporia. The diverging inscription and subscription of Gothofredus' law rather seem to indicate that this text does not derive from the Cod. Iust. (for counterarguments see above), and there is furthermore Gothofredus' own opinion (which, however, remains unexplained and was, perhaps, based exactly on the apparent textual differences between 'his' law and the Cod. Iust. version). Then again, the other side of the scale is not empty. If we accept Gothofredus' law as a genuine

20 Even if the conclusion of the text is fragmentary and can be reconstructed only tentatively, I dare say that there is no doubt that it does not include more legal rules to follow.

Cod. Theod. text, we must swallow the simultaneous occurrence of several rare phenomena: a Cod. Theod. fragment shortened in an untypical manner, a fragment unchanged between the Cod. Theod. and the Cod. Iust.,[21] and two Julianic laws encountered in the same Cod. Theod. title. Even worse, all of that based on the sole assertation of Gothofredus which is dubious intrinsically ("several manuscripts"); besides, the text cannot stand as it is, because its inscription certainly must be emended to *Idem A.*, a change which, of all things, affects the most important portion.

However that may be, the real result of our short survey of the evidence stands: the authenticity of Cod. Theod. 1.16.8 in the shape we know it must be considered 'dubious' – certainly not 'disproved,' but nevertheless 'dubious.' And this result is crucial.

There are only 19 (more or less) fully extant constitutions known to us which were excerpted for the Theodosian Code. Our heuristic knowledge of the procedure followed by the Cod. Theod. compilers is based on a comparison of these precious few texts with their excerpts. Several scholars have compared the text of the epigraphical evidence for Julian's law with the alleged Cod. Theod. version – the list includes Faass, Fridh, Ries, Pack, Feissel, and Brendel.[22] All of them cite Gothofredus' law confidently as Cod. Theod. 1.16.8, with nobody alluding in any way whatsoever to the problematic transmission of Mommsen's Cod. Theod. 1.16.8. Some of them draw further conclusions about the Cod. Theod. compilation by comparing the epigraphical text with a version whose authenticity as a Cod. Theod. text is dubious. The danger is that these scholars unwittingly analyze the procedure of Justinian's team instead.

Bibliography

Brendel, R., Kaiser Julians Gesetzgebungswerk und Reichsverwaltung (Studien zur Geschichtsforschung des Altertums 32), Hamburg 2017.

Faass, B., Studien zur Überlieferungsgeschichte der Römischen Kaiserurkunde (von der Zeit des Augustus bis auf Justinian), Archiv für Urkundenforschung 1, 1908, 185–272.

Feissel, D., Une constitution de l'empereur Julian entre texte épigraphique et codification (CIL III, 459 et CTh I, 16, 8), in: Feissel, D., Documents, droit, diplomatique de l'Empire romain tardif (Bilans de recherche 7), Paris 2010, 205–222. (originally from 2000)

Fridh, Å. J., Terminologie et formules dans les Variae de Cassiodore. Études sur le développement du style administratif aux derniers siècles de l'antiquité (Studia Graeca et Latina Gothoburgensia 2), Stockholm 1956.

Gothofredus, I., Codex Theodosianus cum perpetuis commentariis [...]. Opus posthumum. Ed. Antonius Marvillius (Antoine de Marville), vol. I, Lyon 1665.

21 Note that this is much less surprising if the Cod. Theod. version was already excessively short, i.e., this is not really an additional argument to the preceding point of 'untypically succinct Cod. Theod. text.'

22 Faass 1908, 256; Fridh 1956, 22–24; Ries 1983, 201–202; Pack 1986, 245; Feissel 2010, 220–222; Brendel 2017, 87–91.

[Hänel, G.], Codex Theodosianus ad LIV librorum manu scriptorum et priorum editionum fidem recognovit et annotatione critica instruxit Gustavus Haenel, Bonn 1842.

[Krüger, P.], Codex Theodosianus recognovit P. Krueger. Fasciculus I. Liber I–VI, Berlin 1923.

Mommsen, T., Theodosiani libri XVI cum constitutionibus Sirmondianis. Voluminis I pars prior. Prolegomena, Berlin 1905.

Pack, E., Städte und Steuern in der Politik Julians. Untersuchungen zu den Quellen eines Kaiserbildes (Collection Latomus 194), Brussels 1986.

Riedlberger, P., Prolegomena zu den spätantiken Konstitutionen. Nebst einer Analyse der erbrechtlichen und verwandten Sanktionen gegen Heterodoxe, Stuttgart-Bad Cannstatt 2020.

Riedlberger, P. – Niemöller, I., Paul Krüger, Theodor Mommsen, and the Theodosian Code, Roman Legal Tradition 17, 2021, 1–112.

Ries, G., Prolog und Epilog in Gesetzen des Altertums (Münchener Beiträge zur Papyrusforschung und antiken Rechtsgeschichte 76), Munich 1983.

Ritter, I. D. (ed.), Codex Theodosianus cum perpetuis commentariis Iacobi Gothofredi [...]. Editio nova in VI. tomos digesta, vol. I, Leipzig 1736.

Figures

Fig 1: Gothofredus 1665, bottom section of page 42 (National Library of the Czech Republic, F II 000030/T.1). Reproduced by courtesy of the National Library of the Czech Republic. Public domain.

Fig. 2: Gothofredus 1665, top section of page 43 (National Library of the Czech Republic, F II 000030/T.1). Reproduced by courtesy of the National Library of the Czech Republic. Public domain.

Administration & Römische Herrschaft

Zénobie contre Rome? Discours impérial et relations romano-barbares (du IIIe au début du Ve siècle de notre ère): un bref essai d'histoire connectée

Stéphane Benoist

La réflexion qui suit se propose de mettre en lumière l'un des paradoxes du métier d'historien: la passion entraîne les chercheurs sur la voie d'une patrimonialisation de leur domaine d'enquête, chacun pouvant être amené à délimiter un territoire, une méthodologie et une expertise qui, loin d'ouvrir un champ d'étude à la *disputatio* sans controverse ni polémique, réduit l'universalité des savoirs à un fractionnement dommageable et stérilise les débats intellectuels au moment même où se fait cruellement sentir la nécessité de fournir des réponses, comme autant de balises en un monde qui affronte le vacillement des vérités et de la raison des Lumières. L'auteur de ses lignes n'est pas spécialiste de l'Orient romain ni de Palmyre, mais enquête depuis plusieurs décennies sur le pouvoir des *Imperatores Caesares Augusti* et les modes de fonctionnement de l'empire romain. Ce dernier se présente telle une *res publica* à l'échelle d'un territoire méditerranéen qui réunit langues, cultures et pratiques multiples sous le contrôle d'un *Imperium Romanum* plus ou moins bien accueilli par des populations plurielles qui deviendront, seul exemple historique à ce jour, en quelques siècles, des *ciues Romani*, par la volonté d'un prince réputé tyran par l'historiographie sénatoriale, Caracalla, en 212… En trois temps, quelques bornes seront posées sur le chemin d'une histoire universelle: de la réception contemporaine plus ou moins fantasmée d'une cité du désert (1), au destin singulier d'une femme d'exception (3), Zénobie, en passant par la multiplicité des lectures de ce que peuvent représenter une cité et ses habitants au sein des évolutions d'un monde romain en proie aux incertitudes, lointain écho de notre temps présent (2).[1]

1 C'est avec grand plaisir que j'offre ce petit essai d'histoire romaine à Rudolf Haensch, avec qui je partage un grand nombre d'intérêts, de l'épigraphie monumentale à l'application de l'*abolitio memoriae*, procédure qui nous avait réunis la toute première fois à Metz, dans le cadre d'un séminaire du programme de recherche VAM, "Les Victimes de l'*abolitio memoriae*", à l'automne 2005. Il y avait présenté (Haensch 2007) une inscription d'église provenant du diocèse de Bostra et datant du dernier tiers du VIe siècle de notre ère. La présente réflexion, fondée sur le contexte palmyrénien du deuxième tiers du IIIe siècle, permet d'envisager plusieurs strates de réception des discours impériaux et de conception des identités et figures, tant impériales que provinciales, en cette zone de confrontation entre empires romain et perse. Elle permet également de s'interroger sur le

Une première mise en contexte(s) d'un dossier palmyrénien aux multiples ressorts

Trois situations vont me permettre d'introduire cet essai d'histoire connectée,[2] au sens romain d'une globalité de destin des cités et des peuples *imperio populi Romani subiecti,*[3] à propos de ces visions de l'Antiquité que Susan Pearce évoquait dans son étude de la 'Société des Antiquaires de Londres'.[4] Je prendrai à témoin la cité du désert Tadmor-Palmyre qui, de l'époque romaine aux événements tragiques de la dernière décennie, incarne la difficulté présente d'une approche raisonnée des identités plurielles. Le monde romain antique est partagé entre réalités civiques et ethniques, jusqu'aux confins orientaux disputés par deux modèles spécifiques de grands empires, romain et perse.[5] Son histoire pâtit à maints égards du cloisonnement des connaissances des spécialistes de diverses disciplines, en particulier en ce qui concerne les cités intégrées dans l'espace romain, notamment en Orient, de l'Asie mineure à l'espace sémitique.[6]

La première illustration de mon propos, mêlant données supposées antiques et réceptions contemporaines, reflète l'ambiguïté des représentations modernes d'un passé fantasmé. Il s'agit du tableau de Herbert Gustav Schmalz (1856–1935) intitulé 'Queen Zenobia's Last Look Upon Palmyra', achevé en 1888, soit deux ans avant le voyage du peintre à Jérusalem, à la recherche d'une inspiration biblique pour un projet d'exposition de nouvelles toiles.[7] De père allemand et de mère anglaise, ce dernier choisit à la fin du premier conflit mondial de changer délibérément de nom, abandonnant son patronyme allemand pour celui moins connoté de sa mère, se faisant désormais appeler Herbert Carmichael. Membre de l'école préraphaélite, il livre une perception très classique de tout sujet 'oriental' dans ses toiles de scènes historiques ou bibliques, comme celle illustrant le départ de Zénobie en captivité pour Rome, après la défaite de la 'reine de Palmyre' face à l'empereur

sens d'une identité provinciale romaine (Haensch 1997, thèse qui aborde en historien des *realia* politico-administratifs).

2 Par exemple, Benoist 2016a, introduction générale, et 2019 à propos de la notion d'*imperium*.

3 Pour paraphraser la *praescriptio* de la version anatolienne des *Res Gestae Diui Augusti*: *quibus orbem terra[rum] imperio populi Rom(ani) | subiecit* (Scheid 2007 *ad loc* et Benoist 2018).

4 "[H]ow people found a way of fusing imagination, understanding and method in order to produce accounts of the past, and how they made decisions when faced with competing possibilities" (Pearce 2007, 7).

5 À propos de la conception des empires, Burbank – Cooper 2010, et pour le débat scientifique entraîné par cette publication, Monde(s), Histoire, Espaces, Relations 2, 2011, 217–236; pour la plus récente approche des conceptions romaines, Richardson 2008, avec la bibliographie extensive de Benoist 2019.

6 Pour une approche renouvelée des modes d'appréhension de l'*Imperium Romanum*, au sein d'un programme européen consacré aux relations entre le judaïsme et Rome, le volume collectif publié par Katell Berthelot en 2020.

7 Cf. Wikimedia Commons: https://upload.wikimedia.org/wikipedia/commons/7/7a/Herbert_G_Schmalz_-_Zenobia%27s_last_look_on_Palmyra_-_Google_Art_Project.jpg ⟨16.09.2023⟩.

Aurélien en 272 et l'échec de sa fuite au désert à dos de chameau.[8] La mise en scène en est tout à fait significative: costume et posture nous éloignent d'une représentation topique d'une captive, la chaine en or reliant ses deux poignets s'apparentant à un bijou en accord avec la couronne royale qu'elle porte. Quant au soldat romain à sa droite, il est placé sur le registre inférieur de l'image, au pied d'un escalier monumental et semble regarder une *domina* et non la reine déchue. Le relief du mur d'un palais royal recomposé, en arrière-plan de la souveraine, en appelle à une iconographie supposément 'orientale' d'une divinité radiée chevauchant un attelage triomphal.[9]

Cette représentation d'une altérité incluse[10] – une Palmyrénienne ayant joué un rôle dans le contexte impérial des années 260–272 – trouve une illustration postérieure avec la mise en scène des provinces de l'*Imperium Romanum* que propose le cinéma hollywoodien, par exemple dans une scène fameuse du péplum 'The Fall of the Roman Empire', réalisé par Anthony Mann en 1964, et campant l'empereur Marc-Aurèle, joué par James Mason, en train de saluer les représentants de toutes les composantes provinciales de son empire, formellement des gouverneurs, sénateurs et chevaliers, mais chacun revêtu pour l'occasion de vêtements 'ethniques' censés illustrer la pluralité de la mosaïque impériale, un Gaulois, un Syrien, etc. Cette scène en dit plus encore sur la *Pax Americana* des années 1960 que sur une lecture du déclin de l'empire et de l'affrontement entre Romains et Barbares. On envisage désormais les IIe et IIIe siècles de notre ère comme un tout, grâce notamment aux recherches entreprises dans les années 1990–2000.[11]

Pour une dernière étape récente de cette quête plus ou moins orientée des identités passées et des conceptions présentes, monumentales et patrimoniales, je mentionne le destin tragique de la cité de Palmyre, conquise par les troupes de Daesch en 2015–2016. Il s'est agi de la destruction consécutive de ses grands monuments (temple de Bel et Grande colonnade), du pillage de son musée et de la décapitation du conservateur des Antiquités et Musées de Palmyre (1963–2003), Khaled al-As'ad, emblématique ami des chercheurs du

8 SHA Aurel. 28.2–3: *denique multa mulierem potentissimam uicit. Victa igitur Zenobia cum fugeret camelis, quos dromedas uocitant, atque ad Persas iter tenderet, equitibus missis est capta atque in Aureliani potestatem deducta* et Zos. 1.55.1–3.

9 On peut juger du succès de la figure de Zénobie au travers de ces quelques références datant du dernier quart de siècle, tant en français qu'en anglais, fournissant perspective historique et approche de la réception de l'Antiquité: Equini Schneider 1993; Charles-Gaffiot 2001 (catalogue d'exposition); Zahran 2003 (écrit à la 1ère personne comme des 'mémoires' de Zénobie); Southern 2008; Winsbury 2010 (en style journalistique); Sartre 2014 et Andrade 2018.

10 En renvoyant pour seul exemple du débat sur les conceptions de la tradition et de l'identité, à la dernière remarque de Sommer 2015, 124: "Alterity is the complement of identity, and hence the alterity surfacing in the invented tradition about the 'Orient' accentuates a Roman imperial identity that for centuries, even after Augustus' erection of the principate, had remained elusive." À propos des concepts d'identité et d'altérité et de la création des mots pour le dire, au IVe siècle de notre ère dans le contexte des débats théologiques, Barlow 2004.

11 Gibbon 1776–1788 choisit de faire débuter son histoire du déclin de l'Empire romain avec les principats des Antonins, de Nerva à Marc Aurèle et Commode. Pour quelques titres marquant l'intérêt renouvelé pour la période de transition du IIIe siècle: Alföldy 1974; Strobel 1993; Christol 1997; Witschel 1999; de Blois 2002 & 2018; Giardina 2007; Hekster 2008 et Ando 2012.

monde entier, venus par vagues successives, et ce depuis notamment l'entre-deux-guerres, participer au renouveau des études archéologiques, épigraphiques et historiques portant sur cette cité caravanière.[12] La réaction des milieux savants à cette 'barbarie' fut unanime, sinon exempte d'arrière-pensées et de conflits entre diverses approches des spécificités d'une cité partagée entre plusieurs identités.[13]

De quelle cité parle-t-on au cœur du IIIe siècle de l'empire? Palmyre avec Rome, sans Rome, contre Rome…

Trois publications récentes permettent d'aborder la cité de Palmyre au sein de la Syrie romaine, et plus particulièrement durant le IIIe siècle de notre ère.[14] Les 'Inscriptions grecques et latines de Syrie', dont le volume consacré à Palmyre inclut les textes araméens, notamment des bilingues (en grec ou latin et araméen), offrent un riche panorama de textes funéraires et non funéraires qui, au-delà des spécificités locales – titres de magistratures et de prêtrises, noms de divinités… –, permet de rendre compte d'une insertion dans le monde romain assez conforme à ce que l'on peut trouver ailleurs dans l'*Imperium Romanum*, par exemple avec la cité natale de Septime Sévère, Lepcis Magna en Tripolitaine.[15] De Tibère à Théodose (I ou II), en passant par le milieu du IIIe siècle, se dessine une réalité plurielle qui ne se départit pas des exemples provinciaux d'Occident.[16] L'an-

12 Grassi 2021 retrace, depuis le XVIe siècle jusqu'aux destructions récentes, les étapes successives de la découverte du site, de sa mise en valeur et de la fascination qu'il a provoquée, et évoque les projets de reconstruction envisagés.

13 On prendra à témoin les publications françaises dans les mois qui suivirent les dramatiques événements de 2015: la querelle entre divers domaines d'expertise est illustrée par la publication de Veyne 2015 à laquelle répondent les Sartre 2016. L'enjeu n'est pas anodin d'identifier ce que représente l'histoire de cette cité sur la longue durée, et tout particulièrement son destin au sein de l'Empire romain, du tarif douanier d'Hadrien au milieu du IIIe siècle.

14 Yon 2012 offre une substantielle matière épigraphique couvrant les quatre premiers siècles de notre ère (le texte du 'Tarif d'Hadrien' sera inclus dans le volume des IGLS XVII 2). Ce recueil de textes en trois langues, grec, latin et araméen, dont un nombre important de bilingues, donne matière à réflexion sur la pratique linguistique usuelle et sur l'inventaire des différences et ressemblances avec d'autres corpora de cités provinciales. Andrade 2013 permet de replacer la cité dans son cadre syrien, tandis que les propositions de lecture de Hartmann 2001 (avec le commentaire de Yon 2002) nous placent d'emblée dans le cœur des enjeux de la période du fameux 'royaume de Palmyre'.

15 On se reportera aux *indices* des IGLS XVII 1 pour la liste des données municipales, de la mise en place du conseil dans les années 70 au statut colonial octroyé selon Ulpien (Dig. 50.15.1.5) sous Caracalla en 214–216, les proèdres, synèdres et magistrats (les duumvirs et édiles de la colonie portent les noms grecs de stratèges et agoranomes).

16 IGLS XVII 1, 3: *[Dr]uso Caesari Ti(beri) Aug(usti) f(ilio), diui nepoti, Ti(berio) Caesari, diui Aug(usti) f(ilio) Augusto, diui Iuli nepoti, Ger[manico Caesari] Ti(beri) Aug(usti) f(ilio), diui nepoti | imperatoribus posuit | [. Min]ucius T(iti) f(ilius) Hor(atia tribu) Rufus, legatus leg(ionis) X Fretensis*; inscription datée de 17–19 que l'on pourrait comparer avec celles de Lepcis Magna concernant l'implantation du culte impérial sous Auguste et Tibère. On peut hésiter sur le statut de la cité à cette date, insérée dans l'empire (Millar 1993, 35), sinon indépendante mais sous protectorat.

crage identitaire est bien syrien, pour le dire comme Andrade 2013, mais avec des particularismes qui ont fasciné les observateurs, tandis que la situation propre au deuxième tiers du IIIe siècle, avec Odainath et Zénobie, continue à susciter de multiples interprétations quant à la situation du territoire, aux côtés de Rome ou bien en marge, voire s'opposant plus ou moins frontalement au pouvoir du prince régnant, Gallien.[17]

L'impact de la guerre demeure essentiel afin de comprendre les spécificités des années 235–284, de la mort de Sévère Alexandre à l'avènement de Dioclétien.[18] L'Empire romain *sine fine* découvre sa vulnérabilité, la défaite de ses princes face à l'ennemi, comme avec la mort de Trajan Dèce face aux Goths à Abritus en Bulgarie en 251 ou la captivité honteuse de Valérien par Shapur Ier et ses troupes fin 259 ou durant le printemps 260.[19] Les empereurs *pii felices inuicti* peuvent désormais être défaits… et un discours concurrent comme les *Res Gestae Diui Saporis* met en mots et images une narration perse louant les victoires remportées sur plusieurs empereurs romains, Gordien III, Philippe l'Arabe et finalement Valérien.[20] La défaite provoque des réactions en chaîne, principalement politiques et militaires, et a des conséquences fâcheuses sur la construction traditionnelle de la légitimité impériale reposant sur la victoire et la *pax Romana*. C'est ainsi que Gallien, le fils malheureux de Valérien, tout en se maintenant au pouvoir durant huit années, souffre d'une image très négative dans l'historiographie sénatoriale, *malus princeps* et *tyrannus* pour l'Histoire Auguste, ce qui conduit à des portraits à fronts renversés, d'Odainath et Zénobie par exemple.[21]

Comment penser ce monde romain en crise(s) et les remèdes à y apporter? C'est ainsi que les tentatives de sécessions, en Occident et en Orient, ont pu donner lieu à des interprétations diverses, notamment en termes de défense de l'Empire romain par ses propres agents, avec ce que l'on nomma improprement l''Empire gaulois' et le 'Royaume de Palmyre'.[22] Cet 'aggiornamento' est désormais bien connu, même si le consensus n'est toujours pas atteint au sein des historiens, et je ne m'y attarderai guère sinon pour en rap-

17 Hartmann 2001 avec Yon 2002.

18 Christol 1997, qui a choisi l'avènement des Sassanides en 226 comme césure majeure de ce siècle.

19 Dexippe, *Scythica*, décrit les raids des Goths jusqu'à Athènes en 257; Aur. Vict. 32.5, pour la mention de la défaite de Valérien. Concernant les relations entre Romains et Perses, de Blois 2016.

20 Loriot 2006, à propos des *Res Gestae Diui Saporis* et Benoist 2016b pour quelques perspectives sur les relations impériales au-delà des frontières assumées par les empereurs et les conséquences des bouleversements politiques durant le IIIe siècle. Pour l'évolution des relations diplomatiques durant les siècles qui suivent, Becker 2013.

21 Pour la figure complexe de Gallien, partir de Blois 1976 et Christol 1997. Dans notre perspective à propos des *boni et mali principes* de l'Histoire Auguste, Benoist 2013a et b, avec ce passage très éclairant (Tyr. Trig. 15.7–8): *Ille plane cum uxore Zenobia non solum orientem, quem iam in pristinum reformauerat statum, sed et omnes omnino totius orbis partes reformasset … Quibus duratus solem ac puluerem in bellis Persicis tulit, non aliter etiam coniuge adsueta, quae multorum sententia fortior marito fuisse perhibetur, mulier omnium nobilissima orientalium feminarum et, ut Cornelius Capitolinus adserit, speciosissima*.

22 La nature de ces deux sécessions a été remise en cause par les synthèses récentes: Christol 1997; CAH 2005; Hekster 2008 et Ando 2012. Pour une approche discutée mais significative de l'empire gaulois, Drinkwater 1987.

peler l'essentiel afin de me concentrer sur le portrait orienté de Zénobie par nos sources littéraires. Les empereurs 'gaulois' sont des légats romains en charge des armées face aux Barbares sur le Rhin, protégeant les frontières de l'empire par une nouvelle conception provinciale qui s'affranchit de la tutelle de l'empereur à Rome, sans véritablement chercher à gagner l'*Vrbs* pour le renverser. La titulature d'Odainath suggère quant à elle une situation particulière telle une délégation de pouvoir qui peut jouer sur des registres romains ou perses face aux armées sassanides. Le ressort territorial de la Syrie et de l'Arabie rappelle l'étendue des pouvoirs du frère de Philippe, Iulius Priscus, *rector Orientis*.[23] Avec Aurélien et ses campagnes militaires en Occident et en Orient, durant les années 272–274, semble restaurée l'unité impériale, mise en scène par un pseudo-triomphe dans l'*Vrbs* auquel participèrent les vaincus Tetricus et Zénobie, ce qui permet de réaffirmer les principes légitimateurs de la *statio principis* et met la *clementia* de l'empereur à l'honneur.[24] L'État romain bénéficie des réformes successives, depuis les Sévères jusqu'à la Tétrarchie, de son armée (le recours aux *uexillationes*) et de son organisation provinciale (la nomination de *praesides*) notamment, en tirant les enseignements des événements des décennies centrales du IIIe siècle, Gallien ayant le premier perçu la nécessité d'un ajustement entre ressorts provinciaux, organisation interne de l'armée et nouvel équilibre des *ordines*, entre chevaliers et sénateurs.[25] La dynamique augustéenne de la délégation de pouvoir trouve désormais un nouveau souffle (des *legati* aux *uice agentes*) et permet d'interpréter à nouveaux frais les figures d'autorité revêtues par les époux palmyréniens.

Les linéaments d'une rhétorique à l'œuvre, la construction de la persona de Zénobie

Deux types de sources méritent d'être confrontés afin de rendre compte des variations des modes de représentation et d'auto-représentation d'Odainath et Zénobie au cours de ces années 260–272, au cœur des discussions sur la nature des postures politiques envisagées

23 À propos de l'interprétation des pouvoirs délégués et de la conception romaine des *ornamenta*, Benoist 2000. Odainath est appelé dans une inscription d'avril 258 (IGLS XVII 1, 56) λαμ[πρότατον ὑπατικ]ὸν (HPTYK'), un sénateur doté de pouvoir consulaire, et dans un texte posthume daté de 271 MTQNN' DY MDNH' KLH (correcteur de tout l'Orient): pour le résumé des positions (titre honorifique ou gouvernement supra-provincial), Yon 2002, 406 et note 25. Pour un inventaire récent des diverses sources, Andrade 2018, appendices; Gnoli 2007 pour quelques propositions de lectures des titres romains et perses.

24 Avec la description du triomphe, un possible *aduentus* (Benoist 2005, chap. 5, pour l'évolution des cérémonies à caractère triomphal; Merten 1968, 101–140), SHA Tyr. Trig. 30.24–26: 24. *Ducta est igitur per triumphum ea specie, ut nihil pompabilius p. R. uideretur iam primum ornata gemmis ingentibus, ita ut ornamentorum onere laboraret.* 25. *Fertur enim mulier fortissima saepissime restitisse, cum diceret se gemmarum onera ferre non posse.* 26. *Vincti erant praetera pedes auro, manus etiam catenis aureis, nec collo aureum uinculum deerat, quod scurra Persicus praeferebat.*

25 Concernant les diverses réformes, des Sévères aux Tétrarques, Christol 1997 avec Christol 1986 pour l'étude prosopographique des carrières sénatoriales et équestres. Benoist 2000 et 2012 concernant la délégation de pouvoir; enfin Christol 1988; Johne 2006 et de Blois 2018 pour les transformations de l'État impérial dans ce contexte.

dans cette partie de la Syrie romaine en proie aux attaques sassanides, puis soumise aux conséquences de la capture de Valérien. La nomenclature privilégiée sur des supports variés, inscriptions, monnaies, reflète les enjeux d'une affirmation de soi par les noms, titres et fonctions, susceptible d'être reconnue localement, voire acceptée par le pouvoir impérial romain.[26] Les témoignages littéraires plus tardifs, notamment les passages de l'Histoire Auguste consacrés à Odainath et Zénobie, font preuve d'un processus de réécriture de l'histoire à l'œuvre dans le siècle et demi qui a suivi, répondant aux situations générées par l'évolution de l'empire, des Tétrarques aux Théodose: la structuration provinciale et les rapports entre centre et périphérie d'une part, et entre Romains et Barbares d'autre part. L'instrumentalisation des séquences 'gauloise' et 'palmyrénienne' du IIIe siècle est de nature à nous éclairer sur les processus à l'œuvre au tournant des IVe–Ve siècles.

Quelques exemples tirés des données épigraphiques concernant Odainath, Zénobie et Vaballath illustrent les modalités d'une affirmation publique de cette famille de l'élite palmyrénienne sur des documents rédigés en Araméen, Grec et Latin. En août 271, sur une colonne du segment central de la Grande colonnade, la dédicace de deux généraux de Zénobie livre deux formulations araméenne et grecque de l'identité de la souveraine: "Septimia Zenobia, la clarissime, pieuse reine. Septimius Zabdas, le général en chef, et Septimius Zabbaios, le général (de l'armée) d'ici, les excellents, (honorent) leur souveraine, l'année 582, au mois de Lôos" (en grec); "Statue de Septimia Batzabbaî illustre et juste reine. Septimius Zabdâ, chef de la grande armée, et Septimius Zabbaî, chef de l'armée de Tadmôr, excellents, (l')ont dressée à leur maîtresse, au mois de Ab, l'année 582" (en araméen).[27] En premier lieu, il convient de souligner l'usage du gentilice sévérien par Zénobie et ses deux généraux, confirmant l'octroi de la *ciuitas Romana* sous Septime Sévère, même si l'on peut considérer qu'à l'été 271 la mère et son fils ont probablement pris leurs distances avec le pouvoir central exercé par Gallien.[28] Il est significatif de relever l'usage d'une nomenclature romaine, ici en grec et en araméen, par une femme ayant décidé d'as-

26 L'*epigraphic habit*, défini par MacMullen 1982, atteint son apogée à l'époque des Sévères et permet de mesurer l'impact d'un mimétisme entre l'affirmation de soi développée au cœur de l'empire par les élites sénatoriale et équestre et la famille impériale depuis Auguste, et les usages provinciaux et locaux: *tria nomina*, mention des carrières avec le port de titres variés, comme les abréviations de *clarissimus uir* ou d'*egregius uir*. En dernier lieu, Bruun 2015.

27 IGLS XVII 1, 57, dans la traduction de J.-B. Yon: Σεπτιμίαν Ζηνοβίαν τὴν λαμ|προτάτην εὐσεβῆ βασίλισσαν| Σεπτίμιοι Ζαβδας ὁ μέγας στρα|τηλάτης καὶ Ζαββαιος ὁ ἐνθάδε | στρατηλάτης, οἱ κράτιστοι τὴν | δέσποιναν, ἔτους βπφ' μηνεὶ Λῴῳ. ṣlmt spṭmy' btzby nhyrt' wzdqt' | mlkt' spṭmyw' zbd' rb ḥyl' | rb' wzby rb ḥyl' dy tdmwr qrṭsṭw' | 'qym lmrthwn byrḥ 'b dy šnt 582. Pour des compléments concernant les inscriptions de la famille d'Odainath, Andrade 2018, Appendix 3, 234–243.

28 Pour un récit détaillé de l'évolution de la situation durant les années 268–272: Southern 2008, 83–100 ("Zenobia widowed"); 101–118 ("Septimia Zenobia Augusta" & "Zenobia's Rule of the East") et Andrade 2018, 191–211 (chap. 9 "Civil War"). Concernant la famille d'Odainath et les reconstructions généalogiques, Andrade 2018, 165–189 (chap. 8 "Dynasty"); auparavant, Potter 1990, 381–394 (Appendix 4 "The Career of Odaenathus"); Millar 1993, note 45, 143–144 & 164–165, à propos de l'octroi de la *ciuitas Romana* par Septime Sévère à la famille d'Odainath avec le port du *gentilicium Septimius*. Deux options possibles: un ancêtre inconnu (Millar 1993, 157; Christol 1997, 148), ou le mari de Zénobie (Gawlikowski 1985; Potter 1990 et Kotula 1997, 96).

sumer un pouvoir 'romain' sur ce secteur territorial allant de la Syrie à l'Égypte, même si je ne crois pas que la prétention à cette date porte sur le gouvernement de tout l'empire.[29]

La situation palmyrénienne en ce milieu du IIIe siècle de notre ère fournit un véritable modèle historique et s'avère propice à un 'jeu de masques', ou de *personae*, ces identités revêtues comme autant d'affirmations de certaines postures politiques.[30] Palmyre, de *ciuitas libera* sous Hadrien, est devenue une colonie romaine sous les Sévères, plus sûrement sous Caracalla que sous son père. Comme toujours dans le cas de promotions civiques, le changement de statut, octroi généralisé de la citoyenneté romaine à tous les citoyens de la communauté et usage plus systématique du droit romain, n'implique nullement une transformation radicale des principaux aspects sociaux, culturels et religieux de l'organisation civique. Si des changements de nomenclatures s'imposent, ce que révèlent plus particulièrement l'épigraphie multilingue, voire des *interpretationes Romanae* de certains cultes, l'identité de cette cité des confins n'en est nullement affectée du tout au tout. Les *primores / principes* de la cité, comme les membres de la famille d'Odainath, ont été intégrés à l'État romain à des degrés divers, pour certains d'entre eux dans les *ordines*, comme chevaliers ou sénateurs, par *adlectio* ou octroi des *ornamenta*, et si quelques hésitations entre les deux grandes zones d'influence, romaine ou perse, ont pu peser à certains moments, l'essentiel était de préserver la position économique de la cité caravanière. On a pu éventuellement interpréter le titre de 'roi des rois', que l'on attribue parfois au mari de Zénobie, de manière posthume, dans le cadre d'une forme de 'Realpolitik' entre grands empires.[31] Le monnayage de Vaballath rend compte toutefois du franchissement de ce qui

---

29 Contra Sartre 2014 & 2016.

30 En considérant la *persona* comme un rôle, même si nous pouvons prendre en compte, *apud* Thomas 2017, 125 notes 15 et 16, la conception de la succession juridique: "*Persona* ne qualifiait pas ici un individu, mais une entité classificatoire, à l'intérieur d'un système de dévolution successorale qui n'admettait aucune lacune (Dig. L, 16, 195, 2)." Il en ainsi de la titulature du fils de Zénobie sur certains milliaires: avec deux exemples sur la *Via Noua Traiana* (Bostra-Philadelphie), pour Vaballath, quelle que soit sa situation à cette date, *legatus* d'un *imperator* romain légitime ou véritable usurpateur: (1) *[L(ucius) Iuli]us Aureli[us | Septi]mius | [Va]ballath[us Ath]enodorus, | [u(ir) c(larissimus), | rex], co(n)s(ul), | [Impe]rator, dux | [R]o[m]anorum* (Bauzou 1985; Bauzou 1998, n. 95); (2) *Im[p(eratori)] Caesari L(ucio) Iulio | Aurelio Septimio | Vaballatho | Athenodoro, Per|sico Maximo, Ara|bico Maximo, Adia|benico Maximo, Pio | Felici Inuicto Au(gusto)* (ILS 8924; Bauzou 1998, n. 98; de même *ibid.* n. 99–101).

31 Pour Hérodien, fils d'Odainath, et Odainath à partir de 272, quand Vaballath abandonne lui-même ce titre perse pour une revendication du titre impérial. Pour les attestations épigraphiques, en grec ou araméen, IGLS XVII 1, 61 (Hérodien à l'occasion d'une victoire sur les Perses, peut-être en 267–268, peu avant la mort du père puis du fils, voir les commentaires de Yon avec la bibliographie: [Β]ασιλεῖ βασιλέων προο[ίμι]ον τῆ[ς αὐτοῦ βα]σιλείας τὴν κατὰ | [Π]ε[ρ]σῶν νείκην ἀναδησαμένῳ Σεπ[τιμίῳ Ἡρωδι]ανῷ Ἰούλιος Αὐρήλιος | [Σεπτί]μιος Ο[ὐ]ο[ρ]ώδης [ἐπίτροπος δουκηνάριος καὶ Ἰούλιος Αὐρῆλι]ος | Ἑ[ρ]μῆς κεντηνάριος ἀμφότεροι στρα[τηγοὶ τῆς λαμ]προτάτης | [κ]ολω[ν]εί[ας, τοῦ ̣οφ' ἔτους]) et 62; 120 en identifiant les *sebastoi* à Zénobie et Vaballath, entre 268–272, et plus sûrement à la fin de cette période, même si pour ces trois inscriptions Hartmann 2001 est favorable à une datation haute ([Ἡ βουλὴ καὶ ὁ δῆμος τὸν δ ̣– – –] | [– – – τ]ῆς πόλεω[ς – – – τοῦ] | [Σεπτιμίου Ὀδαινά]θου βασιλέως βασιλέων | [ἀναθέντα – – –]ΟΝ πάρινον Ἡλίου πατρῴου | [θεοῦ – – – να]ὸν

pouvait être autorisé dans le cadre d'une délégation de pouvoir plus ou moins consentie, pour une véritable usurpation.[32]

La figure de Zénobie va nous retenir pour finir. Depuis la fin de la République, l'impossible *imperium* des femmes est une constante rhétorique de nos sources littéraires, de Cicéron à l'Histoire Auguste, aspect qui a fait l'objet d'études renouvelées ces dernières décennies.[33] La *uita* de la Reine de Palmyre par le recueil biographique du tournant des IVe–Ve siècles en une véritable sauveuse d'un monde romain en péril durant le principat de Gallien, *malus princeps* par excellence, fournit en l'état un discours structuré. Au-delà d'une réputation de fantaisies et de forgeries, ce recueil livre des clefs de compréhension des débats qui ont agité les cercles lettrés de l'Antiquité tardive. Zénobie est régulièrement présentée comme une pérégrine, même si elle est bien l'épouse d'un citoyen romain, lui-même intégré dans l'*ordo senatus*, mère de citoyens romains, tout en étant qualifiée de *mulier omnium nobilissima orientalium feminarum* (SHA Tyr. Trig. 15.8). Sa virilité naturelle explique qu'elle ait été considérée comme l'égale, voire meilleure même comme usurpatrice, que Gallien et d'autres empereurs romains. Son portrait est construit sur des séries d'antithèses *non muliebriter neque more femineo* (Gall. 13.2) et le paradoxe veut que l'empereur romain soit ainsi surpassé par n'importe quelle femme… (ibid.). Elle est ainsi insérée, dans cette perspective, dans une longue lignée de femmes illustres.[34] Il convient alors de souligner la *persona* de cette excellente femme assumant le pouvoir, habillée avec tout l'apparat nécessaire, et finalement défaite mais avec difficulté. Ses qualités sont reconnues par Aurélien, qui la présente comme l'égale de son mari, tous deux protecteurs

---

τῶν Σεβαστῶν καὶ καθιερώ|[σαντα – – –]νου καὶ Αὐτοκράτορος | [– – – τειμ]ῆς καὶ μεγαλοφροσύνης ἕνεκεν).

32 RIC V Aurélien 381, *Antoninianus*, Antioche (270–275): Droit [*IMP(erator) C(aesar) AVRELIANVS AVG(ustus)*, buste d'Aurélien, radié, cuirassé, à droite]; Revers [*VABALATHVS V(ir) C(larissimus) R(ex regum) IM(perator) D(ux) R(omanorum)*, buste de Vaballath, lauré, drapé, cuirassé, à droite]; RIC V Vaballath 1, *Antoninianus* (267–272): Droit [*IM(perator) C(aesar) VHABALATHVS AVG(ustus)*, buste de Vaballath, radié, drapé, à droite]; Revers [*AЄQVITAS AVG(usti) uel AVG(usta)*, AEQVITAS, drapée, se tenant à gauche, avec une balance à main droite et une corne d'abondance à main gauche]. En ce qui concerne Zénobie, lire le passage de SHA Gall. 13.2–3: *Cum Zenobia, uxor eius, quod paruuli essent filii eius, qui supererant, Herennianus et Timolaus, ipsa suscepit imperium diuque rexit, non muliebriter neque more femineo, 3. sed non solum Gallieno, quo quae uirgo melius imperare potuisset, uerum etiam multis imperatoribus fortius atque solertius.* Avec Wallinger 1990, 139–149; Frézouls 1994, 134–136 et Béranger 1974, à propos de l'interprétation du pouvoir des femmes et de la position spécifique d'Odainath comme *rex*, puis la prétention à l'*imperium* de Zénobie.

33 Benoist 2015 pour une première approche.

34 SHA Tyr. Trig. 27.1: *Odenatus moriens duos paruulos reliquit, Herrenianum et fratrem eius Timolaum, quorum nomine Zenobia usurpato sibi imperio diutius quam feminam decuit rem p. obtinuit, paruulos Romani imperatoris habitu praeferens purpuratos eosdemque adhibens contionibus, quas illa uiriliter frequentauit, Didonem et Samiramidem et Cleopatram sui generis principem inter cetera praedicans.* Relevons ce qui fait sens dans notre perspective: l'usurpation, le gouvernement de la *respublica*, et par-dessus tout sa virilité. À propos des deux figures légendaires et de Cléopâtre, Andrade 2018, 170–171.

de la *respublica*, et salue son gouvernement.[35] Ce portrait est tissé d'images stéréotypées, faisant fi des frontières entre hommes et femmes, Romains et Perses (SHA Tyr. Trig. 30.14: *Regum more Persarum, Imperatorum more Romanorum*). On citera sa chasteté, une morale sexuelle qui prohibe les relations en dehors de la procréation, comme le préconisent le modèle chrétien et les derniers Stoïciens; ses bijoux et ses vêtements; et une description physique qui peut être décryptée dans le cadre d'un discours général à propos des *boni et mali principes*.[36] Elle préfère monter à cheval qu'utiliser un char, prendre part à des marches militaires et aux exercices des soldats, adopter un comportement spécial dans les banquets, utilisant une vaisselle précieuse, ce qui fournit l'opportunité de mentionner de nouveau Cléopâtre, et privilégiant une sobre ivresse comme un but diplomatique. La mention d'eunuques au sein de sa cour peut être une allusion au contexte propre à la Constantinople de la fin du IVe siècle. Les détails abondent concernant sa culture, les langues qu'elle maîtrise, le Palmyrénien, le Grec, l'Égyptien et le Latin, la rédaction d'un ouvrage consacré à Alexandrie et l'Orient, sa connaissance de l'histoire romaine et des écrits grecs, enfin l'éducation de ses fils qu'elle privilégie.[37]

Ce portrait a été conçu comme une dénonciation en creux de certaines figures impériales, principalement Gallien, Zénobie et l'‘impératrice gauloise' Victoria étant dans cette perspective censées gouverner tout l'empire, *partes Orientis et Occidentis*. La *clemen-*

---

35 SHA Tyr. Trig. 30.1–3: 1. *Omnis iam consumptus est pudor, si quidem fatigata re p. eo usque peruentum est, ut Gallieno nequissime agente optime etiam mulieres imperarent, et quidem peregrinae.* 2. *<Peregrina> enim, nomine Zenobia, de qua multa iam dicta sunt, quae se de Cleopatrarum Ptolemaeorumque gente iactaret, post Odenatum maritum imperiali sagulo perfuso per umeros, habitu Didonis ornata, diademate etiam accepto, nomine filiorum Herenniani et Timolai diutius, quam femineus sexus patiebatur, imperauit.* 3. *Si quidem Gallieno adhuc regente rem p. regale mulier superba munus obtinuit et Claudio bellis Gothicis occupato uix denique ab Aureliano uicta et triumphata concessit in iura Romana.* Dans les paragraphes qui suivent (4–11), on trouve une citation d'une lettre d'Aurélien adressée au Sénat, un faux, soulignant les qualités de Zénobie (ibid. 30.8; 11 passim): *multum Romanae rei publicae profuisse, cum sibi uel liberis suis orientis seruaret imperium ... illa seruante orientalis finis imperii ipse securius*, avec les compliments qui suivent (ibid. 30.9): *Nam si uicisse ac triumphasse feminam non est decorum, quid de Gallieno loquuntur, in cuius contemptu haec bene rexit imperium?*

36 Pour quelques données concernant cette approche: Benoist 2013a & b et 2021.

37 SHA Tyr. Trig. 30.15–22: 15. *Fuit uultu subaquilo, fusci coloris, oculis supra modum uigentibus nigris, spiritus diuini, uenustatis incredibilis. Tantus candor in dentibus, ut margaritas eam plerique putarent habere, non dentes.* 16. *Vox clara et uirilis. Seueritas, ubi necessitas postulabat, tyrannorum, bonorum principum clementia, ubi pietas requirebat. Larga prudenter, conseruatrix thensaurorum ultra femineum modum,* 17. *usa uehiculo carpentario, raro pilento, equo saepius. Fertur autem uel tria uel quattuor milia frequenter cum peditibus ambulasse.* 18. *Venata est Hispanorum cupiditate. Bibit saepe cum ducibus, cum esset alias sobria; bibit et cum Persis atque Armeniis, ut eos uinceret.* 19. *Usa est uasis aureis gemmatis ad conuiuia, usa Cleopatranis. In ministerio eunuchos grauioris aetatis habuit, puellas nimis raras.* 20. *Filios Latine loqui iusserat, ita ut Graece uel difficile uel raro loquerentur.* 21. *Ipsa Latini sermonis non usque quaque gnara, sed ut loqueretur pudore cohibita; loquebatur et Aegyptiace ad perfectum modum.* 22. *Historiae Alexandrinae atque orientalis ita perita, ut eam epitomasse dicatur; Latinam autem Graece legerat.* À propos de la sobre ivresse, Chastagnol 1970, "*in vino veritas*", 81, et 1974; sa chasteté, Gilliam 1968–1969; les liens entre Cléopâtre et Zénobie, Barnes 1978, 69: "It appears to be correct", et à propos de Callinicus citant l'Histoire d'Alexandrie de Zénobie en 269–271, Janiszewski 2015, 188–190 (549 ‘Kallinikos'); Andrade 2018, 170–171.

tia d'Aurélien, laissant la vie sauve à Tétricus et Zénobie à l'issue du pseudo-triomphe, est présentée comme une reconnaissance formelle de leurs qualités et excellence.[38] La construction de la figure de Zénobie après sa défaite, dans l'entourage d'Aurélien, est ainsi qualifiée par Andrade: "But another was gender. We have witnessed how Palmyrenes, like modern Bedouin, dimmed women capable of governance. So Zenobia exerted jural authority over Odainath's household (BYT') and his realm. But therein resided a crucial difference between Palmyrene and mainstream Roman perspectives."[39] Mais je suggérerai volontiers que le discours impérial qui nous est parvenu est constitué d'une multitude de strates de composition, depuis les figures récurrentes de Cléopâtre et des reines légendaires Didon et Sémiramis, la première ayant visité Tadmor avec Antoine. Cette biographie de la Palmyrénienne confirme la permanence d'une construction romaine de l'autre, Égyptiens, Perses, peuple juif, ou Germains de la partie occidentale, qui peut révéler un monde romain en proie au doute, quant à sa capacité de pratiquer encore l'intégration au tournant des IVe et Ve siècles, selon les modalités antérieures.[40] Nous pouvons penser au projet de Théodose d'intégrer les Goths au sein de l'*Imperium Romanum*, avec l'aide de Stilicon, qui échoua faute du soutien d'Honorius, tandis que plus d'un siècle plus tard de nouvelles théories de l'ethnogenèse se feront jour.[41] Nous devons considérer l'histoire que nous raconte l'auteur anonyme de l'Histoire Auguste à propos de Zénobie comme un moment décisif, utilisant le ressort oriental au sein d'une approche traditionnelle de la littérature latine dans un discours d'invective qui se nourrit de jeux de mot. D'une *Regina peregrina* à une *Augusta*, Zénobie nous apparaît comme une référence identitaire ambiguë, traçant une illusoire frontière entre 'insiders' et 'outsiders', faisant retour aux origines, à la dialectique des dominants et des dominés, comme les Romains face aux Grecs à l'époque de Mithridate VI Eupator et d'un discours à contre-courant élaboré par Denys d'Halicarnasse.[42] Une autre histoire certes, mais une leçon pour l'historien à méditer *hic et nunc*!

---

38 Mais Longin a été mis à mort, SHA Aurel. 30.3: *Graue inter eos, qui caesi sunt, de Longino filosofo fuisse perhibetur, quo illa magistro usa esse ad Graecas litteras dicitur. Quem quidem Aurelianus idcirco dicitur occidisse, quod superbior illa epistula ipsius diceretur dictata consilio, quamuis Syro esset sermone contexta*; cf. Janiszewski 2015, 219–222 (632 'Kassios Longinos').

39 Andrade 2018, 193.

40 Gruen 2013 rejette tout sentiment d'identité ethnique de la part des Romains à la fin de la République et au début de l'Empire.

41 Deux références parmi bien d'autres: Roberto 2015 concernant la figure de Stilicon et le projet de Théodose et Becker 2014 pour les notions d'ethnicité et d'identité ethnique à l'époque tardive.

42 Quand les milieux anti-Romains de la partie hellénophone de l'empire mettaient en avant les origines obscures de la Rome romuléenne, un brassage de populations, barbares et serviles, que l'*asylum* symbolisait, Denys d'Halicarnasse affirmait la Grécité des Romains, du mythe troyen aux vagues migratoires successives (Fromentin 2001).

Bibliographie

Alföldy, G., The Crisis of the Third Century as Seen by Contemporaries, GRBS 15, 1974, 89–111 = Die Krise des Römischen Reiches. Geschichte, Geschichtsschreibung und Geschichtsbetrachtung. Ausgewählte Beiträge (Heidelberger Althistorische Beiträge und Epigraphische Studien 5), Stuttgart 1989, 319–342.

Ando, C., Imperial Rome AD 193 to 284: The Critical Century (The Edinburgh History of Ancient Rome), Édimbourg 2012.

Andrade, N. J., Syrian Identity in the Greco-Roman World, Cambridge 2013.

Andrade, N. J., Zenobia, Shooting Star of Palmyra, Oxford 2018.

Barlow, J., The Emergence of Identity / Alterity in Late Roman Ideology, Historia 53.4, 2004, 501–502.

Barnes, T. D., The Sources of the Historia Augusta (Collection Latomus 155), Bruxelles 1978.

Bauzou, T., Deux milliaires inédits de Vaballath en Jordanie du Nord, in: Freeman, P. – Kennedy, D. (eds.), The Defence of the Roman and Byzantine East, vol. I (British Archaeological Reports, International Series 297), Oxford 1986, 1–8.

Bauzou, T., La via nova en Arabie. Le secteur nord de Bostra à Philadelphie, in: Humbert, J.B., et al. (eds.), Fouilles de Khirbet e-samra en Jordanie, vol. I: La voie romaine, le cimetière, les documents épigraphiques, Turnhout 1998, 101–255.

Becker, A., Les relations diplomatiques romano-barbares en Occident au Ve siècle. Acteurs, fonctions, modalités (Collection de l'Université de Strasbourg, Études d'archéologie et d'histoire ancienne), Paris 2013.

Becker, A., Ethnicité, identité ethnique. Quelques remarques pour l'Antiquité tardive, Gerión 34, 2014, 289–305.

Benoist, S., Le prince et la société romaine d'empire au IIIe siècle: le cas des ornamenta, CCG 11, 2000, 309–329.

Benoist, S., Rome, le prince et la Cité. Pouvoir impérial et cérémonies publiques (Ier siècle av. – début du IVe siècle ap. J.-C.) (Collection Le Nœud Gordien), Paris 2005.

Benoist, S., Princeps et legati, de la conception impériale de la délégation de pouvoir. Nature, fonction, devenir, d'Auguste au IVe siècle de notre ère, in: Bérenger, A. – Lachaud, F. (eds.), Hiérarchie des pouvoirs, délégation de pouvoir et responsabilité des administrateurs dans l'Antiquité et au Moyen Âge (Collection du Centre de Recherche Universitaire Lorrain d'Histoire 46), Metz 2012, 135–159.

Benoist, S., Trahir le prince: lecture(s) de l'Histoire Auguste, in: Queyrel Bottineau, A., et al. (eds.), Trahison et traîtres dans l'Antiquité. Actes du colloque international (Paris, 21–22 septembre 2011) (De l'archéologie à l'histoire), Paris 2013a, 395–408.

Benoist, S., Usurper la pourpre ou la difficile vie de ces autres „principes", in: Benoist, S. – Hoet-van Cauwenberghe, C. (eds.), La vie des autres. Histoire, prosopographie, biographie dans l'Empire romain (Histoire et civilisations), Villeneuve d'Ascq 2013b, 37–61.

Benoist, S., Women and Imperium in Rome. Imperial Perspectives, in: Fabre-Serris, J. – Keith, A. M. (eds.), Women and War in Antiquity, Baltimore 2015, 266–288.

Benoist, S., Rome. Des origines au VIe siècle de notre ère (Une histoire personnelle), Paris 2016a.

Benoist, S., The Emperor Beyond the Frontiers: A Double-Mirror as a "Political Discourse", in: Slootjes, D. – Peachin, M. (eds.), Rome and the Worlds Beyond Its Frontiers (Impact of Empire 21), Leyde – Boston 2016b, 45–64.

Benoist, S., *Quid noui*? Les *Res Gestae Diui Augusti*, Athenaeum 106.2, 2018, 591–603.

Benoist, S., De l'*imperium* à Rome et dans le monde romain. Expressions du pouvoir et notions d'empire, Rives méditerranéennes 58, 2019 (Imperium, Imperii. La Méditerranée, forge de l'Empire), 23–40.

Benoist, S., *Boni et mali principes*, un empire en jeu(x): discours, figures et postures impériales, Kentron 36, 2021, 183–206.

Béranger, J., L'expression du pouvoir suprême dans l'Histoire Auguste, in: Bonner Historia-Augusta-Colloquium 1971 (Antiquitas 4, Beiträge zur Historia-Augusta-Forschung 11), Bonn 1974, 21–49.

Berthelot, K. (éd.), Reconsidering Roman Power. Roman, Greek, Jewish and Christian Perceptions and Reactions (Collection de l'École française de Rome 594), Rome 2020.

Burbank, J. – Cooper, F., Empires in World History: Power and the Politics of Difference, Princeton 2010.

Bruun, C. – Edmondson , J. C. (eds.), The Oxford Handbook of Roman Epigraphy, Oxford et al. 2015.

Bowman, A., et al. (eds.), Cambridge Ancient History (CAH), vol. XII[2]: The Crisis of Empire, A.D. 193–337, Cambridge 2005.

Charles-Gaffiot, J., et al. (eds.), Moi, Zénobie, reine de Palmyre, Paris 2001.

Chastagnol, A., Recherches sur l'Histoire Auguste (Antiquitas 4, Beiträge zur Historia-Augusta-Forschung 6), Bonn 1970.

Chastagnol, A., La sobre ivresse de Bonosus, in: Bonner Historia-Augusta-Colloquium 1971 (Antiquitas 4, Beiträge zur Historia-Augusta-Forschung 11), Bonn, 1974, 91–112.

Christol, M., Essai sur l'évolution des carrières sénatoriales dans la seconde moitié du IIIe siècle ap. J.-C. (Études prosopographiques 6), Paris 1986.

Christol, M., Armée et société politique dans l'Empire romain au IIIe siècle ap. J.-C., CCC 9, 1988, 169–204.

Christol, M., L'empire romain du IIIe siècle. Histoire politique (192–325 après J.-C.), Paris 1997 (2e édition 2006).

de Blois, L., The Policy of the Emperor Gallienus (Studies of the Dutch Archaeological and Historical Society 7), Leyde 1976.

de Blois, L., The Crisis of the Third Century A.D. in the Roman Empire: A Modern Myth?, in: de Blois, L. – Rich, J. (eds.), The Transformation of the Economic Life in the Roman Empire: Proceedings of the Second Workshop of the International Network Impact of Empire (Roman Empire, c. 200 B.C. – A.D. 476), Nottingham, July 4–7, 2001 (Impact of Empire 2), Leyde – Boston 2002, 204–217.

de Blois, L., Rome and Persia in the Middle of the Third Century AD (230–266), in: Slootjes, D. – Peachin, M. (eds.), Rome and the Worlds Beyond Its Frontiers (Impact of Empire 21), Leyde – Boston 2016, 33–44.

de Blois, L., Image and Reality of Roman Imperial Power in the Third Century AD. The Impact of War, Londres – New York 2018.

Drinkwater, J. F., The Gallic Empire. Separatism and Continuity in the North-Western Provinces of the Roman Empire A.D. 260–274 (Historia Einzelschriften 52), Stuttgart 1987.

Equini Schneider, E., Septimia Zenobia Sebaste (Studia Archaeologica 61), Rome 1993.

Frézouls, E., Le rôle politique des femmes dans l'Histoire Auguste, in: Bonamente, G. (éd.), Historiae Augustae colloquium genevense (Munera 1, Historiae Augustae Colloquia N.S. 2), Bari 1994, 121–136.

Fromentin, V., Denys d'Halicarnasse, historien grec de Rome, in: Histoire et historiographie dans l'Antiquité (Cahiers de la Villa "Kérylos" 11), Paris 2001, 123–142.

Gawlikowsky, M., Les princes de Palmyre, Syria 62, 1985, 251–261.

Giardina, A., The Crisis of the Third Century, in: Scheidel, W. (éd.), The Cambridge Economic History of the Greco-Roman World, Cambridge 2007, 757–764.

Gibbon, E., The History of the Decline and Fall of the Roman Empire, New York 1995 [1776–1788].

Gilliam, J. F., Three Passages in the Historia Augusta: Gord. 21.5 and 34.3-6; Tyr.Trig. 30.12, in: Bonner Historia-Augusta-Colloquium 1968–1969 (Antiquitas 4, Beiträge zur Historia-Augusta-Forschung 7), Bonn 1970, 99–110.

Gnoli, T., The Interplay of Roman and Iranian titles in the Roman East (1st–3rd century AD) (Sitzungsberichte der Österreichischen Akademie der Wissenschaften, Philosophisch-Historische Klasse 765; Veröffentlichungen zur Iranistik 43), Vienne 2007.

Grassi, M. T., „Lost in astonishment": Palmyra in the Eyes of the West, in: Statues Also Die. Destruction and Preservation in Ancient and Modern Times, Modène 2021, 124–138.

Gruen, E., Did Romans Have an Ethnic Identity?, Antichthon 47, 2013, 1–17.

Haensch, R., Capita provinciarum. Statthaltersitze und Provinzialverwaltung in der römischen Kaiserzeit (Kölner Forschungen 7), Mayence 1997.

Haensch, R., *Damnatio* et *recordatio nominis* dans les inscriptions des églises de l'Antiquité tardive, in: Benoist, S. (éd.), Mémoire et histoire. Les procédures de condamnation dans l'Antiquité romaine (Collection du Centre de Recherche Universitaire Lorrain d'Histoire 31), Metz 2007, 215–222.

Hartmann, U., Das palmyrenische Teilreich (Oriens et Occidens 2), Stuttgart 2001.

Hekster, O., Rome and its Empire, 193–294 (Debates and Documents in Ancient History), Edimbourg 2008.

Janiszewski, P., et al. (eds.), Prosopography of Greek Rhetors and Sophists of the Roman Empire, Oxford 2015.

Johne, K.-P., et al. (eds.), Deleto paene imperio Romano: Transformationsprozesse des Römischen Reiches im 3. Jahrhundert und ihre Rezeption in der Neuzeit, Stuttgart 2006.

Kotula, T., Aurélien et Zénobie. L'unité ou la division de l'Empire? (Acta Universitatis Wratislaviensis 1966), Wroclaw 1997.

Loriot, X. – Huyse, P., Commentaire à deux voix de l'inscription dite Res Gestae Divi Saporis, in: Quet, M.-H. (éd.), La "crise" de l'empire romain de Marc Aurèle à Constantin. Mutations, continuités, ruptures, Paris 2006, 307–344 [Huyse, Les provinces romaines dans la grande inscription trilingue de Šābuhr Ier sur la Ka'ba-ye Zardošt, 308–327; Loriot, Les contingents de l'armée de Valérien, 328–344].

MacMullen, R., The Epigraphic Habit in the Roman Empire, AJPh 103, 1982, 233–246.

Merten, E. W., Zwei Herrscherfeste in der Historia Augusta. Untersuchungen zu den pompae der Kaiser Gallienus und Aurelianus (Antiquitas 4, Beiträge zur Historia-Augusta-Forschung 5), Bonn 1968.

Millar, F., The Roman Near East (31 BC–AD 337), Cambridge/Mass. 1993.

Pearce, S., Visions of Antiquity: Introduction, in: Pearce, S. (éd.), Visions of Antiquity. The Society of Antiquaries of London 1707–2007, Londres 2007.

Potter, D., Prophecy and History in the Crisis of the Roman Empire. A Historical Commentary on the Thirteenth Sibylline Oracle, Oxford 1990.

Richardson, J., The Language of Empire. Rome and the Idea of Empire from the Third Century BC to the Second Century AD, Cambridge 2008.

Roberto, U., Rome face aux Barbares. Une histoire des sacs de Rome, Paris 2015.

Sartre, A. et M., Zénobie, de Palmyre à Rome, Paris 2014.

Sartre, A. et M., Palmyre. Vérités et légendes, Paris 2016.

Scheid, J., Res Gestae Divi Augusti. Hauts Faits du divin Auguste (Collection des Universités de France, Série latine 386), Paris 2007.

Sommer, M., Through the Looking Glass – Zenobia and "Orientalism", in: Boschung, D., et al. (eds.), Reinventing "the Invention of Tradition"? Indigenous Pasts and the Roman Present (Morphomata 12), Paderborn, 2015, 113–125.

Southern, P., Empress Zenobia, Palmyra's Rebel Queen, Londres 2008.

Strobel, K., Das Imperium Romanum im 3. Jahrhundert: Model einer historischen Krise? Stuttgart 1993.

Thomas, Y., La mort du père. Sur le crime de parricide à Rome (Bibliothèque Idées), Paris 2017.

Veyne, P., Palmyre. L'irremplaçable trésor, Paris 2015.

Wallinger, E., Die Frauen in der Historia Augusta (Althistorisch-Epigraphische Studien 2), Vienne 1990.

Winsbury, R., Zenobia of Palmyra. History, Myth and the Neo-Classical Imagination, Londres 2010.

Witschel, C., Krise, Rezession, Stagnation? Der Westen des römischen Reiches im 3. Jahrhundert n. Chr., Froncfort/Main 1999.

Yon, J.-B., Palmyre au IIIe siècle: à propos d'un ouvrage récent d'U. Hartmann, AntTard 10, 2002, 401–410.

Yon, J.-B., Inscriptions grecques et latines de la Syrie, vol. XVII 1: Palmyre, Beyrouth 2012.

Zahran, Y., Zenobia Between Reality and Legend (British Archaeological Reports, International Series 1169), Oxford 2003.

Ein *optio custodiarum* im *officium* des Statthalters von Lycia et Pamphylia in Patara

Sophia Bönisch-Meyer

Seit 1988 wird die westlykische Hafenstadt Patara in den von Fahri Işık initiierten und heute von Havva İşkan (Akdeniz-Universität Antalya) geleiteten Ausgrabungen intensiv erforscht.[1] Zum umfangreichen Fundmaterial gehören auch zahlreiche Inschriften, die seit 2010 von der Kommission für Alte Geschichte und Epigraphik (München) und der Forschungsstelle Asia Minor (Münster) unter der Leitung von Christof Schuler und Klaus Zimmermann dokumentiert und bearbeitet werden.[2] Insbesondere der erhebliche Anstieg an Neufunden, darunter auch eine signifikante Anzahl an lateinischen und bilinguen Zeugnissen, erlaubt uns neue Einblicke in die Strukturen römischer Administration in den Provinzen. Beim Survey 2018 in Patara wurde eine neue Grabinschrift für einen *officialis* des Statthalters der Provinz Lycia et Pamphylia dokumentiert. Die Fragen, die das neue Monument insbesondere zum statthalterlichen *officium* aufwirft, greifen eine der Forschungsinteressen des Jubilars auf.

1 Ich danke besonders der Grabungsleiterin Havva İşkan und ihrem Team sehr herzlich für ihre vielfältige Unterstützung bei den epigraphischen Arbeiten und ihre Gastfreundschaft, die mir als Mitglied des epigraphischen Teams bei mehreren Kampagnen zwischen 2011 und 2018 zuteilwurde. Der türkischen Generaldirektion für Kulturgüter und Museen (Kültür Varlıkları ve Müzeler Genel Müdürlüğü) bin ich für die Erteilung der Arbeitsgenehmigungen zu Dank verpflichtet. Hilfreiche Kritik und wertvolle Hinweise verdanke ich insbesondere Werner Eck, Andrew Lepke und Christof Schuler, für weiterführende Anregungen danke ich zudem Daniëlle Slootjes und Eda Akyürek Şahin. Neuere Gesamtdarstellungen zu Patara bieten Işık 2011; İşkan – Işık 2015; İşkan et al. 2016; İşkan 2019.

2 Die Ergebnisse dieser Arbeiten werden im Rahmen des von der DFG geförderten Projekts „Die Inschriften von Patara. Geschichte und Epigraphik einer antiken Hafenmetropole" in einem Inschriftencorpus vorgelegt, wichtige Inschriften zudem mit ausführlicher Kommentierung in einer fortlaufenden Serie von Aufsätzen publiziert, vgl. Schuler – Zimmermann 2012; Bönisch – Lepke 2013; Lepke 2015; Schuler – Zimmermann 2015; Lepke – Schuler – Zimmermann 2015; Schuler 2016; Zimmermann 2016, Zimmermann 2017a; Zimmermann 2017b; Bönisch-Meyer 2018; Schuler 2019; Zimmermann 2019; Zimmermann 2021; Lepke 2023; Bönisch-Meyer 2023 sowie die Beiträge in den in voriger Anm. zitierten Bänden. In einer weiteren Monographie erscheinen zudem demnächst späthellenistische Spenderlisten, vgl. Lepke – Schuler im Druck.

Abb. 1: Gesamtansicht.

Abb. 2: Draufsicht, aufgenommen von der beschrifteten Seite aus.

Kalksteinblock, H. 0,96, Br. 0,67, T. 0,61 m; Bh. 3, ZA 0,5 cm. Die drei Schauseiten sind geglättet, die Rückseite grob behauen. Auf der Oberseite quadratische Vertiefung mit vier Dübellöchern für einen Aufsatz (vielleicht mit einem Focus oder einem Bildnis des Verstorbenen?). Tief eingemeißelte, breite Buchstaben mit kleinen Apices; Punkte als Worttrenner. Gefunden im Versturz der Stadtmauer, nördlich der Nero-Thermen. Datierung: 120–123 n.Chr. Abb. 1–2.

C(aius) Iulius Iullus mil(es) leg(ionis)
XX V(aleriae) V(ictricis) ex officio frûm(entariorum),
opt(io) cust(odiarum) ex offic(io) Va-
leri(i) Severi leg(ati) Aug(usti)
pr(o) pr(aetore) monimentum (!)
ex testamento
iussit vac. *fieri*
vac. *sibi.* vac.

„C. Iulius Iullus, Soldat der *legio XX Valeria Victrix*, aus dem *officium* der *frumentarii*, *optio custodiarum* aus dem *officium* des Valerius Severus, *legatus Augusti pro praetore*, hat in seinem Testament angeordnet, dass ihm dieses Monument errichtet werde."

Optio custodiarum und statthalterliches *officium*

C. Valerius Severus war 120–123 n.Chr. proprätorischer Legat von Lycia et Pamphylia.[3] C. Iulius Iullus gehörte als *optio custodiarum*, d.h. als Verantwortlicher für die Bewachung von Gefangenen, dem Stab dieses Statthalters an und verstarb in dieser Position in Patara. Staatliche Gefängnisse wurden in der Kaiserzeit von römischen Soldaten bewacht bzw. geleitet, städtische (zumindest in Bithynien) von *servi publici*; in den Provinzen, wo nicht nur die Hauptstadt, sondern auch größere Städte über ein Gefängnis verfügten, unterstanden sie letztlich alle dem Statthalter.[4] Gefängnisse, die von Soldaten geleitet wurden, standen unter der Aufsicht eines *beneficiarius*, *frumentarius*, eines *optio carceris* bzw. *custodiarum* oder sogar eines *centurio*.[5] Als Helfer dienten *carcerarii*, *clavicularii* (Schließer) oder *adiutores*.[6] Der *optio carceris* ist bisher nur als Aufseher über die Gefängnisse

3 Vgl. PIR^{2} V 199. In dieser Funktion begegnet er auch im bekannten Opramoas-Dossier in Rhodiapolis, vgl. Kokkinia 2000 (= TAM II 905) IV G–H (Nr. 17: Brief an die Rhodiapoliten).

4 Vgl. Krause 1996, 252–257; Weiß 2004, 110–113.

5 Vgl. Krause 1996, 249 mit Anm. 8–9; Probst 2020, 154–161. S.u. Anm. 18. Die Zuständigkeit von *optiones* für Inhaftierte wird auch in einem Reskript Hadrians (Dig. 48, 20, 6 [Ulpian]) deutlich, in dem die Statthalter aufgefordert wurden, darauf zu achten, dass sich *speculatores* und *optiones* nicht am persönlichen Besitz von Verurteilten bereichern, vgl. Haensch 1995, 271; Krause 1996, 307–308.

6 *Clavicularii* sind im Umfeld des *optio custodiarum* bezeugt, vgl. von Domaszewski ^{2}1967, xv, 46; s. auch u. S. 152 mit Anm. 11; zum *carcerarius* oder *carceris custos* als Helfer für den *optio carceris* bei den *vigiles* vgl. Sablayrolles 1995, 130; sie bewachten Inhaftierte noch im 4. Jh., vgl. Krause 1996,

bei den stadtrömischen Truppen sowie der Stadtkohorte in Lugdunum belegt,[7] im Unterschied zum *optio custodiarum*, der bisher nur im Kontext von Legionen bezeugt war.[8] Letzterer war freilich bisher überhaupt nur durch zwei Inschriften aus Carnuntum und Mogontiacum bekannt, und sein Zuständigkeitsbereich wurde in der Forschung unterschiedlich bewertet.[9] Für diese Frage ist besonders die Inschrift aus Carnuntum aussagekräftig, ein im Jahr 201 n.Chr. gestifteter, in situ im Legionslager gefundener Altar an die Nemesis Augustorum. Dieser wurde von einem Veteranen der dort stationierten Legion aufgestellt, der vor seiner Entlassung zuletzt als *optio custodiarum* gedient hatte.[10] Seinem Fundkontext nach gehört der Altar zu einer Serie von Weihinschriften in einem Gebäudekomplex innerhalb des Legionslagers von Carnuntum; unter den Stiftern finden sich neben dem (ehemaligen) *optio custodiarum* auch mehrere *clavicularii*, die ebenfalls der Nemesis Altäre errichteten.[11] Dieser archäologisch-epigraphische Fundkomplex ist ein deutliches Indiz dafür, dass diese Personengruppe, und damit auch der *optio custodiarum*, für die Bewachung von dort Inhaftierten zuständig war. Eine Funktion ähnlich der des *optio carceris* liegt also nahe, wobei diese beiden Posten – soweit sich das aufgrund der bisherigen Zeugnisse sagen lässt – offenbar in unterschiedlichen Truppenkörpern zum Einsatz kamen.[12] Eine Weihung an eine nicht genau zu bestimmende Gottheit nahm in

265. Darüber hinaus gab es auch *carcerarii legionis*, s. Probst 2020, 155 Anm. 538 mit den Belegen, sowie *adiutores officii custodiarum*, s.u. S. 153 mit Anm. 16.

7 Die Belege für die drei stadtrömischen Truppen zuletzt bei Probst 2020, 155 mit Anm. 538. Vgl. außerdem Watson 1969, 126 mit Anm. 412–413; Breeze 1976, 128–130; von Domaszewski – Dobson ²1967, 12–13; 16; 18–19; 24; 27; Bérard 1995, 379–380; Probst 2020, 155.

8 Vgl. von Domaszewski – Dobson ²1967, 46 Nr. 69; Watson 1969, 126 mit Anm. 411; Breeze 1976, 128; Bérard 1995, 379–380.

9 Dazu zuletzt Probst 2020, 159–160.

10 CIL III 15191 (Carnuntum): *Nemesi Augg(ustorum) C(aius) Publ(ilius?/icius?) Censorinus ve(teranus) leg(ionis) XIIII G(eminae) ex optione cust(odiarum) v(otum) s(olvit) l(ibens) l(aetus) m(erito) Muciano et Fabiano co(n)s(ulibus).*

11 CIL III 15191 = CSIR-Oe-Carn-S-1, 377 = Weber-Hiden 2008, Nr. 14 wurde im Gebäude XX (Raum A) als Teil eines Ensembles von fünf Altären und Postamenten gefunden, von denen zwei von *clavicularii* gestiftet wurden (CIL III 15192 = CSIR-Oe-Carn-S-1, 379 = Weber-Hiden 2008, Nr. 15: Altar für Nemesis Augusta; CIL III 15190 = CSIR-Oe-Carn-S-1, 343: Altar für Mercur). Dies führte zur Identifizierung dieses Gebäudes als *carcer* des Legionslagers (übernommen etwa von Weber-Hiden 2008, 630–631; 633), was aber aufgrund des unklaren Gesamtbefundes nicht gänzlich sicher ist, vgl. G. Kremer, in: CSIR-Oe-Carn-S-1, p. 192–193; 361–362 mit Abb. 34. Aussagekräftig für die Bewertung der Funktion eines *optio custodiarum* ist aber der Gesamtbefund mit dem gemeinsamen Aufstellungskontext zusammen mit Weihungen mehrerer *clavicularii* und nicht zuletzt auch der Nemesis als Adressatin von zwei der Weihungen in diesem Ensemble. Zur Rolle dieser Göttin als Hüterin der öffentlichen Ordnung vgl. Weber-Hiden 2008, 620–622, zum gerade im Westen relativ hohen Anteil an Stiftern aus dem Umfeld von Personen, die für die Aufsicht der öffentlichen Ordnung zuständig waren bzw. von Angehörigen der „Militärpolizei" s. ebd. 620; eine Zusammenstellung der Stifter von Nemesis-Weihungen insgesamt ebd. 618–619. Vgl. etwa die Weihungen an Nemesis von einem *optio karc(eris)* (CIL VI 531) und von einem *clavicularius* der *legio I Adiutrix Antoniniana* in Brigetio, Pannonia inf. (RIU III 671).

12 Probst 2020, 161 betont zu Recht, dass es sich beim *optio carceris* und *optio custodiarum* um jeweils eigenständige Dienstgrade handelte, die nicht einfach synonym verwendet wurden, und dass bei-

der zweiten Hälfte des 1. Jh. der amtierende *optio custodiarum* der in Mainz stationierten Legion vor.[13] Im Unterschied zu dem neuen Zeugnis aus Patara werden die beiden *optiones* in ihren Inschriften nicht explizit mit dem Statthalterstab in Verbindung gebracht, doch ist ein solcher Zusammenhang auch in diesen Fällen anzunehmen.[14] Das sich aus den bisher bekannten Inschriften ergebende Bild, wonach der *optio custodiarum* bislang nur im Kontext von Legionsstandorten verortet war, wird durch den Neufund aus Patara, der diesen Posten auch in einer *provincia inermis* belegt, nun erweitert und korrigiert.

Die Formulierung *opt(io) cust(odiarum) ex offic(io) Valeri(i) Severi leg(ati) Aug(usti) pr(o) pr(aetore)* in der Inschrift belegt seine Zugehörigkeit zum Stab des Statthalters, was für diesen Posten so ausdrücklich noch nicht bezeugt war. Größe und Zusammensetzung der statthalterlichen *officia* sind nicht für alle Provinzen gleichermaßen gut bekannt, was insbesondere für prätorische kaiserliche Provinzen ohne Legion gilt.[15] Eine Parallele für ein *officium custodiarum* im statthalterlichen Stab als Teil von dessen Rechtsprechung bietet aber eine Mosaikinschrift aus dem Praetorium des Statthalters in Caesarea Maritima (ebenfalls ein *leg. Aug. pr. pr.*) aus dem späten 2. – Ende 3. Jh.: *Spes bona adiutorib(us) offici(i) custodiar(um).*[16] Dieses *officium* war für die Gefangenen bzw. das Gefängnis zuständig, welches sich innerhalb des Praetoriumkomplexes befunden hat.[17] Als Leiter dieses *officium* und seiner *adiutores* wurde ein Centurio vermutet; vielleicht wäre wie in Patara auch hier ein *optio custodiarum* denkbar.[18]

Der Neufund ergänzt unser bisheriges Bild von der Bandbreite an militärischem Personal in Lykien und Pamphylien, das dem Statthalter der Provinz für die Durchsetzung der öffentlichen Ordnung und Sicherheit sowie seiner Ausübung von Rechtsprechung zur Verfügung stand: Dauerhaft in der Provinz stationiert war eine 500 Mann starke Au-

---

de zudem vom Dienstgrad etwa eines *optio centuriae* zu unterscheiden sind. S. auch u. S. 157 mit Anm. 42.

13 CIL XIII 6739 (Mogontiacum, 70–86 n.Chr.): *[- - -]RE VLI(?)I(?)[- - -] Sollius Gallicanu[s] mil(es) leg(ionis) I A[d(iutricis)] |(centuria) Val(eri) Fron[t(onis)] optio cust(odiarum) d(edit) d(edicavit).* Der ursprüngliche Aufstellungskontext ist nicht bekannt.

14 Vgl. schon von Domaszewski – Dobson ²1967, 46 mit Anm. 6, der diese Charge nicht auf das Militärgefängnis beziehen möchte, sondern auf das „Staatsgefängnis". Für *clavicularii* ist die Zugehörigkeit zum Stab des Statthalters ebenfalls belegt, s. ILJug I 271 (Sirmium): *D(is) M(anibus) Ael(io) Ingen{n}uo claviculario ex officio pr(a)esides(!) deci(dit) in bel(lo) Aelia Procella coniugi karissimo memoria(m) posuit. Septi(mio) Decorato claviculario ex offici(o) pr(a)esides(!) deci(dit) in bil(l)o(!) Aelia Basilissa coniugi karissimo memoria(m) posuit.* Vgl. dazu auch Haensch 1997, 103.

15 Vgl. Haensch 1997, 713–720.

16 CIIP II 1273 mit dem ausführlichen Kommentar in Cotton – Eck 2001, 230–232 Nr. 4 (AE 2003, 1804); zur Datierung ebd. 239, zu Caesarea als Amtssitz und zum Rang des Statthalters 215–216; 222–223.

17 Vgl. Cotton – Eck 2001, 232.

18 Vgl. Cotton – Eck 2001, 231–232 mit Anm. 57 und IGLS XIII 9088 (AE 1973, 556) aus Bostra, einer postumen Ehrung für den Centurio Ulpius Philippus, *praepositus custodiarum* (πραιπόσιτος κουστωδιῶν) von den ihm unterstellten *officiales* (οἱ ὀφφικιάλ[ι]οι τῶν δεσμωτῶν) unter Gordian III. S. auch SEG 46, 2055 sowie I.Ephesos III 817.

xiliarkohorte (in hadrianischer Zeit die *cohors I Musulamiorum equitata*),[19] zudem sind an unterschiedlichen Orten Benefiziarier und *stationarii* belegt.[20] Ergänzt wurde der Stab des Statthalters der *provincia inermis* sicher durch weitere abkommandierte Soldaten aus anderen Provinzen; beim Aufgabenfeld der Rechtsprechung ist neben dem *optio custodiarum* wohl auch von weiteren *officiales* wie *quaestionarii*, *speculatores* usw. auszugehen.[21] Soldaten agierten in Zusammenhang mit der statthalterlichen Gerichtsbarkeit in verschiedenen Städten der Provinz, wie eine Beschwerde des Lykischen Koinon an Septimius Severus wegen Fällen von Machtmissbrauch (unauthorisierte Folterungen von Personen vor dem Statthaltergericht) zeigt.[22]

Frumentarius der *legio XX Valeria Victrix*

Die *legio XX Valeria Victrix*, in die C. Iulius Iullus eingeschrieben war, war seit claudischer Zeit in Britannien stationiert.[23] Aktive Angehörige dieser Legion waren bisher im südlichen Kleinasien noch nicht bezeugt.[24] Iullus, der sich als *frumentarius* allerdings kaum bzw. gar nicht bei seiner Legion aufgehalten haben dürfte,[25] war wie alle *frumentarii* spätestens seit trajanischer Zeit im *numerus frumentariorum* zusammengefasst und in den *castra peregrina* auf dem Mons Caelius in Rom stationiert, von wo aus sie nach Italien, in die Provinz, in der ihre Legion stationiert war, oder in andere Provinzen ab-

19 Zu den Truppen in der Provinz s. Bennett 2007, hier bes. 134–135; 140–141; zur *cohors I Musulamiorum* s. außerdem Bönisch – Lepke 2013, 517–518 mit weiterer Literatur. Ein lateinischer Grabaltar für einen Präfekten dieser Einheit wurde von dessen Ehefrau in Patara errichtet, vgl. ebd. 516 Nr. 7 (AE 2013, 1643).

20 S. etwa I.Klaudiupolis T 23 (= TAM II 485) aus Patara, eine griechische Grabinschrift für den aus Bithynien gebürtigen Cn. Philopatoros, βενεφικιάρις ἡγεμόνος *(beneficiarius consularis)* der *cohors I Musulamiorum*. Eine Zusammenstellung von Benefiziarier-Zeugnissen aus der Provinz bereits bei Haensch 1997, 610–611; zu Benefiziariern in Olympos, wo es eine *statio* gegeben haben muss, s. jetzt Öztürk – Öncü 2020, 260.

21 Zu Soldaten im Stab des Statthalters grundlegend Haensch 1997, 713–722; Rankov 1999; Béranger 2014, 116–127. Soldaten für den Dienst in einem statthalterlichen Stab wurden zumeist aus den jeweiligen Provinzheeren, in Provinzen ohne Legionen vor allem aus den Heeren in den Nachbarprovinzen abkommandiert, vgl. Haensch 1997, bes. 713; 717 mit weiterer Literatur; s. auch von Domaszewski – Dobson [2]1967, 64–66 zu *officiales* der *legati Aug. pr. pr.* in Provinzen ohne Legionen. Zu *officiales* im Umfeld statthalterlicher Gerichtsbarkeit in Lykien s. Reger 2020, 274–275 mit weiterer Literatur.

22 Vgl. die Editio princeps des Briefes von Septimius Severus an das Lykische Koinon vom 10. April 197 (Choma) mit ausführlichem Kommentar bei Reger 2020, bes. 255–258; 265–266; 268–269.

23 Vgl. Le Bohec 1993, 235; Keppie 2000.

24 Vgl. Malone 2006, 276. Lediglich in zwei Ehreninschriften aus Nikaia (AE 1950, 251, vgl. Malone 2006, 77 Nr. 1.5: Ehrung für [C.] Cassius Agrippa) und Ephesos (AE 1924, 78, vgl. Malone 2006, 90–91 Nr. 3.5: Ehrung für Ti. Claudius Balbillus) wird die Legion als Teil des *cursus* eines ehemaligen Legionslegaten bzw. Militärtribuns genannt.

25 Vgl. Malone 2006, 154; Mann 1988, 150.

kommandiert werden konnten.[26] Drei *frumentarii* aus der *legio XX Valeria Victrix*, die anscheinend längerfristig in Rom stationiert waren, waren bisher schon aus ihren stadtrömischen Grabinschriften bekannt.[27] C. Iulius Iullus ergänzt diese Gruppe.[28]

Frumentarii waren ursprünglich für die Getreideversorgung des Heeres zuständig, seit Beginn des Prinzipats veränderten sich aber ihre Aufgabengebiete im Lauf der Zeit erheblich:[29] Sie wurden ab dem frühen 2. Jh. vor allem für Kurier- und Nachrichtendienste eingesetzt,[30] konnten aber auch in den Provinzen die Aufsicht über Bauvorhaben oder Bergwerks- und Steinbruchbetriebe führen[31] oder Aufträge des Statthalters ausführen und z.B. in der Strafrechtspflege, etwa bei der Verfolgung und Verhaftung von Delinquenten und der Bewachung von Gefangenen, eingesetzt werden.[32] Nicht zuletzt die ‚polizeilichen' Aufgabenbereiche der *frumentarii* waren sicher auch ein Grund dafür, dass ihr Ansehen in der Bevölkerung nicht allzu positiv war; aus den Provinzen sind mehrere Beschwerdeschreiben über ihr Verhalten überliefert.[33] Darüber hinaus gibt es Hinweise auf Spitzeldienste, die sich nicht ausschließlich in der (unzuverlässigen) *Historia Augusta*, sondern etwa auch bei Cassius Dio finden.[34] Auch lange nachdem Diocletian die *frumentarii* durch die *agentes in rebus* ersetzt hatte, war ihr negatives Image noch präsent.[35]

---

26 Vgl. Baillie Reynolds 1923; Clauss 1973, 82; 84; Mann 1988, 149; Austin – Rankov 1995, 136.

27 L. Aemilius Flaccus: CIL VI 3357, vgl. Malone 2006, 154 Nr. 7.4; T. Sempronius Pudens: CIL VI 3357, vgl. Malone 2006, 154 Nr. 7.4 (Stifter); CIL VI 3358, vgl. Malone 2006, 171–172 Nr. 7.77/2 (Stifter); CIL VI 3359, vgl. Malone 2006, 171–172 Nr. 7.77/3; T. Aurelius Certus: CIL VI 3916 = 32872, vgl. Malone 2006, 156 Nr. 7.11.

28 Vgl. die Zusammenstellung aller bekannten Personen und Zeugnisse der *legio XX Valeria Victrix* bei Malone 2006.

29 Vgl. Mann 1988, 149; Haensch 1997, 714; Ducos 1995, 51.

30 Vgl. Clauss 1973, 86–88; Rankov 1990, 180; Haensch 1997, 41–42.

31 Vgl. Clauss 1973, 94–95; Rankov 1990, 177; Austin – Rankov 1995, 154.

32 Vgl. von Domaszewski – Dobson ²1967, 34–35; Clauss 1973, 102–103; Mann 1988, 149–150; Rankov 1990, 181 und Rankov 1999, 29; Haensch 1997, 722. Insbesondere die ‚polizeilichen' Aufgabenbereiche der *frumentarii* wiesen Berührungspunkte mit denjenigen der *speculatores* (wie auch mit denjenigen der Benefiziarier) auf, was sich gelegentlich auch anhand ihres gemeinsamen Auftretens in Inschriften nachvollziehen lässt, vgl. etwa die Grabinschrift CIL VI 3358, in der der *frumentarius* einer Legion aus Britannien, T. Sempronius Pudens, zusammen mit dem *minister spec(ulatorum)* dem *speculator* des Britannischen Heeres, Valerius Paternus, ein Grabmonument errichtete, oder die Bauinschrift CIL III 3524 aus Aquincum, nach der ein *frumentarius* im frühen 3. Jh. für den Bau einer *schola* der *speculatores* der *legio I* und *II Adiutrix* verantwortlich war. Vgl. dazu Clauss 1973, 98. Ähnliche Funktionen im Zusammenhang mit statthalterlicher Rechtsprechung sind für die *commentarienses* belegt, vgl. Haensch 1995, 271.

33 Vgl. Clauss 1973, 86; 104–109 mit den Belegen; s. auch Rankov 1990, 177; Austin – Rankov 1995, 153–154. Erpressungen von Provinzialen erwähnt auch Aur. Vict. Caes. 39, 45. S. auch o. Anm. 22.

34 Cass. Dio 78, 15, 1. Vgl. dazu Clauss 1973, 90–94; anders Haensch 1997, 722. Berichte von Frumentariern erteilten Tötungsaufträgen finden sich hingegen nur in der *Historia Augusta* und bei Herodian, s. die Stellen bei Clauss 1973; zurecht skeptisch Paschoud 1983, 228–232; s. auch Austin – Rankov 1995, 136–137.

35 Aur. Vict. Caes. 39, 44 *(pestilens frumentariorum genus)*; vgl. Clauss 1973, 104; Austin – Rankov 1995, 219–220.

Zwischen den Aufgabenbereichen eines *optio custodiarum* und eines *frumentarius* gab es folglich gewisse Überschneidungen. Da auch *frumentarii* Gefangene bewachen bzw. für Gefängnisse zuständig sein konnten – u.a. in einer Provinzhauptstadt wie Ephesos –,[36] könnte auch C. Iulius Iullus für seinen Aufgabenbereich in Patara bereits die nötigen Erfahrungen gesammelt haben.

Vom *frumentarius* zum *optio custodiarum*?

Frumentarii konnten grundsätzlich auch zum statthalterlichen *officium* gehören;[37] vielleicht war das auch bei C. Iulius Iullus der Fall. Andererseits deutet einiges darauf hin, dass er möglicherweise erst als *optio custodiarum* in den Stab des Statthalters kam: Ungewöhnlich ist die Formulierung *ex officio frum(entariorum)* in Z. 2. *Frumentarii* verweisen auf ihre Zugehörigkeit zu diesem Rang in ihren Inschriften in der Regel mit Ausdrücken wie *frumentarius legionis ...* oder *miles frumentarius* bzw. zu ihrer Einheit mit Ausdrücken wie *milites frumentariorum* oder *numerus frumentariorum*;[38] die hier gebrauchte Formulierung *ex officio frum(entariorum)* findet sich sonst nirgends. C. Iulius Iullus starb anscheinend ohne Angehörige und Erben. Es liegt nahe, dass diejenigen, die sich um die Vollstreckung seines Testaments kümmerten und u.a. auch die Fertigung der Grabinschrift veranlassten – vermutlich Angehörige des Statthalterbüros –, zwar seinen letzten Posten kannten, zu seinem vorigen aber nur die wichtigsten ‚Eckdaten'. Die zweimalige Verwendung derselben Formulierung *ex officio frum(entariorum)*, *ex offic(io) Valeri(i) Severi leg(ati) Aug(usti)* deutet darauf hin, dass den Verantwortlichen die bei Frumentariern in ihren Inschriften üblichen Ausdrücke nicht geläufig waren. Bei der Angabe der Zugehörigkeit des Verstorbenen zum *numerus frumentariorum* wurde daher derselbe Ausdruck wie für den letzten Posten des Iullus im statthalterlichen Stab verwendet, anstelle der Formulierung *ex numero frumentariorum*, die man in diesem Kontext eigentlich erwarten würde.[39]

---

36 I.Ephesos VI 2244, 5–8 (Ephesos, Asia): *Elpinius Festianus frumentarius leg(ionis) I Adiutricis agens curam carceris*; AE 1984, 838 (Sardes, Asia; die hier relevante Ergänzung in Z. 4–5 ist derjenigen in I.Sardis I 140 = AE 1933, 256 vorzuziehen; so auch bei Haensch 1997, 722; Rankov 1999, 30 Anm. 111): *[fru]ment[arius] leg(ionis) X Ge[m(inae) P(iae) F(idelis) a]gens cu[ram] custod[ia]|rum*. Vgl. das Fragment I.Ephesos V 1826. S. außerdem Mann 1988, 149; von Domaszewski – Dobson ²1967, xii, 35 Anm. 2.

37 Vgl. Clauss 1973, 96–97; 110; Rankov 1990, 178–182; Rankov 1999, 20; Haensch 1997, 722; s. auch Eck – Cotton 2001, 233; die ebd. 232–235 publizierte Mosaikinschrift für den *Genius frumentariorum* (Nr. 5 = CIIP II 1274) belegt eine längerfristige Anwesenheit mehrerer *frumentarii* im Statthalterpalast von Caesarea Maritima.

38 Vgl. neben den in Anm. 27 zitierten Zeugnissen z.B. CIL VI 232 und VIII 1322; AE 1994, 1443 und 1446 sowie CIL VI 3341.

39 Beförderungen bzw. Versetzungen und ehrenvolle Entlassungen aus dem Dienstgrad eines *frumentarius* werden sonst nach den bei Speidel 1993 umrissenen Prinzipien *ex* + Truppenname [vgl. z.B. AE 1994, 1443; AE 1994, 1446; CIL VI 3341: *ex num(ero) frum(entariorum)*] bzw. *ex* + ehemaliger Rang (*ex frumentario*, vgl. Rankov 1990, 180; Austin – Rankov 1995, 201) angegeben. In seltenen

Dieser Punkt wirft die Frage nach dem Rangverhältnis zwischen einem *frumentarius* und einem *optio custodiarum* auf. Der genaue Rang der *frumentarii* ist wie die Höhe ihres Soldes nicht bekannt, vielleicht waren sie *principales* mit eineinhalbfachem Sold.[40] Der *optio* gehörte zu den *principales* und erhielt den eineinhalbfachen oder doppelten Sold eines einfachen Soldaten.[41] Die möglichen Aufgabenbereiche waren allerdings breit gefächert und wiesen ein entsprechend abgestuftes Ansehen auf: *optiones* innerhalb der Centurie, d.h. als Teil der militärisch-taktischen Chargen, hatten einen höheren Rang inne als solche, die außerhalb der Centurie eine Reihe niederer administrativer Posten bekleideten (als ‚junior staff officer'); zu Letzteren gehörten u.a. der *optio valetudinarii* sowie der *optio carceris*.[42] Durch den Cursus des C. Luccius Sabinus aus Benevent ist bekannt, dass sich der Posten des *optio carceris*, der dort mit der Rechtsprechung des Stadtpräfekten in Verbindung gebracht wird,[43] innerhalb einer längeren Unteroffizierslaufbahn eher am Anfang einer Karriere befand.[44] Auf dieser Ebene ist wohl auch der *optio custodiarum* anzusiedeln.[45]

Unsere Kenntnis von Unteroffizierslaufbahnen, d.h. von Angehörigen der militärischen Hierarchie zwischen einfachen Soldaten und Centurionen, den *principales*, weist allerdings Lücken auf.[46] Von Domaszewski hat dem Frumentarier einen höheren Rang zugesprochen als den taktischen Chargen (*tesserarius – optio – signifer*), wodurch er erst recht über einem ‚junior staff officer' wie dem *optio carceris* o.Ä. stünde[47] – es stellt sich allerdings die Frage, wie belastbar diese These eigentlich ist.

Unter den bekannten Frumentarier-Inschriften gibt es kaum Zeugnisse, in denen frühere Posten aufgeführt werden: ein *frumentarius* hatte zuvor die Positionen eines *exactus* und eines *librarius* bekleidet,[48] ein anderer die eines *adiutor*.[49] Mehrfach ist eine Beförde-

Fällen wurde der Begriff *officium* offenbar auch verwendet, um eine Gruppe von Dienstgraden zu bezeichnen, vgl. Clauss 1999, 62 s.v. *officium* mit CIL IX 5840. S. auch CIL VIII 9763.

40 Vgl. Rankov 1999, 20; 23.

41 Vgl. Breeze 1971, 133–134; Breeze 1976, 127–129; Bruun 1988, 29; 33–34; Probst 2020, 38–39.

42 Dazu insbesondere Bruun 1988, 29–30; 34 mit AE 1990, 896; Breeze 1976, 127–129 zählt den *optio carceris* bei den *vigiles* immerhin zu den *principales sesquiplicarii*; s. dazu auch Probst 2009, 1113 und 2020, 53.

43 Bérard 1995, 379–380.

44 CIL IX 1617 = CBI 854; vgl. dazu Bruun 1988, 33; Ott 1995, 19; 169; Bérard 1995, 379–380. Probst 2020, 53 mit Anm. 121 weist hingegen auf drei Grabinschriften hin, in denen dieser Posten als letzter bekleidet wurde.

45 Vgl. die Tabelle bei von Domaszewski – Dobson [2]1967, 49 mit dem *optio custodiarum* als *principalis* in der Verwaltung einer Legion. Der Rang konnte auch je nach Einheit variieren; so verweist Breeze 1974, 440 darauf, dass etwa der Rang eines *optio carceris* bei den *vigiles* höher war als bei den Stadtkohorten; s. auch Breeze 1976, 129–130.

46 Zu den Grundstrukturen vgl. zusammenfassend Ott 1994, 233–234.

47 von Domaszewski – Dobson [2]1967, 35, wo sich diese Aussage allerdings nur auf eine unedierte und nicht zitierte stadtrömische Inschrift stützt.

48 IDRE II 411 = AE 1993, 1577 (Apamea, Syria), mit der anschließenden Beförderung u.a. zum *speculator* und *centurio*; vgl. dazu Bérard 2000, 300. Eine Beförderung zum *speculator* auch in AE 1991, 268.

49 IMS II 36 (Viminacium, Moesia sup.): ... *quod adiutor p(r)omi|si(!) fr(umentarius) posui.*

rung vom *frumentarius* zum *beneficiarius consularis* belegt, einer duplicaren Position.[50] Auch für einen *optio* oder *optio praetorii* ist eine Beförderung zum *beneficiarius consularis* bekannt; generell hatten gerade niedere und mittlere Chargen in der Verwaltung der Legionen und Statthalterstäbe Aussichten auf eine entsprechende Beförderung.[51] Da auch Posten wie der *optio carceris* und in Analogie der *optio custodiarum* zu dieser Gruppe gehörten, lässt sich daraus m.E. kein allzu deutlicher Rangunterschied zwischen einem *frumentarius* und einem *optio custodiarum* ableiten. Aus einer Weihinschrift aus Luna geht hervor, dass ein *frumentarius* den Rang eines *optio* erreichte; dabei dürfte es sich um den Posten eines *optio peregrinorum* gehandelt haben, d.h. um eine Beförderung innerhalb des *numerus frumentariorum*.[52] In einem anderen Fall ist eine anschließende Position als *beneficiarius tribuni* bezeugt.[53] Diese Beispiele und die Schlussfolgerung, die François Bérard aus den Karrieremustern von *frumentarii* insgesamt zog, sollten vor zu schematischen Ansätzen warnen.[54] Letztlich lagen beide Posten, der *frumentarius* und der *optio custodiarum*, als Teil der Unteroffizierslaufbahnen von *principales* vielleicht gar nicht so weit auseinander; auch die ähnlichen Zuständigkeiten gerade im Hinblick auf Gefängnisse legen nahe, dass ihr jeweiliger Rang wohl in etwa vergleichbar war. Ein Truppenwechsel konnte zwar wohl unter Umständen auch eine Rückstufung im Rang mit sich bringen,[55] allerdings gibt es für einen solchen im Fall des C. Iulius Iullus keine Anhaltspunkte – im Gegenteil zeigt die Inschrift, nicht zuletzt durch ihre Gesamtkomposition, dass er auch als *optio custodiarum* weiterhin in der 20. Legion eingeschrieben war. Dies ergibt sich etwa aus der Reihenfolge der beiden Posten zusammen mit der Nennung seiner Zugehörigkeit zur *legio XX Valeria Victrix* allein bei seinem Dienstgrad als *miles frumentarius*. Wäre seine erste Position die des *optio custodiarum* in Lycia et Pamphylia gewesen, wäre er wohl zudem aus einer der Legionen der Nachbarprovinzen dorthin abkommandiert worden,

50 Vgl. von Domaszewski – Dobson [2]1967, 33; Clauss 1973, 97; 109; Mann 1988, 149 mit Anm. 5; Rankov 1990, 179–180; Mirković 1994, 384 Nr. 44; 385 Nr. 47; Ott 1994, 234; 245; Austin – Rankov 1995, 201.

51 Ott 1994, 234 Tab. 1; 245 mit Anm. 9, der diese Gruppe ebd. als „wichtigste Rekrutierungsbasis" für eine Beförderung zum *beneficiarius consularis* ansieht. S. auch die stichpunktartige Rangfolge der *officiales* bei Austin – Rankov 1995, 151; ausführlich dazu Haensch 1997, 720–724.

52 CIL XI 1322 (Luna, Italia; 11. April 200): *I(ovi) O(ptimo) M(aximo) pro salute Impp(eratorum) L(uci) Septimi Severi et M(arci) Aur(eli) Antonini Augg(ustorum) [[et P(ublio) Getae]] et Iul(iae) Aug(ustae) matr(is) cas(trorum) sub cura Fl(avi) Muciani |(centurionis) fr(umentariorum) M(arcus) Firmidius Spectatus fr(umentarius) leg(ionis) II Ital(icae) P(iae) F(idelis) optio consacravit(!) item dedicavit III Idus Apr(iles) Severo et Victor(ino) co(n)s(ulibus).* Vgl. dazu Bérard 2000, 299–301; Clauss 1973, 110 mit Anm. 189; Rankov 1990, 179–180 mit Anm. 18.

53 CIL XIII 8282 (Köln, Germania inf.): *M(emoriae) aetern[ae Mo]dio(?) Victo[ri mil(iti)] leg(ionis) VII Ge[m(inae) P(iae) F(elicis) in] Hispania [citer(iore)] fact(o) fru[men(tario) b(ene)f(iciario)] trib(uni) leg(ionis) I [Min(erviae) P(iae) F(idelis)] sepulc{h}r[um po]suit (...).* Zur Ergänzung in dieser Inschrift sowie zu beiden Karrieren vgl. Bérard 2000, 299–301.

54 „Le tableau reste donc dans l'ensemble assez confus [...]"; vgl. Bérard 2000, 299–300 (Zitat 299). Für ein visuelles Beförderungsschema mit einigen Karriereverläufen von *frumentarii* bis zum Centurionat vgl. Breeze 1993, 34.

55 Vgl. Ott 1994, 238–240 mit den Belegen in Anm. 29–30; s. auch Ott 1995, 20.

nicht aber aus Britannien.[56] Auch dies spricht für die hier diskutierte Abfolge seiner beiden Positionen. Iullus war als *frumentarius* an unterschiedlichen Orten mit Sonderaufträgen unterwegs; man kann vermuten, dass er in dieser Funktion vielleicht auch in der Region aktiv war und deshalb auf den Posten des *optio custodiarum* im Stab des Statthalters berufen wurde, als dieser besetzt werden musste.

Patara als Sitz des Statthalters in hadrianischer Zeit

Die epigraphischen Neufunde der letzten Jahre haben das Bild verdichtet, dass Patara mit Einrichtung der Einzelprovinz Lycia unter Claudius Sitz des Statthalters und damit Provinzhauptstadt wurde.[57] Hier residierte der Statthalter mit seiner Familie und Entourage in einem festen Standquartier, wenn er nicht vor allem im Rahmen der Konventsordnung durch seine Provinz reiste.[58] Neue Zeugnisse aus dem Umfeld von Apparitoren des Statthalters – darunter ein gemeinschaftlich von den fünf Liktoren des Legaten gestiftetes Ehrenmonument für diesen und seine Familie[59] – aus der Zeit nach Einrichtung der Doppelprovinz Lycia et Pamphylia unter Vespasian deuten mittlerweile darauf hin, dass Patara diesen Status auch nach der Änderung der Provinzstruktur offenbar zumindest zunächst beibehielt.[60] In diesem Zusammenhang ist eine 2013 publizierte bilingue Grabinschrift aus Patara interessant, die für einen *scriba* des hadrianischen Statthalters M. Flavius Aper (ca. 123–126 n.Chr.) von seiner Ehefrau errichtet wurde.[61] Die hier vorgelegte Grabinschrift des *optio custodiarum* aus dem *officium* des Statthalters stammt fast aus demselben Zeithorizont. Einzelzeugnisse verstorbener Stabsmitglieder sind für sich genommen grundsätzlich wenig aussagekräftig, da diese immer auch auf einer Reise verstorben sein könnten.[62] Doch zum einen haben die langfristigen Ausgrabungen in Patara inzwischen die Dichte an entsprechenden Zeugnissen der römischen Administration vor

56 S.o. Anm. 21.

57 S. bereits Haensch 1997, 292–293, außerdem u. Anm. 61 sowie die kurze Synopsis von Zimmermann in Schuler – Zimmermann 2019, 86–87. Zur Charakterisierung des festen Amtssitzes eines Gouverneurs vgl. grundlegend Haensch 1997, 18–36; Haensch 2006, bes. 135–138. Archäologisch ist der Statthalterpalast (und damit auch ein dazugehöriges Gefängnis) in Patara bisher nicht nachgewiesen.

58 Zu Reisen der Statthalter durch ihre Provinz bes. im Rahmen der Konventsordnung zusammenfassend Haensch 2006, 133–135.

59 Vgl. Bönisch-Meyer 2018.

60 Ob sich der Statthaltersitz im späteren 2./3. Jh. im pamphylischen Perge befand, wofür es ebenfalls Indizien gibt (vgl. Haensch 1997, 290–294; Haensch 1998, 289–292; Haensch 2006, 152), kann im Rahmen dieses Beitrags nicht untersucht werden.

61 Vgl. Bönisch – Lepke 2013, 509–515 Nr. 6 (SEG 63, 1364; AE 2013, 1642). Eine Übersicht über die einschlägigen Zeugnisse bei Haensch 1997, 610, mit der Ergänzung durch die seitdem neu hinzugekommenen Inschriften bei Bönisch-Meyer 2018, 399–400.

62 Vgl. mit Blick auf die Quellensituation in Lykien und Pamphylien Haensch 1997, 296.

Ort erhöht,[63] und zum anderen deuten die beiden hadrianischen Zeugnisse mit einer Ehefrau als Stifterin des Grabmals eines *apparitor* und einem Verantwortlichen für das Statthaltergefängnis (d.h. einer baulichen Infrastruktur im Kontext des Statthalterpalastes)[64] auf Personen, die am Ort des Amtssitzes lebten bzw. ihren Dienst versahen.[65] Beide Zeugnisse sind folglich ein Indiz dafür, dass Patara auch noch im frühen 2. Jh. als Amtssitz des Statthalters fungiert hat.

Die stetig wachsende Zahl an neuen Inschriften und insbesondere Neufunde dieser Art bieten immer wieder neue Impulse für die Forschung zu den Strukturen der römischen Provinzialadministration.

Literaturverzeichnis

Austin, N. J. E. – Rankov, N. B., *Exploratio.* Military and Political Intelligence in the Roman World from the Second Punic War to the Battle of Adrianople, London – New York 1995.

Baillie Reynolds, P. K., The Troops Quartered in the Castra Peregrina, JRS 13, 1923, 168–189.

Bennett, J., The Roman Army in Lycia and Pamphylia, Adalya 10, 2007, 131–151.

Bérard, F., La cohorte urbaine de Lyon: une unité à part dans la Rangordnung?, in: Le Bohec 1995, 373–382.

Bérard, F., La garnison de Lyon et les officiales du gouverneurs de Lyonnaise, in: Alföldy, G., et al. (Hg.), Kaiser, Heer und Gesellschaft in der Römischen Kaiserzeit. Gedenkschrift für Eric Birley (Heidelberger althistorische Beiträge und epigraphische Studien 31), Stuttgart 2000, 279–305.

Bérenger, A., Le métier de gouverneur dans l'empire romain. De César à Dioclétien, Paris 2014.

Bönisch, S. – Lepke, A., Neue Inschriften aus Patara II: Kaiserzeitliche Ehren- und Grabinschriften, Chiron 43, 2013, 487–525.

Bönisch-Meyer, S., Neue Inschriften aus Patara IV: Liktoren und ihr *legatus Augusti*. Eine bilingue Ehrung für L. Luscius Ocra und seine Familie, Chiron 48, 2018, 375–400.

Bönisch-Meyer, S., Ein Altar für Neptun aus Patara *ex magnis periculis* – Zur Weihepraxis von Signiferi und zur Kategorisierung impliziter Bilinguen, Chiron 53, 2023, 257–278.

Breeze, D. J., Pay Grades and Ranks below the Centurionate, JRS 61, 1971, 130–135.

Breeze, D. J., The Career Structure below the Centurionate during the Principate, ANRW II 1, 1974, 435–451.

63 Zur Bedeutung der Kumulation entsprechender Zeugnisse an einem Ort vgl. zuletzt Haensch 2006, 140.

64 S.o. S. 153 mit Anm. 17.

65 Zur Aussagekraft von Grabinschriften von Stabsmitgliedern vgl. Haensch 1997, bes. 44–45; Haensch 1998, 292.

Breeze, D. J., A Note on the Use of the Titles ‚Optio' and ‚Magister' below the Centurionate during the Principate, Britannia 7, 1976, 127–133.
Bruun, Ch., *Caligatus, tubicen, optio carceris*, and the Centurion's Position. Some Remarks on an Inscription in ZPE 71 (1988), Arctos 22, 1988, 23–40.
Clauss, M., Untersuchungen zu den Principales des römischen Heeres von Augustus bis Diokletian. *Cornicularii, speculatores, frumentarii*, Bochum 1973.
Clauss, M., Lexikon lateinischer militärischer Fachausdrücke (Schriften des Limesmuseums Aalen 52), Stuttgart 1999.
Cotton, H. M. – Eck, W., Governors and their Personnel on Latin Inscriptions, in: The Israel Academy of Sciences and Humanities Proceedings 7, Jerusalem 2001, 215–240.
von Domaszewski, A., Die Rangordnung des römischen Heeres. 2. Auflage bearb. von B. Dobson (BJ Beih. 14), Köln – Graz ²1967.
Ducos, M., La hiérarchie militaire dans les sources littéraires, in: Le Bohec 1995, 47–51.
Dündar, E., et al. (Hg.), LYKIARKHISSA. Festschrift für Havva İşkan, Istanbul 2016.
Haensch, R., *A commentariis* und *commentariensis*: Geschichte und Aufgaben eines Amtes im Spiegel seiner Titulaturen, in: Le Bohec 1995, 267–277.
Haensch, R., *Capita provinciarum*. Statthaltersitze und Provinzialverwaltung in der römischen Kaiserzeit (Kölner Forschungen 7), Mainz 1997.
Haensch, R., Statthalterinschriften, ZPE 122, 1998, 286–292.
Haensch, R., Provinzhauptstädte im Imperium Romanum, in: Ronning, Ch. (Hg.), Einblicke in die Antike. Orte – Praktiken – Strukturen (Münchner Kontaktstudium Geschichte 9), München 2006, 131–156.
Harter-Uibopuu, K. (Hg.), Epigraphische Notizen. Zur Erinnerung an Peter Herrmann (Hamburger Studien zu Gesellschaften und Kulturen der Vormoderne 6), Stuttgart 2019.
Işık, F., Patara. Caput Gentis Lyciae – Capital of the Lycian League, Istanbul 2011.
İşkan, H. (Hg.), Patara. City – Harbor – Cult, Istanbul 2019.
İşkan, H., et al. (Hg.), From Sand into a City. 25 Years of Patara Excavations. Proceedings of the International Symposium of 11–13 November 2013, Antalya (Patara 7.1), Istanbul 2015.
İşkan, H., et al. (Hg.), Patara. Lykiens Tor zur römischen Welt, Darmstadt 2016.
Keppie, L., Legiones II Augusta, VI Victrix, IX Hispana, XX Valeria Victrix, in: Le Bohec, Y., et al. (Hg.), Les légions de Rome sous le Haupt-Empire, Bd. I, Lyon 2000, 25–37.
Kokkinia, Ch., Die Opramoas-Inschrift von Rhodiapolis. Euergetismus und soziale Elite in Lykien (Antiquitas 3,40), Bonn 2000.
Krause, J.-U., Gefängnisse im Römischen Reich (Heidelberger althistorische Beiträge und epigraphische Studien 23), Stuttgart 1996.
Le Bohec, Y., Die römische Armee, Stuttgart 1993.
Le Bohec, Y. (Hg.), La hiérarchie (Rangordnung) de l'armée romaine sous le Haut-Empire. Actes du congrès de Lyon, 15–18 septembre 1994, Paris 1995.
Lepke, A., Neue agonistische Inschriften aus Patara, ZPE 194, 2015, 135–157.

Lepke, A., Der Mann, den sie „Pferd“ nannten – Eine Ehrung für den Läufer T. Flavius Hermogenes (SEG 64, 1402 und 1403), ZPE 225, 2023, 142–148.

Lepke, A. – Schuler, Ch., Zwischen Bürgerkrieg und Prinzipat. Gesellschaft, Politik und Wirtschaft Lykiens im 1. Jh. v. Chr. (Asia Minor Studien), im Druck.

Lepke, A. – Schuler, Ch. – Zimmermann, K., Neue Inschriften aus Patara III: Elitenrepräsentation und Politik in Hellenismus und Kaiserzeit, Chiron 45, 2015, 291–384.

Malone, S. J., *Legio XX Valeria Victrix*. Prosopography, Archaeology and History (British Archaeological Reports, Internat. ser. 1491), Oxford 2006.

Mann, J. C., The Organization of *frumentarii*, ZPE 74, 1988, 149–150.

Mirković, M., *Beneficiarii consularis* in Sirmium, Chiron 24, 1994, 345–404.

Ott, J., Überlegungen zur Stellung der Beneficiarier in der Rangordnung des Römischen Heeres, in: Der römische Weihebezirk von Osterburken II. Kolloquium 1990 und paläobotanische-osteologische Untersuchungen, Stuttgart 1994, 233–249.

Ott, J., Die Beneficiarier. Untersuchungen zu ihrer Stellung innerhalb der Rangordnung des römischen Heeres und zu ihrer Funktion (Historia Einzelschriften 92), Stuttgart 1995.

Öztürk, H. S. – Öncü, Ö. E., Olympos in Lycia: A Novel Assessment of its History and Localization in Light of Recent Archaeological and Epigraphical Research, Adalya 23, 2020, 253–275.

Paschoud, F., *Frumentarii*, *agentes in rebus*, *magistriani*, *curiosi*, *veredarii*: problèmes de terminologie, in: Bonner Historia-Augusta-Colloquium 1979/1981 (Antiquitas 4,15), Bonn 1983, 215–243.

Probst, P., Der Optio in der römischen Armee. Untersuchungen zur Stellung innerhalb der Rangordnung sowie zur Funktion im militärischen und administrativen Bereich. Ein Vorbericht, in: Morillo Cerdán, Á. (Hg.), Limes XX. XX congreso internacional de estudios sobre la frontera romana, Bd. II, Madrid 2009, 1111–1115.

Probst, P., Untersuchungen zum Optio. Seine Stellung innerhalb der Rangordnung und seine Funktion in der römischen Armee (Pharos 45), Rahden/Westf. 2020.

Rankov, N. B., *Frumentarii*, the *Castra Peregrina* and the provincial *officia*, ZPE 80, 1990, 176–182.

Rankov, N. B., The governor's men: the *officium consularis* in provincial administration, in: Goldsworth, A., et al. (Hg.), The Roman Army as a Community (JRA Suppl. ser. 34), Portsmouth 1999, 15–34.

Reger, G., A Letter of Septimius Severus to the Lykian League on the Misbehavior of Soldiers. A New Inscription from Choma (Hacımusalar Höyük), Northern Lykia, Chiron 50, 2020, 253–285.

Sablayrolles, R., La hiérarchie inférieure des *vigiles*: entre tradition et originalité, in: Le Bohec 1995, 129–137.

Schuler, Ch., Bryaxis in Patara, in: Dündar et al. 2016, 697–705.

Schuler, Ch., Straßenbau und Infrastruktur im flavischen Lykien. Zwei neue Meilensteine aus Patara, in: Harter-Uibopuu 2019, 107–127.

Schuler, Ch. – Zimmermann, K., Neue Inschriften aus Patara I: Zur Elite der Stadt in Hellenismus und früher Kaiserzeit, Chiron 42, 2012, 567–626.

Schuler, Ch. – Zimmermann, K., Epigraphische Forschung in der Türkei: Das Beispiel der antiken Stadt Patara in Lykien, in: Yalçın, Ü., et al. (Hg.), Anatolien – Brücke der Kulturen. Aktuelle Forschungen und Perspektiven in den deutsch-türkischen Altertumswissenschaften. Internationales Symposium Bonn 2014 (Anschnitt Beih. 27 = Veröffentlichungen aus dem Deutschen Bergbau-Museum Bochum 203), Bochum – Bonn 2015, 387–397.

Schuler, Ch. – Zimmermann, K., Patara: The History of the City from the Classical Period Until the Establishment of the Province of Lycia, in: İşkan 2019, 68–100.

Speidel, M. A., *Miles ex cohorte*. Zur Bedeutung der mit *ex* eingeleiteten Truppenangaben auf Soldateninschriften, ZPE 95, 1993, 190–196.

Watson, G. R., The Roman Soldier, London 1969.

Weber-Hiden, I., Nemesisinschriften aus Carnuntum, in: Mauritsch, P., et al. (Hg.), Antike Lebenswelten. Konstanz – Wandel – Wirkungsmacht. Festschrift für Ingomar Weiler zum 70. Geburtstag (Philippika 25), Wiesbaden 2008, 615–635.

Weiß, A., Sklave der Stadt. Untersuchungen zur öffentlichen Sklaverei in den Städten des Römischen Reiches (Historia Einzelschriften 173), Stuttgart 2004.

Zimmermann, K., Hermes Agonios, Herakles Kallinikos und der Hypogymnasiarch Daliades im Gymnasion von Patara, in: Dündar et al. 2016, 895–905.

Zimmermann, K., Caput Gentis Lyciae. Die epigraphische Arbeit der Forschungsstelle Asia Minor in der lykischen Hafenmetropole Patara, in: Leidinger, P. – Hillebrand, U. (Hg.), Deutsch-türkische Beziehungen im Jahrhundert zwischen Erstem Weltkrieg und Gegenwart. Grundlagen zu Geschichte und Verständnis beider Länder. 100 Jahre Deutsch-Türkische Gesellschaft Münster (Worte – Werke – Utopien 19), Münster 2017a, 355–366.

Zimmermann, K., Pastorenstücke und Besucherordnung – eine *lex sacra* aus dem Heiligtum des Zeus Labraundos von Patara, in: Beck, H., et al. (Hg.), Von Magna Graecia nach Asia Minor. Festschrift für Linda-Marie Günther zum 65. Geburtstag (Philippika 116), Wiesbaden 2017b, 299–309.

Zimmermann, K., Opramoas in Patara, in: Harter-Uibopuu 2019, 129–141.

Zimmermann, K., Patara sous domination étrangère: un très long IIIe siècle, in: Brun, P., et al. (Hg.), L'Asie Mineure occidentale au IIIe siècle a.C., Bordeaux 2021, 129–140.

Abbildungsnachweis

Abb. 1–2: Foto Ş. Aktaş. CC BY-SA.

Könige in Köln und die Weiternutzung spätrömischer Praetoria*

Roland Färber

Dezimal denkende Menschen feiern bekanntlich nicht nur gerne Jubiläen in Fünfer-, Zehner-, Hunderter- oder Tausenderschritten, sondern neigen auch dazu, symbolträchtige Bezugsdaten mit üppiger Ziffer in der Vergangenheit zu suchen. Hält man also nach einer Jahreszahl Ausschau, die entsprechend den Interessen des Jubilars in der Antike liegen und zugleich einen lokalen Bezug zu seiner Heimat aufweisen sollte, so wird man anderthalb Jahrtausende ‚vor Rudolf Haensch' fündig, nämlich im Jahre 459. Damals sei Köln endgültig von den Franken erobert worden.[1] Im Schlepptau dieser Jahreszahl findet sich in der Literatur häufig die Bemerkung, dass sich die neuen Machthaber im ehemaligen Statthalterpraetorium ‚eingenistet' hätten.[2] Aber wie fundiert ist diese Annahme? Zur Debatte stehen zum einen die Indizien aus Köln selbst, zum anderen das Argument der Analogie: Denn seitdem Carlrichard Brühl die Übernahme spätrömischer Praetoria gleichsam als eine Gesetzmäßigkeit für germanische Nachfolgereiche konstatiert hat,[3] sind auch andere Herrschersitze zur Untermauerung der Kölner Kontinuität ins Feld geführt worden.[4]

Das spätrömische Köln und das Jahr 459

In methodischer Hinsicht ist es unumgänglich, zunächst einige Voraussetzungen zu klären. Denn nur sofern die nachfolgend diskutierten Punkte beweisbar sind oder zumindest hohe Plausibilität erlangen, macht die Frage nach einer Weiternutzung des Kölner Praetoriums durch fränkische Könige überhaupt Sinn. Eine dieser Voraussetzungen ist

---

* Für nützliche Hinweise bzw. Einsicht in Druckfahnen oder Sonderdrucke danke ich dem Jubilar, Stefan Esders, Sebastian Ristow und Konrad Vössing. Bruno Bleckmann und meiner Frau Viktoria bin ich für eine Durchsicht des Manuskripts zu Dank verpflichtet.

1 Stein 1928, 559 mit Anm. 3; seither u.a. Anton 1984, 20; Gechter 2000, 1015.

2 Steuer 1980, 59. Vgl. u.a. Eck 2004, 692 zu Abb. 301; Bechert 2007, 132 zu Abb. 91; Fischer – Trier 2014, 169; Ubl 2022, 48.

3 Brühl 1958, 162; Brühl 1967, 122; Brühl 1974, 72; 78; Brühl 1975, passim; gefolgt u.a. von Doppelfeld 1973, 33.

4 Insbes. von Päffgen – Ristow 1996, 148.

die Lokalisierung des Statthaltersitzes der spätantiken Provinz Germania secunda in Köln. Zwar wurde ein systematischer Nachweis bislang nur für ihre hochkaiserzeitliche Vorgängerin Germania inferior erbracht,[5] aber in der Forschung gilt es als unstrittig, dass der Colonia Claudia Ara Agrippinensium diese Rolle auch weiterhin zufiel.[6] Eine Legaten- bzw. Statthalterresidenz gab es dort seit dem 1. Jh. Die letzte Bauphase des Praetoriumskomplexes (Bauphase IV,2 nach Gundolf Precht) fällt in die zweite Hälfte des 4. Jh.s. Wesentliche Merkmale sind die basilikale Halle im Süden und nördlich daran anschließend der 90 Meter lange, zum Rheinufer ausgerichtete Hauptbau mit seinem zentralen Oktogon, symmetrisch nach Norden und Süden verlaufenden Flügeln sowie Apsidensälen an deren beiden Enden.[7] Bereits der Ausgräber Otto Doppelfeld hat die Frühphasen des Komplexes mit dem Palast des Provinzstatthalters, die spätantike Phase mit der bei Ammian im Kontext der Usurpation des Silvanus (355) erwähnten *regia* identifiziert.[8] Die Grundlage dafür bilden mehrere Inschriften von Provinzgouverneuren sowie Ziegelstempel der in der Nähe stationierten Legionen.[9] Seither gilt die Identifikation als gesichert. Für eine funktionale Kontinuität in der Spätantike – die zweite zu prüfende Voraussetzung – sprechen die anhaltende Bautätigkeit am selben Ort unter leicht veränderten, aber ältere Strukturen aufgreifenden Zügen und die in anderen spätantiken Palastbauten begegnenden architektonischen Formen. Zeugnisse von Statthaltern gibt es keine mehr; allerdings wird eine Bauinschrift des Heermeisters Arbogast von 392–394 mit dem Praetorium in Verbindung gebracht.[10]

Eine dritte Voraussetzung ist die der Siedlungskontinuität. Während die ältere Forschung noch von einer Verödung Kölns im 5. Jh. ausging,[11] plädierte bereits Dietrich Claude für das Fortbestehen sowohl des städtischen Charakters als auch der zentralörtlichen Funktion.[12] Volle Bestätigung hat dies in den rezenten Ausgrabungen auf dem Heumarktgelände gefunden. Der Bereich auf der verlandeten Rheininsel wurde im 4. Jh. durch westöstlich verlaufende Schenkelmauern in die Stadtbefestigung integriert.[13] Im 5. Jh. ließen sich dort germanische Siedler nieder; verschiedene Handwerksbetriebe prägten das Areal.

5 Haensch 1993; Haensch 1997, 65–73; Haensch 1999.

6 Brühl 1990, 4; Eck 2004, 242; 594; Bechert 2007, 111. Zur unbefriedigenden Forschungslage hinsichtlich der Identifikation von Provinzhauptstädten der Spätantike Haensch 2021, 27–28 mit Anm. 104.

7 Grundlegend Doppelfeld 1956; Precht 1973; Precht 2008; Schäfer 2014. Einen konzisen Überblick gibt Ristow 2019.

8 Amm. 15, 5, 31. Vgl. Doppelfeld 1956, 94–97; Doppelfeld 1958, 313–314. Zuletzt hat Precht 2008, 336 die *regia* mit der basilikalen Halle identifiziert.

9 Einschlägig sind die Bauinschriften CIL XIII 8170 und AE 1984, 652 (mit Eck 2004, 537–538); zu beiden Haensch 2004, 312–313.

10 CIL XIII 8262. Erstmals mit dem Praetorium verbunden bei Precht 1973, 103–104; vgl. Eck 2004, 680; Ristow 2021, 259.

11 So etwa Steuer 1980, 61–63.

12 Claude 1988.

13 Eck 2007, 9–14; Dietmar – Trier 2011, 55–60.

Das eingangs genannte niederrheinische Epochenjahr 459, mit dem die Einnahme Kölns durch die Franken verbunden wird, ist wie so vieles im 5. Jh. alles andere als gesichert. Es basiert auf dem *Liber historiae Francorum*, einer Chronik aus dem frühen 8. Jh. Die betreffende Stelle enthält keine Daten, sondern zählt die Ereignisse nur in relativer Abfolge auf:[14]

> *In illis diebus ceperunt Franci Agripinam civitatem super Renum vocaveruntque eam Coloniam, quasi coloni inhabitarent in eam. Multo populo Romanorum a parte Egidii illic interfecerunt; ipse Egidius fugiens evasit.*

Entscheidend für die Datierung ist der namentlich genannte *magister utriusque militiae per Gallias* Aegidius, der dieses Amt 457 von Kaiser Maiorian übertragen bekam. 461 erkannte er den Nachfolger Maiorians, Libius Severus, nicht an und baute sich einen unabhängigen Machtbereich im nördlichen Gallien auf, der bei seinem Tod 465 an den Sohn Syagrius überging.[15] Innerhalb des Zeitfensters 457 bis 461, das die Inhaberschaft des Heermeisteramtes absteckt (den Titel behielt Aegidius eigenmächtig weiter), wurden inzwischen fast alle Einzeljahre für die Einnahme Kölns vorgeschlagen. Eine definitive Festlegung scheint nicht möglich.[16]

Nach dem Zeitgenossen Salvian von Marseille soll die Stadt schon vorher, in den Jahren um 440, *hostibus plena* gewesen sein;[17] ein Verwandter habe sich dort nur mit knapper Not aus fränkischer Gefangenschaft erretten können.[18] Werner Eck zufolge dürfte sich die römische Zentralgewalt schon bald nach 408 aus Köln zurückgezogen haben: „Denn Salvians Schilderung geht deutlich von einer etablierten Herrschaft der Barbaren aus."[19] Dabei müsse es sich nicht um eine gewaltsame Eroberung gehandelt haben – im Gegensatz zu Köln spricht Salvian bei Mainz von Auslöschung *(excisa atque deleta est)* und bei Trier von viermaliger Verheerung *(quadruplici est eversione prostrata)*; vielmehr deuten auch die Siedlungskontinuität und die Ausgrabungen am Heumarkt auf einen Herrschaftsübergang „ohne nennenswerte Zerstörungen"[20] oder gar auf eine vertragliche Übergabe hin.[21] In den 430er und 440er Jahren hören wir von Rückgewinnungen der Rheingegend durch Aëtius.[22] Köln mag in dieser Zeit mehrmals zwischen fränkischer und römischer Hoheit gewechselt haben – wobei diese Zuschreibungen kaum mehr scharf zu trennen waren.

14 Lib. hist. Franc. 8.

15 Anders 2010, 417–426; Sartor 2021.

16 Ewig plädierte anfangs noch für 461, das Todesjahr Maiorians (Ewig 1978, 115; ders. 1980, 10), sprach sich zuletzt aber für 457 aus (Ewig 2007, 37); Anders 2010, 418 mit Anm. 1427 datiert das Ereignis zwischen 459 und 463; unentschieden Meier 2019, 593.

17 Salv. gub. 6, 39 (zwischen 439 und 451).

18 Salv. epist. 1, 5–6 (um 439/440).

19 Eck 2004, 688; 692 (Zitat); ähnlich bereits Brühl 1990, 5.

20 Zäh 1999, 61.

21 Vgl. Eck 2004, 690.

22 Sartor 2021, 259–260; vgl. auch Ewig 1974, 96–99.

Der Zeitpunkt der im *Liber historiae Francorum* genannten Eroberung Kölns muss nicht einmal mit Aegidius' offizieller Inhaberschaft des Heermeisteramtes zusammenfallen: Als nach dem Ableben des Aëtius (454) und des Valentinian III. (455) die Bündnisse mit den germanischen Gruppen am Rhein erloschen und *tumultus militum popularium foederatorum* ausbrach,[23] dürfte Aegidius – so Guillaume Sartor – bereits längere Zeit als hoher Militär und Mittelsmann zu den Franken tätig gewesen sein; das Ereignis könnte somit auch in diesen Kontext gehören.[24] Noch mehr spricht für eine Spätdatierung in den Zeitraum 463–465. In diesen Jahren wurde Aegidius, der zwischenzeitlich von den Franken anstelle des verbannten Childerich zum König erwählt worden war (wohl 457–465),[25] von seinem aus dem thüringischen Exil zurückgekehrten Rivalen arg bedrängt. Es könnten also Childerich und Konsorten gewesen sein, die den abspenstigen Heermeister gegen 465 vielleicht sogar mit kaiserlicher Legitimation aus Köln vertrieben.[26] Das würde auch zur Ereignisabfolge des *Liber historiae Francorum* passen, in dem zunächst die Rückkehr Childerichs und sein Konflikt mit Aegidius, dann die Eroberungen Kölns und Triers aufgeführt werden, schließlich der Tod des Aegidius und die Nachfolgerschaft des Syagrius.

Gab es ein Kölner Königreich?

Als Hauptstadt der spätantiken Provinz Germania secunda verfügte Agrippina über ein repräsentatives Gebäude für den Statthalter, das im späten 4. Jh. nochmals umgebaut und erweitert wurde. Reisenden, Gesandtschaften und militärischen Anführern der Franken war dieser Ort als Sitz der Vertreter Roms sicherlich bekannt. Insofern liegt die Vermutung nahe, dass bei der Machtübernahme in Köln und Umland auch das Praetorium als symbolträchtige Herrschaftsarchitektur okkupiert wurde.[27] Dies umso mehr, wenn sich die neuen Herren als Funktionsträger des Imperiums verstanden haben, solange es existierte, bzw. als Erben römischer Autorität, als diese 476 im Westen erlosch.[28] Bezeichnend ist etwa, dass Bischof Remigius von Reims Chlodwig, dem Nachfolger Childerichs und Begründer des Merowingerreiches, im Jahr 481/482 zur Übernahme der *administratio* der Belgica secunda gratulierte, als ob er ein römischer Statthalter wäre.[29]

Allerdings ist zu klären, ob Köln überhaupt zu einer *sedes regia* wurde – die vierte Voraussetzung für eine Weiternutzung des Praetoriums. Die Existenz eines *regnum* am Niederrhein überliefert Gregor von Tours in seinen *Historiarum libri X*. Nach dessen anekdotisch ausgeschmücktem Bericht fiel der dort regierende Frankenkönig Sigibert

23 Sidon. epist. 2, 13, 5; dazu Sartor 2021, 265; 269.

24 Sartor 2021, bes. 264–265.

25 Greg. Tur. Franc. 2, 12; Fredegar 3, 11; Lib. hist. Franc. 7. Dazu eingehend Hardt 2015 und Sartor 2021, 271–273; 280; 284.

26 So zuerst Dill 1926, 14–15; neuerlich Frye 1992, 8–9; Ubl 2022, 28; vgl. auch Hardt 2015, 219; Sartor 2021, 272; 293–295.

27 Vgl. die allgemeine Überlegung von Brühl 1974, 78.

28 Vgl. Becher 2009, 171–175.

29 Epist. austras. 2 (MGH Epp. 3, p. 113; Kaiser – Scholz 2012, 100–101, Nr. 9).

der Heimtücke Chlodwigs zum Opfer.[30] Das Ereignis gehört wahrscheinlich ins Jahr 509. Zwei Jahre zuvor hatte Sigiberts Sohn Chloderich in der Schlacht von Vouillé dem über die Westgoten siegreichen Chlodwig zur Seite gestanden.[31] Er ist der einzige Verbündete, den Gregor erwähnt, was auf eine nicht unerhebliche Bedeutung seiner Person bzw. seines Truppenkontingents schließen lässt. In diesem Zusammenhang erklärt Gregor auch den Beinamen von Chloderichs Vater *Sygiberthus Claudus* („der Lahme"), der in einer Schlacht gegen die Alemannen bei Zülpich am Knie verletzt wurde und seither hinkte.[32] Mit dem Hinweis auf dieses Gebrechen und auf das hohe Alter Sigiberts habe Chlodwig, so Gregor, den Prinzen zum Vatermord angestiftet. Nachdem nun der König einmal Köln verlassen und den Rhein überquert hatte (*egressus de Colonia civitate, transacto Rheno*), durchstreifte er den Buchonischen Wald (*Buconiam silvam*), dessen geographische Lage nicht näher bestimmbar ist.[33] Als Sigibert mittags in einem Zelt ruhte, verrichteten die von seinem Sohn beauftragten Männer ihr ruchloses Werk. Dem *parricida* war jedoch keine lange Nachfolge beschieden. Als Chloderich den Leuten Chlodwigs den Königshort zeigte, trieb ihm einer von ihnen unvermittelt die Axt in den Schädel. Chlodwig, der unterdessen zu Boot auf der Schelde unterwegs gewesen sein will, kam daraufhin an denselben Ort (*in eodem loco adveniens*), bestritt jegliche Schuld am Tod seiner Verwandten (*parentum meorum*), empfahl den Franken seine eigene Person als Schutzherr an und wurde vom zusammengerufenen *populus* auf den Schild gehoben. Gregor schließt die Erzählung mit den Worten: *Regnumque Sigyberthi acceptum cum thesauris, ipsos quoque suae ditioni adscivit.*

Die wesentlichen Informationen aus Gregors Darstellung sind folgende: Sigiberts Machtbereich wird explizit als *regnum* bezeichnet; er führte Krieg gegen die Alemannen im Süden und entsandte 507 seinen Sohn Chloderich in Chlodwigs Schlacht gegen die Westgoten; beide *regna* standen somit in kooperativer Konkurrenz zueinander. Sigibert verfügte über einen nicht unbeträchtlichen Schatz (*thesaurus*) und gebot auch über Gebiete rechts des Rheins. Die Tatsache, dass er von Köln aus aufbrach, muss für sich genommen noch nicht heißen, dass er dort residierte.[34] Aber eine andere Siedlung wird in der ganzen Episode nicht genannt, und auch das Eintreffen Chlodwigs „an ebendiesem Ort", wo er *omnem populum* zusammenrief, vermag der Leser kaum auf etwas anderes zu beziehen. Wenn Chloderich an diesem Ort die *thesauri* des *regnum* vorzeigte und Chlodwig dort auf den Schild gehoben wurde, wird es sich auch um die *sedes regia* gehandelt haben.[35]

30 Greg. Tur. Franc. 2, 40. Zur Bewertung Becher 2011, 252.

31 Greg. Tur. Franc. 2, 37.

32 Ob es sich dabei um die berühmte Alemannenschlacht des Jahres 496/497 handelte, von der Gregor von Tours berichtet (Franc. 2, 30), ist unsicher: Runde 1998, 680.

33 Später ist als Buchonia ein Waldgebiet im östlichen Hessen bezeugt (Schwind 1981), allerdings ist fraglich, ob Sigiberts Machtbereich so weit nach Osten reichte, oder der bei Gregor verwendete Begriff einfach als „Buchenwald" zu verstehen ist: Ewig 1954, 484.

34 So bereits Kuhn 1974, 498; neuerdings wieder Springer 1998, 250 und ders. 2005, 395.

35 In diesem Sinne zuletzt auch Ubl 2002, 59. Vgl. Hardt 2004, 301–302 zur Bedeutung des Königsschatzes für die Konstituierung einer *sedes regia*.

Eine andere Stelle bei Gregor von Tours erhärtet die Annahme, dass Köln ein fränkischer Herrschersitz war: So hätten einst die Franken nach dem Überschreiten des Rheins und im Zuge der Ausdehnung ihres Machtbereichs nach Gallien *iuxta pagus et civitates* Könige eingesetzt; dies hätten später auch Chlodwigs Siege gezeigt, womit Gregor auf die Beseitigung der Frankenkönige Sigibert, Chararich und Ragnachar anspielt.[36] Am Niederrhein war Köln jedoch die einzige verbliebene *civitas* von Bedeutung gewesen.

Vielfach ist in der Literatur die Rede von ‚Kleinkönigen', doch sollte man zumindest das *regnum* am Rhein in seiner Bedeutung nicht unterschätzen. Zu Zeiten Childerichs könnte es dessen Machtbereich in der ehemaligen Provinz Belgica secunda durchaus ebenbürtig gewesen sein. Die Pracht von Childerichs Grab ist wohlbekannt; auf seinem Sigelring titulierte er sich selbst als *rex*.[37] Es besteht kein Grund, für die Machthaber am Niederrhein eine andere Selbstauffassung und Titulatur anzunehmen. Sigibert könnte sogar ein Bruder Childerichs gewesen sein, was mit der von Gregor in Chlodwigs Mund gelegten Bezeichnung *parens* korrespondiert.[38]

Freilich wird über die Ausdehnung des Frankenreiches am Rhein und über die stimmige Benennung desselben in der Forschung seit Langem gestritten.[39] Die ältere Bezeichnung als „ribuarisches Frankenreich" ist sicher anachronistisch.[40] Schwieriger ist es um die Frage bestellt, ob das Reich Sigiberts von dem anonymen Geographen von Ravenna beschrieben wird, dessen *Cosmographia* aus dem 8. oder 9. Jh. stammt.[41] Darin begegnet eine *Francia Rinensis* bzw. eine *patria Francorum Rinensium*.[42] Als Gewährsmänner führt der Ravennat Ostgoten aus der Zeit um 500 an, namentlich einen Athanarid; und die politische Geographie, die er beschreibt, passt in vielen Fällen zu den herrschaftlichen Gegebenheiten eben dieser Zeitstellung.[43] Den aufgelisteten Orten nach umfasste die Francia Rinensis die gesamte ehemalige Germania secunda, das Gros der Belgica prima sowie den nördlichen Streifen der Germania prima und reichte von der Betuwe und Nimwegen im Norden bis Toul und Mainz im Süden.[44] Trier, das in den 470er Jahren noch unter der Herrschaft des *comes* Arbogast stand, ist hier bereits eingegliedert.[45] Die Angrenzung der Francia Rinensis an den südlich gelegenen alemannischen Machtbereich findet möglicherweise ihren Widerhall in der Alemannenschlacht, bei der Sigibert

---

36 Greg. Tur. Franc. 2, 9; vgl. dazu Steuer 1980, 100 und Dick 2014, 372.

37 Dick 2014, 368; 374–375; allgemein zum Childerichsgrab Quast 2015 und ders. 2021; Kritik an der Bezeichnung ‚Kleinkönig' in Bezug auf Childerich bei Hardt 2015, 222.

38 Vgl. Grahn-Hoek 2003, 42–43 mit Anm. 174; Springer 2005, 395.

39 Vgl. Anton 1995; kritisch Springer 1998.

40 Anton 1995, 327; Springer 1998; Springer 2005, 395.

41 Dazu Anton 1995, 369.

42 Rav. Cosmogr. 4, 24, 1; 4, 25, 1; 4, 26, 6–7 (ed. Schnetz 1990). Ein sprachliches Pendant sind die *terrae Belgicae sive Rhenanae* bei Sidon. epist. 4, 17, 2.

43 Kuhn 1974, 497–498 und Springer 1998, 254–259 bezweifeln den Wert der Quelle; vgl. dagegen jedoch Ewig 1978, 116–117; Anton 1984, 44–50; Staab 1996, 238; Kaiser 2004, 56; Ewig 2007, 40.

44 Zur Ausdehnung Ewig 1980, 9–17; Anton 1995, 369; Kaiser – Scholz 2012, 52 sowie Karten 2 u. 3.

45 Zum Zeitpunkt Mitte der 480er Jahre Ewig 1972, 42; Anton 1984, 50; ders. 1987, 58; Nonn 2010, 106–107.

der Lahme zu seinem Beinamen kam.[46] Nach der 511 erfolgten Teilung des Chlodwig-Reiches unter seinen vier Söhnen wurde der östliche Sprengel – später als Austria bezeichnet – Theuderich I. (511–533) übertragen. Das, was der Geograph von Ravenna als Francia Rinensis kennt, wurde diesem merowingischen Teilreich bezeichnenderweise en bloc zugeschlagen.[47] Aber war sie wirklich eine „politische Einheit",[48] oder muss man in ihr noch den Machtbereich des ebenfalls von Chlodwig beseitigten Chararich suchen?[49]

Häufig ist zu lesen, dass das Frankenreich am Niederrhein um 470 ein Bündnis mit dem Burgunderkönig eingegangen sei, der damals vom Kaiser den Heermeistertitel übertragen bekam. Es sei damit in Opposition zum Reich der Salfranken unter Chloderich gestanden, den man wiederum mit Syagrius, dem Sohn des vormaligen Heermeisters Aegidius, im Bunde sieht.[50] Diese Annahme beruht einzig auf einem Brief des Sidonius Apollinaris von ca. 469, in der der Einzug eines Prinzen Sigismer in Lyon, dem burgundischen Königssitz, beschrieben wird.[51] Aus dem Namen Sigismer und aus der Kleidung und Bewaffnung seines Gefolges hat man eine rheinfränkische Herkunft abgeleitet; denn der Namensbestandteil Sigi- sei am Rhein mit Sigibert dem Lahmen prominent vertreten gewesen.[52] Zur Vorsicht mahnen jedoch die Tatsachen, dass Sigi-Namen besonders auch im Westgotenreich gebräuchlich waren[53] und die Zugehörigkeit Sigismers bereits bei verschiedenen Völkerschaften jener Zeit gesucht wurde (Burgunder, Westgoten, Franken).[54] Abgesehen von dieser Bündnistheorie auf wackeligen Beinen wissen wir nichts über die Frühphase der fränkischen Herrschaftsbildung am Niederrhein.

Das Nachleben des Kölner Praetoriums

Für Köln als eine *sedes regia* dieses Reiches sprechen sowohl die spätere historische Entwicklung als auch die Archäologie: Um 520 ist die Anwesenheit König Theuderichs I. belegt. In seinem Gefolge befand sich der hl. Gallus von Clermont, der an einem paganen Heiligtum in der Stadt Anstoß nahm und Feuer legte. Vor den Schwertern der wütenden Meute musste ihn dann der König retten.[55] Auf die anhaltende Bedeutung Kölns als Repräsentations- und Herrschaftsort verweisen die reich ausgestatteten Gräber fränkischer

46 Ewig 1954, 484.
47 Ewig 2007, 39.
48 Ewig 1974, 99 Anm. 117; Anton 1984, 41; skeptisch Reichmann 2014, 95–98.
49 Von Chararichs Beseitigung durch Chlodwig berichtet Greg. Tur. Franc. 2, 41; sein *regnum* lag evtl. an Maas und Mosel: Ewig 1954, 486–487.
50 U.a. Kaiser 2004, 56; Ewig 2007, 37; Nonn 2010, 97; Becher 2011, 122; Meier 2019, 590.
51 Sidon. epist. 4, 20.
52 Ewig 1972, 41 mit Anm. 39; Ewig 1978, 115; Steuer 1980, 41; Ewig 1991, 25; Favrod 1997, 243; Nonn 2010, 127–128; Becher 2011, 121–122; 142–143.
53 Siller 2009, 350–352.
54 Vgl. Haubrichs 2000, 184–185. Zu einem *non liquet* gelangte zuletzt auch von Rummel 2007, 172–181.
55 Greg. Tur. vit. patr. 6, 2.

adliger Knaben bei Sankt Severin von ca. 460,[56] die Prunkgräber unter dem Dom aus dem mittleren 6. Jh.[57] und die unter Theudebert I. (533–547) in Köln betriebene Münzstätte, in der Solidi und Trienten mit dem Namen dieses Königs geprägt wurden.[58] Man hat auch vermutet, dass es sich bei dem reichen Frauengrab unter dem Dom um dessen zweite Gemahlin handeln könnte, die Langobardenprinzessin Wisigarde.[59] Chlothar I., unter dem das Chlodwig-Reich kurzzeitig wieder vereinigt war (558–561), ließ seinen fünften Sohn auf den Namen Sigibert taufen; er sollte später von 561 bis 575 als Sigibert I. in der Austria regieren. Offenbar wurde mit der Namengebung bewusst an die Sippe Sigiberts des Lahmen angeknüpft und so der Herrschaftsanspruch über das östliche Teilreich deklariert.[60]

Auch wenn wir es nur sporadisch zu fassen bekommen, war Köln immer wieder Aufenthaltsort der Könige von Austria. Unter Childebert II. (575–596) sind in Köln zweimal Beratungen mit den führenden Herren (*optimates*) belegt.[61] Von Theudebert II. (596–612) wissen wir, dass er sich nach den Niederlagen gegen seinen frankoburgundischen Bruder Theuderich II. (587–613) nach Köln zurückzog bzw. dort von ihm gedemütigt wurde;[62] in diesem Zusammenhang wird auch Theudeberts II. *palacium thesauris* erwähnt, allerdings ohne nähere topographische Angabe.[63] Alledem kann man entnehmen, dass Köln unter den Merowingern zumindest als eine Art Nebenresidenz fungierte.[64] Vielleicht besaß es sogar größere Bedeutung, als aus den Schriften Gregors von Tours hervorgeht, dessen Blick den zentralgallischen Raum fokussierte; jedenfalls sollte man nicht a priori ausschließen, dass Köln bei der Reichsteilung von 511 Königssitz Theuderichs I. wurde, denn Reims ist als *sedes regia* des östlichen Teilreiches erst für die Zeit ab 561 explizit belegt.[65]

Wie aber steht es um die Weiternutzung des spätrömischen Praetoriums in rheinfränkischer und merowingischer Zeit? Dass es in Köln um 520 einen königlichen Repräsentationsbau gegeben hat, bezeugt Gregor von Tours in seiner oben bereits angeführten Vita des hl. Gallus. Nach der Brandstiftung habe sich dieser zur „königlichen Halle“ geflüchtet: *Ille vero in fugam versus, aulae se regiae condidit.*[66] Die Nennung der *aula regia* wird üblicherweise als das stärkste Argument für eine fränkische Übernahme des Statthalterpalastes angesehen.[67] Aber es entfaltet seine Kraft erst im Zusammenspiel

56 Päffgen – Ristow 1996, 147–148; Dietmar – Trier 2011, 60–62.

57 Steuer 1980, 66–71; Hauser 1996; Päffgen – Ristow 1999.

58 Köln war allerdings nicht der einzige Prägeort solcher Münzen: Fischer 2002, 284–286.

59 Doppelfeld 1973, 34; Ewig 1980, 21; Steuer 1980, 70; zuletzt Ubl 2002, 67–70; zurückhaltender Päffgen – Ristow 1999, 66.

60 Steuer 1980, 58; Ewig 1980, 22; Ewig 1991, 29–30; Grahn-Hoek 2003, 43.

61 MGH Capit. I, p. 17 § 8 mit p. 15 Datumszeile (Dekret vom 1. März 596).

62 Ewig 1980, 23; Fredegar 4, 38.

63 Lib. hist. Franc. 38. Ristow 2019, 7 und ders. 2022, 265 vermutet eine Situierung im ehemaligen Praetorium. Die hinterrücks erfolgte Enthauptung Theudeberts II., als er seinen Schatz öffnete, erinnert freilich verdächtig an die Ermordung Chloderichs (s. o.), vgl. Hardt 2004, 22.

64 Vgl. Claude 1988, 25; Brühl 1990, 6.

65 Die vier *sedes* werden bei Gregor von Tours nur für die Teilung von 561 genannt (Franc. 4, 22), nicht jedoch für 511 (Franc. 3, 1); dazu Brühl 1975, 54 mit Anm. 12; Dierkens – Périn 2000, 280.

66 Greg. Tur. vit. patr. 6, 2.

67 Vgl. Brühl 1990, 37; zuletzt Ubl 2002, 62.

mit den archäologischen Indizien. So haben auch die neueren Grabungen gezeigt, dass das Praetorium bis ins 8. Jh. nicht überbaut oder abgerissen wurde. Dies spricht für die Vermutung, dass es als römischer Staatsbesitz von den Nachfolgeherrschern zu Krongut erklärt wurde.[68] Dabei gilt es allerdings zu beachten, dass das Konstrukt einer regelhaften Fiskalsukzession in frühmittelalterlichen Reichen sehr fragil ist.[69] Und selbst wenn der Praetoriumskomplex zunächst an die fränkischen Machthaber am Rhein überging, ist damit nicht gleich gesagt, dass diese und die merowingischen Könige es auch für eigene Wohn- und Repräsentationszwecke nutzten. Welchem Zweck es in diesem Zeitraum konkret diente, gibt der Befund nicht preis: Bauphasen lassen sich nach jener des späten 4. Jh.s nicht mehr erkennen; nur eine „primitive" Ausbesserung an der basilikalen Halle scheint in eine nachrömische Zeitstellung zu gehören.[70] Das überrascht, wenn man eine fortwährende Nutzung bis ins 8. Jh. unterstellt, denn erfahrungsgemäß ist kein Gebäude nach zwei- oder dreihundert Jahren noch wohnlich genug, um einer königlichen Hofhaltung angemessenen Raum zu bieten. Man müsste dem Befund nach davon ausgehen, dass zumindest der ursprüngliche Zustand gewahrt wurde, notwendige Reparaturen erfolgt sind und die Dächer instand gehalten wurden. Es kann gut sein, dass man nur einen kleinen Teil des Komplexes pflegte und den Rest dem Verfall preisgab.[71] Gegen Ende des 8. Jh.s ist das Praetorium dann systematisch abgetragen worden, offenbar weil der Untergrund nachgegeben hatte und große Risse in den Mauern entstanden waren.[72] Erst für die Zeit danach lassen sich Gruben und andere mittelalterliche Störungen erkennen.[73]

Ein umstrittener Punkt ist die Zeitstellung der massiven Stützeneinfassungen in der nördlich an das zentrale Oktogon anschließenden Halle. Doppelfeld hatte sie noch als vom ursprünglichen Plan abweichende, merowingische Einbauten gedeutet.[74] Precht dagegen hat sie überzeugend mit der spätrömischen Bauphase verknüpft.[75] Dies wurde zuletzt von Sebastian Ristow wieder angezweifelt, allerdings ohne schlagende Argumente.[76] Jedenfalls trugen die Stützen kein Dach, sondern einen Zwischenboden; der Flügel war demnach mindestens zweigeschossig angelegt.[77] Würde man solches bei einem nachträglichen Einbau aus fränkischer Zeit erwarten?

Das Fundmaterial der nachrömischen Phase ist bis heute nicht systematisch ausgewertet, aber in seiner Zahl offenbar recht überschaubar. Länger bekannt ist die westgotische

68 So etwa Steuer 1980, 55; Gechter – Schütte 2000, 105; Dietmar – Trier 2011, 52; Schütte – Gechter 2012, 67.

69 Blei 2013, bes. 185–187.

70 Precht 1973, 27.

71 Nach Precht 2008, 330 scheint der gesamte Apsisraum der basilikalen Halle irgendwann im Frühmittelalter nach Baumaterial durchsucht worden zu sein.

72 Gegen die zwischenzeitlich vorgebrachte These von einem Erdbeben (Gechter 2000, 1018; Schütte – Gechter 2012, 59; 66) siehe Thomas 2014, 247 und Ristow 2022, 270–271.

73 Doppelfeld 1956, 98; ders. 1960, 20; ders. 1973, 33.

74 Doppelfeld 1956, 94; ders. 1958, 320–321.

75 Precht 1973, 65–67.

76 Ristow 2019, 17; ders. 2022, 268.

77 Gechter – Schütte 2000, 102.

Nachprägung eines byzantinischen Goldtrienten aus dem mittleren 6. Jh., die auf dem Rathausplatz südöstlich der Apsis der Basilica gefunden wurde.[78] Ein solches Goldstück war sicher nicht allerorten im Umlauf und setzt einen wohlhabenden Verlierer voraus.[79] Die anderen bislang vorgestellten Fundstücke des 6. Jh.s – eine Bügelfibel, ein Stück Glas, eine handgefertigte Tonscherbe aus vermutlich rechtsrheinischem Gebiet sowie das Bruchstück eines Knickwandtopfes[80] – sagen nicht viel mehr aus, als dass sich in dem alten Praetorium immer wieder Menschen aufhielten.

Bisweilen findet sich in der Forschung auch der Verweis darauf, dass sowohl die Kirche im westlichen Vorfeld des Kölner Praetoriums als auch die Kapelle bei der Trierer Palastaula den hl. Laurentius zum Patron hatten.[81] Es mag zwar sein, dass hier eine spätrömische Analogie aus dem 4. Jh. vorliegt, aber für die Frage nach einer Kontinuität des Kölner Praetoriums gewinnen wir daraus nichts, weil wir keine Kenntnis über die unmittelbare Nachnutzung des Kaiserpalasts (oder anderer Residenzen) in Trier haben.[82] Das Argument der Analogie wurde, wie eingangs angesprochen, auch im Hinblick auf die spätrömischen Praetoria an anderen frühmittelalterlichen *sedes regiae* vorgebracht.

Wie weit trägt der Analogieschluss? Burgunder und Vandalen

Als Vergleichsbeispiel wurde insbesondere Genf angeführt, die erste Hauptstadt der Burgunder, die im Jahr 443 in der *Sapaudia* nördlich und südlich des Genfer Sees angesiedelt wurden.[83] Genava dürfte bereits unter König Gundioch († 473) als *caput regni*, wie Avitus von Vienne es nannte,[84] gedient haben. Gundiochs Bruder Chilperich d. Ä. wurde um 467 von dem Mönch Lupicinus in Genf aufgesucht.[85] Die Stadt blieb weiterhin Herrschersitz an zweiter Stelle neben Lugdunum; im Falle einer Samtherrschaft residierte hier der jüngere Bruder.[86] Die archäologische Lokalisierung eines Praetoriums in Genf hat sich allerdings als irrig herausgestellt; ergraben wurde die Bischofspfalz, nicht die Kö-

78 Fischer 2002, 302, Nr. 56; Dietmar – Trier 2011, 68 mit Abb. 46; Fischer – Trier 2014, 364.

79 Vgl. Fischer 2002, 298–299. Funde von Trienten des 7. Jh.s vom Heumarktgelände sprechen immerhin dafür, dass diese als Zahlungsmittel für größere Transaktionen verwendet wurden.

80 Ristow 2021, 260; ders. 2022, 266.

81 Päffgen – Ristow 1996, 148; fußend auf Ewig 1960, 133. Ob es sich bei der späteren Laurentiuskirche Kölns um das bei Amm. 15, 5, 31 erwähnte *conventiculum ritus Christiani* gehandelt hat, wie Gechter – Schütte 2000, 106–107 (erneut in Schütte – Gechter 2012, 63–65) vermuten, ist nicht nachweisbar: Thomas 2014, 247.

82 Gregor von Tours (Franc. 10, 29) erwähnt die Existenz eines *palatium regis* für die Mitte des 6. Jh.s, vgl. Dierkens – Périn 2000, 278. Die Verbindung mit dem ehemaligen Kaiserpalast bzw. der Konstantin-Basilika (so Brühl 1990, 84; Anton 1987, 105–106) ist indes unsicher: Kuhnen 1996, 140.

83 Päffgen – Ristow 1996, 148; ferner Brühl 1974, 75.

84 Avit. Vienn. epist. 8.

85 Greg. Tur. vit. patr. 1, 5; dazu Favrod 1997, 162.

86 Bonnet – Reynaud 2000, 242; Meier 2019, 572.

nigsresidenz.[87] Da Genava keine Provinzhauptstadt war und erst im späten 4. Jh. *civitas* wurde, könnte man allenfalls ein Reisequartier oder das Dienstgebäude eines anderen Zivil- oder Militärfunktionärs voraussetzen; doch über dergleichen wissen wir nichts. Besser belegt ist die antike Villa Carouge unweit der Stadt, die noch im frühen 6. Jh. als befestigter königlicher Palast diente.[88]

Lugdunum war erstmalig 457 von den Burgundern erobert worden, ein Jahr später rang Aegidius es ihnen wieder ab.[89] Dieses Intermezzo hielt höchstens bis 469. In der oben bereits erwähnten, wohl aus diesem Jahr stammenden Epistel des Sidonius Apollinaris an seinen Freund Domnicius wird Prinz Sigismer als Brautwerber oder Verlobter – Sidonius ist sich in diesem Punkt selbst nicht sicher – bei der Ankunft in Lyon beschrieben.[90] Sigismer habe hier den Palast seines Schwiegervaters besucht, wobei Sidonius den für Statthalterresidenzen technischen Begriff *praetorium*, nicht etwa *palatium* oder *regia*[91], gebraucht. Dies spricht dafür, dass er den ehemaligen Statthalterpalast in der Hauptstadt der Lugdunensis prima meinte. Zugleich wird deutlich, dass Sidonius die Selbstauffassung der Burgunderkönige dieser Zeit, insbesondere Gundobads, aufgreift, die sich als Amtsträger – konkret als *magistri militum* und *patricii* – des Imperiums verstanden.[92] Mit dem römischen Amt übernahmen sie zugleich wohl auch dessen Sitz.[93] Über die Lokalisierung des Praetoriums von Lyon wird nach wie vor gestritten; ein archäologischer Nachweis ist bislang nicht gelungen.[94]

Ob die Burgunderkönige auch das Praetorium in Vienne, der Hauptstadt der Viennensis,[95] als Residenz nutzten, ist ungewiss. Zwar diente Vienne im Jahr 500 als temporärer Königssitz,[96] aber eine Verbindung zum römischen Statthalterpalast lässt sich dabei ebensowenig herstellen wie zu der Residenz Kaiser Valentinians II. (375–392).[97] Eine Stelle bei Gregor von Tours, in der er vom Blitzschlag in ein *palatium regale intramuraneum* berichtet,[98] dürfte nur die Umdeutung seiner Quelle sein, einer Predigt des Avi-

87 Vgl. Favrod 1997, 163; Bonnet – Reynaud 2000, 263–264; Kaiser 2004, 117 (mit Lit.).

88 Favrod 1997, 163; Bonnet – Reynaud 2000, 260; Kaiser 2004, 117.

89 Kaiser 2004, 47; Meier 2019, 569; 589.

90 Sidon. epist. 4, 20, 1: *... si Sigismerem regium iuvenem ritu atque cultu gentilicio ornatum, utpote sponsum seu petitorem, praetorium soceri expetere vidisses!*

91 Bei der Quelle, die Brühl 1975, 219–220 und Bonnet – Reynaud 2000, 244 für eine Bischofskonferenz des Jahres 499 in der *regia* von Lyon heranziehen, handelt es sich laut Favrod 1997, 163 um eine Fälschung des 17. Jh.s.

92 Vgl. Maier 2005, 96–97 und Meier 2019, 572.

93 Vgl. Bonnet – Reynaud 2000, 243.

94 Für verschiedene Hypothesen vgl. Brühl 1975, 219–221; Bonnet – Reynaud 2000, 252–255; resümierend Kaiser 2004, 118.

95 Die Hauptstädte der spätantiken gallischen Provinzen sind bislang nicht systematisch identifiziert, aber für Vienne gibt es starke Indizien wie etwa AE 1953, 200 (Rom, 407); siehe dazu auch den Beitrag von Bruno Bleckmann in diesem Band (495–504).

96 Brühl 1975, 224; Favrod 1997, 165; Kaiser 2004, 116.

97 Die Kaiserresidenz ist bei Philostorgios 11, 3 bezeugt.

98 Greg. Tur. Franc. 2, 34.

tus von Vienne, wo jener dasselbe Gebäude als *aedes publica* bezeichnet.[99] Offenbar hat Gregor daraus gemäß dem Verständnis seiner Zeit ein *palatium* gemacht, ohne dass eine frühburgundische Residenz gemeint gewesen wäre.[100]

Es ist kaum mehr nachvollziehbar, wie Brühl von einer gleichsam gesetzmäßigen Übernahme der spätrömischen zivilen und militärischen Praetoria durch nachfolgende Herrscher ausgehen konnte, obwohl er dafür keinen einzigen sicheren Beweis vorlegte. Der dünnen Quellenbasis zeigte er sich zwar bewusst, obgleich wenig von ihr beeindruckt.[101] Anhand der bei Gregor von Tours nacherzählten und sprachlich umgemünzten Blitz-Episode aus Vienne ging er sogar soweit zu behaupten, dass diese übernommenen Paläste „stets innerhalb der Stadtmauern, meist an diese angelehnt bzw. in einer Ecke der Mauer" gelegen hätten.[102] Darauf wiederum stützte er seine Lokalisierungsbemühungen. Man braucht dem nur Luke Lavans Zusammenstellung bekannter spätantiker Statthalterpraetoria entgegenzuhalten und wird schnell erkennen, wie wenig Halt Brühls Thesen haben; denn in den betreffenden Regionen des westlichen Imperiums sind allein Köln und Karthago verzeichnet.[103] Daher noch ein kurzer Blick auf Karthago und das Vandalenreich.

In der Forschung gilt es entweder als Faktum oder es wird zumindest als sehr wahrscheinlich erachtet, dass Geiserich sich nach der Eroberung Karthagos am 19. Oktober 439 das Praetorium des Prokonsuls zur eigenen Residenz auserkor. So schreibt etwa Mischa Meier in seinem Opus magnum über die Völkerwanderung: „Geiserich bezog umgehend Quartier im ehemaligen Palast des *proconsul Africae* auf dem Byrsa-Hügel."[104] Allerdings wird dabei die Komplexität der Sachlage nicht hinreichend gewürdigt. Zwar darf es als gesichert gelten, dass Karthago über die diokletianische Provinzialreform hinaus Statthaltersitz blieb;[105] und auch die Existenz eines Praetoriums für den Prokonsul ist mehrfach belegt.[106] Jedoch ist dessen Standort innerhalb des Stadtgebiets nicht lokalisiert. Wir wissen nur, dass der Prokonsul auf oder am Forum (in einer Basilica?) Recht gesprochen hat.[107] Seine Residenz kann sich gleichwohl anderswo befunden haben. Da Karthago über ein zweites Forum in Hafennähe verfügte, ist die Verortung von Amtshandlungen „am Forum" ohnehin nicht eindeutig.[108] Auch wenn der Byrsa-Hügel in der zweiten Hälfte des 5. Jh.s bei Sidonius Apollinaris als ein Sitz der Macht, wie er es bereits unter den Puniern und den Römern war, stilisiert wurde,[109] bedeutet das nicht zwangsläufig den bruch-

99 Avit. Vienn. hom. 6.
100 So Favrod 1997, 165–166.
101 Brühl 1967, 122.
102 Brühl 1958, 162; ebenso Brühl 1975, 67; 158; 249.
103 Lavan 1999, 136.
104 Meier 2019, 665. Ganz ähnlich Lavan 2001, 47; Merrills – Miles 2010, 78; Vössing 2014, 85; Steinacher 2016, 120; 170; vorsichtiger Vössing 2021, 65 Anm. 47.
105 Eindeutig etwa bei Salv. gub. 7, 67–68; für die Kaiserzeit siehe Haensch 1997, 81–83.
106 Augustinus zitiert in c. Cresc. 3, 56, 62 aus einem gerichtlichen Protokoll vom 3. März 395 mit Ortsangabe *Carthagine in secretario praetorii*.
107 Aug. conf. 6, 9, 14 mit Färber 2014, 206–207.
108 Darauf weist Bockmann 2013, 48 hin.
109 Sidon. carm. 2, 348–351 (468); 7, 441–445 (456).

losen Übergang vom römischen Amtslokal zum vandalischen Herrscherpalast: die Byrsa mag Sidonius einfach Metapher für das Machtzentrum Karthago gestanden haben.

Neben dem Prokonsul, der für die Verwaltung der Africa proconsularis zuständig war, hatte in Karthago auch der für die Diözese Africa als Stellvertreter des Prätorianerpräfekten amtierende *vicarius* einen (aber wohl nicht den einzigen) Sitz;[110] Gleiches gilt möglicherweise für den ranghöchsten Militär dieser Region, den *comes Africae*.[111] Hätten die Vandalen tatsächlich nach einem römischen Praetorium Ausschau gehalten, hätten sie gleich aus mehreren Optionen wählen können.[112] Hinzu kommt, dass unter ihrer Herrschaft zivile römische Ämter fortbestanden. In der Hauptstadt etwa waltete weiterhin ein *proconsul Carthaginis*,[113] und es ist gut denkbar, dass er das alte Praetorium mit Gerichtssaal, Archiv und Büroräumen behielt.[114] Im Gegensatz dazu erlosch das Amt des *vicarius* mit der vandalischen Eroberung; sein Praetorium wurde frei.[115] Dennoch besteht keine sichere Grundlage dafür anzunehmen, die Vandalenkönige hätten sich nicht etwa völlig neu eingerichtet oder eine der prächtigen Stadtvillen in Beschlag genommen.[116]

Die große Basilica auf der Byrsa, die man mit dem Tribunal des Prokonsuls in Verbindung gebracht hat, verfiel während der vandalischen Herrschaft ebenso wie etliche andere Gebäude auf dem zentralen Stadthügel.[117] In Kontrast dazu wissen wir von mehreren Residenzen im Umland von Karthago, die von den Vandalenkönigen entweder komplett neu errichtet oder zumindest erweitert und reich ausgeschmückt wurden.[118] Die Könige waren also sehr wohl in der Lage und auch Willens, nicht nur Altes zu übernehmen, sondern als Bauherren auch Neues zu schaffen.

Ein Palast in der Hauptstadt selbst ist ebenfalls gut bezeugt.[119] Topographische Hinweise finden sich aber erst bei Victor von Vita, wenn er für 484 den Weg des byzantinischen Gesandten Uranius zum Palast des Hunerich in Karthago verallgemeinernd beschreibt:

---

110 Vgl. Lepelley 2002, 69–71. Bei der Konferenz des Jahres 411 zwischen Katholiken und Donatisten in Karthago wirkten *officiales* aus den Büros des Prokonsuls, seines Legaten sowie des *vicarius Africae* mit: Gest. coll. Carth. a. 411, 1, 1 (CCL 149A, p. 53).

111 Ein Indiz dafür ist Cod. Theod. 12, 1, 15 (327). Nach Maier 2005, 266 sei der Vandalenkönig vor allem in die Rolle des *comes Africae* als Militärbefehlshaber eingetreten.

112 So bereits Haensch 1997, 82 Anm. 106.

113 Maier 2005, 267–269. Quellen: Vict. Vit. 3, 27; Drac. Romul. ad fin. (MGH Auct. ant. 14 p. 148); möglicherweise auch CIL XV 7121 (Rom).

114 Gegen Vössing 2014, 172 Anm. 86. Zu den räumlich-strukturellen Bestandteilen spätantiker Praetoria siehe Lavan 2001, 46–55 und Färber 2012, 66.

115 Zum Wegfall der *vicarii* und Diözesen Maier 2005, 273.

116 Nach Bockmann 2022, 131 verzeichnet etwa der hügelige Norden Karthagos reiche Villen und rege Bautätigkeit in vandalischer Zeit.

117 Dazu Bockmann 2013, 50–52. Vgl. Leone 2007, 159, die gleichwohl schreibt: „In this area only the proconsular palace was still occupied; this was retained as the seat of the Vandal Government."

118 Courtois 1955, 150; Bockmann 2013, 52–58; Steinacher 2016, 170; Vössing 2021.

119 Prokop erwähnt Geiserichs βασιλέως αὐλή (BV 1, 4, 3). Sonst begegnet der Königshof verschiedentlich als *domus*, *aula* oder *palatium* bei Victor von Vita (1, 22; 1, 43; 2, 8; 2, 10; 2, 23; 3,13) und im 6. Jh. als *Sidonia aula* und *Vandalica aula* in den panegyrischen Epen Goripps (Ioh. 6, 228; Iust. 2, 125).

... in illis plateis vel vicis ..., in quibus legatis moris est ascendendo ad palatium et descendendo transire.[120] Auf einer Anhöhe residierte Prokop zufolge auch der letzte Vandalenkönig Gelimer:[121] Als Justinians Feldherr Belisar 533 siegreich in Karthago einzog, sei er sogleich zu dessen Palast hinaufgegangen, wo er sich auf den Königsthron setzte[122] und das am Vortag noch für Gelimer bereitete Frühstück zu sich nahm.[123] Die gleiche Ausdrucksweise gebraucht Prokop wieder für den Militär Artabanes, der 546 zu dem Palast hinaufging, in dem Guntarith zuvor den Heermeister Areobindus hatte ermorden lassen.[124] Diese Bemerkungen zur Lage des vandalischen Königspalasts im späten 5. und frühen 6. Jh., der von den Byzantinern übernommen wurde, weisen unisono auf eine Anhöhe hin. Dass es sich dabei um die zentrale Byrsa gehandelt hat, indizieren die Zeugnisse für eine der hl. Maria geweihte Palastkirche, die als Theotokos-Kirche bei Prokop Erwähnung findet.[125] Sie dürfte mit jener Kirche identisch sein, in die sich der Heermeister Solomon bei der Meuterei des Theodorus flüchtete.[126] Ihre Lage auf dem Byrsa-Hügel wird nach Leïla Ladjimi Sebaï durch islamische Quellen bestätigt.[127] Ein etwa 18 × 11 m messender Saalbau mit nördlich anschließendem Apsidenraum und Trikonchos auf der Byrsa wird häufig als Marienkirche und zugleich als Bestandteil des alten Praetoriums diskutiert,[128] doch spricht die Orientierung der Mauern gegen eine solche Zugehörigkeit;[129] auch eine christliche Zweckwidmung lässt sich nicht nachweisen. Bilanzieren kann man heute daher noch ähnlich wie Christian Courtois im Jahr 1955: „Le roi germanique s'installe alors dans un palais situé sur une colline de la ville, sans doute celle de Byrsa, et qu'on identifie, sans preuves décisives, avec celui des anciens proconsuls."[130]

Resümee

Der Blick auf andere frühmittelalterliche Germanenreiche hat zwar nicht zu einer Bestätigung der Brühl'schen Regelhaftigkeit geführt, dafür aber etliche Szenarien aufgezeigt, in deren Licht auch die Situation in Köln bewertet werden sollte. Aus dem Fall Karthago etwa ist zu lernen, dass die Prüfung der Voraussetzungen in der betreffenden spätrömi-

120 Vict. Vit. 3, 32.
121 Zu dessen Palast auch Prok. BV 1, 20, 4; 1, 21, 1.
122 Prok. BV 1, 20, 21: ἐς τὸ Παλάτιον ἀναβὰς ἐν τῷ Γελίμερος θρόνῳ ἐκάθισεν.
123 Prok. BV 1, 21, 1–8.
124 Prok. BV 2, 27, 9: ἔς τε τὸ Παλάτιον ... ἀνέβη. In BV 2, 26 wird der Palast im Zusammenhang mit der Ermordung des Areobindus mehrfach erwähnt.
125 *Basilica palatii sanctae Mariae*: Anth. Lat. 380 (Petrus Referendarius zugeschrieben); wohl identisch mit der nach Prok. aed. 6, 5, 9 von Justinian im Palast von Karthago geweihten Theotokos-Kirche.
126 Prok. BV 2, 14, 37: Σολόμων δέ ἐς τὸ ἱερόν, ὅ ἐστι μέγα ἐν Παλατίῳ, καταφυγὼν ἔλαθεν. Dazu Steinacher 2016, 312.
127 Ladjimi Sebaï 2002, 267.
128 Vgl. im Überblick Lavan 1999, 159–161.
129 Skeptisch Ben Abed – Duval 2000, 189; Bockmann 2013, 49–50; vgl. zuletzt Bockmann 2022, 132.
130 Courtois 1955, 250.

schen Stadt erhebliche Bedeutung für sämtliche gezogenen Schlüsse hat. So residierten in Karthago wohl mehrere hochrangige römische Funktionäre, von denen ausgerechnet die *administratio* eines Prokonsuls unter veränderten herrschaftlichen Bedingungen fortexistierte. Von einer Okkupation des Statthalterpraetoriums sollte man daher nicht pauschal ausgehen. Ohnehin beschränkt sich unser Wissen im Wesentlichen auf den Palast Gelimers, wie er dann von den Byzantinern übernommen wurde. In den knapp hundert Jahren vandalischer Herrschaft aber kann sich viel verändert haben. So zeigen sich die Vandalenkönige in ihren Landresidenzen selbst als rege Bauherren. Unterschwellig scheint in der Forschung die Annahme gewirkt zu haben, die Herrscher der germanischen Nachfolgereiche hätten selber keine repräsentative Architektur mehr zustande gebracht und nur Römisches übernehmen können. Gerade aber, wenn sich diese Reiche neben einer funktionierenden römischen Verwaltung etablierten, waren sie genötigt, eigene Strukturen aufzubauen. Die Westgoten etwa besetzten in Aquitanien 418 mit Tolosa ebensowenig die Provinzhauptstadt wie die Burgunder 443 mit Genf.[131] In Tolosa ließen sich die Westgotenkönige offenbar selbst einen Palast errichten. Neue Grabungen haben die Indizien dafür verdichtet, dass die im 18. Jh. abgerissene Kirche Notre-Dame de la Daurade die Kapelle innerhalb eines großen Palasts aus dem 5. Jh. war.[132] Gegen die Brühl'sche Regelhaftigkeit spricht im Übrigen auch die Tatsache, dass sich die Westgoten später in Hispanien eben nicht die ehemaligen Statthaltersitze als Residenzstädte auserkoren, sondern mit Barcino und Toletum eher Städte in strategisch, siedlungspolitisch oder verkehrstechnisch günstiger Lage.[133]

Köln sticht vor allen Dingen durch den archäologischen Nachweis hervor, dass das Praetorium bis ins späte 8. Jh. nicht überbaut wurde. Zusammen mit dem Zeugnis für eine *aula regia* um 520 liegen Indizien vor, die eine Weiternutzung – wenn auch im Hinblick auf die Dimensionen und die Funktionen wohl eingeschränkt – plausibel machen. Sicherheit haben wir aber keine; und potenzielle Veränderungen im Laufe der Jahrzehnte und Jahrhunderte sollte man stets in Betracht ziehen. Carl Dietmar und Markus Trier sehen im Zusammenhang mit der *aula regia* gar ein „königliches Verwaltungszentrum".[134] Solche Termini moderner Denke evozieren jedoch falsche Bilder; die administrativen Strukturen unter den Merowingern nahmen sich gegenüber der römischen Zeit deutlich reduzierter aus. So hat Eugen Ewig bereits 1963 betont: „Les capitales de l'Occident étaient donc des villes de cour plutôt que des centres administratives."[135] Höfe aber konnten leicht anderswohin verlegt werden, wie etwa bei den Burgundern von Genf nach Lyon. Dabei mochte einer alten *sedes regia* weiterhin die Rolle eines sekundären Herrschaftsortes zufallen, und ein ähnliches Szenario ist auch im Falle Kölns zur Merowingerzeit nicht auszuschließen. Der bei Sidonius gebrauchte Terminus *praetorium* für die Residenz des Burgunderkönigs in Lyon deutet auf eine Übernahme des Gouverneurspalastes hin;

131 Liebeschuetz 2000, 19.
132 Guyon 2000, 234–238.
133 Liebeschuetz 2000, 22–25; Ripoll 2000.
134 Dietmar – Trier 2011, 68.
135 Ewig 1963, 31.

gleichwohl ist es möglich, dass Sidonius damit kein konkretes Gebäude diesen Typs meinte, sondern den Begriff einfach als angemessen für die Residenz des *rex* in seiner Funktion als römischer Würdenträger ansah, statt von einem *palatium* zu sprechen, was noch im Jahr 469 möglicherweise nur dem Kaiser gebührte. So bleibt festzuhalten, dass Köln die schlüssigste Indizienlage vorweist und andere Orte wie Lyon oder Karthago im Analogieschluss eher dort Bestätigung finden könnten denn umgekehrt; aber ein Exempel statuiert noch keine Regel.

Literaturverzeichnis

Anders, F., Flavius Ricimer. Macht und Ohnmacht des weströmischen Heermeisters in der zweiten Hälfte des 5. Jahrhunderts (Europäische Hochschulschriften 3), Frankfurt/Main 2010.

Anton, H. H., Trier im Übergang von der römischen zur fränkischen Herrschaft, Francia 12, 1984, 1–52.

Anton, H. H., Trier im frühen Mittelalter, Paderborn 1987.

Anton, H. H., RGA² 9, 1995, 369–373, s.v. Francia Rinensis.

Becher, M., ‚Herrschaft' im Übergang von der Spätantike zum Frühmittelalter. Von Rom zu den Franken, in: Kölzer, Th. – Schieffer, R. (Hg.), Von der Spätantike zum frühen Mittelalter. Kontinuitäten und Brüche, Konzeptionen und Befunde (Vorträge und Forschungen 70), Ostfildern 2009, 163–188.

Becher, M., Chlodwig I. Der Aufstieg der Merowinger und das Ende der antiken Welt, München 2011.

Bechert, T., Germania inferior. Eine Provinz an der Nordgrenze des Römischen Reiches, Mainz 2007.

Ben Abed, A. – Duval, N., Carthage, la capitale du royaume et les villes de Tunisie à l'époque vandale, in: Ripoll et al. 2000, 163–218.

Blei, J., *Dominium populi Romani vel Caesaris* und *causa dominica*. Römische Rechtstradition und Fiskalsukzession im bairischen Dukat der Agilolfinger (Region im Umbruch 9), Berlin 2013.

Bockmann, R., Capital Continuous. A Study of Vandal Carthage and Central North Africa from an Archaeological Perspective (Spätantike – Frühes Christentum – Byzanz. Kunst im ersten Jahrtausend. Reihe B: Studien und Perspektiven 37), Wiesbaden 2013.

Bockmann, R., African Rome. The city of Carthage from its Roman (re-)foundation to the end of the Byzantine period, in: Hitchner, R. B. (Hg.), A Companion to North Africa in Antiquity, Hoboken/NJ 2022, 119–141.

Bonnet, Ch. – Reynaud, J.-F., Genève et Lyon, capitales burgondes, in: Ripoll et al. 2000, 241–266.

Brühl, C., Königspfalz und Bischofsstadt in fränkischer Zeit, RhVjbll 23, 1958, 161–274.

Brühl, C., Remarques sur les notions de „capitale" et de „résidence" pendant le haut moyen âge [1967], in: Brühl 1989, 115–137.

Brühl, C., Die Stätten der Herrschaftsausübung in der frühmittelalterlichen Stadt [1974], in: Brühl 1989, 69–88.

Brühl, C., Palatium und Civitas. Studien zur Profantopographie spätantiker Civitates vom 3. bis zum 13. Jahrhundert, Bd. I: Gallien, Köln 1975.

Brühl, C., Aus Mittelalter und Diplomatik. Gesammelte Aufsätze, Bd. I: Studien zur Verfassungsgeschichte und Stadttopographie, Hildesheim 1989.

Brühl, C., Palatium und Civitas. Studien zur Profantopographie spätantiker Civitates vom 3. bis zum 13. Jahrhundert, Bd. II: Belgica I, beide Germanien und Raetia II, Köln 1990.

Claude, D., Köln zur Merowingerzeit. Über das Verhältnis zwischen archäologischen und schriftlichen Quellen, in: Bericht über das 3. deutsch-norwegische Historikertreffen in Trondheim, Juni 1988, Essen 1988, 23–34.

Courtois, Chr., Les Vandales et l'Afrique, Paris 1955.

Dick, S., Childerich und Chlodwig. Fränkische Herrschafts- und Gesellschaftsorganisation um 500 (Roma aeterna 3), in: Meier, M. – Patzold, S. (Hg.), Chlodwigs Welt. Organisation von Herrschaft um 500, Stuttgart 2014, 365–381.

Dierkens, A. – Périn, P., Les *sedes regiae* mérovingiennes entre Seine et Rhin, in: Ripoll et al. 2000, 267–304.

Dietmar, C. – Trier, M., Colonia. Stadt der Franken. Köln vom 5. bis 10. Jahrhundert, Köln [2]2011.

Dill, S., Roman Society in Gaul in the Merovingian Age, London 1926.

Doppelfeld, O., Römische Großbauten unter dem Kölner Rathaus. Vorbericht über die Rathausgrabung des Jahres 1953, Germania 34, 1956, 83–99.

Doppelfeld, O., Das Praetorium unter dem Kölner Rathaus, in: Werner, K. (Hg.), Neue Ausgrabungen in Deutschland, Berlin 1958, 313–321.

Doppelfeld, O., Das römische Köln als Grundlage für die mittelalterliche Stadt, in: Germania Romana I. Römerstädte in Deutschland (Gymnasium Beiheft 1), Heidelberg 1960, 11–28.

Doppelfeld, O., Vom römischen Praetorium zur fränkischen Königspfalz, in: Fuchs, P. (Hg.), Das Rathaus zu Köln. Berichte und Bilder vom Haus der Bürger in Vergangenheit und Gegenwart, Köln 1973, 27–40.

Eck, W., Köln in römischer Zeit. Geschichte einer Stadt im Rahmen des Imperium Romanum (Geschichte der Stadt Köln 1), Köln 2004.

Eck, W., Köln im Übergang von der Antike zum Mittelalter, GiK 54, 2007, 7–26.

Ewig, E., Die Civitas Ubiorum, die Francia Rinensis und das Land Ribuarien [1954], in: ders., Spätantikes und fränkisches Gallien. Gesammelte Schriften (1952–1973), Bd. I, Zürich 1976, 472–503.

Ewig, E., Beobachtungen zur Frühgeschichte des Bistums Köln [1960], in: Ewig 1979, 126–153.

Ewig, E., Résidence et capitale pendant le haut Moyen Âge, RH 230, 1963, 25–72.

Ewig, E., Von der Kaiserstadt zur Bischofsstadt. Beobachtungen zur Geschichte von Trier im 5. Jahrhundert [1972], in: Ewig 1979, 33–50.

Ewig, E., Spätantikes und fränkisches Gallien. Gesammelte Schriften (1952–1973), Bd. II, Zürich 1979.
Ewig, E., Probleme der fränkischen Frühgeschichte in den Rheinlanden [1974], in: Ewig 2009, 75–102.
Ewig, E., Die Franken am Rhein. Bemerkungen zu: Hans Kuhn, Das Rheinland in den germanischen Wanderungen [1978], in: Ewig 2009, 103–120.
Ewig, E., Rheinische Geschichte, Bd. I 2: Frühes Mittelalter, Düsseldorf 1980.
Ewig, E., Die Namengebung bei den ältesten Frankenkönigen und im merowingischen Königshaus, Francia 18, 1991, 21–69.
Ewig, E., Die Franken und Rom (3.–5. Jahrhundert). Versuch einer Übersicht, RhVjbll 71, 2007, 1–42.
Ewig, E., Spätantikes und fränkisches Gallien. Gesammelte Schriften (1974–2007), Bd. III, Zürich 2009.
Färber, R., Die Amtssitze der Stadtpräfekten im spätantiken Rom und Konstantinopel, in: Arnold, F., et al. (Hg.), Orte der Herrschaft. Charakteristika von antiken Machtzentren (Menschen – Kulturen – Traditionen 3), Rahden/Westf. 2012, 49–71.
Färber, R., Römische Gerichtsorte. Räumliche Dynamiken von Jurisdiktion im Imperium Romanum (Vestigia 68), München 2014.
Favrod, J., Histoire politique du royaume burgonde (443–534), Lausanne 1997.
Fischer, J. F., Geld und Geldwirtschaft in merowingischer Zeit in Köln, KJ 35, 2002, 281–306.
Fischer, Th. – Trier, M., Das römische Köln, Köln 2014.
Frye, D., Aegidius, Childeric, Odovacer, and Paul, Nottingham Medieval Studies 36, 1992, 1–14.
Gechter, M., DNP 14, 2000, 1015–1024, s.v. Köln I. Nachantike Zeit.
Gechter, M. – Schütte, S., Ursprung und Voraussetzungen des mittelalterlichen Rathauses und seiner Umgebung, in: Geis, W., et al. (Hg.), Köln: Das gotische Rathaus und seine historische Umgebung, Köln 2000, 69–195.
Geuenich, D. (Hg.), Die Franken und die Alamannen bis zur „Schlacht von Zülpich“ (496/497) (Ergänzungsbände zum Reallexikon der Germanischen Altertumskunde 19), Berlin 1998.
Grahn-Hoek, H., *Gundulfus subregulus* – eine genealogische Brücke zwischen Merowingern und Karolingern?, Deutsches Archiv für Erforschung des Mittelalters 59, 2003, 1–48.
Guyon, J., Toulouse, la première capitale du royaume wisigoth, in: Ripoll et al. 2000, 233–240.
Haensch, R., Das römische Köln als „Hauptstadt“ der Provinz Germania inferior, GiK 33, 1993, 5–40.
Haensch, R., Capita provinciarum. Statthaltersitze und Provinzialverwaltung in der römischen Kaiserzeit (Kölner Forschungen 7), Mainz 1997.
Haensch, R., Die Colonia Claudia Ara Agrippinensium – ein typischer Statthaltersitz?, KJ 32, 1999, 641–655.

Haensch, R., Les capitales des provinces germaniques et de la Rhétie: De vieilles questions et de nouvelles perspectives, in: Ruiz de Arbulo, J. (Hg.), Simulacra Romae. Roma y las capitales provinciales del Occidente europeo, Tarragona 2004, 307–325.

Haensch, R., From gold to iron? Provincial capitals and the changes from Marcus Aurelius to Constantine, in: Raycheva, M. – Steskal, M. (Hg.), Roman Provincial Capitals under Transition (Sonderschriften des Österreichischen Archäologischen Instituts 61), Wien 2021, 15–32.

Hardt, M., Gold und Herrschaft. Die Schätze europäischer Könige und Fürsten im ersten Jahrtausend (Europa im Mittelalter 6), Berlin 2004.

Hardt, M., Childerich I. in den historischen Quellen, in: Quast 2015, 217–224.

Haubrichs, W., *Sigi*-Namen und Nibelungensage, in: Chinca, M., et al. (Hg.), Blütezeit. Festschrift für L. Peter Johnson zum 70. Geburtstag, Tübingen 2000, 175–206.

Hauser, G., Das fränkische Gräberfeld unter dem Kölner Dom, in: Wieczorek et al. 1996, 438–447.

Kaiser, R., Die Burgunder, Stuttgart 2004.

Kaiser, R. – Scholz, S., Quellen zur Geschichte der Franken und der Merowinger. Vom 3. Jahrhundert bis 751, Stuttgart 2012.

Kuhn, H., Das Rheinland in den germanischen Wanderungen [1974], in: ders., Kleine Schriften. Aufsätze und Rezensionen aus den Gebieten der germanischen und nordischen Sprach-, Literatur- und Kulturgeschichte, Bd. IV, Berlin 1978, 489–522.

Kuhnen, H.-P., Zwischen Reichs- und Stadtgeschichte – Trier in Spätantike und Frühmittelalter, in: Wieczorek et al. 1996, 138–144.

Ladjimi Sebaï, L., Byrsa au Moyen-Âge: de la „basilique Sainte-Marie“ des rois vandales à la *Mu'allaqa* d'Al-Bakri, AntTard 10, 2002, 263–267.

Lavan, L., The residences of late antique governors: a gazetteer, AntTard 7, 1999, 135–164.

Lavan, L., The *praetoria* of civil governors in late antiquity, in: ders. (Hg.), Recent Research in Late-Antique Urbanism, Portsmouth 2001, 39–56.

Leone, A., Changing Townscapes in North Africa from Late Antiquity to the Arab Conquest, Bari 2007.

Lepelley, C., Quelques aspects de l'administration des provinces romaines d'Afrique avant la conquête vandale, AntTard 10, 2002, 61–72.

Liebeschuetz, J. H. W. G., Ravenna to Aachen, in: Ripoll et al. 2000, 9–30.

Maier, G., Amtsträger und Herrscher in der Romania Gothica. Vergleichende Untersuchungen zu den Institutionen der ostgermanischen Völkerwanderungsreiche (Historia-Einzelschrift 181), Stuttgart 2005.

Meier, M., Geschichte der Völkerwanderung. Europa, Asien und Afrika vom 3. bis zum 8. Jahrhundert n. Chr., München 2019.

Merrills, A. – Miles, R., The Vandals, Chichester 2010.

Nonn, U., Die Franken, Stuttgart 2010.

Päffgen, B. – Ristow, S., Die Römerstadt Köln zur Merowingerzeit, in: Wieczorek et al. 1996, 145–159.

Päffgen, B. – Ristow, S., Fränkische Könige in Köln: Frauen- und Knabengrab unter dem Kölner Domchor, in: Rosen et al. 1999, 64–68.

Precht, G., Baugeschichtliche Untersuchung zum römischen Praetorium in Köln (Rheinische Ausgrabungen 14), Köln 1973.

Precht, G., Der Apsidialbau im Praetorium der Colonia Claudia Ara Agrippinensium/Köln, KJ 41, 2008, 287–337.

Quast, D. (Hg.), Das Grab des fränkischen Königs Childerich in Tournai und die *Anastasis Childerici* von Jean-Jacques Chifflet aus dem Jahre 1655 (Monographien des RGZM 129), Mainz 2015.

Quast, D., Das Grab des fränkischen Königs Childerich I. († 481/82). Die Inszenierung einer Herrscherbestattung im frühen Mittelalter, in: Boschung, D., et al. (Hg.), Erinnerte Macht. Antike Herrschergräber in transkultureller Perspektive (Morphomata 50), Paderborn 2021, 225–252.

Reichmann, Ch., Römer und Franken am Niederrhein, Mainz 2014.

Ripoll, G., et al. (Hg.), *Sedes regiae* (ann. 400–800), Barcelona 2000.

Ripoll, G., *Sedes regiae* en la *Hispania* de la antigüedad tardía, in: Ripoll et al. 2000, 371–401.

Ristow, S., Das Praetorium von Köln, in: Havas, Z. (Hg.), Authenticity and Experience. Governor's Palaces of the Roman Imperial Period and the Limes, Budapest 2019, 5–20.

Ristow, S., Der Statthalterpalast in Köln. Macht und Militär, in: Classen, E., et al. (Hg.), Roms fließende Grenzen, Archäologische Landesausstellung NRW, Darmstadt 2021, 252–261.

Ristow, S., Von der Spätantike zur Karolingerzeit – Paläste in Köln und Aachen, in: Flückiger, A., et al. (Hg.), Kommunikation – Zeichen – Macht. Tagungsbeiträge der Arbeitsgemeinschaft Spätantike und Frühmittelalter 11 und 12, Hamburg 2023, 261–276.

Rosen, W., et al. (Hg.), Quellen zur Geschichte der Stadt Köln, Bd. I: Antike und Mittelalter. Von den Anfängen bis 1396/1397, Köln 1999.

von Rummel, Ph., Habitus barbarus. Kleidung und Repräsentation spätantiker Eliten im 4. und 5. Jahrhundert (Ergänzungsband zum Reallexikon der germanischen Altertumskunde 55), Berlin 2007.

Runde, I., Die Franken und Alemannen vor 500. Ein chronologischer Überblick, in: Geuenich 1998, 656–690.

Sartor, G., Les Francs et Aegidius en Gaule du Nord et de l'Est: les recompositions de la présence publique au cours des années 450–460, in: Fort, B., et al. (Hg.), La présence de l'État dans l'Est de la Gaule durant l'Antiquité tardive (250–450 ap. J.-C.), Dijon 2021, 253–302.

Schäfer, F. F., Praetoria. Paläste zum Wohnen und Verwalten in Köln und anderen römischen Provinzhauptstädten, Mainz 2014.

Schnetz, J. (Hg.), Ravennatis Anonymi cosmographia et Guidonis geographica, Stuttgart 1990.

Schütte, S. – Gechter, M., Von der Ausgrabung zum Museum – Kölner Archäologie zwischen Rathaus und Praetorium. Ergebnisse und Materialien 2006–2012, Köln ²2012.

Schwind, W., RGA² 4, 1981, 85–87, s.v. Buchonia.

Siller, M., Die Burgunden. Neues zur Stoffgeschichte des Nibelungenliedes, in: Gallé, V. (Hg.), Die Burgunder. Ethnogenese und Assimilation eines Volkes, Worms ²2009, 347–354.

Springer, M., Riparii – Ribuarier – Rheinfranken nebst einigen Bemerkungen zum Geographen von Ravenna, in: Geuenich 1998, 200–269.

Springer, M., RGA² 28, 2005, 393–396, s.v. Sigibert ‚von Köln'.

Staab, F., Die Rheinfranken und das Reich von Köln, in: Wieczorek et al. 1996, 237–240.

Stein, E., Geschichte des spätrömischen Reiches, Bd. I: Vom römischen zum byzantinischen Staate (284–476 n. Chr.), Wien 1928.

Steinacher, R., Die Vandalen, Stuttgart 2016.

Steuer, H., Die Franken in Köln, Köln 1980.

Thomas, R., Die Archäologische Zone in Köln. Anmerkungen zu einer Neuerscheinung, GiK 61, 2014, 241–262.

Ubl, K., Köln im Frühmittelalter. Die Entstehung einer heiligen Stadt: 400–1100, Köln 2022.

Vössing, K., Das Königreich der Vandalen. Geiserichs Herrschaft und das Imperium Romanum, Darmstadt 2014.

Vössing, K., Florentinus (Anth. Lat. 376 R) und die Residenz des vandalischen Königs, in: Goddard, Ch., et al. (Hg.), L'automne de l'Afrique romaine. Hommage à Claude Lepelley, Paris 2021, 55–72.

Wieczorek, A., et al. (Hg.), Die Franken. Wegbereiter Europas. Vor 1500 Jahren: König Chlodwig und seine Erben, Bd. I, Mainz 1996.

Zäh, H., Machtwechsel am Rhein: Salvianus von Marseille beschreibt den Übergang zur fränkischen Herrschaft, in: Rosen et al. 1999, 59–63.

L'Épigraphie d'Ilion sous les Tétrarques et les derniers proconsuls d'Asie avant la séparation de la province d'Hellespont

Denis Feissel

Le démembrement de la grande province proconsulaire d'Asie, entamé au milieu du IIIe s. par la séparation de la province de Phrygie-Carie,[1] s'est achevé sous la Tétrarchie par la création des provinces des Îles, d'Hellespont et de Lydie, réduisant ainsi la province proconsulaire à ses étroites limites du Bas-Empire. On ne connaît pas exactement la date de naissance de la province d'Hellespont, ni celle des deux autres, mais la réponse à cette question dépend pour une part de deux inscriptions d'Ilion (I.Ilion 96 et 97 dans le corpus de Peter Frisch paru en 1975), dont la lecture et l'interprétation ont été récemment renouvelées: Constantin Zuckerman, en 2002, a rectifié les deux textes et la datation du second; Ignazio Tantillo, en 2020, a éclairé le contexte religieux et financier de ces dédicaces.[2] Il s'agit en effet, dans les deux cas, d'une statue d'argent offerte par les empereurs à Athéna Ilias, de façon à rendre à la déesse une part de l'argent prélevé par l'État impérial sur le trésor du sanctuaire.

La dédicace I.Ilion 97, offrande à Athéna d'une statue d'Asclépios, avait d'abord été attribuée à la première Tétrarchie, sous Dioclétien et Maximien (293–305).[3] Constantin Zuckerman a montré qu'en réalité cette titulature en partie martelée était celle de Galère, seul auguste, et de son césar Maximin Daia, entre l'été 307 et novembre 308.[4] Le gouverneur d'Hellespont responsable de la dédicace, Iulius Cassius, n'étant pas antérieur à 307, cette dédicace ne peut plus être invoquée comme preuve que l'indépendance de l'Hellespont remonte au règne de Dioclétien.

L'inscription I.Ilion 96, parallèle mais non jumelle de la précédente,[5] a pour objet une statue de Zeus offerte "à la déesse" – certainement ici encore Athéna Ilias.[6] La dédicace a bien eu lieu cette fois sous Dioclétien et Maximien, associés à leurs césars, Constance et

1 Roueché 1981; Roueché 1989, 1–2 et 12–14; Christol 2015; Eck 2022.

2 Zuckerman 2002; Tantillo 2020.

3 Hereward 1962, 182–185; Frisch 1975, 203–204.

4 Zuckerman 2002, 617–619. Restitution reprise dans SEG 52, 1182, et LSA 288 (U. Gehn).

5 Les différences de formulaire entre les deux dédicaces sont analysées par Tantillo 2020, 267.

6 Frisch 1975, 200–202. Texte réédité (avec la l. 5 restituée par Zuckerman 2002, 619) par SEG 52, 1181 et LSA 287 (U. Gehn).

Maximien (c'est-à-dire Galère).[7] Tandis que l'inscription de 307–308 est le premier document daté sous un gouverneur d'Hellespont, celle des années 293–305 donne encore pour responsable de la dédicace un proconsul d'Asie. Or le nom de ce proconsul, qui permettrait s'il était connu de dater plus précisément I.Ilion 96, n'a pas été restitué de façon convaincante.

Toutes les éditions reposent nécessairement sur l'unique copie de cette inscription disparue. La pierre n'a en effet plus été revue depuis 1786, date de la seconde visite à Ilion de Jean Baptiste Le Chevalier, ou Lechevalier (1752–1836), en compagnie cette année-là du comte de Choiseul-Gouffier, ambassadeur de France à Contantinople.[8] L'inscription a paru d'abord dans la 2e édition de son 'Voyage dans la Troade' (1799): cette transcription en minuscules est émaillée de quelques lettres en majuscules, corrigées ou restituées par l'helléniste d'Anse de Villoison (1750–1805).[9] D'autre part une copie en majuscules figure en 1802 dans l'album de planches qui accompagne la 3e édition du 'Voyage'.[10] Il est vrai que cette gravure en majuscules (reproduite ici fig. 1) n'est pas l'image objective d'une copie primaire, mais une adaptation de l'édition en minuscules, dont le défaut le plus grave est d'avoir fait disparaître la mention des augustes aux l. 7 et 8.[11] Toutefois ces défauts n'affectent pas la fin du texte, dont les derniers mots sont ainsi découpés: ΕΙΠΑΝΕ (sic) | ΦΑΝΕΤΟΙ ΤΟΥ ΛΑΝΠΡΟΤΑΝΟ | ΑΣΙΑΣ. La transcription en minuscules indique en outre par des points une lacune à la fin de la l. 11, mais pas ailleurs: επιανε

7 Les noms des deux césars, absents de la copie de Lechevalier, ont été restitués par Zuckerman 2002, 619, après ceux des deux augustes mentionnés l. 4: Διοκλητιανοῦ καὶ Μαξιμιανοῦ | <καὶ Κωνσταντίου καὶ Μαξιμιανοῦ> | τῶν ἐπιφανεστάτων Καισάρων. Lechevalier 1802, I 295, affirme avoir vu un second exemplaire du même texte: "sur une colonne voisine de la précédente j'ai trouvé la même inscription répétée mot pour mot; la seule différence qu'on pouvait y observer, c'est qu'on y avait ajouté les noms des deux collègues de Dioclétien." Lenz 1800, 204, note à ce propos: "Eine solche zweyte Inschrift konnte schwerlich durch Zufall gerade an den Stellen verstümmelt und unlesbar geworden seyn, wo es die erstere war, und so hätte der Vf. eine zur Aufhellung und Ergänzung der anderen benutzen können und sollen. Da dieselbe Inschrift auf ein paar Säulen stand, so waren es vermutlich 2 Bildsäulen, die Diocletian hatte errichten lassen." Boeckh 1843 n'exclut pas l'hypothèse d'une seconde statue dédiée par les mêmes empereurs, à condition que le texte ne soit pas tout à fait le même, "quum exigua in tali re Lechevalerii fides sit". Pour Zuckerman 2002, 619, "Lechevalier a, plus vraisemblablement, copié deux fois le même texte, en omettant une ligne dans une des copies". Tantillo 2020, 266, n. 41, laisse ouvert le débat.

8 Lechevalier 1802, I 295: "C'est dans ce second voyage, et parmi les ruines du temple d'Apollon Thymbréen, que fut découverte une partie des inscriptions, que l'on verra à la fin de cet ouvrage." L'inscription, comme son texte le prouve, provient en réalité du temple d'Athéna Ilias.

9 La 2e édition du 'Voyage' a été librement traduite en allemand par Karl Gotthold Lenz (1763–1809), ouvrage consultable en ligne sur digi.ub.uni-heidelberg.de. Lenz 1800, 201–204, reproduit et commente la transcription de Lechevalier 1799 (en minuscules), sans la copie en majuscules qui paraîtra seulement en 1802.

10 Lechevalier 1802, Recueil des cartes, pl. XVIII (ici fig. 1). L'édition de 1802 ne reprend pas la transcription de 1799.

11 La gravure de 1802 se contente de copier à la l. 7 ΕΥΣΕΒΕΣΤΑΤΟΙ ΚΑΙΣΑΡΕΣ, au lieu de εὐσεβέστατοι ἡμῶν αὐτοκράτορ[ες] | καὶ ο[ἱ] ἐπιφανέστατοι Καίσαρ[ες].

....| φανετοι του λανπροτανο | ασιας.[12] Rééditant l'inscription au tome II du CIG,[13] August Boeckh restituait ainsi la fin du texte: ἐ[πὶ] Ἀν .– – – [Ἐπι]φανε[ί]ο[υ]? τοῦ λανπροτά[τ]ο[υ ἀνθυπάτου] Ἀσίας. La lecture de Boeckh a été reprise à peu de chose près dans le corpus de Frisch: ἐπ̣ὶ̣ Ἀνε[?] | [Ἐπι]φανεί̣ου̣? τοῦ λαμ̣προτάτ̣ο[υ ἀνθυπάτου] | Ἀσίας.[14] Cependant la copie de Lechevalier montre que les deux dernières lignes sont centrées sur un axe médian, sans lacune à gauche ni à droite, ce qui ne laisse pas de place pour restituer ἀνθυπάτου à la fin de la l. 12, ni au début de la l. 13. Il suffit en revanche de lire à la fin de la séquence ΛΑΝΠΡΟΤΑΝΟ un thèta au lieu d'un omicron pour y distinguer un adjectif suivi d'un nom, λανπροτ(άτου) ἀνθ̣(υπάτου), une forme abrégée du titre proconsulaire bien attestée depuis le début du IIIe s.[15] Quant à la nomenclature mutilée du proconsul, la copie de Lechevalier montre qu'elle commence l. 11 par ΑΝΕ .... et se termine l. 12 par ΦΑΝΕΤΟΙ, sans lacune avant ce groupe de lettres. Le gentilice Annius, qui a été proposé, pourrait difficilement prendre la forme Ἀνε[ίου], et le cognomen [Ἐπι]φανεί̣ου̣ s'impose d'autant moins qu'aucun sénateur de ce nom n'est connu par ailleurs.[16] En revanche rien n'empêche de rapporter les lettres ΑΝΕ[....] au gentilice des Anicii.[17] Quant au cognomen, les lettres ΦΑΝΕΤΟΙ copiées par Lechevalier peuvent être aisément corrigées en ΦΑΥ̣Σ̣ΤΟΥ̣, ce qui revient à lire à la fin du texte: ἐπὶ Ἀνε[ικίου] | Φαύ̣σ̣του̣ τοῦ λανπροτ(άτου) ἀνθ̣(υπάτου) | Ἀσίας. Compte tenu de la l. 5 restituée par C. Zuckerman et des dernières lignes restituées par nous, l'ensemble du texte est le suivant.[18]

---

12 Lechevalier 1799, 256 (d'où Lenz 1800, 201); cf. Lechevalier 1802, II 245.

13 CIG II 3607, dont la transcription en majuscules repose sur Lenz 1800 et Lechevalier 1802.

14 I.Ilion 96 (Frisch 1975, 200). Les lettres corrigées par l'éditeur sont soulignées dans ce corpus par un astérisque, que je remplace ici par un point.

15 Abréviation ἀνθ(ύπατος) pour des proconsuls d'Asie: MAMA IV, 10 (Prymnessos, 210 p.C.); IGR IV 1162 (Nakrasa, après 212); TAM II 572 (Tlos, 244). De même pour des proconsuls d'Achaïe: SEG 11, 810 (Sparte, 325–329?): τὸν λαμ(πρότατον) ἀνθ(ύπατον); SEG 11, 464 (Sparte, 359): [τ]οῦ λαμ(προτάτου) ἀνθ(υπάτου); IG IV 364 (Corinthe, IVe–Ve s.): ὁ λαμ(πρότατος) ἀνθ(ύπατος); IG VII 24 (Mégare, 402): τοῦ λαμ(προτάτου) καὶ μεγαλοπρεπεστάτ[ου ἀ]νθ(υπάτου).

16 Cf. PLRE I 281, An(nius?) (Epi?)phanius 5. Ce nom mal restitué doit disparaître de la prosopographie. Il faut également exclure l'hypothèse, évoquée par Malcus 1967, 95 n. 6, d'une longue lacune entre les l. 11 et 12, qui aurait entraîné la disparition du cognomen: "Epiphanius dürfte dann als signum betrachtet werden."

17 La graphie Ἀνε[ικίου], pour Ἀνικίου, est un cas banal d'iotacisme, peut-être favorisé par la graphie fréquente νείκη, pour νίκη.

18 Les lacunes indiquées par Lechevalier aux l. 10 et 11 de notre édition rendent cependant problématiques certaines lectures admises depuis Boeckh. La lecture τῇ̣ θεῷ̣ (l. 10), comparée à la copie ΙΗΘΕ .....Ω, suppose un important *vacat* sur la pierre. Les données métrologiques déchiffrées par Boeckh à la l. 11 ont été en partie confirmées par I.Ilion 97, l. 9–11: σταθμισθέντα λ(ιτρῶν) (ὁλκὴν) [Ἰτ]α<λ>ικοῦ σταθμοῦ | ὀγδοήκοντα [ἕ]ξ, οὐνκιῶν | τριῶν; cependant la lecture de Boeckh (οὐνκιῶν) ἑπτά, (γραμμάτων) ἕξ (ὁλκήν) ne tient pas compte de la lacune indiquée par Lechevalier: ΕΠΤΑ ....ΙΤΡΣΞΟΗ.

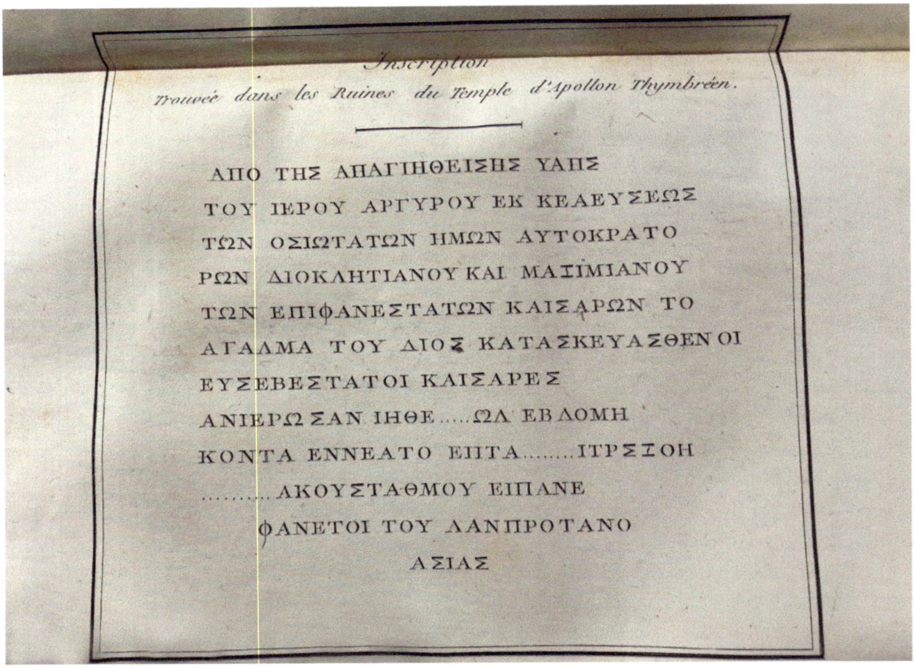

Inscription
Trouvée dans les Ruines du Temple d'Apollon Thymbréen.

ΑΠΟ ΤΗΣ ΑΠΑΓΙΗΘΕΙΣΗΣ ΥΑΠΣ
ΤΟΥ ΙΕΡΟΥ ΑΡΓΥΡΟΥ ΕΚ ΚΕΑΕΥΣΕΩΣ
ΤΩΝ ΟΣΙΩΤΑΤΩΝ ΗΜΩΝ ΑΥΤΟΚΡΑΤΟ
ΡΩΝ ΔΙΟΚΛΗΤΙΑΝΟΥ ΚΑΙ ΜΑΞΙΜΙΑΝΟΥ
ΤΩΝ ΕΠΙΦΑΝΕΣΤΑΤΩΝ ΚΑΙΣΑΡΩΝ ΤΟ
ΑΓΑΛΜΑ ΤΟΥ ΔΙΟΣ ΚΑΤΑΣΚΕΥΑΣΘΕΝ ΟΙ
ΕΥΣΕΒΕΣΤΑΤΟΙ ΚΑΙΣΑΡΕΣ
ΑΝΙΕΡΩΣΑΝ ΙΗΘΕ.....ΩΛ ΕΒΔΟΜΗ
ΚΟΝΤΑ ΕΝΝΕΑΤΟ ΕΠΤΑ........ΙΤΡΣΞΟΗ
..........ΑΚΟΥΣΤΑΘΜΟΥ ΕΠΑΝΕ
ΦΑΝΕΤΟΙ ΤΟΥ ΛΑΝΠΡΟΤΑΝΟ
ΑΣΙΑΣ

Fig. 1: Dédicace à Athéna Ilias sous le proconsul Anicius Faustus
(d'après Lechevalier 1802, pl. XVIII).

Ἀπὸ τῆς ἀπαιτηθείσης ὕλης
τοῦ ἱεροῦ ἀργύρου ἐκ κελεύσ[εως]
τῶν ὁσιωτάτων ἡμῶν αὐτοκρατ[ό]-
ρων Διοκλητιανοῦ καὶ Μαξιμιαν[οῦ]
<καὶ Κωνσταντίου καὶ Μαξιμιανοῦ>
τῶν ἐ[πι]φανεστάτ[ων] Καισάρ[ων τὸ ἄ]-
γαλμα τοῦ Διὸς κατασκευασθὲν οἱ
εὐσε[βέσ]τατοι ἡμῶν αὐτοκράτορ[ες]
καὶ ο[ἱ] ἐπιφανέστατοι Καίσαρ[ες]
ἀ[ν]ιέρω[σαν] τῇ θεῷ, λ(ιτρῶν) ἑβδομή-
κοντα ἐννέα, ὀγ(κιῶν) ἑπτά, (γραμμάτων) ἕξ, (ὁλκὴν)
['Ιτα]λ<ι>κοῦ σταθμοῦ, ἐπὶ Ἀνε[ικίου]
Φαῢστου τοῦ λανπροτ(άτου) ἀνθ(υπάτου)
Ἀσίας.

"À partir de la matière de l'argent sacré prélevée sur ordre de nos très saints empereurs Dioclétien et Maximien, et de Constance et Maximien nobilissimes césars, nos très pieux empereurs et les nobilissimes césars ont consacré à la déesse la statue de Zeus qui a été confectionnée, (pesant) 79 livres, 7 onces, 6 grammes (?) de poids italique, sous Anicius Faustus, clarissime proconsul d'Asie."

La lecture du nom de ce proconsul, qui suppose une légère correction de la copie, est confirmée par la prosopographie de cette illustre famille. Bien que la généalogie des Anicii, au IIIe et au début du IVe s., soit encore matière à conjectures,[19] notre Faustus comptait sûrement parmi ses ancêtres un quasi homonyme, Q. Anicius Faustus, lui-même proconsul d'Asie en 217/218.[20] Le proconsulat d'un Anicius Faustus sous les Tétrarques n'était pas connu par ailleurs mais on sait que le même personnage revêtit par la suite le consulat ordinaire en 298 et la préfecture urbaine en 299/300.[21] Son proconsulat d'Asie doit donc s'intercaler entre un consulat suffect, en principe antérieur d'une vingtaine d'années au proconsulat,[22] et le consulat éponyme de 298, qui est un consulat *bis*.[23] Daté par l'inscription d'Ilion sous la première Tétrarchie (293–305), le proconsulat de Faustus se situe donc plus précisément entre 293 et 298.[24] Entre son proconsulat et sa préfecture, l'intervalle a été de six ans au maximum. Ce rythme de carrière n'est pas exorbitant, comparé à celui de préfets contemporains dont la préfecture est datée avec certitude par le chronographe de 354,[25] et dont le proconsulat, en Afrique le plus souvent, peut être daté également: pour Aristobulus comme pour Cassius Dio, le proconsulat précède immédiatement la préfecture urbaine, exercée par le premier en 295/296, par le second en 296/297;[26] pour Dionysius, préfet en 301/302, l'écart est de trois ans, tandis que la préfecture de Titianus, en 305/306, a suivi de dix ans son proconsulat, délai particulièrement long pour cette époque.[27] Comme l'écrivait naguère André Chastagnol: "Au début du IVe s., le proconsulat intervenait peu avant la Préfecture. Il semble que Constantin a augmenté l'intervalle aux environs de 315 [...] mais cet intervalle commence à diminuer à nouveau à la fin du

19 Il n'est que de comparer les différents stemmas proposés par Chastagnol 1962, 291; PLRE I 1133; Christol 1986b, 163; Wilkins 1988, 382. Suivant Chastagnol 1962, 31–33, le préfet Anicius Faustus de 299/300 doit être le fils de Sex. Cocceius Anicius Faustus Paulinus, proconsul d'Afrique sous Gallien (cf. PLRE I 680–681; Christol 1986b, 185–187).

20 Q. Anicius Faustus, consul suffect en 199, proconsul d'Asie en 217/218 (PIR² A 595). Sur le texte clé de Dion Cassius, 78.22, voir en dernier lieu Filippini 2019, 171–173.

21 Chastagnol 1962, 31–33. PLRE I 329, Anicius Faustus 6.

22 Christol 1986a, 187, n. 18: "Consul bis ordinarius en 298 et préfet de la Ville en 299, il a dû obtenir le consulat suffect vers 275 environ; il serait né vers 240."

23 Un Anicius Paulinus avait été consul en 277 (PLRE I 676, Paulinus 2) mais, comme le souligne Christol 1986a, 1986, 162, "le consul de 277 et celui de 298 sont deux personnes distinctes".

24 Les bornes du proconsulat de Faustus peuvent inclure l'année 298 s'il a revêtu cette année-là un consulat 'en absence', comme on en connaît d'autres au IIIe s. (Christol et al. 2017, 57 et n. 29).

25 Chron. Min., éd. Mommsen, MGH AA IX (1892), 65–69.

26 T. Cl. M. Aurelius Aristobulus: PIR² C 806; Chastagnol 1962, 21–25; PLRE I 106 (cos. 285, proc. Africae 290–294, PVR 295/296). Cassius Dio: PIR² C 491; Chastagnol 1962, 25–27; PLRE I 253 (cos. 291, proc. Africae 294–295, PVR 296/297).

27 Aelius Helvius Dionysius: PIR² A 188; Chastagnol 1962, 34–38; PLRE I 260 (proc. Africae 297–298, PVR 301/302). T. Flavius Postumius Titianus: PIR² P 899; Chastagnol 1962, 41–44; PLRE I 919–920, Titianus 9 (proc. Africae 295, cos. 301, PVR 305/306).

règne."[28] On gardera à l'esprit ces considérations en examinant plus loin la carrière d'un autre proconsul, Hermogenes.

L'identification du proconsul Faustus a pour premier résultat de préciser la date de la plus ancienne des deux dédicaces à Athéna Ilias (I.Ilion 96), entre 293 et 298. Entre cette première dédicace et la seconde (I.Ilion 97), sous le *praeses* d'Hellespont Julius Cassius (307/308), il s'est écoulé au moins neuf ans, quinze ans au plus, et c'est dans cet intervalle que dut avoir lieu la création de la province d'Hellespont.

Avant de développer cette question de chronologie, il importe d'écarter une objection de principe récemment soulevée par Ulrich Gehn. À propos de l'inscription que nous venons d'attribuer à Anicius Faustus, le savant allemand faisait remarquer que la *Notitia dignitatum* mentionne la province d'Hellespont comme subordonnée au proconsul d'Asie: par conséquent, la présence d'un proconsul dans une inscription d'Hellespont ne serait pas nécessairement antérieure à la création de la province.[29] Cet argument n'est pas convaincant. Il ne s'agit pas ici de retracer en détail les vicissitudes de l'administration de l'Hellespont au cours du IVe s., que j'ai brièvement esquissées ailleurs,[30] mais ce serait un anachronisme que de projeter sur les tout premiers temps de la province d'Hellespont une configuration bien plus tardive. Il est vrai qu'on vit sous Constantin le proconsul d'Asie cumuler de façon exceptionnelle le gouvernement des deux provinces: un autre Anicius, postérieur à notre Faustus d'une génération, Anicius Paulinus iunior fut en effet *proconsul prov(inciae) Asiae et Hellesponti* avant de devenir consul en 334.[31] Cependant l'exception confirme la règle: la province passagèrement réunifiée sous un même gouverneur reste une province double, comme son nom l'indique. Cette situation passagère expliquerait peut-être l'éclipse de l'Hellespont dans les listes d'évêques présents en 325 au concile de Nicée,[32] à supposer, comme le suggérait Bengt Malcus, qu'Anicius Paulinus ait été pro-

28 Chastagnol 1962, 410.

29 LSA 287 (U. Gehn): "The role of the proconsul of Asia in our inscription may date it to before the provincial reforms of the 290s, since these divided the province of Asia and placed Troy within a new province, Hellespontus, governed by a praeses. However, anomalously Hellespontus was subject, not to the praetorian prefect of the east, but to the proconsul of Asia [...]. So our dedication may post-date the reform, but pay homage to the praeses of Hellespontus' immediate superior, the proconsul of Asia." L'auteur applique le même raisonnement à la dédicace du proconsul Hermogenes (LSA 274, cf. ci-dessous n. 37–38).

30 Feissel 1998, 94–95 = Feissel 2020, 190–192 (p. 192, n. 24, lire Cod. Theod. 1.12.5 au lieu de 1.2.5).

31 CIL VI 1682 et 1683 (Rome, 334). Cf. Malcus 1967, 99–100. PLRE I 681, Paulinus 17; Tantillo 2015 (édition révisée de CIL VI 1682, d'où AE 2015, 91).

32 Honigmann 1939, 47. La liste de 325 rassemble sous la seule province d'Asie quatre évêques d'Asie (Éphèse, Smyrne, Hypaipa, Anaia) et trois d'Hellespont (Cyzique, Ilion, Troas). Néanmoins les premiers nommés sont les évêques des métropoles de Cyzique et d'Éphèse, ce qui laisse à penser qu'il n'y a pas eu fusion de leurs deux provinces ecclésiastiques. Ce n'est d'ailleurs pas la seule anomalie que présente la liste des évêques de Nicée: tandis que la 'Liste de Vérone', en 314, distingue déjà deux Phrygies (*Frigia prima*, *Frigia secunda*, cf. Barnes 1982, 202), la liste de 325 ne fait pas cette distinction, ce qui ne prouve pas que la province ait été réunifiée. Selon Mitchell 1993, 161, "the anomaly is best explained by assuming that the sources for Nicaea are defective in this respect".

consul d'Asie et d'Hellespont dès 324. Toutefois rien ne prouve que la réunion des deux provinces sous un même gouverneur ait perduré après 325.

D'autre part la rivalité pour le contrôle de l'Hellespont qui est apparue plus tard entre le proconsul d'Asie et le *vicarius Asianae* ne saurait remonter à la première Tétrarchie puisque la création des diocèses, dont le premier témoin est la 'Liste de Vérone', n'est pas antérieure à 314.[33] En fait ce n'est pas avant Théodose Ier que le contrôle de l'Hellespont revient explicitement au proconsul au lieu du vicaire. Une constitution de 389 compte alors dans le diocèse d'Asie huit provinces seulement, ce qui signifie que l'Hellespont et les Îles n'en font plus partie.[34] En 396, une loi d'Arcadius, confirmant un rescrit de Théodose Ier, accorde à l'*officium* de la province d'Hellespont d'être placé sous la *potestas* du proconsul d'Asie, afin de ne plus être importuné par les agents du vicaire.[35] Ce statut administratif particulier, plus tard durablement consacré par les Codes, se reflète déjà dans l'organigramme dressé au tournant du siècle par la *Notitia dignitatum*, qui place alors l'Hellespont, de même que la province des Îles, *sub dispositione proconsulis*.[36] Cela ne nous apprend rien sur le statut de l'Hellespont lors de sa création, un siècle plus tôt. Pour en revenir aux inscriptions d'Ilion, les deux dédicaces à Athéna Ilias, la première datée sous le proconsul Faustus, la seconde sous le *praeses* Cassius, signifient bien que la création de l'Hellespont eut lieu dans l'intervalle, entre 293 et 307. Faustus n'est cependant pas le dernier des proconsuls d'Asie antérieurs à la séparation de l'Hellespont. Une autre inscription d'Ilion fait en effet connaître un proconsul d'Asie certainement plus tardif.

Le proconsulat d'Aurelius Hermogenes, qui fait à Ilion la dédicace d'une statue de Dioclétien (284–305) ou de Maximien (286–305), n'est pas autrement attesté;[37] on sait cependant par le chronographe de 354 que le même Hermogenes devint préfet de Rome le 30 octobre 309. Étant donné qu'à cette époque, comme on l'a constaté plus haut, l'écart entre le proconsulat et la préfecture urbaine n'excède pas un maximum de dix ans, il est exclu que le proconsulat d'Hermogenes remonte aux premières années du règne de Dioclé-

33 Zuckerman 2002, 620–623, a retracé les étapes de la recherche à partir des années 1980 et montré que le morcellement des provinces précède (et rend nécessaire) la création des diocèses. Sur les frontières du diocèse d'Asie, voir aussi Slootjes 2015, 183–187.

34 Cod. Theod. 1.15.13 (389): *Officium dioeceseos Asianae, cuius octo prouinciarum ambitus per spatia latiora tenduntur, ducentorum niti apparitione praecipimus* (cf. Feissel 1998, 94, n. 23; Cases 2021, 531, n. 107).

35 Cod. Theod. 1.12.5 = Cod. Iust. 1.35.2 (396): *Impp. Arcadius et Honorius aa. Simplicio proconsuli Asiae. Officium hellesponti consularis aeternae recordationis patrem serenitatis nostrae adiit et expositis suis incommodis, quibus a vicarianis apparitoribus urguebatur, oravit sub tuae sublimitatis agere potestate. cuius adlegationes humanae proclivius pium principem commoverunt: quod et nos obtinere censemus.*

36 Not. dign. or. 20.5–8: *Sub dispositione viri spectabilis proconsulis Asiae provinciae infrascriptae: Asia, Insulae, Hellespontus.* Néanmoins, contrairement à Cod. Theod. 1.15.13 (cité n. 32), Not. dign. or. 2.30–40 énumère dix provinces dans le diocèse d'Asie, y compris l'Hellespont et les Îles, à l'exclusion de la seule province d'Asie. La composition géographique du diocèse ne paraît pas affectée par les formes changeantes de son gouvernement.

37 CIL III 7069; I.Ilion 98; LSA 274 (U. Gehn).

tien, comme on l'admet communément,[38] ni même aux premiers temps de la Tétrarchie. Si l'on compare la carrière d'Aurelius Hermogenes à celle d'Anicius Faustus, qui fut préfet de Rome dix ans avant lui (299/300), il y a tout lieu de penser que le proconsulat de Faustus, entre 293 et 298, a précédé celui d'Hermogenes, et que ce dernier n'est pas antérieur aux années 300. Entre le tournant du siècle, où l'on voit que la cité d'Ilion dépend encore du proconsul, et la première mention d'un *praeses* d'Hellespont en 307/308, la création de la province a très probablement eu lieu au cours des années 300–307.

À côté de Faustus et d'Hermogenes, il faut encore se demander si une autre inscription d'Ilion ne se rapporte pas elle aussi à un proconsul d'Asie de l'époque des Tétrarques. Transmise par l'Anthologie Grecque,[39] cette épigramme n'est pas une fiction littéraire mais une authentique inscription lapidaire, qui décrit avec précision la restauration du tombeau de Laodikè, fille de Priam, et d'une ancienne statue de bronze de cette héroïne, par les soins d'un proconsul d'Asie (Ἀσίης ὕπατος)[40] du nom de Maximus. Bien que l'épigramme soit anonyme, dans le manuscrit palatin comme dans ceux de Planude, Hugo Stadtmüller a autrefois suggéré, dans son édition de l'Anthologie, d'y reconnaître l'œuvre de Julien l'Égyptien ou d'un autre poète de son temps, soit vers le milieu du VIe s.[41] Les similitudes formelles relevées par l'éditeur avec d'autres pièces de l'Anthologie ne sont pas négligeables mais ne suffisent pas à imposer une datation aussi tardive. Il est certes possible que cette épigramme de l'Anthologie, comme quantité d'autres inscriptions lapidaires,[42] ait été recueillie dès le VIe s. dans le 'Cycle d'Agathias', mais dater de cette époque le proconsul Maximus est d'autant plus improbable qu'à cette date Ilion, cité d'Hellespont, n'était plus du ressort des proconsuls d'Asie depuis deux siècles et demi.[43] Une identification plus séduisante a été proposée en 1922 par Conrad Cichorius.[44] On connaît en effet trois proconsuls d'Asie du nom de Maximus sous les Antonins et les Sévères: T. Statilius Maximus, consul en 144, proconsul en 157/158;[45] Sex. Quintilius Valerius Maxi-

38 PIR² A 1527 ("per initia ut videtur imperii Diocletiani"); Chastagnol 1962, 51–52; Malcus 1967, 95–96; PLRE I 424, Hermogenes 8. Un autre Hermogenes, destinataire du rescrit Cod. Iust. 8.46.6 (288 ou mieux 287 selon Mommsen) est parfois identifié au proconsul d'Asie Aurelius Hermogenes (cf. Corcoran 2000, p. 126, n° 5). Il nous paraît exclu qu'un rescrit de 287 puisse s'adresser à ce dernier, plus de vingt ans avant sa préfecture urbaine de 309.

39 Anth. Gr. 7.564. Absente du corpus de Frisch 1975, l'épigramme est reprise dans les recueils de Peek 1955, 664, n° 2051, et de Merkelbach et al. 2001, 13–14, n° 08/01/06 (où ce texte est classé sans explication à Cyzique au lieu d'Ilion).

40 Pour l'usage poétique du titre de consul, ὕπατος au lieu de ἀνθύπατος, comparer I.Didyma 159, II 3: δὶς δ' ὕπατος κλεινῆς Ἀσίης Φῆστος. Sur le proconsul Festus (286–293), cf. n. 61–62.

41 Anth. Gr. 7.564, éd. Stadtmüller 1899, 390: "ep. potest ab Iuliano (s. eius aequali) conditum esse". Sur Julien l'Égyptien, cf. PLRE III 733, Iulianus 11.

42 Dans son recueil des épigrammes funéraires, Peek 1955 a retenu comme d'authentiques inscriptions sur pierre 186 pièces du livre VII de l'Anthologie Grecque (chiffre donné par Beckby 1957, II 13).

43 La notice PLRE III 867, Maximus 4 (?M VI) est donc sans fondement.

44 Cichorius 1922, 374–375.

45 PIR² S 834, d'après I.Smyrna II 1, 600 (lettre de Marc-Aurèle encore césar). Le nom exact de ce proconsul, anciennement lu T. Ἀτείλιος Μάξιμος (de là Cichorius 1922, 374, et la notice périmée PIR² A 1301), a été rétabli par Petzl 1983.

mus, consul en 151 (avec son frère Sex. Quintilius Condianus), proconsul en 168/169 ou 169/170;[46] L. Marius Maximus, auteur de biographies des empereurs, proconsul d'Asie de 214/215 à 216/217.[47] Le savant allemand optait, parmi les trois, pour Quintilius Maximus, le seul à avoir un lien personnel avec la Troade, étant originaire de la colonie d'Alexandria Troas.[48] S'il fallait attribuer à un proconsul du Haut-Empire la restauration de la tombe et de la statue de Laodikè, un argument supplémentaire pourrait être tiré du fait que d'autres inscriptions d'Ilion, matériellement conservées, témoignent d'un intérêt constant pour les statues, et même le culte, des héros de l'épopée troyenne. Des épigrammes ont été effectivement retrouvées sur les bases de statues de Priam[49] et d'Hector,[50] et la cité d'Ilion a dédié elle-même une statue à Énée, son "dieu ancestral":[51] autant d'inscriptions qui, d'après l'écriture, remontent probablement au IIe ou à la première moitié du IIIe s.

Pourtant l'identification offerte par Cichorius n'est pas la seule possible. L'auteur a en effet omis de mentionner un autre proconsul du nom de Maximus: L. Artorius Pius Maximus,[52] successivement légat de Syrie-Phénicie sous Dioclétien et Maximien (286–293),[53] proconsul d'Asie (287–298),[54] enfin préfet de Rome en 298/299. Il est vrai qu'Artorius Maximus, originaire d'Éphèse,[55] n'avait pas avec la Troade les mêmes attaches familiales que Quintilius Maximus. Mais rien n'empêcherait, à une époque où les empereurs de la Tétrarchie offrent des statues au sanctuaire d'Athéna Ilias, qu'un proconsul d'Asie se charge, ou soit chargé, de restaurer le mémorial de Laodikè. Au long du siècle suivant, les monuments consacrés aux héros homériques continueront d'inspirer le respect des visiteurs. On sait par une lettre du futur empereur Julien comment celui-ci, en 354, mit à profit une escale à Alexandria Troas pour aller visiter Ilion. Sous la conduite de l'évêque local, Julien contemple la statue de bronze d'Hector, puis la grande statue d'Achille, et

46 PIR^2 Q 27. Les testimonia littéraires relatifs aux *Quintilii fratres* et à leur famille sont réunis notamment par Ricl 1997, 259–265.

47 PIR^2 M 308. Cf. Filippini 2019, 85–86, n. 58 (bibliographie) et 174–175.

48 Cichorius 1922, 374–375, a toutefois eu le tort de confondre les deux cités, Ilion et Alexandria Troas: "Sex. Quintilius Valerius Maximus und sein Bruder [...] stammten aus einer alten Familie von Ilion (Ἀλεξάνδρεια Τρῳάς), wo z.B. ihr Großvater nach der Inschrift C.I.L. III 384 [= I.Alexandreia Troas 39] Gemeindeämter bekleidet hat und Patron der Kolonie gewesen ist." En réalité Ilion n'était pas une colonie et n'a jamais dépendu d'Alexandria Troas. Même erreur chez Peek 1955, 664 ("Troas, 165 n. Chr. ?"), comme si l'inscription était d'Alexandria Troas; confusion inverse chez Beckby 1957, II 600 ("Cichorius denkt an Sextus Quintilius Valerius Maximus, dessen Familie aus Ilion stammte").

49 I.Ilion 141 (Musée du Louvre). Merkelbach et al. 1998, 635, n° 07/06/03.

50 I.Ilion 142 (British Museum). Merkelbach et al. 1998, 634–635, n° 07/06/02.

51 I.Ilion 143: Ἰλιεῖς τὸ[ν] πάτριον θε[ὸν] Αἰνείαν.

52 L. Artorius Pius Maximus: PIR^2 A 1187; Malcus 1967, 93–94; Chastagnol 1962, 30–31; PLRE I 589, Maximus 43; Barnes 1982, 157; Christol 1986a, 143.

53 Voir à Baalbek IGLS VI 2771; à Tyr: ReyCoquais 2006, 32–33, n°s 22 et 23 = LSA 670 et 746 (U. Gehn).

54 Voir à Éphèse: I.Ephesos II 307 = LSA 743 (A. Sokolicek); I.Ephesos III 621 = LSA 724 (A. Sokolicek, U. Gehn).

55 D'après I.Ephesos III 621.

termine sa visite par le temple d'Athèna Ilias, déjà fermé au culte mais où toutes les statues, dit-il, sont restées intactes.[56] Il se pourrait que Julien ait encore vu dans le sanctuaire les statues d'argent de Zeus et d'Asclépios offertes à Athéna par les empereurs, un demi-siècle plus tôt. D'autre part on connaît par un fragment d'Eunape l'épigramme funéraire du vicaire d'Asie Mousônios, tombé au combat en Isaurie en 367/368 et enseveli à Ilion au milieu des héros Ajax, Achille et Patrocle.[57] Enfin, probablement vers la fin du même siècle, deux primipilaires, originaires respectivement d'Ilion et d'Alexandria Troas, ont dédié dans le camp légionnaire de Novae, sur le Danube, une statue en armes, peut-être de la Victoire ou d'une figure héroïque.[58] Tout cela ne prouve pas mais autorise l'hypothèse que le mémorial de Laodikè ait été restauré par Artorius Maximus. Le fait que la préfecture urbaine de Maximus, en 298/299, précède immédiatement celle d'Anicius Faustus, en 299/300, n'entraîne pas nécessairement que Maximus ait aussi précédé Faustus au poste de proconsul d'Asie, puisque l'intervalle entre le proconsulat et la préfecture peut être plus ou moins long. Il n'en reste pas moins que les proconsulats de Maximus, entre 288 et 298, et de Faustus entre 293 et 299, ont à coup sûr précédé le proconsulat d'Hermogenes, qui ne sera préfet qu'en 309/310. Tous les trois font partie des derniers proconsuls d'Asie antérieurs à l'indépendance de l'Hellespont.

En dehors de ces trois-là, dont l'épigraphie d'Ilion démontre (ou du moins suggère dans le cas de Maximus) l'autorité directe sur une cité d'Hellespont, les autres proconsuls connus sous Dioclétien, entre 284 à 305, ne sont pas plus de deux ou trois. Sans doute faut-il ôter de la liste, compte tenu de l'origine de la pierre, le nom de Priscus, qui dédie une statue de Maximien (286–305) à Dokimion en Phrygie:[59] plutôt que proconsul d'Asie, *v. c. pr[oconsul]*, Priscus a probablement été *v. c. pr[aeses]*, en tant que gouverneur soit de la double province de Carie-Phrygie, soit de la Phrygie seule, séparée de la Carie peu après 301.[60]

---

56 Julian. Ep. 79 [Bidez]. Cf. Destephen 2018, 286 et n. 36 (bibliographie).

57 Eunape, fr. 45 Müller = fr. 43 Blockley. L'épitaphe de Mousônios fut composée par le poète Théodôros, un ami d'Eunape (PLRE I 897, Theodorus 12). Cette épigramme, comme celle de Maximos (cf. n. 37), est absente du corpus de Frisch 1975, mais figure dans les recueils de Peek 1955, 519, n° 1733 ("Troas [*sic*], nach 368 n. Chr."), et de Merkelbach et al. 1998, 636, n° 07/06/04 (Ilion). PLRE I 613, Musonius 2, situe à tort l'épitaphe de Mousônios à Sardes, d'où celui-ci était parti pour la guerre, au lieu d'Ilion où se trouvait sa tombe.

58 Łajtar 2013 (AE 2013, 1335; SEG 63, 536). Sur ce texte, dont je donnerai une nouvelle restitution, voir provisoirement Feissel 2018.

59 CIL III 14191.2 (d'où Mommsen conclut qu'à cette date Dokimion appartient à l'Asie, non à la Phrygie). De là PLRE I 729, Priscus 1.

60 Voir en ce sens Roueché 1981, 111; Barnes 1982, 156; LSA 541 (U. Gehn).

Le proconsulat de T. Flavius Festus, sous lequel Dioclétien et Maximien ont offert au temple d'Apollon Didyméen des statues de Zeus et de Lêtô,[61] doit remonter aux années 286–293, du fait que la dédicace ne fait pas mention des césars.[62]

Le proconsulat de Iunius Tiberianus est plus tardif, pas avant 293 puisque ce gouverneur a élevé à Éphèse un groupe de statues de Dioclétien et des césars Constance et Galère; seule manque la base de la statue de Maximien, qui devait compléter le collège tétrarchique des années 293–305.[63] Le titre de *princeps iuventutis* donné aux deux césars oriente plutôt vers le début de la période. Les dédicaces de Tiberianus sont en tout cas antérieures au 12 septembre 303, date de son accession à la préfecture urbaine,[64] et le fait qu'Anicius Faustus soit devenu préfet de Rome quatre ans avant Tiberianus laisse à penser que Faustus avait aussi été proconsul avant lui. Si tel est le cas, l'ensemble statuaire dédié par Tiberianus ne saurait remonter à l'instauration du régime tétrarchique en 293.[65] Plus vraisemblablement, Michel Christol situe le proconsulat de Tiberianus "vers 295–296", soit une quinzaine d'années après son consulat de 281, environ huit ans avant sa préfecture urbaine.[66]

En somme, vu leur date respective d'accession à la préfecture, les proconsulats de Maximus, de Faustus et de Tiberianus doivent précéder celui d'Hermogenes, qui lui-même ne peut guère être antérieur à 299/300. Le même terminus post quem vaut, répétons-le, pour la création de la province d'Hellespont, qui est postérieure au proconsulat d'Hermogenes.

Dans ces conditions, il convient enfin de reconsidérer la carrière d'un proconsul de date controversée, T. Oppius Aelianus Asclepiodotus. Originaire d'Aphrodisias, où une inscription honorifique retrace sa carrière, Asclepiodotus avait été successivement gouverneur de Phrygie-Carie, puis *proconsul* et *corrector* de la province d'Asie.[67] Charlotte Roueché, dans son édition de 1981, situait la carrière d'Asclepiodotus aux premiers temps de la province de Phrygie-Carie, vers 250–270, chronologie bientôt remise en cause par

61 I.Didyma 89 et 90; LSA 383 (J. Lenaghan) et 564 (U. Gehn). Sur ces dédicaces, voir aussi Tantillo 2020, 262–263. L'intervention à Didymes du proconsul Festus suffit à prouver qu'à cette date la cité de Milet appartient toujours à la province d'Asie et n'est pas encore rattachée à la Carie: en ce sens, Christol et al. 2017, 82–83, n. 124; contra, U. Gehn, LSA 564 ("at this date Miletus was within the province of Phrygia and Caria").

62 T. Flavius Festus: PIR^2 F 267; Malcus 1967, 91–93; PLRE I 335, Festus 7 (286–293?). Sur le même proconsul, voir aussi I.Didyma 159 (cité n. 40).

63 I.Ephesos II 305.1; 305.2; 305.3; LSA 718; 719; 720 (A. Sokolicek). Cf. PLRE I 912, Tiberianus 7 (293/303).

64 Chastagnol 1962, 40–41.

65 Malcus 1967, 94, invoquait en ce sens le fait que jusqu'au 3 août 293, Iunius Tiberianus (le père du proconsul homonyme) était préfet de Rome.

66 Sur la carrière des deux Iunius Tiberianus, voir Christol 1985, 437–438, en particulier sur le rythme des cursus: "Rien n'interdit d'attribuer à ce sénateur [Tiberianus fils], à la fois, le consulat ordinaire de 281, le proconsulat d'Asie, qu'on pourra placer maintenant vers 295–296, et la préfecture urbaine en 303–304". La carrière du père culmine avec "l'association du consulat ordinaire itéré de 291 et de la préfecture urbaine à la même date, celle de 291".

67 Roueché 1981, 108–113, n° 6 (SEG 31, 910; AE 1981, 770; AE 1982, 893). Roueché 1989, n° 7: Τ(ίτον) Ὄππ(ιον) Αἰλιανὸν Ἀσκληπιόδοτον τὸν λαμπρότατον ὑπατικὸν ἡγεμόνα Καρίας καὶ Φρυγίας, ἀνθύπατον καὶ ἐπανορθωτὴν Ἀσίας. De là LSA 195 (J. Lenaghan).

la découverte en Phrygie d'un milliaire des années 282–283 au nom d'un Asclepiodotus, gouverneur de rang équestre.[68] Rien n'empêche a priori que le même personnage, passé de l'ordre équestre au sénat, soit devenu par la suite, simultanément ou successivement, *proconsul et corrector Asiae*.[69] En admettant que les deux personnages ne fassent qu'un, le proconsulat d'Asclepiodotus ne serait pas antérieur à l'avènement de Dioclétien en 284. Cependant rien n'est moins sûr, comme le montre une récente étude de Werner Eck: Asclepiodotus d'Aphrodisias porte en effet, comme trois autres gouverneurs de Phrygie-Carie, le titre de clarissime consulaire (λαμπρότατος ὑπατικός), qui conduit à dater tous ces gouverneurs de la décennie 250–260, avant que Gallien ne décide de confier les provinces impériales exclusivement à des chevaliers. Du moment que le clarissime Asclepiodotus est plus ancien que le perfectissime Asclepiodotus,[70] le proconsulat du premier est sans doute encore proche du milieu du IIIe s., et sa mission de *corrector* ne peut coïncider avec le découpage tétrarchique de la province. Naguère suggérée par Charlotte Roueché,[71] cette hypothèse a été développée en dernier lieu par Alister Filippini, dont la monographie de 2019 traite plus généralement de la province d'Asie aux IIe et IIIe s. En adoptant la date de 293/294 à la fois pour le proconsulat d'Asclepiodotus et pour le démembrement de la province, le savant italien ordonne autour de cette date pivot une chronologie des autres proconsuls forcément différente de celle que nous venons d'exposer ci-dessus.[72]

Pour ma part, je crois avoir montré pourquoi le redécoupage de la province d'Asie, du moins en ce qui concerne la création de l'Hellespont, ne peut remonter aux premières années de la Tétrarchie: le proconsulat d'Hermogenes, préfet de Rome en 309, ne doit pas être antérieur à 299/300, et l'intervention d'Hermogenes à Ilion prouve que sous son proconsulat l'Hellespont n'était pas encore une province indépendante. Le cas de l'Hellespont, seul considéré jusqu'ici, nous conduit pour finir à évoquer également la date de création de la province des Îles, qui n'est pas forcément la même.[73] On a coutume de dater du 2 août 294 la constitution Cod. Iust. 3.22.5, adressée *Diogeni praesidi insularum*.[74] Cependant cette année n'est qu'une option parmi d'autres puisque les trois constitutions Cod. Iust. 3.22.3–5 sont datées en abrégé *CC. conss.*, et que les césars Constance et Galère

68 SEG 31, 1101 III; AE 1986, 677: ἡγεμονεύοντος τοῦ διασ(ημοτάτου) Ἀσκλη<π>ιοδότου. Cf. PIR² O 115; Filippini 2019, 215. Pont 2020, 313 et n. 200 fait remonter "au début des années 280" le proconsulat d'Asclepiodotus, ce qui revient à dire que son proconsulat aurait aussitôt suivi son gouvernement de Phrygie-Carie (282/283).

69 Les fonctions de proconsul et de *corrector* sont considérées comme successives par Christol 1986a, 219–221 (discuté par Roueché 1989, 18); de même Christol et al. 2017, 85, n. 134.

70 Eck 2022, 107: "Es spricht also alles dagegen, den ritterlichen (διασημότατος) Asclepiodotus mit dem senatorischen (λαμπρότατος) zu identifizieren."

71 Roueché 1981, 110: "one possible explanation is that he was appointed to oversee the further subdivision of the province of Asia under Diocletian, perhaps in 293."

72 Filippini 2019, 212–216 (tableau p. 215–216), date entre 286 et 293 les proconsuls Hermogenes, Festus et Maximus; en 292/293 l'hypothétique Epiphanius (en réalité Anicius Faustus); en 293/294 Asclepiodotus, artisan supposé de la division de l'Asie; en dernier lieu Tiberianus (293–303).

73 La Lydie, troisième province détachée de l'Asie proconsulaire, n'est pas attestée avant la 'Liste de Vérone', en 314.

74 PLRE I 255, Diogenes 1.

ont partagé quatre fois le consulat, en 294, 300, 302 ou 305. La loi adressée à Diogenes prouve seulement que la création de la province des Îles est antérieure à 305, et même antérieure de quelques années puisqu'un autre *praeses* des Îles, Agathus Gennadius, appartient lui aussi aux années 293–305.[75] On hésite à dater également sous la première Tétrarchie un troisième *praeses* des Îles, Attius Epiicius, qui pourrait être un peu plus tardif.[76] La province des Îles, dont au moins deux gouverneurs remontent aux années 293–305, est donc bien une création de Dioclétien. En Hellespont, où le premier gouverneur connu apparaît seulement en 307, la création de la province peut dater aussi bien des dernières années de Dioclétien que du début du règne de Galère. Les informations offertes par l'épigraphie d'Ilion ne suffisent pas à trancher cette incertitude mais confortent néanmoins le modèle le plus probable, celui d'une réorganisation progressive des cadres provinciaux depuis les derniers temps de la première Tétrarchie jusqu'à la dyarchie de Licinius et Constantin.[77]

Abréviation bibliographique

LSA: Last Statues of Antiquity (LSA), Oxford 2012, http://laststatues.classics.ox.ac.uk ⟨16.09.2023⟩.

Bibliographie

Barnes, T. D., The New Empire of Diocletian and Constantine, Cambridge/Ma. et al. 1982.
Beckby, H., Anthologia graeca, Buch VII–VIII, Munich 1957.
Boeckh, A., Corpus inscriptionum graecarum, vol. II, Berlin 1843.
Chastagnol, A., La préfecture urbaine à Rome sous le Bas-Empire, Paris 1960.
Chastagnol, A., Les fastes de la préfecture de Rome au Bas-Empire (Études prosopographiques 2), Paris 1962.
Christol, M., Consuls ordinaires de la seconde moitié du troisième siècle, MEFRA 97, 1985, 431–458.
Christol, M., Essai sur l'évolution des carrières sénatoriales dans la seconde moitié du IIIe siècle ap. J.-C., Paris 1986a.
Christol, M., À propos des Anicii: le IIIe siècle, MEFRA 98, 1986b, 141–164.

75 Inscriptions de Gennadius à Mitylène (CIL III 450) et à Kos (IG XII 4.2, 680, dédicace à Mars pour le salut des *Impp. et Caess.*). Cf. PLRE I 390, Aurelius Agathus Gennadius 2.

76 Entre 293 et 324 d'après Barnes 1982, 157 (Attius? Epinicius). Pour les trois dédicaces faites à Samos par ce gouverneur, respectivement à Jupiter, Junon et Hercule, voir en dernier lieu IG XII 6.2, 605–607. Contrairement à Mommsen, qui corrigeait le nom de ce *praeses prov(inciae) Insularum* en Attius Epi<n>icius (cf. PLRE I 280), l'édition des IG par Klaus Hallof a rétabli le nom d'Attius Epiicius. Ce cognomen, dérivé du nom grec Ἐπιείκης, est constant dans les trois dédicaces et n'appelle pas de correction.

77 Voir en dernier lieu Pont 2020, 312–315, avec la bibliographie.

Christol, M., Les origines d'une nouvelle province d'Asie Mineure au milieu du IIIe siècle: la province de Phrygie-Carie, in: Bourgeois, A., et al. (eds.), Ob singularem modestiam. Hommages Xavier Loriot, Bordeaux 2015, 15–30.
Christol, M. – Pont, A.-V., Autour des Appii d'Asie: réseaux familiaux, ascension sociale, carrières et cités au cours du IIIe siècle, JS 2017, 51–92.
Cichorius, C., Römische Studien. Historisches, Epigraphisches, Literargeschichtliches aus vier Jahrhunderten Roms, Leipzig et al. 1922.
Corcoran, S., The Empire of the Tetrarchs. Imperial Pronouncements and Government AD 284–324, Oxford 2000 (revised edition).
Destephen, S., Le prince chrétien en pèlerinage, T&MByz 22.2, 2018, 269–313.
Eck, W., Zum Rang der Statthalter von Caria et Phrygia zwischen 250 und 260, ZPE 223, 2022, 106–108.
Feissel, D., Vicaires et proconsuls d'Asie du IVe au VIe siècle. Remarques sur l'administration du diocèse asianique au Bas-Empire, AntTard 6, 1998, 91–104 (= Feissel 2020, 187–212).
Feissel, D., Études d'épigraphie et d'histoire des premiers siècles de Byzance (Bilans de recherche 10), Paris 2020.
Feissel, D., De la Troade au Danube: deux primipilaires, un oracle et une statue (résumé), REG 131, 2018, XI–XII.
Filippini, A., Efeso, Ulpiano e il Senato. La contesa per il primato nella provincia Asia nel III sec. d.C. (Acta Senatus B 5), Stuttgart 2019.
Frisch, P., Die Inschriften von Ilion (Inschriften griechischer Städte aus Kleinasien 3), Bonn 1975.
Hereward, D., Inscriptions from the Khersonese, ABSA 57, 1962, 176–185.
Łajtar, A., A Newly Discovered Greek Inscription at Novae (Moesia Inferior) associated with *pastus militum*, Tyche 28, 2013, 97–111.
Lechevalier, J. B., Voyage dans la Troade ou tableau de la plaine de Troie dans son état actuel. Seconde édition, Paris an VII (1799).
Lechevalier, J. B., Voyage de la Troade fait dans les années 1785 et 1786. Troisième édition revue, corrigée et considérablement augmentée (3 vols.), et Recueil des cartes, plans, vues et médailles pour servir au Voyage de la Troade, Paris an X (1802).
Lenz, C. G., Reise nach Troas oder Gemählde der Ebene von Troja in ihrem gegenwärtigen Zustande vom Bürger Lechevalier. Nach dem Französischen der zweyten Ausgabe frey bearbeitet, Altenburg – Erfurt 1800.
Malcus, B., Die Prokonsuln von Asien von Diokletian bis Theodosius II, OAth 7, 1967, 91–160.
Merkelbach, R., et al., Steinepigramme aus dem griechischen Osten, vol. I: Die Westküste Kleinasiens von Knidos bis Ilion, Stuttgart et al. 1998.
Merkelbach, R., et al., Steinepigramme aus dem griechischen Osten, vol. II: Die Nordküste Kleinasiens (Marmarameer und Pontos), Stuttgart et al. 2001.
Mitchell, S., Anatolia: Land, Men, and Gods in Asia Minor, vol. II: The Rise of the Church, Oxford 1993.
Peek, W., Griechische Vers-Inschriften, vol. I: Die Grab-Epigramme, Berlin 1955.

Petzl, G., T. Statilius Maximus – Prokonsul von Asia, Chiron 13, 1983, 33–36.
Pont, A.-V., La fin de la cité grecque. Métamorphoses et disparition d'un modèle politique et institutionnel local en Asie Mineure, de Dèce à Constantin (Hautes Études du monde gréco-romain 57), Paris 2020.
Rey-Coquais, J. P., Inscriptions grecques et latines de Tyr (Bulletin d'archéologie et d'architecture libanaises, Hors Série 3), Beyrouth 2006.
Ricl, M., The Inscriptions of Alexandreia Troas (Inschriften griechischer Städte aus Kleinasien 53), Bonn 1997.
Roueché, C., Rome, Asia and Aphrodisias in the Third Century, JRS 71, 1981, 103–120.
Roueché, C., Aphrodisias in Late Antiquity (JRS Monographs 5), Londres 1989.
Slootjes, D., Late Antique Administrative Structures: On the Meaning of Dioceses and their Borders in the Fourth Century AD, in: Brice, L. L., et al. (eds.), Aspects of Ancient Institutions and Geography. Studies in Honor of R. J. A. Talbert (Impact of Empire 19), Leyde et al. 2015, 177–195.
Stadtmüller, H., Anthologia graeca epigrammatum palatina cum Planudea, vol. II, Leipzig 1899.
Tantillo, I., L. Amnius ...nius Caesonius Nicomachus Anicius Paulinus, Epigraphica 77, 2015, 285–299.
Tantillo, I., I tetrarchi, le statue divine e i tesori dei templi, AntTard 28, 2020, 261–288.
Wilkins, P. I., The African Anicii – a Neglected Text and a New Genealogy, Chiron 18, 1988, 377–382.
Zuckerman, C., Sur la liste de Vérone et la province de Grande Arménie, la division de l'empire et la date de création des diocèses, T&MByz 14, 2002, 617–637.

Crédit des illustrations

Fig. 1: Dédicace à Athéna Ilias sous le proconsul Anicius Faustus (d'après Lechevalier 1802, pl. XVIII). Domaine public.

À propos d'Athènes, capitale du Panhellénion

Christine Hoët-van Cauwenberghe

Hadrien, né à Italica ou au moins originaire de cette cité de Bétique, est descendant de colons italiens installés en province, comme son parent et compatriote Trajan. Très tôt, il voyage et prend goût à ces déplacements qui lui permettent d'enrichir sa connaissance et d'apprendre l'histoire des lieux qu'il visite, et il se passionne très vite pour la culture grecque. S'il accompagna Trajan dans ses campagnes en Germanie et en Dacie, le premier grand voyage d'études qu'Hadrien réalise se place en Grèce, en 111–112 ap. J.-C., quand il se rend pour une année de formation à Athènes. Il venait alors de gravir des différents échelons du *cursus honorum*. Découvrant la ville d'Athènes, il en tombe sous le charme. Sollicité par les Athéniens, flattés de son intérêt et conscients des enjeux pour le renouveau de leur cité, il accepte l'archontat,[1] la magistrature supérieure que les autorités locales ont décidé de lui confier. Il peut alors exprimer sa reconnaissance par la générosité, au travers de cette fonction honorifique à forte vocation religieuse qui comprenait l'organisation des grandes fêtes civiques, les Panathénées. Hadrien contribue alors à redonner à la ville le lustre perdu à la fin de la République. En effet, la cité jadis opulente et rayonnante avait végété durant le premier siècle, peinait à se redresser après les guerres mithridatiques et l'engagement des Athéniens en faveur de l'ennemi de Rome, le roi du Pont Mithridate VI Eupator, ce qui avait eu pour effet le pillage de la ville par les troupes de Sylla victorieuses. Le phénomène avait été aggravé par la pression des guerres civiles romaines de la fin de la République et le choix d'Antoine contre Octavien devenu Auguste.[2]

On a beaucoup écrit sur Hadrien et Athènes, en particulier sur le vaste programme édilitaire, mais il y a encore des questions en suspens concernant la topographie urbaine et les découvertes archéologiques des dernières décennies ont révélé leur lot de surprises, en particulier du côté de l'agora romaine. Hadrien est celui qui en matière de construction a effectivement été le plus loin, il a transfiguré Rome et Athènes au point que l'on se pose parfois la question de savoir s'il souhaitait faire deux capitales pour un Empire… La

1 Hadrien archonte à Athènes: SHA Hadr. 19.1; CIL III 550 ; IG III 464. Il s'inscrivit par son archontat dans la suite d'une résurrection du passé glorieux de l'Athènes classique, ravivé par l'empereur Domitien qui avait aussi assumé cette fonction à la fin du Ier siècle ou par des aristocrates descendants de princes hellénistiques comme Tib. Claudius Philopappos, et son cousin originaire de Sparte, C. Iulius Epiphanes Philopappos, tous deux descendants du roi Antiochos IV de Commagène déchu en 72, sous Vespasien, voir Kleiner 1983; Baslez 1992; Hoët-van Cauwenberghe 2016.

2 Tac. Ann. 2.55.1.

nature de cette nouvelle ‚capitale' en Grèce suscite l'intérêt et, en son sein, la topographie et les fonctions précises de son centre névralgique interpellent.

Hadrien porte son choix sur Athènes et fait d'elle la capitale du Panhellénion

Hadrien entreprit en 131–132 ap. J.-C. de créer une nouvelle structure capable de rassembler durablement tous les Grecs sous le nom de Panhellénion.[3] Le choix d'Athènes comme centre de cette structure est réalisé par Hadrien tard dans son règne en réalité. Cette création n'est pas un acte spontané de la part du prince mais le fruit d'une longue réflexion et d'une recherche sur le terrain: elle a nécessité plusieurs années d'examen des possibilités et elle se révèle aussi le fruit d'expérience diplomatique directe avec les cités grecques. En effet, Hadrien est parti de plusieurs constatations importantes: l'absence d'unité des Grecs, dont les cités rivales continuaient de se quereller, mais en même temps, l'existence d'un certain nombre de thèmes rassembleurs autour de la lutte contre les Perses, d'un sentiment de culture commune marqué par un vocabulaire d'unité (Hellènes, tous les Hellènes ou Panhellènes),[4] la situation économique encore précaire dans les cités de la Vieille Grèce et le potentiel culturel et cultuel de celle-ci.

Hadrien a donc adapté ses objectifs en conséquence. D'abord, il a souhaité rassembler les Grecs au cœur d'un projet commun dans une structure qui leur soit familière tout en incluant le culte impérial, reprenant la tradition du culte du souverain en l'adaptant. Son second objectif fut de redresser la Grèce 'classique' pour lui rendre ses 'lettres de noblesse' afin de réduire l'écart de plus en plus flagrant avec les cités d'Asie Mineure florissantes.[5] Enfin, et non des moindres, donner au monde hellénophone un point de référence, une place panhellénique, et une organisation dans laquelle les cités pourraient se reconnaître et s'identifier tout en s'intégrant définitivement à un monde dominé par le pouvoir impérial, seul capable de donner enfin une vision uniforme de l'Empire. Pour ce faire, Hadrien se devait de choisir un centre. Il avait envisagé plusieurs possibilités et visiblement mûrement réfléchi avant de mettre en place son projet, songeant à Olympie, renonçant à choisir Delphes.[6] Il y a lieu de penser que les querelles entre les différentes cités pour obtenir la prééminence l'ont incité à donner la préférence à Athènes plutôt qu'à une autre cité. Le *koinon* panachéen recréé ne rassemblait pas toutes les cités grecques et l'amphictionie delphique était demeurée jusqu'alors fermée à l'adhésion spartiate.[7] Hadrien voulait unir

---

3 Cass. Dio 69.16.1–2. Voir Graindor 1934, 102–111; Follet 1976, 125–136; une étude globale et synthétique de cette fondation impériale a été réalisée par Walker – Spawforth 1985 et 1986.

4 Oliver 1978; Ferrary 2001.

5 Romeo 2002.

6 Hadrien fit part de son projet de rassemblement des Grecs dans une lettre qu'il adressa à l'amphictionie (F.Delphes III.4 302, 1–6 = Jacquemin et al. 2012, n° 252 (avec la bibliographie).

7 C. Iulius Spartiaticus occupa le poste de grand-prêtre du culte impérial dans le *koinon* des Achéens en tant que citoyen de Corinthe, mais pas comme Spartiate, ce qu'il était également. Il ne faut donc pas conclure que si Spartiaticus avait ce poste, Sparte avait adhéré à la ligue, ce qui est faux: voir Cartledge – Spawforth 1989, 112.

les Grecs dans une structure plus vaste que les différentes ligues qui avaient vu le jour jusqu'alors et réussir ce que les Grecs n'avaient pu faire: les rassembler tous en une seule et même unité. Christopher P. Jones[8] a tenté de montrer il y a plus de vingt ans de cela que l'importance de l'action d'Hadrien avait été exagérée, et que l'ensemble des Grecs étaient les véritables instigateurs du projet. Il s'appuyait sur le passage de Dion Cassius qui précise que l'empereur donna l'autorisation aux Grecs de bâtir cette institution en son honneur qui porta le nom de Panhellénion.[9] On a certes couvert Hadrien d'éloges pour son rôle dans l'âge d'or de l'Empire et on lui a également attribué un mérite qu'il faut davantage mesurer sur la longue durée afin de rendre justice aux autres Césars. Nous pensons en particulier à Trajan, mais également à l'influence des Flaviens dans la mise en place d'un processus d'intégration qui connut son apogée au IIe siècle ap. J.-C. Cependant, s'il est évident qu'Hadrien, passionné de culture et d'histoire, philhellène par excellence, a voulu s'entourer des Grecs comme l'a montré Anthony Birley,[10] c'est pour prendre conseil sur la manière de mener à bien son projet. Comme le prouve la lettre qu'il adressa à Delphes,[11] Hadrien prenait conseil et était ouvert aux suggestions que l'on pouvait lui faire, mais en premier et en dernier ressort, il ne faut pas s'y tromper, c'est lui qui décidait de la bonne marche de ses affaires. Pour donner une pérennité à son projet, Hadrien prit le temps, avant de le communiquer, de préparer à la fois les Grecs et les Romains à ce plan d'action extrêmement ambitieux par sa présence lors de voyages. Ce travail préparatoire permit aux Grecs de ne pas perdre totalement l'initiative:[12] ils l'ont bâti avec l'empereur, mais sous sa direction. Hadrien a pris soin de s'entourer de sénateurs comme Hérode Atticus, originaire de Marathon ou C. Iulius Eurycles Herculanus, de Sparte, dont le prestige était ancien, qui étaient forts d'une implantation provinciale de premier plan et dont l'adhésion familiale à l'Empire remontait au moins à ses débuts.

En même temps, il mena une grande campagne de communication sur le même thème que Néron: la liberté des Grecs. Cela explique aussi en partie qu'il ait choisi Athènes pour capitale de son projet, car elle avait été, avec Sparte, la tête de la résistance à l'ennemi perse.[13] Platées et Marathon demeuraient des lieux de mémoire pour les Grecs et Athènes

8 Jones 1996, 29–56. Mais il a commis la même erreur que celle des historiens qui refusaient de voir en Hadrien l'instigateur du culte d'Antinoüs.

9 Cass. Dio 69.16.1–2: "Hadrien fit la dédicace du temple de Jupiter Olympien à Athènes, temple dans lequel se trouve une statue de lui, et il consacra un serpent qui y avait été apporté d'Inde; il célébra magnifiquement les Dionysies, attendu qu'il exerçait la charge d'archonte, la plus haute de cette ville, vêtu à la manière du pays. Il accorda aux Grecs la permission de lui élever un temple (*sèkos*) qui fut nommé le Panhellénion, institua des jeux à cette occasion, et fit don aux Athéniens de fortes sommes d'argent, d'un revenu annuel en grains, ainsi que de Céphallénie tout entière." (trad. E. Gros).

10 Birley 1997, 175–178.

11 F.Delphes III.4 302.

12 Voir Spawforth 2012, 248–250.

13 Le Meilleur des Hellènes, titre de gloire agonistique octroyé aux *Éleuthéria* de Platées, était donné à ceux qui gagnaient à la course à pied en armes destinée à conserver le souvenir de cette lutte contre les Perses, voir Robertson 1986, 88–102; van Nijf 2005. Voir aussi Cartledge – Spawforth 1989, 190–211; Spawforth 2012, 245.

continuait de cultiver cette image.[14] Relayée par Hadrien la vision historique hellénique de l'union des Grecs à travers leur capacité à se réunir face à l'ennemi servit à construire le discours officiel romain. Il contribua donc à faire référence à cette partie de l'histoire grecque pour l'actualiser en montrant que les Romains reprenaient la grande tradition de lutte contre l'ennemi oriental, le Mède assimilé aux Parthes que les Romains avaient à combattre à leur frontière de Syrie. Il encouragea et soutint donc des philosophes et écrivains qui argumentaient en ce sens. Ainsi, Polémon de Laodicée,[15] l'un des sophistes qui eut le plus de succès au IIe siècle était protégé par Hadrien, en raison du fait qu'il était un spécialiste des *medika*.[16] On a conservé de lui des déclamations faisant l'éloge du polémarque Callimaque et de Cynégire, le frère d'Eschyle, tous les deux morts à Marathon. En même temps, ce discours d'Hadrien s'insérait dans une tradition romaine de lutte contre un ennemi redoutable, en particulier depuis la grande défaite de Crassus face aux Parthes en 53 av. J.-C. à Carrhes.

Même si Hadrien fit d'Athènes la capitale du Panhellénion, il apporta son soutien à Sparte et renouvela l'amitié avec les Spartiates.[17] Il est évident que l'intelligence politique d'Hadrien était plus fine que celle de Néron, qui avait un caractère trop passionné et trop impulsif, même si ce trait a souvent été exagéré par ses contemporains et les historiens modernes. En outre, Hadrien a pu profiter de l'expérience néronienne pour ne pas accomplir les mêmes erreurs, et le temps avait aussi joué en sa faveur: les mentalités avaient évolué de part et d'autre et étaient prêtes à ce nouveau type d'organisation.

Le rôle d'Hadrien dans la renaissance grecque: l'histoire vivante à travers le Panhellénion à Athènes

En réalité, le Panhellénion ne fut pas comme on a pu le dire, entre autres James H. Oliver,[18] un lieu de liberté et d'expression de l'autonomie des Grecs: la structure ainsi créée ne poursuivit aucun gouverneur et ne reçut jamais de rescrit hormis ceux de sa fondation. Les Grecs ne bénéficièrent donc pas de davantage de pouvoir politique grâce à cette création. Hadrien plaça la supériorité culturelle de la Grèce, que les Romains étaient depuis des siècles tout prêts à reconnaître – au moins pour une grande partie d'entre eux –, au service de l'Empire. Le Panhellénion avait essentiellement pour but de voter des honneurs cultuels pour l'empereur, sous la direction de grands-prêtres, ayant eux-mêmes déjà prouvé leur loyauté envers le prince et le régime. L'organisation agonistique et le travail de recherches historiques destiné à prouver la primauté de la Vieille Grèce occupa désormais

14 Spawforth 1994; Pernot 2005; Gómez 2013.

15 Sur Polémon, voir Quet 2003.

16 Philostr. VS 519–520, 541; voir Bowie 1970, 7–8.

17 Il se rendit à deux reprises dans le Péloponnèse et s'intéressa particulièrement à Sparte où il fut aussi désigné patronome, l'un des cinq magistrats éponymes de la cité de Sparte: IG V 1, 32B, 13; 33, 5; 1314, 26; ABSA 26, 1925, 170 (D3) = Woodward 1925, 170 (D3); voir Bradford 1986; Spawforth 2012, 244.

18 Oliver 1970, 132–136.

les Grecs,[19] afin de leur faire oublier les querelles intestines et de tourner le sentiment national au profit de l'Empire, et non contre lui. En effet, le ressentiment politique même au IIe siècle ap. J.-C. demeurait encore très fort et les Grecs se définissaient encore comme dominés par les Romains, d'où la difficulté d'intégration à l'Empire.[20] En même temps, ils avaient aussi compris l'inéluctable et l'intérêt de composer avec le pouvoir central pour une meilleure qualité de vie alliée à une reconnaissance de leur identité culturelle dominante. Le travail avait commencé avec Auguste, s'était poursuivi sous Domitien et allait crescendo sous les Antonins. Le récit de Pausanias s'inscrit en parfaite continuité avec cette renaissance grecque, sa 'Périégèse' ayant pour objectif de décrire ce que la Grèce recelait des trésors antiques et historiques, faisant d'ailleurs fi du présent de manière presque systématique.

Hadrien contribua à redonner un élan à l'esprit d'*agon* des Grecs par l'encouragement des concours. Ainsi, Athènes, dont les concours traditionnels avaient stagné tout au long du Ier siècle, ce qui fait que Néron avait omis de s'y rendre lors de sa *peregrinatio Achaica*, fut promue soudain comme grand centre agonistique avec quatre concours isélastiques: les Panathénées, les *Panhellenia*, les *Olympia* et les *Hadrianea*.[21] Hadrien innovait donc en choisissant Athènes, mais pour ne pas rompre avec tous les principes d'un passé magnifié et vénérable, et donc pour ne pas trahir l'esprit de continuité, Hadrien se mit automatiquement à remonter dans le temps et à trouver des voies de la continuité historique comme reprendre les travaux de l'Olympiéion, se mettre sous la protection du roi des dieux, Zeus Olympien, et il trouva un thème fédérateur des Grecs. En effet, même si par l'image des vers d'Horace (Epist. 2.1.156–157) de cette Grèce captive[22] "qui fit prisonnier son sauvage vainqueur et apporta les arts dans le rustique Latium", on semble y percevoir une unité, celle-ci est une construction mentale des Romains. Cette Grèce fantasmée,[23] Hadrien contribue aussi à la relever comme le monnayage qu'il produit de retour à Rome entre 134 et 136 ap. J.-C. l'illustre: la Grèce restaurée est invitée à se relever par le prince. Il porte Athènes sur sa cuirasse par le motif qui le relie à Cécrops:[24] les images parlent de manière claire de cette figure mythologique associée à la fondation d'Athènes et le programme urbanistique le met dans la droite ligne du sillage de Thésée[25] ainsi que le proclame le texte de la porte séparant l'Athènes classique de la ville romaine. Hadrien est fondateur et Athènes sa capitale dans le monde hellénophone. La cour d'Hadrien y est demeurée en même temps que le prince. N'oublions pas que sa présence sur place a duré près d'une année et qu'il y a fait plusieurs passages plus ou moins longs.

Avec l'achèvement de l'édification de l'Olympiéion à Athènes et la création du Panhellénion, Hadrien gagna plusieurs épithètes liées au culte de Zeus qu'il avait ainsi dé-

19 Spawforth – Walker 1985, 79–84; Arafat 1986.
20 Nörr 1966, 48–50.
21 Spawforth – Walker 1985, 78–104.
22 Cf. Alcock 1993, 14.
23 Baroin 2005.
24 Strocka 2012–2013.
25 IG II² 5185. Voir Adams 1989; Willers 1990, 68–92; Camp 2001, 201–202. Voir aussi les commentaires de Kariveri 2002 et Whitmarsh 2015.

veloppé: celles d'Olympien et de Sauveur dès 128/129 ap. J.-C. en raison de l'accélération donnée aux travaux du temple de Zeus Olympien à Athènes, et celle de Panhellène à partir de 132 ap. J.C. en relation avec le Panhellénion.[26] L'épithète la plus fréquemment attribuée à Hadrien dans le Péloponnèse est celle de Sôter, seule ou souvent associée soit à Olympios, soit à Ktistès, et dans ce cas en relation directe avec une évergésie impériale de nature édilitaire.[27] D'ailleurs, Hadrien par son action en faveur de l'hellénisme le fit appeler très probablement par les Grecs reconnaissants du titre de philhellène, même si aucune confirmation ni des textes littéraires ni épigraphiques nous l'indique clairement. Initié aux mystères d'Éleusis en deux étapes, 124–125 et 127–128 ap. J.-C., vif admirateur de la culture grecque, il fit d'Athènes le centre du Panhellénion et passa une grande partie de son temps à visiter les provinces romaines.[28]

Le complexe aux cent colonnes à Athènes: le Panhellénion, un centre pour une capitale d'un nouveau genre

Dietrich Willers, en 1990, donne sa version du programme d'Hadrien pour Athènes et a le mérite de montrer l'ampleur de l'ambition du prince et de son investissement édilitaire dans la ville d'Athènes pour en faire une capitale digne d'accueillir le culte impérial célébré par les membres adhérant à cet ensemble.[29] Il fait de l'Olympiéion le cœur battant du Panhellénion. Depuis lors, les fouilles, en grande partie, celles liées aux Jeux de 2004 et à la construction du métro, ont permis d'en savoir plus sur les structures de l'agora romaine et de ce que l'on nomme la 'Bibliothèque' d'Hadrien. Au plan architectural, on sait que le modèle en a été le *templum pacis* à Rome: un vaste péristyle, une grande salle centrale, des exèdres sur le mur du fond des portiques nord et sud (trois de chaque côté) et deux espaces à gradins à l'est.[30] Si certains ont voulu y voir un simple bâtiment destiné à recevoir des 'livres'[31] dans la phrase très laconique de Pausanias (1.18.9), d'autres y ont vu le siège d'une capitale d'Empire avec des archives administratives.[32] Qu'on ne s'y trompe pas: Corinthe est demeurée le lieu administratif de la province d'Achaïe avec ses bureaux, mais Athènes, par la présence du prince, a été un centre éphémère du pouvoir et par l'aménagement réalisé et la création du Panhellénion, elle dépassait les frontières administratives pour embrasser un vaste ensemble culturel et cultuel visant à faire reconnaître la prédominance du prince sur toute la partie hellénophone de l'Empire et à mettre les élites hellénophones en

---

26 Perret 1929, 30–33 et 62–73; Voir Gangloff 2018, 243–254; Gangloff 2022.

27 Hoët-van Cauwenberghe 2022.

28 Voir Kienast 1959–1960; Follet 1976, 107–135; Halfmann 1986, 201–202; Willers 1990; Birley 1997, 175–178; 215–234.

29 Spawforth – Walker 1985 et 1986; Romeo 2002.

30 Knithakis – Sumboulidou 1969; Choremi-Spetsieri 1995; Tigginaka 1999, 300–322; Choremi-Spetsieri – Tigginaka 2008; Bergemann 2010.

31 Shear 1981; Willers 1990; Tigginaka 1999.

32 Ainsi Sisson 1929 voit dans le monument, à la fois la bibliothèque, mais aussi un centre provincial d'archives administratives.

synergie au service de l'Empire. Si l'Olympiéion offre une visibilité cultuelle indéniable, il convient de revoir l'importance du fameux bâtiment aux cent colonnes de marbre phrygien[33] que les fouilles archéologiques récentes ont permis de remettre en exergue, montrant dans la partie orientale, l'existence au nord et au sud d'*auditoria*,[34] une architecture très proche des théâtres, avec des gradins. L'ensemble forme avec la vaste pièce quadrangulaire un espace large et prestigieux qui est assurément le lieu qui a abrité non seulement la documentation qu'il a fallu rassembler pour justifier la constitution de ce Panhellénion, mais aussi tous les livres d'histoire destinés à appuyer l'adhésion des cités grecques et les demandes faites par celles-ci.[35] De ce fait, ce bâtiment est un lieu d'archives de la correspondance et des formalités auxquelles les cités ont été astreintes. Mais, cela ne s'arrête pas là: il s'agit d'un véritable complexe. Des salles de lecture, de cours, de conférences et de déclamation permettent d'identifier des *auditoria*, et les exèdres comme des salles de réunion, d'une trentaine de personnes dans le premier cas, d'environ cinq cent personnes dans le second. On est en présence d'un lieu de rassemblement culturel et d'enseignement. Hadrien promeut Athènes comme centre culturel. En effet, ce lieu, que les découvertes récentes mettent en valeur, nous éclaire sur l'histoire vivante: des *auditoria* ont permis l'expression festive des membres rassemblés en ce lieu pour célébrer ce qu'ils avaient en commun: une identité grecque et un souverain romain, un bon prince, évergète, figure paternelle à vénérer, parée des vertus justifiant sa position dominante.[36] Il est probable comme le suggérait il y a vingt ans, Roland Étienne,[37] qui dressait le bilan critique de la nouvelle Athènes d'Hadrien et s'interrogeait sur les fonctions de cet espace en observant que "son plan pourrait convenir à d'autres usages qu'à celui d'une réserve de livres". La grande salle orientale est un espace du culte impérial, le *sèkos* évoqué par Dion Cassius (*Sébastéion*)[38] et la statue découverte dans ce que l'on continue d'appeler par commodité la 'bibliothèque' est une Victoire sur un globe.[39] Elle symbolise celle de Rome et du pouvoir impérial. Les portraits de l'empereur et de la famille impériale, y compris des princes divinisés qui devaient se trouver dans les niches de ce bâtiment, témoignent du discours de pouvoir et de religion par le développement du culte impérial. La dimension religieuse doit être considérée: Pausanias évoque dans l'ordre un temple d'Héra et de Zeus Panhellénios, un panthéon et ensuite, ce qui apparaît comme le monument le plus fameux le bâtiment à la centaine de colonnes qui le caractérise, et il évoque les toits dorés et de parements

33 La présence du marbre phrygien est bien attesté dans la 'bibliothèque', voir Kanellopoulos 2020: il a analysé les 200 fragments de colonnes et de revêtement.

34 López García 2014; Villetard 2020. La partie sud, récemment dégagée, confirme la symétrie des deux *auditoria*.

35 Spawforth – Walker 1985 et 1986; Romeo 2002.

36 Gangloff 2018.

37 Étienne 1992, 270, fait un compte rendu critique du livre de Willers 1990 et pressent effectivement toutes les potentialités de ce bâtiment que l'on peut qualifier de complexe multifonctionnel faute d'en connaître le nom antique précis: "Panthéon et Bibliothèque, Panhellénion et Bibliothèque?".

38 Proposition faite par P. Gros et M. Torelli: Gros – Torelli 1988, 384–385; voir Kanellopoulos 2020, 134–135.

39 Corcella et al. 2013, 141 fig. 13; Calendra – Adembri 2014, fig. 28; Sourlas 2018, 398; 401–402.

d'albâtre des pièces pourvues de statues et de peintures.[40] Les toitures de tuiles dorées, en bronze, sont en général le privilège des dieux. À Rome, il y a le Capitole (Verg. Aen. 8.347; Plin. HN 33.18) et Pausanias signale aussi le cas d'un des monuments du forum de Trajan à Rome (Paus. 5.12.6). La vocation religieuse de cet ensemble est indéniable et il y a fort à penser qu'Athéna ait occupé aussi une place de choix, tant en lien direct avec le savoir et la culture que par la protection qu'elle accorde à la ville et à ses habitants et Hadrien met en évidence sur sa cuirasse l'équilibre obtenu grâce à la force de Rome et à la puissance du palladium.[41] On doit désormais considérer cet espace comme un complexe multifonctionnel,[42] qui sur l'agora romaine est parfaitement mis en valeur par les terrasses successives, en cela il suit le modèle des bibliothèques publiques d'époque hellénistiques au cœur de la ville, sur l'agora ou dans un sanctuaire.[43] Cet ensemble monumental extraordinaire doit être considéré en lien direct avec l'Olympiéion, où se situaient les statues des cités ayant reconnu Athènes comme métropole, par la Porte d'Hadrien qui fait la jonction entre passé et présent. La victoire de Rome est comme celle de Néron, pacifique, mais vise non à donner à la Grèce et au monde hellénophone une identité politique, mais une stature culturelle et cultuelle sans pareil. La dimension politique est romaine. Hadrien a surtout voulu rassembler les populations de l'Empire, et tout particulièrement les élites, dans un programme où la culture grecque est sublimée autour d'une idée romaine du pouvoir hégémonique et rassembleur du prince.

Bibliographie

Adams, A., The Arch of Hadrian in Athens, in: Walker et al. 1989, 10–15.

Alcock, S. E., Graecia Capta. The Landscapes of Roman Greece, Cambridge 1993.

Arafat, K. W., Pausanias' Greece, Ancient Artists and Roman Rulers, Cambridge 1996.

Baroin, C., La Grèce imaginaire des Romains dans l'*Vrbs* et les provinces, Métis NS 3, 2005, 189–214.

Baslez, M.-F., La famille de Philopappos de Commagène, un prince entre deux mondes, DHA 18.1, 1992, 89–101.

Bergemann, J., Die Hadriansbibliothek in Athen. Kaiserliches Bauwerk zwischen Klassizismus und romantischer Erinnerungskultur, in: Perrin 2010, 54–62.

Birley, A., Hadrian: The Restless Emperor, Londres et al. 1997.

Bowie, E., Greeks and Their Past in the Second Sophistic, P&P 46, 1970, 3–41.

40 Sur le revêtement, voir Kanellopoulos 2020 avec les différents essais de reconstitution en 3D des parements. Le marbre phrygien n'est présent que dans ce bâtiment et nulle part ailleurs dans Athènes. Les colonnes "en albâtre" selon Pausanias sont en réalité du marbre blanc de Synnada, comparé précisément à l'albâtre par son extrême blancheur (Str. 12.577).

41 Voir la statue d'Hadrien où la louve supporte le palladion. Des variantes ont été copiées dans la partie hellénophone. Voir Gergel 2004.

42 Sourlas 2018 (voir les restitutions).

43 Coqueugniot 2010.

Bradford, A. S., The Date Hadrian was Eponymous Patronomos of Sparta, Horos 4, 1986, 71–74.
Calandra, E. – Adembri, B. (eds.), Adriano e la Grecia. Villa Adriana tra classicità ed ellenismo. Studi e ricerche, Vérone 2014.
Camp, J., The Archaeology of Athens, New Haven – Londres 2001.
Cartledge, P. – Spawforth, A., Hellenistic and Roman Sparta (States and Cities of Ancient Greece), Londres et al. 1989.
Choremi-Spetsieri, A., The Library of Hadrian at Athens: Recent Finds, Ostraka 4, 1995, 137–147.
Choremi-Spetsieri, A. – Tigginaka, I., The Library of Hadrian: The Archaeological Evidence, in: Vlizos, S. (éd.), Athens During the Roman Period. Recent Discoveries, New Evidence (Benaki Museum Suppl. 4), Athènes 2008, 115–146.
Coqueugniot, G., Des bibliothèques pour le public... et la gloire de leurs fondateurs: Les motivations des fondateurs de bibliothèques dans les provinces orientales de l'Empire romain, de César à Hadrien, in: Perrin 2010, 41–53.
Corcella, A. – Monaco, M. C. – Nuzzo, E., Ancora su Pausania 1.18.9, la cd. Bibliotheca di Adriano ed il Panellenio, ASAA 91, 2013, 111–156.
Étienne, R., La nouvelle Athènes d'Hadrien, REA 94, 1992, 269–271.
Ferrary, J.-L., La géographie de l'hellénisme: réflexions sur "hellènes" et "panhellènes" dans les inscriptions d'époque romaine, in: Salomies, O. (éd.), The Greek East in the Roman Context (Papers and Monographs of the Finnish Institute at Athens 2), Helsinki 2001, 19–35.
Follet, S., Athènes au IIe et au IIIe siècle. Études chronologiques et prosopographiques (Collection d'Études Anciennes), Paris 1976.
Gangloff, A., Pouvoir impérial et vertus philosophiques. L'évolution de la figure du bon prince sous le Haut-Empire (Impact of Empire 31), Leyde – Boston 2018.
Gangloff, A. (éd.), The Emperor's Qualities and Virtues in the Inscriptions from Augustus to the Beginning of Constantine's Reign: "Mirrors for Princes"? / Qualités et vertus de l'empereur dans les inscriptions d'Auguste au début du règne de Constantin (Impact of Empire 42), Leyde – Boston 2022.
Gergel, R. A., Agora S166 and Related Works: the Iconography, Typology, and Interpretation of the Eastern Hadrianic Breastplate Type, in: Chapin, A. P. (éd.), Charis. Essays in Honor of Sara A. Immerwahr (Hesperia Suppl. 33), Athènes 2004, 371–409.
Gómez, P., Marathon et l'identité grecque au IIe s. apr. J.-C.: du mythe au lieu commun, in: Gangloff, A. (éd.), Lieux de mémoire en Orient grec à l'époque impériale, Berne 2013, 79–94.
Graindor, P., Athènes sous Hadrien, Le Caire 1934.
Gros, P. – Torelli, M., Storia dell'urbanistica. Il mondo romano, Rome – Bari 1988.
Halfmann, H., Itinera Principum: Geschichte und Typologie der Kaiserreisen im römischen Reich (Heidelberger Althistorische Beiträge und Epigraphische Studien 2), Stuttgart 1986.

Hoët-van Cauwenberghe, C., Les figures de la mémoire: images multiples, facettes variées. Rapport introductif, in: Benoist, S., et al. (eds.), Une mémoire en actes: espaces, figures et discours, Villeneuve d'Ascq 2016, 139–153.
Hoët-van Cauwenberghe, C., La figure du bon prince dans les inscriptions d'Achaïe: le prince philhellène?, in: Gangloff 2022, 96–132.
Jacquemin, A., et al., Choix d'inscriptions de Delphes, traduites et commentées (Études épigraphiques 5), Athènes 2012.
Jones, C. P., The Panhellenion, Chiron 26, 1996, 29–56.
Kanellopoulos, C., The Lost Skin of the Library of Hadrian in Athens, Aura 3, 2020, 121–149.
Karivieri, A., Just One of the Boys. Hadrian in the Company of Zeus, Dionysus and Theseus, in: Ostenfeld, N. (éd.), Greek Romans and Roman Greeks. Studies in Cultural Interaction (Aarhus Studies in Mediterranean Antiquity 3), Aarhus 2002, 40–54.
Kienast, D., Hadrian, Augustus und die eleusinischen Mysterien, JNG 10, 1959/1960, 61–69.
Kleiner, D. E. E., The Monument of Philopappos in Athens (Archaeologica 30), Rome 1983.
Knithakis, I. – Sumboulidou, E., *Νέα στοιχεία δια την Βιβλιοθήκην του Αδριανού*, AD 24 (Μελέται), 1969, 107–117.
López García, A., Los Auditorios de Adriano y el Athenaeum de Roma, Florence 2014.
van Nijf, O., Aristos Hellenôn: succès sportif et identité grecque dans la Grèce romaine, Métis NS 3, 2005, 271–294.
Nörr, D., Imperium und Polis in der hohen Prinzipatszeit (Münchener Beiträge zur Papyrusforschung und antiken Rechtsgeschichte 50), Munich 1966.
Oliver, J. H., Panacheans and Panhellenes, Hesperia 47, 1978, 185–191.
Oliver, J. H., Marcus Aurelius. Aspects of Civic and Cultural Policy in the East (Hesperia Suppl. 13), Princeton – New Jersey 1970.
Pernot, L., Athènes, lieu de mémoire, in: Lehmann, Y., et al. (eds.), Antiquité tardive et humanisme: de Tertullien à Beatus Rhenanus. Mélanges offerts à François Heim à l'occasion de son 70e anniversaire (Studia Humanitatis Rhenana 02), Turnhout 2005, 101–120.
Perret, L., La titulature impériale d'Hadrien, Paris 1929.
Perrin, M. (éd.), Neronia VIII. Bibliothèques, livres et culture écrite dans l'empire romaine de César à Hadrien. Actes du VIIIe colloque international de la SIEN, Paris, 2–4 octobre 2008, (Latomus 327), Bruxelles 2010.
Quet, M.-H., Le sophiste M. Antonius Polémon de Laodicée, éminente personnalité politique de l'Asie romaine du IIe siècle, in: Cébeillac-Gervasoni, M. – Lamoine, L. (eds.), Les élites et leurs facettes. Les élites locales dans le monde hellénistique et romain (Collection de l'École française de Rome 309, Collection Erga 3), Rome – Clermont-Ferrand 2003, 401–443.
Robertson, N., A Point of Precedence at Plataia: The Dispute between Athens and Sparta over Leading the Procession, Hesperia 55, 1986, 88–102.

Romeo, I., The Panhellenion and Ethnic Identity in Hadrianic Greece, CPh 97, 2002, 21–40.
Shear, Jr., T. L., Athens: From City-State to Provincial Town, Hesperia 50, 1981, 356–377.
Sisson, M. A., The Stoa of Hadrian at Athens, PBSR 11, 1929, 50–72.
Sourlas, D., Ο *διάκοσμος της Βιβλιοθήκης του Αδριανού: τα γλυπτά*, in: Di Napoli, V., et al. (eds.), What's New in Roman Greece? Recent Work on the Greek Mainland and the Islands in the Roman Period (Meletemata 80), Athènes 2018, 391–417.
Spawforth, A. J. S. – Walker, S., The World of the Panhellenion I. Athens and Eleusis, JRS 75, 1985, 78–104.
Spawforth, A. J. S. – Walker, S., The World of the Panhellenion II. Three Dorian Cities, JRS 76, 1986, 88–104.
Spawforth, A. J. S., Symbol of Unity? The Persian-Wars Tradition in the Roman Empire, in: Hornblower, S. (éd.), Greek Historiography, Oxford 1994, 233–247.
Spawforth, A. J. S., Greece and the Augustan Cultural Revolution. Greek Culture in the Roman World, Cambridge – New York 2012.
Strocka, V. M., Hadrian und Kekrops, Hesperia 127/128, 2012/2013, 289–305.
Tigginaka, J., Η *μεγάλη ανατολική αίθουσα της Βιβλιοθήκης του Αδριανού*, AD 54A, 1999, 285–326.
Villetard, M., Les auditoria d'Hadrien dans la topographie urbaine des forums impériaux, in: Benoist, S., et al. (eds.), Mémoires de Trajan, mémoires d'Hadrien, Villeneuve d'Ascq 2020, 83–96.
Walker, S. – Cameron, A. (eds.), The Greek Renaissance in the Roman Empire (Bulletin of the Institute of Classical Studies Suppl. 55), Londres 1989.
Whitmarsh, T., The Mnemology of Empire and Resistance: Memory, Oblivion, and Periegesis in Imperial Greek Culture, in: Galinsky, K. – Lapatin, K. (eds.), Cultural Memories in the Roman Empire, Los Angeles 2015, 49–64.
Willers, D., Hadrians panhellenisches Programm. Archäologische Beiträge zur Neugestaltung Athens durch Hadrian (Antike Kunst Beihefte 16), Bâle 1990.
Woodward, A. N., Excavations at Sparta. The Inscriptions, ABSA 26, 1925, 159–239.

Le gouvernement des provinces publiques prétoriennes sous Auguste. Une hypothèse sur les pouvoirs et fonctions dévolus au *quaestor pro praetore**

Frédéric Hurlet

La longue durée de la réforme provinciale d'Auguste de janvier 27 av. J.-C., qui consista à diviser l'Empire en deux types de province – 'publiques'[1] d'un côté, 'impériales' de l'autre –, ne doit pas nous conduire à négliger et à minorer le caractère expérimental et empirique des mesures qui furent prises à cette occasion. D'une part, le partage des provinces ne fut pas à l'origine aussi net qu'il y paraît et il faut plutôt retenir que les provinces fortement militarisées alors attribuées à Auguste continuaient à être publiques, l'Égypte incluse,[2] et n'étaient censées être 'impériales' que provisoirement, le temps que le prince y remît de l'ordre;[3] ce n'est que progressivement, au fur et à mesure qu'Auguste consolida

* Cette étude a été réalisée dans le cadre du projet "Broughton augustéen", financé par l'IUF, et présentée à l'occasion d'un atelier prosopographique le 6 décembre 2021 à l'Université Paris Nanterre. Je tiens à remercier les collègues qui ont lu cet article et contribué à l'améliorer: R. Baudry, A. Dalla Rosa, A. Díaz Fernández, M.Cl. Ferriès, Gr. Ioannidopoulos, Fr. Kirbihler et Fr. Pina Polo.

1 Il existe un débat, ainsi que des solutions diverses, sur le nom à donner aux provinces qui furent rendues par Auguste au Sénat et au peuple romain en 27 av. J.-C. Millar a écarté la formule 'province sénatoriale' pour privilégier celle de 'province publique' (Millar 1989); cf. aussi dans ce sens Hurlet 2006a, 13–14 et n. 8. Il faut toutefois ajouter qu'en théorie, les provinces relevaient toutes du peuple romain et étaient donc publiques. C'est à l'usage et de manière progressive qu'on a fini par distinguer les provinces publiques de celles qui étaient également publiques, mais qui avaient été attribuées à Auguste pour une durée limitée. Ferrary 2001, 109, n. 35 a préféré parler de 'province proconsulaire'. C'est une formule qui est attestée à une reprise, à une époque toutefois tardive (SHA Alex. 24.1), et qui présente l'avantage d'être sans ambiguïté parce que les proconsuls ne se rencontraient que dans ce type de province; cf. aussi Dalla Rosa 2014, 55–61.

2 Pour une analyse qui rappelle de façon salutaire que les provinces dites impériales étaient elles aussi publiques au moment de la création du nouveau régime et qui souligne "la complexité de l'équilibre augustéen", cf. Roman – Roman 2007, qui montrent bien que la formule de "provinces publiques" n'est pas totalement satisfaisante. Mais y en a-t-il une qui le serait? Cette interrogation terminologique n'est en réalité que l'une des conséquences des ambiguïtés augustéennes.

3 À ce sujet, Rich 2012 a bien montré qu'en 27 av. J.-C., Auguste avait présenté son commandement militaire décennal sur les provinces dites "impériales" comme un pouvoir temporaire qui avait pour objet de pacifier des territoires encore instables et qui aurait dû prendre fin une fois la mission accomplie. Il justifia les renouvellements quinquennaux de 18 et de 13 av. J.-C. par le contexte mili-

son emprise sur 'ses' provinces au fil des renouvellement de son *imperium*, que la distinction entre les deux types de province s'accentua pour finir par se réifier. D'autre part, il ne faut pas projeter sur l'ensemble de l'époque augustéenne le mode de fonctionnement régulier qui fut celui des provinces publiques tout au long du Haut-Empire et qui consistait à nommer les gouverneurs par tirage au sort à partir d'une liste suffisamment étoffée d'anciens consuls (consulaires) et d'anciens préteurs (prétoriens) ayant exercé leurs magistratures au moins cinq années auparavant. Le problème pratique est qu'à l'époque augustéenne, contrairement à ce que l'on constate par la suite, le vivier des candidats à tirer au sort pouvait être à l'occasion insuffisant. C'est une difficulté que j'ai déjà signalée pour les provinces publiques consulaires au moment de la mise en place de la réforme, en lien avec la décision de ne plus recourir à des consuls suffects à partir de 28 av. J.-C. et la monopolisation par Auguste de l'un des deux postes de consul, et qu'Auguste réussit à contourner en autorisant le recours à la prorogation.[4] Cet article entend prolonger ce type d'analyse en se demandant si la question de la faiblesse du vivier des candidats aux débuts de l'époque augustéenne vaut ou non également pour les provinces publiques prétoriennes.

Il faut partir d'une réalité arithmétique, et des conséquences de celle-ci sur le fonctionnement du système provincial augustéen: à savoir le fait que le nombre de provinces prétoriennes dont il fallait assurer le gouvernement chaque année ne devait en aucun cas être supérieur au nombre annuel de préteurs; au cas où il l'était, il en résultait qu'il n'y aurait pas eu assez d'anciens préteurs pour donner au système provincial le nombre d'hommes suffisant pour garantir la rotation annuelle des gouverneurs (proconsuls). Le problème, loin d'être nouveau, s'était posé à l'époque républicaine. La solution qui avait été alors trouvée était la généralisation du principe de la prorogation.[5] Auguste y avait eu de nouveau recours pour les proconsuls, comme il vient d'être souligné, à titre exceptionnel dans la mesure où la durée de leur gouvernement était désormais fixée légalement à une seule année[6] et uniquement pour les proconsuls de rang consulaire, mais jamais pour ceux de rang prétorien dans l'état actuel de la documentation. Il faut donc se demander si Auguste n'avait pas trouvé une autre solution que la prorogation pour les provinces publiques prétoriennes. S'y ajoutait une autre difficulté potentielle, qui compliqua davantage la situation, si l'on rappelle que conformément à la *lex Iulia* de 27, qui avait réformé le mode d'attribution des gouvernements provinciaux, les préteurs devaient attendre au moins cinq années avant de pouvoir tirer au sort une province publique.[7] Plusieurs d'entre eux pouvaient donc soit être élus au consulat pendant ce délai quinquennal, surtout les patri-

---

taire. C'est à partir de 8 av. J.-C., à la suite d'un nouveau renouvellement décennal, devenu désormais une routine, que la division des provinces commença à être perçue dans les faits comme étant définitive.

4 Nous connaissons deux exemples de proconsuls de rang consulaire qui furent prorogés à une reprise à la tête de la province d'Asie dans le courant des années 20–10 av. J.-C., en l'occurrence Sex. Appuleius et Potitus Valerius Messala; sur ces deux proconsulats biennaux, cf. Hurlet 2006a, 28, n. 27; 44, n. 96–97; 47–48, n. 109 et 104–105.

5 Cf. à ce sujet Barrandon – Hurlet 2009, 38, ainsi que Hurlet – Müller 2020, 54.

6 Cass. Dio 53.13.2.

7 Cass. Dio 53.14.2; Suet. Aug. 36.

ciens, soit mourir entre-temps, ce qui les faisait dans l'un et l'autre cas automatiquement sortir de la liste des anciens préteurs susceptibles de tirer au sort une province publique de rang prétorien.

Les différents problèmes qui viennent d'être soulevés ne se posèrent pas, du moins en théorie, au moment de la mise en place de la réforme, en 27 av. J.-C., et durant les années immédiatement postérieures, puisque les huit préteurs élus chaque année[8] suffisaient en théorie à assurer le gouvernement des sept provinces publiques prétoriennes. Ce raisonnement était d'autant plus valable au départ que la monopolisation du consulat par Auguste et ses proches qui avaient déjà été consuls (Agrippa et T. Statilius Taurus) interdisait à la plupart des anciens préteurs d'atteindre la magistrature suprême; de ce fait, ceux-ci n'avaient alors dans leur très grande majorité d'autre perspective pour la suite de leur carrière que de devenir proconsuls d'une province publique prétorienne. S'y ajouta une autre donnée de fait, à savoir que le vivier des anciens préteurs devait être dans le courant des années 20 av. J.-C. suffisamment fourni en raison du plus grand nombre de préteurs qui avaient été élus chaque année à l'époque triumvirale et qui étaient toujours en vie sans avoir jamais réussi à devenir consuls. Cette situation ne manqua pas d'évoluer, au terme de plusieurs étapes: tout d'abord en 23 av. J.-C., quand Auguste renonça au consulat annuel,[9] ouvrant ainsi l'accès à la magistrature suprême à plus d'anciens préteurs (un de plus par an); ensuite à partir de 22 av. J.-C., quand l'île de Chypre et la Narbonnaise furent ajoutées à la liste des provinces publiques prétoriennes,[10] qui passa donc de sept à neuf. La création par Auguste de deux nouvelles prétures en 23 av. J.-C., celles chargées de gérer le trésor public (les *praetores aerarii*),[11] compensa à peine le trop petit nombre d'anciens préteurs si on le compare aux besoins de gouverneurs provinciaux. En conséquence, le nombre annuel d'anciens préteurs – dix désormais – ne suffit plus à assurer le fonctionnement du système pour ce qui est de la rotation des neuf proconsuls prétoriens. Prenons un seul exemple concret, celui de l'année 17 av. J.-C. Il y eut alors neuf provinces publiques prétoriennes à attribuer. Le système avait alors besoin de neuf anciens préteurs ayant exercé leur préture cinq années auparavant, soit les préteurs de l'année 22 av. J.-C. Le nombre de ceux-ci, dix depuis 23 av. J.-C., aurait dû en théorie suffire, mais il faut retrancher les préteurs de 22 av. J.-C. qui avaient été entre-temps élus au consulat en 19, 18 ou 17 av. J.-C. et qui pouvaient être au moins au nombre de deux, ainsi que ceux qui étaient éventuellement décédés. La conclusion est évidente: l'équilibre était fragile pour garantir la rotation annuelle des proconsuls prétoriens. Le problème s'aggrava en 16–13 av. J.-C., quand la Bétique devint une province au moment de la division de l'Hispanie Ultérieure

8 Après être monté jusqu'à seize à la suite d'une réforme de César (Cass. Dio 43.49.1), le nombre de préteurs fut réduit à huit par Auguste en 29–28 (Vell. Pat. 2.89.3), dans le contexte de la restauration de la *res publica*; cf. à ce sujet Mommsen 1893 [1887–1888], 231–232.

9 Cass. Dio 53.32.3.

10 Cass. Dio 54.4.1.

11 Cass. Dio 53.32.2. Cf. Noè 1994, 227.

en deux provinces – l'autre étant la Lusitanie – et fut intégrée au sein des provinces publiques, désormais au nombre de dix.[12]

Comment faire, dans ces conditions, pour assurer le gouvernement de toutes les provinces publiques par des sénateurs, auxquels il fallait obligatoirement remettre un *imperium*? Cette étude propose d'explorer ici une nouvelle piste, qui n'a encore jamais été empruntée, en proposant la solution suivante: il existait une catégorie de magistrats romains, envoyés dans les provinces publiques, qui pouvaient pallier le déficit momentané de préteurs, en l'occurrence les questeurs, auxquels pouvait être attribué un *imperium* et qui étaient en mesure, à ce titre, d'exercer un gouvernement provincial en dépit de leur (plus) jeune âge. Alors qu'auparavant, sous la République, la prorogation des gouverneurs déjà en place était la principale variable d'ajustement, ce sont les questeurs qui se virent attribuer cette fonction en devenant les seuls magistrats romains en place dans les provinces publiques dépourvues de proconsuls à leur tête pour des raisons ponctuelles.

Les précédents républicains: les questeurs à la tête de provinces

L'idée selon laquelle le questeur pouvait, dans certaines circonstances, gouverner une province sans être dans une position subordonnée par rapport à un proconsul ou un propréteur n'apparaît pas seulement à l'époque augustéenne. Elle compte des précédents à l'époque républicaine.[13] Les institutions romaines se caractérisant par leur adaptation à une situation donnée, plusieurs questeurs furent amenés à devenir les gouverneurs de province par intérim à la place de proconsuls ou de propréteurs qui étaient décédés au cours de leur mandat ou qui avaient été amenés à rentrer à Rome pour l'une ou l'autre raison; d'une manière ou d'une autre, ils furent nécessairement investis à cette occasion et à titre exceptionnel d'un *imperium* de manière à leur permettre de prendre le commandement des troupes. C'est ce qui se produisit par exemple en 53 av. J.-C., quand la défaite de Crassus face aux Parthes et son exécution, qui en résulta, conduisirent C. Cassius Longinus, alors questeur ou proquesteur, à prendre le commandement des troupes qui étaient restées en Syrie ou qui avaient réussi à y revenir de manière à organiser la défense de la province romaine; il occupa ce rang jusqu'à l'arrivée en 51 av. J.-C. de M. Calpurnius Bibulus, le consul de 59 av. J.-C. tiré au sort comme proconsul cette année.[14] On peut y

12 Cass. Dio 53.12.4. La date à laquelle la Bétique devint une province publique n'est précisée par aucune source, mais l'*opinio communis* fait remonter cette décision non pas à l'année 27 av. J.-C., mais aux années 16–13 av. J.-C. au moment de la tournée d'Auguste dans les provinces occidentales; cf. à ce sujet Bellissime – Hurlet 2018, 56 avec le renvoi à la bibliographie.

13 Comme l'a déjà souligné Mommsen 1893 [1887–1888], 231; cf. aussi Lowe 2004, 122–123 (avec la bibliographie).

14 Élu comme questeur à une date précise qui n'est pas assurée – 55, 54 ou 53 av. J.-C. – et envoyé dans la province de Syrie, il y intervint en tant que subordonné de Crassus et resta en fonction après le décès de celui-ci jusqu'en 51 av. J.-C., date à laquelle Cicéron lui envoya une lettre depuis la Cilicie en le qualifiant en en-tête de *pro quaestore* (Cic. Fam. 15.14 pr.). Le terme de *quaestor* et sa traduction grecque ταμίας utilisés par toutes les autres sources littéraires à propos de Cassius (Liv. per. 108; Iust.

ajouter le cas de L. Scribonius Libo, en fonction en Hispanie Ultérieure, auquel une formule épigraphique unique donne le statut de *pro q(uaestore) pro pr(aetore) apsenti*, le terme *apsenti* signifiant qu'il devint *pro praetore*, doté donc d'un *imperium*, pour remplacer le gouverneur qui s'était 'absenté' et que l'on a identifié avec Jules César, amené à quitter sa province en 60 av. J.-C. pour se porter candidat au consulat.[15]

Outre ces cas de force majeure, qui contribuaient à rehausser le titre et le pouvoir des questeurs en fonction dans une province pour éviter un vide du pouvoir et du commandement militaire, qui pouvait être dommageable pour Rome, le Sénat était également en mesure de décider de sa propre initiative de placer un questeur à la tête d'une province dépourvue d'un (pro)magistrat doté d'un *imperium*. C'est ce qui se produisit en 65 av. J.-C. quand Cn. Calpurnius Piso fut envoyé sans doute en qualité de questeur en Hispanie Citérieure, qu'il gouverna seul et où il fut assassiné; attesté par les témoignages conjoints de Salluste et d'une inscription, aujourd'hui perdue, le titre qu'il porta à cette occasion était celui de *quaestor pro praetore*.[16] Un peu plus tard, en 58 av. J.-C., Caton (d'Utique) fut envoyé à Chypre avant d'avoir exercé la préture et après avoir été questeur pour gouverner seul cette île, devenue à ce titre une *prouincia* de rang questorien, en vertu de ce que Velleius Paterculus appelle un *ius praetorium*, formule indiquant qu'il possédait un *praetorium imperium*.[17] Si ce cas confirme la souplesse d'un système institutionnel qui n'hésitait pas sous la République à envoyer à la tête d'une province un dignitaire n'ayant pas encore revêtu la préture, il est toutefois un peu différent de celui de Cn. Calpurnius Piso: d'une part, Caton fut envoyé à Chypre non pas pendant sa questure, mais six années après avoir exercé cette magistrature;[18] d'autre part, il fut investi de ce gouvernement provincial non pas par un sénatus-consulte, mais par une loi, proposée par Clodius,[19] qui trouvait ainsi un moyen d'éloigner de Rome un adversaire politique. En dépit des incertitudes liées à l'état de notre documentation, l'octroi de l'*imperium* à un questeur ou un ancien questeur ne fait aucun doute. Ioannidopoulos tire la conclusion qui s'impose:

42.4; Vell. Pat. 2.46.4; Eutr. 6.15.2; (Ps.-)Aur. Vict. Epit. Caes. 83.1; Fest. 17.3; Plut. Crassus 18.5; Cass. Dio 40.25.5; 47.28.1; cf. aussi App. B Civ. 4.59.257), loin d'avoir un sens technique, prend un sens générique qui est en usage chez les auteurs anciens pour désigner aussi bien un questeur pendant son année de magistrature qu'un questeur prorogé, qui est un *pro quaestore* d'un point de vue institutionnel. Sur la questure et la proquesture de C. Cassius Longinus, la chronologie de celles-ci et les titres successifs qu'il porta, cf. en dernier lieu Pina Polo – Díaz Fernández 2019, 139, 188–191 et 231–232, qui restent très prudents sur la question de l'*imperium* du questeur.

15 La dédicace a été enregistrée dans Ephemeris Epigraphica 8, 502–503, n° 277; sur la datation de cette (pro)questure, cf. la proposition faite par Kondratief 2015, 434–439, reprise par Pina Polo – Díaz Fernández 2019, 309.

16 Sall. Catil. 19.1; CIL I² 749 = CIL VI 1276 (ILS 875 = ILLRP 378). Cf. à ce sujet Lowe 2004. Sur la questure de Cn. Calpurnius Piso, cf. Pina Polo – Díaz Fernández 2019, 189 et 228.

17 Vell. Pat. 2.45.4.

18 Vell. Pat. 2.45.4. Sur la mission de Caton à Chypre et la question du titre qu'il porta à cette occasion, cf. Morrell 2017, 204–236; Pina Polo – Díaz Fernández 2019, 300–301.

19 Vell. Pat. 2.45.4 parle en effet à ce sujet d'une *lex* de Clodius.

> "un homme qui recevait à Rome un *imperium* extraordinaire, quelle que soit la façon dont il avait été nommé questeur, [...] était nommé questeur pro-préteur".[20]

Une dernière série de possibles précédents pour Auguste est l'envoi de plusieurs (pro)questeurs en Cyrénaïque – au moins deux, P. Cornelius Lentulus Marcellinus et M. Iuuentius Laterensis, peut-être aussi A. Pupius Rufus –, pour lesquels nous ne connaissons pas de supérieur hiérarchique, en l'occurrence un préteur. Cette situation a conduit à proposer de faire de la Cyrénaïque une *provincia quaestoria*, attribuée à ce titre à des (pro)questeurs pour permettre aux préteurs alors peu nombreux – ils étaient alors au nombre de huit – de gouverner des provinces stratégiquement plus importantes, mais il faut savoir reconnaître qu'aucune conclusion n'est assurée à ce sujet.[21]

La *lex Pompeia* de 52 av. J.-C. et ses effets sur les questures provinciales

En rendant obligatoire un délai quinquennal entre l'exercice d'une magistrature supérieure – préture et consulat – et le droit de tirer au sort un gouvernement provincial, la loi de Pompée de 52 av. J.-C. est désormais considérée, à juste titre, comme un précédent institutionnel sur lequel Augusta s'appuya au moment de mettre en place la réforme provinciale en 27 av. J.-C.[22] On omet toutefois d'ordinaire de rappeler qu'elle eut également des effets directs sur les attributions des questeurs envoyés en province en contribuant à faire de ceux-ci des gouverneurs intérimaires.[23] Cette évolution est à mettre sur le compte de la clause de loi qui fixait une durée déterminée au gouvernement provincial exercé par les proconsuls et les propréteurs en la limitant désormais à une seule année.[24] C'était là un changement capital qui impliquait que le mandat du gouverneur sur sa province expirait automatiquement au terme du délai légal d'une année, ce qui le privait de fait de l'exercice de son *imperium*. La conséquence était le risque élevé de vacance du pouvoir à la tête de la province, problème auquel une solution temporaire pouvait être apportée si l'on confiait l'intérim aux seuls magistrats restés en place, les questeurs. Ceux-ci continuèrent

20 Ioannidopoulos à paraître.

21 Sur la Cyrénaïque comme possible *prouincia quaestoria*, cf. pour un état des lieux Pina Polo – Díaz Fernández 2019, 152–159 qui concluent plutôt par la négative en suggérant que ces questeurs devaient alors avoir été subordonnés à des préteurs (il faudrait dans ce cas ajouter un point d'interrogation au titre, "Cyrene as *prouincia quaestoria*", et penser que le nombre de préteurs était suffisant pour assurer le gouvernement d'un nombre grandissant de provinces); cf. aussi Ioannidopoulos à paraître qui fait de l'envoi de questeurs en Cyrénaïque et à la tête de cette région une pratique régulière sans qu'il faille supposer qu'elle déboucha sur la création d'une province questorienne et qui explique cette spécificité par la large autonomie de la Cyrénaïque couplée au caractère financier de son administration.

22 Sur le contenu de la *lex Pompeia*, cf. Ferrary 2001, 105–107; Steel 2012; Dalla Rosa 2014, 83–94. Sur la *lex Pompeia* comme précédent de la *Iex Iulia* de 27 av. J.-C., cf. Hurlet 2006b, 476–483.

23 Cf. à ce sujet Ioannidopoulos à paraître.

24 Sur la durée annuelle, cf. Marshall 1972, 895–898.

à rejoindre leur province à partir de la date leur entrée en fonction, le 5 décembre, qui fut non pas modifiée par la *lex Pompeia*, mais désormais totalement désynchronisée de la date d'arrivée des gouverneurs de province, en l'occurrence l'été ou l'automne si l'on prend l'exemple de l'année 51 av. J.-C. Ils étaient donc en fonction au moment crucial où les pouvoirs annuels des gouverneurs en exercice expiraient et étaient amenés à suppléer ces derniers pour les cas où les successeurs n'avaient pas encore été nommés ou n'étaient pas encore arrivés. Il faut imaginer qu'ils recevaient à cette fin un *imperium*, indispensable pour un gouverneur de province, de rang prétorien, sans doute par délégation du proconsul ou propréteur qui était obligé de quitter la province pour rentrer à Rome. Ils continuaient à être questeurs, mais "faisant fonction de préteur"; de ce fait, ils portaient dès lors le titre de *quaestor pro praetore*.

Le meilleur exemple du rehaussement des pouvoirs d'un questeur consécutif à la *lex Pompeia* est celui de L. Antonius Pietas, le frère de Marc Antoine, qui exerça la questure en Asie en 50 av. J.-C. et auquel différents titres successifs furent donnés: d'abord *quaestor* – *ταμίας*, au début de sa magistrature; ensuite *quaestor pro praetore* – *ταμίας καὶ ἀντιστράτηγος*, quand il fut amené à assurer l'intérim à la suite du départ de son supérieur, le propréteur Q. Minucius Thermus, dont l'*imperium* avait expiré dans le courant de l'été 50 av. J.-C.; enfin *pro quaestore pro praetore* – *ἀντιταμίας καὶ ἀντιστράτηγος*, quand sa questure fut prorogée en 49 av. J.-C. et jusqu'à ce qu'arrivât un nouveau propréteur, C. Fannius.[25] On en conclura qu'il fut investi de l'*imperium* au moment où il ajouta le titre de *pro praetore* à celui de *quaestor*, et ce par délégation du propréteur Q. Minucius Thermus.

Ce nouveau système fit long feu, puisqu'il fut appliqué peu de temps – deux années – en raison du déclenchement de la guerre civile en 49 av. J.-C., puis vite remplacé par un nouveau règlement provincial, mis en place en 46 av. J.-C. par une nouvelle loi, la *lex Iulia* de César. Il n'en mit pas moins en exergue les pouvoirs potentiels des questeurs provinciaux en faisant de ceux-ci des gouverneurs intérimaires en possession d'un *imperium* sous certaines conditions. C'était là une solution pratique dont Auguste put d'autant plus s'inspirer qu'elle avait résulté d'une réforme de Pompée, qu'il considéra comme un modèle à imiter et dans le prolongement duquel il inscrivit ses réformes institutionnelles.

Quaestor pro praetore: un titre qui se généralise à l'époque augustéenne

Il est désormais acquis que les évolutions de la questure à la fin de l'époque républicaine allaient dans le sens d'un renforcement des pouvoirs des questeurs provinciaux, amenés dans certaines circonstances à gouverner les provinces sans être subordonnés à un supé-

25 Sur les titres portés par L. Antonius Pietas tels qu'ils sont attestés par les sources, cf. Cic. Fam. 2.18.2–3 (*quaestor*); Jos. Ant. Iud. 14.230 (ἀντιταμίας καὶ ἀντιστράτηγος); Jos. Ant. Iud. 14.235 (ἀντιταμίας); I.Ephesos III 614a (ταμίας καὶ ἀντιστράτηγος); IGR IV 401 (ταμίας καὶ ἀντιστράτηγος); IGR IV 400 ([? ἀντι]ταμίας καὶ ἀντιστράτηγος). Sur cette questure, suivie d'une proquesture, cf. Pina Polo – Díaz Fernández 2019, 214.

rieur, que ce soit par investiture d'un *imperium* à Rome au moment de son départ en province ou par délégation de l'*imperium* du gouverneur, proconsul ou propréteur, pour une raison ou une autre.[26] La thèse défendue dans cet article est qu'Auguste s'appuya sur ces précédents quand il fut amené à constater, en fonction du contexte, que la liste des anciens préteurs ne suffisait plus à alimenter le vivier de candidats au gouvernement des provinces publiques prétoriennes destinés à être tirés au sort.

Un argument en faveur de cette thèse est la généralisation à l'époque augustéenne du titre porté par les questeurs provinciaux, officiellement qualifiés à l'époque impériale de *quaestor pro praetore* et de ταμίας καὶ ἀντιστράτηγος. La liste proposée dans le livre de Ioannidopoulos ne laisse guère de place au doute sur une telle évolution.[27] Les rares cas pour lesquels *quaestor* ou ταμίας apparaît seul à l'époque augustéenne, sans l'ajout de la formule *pro praetore* ou ἀντιστράτηγος, peuvent s'expliquer par un emploi non rigoureux de la terminologie officielle. L'exemple le plus intéressant qui va dans le sens de cette interprétation est celui de P. Sextius Lippinus Tarquitianus, questeur de Macédoine en 14 ap. J.-C., qualifié de *quaestor Macedoniae* dans une inscription provenant de Samothrace,[28] mais de *q(uaestor) pro pr(aetore)* dans un cursus provenant de Rome.[29] Il faut en conclure qu'il intervint en Macédoine non pas en tant que simple questeur, mais en tant que *quaestor pro pr(aetore).* Ce titre, loin d'être nouveau, avait été attribué pour les périodes républicaines et triumvirales aux questeurs amenés à intervenir dans une province après avoir obtenu un *imperium*;[30] la seule différence notable est que l'on rencontre avant l'époque augustéenne la formule *pro quaestore pro praetore* et sa traduction grecque ἀντιταμίας καὶ ἀντιστράτηγος, qui n'est ensuite attestée que très rarement à l'époque impériale (à trois reprises).[31]

L'ajout de la formule *pro praetore* signifie que le questeur faisait désormais fonction de préteur, conformément au sens de la préposition *pro*, ce qui implique qu'il possédait un *imperium*, en l'occurrence un *praetorium imperium*, lui donnant le droit de commander des troupes et de rendre la justice. Un des changements introduits par Auguste tient dans le fait que l'ajout de la formule *pro praetore* devint systématique pour les questeurs

26 Parce que le gouverneur tenait à rentrer à Rome pour se porter candidat aux élections comme César en 60 av. J.-C., parce qu'il était décédé comme Crassus en 53 av. J.-C. ou parce qu'il était tenu de quitter la province en vertu de la *lex Pompeia*.

27 Ioannidopoulos à paraître.

28 CIL III 717 = IG XII 8, 124.

29 CIL VI 41059.

30 Aux cas de Cn. Calpurnius Piso, L. Scribonius Libo, Caton d'Utique, C. Cassius Longinus et L. Antonius Pietas, déjà étudiés, on ajoutera, *e.g.*, ceux de M. Antonius (I.Délos IV 1, 1603, l. 4–5: ταμίας ἀντιστράτηγος Ῥωμαίων), Lucullus (SEG 44, 1227: ταμίας καὶ ἀντιστράτηγος), Q. Publicius (AE 1983, 920: ταμίας καὶ ἀντιστράτηγος), M. Aemilius Scaurus (IGR III 1102: ἀντιταμίας ἀντιστράτηγος), M. Iuventius Laterensis (AE 2010, 1765: [ταμίας (ou ἀντιταμίας) καὶ ἀντι]στράτηγος), Faustus Cornelius Sulla Felix (IG IX 1, 143: ἀντιταμίας καὶ ἀντιστράτηγος) et Q. Cornificius (Bell. Alex. 42.2: *Caesaris quaestor pro praetore*).

31 En l'occurrence pour les proquestures de L. Aquillius Florus Turcianus Gallus à Chypre (cf. note 33), de P. Tullius Varro en Crète-Cyrénaïque (CIL XI 3004) et de Avidius Gallus à Chypre (BCH 136/137, 2012/2013, 385, n° 8).

provinciaux et que l'exercice du pouvoir militaire suprême, d'ordinaire réservé aux magistrats supérieurs, consuls et préteurs, fut à ce titre non plus limité à des circonstances extraordinaires comme à l'époque républicaine, mais étendu à tous les questeurs qui servaient dans les provinces. La question est de déterminer la raison pour laquelle il fallut attendre l'époque augustéenne pour que ces questeurs se retrouvent automatiquement en mesure d'exercer un tel pouvoir, d'ordinaire réservé aux magistrats supérieurs, consuls et préteurs. On peut songer tout d'abord à l'augmentation des charges découlant du gouvernement des provinces. Une explication complémentaire tient à la nécessité pour Auguste d'avoir eu à confier aux questeurs le gouvernement des provinces publiques prétoriennes qui n'avaient pas été attribuées à des proconsuls au cas où le nombre d'anciens préteurs ayant exercé la préture au moins cinq années auparavant aurait été insuffisant au moment du tirage au sort annuel. De tels *quaestores*, désormais *pro praetore*, étaient dans ces conditions tous investis à leur départ de Rome d'un *imperium* qui leur donnait les moyens institutionnels de mener à bien des tâches de plus en plus lourdes et diversifiées consistant à représenter le proconsul dans ses fonctions judiciaires ou à assurer si nécessaire un intérim et allant jusqu'à gouverner seuls une province le cas échéant.[32] Il faut maintenant se demander, dans une perspective plus prosopographique, si l'on est en mesure d'identifier un questeur ou un proquesteur envoyé dans une province publique pour la gouverner.

Un premier exemple sous Auguste? L. Aquillius Florus Turcianus Gallus

Il n'existe aucun témoignage direct de questeur d'époque augustéenne directement nommé à la tête d'une province publique prétorienne sans être subordonné à un proconsul. Il ne faut toutefois pas tirer de déduction définitive de cet argument e silentio. La raison de ce silence tient à la nature même de nos sources. Les sources littéraires, d'une part, n'ont aucune raison, sauf cas particulier, d'entrer dans le détail du fonctionnement administratif de l'Empire romain; les sources épigraphiques, d'autre part, ont pour caractéristique d'indiquer le titre sans détailler les fonctions découlant de celui-ci. Il existe tout de même quelques individus susceptibles d'avoir gouverné une province en tant que questeur ou proquesteur, sans que nous ayons à ce sujet de certitude. Le premier est L. Aquillius Florus Turcianus Gallus, connu par une inscription d'Athènes et une autre de Corinthe, sur lesquelles j'ai déjà attiré l'attention de façon détaillée et qui attestent qu'il fut questeur d'Auguste – entre 27 et 15 av. J.-C. – avant de devenir *pro quaestore* de la province de Chypre en vertu de l'*auctoritas* d'Auguste en 22 au plus tôt et 14 av. J.-C. au plus tard.[33] Pourquoi et dans quelles circonstances fut-il envoyé à Chypre comme *pro quaestore*? Quelle était sa

32 On ne peut pas absolument exclure que les questeurs envoyés dans les provinces gouvernées par un proconsul et ne faisant pas fonction de gouverneur aient reçu un *imperium* par délégation donnée par le gouverneur alors en place.

33 Corinth VIII 2, 54 (AE 1919, 1); CIL III 551 (ILS 928) = IG II² 4126. Sur la carrière de ce personnage et le point de repère chronologique que constitue le proconsulat d'Achaïe et qui est l'année proconsulaire 10/9 ou 5/4 av. J.-C., cf. Hurlet 2020, 367–368.

fonction précise dans cette province? On peut établir un lien entre cette proquesture et le passage de Dion Cassius rappelant dans le contexte de l'année 24 av. J.-C. que "comme les candidats au poste de questeur dans les provinces manquaient, on attribua ces charges par tirage au sort à tous les questeurs des dix années précédentes qui n'avaient pas assumé cette charge dans les provinces".[34] Ce serait un moyen d'expliquer pour le cas de L. Aquillius Florus Turcianus Gallus à la fois le fait qu'il ait porté le titre de *pro quaestore*, très rare à l'époque impériale comme il a déjà été souligné, et que cette fonction exercée dans une province succéda à une première questure exercée sans doute à Rome quelques années plus tôt – dix ans tout au plus.[35]

Il reste à déterminer la nature des tâches qui lui furent confiées à Chypre. On ne peut pas formellement exclure qu'il y ait agi comme subordonné d'un proconsul de rang prétorien, non identifié, mais la référence dans l'inscription de Corinthe à l'envoi de L. Aquillius Florus Turcianus Gallus à Chypre en vertu de l'*auctoritas* d'Auguste a été insérée par le rédacteur pour insister sur le caractère inhabituel de sa mission à Chypre.[36] Deux interprétations sont à ce titre possibles dans l'état actuel de nos connaissances pour justifier le recours par Auguste à son *auctoritas*, sans qu'il soit possible de privilégier l'une plutôt que l'autre: soit il fit partie des (pro)questeurs dans le cadre de la mesure extraordinaire que le prince avait adoptée pour pallier le déficit de questeurs provinciaux à partir des années 20 av. J.-C.; soit il faut aller plus loin et penser qu'il fut envoyé à Chypre en tant que *pro quaestore* non pas par tirage au sort, mais par la procédure *extra sortem* pour gouverner une province publique qui avait été créée il y a peu – en 22 av. J.-C. – et qu'aucun ancien préteur n'avait tirée au sort, sans doute parce qu'il n'y en avait alors pas assez dans la liste des candidats au tirage au sort.

P. Cornelius Scipio comme gouverneur d'Achaïe?

Le dossier concernant la questure d'Achaïe exercée par P. Cornelius Scipio (Orestinus?),[37] plus riche, fournit un argument supplémentaire, non décisif, à l'hypothèse selon laquelle

34 Cass. Dio 53.28.4 (traduction Bellissime – Hurlet 2018).

35 On connaît pour le IIIe siècle des cas semblables de double questure, une exercée à Rome et l'autre en province, cf. Rémy 1989, 272–273 et 335–336.

36 Sur les emplois épigraphiques de l'*auctoritas* et les hypothèses concernant sa signification dans l'inscription de Corinthe, cf. Hurlet 2020, 360–361.

37 Ce Cornelius Scipion n'a fait l'objet d'aucune notice dans la PIR² C, publiée en 1936 quand il n'existait encore aucune source témoignant de l'identité précise de ce personnage (Groag avait alors identifié le Scipion attesté par deux dédicaces à Athènes avec le consul de 16 av. J.-C., à tort, cf. PIR² S 250). Il a fallu attendre la découverte durant la seconde moitié du XXe siècle et le début du XXIe siècle des décrets de Messène, ainsi que d'une dédicace – malheureusement fragmentaire – en son honneur provenant de Rome et retraçant son cursus en ordre direct (pour les références, cf. *infra*, n. 39–40) pour identifier ce Scipion non pas avec le consul de 16 av. J.-C., mais avec son fils (adoptif). On consultera désormais pour les questions relatives aux origines de ce personnage, à son nom et à sa carrière les études suivantes: Eck 1974; Syme 1986, 59 et 252; Castelli 1992; Etcheto 2010, 241–242; Etcheto 2012, 192; Zuccharo 2017.

une province publique de rang prétorien pouvait être gouvernée par un questeur. Connu au départ par deux dédicaces provenant d'Athènes, qui le qualifient toutes deux de ταμίας καὶ ἀντιστράτηγος,[38] ce membre de la prestigieuse famille des Cornelii Scipiones est honoré par trois décrets de Messène, dont le premier a été publié dans les années 1960 et les deux autres tout récemment, il y a une décennie,[39] ainsi que par une dédicace provenant de Rome et également découverte récemment;[40] il est là aussi présenté comme *q(uaestor) pro pr(aetore)* ou ταμίας καὶ ἀντιστράτηγος. Il ressort du contenu des décrets de Messène qu'exercée entre 1 et 3 ap. J.-C.,[41] la questure de P. Cornelius Scipio fut particulièrement valorisée. Le texte du deuxième décret fait référence en des termes laudatifs à l'exercice par ce questeur de la justice, ajoutant qu'il "exerça sa charge de façon exceptionnelle".[42] C. P. Jones a utilisé un texte du juriste Gaius pour mettre cette référence sur le compte de compétences judiciaires que les questeurs provinciaux avaient exercées et qui dérivaient des compétences des édiles curules en matière de juridiction commerciale.[43] Le problème de cette interprétation est que les interventions de P. Cornelius Scipio à Messène, ainsi que sa présence dans cette cité dépassent largement les questions d'ordre commercial, comme le reconnaît du reste C. P. Jones, qui parle de "pouvoirs inhabituellement larges" et "de sa mission exceptionnelle dans sa province".[44] De leur côté, les travaux de Ioannidopoulos ont lié la possession par les questeurs de l'*imperium* en propre à "la part de plus en plus grande jouée par les uns et les autres [= légats et questeurs] dans l'administration de la justice".[45] Il est en ce sens probable que, sur le modèle de César, qui avait tenu des assises judiciaires pendant sa questure exercée en Hispanie Ultérieure en 69 av. J.-C. "par délégation du gouverneur" (*mandatu praetoris*),[46] en l'occurrence Antistius Vetus,[47] P. Cornelius Scipio remplit les fonctions du proconsul d'Achaïe dans le cadre d'une tournée dans les cités qui étaient sièges de *conuentus*; il passa par Messène, qui n'était pas un siège d'assises à proprement parler, mais où il

38 IG II/III² 4120; IG II/III² 4121.

39 AE 1967, 458 = SEG 23, 206; AE 2014, 1196 = SEG 63, 289; AE 2014, 1197 = SEG 63, 2900.

40 CIL VI 41050.

41 La datation de sa questure repose sur la présence concomitante de Caius César en Orient et ses succès initiaux, la question étant de déterminer si ceux-ci faisaient référence à la campagne en Arabie de 1 ap. J.-C. ou en Arménie de 2–3 ap. J.-C. L'information donnée par le premier décret de Messène selon laquelle Caius était alors en bonne santé fait de la fin de l'année 3 ap. J.-C. le terminus ante quem de la questure, le temps que la nouvelle de la grave blessure dont il fut victime à Artagira le 9 septembre 3 ap. J.-C. parvienne jusqu'en Grèce. Cf. à ce sujet Hurlet 1997, 123 et n. 226; cf. aussi Jones 2019, 23–24 qui privilégie une datation basse ("winter of 3 to 4, or the early spring of 4").

42 AE 2014, 1196 = SEG 63, 289, l. 22–24 avec l'emploi de δικαιοδοσία: ... καὶ θαυμάσαντες ἐπεὶ οἷα οὐκ ἕ[τερα (?) – – – δικαι]|οσύνας καὶ ἰσότατος μετὰ τὰν ἀνυπέρβλητον αὐτοῦ δικαιοδοσίαν, ἃν ὑπερθέσθα[ι – – –] | ἀγὼν πρόκειται; l. 31: ἆρξε διαφερόντως; l. 39–40: ἄλλαν πρεσβείαν ... ἐκμαρτυρήσουσαν τὰν σωφροσύναν | αὐτοῦ καὶ τὰν ἀρίσταν δικαιοδοσίαν.

43 Jones 2019, 40, qui se fonde sur le texte de Gai. Inst. 1.6.

44 Jones 2019, 40 et 42.

45 Ioannidopoulos à paraître.

46 Suet. Caes. 7.1: *ubi cum mandatu praetoris iure dicundo conuentus circumiret...*

47 Cf. aussi le cas de L. Antonius Pietas, dont le rôle judiciaire est valorisé par les inscriptions concernant sa questure (supra, n. 26).

fit une étape peut-être parce que cette cité était le lieu de résidence officiel du questeur[48] et qui lui rendit hommage parce qu'elle avait obtenu de lui une décision favorable pour une raison inconnue.

Toute la question est de déterminer comment lui avait été octroyé l'*imperium*, qu'il possédait bel et bien si l'on en juge par son titre de *quaestor pro praetore* et qui lui avait été nécessaire pour rendre la justice: en avait-il bénéficié, comme César environ soixante-dix années plus tôt, par délégation du gouverneur de province, dans ce cas le proconsul prétorien d'Achaïe, titulaire pour sa part d'un *imperium* consulaire? N'en avait-il pas été plutôt investi en amont par le Sénat, à Rome même, dans le cas où un nombre insuffisant d'anciens préteurs parmi les candidats à tirer au sort avait eu pour conséquence la décision d'envoyer à la tête de l'Achaïe un questeur? Cette seconde solution est possible, sans être pour autant assurée. On notera que le contenu des édits de Messène, avec leur ton laudatif, pourrait parfaitement se comprendre si le questeur, qualifié également à deux reprises de *sôter* et d'évergète,[49] avait agi en qualité de gouverneur de la province, notamment pour célébrer les succès initiaux de la campagne menée en Orient par Caius César. La mention à la fin du deuxième décret d'un proconsul, Octavius Rufus, auquel une ambassade fut envoyée, ne signifie pas nécessairement que P. Cornelius Scipio agit en tant que subordonné en qualité de questeur, mais plutôt que ce proconsul gouverna l'Achaïe l'année postérieure à cette questure.[50]

Le témoignage de Dion Cassius sur les fonctions déléguées aux anciens questeurs

Un dernier argument en faveur du poids grandissant accordé aux questeurs – ou anciens questeurs – dans les provinces est un texte de Dion Cassius, qui donne les précisions suivantes dans la partie du livre 53 où il présente les grandes lignes de la réforme provinciale de janvier 27 av. J.-C.:

> "dans les autres provinces, celles que l'on appelle provinces impériales et où stationne plus d'une légion de citoyens, c'est l'empereur lui-même qui choisit ceux à qui il déléguera son pouvoir, d'anciens préteurs généralement, mais déjà d'anciens questeurs aussi ou des hommes ayant exercé une magistrature intermédiaire".[51]

Il s'agit ici d'une précision concernant les provinces impériales, qui sort *stricto sensu* du cadre de cette étude consacrée aux provinces publiques, mais on en retiendra qu'Auguste envoya dans celles-ci d'anciens questeurs. On peut dès lors penser qu'il n'hésita pas non plus à autoriser si besoin des questeurs à gouverner des provinces publiques. C'était une

48 Cf. Haensch 1997, 326–327.
49 AE 2014, 1196 = SEG 63, 289, l. 32: τὸν αὐτᾶς σωτῆρα καὶ εὐεργ[έταν]; l. 34: τὸν αὐτᾶς σωτῆρα καὶ εὐεργέταν.
50 Possibilité envisagée par Jones 2019, 37.
51 Cass. Dio 53.15.1 (traduction Bellissime – Hurlet 2018).

solution pra(gma)tique à laquelle Auguste eut exceptionnellement recours en raison de la faiblesse circonstancielle du vivier des anciens préteurs, mais qui eut pour conséquence que l'*imperium* fut désormais systématiquement octroyé à d'autres (pro)magistrats que les préteurs, consuls et proconsuls. Cette évolution des pouvoirs attachés aux questeurs et anciens questeurs explique que ceux-ci pouvaient être choisis pour assurer l'intérim en cas de décès du proconsul pendant l'année de son gouvernement, l'autre possibilité étant de recourir à l'un de ses légats. Elle résume en tout cas parfaitement l'empirisme du nouveau régime, qui n'introduisit des changements que sous la pression des circonstances et en se fondant sur des précédents.

Conclusion

Tel qu'il fut mis en place à la suite de la réforme de janvier 27 av. J.-C., le nouveau système de gouvernement des provinces n'eut pas au départ l'aspect ordonné qu'on lui connaît par la suite et qui est caractérisé par une rotation annuelle des gouverneurs de la dizaine des provinces publiques. Il fallait pour cela que le nombre d'anciens préteurs et d'anciens consuls destinés à devenir proconsuls fût supérieur à celui des provinces publiques à gouverner. Cette condition, nécessaire pour parer à l'éventualité d'un vivier insuffisamment fourni de candidats destinés à être tirés au sort, ne fut pas remplie au début du principat d'Auguste, à partir du moment où la décision eut été prise de ne plus recourir systématiquement aux consuls suffects et de diminuer le nombre de préteurs dans une volonté d'instaurer une rupture avec les pratiques d'époque triumvirale. Sur le plan administratif, il dut assurément y avoir pendant certaines années des situations durant lesquelles le roulement des proconsuls prétoriens ne fut pas assuré faute de candidats en nombre suffisant: c'était inévitable d'un point de vue strictement arithmétique.

L'hypothèse avancée dans le cadre de cette étude est que le nouveau régime choisit dans ce cas de confier, exceptionnellement, à des questeurs provinciaux le gouvernement des provinces publiques prétoriennes qui n'avaient pu être tirées au sort par un ancien préteur en raison d'une pénurie de candidats. Cette solution, loin de constituer une nouveauté à l'époque augustéenne, avait déjà été expérimentée à l'époque républicaine selon diverses modalités, qui ont été ici étudiées. Le principal argument pour penser qu'elle fut de nouveau appliquée par Auguste est la généralisation à cette époque de l'octroi du titre de *quaestor pro praetore* à tous les questeurs envoyés dans les provinces: le fait de préciser qu'ils agissaient "en faisant fonction de préteur" présuppose qu'ils possédaient un *imperium*, dont ils avaient dû être investis sans doute dès leur départ de Rome, et qu'ils étaient à ce titre en capacité d'exercer un gouvernement provincial seul, sans être en position subordonnée comme c'était d'ordinaire le cas. Un examen des modalités de nomination et des activités des questeurs provinciaux d'époque augustéenne attestés par les sources fait apparaître deux candidats possibles à l'exercice d'un tel gouvernement provincial de rang questorien: L. Aquillius Florus Turcianus Gallus à Chypre; P. Cornelius Scipio en Achaïe. Prise isolément, aucune des sources témoignant de ces questures ne suffit à établir de façon absolue qu'ils étaient seuls à la tête de leurs provinces, qui aurait donc été dépourvues de proconsuls de rang prétorien. L'absence de preuves décisives ne doit pas pour autant nous retenir de formuler une telle hypothèse, émise ici parce que l'administration provinciale d'époque impériale, loin d'être une structure bureaucratique, fonctionna à ses débuts dans le prolongement des pratiques d'époque républicaine, avec un empire qui ne cessait pourtant de s'agrandir et réclamait de plus en plus de dignitaires.

Le problème numérique soulevé par cette étude disparut quand Auguste, à partir de la seconde moitié de son principat, fit nommer des consuls suffects – d'ordinaire deux par an – et augmenta le nombre des préteurs.[52] Le nombre des gouverneurs potentiels finit alors par dépasser celui des candidats au tirage au sort des provinces publiques, qui plus est de plus en plus largement au fil du temps. La question qui se posa fut dès lors non plus de se demander si l'on arriverait à faire gouverner les provinces uniquement par des magistrats supérieurs pourvus de l'*imperium*, mais comment arbitrer la compétition entre ceux-ci. De pouvoir qu'il était à l'origine, l'*imperium populi Romani* se transforma en un ensemble pleinement territorial que des anciens magistrats supérieurs de plus en plus nombreux administrèrent au service de Rome, et du prince, au terme d'un processus complexe dont j'ai cherché à analyser un aspect.

Bibliographie

Barrandon, N. – Hurlet, Fr., Les gouverneurs et l'Occident romain (IIe siècle av. J.-C. – IIe siècle ap. J.-C.), in: Hurlet, Fr. (éd.), Rome et l'Occident (IIe siècle av. J.-C. – IIe siècle ap. J.-C.). Gouverner l'Empire (Presses Universitaires de Rennes), Rennes 2009, 35–75.

Bellissime, M. – Hurlet, Fr., Dion Cassius. Histoire romaine. Livre 53, texte établi par M. Bellissime, traduit et annoté par M. Bellissime et Fr. Hurlet (Collection des Universités de France), Paris 2018.

Castelli, M., Dedica onoraria di età tiberiana a due membri della famiglia degli Scipioni, MEFRA 104, 1992, 177–208.

Dalla Rosa, A., *Cura et tutela*. Le origini del potere imperiale sulle province proconsolari (Historia Einzelschriften 227), Stuttgart 2014.

Eck, W., RE Suppl. 14, 1974, 109, s.v. Cornelius (333a).

Etcheto, H., Des Scipions plébéiens: l'origine familiale du tribun de la plèbe P. Cornelius Scipio (Orestinus), ZPE 174, 2010, 241–242.

Etcheto, H., Les Scipions. Famille et pouvoir à Rome à l'époque républicaine (Ausonius. Scripta Antiqua 45), Bordeaux 2012.

Ferrary, J.-L., À propos des pouvoirs d'Auguste, CCG 12, 2001, 101–154 [= J.-L. Ferrary, Recherches sur les lois comitiales et sur le droit public romain, Pavie 2012, 513–570 et 630–631 avec *addenda*].

52 Sur le recours de plus en plus systématique au consulat suffect à partir de 2/1 av. J.-C., cf. Hurlet 2018; sur l'augmentation du nombre de préteurs, cf. Tac. Ann. 1.14.5 qui précise que le nombre habituel de préteurs sous Auguste était monté à douze et Cass. Dio 56.25.4 qui précise que jusqu'à seize préteurs entrèrent en fonction en 11 ap. J.-C., dans des circonstances exceptionnelles.

Haensch, R., Capita provinciarum. Statthaltersitze und Provinzialverwaltung in der römischen Kaiserzeit (Kölner Forschungen 7), Mayence 1997.
Hurlet, Fr., Les collègues du prince sous Auguste et Tibère. De la légalité républicaine à la légitimité dynastique (Collection de l'École française de Rome 227), Rome 1997.
Hurlet, Fr., Le proconsul et le prince d'Auguste à Dioclétien (Ausonius. Scripta Antiqua 18), Bordeaux 2006a.
Hurlet, Fr., Auguste et Pompée, Athenaeum 94, 2006b, 467–485.
Hurlet, Fr., Le consulat suffect sous Auguste et Tibère. Réalités institutionnelles d'une nouvelle pratique politique, RHD 96, 2018, 371–397.
Hurlet, Fr., De l'*auctoritas senatus* à l'*auctoritas principis*. À propos des fondements du pouvoir impérial, in: David, J.-M., et al. (eds.), *L'auctoritas* à Rome. Un élément constitutif de la culture politique (Ausonius. Scripta Antiqua 136), Bordeaux 2020, 351–368.
Hurlet, Fr. – Müller, C., L'Achaïe à l'époque républicaine (146–27 av. J.-C.): une province introuvable?, Chiron 50, 2020, 49–100.
Ioannidopoulos, Gr., La questure. Histoire d'une magistrature de la République romaine (264–27 av. J.-C.), Liège, à paraître.
Jones, C. P., Messene in the Last Years of Augustus, Chiron 49, 2019, 23–24.
Kondratieff, E., Finding Libo: Epigraphic and Topographic Evidence for the *cursus honorum* of L. Scribonius Libo, *cos.* 34 B.C.E., Historia 64, 2015, 428–466.
Lowe, B., The *imperium* of Cn. Calpurnius Piso, AncSoc 34, 2004, 115–125.
Marshall, A. J., The *lex Pompeia de prouinciis* (52 B.C.) and Cicero's *imperium* in 51–50 B.C.: Constitutional Aspects, ANRW I 1, 1972, 887–921.
Millar, F., Senatorial Provinces. An Institutionalized Ghost, AncW 20, 1989, 93–97.
Mommsen, Th., Le droit public romain, traduction française par P.-Fr. Girard de la 3e éd. allemande, Paris 1893 [1887–1888].
Morrell, K., Pompey, Cato and the Governance of the Roman Empire, Oxford 2017.
Noè, E., Commento storico a Cassio Dione LIII (Bibliotheca di Athenaeum 22), Come 1994.
Pina Polo, Fr. – Díaz Fernández, A., The Quaestorship in the Roman Republic (Klio Beihefte N.F. 31), Berlin et al. 2019.
Rémy, B., Les carrières sénatoriales dans les provinces romaines d'Anatolie au Haut-Empire (31 av. J.-C. – 284 ap. J.-C.) (Pont-Bithynie, Galatie, Cappadoce, Lycie-Pamphylie et Cilicie), Istanbul et al. 1989.
Rich, J., Making the Emergency Permanent: *Auctoritas*, *Potestas* and the Evolution of the Principate of Augustus, in: Rivière, Y. (éd.), Des réformes augustéennes (Collection de l'École française de Rome 458), Rome 2012, 37–121.
Roman, D. – Roman, Y., Tacite, les "provinces publiques" et le pouvoir impérial, in: Dalaison, J. (éd.), Espaces et pouvoirs dans l'Antiquité de l'Anatolie à la Gaule. Hommages à Bernard Rémy (Les Cahiers du Centre de recherche en histoire et histoire de l'art. Italie, pays alpins, intéractions internationales 11), Grenoble 2007, 469–476.
Steel, C., The *lex Pompeia de prouinciis* of 52: A Reconsideration, Historia 61, 2012, 83–93.
Syme, R., Augustan Aristocracy, Oxford 1986.
Zuccharo, A., Due Scipioni di età tiberiana, ZPE 203, 2017, 287–292.

Plautian in Ägypten

Andrea Jördens

Rudolf Haensch gehört zu der seltenen Species von Althistorikern, die bereit sind, neben literarischen und epigraphischen Quellen stets auch die Papyri zu berücksichtigen. Dies ist alles andere als selbstverständlich, wie sich allein schon daran zeigt, dass auch erstrangiges Material dieser Art oft nicht die gebührende Beachtung findet. Dies kann selbst bedeutende historische Figuren betreffen wie den berühmt-berüchtigten Prätorianerpräfekten C. Fulvius Plautianus, den *socer et consocer* des Septimius Severus, dem der Jubilar vor Jahren das Fragment einer Ehreninschrift wohl aus dem antiken Synaos zuzuweisen vermochte.[1] Zu Plautian liegen inzwischen auch drei Zeugnisse auf Papyrus vor, die in der althistorischen Forschung jedoch kaum je gewürdigt wurden, obwohl sie durchaus wertvolle Informationen enthalten. Auch wenn nicht alle damit verbundenen Fragen ohne weiteres zu beantworten sind, bietet eine Festschrift zu Ehren von Rudolf Haensch insofern doch Anlass genug, nochmals einen neuen Blick darauf und auf die Rolle Plautians in Ägypten zu werfen.

C. Fulvius Plautianus „war bekanntermaßen lange Zeit unentbehrliche Stütze des Septimius Severus",[2] so dass er sogar als *comes per omnes expeditiones* der Kaiser geehrt werden konnte.[3] Im Amt des – fast durchgehend alleinigen – Prätorianerpräfekten, das er seit Anfang 197 bekleidete, vermochte er ungeheuren Reichtum und eine derartige Machtfülle zu akkumulieren, dass ihm Gegner nicht nur im Senat, sondern auch im Kaiserhaus selbst erwuchsen. Mit der von ihm betriebenen Vermählung seiner Tochter Plautilla mit dem jungen Caracalla und ihrer Erhebung zur Augusta, die es ihm im Jahr 202 durchzusetzen gelang, hatte er den Bogen offenbar überspannt. Am 22. Januar 205 wurde er mit dem Einverständnis von Septimius Severus und Caracalla und in ihrer Gegenwart, wenn nicht gar unter tätiger Mithilfe des letzteren im Palast ermordet. Ob er nun einer Intrige Caracallas zum Opfer fiel, wie es im Anschluss an Cassius Dio die herrschende Meinung will, oder womöglich doch gemeinsam mit dessen jüngerem Bruder Geta geplant hatte, sich seinerseits der beiden Augusti zu entledigen, und dies entdeckt wurde,[4] kann hier auf sich beruhen bleiben.

1 Haensch 1994b = SEG 44, 998 (203–205).

2 Haensch 1994b, 235.

3 So in CIL VI 1074 (p. 3777; 4322) = ILS 456, 9 (202–204); vgl. unter diesem Obertitel eingehend Christol 2007; auch schon Halfmann 1986, 101. Zu Titulatur und Karriere nochmals Caldelli 2011.

4 So zuletzt wiederum in Anschluss an Herodian Bingham – Imrie 2015.

Hatten lange Zeit die wenig wohlwollenden Darstellungen der antiken Historiker das Bild bestimmt, die Plautian in all seiner Herrschsucht, Gier und Maßlosigkeit geradezu als Inbegriff eines Emporkömmlings erscheinen ließen, sollte sich in jüngerer Zeit der Schwerpunkt der Forschung zu den Inschriften verschieben. Auch wenn wohl die meisten nach Plautians Tod das Schicksal der angeblich zahlreichen ihm zu Ehren aufgestellten Statuen teilten und infolge der verfügten *damnatio memoriae* oder besser *abolitio nominis*[5] kurzerhand beseitigt wurden, blieben doch manche erhalten, bei denen lediglich sein Name und derjenige seiner Tochter ausgemeißelt wurden. Unter Umständen reichte gleichwohl das Vorhandene aus, die Stufen von Plautians Karriere mit weiteren Details zu unterfüttern, da sie nähere Auskunft über Zeitpunkt und Abfolge der ihm verliehenen Ehrungen und Titel gaben. Was damit im einzelnen inhaltlich verbunden war, oder besser, was Plautians Aktivitäten jenseits seiner üblichen Pflichten als Prätorianerpräfekt und der von den Literaten berichteten Schauergeschichten betraf, ist freilich immer noch relativ schlecht zu greifen. Auch hier aber trägt ein genauerer Blick auf die Papyri dazu bei, das bisherige Bild um einige zusätzliche Aspekte zu bereichern.

Das bekannteste Papyruszeugnis zu Plautian liegt zweifellos in dem nur fragmentarisch erhaltenen Ratsprotokoll P.Oxy. XLVII 3340 vor, das vor allem wegen seiner aufwendigen Tilgungen gewisse Berühmtheit erlangte. Tatsächlich springen bei dem Blick auf den Papyrus sofort die massiven Schwärzungen ins Auge, die, nach der völlig identischen Art der Durchstreichung zu schließen, zu ein und demselben Zeitpunkt nicht nur in der Datumsformel in der Überschrift, sondern gleich an mehreren Stellen in der oberen Hälfte erfolgten.[6] Dies verdient insoweit Beachtung, als dies drei verschiedene Figuren betraf, nämlich außer dem Kaiserbruder Geta eben auch Plautian und seine Tochter Plautilla. Angesichts der zahlreichen Parallelen steht dabei kaum zu bezweifeln, dass der Furor, mit dem selbst längst archivierte Akten wieder hervorgezogen und durchforstet wurden, um mit den Namen auch die Erinnerung an missliebige Personen zu löschen, vor allem dem ersteren galt.[7] Wenn dem in einem inzwischen mehr als zehn Jahre alten Aktenkonvolut wie diesem auch Plautian und Plautilla zum Opfer fielen, wird man dies also nicht primär mit der gegen Plautian verfügten *abolitio* zu verbinden haben. Vielmehr dürfte die Schwärzung erst deutlich später datieren, als man sich im Zusammenhang mit

5 Dazu in jüngerer Zeit etwa Varner 2004, 2; de Jong 2007, bes. 96 Anm. 2; Flower 2009, 412–413; mit Fokus auf dem unten näher zu erörternden P.Oxy. XLVII 3340 eindrücklich auch Parsons 2007, 67–71. Grundlegend dazu jetzt Ehmig 2019, die den damit verbundenen Intentionen über den Blick auf das Phänomen in nicht-öffentlichen Inschriften näherzukommen sucht.

6 Nämlich in Z. 3–4. 7–8. 8–9, vgl. die Zitate in Anm. 7 bzw. 12; dazu schon Coles, Einl. zu P.Oxy. XLVII 3340: „Theoretically there might have been two stages of erasure, for Plautianus (assassinated 22 January 205?) and Geta (murdered 211 or 212), but no distinction is apparent.“

7 Hierzu schon Mertens 1960. So in P.Oxy. XLVII 3340 bereits in der Datumsformel in Z. 3–4 [... ⟦καὶ Πουβλίου Σεπτιμίου Γέτα⟧] | ⟦Καίσαρος Σεβ[αστοῦ]⟧; der zuletzt publizierte Beleg erneut in einer Datumsformel in dem Aktenauszug zu einem Versteigerungskauf ererbter Sklaven P.Oxy. LXXXVI 5558, I 4–5 (201–210).

der Eliminierung Getas aus dem allgemeinen Gedächtnis auch dieser Sache annahm.[8] Kaum mehr zu klären ist dabei, ob man die Gelegenheit aus eigenem Antrieb nutzte, endlich auch die zuvor gegen Plautian und seine Tochter verfügten, bisher jedoch nicht systematisch umgesetzten Tilgungen vorzunehmen, oder ob die entsprechenden Anweisungen nun nochmals eingeschärft wurden, wozu der ein Jahr frühere Tod der zunächst nur verbannten Plautilla neuerlichen Anstoß gab.[9]

Die auffälligen Streichungen hatten als solche schon immer im Blickpunkt gestanden, wie auch der bislang einzige Korrekturvorschlag zu dem in Rede stehenden Papyrus sich eben hierauf bezieht.[10] Demgegenüber wurde ihrer Situierung weitaus weniger Aufmerksamkeit zuteil. In diesem Fall traf es Protokolle von Ratssitzungen, die in einem inzwischen verlorenen Monat des 10. Regierungsjahres von Septimius Severus, Caracalla und Geta und damit im Jahr 201/202 stattfanden. Die jeweils ausgerückten Tagesdaten – ι̅ς̅ Β[ο]υλῆς οὔσης καὶ της̣ . [in Z. 5 bzw. λ̅ Βου̣λ̣ῆς οὔσ̣[ης] καὶ τ̣[in Z. 22 – leiten dabei die Tagungsordnungspunkte ein, von denen nur die drei der am 16. durchgeführten Ratssitzung erhalten blieben. Von den behandelten Themen ist kaum mehr etwas zu erkennen;

8 So auch schon vermutet von Parsons 2007, 70. Zu der zunächst überraschenden, aber auch sonst und offenbar grundsätzlich mangelnden Systematik bei den Tilgungen etwa auch de Jong 2007, wonach die Belege zeigten, dass „the damnation was carried out in a limited number of cases, and mostly not“ (99), wie es angesichts der bes. 101–102 diskutierten, teilweise bemerkenswerten Inkonsistenzen offenkundig auch „no general underlying principle of how to erase the name“ gab (102), was letztlich auf die Bedeutung vor allem im Symbolischen verweise; vgl. auch Flower 2009, 416 sowie zuletzt Ehmig 2019, passim. Bei in der Öffentlichkeit sichtbaren Monumenten mag man rigider vorgegangen sein, so insbesondere im bildlichen Bereich; dazu jetzt allgemein Varner 2004; Calomino 2016, zu den Severern bes. 118–153 mit besonderem Schwerpunkt auf den Münzbildern.

9 Erschwert wird die Einschätzung nicht zuletzt dadurch, dass all solche Tilgungen nach de Jong 2007, 106–108 ohnehin stets anlassgebunden waren. Zuversichtlicher dagegen Varner 2001, 80 zumindest hinsichtlich der Plautilla, wonach Caracalla – freilich erst nach dem Tod des Severus und ihrer darauf folgenden Ermordung – „rigorously pursued a damnatio against her images and inscriptions”, vgl. bes. Anm. 285 sowie ders. 2004, 164.

10 Vgl. allein Mitthof 2002b, 251, der sich mit Blick auf den unten noch zu behandelnden CPR XXIII 7, 21–22 in Z. 9–10 für die Rekonstruktion καὶ ἀναγκαῖον τῶν] | [κυρίων ἡ̣μ̣]ῶ̣ν aussprach. Angesichts der aus den Inschriften geläufigen Titulierung Plautians als *adfinis* oder *necessarius Augustorum* hatte auch schon Coles, Komm. zu P.Oxy. XLVII 3340, 9 Abs. 3 in diese Richtung, näherhin an eine Ergänzung οἰκεῖον τῶν] | [Σεβαστ]ῶ̣ν gedacht, dies aufgrund der fehlenden Tilgung jedoch nicht in den Text zu nehmen gewagt: „[T]he seeming alternative is to extend the reference to Plautianus. Since he was called *adfinis Augustorum* and *necessarius Augustorum*, one should conceivably restore e.g. οἰκεῖον τῶν][10] [Σεβαστ]ῶ̣ν. ... However, a difficulty in extending the reference to Plautianus to occupy the beginning of line 10 in this way is the absence of erasure there.“ Beiden Ergänzungen zufolge ist an dieser Stelle freilich von den Kaisern selbst die Rede, von deren Tilgung in jedem Fall abzuraten war. Insofern ging es von vornherein nicht etwa um den gesamten Titel der verfemten Figur, sondern nur um problematische Teile; Unproblematisches konnte dagegen ohne weiteres belassen werden oder musste dies sogar, wie im Falle der Kaiser. Folglich wäre ohnehin nur bei καὶ ἀναγκαῖον bzw. οἰκεῖον mit einer Durchstreichung zu rechnen gewesen, so dass die fehlende Streichung *pace* Coles sehr wohl ihre Richtigkeit hat.

unter anderem scheint es um einen dem Kaiserhaus geweihten, möglicherweise von den Kaisern selbst neu eingerichteten Festtag gegangen zu sein.[11]

Sieht man von der schon erwähnten Datumsformel ab, war von den Streichungen vor allem der erste Tagungsordnungspunkt der Sitzung am 16. betroffen, der im wesentlichen aus einer Folge im Akkusativ aufgeführter Namen der erweiterten Kaiserfamilie sowie hoher provinzialer Amtsträger – Präfekt und Epistratege – bestand.[12] Auch hier bleibt angesichts der großen Textverluste offen, was genau dabei verhandelt wurde; von zweiter Hand wurde immerhin die Verlesung des Textes vermerkt.[13] Offenbar haben wir mit einer außerordentlichen Ratssitzung zu tun, da reguläre Sitzungen jeweils am 30. eines Monats anberaumt waren,[14] was wiederum den 16. Pharmuthi und damit den 11. April, den Geburtstag des Septimius Severus, nahelegt.[15] In diesem Fall hätten die genannten Sitzungen am 11. und 25.4.202 stattgefunden, womit wir nach wie vor das früheste Zeugnis für den Rat einer ägyptischen Gaumetropole vor uns haben. Bekanntlich war dieses langersehnte Recht Alexandria und den Gauhauptstädten erst im Vorjahr zugestanden worden,[16] als die kaiserliche Familie in Ägypten weilte und die gesellschaftliche und kulturelle Wirklichkeit auf ihrer Nilreise mit eigenen Augen hatte wahrnehmen können.

Musste die Einordnung der Gaumetropolen als bloße Dörfer danach als geradezu lächerlicher Anachronismus erscheinen, löste ihre längst überfällige Anerkennung als autonome Gemeinwesen durch die Kaiser einen regelrechten Wetteifer aus, die Dankbarkeit dafür gebührend zum Ausdruck zu bringen. Dem dürfte auch der so prominent an die Spitze gestellte Tagungsordnungspunkt zuzuordnen sein, zumal der relativ kur-

---

11 Vgl. Z. 18–19 Σεβαστὴ ἥτ̣ι̣ς ἐστ̣[ί ...] | ὑπὸ τ̣ῶν κ̣[υ]ρ̣ί̣ω̣ν̣ [.

12 Vgl. Z. 5–10 ι̅ϛ̅ Β[ο]υλῆς οὔσης καὶ της̣.[± 34]ρ̣. .α̣.[± 30] | καὶ ἀηττήτους Αὐτοκράτορας [Καίσαρας Λούκιον Σεπτίμιον] Σεουῆρον Εὐσε[βῆ Περτίνακα Ἀραβικὸν Ἀδιαβηνικὸν] | Παρθικὸν Μέγιστον καὶ Μ[ᾶ]ρκο[ν Αὐρήλιον Ἀντωνῖνον Εὐσ]εβῆ Σεβαστοὺς ⟦κ̣[αὶ Πούβλιον Σεπτίμιον Γέταν τὸν]⟧ | ⟦ἱ̣[ερώτατ]ο̣ν̣ Κ̣[α]ἰ̣σαρα Σεβαστ̣ὸ̣ν̣⟧ κ̣[αὶ Ἰουλίαν Δόμναν Σεβαστ]ὴ̣ν μητέρα στρατ[οπέδων ± 10 ⟦καὶ Φουλβίαν⟧] | ⟦[Πλαύτιλλ]α̣ν̣ Σ̣ε̣β̣α̣σ̣τ̣ὴ̣ν̣ κ̣α̣ὶ̣ [Φούλβιον Πλαυτιανὸν τὸν λαμ]πρότατον ἔπαρ[χον τοῦ πραιτωρίου]⟧ [± 12] | [. . . . . . .] ν̣ καὶ Μαίκιον Λ̣[αῖτο]ν̣ τ̣ὸ̣ν̣ [λαμπρ]ότατ̣[ον ἡγεμό]να καὶ .[± 16 τὸν κράτιστον] || [ἐπιστράτ]η̣γον ‚Am 16. Es fand eine Ratssitzung statt, und ... die ... und *invicti* Imperatores Caesares Lucius Septimius Severus Pius Pertinax Arabicus Adiabenicus Parthicus Maximus und Marcus Aurelius Antoninus Pius Augusti ~~und Publius Septimius Geta, den *sanctissimus* Caesar Augustus,~~ und Iulia Domna Augusta, *mater castrorum*, ... ~~und Fulvia Plautilla Augusta und Fulvius Plautianus, *clarissimus vir*, *praefectus praetorio*,~~ ... und Maecius Laetus, *clarissimus vir*, den Statthalter, und ..., *egregius vir*, den Epistrategen‘.

13 So nach Z. 10 *ἀνέγνων* ‚ich habe (es) verlesen‘, danach ein Vacat.

14 So jedenfalls Coles, Komm. zu P.Oxy. XLVII 3340, 5 Abs. 1, zum Monatsletzten auch Z. 22; allgemein hierzu Bowman 1971, 32–39 und bes. 35–36.

15 So erneut schon Coles, Komm. zu P.Oxy. XLVII 3340, 5 Abs. 2: „Professor A. R. Birley draws our attention to the fact that 16 Pharmouthi = 11 April was Septimius Severus' birthday. Was Pharmouthi then the month here? This might perhaps explain, if not the choice of the 16th for the senate's meeting, at least the presence of the imperial titles in 6 ff."

16 Vgl. auch SHA Sept. Sev. 17, 2. Die Details wie auch das genaue Datum sind weiterhin unklar; dazu bes. Jördens 2019, 320–321.

ze Einleitungssatz,[17] die Folge der insgesamt acht Namen ohne jede Einbettung in einen Satzzusammenhang und nicht zuletzt der Umstand, dass bei den Angehörigen des Kaiserhauses sämtliche Ehrentitel peinlichst angeführt sind,[18] bestens zu einer wie auch immer gearteten Form der Ehrung passen würde. Womöglich wurde sogar die Aufstellung einer mit entsprechenden Inschriften versehenen Statuengruppe debattiert,[19] die dann schon an den Kosten, aber vielleicht mehr noch an den weiteren politischen Entwicklungen gescheitert sein mag.

Dass Plautian wie Plautilla dabei explizit aufgeführt sind, dürfte darauf verweisen, dass sie sich bei der Ägyptenreise in der kaiserlichen Entourage befanden. Zwar sind in den literarischen Quellen lediglich die beiden Augusti erwähnt, doch ist Präzision in solchen Fragen schwerlich zu erwarten.[20] So ist in einer Ostienser Inschrift außer ihnen zumindest auch Iulia Domna genannt.[21] Offenkundig ließen sie sich jedoch auch von Geta begleiten, wie der berühmte, heute in Berlin aufbewahrte Tondo mit der gesam-

17 Er kann kaum mehr als ± 50 Buchstaben umfasst haben, da am Ende von Z. 5 noch ein weiteres Ehrenprädikat zu erwarten steht, an das das folgende καὶ ἀηττήτους anschließt – nach den von de Jong 2006, 185–189 erörterten Parallelen am ehesten wohl τοὺς θειοτάτους; zum vorliegenden Papyrus knapp auch 186, zu den Epitheta selbst 98–102 (ἀήττητος) bzw. 118–120 (θειότατος). Zu diesen ± 50 Buchstaben gehörte sicherlich ein Verb, das die folgenden Akkusative nach sich zog, vgl. auch Coles, Einl. zu P.Oxy. XLVII 3340: „Lines 6–11 are occupied by a string of imperial and other names and titles, all in the accusative (presumably governed by some verb in the lost part of 5)".

18 Bis hin zur Übersteigerung, wie im Falle Getas das keineswegs übliche, mit *sanctissimus* gleichzusetzende Prädikat ἱερώτατος erweist; vgl. nur Mitthof 1993, 98–99: „Es hat den Anschein, als ob Ägypten die einzige Provinz war, in der nach der Erhebung Getas zum Caesar die Formel ἱερώτατος Καῖσαρ als die griechische Entsprechung für das lateinische *nobilissimus Caesar* verwendet wurde. Allerdings blieb der Gebrauch dieses glorifizierenden Epithetons in Ägypten im wesentlichen auf den Bereich panegyrischer Wendungen beschränkt; in den Datierungsformeln der Dokumente tritt die Formel nur selten in Erscheinung."

19 Hierauf könnte immerhin die ungewöhnliche Folge der Akkusative deuten. Zu einer entsprechenden Darstellung der kaiserlichen Familie wie auch den nachmaligen Tilgungen der Figuren von Plautilla, Plautian und Geta vgl. etwa auch den sog. Argentarierbogen auf dem Forum Boarium in Rom mit Varner 2001, 83 sowie ders. 2004, 162–163. 167–168 mit Fig. 157–160. 180–182, der zudem eine Darstellung Plautians auch in der den Bogen ursprünglich krönenden bronzenen Statuengruppe vermutet, vgl. nur 167 Anm. 99. Zur Existenz zumindest einer und dazu noch überlebensgroßen Kaiserstatue – hier Caracallas – in einer ägyptischen Gauhauptstadt – hier Arsinoitonpolis – vgl. immerhin die in BGU II 362 = W.Chr. 96 = Sel.Pap. II 404 p. VI, 4–6 aufgeführten Kosten τοῦ ἀναστ[αθ]έντος θείου κ[ολοσσ]ιαίου ἀνδριάντος τοῦ κυρ[ίου ἡ]μῶν Αὐτοκρά[τορ]ος Σεουήρου Ἀντωνίνου ‚für das aufgestellte monumentale Kaiserbildnis unseres Herrn Imperator Severus Antoninus' (215/216).

20 So schon aufgrund der völlig anders gelagerten Darstellungsabsicht; allzu vorsichtig insofern Pfeiffer 2010, bes. 184–185, dessen Zweifel an der Einbeziehung Getas kaum begründet erscheinen.

21 So die nach der geglückten Heimkehr gesetzte Weihinschrift des unter dem *praefectus annonae* tätigen *neokoros* des Sarapis und *curator* der *classis Alexandrina* C. Valerius Serenus I.Porto 3 = IG XIV 917 = IGRR I 380, bes. Z. 1–6 ὑπὲρ σωτηρίας καὶ ἐπανόδου καὶ ἀϊδίου διαμονῆς τῶν κυρίων Αὐτοκρατόρ(ων) Σεουήρου καὶ Ἀντωνίνου καὶ Ἰουλίας Σεβ(αστῆς) καὶ τοῦ σύνπαντος αὐτῶν οἴκου καὶ ὑπὲρ εὐπλοίας παντὸς τοῦ στόλου (201–203; l. σύμπαντος); hierzu auch Heinen 1991, bes. 292–293 (Dokument 2, mit Übers.).

ten Kaiserfamilie lehrt.[22] Mit Blick auf das höchst attraktive Reiseziel steht zudem kaum in Zweifel, dass jeder, der es nur konnte, auf eine Teilnahme drang, wobei die Chancen mit der Nähe zum Kaiserhaus stiegen. Folglich wird man nicht nur Geta, sondern auch Plautilla getrost zu dem *σύμπας οἶκος* zählen dürfen, von dessen glücklicher Heimkehr die bewusste Weihinschrift spricht. Plautians Anwesenheit vor Ort war wiederum unumgänglich, da der Prätorianerpräfekt als Kommandeur der Leibgarde bereits von seiner Funktion her „[z]um Kern der den Kaiser begleitenden Beamtenschaft gehörte".[23]

Bestätigt wird dies durch ein in P.Col. VI 123 überliefertes Apokrima, in dem die Kaiser ein Verfahren an ihn delegierten. Hinsichtlich des Formats der auf dem Papyrus zusammengestellten Entscheidungen[24] vermochte zuletzt Anna Plisecka überzeugend darzulegen, dass es sich bei den Apokrimata im Unterschied zu den *subscriptiones* um kaiserliche Antworten handelt, die die Kaiser persönlich, wohl in mündlicher Form und auf Griechisch auf ihnen vorgelegte Anfragen und Fälle erteilten; infolge der Aktivitäten von Severus und Caracalla in Alexandria sollte sich der zuvor eher unspezifisch verwendete Begriff als Terminus technicus etablieren.[25] Im Anschluss wurden die Entscheidungen ausgehängt, so dass interessierte Parteien sich eine Abschrift nehmen konnten, wie es auch in unserem Fall geschah.[26] Trotz des Mangels an Parallelen werden die unterschiedlichen Formen der Überlieferung so jedenfalls am besten erklärlich.[27] Auch mag man an die von Rudolf Haensch untersuchten „Bearbeitungsweisen von Petitionen in der Provinz Aegyptus" erinnern, wonach es nicht nur keinerlei konsistente oder gar an Vorschriften gekoppelte Praxis gab, sondern eine Vereinheitlichung auch gar nicht angestrebt war.[28]

---

22 Dazu grundlegend Heinen 1991, 275–283. 283–286; vgl. auch Pfeiffer 2010, 188–189. 191–192.

23 Halfmann 1986, 103, vgl. auch 104. Zur Begleitung durch Iulia Domna, die Söhne und Plautian schon bei der vorausgehenden Syrienreise Birley ²1988, 129.

24 P.Col. VI 123 (14.–16.3.200), die maßgebliche Edition mit den wichtigen Verbesserungen von Youtie – Schiller 1955 jetzt in SB VI 9526; vgl. auch Oliver 1989, 451–458 Nr. 226–238 (die Nummern im Folgenden als Oliver, GC zitiert); Purpura 2012, 643–693 Nr. 6.12 = ders. 2013, II 684–718. Mit Rücksicht auf die Behandlung in der Literatur ist die im Folgenden gegebene Zeilenzählung anders als in TM 14250, wo die erste Zeile mitgezählt ist, die traditionelle.

25 So jetzt überzeugend Plisecka 2019, vgl. auch schon dies. 2017; zuvor bes. Haensch 2007. Vgl. auch Jördens 2019, bes. 317–320.

26 Vgl. nur Z. 1–2 *ἀντίγραφα ἀποκριμάτων τεθέντων ἐν τῇ στοᾷ τοῦ γυμνασίου η (ἔτους) Φαμενὼθ ιη* (14.3.) zu Apokrima I–V; Z. 21 *ι̣θ̣ ὁμοίως πρ̣ο̣ετέθη ἐν τῇ αὐτῇ στ̣ο̣ᾷ̣* (15.3.) zu Apokrima VI–IX und Z. 40 *κ ὁμοίως* (16.3.) zu Apokrima X–XIII; so möglicherweise auch bei P.Flor. III 382 = Oliver 1989, 481–483 Nr. 248–253, bes. Z. 1–4 = Nr. 248 bzw. Z. 24–26 = Nr. 253, vgl. bereits Westermann 1954, 4 mit Anm. 3. Zur Veröffentlichung von Entscheidungen mittels Aushang allgemein auch Coriat 1997, 608–618.

27 So schon Westermann 1954, 4–5 mit Verweis auf Apokrima I = Oliver, GC Nr. 227 in dem hermopolitischen P.Amh. II 63 = M.Chr. 376, 4–6 (14.3.200), das dort in Z. 7–12 mit Oliver, GC Nr. 239 (20.3.200) kombiniert erscheint.

28 Unter diesem Titel Haensch 1994a, wonach diachron wie synchron eine Fülle von Varianten nebeneinander existierte, bes. auch zusammenfassend 510: „Bereits innerhalb der Provinz Aegyptus sind also Bittschriften in den Kanzleien der verschiedenen ritterlichen Amtsinhaber in unterschiedlicher Weise bearbeitet worden. Ebenso haben die Statthalterkanzleien der verschiedenen Provinzen des Reiches unterschiedlich gearbeitet", mit Beispielen aus den Nachbarregionen.

Die meisten der dreizehn in P.Col. VI 123 festgehaltenen Entscheidungen betrafen einen relativ engen, für die alltäglichen Lebensverhältnisse in der Provinz jedoch zentralen Themenkreis, was nach Plisecka zugleich den Erfolg dieses Formats bewirkte.[29] Über die Hintergründe der Zusammenstellung lässt sich hingegen nur spekulieren. Sicher dürfte allein so viel sein, dass die an drei aufeinanderfolgenden Tagen publizierten Entscheidungen nicht die einzigen waren, die an diesen fielen. Dies zeigen schon die anderweitigen, keineswegs deckungsgleichen Abschriften an.[30] In dieselbe Richtung weist der überwiegende Bezug der hiesigen Auswahl auf arsinoitische Angelegenheiten.[31] Zudem ist das überdurchschnittliche Interesse des Severus an der Rechtsprechung bekannt,[32] und auch die von Plisecka nachgezeichneten Auswirkungen auf die Terminologie können kaum von einer sehr überschaubaren Anzahl an Fällen pro Tag ausgegangen sein. Damit dürfte in P.Col. VI 123 nur ein kleiner Ausschnitt der entsprechenden Aktivitäten der Kaiser in Alexandria vorliegen.[33]

Die Sprüche waren durchweg kurz und knapp. Die – seltenen – Verweise an andere Instanzen betrafen entweder daraus folgende Verwaltungsmaßnahmen oder noch bestehenden Untersuchungsbedarf. So hatte der Statthalter dafür zu sorgen, dass der Petent den Nießbrauch der verpfändeten Ländereien zurückerhielt, den er aufgrund von Verfahrensfehlern eingebüßt hatte.[34] Bei einem gegen das Testament erhobenen Fälschungs-

29 Vgl. nur Plisecka 2019, 303: „The decisions known as ἀποκρίματα were issued in Alexandria in local language and tackle important aspects of provincial life such as liturgies, inheritance and property, therefore they had primary relevance for the local legal practice. These circumstances are responsible for the success of the ἀποκρίματα in Egypt and the fact that they were often copied so that we find some in multiple copies."

30 Die bequemste Zusammenstellung immer noch bei Oliver 1989, 451–469 Nr. 226–243; Ergänzungen dazu bereits in der Übersicht von Haensch 2007, 226–233 sowie zuletzt in Jördens 2019, 318–319 Anm. 79; zu dem auch unabhängig davon überlieferten Apokrima I schon oben Anm. 27.

31 So mit Berufung auf Beobachtungen H. I. Bells Westermann 1954, 3–4.

32 So explizit Cass. Dio 77 (76), 17, 1–2, zitiert auch bei Liebs 2010, 51. Vgl. auch Coriat 1997, 560.

33 So etwa auch J. D. Thomas, Einl. zu P.Oxy. LXVII 4593 „The papyri make it clear that a large amount of legal business was generated by the judicial pronouncements made by the Emperors during their Egyptian visit in 199–200". Anders dagegen Plisecka 2019, 303–304: „Additionally, we can assume that the decisions were not numerous and remained in use for a relatively long time. Since we know only a limited number of the decisions issued in a short period of time, we can assume that they were not issued repeatedly. In the latter case, we would expect newer decisions to substitute the older ones, but we find the ἀποκρίματα quoted even after the decease of Caracalla." Dies würde allerdings allen Erfahrungen widersprechen, wonach die überlieferte Evidenz im wesentlichen dem Zufall zu verdanken ist, folglich keineswegs repräsentativen Charakter besitzt und insofern allenfalls in größerem, hier allerdings schwerlich gegebenem Zusammenhang als aussagekräftig zu werten ist.

34 So nach dem zweiten Teil des in P.Col. VI 123, 13–17 = Oliver, GC Nr. 229 vorliegenden Apokrima IV, bes. Z. 15–17 οὕτως ἀπολαβεῖν σε ⟦σου⟧ | τὴν νομὴν τῶν χωρὶς συνβάσεως κατεχομένων | πρὸς βίαν χωρίων ὁ ἡγούμενος τοῦ ἔθνους κελεύσι (l. συμβάσεως, κελεύσει) ‚so wird der Provinzstatthalter verfügen, dass du den Nießbrauch der ohne Übereinkunft (und also) mit Gewalt verfangenen Ländereien zurückerhältst', während das weitergehende Ersuchen des Petenten, den Verkauf der verpfändeten Ländereien rückabzuwickeln, in einem ersten Teil als offenkundig unbegründet abgelehnt wurde, vgl. nur Z. 14–15 ὥσπερ ἀνατραπῆναι τὴν πρᾶσιν τῶν ὑποθη|κῶν οὐ δικαίως ἀξιοῖς.

verdacht blieb der Rechtsanspruch der Erben grundsätzlich gewahrt, doch schlossen sich noch Maßgaben zum Prüfungsverfahren an.[35] Ähnliches galt auch für das hier in Rede stehende Apokrima XI, das den bei weitem gravierendsten Sachverhalt betraf.[36] In diesem Fall hatte Isidoros, Sohn des Deios Vorwürfe gegen zwei Personen erhoben, die womöglich sogar strafrechtliche Relevanz besaßen. Damit standen umfangreiche Untersuchungen im Raum, deren Verlauf und Ergebnis noch nicht absehbar war. Mit Blick auf das unterschiedliche Gewicht der jeweiligen Tatbestände entschlossen sich die Kaiser zu einer Aufspaltung des Verfahrens. Während sie den als schwerwiegend beurteilten Fall des Komon zur weiteren Verfolgung an den *praefectus praetorio* Plautian verwiesen, konnte der als minder schwer eingestufte Fall des Steuerpächters Apion noch in der Zuständigkeit der lokalen Instanzen und also beim Statthalter verbleiben, sofern sich jedenfalls nicht doch noch engere Verbindungen zwischen beiden Fällen ergaben.[37]

Über die Details dessen ist so gut wie nichts mehr in Erfahrung zu bringen,[38] sieht man einmal von der Qualifikation des Apion als τελώνης ‚Steuerpächter' ab. Sicher ist allerdings so viel, dass die Betrauung des Statthalters mit der Sache hier wie andernorts dem Routineverfahren entsprach, was denn auch die Standardantwort bedingte.[39] Eine namentliche Nennung oder sonst besondere Kennzeichnung des Gouverneurs war da-

35 So nach Apokrima VIII in P.Col. VI 123, 28–34 = Oliver, GC Nr. 233 Τοὺς γεγρ[α]μμένους κληρονόμους, κἂν αἱ διαθῆκαι | π[ε]πλάσθαι λέγωνται, τῆς ν[ο]μῆς οὐκ ἔστιν | δίκα[ι]ον ἐκβληθῆναι. Φροντ[ί]σουσιν δὲ οἱ | τὰ[ς] δίκας ἐπιτετραμμένοι καλέσαι τοὺς | εὐ[θ]υνομένους εἴ γε τὸ πρᾶγμά ἐστιν ἐν τῇ || τάξει τῶν διαγνώσεων, mit den wichtigen Korrekturen von Youtie – Schiller 1955, 330–331 und der Übersetzung „It is not right that the heirs designated (in the will), even if the will is said to have been forged (or falsified), should be (summarily) dispossessed. The officials charged with (the supervision of) legal proceedings shall take pains to cite the accused persons if indeed the matter comes within the category of *cognitiones*" (331).

36 So zuletzt nochmals Purpura 2013, 667: „Non vi è comunque dubbio che l'inchiesta dell'undicesimo ἀπόκριμα, tra tutte le petizioni trattate nel P.Col. 123, risulta di gran lunga la più grave."

37 P.Col. VI 123, 45–51 = Oliver, GC Nr. 236 Ἰσιδώρῳ Δείου. | Τὰ μὲν ὑπὸ Κόμωνος τετολμημένα | Φλουέϊος Πλαυδιανὸς ὁ κράτιστος ἔπαρχος | τῶν στρατοπέδων καὶ οἰκεῖος ἡμῶν | ἐξετάσι. Πρὸς δὲ Ἀπίωνα τὸν τελώνην, εἰ μὴ || κοινωνῖ τῶν ἐνκλημ[ά]των Κόμωνι, τὸν | ἡγούμενον τοῦ [ἔ]θνους ἕξεις δικα[σ]τήν (l. Φούλουιος Πλαυτιανός; ἐξετάσει; κοινωνεῖ; ἐγκλημάτων) ‚An Isidoros, Sohn des Deios. Hinsichtlich der Untaten des Komon wird Fulvius Plautianus, *vir egregius*, *praefectus castrorum* (sic) und *adfinis noster*, die Ermittlungen führen. Gegen den Steuerpächter Apion, sofern er nicht an den Klagegründen gegen Komon beteiligt ist, wirst du den Provinzstatthalter als Richter haben'; vgl. auch Purpura 2012, 666–668 Nr. XI, allerdings mit unzureichender Kennzeichnung der orthographischen Eigenheiten und zudem befremdlicher Zentrierung; 666 immerhin korrekt „A Isidoro, (figlio) di Deio", anders dagegen noch 646 in der Übersicht „(figlio) di Dione".

38 So schon Oliver 1989, 458 im Komm. „The trial had important implications and ramifications about which we are not informed."

39 Vgl. ebenso auch mit Blick auf die anstehenden Verfahren zur *restitutio in integrum propter aetatem* P.Oxy. LXIV 4435, 17–22 in der Neuedition von P.Oxy. VII 1020 = Jur.Pap. 17, 3–8 = Oliver 1989, 444–446 Nr. 221 und 222 (200?), bes. Z. 19 ọ ἡγούμ[ενος τοῦ ἔθνους] τὸν ἀγῶνα τῆς ἀφέσεως ἐκδικ[ήσει] bzw. Z. 22 τὸν ἀγῶνα τῆς ἀπάτης ὁ ἡγούμ[ε]νος τοῦ ἔθṿọụ[ς] ἐκδικήσει; so auch das in der Petition P.Oxy. LXVII 4593 (206–211) in Z. 1–4 zitierte Apokrima vom 9.12.199 gegen die unzulässige Doppelbelastung mit zwei Liturgien, bes. Z. 3–4 ὁ ἡγούμαινος τ̣ọῦ ἔθνους φροντίσι σε τῆς ἑτέρας ἀνεθῆ[ναι (l. ἡγούμενος, φροντίσει).

bei weder erforderlich noch überhaupt sinnvoll, da nur so der ordnungsgemäße Fortgang des Verfahrens gewährleistet war, der durch jeden Wechsel in der Position grundsätzlich in Gefahr geraten musste. Damit erübrigen sich auch sämtliche Spekulationen über eine mögliche Vakanz im Amt des Statthalters, zu denen man sich angesichts der so deutlichen Differenz in der Titulierung der beiden Funktionsträger mitunter veranlasst sah.[40]

Umgekehrt sollte sich der Verweis an Plautian wie auch die explizite Betonung von Rang und Nahverhältnis durch die Bewertung der Vorwürfe als τετολμημένα ‚Dreistigkeit, grenzüberschreitender Übergriff, Untat' erklären, was sicherlich im Anschluss an das Vorbringen des Petenten geschah.[41] Nicht selten war hiermit der Anspruch auf Behandlung durch eine übergeordnete Instanz verbunden,[42] womit unser Isidoros denn auch erfolgreich war. Umso mehr verdient Beachtung, dass die Kaiser eine solche – in der Regel von Parteiinteresse geleitete und stets überaus subjektiv gefärbte – Bewertung übernahmen und sich diese Sicht unmittelbar zu eigen machten, obwohl die Beschuldigungen erst noch zu prüfen waren.

Unklar bleibt vor allem der Tatvorwurf, wobei die Beschreibung des Apion als τελώνης auf widerrechtliche Aktivitäten im Bereich der Abgabeneinziehung deuten mag.[43] In je-

---

40 So bereits Westermann 1954, 13–14; eingehend Grosso 1968, bes. 26–34, dessen Erwartung „non si legge, *come pure si dovrebbe*, il nome del prefetto d'Egitto" (30, Hervorhebung A. J.) insoweit jedoch jeder Grundlage entbehrt; so jetzt allerdings auch wieder Purpura 2012, 667. Gegen den von Grosso 1968, 29–30 mit Berufung auf P.Mich. VI 426 (199/200?) als Präfekten vindizierten Apollinarius Alfenus (sic) vgl. bereits Rea 1968, 370–373, der in Z. 23 mit Verweis auf TAM V 2, 935, 15–16 vielmehr τῷ κρα[τίστῳ ἐπὶ κήνσ]ῳν zu ergänzen vorschlug = BL VI 82 (dort fälschlich N. Lewis zugeschrieben); so auch akzeptiert von Bastianini 1975, 304 Anm. 1, lediglich referiert dagegen von Purpura 2012, 668 Anm. 94; ein weiterer Beleg für Fabius Alfenus Apollinarius als ἐπὶ κήνσων τῶν [Σε]βαστῶν jetzt auch in SEG 57, 1140 = AE 2007, 1346, 5–6 (198–212?), vgl. auch den Komm. der Ed. pr. in Herrmann – Malay 2007, 25–26 Nr. 10, bes. 26. Ebenso wenig ist daraus ein *terminus ante quem* für die Beförderung des Q. Aemilius Saturninus zum *praefectus praetorio* abzuleiten, wie von Birley [2]1988, 138 vermeint („Aemilius Saturninus had not yet been replaced as prefect; it seems that a man Alfenus Apollinaris was acting-governor for the time being").

41 P.Col. VI 123, 46 = Oliver, GC Nr. 236 τὰ μὲν ὑπὸ Κόμωνος τετολμημένα … ἐξετάσι, das gesamte Zitat oben in Anm. 37.

42 Vgl. etwa die Petition P.Vet. Aelii 10 = ChLA III 201 = Doc.Eser. Rom. 106, 5–6 περὶ τῶν [κα]τ' ἐμ[οῦ] [± 15]υ τετολ[μ]ημέ[νων, δέσποτ]α ἡγεμών, ἕτε[ρον δ]ικαστὴν μὴ διαλ[αμ]βάνειν (2. Viertel 3. Jh.), wonach die Tragweite des Übergriffs – nach der Übers. von P. Sänger in P.Vet. Aelii „die gegen mich erdreisteten Missetaten" – aus Sicht des Petenten ebenfalls höchstrichterliches Eingreifen erforderte; ähnlich auch in der ebenfalls an den Präfekten gerichteten Eingabe gegen die ungerechtfertigte Ernennung zu einer Liturgie P.Oxy. XVII 2131, 16–17 τῆς γ[ὰ]ρ σῆ[ς] μεγαλειότητός ἐστιν ἐπεξελθεῖν τοῖς [ἀδίκ]ως καὶ ἀνόμω[ς] τετολμημένοις ‚denn es obliegt Deiner Hoheit, vorzugehen gegen die unrechtmäßigen und gesetzwidrigen Untaten' (25.3.207). Ebenso auch andernorts, vgl. nur den ‚Hilferuf' aus dem lydischen Ağa Bey Köyü an die Kaiser TAM V 3, 1418 = Hauken 1998, 35–57 Nr. 3 aus der Zeit der Severer oder Philippi, bes. Z. 30–33 δεόμεθα … ἐπιθέσθαι τῷ ἐξηγουμένῳ τοῦ ἔθνους καὶ τοῖς κρατίστοις ἐπιτρόποις ὑμῶν ἐκδικῆσαι τὸ τετολμημένον „we beg […] to instruct whoever in charge of the province and your equestrian procurators to punish the outrage" (Übers. Hauken 1998, 41, vgl. auch 52 den Komm.).

43 In diese Richtung bereits Schiller bei Westermann 1954, 82–83. 85–88 in der Ed. pr. mit Hinweis auf die nach Dig. 39, 4, 12 (Ulp. lib. 38 ad ed.) allbekannte *audacia* und *temeritas* der *publicanorum*

dem Fall galt der im Gegensatz dazu nicht näher qualifizierte Komon als der Haupttäter, dem gegenüber Apion eine nachrangige Position einnahm. Gleichwohl wird es sich bei dem letzteren kaum um einen bloßen Handlanger gehandelt haben, wie sie uns zumal im Neuen Testament im Dienste mächtiger Steuergesellschaften vor Augen treten,[44] da auch er sich vor dem Statthalter zu verantworten hatte. Nicht zuletzt aus diesem Grund würde man darin gerne den langjährigen Steuerpächter dieses Namens erkennen, der zu dieser Zeit im Arsinoites und damit dem mutmaßlichen Herkunftsort von P.Col. VI 123 tätig war. Zwar äußerte sich Fabian Reiter, der die einschlägigen Dokumente zum Nomarchen Apion wie auch seinen Werdegang zuletzt eingehend diskutierte, diesbezüglich skeptisch.[45] Andererseits hatte er das Verfahren gegen einen ungenannten arsinoitischen Steuerpächter sehr ansprechend mit eben diesem Apion verbunden,[46] und selbst wenn es erst unter Caracalla zu situieren ist,[47] mag es doch auch schon früher Konflikte gegeben haben, die sich in dem fraglichen Apokrima spiegeln. In jedem Fall wurde Apion, der seit den frühen 190ern für zumindest 22 Jahre erfolgreich als Steuerpächter im Arsinoites wirkte, aber auch munizipale Ämter in Alexandria innegehabt haben mag,[48] nach 215 verurteilt und sein Besitz konfisziert.[49]

---

factiones. Ebenso auch Taubenschlag 1955–1956, 556, während Schönbauer 1957, 186–187 mit Blick auf die Bewertung als τετολμημένα und die daraus abzuleitende Einordnung als *crimen* vielmehr ein „staatspolitisches Verbrechen" (187) als Klagegrund vermutet, wobei die Trennlinie freilich kaum so scharf wie von ihm unterstellt zu ziehen sein wird. Lediglich referiert von Merentitis 1978, 41–42.

44 Insoweit leicht missverständlich die Wiedergabe mit dem von der Lutherübersetzung her vertrauten Terminus „Zöllner" bei Haensch 2007, 229; zur Verbindung mit einer *societas publicanorum* Schiller bei Westermann 1954, 82–83. 85–86, vgl. auch zusammenfassend 88 sowie bereits die vorige Anm.

45 Vgl. nur Reiter 2004, 41–47 zur langjährigen Karriere des Apion, bes. zusammenfassend 46–47, gegenüber einer Identifikation mit dem gleichnamigen τελώνης aus P.Col. VI 123, 50 freilich eher zurückhaltend: „Da weder in einem Dokument der Nomarch Apion als τελώνης bezeichnet ist, noch ein Kollege von ihm namens Komon begegnet, ist die Wahrscheinlichkeit einer Identität sehr gering, zumal auch der Ort des Tatgeschehens nicht genannt ist" (46 Anm. 66). Allerdings ist τελώνης ‚Steuerpächter' zweifellos für derartige Funktionen der Oberbegriff, dessen sich in dieser Situation ohne weiteres auch die Kaiser bedienen mochten, während schon der Vergleich mit dem antinoitischen Nomarchen lehrt, dass letzteres untechnisch und insofern missverständlich war, vgl. nur Jördens 1999, 162–163. Dass die Titulierungen zumal von außerarsinoitischer Warte durchaus schwanken konnten, lehrt überdies die Bezeichnung als μισθωτής in SB XIV 11875 = P.Mich. IX 529, 27 (nach dem 2.7.237) sowie SB XIV 11876, 4 (nach 215), vgl. nur die folgenden Anm.

46 So erstmals Reiter 2001, 1123–1124; vgl. auch ders. 2004, 42–43. Die Zuordnung zum Arsinoites ergibt sich dabei sowohl aus dem gesicherten Fundort von P.Mich. IX 529 = SB XIV 11875 in Karanis wie auch der in Rede stehenden Steuerart, bei P.Berol. 7216 = SB XIV 11876 nach https://berlpap.smb.museum/02043/ ⟨16.09.2023⟩ allerdings lediglich erschlossen.

47 So explizit Lewis 1976 zu SB XIV 11875 = P.Mich. IX 529, 25–38 sowie 11876 = Oliver 1989, 515–518 Nr. 267 (215?), trotz der – offenkundig fehlerhaften – Zuschreibung [ἐξ ἀπ]οκριμάτων θεῶν Σεουήρου κ[αὶ Ἀντωνίνου] in der erst in den 230ern angefertigten Abschrift in SB XIV 11875 = P.Mich. IX 529, 25.

48 Die Diskussion bei Reiter 2004, 44 (mit skeptischen Stimmen in Anm. 56).

49 Vgl. nur Reiter 2004, bes. 42–45. Der dort angeführte P.Bas. I 13 ist inzwischen als P.Bas. II 20 neuediert (allerdings mit unrichtigem Datum „147–148 CE" in der Überschrift, vgl. auch mit Bezug auf Apions Aktivitäten zwischen 193 und 215 „it has to be dated to the period between the very

Zweifellos ebenfalls der provinzialen Oberschicht gehörte der Haupttäter Komon an, für den vergleichbare Anhaltspunkte freilich fehlen. So ist unter seinen zeitgenössischen Namensvettern in den Papyri keiner hochrangig genug, die hiermit verbundene Erwartung zu erfüllen – weder der jetzt in P.Köln XII 490, 3–4 erwähnte Sohn des Xenophanes und Enkel des Apollonios aus Oxyrhynchos, dem ein dionysischer Verein für vielfachen Ratschlag Dank abstattet,[50] noch gar einer der zahlreichen Namensträger im Archiv des Dorfschreibers Petaus. Ein Mann dieses Namens ist allerdings in einer Ehreninschrift erwähnt, die die Stadt Alexandria am 11. März 216 Caracalla setzte und die vermutlich die Basis einer Kaiserstatue schmückte.[51] Allgemeiner Überzeugung nach ging die Initiative hierzu auf zwei Personen zurück, nämlich einen derzeit im Amt befindlichen Magistraten, dessen Funktion und Name verloren ist, und einen ehemaligen Archiereus namens Aurelius Komon.[52] Kaum mehr zu entscheiden ist, ob ersterer, wie von Wessely vermutet, der Prytane war oder mit Kayser darin vielmehr der Nachfolger des letzteren und also ein amtierender Archiereus zu erkennen ist,[53] falls er nicht ein noch ganz anderes alexandrinisches Amt ausübte. Außer Zweifel steht indes, dass allein ersterer das Monument finanziert haben kann, da bei dem üblichen Namenszusatz *καὶ ὡς χρηματίζω* nur er in der 1. Ps. Sg., letzterer dagegen in der 3. Ps. Sg. erscheint.[54] Damit ist in dem Zweitgenannten vielmehr der Vater des Stifters zu sehen, der von seiner sozialen Stellung her durchaus

end of the second and the very beginning of the third century" in der Einl.; sicherlich richtiger Reiter 2004, 44 „nach 215?", nämlich nach deren Ende, vgl. auch bereits BL XI 15 „nach 216/217"). Die Edition des als Beleg für Verurteilung und Konfiskation angeführten P.Prag. inv. III 206 b, 142–143 (244/245) scheint dagegen bis heute auszustehen.

50 Vgl. nur P.Köln XII 490, II 1–3 Κόμωνος Ξενοφάνους τοῦ Ἀπολλωνί̣ο̣υ̣ ἀπ' Ὀξυ(ρύγχων) πόλ(εως) ἕνεκεν πολλῆς βουλῆς (2./3. Jh.).

51 I.Alex.Imp. 14 = SB I 4275 = IGRR I 1063; so mit Łukaszewicz 1998, 37–44, wonach schon von der Größe der Platte her allein Caracalla dargestellt gewesen sein dürfte, auch wenn die Inschrift selbst daneben auch Iulia Domna und den bereits verstorbenen Septimius Severus nennt; vgl. nur Z. 1–7 Τὸν κοσμοκράτορα Μ(ᾶρκον) Αὐρ(ήλιον) Σεουῆρον | Ἀντωνῖνον | Παρθικὸν μέγιστον, Βρεταννικὸν Μέγιστον, | Γερμανικὸν μέγιστον, Εὐτυχῆ Εὐσεβῆ Σεβαστόν, | τὸν Φιλοσάραπιν, καὶ || Ἰουλίαν Δόμναν Σεβαστὴν μητέρα τῶν ἀη[ττήτων] | στρατοπέδων καὶ θεὸν Σεο̣υ̣[ῆρον]. Letzteres besaß nach Łukaszewicz folglich „purely formal character, being a part of the dynastic cult" (ebda. 38); Bedenken ebenso, wenn auch aus anderen Gründen, bei Heinen 1991, 274. 293–294 (Dokument 3).

52 So zuletzt auch nochmals Kayser, vgl. nur die Übersetzung von I.Alex.Imp. 14 = SB I 4275 = IGRR I 1063, 9–11 (das Zitat unten in Anm. 54) „(par le soins de moi, N...)ôn, etc., [...] en charge, (et) d'Aurelius Comôn, [...] etc., ancien grand-prêtre [...]". Selbst in eingehenderen Erörterungen der Inschrift wie bei Heinen 1991, 293–294 oder Łukaszewicz 1998, 37–44 wird diese Frage nicht weiter erörtert.

53 So gegen die von Wessely 1913, 78 zu I.Mus.Alex. 83 vorgeschlagene, bei der Übernahme in SB I 4275 um *καί* erweiterte Ergänzung [πρυτάνεως; vgl. auch Kayser 1994, 50 im App. crit. zu I.Alex. Imp. 14, 10.

54 Vgl. I.Alex.Imp. 14 = SB I 4275 = IGRR I 1063, 9–11 [διὰ ± 15]ωνος καὶ ὡς χρηματίζω ἐνάρχου || [± 25] Αὐρηλίου Κόμωνος | [± 15 καὶ ὡς χρη]ματίζει ἀρχιερατεύσαντος [. Die Lesung auf dem erst nachträglich gefundenen und erstmals in IGRR I 1063 publizierten rechten unteren Teilstück ist sicher, vgl. auch die Abb. in I.Alex.Imp., Taf. IX.

mit dem im Apokrima genannten Komon identisch sein könnte – ohne dass sich daraus wohlgemerkt etwas für den Ausgang des von Isidoros angestrengten Verfahrens ergäbe.[55]

Dass Severus das letztere anders als dasjenige gegen Apion an den Prätorianerpräfekten verwies, mag dabei bereits den strafrechtlichen Implikationen geschuldet sein; schließlich konnten richterliche Aufgaben grundsätzlich ebenso senatorischen *comites* der Kaiser übertragen werden.[56] Doch ist hierin vielleicht bereits eine Tendenz zu greifen, die sich mit der Berufung Papinians zum Nachfolger Plautians noch verstärken und geradezu ein Kennzeichen der Spätklassik werden sollte: „Öfter und seit dem 3. Jahrhundert besonders oft waren Juristen Prätorianerpräfekten", hatte schließlich schon Detlef Liebs notiert.[57]

Indessen wurden Plautian auch andere Aufgaben anvertraut, wie ein dritter, bislang allzu selten gewürdigter Beleg für seine – zumindest prospektive – Anwesenheit in Ägypten auf Papyrus bezeugt. Von dem einstmals gewiss umfangreichen τόμος συγκολλήσιμος blieb wenig mehr als das Fragment nur einer Kolumne bewahrt, das Fritz Mitthof erst 2002 unter der Überschrift „Beeidete Erklärung von Dorfpresbytern an den Strategen" in CPR XXIII 7 publizierte. Gegenüber dem memphitischen Strategen versichern die Dorfältesten darin, die ihnen im Gegenzug für ihre Gerste- und Heulieferungen gewährten Gelder empfangen zu haben. Zweck dieser Lieferungen war eine Expedition – δίοδος – Plautians, der auch hier wieder mit den schon aus den beiden anderen Papyri geläufigen, allerdings erneut nicht getilgten Titeln *praefectus praetorio* und *necessarius dominorum nostrorum* erscheint.[58]

Aus den verfügbaren Informationen hatte Mitthof auf eine Entstehung in den Jahren 201 bis 204 geschlossen, ohne dass eine nähere zeitliche Eingrenzung möglich sei.[59] Dasselbe gelte aus inhaltlicher Sicht, wie kürzlich Sandra Scheuble-Reiter nochmals bekräftigte: „Da mit Ausnahme dieses Papyrus weder in der literarischen noch in der dokumentarischen Überlieferung Informationen über einen Aufenthalt des Plautian in Ägypten

55 Im verlorenen Teil von Z. 10 wird man folglich statt καί vielmehr mit Hagedorn 1990 υἱοῦ ergänzen wollen; trotz der Diskussion der sonstigen Ergänzungsmöglichkeiten hierzu nichts bei Kayser im Komm. Unter der Annahme der Identität ließe sich ein – allerdings kaum beweiskräftiges – Indiz dafür, dass der Komon des Apokrima den anschließenden Prozess überstand, allenfalls im Aureliernamen sehen; dies jedoch nur, falls er ihn erst mit der Constitutio Antoniniana erlangt haben sollte, während die hohe soziale Stellung der Familie dafür spricht, dass ihr römisches Bürgerrecht schon früher datiert.

56 So schon beobachtet von Halfmann 1986, 100; Coriat 1997, 305–306; grundlegend schon Peachin 1996.

57 Liebs 2010, 174, zu den Severern und den unter ihnen aktiven bedeutenden Juristen der Spätklassik bes. 51–75; allgemein auch Coriat 2007. Zur Diskussion der hier in Rede stehenden Kompetenzen Plautians auch bereits Schiller bei Westermann 1954, 83–85 in der Ed. pr.

58 Vgl. nur CPR XXIII 7, I 19–22 [ἃς (sc. ἀρτάβας) παρ]εσχήκαμεν εἰς δίọ||[δον Φο]υλ[ο]υίου Πλα̣υ̣τ̣ια̣ν̣ο̣ῦ̣ | [ἐπάρχ(ου) πρ]α̣ιτωρ̣(ίου) καὶ ἀναγ||[καίου τῶν κυρ]ί̣ω̣ν̣ ἡμῶν, nach Mitthof 2002a, 59 am Ende womöglich sogar noch um *socer et consocer Augustorum* erweitert: „Eine entsprechende Rekonstruktion der vorliegenden Stelle schiene durchaus mit den Tintenspuren vereinbar: [Σεβαστῶν πενθ]ε̣ρ̣ο̣ῦ̣ κ̣α̣ὶ̣ σ̣υ̣μ̣π̣ε̣ν̣||[θέρου κτλ." (Komm. zu Z. 23).

59 Vgl. Mitthof 2002a, 53 und bes. 55.

bekannt sind, bleiben die Hintergründe von Plautians ‚Durchzug' völlig im Dunkeln."[60] Immerhin gab Scheuble-Reiter eine Verbindung mit einem von ihr neuedierten Schreiben des Präfekten Q. Maecius Laetus an die Strategen der mittleren Epistrategie zu erwägen, das die – offenbar nur im Fall eines Sonderbedarfs und also höchst selten angeordnete – Deklaration von Schiffen betraf.[61] Zwar ließe sich dies grundsätzlich auch mit dem Besuch der kaiserlichen Familie in Ägypten verknüpfen, doch müsste Laetus, für den der früheste sichere Beleg erst vom Mai 200 datiert,[62] die Statthalterschaft dann bereits im Jahr 199 angetreten haben.

Bemerkenswert ist bei alldem nicht nur der Terminus δίοδος,[63] sondern ebenso der Umstand, dass Plautian, der *comes per omnes expeditiones* der Kaiser, diese Unternehmung offenbar allein und jedenfalls nicht in ihrer Begleitung durchführte, da sie nirgends genannt erscheinen. Nun gab es in den fraglichen Jahren nach 200 durchaus eine Reihe von Feldzügen, bei denen eine Operation von Ägypten aus willkommene Unterstützung hätte bieten können.[64] An eine völlig andere Art der Expedition könnte allerdings eine durch Xiphilin überlieferte Bemerkung von Cassius Dio denken lassen, die Plautian Raubzüge im Roten Meer zur Gewinnung so fremdartiger Geschöpfe wie etwa getigerter Pferde – offenkundig Zebras – unterstellt.[65]

60 Scheuble-Reiter 2016, bes. 452.

61 Zu letzterem bes. PSI X 1155, 6 [τοὺς π]λ̣οῖα κεκτημένους ἀπογρα ̣ [. Nach Z. 8] περὶ τούτων διατάγματος εν ̣ [dürfte dem ein entsprechendes Edikt vorausgegangen sein, das jedoch offenbar nicht den gewünschten Effekt zeitigte, da hiermit nochmals die umgehende Umsetzung eingeschärft wird (μὴ (?)] ἀμελήσαιτε, ἀλλ[– – –] ̣ , ἵνα γίνηται παραχρ[ῆμα, Z. 12–13; l. ἀμελήσητε), so vor allem in Form eines gut lesbaren Aushanges (εὐδή]λοις γράμμασ[ιν, Z. 14). Zu der offenbar nur in Ausnahmesituationen verfügten Deklarationspflicht von Schiffen bes. Jördens 2009, 128–129; so auch Scheuble-Reiter 2016, 449–450. Die wichtige Neubearbeitung erfolgte im Rahmen des Corpus der Urkunden der Römischen Herrschaft (CURH) unter der Ägide von Rudolf Haensch, vgl. nur ebda. 443.

62 So nach der in PSI XIII 1328 = SB V 7817 (5./6. 201), bes. Z. 27–67 angeführten Petition, in der sich der ehemalige Eutheniarch von Alexandria Aur. Ptolemaios am 13.5.200 an Q. Maecius Laetus gewandt hatte.

63 Hierzu schon Mitthof 2002a, 59 im Komm. zu Z. 19–20.

64 Vgl. Mitthof 2002a, 55; Scheuble-Reiter 2016, 452 Anm. 28; mit der Annahme von „Lieferungen für eine bislang unbekannte militärische Operation" (190) auch Jördens 2009, 190–191.

65 Cass. Dio 76 (75), 14, 3 καὶ τέλος ἵππους Ἡλίῳ <ἱερούς?> τιγροειδεῖς ἐκ τῶν ἐν τῇ Ἐρυθρᾷ θαλάσσῃ νήσων, πέμψας ἑκατοντάρχους, ἐξέκλεψεν „schließlich schickte er sogar Centurionen aus und ließ durch sie tigergestreifte, dem Sonnengott heilige Pferde heimlich von den Inseln im Roten Meer entführen" (Übers. Veh ^{2}2012, 358). Die im Deutschen unproblematische Konstruktion mit reinem Dativ – wohl *commodi*, vgl. etwa auch die Übersetzung von Richter 1978, 992, wonach Plautian „soweit gegangen sei, ‚dem Helios durch ein Centurionen-Kommando tigerartige Pferde (ἵππους τιγροειδεῖς) von den Inseln im Roten Meer entwenden zu lassen'" – ist im Griechischen allerdings nicht belegt, das das Verb üblicherweise absolut verwendet, bei der seltenen Angabe der Zugehörigkeit dagegen allenfalls den Genitiv – offenbar *separativus* – setzt; vgl. auch Boissevain 1901, 352, der die von Reiske 1757, 157 Nr. 1267 vorgeschlagene Ergänzung Ἡλίῳ <ἱερούς> zwar für zu unsicher hielt, um sie in den Text aufzunehmen, im App. aber gleichwohl bemerkte „sane tale quid desideratur". Wollte man daran festhalten, spräche viel für eine – angesichts der Bedeutung dieses Faktors durchaus plausible – Voranstellung des Adjektivs und also die Folge ἵππους <ἱερούς> Ἡλίῳ, womit

Mit den diesbezüglichen Aktivitäten hatte sich erst kürzlich Christopher Mallan befasst, demzufolge „there was no more picturesque demonstration of Plautianus' acquisitiveness than his seizure of strange striped horse-like creatures from ‚islands in the Erythraean Sea'".[66] Auf den Gedanken dazu mag Plautian durchaus in der Hauptstadt gekommen sein und dort auch den Befehl zur Herbeischaffung einiger Exemplare erteilt haben. Dennoch spricht einiges dafür, dass er sich in diesem Moment näher an ihrem angestammten Verbreitungsgebiet befand und die Centurionen, von denen in diesem Zusammenhang ausdrücklich die Rede ist, von Ägypten oder sogar einem der Häfen des Roten Meeres aus in die Heimatgegenden dieser exotischen Tiere entsandte. Schließlich stellte das Niltal die Hauptverkehrsader für derartige Importe in das Mittelmeergebiet dar, wie wir spätestens aus dem sog. Artemidor-Papyrus wissen; denn die Fülle der fremdländischen Tiere, die so kunstvoll auf dem Verso gezeichnet sind, geht aller Wahrscheinlichkeit nach auf lebende Vorbilder zurück, die zu dem fraglichen Zeitpunkt in Alexandria zu bewundern waren.[67] Dabei scheinen die meisten der dort dargestellten Exoten aus Indien, wenn nicht gar Südostasien gekommen zu sein; nicht wenige stammten freilich auch vom selben Kontinent und eben aus Gegenden südlich von Syene wie die Giraffe, der Karakal oder der Flamingo.[68]

Ähnliches galt auch für die verschiedenen Arten des Zebras, deren Verbreitungsgebiete bekanntlich seit jeher in Afrika liegen, sich in der Antike jedoch zweifellos sehr viel weiter erstreckten als heutzutage.[69] Was die von Cassius Dio nur allgemein im Roten Meer lokalisierten Inseln betrifft, wird man nicht zuletzt aus diesem Grund alle Identifikationsversuche für vergeblich halten,[70] abgesehen davon, dass die meisten schon von der Fläche her kaum als ausreichend dafür zu erachten sind.[71] Der Gedanke von Michael

sich der Ausfall als Haplographie erklären ließe; alternativ schiene auch eine (phonologisch beeinflusste?) Verschreibung Dativ für Genitiv ἵπποις Ἡλίου vorstellbar wie in Hom. Od. 11, 108–109 βοσκομένας δ' εὕρητε βόας καὶ ἴφια μῆλα Ἠελίου (zu den Analogien unten S. 251–252). Die Feststellung von Mallan 2019, 461 Anm. 1 „The meaning is clear enough without it" greift insoweit zu kurz. Die – bei Boissevain 1901, 352 im App. immerhin noch vermerkte – Konjektur von Reiske „τιγριδοειδεῖς. nam non τίγρος, τίγρου, sed τίγρις, τίγριδος dicitur" hat sich dagegen nicht durchsetzen können.

66 Mallan 2019, 461.

67 Jördens 2018, 91–92.

68 Vgl. nur Kinzelbach 2009, 110–116, zu den letztgenannten bes. 64–65 V 21; 99–100 V 38; 83–84 V 28.

69 Grundlegend dazu Antonius 1951; jetzt auch eingehend Hornig 2001, zu den damit verbundenen methodischen Schwierigkeiten bes. 208.

70 So letztlich auch den jüngsten Versuch von Mallan 2019, 462–463, der sich einerseits von der von Birley [2]1988, 137 verfochtenen Lokalisierung der in Rede stehenden Inseln im Persischen Golf distanziert (so 462 Anm. 6; dem folgend jedoch auch Saylor Rodgers 2021, 259), andererseits für die im Peripl. m.R. 15 als Menuthias bezeichnete, überwiegend mit dem Sansibar-Archipel identifizierte Inselgruppe eintritt; zu letzterem außer Casson 1989, 140 bes. Desanges 1988, 25–26 sowie 30–31 zu den – wenigen – Nachrichten darüber aus severischer Zeit.

71 Vgl. nur Hornig 2001, 213, wonach eine Wildpopulation allenfalls auf Soqotra denkbar sei; zu dieser sog. Insel des Dioskurides Peripl. m.R. 30 mit Casson 1989, 167, dort auch weitere Literatur. Mit

Alexander Speidel, vielmehr mit Geschenken aksumitischer Herrscher zu rechnen, die, wie wir aus anderen Fällen wissen, mitunter Zebras an befreundete Fürsten übersandten, hat dabei einiges für sich, selbst wenn dies mangels weiterer Evidenz kaum zu erhärten ist.[72] In jedem Fall wird man weder den Ort näher eingrenzen können, an dem die Centurionen auf die Tiere stießen, noch ist daraus zu erschließen, um welche Art Zebra es hier ging.[73] Der Hinweis auf die Inseln mag allenfalls anzeigen, dass Suche und Transport auf dem Wasserweg erfolgten, die Route also nicht etwa nilaufwärts verlief.

Damit dürften die genannten Centurionen jedenfalls nicht als Teil einer Streitmacht zu Lande anzusehen sein, mit deren Hilfe man die Provinzgrenzen nach Süden zu verschieben suchte. Dies sei nach Mallan vielmehr der Zweck von Severus' Vorstoß nach Äthiopien gewesen, der nur durch einen Krankheitsausbruch gestoppt worden sei, während Plautian parallel dazu in einer Art Zangenangriff an der ostafrikanischen Küste operiert habe.[74] Aus dem Kontext wird freilich hinlänglich klar, dass die geplante Erkundung Äthiopiens keineswegs militärische Ziele verfolgte, sondern allein den kulturellen Hervorbringungen galt.[75] Dies bestätigt sich auch an der zeitlichen Einordnung, handelt

bereits gefangenen Zebras möchte dagegen Jennison 1937, 89 rechnen, die auf den fraglichen Inseln zum Weitertransport bereitstanden.

72 Speidel 2016, 298, ungenau allerdings mit dem angeblichen Raub „aus einem Sonnenheiligtum" (Anm. 64).

73 Vgl. immerhin die vorsichtige Aussage von Antonius 1951, 10 „Die Herkunftsangabe ‚von den Inseln des Roten Meeres' läßt mit Sicherheit auf Abessinien als Ursprungsland der Tiere schließen und macht damit wahrscheinlich, daß es die nördlichste Tigerpferdeart, das Grévy-Zebra war". Zurückhaltend dagegen Jennison 1937, 88–89 oder Richter 1978, 991–992, während Mallan 2019, 462 hierin ebenfalls Exemplare des Equus grevyi vermutet und sich überdies für eine Beteiligung der am Ausgang des Roten Meeres auf den Farasan-Inseln stationierten Einheit ausspricht. Die bei Hornig 2001, 208 mit Anm. 4 referierte zoologische Einordnung, wonach das Grévy-Zebra innerhalb der Untergattung Dolichohippos eine eigene Art bildet und insoweit von der Untergattung Hippotigris zu trennen ist, scheint inzwischen revidiert, vgl. nur https://de.wikipedia.org/wiki/Grevyzebra ⟨16.09.2023⟩; vgl. auch Antonius 1951, 28–30, der die drei Arten Berg-, Steppen- und Grévy-Zebra unter dem Oberbegriff „Tigerpferde" fasst.

74 So Mallan 2019, 464–465, ersteres bes. mit Berufung auf Cass. Dio 76 (75), 13, 1 οὐ γὰρ ἐδυνήθη πρὸς τὰ τῆς Αἰθιοπίας μεθόρια διὰ λοιμώδη νόσον ἐσβαλεῖν ‚denn er vermochte nicht in das Grenzgebiet Äthiopiens einzudringen, wegen einer pestartigen Krankheit'.

75 Vgl. nur allgemein Cass. Dio 76 (75), 13, 1–2, wonach als hervorstechendste Eigenschaft des Severus sein unstillbarer Wissensdurst erschien, der ihn auch sämtliche Bücherschätze entführen ließ; so schon die direkte Fortführung des in der vorigen Anm. zitierten Satzes zu Beginn von 13, 2 καὶ ἐπολυπραγμόνησε πάντα καὶ τὰ πάνυ κεκρυμμένα, so im Rückblick mit SHA Sept. Sev. 17, 3–4 auch nach eigenem Bekunden; hierzu auch Birley ²1988, 135–136. Obwohl in diesem Zusammenhang erstmals der Terminus *annona* in den Papyri fällt (so am 5.11.199 in dem Rundschreiben des Epistrategen Arrius Victor PSI VI 683, 12–13 εἰ[ς τὴν (?)] ἀννῶναν τοῖς κ̣υ̣ρ̣ί̣ο̣ις ἡ̣μ̣ῶν), sprechen die Begleitumstände gegen primär militärische Zwecke; so auch Mitthof 2001, I 53 und bes. II 320–323 im Katalog, wonach das in Rede stehende Rundschreiben entgegen anderslautenden Darstellungen zumindest „nicht mit der ordentlichen Truppenverpflegung in Verbindung gebracht werden (kann)" (320 Anm. 128), vgl. auch ebda. 322 „zum Zwecke der Versorgung des kaiserlichen Hofstaates"; ebenso Jördens 2009, 244–245.

es sich dabei doch offenbar um nichts anderes als um die bekannte Nilreise, die Severus zu Beginn des Jahres 200 gemeinsam mit der kaiserlichen Familie unternahm.

Nach Dio war es indes auch Plautian nicht etwa um militärische Aktionen, sondern eben die Erbeutung möglichst exotischer Tiere getan. Doch mochte darin auch ein bloßer Nebeneffekt militärischer Aktivitäten bestehen, weswegen der eigentliche Wert von Dios Notiz – so Mallan – im dadurch bezeugten Engagement Roms in diesem Raum auch noch um die Wende des 3. Jh. liege.[76] Weitaus weniger Plausibilität wird man demgegenüber der von ihm gezogenen Verbindung zur Nilfahrt des Kaiserhofes zumessen wollen.[77] Zumal Dio direkt zuvor das Ausmaß der Zuwendungen an die beiden Machthaber miteinander vergleicht – wonach ‚alle Welt viel mehr ihm (sc. Plautian) als dem Severus zuwandte' –,[78] hätte die Erbeutung der Zebras sich schließlich ohne weiteres dort einordnen lassen, sollte sie im Rahmen einer gemeinsamen Militäraktion zustandegekommen sein. Stattdessen wird ihr Raub als Gipfelpunkt der typisch plautianischen, gegen alles und jeden gerichteten Raffgier präsentiert, die keine Provinz noch Stadt verschonte.[79] Gesteigert wurde dies nur noch durch die unerhörten Übergriffe gegen 100 römische Adlige, die Plautian unabhängig von Alter und Familienstand zu Eunuchen machen ließ, um die künftige Kaiserin Plautilla mit angemessenem Gefolge auszustatten.[80]

In diesem Kontext muss die – offenkundig aus ihrem chronologischen Zusammenhang gelöste[81] – Erzählung von den Zebras nachgerade erratisch wirken, weswegen sie

76 Vgl. nur das Résumé bei Mallan 2019, 465 „At any rate, whether we regard the presence of zebras at Rome as the result of a frivolous errand conceived solely for the prefect's delectation, or as the tangible result of a military reconnaissance, it provides a rare piece of evidence for Roman intercourse with the East African coast and with continuing Roman military activity in the Erythraean Sea at the turn of the third century."

77 Ebenso allerdings auch schon Millar 1964, 145, demzufolge der Zebraraub „must date from the stay in Egypt", obwohl er umgehend auf den willkürlichen Umgang Dios mit Daten und Fakten und die daraus resultierenden Fehlstellen hinweist, dies offenbar auch unabhängig von der komplexen Überlieferungslage: „The evidence is not given in strict chronological order, and that this is intentional is clear when Dio later resumes annalistic treatment with the *decennalia*".

78 So Cass. Dio 76 (75), 14, 3 in dem der Erwähnung der Zebras direkt vorausgehenden Satz ἐπεθύμει τε πάντων καὶ πάντα παρὰ πάντων ᾔτει καὶ πάντα ἐλάμβανε, καὶ οὔτε ἔθνος οὐδὲν οὔτε πόλιν οὐδεμίαν ἀσύλητον εἴασεν, ἀλλὰ πάντα δὴ πανταχόθεν ἥρπαζε καὶ συνεφόρει· καὶ πολὺ πλείονα αὐτῷ ἢ τῷ Σεουήρῳ ἅπαντες ἔπεμπον. Angeführt etwa auch von Madsen 2021, 266 zu dem von Dio gezeichneten Verhältnis zwischen Kaiser und Prätorianerpräfekt.

79 So bes. durch den Anschluss καὶ τέλος an den in der vorigen Anm. zitierten Satz aus Cass. Dio 76 (75), 14, 3, wobei der in 14, 4 direkt folgende Kommentar ἓν γὰρ τοῦτο εἰπὼν πᾶσαν αὐτοῦ καὶ τὴν περιεργίαν καὶ τὴν ἀπληστίαν δεδηλωκέναι νομίζω den für die Persönlichkeitsstruktur des Prätorianerpräfekten exemplarischen Charakter des Zebraraubs unterstreicht. Vgl. auch unten Anm. 108.

80 So in direkter Fortsetzung des in der vorigen Anm. gegebenen Zitats Cass. Dio 76 (75), 14, 4 καίτοι καὶ ἐκεῖνο προσθήσω ὅτι κτλ.

81 Zwar erscheinen die Ausführungen zu Plautian in Cass. Dio 76 (75), 14, 3–4 von Ereignissen des Jahres 200 gerahmt, nämlich einerseits der Beseitigung seines Kollegen im Amt des Prätorianerpräfekten Q. Aemilius Saturninus (14, 2) und andererseits der noch bevorstehenden Hochzeit seiner Tochter Plautilla mit Caracalla (14, 5 μετὰ ταῦτ' ἔγημε, nämlich 202). Dennoch wird vielmehr eine allgemeine Charakteristik Plautians geboten, die seine in jeglicher Hinsicht grenzenlose Maßlosig-

nochmals genauere Betrachtung verdient. Mallan hatte sich in seiner Miszelle vor allem mit ihrer historischen Verortung, näherhin der Lage der Inseln und der Rolle der Centurionen befasst. Was die Tiere selbst betraf, konnte er sich für ihre zoologische Einordnung weitgehend auf frühere Arbeiten stützen,[82] während er die Nähe zu Helios als Hinweis auf ihren Lebensraum tief im Süden ansah.[83] Auf ihre Verwendung ging er dagegen nicht näher ein, sondern verweist nur kurz auf den von Cassius Dio an anderer Stelle bezeugten Einsatz bei Tierhetzen in der Arena.[84] Da Erwähnungen von Zebras in diesem Zusammenhang sonst gänzlich fehlen,[85] hatte man in dem letztgenannten ἱππότιγρις mitunter sogar eine besondere Raubtierart erkennen wollen.[86] Nach Otto Antonius lasse sich dies freilich schon aus sprachlichen Gründen kaum aufrechterhalten; vielmehr könne es sich hierbei nur um ein Mischwesen zwischen Tiger und Pferd und also das Zebra handeln, das überdies mit den zuvor als ἵπποι τιγροειδεῖς bezeichneten Pferden des Helios zu identifizieren sei.[87] Zu demselben Ergebnis gelangte Will Richter auf der Basis der – freilich

keit illustriert, da er sich in seinem – lange Zeit erfolggekrönten – Streben nach alleiniger, ja ewiger Macht (ἤδη γὰρ οὐχ ὅπως μόνος, ἀλλὰ καὶ ἀθάνατος ἔπαρχος εἶναι ἤθελεν, 14, 2) letztlich frei von allen Bindungen durch Zeit und Raum gebärdete. Vgl. auch Millar 1964, 145; Saylor Rodgers 2021, 259–260.

82 Freilich ohne die grundlegende Arbeit von Antonius 1951 zu benutzen, während Richter in seinem wichtigen RE-Artikel von 1978 sogar gänzlich auf die Konsultation zoologischer Werke verzichtet zu haben scheint.

83 So bes. Mallan 2019, 462, wonach dies vor allem der Rücksichtnahme auf die Vorstellungswelt des römischen Publikums geschuldet sei: „What it does suggest is a tendency in ancient thought to associate equatorial regions with Sun worship."

84 Mallan 2019, 461–462 mit Anm. 4–5 und dem Verweis auf Cass. Dio 78 (77), 6, 2, wo Dio Caracallas Blutrünstigkeit beschreibt, die gegenüber dem fast schon gewohnten Anblick in der Arena hingeschlachteter exotischer Tiere wie Elefanten, Nashörnern, Tigern und eben Zebras mehr noch den tödlichen Kämpfen von Menschen galt: ἐλέφαντα μὲν γὰρ καὶ ῥινοκέρωτα καὶ τίγριν καὶ ἱππότιγριν ἐν οὐδενὶ λόγῳ θείη ἄν τις φονευομένους ἐν τῷ θεάτρῳ· ὁ δὲ καὶ μονομάχων ἀνδρῶν ὅτι πλείστων ἔχαιρεν αἵμασι. Die Verbindung mit den plautianischen Zebras etwa auch bei Jennison 1937, 88–89; Antonius 1951, 9; Hornig 2001, 216, die allerdings offenbar sämtlich mit nur einem Tier als Opfer Caracallas rechnen, obwohl der Singular nur die Species, nicht aber eine konkrete Anzahl kennzeichnen dürfte.

85 Vgl. erneut nur Richter 1978, 992–993; ebenso auch nichts dazu bei Groot 2008, die sich bei ihrem Vergleich der Darstellungen bei Tac., Suet. und Cass. Dio allerdings ohnehin weitgehend auf das 1. Jh. beschränkt, oder auch in dem entsprechenden Kapitel bei Puk 2014, 264–287.

86 Vgl. nur die von Antonius 1951, 9 erwähnten ‚Zweifler' (dazu die folgende Anm.) sowie bes. Richter 1978, 992. Kritisch zu der entsprechenden Deutung in LSJ[9] s.v. ἱππότιγρις zuletzt auch Mallan 2019, 462 Anm. 4, wobei schon Hornig 2001, 214 Anm. 24 auf die Korrektur im Suppl. („for ‚*a large* kind of *tiger*' read ‚*zebra*'") verweist.

87 Vgl. nur Antonius 1951, 9: „Mit Recht haben die meisten Autoren in dieser Bemerkung (sc. des Cass. Dio) die erste Nachricht über ein Tigerpferd gesehen und den Zweiflern, die das für die griechische Sprache neue Wort nur als eine Art Größensteigerung – also gewissermaßen ‚ein Roß von einem Tiger' – gelten lassen wollten, entgegengehalten, daß derartige Wortbildungen im Griechischen immer ganz bestimmte, wenn auch mitunter nur der Phantasie entsprungene Tiergestalten bedeuten", was er an Beispielen belegt und durch die im Folgenden erörterten Nachrichten bei Cass. Dio und Tim. Gaz. weiter bestätigt sieht. So jedoch erneut Veh [2]2012, 389 mit der Wiedergabe „Pferdetiger".

wenigen – literarischen Quellen, weswegen er ihre Verwendung darauf reduzieren wollte, dass sie nur „als seltener Exote bei einzelnen Schaustellungen in Rom gezeigt worden" seien[88] – letzteres mit Berufung auf die auszugsweise überlieferte *Historia animalium* des Timotheos von Gaza, demzufolge sie, vor den Wagen gespannt, ein ‚wunderbares Schauspiel boten'.[89]

Ihre Fremdartigkeit zeigt dabei allein schon ihre Bezeichnung als ἵππος τιγροειδής oder ἱππότιγρις an, die sich an ihren augenfälligsten Eigenschaften orientierte. Letzteres findet sich auch bei Timotheos und kann also als der übliche Name dieser Tierart gelten, während ersteres vielleicht sogar spontan von Cassius Dio für den ahnungslosen Leser kreiert worden war, wie schließlich auch Brehm für das eigener Anschauung bare Publikum noch von ‚Tigerpferden' sprach.[90] Derlei gab es bis dahin offenkundig nicht, und genau darum muss es Plautian hier gegangen sein: Die eigene Macht und Größe durch immer aufwendigere Darbietungen unter Beweis zu stellen, indem man dem staunenden Publikum ganz Neues, noch nie Gesehenes präsentierte. Dabei ist letztlich gleichgültig, ob er die Zebras primär als spektakuläre Zugtiere nutzen wollte, wie man etwa auch Hirsche, Elefanten, Kamele oder auch Großkatzen vor den Wagen spannte,[91] oder ob er unmittelbar an eine Verwendung in der Arena dachte, wie es – wohl erst deutlich später – durch

---

88 So das Résumé von Richter 1978, 994; ebenso auch schon Keller 1909, 274 „Es war und blieb eine ganz außergewöhnliche Rarität".

89 Vgl. nur Tim. Gaz. 10 (283, 22–27 Haupt) Περὶ ἱπποτίγρεως – ὅτι ὁ ἱππότιγρις ἔοικε τοῖς ἀγρίοις ὄνοις. Ἔστι δὲ ταχύτατον ζῷον· ὅτι ἐστιγμένον τὸ δέρμα ἔχει, τὴν δὲ χρόαν ὡς ἀπὸ τέφρας· ὅτι ἐν τῷ τῆς Ῥώμης θεάτρῳ ἐζεύχθησαν ὑπὸ ἡνιόχων ἐλαυνόμενοι καὶ παρέσχον θαυμαστὴν θέαν· ὅτι βασιλὶς νύμφη ἐπόμπευσεν ἐπὶ τοιούτῳ ἅρματι ‚Über das Tigerpferd. Dass das Tigerpferd den wilden Eseln ähnelt; es ist ein äußerst schnelles Tier. Daß es ein geflecktes Fell hat, die Farbe wie von Asche. Daß sie im römischen Theater als Gespann von Wagenlenkern getrieben wurden und ein wunderbares Schauspiel boten. Daß eine βασιλὶς νύμφη auf einem solchen Wagen einherzog'. Auszugsweise zitiert auch von Richter 1978, 993.

90 So sogar noch in der dritten Auflage, vgl. nur Brehm – Haake 1900, 79–87, freilich mit explizitem Bezug auf den Passus bei Cass. Dio und die daraus abgeleitete zoologische Nomenklatur: „Ein alter lateinischer (sic) Schriftsteller erzählt, daß Caracalla im Jahre 211 unserer Zeitrechnung in Rom neben Tiger, Elefant und Nashorn auch einen Hippotigris auftreten ließ und eigenhändig tötete. Daß jener Schriftsteller mit der Bezeichnung ‚Tigerpferd' nur eine Art der afrikanischen gestreiften Wildpferde meinen konnte, dürfte schwerlich bezweifelt werden" (79). So auch Keller 1909, 274 sowie – hier sogar im Buchtitel – Antonius 1951.

91 Dies namentlich bei Kultveranstaltungen aller Art wie zumal Prozessionen, wobei Hirsche nach Jennison 1937, 90. 93 besonders schwierig anzuspannen waren; so aber nach Paus. 7, 18, 12 sogar regelmäßig bei den jährlichen Feiern der Artemis Laphria in Patrai, wo die Artemispriesterin in dieser Weise den Zug beschloss, oder auch beim Triumphzug Aurelians, der das Viergespann des Gotenkönigs, auf dem er auf das Kapitol gezogen war, einem Gelübde gemäß im Anschluss dem Jupiter darbrachte; vgl. nur SHA Aurelian. 33, 3 sowie allgemein Orth 1913, 1945. Elefantengespanne wurden nach Plin. nat. 8, 2, 4 erstmals von Pompeius bei seinem afrikanischen Triumph präsentiert, die allerdings prompt nicht durch das Tor passten; die von Elagabal bei Rennen auf dem Vatikanhügel eingesetzten vier Elefantenquadrigen trampelten nach SHA Heliog. 23, 1 sogar ganze Grabanlagen nieder. Kamelgespanne waren nach Cass. Dio 60, 7, 3 und Suet. Nero 11, 1 unter Claudius und Nero anzutreffen, während Elagabal außer Elefanten auch große Hunde, erneut Hirsche sowie Löwen und Tiger vor den Wagen spannte, vgl. nur SHA Heliog. 28, 1–2 und unten Anm. 105. In

seinen Schwiegersohn Caracalla geschah.[92] Denn trotz aller Skepsis ist auch letzterem keineswegs jegliche Attraktivität abzusprechen. Gewiss haben wir dabei nicht die inzwischen schon üblichen Raubtiere wie Löwe, Tiger und Bären oder auch Elefanten, Nashörner und Auerochsen vor uns, die sämtlich durch ihre Größe und Wehrhaftigkeit Bewunderung erregten.[93] Der Reiz lag hier vielmehr in der aparten Mischung von relativ Vertrautem und völlig Fremdem, einer Art Pferd, das aber wegen seiner Tigerung umso bizarrer wirken musste und gerade auch mit seinem Fluchtverhalten Spaß und Spannung noch zu erhöhen versprach.[94]

Offen sind indes weiterhin die Umstände, unter denen die Zebras nach Rom kamen, selbst wenn dies tatsächlich Plautian und nicht, wie von Speidel erwogen, jemandem anders zu verdanken war.[95] So ist kaum zu wissen, ob die Entsendung der Centurionen allein zum Zweck der Jagd nach exotischen Tieren oder nicht doch in anderem Rahmen erfolgte; desgleichen, ob Plautian den Männern auf die Kunde von ihrer Existenz hin den Auftrag gab, ihm Exemplare davon zu besorgen, oder ob sie in Kenntnis seiner Vorlieben, als sie zufällig darauf stießen, ihn von sich aus damit überraschten. In jedem Fall sollte

---

anderem Kontext konnte die Nutzung derart eigenwilliger Gefährte allerdings auch scharfe Kritik hervorrufen, so etwa der nach Plut. Antonius 9, 8 mit Löwen bespannte Wagen des M. Antonius.

92 Sofern jedenfalls der Satz ἐκ δὲ τῶν φόνων ἐς τὰς παιδιὰς ἀποκλίνων οὐδὲν ἧττον καὶ ἐν ταύταις ἐφόνα ‚da er sich aber von den Morden zu den Spielen wandte, war er nicht minder auch in diesen mordlüstern', mit dem Cass. Dio 78 (77), 6, 2 die oben in Anm. 84 zitierte Darstellung einleitet, eine solche chronologische Einordnung erlaubt, wonach dies erst nach der Beseitigung Getas datierte; danach offenbar auch Brehm – Haake 1900, 79 „im Jahre 211" (das gesamte Zitat oben in Anm. 90), Jennison 1937, 89 „at some show early in the reign of Caracalla", vgl. auch 90 sowie Hornig 2001, 216 „wohl frühestens 212 n. Chr.". Die Annahme, dass dies eben die von Plautian nach Rom verbrachte Zebraherde betraf und lebende Exemplare demnach tatsächlich mehrere Jahre lang in Rom zu bewundern waren, könnte durchaus eine Erklärung für die Genese der zwischenzeitlich etablierten und daher von Dio an der zweiten Stelle verwendeten Bezeichnung bieten. Dass Caracalla dabei selbst in der Arena auftrat, geht aus dem fraglichen Passus *pace* Brehm (wie Anm. 90; weniger explizit, aber zumindest missverständlich etwa auch Antonius 1951, 9 oder zuletzt Saylor Rodgers 2021, 260) allerdings nicht hervor, wenngleich Cass. Dio 78 (77), 10, 1 ihm durchaus – wiewohl in unklarem Zusammenhang – die eigenhändige Tötung von 100 Wildschweinen unterstellt. Das dem vorausgehende πάμπολλα γάρ τοι καὶ θηρία καὶ βοτὰ ... ἀπεκτίννυε ist insoweit jedoch nicht aussagekräftig; zutreffender Hornig 2001, 216 „daß Caracalla [...] auch einen *Hippotigris* töten ließ".

93 Allgemein hierzu weiterhin Jennison 1937.

94 So nicht berücksichtigt von Richter 1978, demzufolge das Zebra „sich weder für die eigentlichen Tierkämpfe noch auch zur Exekution von Verurteilten eignet" (993), was das Fehlen entsprechender Berichte (oben Anm. 85) erkläre. Zumal es sich bei den von unseren Quellenautoren Cass. Dio und Tim. Gaz. erwähnten Zebras um ein und dieselbe Herde gehandelt haben dürfte, geht er in seiner Schlussfolgerung sicherlich zu weit, dadurch letztlich die Glaubwürdigkeit Dios infragegestellt zu sehen („Cassius Dio hat wohl nur Ungenaues darüber erfahren und das Tier in einen falschen Zusammenhang gebracht; somit kann auch er derartige Vorstellungen nicht selbst erlebt haben", 994). Vgl. zudem grundsätzlich bereits Jennison 1937, 1, zum verstärkten Einsatz von *bestiae herbariae* in der frühen Kaiserzeit 62–63 oder etwa auch 89 zu der unerwartet hohen Zahl derartiger Tiere bei den in SHA Gord. 3, 6–7 beschriebenen Spielen; zu diesem in der Spätantike weiter zunehmenden Trend auch Puk 2014, 278–282 unter der Überschrift „Exotik und neuartige Spektakel".

95 Vgl. oben Anm. 72 mit Text.

sich der Prätorianerpräfekt dabei in Ägypten aufgehalten haben, und zwar mit eigener Kommandogewalt.

Damit kommen wir wieder zu der δίοδος zurück, die Plautian nach Mitthofs Rekonstruktion zu unbekanntem Zweck, aber offenkundig selbständig in den Jahren 201 bis 204 durchführte. Nimmt man den Beginn dieses Zeitraums in den Blick, wäre dies noch in die Phase des kaiserlichen Aufenthalts in Antiochia gefallen.[96] Hierfür könnte vielleicht sprechen, dass nach Timotheos von Gaza eine βασιλὶς νύμφη bei einem Festzug auf einem mit Zebras bespannten Wagen einhergezogen war.[97] Denn sollte die Bezeichnung als νύμφη im engeren Sinne zu verstehen sein, könnte es sich gut um die auch bei Cassius Dio erwähnten Tiere und also um den Brautzug von Plautians Tochter Plautilla handeln,[98] womit dies vor dem Jahr 202 anzusetzen wäre. Dies ist jedoch nicht zwingend,[99] eher im Gegenteil. Denn man mag sich fragen, warum Dio angesichts der sonstigen Detailfreude, mit der er den bei ihrer Hochzeit mit Caracalla getriebenen, aus seiner Sicht völlig unverhältnismäßigen Aufwand beschreibt, dies zumal mit dem fast nahtlosen Übergang zu den kaum minder opulent ausgestatteten (und beschriebenen) Decennalienfeiern,[100] sich einen Seitenhieb darauf gerade hier ersparte.

Daneben hatte Mitthof noch ein weiteres Szenario zur Debatte gestellt, in das sich die δίοδος einpassen ließe: „Denkbar wäre, dass die Aktion mit dem Aufenthalt des Kaiserhofes in den afrikanischen Provinzen während der ersten Hälfte des Jahres 203 in Zusammenhang stand. Bei dieser Gelegenheit unternahmen die Herrscher einen Feldzug gegen die im Hinterland der libyschen Küste siedelnden Wüstenstämme. Vielleicht wurde Plautian damals mit einem Truppenkontingent nach Ägypten entsandt, um die östliche Flanke zu sichern oder die militärischen Operationen logistisch zu unterstützen."[101]

Sollte nicht nur dies das Richtige treffen, sondern ebenso Cassius Dios Narrativ, wonach der Prätorianerpräfekt, wo immer er sich aufhielt, keinen Ort ungeschoren ließ und eine Fülle von Schätzen zusammenraffte,[102] mag sich Plautian bei dieser Gelegenheit gut auch der Zebras bemächtigt haben. Dies könnte wiederum daran denken lassen, die von Q. Maecius Laetus angeordnete Deklaration von Schiffen ebenfalls hier einzuordnen und den Sonderbedarf an zusätzlichen Transportkapazitäten mit der überaus reichen Beute zu verbinden. Doch ob dafür oder nicht doch eher für die Rückführung der von ihm befehligten Truppen, erscheint ohne weiteres vorstellbar, dass Plautian alle üblicherweise genutzten Kapazitäten in Anspruch genommen hatte, so dass jetzt nichts mehr für den

96 Vgl. nur Mitthof 2002a, 55 mit Verweis auf Halfmann 1986, 218.

97 So Tim. Gaz. 10 (283, 27 Haupt), das Zitat oben in Anm. 89.

98 So erstmals Antonius 1951, 9–10; danach auch Hornig 2001, 215 sowie Hünemörder 2006, 705.

99 Offengelassen etwa bei Bodenheimer – Rabinowitz 1949, 25 mit der Übersetzung „Imperial princess" und den Alternativen „youthful (*or* newly wed) empress" in Anm. 2.

100 Cass. Dio 77 (76), 1, 2 bzw. 3–5; zur Einordnung zuletzt Scott 2017, der überdies eine Kontamination mit den *ludi saeculares* gegeben sieht.

101 So Mitthof 2002a, 55; vgl. auch Halfmann 1986, 218–219; 222 mit Diskussion der verschiedenen, vor allem inschriftlichen Belege, wonach die Rückkehr nach AE 1968,8b (10.6.203) im Frühsommer 203 datieren dürfte; dazu auch schon Grosso 1968, 39–43.

102 Vgl. nur Cass. Dio 76 (75), 14, 3 mit dem Zitat oben in Anm. 78.

Transport der neuen Ernte zur Verfügung stand. In diesem Fall wäre das Rundschreiben des Laetus, von dessen Datierung nur der Monat Epeiph erhalten blieb,[103] genauer im Juni/Juli 203 entstanden. Die Zebras wiederum wären im Sommer 203 über das Rote Meer und dann die Nilroute zunächst nach Alexandria gelangt, bevor sie mit einem der folgenden Transporte im Herbst 203, aber vielleicht auch erst zum Start der neuen Saison im Frühjahr 204 in Rom eintrafen.

Von der zeitlichen Situierung her würde eine solche Rekonstruktion vor allem deswegen gut passen, weil sich damit noch ein weiteres Rätsel in Dios Darstellung des Zebraraubs klären würde. Denn zwar teilten diese Tiere mit den anderen Exoten, die in der Arena vorgeführt wurden, die keineswegs unbeachtliche Gemeinsamkeit, dass sie allesamt von den Grenzen der Welt, wenn nicht gar jenseits davon stammten. Eine Besonderheit stellte jedoch ihre angebliche Nähe zu Helios dar, von der wir sonst nirgends hören, und die aus ihrer heimlichen Entwendung resultierende Schuld, die die in Plautians Auftrag tätigen Centurionen damit auf sich und vor allem den Auftraggeber luden.[104] Wie auch immer sich diese Nähe zum Sonnengott begründen mochte,[105] ist die Parallele zu Thrinakria doch offenbar,[106] womit der Raub der getigerten Pferde des Helios letztlich zu den

103 So in PSI X 1155, 16 [‒ ‒ ‒] Ἐπεὶφ *vac.* [‒ ‒ ‒] nach der Neued. durch Scheuble-Reiter 2016.

104 Nur hingewiesen sei auf das seltene, stets mit Heimlichkeit und List verbundene ἐκκλέπτειν ‚hinterrücks entwenden, heimlich rauben', das in den Papyri bislang nur in zwei statthalterlichen Verlautbarungen zu der mit hohen Strafen belegten Begünstigung von Liturgiepflichtigen begegnet, die sich dadurch den entsprechenden Verpflichtungen entziehen konnten; vgl. nur das Edikt des C. Avidius Heliodorus PSI XIV 1406, 8 (137–142, mit den Korrekturen von G. Bastianini in P.Eirene IV 4) sowie das in der Petition an den Präfekten P.Lips. II 145 verso, 77. 82 (vor dem 18.1.189) zitierte Rundschreiben des Q. Tineius Demetrius; dazu auch Jördens 2009, 325–328 mit den Zitaten in Anm. 82–83.

105 Eine gewisse Rolle könnte dabei das gestreifte Fell gespielt haben, wie man es von den Tigern als den heiligen Tieren vor allem des Dionysos, aber etwa auch der Kybele her kannte, die allgemeiner Vorstellung nach vor deren Wagen gespannt waren; vgl. stellvertretend für anderes nur Verg. Aen. 6, 805; Hor. Carm. 3, 3, 13–15 oder auch Ov. Her. 2, 80; danach ebenso Elagabal laut SHA Heliog. 28, 2 *iunxit* (sc. *ad currum*) *sibi et leones, Matrem magnam se appellans; iunxit et tigres, Liberum sese vocans eodem habitu agens, quo dii pinguntur, quos imitabatur*, zur grundsätzlich naheliegenden Analogie auch schon Plin. nat. 8, 2, 4 *Romae iuncti* (sc. *elephantes*) *primum subiere currum Pompei Magni Africano triumpho, quod prius India victa triumphante Libero patre memoratur*. Da Streifen sich stets nur bei entsprechender Sonneneinstrahlung zeigen, mag die Tigerung eben ihrer Wirkung zugeschrieben und gleichsam als ihr Zeichen gedeutet worden sein, zumal die Herkunft von Tigern wie auch der Zebras aus sehr viel südlicheren Gefilden geläufig war. Nur folgerichtig waren auch sie und nicht etwa Pferde vor den Wagen des Helios gespannt, womit sich zugleich die rätselhafte Bemerkung in Cass. Dio 78 (77), 10, 3 klärt, wonach Caracalla, der als nachmaliger Eigentümer der plautianischen Zebras sie schließlich der Arena überließ, sich damit brüstete, nach Art des Sonnengottes auf dem Wagen einherzufahren: καὶ ἔλεγε κατὰ τὸν Ἥλιον τῇ ἁρματηλασίᾳ χρῆσθαι, καὶ ἐσεμνύνετο ἐπ' αὐτῇ. Sollte nicht bereits Plautian selbst in seinem Geltungsdrang derartige Auffassungen befördert haben, mag die Nahbeziehung zu Helios freilich gut auch *ex post* durch den hier rekonstruierten Bezug auf Thrinakria hergestellt worden sein.

106 Vgl. nur Hom. Od. 12, 261–491.

Omina zählte, die das bevorstehende Ende des Prätorianerpräfekten ankündigten.[107] In dieselbe Richtung weist das den Satz einleitende τέλος, das – gerade auch mit vorangestelltem καί – vorzugsweise dort begegnet, wo die Schilderung einer dramatischen Entwicklung ihrem Ende zustrebt.[108] Das Beispiel der Gefährten des Odysseus lehrte dabei mit aller Deutlichkeit, welches Schicksal denjenigen erwartete, der sich an Tieren des Helios auf einer Insel am Rande der Erde vergriff – er war dem Untergang geweiht, wenn vielleicht auch nicht unmittelbar, so jedoch nicht sehr viel später.

Mit der sichtlichen Verknüpfung realer Ereignisse und literarischer Topoi wird jeder Identifizierungsversuch der rätselhaften Inseln endgültig obsolet. Anders ist hingegen der zeitliche Ansatz zu werten. Denn auch unabhängig davon, ob in der Anspielung auf Thrinakria Richtiges gesehen ist oder nicht, haben wir mit einer Klimax zu tun, wonach diese Tat nahezu alles Vorherige in den Schatten stellte. Der zeitliche Abstand bis zum Tod Plautians am 22. Januar 205 kann danach vielleicht wenige Wochen oder auch Monate, aber sicher nicht mehrere Jahre betragen haben. Auch aus diesem Grund wird man die von Mallan angedachte Verbindung zu der fünf Jahre früheren Nilreise der kaiserlichen Familie fernhalten müssen.

Eine Datierung der in CPR XXIII 7 erwähnten Kampagne im Frühjahr 203, als Severus sich in den afrikanischen Provinzen aufhielt, und von dem in PSI X 1155 überlieferten Rundschreiben des *praefectus Aegypti* Q. Maecius Laetus im Spätsommer desselben Jahres besitzt damit alle Wahrscheinlichkeit. Ob die im Zuge dessen nach Rom verbrachten Zebras dort nun noch vor dem Winter oder erst danach eintrafen, macht dabei keinen allzu großen Unterschied. Beides hätte dem Prätorianerpräfekten erlaubt, sich noch hinlänglich im Genuss dieser spektakulären Erwerbungen zu sonnen, desgleichen aber auch seinen Gegnern kaum minder glänzende Perspektiven eröffnet. Denn wie immer die Kunde von ihrer Nähe zu Helios in die Welt gekommen war, bot sich damit die Möglichkeit, von Götterfrevel zu raunen und auf diese Weise die allgemeine Stimmung gegen

---

107 Insofern in einer Reihe mit den vor Plautians gewaltsamem Ende beobachteten Erscheinungen eines Meerungeheuers sowie eines Kometen (Cass. Dio 76 [75], 16, 5), dem bis nach Capua hin vernehmbaren Ausbruch des Vesuvs (77 [76], 2, 1–2) sowie am Todestag selbst den im Vorhof strauchelnden Maultieren (ebda. 4, 1). Vgl. auch Millar 1964, 145; Daguet-Gagey 2006, 67; Scott 2017, 158–159.

108 Dies gewiss auch, aber keineswegs ausschließlich in zeitlichem Sinn, wie sich bei Cass. Dio gerade auch im Rahmen von Charakterskizzen anderer negativ gezeichneter Figuren zeigt. Hier leitet καὶ τέλος nicht selten den skandalösen Höhepunkt eines zuvor schon ruchlosen Verhaltens ein, wofür nur einige Beispiele angeführt seien, wie bei Messalina in ihrer ehewidrigen Verbindung zu C. Silius die das Private endgültig sprengende Zuerkennung des Konsulats (61 [60], 31, 3); bei Nero nach der Ermordung seiner Mutter Agrippina und der genüsslichen Inspektion ihres Leichnams sein explizit als πολὺ καὶ τοῦ φόνου ἀνοσιώτερον ἔπος gekennzeichneter Kommentar (62 [61], 14, 2); bei Commodus die zu seinem Geburtstag von sämtlichen Mitgliedern des Senatorenstandes eingeforderten Geldspenden, um damit seine hemmungslosen Ausgaben für Spiele zu bestreiten (73 [72], 16, 3); bei Elagabal die Verlegung seines schamlosen Treibens in den Palast selbst wie auch die schließlich sogar öffentliche Durchbrechung des Gendertabus (80 [79], 13, 3 bzw. 14, 4). Ähnlich schon in den Anfängen der Geschichtsschreibung, vgl. nur Hdt. 4, 154, 2 bei der von der Stiefmutter der Phronime gesponnenen Intrige.

den scheinbar unangreifbaren Mann weiter anzuheizen. Als er zu Beginn des Jahres 205 tatsächlich fiel, mussten die Tiere des Helios, an dem sich der allmächtige Prätorianerpräfekt durch ihren Raub vergriff, im Nachhinein tatsächlich als Vorboten seines Sturzes erscheinen, stellten sie doch nicht mehr und nicht weniger als die leibhaftigen Zeugen der von Plautian gegenüber Menschen wie Göttern gleichermaßen verübten Untaten dar.

Zugegebenermaßen handelt es sich bei alldem um bloße Spekulation. Gleichwohl zeigt sich erneut, was bei einer solchen Kopplung zwar weniger, bei genauerer Betrachtung aber doch gehaltvoller Zeugnisse auf Papyrus mit inschriftlichen und literarischen Quellen zu gewinnen ist und wieviel Licht daraus nicht nur auf das Leben der dortigen Bevölkerung, sondern ebenso auf die Geschicke historischer Figuren fällt, selbst wenn sie sich wie Plautian zumeist fernab des Niltals bewegten.

Literaturverzeichnis

Antonius, O. (†), Die Tigerpferde. Die Zebras (Monographien der Wildsäugetiere 11), Frankfurt/Main 1951.

Bastianini, G., Lista dei prefetti d'Egitto del 30ª a 299ᵖ, ZPE 17, 1975, 263–328.

Bingham, S. – Imrie, A., The Prefect and the Plot: a reassessment of the murder of Plautianus, JAH 3, 2015, 76–91.

Birley, A. R., The African Emperor. Septimius Severus, London ²1988.

Bodenheimer, F. S. – Rabinowitz, A., Timotheus of Gaza, On animals. Περὶ ζῴων. Fragments of a Byzantine Paraphrase of an Animal-Book of the 5th Century A.D. Translation, Commentary and Introduction, Paris u.a. 1949.

Boissevain, U. P., Cassii Dionis Cocceiani Historiarum Romanarum quae supersunt, Berlin 1895–1931.

Bowman, A. K., The Town Councils of Roman Egypt (ASP 11), Toronto 1971.

Brehm, A. E., et al., Brehms Tierleben. Allgemeine Kunde des Tierreichs, Bd. III 3: Die Säugetiere, Leipzig u.a. ³1900.

Caldelli, M. L., La titolatura di Plauziano – Una messa a punto, ZPE 178, 2011, 261–272.

Calomino, D., Defacing the Past. Damnation and Desecration in Imperial Rome, London 2016.

Casson, L., The *Periplus Maris Erythraei*. Text with Introduction, Translation, and Commentary, Princeton 1989.

Christol, M., *Comes per omnes expeditiones*. L'adulation de Plautien, préfet du prétoire de Septime Sévère, CCG 1, 2007, 217–236.

Coriat, J.-P., Le prince législateur: la technique législative des Sévères et les méthodes de création du droit impérial à la fin du principat, Rom 1997.

Coriat, J.-P., Les préfets du prétoire de l'époque sévérienne: un essai de synthèse, CCG 18, 2007, 179–198.

Daguet-Gagey, A., C. Fulvius Plautianus, *hostis publicus*. Rome, 205–208 après J.-C., in: Quet, M.-H. (Hg.), La „Crise" de l'Empire romain de Marc Aurèle à Constantin. Mutations, continuités, ruptures, Paris 2006, 65–94.

Desanges, J., Les relations de l'Empire romain avec l'Afrique nilotique et érythréenne, d'Auguste à Probus, ANRW II 10.1, 3–43.
Ehmig, U., Rasuren in lateinischen Inschriften. Beobachtungen zu ihrer Verbreitung und ihrem nicht-öffentlichen Gebrauch, in: Kühne-Wespi, C., et al. (Hg.), Zerstörung von Geschriebenem. Historische und transkulturelle Perspektiven (Materiale Textkulturen 22), Berlin u.a. 2019, 103–119.
Flower, H. I., Memory Sanctions and the Disgrace of Emperors in Official Documents and Laws, in: Haensch, R. (Hg.), Selbstdarstellung und Kommunikation. Die Veröffentlichung staatlicher Urkunden auf Stein und Bronze in der Römischen Welt, München, 1.–3. 7. 2006 (Vestigia 61), München 2009, 409–421.
Groot, H., Zur Bedeutung der öffentlichen Spiele bei Tacitus, Sueton und Cassius Dio. Überlegungen zur Selbstbeschreibung der römischen Gesellschaft (Antike Kultur und Geschichte 12), Berlin 2008.
Grosso, F., Ricerche su Plauziano e gli avvenimenti del suo tempo, ANL 23, 1968, 7–58.
Haensch, R., Die Bearbeitungsweisen von Petitionen in der Provinz Aegyptus, ZPE 100, 1994, 487–546 (1994a).
Haensch, R., Eine Ehreninschrift für C. Fulvius Plautianus: MAMA X 467, ZPE 101, 1994, 233–238 (1994b).
Haensch, R., Apokrimata und Authentica. Dokumente römischer Herrschaft in der Sicht der Untertanen, in: Haensch, R. – Heinrichs, J. (Hg.), Herrschen und Verwalten. Der Alltag der römischen Administration in der Hohen Kaiserzeit (Kölner Historische Abhandlungen 46), Köln u.a. 2007, 213–233.
Hagedorn, D., Zur Verwendung von υἱός und θυγάτηρ vor dem Vatersnamen in Urkunden römischer Zeit, ZPE 80, 1990, 277–282.
Halfmann, H., Itinera principum. Geschichte und Typologie der Kaiserreisen im Römischen Reich (HABES 2), Stuttgart 1986.
Hauken, T., Petition and Response. An Epigraphic Study of Petitions to Roman Emperors 181–249 (Monogr. Norw. Inst. Athens 2), Bergen 1998.
Haupt, M., Mauricii Hauptii Opuscula, Bd. III, Leipzig 1876.
Heinen, H., Herrscherkult im römischen Ägypten und *damnatio memoriae* Getas. Überlegungen zum Berliner Severertondo und zu Papyrus Oxyrhynchus XII 1449, MDAI(R) 98, 1991, 263–298 = Binsfeld, A. – Pfeiffer, S. (Hg.), Vom hellenistischen Osten zum römischen Westen. Ausgewählte Schriften zur Alten Geschichte (Historia Einzelschriften 191), Stuttgart 2006, 105–141.
Herrmann, P. (†) – Malay, H., New documents from Lydia (Denkschr. ÖAW, Phil.-Hist. Kl. 340), Wien 2007.
Hornig, K., Das Zebra in den prähistorischen und antiken Kulturen des Mittelmeerraums, in: Büchner, D. (Hg.), Studien in memoriam W. Schüle (Studia honoraria 11), Rahden/Westf. 2001, 207–224.
Hünemörder, C., DNP 12.2, 2006, 704–705, s.v. Zebra.
Jennison, G., Animals for Show and Pleasure in Ancient Rome, Manchester 1937 (ND Philadelphia 2005).

Jördens, A., Das Verhältnis der römischen Amtsträger in Ägypten zu den ‚Städten' in der Provinz, in: Eck, W. (Hg.), Lokale Autonomie und römische Ordnungsmacht in den kaiserzeitlichen Provinzen vom 1.–3. Jahrhundert (Schr. Hist. Kolleg 42), München 1999, 141–180.
Jördens, A., Statthalterliche Verwaltung in der römischen Kaiserzeit. Studien zum *praefectus Aegypti* (Historia Einzelschriften 175), Stuttgart 2009.
Jördens, A., Roman Alexandria, Queen of the Mediterranean and Arabian Seas, in: Jaspert, N. – Kolditz, S. (Hg.), Entre mers – outre mer: Spaces, Modes and Agents of Indo-Mediterranean Connectivity (Heidelberg, 27.–28. 11. 2014), Heidelberg 2018, 77–92.
Jördens, A., Reflexe kaiserlichen Wirkens in ägyptischen Papyri und Ostraka, Chiron 49, 2019, 299–342.
de Jong, J., Emperors in Egypt. The Representation and Perception of Roman Imperial Power in Greek Papyrus Texts from Egypt, AD 193–284, o.O. 2006.
de Jong, J., Propaganda or Pragmatism? *Damnatio memoriae* in the Third-Century Papyri and Imperial Representation, in: Benoist, S. – Daguet-Gagey, A. (Hg.), Mémoire et histoire: Les procédures de condamnation dans l'Antiquité romaine, Metz 2007, 95–112.
Kayser, F., Recueil des inscriptions grecques et latines (non funéraires) d'Alexandrie impériale (Ier–IIIe s. apr. J.-C.) (Bibl. Et. IFAO 108), Kairo 1994.
Keller, O., Die antike Tierwelt, Bd. I: Säugetiere, Leipzig 1909.
Kinzelbach, R. K., Tierbilder aus dem ersten Jahrhundert. Ein zoologischer Kommentar zum Artemidor-Papyrus (APF Bh. 28), Berlin u.a. 2009.
Lewis, N., The Michigan-Berlin Apokrima, CE 51, 1976, 320–330 = ders., On Government and Law in Roman Egypt. Collected Papers of Naphtali Lewis (ASP 33), Atlanta 1995, 201–211.
Liebs, D., Hofjuristen der römischen Kaiser bis Justinian (SBAW 2010/2012), München 2010.
Łukaszewicz, A., Antoninus Philosarapis. Observations on Caracalla's Visit to the Sarapeum of Alexandria (A.D. 215–216), Warschau 1998.
Madsen, J. M., Between Eyewitness Reports and the Writing of History: Cassius Dio's Potential as an Historian, in: Madsen, J. M. – Lange, C. H. (Hg.), Cassius Dio the Historian. Methods and Approaches, Leiden u.a. 2021, 242–272.
Mallan, C. T., Plautianus' Zebras: A Roman Expedition to East Africa in the Early Third Century, CQ 69, 2019, 461–465.
Merentitis, A., Die neu gefundenen Reskripte des Septimius Severus (P. Col. 123), Platon 30, 1978, 31–43.
Mertens, P., La *damnatio memoriae* de Géta dans les papyrus, in: Hommages à Léon Herrmann (Coll. Latomus 44), Brüssel u.a. 1960, 541–552.
Millar, F., A Study of Cassius Dio, Oxford 1964.
Mitthof, F., Vom ἱερώτατος Καῖσαρ zum ἐπιφανέστατος Καῖσαρ. Die Ehrenprädikate in der Titulatur der Thronfolger des 3. Jh. n. Chr. nach den Papyri, ZPE 99, 1993, 97–117.

Mitthof, F., Annona militaris. Die Heeresversorgung im spätantiken Ägypten. Ein Beitrag zur Verwaltungs- und Heeresgeschichte des Römischen Reiches im 3. bis 6. Jh. n. Chr. (Pap. Flor. 32), Florenz 2001.
Mitthof, F., Corpus Papyrorum Raineri XXIII (Griechische Texte 16), Wien 2002 (2002a).
Mitthof, F., Korr. Tyche 397–476, Tyche 17, 2002, 241–259 (2002b).
Oliver, J. H., Greek Constitutions of Early Roman Emperors from Inscriptions and Papyri (MAPhS 178), Philadelphia 1989.
Orth, F., RE 8, 1913, 1936–1950, s.v. Hirsch.
Parsons, P., City of the Sharp-Nosed Fish. Greek Lives in Roman Egypt, London 2007.
Peachin, M., Iudex vice Caesaris. Deputy Emperors and the Administration of Justice During the Principate (HABES 21), Stuttgart 1996.
Pfeiffer, S., Der römische Kaiser und das Land am Nil. Kaiserverehrung und Kaiserkult in Alexandria und Ägypten von Augustus bis Caracalla (30 v. Chr. – 217 n. Chr.) (Historia Einzelschriften 212), Stuttgart 2010.
Plisecka, A., Ἀποκρίματα und die Kaiserkonstitutionen, RHD 85, 2017, 166–191.
Plisecka, A., Material Aspects of Severan Legislation in the Light of Documentary Papyri, in: Ritter-Schmalz, C. – Schwitter, R. (Hg.), Antike Texte und ihre Materialität. Alltägliche Präsenz, mediale Semantik, literarische Reflexion (Materiale Textkulturen 27), Berlin u.a. 2019, 287–308.
Puk, A., Das römische Spielewesen in der Spätantike (Millennium Studien 48), Berlin u.a. 2014.
Purpura, G., Ἀποκρίματα *Severi et Caracallae* (16./20. marzo 200 d.C.) (P.Col. VI, 123), in: Purpura, G. (Hg.), Revisione ed integrazione dei Fontes Iuris Romani Anteiustiniani (FIRA). Studi preparatori, Bd. I: Leges, Turin 2012, 643–693.
Purpura, G., *Apokrimata Severi et Caracallae*: una sintesi, in: Palma, A. (Hg.), Civitas et civilitas (Studi in onore di Francesco Guizzi), Bd. II, Turin 2013, 684–718.
Rea, J. R., Five Papyrological Notes on Imperial Prosopography, CE 43, 1968, 365–374.
Reiske, J. J., Animadversionum ad Graecos auctores volumen primum quo Diodorus Siculus, et ambo Diones, Chrysostomus et Cassius, pertractantur, Leipzig 1757.
Reiter, F., Die arsinoitischen Nomarchen im römischen Ägypten, Atti XXII Congr. Intern. Pap. (Firenze, 23.–29. 8. 1998), Bd. II, Florenz 2001, 1119–1133.
Reiter, F., Die Nomarchen des Arsinoites. Ein Beitrag zum Steuerwesen im römischen Ägypten (Pap. Colon. 31), Paderborn u.a. 2004.
Richter, W., RE Suppl. XV, 1978, 991–994, s.v. Zebra.
Saylor Rodgers, B., The Company they keep. Emperors and their associates, in: Davenport, C. – Mallan, C. (Hg.), Emperors and Political Culture in Cassius Dio's Roman History, Cambridge u.a. 2021, 240–264.
Scheuble-Reiter, S., Ein Brief des Präfekten Q. Maecius Laetus an die Strategen der Heptanomia und des Arsinoites mit Aufforderung zur Deklaration von Schiffen – eine Neuedition von PSI X 1155, ZPE 200, 2016, 443–452.
Schönbauer, E., Die neu gefundenen Reskripte des Septimius Severus (P.Col. 123), AAWW 94, 1957, 165–197.

Scott, A. G., Cassius Dio on Septimius Severus' *decennalia* and *ludi saeculares*, Histos 11, 2017, 154–161.
Speidel, M. A., Die Throninschrift von Adulis und das Römische Reich am Roten Meer zu Beginn des dritten Jahrhunderts n. Chr., ZPE 200, 2016, 287–300.
Taubenschlag, R., Bespr. von P. Col. VI 123, JJP 9–10, 1955–1956, 554–556.
Varner, E. R., Portraits, Plots, and Politics: *Damnatio memoriae* and the Images of Imperial Women, MAAR 46, 2001, 41–93.
Varner, E. R., Mutilation and Transformation. *Damnatio memoriae* and Roman Imperial Portraiture (Monumenta Graeca et Romana 10), Leiden u.a. 2004.
Veh, O., Cassius Dio. Römische Geschichte, Bd. V: Epitome der Bücher 61–80, Berlin ^{2}2012.
Wessely, C., Bespr. von E. Breccia, Iscrizioni greche e latine, Le Caire 1911, DLZ 34, 1913, 77–78 (11.1.1913).
Westermann, W. L., Apokrimata. Decisions of Septimius Severus on Legal Matters. Text, Translation, and Historical Analysis, Legal Commentary by A. A. Schiller, New York 1954.
Youtie, H. C. – Schiller, A. A., Second Thoughts on the Columbia *Apokrimata* (P.Col. 123), CE 30, 1955, 327–345.

Zur Veröffentlichung des Ediktes des Tiberius Iulius Alexander und der weiteren inschriftlich erhaltenen Statthalteredikte in der Oasis Magna als Ausdruck der Formierung römischer Herrschaftspraxis in Aegyptus*

Lennart Lundgreen

Die Edikte der *praefecti Aegypti*[1] wurden im kaiserzeitlichen Ägypten für gewöhnlich zuerst in der Provinzhauptstadt Alexandria oder auf den Konventsreisen der Statthalter erlassen und anschließend in Abschriften auf Papyrus an die Strategen der Gaue in der *Chora* weitergeleitet.[2] Diese hatten dafür zu sorgen, dass die Präfektenerlasse mit ägyptenweiter Gesetzeskraft[3] an die lokalen Behörden der Gaumetropolen und der einzelnen

* Die folgenden Überlegungen entwickelten sich aus einem Aspekt meiner Masterarbeit, für deren unterstützende Betreuung ich Prof. Dr. Rudolf Haensch herzlich danke.

1 Zu den kaiserzeitlichen Statthalteredikten aus Ägypten, auf die in der Forschung regelmäßig rekurriert wird, zu denen jedoch keine aktuelle dezidierte Auseinandersetzung vorliegt: Wilcken 1921; Katzoff 1980 mit einer Einleitung zum *ius edicendi* der *praefecti Aegypti* und Übersicht der bis dato bekannten 59 Statthalteredikte, sowie Purpura 1992, der 65 Statthalteredikte wiedergibt; für weitere Edikte und Literatur siehe auch Eck 1999, 13 Anm. 38; Jördens 2009a, 21 Anm. 24 und das in der genannten Literatur noch nicht berücksichtigte Edikt P.Oxy. LXXVI 5097 (27. Feburar 62 n.Chr.) des L. Iulius Vestinus (siehe Anm.13). Grundsätzlich liegt zur Rechtsgeschichte des kaiserzeitlichen Ägyptens eine umfangreiche Forschungsliteratur vor: z.B. Baade 1956; Seidl 1973; Anagnostou-Canas 1991; Yiftach-Firanko 2009; Jördens 2011; Keenan et al. 2014; Jördens 2016.

2 Zu Alexandria als Statthaltersitz und den Implikationen, die sich daraus für die Verbreitung von Edikten innerhalb von Aegyptus und den Informationsvorsprung der Einwohner Alexandrias vor der *Chora* ergaben, Haensch 1997a, 209–226; zum Konvent Haensch 1997b. Auch aufgrund der klimatischen Bedingungen sind die papyrologisch überlieferten Statthalteredikte aus der *Chora* und nicht aus der Provinzhauptstadt Alexandria erhalten. Dementsprechend stellt das erhaltene Quellenmaterial eine einseitige Perspektive dar, zumal sich in Alexandria ein Statthalterarchiv befunden haben dürfte: mit Bezug auf die Überlieferungssituation Jördens 2016, 162–163; grundsätzlich zu den Statthalterarchiven Haensch 1992. Die meiste Zeit hielten sich die *praefecti Aegypti* in der Provinzhauptstadt Alexandria auf und agierten dort auch in ihrer Funktion als Richter. Grundsätzlich zu den Gerichtsorten im Römischen Reich Färber 2014; zu Alexandria z.B. Clauss 2003.

3 Wolff 2002, 105–106: „Die rechtsgeschichtlich wichtigste Kompetenz des Präfekten war, neben seiner richterlichen Gewalt, das ihm als Statthalter des Princeps zustehende *ius edicendi*. Vorbehaltlich der selbstverständlichen Prärogative des Kaisers, war seine Vollmacht zur Normsetzung im Prinzip

Dörfer weitergeleitet und dort der ansässigen Bevölkerung bekanntgegeben wurden.[4] Besonders anschaulich wird dieser Vorgang in dem Edikt des *praefectus Aegypti* Cn. Vergilius Capito[5] (I.Hibis II 1) aus dem Jahr 48 n.Chr. deutlich.[6] Das Edikt ist als Inschrift fragmentarisch an einem Eingangspylon des Hibis-Tempels in El Kharga – in römischer Zeit Teil der Verwaltungseinheit Oasis Magna – überliefert.[7] Explizit weist in der Inschrift ein dem Edikt vorangestellter Brief des zuständigen Strategen Poseidonios darauf hin, dass er an die nicht näher benannten lokalen Behörden Abschriften von Briefen weiterleite, die ihm vom Präfekten zusammen mit dem Edikt zugeschickt worden seien.[8]

Ebenso verhält es sich mit dem Edikt des *praefectus Aegypti* Ti. Iulius Alexander (I.Hibis II 4)[9], das zu Beginn der Wirren nach dem Tod Neros im Jahr 68 n.Chr. erlassen wurde, Galba als neuen Herrscher begrüßt[10] und eine ganze Reihe grundsätzlicher Gesetzesbestimmungen vornehmlich über administrative Abläufe in Aegyptus enthält.[11] Dieses Edikt ist zusammen mit einem vorangestellten Strategenbrief in zwei Fassungen ebenfalls an den Eingangspylonen des Hibis-Tempels in der Oasis Magna erhalten[12] – ebenso ein drittes, fragmentarischeres Statthalteredikt des *praefectus Aegypti* L. Iulius Vestinus (I.Hibis II 2) aus dem Jahr 60 n.Chr.[13] Die drei genannten Statthalteredikte verbinden ihre Überlieferung als Steininschrift, der gemeinsame Aufstellungs- und Fundort, der gemeinsame Entstehungszeitraum in den Jahren 48–68 n.Chr., die Voranstellung eines Strategenbriefes und eine inhaltliche Gemeinsamkeit: Alle drei Edikte enthalten Rege-

ebenso unbegrenzt wie diejenige, die sich aus seiner Stellung als Chef der Exekutive ergab." Grundsätzliche Darstellung der Rolle des *praefectus Aegypti* mit Zurücknahme der These von Aegyptus als Sonderfall unter den Provinzen bei Jördens 2009a.

4 Zu der wohl üblichen Bekanntgabe von Statthalteredikten durch ephemere Aushänge mit Bezug auf mögliche Quellenbelege hierfür Jördens 2009b, insb. 315 mit Anm. 6–7 und das Folgende.

5 Zu Cn. Vergilius Capito am aktuellsten mit weiterführender Literatur Faoro 2016, 40–42, Nr. 19.

6 I.Hibis II 1 = I.Egypte prose I 53 = SEG 8, 794 = OGIS II 665 = IGR I 1262 = SB V 8248 = Pfeiffer 2020, 270–275, Nr. 54 (7. Dezember 48 n.Chr.).

7 Z.B. die Kommentare der Editionen I.Hibis II 1 und I.Egypte prose II 53.

8 Ποσιδώνιος στρατηγός *vacat* | τῆς πεμφθείσης μοι ὑπὸ τοῦ κυρίου ἡγεμόνος | [ἐ]π̣ι̣στολῆς σὺν τῶι ὑποτεταγμένωι προστά[γ|ματ]ι̣ τὰ ἀντίγραφα ὑμεῖν ὑποτέταχα, ἵν' εἰδό|[τες κ]α̣τακο̣[λ]ουθῆτε καὶ μηδὲν ὑπεναντίον τοῖς προσ|[τεταγμένοι]ς̣ [π̣ο̣ι̣]ῆτε *υυυ* (ἔτους) ἐνάτου Τιβερίου Κλαυδίου Καίσαρος | [Σεβαστοῦ Γερμαν̣ι̣]κ̣[ο̣ῦ Αὐ]τοκράτορος, Μεχεὶρ *υυ*ζ̅ (I.Hibis II 1, 1–6).

9 I.Hibis II 4 = I.Egypte prose I 57 = OGIS II 669 = IGR I 1263 = SB V 8444 = Chalon 1964 = Pfeiffer 2020, 286–300, Nr. 58 (6. Juli 68 n.Chr.). Zu Ti. Iulius Alexander am aktuellsten mit weiterführender Literatur Faoro 2016, 50–54, Nr. 24.

10 Zu diesem Aspekt insb. Mourgues 1995.

11 Siehe insb. den Kommentar bei Chalon 1964.

12 Für Editionen der am vollständigsten erhaltenen inschriftlichen Fassung siehe Anm. 9. Transkriptionen der fragmentarischeren, zweiten inschriftlichen Fassung bei I.Hibis II 3 und I.Egypte prose I 57 A. In einer dritten, fragmentarischen Fassung ist das Edikt auf dem Papyrus BGU VII 1563 aus dem 2. Jahrhundert n.Chr. erhalten (In I.Hibis II 4 als „Supplementary Note" [ebd. 44] ebenfalls wiedergegeben).

13 I.Hibis II 2 = I.Egypte prose I 56 = SEG 48, 2007 = SB XXIV 16070 = Bingen 1998. Zu L. Iulius Vestinus am aktuellsten mit weiterführender Literatur Faoro 2016, 47–49, Nr. 22.

lungen, die die Bekämpfung von Amtsmissbräuchen unterschiedlicher Art von Seiten der römischen *officiales* betreffen.

Der Vorgang der Veröffentlichung dieser drei Edikte dokumentiert sich durch die vorangestellten Strategenbriefe, die mit eingemeißelt wurden. Offenbar waren die Auftraggeber hinter den Inschriften an einer möglichst akkuraten Dokumentation der Erlasse interessiert, die selbst den Vorgang der behördlichen Weiterleitung in den Inschriften festhält, was sicherlich die Authentizität und Legitimität der Edikte für den antiken Rezipienten unterstrich.

Für gewöhnlich erfolgte die Bekanntgabe von Edikten an die Bevölkerung nach derzeitigem Forschungsstand mündlich oder durch den Aushang einer Abschrift auf Papyrus oder Holz an einem öffentlichen Ort.[14] Über fünf Dutzend auf Papyrus erhaltene Statthalteredikte aus Ägypten stehen vier inschriftlich überlieferte Erlasse gegenüber – drei davon sind die erwähnten Texte am Hibis-Tempel in der Oasis Magna, weit abgelegen von der Provinzhauptstadt.[15] Die vierte Inschrift dieser Art (SB V 8900), erlassen von dem *praefectus Aegypti* L. Lusius Geta[16], ist auf einer Kalksteinstele aus Soknopaiu Nesos im Gau Arsinoites erhalten und enthält Bestimmungen über die Befreiung der arsinoitischen Priester des Gottes Soknopaios von der Zwangspacht, zu der die ägyptische Bevölkerung herangezogen wurde und die ebenfalls im Edikt des Ti. Iulius Alexander behandelt wird.[17]

Es ist davon auszugehen, dass diese Präsentation des Ediktes SB V 8900 als Inschrift auf Betreiben der Priesterschaft des Gottes Soknopaios erfolgte, um als Rechtsschutz ihre Befreiung von der Zwangspacht dauerhafter abzusichern, als dies ein vorübergehender Aushang vermochte.[18] Ähnliches ist für die drei am Hibis-Tempel überlieferten Edikte anzunehmen: Sie zeugen von einem *epigraphic habit* vor Ort, der den Hibis-Tempel als

14 Siehe Anm. 4 und mit Bezug zu der außergewöhnlichen inschriftlichen Überlieferung am Hibis-Tempel Bingen 2007, 277. Während Bingen 2007, 277 Papyrusaushänge für den Normalfall hält, erwägt Schubert 2022, 210–211 und 217 auf Grundlage u.a. des Statthalterediktes P.Oxy. VIII 1100, 4–5 (28. Oktober – 26. November 206 n.Chr.) des *praefectus Aegypti* Ti. Subatianus Aquila, Holz als häufig für Veröffentlichungen verwendetes Material. Zum Verhältnis von Stein zu Papyrus oder Holz als Beschreibstoff auch Eck 1999, insb. 9–10; ebd. 11 mit Anm. 33 zu Inschriften auf Holz und mit der Bemerkung, dass „offensichtlich die Statthalter in einigen Provinzen die Publikation auf Stein anordneten oder jedenfalls mit Nachdruck empfahlen". Für Aegyptus ist eine solche Praxis zunächst nicht anzunehmen.

15 Grundsätzlich zu den inschriftlich erhaltenen Präfektenedikten Eck 1999, 13; Eck 2010, 284 mit Anm. 45 mit Bezug zum Edikt des Ti. Iulius Alexander und Jördens 2006, 91 mit Anm. 7 mit Verweis auf I.Hibis II 4 und SB V 8900.

16 SB V 8900 = I.Egypte prose I 54 = P.Fay. I 75 = OGIS II 664 = IGR I 1118 = Pfeiffer 2020, 276–278, Nr. 55 (29. März 54 n.Chr.). Zu L. Lusius Geta, dem Amtsnachfolger des *praefectus Aegypti* L. Iulius Vestinus, Faoro 2016, 42–43, Nr. 20.

17 Bingen 2007, 277 und in einer Diskussion von Einsprüchen gegen die Zuweisung von Staatsland Jördens 2009a, 460–464, insb. 462; vgl. I.Hibis II 4, 10–15. Vgl. auch die Übersetzung des Ediktes des Ti. Iulius Alexander bei Jördens 2005, 384–389, Nr. 11 mit Bezugnahme auf die außergewöhnliche Publikationsform des Ediktes als Inschrift in der Einleitung zur Übersetzung ebd. 384.

18 Bingen 2007, 277; Jördens 2009b, 314 Anm. 4 und Jördens 2014, 140.

monumentales Publikationsorgan nutzte.[19] Ersichtlich ist, dass es sich bei diesen Fällen um Edikte handelt, deren inhaltliche Bestimmungen für die Bevölkerung, auch der *Chora*, von Interesse waren.[20] Als Auftraggeber für die Einmeißelung der Inschriften sind die vor Ort ansässigen lokalen Eliten – höchstwahrscheinlich die Priesterschaft der Tempelanlage – anzunehmen.[21] Andere Auftraggeber können mit hoher Wahrscheinlichkeit ausgeschlossen werden: In keiner dieser Edikt-Inschriften wird ein Auftrag zur inschriftlichen Präsentation erteilt, während der Vorgang der brieflichen Weiterleitung genauestens festgehalten wird. Stattdessen weist die Formulierung, die zur Veröffentlichung des Ediktes auffordert, im Falle von SB V 8900 in die Richtung eines Aushangs.[22] Schließt man somit den Präfekten als Auftraggeber aus, gilt das gleiche für die Strategen, die üblicherweise die Beschlüsse mit den vorangestellten Briefen weiterleiteten und die kein genuines Interesse an der kostspieligen Verschriftlichung in Stein gehabt haben dürften[23] – im Gegenteil richten sich einige der überlieferten Ediktbeschlüsse gegen Amtsmissbräuche von Seiten der römischen Administration und implizit auch der Strategen.[24] Vor allem jedoch erschiene es im Falle einer behördlichen Anordnung zur Präsentation dieser Edikte als Inschriften unerklärlich, warum nicht mehr Statthalteredikte an anderen erhaltenen

19 Jördens 2009b, 314 mit Anm. 3.

20 Vgl. Bingen 2007, 277. Ausführlich richtet sich das Edikt des Cn. Vergilius Capito I.Hibis II 1 gegen Ausbeutung der peregrinen Bevölkerung durch unerlaubte Requisitionen von Soldaten (vgl. Schubert 2022, 208 mit Anm. 14) oder reisenden Amtsinhabern auf dem *cursus publicus* (vgl. grundsätzlich Kolb 2000, 49–226) sowie Korruption bei der Strafverfolgung derartiger Vergehen, und auch das erheblich fragmentarischer erhaltene Edikt des L. Iulius Vestinus I.Hibis II 2 dürfte sich unter anderem gegen Amtsmissbrauch gewendet haben. Die Bestimmungen des Ediktes des Ti. Iulius Alexander I.Hibis II 4 widmen sich diesem Thema – neben anderen Fragen – in grundlegender Weise.

21 Zu den Priesterschaften im kaiserzeitlichen Ägypten Jördens 2014.

22 Insb. die Bezeichnung des Ediktes als ἔκθεμα (SB V 8900, 4) im Gegensatz zu der häufigeren Bezeichnung von Edikten als διάταγμα oder πρόσταγμα deutet auf einen Aushang hin: Bingen 2007, 277 und Preisigke 1915, 70: „ἔκθεμα [im Original fett gedruckt] (vgl. ἐκτίθεμι): amtliche oder private Bekanntmachung, öffentlicher Aushang. Petr. III 125, 8 [IIIv.]: ἔχθεμα ἐχθεῖναι Κλεινίαν καὶ κήρυγμα ποιήσασθαι, Kleinias soll einen öffentlichen Aushang machen und einen Ausruf (durch Ausrufer) veranlassen. Rev. L. 26, 13. Auch Erlasse und sonstige Urkunden, die öffentlich angeschlagen wurden, heißen ἐκθέματα. Dittenberger, Or. gr. inscr. 664, 2 [...] Flor. I 99, 1.“ Vgl. auch online das neue Fachwörterbuch (nFWB): https://www.organapapyrologica.net/receive/PapyrusPortal_dictionary_00000552 ⟨16.09.2023⟩.

23 Schubert 2022, 209 mit Bezug zu dem Edikt des Cn. Vergilius Capito I.Hibis II 1: „It seems very unlikely, however, that the *strategos* would have taken the trouble to erect a stele in every village of the Oasis, and the Praefect did not specify this point: his instructions pertained only to the legibility and ubiquity of the posting.“

24 Explizit kritisiert das Edikt des Ti. Iulius Alexander I.Hibis II 4 andere Amtsträger wie die sogenannten Eklogisten (I.Hibis II 4, 51–55). Ausdrückliche Erwähnung finden die Strategen dort nur in einer Regelung (I.Hibis II 4, 34–35), die die Amtszeit derselben auf drei Jahre festlegt. Indirekt weist das Edikt jedoch auf die problematische Machtfülle der Strategen hin: siehe dazu insb. Jördens 2009a, 138. Zu Amtsmissbräuchen in der kaiserzeitlichen römischen Provinzverwaltung Haensch 2011.

Tempelanlagen Ägyptens inschriftlich überliefert sind.[25] Ein Auftrag von Seiten der römischen Administration zur Einmeißelung, der sich im Falle der drei Edikte des L. Iulius Vestinus, Cn. Vergilius Capito und Ti. Iulius Alexander nur auf die abgelegene Oasis Magna beschränkt hätte, erscheint angesichts des grundsätzlichen Charakters der Edikt-Regelungen abwegig. Offenbar war man in der Oasis Magna bereit, auf Eigeninitiative die finanziell aufwendigen Kosten für die Einmeißelung der Edikte als Inschriften auf sich zu nehmen.[26]

Bemerkenswert ist zudem die Position, an der die Textpräsentation in Stein am symbolträchtigen Hibis-Tempel vorgenommen wurde. Die wichtigste der genannten Inschriften – die vollständigste Fassung des Ediktes des Ti. Iulius Alexander – ist auf der Außenfront des ersten Eingangspylons erhalten.[27] Der Weg zum Tempel, auf dem die beiden Eingangspylone in ptolemäischer Zeit errichtet wurden, war beidseitig von Sphingen flankiert und in antiker Zeit von einem inzwischen ausgetrockneten See umgeben.[28] Der antike Besucher des Tempels, respektive Teilnehmer an einer kultischen Prozession zum Hibis-Tempel, lief somit zwingend auf diesem vorgegebenen Weg unter den Pylonen hindurch.[29] Die eindrucksvolle inschriftliche Fassung des Ediktes des Ti. Iulius Alexander war im Blickfeld des Tempelbesuchers die erste sichtbare Inschrift, an der ein Prozessionszug zum Tempel entlangführte. Offen von außen sichtbar konnte potentiell jeder Besucher des Tempels die in Stein gemeißelten Regelungen lesen oder sich vorlesen lassen. Zudem wurden die Texte durch diese monumentale Form der Bewahrung unter den religiösen Schutz des Tempels und seines Gottes gestellt.

Es ist davon auszugehen, dass dem Schutz vor Übergriffen und damit dem Eigeninteresse der Bevölkerung dienende Edikte von grundlegender Bedeutung hier an einem kulturell zentralen Ort angebracht wurden und darin enthaltene Rechte für die Zukunft absichern sollten – gerade weil deren praktische Durchsetzung häufig nicht geglückt sein dürfte, wie die Wiederholung und Einschärfung bereits geltender Gesetze in späteren

25 Angesichts der sehr guten Überlieferungslage in Ägypten erscheint dieses *argumentum e silentio* im vorliegenden Fall vertretbar.

26 Bingen 2007, 277: „No doubt their [i.e. die drei Edikte an den Pylonen des Hibis-Tempels] display on the outer walls of the pylons was decided by the local clergy".

27 Z.B. Pfeiffer 2020, 286. Ebd. 297 hält es für „unklar", ob die „lokale Priesterschaft", der Stratege oder der Präfekt die Einmeißelung des Alexander-Ediktes in Auftrag gab, und weist darauf hin, dass „[d]ie Vorplätze oder Dromoi der ägyptischen Tempel [...] in Ägypten die gleiche Funktion wie in Griechenland die Agora [hatten], sodass es den Personen, die die Anbringung veranlasst haben, um eine größtmögliche Publizität der Präfektenentscheidung ging, die durch die Verewigung auf Stein auch eine Bindung der Nachfolger an diese Entscheidung bewirken sollte."

28 Wilkinson 2000, 235–238. Grundsätzlich zur Tempelanlage in Hibis: I.Hibis II und zur dekorativen Ausgestaltung I.Hibis III; knapper Überblick bei Fakhry 1975; zur Oase El Kharga siehe Wagner 1987, 141–146; 155–196 und 373–393; Cruz-Uribe 1999; Zivie-Coche 2008, insb. 7–8 mit Planskizze der Tempelanlage, und den Sammelband Bagnall – Tallet 2019.

29 Zu kultischen Prozessionen in Ägypten Stadelmann 1982, Assmann 1991 und Bauks 2010; zu den ägyptischen Tempelritualen Teeter 2011 und Eaton 2013.

Edikten und die papyrologisch überlieferten Petitionen der Bevölkerung an die *praefecti Aegypti* nahelegen.[30]

Diese Art der Überlieferung verweist auf die für die Forschung notwendige Differenzierung „zwischen einer Publikation von politisch-administrativen Anordnungen im Rechtssinn [...] und der späteren öffentlichen Präsentation derselben Dokumente“[31]. Auf der einen Seite steht der Erlass des Ediktes durch den *praefectus Aegypti* Ti. Iulius Alexander als rechtlich bindender Akt, der am Ende der Inschrift auf den 6. Juli 68 n.Chr. datiert wird.[32] Die weitere Publikation des Ediktes außerhalb Alexandrias erfolgte daraufhin durch die Verbreitung von Abschriften des Ediktes mittels der Strategen. Im hier vorliegenden Fall wurde das Edikt von dem Strategen Iulius Demetrius an die Behörden in der Oasis Magna weitergeleitet, dessen vorangestelltes Schreiben in der Inschrift auf den 28. September 68 n.Chr. datiert wird.[33] Es vergingen folglich gut zweieinhalb Monate zwischen dem Erlass des Ediktes, vermutlich in Alexandria, und der Verbreitung seiner weiteren Publikation bis in die Oasis Magna.[34]

Vor allem jedoch schloss sich dem rechtlich bindenden Akt des Beschlusses und seiner Publikation durch die römischen Behörden auf der anderen Seite eine öffentliche Präsentation des Dokumentes an, die einen vom vorherigen Prozess abgetrennten Vorgang darstellte. Die Auftraggeber für diese öffentliche Präsentation waren – wie an-

---

30 Bereits das Edikt des Cn. Vergilius Capito bezieht sich auf ein nicht erhaltenes älteres Statthalteredikt des *praefectus Aegypti* Magius Maximus (Faoro 2016, 28–29, Nr. 10) und wiederholt dessen Regelung: I.Hibis II 1, 25–27: καὶ τούτους δὲ στέγηι μόνον δέ|χεσθαι τοὺς διερχομένους, ὑποκ̣είμενόν τε μηδένα μηδὲν πράτ|τειν ἔξω τῶν ὑπὸ Μαξίμου σταθέντων. Mit Bezug auf die dauerhafte Gültigkeit von Ediktbestimmungen bis zum Falle eines Widerrufs durch Nachfolger im Amt siehe für Beispiele, in denen sich *praefecti Aegypti* auf Entscheidungen von Vorgängern bezogen, z.B. Wolff 2002, 106 mit Anm. 37. Zu den Petitionen in Aegyptus Haensch 1994.

31 Eck 1998, 361; vgl. Jördens 2009b, 314 mit Bezug auf die hier diskutierten Inschriften und weiterführend in diesem Zusammenhang für das zu beachtende Verhältnis zwischen den Originalen römischer Staatsurkunden zu Abschriften derselben Eich 2009.

32 I.Hibis II 4, 65–66: ἔ̣[το]υ̣ς *υ* πρώτο[υ̣ Λουκ]ί̣ο̣υ̣ Λειβίο[υ *υυυ* | Γάλ]βα Καί[σ]αρος Σεβαστοῦ Αὐτο̣κράτορος, Ἐ̣[π]ε̣ῖφ[ι̣] ι̅β̅.

33 I.Hibis II 4, 1–3: Ἰούλιος Δημήτριος, στρατηγὸς Ὀάσεως Θ[ηβ̣α̣ΐ]δος *υ* τοῦ πεμφθέντος μοι διατάγματος ὑπὸ τοῦ κυρίου ἡγεμόνος *υυ* | Τιβερίου Ἰουλίου Ἀλεξάνδρου τὸ ἀντίγραφον ὑμεῖν ὑπέταξα, ἵν' εἰδότες ἀπολαύητε τῶν εὐεργε<σ>ιῶ<ν>. *υ* (ἔτους) β̅ Λουκίου Λιβίου <Σ>εβαστοῦ <Σ>ουλπικίου | Γάλβα Αὐτοκράτορος Φαῶφι α̅ Ἰουλίᾳ Σεβαστῆι *υυυ*.

34 Diese zeitliche Differenz ist vergleichbar mit dem Edikt des Cn. Vergilius Capito I.Hibis II 1, dem in der Inschrift am Pylon des Hibis-Tempels zwei weitere Schreiben vorangestellt sind: Auf das Schreiben des zuständigen Strategen an die lokalen Behörden, analog zum Alexander-Edikt (I.Hibis II 1, 1–7), folgen ein weiterer gesonderter Brief des *praefectus Aegypti* Cn. Vergilius Capito an den zuständigen Strategen Poseidonios mit der Aufforderung zur Bekanntmachung (I.Hibis II 1, 8–13) und anschließend erst das Edikt selbst (I.Hibis II 1, 14–78). In diesem Fall datieren der Strategenbrief auf den 1. Februar 49 n.Chr. (I.Hibis II 1, 6–7: *υ* (ἔτους) ἐνάτου Τιβερίου Κλαυδίου Καίσαρος | [Σεβαστοῦ Γερμαν̣ι̣]κ̣[ο̣ῦ Αὐ]τοκράτορος, Μεχεὶρ *υυ* ζ̅) und das Edikt auf den 7. Dezember 48 n.Chr. (I.Hibis II 1, 77–78: [(ἔτους) ἐνάτου Τιβερίου Κλ]α̣[υ]δ̣ί̣[ο]υ Καίσαρος Σεβαστ[ο]ῦ̣ | [Γερμανικοῦ Αὐτοκράτορο]ς *υυυ* Χοιὰχ *υ* ι̅α̅). Es handelte sich also um eine zeitliche Differenz von knapp zwei Monaten. Vgl. zur Geschwindigkeit und Dauer öffentlicher Aushänge auch Schubert 2022, 215–216.

zunehmen ist – lokale Eliten, höchstwahrscheinlich die Priesterschaft des Hibis-Tempels. Die inschriftliche Überlieferung der beiden Fassungen des Ediktes des Ti. Iulius Alexander und der anderen Statthalteredikte Ägyptens aus römischer Zeit an den Eingangspylonen des Hibis-Tempels stellt somit ein herausstechendes Merkmal dieser Texte dar.[35]

Ersichtlich wird an diesen monumentalen Tempelinschriften der Veröffentlichungsprozess vom Erlass der Edikte in Alexandria über die briefliche Behördenkommunikation der Strategen an die lokal Zuständigen bis zu deren Entscheidung zu einer kostspieligen Präsentation der Edikte in Stein. Der Zweck der Präsentation in Stein bestand in der Legitimierung und Absicherung der in den Edikten enthaltenen Regelungen, auf die sich die provinziale Bevölkerung in späteren Zeiten berufen konnte. Die Veröffentlichung dieser Edikte in ihrer materiellen Gestalt kam somit durch ein Zusammenspiel mehrerer Akteure zustande, die ihre eigenen Interessen verfolgten. Der Reziprozität dieses Vorgangs, der eine kommunikative Interaktion eines privilegierten Teils der ägyptischen Bevölkerung – der die lokalen Entscheidungen in der Oasis Magna traf – mit den römischen Besatzern dokumentiert, wurde in der Forschung noch nicht genügend Aufmerksamkeit geschenkt. Einerseits verfolgten die römischen Besatzer mit den Edikterlassen Absichten, die vornehmlich im Ziel einer funktionierenden Steuereintreibung gesucht werden können, wofür funktionierende administrative Strukturen und eine hinreichende Kooperation der Bevölkerung unerlässlich waren.[36] Andererseits verfolgten die Auftraggeber der inschriftlichen Präsentation ihre eigenen Interessen – Absicherung der gesetzlich festgehaltenen Rechte, die durch die inschriftliche Präsentation einen dauerhafteren Schutz vor unrechtmäßiger Ausbeutung der provinzialen Bevölkerung erreichen sollte.

Die Veröffentlichung des Ediktes des Ti. Iulius Alexander und der weiteren inschriftlich erhaltenen Edikte Ägyptens – bestehend aus Publikation und öffentlicher Präsentation – ist ein Ausdruck des Sachverhaltes, dass die provinziale Bevölkerung ein Bestandteil der Formierung der Strukturen römischer Herrschaftspraxis in Aegyptus war.[37] In den inschriftlich überlieferten Edikten spiegeln sich somit nicht nur der Alltag und die Lebenswirklichkeit der Einwohner wider, sondern auch der Aufbau römischer Herrschaft in Ägypten im Verlaufe des ersten Jahrhunderts als ein Prozess und eine Praxis gegenseitiger Legitimierung. Die Setzung der Normen und Regeln, die die ägyptische Gesellschaft unter römischer Herrschaft strukturierten und in Weiterentwicklung des

35 Grundsätzlich zur Wichtigkeit, die Materialität von Inschriften und anderen überliefernden Schriftträgern zu berücksichtigen, in Zusammenhang mit der römischen Provinzialadministration Eck 1999, mit Bezug zu den inschriftlich erhaltenen Statthalteredikten aus Aegyptus ebd. 13.

36 Vgl. auch die Übernahme von Ämtern aus ptolemäischer Zeit in die Verwaltungsstrukturen von Aegyptus unter den römischen Besatzern: Haensch 2008, 100: „Daß man an all diesen Ämtern festhielt, ist wohl nur so zu erklären, daß die römischen Machthaber ohne eine institutionell gesicherte Mitarbeit der lokal führenden Schicht die Provinz gar nicht hätten verwalten können."

37 Strukturen, verstanden nach Luhmann 2021, konstituieren Systeme. Strukturen bestehen in diesem Verständnis aus Elementen, die von Sozialen Systemen als kommunikative Handlungen aufgefasst werden (Luhmann 2021, z.B. 232–233): Die Präsentation der Statthalteredikte als Inschriften stellte eine solche kommunikative Handlung dar und wurde somit ein struktureller Bestandteil des Systems römischer Herrschaft in Aegyptus.

ptolemäischen Erbes formierten, erforderte zu ihrer Durchsetzung – respektive zumindest der Absicht zur Durchsetzung – eine Akzeptanz und Legitimierung in der Bevölkerung, repräsentiert in den lokalen Eliten (im vorliegenden Fall wohl die Priesterschaft des Hibis-Tempels), die vor Ort die Entscheidungen trafen.

Das aktive Handeln dieser lokalen Eliten dokumentiert sich in der monumentalen Verschriftlichung der Statthalteredikte an den Eingangspylonen der Tempelanlange und machte diese Handlung zu einem Bestandteil der römischen Herrschaftsstrukturen, der für die Praxis römischer Herrschaft charakteristisch und von entscheidender Bedeutung war.

Quellen

BGU VII 1563 (2. Jahrhundert n.Chr.).
I.Hibis II 1: I.Egypte prose I 53 = SEG 8, 794 = OGIS II 665 = IGR I 1262 = SB V 8248 (7. Dezember 48 n.Chr.).
I.Hibis II 2: I.Egypte prose I 56 = SEG 48, 2007 = SB XXIV 16070 = Bingen 1998 (60 n.Chr.).
I.Hibis II 4: I.Egypte prose I 57 = OGIS II 669 = IGR I 1263 = SB V 8444 = Chalon 1964 = Pfeiffer 2020, 286–300, Nr. 58 (6. Juli 68 n.Chr.).
P.Oxy. VIII 1100, 4–5 (28. Oktober – 26. November 206 n.Chr.).
P.Oxy. LXXVI 5097 (27. Februar 62 n.Chr.).
SB V 8900: I.Egypte prose I 54 = P.Fay. I 75 = OGIS II 664 = IGR I 1118 (29. März 54 n.Chr.).

Literaturverzeichnis

Anagnostou-Canas, B., Juge et sentence dans l'Égypte romaine (Rechtsphilosophische und Rechtshistorische Studien 6), Paris 1991.
Assmann, J., Das ägyptische Prozessionsfest, in: Assmann, J. – Sundermeier, Th. (Hg.), Das Fest und das Heilige. Religiöse Kontrapunkte zur Alltagswelt (Studien zum Verstehen fremder Religionen 1), Gütersloh 1991, 105–122.
Baade, E. C., Jurisdiction in Roman Egypt, Ann Arbor 1956 (ND 1985).
Bagnall, R. S. – Tallet, G. (Hg.), The Great Oasis of Egypt. The Kharga and Dakhla Oases in Antiquity, Cambridge 2019.
Bauks, M., WiBiLex. Das wissenschaftliche Bibellexikon im Internet (2010) s.v. Prozession, 1.2 Ägypten, https://www.bibelwissenschaft.de/wibilex/das-bibellexikon/lexikon/sachwort/anzeigen/details/prozession/ch/5d003aa9b2f06b3a6b7590e0773298 0b/ ⟨16.09.2023⟩.
Bingen, J., Greeks and Egyptians according to PSI V 502, in: Bingen, J., Hellenistic Egypt. Monarchy, Society, Economy, Culture, hg. v. R. S. Bagnall, Edinburgh 2007, 229–239

(zuerst als: Grecs et Égyptiens d'après PSI 502, in: Samuel, D. H. (Hg.), Proceedings of the Twelfth International Congress of Papyrology [Toronto 1970] 35–40).
Bingen, J., L'édit de Lucius Julius Vestinus (Hibis, 60 p.C.). Révision du texte, CE 73, 1998, 135–143.
Chalon, G., L'édit de Tiberius Julius Alexander. Étude historique et exégétique (Bibliotheca Helvetica Romana 5), Olten – Lausanne 1964.
Clauss, M., Alexandria. Schicksale einer antiken Weltstadt, Stuttgart 2003.
Cruz-Uribe, E., Kharga Oasis, Late Period and Graeco-Roman Sites, in: Bard, K. A. (Hg.), Encyclopedia of the Archaeology of Ancient Egypt, London – New York 1999, 406–408.
Eaton, K., Ancient Egyptian Temple Ritual. Performance, Pattern, and Practice, New York – London 2013.
Eck, W., Administrative Dokumente: Publikation und Mittel der Selbstdarstellung, in: Eck, W. (Hg.), Die Verwaltung des Römischen Reiches in der Hohen Kaiserzeit. Ausgewählte und erweiterte Beiträge II (Arbeiten zur römischen Epigraphik und Altertumskunde 3), Basel 1998, 359–381.
Eck, W., Öffentlichkeit, Monument und Inschrift, in: Eck, W., Monument und Inschrift. Gesammelte Aufsätze zur senatorischen Repräsentation in der Kaiserzeit, hg. von Ameling, W. – Heinrichs, J. (Beiträge zur Altertumskunde 288), Berlin – New York 2010, 275–298.
Eck, W., Zur Einleitung. Römische Provinzialadministration und die Erkenntnismöglichkeiten der epigraphischen Überlieferung, in: Eck, W. (Hg.), Lokale Autonomie und römische Ordnungsmacht in den kaiserzeitlichen Provinzen vom 1. bis 3. Jahrhundert, München 1999, 1–15.
Eich, A., Diplomatische Genauigkeit oder inhaltliche Richtigkeit? Das Verhältnis von Original und Abschrift, in: Haensch 2009, 267–299.
Färber, R., Römische Gerichtsorte. Räumliche Dynamiken von Jurisdiktion im Imperium Romanum (Vestigia 68), München 2014.
Fakhry, A., Lexikon der Ägyptologie 1, 1975, 907–910, s.v. Charga Oase.
Faoro, D., I prefetti d'Egitto da Augusto a Commodo (Dipartimento Storia Culture Civiltà. Sezione Storia Antica 3), Bologna 2016.
Haensch, R., Das Statthalterarchiv, ZRG 109, 1992, 209–317.
Haensch, R., Die Bearbeitungsweisen von Petitionen in der Provinz Aegyptus, ZPE 100, 1994, 487–546.
Haensch, R., Capita provinciarum. Statthaltersitze und Provinzialverwaltung in der Römischen Kaiserzeit (Kölner Forschungen 7), Mainz am Rhein 1997 (= Haensch 1997a).
Haensch, R., Zur Konventsordnung in Aegyptus und den übrigen Provinzen des römischen Reiches, in: Kramer, B., et al. (Hg.), Akten des 21. Internationalen Papyrologenkongresses Berlin, 13.–19.8.1995, I (APF Beih. 3), Stuttgart – Leipzig 1997, 320–391 (= Haensch 1997b).
Haensch, R., Die Provinz Aegyptus: Kontinuitäten und Brüche zum ptolemäischen Ägypten. Das Beispiel des administrativen Personals, in: Piso, I. (Hg.), Die römischen

Provinzen. Begriff und Gründung, Colloquium Cluj-Napoca, 28. September – 1. Oktober 2006, Cluj-Napoca 2008, 81–105.
Haensch, R. (Hg.), Selbstdarstellung und Kommunikation. Die Veröffentlichung staatlicher Urkunden auf Stein und Bronze in der Römischen Welt. Internationales Kolloquium an der Kommission für Alte Geschichte und Epigraphik in München (1. bis 3. Juli 2006) (Vestigia 61), München 2009.
Haensch, R., *Omnibus pariter corruptis* – Korruption und Amtsmissbrauch in den Stäben der kaiserzeitlichen römischen Provinzverwaltung, in: Reuter, M., et al. (Hg.), Gefährliches Pflaster. Kriminalität im Römischen Reich (Xantener Berichte. Grabung – Forschung – Präsentation 21), Mainz 2011, 129–133.
Haensch, R. (Hg.), Recht haben und Recht bekommen im Imperium Romanum. Das Gerichtswesen der Römischen Kaiserzeit und seine dokumentarische Evidenz. Ausgewählte Beiträge einer Serie von drei Konferenzen an der Villa Vigoni in den Jahren 2010 bis 2012 (JJP Suppl. 24), Warschau 2016.
I.Hibis II = White, H. G. E. – Oliver, J. H., The Temple of Hibis in El Khārgeh Oasis, vol. II: Greek Inscriptions (Publications of the Metropolitan Museum of Art. Egyptian Expedition 14), New York 1938.
I.Hibis III = Davies, N. de Garis, The Temple of Hibis in El Khārgeh Oasis, vol. III: The Decoration (Publications of the Metropolitan Museum of Art, Egyptian Expedition 17), New York 1953.
Jördens, A., Griechische Texte aus Ägypten, in: Janowski, B. – Wilhelm, G. (Hg.), Staatsverträge, Herrscherinschriften und andere Dokumente zur politischen Geschichte (Texte aus der Umwelt des Alten Testaments, N.F. 2), Gütersloh 2005, 369–389.
Jördens, Andrea, Zum Regierungsstil des römischen Statthalters – das Beispiel des *praefectus Aegypti*, in: Wiemer, H.-U. (Hg.), Staatlichkeit und politisches Handeln in der römischen Kaiserzeit (Millennium-Studien zu Kultur und Geschichte des ersten Jahrtausends n. Chr. 10), Berlin – New York 2006, 87–106.
Jördens, A., Statthalterliche Verwaltung in der römischen Kaiserzeit. Studien zum *praefectus Aegypti* (Historia Einzelschriften 175), Stuttgart 2009 (= Jördens 2009a).
Jördens, A., Verwaltungsroutine jenseits der Inschriften, in: Haensch 2009, 313–324 (= Jördens 2009b).
Jördens, A., Eine kaiserliche Konstitution zu den Rechtsprechungskompetenzen der Statthalter, Chiron 41, 2011, 327–356.
Jördens, A., Priester, Prokuratoren und Präfekten: Die Tempelverwaltung im römischen Ägypten, Chiron 44, 2014, 119–164.
Jördens, A., Die Strafgerichtsbarkeit des praefectus Aegypti, in: Haensch, R. (Hg.), Recht haben und Recht bekommen im Imperium Romanum. Das Gerichtswesen der Römischen Kaiserzeit und seine dokumentarische Evidenz. Ausgewählte Beiträge einer Serie von drei Konferenzen an der Villa Vigoni in den Jahren 2010 bis 2012 (JJP Suppl. 24), Warschau 2016, 89–163.
Katzoff, R., Sources of Law in Roman Egypt: The Role of the Prefect, ANRW II 13, 1980, 807–844.

Keenan, J. G., et al. (Hg.), Law and Legal Practice in Egypt from Alexander to the Arab Conquest. A Selection of Papyrological Sources in Translation, with Introductions and Commentary, Cambridge 2014.
Kolb, A., Transport und Nachrichtentransfer im Römischen Reich (Klio Beihefte N.F. 2), Berlin 2000.
Luhmann, N., Soziale Systeme. Grundriß einer allgemeinen Theorie (Suhrkamp Taschenbuch Wissenschaft 666), Frankfurt am Main [18]2021.
Mourgues, J.-L., Le préambule de l'édit de Tiberius Julius Alexander. Témoin des étapes de son élaboration, BCH 119, 1995, 415–435.
nFWB = Das neue Fachwörterbuch, https://www.organapapyrologica.net/content/dictionary_start.xed?XSL.PortalType.SESSION=dictionary&XSL.lastPage.SESSION=/content/dictionary_start.xed?XSL.PortalType.SESSION=dictionary ⟨16.09.2023⟩.
Pfeiffer, S., Griechische und Lateinische Inschriften zum Ptolemäerreich und zur Römischen Provinz Aegyptus (Einführungen und Quellentexte zur Ägyptologie 9), Berlin [2]2020.
Preisigke, F., Fachwörter des öffentlichen Verwaltungsdienstes Ägyptens in den griechischen Papyrusurkunden der ptolemäisch-römischen Zeit, Göttingen 1915.
Purpura, G., Gli editti dei prefetti d'Egitto. I sec. a.C. – I sec. d.C. (Annali del Seminario Giuridico dell'Università di Palermo 42), Palumbo 1992.
Schubert, P., Posting a Public Notice on Papyrus: A Frequent Phenomenon?, Aegyptus 102, 2022, 203–218.
Seidl, E., Rechtsgeschichte Ägyptens als römische Provinz. Die Behauptung des ägyptischen Rechts neben dem römischen, St. Augustin 1973.
Stadelmann, R., Lexikon der Ägyptologie 4, 1982, 1160–1164, s.v. Prozessionen.
Teeter, E., Religion and Ritual in Ancient Egypt, Cambridge 2011.
Wagner, G., Les Oasis d'Égypte. À l'époque grecque, romaine et byzantine d'après les documents grecs. Recherches de papyrologie et d'épigraphie grecque (Bibliothèque d'étude 100), Kairo 1987.
Wilcken, U., Zu den Edikten, ZRG 42, 1921, 124–158.
Wilkinson, R. H., The Complete Temples of Ancient Egypt, New York 2000.
Wolff, H. J., Das Recht der Griechischen Papyri Ägyptens in der Zeit der Ptolemaeer und des Prinzipats I. Bedingungen und Triebkräfte der Rechtsentwicklung (HdAW X 5.1), München 2002.
Yiftach-Firanko, U., Law in Graeco-Roman Egypt: Hellenization, Fusion, Romanization, in: Bagnall, R. S. (Hg.), The Oxford Handbook of Papyrology, Oxford 2009, 541–560.
Zivie-Coche, Ch., UCLA Encyclopedia of Egyptology 1.1, 2008, s.v. Late Period Temples, https://escholarship.org/content/qt30k472wh/qt30k472wh.pdf ⟨16.09.2023⟩.

Augustus oder Tiberius? Ein Brief an den Lykischen Bund aus Tlos*

Christof Schuler

Der folgende Beitrag ist eine sehr bescheidene Geste großer Dankbarkeit für eine fast zwanzigjährige kollegiale, von gegenseitigem Vertrauen und großem Einsatz geprägte Zusammenarbeit in den vielfältigen Aufgaben, die mit der Leitung der Kommission für Alte Geschichte und Epigraphik des DAI verbunden sind. Die Wahl des Themas versteht sich als Hommage an den Historiker Rudolf Haensch, der wie wenige andere die Strukturen, Praktiken und Dokumente römischer Herrschaft bis in die kleinsten Verästelungen kennt und meisterhaft zu interpretieren weiß. Die Auseinandersetzung mit dem hier diskutierten Inschriftenfragment hat einmal mehr deutlich gemacht, dass das von Rudolf Haensch initiierte ‚Corpus der Urkunden der römischen Herrschaft', eine kommentierte Sammlung der Briefe und Edikte der römischen Kaiser und Statthalter, ein dringendes Desiderat ist. Viele im Folgenden aufgeworfene Fragen ließen sich mit einem solchen Arbeitsinstrument besser diskutieren, als es beim jetzigen Forschungsstand der Fall ist. Wenn der vorliegende Beitrag dennoch wenigstens teilweise dem kritischen Blick des Jubilars standhält und einen kleinen Baustein für das große Werk liefern kann, wäre mir dies eine Freude. Lieber Rudolf, ad multos annos!

Recai Tekoğlu und Taner Korkut haben 2020 ein interessantes Inschriftenfragment veröffentlicht, das bei den Ausgrabungen in Tlos, einer der bedeutendsten Städte Lykiens, zutage kam.[1] Die Edition ist mit einem knappen Kommentar und einem ausgezeichneten Foto ausgestattet, das es erlaubt, die Lesung und Ergänzung an einigen Stellen zu verbessern und auf dieser Grundlage die Interpretation des Fragments weiterzuentwickeln (Abb. 1). Eine genauere Beschreibung des Inschriftenträgers fehlt in der ed.pr., nach dem Foto handelt es sich um ein Quaderfragment wohl aus lokalem Kalkstein (Maße nach ed.pr.: Höhe 56 cm, Breite 84 cm, Tiefe 42 cm). Der Block ist oben und links gebrochen, rechts scheint bei leichter Bestoßung der Vorderkante die originale Seitenfläche

* Für die kritische Durchsicht einer früheren Version, wertvolle Hinweise und wichtige Denkanstöße danke ich Andrew Lepke (Münster), der sich zugleich den Glückwünschen an den Jubilar anschließt.

1 Tekoğlu – Korkut 2020, 107–108 mit Abb. 14 (BE 2021, 410). Recai Tekoğlu (Izmir) und Taner Korkut (Antalya) danke ich herzlich für die Zusendung des Fotos und die Erlaubnis zum Wiederabdruck.

Abb. 1: Inschriftenfragment aus Tlos.

erhalten. Letzteres gilt auch für die Unterseite, und da Z. 9 bis an die Unterkante des Steins reicht, muss sich der Text auf einem unten anschließenden Block fortgesetzt haben. Nach dem Foto steht die rechte Nebenseite bis zur vollen Tiefe des Blocks im rechten Winkel zur Vorderseite und ist gerade abgearbeitet. Links scheint sich der Block dagegen unregelmäßig nach hinten zu verjüngen. Es handelt sich demnach um einen Quader, der von einer größeren gebauten Basis oder aus einer Wand stammt und sich wohl am rechten Rand des Verbandes in einer Ecksituation befand. Da ein Foto und eine Beschreibung der rechten Seite fehlen, lässt sich diese Frage nicht entscheiden. Die kräftig eingegrabenen Buchstaben haben nach ed.pr. eine Höhe von 4 cm, der Zeilenabstand beträgt geschätzt höchstens 0,5 cm, so dass die Zeilen die Schriftfläche dicht bedecken. Tekoğlu und Korkut bieten folgende Lesung:

[– – – – – – – – – – – –]HN[– – –]
[– – -]ΡΧΗΣ τοῦ ἔθνους ὑμῶν
[τῷ δ]ὲ πατρί μου κἀμοὶ καὶ τοῖ[ς]
[δημ]οσίοις πράγμασιν τοῦ
[δήμ]ου τοῦ Ῥωμαίων εὐνο[ί]-
[ᾳ κα]ὶ προθυμίᾳ καὶ σπουδῇ
[τε κ]αὶ ἡμῶν διὰ παντὸς εὐ[ε]-
[ργε]τηκότων ὑμεῖν τανῦ[ν]
[καὶ π]ολὺ μᾶλλον ΕΥΧΑΡΙΣΤ[.]-
– – – – – – – – – – – – – – – – –

Tekoğlu und Korkut ordnen das Fragment richtig als Brief ein, lassen die Frage des Verfassers und der Adressaten – „ihr“ in Z. 2 und 8 – jedoch weitgehend offen.[2] Verfolgt man

2 Ebd. 107: „the subject of the inscription is a kind of letter“. In der Bildunterschrift von Abb. 14 wird der Text dagegen irreführend als „charitable inscription“ bezeichnet.

diese Spur weiter, fällt in Z. 1 auf, dass nach dem vollständig erhaltenen Ny deutlich eine Leerstelle von etwa drei Buchstaben und darauf ein Blatt folgt. Wir haben es offenbar mit dem Ende der einleitenden Grußformel zu tun, und zu diesem Formular passen auch die geringen Buchstabenreste vor dem Ny: – – χα̣[ίρ]ε̣ι̣ν vvv (Blatt). Damit steht fest, dass der eigentliche Text des Briefes in Z. 2 beginnt. Die Zahl der Buchstaben, die an den fast gleichmäßig abgebrochenen Zeilenanfängen fehlen, ist durch die sicher ergänzten Z. 4–5 auf drei bis vier festgelegt.

In Z. 1 scheint damit nur [ἡ ἐξ ἀ]ρχῆς[3] möglich, woraus zugleich folgt, dass die drei Substantive in Z. 5–6 im Nominativ stehen, nicht im Dativ. Daran schließt in Z. 7–8 ein Genitivus absolutus an, der offenbar als Einschub den begonnenen Hauptsatz unterbricht. Das emphatische τὰ νῦ[ν] in Z. 8 scheint auf den ersten Blick den Kontrapunkt zu [ἐξ ἀ]ρχῆς zu bilden,[4] lässt sich damit aber syntaktisch und inhaltlich kaum verbinden. Ein Bezug auf das unmittelbar vorhergehende διὰ παντός ist dagegen als Fortsetzung des Genitivus absolutus konstruierbar und sinnvoll: Der Verfasser des Briefes, der in Z. 3 in der 1. Person auftritt, verweist mit „wir" auf die positive Haltung, die sein Vater und er selbst den Adressaten schon seit längerer Zeit kontinuierlich entgegenbrachten, und kündigt eine Steigerung an, die „jetzt" erfolgen soll: (ἡμῶν) τὰ νῦ[ν | δὲ π]ολὺ μᾶλλον εὐχαριστ[ῆ|σαι βουλομένων – –].[5]

Auffällig ist ὑμεῖν in Z. 8, das nicht zu dem unmittelbar davor ergänzten, den Akkusativ verlangenden εὐ[ε|ργε]τ̣ηκότων gezogen werden kann. Dieser auf den ersten Blick völlig einleuchtende Ergänzungsvorschlag wirft weitere Probleme auf: Am Beginn von Z. 8 ist etwas weniger von der Schriftfläche abgebrochen als im Fall der vorhergehenden Zeilen. Der verbleibende Raum wird teilweise schon von dem Tau eingenommen, dessen rechte Spitze am Bruch noch erhalten ist, so dass davor nur noch Platz für zwei bis drei Buchstaben zur Verfügung steht. Offenbar deshalb ergänzen Tekoğlu und Korkut einen Buchstaben am Ende von Z. 7, wo jedoch εὐ- den Platz bis zur rechten Kante vollständig ausfüllt; zudem ergibt sich eine falsche Silbentrennung. Die Einfügung von vier Buchstaben am Beginn von Z. 8 wiederum (εὐ|[εργε]τ̣ηκότων) scheint unmöglich, umso mehr, als der Steinmetz das Gamma besonders breit gestaltet hat, wie πράγμασιν in Z. 4 zeigt.

Eine Lösung könnte die Ergänzung eines anderen, selteneren Verbs bieten, für das sich neben den Raumverhältnissen durchaus noch andere Argumente vorbringen lassen: εὐ|[λο]γ̣ηκότων. Das vor allem aus jüdischen und christlichen Inschriften bekannte Wort war auch der Sprache hellenistischer Dokumente nicht gänzlich fremd. In einem Dekret der Amphiktyonen aus dem Jahr 202/201 oder 201/200 v.Chr. über die Asylie von An-

3 Auch ἀπ' ἀρχῆς kommt in Frage, ist jedoch nach dem Befund in der Datenbank griechischer Inschriften des Packard Humanities Institute erheblich seltener. Die Ergänzung von vier Buchstaben am Beginn von Z. 1 verlangt relativ viel Raum, eine gewisse Flexibilität darf aber in Anspruch genommen werden, weil die seitlichen Abstände zwischen den Buchstaben im erhaltenen Text teils erheblich schwanken. Die kürzere Ergänzung [ἐξ ἀ]ρχῆς τοῦ ἔθνους ὑμῶν (vgl. ἀρχῆθεν ὑμῶν – – in dem in Anm. 4 zitierten Brief) lässt sich grammatisch nicht sinnvoll mit dem Folgenden verbinden.

4 In einem Brief des Tiberius an Aizanoi aus dem Jahr 4 n.Chr. steht ἀρχῆθεν ebenfalls betont am Anfang und korrespondiert mit folgendem καὶ ν[ῦν – –] (SEG 64, 1304 Z. 4. 6). Vgl. unten Anm. 19.

5 Zum Verb εὐχαριστεῖν vgl. unten Anm. 35.

tiochia (Alabanda) wird aus dem Vortrag des karischen Gesandten referiert, dieser hätte „über den König Antiochos, den Wohltäter der Antiocheer, lobend gesprochen und ihm gedankt, weil usw." (περὶ βασιλέος Ἀντιόχου τοῦ εὐεργέτα Ἀντιοχέων εὐλόγηκε εὐχαριστῶν αὐτῶι διότι κτλ.).[6] Die Verbindung mit εὐχαριστεῖν, das auch in Z. 9 des Brieffragments aus Tlos verwendet wird, fällt sofort ins Auge. Es bleibt die Schwierigkeit, dass εὐλογεῖν ebenso wie εὐεργετεῖν in der Regel mit Akkusativ konstruiert wird. Es gibt jedoch in den sogenannten Beichtinschriften aus dem ländlichen Lydien und Mysien der Kaiserzeit mehrere Belege für die Verwendung des Dativs, was dafür spricht, dass diese Konstruktionsvariante umgangssprachlich akzeptiert war.[7] Zugegebenermaßen sind diese Texte nach Gattung und Zeitstellung sehr weit von unserem Brieffragment entfernt.[8] Deshalb sei noch ein anderer Erklärungsansatz ins Spiel gebracht: Wenn dem griechischen Text ein lateinisches Original oder zumindest ein lateinischer Entwurf zugrundelag, könnte εὐλογεῖν die Übersetzung von *bene dicere* sein, das in der Bedeutung „lobend von jemandem sprechen" den Dativ regiert.[9] Da ὑμεῖν auch mit dem folgenden εὐχαριστεῖν harmoniert, kann es auf diese Weise eine Brücke zwischen den beiden Teilen des Ausdrucks schlagen.

Schließlich bleibt die Lücke am Beginn von Z. 7, für die sich, soweit ich sehe, keine evidente Lösung aufdrängt; denkbar scheint [ἅμα κ]αὶ κτλ., da es dem Verfasser darum geht, die Gegenseitigkeit der guten Beziehungen zwischen Rom und den Adressaten zu betonen. Diese Überlegungen führen zu folgendem Vorschlag zur Herstellung des Textes:[10]

– – – – – – – – – – – – – – – – – –
– – – – – – χα̣[ίρ]ε̣ι̣ν· vvv (Blatt) vv
[ἡ ἐξ ἀ]ρχῆς τοῦ ἔθνους ὑμῶν
[τῷ̣ τ]ε πατρί μου κἀμοὶ καὶ τοῖ[ς]
[δημ]οσίοις πράγμασιν v τοῦ
[δήμ]ου τοῦ Ῥωμαίων εὔνοι̣[ά]
[τε κα]ὶ̣ προθυμία καὶ σπουδὴ̣
[ἅμα (?) κ]αὶ ἡμῶν διὰ παντὸς εὐ-
[?λο]γ̣ηκότων ὑμεῖν, τὰ νῦ[ν]
[δὲ π]ολὺ μᾶλλον εὐχαριστ[ῆ]-

6 CID IV 99 Z. 19–21. Beachte in Z. 18 das parallel zu εὐλόγηκε stehende, noch gesuchtere κατευφάμηκε.

7 Petzl, Beichtinschriften S. 47; Petzl, Beichtinschriften Suppl. 129 Z. 11 (εὐλογῶ τῷ θεῷ); 132 Z. 4–5; Malay 2003, 14 Z. 20 (εὐλογῶ ὑμεῖν) mit dem Kommentar zur Stelle. Auch die Kombination von εὐλογεῖν und εὐχαριστεῖν findet sich in Texten dieser Gruppe: Malay – Petzl, Lydia 55 Z. 5–6; 177 Z. 6–7.

8 Dies gilt allerdings nicht für die Zeit, in der die vorliegende Inschrift entstand, das 2. Jh. n.Chr. (dazu unten); bei der Herstellung der Vorlage oder der Einmeißelung der Inschrift könnte eine zeitgenössisch übliche Sprechweise in den Text eingedrungen sein.

9 OLD s.v. *benedico*.

10 Auf eine Dokumentation kleinerer Abweichungen von dem oben abgedruckten Text der ed.pr. wird verzichtet.

[σαι βουλομένων – – – – – – – –]
– – – – – – – – – – – – – – – – – –

„– – – Grüße. Die Loyalität, Dienstbereitschaft und Einsatzfreude, die Euer Ethnos von Beginn an meinem Vater, mir und dem Staatswesen des römischen Volkes entgegengebracht hat, wobei zugleich auch wir Euch stets gepriesen haben, jetzt aber noch viel mehr Dankbarkeit erweisen [wollen] – – –"

Auch wenn sich nicht alle syntaktischen Fragen völlig klären ließen, ist damit eine verlässliche Grundlage für die weitere Interpretation des Fragments geschaffen, zumal an den wesentlichen inhaltlichen Elementen kein Zweifel besteht. Die Wendung τὸ ἔθνος ὑμῶν in Z. 2 zeigt, dass der Brief höchstwahrscheinlich an den Lykischen Bund gerichtet war.[11] Es ist zwar nicht ausgeschlossen, dass ein Schreiben an die Polis Tlos mit einer allgemeinen Würdigung der Beziehungen zwischen dem Bund, dem Tlos ja angehörte, und Rom einsetzte, aber ὑμεῖν in Z. 8 bezieht sich immer noch auf die Lykier allgemein. Briefe späterer Kaiser und Statthalter an den Lykischen Bund sind durchweg mit τῷ κοινῷ τῷ/τῶν Λυκίων χαίρειν adressiert.[12] Das vorliegende Schreiben stammt jedoch, wie unten zu zeigen sein wird, aus der Zeit des Übergangs von der Republik zum Prinzipat, als der Lykische Bund noch den Status eines Verbündeten Roms mit innerer Autonomie besaß. Da wir nicht wissen, ob bereits in dieser Zeit die später übliche Grußformel verwendet wurde oder eine spezifischere Form, die zentrale Magistraturen oder Gremien des Bundes benannte, ist es besser, vor χα̣[ίρ]ε̣ι̣ν nichts zu ergänzen.[13]

Von wem wurde der Brief verfasst? Tekoğlu und Korkut sind der Auffassung, dass die Wendungen [τῷ] πατρί μου κἀμοί (Z. 3) und εὐχαριστ- (Z. 9) „in an official letter from the institutions and senior executives of the Roman State" nicht denkbar seien; der Brief könne demnach nicht von einem römischen Kaiser stammen.[14] Das Gegenteil ist der Fall: Römische Principes bezogen sich in ihren Briefen häufig auf ihre Väter, wenn sie Kontinuitäten hervorheben wollten. Auch die Datierung des Briefes lässt sich genauer eingrenzen: Die Formel δημόσια πράγματα τοῦ δήμου τοῦ Ῥωμαίων, lateinisch *res publica populi Romani*, gehört zum politischen Vokabular der römischen Republik, das Konzept erscheint aber auch noch im frühen Prinzipat. Die späteste genaue Parallele zu der hier verwendeten Formel steht in der von Octavian in den Jahren nach Philippi veranlassten Verleihung des römischen Bürgerrechts an Seleukos von Rhosos. Diese wird damit begründet, dass Seleukos „jeglichen Nachteil im Einsatz für die *res publica populi Romani* auf sich genommen habe" (πᾶσάν τε βλάβην περὶ τῶν [δημοσίων π]ραγμάτων τοῦ δήμο[υ]

11 Zur Nomenklatur des Bundes siehe Behrwald 2000, 169–174, zu ἔθνος besonders 171–172.
12 IGR III 702; Opramoas-Dossier, passim (TAM II 905; Kokkinia 2000); Reger 2020, 257 Z. 6.
13 Vgl. den Brief des Lykischen Bundes an Korinth, in dem Λυκίων τὸ κοινὸν καὶ οἱ ἄρχοντες als Absender zeichnen (SEG 18, 143, II Z. 42).
14 Tekoğlu – Korkut 2020, 108.

το[ῦ] Ῥωμαίων ὑπέμεινε).[15] Kurz vorher, 44 v.Chr., enthält ein Dekret Caesars eine verkürzte Variante: Der Diktator preist die Loyalität (πίστις), die Sardis der *res publica* (το[ῖς] τοῦ δήμου πράγμασιν) und dem Senat gegenüber bewiesen habe.[16] In einer weiteren Variation begegnet dasselbe Konzept noch im Jahr 7/6 v.Chr. im zweiten Edikt des Augustus aus Kyrene. Dort spricht der Princeps von Angelegenheiten, „die meine Sicherheit und die *res publica*“ (ὃ πρὸς τὴν ἐμὴν σωτηρίαν τά τε δημόσια πράγματ<α> ἀνῆκεν) bzw. „mich und die *res publica* betreffen“ (τὰ πρὸς ἐμὲ καὶ τὰ δημόσια πράγματα ἀνήκοντα).[17] Die Reihenfolge ist bemerkenswert: Die rhetorische Verbindung der *res publica* mit der Person des Princeps ist Ausdruck des politischen Programms des Augustus, der die Durchsetzung der Alleinherrschaft als Wiederherstellung der Republik verkleidete. Dabei steht jedoch hier, wie auch in dem Fragment aus Tlos, der Princeps an erster Stelle.

Bei der Bewertung der zitierten Parallelen ist zu berücksichtigen, dass es sich um zwei Dekrete und ein Edikt handelt, also Staatsakte aufgrund magistratischer Vollmachten, die vermutlich in stärkerem Maß Rücksicht auf republikanische Ausdrucksformen verlangten als Briefe, die freier formuliert werden konnten. Im Vokabular der Kaiserbriefe jedenfalls hat die *res publica* später offenbar keinen Platz mehr.[18] Stattdessen erscheint nun den dynastischen Ambitionen des Augustus entsprechend das Konzept der *domus Augusta*. So lobt Tiberius 12/13 n.Chr., noch als designierter Nachfolger, die Haltung der ephesischen Gerusie πρός τε [τὸν ἐμὸν πα]τέρα καὶ τὸν οἶκον ἡμῶν ἅπ[αν]τα und bekräftigt Privilegien, die sein Großvater und Vater, ὅ τε πά[ππος μου καὶ ὁ πατήρ], also Caesar und Augustus, bestätigt hatten.[19] Tiberius übernimmt hier in erweiterter Form den von Augustus vorgeprägten Rekurs auf den Vater: Beide betonten als wichtige Grundlage ihrer Autorität ihren Status als *Divi filius* bzw. *Augusti filius*. Dieses dynastische Konzept machte man sich in den Provinzen und den anderen von Rom abhängigen Regionen zu eigen, so auch in Lykien: In einer monumentalen Ehreninschrift aus Patara wird am Beginn einer langen Aufzählung wichtiger Funktionen, die Polyperchon II. dort und im Lykischen Bund bekleidet hatte, das prestigeträchtige Priestertum eines ἀρχιερεὺς διὰ βίου θεῶν ἐπιφανῶν Γερμανικοῦ Καί<σ>αρος καὶ τοῦ σύμπαντος αὐτῶν οἴκου genannt.[20]

15 Jetzt maßgeblich: Raggi 2006, 25 Z. 16–17, mit verbesserter Lesung gegenüber früheren Editionen (IGLS III 718; Sherk, RDGE 58 u.a.). Zur Datierung des Dokuments zwischen 42 und 35 v.Chr. vgl. ausführlich Raggi 2006, 94–108.

16 I.Sardis II 305, Z. 36–37.

17 SEG 9, 8 Z. 45. 48–49.

18 Anastasiadis – Souris 2000, s.vv. δημόσιος und πρᾶγμα.

19 SEG 43, 759 Z. 4–5. 8–9. Die Ergänzung in Z. 8–9 ist durch die Partikel τε und die Platzverhältnisse gesichert. Eine ähnliche Formulierung könnte Tiberius bereits 4 n.Chr. in dem Anm. 4 zitierten Brief an Aizanoi verwendet haben: Wörrle 2014, 459 mit dem Ergänzungsvorschlag in Anm. 77 und der Literatur zum Konzept der *domus Augusta*. Vgl. auch die Briefe (des Germanicus?) an die ephesische Gerusie, SEG 43, 760 (Z. 31: π]ρὸς σύμπαντα τὸν οἶκον ἡμῶν) und 761 (Z. 42: πρὸς τὸν οἶκον ἡμῶν, Z. 45 f.: ὅ τε πάππος μου καὶ [ὁ πατ]ήρ).

20 TAM II 420 Z. 2. Behrwald 2000, 148 Anm. 499 ordnet das Priestertum dem Bund zu, da jedoch im Folgenden zunächst weitere Funktionen der Polis Patara aufgezählt werden, dürfte es sich um einen städtischen Kult handeln. Vgl. den unten Anm. 26 zitierten Passus aus TAM II 549, wo ebenfalls von den θεοὶ ἐπιφανεῖς und ihrem οἶκος die Rede ist.

Die Datierung des Textes ergibt sich aus einer weiteren Funktion des Polyperchon, der Organisation eines Festes zu Ehren des Germanicus.[21] Dieser dürfte im Rahmen seiner Orientreise 18 n.Chr. auf dem Weg von Rhodos nach Armenien in Patara Station gemacht haben,[22] und nicht lange danach dürfte die Ehrung für Polyperchon beschlossen worden sein. In der Titulatur des Priestertums ist offensichtlich vor Γερμανικοῦ ein weiterer Name ausgefallen, bei dem es sich wohl nur um den des Tiberius handeln kann.[23]

Kehren wir vor diesem Hintergrund zu der Frage nach dem Verfasser des Briefes aus Tlos zurück. Die oben angeführten Texte zeigen, dass neben Augustus sowohl Tiberius als auch Germanicus als Absender in Frage kommen, wenn man nur den Hinweis auf den Vater in den Blick nimmt. Zu Germanicus kamen die Lykier, wie gesehen, während seiner Orientreise in engen Kontakt, und auch zu Tiberius unterhielten sie offenbar intensive Beziehungen, wie ein Priestertum des Tiberius zeigt, das der Lykische Bund noch im 3. Jh. n.Chr. pflegte. Die Langlebigkeit dieses Kultes scheint vorauszusetzen, dass die Lykier Tiberius besonders viel zu verdanken hatten. Auch sind Kontakte zu zwei in benachbarten Provinzen residierenden Statthaltern der tiberischen Zeit bezeugt, jedoch erfahren wir nichts über deren Inhalt.[24] Von besonderem Interesse ist in diesem Zusammenhang, dass der Lykische Bund Tlos als Standort für einen Kult der Livia auswählte. Die Gründung dieses Bundeskultes wird meist nach der Divinisierung der Livia durch Claudius im September 42 und im Kontext der Einrichtung der Provinz Lycia 43 n.Chr. angesetzt.[25] Ein Kult für Livia kann im Osten allerdings schon lange vor ihrer formellen Erhebung zur *Diva* eingeführt worden sein, etwa nach dem Herrschaftsantritt ihres Sohnes Tiberius, für den der Lykische Bund ja das erwähnte Priestertum einrichtete. Dass er in dem relevanten Inschriftenfragment aus Tlos als τέκνον Τιβέριος Καῖσαρ angesprochen wird, scheint viel besser in seine Regierungszeit als in die des Claudius zu passen.[26] Wir können jedenfalls sicher sein, dass die Lykier aus Anlass solcher Kultgründungen Gesandtschaf-

---

21 TAM II 420 Z. 8: πεπολειτευμένον δὲ καὶ τὴν πανήγυριν τὴν ἐπὶ Καίσαρι Γε<ρ>μανικῷ̣.

22 Vgl. den Kommentar O. Benndorfs zu TAM II 420.

23 Die Konjektur θεῶν ἐπιφανῶν <Τιβερίου Καίσαρος καὶ> Γερμανικοῦ Καί<σ>αρος würde es erlauben, den Fehler als eine Art Haplographie zu erklären, jedoch ist eher <Τιβερίου Καίσαρος Σεβαστοῦ καὶ> zu postulieren. Es ist schwer vorstellbar, dass in einem Kult, der die gesamte *domus Augusta* einschloss, das damalige Haupt der Dynastie nicht namentlich genannt war. Benndorf a.O. nimmt dagegen an, dass der Name Agrippinas ausgefallen ist, während Wörrle 2007, 87 Anm. 16 die ältere Hypothese von E. L. Hicks in den Raum stellt, wonach der jüngere Drusus zusammen mit Germanicus verehrt worden sein könnte.

24 Zu den Details siehe Schuler 2005, 259–260; Wörrle 2007, 86–88.

25 Wörrle 2007, 87–88; Reitzenstein 2017, 421–422. Behrwald 2000, 148 Anm. 499 setzt den Kult ohne nähere Präzisierung „vor der Einrichtung der Provinz“ an. Zur Lesung des einschlägigen Zeugnisses, TAM II 549, siehe Robert 1978, 35–42 (SEG 28, 1227).

26 TAM II 549 Z. 1–6: – – – τ̣έκνῳ̣ Τιβερίῳ Καίσαρι, συνεσταμένη δὲ καὶ Σεβαστῶν γένος κατὰ διαδοχὴν ἱερωτάτην θεῶν ἐπιφανῶν οἶκον ἄφθαρτον καὶ ἀθάνατον εἰς τὸν αἰεὶ χρόνον („[– – – ihrem] Kind Tiberius Caesar, und Begründerin des Geschlechts der Augusti in einer hochheiligen Folge manifester Götter als eine unvergängliche und unsterbliche Dynastie für immer“; vgl. die Übersetzung bei Robert 1978, 37). Wir wissen nicht, was in dem verlorenen Text unmittelbar davor stand, dass aber die Beziehung des Tiberius zu seiner Mutter so pointiert betont werden konnte, wenn es vor allem

ten nach Rom schickten und als Antwort lobende Briefe in die Heimat zurückbrachten. Ob allerdings das neugefundene Fragment solche Fragen zum Gegenstand hatte, lässt zumindest der erhaltene Text nicht erkennen – die εὐσέβεια erscheint unter den den Lykiern zugeschriebenen Tugenden gerade nicht.

Gegen eine Datierung des Brieffragments in die Zeit des Tiberius spricht aber vor allem ein Indiz: Die Rede von den δημόσια πράγματα τοῦ δήμου τοῦ Ῥωμαίων gibt aufgrund der oben zitierten Parallelen einen entscheidenden Hinweis auf die Zeit des Triumvirats und die frühe, formative Phase des Prinzipats, in der republikanische Reminiszenzen noch eine große, jedoch auch allmählich abnehmende Rolle spielten. Verfasser des Briefes an den Lykischen Bund ist deshalb mit großer Wahrscheinlichkeit Octavian/Augustus. Daraus folgt, dass es sich bei dem in Z. 2 genannten Vater um den Dictator Iulius Caesar handeln muss; ἐξ ἀρχῆς könnte sich dann auf Pharsalos und Caesars folgende Operationen im östlichen Mittelmeer beziehen, muss aber auch gar nicht zwingend im Sinne eines präzisen Anfangspunktes gemeint sein. Als Abfassungszeitraum kommen beim jetzigen Stand – hier ist wieder auf die oben zitierten Dokumente zu verweisen – die Jahrzehnte von 42 bis spätestens zur Zeitenwende in Betracht. Wie andere Beispiele zeigen, sind trotz der von den Triumvirn vereinbarten Herrschaftsaufteilung Eingriffe Octavians im Antonius unterstellten Osten denkbar.[27] Der Triumvir Octavian verwendet jedoch am Beginn seiner Schreiben in der Regel den traditionellen Hinweis republikanischer Heerführer auf die gute Verfassung ihres Heeres.[28] Auch die zweimalige Betonung schon länger anhaltender guter Beziehungen (ἐξ ἀρχῆς, διὰ παντός) spricht eher für eine spätere Datierung des Fragments aus Tlos. Sollte das Schreiben nach 27 v.Chr. verfasst worden sein, wäre es der erste Kaiserbrief, in dem von der *res publica populi Romani* die Rede ist. Eine Entscheidung für eine frühere oder spätere Datierung scheint beim jetzigen Stand allerdings kaum möglich.

Die neue chronologische Einordnung ist dennoch hinreichend genau, um den übrigen Teilen des Textes einen prägnanten Sinn zu geben. Bekanntlich standen die mit Rom in einem *foedus* verbündeten Lykier in besten Beziehungen zu Caesar, seitdem sie ihm zusammen mit anderen griechischen Mächten Hilfe geschickt hatten, als er 48/47 v.Chr. in Alexandria in eine kritische Lage geraten war.[29] Der Dictator dankte es dem Lykischen Bund 46 v.Chr. mit einer Erneuerung des *foedus*, die den Lykiern erhebliche territoriale Gewinne verschaffte, sie zugleich aber auch explizit der *maiestas* Roms unterwarf. Nach der Ermordung Caesars verweigerten die Lykier Brutus die geforderte Unterstützung und leisteten militärischen Widerstand, der vom Heer des Caesarmörders mit einiger Anstrengung gebrochen werden musste. Insbesondere wurde Xanthos offenbar unter erheblichen Zerstörungen und Opfern erobert. Schon vor der Schlacht von Philippi ver-

---

darum ging, Livia als „Großmutter des amtierenden Kaisers Claudius" zu feiern (so Reitzenstein 2017, 422, ohne auf die Erwähnung des Tiberius einzugehen), scheint zweifelhaft.

27 I.Aphrodisias and Rome 6 mit dem Kommentar S. 44–45.

28 I.Aphrodisias and Rome S. 45.

29 Vgl. hierzu und zum Folgenden Behrwald 2000, 117–128; Thornton 2004; Schuler 2007, 63–64; Schuler – Zimmermann 2012, 590–592; Kolb 2017, 93–94 mit den Hinweisen.

sprachen deshalb die Triumvirn den Lykiern, wie auch anderen ‚Opfern' von Brutus und Cassius, sie nach einem Sieg für ihre Verluste reich zu entschädigen.[30] Dieses Versprechen wurde nach Philippi zumindest teilweise eingelöst.[31] Über die weitere Entwicklung der Beziehungen der Lykier zu Antonius und Octavian bis zur Schlacht von Actium ist nur wenig bekannt.[32] Den Lykiern gelang es jedenfalls, ihr gutes Verhältnis zu Caesar auf den ersten Princeps zu übertragen, nachdem dieser sich endgültig durchgesetzt hatte. Von nun an bildete die Erzählung von der unerschütterlichen Treue, die der Lykische Bund ‚von Anfang an' der iulischen Herrschaft entgegengebracht hatte, den rhetorischen und argumentativen Ausgangspunkt aller lykischen Verhandlungen mit Rom.[33] Genau darauf spielt der Brief aus Tlos mit der ἐξ ἀρχῆς τοῦ ἔθνους ὑμῶν εὔνοια an, möglicherweise Formulierungen aufnehmend, die eine Gesandtschaft der Lykier vorgebracht hatte. Die Haltung, die die Lykier bewiesen hatten, beschreiben die Begriffe εὔνοια, προθυμία und σπουδή, die durchaus konventionell sind. Gleichwohl vermittelt die Kombination der drei Schlagworte besonderen Nachdruck, und προθυμία καὶ σπουδή evozieren handfeste Dienste, die die Lykier mit großem Einsatz geleistet hatten. All dies passt zu dem, was wir über die Ereignisse der 40er Jahre v.Chr. wissen. Ab Z. 7 stellt der Brief diesem Lob der Lykier das nicht weniger verdienstvolle Verhalten der römischen Seite gegenüber, die den Lykiern διὰ παντός, immer, Anerkennung gezollt habe. Auf diese Weise wird die vom Gebot der Reziprozität geforderte Balance wiederhergestellt, wie es der römischen Macht geziemt. Mit τὰ νῦν richtet sich die Perspektive von der Vergangenheit auf die Gegenwart. Damit leitet der Text zum eigentlichen Gegenstand des Schreibens über, vermutlich keine bloße Danksagung, sondern die Verleihung einer neuen Vergünstigung an die Lykier, die im verlorenen Teil des Briefes verkündet wurde. Auch dies ist konventioneller Briefstil, bemerkenswert ist aber die Verwendung von εὐχαριστ[ῆσαι], wie bereits Tekoğlu und Korkut hervorgehoben haben.[34] Dass ein Princeps so unumwunden von Dankesbezeugung spricht, findet in Kaiserbriefen kaum Parallelen.[35] Die Wortwahl könnte ein weiterer Hinweis darauf sein, dass den Beziehungen zu den Lykiern nicht nur in der Rhetorik, sondern auch in der politischen Praxis eine besondere Qualität zugesprochen werden sollte. Das dreifache εὐ- in Z. 5–9 unterstreicht dies zusätzlich.

30 Cass. Dio 47, 36, 4.

31 App. civ. 4, 82; 5, 7; Plut. Brutus 32, 2.

32 Es ist damit zu rechnen, dass in Flotte und Heer des Antonius 31 v.Chr. auch lykische Kontingente kämpften (Behrwald 2000, 120 Anm. 402).

33 In der Weihung des Stadiasmos von Patara (45 n.Chr.) ist dies in der Formel Λύκιοι φιλορώμαιοι καὶ φ̣ι̣λοκ[αί]σαρες πιστοὶ σύμμαχοι verdichtet (SEG 51, 1832 A Z. 13–16).

34 Tekoğlu – Korkut 2020, 108. Ungewöhnlich ist auch εὐ[λο]γηκότων, wenn die Ergänzung zutrifft.

35 Eine umfassende Analyse des Wortfeldes εὐχαριστεῖν – εὐχαριστία – εὐχάριστος ist im vorliegenden Rahmen nicht zu leisten. Die von Anastasiades – Souris 2000, 96 zusammengestellten Belege beschreiben die Haltung der Untertanen gegenüber den Herrschern, nicht die umgekehrte Blickrichtung. Dasselbe gilt für die in Welles, RC gesammelten Königsbriefe (Index s.vv.). Immerhin scheint Caesar εὐχαριστήσαντες in einem allerdings fragmentarisch erhaltenen Brief auf sich selbst zu beziehen (Sherk, RDGE 26a Z. 7).

Entsprechend dürfte es sich bei der Botschaft, die den Lykiern im verlorenen Text mitgeteilt wurde, kaum um eine Kleinigkeit gehandelt haben. Dafür spricht die äußere Form der Inschrift: Die kräftig eingegrabenen, sorgfältig ausgeführten und markant apizierten Buchstaben mit vielfach geschwungenen Hasten gehören zweifellos in das 2. Jh. n.Chr., wie auch Tekoğlu und Korkut beobachten;[36] hervorzuheben sind das Omega mit spiralig nach innen gezogenen Halbkreisenden und das Sigma, bei dem der Winkel der Schräghasten mit einer kleinen Schleife verziert ist. Der Brief war also über ein Jahrhundert nach seiner Entstehung noch wichtig genug für die Tloer, um ihn erneut oder erstmals inschriftlich zur Schau zu stellen, zweifellos an einem ἐπιφανέστατος τόπος im Zentrum der Stadt.[37]

Das Brieffragment aus Tlos erweist sich also als ein weiterer und durchaus bemerkenswerter Mosaikstein, der unser bereits dichtes Bild der Beziehungen zwischen dem Lykischen Bund und Augustus bereichert. Gerade die entschiedene Loyalitätsbekundung gegenüber dem neuen Herrn der Welt scheint es den Lykiern ermöglicht zu haben, als *socii* Roms eine gewisse Autonomie im Rahmen des Imperium zu bewahren. Auf ihre Münzen prägten die Lykier nun das Portrait des Princeps und machten so deutlich, unter wessen Patronat ihre politische Existenz stand.[38] Überall in den lykischen Städten wurden Augustus Ehrungen mit oft kultischem Charakter entgegengebracht.[39] Der Tod des Gaius Caesar im Jahr 4 n.Chr. und die folgende Errichtung des monumentalen Kenotaphs im lykischen Limyra muss zu einer weiteren Intensivierung der Kommunikation zwischen Rom und Lykien beigetragen haben.[40] Starke Indizien sprechen dafür, dass Tlos – aus bislang unbekannten Gründen – eine besonders enge Beziehung zu Augustus und seiner Familie pflegte: Davon zeugt ein monumentaler Altar mit der Inschrift Καίσαρος, der Augustus oder Caesar geweiht war.[41] In diesem weiteren Kontext findet auch das Brieffragment seinen Platz, auch wenn sich dieser noch nicht exakt bestimmen lässt: Sollte das an den Lykischen Bund gerichtete Schreiben Tlos namentlich erwähnt haben, wäre es ein früher Beleg für die Sonderrolle der Stadt, die – wohl erst später – in der Einrichtung des Bundeskultes für Livia zum Ausdruck kommt. Die inschriftliche Präsentation des Textes im 2. Jh. n.Chr. zeigt jedenfalls, dass die Tloer sich auch in der Hohen Kaiserzeit noch Prestigegewinn und politisches Kapital davon versprachen, wenn sie dieses Dokument römisch-lykischer Beziehungen zur Schau stellten.

36 Tekoğlu – Korkut 2020, 108: „beginning of the second half of the second century AD".
37 Dort, im Bereich des Bad-Gymnasion-Komplexes, wurde der Block auch gefunden (Tekoğlu – Korkut 2020, 107), jedoch offenbar ohne Kontext im Versturz.
38 Kolb 2017, zur Münzprägung besonders 94–95.
39 Schuler 2007; Schuler – Zimmermann 2012, 603–605; Baker – Thériault 2020, 59–63; Öztürk – Öncü 2020, 258–259, jeweils mit weiteren Hinweisen.
40 Zum Tod des Gaius Caesar und zu dem in Limyra errichteten Kenotaph vgl. Wörrle 2007, 85–86 mit der Literatur.
41 Reitzenstein 2017.

Literaturverzeichnis

Anastasiadis, V. I. – Souris, G. A., An Index to Roman Imperial Constitutions from Greek Inscriptions and Papyri, 27 BC to 284 AD, Berlin – New York 2000.

Baker, P. – Thériault, G., Les empereurs romains à Xanthos: nouvel apport épigraphique, EA 53, 2020, 59–74.

Behrwald, R., Der Lykische Bund. Untersuchungen zur Geschichte und Verfassung (Antiquitas 1, 48), Bonn 2000.

Kokkinia, Ch., Die Opramoas-Inschrift von Rhodiapolis. Euergetismus und soziale Elite in Lykien (Antiquitas 3, 40), Bonn 2000.

Kolb, F., La Lycie sous Auguste: une région entre *libertas* et *provincia*, in: Cavalier, L., et al. (Hg.), Auguste et l'Asie Mineure (Scripta Antiqua 97), Bordeaux 2017, 91–99.

Malay, H., A Praise on Men Artemidorou Axiottenos, EA 36, 2003, 13–18.

Öztürk, H. S. – Öncü, Ö. E., Olympos in Lycia: A Novel Assessment of its History and Localization in Light of Recent Archaeological and Epigraphical Research, Adalya 23, 2020, 253–275.

Raggi, A., Seleuco di Rhosos. Cittadinanza e privilegi nell'oriente greco in età tardo-repubblicana (Studi Ellenistici 18), Pisa 2006.

Reger, G., A Letter of Septimius Severus to the Lykian League on the Misbehaviour of Soldiers. A New Inscription from Choma (Hacımusalar Höyük), Northern Lykia, Chiron 50, 2020, 253–285.

Reitzenstein, D., Ein Altar für den Caesar-Kult aus Tlos, in: Cavalier, L., et al. (Hg.), Auguste et l'Asie Mineure (Scripta Antiqua 97), Bordeaux 2017, 415–422.

Robert, L., Les conquêtes du dynaste lycien Arbinas, JS 1978, 3–48 (wieder in: Robert, OMS VII, 381–426).

Schuler, Ch., Die griechischen Inschriften von Phellos, MDAI(I) 55, 2005, 250–269.

Schuler, Ch., Ein Vertrag zwischen Rom und den Lykiern aus Tyberissos, in: ders. (Hg.), Griechische Epigraphik in Lykien. Eine Zwischenbilanz, Akten des internationalen Kolloquiums München 2005 (Denkschriften der Österreichischen Akademie der Wissenschaften, Phil.-hist. Kl. 354 = Ergänzungsbände zu den Tituli Asiae Minoris 25), Wien 2007, 51–79.

Schuler, Ch., Augustus, Gott und Herr über Land und Meer. Eine neue Inschrift aus Tyberissos im Kontext der späthellenistischen Herrscherverehrung, Chiron 37, 2007, 383–403.

Schuler, Ch. – Zimmermann, K., Neue Inschriften aus Patara I: Zur Elite der Stadt in Hellenismus und früher Kaiserzeit, Chiron 42, 2012, 567–626.

Tekoğlu, R. – Korkut, T., Activities of *Euergesia* from the Ancient City of Tlos, in: Tekin, O., et al. (Hg.), Philanthropy in Anatolia through the Ages. Proceedings of the First International Suna & İnan Kıraç Symposium on Mediterranean Civilizations Antalya 2019, Istanbul 2020, 97–109.

Thornton, J., Pistoì symmachoi. Versioni locali e versione imperiale della provincializzazione della Licia, MediterrAnt 7.1, 2004, 247–286.

Wörrle, M., Limyra in der frühen Kaiserzeit. Geringe Reste epigraphischer Evidenz und was man (noch) daraus machen kann, in: Schuler, Ch. (Hg.), Griechische Epigraphik in Lykien. Eine Zwischenbilanz, Akten des internationalen Kolloquiums München 2005 (Denkschriften der Österreichischen Akademie der Wissenschaften, Phil.-hist. Kl. 354 = Ergänzungsbände zu den Tituli Asiae Minoris 25), Wien 2007, 85–97.
Wörrle, M., Neue Inschriftenfunde aus Aizanoi VII: Aizanoi und Rom III. Der julisch-claudische Kaiserkult in Aizanoi, Chiron 44, 2014, 439–511.

Abbildungsnachweis

Abb. 1: © Grabungsarchiv Tlos, mit freundlicher Genehmigung von Taner Korkut. CC BY-NC-ND 4.0.

Παγάρχης oder πάγαρχος? Zum Gebrauch stammgleicher Synonyme in dokumentarischen Texten und einer hypothetischen ‚Notarschule' im Dorf Aphrodito

Matthias Stern

Einer der faszinierendsten Bestandteile der Arbeit mit dokumentarischen Papyri[1] ist zweifellos die oftmals sich ergebende Möglichkeit, dem Schreiber oder der Schreiberin sinnbildlich über die Schulter zu schauen und am Dokument selbst nachzuvollziehen, was ihm oder ihr durch den Kopf gegangen sein mag. So stellt sich bisweilen die Frage, ob die Verwendung eines bestimmten Ausdrucks, eines bestimmten Formulars oder sogar einer bestimmten Schreibweise aus einem tatsächlich kontextabhängigen Gebrauch resultiert – ob sich also hinter vermeintlich rein philologischen Formal- und Stilaspekten nicht auch unterschiedliche historische Realien verbergen mögen – oder ob eine solche Verwendung ‚lediglich' auf subjektive Faktoren und mehr oder weniger unbewusste Präferenzen der Schreibenden zurückzuführen ist.

Ein solcher Aspekt ist die Verwendung unterschiedlicher Erscheinungsformen desselben (Grund-)Wortes. Beispielhaft seien hier die Pagarchen herangezogen, deren Amtsbezeichnung in der Form παγάρχης bzw. πάγαρχος vom 4. bis zum 8. Jahrhundert begegnet, doch gerade in dieser Gruppe der Ableitungen auf -αρχης und -αρχος böte sich natürlich noch manch anderes Beispiel an.[2] Beide Formen, παγάρχης wie πάγαρχος, sind ihrem Ursprung nach sehr wahrscheinlich hellenisierende Bezeichnungen für den *praepositus pagi* – ein Amt, das im Jahr 307/308 eingeführt wurde und auch aus anderen östlichen Provinzen bekannt ist.[3] Bereits seit dem frühen 4. Jahrhundert ist die Verwendung von παγαρχία für das Amt des Pagarchen/*praepositus pagi* sowie von παγαρχεῖν für die Bekleidung bzw. Ausübung des Amtes bezeugt.[4] Der lateinische Amtstitel *praepositus pagi* wurde dagegen im Griechischen bis in die 360er Jahre als πραιπόσιτος πάγου quasi trans-

1 Hierin sind im Folgenden andere papyrologische Quellen wie etwa Ostraka stets mitinbegriffen.
2 Verhältnismäßig häufig in den Papyri zu findende Beispiele sind, neben anderen, die Ämter des Eirenarchen, Gymnasiarchen und Komarchen, die auf den folgenden Seiten wiederholt begegnen werden.
3 Zum Amt und seiner Einführung gibt Derda 2006, 263–266 eine Übersicht.
4 Z.B. in P.Oxy. XLVI 3307, 1 (Oxyrhynchos, frühes 4. Jh.) oder in Cod. Theod. 8, 15, 1 (vor 337).

literiert, ehe diese Form vollkommen verschwand.[5] Zum ersten Mal begegnet der neue Begriff in einem Gerichtsprotokoll aus dem Jahr 353, hier in der Form παγάρχης,[6] während der erste sichere Beleg für πάγαρχος an der Wende vom 4. zum 5. Jahrhundert zu verorten ist.[7] Schreiber von Vertragsdokumenten sowie generell Schreiber niederen sozialen oder administrativen Ranges verwenden den Amtstitel bei der Ersterwähnung in seiner vollständigen Form, die dann auch die administrative Zuordnung umfasst. Diese lautet spätestens ab dem 6. Jahrhundert, wenn wir wesentlich mehr Zeugnisse greifen können und der Pagarch nicht länger nur für einen Pagus zuständig ist, auf den Namen der *civitas*, also z.B. „Pagarch von Antaioupolis“: παγάρχης/πάγαρχος τῆς Ἀνταίου bzw. παγάρχης/πάγαρχος τῆς Ἀνταιοπολιτῶν (sc. πόλεως).

Wie man es dreht und wendet, es lässt sich keine Beleggrundlage für die Hypothese finden, dass in bestimmten inhaltlichen oder urkundlich-formalen Kontexten die eine oder die andere Form bevorzugt worden wäre. Im Gegenteil, die Abkürzung der Bezeichnung – üblicherweise in der Form παγαρχ( ) – ist gang und gäbe; ebenso sind die zahlreich vertretenen Genitive (παγάρχου und παγάρχων) in diesem Sinne zweideutig, ohne dass sich in den Dokumenten das Bedürfnis einer näheren ‚Klärung‘ feststellen ließe. Ebenso wenig vermag regionale Variation die Verteilung der Überlieferung zu erklären. Beide Formen werden zudem auch in höchsten Verwaltungskreisen benutzt: So verwendet Kaiser Justinians Edikt 13 von 539 n.Chr. durchgehend παγάρχης,[8] doch lesen wir πάγαρχος in SB VI 9102 (548 n.Chr.), dem Reskript eines kaiserlichen Hofbeamten. Es lässt sich in den Zeugnissen also auch keine hierarchisch abgestufte oder nach amtlicher und nicht-amtlicher Sphäre getrennte Verwendung der beiden Formen konstatieren.[9] In den frühesten

5 P.Harr. II 219, 1 (Oxyrhynchos, 5. August 362) stellt das letzte der ägyptischen Zeugnisse dar, während Cod. Theod. 12, 6, 8 (30. Juli[?] 365) (Lewis 1997, 42) den *praepositus pagi* noch etwas später erwähnt. Die ‚tavola di Trinitapoli‘ (AE 2003, 359) bietet womöglich einen Beleg noch jüngeren Datums, falls hier mit *a{d} praepositis pagorum* (Z. 6) wirklich dasselbe Amt gemeint ist; zur Datierung (wahrscheinlich 368–375) siehe Pedone 2020, 16 Anm. 27 und Schmidt-Hofner 2008, 64–71.

6 Ch.L.A. V 292,4 (Oxyrhynchos; Neupublikation in Pedone 2020, 7–20). Im lateinischen Teil dieser zweisprachigen Urkunde finden sich darüber hinaus in Z. 7 wahrscheinlich und in Z. 12 möglicherweise Verweise auf einen *pagarcha* in üblicher Form bei Übernahme griechischer Maskulina auf -ης. Ob dies bedeutet, dass *pagarcha* im Lateinischen verbreitet war, muss m.E. offenbleiben, da nicht auszuschließen ist, dass die lateinischen Passagen formal notwendige Übertragungen des gesprochenen Griechisch darstellen und die gewissermaßen latinisierte Form daher als Ausnahme zu werten ist.

7 O.Bir Shawish 29 (Oasis Parva, 398/399 oder 413/414).

8 Edict. imp. Iust. 13, *praefatio* und Kapitel 12 und 25. Zachariae merkt in seiner Edition (S. 10, Anm. 4) an, dass die Handschrift in der *praefatio* παγάρχοι aufweist (mit ‚falschem‘ Akzent in der Handschrift), doch sollte aufgrund ebendieses Akzents und des geringen Unterschieds zwischen α und ο wohl davon ausgegangen werden, dass das von ihm emendierte παγάρχαι auch die ‚ursprüngliche‘ Lesung darstellt. Ebenso war παγάρχης in Kapitel 12 aller Wahrscheinlichkeit nach die ursprüngliche Form; der Wortstamm παγαρχ- ist in der Handschrift offenbar aus Unkenntnis seiner Bedeutung von Kopisten an einigen Stellen falsch gelesen bzw. verschlimmbessert worden.

9 Vgl. Tost 2012, der zeigt, wie die Zuordnung eines Dokuments zur amtlichen bzw. nicht-amtlichen Sphäre die Verwendung bestimmter Wendungen – in diesem Fall die Amtstitulatur der *riparii* – bedingen kann, die jedoch den identischen Realhintergrund haben.

Jahren nach der islamischen Eroberung Ägyptens wird Christophoros, Pagarch im Gau Herakleopolites in Mittelägypten, einmal als πάγαρχος adressiert; sein Vater Apa Kyros, der seinerseits (offenbar jedoch nicht zeitgleich) Pagarch desselben Sub-Distrikts (*skelos*) war, firmiert allerdings in einem anderen Dokument wiederum als παγάρχης.[10] Zudem wird Christophoros mehrfach gemeinsam mit seinem Kollegen und Bruder Theodorakios angeschrieben, wobei der Titel abgekürzt wird; dieser Theodorakios wird jedoch in dem einzigen Dokument, in welchem er allein auftritt, als πάγαρχος betitelt.[11]

Den Eindruck einer völligen inhaltlichen Gleichwertigkeit beider Formen vermittelt zumal der skurrile Befund, dass sie nebeneinander in derselben Urkunde zu lesen sind. Dies ist sicher für die Petition P.Lond. V 1677 (Antinooupolis, ca. 568–570) belegt, wo die Nennungen sich sehr wahrscheinlich auf dieselbe Person beziehen.[12] Dieses Phänomen findet sich auch bei anderen, in der papyrologischen Überlieferung prominent vertretenen Funktionsbezeichnungen aus der Familie der Maskulina auf -αρχης und -αρχος wieder,[13] nämlich dreimal bei Komarchen[14] und in mindestens zwei Urkunden bei Eirenarchen.[15] Ein in dieser Frage besonders kurioser Fall ist BGU I 23, 8–9 (Arsinoites,

10 Christophoros πάγαρχος: SB VIII 9750 (25. Februar 642 oder 657); Apa Kyros παγάρχης: SB VIII 9755 (19. Juli 642); vgl. CPR XXII, S. 48. Beide tragen die vollständige Bezeichnung Pagarch τοῦ βορρίνου σκέλους ταύτης τῆς Ἡρακλέους πόλεως. Von diesem Theodorakios ist ein Pagarch gleichen Namens zu unterscheiden, welcher im ungefähr gleichen Zeitraum im Gau Arsinoites aktiv war.

11 Gemeinsame Adressierung: SB VI 9577 (26. Januar 643 oder 27. Januar 644), SB VI 9576 (25. April 643) und SB VIII 9751 (1. Juni 644). Theodorakios παγάρχης: CPR XXII 5 (Mitte 7. Jh.). Die Vaterschaft des Apa Kyros für beide Pagarchen geht u.a. aus dem arabischen Teil der zweisprachigen Urkunde P.Vindob. G 39726 = P.Vindob. A.P. 8 (Demiri – Römer 2009, 6–7, Nr. 4 = Karabacek 1894, 139–140, Nr. 558) hervor, deren griechischer Teil als der gerade erwähnte SB VI 9576 ediert wurde.

12 P.Lond. V 1677 ist nicht vollständig erhalten. In Z. 11 lesen wir Μηνᾶς ὁ λα]μπρότατος σκρινιάριος καὶ παγάρχης τῆς Ἀνταίου (die Ergänzung darf aus prosopographischen Gründen als gesichert gelten) und in Z. 51 findet sich die isolierte Wortgruppe ἐκ τ[ού]το(υ) ᾔτησα τὸν π̣ά̣γαρχον ἀ̣λλότριον τὸν βοηθόν. In einem weiteren Fall, P.Lond. V 1674 (vom selben Autor), wurden womöglich ebenfalls beide Formen im selben Text verwendet, allerdings beruht dies auf nicht vollständig zu sichernden Lesungen; siehe dazu das Folgende.

13 Dies bezieht sich auf Urkunden, in denen die fraglichen Schreibungen auf denselben Schreiber zurückgehen. Folgende vermeintliche Zeugnisse bleiben unberücksichtigt: Für die 1. Hand von P.Princ. Roll 2nd war η (Z. 157) zweifellos eine lautliche Verschreibung für das intendierte οι (so auch der app.crit.); vgl. Z. 47. In P.Sakaon 22 sind dagegen verschiedene Schreiber für die unterschiedlichen Formen verantwortlich, was auch für P.Lips. I 84, Col. III 8 (neue Zeilennummerierung nach Korrektur in der DDbDP) und Col. VI 3 zutrifft (zur letztgenannten Stelle siehe auch Anm. 35).

14 P.Col. X 281, 2. 4–5 (Arsinoites, 287); P.Amh. II 139, 3. 8 (Hermopolites, 350); P.Oxy. XLVIII 3397, 10. 11. 19 (Oxyrhynchos, 4. Jh.).

15 BGU VII 1568, 1. 2 (Arsinoites, 261); P.Sakaon 45, 1. 13 (Arsinoites, 334); evtl. sogar erneut P.Amh. II 139, der bereits κωμάρχης und κώμαρχος nebeneinander aufweist: In Z. 4–5 sollte statt ειρη|ναρχοι (l. εἰρηνάρχους) in Z. 4–5 wohl eher ειρη|ναρχαι (l. εἰρηνάρχας) gelesen werden, wie m.E. etwa aus der markanten Verbindung von α und ι im folgenden ἀπαιτηταις (l. ἀπαιτητάς) abgeleitet werden kann. In Z. 11 lässt sich [ε]ιρηναρχον (l. εἰρήναρχος) auf dem Foto nicht sicher erkennen, scheint aber aufgrund der Platzverhältnisse wahrscheinlicher zu sein.

ca. 207), wo wir δεκαδάρχην aus δεκάδαρχον korrigiert finden, obwohl beide Formen insgesamt in etwa gleich häufig bezeugt zu sein scheinen.[16]

Ist dieser Befund anders als durch Beliebigkeit zu erklären? Und lässt sich daraus etwas über die dokumentarische Praxis unserer Quellen ableiten? Die Verteilung der für die Frage relevanten Zeugnisse ist in Tabelle 1 festgehalten und ergibt folgendes Bild:[17] Im 4. und 5. Jahrhundert ist das Verhältnis παγάρχης vs. πάγαρχος derzeit 3 : 4 (in absoluten Zahlen); alle relevanten Texte stammen aus dem Gau Oxyrhynchites oder der diesem Verwaltungsbezirk administrativ nahen Kleinen Oase. In der Zeit vom 6. Jahrhundert bis zur Eroberung Alexandrias durch die arabische Armee im Jahr 642 lautet das Verhältnis 9 : 31.[18] Für die islamische Zeit ergibt sich in weiterer Folge bis zum Versiegen der griechischen Dokumentation das Verhältnis 5 : 16.[19] Sieht man sich die Verteilung etwas genauer an und berücksichtigt man dabei vor allem das dokumentarische Übergewicht des sogenannten Dioskoros-Archivs innerhalb der papyrologischen Überlieferung des 6. Jahrhunderts,[20] so verschiebt sich das Bild für die Zeitspanne 500–642 merklich, denn von den neun Vertretern für παγάρχης stammen sieben aus dem Dioskoros-Archiv. Jedoch sind Papyri dieses Archivs auch unter den 31 Zeugnissen für πάγαρχος zu finden und bilden dort mit immerhin 16 Testimonien sogar die Mehrheit.

Wir haben demnach innerhalb des Dioskoros-Archivs sieben Papyri mit παγάρχης und 16 mit πάγαρχος vorliegen. Dabei lassen sich jedoch jene Texte mit παγάρχης eindeutig zwei Schreibern zuweisen: dem Eponymen des Archivs, Dioskoros selbst,[21] sowie dem Notar

16 In der DDbDP finden sich derzeit 14 Testimonien für δεκαδάρχης und neun für δεκάδαρχος. In der Regel scheinen jene von ἄρχω abgeleiteten Nominalkomposita, die mit Zahlwörtern gebildet werden, die Form -αρχος länger bewahrt zu haben, während ansonsten in der Koine eine Tendenz zu -αρχης beobachtet werden kann; siehe Mayser, Gram. 1[2] (§ 59, 3 b). Siehe jedoch das Folgende zur Verteilung im Verlauf der Spätantike.

17 Vgl. F. Morelli in CPR XXII, S. 48, der bereits auf die Tendenz hinwies, dass πάγαρχος generell häufiger begegnet. Die beiden nicht-dokumentarischen Zeugnisse Isid. Pel. epist. 51 = Migne LXXVIII 536 (420–435/440? n.Chr.) und Edict. imp. Iust. 13 (539 n.Chr.) sind bei der Analyse außen vor gelassen, da aufgrund der nur indirekten Überlieferung trotz mancher Indizien (vgl. Anm. 8) keine letztgültige Sicherheit über die Urschrift zu gewinnen ist.

18 Zwei der Zeugnisse (P.Cair. Masp. III 67325 und P.Flor. III 298) stellen Teile von Codices dar und beinhalten daher Dokumente verschiedener Schreiber, doch nur drei dieser Schreiber – Gennadios, Komasios und Makarios – schreiben πάγαρχος aus (Lesungen anderer Schreiber dieser Codices mit ausgeschriebenem πάγαρχος sind zu korrigieren, wie ich an anderer Stelle ausführen werde). Die Quittungen SB XX 15013 und 15015 sind beide vom selben Schreiber (Pninnos) verfasst worden, womit sich die Zahl wieder ausgleicht.

19 Zwar sind die sechs P.Apoll.-Texte und PSI XV 1570 Teil desselben Archivs (jenes des Pagarchen Papas = TM Archives: ArchID 170), doch stammen sie von vier verschiedenen Absendern.

20 Zum Dioskoros-Archiv siehe TM Archives: ArchID 72 mit Literatur bis 2008; zur Zusammensetzung und Fundgeschichte siehe vor allem Fournet 2008 und kürzlich Ruffini 2018, 9–10 mit der Fundgeschichte und jüngerer Literatur zur Zusammensetzung des Archivs.

21 Alle Beispiele entstammen Petitionen bzw. einem inhaltlich und formal verwandten Reskriptentwurf; zur Identifikation der Handschrift der aufgeführten Petitionen mit der des Dioskoros siehe die Einträge bei Fournet – Gascou 2004; zur Handschrift von P.Cair. Masp. I 67024, siehe Fournet 2018, 597–598.

(*nomikos*) Pilatos bzw. jenem Schreiber, der für Pilatos die Verträge P.Cair. Masp. I 67094 und P.Lond. V 1661 aufsetzte.[22] Dass die Präferenz für entweder παγάϱχης oder πάγαϱχος einem persönlichen Stil des jeweiligen Schreibers geschuldet ist, legt auch der einzige andere Zeuge nahe, den wir in dieser Sache heranziehen können: der Notar (*symbolaiographos*) Panouphios aus dem Arsinoites. In der von ihm ausgestellten Urkunde SB XVIII 13952 (Arsinoites, 591/592) ist in Z. 6 παγάϱ̣χ]αις zu lesen. Das Wort ist zwar ergänzt, doch ist die Lesung weder vom Kontext noch hinsichtlich des α nach der Lacuna anzuzweifeln.[23] In einem zweiten Fall, in dem eine Urkunde des Panouphios einen Pagarchen erwähnt, ist das fragliche Wort vollständig ergänzt.[24] Allerdings liest man in einem noch unpublizierten Text aus Wien, der diesem Notar zuzuordnen ist, ziemlich sicher π]α̣γάϱχα̣ι̣ς,[25] womit der Schluss naheliegt, dass wir es mit einem individuellen Stilphänomen zu tun haben. Es ist jedoch nicht klar, ob dieses im Fall von Pilatos und Panouphios nun einem ‚Bürostil' der Kanzleien dieser beiden Notare oder aber speziell den jeweils ausführenden Schreibern zugewiesen werden muss – zumindest scheint in beiden Fällen jeweils derselbe Schreiber den Urkundentext geschrieben zu haben.[26]

Auch unter den frühislamischen Zeugnissen existieren zwei Beispiele für παγάϱχης aus einem gemeinsamen Kontext, der bereits oben zur Sprache kam, nämlich SB VIII 9755 (19. Juli 642) und CPR XXII 5 (Mitte 7. Jh.). Der erste Text richtet sich an Apa Kyros,

---

22 Vgl. zur Frage der Unterscheidung von Schreiber und Notar Del Corso 2008, 101 Anm. 46: Üblicherweise wird davon ausgegangen, dass die unterzeichnenden Notare von den Schreibern der jeweiligen Urkunden zu unterscheiden seien. Pilatos werden jedoch alle von ihm signierten Urkunden auch handschriftlich zugeordnet; ebenso werden Dokumente, welche dieselbe Handschrift wie die von Pilatos notariell unterzeichneten Urkunden aufweisen, Pilatos selbst zugeordnet; siehe dazu auch die Beschreibung der Urkunden bei Ruffini 2011, s.n. Pilatos 1.

23 Interessanterweise lesen wir dann in Z. 8 jedoch εἰϱήναϱχος statt εἰϱηνάϱχης.

24 P.Bodl. I 53, 5 (Arsinoiton Polis, 605).

25 Die Kenntnis dieses Textes verdanke ich Sophie Kovarik, welche einige Texte des Notars Panouphios in ihrer unpublizierten Magisterarbeit (Kovarik 2005) edierte. Die Urkunde P.Vindob. G 4008 + 25638 (590) findet sich dort teilweise als Nr. 2 mit π]α̣γάϱχο̣ι̣ς (Z. 5), was der Tatsache geschuldet ist, dass die Stelle nicht eindeutig zu lesen ist und sich in dem damals bekannten Fragment dieser Urkunde (G 25638) generell nicht viele Beispiele von οι oder αι für einen Vergleich finden lassen, sodass zunächst von der häufiger bezeugten Form πάγαϱχος auszugehen war. Doch meine ich, dass sich an den Beispielen ἐ̣[ν]δοξότατοις (Z. 4; dieses Wort war Teil des neu hinzugetretenen Fragments G 4008), εἶναι (Z. 14), ποιή[σθαι] (Z. 16) und καί (Z. 19) ausmachen lässt, dass der untere Teil von ο in der Verbindung mit ι stets gerundet wird, wohingegen α einen ausgesprochen spitzen Winkel aufweist, weshalb die Lesung π]α̣γάϱχα̣ι̣ς angesichts des neuen Fragments m. E. angemessene Sicherheit beanspruchen darf. Sophie Kovarik stellte mir für diese Frage ein Foto des Papyrus zur Verfügung, wofür ich ihr herzlich danke, und stimmt dieser Lesung zu. Sie wies mich überdies auf eine noch nicht publizierte Urkunde des Panouphios hin, die in Paris aufbewahrt wird, deren relevanter Teil jedoch im derzeitigen Zustand unlesbar ist.

26 Zum Fall des Pilatos siehe Anm. 22. Im Falle des Panouphios ist die Frage, ob wir in den beiden genannten Dokumenten denselben Schreiber vor uns haben, nicht sicher zu entscheiden, da beide Urkunden in unterschiedlichen Teilen erhalten sind und demnach nur wenige Vergleichsmöglichkeiten zulassen. Anhand der wenigen in beiden Texten erhaltenen mehrfachen Buchstabenfolgen möchte ich mich in diesem Fall jedoch vorsichtig für die Identität beider Schreiber aussprechen.

Pagarch des nördlichen Distrikts (*skelos*) von Herakleopolis, der zweite an dessen Sohn Theodorakios, Pagarch von Herakleopolis, der in anderen Papyri gemeinsam mit seinem Bruder Christophoros als Pagarch auftritt. Diese beiden Texte wurden wohl nicht von ein und demselben Schreiber verfasst, auch wenn sich dies nicht gänzlich ausschließen lässt.[27] Somit wären hier gleich zwei Schreiber im Umfeld dieser ‚Pagarchendynastie' zu verorten, die mit Dioskoros, Pilatos und Panouphios (bzw. dessen Schreiber) eine Vorliebe für παγάρχης teilen, während ein dritter Schreiber für den dritten Pagarchen in diesem Bunde, Christophoros, πάγαρχος verwendet.[28]

Während nun also Panouphios und Pilatos – bzw. je einer von deren Schreibern – ‚Konsequenz' in der Schreibung von παγάρχης zeigen,[29] verwendet Dioskoros beide Formen, im oben bereits erwähnten P.Lond. V 1677 sogar gesichert im selben Text. In P.Lond. V 1674 ist die Sachlage nicht eindeutig, aber es wäre auch hier durchaus möglich, dass beide Formen geschrieben wurden. In Z. 81 liest der Herausgeber π̣α̣γ̣ά̣ρχο̣[υ]ς, doch scheint mir die Lesung π̣α̣γ̣ά̣ρχα̣ς̣ angemessener zu sein.[30] In Z. 46: τὸν κατὰ̣ κ̣α̣ι̣ρὸν πάγα̣ρ̣χ[ον] ist nicht zu erkennen, welche Schreibweise bevorzugt wurde,[31] aber aufgrund der geringen Größe der Lacuna, die jedoch wiederum zu groß für eine Abkürzung ist, möchte man -ον den Vorzug geben.

Verwendete Dioskoros nun etwa gedankenlos bald die eine, bald die andere Schreibweise? Angesichts der literarischen Ambitionen dieses Mannes, für die er überdies auf einem strukturierten Studium der literarischen Vorbilder aufbaute[32] und die er durch eine

27 CPR XXII 5 hat sich in sehr fragmentarischem Zustand erhalten, weshalb sich nur wenige zusammenhängende paläographische Vergleichsmöglichkeiten mit SB VIII 9755 bieten, so etwa bei παγάρχῃ, Ἡρακλ( ), εγρ, περι und των.

28 SB VIII 9750, der als einziger der drei notariell ausgefertigt ist, und zwar vom Notar Elias. Die Hand des Schreibers dieses Textes (der nicht mit dem Notar Elias identisch ist) ähnelt jedoch sehr stark derjenigen, die den Text des genannten SB VIII 9755 geschrieben hat, der wiederum Apa Kyros παγάρχης adressiert. Aufgrund der unterschiedlichen Kontexte lässt sich – gesetzt den Fall, dass es sich in der Tat um denselben Schreiber handelt – nicht entscheiden, ob dieser Schreiber nach Belieben zwischen den Formen changierte oder ob im Büro des Pagarchen Christophoros bzw. im Büro des Notars Elias Vorlagen existierten, die den Schreiber im Fall von SB VIII 9750 πάγαρχος bevorzugen ließen. Die letztgenannte Rekonstruktion erscheint mir angesichts eines professionalisierten Amts- und Notariatsbetrieb plausibler.

29 Sofern man sich bei jeweils lediglich zwei vorhandenen Zeugnissen mit diesem Wort nicht überhebt.

30 Der Abstand zwischen χ und σ ist relativ klein für zwei Buchstaben und selbst im Falle eines über die Zeile geschriebenen Ypsilon würde die Verbindung -ους einen deutlich größeren Raum einnehmen; siehe Z. 68: πρεπούσης. Der erkennbare Buchstabe ist darüber hinaus eindeutig langgezogen und nicht rund – die erkennbaren Alphas in diesem Bereich des Textes gleichen der hier erkennbaren Spur deutlich. Zwar ist ασ manchmal mit einem von α auslaufenden Strich geschrieben, jedoch wird σ bisweilen auch direkt angeschlossen; siehe Z. 82: βασιλέα. Sogar die erkennbare Verbindung des α zum vorangehenden Buchstaben zeigt sich identisch zu jener in Z. 96: ἡμᾶς. Daher halte ich -ας für die zu bevorzugende Lesung.

31 Dioskoros schließt in den Parallelen sowohl η als auch ο unmittelbar an χ an, doch an der fraglichen Stelle ist direkt am rechten Teil von χ nichts zu erkennen.

32 Siehe etwa Schwendner 2008 und Fournet 1999, 669–690.

(aus)gesuchte Sprache in seinen Urkunden unterstrich,[33] erscheint dies wenig glaubhaft. Möglicherweise empfand der Dichter die weniger geläufige Form *παγάρχης* als ausgesuchter und ließ sie aus diesem Grund in seine Schriften einfließen. Zwar stellen unter den mit ἄρχω gebildeten Funktionsbezeichnungen diejenigen auf -αρχης die morphologisch jüngeren Formen dar, die vor allem für seit bzw. mit der Koine entstandene Neubildungen herangezogen wurden[34] – und dieses Phänomen ist am Beginn der Spätantike sozusagen Standard geworden[35] –, allerdings begegnet bei einigen der in ihrer Mehrzahl zu -αρχης gewandelten Wörtern die Form auf -αρχος im Verlauf der römischen Zeit wieder verstärkt.[36] In den Papyri kann man dies am Beispiel des Amtes des Komarchen nachvollziehen, bei dem sich bedingt durch die relativ gute Quellenlage eine Tendenz feststellen lässt, die sich von einer Präferenz für κωμάρχης hin zu einer Gleichwertigkeit verschiebt.[37] In der ptolemäischen Zeit überwiegt κωμάρχης mit 44 gegenüber zwei κώμαρχος-Belegen noch deutlich.[38] Nach ‚Wiedereinführung' des Amtes ca. 245 n.Chr.[39] überwiegt bis 350 κωμάρχης noch immer, allerdings weniger markant (63 : 34), ehe die Zahl der Belege nach 350 relativ ausgeglichen ist (9 : 11[40]). Beim Amt des Eirenarchen, das erst in römischer Zeit begegnet, liegt die Sachlage ähnlich, erscheint jedoch prononcierter. Die Form εἰρηνάρχης

---

33 Für Dioskoros' erkennbares Bemühen „d'obtenir un mot recherché" in anderen Kontexten, siehe Fournet 1999, 363 (Zitat), Fournet 2004, 67–71 und Fournet 2018, 619–621.

34 Mayser, Gram. 11–12 (§ 59, 3) für die ptolemäischen Papyri; Threatte 1996, 8–13 für die attischen Inschriften; Helbing 1979, 37–38, ausgehend von der Septuaginta; Blass et al. 1976, 40–41 für das NT; Debrunner 1917, 49 (§ 99).

35 Manche älteren Amtstitel mit -αρχος, z.B. φύλαρχος und γυμνασίαρχος, bewahren diese Sprachstufe als verbreitete Form auch in der Koine. Das Verhältnis etwa von φυλάρχης zu φύλαρχος in den griechischen Papyri der DDbDP beträgt 6 : 17. Die Form γυμνασιάρχης findet sich überhaupt nur einmal, und zwar in P.Lips. I 84, VI 3 (Hermopolites, 303). Es existiert keine Online-Abbildung und ausweislich des Leipziger Papyrus-Portals (https://papyri.uni-leipzig.de/content/start.xml ⟨16.09.2023⟩) ist das fragliche Fragment verschollen, doch lasen Wilcken und Mitteis an dieser Stelle γυμνασιάρχης explizit neu gegen γυμνασίαρχος der ed.pr. (BL I 212); γυμνασιαρχήσας ist schon inhaltlich ausgeschlossen (vgl. Col. VI 1–3 mit Col. V 1–3). Ausweislich der SGI begegnet γυμνασιάρχης vereinzelt in Inschriften, allerdings ebenfalls signifikant seltener als γυμνασίαρχος.

36 Siehe Helbing 1979, 38 (mit Beispielen auch aus literarischen Quellen) und Palmer 1945, 66–67.

37 Die folgenden Zahlen sind jeweils einer Suche in der DDbDP entnommen. Vor der Koine war κωμάρχης wiederum die gegenüber κώμαρχος jüngere und seltenere Form gewesen; siehe Anm. 35.

38 Wobei das erste der κώμαρχος-Zeugnisse (P.Cair. Zen. III 59379, 15) anhand der Online-Abbildung zweifelhaft zu nennen ist, während im zweiten Fall (UPZ I 124, 21) ein Großteil des Stamms in einer Lacuna steht und eine Online-Abbildung nicht verfügbar ist.

39 Die derzeitige Communis Opinio geht nicht von einer Kontinuität des Amtes in nach-ptolemäischer Zeit aus (abgesehen von einzelnen Zeugnissen und möglichen Archaismen aus der frühesten Zeit der römischen Besatzung) und die römischen Belege in den Papyri aus der Zeit vor 245 sind anders gedeutet worden; siehe Berkes 2017, 29 mit Anm. 7. Noch nicht beachtet wurde in diesem Zusammenhang jedoch P.Wisc. II 38 (Arsinoites), der in Z. 137 fraglos κωμάρχῃ hat und nach Th. Kruse (BL X 284) aufgrund der Angabe μη(νὸς) Νερωνῆ(ου) (l. Νερωνείου) Σεβαστ(οῦ) in Z. 1 in die Regierungszeit Neros zu datieren ist. Handelt es sich um ein – äußerst – spätes Beispiel eines archaisierenden Verweises auf die ptolemäische Amtsfunktion in römischer Zeit?

40 Nicht eingeschlossen ist hier SPP III^2 95, 2: κωμ[ά]ρχοι̣. Die verfügbare Online-Abbildung ermöglicht keine Entscheidung zwischen -αι und -οι.

überwiegt bis 350 n.Chr. (16 : 9), tritt nach 350 hingegen seltener auf als εἰρήναρχος (5 : 14). Wahrscheinlich kann der Amtstitel des Pagarchen in diese Entwicklung eingeordnet werden, denn dieser entstand ja womöglich erst um die Mitte des 4. Jahrhunderts, während die momentan verfügbare Quellenlage vermuten lässt, dass die Amtsbezeichnung zuvor durchgehend πραιπόσιτος πάγου gelautet hatte. Die Form παγάρχης konnte sich somit im Gegensatz zu κωμάρχης auf keine administrative Tradition stützen, und in diesem Fall könnte es für nichtmuttersprachliche Nutzerinnen und Nutzer des Griechischen nahegelegen haben, die Form πάγαρχος zu verwenden, denn diese mag aufgrund kongruenter Endungen maskuliner Formen im griechischen Satz lautlich eingängiger und natürlicher erschienen sein. Dies würde die relative Häufigkeit von πάγαρχος im 6. Jahrhundert teilweise erklären, die dann wiederum ein Argument für Dioskoros gewesen sein mag, stattdessen gerade das zu seiner Zeit seltenere παγάρχης zu verwenden.[41]

Doch dies ist wohl schon zu viel psychologisiert – eventuell lassen sich einige sachlichere Vermutungen aufstellen. Dioskoros lebte und wirkte in seinem Heimatdorf Aphrodito im antaiopolitischen Gau in der Provinz der Thebais in Oberägypten. Gegen Ende des Jahres 565 zog es ihn jedoch in die etwa 130 Kilometer entfernte Provinzhauptstadt Antinooupolis, wo er ebenfalls dichtete und als Notar tätig war.[42] Seine Rückkehr nach Aphrodito ist zwischen 570 und 573 anzusetzen. Von den hier relevanten Dokumenten aus der Zeit des Aufenthalts in Antinooupolis kann lediglich P.Cair. Masp. I 67002 (eine Petition an den *dux et Augustalis* Athanasios) durch einen expliziten zeitlichen Hinweis im Text genauer datiert werden, und zwar auf einen Zeitraum von Mai bis ca. Juli 567; die übrigen in der Tabelle aufgeführten Urkunden aus der Provinzhauptstadt lassen sich dagegen nicht mit letzter Sicherheit verorten. Das einzige Dokument, das noch im Dorf Aphrodito verfasst wurde, verwendet die Form παγάρχης.[43] Diejenigen Papyri aus der Zeit von Dioskoros' Aufenthalt in Antinooupolis, welche gesichert und ausschließlich παγάρχης aufweisen,[44] könnten eventuell aus der Zeit vor Mai–Juli 567 stammen. Dies muss zwar derzeit Spekulation bleiben, doch immerhin war Dioskoros bereits über ein Jahr in der Provinzhauptstadt, ehe er P.Cair. Masp. I 67002 schrieb, in welchem er offen-

41 Siehe auch Fournet 2018, 610, 613 und 620 zu archaisierenden und attizisierenden Tendenzen in der Sprache des Dioskoros, wozu auch seine Präferenz für -αρχης gegenüber -αρχος in dieser Zeit passen würde.

42 Ob man ihm wirklich darin Glauben schenken muss, dass diese Verlagerung des Lebensmittelpunkts eine Flucht vor Nachstellungen des Pagarchen Menas war, wie Dioskoros dies etwa in der genannten Petition P.Cair. Masp. I 67002 ausmalt, sei an dieser Stelle einmal dahingestellt (siehe dazu Stern 2023).

43 P.Cair. Masp. I 67024; die beiden Varianten des Textes auf Recto und Verso wurden von Dioskoros selbst geschrieben; siehe dazu Fournet 2018, 597–598. Eine dritte Variante desselben Textes ist in P.Cair. Masp. I 67025 erhalten. Diese wurde nicht von Dioskoros, sondern von jemandem geschrieben, der allem Anschein nach gezielt für seine Expertise in der Redaktion zentraler Formulierungen solcher Texte herangezogen worden war. Weite Teile der dioskorischen Vorlage sind unverändert übernommen und P.Cair. Masp. I 67025 sollte daher nicht als eigenständiges Zeugnis für unsere Frage herangezogen werden.

44 P.Cair. Masp. I 67003 und 67005, beides Petitionen an den dux Athanasios. Vgl. allerdings Fournet 1999, 332–336 mit Anmerkungen zur Chronologie der verschiedenen *duces*.

bar zum ersten Mal ausschließlich πάγαρχος verwendete.[45] Dioskoros könnte sich nun in einem neuen Lebens- und vor allem Arbeitsumfeld dazu entschieden haben, sich an den administrativen Usus anzupassen – wenn diese Entscheidung überhaupt eine bewusste war.[46] Die Verwendung beider Formen im selben Dokument (in P.Lond. V 1677 und vielleicht ebenso in P.Lond. V 1674) könnte dann als Ausdruck eben dieser ‚zwei Seelen' gelten, mithin als eine Art Übergangsphase zu deuten sein. Dürfen wir so weit gehen, Dioskoros' frühere Präferenz für παγάρχης auf den Einfluss der Umgebung des Pilatos zurückzuführen? Mit diesem scheint er nämlich zeitlebens in mehr oder weniger engem Kontakt gestanden zu haben, wie mehrere Dokumente aus der Feder des Pilatos[47] zeigen, die mit Dioskoros' beruflichen und privaten Belangen in Verbindung stehen. Ein solcher Zusammenhang könnte durch die schon ältere Beobachtung unterstrichen werden, dass Dioskoros' Handschrift in bestimmten urkundlichen Kontexten offenbar signifikante Charakteristika mit denjenigen dreier bekannter Notare aus Aphrodito teilt: Konstantinos, Kyros und eben Pilatos.[48] Letzterer dürfte zudem einige Jahre älter als Dioskoros gewesen sein, zumindest aber wirkte er früher als Notar, als Dioskoros dies tat.[49] Finden wir hier angesichts der anderweitigen Ausschließlichkeit der Zeugnisse für πάγαρχος auch in Aphrodito gar ein Indiz dafür, dass Dioskoros regelmäßigen, ‚prägenden' Umgang mit (den Urkunden aus) dem Büro des Pilatos hatte? Und dass Pilatos vielleicht gar (teilweise) für jene Ausbildung des Dioskoros verantwortlich zeichnete, die dieser dann in Antinooupolis bei den provinzialen Behörden zum guten Nutzen bringen konnte?

Diese Details müssen zwar derzeit noch Spekulation bleiben – in jedem Fall scheint die Verwendung von παγάρχης jedoch eine ausgesucht individuelle Angelegenheit gewesen zu sein. Die koptische Dokumentation, die unter anderem auch die private Korrespondenz der Familie des Dioskoros umfasst, unterstreicht dies: Hier ist ⲡⲁⲅⲁⲣⲭⲟⲥ in der Tat die einzige gebräuchliche Form, die sogar in einem an Dioskoros gerichteten Brief eines seiner Söhne Verwendung findet.[50] Dieser Befund ist dahingehend auffällig, dass etwa der Komarch im Koptischen sowohl als ⲕⲱⲙⲁⲣⲭⲏⲥ wie auch als ⲕⲱⲙⲁⲣⲭⲟⲓⲥ (*sic*) und einmal gar als ⲕⲱⲙⲁⲣⲭⲟⲓ firmiert.[51] Zählte man die in Tabelle 1 aufgeführten Zeugnisse derart, dass Urkunden desselben Schreibers als ein gemeinsamer Eintrag zählten, so wiese die

45 P.Cair. Masp. I 67002, Col. II 22; III 2. 17. 22.

46 Doch möchte ich dies für jemanden, dessen Literarität ihm Brot und Muße zugleich ist, unbesehen annehmen wollen.

47 Bzw. der eines Schreibers; siehe Anm. 22. Siehe auch Ruffini 2011, s.n. Pilatos 1.

48 Del Corso 2008, 100–101.

49 Die Geburt des Dioskoros wird gemeinhin um 520 verortet (Fournet 2008, 19), während Pilatos Mitte der 540er Jahre als *nomikos* bereits etabliert war (siehe die Zeugnisse bei Ruffini 2011, s.n. Pilatos 1).

50 Vanderheyden 2015, Nr. 11 (um 25. August 568).

51 Förster 2002, s.vv. Siehe auch P.Gascou 31 mit weiteren Belegen. Aus lautlichen Gründen sollten ⲕⲱⲙⲁⲣⲭⲟⲓⲥ und (als Reduktion) ⲕⲱⲙⲁⲣⲭⲟⲓ wohl eher als Testimonien für ⲕⲱⲙⲁⲣⲭⲏⲥ als für eine hypothetische koptische Form ⲕⲱⲙⲁⲣⲭⲟⲥ angesehen werden. Andere Beispiele (mit jeweils nur einem Beleg) bei Förster: φυλάρχης/φύλαρχος als ⲫⲩⲗⲁⲣⲭ; ἑκατοντάρχης/ἑκατόνταρχος als ⲓⲕⲁⲧⲁ(ⲛ)ⲧⲁⲣⲭⲱⲥ; εἰρηνάρχης/εἰρήναρχος als ⲉⲓⲣⲱⲛⲁⲭⲟ̄[.

Tendenz noch weit deutlicher in die Richtung von πάγαρχος als der Standardform. In diesem Fall erschiene vom reinen Zahlenverhältnis her die Form παγάρχης in arabischer Zeit sogar verbreiteter als unter römischer Herrschaft. Es wäre nun freilich abwegig, einen Text, allein aus dem Grund „wahrscheinlich" in die arabische Zeit datieren zu wollen, dass er die Form παγάρχης enthält. Zumindest erscheint es jedoch angebracht, Abkürzungen oder lakunäre Textpassagen generell nach πάγαρχος aufzulösen bzw. zu ergänzen, sofern die entsprechenden Texte weder der Hand noch allenfalls dem Umfeld von Schreibern – oder Schreiberinnen –[52] zugeordnet werden können, die wir bereits als (zumindest gelegentliche) Verwender von παγάρχης kennen.

Tab. 1 Verteilung von παγάρχης und πάγαρχος nach Zeit und dokumentarischem Kontext; fettgedruckte Texte enthalten – wahrscheinlich – beide Formen.

	παγάρχης	πάγαρχος
nicht-dokumentarische Zeugnisse	Edict. imp. Iust. 13 (539)	Isis. Pel. epist. 51 = Migne LXXVIII 536 (420–435/440?)
4. und 5. Jh.[53]	Ch.L.A. V 292, 4 (Oxy., 353)[54] P.Oxy. LXIII 4371 (Oxy., 2. Hälfte 4. Jh.) P.Oxy. LXXXVII 5592 (Oxy., frühes 5. Jh.)	O.Bir Shawish 29 (Oasis Parva, 398/399 oder 413/414) O.Oasis Dor. 5 (Oasis Parva, 407 oder 422) P.Oxy. XVI 1831 (Oxy., Ende 5. Jh.) P.Oxy. LVI 3865 (Oxy., Ende 5. Jh.)
500–642, Dioskoros-Archiv, von Dioskoros verfasst	P.Cair. Masp. I 67024+67025 (Aphrod., 551)[55] P.Cair. Masp. I 67003 (Antin., ca. 567) P.Cair. Masp. I 67005 (Antin., ca. 568) **P.Lond. V 1674 (Antin., 567–573)** **P.Lond. V 1677 (Antin., ca. 568–570)**	P.Cair. Masp. I 67002 (Antin., 567) P.Aphrod. Lit. 14 (Antin., 567–573) **? P.Lond. V 1674 (Antin., 567–573)** **P.Lond. V 1677 (Antin., ca. 568–570)**

52 Für die hier versammelten griechischen Urkunden lässt sich ausschließen, dass sie von einer Frau geschrieben wurden, wenngleich in der von Dioskoros verfassten Petition P.Cair. Masp. I 67005 eine Frau als Petentin und ‚Erzählerin' auftritt.

53 CIG III 3989, 12 (Laodicea Combusta, Anfang 4. Jh.) hat ΠΑΓΑΡΧΗ, doch ist hier zu παγαρχή(σας) und nicht zu παγάρχη(ς) aufzulösen.

54 Neupublikation in Pedone 2020, 7–20.

55 Strenggenommen wurde P.Cair. Masp. I 67025 nicht von Dioskoros geschrieben, doch sollte diese Variante von P.Cair. Masp. I 67024 methodisch nicht als eigenständiges Zeugnis gelten dürfen; siehe Anm. 43.

	παγάρχης	πάγαρχος
500–642, Dioskoros-Archiv, nicht von Dioskoros verfasst	P.Cair. Masp. I 67094 (Aphrod., 552/553) P.Lond. V 1661 (Aphrod., 553) Anm.: Beide Urkunden notariell unterzeichnet vom *nomikos* Pilatos.	SB VI 9102 (Konstantinopel, 548) SB XX 15015 (Phthla, 550/551) P.Gen. IV 193 (Aphrod., 551/552) SB XX 15013 (Phthla, 552/553) P.Vat. Aphrod. 16A (Aphrod., ca. 553?) SB XXIV 15975 (Aphrod., 554/555?) P.Lond. V 1665 (Aphrod., 557/558?) SB XVI 12370 (Aphrod., 559/560) SB XX 15016 (Phthla, 559/560) P.Cair. Masp. I 67068 (Aphrod., 6. Jh.) P.Cair. Masp. II 67228 (Antaiopolit., 6. Jh.) P.Cair. Masp. III 67325 (Aphrod., 6. Jh.) P.Flor. III 298 (Aphrod., 6. Jh.)
500–642, andere	SB XVIII 13952 (Arsin., 591/592) unpubliziert: P.Vindob. G 4008 + 25638 (Arsin., 590) Anm.: Beide Urkunden notariell unterzeichnet vom *symbolaiographos* Panouphios.	P.Mich. XI 624 (vielleicht Herakl., Anfang 6. Jh.) P.Ant. II 96 (Antin., 6. Jh.) P.Münch. III 152 (unbekannt, 6. Jh.) BGU I 305 (Arsin., 556) CPR XIV 10 (Arsin., 556–579) CPR XIV 11 (Arsin., 578) SB I 4721 (Arsin., 589–590) SB XXIV 16288 (Arsin., 600) SB I 5256 (Arsin., 6.–frühes 7. Jh.)[56] CPR XIV 9 (Arsin., 607) CPR XXIV 27 (Arsin., 610) P.Vindob. G 26585 = van Loon 2017, 131 (Arsin., 616) CPR XXIV 30 (Arsin., 622) CPR XIX 32 (Arsin., 622) SPP III 392 (Arsin., 6.–7. Jh.)
ab 642	SB VIII 9755 (Herakl., 642) PSI I 52 (Oxy., 647?) CPR XXII 5 (Herakl., Mitte 7. Jh.) P.Lond. III 1075 (unbekannt, 7. Jh.) SB I 5582 (Theben, 724)	SB VIII 9750 (Herakl., 642/657) P.Ross. Georg. III 50 (Arsin., 643) BGU I 320 (Arsin., 644) CPR XXIV 32 (Arsin., 651) P.Flor. III 336 (Arsin., 7. Jh.)[57] SB XVI 12481 (Arsin., 668) P.Mert. II 100 (Arsin.?, 669) P.Ross. Georg. III 52 (Arsin., 674) P.Apoll. 7 (Apoll. Ano, 2. Hälfte 7. Jh.)

56 Die Edition verweist nur auf die byzantinische Zeit, doch ist aufgrund des Schriftbildes wohl eine Datierung in das 6. oder frühe 7. Jh. anzunehmen.

57 Aufgrund der spezifischen Adressierung παγάρχῳ ταύτης τῆς Ἀρσινοιτῶν πόλεως ist die frühestmögliche Datierung der hier vorliegenden 15. Indiktion das Jahr 626/627. Der hier anzutreffende Pagarch Paulos wird aber wohl mit dem in CPR VIII 71 (654) auftretenden identisch sein, wo er noch als Sohn des verstorbenen Pagarchen Stephanos firmiert; in diesem Fall sollte die Ausfertigung von P.Flor. III 336 im Jahr 656/657 oder allenfalls 671/672 angesetzt werden.

	παγάρχης	πάγαρχος
ab 642 (Forts.)		P.Apoll. 8 (Apoll. Ano, 2. Hälfte 7. Jh.) P.Apoll. 14 (Apoll. Ano, 2. Hälfte 7. Jh.) P.Apoll. 18 (Apoll. Ano, 2. Hälfte 7. Jh.) P.Apoll. 27 (Apoll. Ano, 2. Hälfte 7. Jh.) P.Apoll. 32 (Apoll. Ano, 2. Hälfte 7. Jh.) PSI XV 1570 (Apoll. Ano, 2. Hälfte 7. Jh.) P.Lond. I 1540 (Aphrod., ca. 710)

Quellen

Cod. Theod. 8 und 12: Mommsen, Th. (Hg.), Theodosiani libri XVI cum constitutionibus Sirmondianis et leges Novellae ad Theodosianum pertinentes, Bd. I: pars posterior, Berlin 1905.

Edict. imp. Iust. 13: Schöll, R. – Kroll, W. (Hg.), Corpus Iuris Civilis, Bd. III: Novellae, Berlin 1912 & Zachariae von Lingenthal, C. E. (Hg.), Imp. Iustiniani pp. a. Novellae quae vocantur sive Constitutiones quae extra codicem supersunt, ordine chronologico Digestae, Bd. III 2: appendix altera: De dioecesi Aegyptiaca lex ab Imp. Iustiniano anno 554 lata quam addita versione Latina et notis, Leipzig 1891.

Isid. Pel. epist.: Migne, J.-P. (Hg.), Patrologia Graeca, Bd. LXXVIII: Isidorus Pelusiota, Paris 1860 (ND 1912).

Instrumenta

BL: Berichtigungsliste der griechischen Papyrusurkunden aus Ägypten, 1922–

DDbDP: The Duke Databank of Documentary Papyri; Zugriff via: https://www.papyri.info/search ⟨16.09.2023⟩.

SGI: Searchable Greek Inscriptions des Packard Humanities Institute (PHI): https://epigraphy.packhum.org/ ⟨16.09.2023⟩.

TM Archives: Trismegistos Archives: https://www.trismegistos.org/arch/ ⟨16.09.2023⟩.

Literaturverzeichnis

Berkes, L., Dorfverwaltung und Dorfgemeinschaft in Ägypten von Diokletian zu den Abbasiden (Philippika 104), Wiesbaden 2017.

Blass, F. – Debrunner, A. – Rehkopf, F., Grammatik des neutestamentlichen Griechisch, Göttingen [14]1976.

Debrunner, A., Griechische Wortbildungslehre, Heidelberg 1917.

Demiri, L. – Römer, C., Texts from the Early Islamic Period of Egypt. Muslims and Christians at Their First Encounter (Nilus 15), Wien 2009.

Del Corso, L., Le scritture di Dioscoro, in: Fournet, J.-L. (Hg.), Les archives de Dioscore d'Aphrodité cent ans après leur découverte. Histoire et culture dans l'Égypte byzantine, Actes du Colloque international de Strasbourg, 8–10 décembre 2005, Paris 2008, 89–115.

Derda, T., ΑΡΣΙΝΟΙΤΗΣ ΝΟΜΟΣ. Administration of the Fayum under Roman Rule (JJP Suppl. 7), Warschau 2006.

Förster, H., Wörterbuch der griechischen Wörter in den koptischen dokumentarischen Texten (Texte und Untersuchungen zur Geschichte der altchristlichen Literatur 148), Berlin – New York 2002.

Fournet, J.-L., Hellénisme dans l'Égypte du VIe siècle. La bibliothèque et l'œuvre de Dioscore d'Aphrodité (Mémoires publiés par les membres de l'Institut français d'archéologie orientale du Caire 115), Kairo 1999.

Fournet, J.-L., Entre document et littérature. La pétition dans l'antiquité tardive, in: Feissel, D. – Gascou, J. (Hg.), La pétition à Byzance (Centre de recherche d'histoire et civilisation de Byzance, Monographies 14), Paris 2004, 61–74.

Fournet, J.-L., Archive ou archives de Dioscore? Les dernières années des „archives de Dioscore", in: Fournet, J.-L. (Hg.), Les archives de Dioscore d'Aphrodité cent ans après leur découverte. Histoire et culture dans l'Égypte byzantine, Actes du Colloque international de Strasbourg, 8–10 décembre 2005, Paris 2008, 17–30.

Fournet, J.-L., Les Égyptiens à la capitale ou Quand la papyrologie s'invite à Constantinople: édition comparée des P.Cair. Masp. I 67024–67025, in: Morrisson, C. – Sodini, J.-P. (Hg.), Constantinople réelle et imaginaire. Autour de l'œuvre de Gilbert Dagron, Paris 2018, 595–633.

Fournet, J.-L. – Gascou, J., Liste des pétitions sur papyrus des Ve–VIIe siècles, in: Feissel, D. – Gascou, J. (Hg.), La pétition à Byzance (Centre de recherche d'histoire et civilisation de Byzance, Monographies 14), Paris 2004, 141–196.

Helbing, R., Grammatik der Septuaginta. Laut- und Wortlehre, Göttingen [2]1979 (1. Aufl. 1907).

Karabacek, J. Ritter von, Arabische Abtheilung, in: Karabacek, J. Ritter von, Papyrus Erzherzog Rainer. Führer durch die Ausstellung, Wien 1894.

Lewis, N., The Compulsory Public Services of Roman Egypt (Papyrologica Florentina 28), Florenz [2]1997.

van Loon, G. A. J. C., An Orchard Lease from the Reign of Heraclius, BASP 54, 2017, 127–142.

Palmer, L. R., A Grammar of the Post-Ptolemaic Papyri, Bd. I: Accidence and Word-formation, Teil 1: The Suffixes, London 1945.
Pedone, M., *Apud acta*. Studi sul processo romano alla luce della documentazione papirologica (IV–VI sec. d.C.), Turin 2020.
Ruffini, G. R., Life in an Egyptian Village in Late Antiquity. Aphrodito before and after the Islamic Conquest, Cambridge 2018.
Ruffini, G. R., A Prosopography of Byzantine Aphrodito (American Studies in Papyrology 50), Durham 2011.
Schmidt-Hofner, S., Reagieren und Gestalten. Der Regierungsstil des spätrömischen Kaisers am Beispiel der Gesetzgebung Valentinians I. (Vestigia 58), München 2008.
Schwendner, G. W., An Applied Linguistics Approach to Dioscorus' Homeric Glossary & Poetic Corpus, in: Fournet, J.-L. (Hg.), Les archives de Dioscore d'Aphrodité cent ans après leur découverte. Histoire et culture dans l'Égypte byzantine, Actes du Colloque international de Strasbourg, 8–10 décembre 2005, Paris 2008, 55–66.
Stern, M., Disputing Public Authority in the Late Antique Countryside. P.Cair. Masp. I 67002 revisited, in: Vandorpe, K., et al. (Hg.), Seeking Justice in and out of Court: Dispute Resolution in Greco-Roman and Late Antique Egypt (Studia Hellenistica 62), Leuven 2023, 269–288.
Threatte, L., The Grammar of Attic Inscriptions, Bd. II: Morphology, Berlin 1996.
Tost, S., Die Unterscheidung zwischen öffentlicher und privatgeschäftlicher Sphäre am Beispiel des Amts der *riparii*, in: Schubert, P. (Hg.), Actes du 26e Congrès international de papyrologie, Genève, 16–21 août 2010, Genf 2012, 773–780.

Militär

Provincia inermis

Patrick Le Roux

Provincia inermis est un groupe nominal mis en valeur par l'érudition moderne,[1] rare dans les recueils et les dictionnaires consacrés à la langue latine renvoyant à des usages textuels anciens chez les différents auteurs.[2] Cette observation autorise à s'interroger sur le sens et la portée d'un vocabulaire qui n'est guère défini ni analysé, lequel a émergé avec la mise en place d'un empire romain vu comme un ensemble de territoires plus ou moins stables, dotés de limites durables sujettes parfois cependant à modifications non négligeables.

Les contextes sont essentiels et la première démarche est de scruter l'histoire des usages du terme adjectivé et de ceux qui lui sont apparentés. Sur cette toile de fond lexicale, un bilan comparé conduit à évaluer l'apport d'une enquête systématique à l'histoire romaine militaire et administrative.[3] S'agit-il d'un problème militaire ou d'un problème de contrôle territorial dans un empire en mouvement soumis à diverses conjonctures? Que dévoile ainsi peut-être l'expression mise en exergue? Jusqu'à quel point les débats historiographiques actuels éclairent-ils ou déforment-ils notre analyse des liens entre provinces romaines et armée?

En tous sens

La lecture du Thesaurus Linguae Latinae (ThLL), sous *inermis*[4] indique d'emblée que le mot offre une diversité d'acceptions qui concernent des êtres humains, des lieux, des choses

1 La question est sans objet si la province relève d'un gouvernement doté en permanence d'une armée et confié à un *legatus Augusti propraetore*. Mon titre est un clin d'œil à la somme *Capita provinciarum* l'un et l'autre d'une 'brièveté impériale'!

2 À vrai dire, *inermis* n'est guère répertorié dans les *indices* des ouvrages d'histoire militaire ni de ceux qui traitent d'histoire administrative et provinciale, d'où l'impression d'un non sujet. Nelis-Clément 2000 fait exception mais ne propose pas de définition claire, la signification semblant aller de soi.

3 C'est dans cet esprit que je souhaite rendre hommage à notre collègue dont l'œuvre (*supra* n. 1) a marqué une étape notable dans une réflexion enrichie sur l'empire de Rome et ses formes de contrôle et de gouvernement. C'est aussi l'occasion pour moi d'approfondir un peu plus une démarche à l'origine de mon livre Le Roux 1982.

4 ThLL VII 1, 1304–1307: la notion, la catégorie (et non le 'concept' s'agissant des mots de l'historien) est associée à *inermus*, au verbe *inermo*, au substantif *inermitas*, le *e* pouvant être remplacé dans chaque cas par un *a* (*inarmis*).

ou objets dont le genre varie également du masculin au neutre en passant par le féminin. L'idée générale est celle de 'sans défense', 'sans protection' et s'oppose étymologiquement à *armatus*. Les soldats, les villes sont dits *inermis* s'ils se rencontrent démunis face à un ennemi ou une menace identifiée. Plus largement, le substrat apparent est celui de manquer d'une armée à sa disposition ou d'une tutelle militaire, ce qui s'applique à des navires, à des régions.[5]

Les nombreuses occurrences y compris dans les textes juridiques et chez les poètes dessinent un éventail qui n'est évidemment pas réservé à *inermis* mais se présente à nous chaque fois que la méthode l'exige. Cependant, les situations décrites, bien que relevant couramment de la défense, de la guerre, d'un siège, de l'implication ou non d'armes ne limitent pas les emplois à la campagne militaire, au combat, aux batailles, aux armées. L'image, la métaphore habillent le langage de la protection ou de l'agressivité introduisant plusieurs nuances enrichissantes. Le tour d'horizon, même rapide mais complet, exprime l'absence de lien obligatoire ou logique entre *inermis* et *provincia*. On peut dès à présent attirer l'attention sur le fait que Tacite, évoquant les provinces d'Orient au 1er juillet 69, ponctue: *sed inermes legati regebant*.[6] On remarque aussi que les inscriptions ignorent et l'adjectif et l'expression,[7] ce qui restreint plus encore le champ sémantique rapporté aux provinces.

Le constat n'appelle pas une discussion longue, laquelle ne servirait pas l'exigence de clarté. La notion de *provincia inermis* est un reflet des difficultés opposées par les instruments discursifs à notre disposition dont les contenus signifiants défient le souci scientifique légitime des historiens. La faiblesse numérique des emplois antiques du syntagme induit des raisonnements susceptibles de conférer un sens technique ou non aux diverses expressions privées de commentaire chez les auteurs. La complication est accrue quand on joint au dossier la manière dont l'historiographie moderne (depuis le XIXème siècle) fait état d'inerme, souvent considéré, par voie de conséquence, comme allant de soi.[8] Pourtant, le ThLL ne recense l'application provinciale qu'au paragraphe 3 de la colonne 1307, soit à la fin de la notice. Toutes les références procèdent de Tacite.

5 On rencontre la forme *inarmus* dès Plaut. Bacch. 969; chez Tac. Agr. 37.3 le mot signifie 'désarmé', ce qui se retrouve dans les textes tardifs (voir c. 1306). De Cicéron à Aurelius Victor l'emploi de 'sans défense', 'sans protection' est banal. La '*iunctura*' *cuncti, armati inermesque* de Sall. Iug. 94.5 fait écho à Liv. 4.59.6 en ne négligeant pas que la langue de l'historien de Padoue est augustéenne. Tac. Hist. 3.31.3 associe deuil ou affliction et tenue sans armes chez les soldats. Cic. Leg. agr. 1.16 énonce *totam Italiam inermem tradituros existimasti* appliquant le vocable à un territoire.

6 Tac. Hist. 2.82.5: "mais des légats les gouvernaient sans armées". Le style, friand de formules concises, crée une ambiguïté, même s'il convient de comprendre que ce sont les provinces et non les légats qui sont *inermes*. La logique n'est sans doute pas celle du territoire mais pointe vers l'action.

7 Ce que démontre la consultation de la banque de données Clauss-Slaby (EDCS), compte tenu de certaines imperfections inévitables de la compilation pionnière.

8 Cf. *supra* n. 2. De même, Marín y Peña 1956 ignore l'adjectif. Clauss 1999 offre un résultat identique, à l'instar de beaucoup d'autres ouvrages consacrés à l'institution militaire romaine impériale.

Une formule tacitéenne à traduire

Le corpus se résume *a priori* à quelques notations dans les 'Histoires':

> "Les provinces *inermes* et en premier lieu l'Italie elle-même, exposée à devenir l'esclave de n'importe qui, étaient le prix à venir de la guerre."[9]

La notation est datable du début janvier 69, six mois avant la proclamation de Vespasien à Alexandrie à l'instigation de Ti. Alexander originaire d'Égypte.[10] L'Italie est placée sur le même plan que les provinces dites sans armées. Elle est en ce cas distinguée de Rome,[11] mais pour la victoire les garnisons romaines entraient en ligne de compte puisque c'est l'Italie qui apparaît comme le *pretium belli*, ce qui interroge la traduction "sans armées", insuffisante.

> "ce n'est pas Vindex avec une province *inermis*, ce n'est pas moi avec une seule légion [...]"[12]

Les circonstances en sont le discours de Galba,[13] reconstitué par l'auteur, prononcé à l'adresse du jeune Pison qu'il a décidé d'adopter et présente en public comme son successeur désigné. L'empereur, proclame-t-il, se tient au-dessus de la *res publica*,[14] qu'il coiffe et gouverne pour le bien de la paix civile faute de pouvoir la rétablir dans son état originel (*a quo inciperet*). Vindex était mort à Vesontio, victime de la tyrannie de Néron, après avoir lutté contre les légions de Germanie fidèles à l'empereur avec le secours des troupes de Galba, lequel était donc vaincu lui aussi. Les Gaules dont Vindex était un légat gouverneur n'abritaient en principe aucune garnison permanente, étant défendues et protégées par les armées de Germanie.[15] Galba disposait au départ de la légion VI Victrix et de corps auxiliaires. Il ajouta la légion VII Galbiana recrutée dans sa province.[16]

---

9 Tac. Hist. 1.11.5: *Inermes provinciae atque ipsa in primis Italia, cuicumque servitio exposita, in pretium belli cessurae erant.*

10 Tac. Hist. 1.11.2.

11 Les textes antiques suggèrent que l'*Vrbs* capitale unique, seul *caput imperii*, n'est pas vraiment en Italie du point de vue de l'organisation de l'empire et doit à sa localisation géographique d'y être associée dans l'histoire: par exemple Plin. HN 3.39–42 dont l'éloge de l'Italie est conçu comme un hommage à Rome.

12 Tac. Hist 1.16.4: *non Vindex cum inermi provincia aut ego cum una legione ....*

13 Tac. Hist. 1.15–16.

14 *Res publica* dans le langage tacitéen s'oppose à la monarchie et nomme les citoyens, le peuple romain libre de toute domination selon l'acception cicéronienne. La *libertas* en fait partie par le choix des dirigeants de servir le *populus*: Tac. Hist.1.16.2 est clair sur ce point, *loco libertatis erit quod eligi coepimus*. Sur *res publica* et les débats, récemment: Moatti 2018 qui renouvelle en profondeur la lecture d'une notion polysémique et évolutive.

15 Sur la situation militaire des Gaules en 68–69, voir par exemple Reddé 1996, 95–101. L'occupation du camp de Mirebeau (Côte d'Or) correspond à la période flavienne avant la création de la Germanie Supérieure.

16 Le Roux 2000. Elle lui succéda un peu plus tard sous le nom de légion VII Gemina Felix.

"(que l'on) assure ses arrières (de Mucien lui-même), l'Achaïe et l'Asie, exposées *inermes* à Vitellius, sauf à les munir de *praesidia*."[17]

Après la proclamation de Vespasien le 1er juillet 69, Mucien prend le chemin de l'Italie sans dévoiler son itinéraire pour tromper et inquiéter Vitellius. Il prend soin de contrôler les régions maritimes orientales n'ayant pas le temps de les protéger solidement par l'installation de *praesidia*, c'est-à-dire de garnisons postées pour la surveillance en temps de guerre et non de camps légionnaires ou auxiliaires stables.[18] Les territoires provinciaux mentionnés sont définis de manière générale comme sans défense ni protection.

"et pour ne pas exposer les provinces *inermes* aux assauts des peuples barbares [...]"[19]

La situation est celle de l'invasion de l'Italie après les événements de Pœtovio et avant le désastre de Crémone (3.22–33). On retrouve une inquiétude propre à Tacite, le déclenchement d'assauts barbares tirant parti d'un *bellum civile* dans l'empire.[20]

On accolera au dossier le passage cité *supra* n. 6 relatif aux *legati*. Ce n'est pas par hasard que *legatus* est utilisé. Le terme, ici institutionnel et technique, attire l'attention sur les gouvernements des provinces dites impériales (*legatus Augusti propraetore*) en liaison avec l'*inermitas*.

On ne peut qu'être interpellé par la conclusion: à la rareté d'un mot que l'on ne saurait traduire exactement qu'au cas par cas,[21] s'ajoute une préoccupation ciblée, due à Tacite, dont les motifs nous échappent également de prime abord. Si l'on en croit Dion Cassius,[22] le partage des provinces de 27 av. J.-C. avait été fondé sur les questions de défense et de pacification. F. Millar a cependant attiré l'attention sur le sens administratif et juridico-politique de la division: les provinces, toutes 'publiques' (du peuple romain) par la volonté d'Auguste, étaient 'proconsulaires' quand elles relevaient du contrôle sénatorial et 'impériales' (ou de César) quand elles dépendaient directement de l'empereur.[23] Du point de vue

17 Tac. Hist. 2.83.2: *tuta pone tergum Achaia Asiaque, quas inermis exponi Vitellio, ni praesidiis firmarentur.*

18 *Praesidium* met l'accent sur l'effectif humain chargé de surveiller les lieux, non sur un 'établissement militaire' autonome et modélisé: ThLL X 2, 1, 883–886 principalement.

19 Tac. Hist. 3.5.2: *Ac ne inermes provinciae barbaris nationibus exponerentur ....*

20 Tac. Hist. 2.82.4 utilise la formule qui souligne le pouvoir que la situation de guerre civile confère au soldat jouissant de l'impunité par rapport au civil. Voir Flaig 2021, 20 qui rappelle avec raison la différence entre une usurpation et une 'guerre civile' due à une vacance du pouvoir jugé légitime. Cf. aussi *infra* n. 27.

21 Il vaut sans doute mieux, le plus souvent, renoncer à traduire faute de retrouver les nuances pertinentes de chaque contexte.

22 Cass. Dio 53.12.3. Il s'agit alors non de partage du pouvoir mais du gouvernement des provinces dont le contrôle était réparti entre Auguste et le Sénat.

23 Millar 1989, 93–97 qui résume ici sa réflexion récurrente sur l'absence de dyarchie mommsénienne dans l'organisation de l'empire de Rome. Voir aussi Le Roux 2010, 61 et n. 30. Barrandon – Hurlet 2009, 43–48 distinguent "faute de mieux", "provinces publiques" et "provinces impériales", malgré le fait que toutes les provinces aient toutes été fictivement considérées comme celles du "peuple

militaire, la province d'Afrique et la province d'Asie suscitaient ainsi des interrogations en raison du critère de la pacification propre aux provinces proconsulaires caractérisées par l'absence supposée de menaces. Ce n'est pas toutefois dans cette direction que l'on peut éclairer justement le vocabulaire tacitéen.

Province 'sans légion'?

Dans le dossier, l'attention est, en effet, attirée sur le lien avec la part romaine de l'armée installée dans les provinces, celle par excellence des citoyens, la *legio* symbole de la force conquérante et victorieuse des Romains. Les légats (Tac. Hist. 2.82.5, *supra* n. 6), la province hispanique de Galba, celle de Vindex, l'Asie montrent clairement que la province ne peut être dite *inermis* que si aucune légion n'y est attachée ni la surveille aux ordres du gouverneur.[24] Les Gaules et la Lusitanie de la période Julio-claudienne en illustrent la teneur en ce qu'elles étaient provinces impériales '*inermes*' tout en abritant des unités militaires autres que des légions.[25] À l'inverse, la province d'Afrique Proconsulaire, jusqu'à Caligula, hébergeait sans conteste la légion III Augusta[26] et la province d'Asie abritait sur son territoire des unités auxiliaires dont pouvaient disposer les proconsuls tout en apparaissant comme *inermes*.[27] Comparé à la lecture tacitéenne, il ressort que la référence à des *provinciae inermes* naquit de situations particulières et d'un état évolutif de l'organisation du territoire impérial.

---

romain". Il y a peut-être là une difficulté à abandonner l'idée d'un empire faisant une place à la 'souveraineté populaire'. L'appellation provinces 'proconsulaires' est d'autant plus acceptable que seuls les gouverneurs des provinces impériales ne jouissaient pas de l'*imperium proconsulare* comme le signalent les auteurs à la page 48. Le titre de ces gouverneurs est, en outre, exclusivement et régulièrement sous l'empire 'proconsul', ce que dit aussi l'épigraphie (des changements de statut sont attestés en petit nombre sans régularité ni irréversibilité); ils se distinguent des *legati Augusti propraetore* dont l'*imperium* est dérivé de celui de l'empereur. Quoi qu'il en soit, l'empereur avait autorité sur l'ensemble des territoires du monde romain.

24 L'accent n'est pas mis principalement sur la protection ni la défense, même si ces traits en découlent. L'invincibilité de Rome est l'idée sous-jacente, ce que martelaient aussi les écrits césariens.

25 Sur la Lusitanie, dont la réalité est difficile à déchiffrer, complexe par le défaut de documentation précise complétée par l'épigraphie, par exemple Edmondson 2009, 253–256 en particulier qui présente la province comme sans légion mais ne propose pas de commentaire sur la signification de l'expression ni sur sa pertinence chronologique.

26 C'est Caligula qui a confié la légion à un légat faisant fonction d'un gouverneur, nommé par l'empereur, chargé, sous l'autorité du proconsul, de la Numidie non transformée en province mais jugée très exposée aux ennemis: Tac. Hist. 4.48.3–6. Il est notable que l'historien introduise la décision de Caligula au cours du récit de la guerre civile des quatre empereurs. Voir parmi d'autres, Bénabou 2005, 85–89.

27 L'Asie conserva un temps des corps auxiliaires dans les régions intérieures. La dualité des situations mises en avant en général par Tacite se reflète aussi dans la Numidie que des *externi* menaçaient constamment à plus forte raison en cas de conflit entre le proconsul et le légat affecté à la seule Numidie, aidé de la légion dont il avait le commandement.

Tacite relie très directement le sujet des provinces 'sans légion' à une situation de guerre civile et de possible ruée barbare.[28] Son point de vue et son usage de la formule reflètent une période de mutation de l'empire pacifié, organisé militairement en fonction des menaces potentielles perçues par l'empire par le biais d'une armée permanente installée à la périphérie du territoire contrôlé.[29] L'inquiétude sincère de Tacite est bien que les soldats censés manifester leur loyauté envers les empereurs, en cela prêts à perpétuer la domination de Rome, peuvent se tourner contre le pouvoir, déclencher des guerres civiles et mettre en péril la continuité de l'empire. Il ne s'agit plus exactement des soldats-citoyens d'autrefois et la *fides militum* n'est jamais garantie une fois pour toutes.[30]

Traduire *provincia inermis* par province 'sans légion' ouvre sur la construction même de l'empire romain comme territoire protégé et défendu et sur l'évolution politique et administrative que révèle à lui seul l'historien des 'Histoires'. La légion constituait le socle des armées provinciales qu'elles aient contenu une, deux ou trois légions. Les unités auxiliaires ne pouvaient être mises sur un pied d'égalité avec l'armée légionnaire qui avait fondé la domination impériale au cours de siècles marqués par les guerres, les violences et les luttes fratricides.[31] Le système imaginé par Auguste pour contrôler les provinces, surveiller les ennemis de l'extérieur reposait non sur des principes intangibles mais sur des pratiques éprouvées, tirées des expériences passées.[32] Le statut *inermis* de l'Italie, abandonné seulement avec Septime Sévère à l'issue d'une nouvelle guerre civile,[33] soulignait l'absence d'un principe territorial circonscrit et défini, révélait l'impossibilité d'ajustements stables et satisfaisants en matière de dispositif militaire défensif et offensif. La question tenait à l'indéfinition territoriale de l'*imperium*, à la nature même du pouvoir établi par Auguste centré sur la personne de l'*imperator*, sur la garantie des privilèges de ceux qui portaient le titre de citoyen Romain, avaient droit d'être protégés et récompensés comme descendants

28 Le paradigme en est Tac. Germ. 33 (*Maneat, quaeso, duretque gentibus, si non amor nostri, at certe odium sui, quando urgentibus imperii fatis nihil iam praestare fortuna maius potest quam hostium discordiam*) plaçant en miroir les guerres civiles et les dangers constants créés par des barbares (surtout germaniques) attirés par l'empire et ses richesses.

29 Le dispositif que l'on dit conçu par Auguste n'a reçu de forme stable que progressivement, au rythme des modifications territoriales de l'empire. Il faut ici encore attendre l'époque flavienne pour conclure à un schéma établi.

30 Voir Hostein 2020, 82–83. Toutefois, la *fides exercituum* qui a précédé la *fides militum* (on notera que la *fides* – le crédit que l'on accorde – est réciproque et est celle des soldats qui en retour peuvent compter sur celle de l'empereur envers ses armées) sur les monnayages n'est pas antérieure à la guerre civile de 69–70. Cette observation accompagne étroitement la lecture de la *provincia inermis* comme préoccupation nouvelle à partir de cette même date en fonction de la guerre civile, un espace militaire vide.

31 Une comparaison fine et globale entre le service auxiliaire et le service légionnaire autrement que par le biais de la solde et de la 'Rangordnung' serait toujours à écrire.

32 Il n'y avait pas de théorie stratégique romaine (Cosme 2007, 92). Il s'agissait de s'adapter aux situations mouvantes qu'elles aient été internes ou externes, ce que montre RGDA 26 ou le conseil d'Auguste à Tibère selon Tacite (Ann. 1.11) qui pose le principe de la stabilité intérieure préférée à l'expansion continue en cas d'intérêts conflictuels entre les deux.

33 La légion II Parthica, récemment créée, fut cantonnée à Albanum à un moment où le statut administratif de l'Italie avait toutefois beaucoup évolué.

des conquérants.[34] L'identité, la souveraineté territoriale, l'unité ne se situaient pas aux fondements de l'empire.[35] Le qualificatif d'*inermis* reflétait-il alors un principe fondateur des modalités de l'administration des provinces?

Les réflexions précédentes posent la question de savoir si les provinces *inermes* exprimaient l'esprit des réformes augustéennes et si oui de quelle manière? Ces gouvernements furent en premier lieu les provinces proconsulaires héritières de la phase républicaine:[36] l'Asie, l'Achaïe, la Macédoine, la Sicile, la Crète-Cyrénaïque, la Bithynie-Pont, de même, au départ, que la Corse-Sardaigne pourvoyeuse de blé. Chypre et la Gaule Narbonnaise, devenues proconsulaires, furent échangées contre la Dalmatie désormais impériale. Les provinces de César avaient pour nom la Lusitanie, l'Espagne Citérieure Tarraconaise, les Trois provinces des Gaules, la Syrie-Phénicie, la Galatie, la Cilicie. L'Égypte, de statut particulier, préfigurait les provinces confiées à des chevaliers portant le titre de *praefectus*, le plus souvent des petites provinces préfectorales telles que la Judée ou les districts des Alpes, la Sardaigne et la Corse. Celles-ci, gouvernées par un chevalier en milieu de carrière, n'avaient pas de légion mais jouissaient du statut 'impérial'. L'Égypte reçut aussi, malgré le rang équestre du gouverneur, des légions placées sous l'autorité d'un préfet. Si l'on rappelle que l'Afrique Proconsulaire abritait la IIIème légion jusqu'à la création de la Numidie,[37] que la Lusitanie et les Trois Gaules, impériales, étaient privées de légion voire, en Lusitanie, de tout corps auxiliaire,[38] force est d'admettre que la notion de "province inerme" n'appartenait pas d'emblée à une catégorie administrative des territoires. Cela implique qu'il faille nuancer l'idée que les légions étaient un rouage contraignant de l'administration provinciale. Le registre en est différent s'agissant d'*officiales* attachés aux bureaux d'un gouverneur dans la mesure où les légats et d'autres gouverneurs non sénateurs devaient compter sur des personnels formés et de confiance.[39]

Pour compléter le tour d'horizon, il faut désormais interroger les *officia* des provinces impériales *inermes* que proposent la Lusitanie, la Gaule Lyonnaise, en distinguant soigneusement les provinces *inermes* par statut procuratorien, lequel ne rentre donc pas dans la recherche.[40] Pour s'en tenir à ces deux exemples, Mérida (Emerita) siège du gou-

34 Voir RGDA 28 sur les créations de colonies y compris en Italie en faveur des soldats vétérans.

35 L'*imperium Romanum* n'apparaît pas dans le langage augustéen, il est appelé l'*imperium populi Romani* (RGDA 13.27.30) ce qui implique l'exercice d'un pouvoir non l'imposition d'une identité aux populations soumises.

36 La liste peut se prévaloir de Strabon (livre 17) et de Dion Cassius (53.12, lequel demande des ajustements surtout chronologiques). La bibliographie sur les commentaires de ces textes et sur les statuts des territoires est surabondante et ne peut être citée dans cet article.

37 On l'a vu, dès Caligula le légat de la légion III Augusta cantonnée en Numidie bénéficie d'une autonomie, ce qui ne veut pas dire que le proconsul avait perdu toute autorité sur l'unité.

38 L'épigraphie, seule documentation concernée, n'a apporté jusqu'à présent aucune preuve de camps auxiliaires d'époque impériale dans la province.

39 Il n'est pas nécessaire de rouvrir ici, dans ce contexte, un débat sur le recours à des personnels serviles plutôt qu'à des militaires.

40 Les légions sont absentes de ces districts provinciaux. Il n'est pas utile de refaire le tableau des provinces équestres devenues procuratoriennes dotées de cohortes et ailes car elles n'entraient pas *ipso facto* dans la classification des territoires dits '*inermes*'. Nelis-Clément 2000, 83–85 mêle les statuts

verneur prétorien de Lusitanie et Lugdunum siège du légat prétorien[41] employaient des légionnaires malgré le caractère *inermis* de leur *provincia*. Les travaux cités dans cette étude convergent et, avec d'autres, indiquent que le légat impérial faisait ordinairement appel à des légionnaires de l'unité la plus proche, établie sur leur territoire ou sur un territoire voisin: la légion VII Gemina en Citérieure déléguait des sous-officiers et des *principales* à Emerita; Lugdunum accueillit des soldats détachés des Germanies.

L'armée impériale revêtait une double fonction au moins: protéger l'empire contre des ennemis extérieurs, contribuer à la bonne marche des provinces sans compromettre l'exécution des tâches militaires quotidiennes ni empiéter sur d'autres prérogatives. Comme l'empereur, les soldats étaient partout au service de l'empire dans toutes les provinces si la nécessité se présentait. Il n'y avait pas de compétition affirmée ni constante entre le César et le Sénat dans ces domaines. Les provinces proconsulaires ne réclamaient aucune surveillance étroite ni régulière d'où l'inutilité de soldats romains en garnison sur place, ce qui n'excluait pas le recours limité à des *milites*. L'une des contributions des armées essentielles orientait vers la perpétuation de l'institution et donc du recrutement, des liaisons administratives au sein de la province, de l'aide aux provinciaux soumis à des violences naturelles ou humaines. L'ordonnancement augustéen prolongé par ses successeurs sans modifications profondes n'avait pas eu pour objectif de créer un état territorial homogène et unifié dans lequel la chose militaire avait un rôle bien précisé. La crainte des soldats et de leur 'sauvagerie' servait de prétexte à leur emploi au service de la paix intérieure. La primauté et la supériorité fictive du peuple romain nourrissaient la volonté de domination et de puissance des empereurs qui avaient besoin des légions. L'organisation militaire formait un secteur autonome qu'il fallait contrôler faute de l'inclure dans une construction étatique impensée. Les provinces offraient par leur diversité un moyen d'empêcher une coalition militaire toujours dangereuse et mortifère.

Quel bilan?

Une première dimension s'impose à la réflexion, l'émergence progressive de la notion de province *inermis* qui appartient à la période flavienne et renvoie principalement à des situations de guerre civile. La sensibilité et les préoccupations de Tacite et de la période qu'il a traversée suggèrent que la province *inermis* ne répondait pas à un statut particulier structurant les mondes provinciaux de l'administration impériale. La dénomination naquit d'un regard inquiet dans des périodes de crise politique et impériale face à des absences préjudiciables de renforts possibles, ce qui explique que les provinces 'proconsulaires' et celles qui recevaient seulement des corps auxiliaires, recrutés chez des populations pérégrines

sans justification sans doute à cause de son centre d'intérêt, les bénéficiaires, lesquels, attachés individuellement à un gouverneur, ne rendent pas vraiment compte du problème. Le Norique, qui a changé de statut, ne plaide pas, en outre, pour une clarification.

41 Pour ces aspects relatifs à la Gaule Lyonnaise: Bérard 2015, particulièrement 323–397 qui s'attache à chaque grade ou rang et introduit la catégorie des "véritables provinces *inermes*".

soumises, ne sont guère qualifiées de la sorte même chez Tacite. La province *inermis* est celle qui oppose le vide quand la *res publica* se déchire.

La deuxième observation met l'accent sur la formation de 'l'armée permanente',[42] jamais qualifiée non plus de la sorte dans les documents, autant que ceux-ci puissent faire foi. La période flavienne marque ici aussi un point de départ autant que d'aboutissement, porte sur un effectif militaire souhaitable aux yeux des responsables chargés de l'empire et à l'aune de son extension fluctuante. Les unités se déplacent, bougent d'une province à l'autre selon les urgences et les recompositions territoriales. Ce n'est qu'avec le temps et les siècles que la stabilité d'un grand nombre de garnisons légionnaires s'est imposée, pour ainsi dire au moment où elle s'avérait être un handicap face à divers dangers concomitants. L'espace impérial décida de l'évolution des défenses et des protections mais jamais les empereurs ne cherchèrent la répartition idéale, efficace qu'ils jugeaient une faiblesse, regardaient comme un leurre. Les armées *comitatenses* tardives soulignent l'obligation de mobilité des troupes impériales dans un contexte de guerre ouverte, qu'elle ait été civile ou contre des *externi*, voire les deux en même temps.

La *provincia inermis* fut une province privée de légion à un moment où sa présence aurait été utile pour résoudre un problème conjoncturel. Les unités militaires légionnaires, nées de la conquête, symbolisaient l'excellence d'une armée prête à faire face aux éventualités quelles qu'elles fussent sans esprit systématique mais sans crainte de l'adversaire. Le jeu d'une adaptation souvent performante à l'environnement impérial fut troublé par le *bellum civile* qui ne put être combattu ni jugulé, faute de créer un équilibre entre contrôle du territoire et capacité à vaincre. On ne peut oublier que la *pax romana* ne signifiait pas l'absence de conflit mais règne de la paix civile à l'intérieur de l'empire comme j'ai cru le montrer.[43] La même ambiguïté moderne pèse donc sur une notion qui n'en souffrait aucune pour les Romains sensibles aux diversités des regards plus qu'aux principes abstraits.

Sans tomber dans un 'primitivisme' de mauvais aloi, il est permis de penser que des notions comme *provincia inermis* sont une incitation supplémentaire à abandonner les rives rassurantes de la cohérence moderne pour cerner ce qui apparaissait comme raisonné et fondé sur la réalité accessible. C'est la raison pour laquelle la conclusion incite une fois encore à ne pas s'éloigner des mots antiques, à les débarrasser de nos préjugés pour mieux en saisir le sens et la substance, non sans surprise ni enrichissement. *Inermis* atteste la nécessité de mesurer les données documentaires sous l'angle de leur polysémie, de leur chronologie changeante, de leur traduction nuancée et de prime abord inaperçue. *Provincia* l'avait déjà amplement suggéré dans le passé.

---

42 Qu'il faut soigneusement séparer de l'*aeternitas Augusti* des monnayages tardifs associée à la *fides militum*.

43 Le Roux 2016, 127–128; 149–151.

Bibliographie

Barrandon, N. – Hurlet, F., Les gouverneurs de l'Occident romain (IIe siècle av. J.-C. – IIe siècle ap. J.-C.), in: Hurlet, F. (éd.), Rome et l'Occident (IIe siècle av. J.-C. – IIe siècle ap. J.-C.). Gouverner l'Empire, Rennes 2009, 35–75. https://doi.org/10.4000/books.pur.124476 ⟨16.09.2023⟩.
Bérard, F., L'armée romaine à Lyon (BEFAR 370), Rome 2015.
Bénabou, M., La résistance africaine à la romanisation (préface inédite de M. Christol), Paris 2005.
Clauss, M., Lexikon Lateinischer militärischer Fachausdrücke (Schriften des Limesmuseums Aalen 52), Stuttgart 1999.
Cosme, P., L'armée romaine VIIIe s. av. J.-C.–V^e^ apr. J.-C., Paris 2007 (plusieurs rééd.).
Edmondson, J., Les provinces hispaniques et l'impact du pouvoir romain: l'exemple de la Lusitanie (fin du Ier siècle av. J.-C.–fin du IIe siècle ap. J.-C.), in: Hurlet, F. (éd.), Rome et l'Occident (IIe siècle av. J.-C.–IIe siècle ap. J.-C.). Gouverner l'Empire, Rennes 2009, 253–286.
Flaig, E., L'Empire romain et le problème de l'usurpation, in: Faure, P. – Hurlet, F. (eds.), En quête de pouvoir de Rome à Lugdunum, Gand 2021, 13–21.
Haensch, R., Capita provinciarum. Statthaltersitze und Provinzialverwaltung in der römischen Kaiserzeit (Kölner Forschungen 7), Mayence 1997.
Hostein, A., La confiance (*fides*) dans le discours monétaire des empereurs romains, in: Senik, C. (éd.), Crises de confiance? Paris 2020, 73–85. https://doi.org/10.3917/dec.senik.2020.01 ⟨16.09.2023⟩.
Le Roux, P., L'armée romaine et l'organisation des provinces ibériques d'Auguste à l'invasion de 409 (Publications du Centre Pierre Paris 8), Paris 1982.
Le Roux, P., Legio VII Gemina (Pia) Felix, in: Le Bohec, Y. (éd.), avec la collaboration de C. Wolff, Les légions de Rome sous le Haut-Empire, t. I, Actes du Congrès de Lyon (17–19 septembre 1998) (CEROR 20) Lyon 2000, 383–396.
Le Roux, P., La péninsule Ibérique aux époques romaines (fin du IIIe s. av. n. è. – début du Ve s. de n.è.), Paris 2010.
Le Roux, P., L'empereur romain et la guerre, in: Wolff, C. – Faure, P. (eds.), Les auxiliaires de l'armée romaine, des alliés aux fédérés, Actes du Congrès de Lyon (23–25 octobre 2014) (CEROR 51), Lyon 2016, 127–152.
Marín y Peña, M., Instituciones militares romanas, Madrid 1956.
Millar, F., 'Senatorial provinces': an institutionalised Ghost, AncW 20, 1989, 93–97.
Nelis-Clément, J., Les *beneficiarii*: militaires et administrateurs au service de l'empire (Ier s. a. C.–VIe s. p. C.), Pessac 2000. https://doi.org/10.4000/books.ausonius.3920 ⟨16.09.2023⟩.
Reddé, M., dir., L'armée romaine en Gaule, Paris 1996.
Scheid, J., (éd.), Res Gestae Divi Augusti (RGDA), Hauts faits du divin Auguste, Paris 2007.

Die Entlassungsurkunde des Kavalleristen Sarapion und die Kopierpraxis spätrömischer Militärkanzleien

Bernhard Palme

Die Papyrusrolle ChLA XLIII 1248 überliefert ein Dokument zum spätrömischen Militär, das bislang ohne Parallele geblieben ist. Erhalten sind auf dem umfangreichen, aus mehreren Fragmenten zusammengesetzten, aber dennoch unvollständigen Papyrus die Abschriften dreier amtlicher Schreiben aus der Militärverwaltung, die in den Jahren 395, 396 und 401 n.Chr. verfasst worden sind. Absender der drei Schriftstücke, die in separaten Kolumnen stehen, sind die jeweils amtierenden *comites* (*limitis*) *Aegypti*, die ranghöchsten Befehlshaber der römischen Garnisonstruppen in Unterägypten.[1] Adressiert sind die Briefe an die jeweiligen Kommandanten (*praefecti*) des Lagers Psobthis (*castrum Psofthis*).[2]

Die drei Schreiben dokumentieren die wichtigsten Etappen in der militärischen Laufbahn eines Kavalleristen namens Sarapion. Das Schreiben in der ersten erhaltenen Spalte (Col. I) am Anfang der Rolle autorisiert die Beförderung des Sarapion vom *catafractarius* („Panzerreiter") zum *decurio* und die eines zweiten Soldaten namens Apion vom *eques* zum *catafractarius*; Apion rückt also in die Position nach, die bislang Sarapion innehatte. Dieser Brief ist durch Konsulsdatum (Z. 9–10) in das Jahr 396 datiert.

Das in der mittleren Spalte (Col. II) stehende Schreiben enthält Sarapions Beförderung vom einfachen Soldaten (*munifex*) zum graduierten *catafractarius*. Durch Konsulsdatum (Z. 11–12) und Tagesdatum (Z. 16–18 am linken Rand neben dem Textblock des Briefes) ist es auf den 17. April 395 datiert, ist also älter als das voranstehende Schreiben in Col. I.

Der Brief in der rechten Spalte (Col. III) bildete den Schluss der Rolle, ist wegen seines Konsulsdatums (Z. 8) in das Jahr 401 zu setzen und dokumentiert Sarapions Entlassung (*missio*) aus dem Militärdienst – gemeinsam mit zehn anderen Soldaten. In der hierarchisch gegliederten Namensliste (vier *decuriones*, vier *catafractarii*, drei *equites*), welche

1 Zuckerman 1998, 138: zwischen 384 und 391 wird der *dux Aegypti* rangmäßig aufgewertet und führt nun den Titel *comes Aegypti*. Zu den Kommandoverhältnissen im spätantiken Ägypten s. Palme 2007, 247–249.

2 Der Titel *praefectus* bezeichnet im 4. Jh. den Kommandanten einer Truppe und ihres Standlagers, vgl. P.Abinn. 3, 2 (Philadelphia?, 345–350): Φλ(αουίῳ) Ἀμιννέῳ (*sic*) πρ(αι)φ(έκτῳ) κάστρων Διονυσιάδος. Trotz der Ähnlichkeit der Formulierung bezeichnet der Titel nicht den hochkaiserzeitlichen *praefectus castrorum* einer Legion (so jedoch in CEL II 350, Komm. zu Nr. 231, Z. 3).

rechts unten an den Brief angehängt ist, werden auch die Gründe für die Entlassungen angegeben. Sarapion wird als *colicus* bezeichnet, womit unspezifisch eine Beeinträchtigung durch Krankheit ausgedrückt ist. Er nahm aus gesundheitlichen Gründen seinen Abschied, erhielt also eine *missio causaria*. Obwohl es nirgendwo explizit ausgedrückt wird, ergibt sich aus der Art der Urkunden, dass das Dossier zu dem Zweck zusammengestellt wurde, die Karriere und Entlassung des Sarapion zu dokumentieren, da er in allen drei Schreiben vorkommt.

An der linken Seite ist der Papyrus abgebrochen, so dass unklar bleibt, ob Col. I tatsächlich der Anfang der Rolle war. Um den gesamten Militärdienst des Sarapion zu dokumentieren, bräuchte es noch den Nachweis über seine Aufnahme in die Armee (*probatio*), die sowohl seinen Status als Soldat als auch die Zahl seiner *stipendia* bestätigen würde. Ob ein entsprechendes Schriftstück ursprünglich am Beginn der Rolle stand, lässt sich natürlich nicht mehr erweisen. Die beiden ersten erhaltenen Briefe – nicht jedoch jener in Col. III – sind als Abschriften (*exempla*) charakterisiert (Col. I 15; II 15). Dabei bewahren die Abschriften nicht nur den Wortlaut, sondern auch die formale Gestaltung der originalen Briefe.

ChLA XLIII 1248 hat überragende Bedeutung für mehrere Aspekte der spätrömischen Militärgeschichte, wie bereits John R. Rea erkannt hat, dem wir die maßgebliche Edition verdanken:[3] Einzelheiten des spezifischen Militärjargons, die Karriere des Sarapion und die Angaben zu den Dienstzeiten (Col. III 11–21), die Rückgabe der Waffen (Col. III 8–9) beim Ausscheiden aus dem Dienst, die Meldung vakanter Posten durch die Graduierten (*priores*) einer Truppe an den *dux* bzw. *comes* (Col. II 4–6) sowie die recht kurzen Amtsperioden der Militärkommandanten, wie sie aus der Abfolge der *comites Aegypti* als Aussteller der drei Schreiben hervorgehen. Constantin Zuckerman hat auf die bedeutsame Veränderung in der Karrierestruktur der spätantiken *alae* hingewiesen:[4] Im Rangschema der *alae* war zwischen dem *eques* (= *munifex*) und dem *decurio* der *catafractarius* an die Stelle der beiden älteren Ränge bzw. Soldklassen des *sesquiplicarius* und des *duplicarius* getreten, was die wachsende Bedeutung der gepanzerten Reiter widerspiegelt. Das *castum Psofthis* dürfte mit dem in der *Not. dign. or.* 28, 33 genannten *Sosteos* zu identifizieren sein, dem Hauptort der Oasis Minor (Baharya, ca. 200 km vom Niltal in der westlichen Wüste), das im Kommandobereich des *comes Aegypti* lag.[5] Unbeachtet blieben bislang jedoch einige Informationen, die sich aus der Rolle einerseits für die Entlassungsurkunden der Spätantike, andererseits für den Kopierstil spätrömischer Militärkanzleien gewinnen lassen. Im Folgenden seien zunächst einige Aspekte der formalen Gestaltung der Schriftstücke besprochen, um darauf aufbauend eine Deutung des Dokuments und seine Einordnung in den militärhistorischen Kontext vorzuschlagen.

Die Bruchstücke der Rolle gehören zum ‚alten Bestand' der Papyrussammlung der Österreichischen Nationalbibliothek, wo sie heute unter den Inventarnummern L 8 + L 125 aufbewahrt werden. Die Fragmente sind in den Jahren 1883 oder 1884 von Erzherzog

---

3 Rea 1984, 79–88.

4 Zuckerman 1994, 199–202.

5 Zuletzt Kaiser 2012, 588; zur Diskussion dazu s. unten Anm. 48–50.

Rainer erworben worden und stammen somit vom sog. Ersten Fayumer Fund, der Papyri aus dem Arsinoites, in geringerer Zahl auch aus dem angrenzenden Herakleopolites enthielt.[6] Die früheste Nachricht über die Rolle findet sich bereits in einem Bericht über die Aufarbeitung der Sammlung des Erzherzogs aus dem Jahre 1884, der bezüglich der lateinischen Papyri unter anderem über „vollständig erhaltene Prachtstücke, so eines von 30:23 Centimeter[7] und eines von 40:29 Centimeter, dessen andere größere Hälfte aber noch zu entrollen ist" spricht.[8]

Die Edition des größeren ‚Prachtstückes' sollte allerdings noch fast ein Jahrhundert auf sich warten lassen. Obwohl seine Bruchstücke zunächst noch beisammen lagen, hat John Rea zunächst nur den bereits geöffneten, exakt 42 × 28,5 cm großen Teil (L 125 mit drei losen Kleinfragmenten) als CPR V 13 ediert, ohne von der Existenz des zugehörigen, noch gerollten Teiles Kenntnis zu haben. Wann dieser Teil entrollt wurde, ist nicht mehr zu eruieren. Bei den Vorarbeiten zu P.Rain. Cent. (1983) hatte Hermann Harrauer jedenfalls den mittlerweile ausgerollten Teil als Inventarnummer L 8 (49 × 21 cm) identifiziert.[9] Dieser wurde mit zwei kleineren Fragmenten (15,5 × 3,7 und rechts daran anschließend 18 × 4 cm) vom oberen Rand der Rolle in demselben Band von Herbert Hunger als P.Rain. Cent. 165 ediert. Hunger hob zwar die paläographische Ähnlichkeit und den inhaltlichen Zusammenhang (durch die Person des Sarapion) hervor, hielt aber eine unmittelbare Zusammengehörigkeit der beiden Bruchstücke für unwahrscheinlich (S. 490). Dass sie sich in der Tat unmittelbar aneinanderfügen, hat schließlich John Rea erkannt, der 1984 eine Neuedition der vereinigten Fragmente mit Kommentar und englischer Übersetzung vorgelegt hat.[10] Seine präzise Edition ist von Tiziano Dorandi in ChLA XLIII 1248 und von Sergio Daris in seinem Survey zu den lateinischen Papyri[11] wiederabgedruckt worden. Mit ganz wenigen Änderungen liegt sie auch der kommentierten Ausgabe von Paolo Cugusi in CEL zugrunde.[12] In der Trismegistos-Datenbank wird der Text unter TM 12866 geführt.

Trotz der Beschädigungen messen die zusammengesetzten Fragmente 84,5 cm in der Länge und 29,5 cm in der Höhe. An der rechten Seite, oben und an einigen Stellen auch unten sind die originalen Ränder erhalten, links ist die Rolle unregelmäßig abgebrochen. Abbildungen der Bruchstücke finden sich in den Ersteditionen CPR V, Taf. 25 und P.Rain. Cent., Taf. 118;[13] beim Facsimile in ChLA XLIII 1248, S. 51 fehlt eines der kleinen Fragmente vom oberen Rand. Eine korrekte Anordnung aller Bruchstücke zeigen nur die

6 Loebenstein 1983, 4–6; Hunger, P.Rain. Cent. 165, Einleitung S. 489 hatte deshalb die Herkunft des Textes plausibel mit „Arsinoites (?)" angegeben.

7 Dies ist das heute unter der Inventarnummer L 7 aufbewahrte Prozessprotokoll ChLA XLIII 1247.

8 Karabacek 1884, 152.

9 Vgl. die Beschreibung von Loebenstein 1983, 25.

10 Rea 1984, 79–88.

11 Daris 2000, 157–159 mit italienischer Übersetzung.

12 CEL I, S. 250–252, Nr. 231–233 (Editionen); II, S. 349–357 (Kommentar); III, S. 281 (Addenda).

13 Bei dieser Abbildung stehen jedoch die beiden kleineren Fragmente, die den oberen Rand im rechten Abschnitt der Rolle bilden, in verkehrter Reihenfolge.

Abbildung zu John Reas Neuedition in ZPE 56, Taf. XV und XVI sowie die Abbildung, die diesem Artikel beigegeben ist.[14]

Auf der nicht geglätteten Versoseite finden sich blasse Tintenspuren, die über die ganze Fläche verstreut sind. Sie stammen wohl nicht von einem Text, sondern sind, wie schon Rea vermutet hat,[15] wahrscheinlich Abdrucke einer Beschriftung, wie sie beim Zusammenrollen der noch nicht getrockneten Urkunden entstanden sind. Im linken Bereich zeigen die Tintenspuren Abstände, die mit den Zeilenabständen der listenartigen Aufstellung in Col. III des Recto korrelieren. Dies würde Herbert Hungers Beobachtung bestätigen, dass die Rolle nach dem Muster der Beschädigungen von rechts nach links eingerollt war.

Auf dem Recto lassen sich fünf senkrechte Klebungen in unregelmäßigen Abständen erkennen: 0,2; 17,2; 35; ca. 52 und ca. 73 cm vom intakten rechten Rand aus gemessen. Nur die mittlere Klebung (35 cm vom rechten Rand) fällt in ein Interkolumnium, während die anderen innerhalb der Kolumnen liegen. Die Beschriftung geht über sie hinweg, und dies bedeutet, dass wir entgegen früherer Ansicht keinen *tomos synkollesimos* vor uns haben, der durch Aneinanderkleben einzelner Urkunden erstellt worden wäre.[16] Vielmehr wurden die drei Texte auf eine fertige Papyrusrolle geschrieben. Dazu passt, dass alle drei Schriftstücke trotz ihrer unterschiedlichen Daten von derselben Handschrift verfasst wurden: einer eleganten *corsiva cancelleresca*,[17] wie sie in offiziellen Urkunden (amtlicher Korrespondenz, Anordnungen, Prozessprotokollen etc.) aus spätrömischen Kanzleien häufig zu finden ist. Auch die listenartigen Eintragungen in Col. I 12–14 und III 10–21 stammen von derselben Hand, sind jedoch geringfügig kleiner gehalten und haben einen engeren Zeilenabstand als die Texte der Briefe.[18] Weil beide Listen so gestaltet sind, handelt es sich um ein bewusst eingesetztes Stilelement, um bestimmte Teile des Textes optisch hervorzuheben.

Da die drei Schriftstücke unterschiedlichen Datums von derselben Hand geschrieben wurden, handelt sich um Kopien älterer Urkunden – wie die Kennzeichnung als *exemplum* in der ersten und zweiten Kolumne (Col. I 15 bzw. Col. II 15) ja auch sagt. Dieses bedeutungsvolle Wort steht jeweils für sich allein in etwa der Mitte unter den Kolumnen, hervorgehoben durch mehrere Zentimeter unbeschrifteten Raumes und weit abgesetzt

---

14 Abb. 1. Vgl. auch das digitale Bild auf der Homepage der Österreichischen Nationalbibliothek https://digital.onb.ac.at/RepViewer/viewer.faces?doc=DOD_%2BZ117613001&order=1&view=SINGLE ⟨16.09.2023⟩.

15 Rea, CPR V 13, Einleitung S. 29: „It is possible that some of them belong to an endorsement, but probably they are all offsets or stray ink".

16 Von einem *tomos synkollesimos* ging Hunger, P.Rain. Cent 165, S. 489 aus. Auch Rea, CPR V 13, Einleitung S. 29 spricht von einem *tomos synkollesimos*, allerdings nicht mit Bezug auf die vorliegende Rolle; er geht vielmehr davon aus, dass die Vorlage unserer Abschrift ein solcher *tomos synkollesimos* war.

17 Cugusi, CEL II 350; Rea, CPR V 13, Einleitung: „good-sized rounded cursive".

18 Hunger hat gemeint, dass die Schrift des Briefes in Col. III insignifikant größer sei als jene in den beiden ersten Kolumnen. Mir scheint, dass dieser Eindruck durch die kleinere Schriftgröße in der Liste entsteht, die Schriftgröße bei den drei Brieftexten jedoch gleich groß ist.

vom eigentlichen Text des Briefes. Diese Platzierung dürfte allgemeine Praxis in den *officia* gewesen sein, denn ein Vergleichsbeispiel findet sich etwa in ChLA XVIII 661 = P.Bouriant 20 (Alexandria?, 350 n.Chr.): Unter diesem Protokoll eines Prozesses vor dem *iuridicus Alexandreae* steht am Ende der Col. III (und des gesamten Textes) das Wort *exemplum* gleichfalls in deutlichen Buchstaben, abgesetzt vom restlichen Text. Bei unserer Rolle fällt jedoch auf, dass die dritte Kolumne nicht als ‚Kopie' gekennzeichnet ist. Da der Papyrus an dieser Stelle sowohl rechts als auch unten vollständig ist, kann das Wort nicht verloren sein. Will man der Schreibstube keine inhaltlich schwerwiegende Unachtsamkeit unterstellen, dann bedeutet dieser Befund, dass die dritte Kolumne eben nicht als Kopie betrachtet wurde. Dies hat wichtige Konsequenzen für die Interpretation der gesamten Rolle: Die dritte, chronologisch späteste Kolumne, welche die Entlassung des Kavalleristen Sarapion bescheinigt, war nach Meinung des Schreibers eine Originalausfertigung. Als man dieses Schriftstück 401 n.Chr. ausstellte, kopierte man auch die älteren Dokumente, welche über die Karriere des Sarapion Auskunft gaben: seine Beförderung zum *catafractarius* (Col. II; 17. April 395 n.Chr.) und schließlich zum *decurio* (Col. I; 396 n.Chr.). Den Fakten entsprechend wurden diese beiden Abschriften als *exempla* gekennzeichnet.

Ein weiteres paläographisches Detail ist nicht ohne Bedeutung. John Rea hat bereits in der Erstedition bemerkt,[19] dass in Col. II 7 der Name *Sarapionem* von einer zweiten Hand in einen leer gelassenen Raum eingesetzt wurde – oder aber dieselbe Schreiberhand ein wenig mehr Spatium vor und nach dem Namen gegeben und den Namen selbst in einer etwas kursiveren Schrift verfasst hat. Da Col. II eine Abschrift ist, hat meines Erachtens die zweite Lösung deutlich mehr Wahrscheinlichkeit für sich. Dies wiederum wirft ein bezeichnendes Licht auf die skrupulöse Sorgfalt, die spätrömische Kanzleien beim Erstellen einer Kopie sogar in den Einzelheiten der äußeren Form walten ließen. Das Original des Beförderungs-Schreibens in Col. II wird ein vorgefertigter Musterbrief gewesen sein, bei dem man den Namen des Beförderten nachträglich (und eventuell von zweiter Hand) eingesetzt hat. Die andere Schrift und das größere Spatium lenken das Auge des Lesers auf den Namen des Beförderten. Diesem Detail maß man so viel Bedeutung zu, dass es auch in der Kopie sichtbar sein musste.

Die geradezu photographische Genauigkeit der Abschrift zeigt sich auch in zwei anderen Eigenheiten des Layouts, die wir bei Schriftstücken aus den spätantiken *officia* beobachten. Zum einen betrifft es die Position des Tagesdatums und Errichtungsortes, wie sie hier in Col. II zu sehen ist. Während das Jahr durch die Nennung der Konsuln im Text des Briefes (Z. 11–12) angegeben ist, stehen Tagesdatum und Ortsangabe links am Rande, neben dem Textblock auf etwa halber Höhe der Beschriftung. Diese exponierte Position ist typisch für spätrömische Schriftstücke offiziellen Charakters.[20] Wiederum ahmt die

---

19 Rea, CPR V 13, Einleitung und Komm. zu Z. 1. Zustimmend Dorandi, ChLA XLIII 1248, zu Lettera II, Komm. zu Z. 7: „Sarapionem è scritto in maniera diversa da tutto il resto della lettera".

20 Besonders deutlich bei dem vollständig erhaltenen Brief des *praeses Augustamnicae* ChLA XLVII 1421 = CEL III 225 quater = P.Oxy. L 3577 mit Taf. XVII (28. Jan. 342); ebenso in dem Brief des *praefectus Aegypti* ChLA XLVII 1427 = CEL I 225 ter = P.Oxy. LV 3794 mit Taf. XXV (340). Ein solches lateinisches Tagesdatum findet sich sogar in griechischer Amtskorrespondenz: ChLA

Kopie dieses Detail des Layouts nach, um das Erscheinungsbild des ursprünglichen Briefes beizubehalten.

Zum anderen wird die stilisierte Form des Briefkopfes übernommen. In der Kaiserzeit gestaltet man den Anfang offizieller Briefe oder Verwaltungsschreiben in Briefform durch ein übergroßes Spatium zwischen den Namen des Absenders und des Adressaten, wobei der Höherrangige an erster Stelle erscheint. Der Abstand zwischen den beiden Namen ist so groß, dass das Grußwort und zumeist auch der Titel des Zweitgenannten in die zweite Zeile rutschen und dann rechtsbündig stehen. Das wohl berühmteste Beispiel für dieses Gestaltungsmuster ist der im Original erhaltene Brief des *praefectus Aegypti* Subatianus Aquila vom 27. Dezember 209 n.Chr. an den Strategen des Arsinoites bezüglich der Freisetzung eines Verurteilten *ad metalla*, der seine Strafe abgebüßt hat;[21] andere Beispiele belegen, dass dieses Muster spätestens von der zweiten Hälfte des 1. Jh. n.Chr. bis mindestens in das 5. Jh. n.Chr. üblich war.[22] Dies führt einmal mehr die langwirkenden Traditionen in der römischen Kanzleipraxis vor Augen. In der vorliegenden Rolle zeigt sich dieses Gestaltungsmuster trotz des partiellen Textverlustes ganz klar bei allen drei Schriftstücken.

Eine weitere Eigenheit der Adresszeile hat bislang für Diskussionen gesorgt. Über dieser Zeile mit den Namen von Absender und Adressat stehen im Spatium in der Mitte jeder Kolumne die Buchstaben *f* und *l* sowie ein Kürzungsstrich. Die beiden Buchstaben sehen aus wie die in spätantiken lateinischen Urkunden übliche, gekürzte Schreibung für *Fl(avius)*,[23] doch wegen der isolierten Position in einer ‚Zeile 1' über der Adresse blieb die Auflösung rätselhaft. John Rea hat in CPR V 13, Komm. zu Z. 1 verschiedene Lösungsmöglichkeiten diskutiert, dabei durchaus die große Ähnlichkeit mit der Schreibung *Fl(avius)* gesehen, aber wegen der Supraposition eine eigene Zeile angenommen und deshalb die Schreibung *f( ) l( )* bevorzugt. Als Auflösung hat er *f(ormam) l(egi)* oder *f(orma) l(ecta)* erwogen und an einen Prüfvermerk gedacht. Eine frappante Parallele zu der Schreibweise in unserer Rolle liegt in P.Ryl. IV 609 vor, einer Anweisung des Flavius Constantinus Theofanes, *comes rei militaris Thebaici limitis*, an den Tribunen Flavius

XLVII 1419 = CEL III 224 bis[1] = P.Oxy. XLIII 3129 (14.–30. Sept. 335); ChLA XLVII 1422 = CEL III 225 quinquies = P.Oxy. L 3579 (314–343). Bei den Briefen auf unserer Rolle ist auch in Col. I (linker Rand verloren) und Col. III (große Lücke am Anfang der Z. 3–5) ein Tagesdatum in dieser hervorgehobenen Position zu erwarten.

21 SB I 4639; Abbildungen u.a. in Schubart, PGB, Taf. XXXV und Cavallo 2005, Taf. IIa.

22 Frühe Beispiele sind etwa der Empfehlungsbrief des Priscus ChLA X 424 (2. Hälfte 1. Jh. n.Chr.) = CPL 257 = CEL I 83 oder der Brief an den *decurio* Teres ChLA XLVII 1440 (Anf. 2. Jh.). Aus dem 4. Jh. liegen etliche gut erhaltene Beispiele vor, etwa die Empfehlungsbriefe für Theophanes (ChLA XIX 687 = CEL I 222, Taf. XX und bruchstückhaft in P.Ryl. IV 623 = ChLA IV 253 = CEL I 223; beide 317–324); der Brief an den Logistes von Oxyrhynchos ChLA XLVII 1426 = CEL I 225 bis = P.Oxy. LV 3793 (340?); der Brief an Hypodekten ChLA XLVII 1429 = CEL III 228 bis = P.Oxy. LXIII 4369 (345) sowie die in Fußnote 20 zitierten Schriftstücke.

23 Vgl. die Schreibung für *Fl(avius)* in ChLA XLIII 1247, 4 und 11 (1. Hälfte 5. Jh.); 1257, 7 und 11 (5. Jh.?); P.Mich. VII 463 = ChLA V 293, 1 und 3 (5. Jh.); ChLA XI 490, 1 (ca. 500), Abb. auf S. 34.

Verte alias Theodotius aus dem Jahre 505.[24] Auch dort steht das *Fl( )* vor dem Individualnamen des Tribunen etwas über der Zeile, ist aber von allen Editoren des Textes als *Fl(avius)* gelesen worden, weil es als Namensbestandteil eines Soldaten unerlässlich ist. Meines Erachtens ist diese Lösung auch bei den Briefen unserer Rolle zutreffend. In allen drei Kolumnen stehen die Buchstaben nicht in der Mitte des Spatium, sondern unmittelbar vor dem Namen des jeweiligen Lagerkommandanten von Psobthis, die ansonsten nur mit ihren Individualnamen (Dionysius, Gerontius, *Ḥ . ṣ ṭ . [. .] . .*) erscheinen.[25] Da in einem offiziellen Kontext die Anrede eines Militärs ohne seine Statusdesignation *Flavius* höchst ungewöhnlich wäre, meine ich, dass das *fl( )* eben doch auf den Adressaten zu beziehen und zu *Fl(avius)* aufzulösen ist. Es ist nicht als eigene Zeile zu betrachten, sondern steht unmittelbar vor dem jeweiligen Namen in Supraposition. Demnach wären die Adresszeilen der drei Urkunden folgendermaßen zu lesen:

Col. I, 1–2:
[Fl]auius Heraclianus vac. *\Fl(auio)/ Dionusio fr(atri) | praef(ecto) k(astri) Psoftis*

Col. II, 1–2:
Flauius Pulcher vac. *\Fl(auio)/ Gerontio f̣[r(atri)] | p̣ṛạẹf̣(ecto) k(astri) Psof̣ṭhis*

Col. III, 1–2:
Flauius Eḷẹ[ut]ḥerius vac. *\F̣ḷ(auio)/ Ḥ . ṣṭ . [. .] . . f̣ṛ(atri) | p̣[rae]f(ecto) k(astri) P̣ṣ[oft(h)is]*

Die Hochstellungen sollten wohl – wie bei P.Ryl. IV 609 – optisch hervorheben, wo der Name des Adressaten beginnt. Der Umstand, dass es bei allen drei Briefen auftritt, spricht für ein gezielt eingesetztes Gestaltungselement, das wiederum vom Kopisten getreu der Vorlage übernommen wurde. Dieselbe auffällige Form der Adresse begegnet übrigens auch in P.Abinn. 2 (Philadelphia, 344 n.Chr.), dem Brief des *dux* Flavius Valacius an Abinnaeus bzgl. seiner Entlassung aus dem Kommando und der Einführung seines Nachfolgers; hier steht das *Fl( )* nur ganz geringfügig höher als der Rest der Adresszeile, dafür jedoch in der Mitte des weiten Spatium.[26] Eine griechische Parallele findet sich in

---

24 Wieder abgedruckt als CPL 274, ChLA IV 246 und CEL I 242 (mit Kommentar in CEL II, S. 375–380, bes. S. 376 zu Z. 1). Die Abbildung des großformatigen Papyrus in ChLA IV 246 lässt die hier relevante Stelle gut erkennen. Der außergewöhnliche und seltsame Name des Tribunen, Verte, ist von Peter van Minnen 2019, 266 gelesen worden.

25 Das *Flavius* fehlt nur bei Personen, denen die Standesdesignation *Flavius* nicht zukommt, also bei Zivilisten wie beispielsweise Kurialen, s. etwa das in Fußnote 20 zitierte Schreiben des *praeses Augustamnicae* an zwei Kurialen von Oxyrhynchos ChLA XLVII 1421 (28. Jan. 342).

26 P.Abinn. 2 = P.Gen. I 45 = W.Chr. 464 = CPL 264 = CEL I 227= ChLA I 8 (Philadelphia, 344). Eine Abbildung des Briefes findet man in ChLA I, S. 21. Die Buchstaben *f( ) l( )* fehlen in den älteren Editionen. Erst John Rea, CPR V 13, Komm. zu Z. 1 hat sie gelesen, CEL I 227 hat sie in die Edition aufgenommen. Nach meiner Auffassung ist demnach auch hier in Z. 1–2 zu lesen: *[Flavi]us Valacius* vac. *Fl(avio) Abinneo suo | salutem*. Wegen des offiziellen Charakters des Schriftstückes

dem Schreiben eines kaiserlichen *tribunus notarius* bezüglich des Verkaufs eines Grundstückes in SB VI 9598 = P.Hoogendijk 38 (Hermupolis, ca. 430). Auch hier steht Φλ/ in Supraposition vor dem Namen des Adressaten und wurde in beiden Editionen korrekt als Φλ(αουίῳ) transkribiert.

Fassen wir die Beobachtungen zur formalen Gestaltung zusammen: Das jüngste Schreiben, Col. III, über die *missio causaria* des Sarapion ist nicht als Kopie (*exemplum*) gekennzeichnet und dürfte daher eine Originalausfertigung sein, die man in der Spätantike vielleicht *authenticum* genannt hätte.[27] Diesem Dokument, das bei der Entlassung des Sarapion 401 n.Chr. ausgestellt wurde, hat man die Kopien der beiden älteren Schreiben des *comes Aegypti* hinzugefügt (Col. I und II), welche die Avancements des Soldaten belegten. Die Originale dieser Urkunden lagen in den Akten der Militärkanzleien, also im *officium* des *comes Aegypti* in Alexandria und in der Kanzlei der Truppe im *castrum Psofthis*, wo Sarapion seinen Dienst versah. Bemerkenswert an den vorliegenden Abschriften ist, dass sie nicht nur den Wortlaut der originalen Urkunden wiedergeben, sondern auch die optische Erscheinungsform mit großer Detailtreue nachahmen. Layout und Schriftbild entsprechen exakt den originalen Briefen: Die Gestaltung der Adresse mit dem auffälligen Vacat zwischen Absender und Adressaten, die Hochstellung von *Fl(avius)* beim Namen des Adressaten, die Position des Tagesdatums am Rande links neben dem Textblock, die kleinere Schrift bei der Liste in Col. I 12–14 (genau wie bei der Liste in der Originalausfertigung Col. III 10–21), ja sogar der nachträglich eingesetzte Name Sarapion in Col. II 7 – dies alles ist mehr als eine bloße Abschrift des Vorlagentextes. Vermutlich sollten diese Details sicherstellen, dass es amtliche und geprüfte Kopien sind, keine Fälschungen.

Da die beiden kopierten Schriftstücke von derselben Hand wie die Entlassungsurkunde verfasst wurden, handelt es sich bei der gesamten Rolle sehr wahrscheinlich um ein offizielles Dokument, das in einer Militärkanzlei erstellt wurde und somit Aufschluss über deren Kopierpraxis gibt. Man legte Wert darauf, dass die Abschriften exakt das Aussehen der Originalurkunden abbildeten. Diese Vorgangsweise der Militärkanzleien entspricht und bestätigt die Beobachtungen, die Rudolf Haensch für inschriftlich und papyrologisch überlieferte Urkunden der Kaiserzeit gemacht hat:[28] Das äußere Erscheinungsbild der Originalurkunden sollte in den Kopien minutiös nachgebildet werden. Die ‚diplomatische Genauigkeit' sollte einerseits den Respekt vor einem kaiserlichen (und generell wohl amt-

vermutet man hier ebenfalls ein (verlorenes) Tagesdatum im abgebrochenen Rand links neben dem Textblock.

27 Der Begriff *authenticum* wird, wie Haensch 2007, 218 gezeigt hat, seit dem späten 1. Jh. für die ursprüngliche, autoritative Ausfertigung, d.h. das Original einer kaiserlichen Entscheidung verwendet. Ob bzw. wann der Begriff in Erweiterung dieser ursprünglichen Bedeutung auch für Originalausfertigungen anderer amtlicher Schriftstücke verwendet wurde, ist schwer zu sagen, da in der Regel die Originale der nicht-kaiserlichen Amtsträger nicht als solche benannt wurden, s. Nicolaj 2015, 351–366.

28 Haensch 2007, 213–233, bes. 219–220 mit Beispielen für die Nachahmung der Schrifttypen in Anm. 31 und 32. Hingegen sieht Eich 2009, 267–299 zwar das Bemühen um die Sicherung des originalen Wortlautes, weist aber auf kleine orthographische Ungenauigkeiten bei inschriftlichen Kopien hin.

lichen) Schriftstück ausdrücken, andererseits sollten die formalen Charakteristika ebenso wie die stilisierte Kanzleischrift auch allen, die nicht der Schrift kundig waren, signalisieren, dass die Kopie eines offiziellen Dokumentes vorlag. Sogar bei Inschriften bemühte man sich, die schwungvolle römische Kursive in ihrem Duktus nachzuahmen, obwohl die gerundeten Buchstabenformen nicht leicht in den Stein zu meißeln waren.[29]

Zu allen Zeiten war es für die Veteranen der kaiserlichen Armee wichtig, bei der Rückkehr in das zivile Leben ihren absolvierten Militärdienst und die ehrenvolle Entlassung (*missio honesta*) nachweisen zu können, um dem Verdacht einer unehrenhaften Entlassung (*missio ignominiosa*) oder Desertion (*desertio*) vorzubeugen und sich die Privilegien (*commoda*) des Veteranenstandes – unter anderem Befreiung von lokalen *munera* und Steuererleichterungen – zu sichern.[30] Für die Spätantike lässt sich dies schon anhand der Zusammenstellungen relevanter Konstitutionen zu dieser Thematik in Cod. Theod. 7, 20 und Cod. Iust. 12, 46 ersehen. Umso erstaunlicher ist es, dass in der Frühen und Hohen Kaiserzeit keine regulären Entlassungsurkunden ausgefertigt wurden.[31] Für die Veteranen der Auxilia, der beiden prätorischen Flotten und (seit Trajan) der berittenen Kaisergarde (*equites singulares Augusti*) konnten die routinemäßig ausgegebenen Militärdiplome als Nachweis der Entlassung gelten.[32] Veteranen aus den Legionen blieb es anheimgestellt, selbst für entsprechendes Beweismaterial zu sorgen. Bislang sind Entlassungsurkunden, die wie Militärdiplome aus Metall gefertigt waren, nur in geringer Zahl bekannt geworden.[33] Diese auf private Initiative ausgestellten Urkunden aus dem 2. und 3. Jh. enthalten Abschriften offizieller Dokumente wie etwa Auszüge aus einem Entlassungsregister, das Schreiben eines Statthalters oder – im Idealfall – eines Kaisers.[34] Daneben bildeten die

29 Feissel 2004, 285–365. Auf diplomatische Genauigkeit wird jedoch verzichtet, wenn es bloß um Zitate ging oder die textliche Wiedergabe genügte, s. Haensch 2007, 223; auf solche Beispiele bezieht sich auch die Beobachtung von Eich 2009, 273, dass inschriftliche Publikationen römischer Urkunden in ihrer Ausführung oftmals nachlässig sind.

30 Zu den Vorgängen rund um die Entlassung s. Speidel 2009a, 317–346 und Löffl 2022, 676–677; zu den Veteranenprivilegien insbesondere Wolff 1986; Link 1989 und Sänger 2011, 82–90; 223–249.

31 Der Legat von Syria Palaestina antwortet auf ein Ansuchen von 22 Veteranen, ihnen Entlassungsurkunden (*instrumenta*) auszustellen: *veterani ex legionibus instrumentum accipere non solent*; PSI IX 1026 = CPL 117 = ChLA XXV 784, 15 und 39–40 (22. Jan. 150).

32 S. dazu Pferdehirt 2002 und 2004; Scheuerbrandt 2009 sowie zuletzt Weiß 2022, 680–691 mit Verweisen auf die extensive Literatur. Obwohl sie lediglich Urkunden über die Verleihung des römischen Bürgerrechts (*civitas*) und des Eherechts (*conubium*) mit peregrinen Frauen (oder letzteres allein) sind, setzen sie damit die Entlassung voraus bzw. bestätigen sie seit Trajan diese oft auch im Text. Das früheste derzeit bekannte Militärdiplom (CIL XVI 1) stammt vom 11. Dez. 52, das späteste vom 7. Jan. 306 (RMD I 78).

33 Dazu s. Mann – Roxan 1988, 341–347; Eck – Roxan 1998, 95–112; Eck 1999, 12–17; Pferdehirt 2002, 258–267 und 2004, 187–194; Mráv – Szabó 2009, 255–268; ausführlich dazu Speidel 2009a, 333–343 und Weiß 2015, 23–75.

34 Beispielsweise eine Urkunde aus dem Jahre 119 mit einem Edikt Hadrians (Eck et al. 2014a, 241–253; 2014b, 266–268 und Eck 2018, 199–201) oder die außergewöhnliche Urkunde des Jahres 240 mit einem Brief des Gordian III. (Weiß 2015, 26–43). Es ist damit zu rechnen, dass ähnliche Urkunden auch aus vergänglichem Material (Holz) existierten.

Eckdaten des Dienstes, vor allem des Eintritts in das Militär und der *missio*, den Kern solcher Entlassungsurkunden.

Spätestens seit der Tetrarchie haben sich diese Verhältnisse geändert. Ein Reskript des Diokletian und Maximian aus dem Jahre 286 bestätigt, dass die Veteranenprivilegien auch dann bestanden, wenn die Entlassungsurkunden (*instrumenta facta*) über die *honesta missio* zwar verloren waren, sich aber durch andere Evidenz ersetzen ließen.[35] Eine grundlegende Neuregelung spricht ein Rundschreiben des Kaisers Licinius vom 10. Juni 311 in Serdica an, das eine neue, vorteilhafte Steuerregelung für die Veteranen enthielt.[36] Darin bestimmte der Kaiser unter anderem, dass es den Veteranen ermöglicht werde, ihren Status mühelos nachzuweisen. Bisher sei es Praxis gewesen, dass bei Entlassungen vieler Personen durch den *dux* beim *actuarius* (einer Truppe) die Entlassungsliste (*missoria*, wohl sc. *tabula*)[37] auslag und jeder für sich eine Abschrift besorgen musste. Die neue Anordnung sieht jedoch vor, „dass, wenn Soldaten die *missio honesta* oder *causaria* [...] erlangen, jeder einzelne seine spezielle *missio* vom *dux* erhält, damit ein Nachweis der Wahrheit und Glaubwürdigkeit bei ihnen verbleibt und sie dadurch dauerhafte und unerschütterliche Sicherheit genießen".[38] Ab 311 wurden also vom *dux* routinemäßig Bestätigungen über die *missiones honestae* und *causariae* für alle Soldaten eines Entlassungstermins ausgegeben. Die privaten Abschriften waren durch offizielle Entlassungsurkunden aus dem Büro des *dux* ersetzt worden. Mit Peter Weiß ist daran zu denken, dass diese Urkunden wohl nicht in Metall (von dem die Konstitution nicht spricht), sondern auf vergänglichem Material, Holz oder Papyrus, ausgegeben wurden.[39] Solche Entlassungsurkunden dürften mit den *missionis epistulae* in einer Konstitution Constantins vom Juni 325 angesprochen sein,[40]

35 Cod. Iust. 4, 21, 7 (286): *Si sollemnibus stipendiis honeste sacramento solutus es, licet super huiusmodi re instrumenta, ut dicis, facta perdita sunt, tamen, si aliis evidentibus probationibus veritas ostendi potest, veteranorum privilegia etiam te usurpare posse dubium non est*; dazu Speidel 2009a, 338–339.

36 Diese Konstitution wurde 1937 durch eine Bronzetafel aus Brigetio bekannt: AE 1937 = FIRA I² 93 mit weiterer Literatur bei Corcoran 1996, 145–148, Nr. 53; im Präskript werden Licinius und Constantin genannt. Ein zweites, in den hier relevanten Textstellen besser erhaltenes Exemplar mit einem anderen Adressaten wurde um 2000 in der Umgebung von Durostorum gefunden: AE 2007, 1224 (ohne Genehmigung publiziert von Fezzi 2007, 269–275) und AE 2009, 1204 (Sharankov 2009, 61–67). Ein drittes Exemplar ist erst kürzlich bekannt geworden: Eck 2019, 53–57.

37 Weiß 2015, 52–53 mit Anm. 109 und S. 71: Es wird angenommen, dass Listen über alle Soldaten eines Entlassungsjahrgangs sowohl bei den Truppenkörpern als auch zentral gesammelt im Tabularium in Rom verwahrt wurden, wie aus der Einheitlichkeit der erhaltenen Texte hervorgeht, s. auch Speidel 2009b, 283–304.

38 AE 2007, 1224 (Durostorum), Z. 27–35: *Licet eiusmodi antehac consuaetudo fuerit, ut, cum plurimi homines simul honestam missionem a duce perciperent, penes actuarium missoria permanente exempla sibi singuli exciperent, tamen volumus, ut, cum honestam vel causariam ... missionem milites consecuntur, singuli quique specialem a duce in personam suam accipiant missionem, quo probatione veritatis ac fidei aput se permanente securitate stabili ac firmissima perfruantur.*

39 Weiß 2015, 71 weist darauf hin, dass die Entlassungsurkunde von 240 (o. Anm. 34) insofern als Vorläufer der spätantiken Regelung angesehen werden kann, als sie von staatlicher Seite ausging.

40 Cod. Theod. 7, 20, 4, 1 (17. Juni 325): *Veteranos autem post emeritae missionis epistulas tam suum quam uxoris caput excusare sancimus aut, si honestam missionem meruerint, suum caput tantummodo excusare ceteros.*

und wahrscheinlich sind auch die von Arcadius und Honorius in einer Konstitution vom Januar 400 erwähnten *testimoniales*, welche den Veteranenstand bezeugen, derartige Entlassungsurkunden, da sie von *comites* (sc. *rei militaris*) ausgestellt werden.[41] Hingegen hatte sich Constantin im Herbst 324 in einem Edikt bezüglich der Privilegien von Veteranen seines Feldzuges gegen Licinius wohl noch auf die ältere Praxis bezogen, wenn der Kaiser hier gestattete, seinen diesbezüglichen Erlass „auf Tafeln oder mit Tinte und weißem Blei" zu kopieren.[42] Vielleicht darf man aus den unterschiedlichen Bestimmungen zwischen Herbst 324 und Frühsommer 325 ableiten, dass die Neuregelung von 311, Entlassungsurkunden routinemäßig seitens der Militärkommandanten (*duces* und *comites*) ausfertigen zu lassen, zuerst nur im Amtsbereich des Licinius Geltung hatte und erst nach Constantins Sieg über Licinius auch im restlichen Reich umgesetzt wurde.

Vor diesem Hintergrund liegt es nahe, ChLA XLIII 1248 als eine Entlassungsurkunde – die einzige, die bislang aus der Spätantike bekannt ist – zu betrachten. Genau genommen entspricht freilich nur das Schreiben in Col. III diesem Zweck, da es die Entlassung des Sarapion und seiner Kameraden bescheinigt. Dass es vom *comes* ausgestellt und in Briefform gehalten ist, fügt sich in den Befund von Cod. Theod. 7, 20, 4, 1 und 7, 20, 12. Warum aber hat man die beiden Beförderungsschreiben in Col. I und II hinzugefügt? Den Schlüssel dazu gibt meines Erachtens die Beobachtung, dass die beiden als Kopien (*exempla*) ausgewiesen sind, das eigentliche Entlassungsschreiben in Col. III dagegen nicht.[43] Letzteres war eben das routinemäßig ausgegebene Zertifikat des Militärkommandos über die Entlassung; die beiden anderen Schreiben geben zusätzlich Auskunft über die Karriere des Sarapion. Dies könnte mit dem Umstand in Verbindung stehen, dass Sarapion nicht nach der regulären Dienstzeit von 24 Jahren, sondern mit nur 18 *stipendia* vorzeitig wegen Krankheit (*colicus*) entlassen wurde. Er erhielt also die *missio causaria*, die einerseits wegen ihres geringeren sozialen Ansehens besonderer Absicherung bedurfte;[44] andererseits hat offenbar schon Caracalla im Jahre 213 die Privilegien für *missicii ex causa*, die weniger als

41 Cod. Theod. 7, 20, 12 (September–November 400): *Plerique testimonialibus fraude quaesitis fiunt veterani, qui milites non fuerint ... Quisquis igitur ... florentissimis legionibus inserendus testimoniales ex protectoribus vel cuiuslibet dignitatis obtinuit vel eas, quae nonnumquam comitum auctoritate praestantur, ne delitiscat, tirociniis castrensibus inbuatur.* Zum Datum des Edikts s. Corcoran 1996, 197–198.

42 Cod. Theod. 7, 20, 1 (September–November 324): *Veteranis, qui ex die V nonarum Iuliarum, cum prima per Thraciam victoria universo orbi inluxit, et qui postea apud Nicomediam nostram missionem meruerunt, certa per edictum indulsimus, quae scribendi tabulis vel encauto et cerussa conscribere detur eis licentia.* Die Erlaubnis, dass ein kaiserliches Edikt zwecks Nachweis der *missio* privat kopiert werde, entspricht der älteren Praxis, wie sie uns in den Entlassungsurkunden des 3. Jh. entgegentritt. Zum Datum des Edikts s. Corcoran 1996, 197–198.

43 Da es sich um keinen *tomos synkollesimos* handelt, ist natürlich auch das Schreiben in Col. III eine Abschrift des Briefes des *comes* an den Lagerkommandanten. Dass es nicht als *exemplum* deklariert wird, liegt wohl daran, dass die an jeden Veteranen ausgegebene Entlassungsurkunde eben in einer solchen Abschrift des entsprechenden Briefes des *dux* bestand und als originales Zertifikat gelten konnte; anders die beiden älteren Schreiben, die zusätzlich dazukamen.

44 Zur *missio causaria* s. Wesch-Klein 1998, 88–92; Weiß 2000, 264–265; Speidel 2009a, 323 mit Anm. 37 und van Lommel 2013, 65–74. Es ist bemerkenswert, dass in unserem Papyrus fünf der elf entlassenen Soldaten durch *missio causaria* ausschieden.

20 Jahre gedient hatten, eingeschränkt.[45] Die spätantike Gesetzgebung hat die Abstufung der Privilegien bei vorzeitigen Entlassungen beibehalten.[46] Gerade bei einer *missio causaria* war daher die Zahl der geleisteten *stipendia* bedeutungsvoll, und vermutlich spielte es zumindest im sozialen Umfeld der Veteranen durchaus eine Rolle, ob man als einfacher Soldat oder als graduierter *decurio* aus dem Dienst geschieden war. Diese Gründe mögen Sarapion bewogen haben, sich über die routinemäßig ausgestellte Entlassungsurkunde hinaus auch Kopien seiner Beförderungsbriefe zu besorgen. Da diese beiden Kopien von derselben Hand verfasst wurden wie die originale Entlassungsurkunde in Col. III, ist die gesamte Rolle in einer Militärkanzlei ausgestellt worden. Die oben zitierten Konstitutionen gehen davon aus, dass die Militärkommandanten (*duces* und *comites rei militaris*) für die Ausstellung der *missionis epistulae* bzw. *testimoniales* zuständig waren. Demnach dürfte die Urkunde für Sarapion im *officium* des *comes Aegypti* in Alexandria erstellt worden sein.

Seinen Dienst hat Sarapion, der 383/384 in das Militär eingetreten war, zumindest von 395 bis 401 im *castrum Psofthis* versehen. Allerdings sind mehrere Ortschaften namens Psobthis (= Psofthis) bezeugt.[47] John Rea hat den Ort überzeugend mit der Garnison der in *Not. dign. or.* 28, 33 verzeichneten *ala secunda Assyriorum*, Sosteos (= Psofthis), dem Hauptort der Oasis Minor (Baharya) identifiziert, die administrativ zum Oxyrhynchites gehörte und daher dem Kommando des *comes Aegypti* unterstand.[48] Allerdings erwähnt SB XX 14300, 2–3 (324) eine ἴλη τρίτη (!) Ἀ[σσ]υρίων διακε[ιμέ|νη ἐν κάστροις Ψώβθεως τοῦ Ὀξ]υρυγχίτου νομοῦ. Wahrscheinlich geht die Zahlenangabe *ala secunda* (!) *Assyriorum* in *Not. dign. or.* 28, 33 auf einen Schreibfehler (II für III) zurück.[49] In der 94 km langen und 42 km breiten Oase Baharya sind zwei Militärlager archäologisch nachgewiesen (El Qasr = Psofthis und El Heiz), und *Not. dign. or.* 28, 22 lokalisiert tatsächlich eine zweite Einheit, die *ala secunda Armeniorum,* in der Oasis Minor (ohne exakten Ortsnamen). Mit Constantin Zuckerman ist daher davon auszugehen, dass zwei Einheiten in der Oasis Minor stationiert waren: die *ala tertia Assyriorum*, Sosteos = Psobthis (El Qasr) – wo Sarapion seinen Dienst ableistete – und die *ala secunda Armeniorum*, Oasis Minor (genauer in El Heiz).[50] Sarapion hat seine Jahre als Veteran aber anscheinend nicht in der Oase Baharya verbracht. Da die Papyrusrolle mit seiner Entlassungsurkunde im Fayum gefunden wurde, dürfte er dort seinen Lebensabend verbracht haben.

45 Cod. Iust. 5, 65, 1 und 12, 35, 2; die knappen Formulierungen explizieren nicht, welche Kürzungen es bei weniger als 20 Dienstjahren gab.

46 Cod. Theod. 7, 20, 4, 2 und 3 (325); 7, 20, 8, 2 (364); 7, 20, 12, 1 (400). Es ist bemerkenswert, dass die in unserer Col. III angeführten Gründe für Entlassungen, *debilis*, *senex*, *aegrotus*, wörtlich auch in den Konstitutionen erscheinen: ... *senectutis vel debilitatis causa dimissi fuerint* (7, 20, 4, 3); *corporis aegritudo* (7, 20, 12, 1).

47 Mitthof 2001, I 225, Anm. 646.

48 Rea, CPR V 13, Komm. zu Z. 3.

49 SB XX 14300 = PSI IV 300 mit BL X 227, Gonis, 2015, 230 und Zuckerman 1994, 199–202. Die Ergänzung wird gestützt durch einige andere Papyrustexte, die eine *ala* in Psobthis bezeugen, während eine *ala III Assyriorum* sonst nirgendwo im Oxyrhynchites nachgewiesen ist, s. Kaiser 2012, 328–333 und 588.

50 Zuckerman 1994, 199–200.

Abb. 1: ChLA XLIII 1248 (395–401 n.Chr.): Die Entlassungsurkunde des Kavalleristen Sarapion.

Literaturverzeichnis

Cavallo, G., Il calamo e il papiro. La scrittura greca dall'età ellenistica ai primi secoli di Bisanzio (Pap.Flor. 36), Florenz 2005.
Corcoran, S., The Empire of the Tetrarchs. Imperial Pronouncements and Government AD 284–324, Oxford 1996.
Daris, S., I papiri e gli ostraca latini d'Egitto, Aevum 74, 2000, 105–175.
Eck, W., „Ehrenvoll entlassen". Eine tabula honestae missionis für einen Bonner Veteran aus dem Jahre 230 n. Chr., Rheinisches Landesmuseum 1, 1999, 12–17.
Eck, W., Soldaten aus den Donauprovinzen in der Prätorianergarde: Zum Erdbeben in Syrien aus dem Jahr 115 und zum Edikt Hadrians aus dem Jahr 119, ZPE 206, 2018, 199–201.
Eck, W., Eine dritte Kopie der Tafel von Brigetio aus dem Jahre 311 n. Chr., Quaderni Lupiensi 9, 2019, 53–57.
Eck, W. – Roxan, M. M., Zwei Entlassungsurkunden – tabulae honestae missionis – für Soldaten der römischen Auxilien, AKB 28, 1998, 95–112.
Eck W. – Pangerle, A. – Weiß, P., Edikt Hadrians für Prätorianer mit unsicherem römischen Bürgerrecht, ZPE 189, 2014a, 241–253.
Eck W. – Pangerle, A. – Weiß, P., Ein drittes Exemplar des Edikts Hadrians zugunsten von Prätorianern vom Jahr 119 n. Chr., ZPE 191, 2014b, 266–268.
Eich, A., Diplomatische Genauigkeit oder inhaltliche Richtigkeit? Das Verhältnis von Original und Abschrift, in: Haensch, R. (Hg.), Selbstdarstellung und Kommunikation. Die Veröffentlichung staatlicher Urkunden auf Stein und Bronze in der Römischen Welt (Vestigia 61), München 2009, 267–299.
Feissel, D., Un rescrit de Justinien découvert à Didymes (1er avril 533), Chiron 34, 2004, 285–365.
Fezzi, L., Una nuova tabula dei privilegi per i soldati e i veterani, ZPE 163, 2007, 269–275.
Gonis, N., Korr. Tyche 788–808, Tyche 30, 2015, 223–230.
Haensch, R., Apokrimata und Authentica. Dokumente römischer Herrschaft in der Sicht der Untertanen, in: Haensch, R. – Heinrichs, J. (Hg.), Herrschen und Verwalten. Der Alltag der römischen Administration in der Hohen Kaiserzeit, Köln u.a. 2007, 213–233.
Kaiser, A. M., Militärorganisation im spätantiken Ägypten (284–641 n. Chr.), Diss. Wien 2012.
Karabacek, J., Miscelle, Österreichische Monatsschrift für den Orient 10, 1884, 152.
Link, St., Konzepte der Privilegierung römischer Veteranen (HABES 9), Stuttgart 1989.
Loebenstein, H., Vom ‚Papyrus Erzherzog Rainer' zur Papyrussammlung. 100 Jahre Sammeln, Bewahren, Edieren, in: Festschrift zum 100-jährigen Bestehen der Papyrussammlung der Österreichischen Nationalbibliothek, Papyrus Erzherzog Rainer (P.Rain. Cent.), Wien 1983, 3–39.
Löffl, J., DNP Suppl. 16, 2022, 659–680, s.v. Militärdienst.
van Lommel, K., The Terminology of the Medical Discharge and an Identity Shift among the Roman Disabled Veterans, AHB 27, 2013, 65–74.

Mann, J. C. – Roxan, M. M., Discharge Certificates of the Roman Army, Britannia 19, 1988, 341–347.
van Minnen, P., Korr. Tyche 933–949, Tyche 34, 2019, 259–268.
Mitthof, F., Annona militaris. Die Heeresversorgung im spätantiken Ägypten, Bde. I–II (Pap.Flor. 32), Florenz 2001.
Mráv, Zs. – Szabó, Á., Fragment einer bronzenen Urkunde neuen Typs über die Entlassung eines Legionssoldaten vom Jahre 240 n. Chr., ZPE 169, 2009, 255–268.
Nicolaj, G., Exemplar. Ancora note di terminologia diplomatica in età tardoantica, in: Capasso, M. – De Nonno, M. (Hg.), Studi paleografici e papirologici in ricordo di Paolo Radiciotti, Lecce 2015, 351–366.
Palme, B., The Imperial Presence: Government and Army, in: Bagnall, R. S. (Hg.), Egypt in the Byzantine World 300–700, Cambridge 2007, 244–270.
Pferdehirt, B., Die Rolle des Militärs für den sozialen Aufstieg in der römischen Kaiserzeit (Monographien des RGZM 49), Mainz 2002.
Pferdehirt, B., Römische Militärdiplome und Entlassungsurkunden in der Sammlung des Römisch-Germanischen Zentralmuseums, Bde. I–II, Mainz 2004.
Rea, J., A Cavalryman's Career, A.D. 384(?)–401, ZPE 56, 1984, 79–88.
Sänger, P., Veteranen unter den Severern und frühen Soldatenkaisern. Die Dokumentensammlungen der Veteranen Aelius Sarapammon und Aelius Syrion (HABES 48), Stuttgart 2011.
Scheuerbrandt, N., Kaiserliche Konstitutionen und ihre beglaubigten Abschriften. Diplomatik und Aktengang der Militärdiplome, Remshalden 2009.
Sharankov, N., Three Roman Documents on Bronze, ArchBulg 13.2, 2009, 61–67.
Speidel, M. A., Honesta Missio. Zu Entlassungsurkunden und verwandten Texten, in: Speidel M. A., et al. (Hg.), Militärdiplome. Die Forschungsbeiträge der Berner Gespräche von 2004 (Mavors 15), Stuttgart 2007, 293–325; wieder abgedruckt in: Speidel, M. A., Heer und Herrschaft im Römischen Reich der Hohen Kaiserzeit (Mavors 16), Stuttgart 2009a, 317–346.
Speidel, M. A., Einheit und Vielfalt in der römischen Heeresverwaltung, in: Haensch, R. – Heinrichs, J. (Hg.), Herrschen und Verwalten. Der Alltag der römischen Administration in der Hohen Kaiserzeit (Kölner Historische Abhandlungen 46), Köln 2007, 173–194; wieder abgedruckt in: Speidel, M. A., Heer und Herrschaft im Römischen Reich der Hohen Kaiserzeit (Mavors 16), Stuttgart 2009b, 283–304.
Stauner, K., DNP Suppl. 16, 2022, 1117–1127, s.v. Verwaltung, C: Römisch.
Weiß, P., DNP 8, 2000, 264–265, s.v. missio.
Weiß, P., Eine honesta missio im Sonderformat. Neuartige Bronzeurkunden für Veteranen der Legionen in germania superior unter Gordian III., Chiron 45, 2015, 23–75.
Weiß, P., DNP Suppl. 16, 2022, 680–691, s.v. Militärdiplom.
Wesch-Klein, G., Soziale Aspekte des römischen Heerwesens in der Kaiserzeit (HABES 28), Stuttgart 1998.
Wolff H., Die Entwicklung der Veteranenprivilegien vom Beginn des 1. Jahrhunderts v. Chr. bis auf Konstantin d. Gr., in: Eck, W. – Wolff, H. (Hg.), Heer und Integrations-

politik. Die römischen Militärdiplome als historische Quelle (Passauer Historische Forschungen 2), Köln u.a. 1986, 44–115.
Zuckerman, C., Le camp de Ψῶβθις / Sosteos et les catafractarii, ZPE 100, 1994, 199–202.
Zuckerman, C., Comtes et ducs en Égypte autour de l'an 400 et la date de la Notitia Dignitatum Orientis, AnTard 6, 1998, 137–147.

Abbildungsnachweis

Abb. 1: Österreichische Nationalbibliothek, Papyrussammlung, P.Vindob. L 8 + 125. CC BY-SA 4.0.

Nurbel – A Hitherto Unknown Palmyrene Centurion: The *Vitis* Staff in Palmyrene Funerary Art

Rubina Raja

Palmyra, Rome and the military connections[1]

> "Palmyra is a city famous for its situation, for the richness of its soil, and for its agreeable springs; its fields are surrounded on every side by a vast circuit of sand, and it is as it were isolated by nature from the world, having a destiny of its own between the two mighty empires of Rome and Parthia, and at the first moment of a quarrel between them always attracting the attention of both sides."[2]

This quote by Pliny is not new to anyone who works on Roman Palmyra. It is widely agreed that Pliny did not visit the site, but based his description of it on that of others. Written in the first century CE, the historical context for Pliny's 'Natural History' is also too early for the artwork discussed here. But the quotation is appropriate to open with, since it brings focus to the important framework that is crucial to bear in mind, when we speak about Roman Palmyra – namely the description of the site as having a destiny of its own because it was separated by nature from the rest of the world and therefore destined to attract the attention of Rome and Parthia, whenever they fell out with each other, since it was located between them. The pivotal take away message is that Palmyra could not entirely frame its own political and therefore its own military outlook, but did so within

1 I first met Rudolf Haensch when I took part in the DAI's Hauran course in Syria in 2007, which were incredibly formative and well-organised weeks. On that trip I made friends to whom I owe a lot academically speaking seen across what now has turned into 15 years. One of these people is Rudolf, who with his warm personality and high academic standards and generosity with his knowledge, has been utmost supportive of my research and always has been ready to give input and discuss topics concerning my research on the Roman East. For that I extend my warmest thanks to him as well as for his several invitations to the Commission for Ancient History and Epigraphy in Munich over the years and for welcoming me for longer stays to make use of the library there. Without his knowledge, my interest in the Roman army in the East would not have developed as it has.

2 Plin. HN 5.88: *Palmyra urbs nobilis situ, divitiis soli et aquis amoensis, vasto undique ambitu harensis includit agros, ac velut terris exempta a rerum natura, privata sorte inter duo imperia summa Romanorum Parthorumque et prima in discordia semper utrimque cura.* (transl. H. Rackman).

the limits of being situated between two strong powers. Therefore, the city's society was bound to muster a strong and protective army, both to protect themselves, which also tied into their engagement in the long-distance trade, but just as much in order to support the side who would claim their support at various points in time.[3]

The oasis city, also called Tadmor in Antiquity, experienced an immense flourishing in the first centuries CE – as did many other places in the Near East due to an increased stability in the political landscape.[4] The city's male elite was deeply involved in the long-distance trade in the region and beyond, and the city's wealth exploded in these centuries as a result of the trade, which had to pass through the city.[5] Apart from or exactly with the rise in the trade organization, Palmyra also developed highly skilled military units.[6] Units which came to serve in the Roman army, but who also would have accompanied the caravans for protection through the desert. In this way the trade organization and the military engagements of the Palmyrenes were entangled, despite the fact that we do not know much about the exact nature of how these units operated. With the expansion of the Roman Empire and the growing challenges on the Eastern border, Palmyra became an increasingly important military factor in the region, who sided with the Romans and gained immense power in the region.[7] Right before and around the middle of the third century, the Parthians invaded important cities east of Palmyra, namely Hatra and Dura-Europos in 239 and 240 CE, respectively.[8] The Palmyrenes sided with Rome in this period and were at their peak in wealth and military capacity and abilities. In the end, the success of the Palmyrenes, who also took advantage of the weakened Roman Empire, led to larger tensions between the Romans and Palmyra's ruler. After the death of Odainathus, Zenobia ruled on behalf of her underage son, Valabbathus, and the Palmyrenes expanded their territory and took Egypt and parts of Asia Minor and therefore attracted the anger of the Romans. This in turn led to the sacks of the city during the reign of the emperor Aurelian in respectively 272 and 273 CE.[9] After these sacks a Roman legion was stationed permanently in Palmyra and a military camp was constructed.[10] The city's life continued, although on a much smaller scale than earlier and without any role to play in the global trade networks that no longer went through the city.[11]

It is from these flourishing first three centuries CE that the rich corpus of funerary sculpture from the city stems. In fact this group of locally produced limestone sculptures are the largest group of representations of deceased individuals stemming from one place in the Roman world, amounting to approximately 4,000 funerary limestone portraits.[12]

3 Smith 2013.
4 See Raja 2022 for a recent account of the city's archaeology and history.
5 Seland 2015a; 2015b; 2016; 2019.
6 Edwell 2008, 31–35; Edwell 2019.
7 Hartmann 2001; 2008; 2016.
8 Edwell 2008, 153–155.
9 Sartre 2001.
10 Sommer 2005.
11 Intagliata 2017; 2018; 2019.
12 Raja 2019b; 2019d.

These were set up in the monumental tower tomb graves and the hypogea.[13] By far the most common type was the *loculus* relief, which was a rectangular limestone slab onto which the more than portrait bust of the deceased was carved, sometimes together with other representations of family members and elaborate attributes.[14] Inscriptions, usually in Palmyrene Aramaic, would also often accompany the portrait, stating the name and genealogy of the deceased person, sometimes up to five generations back in time. In the second century CE, the lavish sarcophagi were introduced, on whose lids and boxes numerous portraits were also carved, usually showing the family father reclining on a banqueting couch surrounded by family members, including his wife and children and often also extended family.[15]

Often these portraits have been said to be standardized provincial portraits, simply adhering to the styles of the Roman-period portraiture or to the styles drawn from the Parthian iconographic repertoire.[16] But the work done since 2012 within the framework of the Palmyra Portrait Project has shown that the narratives which the Palmyrene portraits hold can be unlocked to a much further extent than hitherto thought when, on the one hand, studied as a corpus and, on the other hand, studied in depth as single pieces of funerary art encapsulating cultural values pertaining to the funerary sphere.[17] In this contribution I turn to a well-known example, which has been published, but which has not been studied in detail within the framework of the existing evidence for military connections displayed in the funerary sphere in Palmyra and which also has not been contextualized within the broader iconography related to the visual repertoire connected with the Roman military sphere.[18]

The evidence for Roman military at Palmyra and for Palmyrene soldiers and units serving in other places has been collected and discussed by several scholars.[19] The evidence is not overwhelming, but important for our understanding of the Palmyrene society and its development, its integration and distancing to the Roman Empire over time. The evidence available gives a narrative of an increased development of the Palmyrene military, as tensions between Rome and Parthia built up, but not enough to in fact give us an impression of just how involved Palmyrenes were in the units of the Roman army stationed at Palmyra at various points in the second and third centuries CE. Here the funerary sculpture is one of the groups of material we can turn to in order to better understand these relationships.

13 Gawlikowski 1970; Henning 2013.
14 Raja et al. 2021. See the supplementary online material for an overview of the chronology of the funerary sculpture.
15 Bobou – Raja forthcoming a.
16 Kropp – Raja 2014 for a summary of these discussions.
17 Bobou et al. 2021; Raja et al. 2021; Romanowska et al. 2021.
18 Albertson 2000; 2021.
19 Edwell 2008, 31–62 for an overview and further references.

Fig. 1: *Loculus* relief with Nurbel.

The Roman military reflected in the Palmyrene funerary portraiture

Numerous objects from the Palmyrene funerary sphere depict deceased members of the Roman army, both Palmyrenes, but also non-Palmyrenes, who had served in Palmyra and must have died there as well as men who might have served to protect the caravans.[20] There are also numerous representations on sarcophagus boxes, where men with weapons are shown together with for example camels. These might be interpreted as being

20 Bobou – Raja forthcoming b; Raja – Yon 2021.

connected rather with the caravan trade than the Roman army as such.[21] 26 objects, all *loculus* reliefs, show men with Roman-style weapons such as swords with heads that find *comparanda* in other Roman objects, whips as part of their cavalry or cameleer equipment, fringed mantles, or tunics with *clavi* underlining their Roman citizenship. Several of these have been published earlier, and comments have been made on the connection of the men represented to the Roman army. Only three of the known representations carry Latin inscriptions, which tell us that the men depicted were in fact part of the Roman army.[22] The object under discussion here, however, does not carry a Latin inscription, but one in the local Palmyrene Aramaic dialect. Furthermore, the relief has an important attribute that has, until now, not been identified correctly and which is the key to the interpretation of the entire relief.

Nurbel – a hitherto unknown Palmyrene centurion

In the collection of the Ny Carlsberg Glyptotek in Copenhagen there is a *loculus* relief of high quality (fig. 1). It was acquired by Harald Ingholt in 1928 from an art dealer, A. Massayeh, in New York.[23] Most likely Ingholt purchased it with funds from a Danish foundation, perhaps the Rask Ørsted Foundation for the Ny Carlsberg Glyptotek, and probably did so because of his particular interest in the high-quality reliefs combined with inscriptions. This specific *loculus* relief, he cannot have known much earlier than 1928, since it is not included in his 1928 monograph, which held 529 Palmyrene funerary portraits and until recently was the standard work on these portraits.[24] We, however, have no further information about who might have excavated the portrait, when or how it came to America.

The limestone relief is rectangular in shape and depicts a male bust. Behind his shoulders, two standing children in full figure are located on each side of him.[25] Two inscrip-

---

21 See for examples a sarcophagus box in the Palmyra Museum, inv. no. 2093/7431 (Silver et al. 2018, 23, fig. 2.18).

22 Raja – Yon 2021, cat. nos. 3–5.

23 Raja 2019a, 22–225. On Ingholt: Raja – Sørensen 2015; Raja 2019c; 2021b; 2021c.

24 Ingholt 1928; Bobou et al. 2021.

25 Copenhagen, Ny Carlsberg Glyptotek inv. no. 2763. Acquisition history: Acquired by H. Ingholt from A. Massayeh in New York, 1928. Material: Limestone, white/grey. Measurements: Height: 51 cm. Width: 44 cm. Depth: 15 cm. Portrait A: Height of figure: 31.5 cm. Width of figure: 13 cm. Depth of figure: 5 cm. Portrait B: Height of figure: 51 cm. Width of figure: 35 cm. Depth of figure: 9.5 cm. Height of head: 17.5 cm. Width of head: 13.5 cm. Depth of head: 9.5 cm. Portrait C: Height of figure: 36 cm. Width of figure: 11.5 cm. Depth of figure: 4 cm. Preservation: The lower corners are broken off. The sides of the relief are chipped. Portrait A: Slightly weathered. Portrait B: The crown of the head is chipped. The lower part of the clothing is broken off. There is a diagonal crack running under his right eye. Portrait C: Slightly weathered. Technical description: There are traces of red pigment in the inscription. Portrait A: There are traces of black pigment on the eyes, mouth, and nostrils. Portrait B: There are traces of red pigment on his ears and black pigment around the eyes. Portrait C: There are traces of black pigment on her feet, hairline, and around the eyes. There are traces of red

tions in Palmyrene Aramaic are displayed on the relief. One is located between the figure to the right and the centrally placed male bust. In transcription it reads: Š'D | BRH | ḤBL. The translation of which is "Šaʿad, his son, alas!" The other inscription is located between the figure to the left and the male bust. In transcription it reads: NWRBL | BR | 'TYK' | 'QM' | BRTH. The translation of this amounts to "Nûrbêl, son of ʿAtîkâ. Aqmê, his daughter."[26] These are representations of a father, Nurbel, shown with two of his children.

The standing child to the left has his right arm bent and held in front of the torso while the left arm is bent and held to the left side. The arms and head appear small in relation to the body, indicating foreshortening. The right leg stands on a protruding plinth at the height of the upper arm of the male bust. The left leg is obscured by the male bust. The child has short hair rendered by flame-shaped curls arranged in three rows around the head. The individual strands of hair are indicated by incised lines. His face is diamond-shaped. The eyebrows are curving, depicted as thin ridges. The eyes are almond-shaped with thick upper eyelids. The ears are protruding with the helix, *scapha* and lobe depicted. The nose is short with a wide base, incised *alae* and carved nostrils. The mouth is large with a full lower lip and an accentuated cupid's bow. The chin is round. The neck is short with a horizontal groove. He wears a necklace composed of two plain chains with an oblong pendant suspended from the lower chain slightly left of the center. The necklace is worn at the base of the neck. He wears a tunic and plain trousers. The tunic has a round neckline and long, tight-fitting sleeves. The tunic ends at the knees. The folds of the tunic are rendered by oblique grooves. At the waist, he wears a plain band belt. The folds of the trousers are indicated by oblique lines. The trousers are tucked into ankle-height, pointed boots. With his right hand, he holds a bird. The bird is rendered in profile, turned to the left. A curved beak is rendered, and incised lines indicate the feathers. With his left hand, he holds an object composed of a rectangular element above the hands and three globular elements underneath, a bunch of grapes.

The child to the right is shown frontally with the legs turned slightly to the right. Her right arm is bent and held at the right side while her left arm is bent and held in front of the torso. The arms appear short in relation to the body, indicating foreshortening. She stands with the left leg on a protruding plinth at the height of the elbow of the male bust. The right leg is obscured by the male bust. Her hair is parted at the center and combed to the sides and back in large, curving locks. The individual strands of hair are indicated by incised lines. Her face is oval. The eyebrows are curving, depicted as thin ridges. The eyes are small and almond-shaped with thick upper eyelids. The ears are not visible under

pigment under her left arm. Date on stylistic basis: 230–250 CE. References: el-Chehadeh 1972, 92, n. 100; 95, n. 111; Colledge 1976, 147, n. 548; 253; Hvidberg-Hansen – Ploug 1993, 117, cat. no. 73; Ploug 1995, 69–70, cat. no. 11; Hvidberg-Hansen 1998, 67–68, cat. no. 73; Yon 2002, 257; Stauffer 2010, 212; 215, fig. 7; Krag – Raja 2016, 137–138, fig. 2; Ringsborg 2017, 71, fig. 3; Raja 2019a, 222–225, cat. no. 66. Inscription: Hvidberg-Hansen – Ploug 1993, 117, cat. 73.

26 PAT 1635.

the hair. She wears large, triangular earrings with rounded edges. The nose is short with a wide base, incised *alae* and nostrils indicated by depressions. The mouth is large with full lips and an accentuated cupid's bow. The chin is round and fleshy. The neck is short. She wears a necklace composed of a wide, plain hoop with a circular pendant suspended from a narrow sleeve at the center. It is worn at the base of the neck. She wears a tunic with a small, round neckline and long, tight-fitting sleeves. The tunic ends at the ankles. The folds of the tunic are rendered by curving and oblique grooves. An overfold is depicted at her waist, possibly indicating a belt. She wears pointed shoes or boots (details unclear). With her right hand, she holds an object with a rectangular upper element and three globular elements underneath, possibly a bunch of grapes. With her left hand, she holds a bird. The bird is rendered in profile, turned towards to the right. The bird has a large beak and head, and the eye is indicated. The neck is long, and the texture of the body is indicated by small, round depressions. It has long legs with a palmate foot. It might well depict a duck, which is an usual attribute in Palmyrene iconography.

Nurbel is shown frontally in the center of the composition. His head is turned slightly to the right. The arms are bent and held in front of the torso. The arms appear short in relation to the body, indicating foreshortening. He has short hair rendered by comma-shaped locks arranged in an unruly manner around the head. The individual strands of hair are indicated by incised lines. He has a receding hairline. His face is oval. The eyebrows are curving, plastically rendered with oblique incised lines indicating the individual strands of hair. The eyes are almond-shaped with thick eyelids. The upper eyelids extend beyond the end of the lower ones. The ears are large with the helix, *tragus*, *scapha* and lobe depicted. The nose is long and triangular with incised *alae* and carved nostrils. He has a beard. It starts at the temples and covers the outer side of the cheeks, chin and the upper lip. The facial hair is rendered as flame-shaped locks. The mouth is small with a full lower lip and an accentuated cupid's bow. The chin is pointed and prominent. The neck is short. He wears a tunic and a chlamys. The tunic has a wide, round neckline and long, wide, loose-fitting sleeves. The cuffs of the sleeves are decorated with a border of oblique, incised lines, possibly a woolen fringe. At the right shoulder there is a zigzag-shaped patch on the tunic. The folds of the tunic are rendered as curving grooves. Over the tunic, he wears a fringed mantel. The mantel falls over both shoulders and covers the left arm and the body, leaving only the right arm and left hand free. The edge of the mantel that curves around the neckline has a scalloped border. The other edges of the mantel have a wide border with incised curving and oblique lines, most likely indicating a thick fringe. The folds of the mantle are rendered as curving grooves on the chest and the left arm and by oblique grooves on the left shoulder. It is fastened at the right shoulder with a circular brooch with an incised border. In his right hand, he holds a *vitis* staff held against his chest. In his left hand, he holds a sword. The pommel is bi-conical and decorated with opposed tongue patterns, the guard is triangular with an incised border, and the blade is wide. The thumb, index and little fingers are extended. On the little finger of the left hand, he wears a ring composed of a wide, thick hoop with an oval bezel, most likely a signet seal ring.

The overall composition of the *loculus* relief, showing a centrally placed parent flanked by two children, is a known motif in Palmyrene funerary art.[27] So are the overall attributes which the children hold, apart from the potential duck in the hand of the daughter. Based on stylistic traits, this *loculus* relief is dated to the period approximately between 230–250 CE.

It has earlier been stated that Nurbel must have served in the Roman army. This has been done on the basis of his fringed mantel and the weapons that he holds.[28] However, until now, the object in his right hand has never been identified as a *vitis* staff,[29] but rather as a dagger or sword. These earlier attempts at identifications have been wrong. First of all, Palmyrene craftsmen usually knew exactly what they wanted to represent, despite the fact that some things might look poorly carved to us today. One must try to recontextualize the objects in their dark funerary chambers, that only would have been lit by artificial light. This means that some attributes might have looked very different in such a perspective. Furthermore, the location in the tomb would also have made a difference to how one would have perceived an object. Whether one saw it directly from the front or from below would have made a big difference as well. Since we do not know, however, from which grave this *loculus* relief came or where in the grave it was placed, we can only speculate about the angle from which it was originally meant to be seen. Nevertheless, one can certainly say that no one would have grasped a sharpened weapon around its blade, which is what Nurbel does if we interpret the attribute as a dagger or a sword. Furthermore, it is not common in representations of military personnel that they hold two weapons, one in each hand. When comparing the object in Nurbel's right hand to that in his left hand and to other daggers and swords depicted in the Palmyrene funerary iconography, no immediate parallel to this one comes up either.[30] The object in his right hand has a slimmer head and the stick a rounded, not sharpened, body, which makes it possible to clasp the object as Nurbel is doing. Additionally, it would be out of the ordinary to show a drawn weapon in the funerary sphere, and no example of this is known from Palmyra.[31] The object in his left hand is clearly a sword and also one of the few examples, where the sword sheath is visibly carved below his hand.[32] The weapon is not drawn but in its sheath, ready to be drawn.

27 Krag – Raja 2016; Ringsborg 2017; Krag 2018.

28 Albertson 2021.

29 For a relief that depicts a *vitis* staff, see e.g. the stele of Marcus Caelius at the Rheinisches Landesmuseum in Bonn, Germany, inv. no. U 82 (Schalles – Willer 2009).

30 For examples of swords and daggers see nos. 31–32 below. See also Bobou – Raja forthcoming b for the Roman style weapons.

31 Swords are held by the grip with the left hand. Often the blade is not even depicted below the hand (see e.g. a relief with two males and a child in the Ny Carlsberg Glyptotek, inv. no. I.N. 1027; Raja 2019a, 176–179, cat. no. 47). For exceptions, see n. 32 below. In some cases, the sword blade is inside a sheath (Istanbul Arkeoloji Müzesi, inv. no. 3749; Long 2017, 74, fig. 5).

32 For other examples, see the relief of Hermes in the Palmyra Museum (Tanabe 1986, 37, cat. no. 319, pl. 319) and the relief of Aḥînaî in the National Museum of Damascus (inv. no. 15027; Sabeh 1953, 22–24, pl. 2.1).

The *loculus* relief is of high quality and much attention has been paid to the carving of both the portrait busts and the attributes. The inscription in Palmyrene Aramaic and the names stated in it underlines the local identity of the three individuals depicted, Nurbel and two of his children. Through the combination of Nurbel's clothing and his attributes there is no doubt that he belonged to the Roman army. The fringed mantel in combination with the brooch and his sword underlines this. But what gives away his status as centurion is the depiction of the *vitis* staff, which was an object reserved for use by centurions in the Roman army.[33]

The *vitis* staff and representations of Roman army personnel in the Palmyrene funerary sphere

The *vitis* staff is known both from written and archaeological sources. The staff was carried by centurions and could be used to whip and hit and discipline people,[34] also outside of the army. It was a status symbol and strictly connected to the rank of a centurion.[35] From Palmyra we only know of one other centurion from the written evidence, despite the fact that numerous others must have existed.[36] Recently Michael Speidel has brought up the fact that only few objects from the funerary sphere in Palmyra show people from the Roman army, and he argues that this might be considered out of the ordinary compared to other locations.[37] However, it has recently been shown that representing professions in the Palmyrene funerary art was out of the ordinary, and only very rarely were male individuals shown with attributes giving away their offices or civic status.[38] In the case of the Palmyrene priests, of whom there are several hundred among the funerary portraits, it has been argued that being a priest was not an office, but much rather a status symbol underlining the elite family which one descended from.[39] So when we take all the approximately 30 objects which show or might show male individuals connected with the Roman army into consideration, this is in fact rather normal within the spectrum of the Palmyrene funerary sphere. Taken together with Speidel's statement that in times of peace the army would have made up only about one percent of the entire population in the Roman Near East, the number of individuals connected to the Roman army in the Palmyrene funerary sphere is not particularly low, despite the fact that we do not have the entire corpus at our disposal today, since much sculpture has been lost since Antiquity.[40] So while other locations, such as Apamea and Antiochia, display higher numbers of gravestones to Roman soldiers, we must remember that these were stelae displayed outside, whereas the portraits

33 Bishop – Coulston 2006, 10; 120.
34 For literary evidence of this practice see Tac. Ann 1.23.
35 Bishop – Coulston 2006, 10; 120.
36 Yon 2002, 274 for the centurion Markus Ulpius.
37 Speidel 2019.
38 Long – Sørensen 2017, for an edited volume with contributions addressing this issue.
39 Raja 2016; 2017; 2021a; 2021d.
40 Speidel 2019, 83–84.

in Palmyra were placed in closed elite and upper middle class family graves. The societal context in Palmyra was hence quite different from the situation in Apamea.

Until now, the *vitis* staff has not been detected on any other objects in Palmyra, also not on any of the other known *loculus* portraits depicting members of the Roman army. So how sure can we be that the object in fact is a *vitis* staff? *Vitis* staffs are depicted on scenes showing centurions from other parts of the Roman empire. The iconography represents a range of different types, but all characterized by a knobbed head (*nodulus*) from which a slim stick protrudes. The example which comes closest to the Palmyrene object is found on a glass medallion in the Victoria and Albert Museum in London, which comes from Rome and is dated to between 200–400 CE on stylistic grounds (fig. 2).[41] This medallion of high-quality glass work shows a man with short hair and trimmed beard. He is wearing a tunic and a mantle on top of it, which is held together by a brooch on this right shoulder. Right under his left arm he carries a staff, with a slightly rounded head, just like the one in on the Palmyrene *loculus* relief. While this in the description given by the Victoria and Albert Museum is described either as a staff or potentially a musical instrument, it seems unlikely on the basis of comparanda. Judging from the man's clothing and his hair- and beard style, it is much more likely that he, just like Nurbel, is in fact a centurion identified by a *vitis* staff under his left arm.

Fig. 2: Glass medallion from the Victoria & Albert Museum, London.

A later source, Vegetius in his *De re militari* 2.14 gives a description of the skills of a centurion, which fits almost too appropriately to the visual representations of Nurbel and the man on the glass medallion – both stern and serious men, oozing of status and focus:

> "The centurion in the infantry is chosen for his size, strength and dexterity in throwing his missile weapons and for his skill in the use of his sword and shield; in short for his expertness in all the exercises. He is to be vigilant, temperate, active and readier to execute the orders he receives than to talk; strict in exercising and keeping up proper discipline among his soldiers, in obliging them to appear clean and well-dressed and to have their weapons constantly rubbed and bright."[42]

41 De' Ficoroni 1732, 12; Morey – Ferrari 1959, 59, cat. no. 353; Honey 1946, 33–34, pl. 10E; Buckton 1994; Harden 1987, 262.

42 Veg. Mil. 2.14.

The date of the Palmyrene relief approximately between 230–250 CE places Nurbel firmly in the period in which a larger presence of Roman military was felt in Palmyra. A recent study has shown that around the time of the previously mentioned Parthian invasion of Hatra and later Dura-Europos in respectively 239 and 240 CE, there was a marked drop in the production of Palmyrene funerary portraiture. It has been argued that this drop was caused by mobilization of the city's finances into the army to a higher degree than earlier, and that the Palmyrene Roman military units might have gone eastwards to protect the borders of the Roman Empire. It is tempting to situate Nurbel in the middle of these tensions and dangers. In his funerary portrait, we would then see a man who fought in the Roman army around the time of the Parthian invasions of the cities further East and who potentially did not return alive to his family in Palmyra. Of course, this is only a hypothesis – but one which is plausible when all parameters are taken into consideration.

A needle in a haystack: Unlocking the hidden narratives in the Palmyrene funerary sculpture

So while Palmyrene funerary iconography often is said not to offer us anything but a generalized image of a provincial society in the Roman East, it in reality holds numerous important details still to be discovered, also when it comes to military connections in Palmyra. The small finding offered here adds knowledge to the framework of how upper middle class and elite Palmyrenes saw themselves and wanted to be represented around the middle of the third century CE, which was a time of rising political and military tensions. The finding also underlines that we must look harder for the oddities in the Palmyrene funerary sculpture and attempt to unlock and situate these within the wider framework of the world – also outside of Palmyra – since although being an oasis city in the Roman East, Palmyrene society had a wide-ranging knowledge of the world around them.

Abbreviations

PAT: Hillers, D. R. – Cussini, E., Palmyrene Aramaic Texts, Publications of the Comprehensive Aramaic Lexicon Project, Baltimore 1996.

Bibliography

Albertson, F., A Palmyrene funerary bust of a Roman cavalryman, Damaszener Mitteilungen 12, 2000, 141–153.

Albertson, F., The 'fringed' mantle and its relation to gender in palmyrene funerary sculpture, in: Heyn, M., et al. (eds.), Individualizing the Dead: Attributes in Palmy-

rene Funerary Sculpture (Studies in Palmyrene Archaeology and History 3), Turnhout 2021, 13–30.
Bishop , M. C. – Coulston, J. C. N., Roman Military Equipment from the Punic Wars to the Fall of Rome, Oxford 2006.
Bobou, O. – Raja, R., The Palmyrene Sarcophagi. Sarkophag-Studien, Berlin, forthcoming a.
Bobou, O. – Raja, R., You are in the army now: Funerary representations of military personnel in Palmyra, ZOrA, forthcoming b.
Bobou, O., et al. (eds.). Studies on Palmyrene Sculpture: A Translation of Harald Ingholt's Studier over Palmyrensk Skulptur, Edited and with Commentary (Studies in Palmyrene Archaeology and History 1), Turnhout 2021.
Bobou, O. – Raja, R. – Romanowska, I., Historical trajectories of Palmyra's elites through the lens of archaeological data, Journal of Urban Archaeology 4, 2021, 153–166.
Buckton, D. (ed.), Byzantium: Treasures of Byzantine Art and Culture from British Collections, London 1994.
Colledge, M. A. R., The Art of Palmyra, London 1976.
De' Ficoroni, F., La Bolla d'Oro de' Fanciulli nobili Romani e quella de' Libertini, Rome 1732.
Edwell, P. M., Between Rome and Persia: The Middle Euphrates, Mesopotamia and Palmyra under Roman Control, London 2008.
Edwell, P. M., Palmyra between Rome and the Parthians, in: Nielsen, A. M. – Raja, R. (eds.), The Road to Palmyra, Copenhagen 2019, 109–126.
el-Chehadeh, J., Untersuchungen zum antiken Schmuck in Syrien, unpublished doctoral thesis, Berlin, Freie Universität 1972.
Gawlikowski, M., Monuments funéraires de Palmyre, Warsaw 1970.
Harden, D. B., Glass of the Caesars, Exhibition Catalogue, Corning Glass Museum, Milan 1987.
Hartmann, U., Das palmyrenische Teilreich (Oriens et Occidens 2), Stuttgart 2001.
Hartmann, U., Das palmyrenische Teilreich, in: Johne, K.-P., et al. (eds.), Die Zeit der Soldatenkaiser: Krise und Transformation des Römischen Reiches im 3. Jahrhundert (235–284), Berlin 2008, 343–378.
Hartmann, U., What was it like to be a Palmyrene in the age of crisis? Changing Palmyrene identities in the third century AD, in: Kropp, A. – Raja, R. (eds.), The World of Palmyra (Palmyrene Studies 1), Copenhagen 2016, 53–69.
Henning, A., Die Turmgräber von Palmyra: Eine lokale Bauform im kaiserzeitlichen Syrien als Ausdruck kultureller Identität, Rahden/Westf. 2013.
Honey, W. B., Glass: A Handbook and Guide to the Museum Collection, London 1946.
Hvidberg-Hansen, F. O., The Palmyrene Inscriptions: Ny Carlsberg Glyptotek, Copenhagen 1998.
Hvidberg-Hansen, F. O. – Ploug, G., Palmyra Samlingen, Copenhagen 1993.
Ingholt, H., Studier over Palmyrensk Skulptur, Copenhagen 1928.
Intagliata, E. E., Palmyra and its ramparts during the Tetrarchy, in: Rizos, E. (ed.), New Cities in Late Antiquity: Documents and Archaeology, Turnhout 2017, 71–83.

Intagliata, E. E., Palmyra after Zenobia AD 273–750: An Archaeological and Historical Reappraisal, Oxford 2018.
Intagliata, E. E., The city that would not fall: Palmyra in late antique and early Islamic times, in: Nielsen, A.M. – Raja, R. (eds.), The Road to Palmyra, Copenhagen 2019, 233–250.
Krag, S., Funerary Representations of Palmyrene Women: From the First Century BC to the Third Century AD (Studies in Classical Archaeology 3), Turnhout 2018.
Krag, S. – Raja, R., Representations of Women and Children in Palmyrene Funerary Loculus Reliefs, Loculus Stelae and Wall Paintings, ZOrA 9, 2016, 134–178.
Kropp, A. – Raja, R., The Palmyra Portrait Project, Syria: Archéologie, Art et Histoire 91, 2014, 393–408.
Long, T., The Use of Parthian Costumes in Funerary Portraiture in Palmyra, in: Long, T. – Sørensen, A. H. (eds.), Positions and Professions in Palmyra (Palmyrene Studies 2), Copenhagen 2017, 68–83.
Long, T. – Sørensen, A. H. (eds.), Positions and Professions in Palmyra (Palmyrene Studies 2), Copenhagen 2017.
Morey, Ch . R. – Ferrari, G., The Gold-Glass Collection of the Vatican Library with Additional Catalogues of Other Gold-Glass Collections, Vatican 1959.
Ploug, G., Catalogue of Palmyrene Sculptures: Ny Carlsberg Glyptotek, Copenhagen 1995.
Raja, R., Representations of priests in Palmyra. Methodological considerations on the meaning of the representation of priesthood in Roman period Palmyra, Religion in the Roman Empire 2.1, 2016, 125–146.
Raja, R., Networking beyond death: Priests and their family networks in Palmyra explored through the funerary sculpture, in: Seland, E. H. – Teigen, H. F. (eds.), Sinews of Empire: Networks in the Roman Near East and Beyond, Oxford 2017, 121–136.
Raja, R., Catalogue: The Palmyra Collection, Ny Carlsberg Glyptotek, Copenhagen 2019a.
Raja, R., Funerary portraiture in Palmyra: Portrait habit at a crossroads or a signifier of local identity?, in: Blömer, M. – Raja, R. (eds.), Funerary Portraiture in Greater Roman Syria, Turnhout 2019b, 95–110.
Raja, R., Harald Ingholt and Palmyra: A Danish archaeologist and his work at Palmyra, in: Nielsen, A. M. – Raja, R. (eds.), The Road to Palmyra, Copenhagen, 2019c, 42–64.
Raja, R., Portrait habit in Palmyra, in: Nielsen, A. M. – Raja, R. (eds.), The Road to Palmyra, Copenhagen 2019d, 137–154.
Raja, R., Adornment and jewellery as a status symbol in priestly representations in Roman Palmyra: The Palmyrene priests and their brooches, in: Heyn, M., et al. (eds.), Individualizing the Dead: Attributes in Palmyrene Funerary Sculpture (Studies in Palmyrene Archaeology and History 3), Turnhout 2021a, 75–117.
Raja, R., 'Den smukkeste Kvindebuste, jeg endnu har set': The Palmyra excavation diaries of Harald Ingholt, 1924–1928, in: Raja, R., et al. (eds.), Excavating Palmyra: Harald Ingholt's Excavation Diaries: A Transcript, Translation, and Commentary, Turnhout 2021b, 23–68.

Raja, R., Harald Ingholt and Palmyrene sculpture: Continuing a lifelong relationship a century later, in: Bobou, O., et al. (eds.), Studies on Palmyrene Sculpture. A Commented Translation of Harald Ingholt's 1928 Studier over Palmyrensk Skulptur, Turnhout 2021c, 1–27.
Raja, R., Managing the middle ground: Priests in Palmyra and their iconographies, in: Hoffman-Salz, J. (ed.), The Middle East as Middle Ground? Cultural Interaction in the Ancient Middle East Revisited, Vienna 2021d, 129–146.
Raja, R., Pearl of the Desert. A History of Palmyra, New York 2022.
Raja, R. – Sørensen, A. H., Harald Ingholt and Palmyra, Aarhus 2015.
Raja, R. – Yon, J. B., Palmyrene funerary sculptural representations with Greek, Latin and bilingual inscriptions, ZOrA 14, 2021, 170–229.
Raja, R. – Bobou, O. – Romanowska, I., Three hundred years of Palmyrene history. Unlocking archaeological data for studying past societal transformations, PLOS ONE, 16, 2021. https://doi.org/10.1371%2Fjournal.pone.0256081 ⟨16.09.2023⟩.
Ringsborg, S., Children's portraits from Palmyra, in: Raja, R. (ed.), Palmyra: Pearl of the Desert, Aarhus 2017, 66–75.
Romanowska, I., et al. (eds.), Reconstructing the social, economic and demographic trends of Palmyra's elite from funerary data, Journal of Archaeological Science 133, 2021. https://doi.org/10.1016/j.jas.2021.105432 ⟨16.09.2023⟩.
Sabeh, J., Sculptures palmyréniennes inédites du Musée de Damas, AArchSyr 3, 1953, 3–26.
Sartre, M., D'Alexandre à Zénobie: Histoire du Levant antique, IVe siècle avant J.-C.–IIIe siècle après J.-C., Paris 2001.
Schalles, H.-J. – Willer, S., Marcus Caelius: Tod in der Varusschlacht, Darmstadt 2009.
Seland, E. H., Camels, Camel Nomadism and the Practicalities of Palmyrene Caravan Trade, ARAM Periodical 27, 2015a, 45–53.
Seland, E. H., Palmyrene Long-Distance Trade: Land, River, and Maritime Routes in the First Three Centuries CE, in: Walter, M. N. – Ito-Adler, J. P. (eds.), The Silk Road: Interwoven History, vol. I: Long-Distance Trade, Culture, and Society, Cambridge 2015b, 101–131.
Seland, E. H., Ships of the Desert and Ships of the Sea: Palmyra in the World Trade of the First–Third Centuries CE, Wiesbaden 2016.
Seland, E. H., The Trade of Palmyra, in: Nielsen, A. M. – Raja, R. (eds.), The Road to Palmyra, Copenhagen 2019, 127–136.
Silver, M., et al., Reviving Palmyra in Multiple Dimensions: Images, Ruins and Cultural Memory, Dunbeath 2018.
Smith, A. M. I., Roman Palmyra: Identity, Community, and State Formation, Oxford 2013.
Sommer, M., Roms orientalische Steppengrenze: Palmyra, Edessa, Dura-Europos, Hatra: Eine Kulturgeschichte von Pompeius bis Diocletian, Stuttgart 2005.
Speidel, M. A., Roman soldiers' gravestones in Greater Syria: Thought on designs, imports and impact, in: Blömer, M. – Raja, R. (eds.), Funerary Portraiture in Greater Roman Syria (Studies in Classical Archaeology 1), Turnhout 2019, 83–93.

Stauffer, A., Kleidung in Palmyra: Neue Fragen an alte Funde, in: Bastl, B., et al. (eds.), Zeitreisen: Syrien, Palmyra, Rom: Festschrift für Andreas Schmidt-Colinet zum 65. Geburtstag, Vienna 2010, 209–218.
Tanabe, K., Sculptures of Palmyra, vol. I, Tokyo 1986.
Yon, J.-B., Les notables de Palmyre, Beirut 2002.

Figures

Fig. 1: © Ny Carlsberg Glyptotek, photograph: Anders Sune Berg. CC BY-NC-ND.
Fig. 2: © Victoria & Albert Museum, London. CC BY-NC-ND.

Prosopographie

DER *PROCURATOR NEASPOLEOS* FLAVIUS FLAVIANUS: EINE PROSOPOGRAPHISCHE NOTIZ

Franziska Beutler

P.Stras. IV 205 und 206 sind Bescheinigungen von einem (oder mehreren) Schiffer(n), eine Ladung Getreide sicher nach Alexandria zu bringen. Beide Texte sind nur mehr fragmentarisch erhalten, es sind weder der Absender noch der Adressat bekannt. Der Transport erfolgt aufgrund eines ἀπόστολος – einer Ladeverfügung – eines gewissen Flavius Flavianus.[1]

Es gibt eine größere Gruppe ähnlicher Texte. Es handelt sich dabei um Quittungen, in denen ein Schiffer – der Naukleros oder der Kybernetes – den Empfang einer bestimmten Menge staatlichen Getreides bestätigt und einen sicheren Transport nach Alexandria verspricht.[2] Zu Beginn waren diese an die Sitologen gerichtet,[3] ab dem 3. Jahrhundert an den Strategen[4] bzw. an den βασιλικὸς γραμματεύς, wenn er die Vertretung des Strategen übernahm.[5] In diesen Schreiben stellt sich der Schiffer mit seinem Namen sowie – in der Regel – mit der Kapazität seiner Schiffe vor[6] und nennt eventuell einen Bürgen, der das Versprechen des Schiffers, das Getreide sicher an seinen Bestimmungsort zu bringen, verstärken kann[7]. Der Schiffsmann schreibt, dass er für den Erhalt des Getreides eine Ladeverfügung vom *procurator Neaspoleos*[8] bekommen hat (ἐξ ἀποστόλου). Am Ende dieser Bescheinigungen stand ab dem dritten Jahrhundert eine κυρία-Klausel, dass dieser Text dreimal geschrieben worden war, wobei zwei Kopien an den Strategen und eine an den

1 P.Stras. IV 205, 4–5: ἐξ ἀπο[στόλου Φλαυί]ου Φλαυιανοῦ; P.Stras. IV 206, 4–5: ἐ[ξ ἀποστόλου Φλαυίου Φλα]υιανο[ῦ].
2 Brecht 1962, 13–26; Alessandrì 2018, 77.
3 Z.B. P.Oxy. XVII 2125 (225); P.Princ. II 26 (154).
4 Z.B. P.Oxy. X 1259 (212); SB XVIII 13333 = P.Oxy. IX 1197 (208); SB XIV 11272 (211); siehe auch Hohlwein 1969, 123–126.
5 Z.B. P.Hib. II 216 (212); SPP XX 32 (231–232); siehe auch Kruse 2002, 340–350.
6 Z.B. P.Princ. II 26, 8–14.
7 P.Princ. II 26 (154).
8 Allgemein zum *procurator Neaspoleos* etwa: Hirschfeld 1905, 364–366; Wilcken 1912, 368–370; Calderini 1924, 26–27 und 57; Börner 1939, 24–25 und 34–35; Schwartz 1948, 179–200; Pflaum, 1950, 65; 78; Pflaum 1960, 324; 1089; 1108; Pflaum 1982, 140–141; Lallemand 1964, 92–93; Rickman 1971, 303–306; Meyer-Termeer 1978, 6–7; Rickman 1980, 82–83; Kruse 2002, 340–347; 650–651; Alessandrì 2018, 59–94.

Sitologen ergingen.[9] Möglicherweise gab der Stratege eine dieser Abschriften dem *procurator Neaspoleos* weiter, von dem schließlich der Auftrag für die Getreidelieferung kam.[10]

Demzufolge müsste der Adressat der beiden Straßburger Texte ein oder mehrere Sitologen gewesen sein, und Flavius Flavianus als Aussteller eines ἀπόστολος ein *procurator Neaspoleos*. Letztere Annahme wird dadurch bestärkt, dass in P.Stras. IV 205 das Getreide zum Cheirismos in Neapolis gebracht wird.[11] Neapolis ist ein Stadtteil in Alexandria, in dem Speicheranlagen für die Lagerung des Getreides standen.[12] Mit χειρισμὸς τῆς Νέας Πόλεως wird die Verwaltung bezeichnet, die den staatlichen Getreidetransport, dessen Mitarbeiter und die Getreidespeicher in Alexandria umfasst und welcher der *procurator Neaspoleos* vorgesetzt ist.[13]

P.Stras. IV 205 erwähnt, wenn auch nur fragmentarisch erhalten, in Zeile 6 Kaiser Hadrian, wobei die Angabe seines Regierungsjahres nicht mehr erhalten ist.[14] In P.Stras. IV 206 wird die Ernte eines fünften Regierungsjahres genannt, wobei hier der Name des Kaisers fehlt.[15] Fr. Wackenthaler, der Editor dieser beiden Papyri, setzt den Text 205 in die letzten Regierungsjahre Hadrians ca. um das Jahr 135. In dem Papyrus 206 ergänzt er Antoninus Pius als Kaiser, womit sich eine Datierung in das Jahr 142 ergibt.

Wackenthaler begründet seine Datierung mit BGU I 288, in dem ein Flavius Flavianus im *consilium* des *praefectus Aegypti* genannt wird,[16] wobei seine genaue Funktion nicht näher definiert ist. Der Text nennt den 10. März und wird durch die Nennung des *praefectus Aegypti* L. Valerius Proculus in die Jahre 144–146 datiert[17] und somit in die Regierungszeit des Antoninus Pius. Wackenthaler setzt nun den Flavius Flavianus des Berliner Textes mit dem der Straßburger Papyri gleich und ergänzt daher Antoninus Pius in P.Stras. IV 206.[18] Somit fällt das in diesem Text genannte fünfte Regierungsjahr in das Jahr 141/142. Anscheinend damit die beiden Texte P.Stras. IV 205 und 206 zeitlich möglichst nahe beisammen liegen, ergänzt Wackenthaler im Text 205 als Regierungsjahr Hadrians das zehnte.[19] Er hält die letzten Regierungsjahre Hadrians für möglich und datiert daher mit „environ 135".

Wenn P.Stras. IV 205 tatsächlich um 135 verfasst worden wäre, hätte Flavius Flavianus von ca. 135 bis 142 und somit an die sieben Jahre als *procurator Neaspoleos* gedient. Zwar ist

---

9 SB XIV 11272 (211); P.Oxy. X 1259 (212); XVII 2125 (225).

10 Meyer-Termeer 1978, 6; 25, Anm. 63. Wird bezweifelt von Kruse 2002, 432, Anm. 1170. Zum Ablauf des Getreidetransports: Börner 1939; Meyer-Termeer 1978, 5–19; Alessandrì 2018, 76–86.

11 Z. 3–4: εἰς [τὸν ἐν Νεαπ]όλει χειρισμόν.

12 Calderini 1935, I.1 131–132 und 1983, III.4 323; Adriani 1966, 229. Zu den Speicheranlagen allgemein siehe Calderini 1924; Rickman 1971, 298–306.

13 Dazu und auch zu den anderen Bedeutungen für χειρισμός vgl. Vélissaropoulos 1980, 118–121; A. Papathomas, P.Heid. VII 398, Anm. zu Z. 7–8; Salvo 1992, 470–474; Alessandrì 2018, 77–80.

14 Z. 5–7: ἀπὸ γε[νήμ(ατος)] ̣ Ἀδρι]ανοῦ Καίσαρος τοῦ κυρεί[ου].

15 Z. 2–4: [ἀπὸ γενήμ]ατος ε̅ [(ἔτους) – – – Καίσαρος τοῦ] κυρίου.

16 PIR[2] F 270.

17 Bastianini 1975, 289–290; Faoro 2015, 99–102.

18 Z. 2–4: [ἀπὸ γενήμ]ατος ε̅ [(ἔτους) Ἀντωνίνου Καίσαρος τοῦ] κυρίου.

19 Z. 5–7: ἀπὸ γε[νήμ(ατος) ι. Ἀδρι]ανοῦ Καίσαρος τοῦ κυρεί[ου].

über die Dauer einer Prokuratur wenig bis nichts bekannt, aber sieben Jahre in ein und derselben Funktion erscheinen ausgesprochen lang.[20] Ein römischer Ritter musste Interesse daran haben, möglichst bald in eine höhere Funktion zu gelangen. Daher möchte ich eine derart lange Amtszeit ausschließen.

Es ergibt sich ein weiteres Problem mit der Dauer der Prokuratur des Flavius Flavianus, denn in dieser Zeitspanne wirkte Lusius Sparsus als *procurator Neaspoleos*. Er wird in P.Grenf. 46a[21] aus dem Jahr 139 genannt. Allerdings erscheint auch er nicht ausdrücklich als *procurator Neaspoleos* in diesem Text. Lusius Sparsus schreibt in dem Papyrus an Kerealis, den Strategen der Herakleides Meris des Arsinoites, und bestätigt ihm, dass das Korn, das aus Kerealis' Meris stammte, abgegeben und in Anwesenheit der ἐπίπλοοι abgewogen worden war. Der *procurator Neaspoleos* ist für den Transport des Steuergetreides nach Alexandria verantwortlich und muss dafür auch das Korn bei seiner Ankunft auf Qualität und Quantität überprüfen.[22] Daher kann – auch aufgrund der Stellung seines Namens in dem Brief – Lusius Sparsus als ein *procurator Neaspoleos* gesehen werden.[23]

S. Alessandrì schlägt vor, dass Flavius Flavianus zweimal *procurator Neaspoleos* war und sozusagen zwischen ihm Lusius Sparsus.[24] Mir ist kein Beispiel bekannt, dass ein Mann zweimal dieselbe Prokuratur bekleidete. Es würde zudem nicht viel Sinn ergeben, denn ein Ritter möchte in seinem *cursus* weiter hinaufgelangen und damit auch in eine bessere Gehaltsstufe.

Der Datierungsvorschlag von Wackenthaler kann meines Erachtens nicht stimmen. Das Problem lässt sich allerdings leicht lösen, indem man in P.Stras. IV 206 Hadrian als regierenden Kaiser ergänzt. Somit würde die Ernte, die in diesem Text genannt wird, vom fünften Regierungsjahr Hadrians stammen und daher vom Jahr 120/121. Wahrscheinlich wurde der Text in den Spätherbst- und Wintermonaten geschrieben, da die meisten dieser Bescheinigungen in dieser Jahreszeit verfasst worden sind.[25] Ebenso um dieses Jahr herum dürfte somit auch P.Stras. IV 205 geschrieben worden sein, in dem ja Hadrian ausdrücklich genannt ist.

In dieser Diskussion soll noch P.Stras. IV 202 erwähnt werden. Der Text ist ebenfalls eine Quittung eines Schiffers und wird mit dem angeführten dritten Jahr des Kaisers Hadrian auf 29. Oktober bis 27. November 139 datiert. Der Adressat ist nicht mehr erhalten, muss aber ein Sitologe gewesen sein. Der Absender ist ebenso unbekannt, aber in der vierten Zeile war wohl der ναύκληρος, wie es in der Textedition vorgeschlagen wird, oder aber ein κυβερνήτης genannt sowie seine zur Verfügung gestellten Schiffe mit ihren Ka-

20 So auch Kruse 2002, 345 Anm. 897.
21 W.Chr. 431.
22 Vgl. P.Oxy. IV 708 und SB XII 11082. Świderek 1969/1970, 63–66; Alessandrì 2018, 85.
23 Pflaum 1982, 141; W.Chr. 431; Alessandrì 2018, 63–64.
24 Alessandrì 2018, 63–64 mit Anm. 15 und 94.
25 P.Stras. IV 202 (29. Okt.–27. Nov. 139); P.Warr. 5 = SB V 7534 (28. Nov. 154); P.Oxy. LX 4063 (29. Okt.–27. Nov. 183); P.Lond. II 256a (29. Okt. 15) (hier wird allerdings noch kein *procurator Neaspoleos* genannt); SB XIV 11272 (26. Jän.–24. Feb. 211); P.Hib. II 216 (4. Jän. 212); P.Oxy. X 1259 (27. Jän.–25. Feb. 212). Ohne nähere Erklärung setzt Wackenthaler den Text in die Sommermonate des Jahres 142.

pazitäten. In Zeile 6 ist die Phrase ἐξ ἀποστόλου mit der Nennung des *procurator Neaspoleos* zu ergänzen, von dessen Titel in Zeile 7 nur mehr Νέας Πόλεως erhalten ist, der Name allerdings nicht. Durch die Zeitnähe mit P.Grenf. II 46a (14. Feb. 139), der Lusius Sparsus nennt, dürfte wohl auch in P.Stras. IV 202 derselbe zu erwarten sein.[26]

Es stellt sich nun zum Abschluss die Frage, ob der in BGU I 288 erwähnte Flavius Flavianus mit dem gleichnamigen *procurator Neaspoleos* identisch ist. In dem Berliner Text wird er als ein Mitglied des *consilium* des *praefectus Aegypti* L. Valerius Proculus genannt. Zu diesem Rat des Statthalters zählen neben höher rangigen Militärs und Mitgliedern der alexandrinischen Aristokratie auch höher gestellte ritterliche Beamte wie der Iuridicus und der Dioiket.[27] Man könnte in Erwägung ziehen, dass zwanzig Jahre nach der Prokuratur des Neaspoleos Flavius Flavianus in eines dieser ducenaren Ämter aufgestiegen ist. Die Mitglieder des *consilium* werden in den Papyri jedoch in einer hierarchischen Ordnung aufgezählt,[28] bei der zuerst die ducenaren Beamten genannt werden, gefolgt von den militärischen und schließlich den alexandrinischen Honoratioren. In BGU I 288 steht Flavius Flavianus bei den ca. 18 genannten Männern des *consilium* jedoch eher im Mittelfeld, sicher nicht am Beginn der Liste. Somit kann er kein Iuridicus oder Dioiket gewesen sein. Der im Berliner Text genannte Flavius Flavianus war somit eine andere Person als der *procurator Neaspoleos*.[29] Eine Verwandtschaft kann nicht ausgeschlossen werden, der Berliner Flavius Flavianus kann auch schlicht nur ein Namensvetter gewesen sein, da sowohl sein Nomen gentile wie auch sein Cognomen im römischen Reich weit verbreitet waren.

Nach dem oben Dargestellten ergibt sich als kleine neue Prosopographie der *procuratores Neaspoleos* für das 2. Jahrhundert Flavius Flavianus für 120/121[30] und Lusius Sparsus im Jahr 139.[31] Zwischen ihnen reihen sich C. Iulius Celsus[32] zwischen 122 und 130 ein[33] sowie Sex. Cornelius Dexter[34] um das Jahr 137.[35]

26 Alessandrì vermutet Flavius Flavianus. Vgl. Alessandrì 2018, 63 Anm.16.

27 Balogh – Pflaum 1952, 119–124; Daris 1983, 123–124.

28 P.Fouad I 21; P.Stras. IV 179 = P.Daris 2 = SB XVI 12749. Vgl. Balogh – Pflaum 1952.

29 Zusätzlich macht die Zeitspanne von zumindest zwanzig Jahren unwahrscheinlich, dass die beiden Flavii Flaviani identisch sind.

30 P.Stras. IV 205 (um 120/121); P.Stras. IV 206 (120/121).

31 P.Grenf. II 46a (14. Feb. 139); P.Stras. IV 202 (29. Okt.–27. Nov. 139). Pflaum 1982, 141; PIR² L 442.

32 Pflaum 1960, 253–257 Nr. 106bis; PIR² I 258.

33 CIL XII 1808 = ILS 1454; AE 1954, 253. Seine Amtszeit kann aufgrund seines *cursus honorum* etwa auf diesen Zeitraum eingeschränkt werden, der neben den oben genannten zwei Inschriften durch CIL IX 4453 ergänzt wird.

34 Pflaum 1960, 323–325 Nr. 137; PIR² C 1344.

35 CIL VIII 8934 = ILS 1400.

Literaturverzeichnis

Adriani, A., Repertorio d'arte dell'Egitto greco-romano, Serie C, Bd. I, Palermo 1966.
Alessandrì, S., Il *procurator ad Mercurium* e il *procurator Neaspoleos*. Ricerche sui procuratori imperiali in Egitto (Istorie 8), Galantina 2018.
Balogh, E. – Pflaum, H.-G., Le „consilium“ du préfet d'Égypte. Sa composition, RD 30, 1952, 119–124.
Bastianini, G., Lista dei prefetti d'Egitto dal 30[a] al 299[p], ZPE 17, 1975, 263–321.
Börner, E., Der staatliche Korntransport im griechisch-römischen Ägypten (Diss. Hamburg 1937), Quakenbrück 1939.
Brecht, C. H., Zur Haftung der Schiffer im antiken Recht (Münchener Beiträge zur Papyrusforschung und antiken Rechtsgeschichte 45), München 1962.
Calderini, A., Θησαυροί. Ricerche di topografia e di storia della pubblica amministrazione nell'Egitto greco-romano (Studi della Scuola Papirologica 4.3), Mailand 1924.
Calderini, A., Dizionario dei nomi geografici e topografici nell'Egitto Greco-Romano, Bde. I.1 und III.4, Kairo 1935 und 1983.
Daris, S., Ricerche di papirologia documentaria II, Aegyptus 63, 1983, 117–169.
Faoro, D., I prefetti d'Egitto da Augusto a Commodo (Dipartimento di Storia Culture Civiltà. Storia antica 3), Bologna 2015.
Hirschfeld, O., Die kaiserlichen Verwaltungsbeamten von Augustus bis Diokletian, Berlin [2]1905.
Hohlwein, N., Le stratège du nome (Pap.Brux. 9), Brüssel 1969.
Kruse, Th., Der königliche Schreiber und die Gauverwaltung. Untersuchungen zur Verwaltungsgeschichte Ägyptens in der Zeit von Augustus bis Philippus Arabs (30 v. Chr.–245 n. Chr.) (APF Beiheft 11), München – Leipzig 2002.
Lallemand, J., L'administration civile de l'Égypte de l'avènement de Dioclétien à la création du diocèse (284–382): Contribution à l'étude des rapports entre l'Égypte et l'Empire à la fin du IIIe et au IVe siècle, Brüssel 1964.
Meyer-Termeer, A. J. M., Die Haftung der Schiffer im griechischen und römischen Recht (Stud.Amst. 13), Zutphen 1978.
Pflaum, H.-G., Les procurateurs équestres sous le Haut-Empire romain, Paris 1950.
Pflaum, H.-G., Les carrières procuratoriennes équestres sous le Haut-Empire romain, Bd. II (Bibliothèque archéologique et historique 57.2), Paris 1960.
Pflaum, H.-G., Les carrières procuratoriennes équestres sous le Haut-Empire romain, Supplément (Bibliothèque archéologique et historique 112), Paris 1982.
Rickman, G., Roman Granaries and Store Buildings, Cambridge 1971.
Rickman, G., The Corn Supply of Ancient Rome, Oxford 1980.
Salvo, L. de, Economia privata e pubblici servizi nell'impero Romano. I corpora naviculariorum (Kleio. Studi storici a cura di Salvatore Calderone 5), Messina 1992.
Schwartz, J., Le Nil et le ravitaillement de Rome, BIAO 47, 1948, 179–200.
Świderek, A., The Responsibility in Corn-Transport to Alexandria: σιτολόγοι, ἐπίπλοοι, δειγματοκαταγωγεύς, Eos 58, 1969/1970, 63–66.

Vélissaropoulos, J., Les nauclères grecs. Recherches sur les institutions maritimes en Grèce et dans l'Orient hellénisé (Hautes Études du monde gréco-romain 9), Genf u.a. 1980.
Wilcken, U., Grundzüge und Chrestomatie der Papyruskunde. Historischer Teil, Leipzig – Berlin 1912.

Sozialer Abstieg oder unterschiedliche Personen? Zu CIL IX 3155–3157*

Werner Eck

In PIR² L 380 findet sich ein Eintrag zu C. LVCILIVS BENIGNVS NINNIANVS. Die Schreibung in Kapitälchen zeigt an, dass die Person als Mitglied des Senats in das Lexikon aufgenommen wurde. An senatorischen Ämtern wird eine Quästur in der Baetica angegeben sowie die Stellung als *aedilis C[erialis?]*; vor diesen Ämtern wird in dem epigraphischen Text wohl die Funktion als *[trib(unus) mil(itum)] a popu[lo]* angegeben. Der Eintrag stützt sich auf CIL IX 3155, einen Text aus Corfinium, der zuletzt nochmals von Marco Buonocore in CIL IX Suppl. 1, 2 mit der gesamten Literatur auf den neuesten Stand gebracht wurde. Der Stein, auf dem die Inschrift einst eingemeißelt war, ist verloren; die Überlieferung beruht auf Abschriften in mehreren Codices, die im Apparat zu CIL IX 3155 angeführt werden. Daraus hat Mommsen die Lesung wie in Abb. 1 vorgelegt.

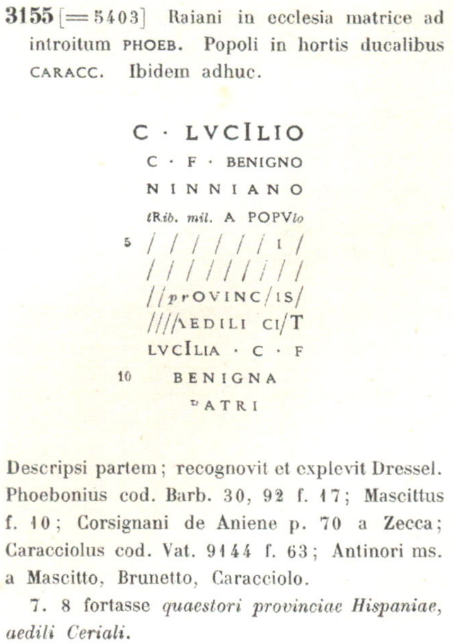

3155 [= 5403] Raiani in ecclesia matrice ad introitum PHOEB. Popoli in hortis ducalibus CARACC. Ibidem adhuc.

C · LVCILIO
C · F · BENIGNO
NINNIANO
tRib. mil. A POPV*lo*
/ / / / / / / I /
/ / / / / / / / / /
/ / *pr*OVINC / IS /
/ / / / AEDILI CI / T
LVCILIA · C · F
BENIGNA
PATRI

Descripsi partem; recognovit et explevit Dressel. Phoebonius cod. Barb. 30, 92 f. 17; Mascittus f. 10; Corsignani de Aniene p. 70 a Zecca; Caracciolus cod. Vat. 9144 f. 63; Antinori ms. a Mascitto, Brunetto, Caracciolo.

7. 8 fortasse *quaestori provinciae Hispaniae, aedili Ceriali.*

Abb. 1: CIL IX 3155.

Die Rekonstruktion zeigt, dass die Inschrift im mittleren Teil stark beschädigt ist; in manchen Zeilen war für die Abschreiber nichts lesbar, in anderen Zeilen nur wenige Buchstaben. Dabei ist beachtenswert, dass der

* Mein besonderer Dank gilt Marco Buonocore, der mir kurz vor seinem unvorhergesehenen Tod in großzügiger Weise Kopien der Abschriften der hier behandelten Inschriften zur Verfügung stellte und alle meine Fragen aus seiner Kenntnis der gesamten Region beantwortete. Ferner danke ich Frau Dr. Ulrike Ehmig, die mir eine Kopie der Schede für die Publikation hat zusenden lassen, die Mommsen für die hier behandelte Inschrift verwendete.

Eintrag im cod. Barb. Lat. 2019 fol. 17r[1] sowie im cod. Vat. Lat. 9144 fol. 87f nur die ersten drei und ebenso die letzten drei Zeilen bietet;[2] bei Mascitti fehlt sogar die dritte Zeile mit dem zweiten Cognomen *Ninniano*. Nur in den Abschriften von Corsignani und vor allem von Dressel sind Reste der dazwischenliegenden Zeilen zu finden (siehe Abb. 2 und 3):[3]

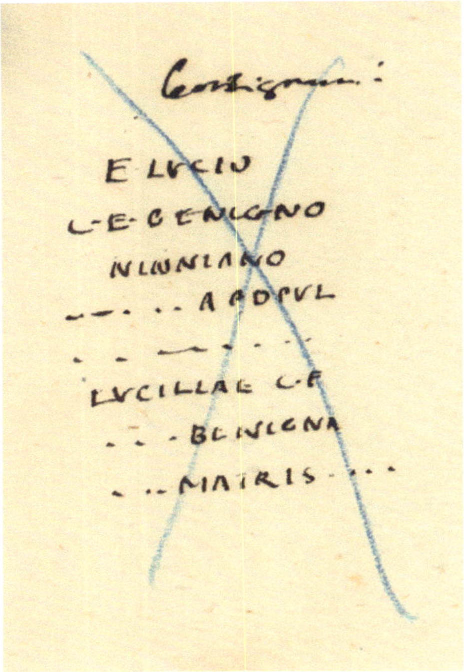

Abb. 2: Abschrift Corsignani.

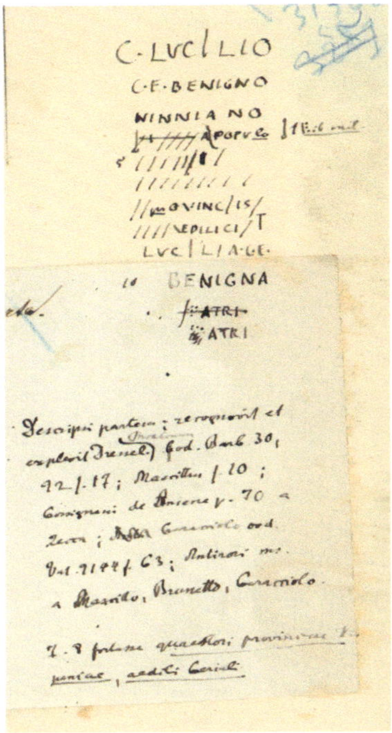

Abb. 3: Abschrift Dressel.

Die Version, die Mommsen in CIL IX 3155 gegeben hat, wurde weithin akzeptiert, vor allem auch seine Rekonstruktion der Zeilen 7 und 8, in denen er die Ämter eines *quaestor provinciae Hispaniae* sowie des *aedilis Cerealis* festschrieb. Darin ist ihm nicht nur die PIR in erster und zweiter Auflage gefolgt, sondern z.B. auch Géza Alföldy in seiner Behandlung der Amtsträger in den spanischen Provinzen;[4] das wurde auch von Mario Torelli übernommen, der ihn in EOS II 188 – wenn auch mit gewissen Zweifeln – unter den

1 So die heutige Benennung, bei Mommsen mit cod. Barb. 30, 92 f. 17 bezeichnet.

2 So nach den Kopien aus diesen beiden Codices, die mir Marco Buonocore zugesandt hat.

3 Die folgenden Kopien stammen aus der Schede, die Mommsen für die Ausarbeitung von CIL IX 3155 benutzt hat. Daher stammen auch die blauen Striche sowie die Notiz am Rand. Zur Gesamtschede der Inschrift siehe Appendix.

4 Alföldy 1969, 182.

Senatoren aus Corfinium führt;[5] ferner sind Hubert Devijver in der PME II L Nr. 31,[6] Ségolène Demougin[7] sowie Luca Maurizi Mommsen gefolgt.[8] Auch in der Epigraphic Database Rome wurden diese Ergänzungen akzeptiert,[9] ebenso im Supplement 1, 2 zu CIL IX auf p. 1408 von Marco Buonocore.

Diese fast einheitliche Akzeptanz des Lucilius Benignus als Mitglied des Senats bis zu den letzten Äußerungen dazu ist vor allem deshalb interessant, weil Claude Nicolet schon im Jahr 1967 in einer eindringenden Analyse aller Personen, die als *tribuni militum a populo* bezeugt sind, gezeigt hat, dass diese Zuweisung nach seinem Urteil bei dem gegenwärtigen Befund nicht zutreffen könne.[10] Denn unter den 34 von ihm untersuchten Trägern dieser Funktion wäre er der einzige gewesen, der nach dieser Aufgabe noch senatorische Ämter erhalten hätte. Und auch in den wenigen Beispielen für *tribuni militum a populo*, die seitdem neu bekannt wurden, findet sich kein Senator.[11]

Bei dieser Sachlage scheint es methodisch zwingend zu fragen, ob denn die bisherigen Ergänzungen, auf denen die weitgehende Zuweisung des Lucilius Benignus zum *ordo senatorius* beruhen, zutreffen müssen, oder ob die aus sich selbst heraus keineswegs aussagekräftigen fragmentarischen Reste nicht eher anders zu erklären sind, nämlich so, wie Nicolet das getan hatte. Denn er ging davon aus, dass die wenigen Reste in den Zeilen 7 und 8, wenn die am Beginn der Inschrift erwähnte Funktion des *tribunus militum a populo* zutrifft, weit eher auf munizipale Ämter hinweisen, wie es bei den *tribuni* sonst fast durchgehend der Fall ist. Nicolet denkt vielmehr an *quinq[ennali]* sowie an *[a]edili* oder *[a]edilici[a potestate]*.

Bevor darauf nochmals eingegangen wird, soll noch auf ein Problem hingewiesen werden, das sich generell stellt, nicht nur, wenn man bei der bisherigen Rekonstruktion senatorischer Ämter bleibt. Denn Lucilius Benignus wurde, was eindeutig überliefert ist, von seiner Tochter Lucilia Benigna geehrt, deren Name am Ende von CIL IX 3155 als Dedikantin für den Vater: *[p]atri*, steht. Sie gehörte damit, wenn ihr Vater in den Senat gekommen wäre, zu einer senatorischen Familie; sie hätte dementsprechend in Corfinium, woher der Vater wohl stammte, eine über den lokalen Bezug hinaus angesehene Stellung eingenommen. In PIR² L 395 ist sie deshalb konsequenterweise als Frau mit senatorischem Rang eingetragen, wie eben auch der Vater.

Doch in Corfinium wird eine Frau mit diesem Namen noch in zwei weiteren Inschriften genannt, die beide nach der PIR auf die Tochter des Lucilius Benignus bezogen werden müssten. Das ist zum einen CIL IX 3157 (cf. p 1409) mit diesem Text:

5 Torelli 1982, 188.
6 Devijver 1977.
7 Demougin 1992, 206–207.
8 Maurizi 2013, 226 Anm. 77.
9 Kontrolliert am 20. August 2021.
10 Nicolet 1967, 35–36.
11 In der EDCS finden sich folgende Hinweise, die nicht bei Nicolet behandelt werden konnten: AE 1969/1970, 188 = EDCS-09700950; EDCS-45300145; SupIt 23, Asisium 12 = EDCS-12700518; AE 1980, 411 = EDCS-08900308.

Lucilia
Benigna
lanipen[da]
viva sibi et Urb[ano?]
argentario.

Danach war diese Lucilia Benigna für einen Auftraggeber als Spinnmeisterin tätig, die anderen die Wolle zuteilte, die gesponnen werden musste.[12] Eine solche Tätigkeit ist – zumindest als Auftragsarbeit – bei einer Senatorentochter schwer vorstellbar. Noch weniger aber passt zu einer solchen Frau, dass sie für sich und einen Urb[anus?] ein Grab errichtet; denn er wird als *argentarius* bezeichnet und trägt vor allem im Unterschied zu Lucilia kein Gentilnomen, war damit eher unfreier Herkunft; ob er auf der Grabinschrift noch als Sklave oder schon als *libertus* ist, lässt sich nicht erkennen. Beide sind ohne Zweifel eng miteinander verbunden, weshalb die Frau auch für den ‚Lebensgefährten' und sich selbst ein gemeinsames Grab errichten ließ. All diese Hinweise schließen es fast aus, dass es sich hier um eine Senatorentochter handeln kann – es sei denn, wir hätten es hier mit einem ausgesprochenen Fall von sozialem Abstieg zu tun. Diese Überlegungen gelten nicht nur für die Tochter eines Senators, sondern fast genauso für die Tochter eines Mannes, der es zum *tribunus militum a populo* und vermutlich zur Magistratur eines *quinquennalis* in Corfinium gebracht hatte.

Auch in CIL IX 3156 wird eine Lucilia Benigna genannt, die ebenfalls mit der Tochter des Lucilius Benignus identifiziert wurde:

[Lucil]iae oder *[Luci]c̣iae*[13]
[. . . B]enignae
[. . .]is, Felix,
Melius fratres,
[An]tiochis, Cogitata,
[E]gloge sorori
p(osuerunt).

Wenn dort eine Lucilia Benigna genannt ist, was weithin angenommen wird, auch wenn es nicht ganz sicher ist, da das Gentile nur fragmentarisch erhalten ist, dann hatte sie drei Brüder und drei Schwestern. Ohne dass man im Detail die soziale Wertigkeit dieser Namen erörtert, ist unmittelbar deutlich, dass sie nicht im selben gesellschaftlichen Bereich getragen wurden, zu dem Lucilia Benigna, Tochter des Lucilius Benignus gehörte. Doch

---

12 Siehe Pomponius 14 ad Sabinum (Dig. 24, 1, 31 praef.): *Sed si vir lana sua vestimentum mulieri confecerit, quamvis id uxori confectum fuerit et uxoris cura, tamen viri esse neque impedire, quod in ea re uxor tamquam lanipendia fuerit et viri negotium procurarit.*

13 Die Lesung *[Luci]c̣ iae*, die Marco Buonocore ursprünglich vorgeschlagen hatte, scheint ihm nun auf Nachfrage nicht mehr möglich, wie er mir dankenswerterweise am 30. April 2022 schrieb. Es handle sich, wie es auch das Photo in CIL IX Suppl. 1, 2 p. 1409 erkennen lässt, eher um eine Steinverletzung.

selbst mit der Lucilia Benigna, die sich und Urbanus eine Grabstätte bereitet hat, kann sie kaum verbunden werden, da nach der letzten Inschrift die Geschwister ihr ja offensichtlich die Grabinschrift setzten. Weshalb sollte man dann von zwei Grabinschriften ausgehen?[14]

Wenn somit kein Zusammenhang zwischen der Benigna in CIL IX 3155 mit den Benignae von CIL IX 3157 und 3156 besteht, dann ist die sonst zwingend zu stellende Frage gelöst, ob hier vielleicht ein sehr klarer Fall von sozialem Abstieg vorliegen könnte. Darauf deutet nichts hin.

Welchen sozialen Status aber hat die Tochter zusammen mit ihrem Vater C. Lucilius Benignus Ninnianus tatsächlich eingenommen? Bisher wurden beide fast einhellig als Mitglieder des *ordo senatorius* angesehen, lediglich Nicolet trat, wie schon betont, eindeutig für einen ritterlichen Status ein. Er wollte statt einer senatorischen Quästur in der Hispania citerior und dem Amt eines *aedilis cerialis* die Ämter des Benignus in die munizipale Sphäre setzen, und zwar im Rahmen einer Quinquennalitas: *quinq[u(ennalis)]*, und einer Ädilität: *[a]edilici[a]*, wie auch immer das Amt genauer gelautet haben mag.

Dressel, auf den sich Mommsen schließlich stützte, las an dieser Stelle:

7 *// OVINC/IS/*
8 *////AEDILICI/T.*

Mommsen verstand diese Reste als *quaestori provinciae Hispaniae* und *aedili Ceriali*, ohne die Buchstaben freilich präzise mit Klammern in den Text einzusetzen. Dabei überging er allerdings das von Dressel auch gelesene T am Ende von Zeile 8. Auch Nicolet ging darauf nicht näher ein, obwohl es gerade für seine Vermutung von Relevanz ist. Er meinte in dieser Zeile die Reste als *aedilici[a]* interpretieren zu können, wozu aber *potestate* als Erweiterung nötig ist. Nimmt man das ernst, dann kann man, wenn man das T am Ende einbezieht, durchaus die Passage als *aedilic(ia) p[o]t(estate)* verstehen.[15] Davor ist genügend Platz, um noch *IIIIvir(o)* einzusetzen. Man hätte dann hier einen Hinweis, dass die *quattuorviri*, die in Corfinium die höchste Magistratur darstellen, zum einen mit dem Zusatz *i(ure) d(icundo)* als Gerichtsmagistrate herausgehoben werden konnten, während man andere als Amtsträger mit ädilizischer Gewalt bezeichnete.

Treffen die Erörterungen und die Schlussfolgerungen aus den veränderten Ergänzungen zu, dann lässt sich auf der einen Seite feststellen, dass die Rekonstruktion von Nicolet, die bisher kaum Beachtung fand, wohl doch zutrifft, so dass Lucilius Benignus als *tribunus militum a populo* lediglich Ämter im *municipium* Corfinium übernahm und nicht in eine senatorische Laufbahn überwechselte. Seine Tochter aber kann man nicht mit anderen Luciliae Benignae, die ebenfalls aus der Stadt bekannt sind, identifizieren,

---

14 Dass etwa CIL IX 3157 als *titulus* aufgefasst werden könnte, während IX 3156 als die individuelle Grabinschrift angesehen werden sollte, scheidet wegen der Form der Inschriften aus.

15 Die senkrechte Haste nach dem C und vor einer Lücke kann man ohne Schwierigkeit als Rest eines P ansehen, während in der Lücke das O stand, worauf sich das T zwanglos anschließt.

so dass man auch keinen sozialen Abstieg ihrerseits voraussetzen muss.[16] Offen bleibt allerdings die Frage, wie es zu erklären ist, dass Personen, die sicherlich zu den einfachen Bürgern der Stadt gehörten, den vollen Namen einer Frau trugen, deren Familie in der augusteischen Zeit sicherlich zur Elite der Stadt gehörte.[17] Vielleicht ist das in der Realität nie etwas Auffälliges gewesen, weil die drei Frauen nicht gleichzeitig gelebt haben. Doch eine solche zeitliche Differenzierung lässt sich den wenig markanten Inschriften nicht entnehmen.

Literaturverzeichnis

Alföldy, G., Fasti Hispanienses. Senatorische Reichsbeamte und Offiziere in den spanischen Provinzen des römischen Reiches von Augustus bis Diokletian, Wiesbaden 1969.

Demougin, S., Prosopographie des chevaliers romains Julio-Claudiens (43 av. J.-C.–70 ap. J.-C.) (Collection de l'École française de Rome 153), Rom 1992.

Devijver, H., Prosopographia militiarum equestrium quae fuerunt ab Augusto ad Gallienum, Bd. II: Litterae L–V, Ignoti–Incerti, Leuven 1977.

Heil, M., Sozialer Abstieg: Beredtes Schweigen?, in: Eck, W. – Heil, M. (Hg.), Senatores populi Romani. Realität und mediale Präsentation einer Führungsschicht. Kolloquium der Prosopographia Imperii Romani vom 11.–13. Juni 2004 (Heidelberger Althistorische Beiträge und Epigraphische Studien 40), Stuttgart 2005, 295–312.

Klingenberg, A., Sozialer Abstieg in der römischen Kaiserzeit. Risiken der Oberschicht in der Zeit von Augustus bis zum Ende der Severer, Paderborn u.a. 2011.

Maurizi, L., Il cursus honorum senatorio da Augusto a Traiano. Sviluppi formali e stilistici nell'epigrafia latina e greca (Commentationes Humanarum Litterarum 130), Helsinki 2013.

Nicolet, Cl., Tribuni militum a populo, MEFR 79, 1967, 29–76.

Torelli, M., Acesa al Senato e rapporti con i territori d'origine. Italia: Regio IV (Samnium), in: Panciera, S. (Hg.), Epigraphia e ordine senatorio. Atti del Colloquio Internazionale AIEGL su Epigrafia e Ordine Senatorio. Roma, 14–20 maggio 1981 (Tituli 5), Bd. II, Rom 1982, 165–199.

16 Zu der Frage siehe generell Heil 2005; Klingenberg 2011.

17 Allerdings ist es auch in anderen Zusammenhängen keineswegs selten, dass Personen Namen von Höhergestellten tragen. Das eklatanteste Beispiel ist dabei wohl das Cognomen Augustus, das von Personen einfacher Herkunft getragen wurde, siehe z. B. CIL XIII 4705: *Mercurio et Rosmertae sacrum. Regalis et Augustus fra(tres), h{a}eredes Februarini, v(otum) s(olverunt) l(ibentes) m(erito).* Siehe auch CIL XIII 5066; 6484.

Abbildungsnachweis

Abb. 1: CIL IX 3155. Gemeinfrei.
Abb. 2–4: Berlin-Brandenburgische Akademie der Wissenschaften, Corpus Inscriptionum Latinarum, DE-BBAW-CIL-A-Sch-09-01-03155-01. Gemeinfrei.

Appendix

Zur Illustration der Arbeitsweise von Theodor Mommsen sei hier die gesamte Schede abgebildet, die ihm vorlag, als er CIL IX 3155 ausarbeitete:

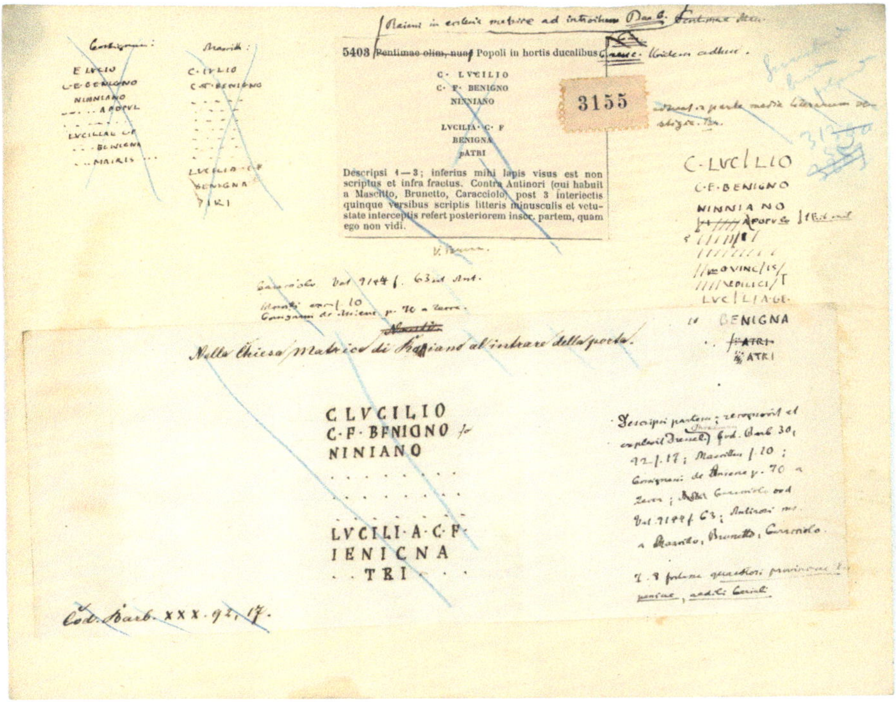

Abb. 4: Inventarnummer des CIL: DE-BBAW-CIL-A-Sch-09-01-03155-01.

À nouveau Sufenas Proculus

Ségolène Demougin

Il est parfois utile de revenir sur des publications de jeunesse, qui doivent désormais être amendées et remaniées, essentiellement parce que les bienfaits des découvertes épigraphiques nous contraignent de réviser nos positions. En 1978,[1] j'avais publié une notice prosopographique sur un officier équestre, connu depuis 1960 par un document trouvé à Cyrène, et dont le dossier s'était heureusement amplifié. Ces quatre documents étaient les suivants:

1) IRCyr2020 C.9
Caesareum de Cyrène

M SVFENAS PROCVLVS jug. REF CVR

M(arcus) Sufenas Proculus ref(iciendum) cur(auit).

2) IRCyr2020 C.118
Base d'une statue de Tibère, en remploi sur l'agora de Cyrène

[.] . . VLIVS • AVG[± 18]
• DIVI • NEPOS • CA[± 18]
vac.
M • SVFENAS • M • F • P[± 12]
COH • LVSITANOR . [± 11]

L. 4 *Apices* sur le V, le A et le O de *Lusitanorum.*

[T]ị(berius) Ịulius Aug[usti Caesaris filius]
diui nepos Ca[esaris ± 12]
vac.
M(arcus) Sufenas M(arci) f(ilius) P[roculus praef(ectus)?]
coh(ortis) Lusitanorụ[m Cyrenaicae?]

1 Demougin 1978.

3) IRCyr2020 C.225
Architrave du Strategeion de Cyrène

TI CAESARI [....]STI F COS IMP TRIB POT
SV[± 7]OCVLVS F C

Ti(berio) Caesari [Augu]sti f(ilio) co(n)s(uli) imp(eratori) trib(unicia) pot(estate)
Su[fenas Pr]oculus f(aciundum) c(urauit).

IRCyr2020 C.226
Strategeion de Cyrène, mur sud

4) TI • CAESARI AVGVSTI .
COS IMP • TRIB POT
SVFENAS • PROCVLVS
F • C

Ti(berio) Caesari Augusti f(ilio)
co(n)s(uli) imp(eratori) trib(unicia) pot(estate),
Sufenas Proculus
f(aciundum) c(urauit).

Ce petit corpus s'est augmenté, il y a quelques années, d'un élément qui ne manque pas d'intérêt:

5) IRCyr2020 C.437
Architrave du temple de Demeter hors-les murs à Cyrène

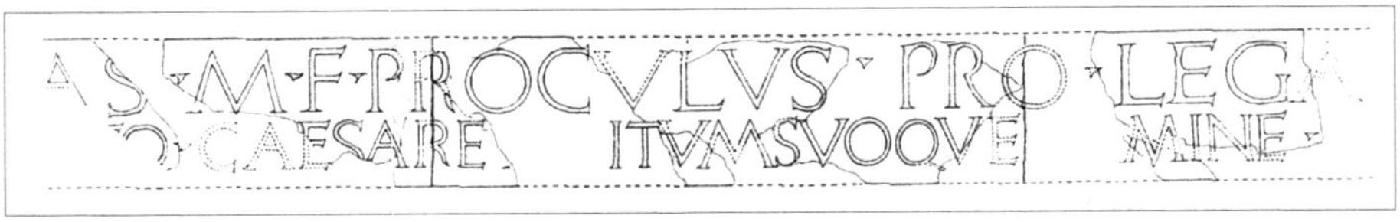

Fig. 1: IRCyr2020 C.437.

[± 6]AS • M • F • PROCVLVS • PRO • LEGA[. . .]
[± 9]TO • CAESARE [. . . ? . .]ITVM SVOQVE [. . .]MINE • [. .]

[M(arcus) Sufen]as M(arci) f(ilius) Proculus pro lega[to]
[Imp(eratore) Augus]to Caesare [– – – mil]itum suoque [no]mine [f(aciendum)
c(urauit).]

L'identification proposée par G. F. Paci est tout à fait plausible; elle témoigne non seulement de la présence à Cyrène de Sufenas Proculus,[2] mais aussi de sa remarquable activité édilitaire dans la cité. Cependant, les restitutions proposées par le savant italien pour la dernière inscription n'emportent pas entièrement l'adhésion.[3] Mais il faut aussi revenir sur la carrière – ou du moins les éléments de la carrière – du personnage. Jusqu'en 2006, un certain consensus s'était fait sur le cursus probable de notre personnage: l'allusion à la *cohors Lusitanorum*, en fait la *cohors Lusitanorum Cyrenaica*[4] devenue plus tard la *Ia Lusitanorum Cyrenaica* et la mention des *milites* sur l'architrave du temple de Déméter hors-les-murs prouvent assez bien que l'on se trouve face à un officier, apparemment de rang équestre: en effet, l'unité en question est une cohorte,[5] commandée sans doute par un préfet; stationnée d'abord en Cyrénaïque, d'où vient son surnom, elle est connue ensuite, dès 92, en Mésie inférieure[6] où elle est attestée par de nombreux diplômes militaires, apparus depuis la publication du dernier tome des 'Roman Military Diplomas'. Apparemment, il faut distinguer de l'unité la *cohors I Lusitanorum Cyrenaica*.[7] Depuis la publication de R. Zucca en 1996 et malgré la multiplication des nouveaux diplômes militaires, cette unité n'a pas réapparu dans la documentation.

Il ne fait aucun doute que notre officier a eu un lien étroit avec cette cohorte dont il est le préfet: l'attestent non seulement la présence de la cohorte dans l'inscription de la base de Tibère sur l'agora, mais aussi l'allusion aux *milites*, apparus dans l'inscription du sanctuaire de Déméter. Cependant, une surprise de taille vient de la mention de la fonction assumée par notre chevalier dans cette même inscription: il est cité comme *pro legato*.[8]

La définition de la charge de *pro legato* a provoqué, depuis longtemps, une discussion sur sa nature, ses fonctions, et sa place dans le cursus. De plus, elle est connue essentiellement au Ier siècle, puis au IIIème siècle, avec quelques cas erratiques au IIème siècle. Les éléments de cette discussion ont été repris tout récemment par D. Faoro.[9] Pour celle que je vais engager, et, vu la datation de notre personnage, je me bornerai à analyser les exemples connus, d'Auguste à l'avènement de Vespasien, en me limitant aux membres de l'ordre équestre,

2 Voir aussi PME II S 84 bis; CJC 129. En revanche, j'ai écarté IRCyr2020 C.436, qui comporte uniquement les restes d'un surnom qui se termine en *[- - -]LVS*.

3 G. F. Paci a proposé, pour les deux dernières lignes: *pro lega(to) [missus / ab Imp(eratore) Augus]to Caesare [- - -]itum suoqu[e no]mine [f(aciendum) c(urauit)]* ou *pro lega(to) [missus / ab Imp(eratore) Augus]to Caesare [- - -]itum suoqu[e no]mine [refic(iendum) curauit]*. Le seul exemple d'époque augustéenne que l'on peut mettre en regard reste celui de T. Clodius Proculus, CIL X 680 (EDR102187) de Surrentum, qui après un tribunat militaire fut *[ab Imp(eratore)] Caesare Augu[sto misso pro] censore ad Lusitanos*. La charge de censiteur doit s'exercer dans une province dévolue à l'empereur. En Crète Cyrénaïque, on ne voit pas bien comment le prince peut envoyer un prolégat, dont la mission reste difficile à préciser.

4 Zucca 2007.

5 On peut, à cet égard, mentionner la notice de Cohors[2] 59. Cette notice est en partie obsolète, dans la mesure où il faut y inclure d'autres références, négligées par l'auteur.

6 Diplôme militaire: AE 2003, 1548.

7 Cohors[2] 61. Cependant, pour certains, les deux unités doivent se confondre.

8 Une coquille typographique développe le texte comme *pro lega[tus]*, expression fautive.

9 Faoro 2017. On y trouvera, sous ordre dispersé, la bibliographie sur le sujet.

tout en n'ignorant pas qu'à cette époque de jeunes sénateurs reçoivent aussi cette charge. Ainsi, on citera, pour y revenir par la suite, [– – –] Quadratus Maesianus Celsus,[10] fils d'un notable de Suessa Aurunca et *senator nouus* et L. Axius Naso,[11] dont les premières charges sont identiques.

Cependant, avant de pouvoir faire des comparaisons, en établissant une liste récapitulative, il faut introduire ici une discussion sur le déroulé de la carrière de deux personnages dont la datation a été remise en cause. Tout d'abord, on va revenir sur le cas du quasi-anonyme de Dertona (CIL V 7370; fig. 2), dont le cursus lacunaire avait été restitué par Th. Mommsen[12] qui se fondait sur celui d'un autre dignitaire, Q. Caecilius Cisiacus Septicius Pica Caecilianus, trouvé chez les Arusnates (CIL V 3936; fig. 3).

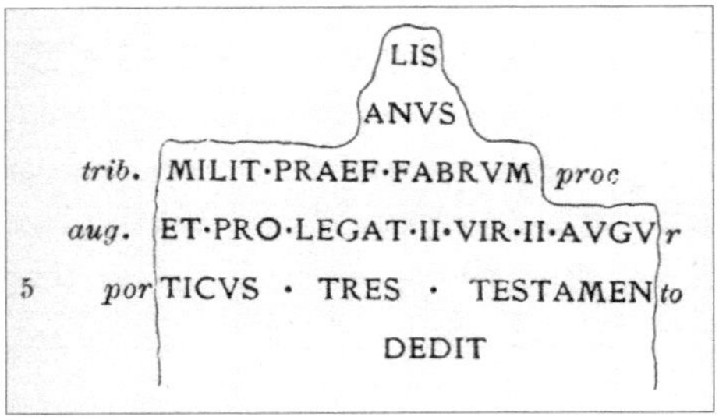

Fig. 2: CIL V 7370.

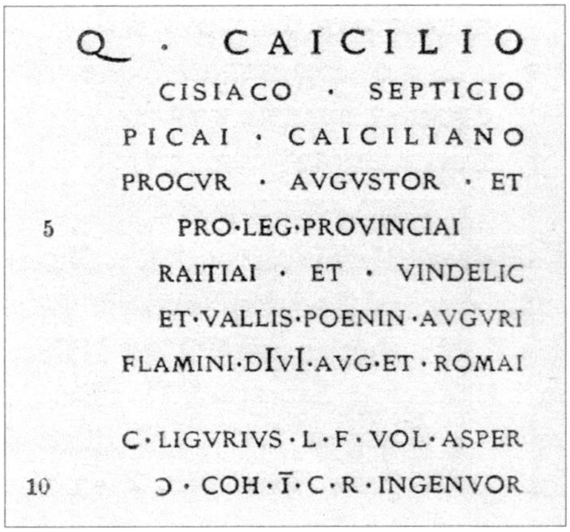

Fig. 3: CIL V 3936.

Considérée comme étant gravé sous Claude, la carrière de Caecilius Cisiacus mentionne une ultime fonction administrative, datant ou de la fin du règne de Tibère et de celui de Caligula, ou du règne bref de Caligula et des débuts du règne de Claude.

Quant à l'hommage retrouvé chez les Arusnates, il ne laisse pas poser une autre difficulté. En effet, il a été considéré jusqu' à une date récente comme relevant de la première moitié du Ier siècle, comme l'ont proposé de nombreux auteurs, les *Augusti* cités dans le texte étant successivement Tibère, Caligula et Claude ou bien Caligula et Claude. Assez récemment, D. Faoro est revenu sur le sujet[13] et préfère repousser la *communis opinio*, en optant plutôt pour la période comprise entre 167 et 230, position adoptée par le rédacteur de la banque de données Epigraphic Database Roma (EDR).[14]

10 CIL X 4749; RECapua 265 (EDR094071), Suessa Aurunca; PIR^2 Q 8, avec une proposition de W. Eck de placer le cursus plutôt au IIème siècle, à cause de la polyonomie du personnage; mais, d'après les éléments du cursus, on penche plutôt pour une époque plus haute.

11 CIL II^2/7, 272 et 273, Corduba; PIR^2 A 1691; cf. Knapp 1981; l'article de Curchin 1985 ne s'intéresse pas à la carrière de notre personnage

12 Th. Mommsen, CIL V, *sub numero.*

13 Faoro 2007, republié en allemand 2008, où l'on trouvera toute la bibliographie précédente, qu'il est donc inutile de rappeler ici. Le même auteur est revenu sur le sujet en 2008–2009.

14 EDR112987.

Pourtant quelques objections se présentent pour cette datation, et en particulier l'examen de l'énumération des régions concernées par l'administration de C. Caecilius Cisiacus, soit la *Raetia*, la *Vindelicia* ou les *Vindelicii* et la *Vallis Poenina*. Ces trois régions sont aussi nommées dans deux cursus procuratoriens du début du Ier siècle. Tout d'abord celui de Sex. Pedius Lusianus Hirrutus,[15] *pra[ef(ectus)] Raetis, Vindolicis, ualli[s P]oenina* et celui de Q. Octauius Sagitta,[16] *procurat(or) Caesaris Augusti in Vindalicis et Raetis et in ualle Poenina* énumèrent ces régions. A notre connaissance, elles n'apparaissent plus ensemble dans la titulature d'un procurateur, alors qu'on trouve deux procurateurs de la Rhétie et de la Vindélicie;[17] un procurateur des *Alpes Atrectianae* et de la *Vallis Poenina*,[18] etc. Dans le doute, il me semble préférable d'en rester à la datation traditionnelle pour la carrière de Q. Caecilius Cisiacus, de la fin de Tibère à Claude. Contre celle-ci, un autre argument a été utilisé: l'expression de *procurator Augustorum* serait tardive et ne se rencontrerait pas au Ier siècle, d'après P. Collart, comme le rappelle D. Faoro,[19] qui invoque aussi la position de B. E. Thomasson,[20] indiquant qu'il n'y a pas de procurateur gouverneur connu ayant dans sa titulature la mention de plusieurs Augustes. Cet argument n'est plus recevable, car désormais la formule est connue pour de rares procurateurs du Ier siècle, comme M. Vettius Marcellus,[21] connu simplement comme *procurator Augustorum*, jusqu'au moment où une inscription de Thasos a révélé qu'il avait été le procurateur de Claude, donc sans doute le premier procurateur-gouverneur de Thrace, mention qui avait déjà été ajoutée par H.-G. Pflaum dans ses Fastes.[22] On pourrait ajouter le cas de C. Herennius Capito dont je ne traiterai pas ici, qui aurait été *pr[oc(urator) August]orum*, dans une position très particulière, puisqu'il a administré la principauté de Iamnia, léguée à Livie par Hérode et incorporée par la suite dans les biens impériaux:[23] il est assez évident que, dans cette fonction, il assurait les responsabilités administratives et policières. On ajoutera que ce type de formule est connu au moins une fois pour un affranchi impérial, de la même époque, Ti. Claudius Eutychus.[24] En conséquence, on souscrira plutôt aux conclusions d'E. Meyer[25] en estimant que les deux carrières mentionnées plus haut indiquent des règnes successifs, et non conjoints.

---

15 PIR² P 217.

16 PIR² O 39; CJC 281; voir aussi SupIt 5, 7 (EDR076776) et SupIt 5, 8 (EDR079363); Eck 1995, 36.

17 L. Titulenus [– – –]: PIR² T 282, mais le nom de la Vindélicie est restitué.

18 T. Flauius Geminus, pour lequel je renvoie au magistral article de Bérard 1995.

19 Collart 1942, cité par Faoro, dans ses articles de 2007, 102 et de 2008–2009, 47.

20 Thomasson 1983.

21 PIR² V 477; CJC 603.

22 SCP p. 125.

23 Le personnage, connu par Flavius Josèphe et Philon, est mentionné par deux inscriptions: la première vient de Teate Marrucinorum et a été republiée récemment, CIL IX Suppl. 1, 1, 6941. La seconde, de Iuuanum, AE 1995, 392. Pour la carrière: PIR² H 103; CP 9; PME I, H, 13; CJC 320.

24 CIL VI 9015 = 29847 (ILS 8120), cf. AE 1991, 74 = 2002, 182 = 2008, 22 (EDR127130). Roma: *Claudia Octauiae diui Claudi f(iliae) liberta Peloris et Ti(berius) Claudius Aug(usti) lib(ertus) Eutychus proc(urator) Augustor(um).*

25 Meyer 1975, article souvent oublié.

En conséquence, on peut présenter ici la liste des *pro legato* équestres connus d'Auguste à Néron:

Prolégats julio-claudiens

Noms	Datation	Cursus antérieur	Prolégation	Cursus postérieur	Références
1. [– – –]	30–20 av. J.-C.	*[equopublic]o, praef. fab., [trib.mil. le]g. XII [Fulminatae]*	*pro leg(ato) Caesaris Cypri*	*praef. coh[ort(is) – – –] equitatae*	CIL X 7351 = ILTermIm 16 (EDR127534); Thermae Himeraeae
2. L. Titinius Sulpicianus	ca. 25 av. J.C. ou 30 av. J.-C. et 30 ap. J.C.	*pontif(ex), praef(ectus) pro IIvir(o), et IIvir quinq(uennalis), tr(ibunus) mil(itum)*	*et tr(ibunus) mil(itum) pro legato*	*et praef(ectus) quinq(uennalis) T(iti) Statili Tauri*	CIL III 605 (ILS 2678) = ILAlb 23 = CIA 33 = LIA 42; Dyrrachium
3. T. Pompeius Proculus	13–14		*pro leg(ato)*		EE 8, 742 (EDR 159402); Forum Traiani
4. T. Iunius Montanus	Fin Auguste	*tr(ibunus) mili(tum) VI, praef(ectus) equit(um) VI, praef(ectus) fabr(um) II*	*pro leg(ato) II*		AIJ 173 = ILJug 361f, cf. AE 1992, 687 (EDR 073370); Emona
5. P. Baebius Tuticanus	Auguste	*trib(unus) mil(itum) a populo, praef(ectus) eq(uitum)*	*pro leg(ato)*	*pontifex, IIIIvir*	CIL V 3334 (ILS 2677) (EDR093817); Verona
6. [– – –]	Tibère	*[praefec]tus alae Anti[anae], [pr]aef(ectus) ueteran(orum) [leg(ionis) – – –] XII*	*praefect(us) [pro leg(ato) C]ommagene[s]*	*[praef(ectus) Ti(berii)] Caesaris Aug(usti)*	AE 1926, 82 = 1982, 885 = 2002, 1453; Antiochia Pisidiae

Noms	Datation	Cursus antérieur	Prolégation	Cursus postérieur	Références
7. T. Fadius Celer Flauianus	44–45		*proc(urator) Aug(usti), pro legato*		ILM 56 = IAM 369 = IAM-S 369; Volubilis
8. [– – –]lis [– – –]anus	1–50	*[trib(unus)] milit(um), praef(ectus) fabrum*	*[praef(ectus) eq(uitum)] et pro legat(o)*	*IIvir II, augu[r]*	CIL V 7370 (EDR107044); Dertona
9. Q. Caecilius Cisianus Septicius Pica	Caligula / Claude		*proc(urator) Augustor(um) et pro leg(ato) prouinciae Raetiai et Vindelic(orum) et Vallis Poeninae*	*augur, flamen diui Aug(usti) et Romae*	CIL V 3936 (ILS 1348) (EDR112987); Arusnates
10. L. Titinius Glaucus Lucretianus	65 / fin Néron	*flam(en) Romae et Aug(ustorum), IIvir IV, p(atronus) c(oloniae), seuir eq(uitum) R(omanorum), curio, praef(ectus) fabr(um) co(n)s(ulis), tr(ibunus) milit(um) leg(ionis) XXII Primig(eniae)*	*praef(ectus) [pro leg]ato insularum Baliarum*	*tr(ibunus) mil(itum) leg(ionis) VI Victrici[s]*	CIL XI 1331 (ILS 233) = Luni-2014, p. 38–49 (EDR129460); Luna; CIL XI 1332 (et p. 1254) = Luni-2014, p. 50–52 (EDR100259); *ibidem*; CIL XI 6955 (ILS 8902) (EDR072336); *ibidem*; AE 1992, 577; Luca, mais provient de Luna[26]
11. [– – –][27]	1–50?	*praef(ectus) [– – –]*	*pro leg(ato)*		CIL XI 631; Faventia

26 Ciampoltrini 1992 (AE 1992, 577); voir Frasson 2013, 50–51.

27 C'avec hésitation que nous introduisons ce personnage dans notre liste, étant donné le caractère très lacunaire de l'inscription qui le mentionne.

Ce tableau est désormais obsolète, car il faut y introduire deux nouveaux titulaires: tout d'abord, l'officier en garnison en Cyrenaïque qui fait l'objet de cette publication, préfet de cohorte puis *pro legato* à la toute fin du règne d'Auguste et au début de celui de Tibère. On ajoutera le cursus d'un quasi-anonyme, dans une inscription non encore publiée de Suessa Aurunca, mais signalée par A. de Carlo.[28] Ce personnage est titulaire d'un cursus militaire typiquement claudien dont témoigne la séquence *praef(ectus) alae – trib(unus) mil(itum)*, ces deux grades étant suivis par les mentions de *proc(urator) Aug(usti), pro legato.*

Ce sont donc 13 *pro legato* qui sont connus pour le Ier siècle ap. J.-C. Il appert qu'au début de l'Empire, ces fonctions sont fortement connotées: elles sont confiées à des officiers équestres, avec une prédominance pour les tribuns militaires et les préfets d'aile, ce qui n'étonnera guère pour l'époque où les simples préfets de cohorte peuvent aussi se recruter parmi les centurions... On peut faire des remarques identiques pour les jeunes membres de l'ordre sénatorial connus à la même époque, comme L. Axius Naso,[29] *Xuir stlitibus iudicandis, tribunus militum pro legato, quaestor*, en qui il faut identifier vraisemblablement le proconsul de Chypre connu entre 29 et 30.[30] De même, on pourrait évoquer [– – –] Quadratus Maesianus Celsus,[31] *Xuir [stl(itibus) iudic(andis)], tribun(us) mil(itum), pro leg(ato,) quaestor urbanus*, sous le règne d'Auguste.

Essayons de proposer une interprétation du titre de *pro legato* dans les débuts de l'Empire. Déjà, on peut constater qu'on le rencontre aussi bien dans les provinces soumises soit à l'autorité du sénat, soit à celle de l'empereur. Les études les plus pointues sur la fonction ont toutes marqué les différences que l'on pouvait trouver entre les différents groupes de titulaires de cette charge, comme l'ont fait J. Šašel[32] ou D. Faoro[33]. Notre personnage entre ainsi dans la catégorie des *pro legato* nommés sous les deux premiers princes: ce sont d'abord des officiers qui tous sans exception exercent cette responsabilité, lors de leur service militaire, en appartenant à l'ordre équestre ou plus rarement à l'ordre sénatorial. Ils ne se sont pas seulement acquittés de tâches militaires, comme le maintien de l'ordre mais ils se sont vu confier des responsabilités civiles, où ils ont pu développer toutes sortes d'activités, y compris des entreprises édilitaires. Ce sont donc des agents extraordinaires, dont les missions pouvaient être relativement courtes, et qui suppléaient éventuellement les légats régulièrement nommés,[34] mais certainement pas des légats légionnaires.

Sufenas Proculus, qui apparaît comme l'officier commandant la seule unité militaire connue en garnison en Cyrenaïque à l'époque augustéenne, semble bien avoir été le remplaçant du légat que le proconsul de la Crète Cyrénaique avait choisi pour le seconder. Paradoxalement, si la liste des proconsuls est assez longue, celle des légats est tout à fait courte: on citer ici Ti. Claudius Me[– – – P]riscus Ruf[inus] iunior,[35] entre 221 et 250, et

28 De Carlo 2015, 18 et 317.
29 Voir plus note 10.
30 IGR III 993 = OGIS II 583, Lampussa, datée de 29/30; cf. Thomasson, LP 32.6, cf. LP Suppl. 28.47.
31 Voir plus haut, note 10.
32 Šašel 1974.
33 Faoro 2017, 227–230.
34 Pour *legatus*, se reporter à Thomasson 1991.
35 PIR[2] C 935.

Cn. Pompeius Hermippus Aelianus.[36] Notre chevalier a donc été chargé de remplacer provisoirement le légat du proconsul de Crète-Cyrenaïque, à la charnière des deux premiers règnes; mais les raisons de cette nomination nous restent obscures. En tout cas, on admirera la grande activité édilitaire dont fit preuve l'officier, dont nous avons conservé des traces jusqu'à aujourd'hui.

Bibliographie[37]

Abréviations utilisées

Cohors²:	Spaul, J., Cohors 2: The Evidence for and a Short History of the Auxiliary Infantry Units of the Imperial Roman Army, Oxford 2000.
CJC:	Demougin, S., Prosopographie des chevaliers romains julio-claudiens (43 av. J.-C.–70 ap. J.-C.) (Collection de l'École française de Rome 153), Paris – Rome 1992.
CP:	Pflaum, H.-G., Les carrières procuratoriennes équestres sous le Haut-Empire romain (Bibliothèque archéologique et historique 571), 4 vols., Paris 1960–1961.
IRCyr2020:	Reynolds, J. M. – Roueché, C. M. – Bodard, G., Inscriptions of Roman Cyrenaica (2020), http://ircyr2020.inslib.kcl.ac.uk ⟨16.09.2023⟩.
LP:	Thomasson, B. E., Laterculi praesidum, 3. vols., Göteborg 1972–1990.
LP Suppl.:	Thomasson, B. E., Laterculi praesidum, vol. III: Indices addendorum, Göteborg 2009.
PME:	Devijver, H., Prosopographia militiarum equestrium quae fuerunt ab Augusto ad Gallienum (Symbolae Facultatis Litterarum et Philosophiae Lovaniensi Series A 3), Louvain 1976–2001.
SCP:	Pflaum, H.-G., Les Carrières procuratoriennes équestres sous le Haut-Empire romain. Supplément (Bibliothèque archéologique et historique 112), Paris 1982.

Bérard, Fr., Un nouveau procurateur d'Aime en Tarentaise, Gallia 52, 1995, 343–358.
Ciampoltrini, G., Ancora per L. Titinius Glaucus Lucretianus, Athenaeum 80, 1992, 233–236.
de Carlo, A., Il ceto equestre di Campania, Apulia et Calabria, Luczania et Bruttii dalla tarda Reppublica al IV secolo (Vetera 19), 2 vols., Rome 2015.
Collart, P., Quand la Vallée Poenine fut-elle détachée de la Rhétie, Zeitschrift für Schweizerische Geschichte 22, 1942, 87–105.
Curchin, L. A., *Vici* and *pagi* in Roman Spain, REA 87, 1985, 329–330.
Demougin, S., M. Sufenas M. f. Proculus, Latomus 37, 1978, 620–624.

36 PIR² P 615.
37 La bibliographie a été volontairement allégée.

Eck, W., Die Ausformung der ritterlichen Administration als Antisenatspolitik?, in: Eck, W., Die Verwaltung des römischen Reiches in der hohen Kaiserzeit. Ausgewählte und erweiterte Beiträge (Arbeiten zur römischen Epigraphik und Altertumskunde 1), vol. I, Basle 1995, 29–54.

Faoro, D., Novità sui fasti equestri della Rezia, Quaderni Friulani di Archeologia 17, 2007, 97–120 (republié en allemand: Neues zu den ritterlichen Fasten der Statthalter Raetiens, BVBl 73, 2008, 5–13).

Faoro, D., La dedica a *Q. Caecilius Cisiacus*, *procurator Augustorum*, dal *pagus Arusnatium*, Annuario Storico Valpolicella, 2008–2009, 45–54.

Faoro, D., Pro legato, Klio 99, 2017, 226–237.

Frasson, F., Le epigrafi di Luni romana. Revisione delle iscrizioni del Corpus inscriptionum latinarum, Alessandria 2013.

Gasperini, L., L'epigrafe della lastra riadoperata, in: Stucchi, S. (éd.), Cirene 1957–1966. Un decennio di attività della Missione archeologica italiana a Cirene (Quaderni dell'istituto Italiano di Cultura di Tripoli 3), Tripoli 1967, 165–180.

Knapp, R., L. Axius Naso and *pro legato*, Phoenix 35, 1981, 134–141.

Meyer, E., Augusti, Chiron 5, 1975, 393–402.

Oliviero, A., Campagna di scavi a Cirene nell'estate del 1928, Africa Italiana. Rivista di storia e d'arte 3–4, 1930, 141–229.

Paci, G. F., L'inscrizione monumentale sull'architrave del tempio di Demetra fuori le mura a Cirene, in: Luni, M. (éd.), Cirene nell'antichità. Cirene "Atene d'Africa" II. Un quindicennio di attività a Cirene della Missione archeologica italiana dell'Università di Urbino « Carlo Bo », XI Convegno internazionale di archeologia cirenaica, 30 giugno – 2 luglio 2006 (Monografie di Archeologia Libica 29), Rome 2010, 133–137.

Paci, G. F. – Antolini, S. – Marengo, S. M., La ricerca epigrapfica italiana à Cirene nel secondo dopoguerra, in: Luni, M. (éd.), Cirene greca e romana. Cirene "Atene d'Africa" VII (Monografie di archeologia libica 36), Rome 2014, 295–310.

Polacco, L., Il volto di Tiberio: saggio di critica iconografica (Accademia Patavina di Scienze Lettere e Arti 67), Rome 1955.

Šašel, J., Pro legato, Chiron 4, 1974, 467–477 (= Opera Selecta, Ljubljana 1992, 305–315).

Thomasson, B. E., Zum Gebrauch von Augustorum, Augg. und Aug. als Bezeichnung der Samtherrschaft zweier Herrscher, ZPE 52, 1983, 125–135.

Thomasson, B. E., Legatus: Beiträge zur römischen Verwaltungsgeschichte (Skrifter 18), Stockholm 1991.

Ward Perkins, J. B. – Ballance, M. H. – Reynolds, J. M., The Caesareum at Cyrene and the Basilica at Cremna, PSBR 26, 1958, 137–194.

Zucca, R., Cohors I Lusitanorum Cyrenaica, in: Gasperini, L. – Marengo, S. (eds.), Cirene e la Cirenaica nell'antichità. Atti del convegno internazionale di studi: Roma-Frascati, 18–21 dicembre 1996 (Ichnia 9), Tivoli 2007, 803–814.

Crédit des illustrations

Fig. 1: Paci – Antolini – Marengo 2014, 308, fig. 5. CC BY-NC-ND.
Fig. 2: CIL V 7370. Domaine public.
Fig. 3: CIL V 3936. Domaine public.

Recht & Verfassung

C·C·C (CIL VI 2193 = 4416): Three Letters and a Julian Law in Augustan Rome

Andreas Bendlin

Ever since its discovery in January 1847 in the Vigna Codini (in Rome's suburbium between the Via Appia and Via Latina) the following marble plaque has featured prominently in discussions of Roman associations or the city's musical-theatrical and religious life (fig. 1):[1]

> *Dis Manibus*
> *Collegio symphonia-*
> *corum qui sacris publi-*
> *cis praestu sunt. Quibus*
> *senatus C·C·C permisit e*
> *lege Iulia ex auctoritate*
> *Aug(usti) ludorum causa.*

> "To the Di Manes. For the collegium of *symphoniaci*, who attend upon the People's rituals. To them the Senate granted permission to C·C·C, in accordance with the Julian law and with Augustus's *auctoritas*, for the purpose of the games."

As abbreviation of a three-word formula the letters C·C·C are unique to this inscription. None of the expansions scholars have proposed is fully satisfactory. In this contribution I offer an alternative expansion and corroborate my solution against the pertinent evidence. Neither the *symphoniaci*'s activities nor the socio-cultural milieu of these instrumental musicians will be central to my argument, but a brief discussion of the inscription's context is required.

---

1 CIL VI 1, 2193 = VI 2, 4416 = ILS 4966 = FIRA III^{2} 38 = Epigraphic Database Rome (henceforth, EDR) no. 126266 (with photograph) = fig. 1. An early version was presented at the Annual Meeting of the Classical Association of Canada, Memorial University, St. John's, Newfoundland, in May 2017. I dedicate this contribution to Rudolf Haensch with fond memories rerum Erfurtiensium.

The *symphoniaci*'s inscription

Fig. 1: Marble plaque, Late Augustan. Ca. 64.4 × 68.4 cm. Rome, Vigna Codini, Second Columbarium, DI4.

The plaque belongs among the inscriptions found scattered outside the so-called Second Columbarium of the Vigna Codini, as Daniele Manacorda ascertains contrary to the belief, reached in the wake of Wilhelm Henzen's and the CIL's authority, that it was one of the "tabula[e] reperta[e] in monumento". Henzen, it turns out, inspected "la bella lapide dei *symphoniaci*" only after the area's excavators had installed the stone within the Second Columbarium.[2]

The *Dis Manibus*-formula is followed by a dative naming the collegium, which aligns this plaque with other funerary inscriptions that list an association in the dative. For instance, a Late Augustan or Tiberian stele bearing the inscription *Dis Manibus | Collegio | Agrippia|no* marks a burial place reserved exclusively for a collegium of enslaved persons and freedmen of M. Vipsanius Agrippa.[3] In view of this roughly contemporary comparator, one of the three following scenarios may apply: either that the *symphoniaci*'s funerary plaque rightfully belonged to the Second Columbarium, of which this collegium, analogous to the case of the collegium Agrippianum, was the sole proprietor (which seems unlikely in light of the Second Columbarium's estimated maximum capacity of 600–700 burials, even though these were spread over more than one generation);[4] or that the musicians were the primary occupants but shared this space with other stakeholders;[5] or that the plaque originally marked a separate space for the association's funerary use in the vicinity (a location perhaps identical with a plot of land owned by the *symphoniaci*, according to a later inscription discovered in 1856 near the Vigna Codini's Third Columbarium).[6]

2 Henzen 1856, 9; Henzen, CIL VI 2, p. 908–911; corrected by Manacorda 1999, 249–256. On the plaque's transfer to the Second Columbarium, see Vincent 2017, 151.

3 CIL VI 10255 = 37847 with Ricci 2021. Other examples include InscrAqu I 676; CIL X 4853–4854; CIL XIII 913; AE 1977, 95–96. Cf. Waltzing 1895–1900, IV 484–495. This is not to downplay the differences between the collegium drawn from Agrippa's slave *familia* and the *symphoniaci*, who define themselves as an occupational association and whose membership will have been more heterogenous; see also n. 11 below.

4 For the numbers, see Borbonus 2014, 168; Coarelli 2014, 375.

5 Manacorda 1999, 256; Borbonus 2014, 168–169; Vincent 2017, 152; 155–161.

6 CIL VI 4415 = Henzen 1856, 10; cf. EDR 129667. See Mommsen, CIL VI 2, p. 908; Laubry 2016, 126–127 for a possible topographical reconstruction.

The plaque's date hinges in part on one other inscription discovered outside the Second Columbarium, which provides a consular date of 10 CE for the distribution and inscribing of funerary *ollae*. These are usually identified with the urns within the Second Columbarium.[7] If this attribution is accepted, the inscription's consular date offers a firm terminus ante quem for the Second Columbarium's construction. The Vigna Codini's First Columbarium is probably of Late Augustan origin, too, whereas the Third Columbarium was constructed in the Late Augustan or Tiberian period.[8] These dates establish a consistent chronological horizon for the funerary finds from the immediate area, which may be used also to date the *symphoniaci*'s plaque: even if we reject its attribution to the Second Columbarium, the marble may reasonably be argued to share the same Late Augustan chronological horizon. The inscription's text does not contradict this conclusion. Henzen originally considered restoring *[D(ivi)]* before *Aug(usti)* at the beginning of line 7, which would establish a date following Augustus's deification in 14 CE. The stone, however, does not warrant such an intervention and Henzen later wisely retracted his earlier suggestion.[9] Nor does the *Dis Manibus*-formula, here still unabbreviated, invalidate a Late Augustan date.

The same Late Augustan terminus ante quem applies to the Lex Julia mentioned by the *symphoniaci*. The reference to the living Princeps's *auctoritas* and this law confirms the inscription's resolutely contemporary focus. Surely, a Late Augustan audience will have identified this Julian Law with one of Augustus's legislative projects, rather than entertaining the idea that the statute might have been of Caesarian origin.[10] The same audience will have understood Augustus's *auctoritas* in reference to a concrete involvement on the Princeps's part in the Senate's ratification of the collegium. This may have consisted in his exercising the *ius relationis* when the Senate discussed the matter. Or he may have even advocated on behalf of the *symphoniaci*, some of whom came from the households of the Princeps's family.[11] Be that as it may, the inscription's near-pleonastic focus on Augustus is surely intentional. By emphasizing his dual role of *rogator*, "proposer", of his own legislation and *auctor*, "instigator", of the Senate's resolution,[12] the *symphoniaci*'s aim is to address the powers of Augustus (whose name, it is true, the stonecutter does abbreviate).

7 CIL VI 4418 with Henzen 1856, 12–18. Manacorda 1999, 253; Coarelli 2014, 375; and Vincent 2017, 152 all accept the attribution of this inscription to the Columbarium.

8 Borbonus 2014, 167–170.

9 Henzen 1856, 18; corrected by Henzen, CIL VI 1, p. 608; Mommsen 1850, 355 n. 55; Waltzing 1895–1900, I 115 n. 4.

10 See already Mommsen 1850, 115. See p. 372below.

11 See CIL VI 4472 (discovered inside the Second Columbarium) for a slave *symphoniacus* from the household of Tiberius. CIL VI 4418; 4660; 4649 (all three from the area, although only the third was found within the Columbarium) identify freedmen of Augustus involved in the world of theatre and music: Manacorda 1999, 253–254. *Ius relationis*: De Robertis 1971, I 224–228; Laubry – Zevi 2012, 315–316. On *auctoritas* in general, Hellegouarc'h 1963, 321–323, esp. 323. Talbert 1984, 163–174 discusses the emperor's authority in senate meetings. An emperor's intervention: n. 23 and n. 33 below.

12 In general on these two roles, Ferrary 2012, 577; 584–585.

The inscription's apparent purpose is not to explicate the details of their own privileges for the benefit of the reader.

The Augustan moneyers follow similar strategies: their coinage sometimes abbreviates historical and other ancillary information to create space for the name and image of Augustus, as is illustrated by a coin whose reverse presents the viewer with an enigmatic *C· C | Aug|us|ti* while the obverse displays Augustus's portrait.[13] The plaque operates with comparable selectivity. Although the inscription emphasizes the law's Julian provenance, it stays silent about the law's actual nature. Nor does the inscription focus on matters pertinent to the collegium itself. Space concerns on the stonecutter's part may have necessitated the abbreviation C·C·C, even if expanding the three letters would have been feasible considering the space on the stone. At any rate, it is worth noting that the inscription abbreviates the very formula that contains information most relevant to the collegium's activities. Nor is it a foregone conclusion that the three-word formula could be abbreviated unhesitatingly because it was "largement codifiée" and hence readily intelligible to a Late Augustan audience.[14] As is demonstrated below, likely candidates for expansion of the letters C·C·C rarely ever appear abbreviated in the epigraphic record.

Henzen interpreted the law to pertain to "the affairs of associations in general", whose case-by-case ratification would be left to the Senate; Theodor Mommsen volunteered the designation Lex Julia *de collegiis*.[15] No law of this name is attested and any conclusions one might wish to draw about its nature are derived from inferential evidence. Many take the law to refer to *collegia* but disagree on whether this statutory legislation emerged under Caesar or Augustus.[16] Others have wondered whether the pertinent literary evidence, which addresses the ratification of associations as much as it speaks about their suppression,[17] might not rather indicate that the Augustan law *de vi* was meant (of which one section, on this interpretation, would have dealt with the conditions of rightful assembly), or whether the law in question covered an altogether different topic.[18]

The question is not whether statutory law like the legislation *de vi* (or, later, *maiestatis*) were used to suppress associative life (they evidently were);[19] it is less clear whether the Augustan criminal legislation to curb violence would have regulated the establishment of associations and tabulated their legitimate raisons d'être (of which there is no evidence in the imperial jurists). The identification of this Lex Julia with statutory legislation addressing the religious realm, an argument some have tentatively entertained,[20] seems even less probable. It is true that the *symphoniaci* attended to the political community's reli-

13 RIC I² Augustus 418 (12 BCE?); Küter 2014, 288–291; Woods 2014.
14 Pace Laubry – Zevi 2012, 315 n. 39.
15 Henzen 1847, 51; Mommsen 1850, 353–357. See also p. 373 below with n. 23.
16 Caesarian origin: e.g., Linderski 1995, 167–171; 217–223; Eckhardt 2018, 124–132 (but see Eckhardt 2021, 22; 28). Augustan: e.g., Mommsen 1850, 356; Waltzing 1895–1900, I 115–132; De Robertis 1971, I 195–272; Ferrary 2012, 580–581 with n. 50.
17 Especially Ascon. Pis. 15 S. (7 C.) and Corn. 59 (75 C.); Suet. Iul. 42.4 and Aug. 32.3.
18 Radin 1910, 91–97; Duff 1938, 109; Liu 2005, 296–299; Costa 2020, esp. 18–21.
19 Bendlin 2016, 463. See also p. 379 below with n. 47.
20 Radin 1910, 95; Liu 2005, 298; Harland 2013, 144–145. Contra: Berger 1947, 47 n. 2 (with bibl.).

gious rituals (*sacra publica*); their acknowledged purpose was to participate in the *ludi publici* (*ludorum causa*), which belonged to the realm of religious affairs administered by the State. Augustan Rome offered many opportunities for musical service provision during games: the calendars list seventy-seven days annually for *ludi*, out of which fifty-six were for *ludi scaenici*.[21] That said, it is unclear which Julian law could have targeted these matters.

Even so the inscription illuminates the Senate's role in Augustan Rome. Already the Republican Senate will have been in a position of power to ratify new associations. When the Lex Julia assigns the same authority to the Augustan Senate, it reinforces the latter's traditional oversight of matters of public order. At the same time, the assignment of such competences to the senators is one aspect of a new power balance between Senate and Princeps, which the Senate's role as court or the increasing importance of *senatus consulta* at the expense of comitial legislation in Late Augustan Rome also illustrate.[22] The inscription moreover confirms a procedure to which the imperial jurists allude as well: namely, that the permission to assemble in an association during the Empire occurred, not through statutory legislation, but by virtue of an individual decree of the Senate or the emperor's benefaction.[23] But what exactly did the Late Augustan Senate allow collegia like the *symphoniaci* to do?

The three-letter abbreviation C·C·C in modern scholarship

In response to this question, modern scholarship was quick to probe the stone's three-letter abbreviation. In March 1847, Henzen already rejected an expansion Giovanni Pietro Campana, the Second Columbarium's excavator, had presented to the Pontificia Accademia Romana di Archeologia. Henzen promoted an alternative that Mommsen, the young German Institute's most accomplished epigrapher, had conjectured.[24]

This conjecture derived from a three-word formula in the marble calendar of Praeneste, which largely dates from between 6 and 9 CE, contemporary with the Vigna Co-

21 InscrIt XIII 2, p. 372. Ludi and civic religion: Cic. Leg. 2.22; Suet. F 185** Reifferscheidt; CIL II²/5, 1022, XXII 6–29 (ch. 70–71).

22 Talbert 1984, 383–386; 460–487; Galsterer 1996, 408–409 with n. 41; Ferrary 2012, 588. See Buongiorno – Camodeca 2021, 33–50 for a catalogue of imperial-period *senatus consulta* from Italy.

23 Gai. dig. 3.4.1.1; Marcian. dig. 47.22.3 praef.–3.1; n. 15 above and n. 35 below. Imperial authorization: CIL VI 971 = 31217 (Hadrian); CIL II 1167 = CILA II 1, 6; CIL V 4428 = InscrIt X 5, 223 (Antoninus Pius). Cf. SEG 63, 974 with Arnaoutoglou 2020 for Hadrian's consenting to the establishment of a local association of shipowners in Miletos and his confirmation of their by-laws. Buongiorno – Camodeca 2021, 33 still include in their catalogue a *senatus consultum de collegiis* (which they tentatively date to 117–121) that supposedly granted to associations of a certain kind blanket permission to assemble. This decree is a modern illusion: Bendlin 2011, 228–230; 240–244.

24 Henzen 1847, 50–51. For Campana's lecture on the inscription, see Sarti 2001, 21. Mommsen's terse "Die Noten c.c.c können hier natürlich nicht bedeuten *cum consilio collocutus*" (1850, 355 n. 54) probably refers to the expansion Campana had proposed.

dini's Second Columbarium. Commenting on the third of January, which the Roman calendars mark with the letter C (abbreviating *comitialis* or *comitia*) to denote its character as a day when meetings of the voting assemblies might occur, the Praenestine calendar introduces a formula stating that assembly days (*comitiales dies*) were the days *[cum popul]us coire conuocare cogi potest*, "when the People can come together, can call together, and can be summoned". Mommsen not unreasonably emended the formula's second C-word to a present passive infinitive (because it is the magistrate who calls the People to the voting assembly), and in this form the Fasti's three-word formula, *c(oire) c(onvocari) c(ogi)*, "to come together, to be called together, and to be summoned", was heralded as the answer to our inscription's enigmatic C·C·C.[25] Henzen subsequently included this conjecture in CIL VI.1 and CIL VI.2, and the latter's authority soon ensured that it gained wide currency. As an almost inevitable consequence, scholars who cite the inscription from the standard epigraphic corpora often replicate, either by design or unreflectively, this expansion. But there are pertinent reasons to reject it.

Mommsen himself realized well enough that the Fasti Praenestini's authorial glosses, of which the commentary on Roman assembly days is one, derive from the grammarian Verrius Flaccus's *commentarius* on the Roman calendar, a work likely titled *De fastis* but now lost.[26] Verrius Flaccus makes use of etymological, historical, and aetiological explanations to explore the meaning of words, historical and contemporaneous events, rituals, and festivals in the calendar. This commentary tradition, which the Fasti's entry on the third of January reflects, explains the name of the Comitium as 'assembly place' or the space where the People come together (*coire*).[27] In the Praenestine Fasti Verrius Flaccus appropriates this etymological link between the place of assembly and the act of assembling, extending it to assembly days: just as the Comitium is the place where the People come together, so the days reserved for the Comitia are the time when they might come together to vote.

For this etymological approach to carry any weight, the inclusion of *coire* in the formula is central. The other two infinitives are not, but they increase the formula's weight, with *cogi* arguably providing the triplet's rhetorical culmination point. One could legitimately argue that the Praenestine Fasti preserve a formula Verrius Flaccus adapted from a documentary context which assigned to the magistrate the power to call together and summon the People to the voting assembly. The formula's peculiar linguistic traits might point to its derivation from such a documentary context: a triplet of asyndetic, alliterative verb forms and asyndeton bimembre of two near-synonyms, both of which are discernible fea-

25 The Fasti Praenestini's formula: CIL I², p. 231 = InscrIt XIII 2, p. 111; cf. Mommsen 1850, 353–356 at 355 n. 54; Michels 1967, 38–46. Mommsen's concerns regarding the Fasti's present active infinitive *convocare* are shared by InscrIt XIII 2, p. 332; Michels 1967, 39 n. 6. CIL I², p. 231 and InscrIt XIII 2, p. 111 print the active infinite.

26 Mommsen, CIL I¹, p. 363, with more detail in CIL I², p. 285, passim. Cf. InscrIt XIII 2, p. 141, passim; Aragosti 2015, 248–254. On the Fasti Praenestini, see Rüpke 1995, 114–123.

27 Varro Ling. 5.155; Paul. Fest. 34: *qui locus a coeundo … dictus*, "the place (sc. the Comitium) that is named after 'coming together'"; Aragosti 2015, 257-258 with n. 28. Varro Ling. 6.29, by contrast, explains the assembly days with reference to the place of assembly.

tures of the language of Roman edicts and laws.[28] That said, the formula's provenance from a specific documentary (con)text remains hard to ascertain.

The problem, however, is not so much the provenance of the Fasti's formula as its immediate context: it seems most unlikely (as Adolf Berger notes) that a formula suitable for summoning the People to the voting assembly by force of a magistrate's power (*convocare cogere*) should describe the voluntary, self-governed assembly of Roman associations.[29] The above-mentioned inscription that provides a consular date of 10 CE for the Second Columbarium serves to illustrate this point. It identifies a *quinquennalis*, a *curator iterum*, as well as a board of decurions, all of which are traits of the flat governance structure of a collegium (or, less likely here, a society established for the purpose of administering the Columbarium space).[30] The matter of the voting assembly in the Comitium is of no consequence to this governance structure. One should not expect the three-word formula in the Praenestine calendar to match the formula hidden behind a three-letter abbreviation whose aim it is to identify the privileges of an association.

Perhaps anticipating this criticism, Mommsen in 1899 printed *c(oire) c(onvenire) c(ogi)*, "to come together, convene, and be summoned".[31] This new proposal replaces only one word from the Praenestine Fasti (the present active infinitive *convocare*), but Mommsen thus in effect disavowed his earlier solution. Although *cogi* remains, the alliterative pair of *coire* and *convenire* breaks away from the previous comparator and anchors the new solution squarely within the realm of associative life. For the new expansion is derived in part from a Lanuvian inscription (136 CE) set up by a local association of worshippers of Diana and Antinous (a text Mommsen had first explored forty-six years earlier). In my own edition, the text reads:[32]

> *Quib[us ex s(enatus) c(onsulto) coire co]nuenire collegiumq(ue) habere liceat.*
>
> "These shall be permitted, in accordance with the decree of the Senate, to [come together], convene, and have a collegium."

28 Cf. De Meo 2005, 112–116.

29 Berger 1947, 44–50; Berger 1951, responding to Duff's defense (1951) of Mommsen's expansion; see also Groten 2015, 285–286. Comand 1999, 119–122 defends Mommsen's expansion. See also p. 382–383.

30 CIL VI 4418 (n. 7 and n. 11 above). For these offices, see Waltzing 1895–1900, IV 304–309; 326–335; 357–354; Tran 2006. On their relationship to the Second Columbarium's occupants, see Borbonus 2014, 130–132; 250; Laubry 2016, 128. It remains unclear whether this evidence points to an association that needs to be distinguished from or was identical with the collegium of *symphoniaci*.

31 Mommsen 1899, 876 n. 5 (noted by Berger 1947, 50, without contextualization).

32 AE 2011, 203, I 11 = Bendlin 2011, 227–228; 231–232; 236–239. Groten's dismissal of the supplement *ex s c* in the lacuna (2015, 261) fails to respect that it is supported by cogent epigraphic parallels (p. 376 below with n. 35). For Mommsen's early engagement with the text, see Henzen 1847, 51; Mommsen 1850, 358; CIL XIV 2112.

Coire was restored in the stone's lacuna by Mommsen in 1850 and the existence of a decree of the Senate is secured by the preceding line (l. 10), which identifies l. 11–13 as a *kaput*, or clause, from such a decree. An inscription from Ostia (121 CE), which was previously in poor condition but has since been re-edited and now provides a much improved text (it now illustrates the emperor Hadrian's involvement in the matter), likewise documents a resolution of the Roman Senate concerning the establishment of a collegium: in the editors' tentative reconstruction, the Ostian text contains the phrase *[– – – coire conuenire coll]ẹgiumque ḥạb[ere liceat – – –]*.[33]

Weighing the available alternatives, one must conclude that explaining the abbreviation C·C·C by comparison with the evidence from Lanuvium and Ostia is preferable to Mommsen's earlier approach. When setting aside the Praenestine Fasti, we may also reject hybrid expansions of C·C·C that adopt in part the epigraphic comparator from Lanuvium while still seeking to include some present passive infinitive synonym of *cogi*, the Fasti's third infinitive.[34] In fact, now that the Praenestine Fasti's comparative value has been found wanting, we may wish to avoid the passive voice altogether.

Coire occurs as a technical term in the imperial jurists and, more pertinently, in epigraphic formulae from the later second and third centuries that document the permission, by a decree of the Roman Senate, to associations to "come together". All extant examples of these permission formulae therefore postdate the Late Augustan period by a considerable margin. And instead of employing a three-word formula (either the one abbreviated as C·C·C or the one attested in Lanuvium), these permission formulae use the phrase *quibus ex senatus consulto coire licet* (or more rarely, *permissum est*), "to whom it is permitted to come together in accordance with the decree of the Senate".[35] Of all the possible expansions considered here, *coire* alone is abbreviated in the epigraphic record, namely, in some of these permission formulae.[36] Are the epigraphic texts from Rome, Lanuvium, and Ostia still more fully cognizant of an original statute's language, which these later formulae simplify by focusing on what they perceive as the permission process's most elementary aspect: the right to come together?[37] Be that as it may, *coire* is a strong candidate for expansion of the first C in the abbreviation C·C·C, as Mommsen already saw.

33 Laubry – Zevi 2012 = AE 2010, 242–243 (cf. AE 2012, 312), previously CIL XIV 4548.

34 Saumagne 1954, 260–263 (accepted by Vincent 2017, 153) prints *c(oire) c(onvenire) c(olligi)*, but ancient authors understand *colligi*, "to be brought together", to be near-synonymous with *convenire*: Ulp. dig. 2.14.1.3; Non. 423 M; 415 L. De Robertis's suggestion (1971, I 197–198 n. 6) that we expand C·C·C to *c(orpus) c(oire) c(onvocari)* varies the phrase *c(ollegium) c(oire) c(onvocari)*, taken to mean "to form a collegium and be called together", but *convocari* belongs to the magistrate summoning the People or denotes the gathering of men for the purpose of political sedition (Sall. Catil. 17.2; 27.3; Ulp. dig. 48.4.1.1, the latter in the context of *maiestas*-legislation).

35 E.g., Ulp. dig. 34.5.20(21); 40.3.1–2: *quibus coeundi ius est*, "who have the right to come together". Permission formulae: Tran 2006, 352; Bendlin 2011, 237–238; 258; Buongiorno – Camodeca 2021, 48–49.

36 CIL V 7881 = AE 2007, 886; 1935, 25.

37 Cf. already Berger 1947, 50; 54–55. Groten 2015, 250–258 rightly stresses that *coire* must not be understood to mean "to establishment a collegium", which invalidates the suggestion, made in light of Ulp. dig. 1.12.1.14 (no epigraphic parallel exists), to consider the expansion *c(ollegium) c(oire)*,

The Lanuvian inscription does not accumulate near-synonyms and the *senatus consultum*'s *coire* is appropriately differentiated from the second word in the formula, *convenire*. This word and its cognate, *conventus*, are used in a technical sense to denote the regulated meetings of associations at which they conduct their business and take decisions (or in a less specific meaning, assemble for their sacrifices and common meals). This word, too, is a strong candidate for inclusion in an expanded version of C·C·C.[38]

I understand the phrase *collegium habere*, "to have a collegium", attested at Lanuvium and Ostia, to refer to an association's legal privileges in analogy to the phrase *corpus habere* in the second-century jurist Gaius. The latter details the privileges authorized associations enjoyed *ad exemplum rei publicae*, "on the analogy of the political community": as a collectivity (which Gaius calls *universitas*) they owned property, shared financial assets, and enjoyed legal representation in private-law cases.[39] That said, unless one assumes the Late Augustan stonecutter to have been rather nonchalant about the abbreviation of the formula behind C·C·C, the third C cannot abbreviate *c(ollegium habere)*. Besides, although Roman law is to a significant degree tralatician, one must not expect exact correspondence between a Hadrianic *senatus consultum* and a resolution the Late Augustan Senate issued more than one hundred years earlier. By the same token, if we believe *coire* and *convenire* to expand the first two letters in the formula, the third should be an approximate functional match of the phrase *collegium habere* in the Hadrianic material.

Another recent expansion fails on this last criterion alone. Andreas Groten, accepting *coire* and *convenire*, then volunteers *conferre*, "to contribute" or "collect (sc. money)",[40] which he derives from the *kaput* of the Lanuvium inscription's *senatus consultum*. The decree details the modalities of the memberships' financial contributions: these are collected from each member once a month, for which purpose the collegium is permitted to meet, and the proceeds are to be spent on their burial. The *senatus consultum* stipulates that those wishing to make a monthly contribution towards a funerary purpose "may come together in this collegium".[41]

---

meaning "to meet for the foundation of a collegium": see n. 38. The phrase *collegium constituere* (see Waltzing 1895–1900, IV 583 for epigraphic examples) is never used as part of the relevant permission formulae, pace Linderski 1995, 99: *c(oire) c(ollegium) c(onstituere)*; Berger 1947, 53–54: *c(ollegium) c(onstituere) c(oire)*.

38 E.g., CIL X 444; XI 5748; 6035; IDR I 31. *Conventus*: e.g., CIL VI 10234; 10297; CIL XI 1354 = EDR 129458; CIL XIV 431 = AE 1980, 182; AE 1940, 62; Waltzing 1895–1900, I 368–378; Bendlin 2011, 240; Groten 2015, 281–284. The separate yet complementary aspects of "coming together" and "holding meetings" underlie Berger's expansion (1947, 50–52), *c(ollegium) c(oire) c(onvenire)*; see the previous note, however.

39 Gai. dig. 3.4.1 praef.–3.4.1.1; cf. Ulp. dig. 3.4.3; 3.4.7; Bendlin 2011, 257–258. For the private-law context, see Duff 1938, 35–50; Platschek 2012; n. 61 below.

40 Groten 2015, 289–295, tentatively printed by Eckhardt 2018, 130, too.

41 AE 2011, 203, I 11–13: *Qui stipem menstruam conferre uo|len[t unde fiant fune]ra in it collegium coeant neq(ue) sub specie eius collegi nisi semel in men|se c[onueniant con]ferendi causa unde defuncti sepeliantur*; Bendlin 2011, 239–240; 248–254. AE 2010, 242–243 from Ostia provides a close parallel: Laubry – Zevi 2012, 308–309; 312.

My reservations are three-fold. First, the verb *conferre* is in need of a grammatical object (e.g., *stipem / pecuniam / aes conferre* or *conferre ad aliquam rem / qua re / unde* …) so that the direction and purpose of the act of collecting become apparent;[42] second, collecting the membership's contributions in Lanuvium occurs during a monthly meeting, and the activity of *conferre* (Groten's third C) cannot be understood to be separate from but must be constitutive of their *conventus* (his second C); third, the Lanuvian collegium's official raison d'être is to ensure burial after death (their monthly payments are only a means to this end) whereas the Late Augustan *symphoniaci* receive permission to come together "for the purpose of the games", in which context a reference to financial arrangements seems misguided.

Lest we misunderstand the raison d'être of the two Hadrianic collegia from Lanuvium and Ostia, they were no burial clubs. In fact, neither association existed solely for the purpose of making provisions for the burials of their members, as the content of the Lanuvium inscription amply demonstrates.[43] The Hadrianic Senate's stipulation that the collegium limit the number of its *conventus* to one per month and, when it meets, only collect money for an exclusively funerary purpose does not entail that the senators considered the collection of money so that people might receive burial a public utility.[44] The *senatus consultum* from Lanuvium, I hold, rather reflects a strong interest in limiting the collegium's gatherings; and it highlights the Senate's efforts to forestall the possibility that the members use this money for other ends.

C(oire) C(onvenire) C(oniurare)

It is important that neither *coire* nor *convenire*, our choices for the first two letters of C·C·C, carries a straightforwardly neutral connotation. The same may hold true for the third C. I am proposing the compound verb *coniurare*, through which, I hold, the Senate resolved that all members of the collegium be allowed to administer oaths. What arguments exist to support this expansion?

When debating the case of the *symphoniaci*, most Late Augustan Roman senators would have shared the later emperor Trajan's view that people "drawn together for the same thing, whatever name (*nomen*) we give to them, for whatever purpose (*causa*)", will eventually turn into troublesome ἑταιρίαι.[45] This well-known passage highlights the conceptual eliding of two logically distinct issues: on the one hand, that people gather under many names and for many purposes and, on the other, that any such gathering might be

42 Contrast AE 2010, 242–243 (= Laubry – Zevi 2012, 309); IDR I 31; AE 2011, 203, I 11–13, quoted in n. 41 above.

43 Bendlin 2011, 248–265; Garofalo 2020.

44 *Pace* Tran 2021, 201, who suggests that the funerary purpose became a *publica utilitas* under Hadrian.

45 Trajan ap. Plin. Ep. 10.34. On the semantic value of *coetus* in such texts, see Hellegouarc'h 1963, 91–93.

suspected of serving the purpose of political insurrection. It is the latter that conditions the State' view of associative gathering as a source of unrest. This discourse has a political focus as it pertains to the control of gathering in public; associations are merely accessory to it. The Law of the Twelve Tables (or so it was later believed) included a clause to the effect that no one hold nocturnal gatherings.[46] The later statutes *de vi* contained a clause banning gatherings that were planned explicitly for the purpose of politically motivated insurrection. According to the Severan jurists, the instigation of *coetus* and *conventus* with the aim of sedition were treated as acts of violence or lèse-majesté. An accessory to this discourse, gatherings of associations, which Trajan suspected of inciting trouble, could become prosecutable under legislation *de vi* or *maiestatis*.[47]

The accessory relation of associations to *coetus* is highlighted in the Domitianic municipal law from Irni. To the legislator *coetus* is a matter of criminal law; hence its prominence in the statute's relevant chapter. Local associations in Irni pertain to this matter in so far as individuals connive to establish them for the purpose of gathering:[48]

> *R(ubrica) De coetu sodalicio collegio*
> *Ne quis in eo municipio coetum facito neue sodalicium conle-*
> *giumue eius rei causa{m} habeto neue `u⸢t⸣´ habeatur coniurato*
> *neue facito quo quid earum rerum fiat.*
>
> "Rubric: Concerning gathering, *sodalicium*, collegium. That no one in this municipium shall undertake a gathering or have a *sodalicium* or collegium for this purpose (sc. to cause a *coetus*) or take an oath that it be had or do anything through which any of these things may happen."

Despite the merely accessory connection of associations to *coetus*, the municipal legislation emphasizes their prominence, which the law highlights by picturing a situation in which townspeople may swear an oath obliging one another to "have a *sodalicium* or collegium" for the purpose of coming together.

On this matter the municipal legislation is in alignment both with the later juristic tradition, which holds that all associations may be dissolved on suspicion of illicit gathering,[49] and with the earlier Republican legislative conception of *coetus*. This alignment may be gauged even more clearly by comparison with the Caesarian colonial law from Urso:[50]

---

46 Lex XII tab. VIII 26 [Bruns] = (Cic.) Decl. in Cat. 65 [Kristoferson]. The authors in Crawford 1996, II 694–695 restore the "law" tentatively as a ban on *coetus* more generally, on which see also Miglietta 2018, 515–518.

47 *De vi*: Marcian. dig. 48.6.3 praef.; 48.6.5 praef.; Paulus Sent. 5.26.3; Cloud 1989, 435–439. *Maiestatis*: Ulp. dig. 48.4.1.1. *Illicit coetus* of associations: Ulp. dig. 47.22.2; Meyer-Zwiffelhoffer 2002, 66.

48 CILA II 4, 1201; Bendlin 2016, 457–458.

49 Marcian. dig. 47.22.1 praef.; Bendlin 2016, 461–463.

50 CIL II²/5, 1022, XXXII 31–33 (ch. 106). The actual inscription dates to the Julio-Claudian period; see next note.

Quicumque c(olonus) c(oloniae) Ḡ(enetivae) erit quae iussu C(ai) Caesaris dicṭ(atoris) ded(ucta)
est ne que<m> in ea col(onia) co`e´tum conuentum coniu-
[rationem facito – – –]

"Whoever shall be a colonist of the *colonia Genetiva*, which was established by order of C. Caesar, dictator, [is] not [to undertake] in this colony any gathering or meeting or oath-taking [– – –]"

The similarities between the two documents highlight the legal tradition's continuity in the realm of criminal law between the Late Republic and the Flavian period: both laws contain a ban on *coetus*, but neither text limits this ban to particular kinds of gatherings only. Yet there are also ruptures. The later municipal law, apparently based upon a modified legal blueprint, conceptualizes the role of associations in gatherings while the earlier colonial statute does not. The Flavian law retains the Republican reference to *coetus*; however, it replaces the second in the earlier legislation's triplet of three nouns, *conventus*, by two words denoting associations, *sodalicium* collegium, and changes the colonial statute's third noun, *coniuratio*, to a verb governing a subclause (*neve coniurato ut* ...). The differences between these two documents point to an altered legal framework in the law from Irni concerning a criminal-law aspect the Lex Ursonensis is lacking:[51] a (re-)conceptualization of *coetus* to incorporate the salience of associations in gatherings. Arguably it is the Augustan criminal legislation that introduces this change. It must have created the concomitant need to establish a legal framework for the preferential treatment of select associations, which the *symphoniaci*'s inscription reflects.

Both the Lex Ursonensis and the law from Irni connect *coetus* with oath-taking. The triplet of asyndetic alliterative nouns in the Lex Ursonensis is particularly noteworthy: the asyndeton bimembre *coetus conventus* shows family resemblance with the Lanuvian inscription's *coire convenire*, but in lieu of the latter's *corpus habere* the Lex Ursonensis introduces *coniuratio*. In light of the conceptual and semantic links among these texts there is good reason to consider expanding the third C in the abbreviation C·C·C to *coniurare*.

Prima facie, this solution may appear counterintuitive: the pejorative connotation of *coniuratio* in the Lex Ursonensis is in alignment with the Digests, where the word occurs in relation to a delict covered by the Lex Julia *maiestatis*.[52] However, references to *coniuratio* are otherwise infrequent in the Roman legal discourse. This may be because

51 Ch. 106 of the Lex Ursonensis belongs to a Caesarian layer untouched by the later addition of Augustan material: it still refers to the colony's foundation *iussu C. Caesaris dictatoris* and uses *colonia Genetiua* rather than *colonia* (*Genetiua*) *Iulia*, which is found elsewhere (*pace* D'Ors 1997, 89, who regards ch. 106 as a possible reflection of the Augustan Lex Julia *de collegiis*).

52 Pap. dig. 48.4.8 (in reference to the "*coniuratio*" of Catiline); cf. Paul. dig. 35.2.39; Saturn. dig. 48.19.16.

coniuratio, like *coetus*, does not denote a specific criminal procedure under Roman law (as Mommsen noted long ago).[53]

Another reason must be the word's strongly pejorative connotation in literature since the last decades of the Republic, where *coniuratio* routinely characterizes the threat of political insurrection *contra rem publicam*. This connotation features prominently in Cicero's and Sallust's portrait of the so-called conspiracy of Catiline, but Livy, too, chooses *coniuratio* as a leitmotif for his narrative of the so-called Bacchanalian Affair of 186 BCE. In fact, by the end of the Late Republic the word had become much less "Janus-like" than some have suggested, and we must reject the idea that *coniuratio* denoted both legitimate and illegitimate acts of oath-taking. One may safely disregard, for instance, the Late Antique grammarian Servius's misguided belief that *coniuratio* was once a neutral term and denoted the oath Roman soldiers took before a military campaign.[54] Imperial literature likewise considers the major political challenges to the Augustan and Tiberian political order, from Fannius Caepio in 22 BCE to Lucius Aelius Sejanus in the 20s and early 30s CE, to be political *coniurationes*.[55]

Livy's juxtaposition of the words *coire*, *convenire*, and *coniurare* illuminates the semantic choices at stake. According to the historian (the case's historicity is of no concern here) a special court was established by the Senate in 314 BCE to investigate people charged with "having gathered and having taken an oath against the *res publica*". In Livy's portrait of the Bacchanalian Affair the Bacchantes not only gather illicitly at night (surely a nod to criminal legislation believed to derive from the Law of the Twelve Tables) for the purpose of collective oath-taking, but they also gather and hold meetings for the purpose of rituals and collectively administer oaths in order to commit their crimes. Livy's peculiar choice of expression clearly imitates the language of Roman laws.[56] Moreover, the close similarities suggests that an asyndetic, alliterative triplet *coire convenire coniurare* connoting illicit behaviour could have derived from the same Republican legal script in the realm of criminal law that the statutes in Urso and Irni reflect.

It is also important to consider that the literary texts since the Late Republic overall show a very clear preference for the noun *coniuratio* over the verb *coniurare*. Also, whereas the noun is routinely paired with 'anti-social' vocabulary of various kinds, such pejorative connotations are much less evident when the verb is concerned;[57] consequently, the verb carries a more neutral tone. In the example above, Livy is at pains to establish a pejorative connotation for the verbs *coire*, *convenire* and *coniurare* by pointing out that the gath-

53 Mommsen 1899, 564 n. 1: "Uebrigens weiss das Strafrecht von einer *coniuratio* als solcher nichts."

54 *Pace* Habinek 1998, 76–81 ("Janus-like character of the term"); Pagán 2004, 10–13. Servius's interpretation of the military oath as *coniuratio* is deconstructed by Rüpke 1990, 70–75.

55 Political connotation: Hellegouarc'h 1963, 96. Some literary texts: Suet. Aug. 19.1; 56.4; 66.3; Tib. 8; Plin. HN 7.149; Vell. Pat. 2.93.1; Cogitore 2002, 18–22. Sejanus: FastiOstienses p. 42: *coniur(atio) Seian[i] | [exstincta ...]*, a rare instance of the use of the word *coniuratio* in epigraphy.

56 Liv. 9.26.7–22, esp. 26.8–9: *qui ... coissent coniurassentve adversus rem publicam*; 39.14.4: *coniurationes coetusque nocturni*, 14.8: *coisse aut convenisse sacrorum causa ... qui coierint coniuraverintve quo struprum flagitiumve inferretur*, 17.6.

57 See Gudeman 1906–1909, 338–341; Spencer 2001, 79–88; 112–121.

erings, meetings, and oath-takings of the Bacchants are directed against the *res publica*, occur for the purpose of deviant religious ritual, or exist to facilitate unlawful behaviour. These actions become a concern of criminal law the moment they give rise to the suspicion of political crimes.

The less straightforwardly pejorative character of *coniurare* may explain the ease with which Augustus's *Res Gestae* can use the verb *iurare* to describe the oath of allegiance the whole of Italy and the Western provinces swore to the future Princeps in 32 BCE. Latin and Greek oaths of political allegiance to the imperial house always use *iurare* or *ὄμνυμι*, *ius iurandum* or *ὅρκος*, but never the noun *coniuratio*.[58] Because the latter is now so deeply intertwined with literary narratives of political conspiracy, these epigraphic texts avoid it.

The language of oath-taking may be found in legislative texts from the Lex Latina Bantina in the late second century BCE to the Flavian municipal legislation, all of which specify the magistrates' obligation to render their accounts under oath. An echo of the jurist Gaius's notion that associations may operate on the analogy of the political community, the same language is appropriated by a (Late Republican or Augustan) Roman *conlegium aquae* whose membership is holding its *magistri* accountable for their financial transactions by demanding that they, too, take an oath when rendering their accounts.[59] It could be argued that these examples, when they employ the uncompounded verb *iurare*, express a matter that differs in kind from the scenarios the legislation at Urso and Irni portrays, which the latter exacerbates through use of the compounds *coniuratio* and *coniurare*. This is not so: the choice of the compound form in these legal texts is owed in large part to the requirements of legal language, namely, to provide asyndetic alliterative words. Using the intensifying compound *coniurare*, in other words, is a stylistic choice; although the compound may emphasize a collective's involvement in oath-taking,[60] no major distinction exists between oaths described, respectively, by compounded *coniurare* and uncompounded *iurare*.

I do not know to which legislation or juristic consensus Gaius is referring when he addresses the power of the members in an association to strike any agreement under private law if it does not violate public law.[61] But there can be no doubt that, even prior to Gaius, oath-taking was central to agreements in associations that owned common property, shared financial assets, and possessed the right of legal representation to defend

---

58 RGDA 25.2. Cf. AE 1988, 723 = CILA II 3, 990; CIL II 172; I.Assos 26; IGRR III 137 = OGIS 532; Herrmann 1968, 14–20; 122–126. This oath of political allegiance should not be confused with the military oath Servius wrongly calls *coniuratio*: n. 54 above.

59 FIRA III² 32, analyzed with a focus on the magistrate's oath by Fellmeth 1990, 63–65; Moschetta 2005.

60 Rosén 1992, 365 shows that, although in Republican texts *coniurare* could convey reciprocity, this aspect still needed to be emphasized by a separate marker, as in the SC *de Bacchanalibus* of 186 BCE (CIL I² 581, 13): *inter sed coniurase*.

61 Gai. dig. 47.22.4. It cannot be the Law of the Twelve Tables (which is what Gaius believes): Arnaoutoglou 2016. The juxtaposition of *pactio*, which here represents a transaction in the realm of private law, and *ius publicum* reflects legal categories in Gaius's time: Paul. dig. 23.4.5; Ulp. dig. 39.1.1.10; Paul. dig. 46.2.19.

their proprietary interests in court. Epigraphic evidence from across the Hellenistic and Roman Mediterranean amply illustrates the role of oath-taking in the conduct of an association's internal affairs. The evidence documents how oaths secured obedience and propriety, controlled internal dissidence and strife, and sanctioned behaviour that was deemed un-collegial, even damaging to the association's culture of consensus. Of central importance was the administration of oaths to ensure the ethical conduct of transactions and protect economic interests.[62]

The life of associations, based as it was on flat hierarchies of governance, required consensus about the collective's norms of behaviour. Consensus established trust-networks and supported sociality among the membership. Their *fides*-relationship, because it was voluntary in nature, relied on the repeat performance of collective rituals to maintain this culture of consensus. The ritual of oath-taking is central to this enterprise.[63]

Here we may recall the fear, and implicit expectation, the legislator expresses in the Lex from Irni, namely, that townspeople take an oath collectively "in order that they may have a *sodalicium* or collegium". The legislator acknowledges a perennial paradox: any act of association results in gathering, meeting, and oath-taking, which in turn might undermine the elite's prerogative of controlling the public space. Roman associations like the *symphoniaci*, if they did not receive permission to administer oaths, might find themselves in a similar position to the agricultural workers of Tolpuddle in Dorset who, having established a friendly society, administered an oath to new members, for which they were tried and convicted in 1834 under the Unlawful Oaths Act of 1797. The fate of the Tolpuddle Martyrs, as they were soon called by the defenders of their cause, illustrates how the appropriation of oath-taking by trade unionists, religious dissidents, and others suspicious to upper-class British society came at risk of inviting severe disciplinary repercussions. Oaths were a prerogative of legitimate political conduct on the part of the elite and sworn testimony was integral to criminal-court procedure; but the oaths others might want to administer brought elite anxieties to the fore: they insinuated initiation, secrecy, deviance, as well as the threat of political insurrection and social upheaval.[64] These very themes are the stuff ancient Roman conspiracy narratives are also made of.

In this Roman discursive context, the more neutral compound verb *coniurare*, too, must soon have become tainted by association with *coniuratio*, due to the noun's iden-

62 Gai. dig. 3.4.1 praef.–3.4.1.1 (n. 39 above). Cf. IG II² 1291 (= GRA I 19), 7–10; IG V 1390; LSAM 80 (= GRA II 152), 22–24; P.Cair. II 30606 (= GRA III 191), I 21; P.Oxy. VII 1029 (= GRA III 263), 27; XII 1453; LIV 3734 (= GRA III 278), 10–12; LIV 3740 (= GRA III 279), 14–15; LIV 3762, 11–13; LXVII 4583; PSI III 202 (= GRA III 282), I 13–16; II 35–37; PSI VIII 901 (= GRA III 218), 10; 25–26; SEG 31, 122 (= GRA I 50), 40–42. The oath (*sacramentum*) the *Christiani* take according to Pliny (Ep. 10.96.7) belongs here, too. See already Waltzing 1895–1900, IV 624–710 for a catalogue of financial and economic activities and juridical competencies of associations.

63 For the link between consensus and *coniurare*, see Spencer 2001, 103–106. On the notion of trust networks in relation to the economic interests of occupational collegia, see Hawkins 2016, 68–79; 108–124.

64 Pionke 2007, 612–617; Macfarlane 2013. I thank Karen Macfarlane for drawing my attention to this body of evidence.

tification with political conspiracy. This might account for the verb's absence from the Hadrianic and later permission formulae encountered above. Its inclusion in the three-word formula behind C·C·C would suggest that the Lex Julia mentioned in the *symphoniaci*'s inscription (whatever its full name and date was) represented Augustan elite society's answer to the already noted paradox. Restricting the right of association to a small number of people, the law created an exception to the State's overall restrictive policies. While gatherings and meetings were suspected of being the causes of unrest and became a target of criminal-law procedure, the Senate provided to select associations the right to "come together" and "hold meetings" on account of their usefulness to the State's affairs. The idea that people might voluntarily make collective declarations under oath concerning their own affairs aroused the political elite's immediate suspicion, as the criminal legislation in Urso and Irni demonstrates; under the Lex Julia, however, the Augustan Senate permitted some collectives, in acknowledgement of their political trustworthiness, to "administer oaths". Of the privileges the *symphoniaci* received, this third may have been the most consequential to their own affairs.

Abbreviations

GRA I: Kloppenborg, J. S – Ascough, R. S., Greco-Roman Associations: Texts, Translations, and Commentary, vol. I: Attica, Central Greece, Macedonia, Thrace (Beihefte zur Zeitschrift für die neutestamentliche Wissenschaft 181), Berlin – New York 2011.

GRA II: Harland, P. A., Greco-Roman Associations: Texts, Translations and Commentary, vol. II: North Coast of the Black Sea, Asia Minor (Beihefte zur Zeitschrift für die neutestamentliche Wissenschaft 204), Berlin – Boston 2014.

GRA III: Kloppenborg, J. S., Greco-Roman Associations: Texts, Translations, and Commentary, vol. III: Ptolemaic and Early Roman Egypt (Beihefte zur Zeitschrift für die neutestamentliche Wissenschaft 246), Berlin – Boston 2020.

Bibliography

Aragosti, A., Hermeneumata Festina, SCO 61.1, 2015, 241–312.

Arnaoutoglou, I. N., The Greek text of D. 47.22.4. (Gai 4 ad legem duodecim tabularum) reconsidered, Legal Roots 5, 2016, 87–119.

Arnaoutoglou, I. N., Naukleroi in Roman Miletos, in: Dimopoulou, A., et al. (eds.), Studies in ancient Greek and Roman law, Athens 2020, 35–51.

Bendlin, A., Associations, Funerals, Sociality, and Roman Law. The collegium of Diana and Antinous in Lanuvium (CIL 14.2112) reconsidered, in: Öhler, M. (ed.), Apos-

teldekret und antikes Vereinswesen: Gemeinschaft und ihre Ordnung (WUNT I 280), Tübingen 2011, 207–296.
Bendlin, A., Sodalician associations? Dig. 47.22.1 pr. and imperial government, in: Arnal, W. E., et al. (eds), Scribal Practices and Social Structures among Jesus Adherents (BEThL 285), vol. II, Leuven 2016, 435–464.
Berger, A., C·C·C. A contribution to the Latin terminology concerning collegia, Epigraphica 9, 1947 [1949], 44–55.
Berger, A., Nochmals CCC, ZRG 68, 1951, 486–490.
Borbonus, D., Columbarium Tombs and Collective Identity in Augustan Rome, Cambridge 2014.
Buongiorno, P. – Camodeca, G., I senatus consulta nella documentazione epigrafica dall'Italia, in: Id. (eds.), Die senatus consulta in den epigraphischen Quellen. Texte und Bezeugungen (Acta Senatus B 9), Stuttgart 2021, 9–53.
Cloud, D., Lex Iulia de vi: part 2, Athenaeum n.s. 67, 1989, 427–465.
Coarelli, F., Rome and Environs. An Archaeological Guide, Berkeley ²2014.
Cogitore, I., La légitimité dynastique d'Auguste à Néron à l'épreuve des conspirations (BÉFAR 313), Rome 2002.
Comand, D., Collegium symphoniacorum, in: Studi in memoria di Giambattista Impallomeni, Milan 1999, 107–122.
Costa, P., Una lex Iulia de collegiis? Note critiche su un paradigma dottrinale, Iuris Antiqui Historia 12, 2020, 11–57.
Crawford, M. H. (ed.), Roman statutes (BICS 64), London 1996.
De Meo, C., Lingue tecniche del latino, Bologna ³2005.
De Robertis, F. M., Storia delle corporazioni e del regime associativo nel mondo romano, Bari 1971.
D'Ors, X., Observaciones formales sobre la composición de la Ley Ursonense (SHHA 15), 1997, 63–93.
Duff, P. W., Personality in Roman Private Law, Cambridge 1938.
Duff, P. W., Les lettres CCC dans l'inscription CIL 4416, RIDA 6, 1951, 79–81.
Eckhardt, B., Religionis causa? Zur rechtlichen Lage der Vereine 'fremder' Götter in der römischen Kaiserzeit, in: Id. – Blömer, M. (eds.), Transformationen paganer Religion in der römischen Kaiserzeit. Rahmenbedingungen und Konzepte, Berlin 2018, 113–152.
Eckhardt, B., Romanisierung und Verbrüderung. Das Vereinswesen im römischen Reich (Klio Beihefte N.F. 34), Berlin 2021.
Fellmeth, U., Politisches Bewusstsein in den Vereinen der städtischen Massen in Rom und Italien zur Zeit der Republik und der frühen Kaiserzeit, Eirene 27, 1990, 49–71.
Ferrary, J.-L., La législation augustéenne et les dernières lois comitiales, in: Id. (ed.), Leges publicae. La legge nell'esperienza giuridica romana (CEDANT 9), Pavia 2012, 569–592.
Galsterer, H., The administration of justice, in: Bowman, A. K., et al. (eds.), The Cambridge ancient history X. The Augustan empire, 43 B.C.–A.D. 69, Cambridge 1996, 397–413.
Garofalo, P., Lex collegii salutaris Dianae et Antinoi (CIL XIV 2112). Testo, traduzione e commento, Tivoli 2020.

Groten, A., Corpus und universitas. Römisches Körperschafts- und Gesellschaftsrecht zwischen griechischer Philosophie und römischer Politik (Ius Romanum 3), Tübingen 2015.

Gudeman, A., ThLL 4, 1906–1909, 338–341, ss.vv. coniuratio, coniuro, coniurator.

Habinek, T. N., The Politics of Latin literature. Writing, Identity, and Empire in Ancient Rome, Princeton 1998.

Harland, P. A., Associations, Synagogues, and Congregations. Claiming a Place in Ancient Mediterranean Society, Kitchener [2]2013.

Hawkins, C., Roman Artisans and the Urban Economy, Cambridge 2016.

Hellegouarc'h, J., Le vocabulaire latin des relations et des partis politiques sous la République, Paris 1963.

Henzen, W., Scavi di Roma, Bullettino dell'Instituto di Corrispondenza Archeologica 3, 1847, 49–51.

Henzen, W., Sui colombarii di Vigna Codini, Annali dell'Instituto di Corrispondenza Archeologica, 1856, 8–24.

Herrmann, P., Der römische Kaisereid. Untersuchungen zu seiner Herkunft und Entwicklung (Hypomnemata 20), Göttingen 1968.

Küter, A., Zwischen Republik und Kaiserzeit. Die Münzmeisterprägung unter Augustus (Berliner Numismatische Forschungen N.F. 11), Berlin 2014.

Laubry, N., Les espaces funéraires des collèges dans l'Italie romaine, in: Rodriguez Gutiérrez, O., et al. (eds.), Los espacios de reunión de la asociaciones romanas, Sevilla 2016, 115–135.

Laubry, N. – Zevi, F., Inscriptions d'Ostie et phénomène associatif dans l'Empire romain. Nouveaux documents et nouvelles considerations, ArchClass 63, 2012, 297–343.

Linderski, J., Roman Questions. Selected papers (HABES 20), Stuttgart 1995.

Liu, J., Local governments and collegia. A new appraisal of the evidence, in: Aubert, J. J. – Várhelyi, Z. (eds.), A tall order. Writing the social history of the ancient world (BzA 216), Munich 2005, 285–316.

Macfarlane, K. A., 'Does he know the danger of an oath'? Oaths, religion, ethnicity, and the advent of the adversarial criminal trial in the eighteenth century, Immigrants & Minorities 31.3, 2013, 317–345.

Manacorda, D., Per l'edizione del secondo colombario Codini. Il problema epigrafico nel contesto archeologico, in: Atti XI Congresso internazionale di epigrafia Greca e Latina, Roma 1997, vol. II, Rome 1999, 249–261.

Meyer-Zwiffelhoffer, E., Politikōs archein. Zum Regierungsstil der senatorischen Statthalter in den kaiserzeitlichen griechischen Provinzen (Historia Einzelschriften 165), Stuttgart 2002.

Michels, A. K., The calendar of the Roman Republic, Princeton 1967.

Miglietta, M., Le norme di diritto criminale, in: Cursi, M. F. (ed.), XII tabulae. Testo e commento, vol. II, Naples 2018, 479–559.

Mommsen, T., Römische Urkunden IV. Die Lex Julia de collegiis und die lanuvinische Lex collegii salutaris, Zeitschr. für geschichtl. Rechtswissenschaft 15.3, 1850, 353–364 (= Ges. Schriften III 3, Berlin 1907, 113–120).

Mommsen, T., Römisches Strafrecht, Leipzig 1899.
Moschetta, G., Collegium aquae. Un collegio tra pubblico e privato, RDR 5, 2005, 1–12.
Pagán, V. E., Conspiracy narratives in Roman history, Austin 2004.
Pionke, A. D., 'I do swear'. Oath-taking among the elite public in Victorian England, Victorian Studies 49.4, 2007, 611–633.
Platschek, J., Das nomen universitatis in D. 3.4.7.2 (Ulp. 10 ed.), Index 40, 2012, 617–632.
Radin, M., The legislation of the Greeks and Romans on corporations, New York 1910.
Ricci, C., Monumentum servorum et libertorum M. Agrippae?, in: Bérard, R.-M. (ed.), Il diritto alla sepoltura nel Mediterraneo antico (CÉFR 582), Rome 2021, 175–191.
Rosén, H., Die Komposita mit co(n)- in funktioneller und vergleichender Sicht, in: Panagl, O. – Krisch, T. (eds.), Latein und Indogermanisch, Innsbruck 1992, 357–367.
Rüpke, J., Domi militiae. Die religiöse Konstruktion des Krieges in Rom, Stuttgart 1990.
Rüpke, J., Kalender und Öffentlichkeit. Die Geschichte der Repräsentation und religiösen Qualifikation von Zeit in Rom (RGVV 40), Berlin 1995.
Sarti, S., Giovanni Pietro Campana, 1808–1880. The man and his collection (BAR international series 971), Oxford 2001.
Saumagne, C., Coire, convenire, colligi, RD IV 32, 1954, 254–262.
Spencer, W. E., Conspiracy narratives in Latin literature, unpublished dissertation, Urbana 2001.
Talbert, R. J. A., The senate of imperial Rome, Princeton 1984.
Tran, N., Les membres des associations romaines. Le rang social des collegiati en Italie et en Gaules sous le haut-empire (CÉFR 367), Rome 2006.
Tran, N., Ordo corporatorum. The rules of Roman associations and the collegia at Ostia in the second and third centuries AD, in: Gabrielsen, V. – Paginini, M. C. D. (eds.), Private associations in the ancient Greek world. Regulations and the creation of group identity, Cambridge 2021, 196–213.
Vincent, A., Le second columbarium Codini. Une 'ambiance musicale'?, in: Balistreri, N., et al. (eds.), Vigna Codini e dintorni (Bibliotheca Archaeologica 42), Santo Spirito 2017, 151–163.
Waltzing, J. P., Étude historique sur les corporations professionnelles chez les Romains depuis les origines jusqu'à la chute de l'Empire d'Occident, Louvain 1895–1900.
Woods, D., Caninius Gallus on Agrippa the comes Augusti, SNR 93, 2014, 51–60.

Figures

Fig. 1: CIL VI 2193. Reprinted with permission of Parco archeologico dell'Appia Antica, Ministero della Cultura, Rome. CC BY-SA 4.0.

„Ein anerkennens- und bemerkenswerter Brauch“: Polybios über das Exil in Rom

Christian Reitzenstein-Ronning

Wer sich mit dem römischen *exilium* beschäftigt, kommt um eine Passage in den Historien des Polybios nicht herum. An zentraler Stelle im sechsten Buch, mitten im vielbesprochenen ‚Verfassungsexkurs‘, findet sich ein Lob auf die in der Tiberstadt gepflegte Praxis der „freiwilligen Verbannung“ (ἑκούσιος φυγαδεία). Was sich aus zahlreichen Informationen römischer Autoren nur mühsam und gleichsam induktiv gewinnen lässt, scheint hier in bemerkenswerter Klarheit vorzuliegen: eine generalisierte Beschreibung, wann, wie und auf welcher Grundlage ein *civis Romanus* den Gang in das Exil antreten konnte, um sich den noch härteren Folgen einer drohenden kapitalen Verurteilung zu entziehen. Im Folgenden möchte ich zum einen versuchen, die Funktion dieser Textstelle und ihren realhistorischen Bezug genauer auszuleuchten, zum anderen eruieren, was genau daran die Bewunderung des griechischen Historikers auslöste. Beide Zielsetzungen sind nicht neu; bislang näherte man sich dem Problem aber primär aus einer römischen Perspektive.[1] Hier werde ich vielmehr nachzeichnen, wie Polybios – ein hochrangiger Achaier, der 17 Jahre seines Lebens in Rom verbrachte – zu seinem Urteil kam. Dazu ist zunächst ein kurzer Blick auf Biographie, sozialen Hintergrund und Werk dieses Autors vonnöten.

Polybios verfügte – sicher nicht zufällig passend zu seiner Forderung nach einer „pragmatischen“ Historiographie – über reiche Erfahrung im politischen Geschäft. Er selbst entstammte einer der führenden Familien des Achaiischen Bundes, sein Vater Lykortas bekleidete in den 180er Jahren v.Chr. das höchste Amt, das sein Heimatland zu vergeben hatte, die Strategie. Die exponierte Position brachte Lykortas wiederholt in Kontakt nicht nur mit römischen Vertretern vor Ort, sondern führte ihn auch nach Italien, wo er die achaiischen Interessen vor dem Senat vertrat.[2] Der um 200 v.Chr. geborene Polybios trat früh in die Fußstapfen seines Vaters, und bereits 169 v.Chr. amtierte er als Hipparchos des Koinon.[3] In dieser Zeit zwischen achaiischem Autonomiestreben und den Interessen der römischen Hegemonialmacht einen halbwegs sicheren Weg zu finden, erwies sich als nahezu aussichtslos. Und so standen Vater und Sohn nicht nur im Mittelpunkt von Ri-

1 So vor allem Robinson 2001.

2 Liv. 38, 32, 6–10; Errington 1969, 143–144; Deininger 1971, 120; Canali de Rossi 1997, 38–39.

3 Vgl. Pol. 28, 6, 9. Zur Biographie des Polybios: McGing 2010, 130–147; Dreyer 2011, 7–22; Scardino 2014, 659–660. Bewertung der Laufbahn des Polybios: Eckstein 1992, 398–404; 406.

valitäten und Richtungskämpfen innerhalb des Bundes, sondern wurden auch von den Vertretern Roms mit zunehmendem Misstrauen betrachtet.[4] Polybios machte in seinem Amtsjahr reichlich unangenehme Erfahrung mit römischen Senatoren, auch mit deren Rangstreitigkeiten.[5] Nach der Niederlage des Perseus in der Schlacht von Pydna kam es in den griechischen Poleis und Bünden zu einer teilweisen Neukonstituierung der hellenischen Eliten; wieder überlagerten sich interne Rivalitäten und römische Zweifel an der Loyalität führender Politiker. In Achaia nutzte Kallikrates die angespannte Situation dazu, Konkurrenten auszuschalten, indem er sie gegenüber Rom namhaft machte und so ihre Überstellung zur weiteren gerichtlichen Überprüfung nach Italien bewirkte – laut Pausanias über 1.000 Männer.[6] Der angekündigte Prozess fand allerdings nie statt.[7] Zu den Betroffenen zählte auch Polybios. Anders als die Mehrzahl dieser Exilanten kam er jedoch bald in den Genuss nennenswerter Privilegien; so durfte er nicht nur seinen Wohnsitz in Rom nehmen, während seine Landsleute auf Landstädte verteilt wurden,[8] sondern konnte sich in Italien offenbar auch frei bewegen.[9] In der Folgezeit knüpfte er ein Netzwerk von hochkarätigen Kontakten, insbesondere zur Familie des Scipio Aemilianus.[10] Erst im Jahr 150 v.Chr. wurde Polybios und den anderen noch verbliebenen Deportierten die Rückkehr nach Achaia erlaubt. Immer wieder aber begab er sich auf Reisen, sei es, um an den römischen Feldzügen gegen Karthago und Numantia teilzunehmen, sei es, um seine Kenntnisse der Geographie des Mittelmeerraumes und der Atlantikküste zu vertiefen.[11] Nach der Eroberung und Zerstörung von Korinth im Jahr 146 v.Chr. wurde er zudem herangezogen, um die Verhältnisse in Griechenland neu zu ordnen. Polybios hatte also reiche Gelegenheit, das Auftreten römischer Befehlshaber in Hellas zu studieren. Die mehr als anderthalb Jahrzehnte, die er in Italien verbrachte, verschafften ihm nicht nur Zugang zu Insider-Informationen über das politische System Roms, sondern auch Augenzeugenschaft. Gezielt machte er von diesen Erfahrungen Gebrauch, um in den

4 Pol. 28, 3, 7–10; Champion 2004, 223–233; Dreyer 2011, 14–16. Zum Verhältnis zwischen dem Achaiischem Bund und Rom in dieser Phase: Nottmeyer 1995, 64–86.

5 So insbesondere in Bezug auf die vom Konsul Q. Marcius Philippus hintertriebene Anforderung achaiischer Kontingente durch den römischen Befehlshaber in Epiros, Ap. Claudius Centho: Pol. 28, 12–13. Vgl. zu Personen und Vorgängen Broughton 1951, 425; Ziegler 1952, 1448–1449; Lehmann 1967, 299–300; Deininger 1971, 177–184; Walbank 1979, 346; Gruen 1984, 508–509; Nottmeyer 1995, 72–78. Zu Polybios' Sicht auf die Politik des Philippus s. Walbank 1974, 9–11.

6 Paus. 7, 10, 7–12. Vgl. Pol. 30, 13; Liv. 45, 31 und 35, 1–2. Zu den Deportationen und dem Exil des Polybios in Italien: Ziegler 1952, 1450–1453; Walbank 1970 (zuerst 1957), 3; Deininger 1971, 197–202; Bastini 1987, 166–174; Nottmeyer 1995, 88–98; McGing 2010, 137–139; Dreyer 2011, 16–17. Umstritten ist, welche Rollen jeweils griechischen und römischen Politikern hinsichtlich der Deportationen zufielen und wie das Vorgehen des Kallimachos zu bewerten ist. Es ist aber sicher davon auszugehen, dass hier unterschiedliche Interessen ineinandergriffen und einseitige oder gar moralisierende Zuschreibungen dem Verständnis eher entgegenstehen.

7 Pol. 30, 32.

8 Pol. 31, 23, 5; Paus. 7, 10, 11.

9 Pol. 31, 11–15 (Polybios als Fluchthelfer des seleukidischen Thronanwärters Demetrios).

10 Pol. 31, 22–30.

11 Zu den Reisen des Polybios Ziegler 1952, 1454–1461; McGing 2010, 141–147.

Historien seiner Leserschaft den Aufstieg Roms zu erklären.[12] Einen hohen Stellenwert wies er dabei dem politischen System der Tiberstadt zu, das er als überlegen betrachtete.[13] Insbesondere führte er hierauf die erstaunliche Resilienz Roms angesichts der existentiellen Bedrohung durch Hannibal zurück. Nicht von ungefähr schachtelt er den um 150 v.Chr. geschriebenen Verfassungsexkurs des sechsten Buches nach der Darstellung der Katastrophe von Cannae ein.[14]

Es soll und kann an dieser Stelle nicht darum gehen, die dort entworfene polybianische Theorie der Mischverfassung im Einzelnen zu analysieren. Ohnehin darf nie übersehen werden, dass große Teile des sechsten Buches nicht mehr erhalten sind,[15] auch wenn sich die Struktur des Buches gut rekonstruieren lässt.[16] Es sei allerdings darauf hingewiesen, dass die meist im Mittelpunkt der Diskussion stehenden, recht knappen Angaben zum Zusammenspiel von Konsuln, Senat und Volk[17] nur einen kleinen Teil dessen ausmachen, was Polybios über die Funktionsweise der römischen Republik am Ende des 3. Jhs. und in der ersten Hälfte des 2. Jhs. v.Chr. zu sagen hatte[18] – und dass z.B. die Ausführungen zur Militärverfassung einen wesentlich größeren Raum einnehmen.[19] Das Institutionengefüge ist für Polybios in der Analyse immer um die Sitten und Gebräuche (ἔθη καὶ νόμιμα) eines Volkes zu ergänzen.[20] Umso bemerkenswerter scheint mir, dass Polybios die Ausführungen zur Verbannung in seinen konzisen Überblick über die μέρη bzw. μερίδες[21] der Verfassung eingegliedert und nicht etwa (wie bspw. das *funus publicum*[22]) den am Ende des Buches gesondert dargelegten übrigen Gepflogenheiten der Römer zugewiesen hat.

In seiner Anwendung der Mischverfassungstheorie auf die römischen Verhältnisse identifiziert Polybios das Konsulat als monarchisches, den Senat als aristokratisches und die Volksversammlung als demokratisches Element. Als zentrale Kompetenz des Volkes

12 Pol. 1, 1, 5: πῶς καὶ τίνι γένει πολιτείας ἐπικρατηθέντα σχεδὸν ἅπαντα τὰ κατὰ τὴν οἰκουμένην ἐν οὐχ ὅλοις πεντήκοντα καὶ τρισὶν ἔτεσιν ὑπὸ μίαν ἀρχὴν ἔπεσε τὴν Ῥωμαίων; wieder aufgenommen in Pol. 6, 2, 3. Zur Bedeutung der ‚Verfassung' für die Expansion Roms auch Pol. 3, 2, 6.

13 Pol. 6, 10, 14 und 48, 5–6; Aalders 1968, 90–91.

14 Pol. 3, 118, 11; Champion 2004, 67. Zur Abfassung des sechsten Buches der Historien um 150 v.Chr. Brink – Walbank 1954.

15 Ziegler 1952, 1479; Nicolet 1974, 216; Dreyer 2011, 40.

16 Büttner-Wobst 1889, XC–XCIII; Nicolet 1974, 211 Anm. 1; Walbank 1998, 47–48.

17 Bzw. mit Nippel 1980, 145 zur „institutionellen Gestaltung des politischen Entscheidungssystems".

18 Kap. 11–18. Nach Nicolet 1974, 210 Anm. 1 sind die Angaben im Verfassungsexkurs auf den Zeitraum vom Zweiten Punischen Krieg bis 167 v.Chr. zu beziehen.

19 Nämlich die Kapitel 19–42, während die Darlegung der unterschiedlichen Elemente der Mischverfassung und ihres Zusammenwirkens auf die Abschnitte 12–18 beschränkt ist. Dazu Seager 2013, 247–248. Zur breit angelegten Analyse auch Pédech 1964, 303.

20 Pol. 6, 11, 4; in 6, 47, 1 erklärt Polybios ἔθη καὶ νόμοι zu den beiden Hauptindikatoren, ob δύναμις und σύστασις eines gegebenen Staates tauglich seien.

21 Zur Terminologie Nicolet 1974, 225–227. Als μέρη gelten mithin die drei wesentlichen Institutionen oder Organe Konsulat, Senat und Volk, mit μερίδες hingegen seien ihre jeweiligen Kompetenzbereiche bezeichnet.

22 Pol. 6, 53–54. Weiter zu nennen wären im Anschluss daran *exempla*-Erzählungen (Kap. 55), Kultbetrieb und Finanzgebaren (beides in Kap. 56).

hebt der Autor hervor, es verfüge über die Möglichkeit, Mitglieder der politischen Klasse sowohl auszuzeichnen als auch zu bestrafen. Gemeint sind, so stellt er rasch klar, die Wahlentscheidungen der *comitia*, aber auch besonders die (politischen) Strafverfahren im *iudicium populi*:

> τιμῆς γάρ ἐστι καὶ τιμωρίας ἐν τῇ πολιτείᾳ μόνος ὁ δῆμος κύριος, οἷς συνέχονται μόνοις καὶ δυναστεῖαι καὶ πολιτεῖαι καὶ συλλήβδην πᾶς ὁ τῶν ἀνθρώπων βίος.
>
> „Denn allein das Volk entscheidet über Ehrung und Bestrafung, hat also das Band in der Hand, das allein obrigkeitlich gelenkte wie konstitutionelle Staaten und überhaupt das gesamte menschliche Leben zusammen und in Ordnung hält.“[23]

Mit der Entscheidung über die Vergabe der *honores* und die Verhängung von Strafen verwalte das Volk mithin ein zentrales Ordnungsprinzip menschlichen wie staatlichen Lebens.[24] Etwas später trägt Polybios nach: auch die Gesetzgebung, der Beschluss über Krieg und Frieden sowie die Zustimmung zu Staatsverträgen obliegt dem Volk.[25] Die blinden Stellen, Verzerrungen und bewussten Auslassungen[26] des Verfassungsexkurses sind oftmals hervorgehoben worden.[27] Bezieht man den weiteren Argumentationsgang ein (s.u.), so fällt allein schon hinsichtlich der Textanteile die in Relation zum Wahlentscheid (und zumal zur Gesetzgebung) sehr starke Gewichtung der Strafrechtsprechung durch das Volk auf, in polybianischer Diktion also der τιμωρία.[28] Das passt nicht recht zur Praxis der Volksversammlung, standen doch jedes Jahr gleich eine ganze Reihe von Wahlen an, während die Strafprozesse des *iudicium populi* jeweils singuläre Ereignisse waren. Nun ist das Gespann von Ehren und Strafen nicht originell; laut Cicero hatte bereits Solon auf die Bedeutung des Wechselspiels von *praemium* und *poena* für das Funktionieren menschlicher Gemeinschaft hingewiesen.[29] Und dass die Wahlen insgesamt recht schnell abgehandelt werden, könnte sogar für die Tiefe der Analyse des Polybios sprechen: Schließlich war ihr „demokratischer“ Charakter in der Mittleren Republik nicht sehr ausgeprägt, etwa im Hinblick auf die Stellung der Nobilität oder die (hier allerdings

---

23 Pol. 6, 14, 4 (Übers.: H. Drexler).

24 Vgl. Welwei 2002, 25. Auszeichnungen und Strafen sind für Polybios auch ein zentrales Element im römischen Militär und ein wesentlicher Grund für die Effektivität der Armee: Pol. 6, 39, 11.

25 Explizit Pol. 6, 14, 10–11 und 15, 9–10. Hierzu Walbank 1970 (zuerst 1957), 688–690.

26 Pol. 6, 11, 3–8.

27 Vgl. nur von Fritz 1954, 155–252; Nicolet 1974, 219–222; Nippel 1980, 150–152; Blösel 1998, 34–38; Seager 2013, 248–251; Hau 2022, 116–117.

28 McGing 2010, 182. Vgl. Nicolet 1974, 231–237.

29 Cic. ad Brut. 1, 15, 3: *is* [scil. Solon] *rem publicam contineri duabus rebus dixit, praemio et poena*; vgl. auch Plat. leg. 3, 697a–b: λέγομεν τοίνυν ὅτι πόλιν, ὡς ἔοικε, τὴν μέλλουσαν σῴζεσθαί τε καὶ εὐδαιμονήσειν εἰς δύναμιν ἀνθρωπίνην δεῖ καὶ ἀναγκαῖον τιμάς τε καὶ ἀτιμίας διανέμειν ὀρθῶς. Walbank 1970 (zuerst 1957), 682; Lintott 1999, 20 mit Anm. 17.

komplett ausgeblendete) timokratische Struktur der Centurienversammlung.[30] Letztlich dürfte für das augenscheinliche Ungleichgewicht zwischen den Kompetenzbereichen des Volkes bei Polybios mit ausschlaggebend sein, dass einem griechischen Publikum[31] die Ämterwahl und die Gesetzgebungsbefugnis des δῆμος vermeintlich nicht weiter erläutert werden mussten – auch wenn dieser angesichts der Eigenheiten des römischen Systems fatale Trugschluss wesentlich zum Unbehagen der modernen Forschung beigetragen haben dürfte. Interessanter war für Polybios und seine Leserschaft ganz offenbar die Rolle des Volkes bei der Rechtsprechung:

> κρίνει μὲν οὖν ὁ δῆμος καὶ διαφόρου πολλάκις, ὅταν ἀξιόχρεων ᾖ τὸ τίμημα τῆς ἀδικίας, καὶ μάλιστα τοὺς τὰς ἐπιφανεῖς ἐσχηκότας ἀρχάς. θανάτου δὲ κρίνει μόνος. καὶ γίνεταί τι περὶ ταύτην τὴν χρείαν παρ' αὐτοῖς ἄξιον ἐπαίνου καὶ μνήμης. τοῖς γὰρ θανάτου κρινομένοις, ἐπὰν καταδικάζωνται, δίδωσι τὴν ἐξουσίαν τὸ παρ' αὐτοῖς ἔθος ἀπαλλάττεσθαι φανερῶς, κἂν ἔτι μία λείπηται φυλὴ τῶν ἐπικυρουσῶν τὴν κρίσιν ἀψηφοφόρητος, ἑκούσιον ἑαυτοῦ καταγνόντα φυγαδείαν. ἔστι δ' ἀσφάλεια τοῖς φεύγουσιν ἔν τε τῇ Νεαπολιτῶν καὶ Πραινεστίνων, ἔτι δὲ Τιβουρίνων πόλει, καὶ ταῖς ἄλλαις, πρὸς ἃς ἔχουσιν ὅρκια.

> „Das Volk verhängt also oft eine Geldstrafe, wenn dies der Schwere des Verbrechens entspricht, vor allem auch gegen Männer, die die höchsten Ämter bekleidet haben. Das Todesurteil kann es allein aussprechen. Hierbei haben sie einen anerkennens- und bemerkenswerten Brauch. Während die Abstimmung über die Todesstrafe läuft, steht es nach römischer Sitte denen, die der Verurteilung entgegensehen, frei, sich in aller Öffentlichkeit zu entfernen, auch wenn nur die Stimme einer einzigen Tribus an der Entscheidung fehlt, und so ‚freiwillige‘ Verbannung über sich zu verhängen. Und die Verbannten finden Aufnahme und Sicherheit in Neapel, Praeneste, Tibur und anderen Städten, mit denen Rom einen Bündnisvertrag hat.“[32]

Das versammelte Volk urteilt demnach über delinquente Persönlichkeiten aus den Reihen der politischen Elite,[33] ahndet geringere Vergehen mit einer substantiellen Geldstrafe, gravierende Verbrechen hingegen mit dem Tod. Hieran schließt Polybios seine Betrachtung des Instituts (χρεία bzw. ἔθος) der „freiwilligen Verbannung“ an, die bemerkenswert affirmativ ausfällt (ἄξιον ἐπαίνου καὶ μνήμης). Noch bei laufender Abstimmung bestünde

30 Was freilich nichts über die tatsächlich bedeutsame Funktion der Wahlen aussagt. Hierzu Hölkeskamp 2004, 73–92; Meier 2015, 620–650; Walter 2017, 58–68 und 195–207.

31 Von einer gemischten Leserschaft des sechsten Buches geht Champion 2004, 96 aus. Explizit an griechische Leser gerichtet: Ziegler 1952, 1499 unter Verweis auf Pol. 6, 11, 3–4. Vgl. Walbank 1972, 3–6 (primär an griechisches Publikum gerichtet, aber mit auch römischer Leserschaft gerechnet).

32 Pol. 6, 14, 6–8 (Übers.: H. Drexler).

33 Wohl zutreffend bezieht Lintott 1999, 20–21 τοὺς τὰς ἐπιφανεῖς ἐσχηκότας ἀρχάς auch auf die kapitalen Strafverfahren. Relativierend zur Rolle des Volkes bei der Verfolgung von Kapitalverbrechen auch Lintott 1972, 257–258.

die Möglichkeit zum Gang ins Exil; Aufnahme fänden die Betroffenen in Städten, die mit Rom in einem Vertragsverhältnis stünden, wobei der Autor explizit Orte in Latium und Kampanien nennt.[34]

Die polybianischen Ausführungen zu Volksgericht und Exil haben ihre ganz eigenen Probleme, etwa was die Art der Versammlung (Plebs-Versammlung oder Comitien), die Abstimmungsmodalitäten (nach Tribus oder Centurien) und den Nexus zwischen *foedera* und Aufnahme von Exilanten anbelangt.[35] Doch findet sich die Konzeptualisierung des *exilium* als Zuflucht vor einer drohenden Hinrichtung auch bei Cicero.[36] Zudem wollte Polybios erkennbar nicht positivrechtliche Regeln wiedergeben, sondern die Funktionsweise des politischen Systems darlegen.[37] Geht man darüber hinaus von der didaktischen Ausrichtung der Historien auf einen praktischen Nutzen aus,[38] so stellt sich noch einmal neu die bereits eingangs formulierte Frage, worin genau er das „Lobens- und Erinnernswerte" des spezifisch römischen Umgangs mit dem Exil sah.[39] Im Grunde kann dies nicht die Möglichkeit sein, vor der Verurteilung das Land zu verlassen und sich so in Sicherheit zu bringen – denn eine vergleichbare Regelung kannte z.B. das athenische Recht, das dem Angeklagten in einem Mordprozess noch nach dem ersten Redenpaar von Anklage und Verteidigung zugestand, Attika unbehelligt zu verlassen.[40] Bei anderen schweren Delikten scheint es häufige (und geduldete) Praxis gewesen zu sein, sich

34 Hierzu Gargola 2017, 19.

35 Vgl. zur Abstimmung nur die Erläuterungen bei Walbank 1970 (zuerst 1957), 683–687. Pesaresi 2005, 95–97 geht davon aus, dass Polybios seine Angaben auf Verfahren vor dem *concilium plebis* bezieht. Liv. 43, 16 (zum Jahr 169 v.Chr.) allerdings beschreibt sowohl die Verhandlung eines Prozesses *de perduellione* vor den Centurien als auch eine blockweise Abstimmung mit zwischenzeitlicher Verkündung der Ergebnisse für die einzelnen Stimmkörper. Wichtig für das Verfahren im Prozess vor dem Volk auch Varro ling. 6, 90–92. Zur Kompetenz des *comitiatus maximus* bei Todesstrafen: Cic. leg. 3, 11 und 44: *[lex] de capite civis rogari nisi maximo comitiatu vetat*. Der Begriff ist problematisch; vgl. hierzu Gabba 1987; Crawford 1996, 699–700; Mouritsen 2017, 28–30. Einflussreiche Rekonstruktionen des Komitialverfahrens bei Brecht 1939; Bleicken 1959; Kunkel 1962, 21–24; 34–36. Vgl. dazu Santalucia 1997 (zuerst ital. 1989), 43–50; Lintott 1999, 150–154; Lintott 2009 (Forschungsüberblick); Robinson 2001, 20–25 und Lintott 2015, 304–307.

36 Cic. Caecin. 100; vgl. Cic. Balb. 28–29. Als ein gesetzlich verbrieftes Recht wird das *exilium* gar in der Caesar-Rede anlässlich des Umgangs mit den Catilinariern beschrieben (Sall. Catil. 51, 21–22 und 40). Dazu Kelly 2006, 20–25, der auf die Rhetorik der Stelle verweist. Zur praktischen Handhabung der „freiwilligen" Verbannung insb. durch den Verzicht auf Festsetzung des Angeklagten Levy 1963, 335–336.

37 Generell zur Arbeitsweise und diesbezüglichen Intention des Polybios: Nicolet 1974, 230–231; 237.

38 So explizit Pol. 6, 2, 8–10; 9, 2; 12, 25b; vgl. 38, 4, 5–9. Walbank 1972, 3; 21; Scardino 2014, 662; Moore 2020, 14–18.

39 Robinson 2001 sucht bemerkenswerterweise die Antwort darauf allein in den römischen Institutionen und lässt Sichtweise und Erfahrungen des Autors außen vor. Dass Polybios hier eine spezifisch römische Praxis darstellen will, die sich nicht einfach mit griechischen Verhältnissen parallelisieren lässt, hat Crifò 1961, 43–49 zutreffend herausgearbeitet.

40 Demosth. or. 23, 69: τῷ δὲ φεύγοντι τὰ μὲν τῆς διωμοσίας ταὐτά, τὸν πρότερον δ᾽ ἔξεστιν εἰπόντα λόγον μεταστῆναι, καὶ οὔθ᾽ ὁ διώκων οὔθ᾽ οἱ δικάζοντες οὔτ᾽ ἄλλος ἀνθρώπων οὐδεὶς κύριος κωλῦσαι; Antiph. 5, 13. Vgl. Latte 1931, 141; MacDowell 1963, 113–115; Gagarin 1981, 112–113; Thür 1990, 144; Karabelias 1991, 102; Cantarella 2005, 55.

dem Verfahren nicht zu stellen und Attika zu verlassen – was ebenfalls auf Verbannung und Atimie hinauslief.[41] Auch der Versuch Crifòs, Polybios' Ansatz auf die Differenz zwischen einer quasi verfassungsrechtlichen Verankerung des ‚Exilrechts' in Rom und einer bloß gewohnheitsrechtlichen Normierung in Athen zurückzuführen, kann letztlich nicht überzeugen.[42] Der springende Punkt scheint mir eher in dem zu liegen, was auf die Selbstexilierung folgt: nämlich die aus der Sicht des Polybios zwischenstaatlich abgesicherte Aufnahme in einer Gemeinde im Umfeld Roms. Um diese Hypothese zu untermauern, soll im Folgenden kurz betrachtet werden, welchen Stellenwert der Gegenstand ‚Exil' generell im Geschichtswerk des Polybios besitzt.

In den Historien spielen Flucht bzw. Verbannung und das Schicksal der φυγάδες eine bedeutende Rolle.[43] So ist es bezeichnend, dass bereits im Überblick über den „Kreislauf" der Verfassungen Exilierungen als Epiphänomene epochaler Umwälzungen genannt werden. Dies gilt für den Umschlag von der Oligarchie zur Demokratie wie von dieser in die Ochlokratie bzw. Cheirokratie.[44] Beide Entwicklungen gehen für Polybios typischerweise mit der Vertreibung der jeweils unterlegenen Partei einher. Neben dieser abstrakt-staatstheoretischen Behandlung des Exils steht aber die Integration des Themas in die Darstellung der historischen Abläufe. In besonderer Weise gelte dies für Sparta: Wie keine andere Polis sei die Stadt von Verbannung und Konfiskation als Folge innerer Konflikte betroffen.[45] Der Historiker tätigt diese Aussage im Kontext des kurzlebigen Umsturzversuches Cheilons im Jahr 218 v.Chr.[46] Polybios schlägt bereits hier die Brücke zur Tyrannis des Nabis, der als ein besonders negatives Beispiel gewaltsamer Herrschaft figuriert.[47] Im 13. Buch widmet der Historiker Nabis dann eine breit angelegte Charak-

41 Todd 1993, 139–141. Über die diesbezüglichen Verhältnisse im Achaiischen Bund lässt sich kaum etwas aussagen, außer dass in Strafverfahren vor Bundesgremien sowohl Tod als auch Verbannung verhängt wurden; generell blieb die Rechtsprechung sicher Sache der Einzelstaaten, wobei von einer Erstreckung lokaler Verbannungsurteile auf das gesamte Bundesgebiet auszugehen ist. Vgl. Aymard 1938, 182–183; Larsen 1968, 236–237; Rizakis 2015, 128–129.

42 So aber Crifò 1961, 46 Anm. 179. Dies trägt m.E. auch die von Crifò angeführte Formulierung in Antiph. 5, 13 nicht. Der Redner baut vielmehr einen Gegensatz zwischen einem angeblich „allen" zustehenden Recht einerseits und seiner eigenen, singulären Behandlung durch den Ankläger andererseits auf: ἅπασι γὰρ τοῦτο κοινόν ἐστι. σὺ δέ, ὃ τοῖς ἄλλοις Ἕλλησι κοινόν ἐστιν, ἰδίᾳ ζητεῖς με μόνον ἀποστερεῖν, αὐτὸς σαυτῷ νόμον θέμενος. Durch die Apagoge nämlich solle ihm die Möglichkeit zur φυγή genommen werden.

43 In der Tat lässt sich oftmals anhand der Quellen nicht sicher erkennen, ob ein φυγάς als Flüchtender oder als ein regelrecht Verbannter (durch Dekret oder Urteil) anzusehen ist. Die Übergänge sind auch deswegen fließend, weil politische Konflikte nachträglich „juridifiziert" wurden. Hierzu Gehrke 1985, 208–210. Zur Unterscheidung von Flucht, Verbannung und Vertreibung Seibert 1979, 353–361; vgl. Grasmück 1978, 20–29. Polybios strebt in seiner Darstellung einschlägiger griechischer Ereignisse eine ‚saubere' terminologische Differenzierung in der Regel gerade nicht an.

44 Pol. 6, 9, 1–2. 7–9.

45 Pol. 4, 81, insb. 12–13. Vgl. Shipley 2018, 146.

46 Shimron 1972, 61; 74–76; Shipley 2018, 76–77.

47 Pol. 4, 81, 13: πλείστοις δ' ἐπάλαισαν ἀναδασμοῖς καὶ φυγαῖς, πικροτάτης δὲ δουλείας πεῖραν ἔλαβον ἕως τῆς Νάβιδος τυραννίδος. Vgl. Isayev 2017, 275–279. Neubewertung der Herrschaft des Nabis: Cartledge – Spawforth 2002, 54–72.

terisierung, die stark topische Züge aufweist. Der Tyrann soll nicht nur die Elite Spartas ins Exil getrieben, sondern auch das Vermögen und die Frauen der Betroffenen unter den eigenen Anhängern und Söldnern verteilt haben. Aber hiermit sei der Schrecken noch nicht an sein Ende gekommen; selbst auf der Flucht hätten die Häscher des Nabis den φυγάδες noch nachgesetzt und sie auch an ihren Zufluchtsorten heimgesucht – so dass sich nirgends ein sicherer Platz für sie fand.[48] In Sparta selbst aber habe sich Nabis gerade mit Verbannten aus anderen Poleis umgeben und zudem eine Sklavenbefreiung durchgeführt.[49] Die Darstellung mündet in der Beschreibung einer Foltermaschine, die Apia, der Ehefrau des Nabis, nachgebildet sei.[50]

Schon anhand dieser Passage werden einige Grundzüge des in den Historien gezeichneten Bildes von Verbannung und Verbannten deutlich. Für Polybios ist Exilierung in der Regel ein Massenphänomen, kein Einzelschicksal. Dies ergibt sich aus der engen Verbindung mit der Stasis-Thematik. Verbannte haben zudem einen prekären Status, was Aufnahme, Schutz und Lebensunterhalt anbelangt; entsprechend problematisch wirkt sich ihre Präsenz im ‚internationalen' System zwischenstaatlicher Beziehungen aus.[51] Ihre Beschäftigung als Söldner ist ein Aspekt dieser Problematik. So spielten Verbannte mithin auch in der Außenpolitik eine Rolle. Ihre Rückführung durch eine dritte Partei dient als Hebel für regionale und überregionale Machtprojektion. In besonders tragischer Weise verdeutlicht Polybios dies am Schicksal der Polis Kynaitha auf der Peloponnes; die Stadt geriet nach mehreren Wechseln des Regimes in die Mühlen der Auseinandersetzung zwischen Aitolern und Achaiern. Eine gescheiterte Amnestievereinbarung, gefolgt vom ‚Verrat' der Stadt an die Aitoler durch gerade erst zurückberufene Exilanten führte zu einem Blutbad.[52]

Aber nicht nur die regionalen Mächte versuchten in der Rolle des Fürsprechers von Verbannten ihre Einflusssphäre auszubauen; in ähnlicher Weise verhielt sich die aufstrebende Hegemonialmacht Rom seit dem Zweiten Makedonischen Krieg. Auch in diesem Zusammenhang fokussiert Polybios auf die Ereignisse in und um Sparta.[53] Ausgangspunkt sind Exilierungen seit der Herrschaft Kleomenes' III. in den 220er Jahren v.Chr. – ein Thema, das auch Jahrzehnte später noch aktuell war. Neben diesen „alten"

48 Ähnlich war Antipater nach dem sog. Lamischen Krieg verfahren: Pol. 9, 29. An diesem Punkt ist die Unterscheidung zwischen Flucht und Verbannung besonders prekär. Das Skandalon der Vorgehensweise des Nabis scheint mit darin zu liegen, dass er die Praxis, bei einer politischen Niederlage ins Exil zu gehen und dort einen gewissen Schutz zu genießen, eklatant missachtete. Zur Verfolgung Flüchtiger allg. Seibert 1979, 366–368.

49 Pol. 13, 6–8; 16, 13, 1–2. Vgl. Diod. 27, 1. Zur Problematik der Angaben vgl. Texier 1975, 27–30; Brulé 1999; Mossé 1969, 183–188; Cartledge – Spawforth 2002, 63–64; Shipley 2018, 82–83; speziell zur Leibwache des Nabis Couvenhes 2016.

50 Zur Topik der Gewaltdarstellungen in der hellenistischen Literatur Zimmermann 2013, 165–218.

51 Hierzu und im Folgenden Seibert 1979, 383–400; Gehrke 1985, 224–228. Generell: Gray 1985.

52 Pol. 4, 17–18. Hierzu Rubinstein 2013, 147–149.

53 Vgl. mit z.T. anderen Deutungen im Folgenden Löbel 2017, 234–244.

Verbannten (ἀρχαῖοι φυγάδες[54]) hatten sich in der Folgezeit, auch nach dem Sturz des Nabis, noch weitere Gruppierungen spartanischer Exilanten gebildet, durchaus unterschiedlicher Ausrichtung, sowohl was ihre außen- wie auch innenpolitischen Ziele anbelangt.[55] Ein wichtiges Thema war dabei die Stellung Spartas in und gegenüber dem Achaischen Bund, aber auch das Verhältnis zu Rom und dessen Vertretern in Griechenland.[56] Daraus ergab sich eine kaum noch zu überschauende Gemengelage. Verbannte aus Sparta spielten schließlich eine zentrale Rolle bei der Eskalation der Spannungen zwischen Achaia und ihrer Heimatstadt, die schließlich zur zwangsweisen Integration der Polis in die Strukturen des Koinon führte.[57] Ein fast schon skurriler Gipfelpunkt dieser Entwicklung bildete das Jahr 184/183 v.Chr., als sich schließlich vier unterschiedliche spartanische Gesandtschaften vor dem Senat in Rom einfanden, die alle eine eigene Agenda verfolgten.[58] Es ging dabei nicht so sehr um die Rückführung der unterschiedlichen Gruppen von Verbannten an sich, sondern vielmehr um die Modalitäten der Re-Integration – insbesondere die Frage, ob und in welchem Umfang konfisziertes Vermögen zurückgegeben oder entschädigt werden sollte.[59] Letztlich zog sich dieser Konflikt noch einige Jahre (mit weiteren Gesandtschaften) hin, bis im Jahr 180 v.Chr. auf Initiative des Kallikrates eine Lösung gefunden wurde.[60] Polybios konzentriert seine Darstellung zwar auf die Verhältnisse auf der Peloponnes, er liefert aber auch zahlreiche Beispiele für Konflikte um Verbannte (und deren Rückberufung) auf Kreta, in Boiotien, bei den Aitolern, in Epiros und anderwärts.

In der Tat war das Problem gemeingriechischer Art und alles andere als neu. Die in den Quellen gerade zum 4. und 3. Jh. v.Chr. zu findenden quantitativen Angaben hinsichtlich der Verbannten mögen zwar sicher nicht präzise und oft stark übertrieben sein, sie bezeugen aber dennoch eine im Vergleich mit Rom ungeahnte Dimension.[61] Das gilt sowohl für die absoluten Zahlen wie für die Relation zwischen exilierten und zurückblei-

54 Pol. 21, 1 (zu 191 v.Chr.) und öfter. Zur Identifikation dieser „alten“ Verbannten (Exilanten aus dem Zeitraum von Kleomenes bis Nabis) vgl. Errington 1969, 135–136; Walbank 1979, 89; Bastini 1987, 74–83; Kralli 2017, 350–351. Abweichend Shimron 1972, 135–150, der diese Gruppe als im Wesentlichen auf die Opfer des Kleomenes (Plut. Kleomenes 10) beschränkt ansieht.

55 Tabellarische Übersicht zur Ereignisgeschichte: Kralli 2017, 345–349.

56 Zur Rolle z.B. des Flamininus und seinen Verbindungen zu spartanischen Exilierten Aymard 1938, 360–361; Pfeilschifter 2005, 235–238.

57 Pol. 21, 32c; Liv. 38, 30–34. Cartledge – Spawforth 2002, 71–72; Kralli 2017, 350–353.

58 Pol. 23, 3–4. Dazu Errington 1969, 178–183; Shimron 1972, 115–117; Walbank 1979, 216–220; Bastini 1987, 105–107; Canali de Rossi 1997, 56–58; Harter-Uibopuu 1998, 174; Cartledge – Spawforth 2002, 74–76; Kralli 2017, 356. Die Hintergründe sind im Einzelnen umstritten, im vorliegenden Zusammenhang reicht es aber aus, auf die Sprengkraft der Ereignisse für die inneren Verhältnisse Spartas, die Beziehungen zwischen Sparta und den Achaiern sowie zwischen diesen beiden Mächten und Rom hinzuweisen – wobei auch die römische Seite alles andere als ein geschlossener Block war.

59 Insb. Pol. 23, 4, 1–5: Die Vorschläge reichen vom Status quo über Deckelung der Rückgabe bei einem Wert von einem Talent bis zur Komplett-Restitution.

60 Pol. 24, 10, 15. Vgl. Syll.[3] 634 (Olympia). Errington 1969, 200–205; Kralli 2017, 358.

61 Vgl. Seibert 1979, 405–406; Gehrke 1985, 219–220.

benden Einwohnern einer Stadt – sei es als Folge einer Stasis,[62] sich dramatisch verändernder Herrschaftsverhältnisse auf zwischenstaatlicher Ebene oder einer Mischung aus beidem. So wurde die schiere Masse der Exilierten zu einer echten Herausforderung für jede Herrschaftsordnung und provozierte radikale Maßnahmen: Das sog. Verbannten-Dekret Alexanders des Großen soll im Sommer 324 v.Chr. in Anwesenheit von 20.000 Exilanten in Olympia verkündet worden sein.[63] Indem der König pauschal die Wiedereingliederung der Verbannten in ihre Heimat-Poleis anordnete, schuf er – bewusst oder unbewusst – enorme Probleme auf lokaler Ebene.[64] Eine Inschrift aus Tegea spiegelt eindrucksvoll sowohl die Konflikte, die sich zwischen Residenten und Rückkehrern entwickelten, als auch die darauf antwortenden, mehr oder weniger effektiven Lösungsstrategien.[65] Unmittelbare Folge der Rückberufung der Verbannten war jedenfalls, dass sich bei Alexander eine Vielzahl von Gesandtschaften einfand, die Erleichterungen bei der Umsetzung oder gar eine Aussetzung der Anordnung zu erreichen suchten.[66] Für Diodor gehörte das Verbannten-Dekret zu den auslösenden Momenten für den sog. Lamischen Krieg.[67]

Polybios – und zwar sowohl dem Staatsmann als auch dem Historiker – mussten φυγή und φυγάδες mithin als zentrale Probleme der griechischen Staatenwelt erscheinen. Nicht nur konnten die Restitutionsbemühungen einzelner Verbannter zu einer im Wortsinn existentiellen Herausforderung für die einzelnen Poleis, ihre Wirtschaftsordnung und den Rechtsfrieden werden; die ungeklärte Frage, wie mit unterschiedlichsten Gruppen von Verbannten zu verfahren sei, stellte auch ein Einfallstor für die verschiedenen Hegemonialmächte dar. Die Heimat des Polybios hatte das selbst mehrfach erfahren müssen, nicht zuletzt bei der Ankunft der Römer.[68] Doch scheinen auch deren Repräsentanten den oft undurchschaubaren und raschen Wechseln unterliegenden Verhältnissen recht hilflos gegenüber gestanden zu haben. So konnte sich der Achaiische Bund 191 v.Chr. unter der Führung Philopoimens über den römischen ‚Rat' zur Rückführung spartanischer Verbannter einfach (und folgenlos) hinwegsetzen – immerhin in Anwesenheit von Flamininus und Glabrio.[69] Dass der achaiische Stratege bereit war, hochrangigen Vertretern

62 Insb. für die Peloponnes vgl. nur die Übersicht bei Shipley 2018, 126–154.

63 Diod. 17, 109, 1 und 18, 8; vgl. Deinarch. or. 1, 82; Hyp. or. 5, 18; Iust. 13, 5; Plut. mor. 221a; Curt. 10, 2, 4–7. Zahl realistisch: Seibert 1979, 406; Gehrke 1985, 220; vgl. Badian 1961, 28–29; Zahrnt 2003, 411 („ungefähre Vorstellung von der Größe dieses Personenkreises"); Fox 2004 (zuerst engl. 1973), 724; anders Schultheß 1941, 978.

64 Motivation und Ziel der Anordnung sind stark umstritten; vgl. aus der neueren Literatur hierzu nur Jehne 1994, 244–252; Zahrnt 2003; Dmitriev 2004; Worthington 2015.

65 Syll.[3] 306 = IPArk 5; maßgeblich ediert und kommentiert von Plassart 1914. Zur Interpretation Heisserer 1980, 205–229; Lonis 1991, 99–103; Thür – Taeuber 1994, 51–70; Dmitriev 2004, 351–354.

66 Diod. 17, 113, 3. Bosworth 1988, 224–225; Engels 1993, 273–275.

67 Diod. 18, 8, 6–18, 9, 1.

68 Instrumentalisierung der Verbanntenfrage durch römische Feldherren und Gesandte: Errington 1969, 124; 130.

69 Pol. 21, 1, 4; Liv. 36, 35, 7; Plut. Philopoimen 17, 4; Paus. 8, 51, 4; Aymard 1938, 365; Errington 1969, 130–133; Pfeilschifter 2005, 236; Kralli 2017, 351. Für Gruen 1984, 472 ist die Haltung des Senats in der Verbanntenfrage von Desinteresse gekennzeichnet gewesen; dafür gibt es aber keinen Anhalt in den Quellen.

Roms in dieser Frage die Stirn zu bieten, zeigt aber, wie bedeutsam die ganze Angelegenheit für ihn gewesen sein muss.[70]

Weitgehend unklar ist jedoch, auf welche ‚römische' Realität sich der Exilssatz des Polybios eigentlich bezieht. Für den Zeitraum bis zur Mitte des 2. Jhs. v.Chr. – also der anzunehmenden Abfassungszeit des Verfassungsexkurses – sind nur wenige *exules* überliefert, zieht man eher literarische als historische Gestalten wie Coriolan, Kaeso Quinctius oder Camillus ab. Für die verbleibenden Fälle ist wiederum Livius unsere Hauptquelle, und so steht zu fragen, in welchem Maße die Konzeptualisierung des Exils in frühaugusteischer Zeit diese Darstellungen überformt hat. Fokussiert man des Weiteren auf den Untersuchungszeitraum des Polybios, also die Jahre ab 220 v.Chr., bleibt nur etwas mehr als eine Handvoll Zeugnisse übrig, die allesamt (wenn auch in unterschiedlichem Maße) problematisch zu nennen sind.[71] Für die Bewertung der Polybios-Stelle besonders interessant ist eine Nachricht des Livius zum Prozess gegen den Praetorier Cn. Fulvius Flaccus aus dem Jahr 211 v.Chr. Flaccus war nach der verlorenen Schlacht bei Herdonea wegen *perduellio* angeklagt worden. Nach Anhörung sehr ungünstig ausfallender Zeugenaussagen wurde der Strafantrag auf Verlangen des Volkes in der *contio* von einer Geldstrafe in eine *poena capitalis* umgewandelt.[72] Am Tag des abschließenden Votums der Volksversammlung begab sich der Beschuldigte nach Tarquinii, die *plebs* fasste daraufhin einen Beschluss *id ei iustum exilium esse*.[73] Ob sich das Adjektiv *iustum* hier auf ein tatsächlich bestehendes positives Recht bezieht, sich der kapitalen Strafe durch Selbst-Exilierung zu entziehen, also mit „gesetzlich" zu übersetzen ist, muss offen bleiben.[74] Sinn des *plebis scitum* scheint jedenfalls gewesen zu sein, den Grund für die Abwesenheit und damit den weiteren Status des Flaccus zu fixieren.[75] Andere Beispiele aus der Mittleren Republik zeigen jedoch, dass ein „freiwilliges" Exil nicht per se gebilligt wurde;[76] so arrestierte im Jahr 204 v.Chr. der *legatus* Q. Metellus den schwerer Verbrechen beschuldigten Q. Pleminius, als sich dieser bereits auf dem Weg nach Neapolis befand. Pleminius wurde nach Rom gebracht, in den

70 Plut. Philopoimen 17, 4: διεκώλυσεν ὁ Φιλοποίμην οὐ τοῖς φυγάσι πολεμῶν, ἀλλὰ βουλόμενος δι' αὐτοῦ καὶ τῶν Ἀχαιῶν, ἀλλὰ μὴ Τίτου μηδὲ Ῥωμαίων χάριτι τοῦτο πραχθῆναι· καὶ στρατηγῶν εἰς τοὐπιὸν αὐτὸς κατήγαγε τοὺς φυγάδας.

71 Hierzu die reich dokumentierte Prosopographie bei Kelly 2006, 161–167.

72 Liv. 26, 3, 7: *capite anquirendum contio succlamaret*. Die Veränderung des Antrags war offensichtlich nicht unproblematisch (*de eo quoque novum certamen ortum*) und wurde unter den Volkstribunen diskutiert, die ihrem Kollegen schließlich freie Bahn gewährten (3, 8).

73 Liv. 26, 3, 12.

74 Unzutreffend ist aber wohl die Übersetzung von Josef Feix (Tusculum-Ausgabe): „Diese Verbannung, so entschied das Volk, sei eine gerechte Entscheidung gegen ihn."

75 In ähnlicher Weise Liv. 3, 13, 8–9 zum Exil des Kaeso Quinctius: *dimissus e foro* [nämlich nach der Stellung von Bürgen] *nocte proxima in Tuscos in exilium abiit. iudicii die cum excusaretur solum vertisse exilii causa, nihilo minus Verginio comitia habente collegae appellati dimisere concilium*. Auch hier geht es also um die Feststellung, die Abreise sei in der Absicht erfolgt, sich in das *exilium* zu begeben. Das Plebiszit diente offenbar dazu, mit dieser Feststellung die Sache abzuschließen.

76 Hierzu Jonca 2009.

Kerker geworfen und verstarb noch vor Prozesseröffnung.[77] Und auch die Verfolgung des sog. Bacchanalien-Skandals belegt, dass eine Flucht vor der Todesstrafe nicht immer möglich war; hier erfolgten die Maßnahmen allerdings auf Senatsbeschluss, also nicht im Rahmen des *iudicium populi*.[78] Insgesamt zeigt sich, dass die von Polybios beschriebene ἑκούσιος φυγαδεία als Folge einer Anklageerhebung (*diei dictio*) für die Mittlere Republik – auf der Basis schmaler Evidenz – im Grundsatz nachweisbar ist, aber nicht ohne Weiteres gewährt wurde.

Zusammenfassend lässt sich festhalten, dass es wohl nicht – zumindest nicht in erster Linie – die „Freiwilligkeit" des Exils war, die Polybios so faszinierte.[79] Denn die (faktische) Selbst-Verbannung zur Vermeidung der Todesstrafe war einem griechischen Publikum durchaus vertraut. Vielmehr musste aufgrund leidvoller Erfahrung vieler φυγάδες ein anderer Aspekt Polybios und seine Leser hellhörig machen: die dem Exilanten angeblich verbürgte Sicherheit (ἀσφάλεια), die ihm in einer Reihe italischer Städte geboten wurde. Ähnliches war im griechischen Raum nur durch ad hoc-Beschlüsse zu bekommen, die zur Aufnahme bereite Poleis für ausgewählte Flüchtige erließen, auf individueller Basis oder für eng umrissene Gruppen.[80] Hingegen schien die römische Regel als Teil zwischenstaatlicher Verträge die Aufnahme von *exules* in befreundeten Städten von vornherein normiert zu haben. Dabei ist zunächst unerheblich, inwieweit Polybios hier die Dinge tatsächlich korrekt beschreibt.[81] Römische Quellen schweigen sich dazu weitestgehend aus, Cicero dreht die Perspektive um und schreibt immerhin von einem *ius exulare*, das unter bestimmten Bedingungen Fremden in Rom gewährt werde.[82] Was jemandem mit dem Erfahrungshintergrund des Polybios Eindruck machen musste, war die (vermeintliche) Einlassung des Exils in ein ‚internationales' Regelwerk, das Kontingenz zu redu-

77 Liv. 29, 6–9 und 16–22; vgl. Diod. 27, 4; Val. Max. 1, 1, 21. Parallelen hierzu weist der skandalumwitterte Fall des L. Hostilius Tubulus auf, der nach Ascon. 23 Cl. aus dem Exil nach Rom in den *carcer* gebracht wurde (vgl. zum Exil Cic. fin. 2, 54). Zu diesen beiden ausführlich Kelly 2001. Kelly vermutet, dass eine Rückholung des Tubulus aus dem Exil möglich war, weil er – wie Pleminius – noch nicht das Bürgerrecht des Exilortes angenommen hatte und als *civis Romanus* somit noch der *coercitio* römischer Magistrate unterstand. Im Lichte der soeben besprochenen Flaccus-Causa scheint mir eher die hier ausgebliebene Feststellung des *exilium iustum* Grundlage für den Zugriff gewesen zu sein, d.h.: Die römischen Behörden bzw. das Volk versagten die Anerkenntnis, dass mit der Abreise aus Rom das Strafbegehren erloschen sei.

78 Liv. 39, 14–19; CIL I² 581, 24–25 (*rem caputalem faciendam censuere*). Bauman 1990, 337; Robinson 2001, 24–25.

79 So aber Isayev 2017, 276: „Removal of individual agency by tyrants is what Polybius finds most abhorrent. The Roman institution of exile, by contrast, which he praises in his description of the Roman mixed constitution, is presented as maintaining the ability to act in one's own right."

80 Seibert 1979, 390–400. Mit am eindrucksvollsten ist das athenische Ehrendekret für Peisitheides von Delos (IG II³ 1, 452 = Syll.³ 226, ca. 334 v.Chr.), das ihm nicht nur Bürgerrecht und finanzielle Unterstützung gewährte, sondern auch seinem potentiellen Mörder mit Ächtung drohte, ebenso jeder Polis, die einem solchen Zuflucht bot.

81 Zur Diskussion um ein *ius exulare* und seine Verankerung in den *foedera* Roms mit italischen Staaten Kelly 2006, 54–65. Vgl. Sherwin-White 1973, 33–35; 126; Crifò 1961, 290–291.

82 Cic. de orat. 1, 177.

zieren half und Erwartungssicherheit schuf. Dass auf diese Weise das freie Flottieren von Verbannten in Italien vermieden wurde, trug aus seiner Sicht zur erstaunlichen Stabilität der politischen Ordnung bei. Tatsächlich war dies nur möglich, weil Kohäsionskraft und -druck der Nobilität eine politische (‚ideologische') Aufladung von Konflikten verhinderten und so das Exil nicht zum Massenphänomen wurde – zumindest nicht zur Zeit des Polybios. Das regelhafte Verfahren in Rom stand für ihn so der Anomie in Hellas gegenüber. Erst unter dieser Bedingung konnte die φυγαδεία im System der checks-and-balances die ihr zugeschriebene Rolle erfüllen: Dass nämlich das Volk durch positive und negative Auswahl (Wahlen bzw. Strafen) letztlich den Führungsanspruch der Nobilität legitimierte und sich als Schiedsrichter in den Rangkonflikten der Elite bewährte.

Literaturverzeichnis

Aalders, G. J. D., Die Theorie der gemischten Verfassung im Altertum, Amsterdam 1968.

Aymard, A., Les premiers rapports de Rome et de la confédération achaienne (Bibliothèque des Universités du Midi 22), Bordeaux 1938.

Badian, E., Harpalus, JHS 81, 1961, 16–43.

Bastini, A., Der achäische Bund als hellenische Mittelmacht. Geschichte des achäischen Koinon in der Symmachie mit Rom (Europäische Hochschulschriften 335), Frankfurt am Main – New York 1987.

Bauman, R. A., The Suppression of the Bacchanals. Five Questions, Historia 39, 1990, 334–348.

Bleicken, J., Ursprung und Bedeutung der Provocation, ZRG 76, 1959, 324–377.

Blösel, W., Die Anakyklosis-Theorie und die Verfassung Roms im Spiegel des sechsten Buches des Polybios und Ciceros *De re publica*, Buch II, Hermes 126, 1998, 31–57.

Bosworth, A. B., Conquest and Empire. The Reign of Alexander the Great, Cambridge 1988.

Brecht, C. H., Zum römischen Komitialverfahren, ZRG 59, 1939, 261–314.

Brink, C. O. – Walbank, F. W., The Construction of the Sixth Book of Polybius, CQ 4, 1954, 97–122.

Broughton, T. R., The Magistrates of the Roman Republic, Bd. I: 509 B.C.–100 B.C. (Philological Monographs 15.1), New York 1951.

Brulé, P., Polybe et Nabis, in: Renard, J. (Hg.), Le Péloponnèse. Archéologie et histoire (Collection Histoire), Rennes 1999, 177–193.

Büttner-Wobst, T., Polybius: Historiae, Bd. II: Libri IV–VIII (Bibliotheca scriptorum Graecorum et Romanorum Teubneriana), Leipzig [2]1889.

Canali de Rossi, F., Le ambascerie dal mondo greco a Roma in età repubblicana (Studi pubblicati dall'Istituto Italiano per la Storia Antica 63), Rom 1997.

Cantarella, E., I supplizi capitali. Origine e funzioni delle pene di morte in Grecia e a Roma, Mailand [2]2005.

Cartledge, P. – Spawforth, A., Hellenistic and Roman Sparta. A Tale of Two Cities, London – New York [2]2002.

Champion, C. B., Cultural Politics in Polybius's Histories (Hellenistic Culture and Society 41), Berkeley 2004.
Couvenhes, J.-C., Le portrait de Nabis et de ses mercenaires par Polybe 13, 6, 1–10 et 8, 1–2: quels gardes du corps pour quelle légitimité politique?, Revue internationale d'histoire militaire ancienne 4, 2016, 33–56.
Crawford, M. H., Roman Statutes (BICS Suppl. 64), London 1996.
Crifò, G., Ricerche sull' *exilium* nel periodo repubblicano. Parte prima (Fondazione Guglielmo Castelli 32), Mailand 1961.
Deininger, J., Der politische Widerstand gegen Rom in Griechenland. 217–86 v.Chr., Berlin – New York 1971.
Dmitriev, S., Alexander's Exiles Decree, Klio 86, 2004, 348–381.
Dreyer, B., Polybios. Leben und Werk im Banne Roms (Studienbücher Antike 4), Hildesheim 2011.
Eckstein, A. M., Notes on Birth and Death of Polybius, AJPh 113, 1992, 387–406.
Engels, J., Studien zur politischen Biographie des Hypereides. Athen in der Epoche der lykurgischen Reformen und des makedonischen Universalreiches (Quellen und Forschungen zur Antiken Welt 2), München ²1993.
Errington, R. M., Philopoemen, Oxford 1969.
Fox, R. L., Alexander der Große. Eroberer der Welt, Stuttgart 2004 (zuerst engl. 1973).
von Fritz, K., The Theory of the Mixed Constitution in Antiquity. A Critical Analysis of Polybius' Political Ideas, New York 1954.
Gabba, E., *Maximus comitiatus*, Athenaeum 65, 1987, 203–205.
Gagarin, M., Drakon and Early Athenian Homicide Law (Yale Classical Monographs 3), New Haven 1981.
Gargola, D. J., The Shape of the Roman Order. The Republic and Its Spaces (Studies in the History of Greece and Rome), Chapel Hill 2017.
Gehrke, H.-J., Stasis. Untersuchungen zu den inneren Kriegen in den griechischen Staaten des 5. und 4. Jh. v.Chr. (Vestigia 35), München 1985.
Grasmück, E. L., *Exilium*. Untersuchungen zur Verbannung in der Antike (Rechts- und staatswissenschaftliche Veröffentlichungen der Görres-Gesellschaft N.F. 30), Paderborn 1978.
Gray, B. D., Stasis and Stability. Exile, the Polis, and Political Thought. C. 404–146 B. C., Oxford 2015.
Gruen, E. S., The Hellenistic World and the Coming of Rome, Berkeley 1984.
Harter-Uibopuu, K., Das zwischenstaatliche Schiedsverfahren im achäischen Koinon. Zur friedlichen Streitbeilegung nach den epigraphischen Quellen (Akten der Gesellschaft für griechische und hellenistische Rechtsgeschichte 12), Köln u.a. 1998.
Hau, L. I., Polybios' griechische Perspektive auf Rom. Politische Theorie, Religion und Moralität, in: Scherr, J., et al. (Hg.), Polybios von Megalopolis. Staatsdenken zwischen griechischer Poliswelt und römischer *Res Publica* (Staatsverständnisse 159), Baden-Baden 2022, 115–134.
Heisserer, A. J., Alexander the Great and the Greeks. The Epigraphic Evidence, Norman 1980.

Hölkeskamp, K.-J., Rekonstruktionen einer Republik. Die politische Kultur des antiken Rom und die Forschung der letzten Jahrzehnte (Historische Zeitschrift Beihefte N.F. 38), München 2004.
Isayev, E., Migration, Mobility and Place in Ancient Italy, Cambridge 2017.
Jehne, M., Koine Eirene. Untersuchungen zu den Befriedungs- und Stabilisierungsbemühungen in der griechischen Poliswelt des 4. Jahrhunderts v.Chr. (Hermes Einzelschriften 63), Stuttgart 1994.
Jonca, M., The Scope of *exilium voluntarium* in the Roman Republic, in: Santalucia, B. (Hg.), La repressione criminale nella Roma repubblicana fra norma e persuasione (Pubblicazioni del CEDANT 5), Pavia 2009, 77–91.
Karabelias, E., La peine dans Athènes classique, in: La peine/Punishment (Recueils de la Société Jean Bodin pour l'Histoire Comparative des Institutions 55), Brüssel 1991, 77–132.
Kelly, G. P., The Attempted Exile of L. Hostilius Tubulus, Athenaeum 89, 2001, 229–235.
Kelly, G. P., A History of Exile in the Roman Republic, Cambridge 2006.
Kralli, I., The Hellenistic Peloponnese. Interstate Relations. A Narrative and Analytic History, from the Fourth Century to 146 BC, Swansea 2017.
Kunkel, W., Untersuchungen zur Entwicklung des römischen Kriminalverfahrens in vorsullanischer Zeit. Vorgetragen am 3. März 1961 (Abhandlungen der Bayerischen Akademie der Wissenschaften, Philosophisch-Historische Klasse N.F. 56), München 1962.
Larsen, J. A. O., Greek Federal States. Their Institutions and History, Oxford 1968.
Latte, K., Beiträge zum Griechischen Strafrecht II. Die Strafen, Hermes 66, 1931, 129–158.
Lehmann, G. A., Untersuchungen zur historischen Glaubwürdigkeit des Polybios (Fontes et commentationes 5), Münster 1967.
Levy, E., Die römische Kapitalstrafe, in: Kunkel, W., et al. (Hg.), Ernst Levy. Gesammelte Schriften. Zu seinem achtzigsten Geburtstag ihm dargebracht, Köln u.a. 1963, 325–378 (zuerst 1931).
Lintott, A. W., *Provocatio*. From the Struggle of the Orders to the Principate, ANRW I 2, 1972, 226–267.
Lintott, A. W., The Constitution of the Roman Republic, Oxford 1999.
Lintott, A. W., *Provocatio* e *iudicium populi* dopo Kunkel, in: Santalucia, B. (Hg.), La repressione criminale nella Roma repubblicana fra norma e persuasione. Relazioni tenute in occasione dei seminari annuali del Collegio di diritto romano promosso dal Centro di studi e ricerche sui Diritti Antichi (Cedant) a Pavia. (Pubblicazioni del CEDANT 5), Pavia 2009, 15–24.
Lintott, A. W., Crime and Punishment, in: Johnston, D. (Hg.), The Cambridge Companion to Roman Law, New York 2015, 301–331.
Löbel, Y., Rom und die Flüchtlinge. Zum Umgang Roms mit griechischen Verbannten aus dem Achaiischen Bund, Gymnasium 124, 2017, 225–246.
Lonis, R., La réintégration des exilés politiques en Grèce: le problème des biens, in: Goukowsky, P., et al. (Hg.), Hellènika Symmikta. Histoire, Archéologie, Épigraphie (Études d'Archéologie Classique 7), Nancy 1991, 91–109.

MacDowell, D. M., Athenian Homicide Law in the Age of the Orators (Publications of the Faculty of Arts of the University of Manchester 15), Manchester 1963.
McGing, B. C., Polybius' Histories, Oxford 2010.
Meier, C., Die Ordnung der Römischen Republik, HZ 300, 2015, 593–697.
Moore, D. W., Polybius. Experience and the Lessons of History (Historiography of Rome and Its Empire 6), Leiden – Boston 2020.
Mossé, C., La tyrannie dans la Grèce antique, Paris 1969.
Mouritsen, H., Politics in the Roman Republic (Key Themes in Ancient History), Cambridge 2017.
Nicolet, C., Polybe et les institutions romaines, in: Gabba, E. (Hg.), Polybe. Neuf exposés suivis de discussions (Entretiens sur l'Antiquité Classique 20), Genf 1974, 209–258.
Nippel, W., Mischverfassungstheorie und Verfassungsrealität in Antike und früher Neuzeit (Geschichte und Gesellschaft 21), Stuttgart 1980.
Nottmeyer, H., Polybios und das Ende des Achaierbundes. Untersuchungen zu den römisch-achaiischen Beziehungen ausgehend von der Mission des Kallikrates bis zur Zerstörung Korinths (Münchener Arbeiten zur Alten Geschichte 10), München 1995.
Pédech, P., La méthode historique de Polybe, Paris 1964.
Pesaresi, R., Studi sul processo penale in età repubblicana. Dai tribunali rivoluzionari alla difesa della legalità democratica (Pubblicazioni dell'Istituto di Diritto Romano e dei Diritti dell'Oriente Mediterraneo 81), Neapel 2005.
Pfeilschifter, R., Titus Quinctius Flamininus. Untersuchungen zur römischen Griechenlandpolitik (Hypomnemata 162), Göttingen 2005.
Plassart, A., Règlement Tégéate concernant le retour des bannis en 324 av. J.-C., BCH 38, 1914, 101–188.
Rizakis, A., The Achaian League, in: Beck, H., et al. (Hg.), Federalism in Greek Antiquity, Cambridge 2015, 118–131.
Robinson, O. F., Polybius on Exile, Iura 52, 2001, 19–27.
Rubinstein, L., Forgive and Forget? Amnesty in the Hellenistic Period, in: Uibopuu-Harter, K., et al. (Hg.), Vergeben und Vergessen? Amnestie in der Antike. Beiträge zum 1. Wiener Kolloquium zur Antiken Rechtsgeschichte 27.–28.10.2008 (Wiener Kolloquien zur Antiken Rechtsgeschichte 1), Wien 2013, 127–161.
Santalucia, B., Verbrechen und ihre Verfolgung im antiken Rom, Lecce 1997 (zuerst ital. 1989).
Scardino, C., Historiographie, in: Zimmermann, B., et al. (Hg.), Handbuch der griechischen Literatur der Antike, Bd. II: Die Literatur der klassischen und hellenistischen Zeit (HdAW VII 2), München 2014, 617–677.
Schultheß, O., RE 20.1, 1941, 970–978, s.v. φυγή.
Seager, R., Polybius' Distortions of the Roman ‚Constitution': A Simpl(istic) Explanation, in: Gibson, B., et al. (Hg.), Polybius and His World. Essays in Memory of F. W. Walbank, Oxford 2013, 247–254.
Seibert, J., Die politischen Flüchtlinge und Verbannten in der griechischen Geschichte. Von den Anfängen bis zur Unterwerfung durch die Römer (Impulse der Forschung 30), Darmstadt 1979.

Sherwin-White, A. N., The Roman Citizenship, Oxford ²1973 (ND 1996).
Shimron, B., Late Sparta. The Spartan Revolution 243–146 B.C., Buffalo 1972.
Shipley, D. G. J., The Early Hellenistic Peloponnese. Politics, Economies, and Networks 338–197 BC, Cambridge 2018.
Texier, J.-G., Nabis (Annales littéraires de l'Université de Franche-Comté 169), Paris 1975.
Thür, G., Die Todesstrafe im Blutprozess Athens (zum δικάζειν in IG I³ 104.11–13; Dem. 23, 22; Arist. AP 57, 4), JJP 20, 1990, 143–156.
Thür, G. – Taeuber, H., Prozessrechtliche Inschriften der griechischen Poleis: Arkadien (Veröffentlichungen der Kommission für Antike Rechtsgeschichte 8), Wien 1994.
Todd, S. C., The Shape of Athenian Law, Oxford 1993.
Walbank, F. W., A Historical Commentary on Polybius, Bd. I: Commentary on Books I–VI, Oxford 1970 (zuerst 1957).
Walbank, F. W., Polybius (Sather Classical Lectures 42), Berkeley 1972.
Walbank, F. W., Polybius between Greece and Rome, in: Gabba, E. (Hg.), Polybe. Neuf exposés suivis de discussions (Entretiens sur l'Antiquité Classique 20), Genf 1974, 3–31.
Walbank, F. W., A Historical Commentary on Polybius, Bd. III: Commentary on Books XIX–XL, Oxford 1979.
Walbank, F. W., A Greek Looks at Rome. Polybius VI Revisited, SCI 17, 1998, 45–59.
Walter, U., Politische Ordnung in der römischen Republik (Enzyklopädie der griechisch-römischen Antike 6), Berlin – New York 2017.
Welwei, K.-W., Demokratische Verfassungselemente in Rom aus der Sicht des Polybios, in: Spielvogel, J. (Hg.), *Res publica reperta*. Zur Verfassung und Gesellschaft der römischen Republik und des frühen Prinzipats. Festschrift für Jochen Bleicken zum 75. Geburtstag (Hermes Einzelschriften Sonderband), Stuttgart 2002, 25–35.
Worthington, I., From East to West. Alexander and the Exiles Decree, in: Wheatley, P., et al. (Hg.), East and West in the World Empire of Alexander. Essays in Honour of Brian Bosworth, Oxford 2015, 93–106.
Zahrnt, M., Versöhnen oder Spalten? Überlegungen zu Alexanders Verbanntendekret, Hermes 131, 2003, 407–432.
Ziegler, K., RE 21.2, 1952, 1440–1578, s.v. Polybios 1.
Zimmermann, M., Gewalt. Die dunkle Seite der Antike, München 2013.

Aristoteles und die semantische Entwicklung des Begriffs ΠΟΛΙΤΕΥΜΑ

Patrick Sänger

Der Begriff πολίτευμα begegnet im griechischen Sprachgebrauch von der griechischen Klassik, und zwar ab der Mitte des 4. Jahrhunderts v.Chr.,[1] bis in die Spätantike. Seine Semantik zeichnet sich durch mehrere Bedeutungsfelder aus und wurde von Walter Ruppel in einer grundlegenden Studie aus dem Jahr 1927 einer umfassenden Analyse unterzogen. Während Ruppels Ausführungen zu den Bedeutungsfeldern, die sich aus dokumentarischen Quellen erschließen lassen,[2] im Detail mitunter problematisch sind und nicht mehr dem aktuellen Forschungsstand entsprechen,[3] kann seine Auswertung der literarischen Belege als solide Grundlage dienen. Sie ist besonders deswegen attraktiv, weil sie eine semantische Entwicklung des Begriffs zeichnet, die bis zu einem gewissen Grad mit der Chronologie der Zeugnisse in Verbindung gebracht werden kann. Ruppel unterschied bei der Behandlung der literarischen Zeugnisse grundlegend einen ‚attischen' von einem späteren Sprachgebrauch. In Ersterem begegnet πολίτευμα im Sinn von „politische Handlungen, Grundsätze der politischen Betätigung" und „staatsbürgerliche Lebensweise", manchmal auch im Sinn von „Ämter, Behörden, Stände der Bürgerschaft" und „Regierungsart".[4] Gegenüber diesen Bedeutungsfeldern markiert Aristoteles einen Einschnitt. Bei ihm tritt der Aspekt der politischen Handlung bzw. Lebensweise in den Hintergrund, dagegen jener, der den regierenden Teil des Poliswesens berührt und der im ‚attischen' Sprachgebrauch noch unterrepräsentiert war, in den Vordergrund. Dementsprechend spricht Aristoteles mit dem Wort πολίτευμα „Vollbürger, Aktivbürger", die „höchste Gewalt und Souveränität (κύριον)" und „die Behörden, die aus den [...] Vollbürgern hervorgehen und die auf dem κύριον beruhende Gewalt ausüben, die Regierung" an.[5]

1 Siehe Ruppel 1927, 269 und Lévy 1993, 66.
2 Siehe Ruppel 1927, 294–312 und 433–453.
3 Zur Semantik des Wortes πολίτευμα siehe jüngst Förster – Sänger 2014, 157–164; Sänger 2016; dens. 2019, 3–7 und 179–180.
4 Siehe Ruppel 1927, 269–271, 289–290 und 292–293 sowie Lévy 1993, 71.
5 Siehe Ruppel 1927, 272–275, hier: 275.

Der semantische Wandel, der mit Aristoteles einsetzt,[6] ist dann für das Verständnis des Wortes πολίτευμα im hellenistischen Sprachgebrauch und in nachfolgenden Epochen entscheidend. Denn dadurch, dass das Wort bei Aristoteles den Charakter eines Terminus technicus erhielt, wurde die Basis für die allgemeine Bedeutung ‚Bürgerschaft' oder ‚Gemeinwesen' gelegt,[7] was sich auch bei Betrachtung der dokumentarischen Quellen nachvollziehen lässt. Im Folgenden soll der angezeigte Wandel konkretisiert und als Angelpunkt für die weitere semantische Entwicklung des Wortes herausgestellt werden.

Zunächst sei auf eine einschlägige Passage im dritten Buch von Aristoteles' *Politika* verwiesen (1278b6–14):

> ἐπεὶ δὲ ταῦτα διώρισται, τὸ μετὰ ταῦτα σκεπτέον, πότερον μίαν θετέον πολιτείαν ἢ πλείους, κἂν εἰ πλείους, τίνες καὶ πόσαι, καὶ διαφοραὶ τίνες αὐτῶν εἰσιν. ἔστι δὲ πολιτεία πόλεως τάξις τῶν τε ἄλλων ἀρχῶν καὶ μάλιστα τῆς κυρίας πάντων. κύριον μὲν γὰρ πανταχοῦ τὸ πολίτευμα τῆς πόλεως, πολίτευμα δ' ἐστὶν ἡ πολιτεία. λέγω δ' οἷον ἐν μὲν ταῖς δημοκρατίαις κύριος ὁ δῆμος, οἱ δ' ὀλίγοι τοὐναντίον ἐν ταῖς ὀλιγαρχίαις, φαμὲν δὲ καὶ πολιτείαν ἑτέραν εἶναι τούτων.
>
> „Nach diesen Bestimmungen muss untersucht werden, ob man (die Existenz) nur einer einzigen Verfassung oder von mehreren anerkennen soll, und wenn von mehreren, welche diese sind und wie viele und welche Unterschiede zwischen ihnen bestehen. Eine Verfassung ist die Ordnung des Staates sowohl hinsichtlich der niederen Ämter als auch besonders des Organs, das die souveräne Entscheidungsbefugnis in allen Dingen hat. Die souveräne Gewalt des Staates liegt überall bei der Bürgerschicht (πολίτευμα), die Bürgerschicht (πολίτευμα) ist daher geradezu die Verfassung. Ich meine z.B.: in Demokratien ist der Demos der Souverän, in den Oligarchien dagegen die Wenigen; wir sagen ja entsprechend, dass ihre Verfassung verschieden ist."[8]

Bereits an einer vorangehenden Stelle hat Aristoteles darauf hingewiesen, dass es auf eine Demokratie, nicht aber notwendigerweise auf andere Verfassungen zutreffe, dass der πολίτης an der Regierung seiner Polis teilhabe (1275a22–23 und b5–7). Wenn nun gerade in der angezeigten Passage, die sich im sechsten Kapitel des dritten Buches findet, der Begriff πολίτευμα das erste Mal im Rahmen der *Politika* verwendet wird, dann dürfte das kein Zufall sein. Denn an dieser Stelle geht Aristoteles von der formalen Beschreibung der πολιτεία zu deren verschiedenen Ausprägungsformen über. Nachdem er in den ersten fünf Kapiteln des dritten Buches das Verhältnis von Polis, πολῖται und πολιτεία thematisiert hat und Erstere sowohl durch die πολῖται wie durch die πολιτεία repräsentiert

6 Lévy 1993, 71 beschrieb diesen Wandel folgendermaßen: „Ainsi, chez le philosophe [Aristoteles], le *politeuma* correspond non au contenu du πολιτεύεσθαι, comme chez Démosthène ou Eschine, mais plutôt au sujet du πολιτεύεσθαι."

7 Siehe Ruppel 1927, 275–279 und 292.

8 Übers. Schütrumpf 1991, 59.

sieht – was in seine Definition *κοινωνία πολιτῶν πολιτείας* mündet (1276b1) –, wechselt er nun im sechsten Kapitel vom Abstrakten zum Konkreten und fragt nach dem Souverän im Staat, den *κύριοι*.[9] Und hier kommt das Wort *πολίτευμα* ins Spiel,[10] welches offenbar dazu verwendet wird, die *κύριοι* einer Polis zu umschreiben. Um diese semantische Zuspitzung besser zu verstehen, sei auf jene Passage aus Aristoteles' *Politika* verwiesen, die 1278b6–14 unmittelbar vorangeht (1278a34–b5):

> ὅτι μὲν οὖν εἴδη πλείω πολίτου, φανερὸν ἐκ τούτων, καὶ ὅτι λέγεται μάλιστα πολίτης ὁ μετέχων τῶν τιμῶν, ὥσπερ καὶ Ὅμηρος ἐποίησεν „ὡς εἴ τιν' ἀτίμητον μετανάστην" ὥσπερ μέτοικος γάρ ἐστιν ὁ τῶν τιμῶν μὴ μετέχων. ἀλλ' ἐστὶν ὅπου τὸ τοιοῦτον ἐπικεκρυμμένον ἐστίν, ἀπάτης χάριν τῶν συνοικούντων ἐστίν. πότερον μὲν οὖν ἑτέραν ἢ τὴν αὐτὴν θετέον, καθ' ἣν ἀνὴρ ἀγαθός ἐστι καὶ πολίτης σπουδαῖος, δῆλον ἐκ τῶν εἰρημένων, ὅτι τινὸς μὲν πόλεως ὁ αὐτὸς τινὸς δ' ἕτερος, κἀκεῖνος οὐ πᾶς ἀλλ' ὁ πολιτικὸς καὶ κύριος ἢ δυνάμενος εἶναι κύριος, ἢ καθ' αὑτὸν ἢ μετ' ἄλλων, τῆς τῶν κοινῶν ἐπιμελείας.

> „Dass es mehrere Arten des Bürgers gibt, leuchtet nach diesen Bemerkungen ein, und auch dass derjenige am ehesten Bürger bezeichnet wird, der Zugang zu Ehren und Ämtern hat, wie ja Homer dichtet: „wie ein Fremdling ohne Ehre", denn wenn der Zugang zu Ehren und Ämtern verschlossen ist, der ist einem Metöken vergleichbar. Jedoch wo dies verschleiert ist, geschieht das zur Täuschung derjenigen, die (nur) den Wohnsitz miteinander gemeinsam haben.
> Ob man nun die Qualität, nach der jemand guter Mann und guter Bürger ist, als verschieden oder gleich ansetzen soll, ist nach diesen Erörterungen klar: in einem bestimmten Staat ist (der gute Bürger mit dem guten Mann) identisch, in einem bestimmten dagegen nicht identisch; und nicht jeder Bürger ist dem guten Manne gleichzusetzen, sondern nur der leitende Staatsmann und die Persönlichkeit, die die entscheidenden Machtbefugnisse in der Verwaltung des Staates ausübt oder auszuüben in der Lage ist – entweder allein oder im Zusammenwirken mit anderen."[11]

---

9 Siehe Hansen 1994, 92.

10 Nach der angezeigten ersten Verwendung des Begriffes *πολίτευμα* ist dieser noch 17 Mal in den *Politika* anzutreffen. Wie in der oben zitierten Passage 1278b6–14 wird das Wort auch 1279a27 (*bis*) unspezifisch gebraucht, zielt also nicht auf eine bestimmte Verfassung ab. 1302b17 ist der Bezug auf die Bürgerschaft einer Demokratie, den anderen 14 Belegen der auf die Vollbürger einer Aristokratie oder Oligarchie, also jene Gruppe von *πολῖται*, die allein zur politischen Betätigung berechtigt waren, zugrunde zu legen: 1283b22 und 31; 1293a16 und 24; 1297b10; 1301b24; 1303b26; 1305b34; 1306a14; 1308a7 und 14; 1321a27 und 30 sowie 1332b31; zur Interpretation der Textstellen siehe Hansen 1994, 93, der darin leicht von Lévy 1993, 68–69 abwich. Demnach konstatierte Hansen ebd., dass *πολίτευμα* „is the proper term to use when Aristotle comes to the analysis of constitutions in which not all *πολῖται* can be described as *μετέχοντες τῆς πολιτείας*."

11 Übers. Schütrumpf 1991, 58–59.

An dieser Stelle dürfte Aristoteles verallgemeinernd umschreiben, was im Anschluss durch πολίτευμα konkretisiert wird. Er sagt, dass derjenige am ehesten als Bürger anzusehen ist, der politisch tätig sein kann. Weiters hebt er den πολιτικός, den Staatsmann, und diejenigen, die Autorität ausüben oder dazu befähigt sind, vom ‚normalen' Bürger ab.[12] Das bedeutet, dass Aristoteles hier auf einer abstrakten Ebene beginnt, die Verteilung der Herrschaft zu thematisieren, indem er zwischen einem politisch aktiven und inaktiven Teil der Bürgerschaft differenziert.[13] Auch wenn für Aristoteles das ‚Bürgersein' durch politische Partizipation gekennzeichnet und vor allem in der ‚neuesten' Form der Demokratie für die gesamte Bürgerschaft möglich ist,[14] scheint es ihm dabei nicht darum zu gehen, den rechtlichen Status als Bürger an den Aspekt der aktiven Teilhabe an den politischen Institutionen der Polis zu binden.[15] Vielmehr dürfte es Aristoteles' Intention gewesen sein, den Leser im Rahmen der Erzählstruktur auf die konkrete Behandlung der einzelnen Verfassungsarten vorzubereiten, für deren Kategorisierung es entscheidend ist, wie die politische Teilhabe der Bürger geregelt ist. Ob diese möglich ist oder nicht, wird nämlich in erster Linie durch die Verfassung determiniert. Wenn Aristoteles 1278b6–14 den Begriff πολίτευμα einführt, dann tut er das also offenbar, um die πολῖται, die zur politischen Teilhabe berechtigt sind, also theoretisch die κύριοι der Polis, unter einer Bezeichnung zu subsumieren, die sich zur Semantik von πολιτεία in Bezug setzen lässt. Mit anderen Worten: Es wird mit πολίτευμα eine semantische Schnittstelle zwischen πολίτης und πολιτεία kreiert, die auf die κύριοι der Polis abzielt. Dieser Sinnzusammenhang wird 1279a25–28 noch einmal aufgegriffen:

> ἐπεὶ δὲ πολιτεία μὲν καὶ πολίτευμα σημαίνει ταὐτόν, πολίτευμα δ' ἐστὶ τὸ κύριον τῶν πόλεων, ἀνάγκη δ' εἶναι κύριον ἢ ἕνα ἢ ὀλίγους ἢ τοὺς πόλλους.
>
> „Verfassung und Bürgerschicht (πολίτευμα) bedeuten nun das Gleiche; die Bürgerschicht ist aber der Souverän der Staaten, und notwendigerweise können nur ein Einzelner, Wenige oder die Menge den Souverän bilden."[16]

Nach den vorangehenden Ausführungen ist es angesichts der angezeigten Übersetzung nunmehr jedoch evident, dass es nicht den Kern der Sache trifft, den Begriff πολίτευμα mit ‚Bürgerschicht' wiederzugeben.[17] Eine weitere begriffliche Erläuterung bzw. Präzisierung empfiehlt sich an dieser Stelle insbesondere deswegen, weil sonst der Eindruck entstehen könnte, dass in einer Oligarchie die ‚Bürgerschicht' nur von dem begrenzten Kreis privile-

12 Siehe Schütrumpf 1991, 443, Kommentar zu 1278b3.

13 Vgl. bereits 1275a22–33 mit Piepenbrink 2001, 73–74; 78.

14 Siehe Piepenbrink 2001, 73–77.

15 In der Tat hing die Zugehörigkeit zur Bürgerschaft, das heißt zur Gesamtheit der πολῖται, nicht nur an der jeweiligen πολιτεία, sondern, wie 1275b22–24 und 1278a26–34 mitgeteilt wird, auch maßgeblich an der Abstammung von Polis-Bürgern.

16 Übers. Schütrumpf 1991, 61.

17 Schütrumpf 1991, 447 rückte seine Übersetzung „Bürgerschicht" im Kommentar zu 1278b10 in das rechte Licht, wenn er den Begriff πολίτευμα als „regierenden Teil" umschreibt.

gierter Bürger gebildet wurde, denen die Regierung ihres Gemeinwesens oblag – und das wäre freilich nicht zutreffend. Dass deutsche Übersetzungen wie jene, die zitiert wurde, und etwa auch Varianten im Englischen[18] wenig zufriedenstellend sind, hat bereits Mogens H. Hansen gesehen. Vor diesem Hintergrund wies er πολίτευμα in Anbetracht der Verwendungsweise des Wortes in den *Politika* die konkrete Bedeutung „body of citizens with political rights" bzw. „body of politically privileged citizens" zu.[19] Davon ausgehend plädierte Hansen auch für eine modifizierte Auffassung der Formulierung πολίτευμα δ' ἐστὶν ἡ πολιτεία, die 1279a25–28 leicht abgeändert wiederholt wird. Um mit πολίτευμα zu harmonieren, möchte Hansen πολιτεία nämlich im Sinn von „citizen-structure" interpretieren – ein Bedeutungsfeld, das in den *Politika* für πολιτεία neben dem abstrakten Wortsinn ‚Verfassung' durchaus keine Seltenheit ist.[20] Damit wäre dem Begriff πολιτεία in dieser Formulierung ein Verständnis zu Grunde zu legen, das gewissermaßen einen Brückenschlag zwischen dem Abstraktum ‚Verfassung' und dem semantischen Gehalt von πολίτευμα markieren würde. Hansens Überlegungen ergeben also nicht nur eine Präzisierung des Begriffs πολίτευμα, die in gegebenem Kontext zu berücksichtigen ist. Vielmehr würde die von Hansen gebotene Lesart von πολίτευμα δ' ἐστὶν ἡ πολιτεία in semantischer Hinsicht auf den Punkt bringen, was sich auch an anderen Stellen zeigt: Für Aristoteles war die Ausprägung eines πολίτευμα das logische Ergebnis der jeweils vorherrschenden πολιτεία.[21]

Mit der semantischen Stoßrichtung, die Aristoteles dem Wort πολίτευμα in seinen *Politika* verleiht, scheint insgesamt also ein Neologismus eingeführt worden zu sein, der einen Terminus technicus begründet. Es geht um die Umschreibung einer – wenn man so möchte – ‚Aktivbürgerschaft', deren Angehörige sich in ihrer Polis an politischen Ent-

18 Siehe Lüderitz 1994, 188 („the government represents the polity"); Rackham 1959, 201 und Robinson 1995, 19 („the constitution is the government") sowie Sinclair 1981, 187 („the citizen-body is the constitution").

19 Hansen 1994, 94 und 97. Zur Problematik der in den Aristoteles-Übersetzungen zumeist anzutreffenden Wiedergabe von πολίτευμα mit „Regierung" bzw. „government" vgl. auch Piepenbrink 2001, 70. Laut Hansen 1994, 98 sei die Übersetzung „government" für πολίτευμα in vorliegendem Fall deswegen unzutreffend, weil „to the Greek mind the state was not identical with the government; it was first and foremost identical with the citizens. The abstract *politeia* was derived from the concrete *polites*. The Greeks identified state (*polis*) with citizenship (*politeia*) and citizenship with the body of citizens (*politai* or *politeuma*). And a constitution is primarily how the citizens are organized, only secondarily how they arrange the way they are governed. This important sense of the term *politeia* has often been suppressed in discussions of Aristotle's *Politics* and one result has been the misleading rendering ‚the constitution is the government' of Aristotle's πολίτευμα δ' ἐστὶν ἡ πολιτεία."

20 Hansen 1994, 94–98 mit den in den *Politika* bezeugten Passagen, in denen πολιτεία die Bedeutung „citizen-structure" (oder „the body of citizens") aufweist, auf S. 95–96.

21 In diesem Sinn ist wohl auch Hansen 1994, 96–97 aufzufassen: „A ‚constitution' is ‚the city's organization of its officials, and principally of those who rule with supreme powers.' Now, everywhere it is ‚the politically privileged body of citizens' who rule the city, and the ‚constitution (i.e. the citizen-structure)' is in fact a city's ‚politically privileged body of citizens.' In democracies it is the *demos*, in oligarchies it is the *oligoi*."

scheidungsprozessen beteiligten durften, denen es also möglich war, an Volksversammlung, Rat und Gerichten teilzunehmen, und die zur Bekleidung von Ämtern berechtigt waren.[22] Damit ist mit πολίτευμα das maßgebliche institutionelle Element einer Polis benannt, für das Josiah Ober und Josine H. Blok die Bezeichnung „politico-polis" prägten.[23] Die Gestalt des πολίτευμα hing dabei von der Verfassung der jeweiligen Polis ab, war also Konsequenz oder Spiegelbild der jeweiligen πολιτεία. In einer Oligarchie wurde die Zusammensetzung des πολίτευμα dementsprechend von gesetzlichen Regelungen bestimmt, die die politische Partizipation auf eine bestimmte Gruppe von Bürgern beschränkte, die gegenüber der restlichen Bürgerschaft eine Minderheit darstellte.[24] In einer Demokratie – in deren älterer Form der Großteil, in deren neuerer Form die Gesamtheit der Bürger dazu berechtigt war, an dem politischen Leben der Polis teilzunehmen[25] – konnte der Begriff πολίτευμα demgegenüber theoretisch synonym für ‚Bürgerschaft' verwendet werden; hier entschieden die Lebensverhältnisse und nicht Gesetze darüber, wer das Recht auf politische Partizipation wahrnehmen konnte.[26] Als entscheidender Unterschied zwischen den Begrifflichkeiten πολίτευμα und πολιτεία kann mit Edmond Lévy demzufolge festgehalten werden:

> „qu'alors que le *politeuma* est perçu comme un groupe auquel on appartient, la *politeia* est pensée comme une organisation à laquelle on participe (ou éventuellement adhère) ou, si l'on préfère, une ‚structure de participation'. C'est pourquoi le sens n'est pas toujours le même: on est dans le *politeuma* ou on ne l'est pas, ce n'est pas matière à appréciation, alors qu'on participe (κοινωνεῖν) plus ou moins

22 Siehe Piepenbrink 2001, 70.

23 Ober 1996, 161 hatte konstatiert, dass Aristoteles den Begriff ‚Polis' zum einen im Sinn von „a community of citizens (a „politico-polis")" und zum anderen im Sinn von „a community including those residents of a clearly defined territory who were not citizens („a geo-polis")" verwendete. Blok 2005, 32–33 hat diese Terminologie aufgegriffen, bemerkte allerdings, dass zwischen Obers „politico-polis", repräsentiert durch die Bürger, die politisch tätig bzw. aktiv sein konnten, und „geo-polis" eine Bezeichnung für die Gesamtheit der Polis-Bürgerschaft fehle, für welche sie „socio-polis" vorschlug. Dabei wurde aber weder von Ober noch von Blok in Betracht gezogen, dass die aristotelische Verwendung von πολίτευμα begrifflich genau das – und zwar das maßgebliche institutionelle Element einer Polis – umschreiben würde, was der abstrakten Bedeutung „politico-polis" zugrunde gelegt wird. Das ist umso verwunderlicher, als Ober 1996, 165 bezüglich der Verwendung von πολίτευμα in den oben zitierten Stellen 1278b6–14 und 1279a25–28 treffend formulierte: „The abstraction *politeia* is thus identified with the *politeuma* [...], which is the element (either an individual or a sociological part, e.g., *hoi oligoi*) of the polis that is authoritative (*kurion*)."

24 Eine theoretische Kategorisierung der verschiedenen Arten der Oligarchie nimmt Aristoteles in pol. 1292a39–b10 und 1293a12–34 vor; siehe dazu Piepenbrink 2001, 43.

25 Die Unterscheidung zwischen älterer und neuerer Form der Demokratie orientiert sich an Piepenbrink 2001, 43, die die Kategorisierung der verschiedenen Arten der Demokratie bei Aristot. pol. 1291b30–1292a38 und 1292b25–1293a12 systematisiert.

26 Zu der faktischen aktiven politischen Betätigung in einer Demokratie siehe Aristot. pol. 1292b32–41 mit Schütrumpf 1996, 320, Komm. zu 1292b32.

(ἧττον, μάλιστα) à la *politeia* et qu'il s'agit parfois plus d'un choix politique ou d'une détermination sociale que d'un statut juridiquement défini."[27]

Die Weise, in der Aristoteles das Wort πολίτευμα verwendet, schlägt sich auch im Sprachgebrauch der dokumentarischen Quellen nieder. Am anschaulichsten lässt sich das am Beispiel von zwei Inschriften darlegen, die die zeitlich frühesten Belege für die Verwendung des Begriffs πολίτευμα als Terminus technicus darstellen.[28] Es handelt sich einerseits um ein Schreiben Alexanders des Großen an den δῆμος von Chios, das wahrscheinlich aus dem Jahr 332 v.Chr. stammt,[29] und andererseits um das berühmte διάγραμμα, das der Satrap Ptolemaios, Sohn des Lagos, im Jahr 321 v.Chr. an die Stadt Kyrene richtete.[30] In beiden Dokumenten legen Alexander und der spätere Ptolemaios I. Soter die Verfassung der angeschriebenen Gemeinwesen fest. Im Fall von Chios ordnete Alexander eine demokratische Verfassung an (δημοκρατία; Z. 6), indem er explizit festhielt: „in Chios soll das πολίτευμα der δῆμος sein" (πολίτεομα [l. πολίτευμα] δ' [εἶ]|ναι ἐν Χίωι δῆμον; Z. 3–4).[31] Umfasst das πολίτευμα in Chios also die gesamte Bürgerschaft, dient es in Kyrene als Bezeichnung für einen Teil privilegierter Bürger. Der Satrap Ptolemaios bestätigte nämlich die oligarchische Verfassung der Stadt.[32] Demgemäß werden die mit der Verwaltung und den politischen Geschäften befassten Bürger auf eine Gruppe von 10.000 Männern beschränkt, deren Gremium als πολίτευμα bezeichnet wird (πολίτευμα δ' ἔστω οἱ μύριοι; Z. 6). Was die Bürger, die zur politischen Teilhabe berechtigt waren, von der ‚passiven' Bürgerschaft Kyrenes unterscheidet, beruht auf timokratischen Prinzipien und betrifft dementsprechend das Vermögen, das für die Angehörigen des kyrenischen πολίτευμα mit einem Mindestwert von 2.000 Drachmen angegeben wird.

Die zwei angeführten Zeugnisse veranschaulichen, dass der Begriff πολίτευμα bereits am Ende des 4. Jahrhunderts v.Chr., also zeitlich (mehr oder weniger) parallel zu Aristoteles, der im Jahr 322 v.Chr. verstarb, auch in den Urkunden als Bezeichnung für den Teil der Bürgerschaft verwendet wurde, der sich an dem politischen Leben einer Polis beteiligen durfte: die ‚Aktivbürgerschaft'.[33] Fraglich ist jedoch, ob diese Bedeutung im Zusammenhang mit einer Polisgemeinschaft tatsächlich in allen epigraphischen Belegen aus der nacharistotelischen Zeit im Vordergrund stand. Grund zum Zweifel geben die literarischen Quellen, in denen sich die Semantik des Wortes πολίτευμα nach Aristoteles weiterzuentwickeln scheint. Tatsächlich ist eine semantische Veränderung bereits bei dem ersten Autor festzustellen, bei dem der Begriff im Anschluss an Aristoteles wieder anzutreffen ist. Es handelt sich um Polybios, der πολίτευμα unter anderem als Bezeichnung für ‚Staat' bzw. ‚Gemeinwesen' (ursprünglich Polis) verwendet, wobei auch die Konnota-

27 Zitat nach Lévy 1993, 74.
28 Siehe dazu auch Lüderitz 1994, 185–188.
29 Syll.³ 283.
30 SEG 9, 1.
31 Siehe Ruppel 1927, 294 und Lüderitz 1994, 187.
32 Siehe Lüderitz 1994, 185–187.
33 Siehe Lévy 1993, 69 mit Anm. 12.

tion ‚Verfassung' (ursprünglich πολιτεία) gegeben sein kann.[34] Von Bedeutung ist dabei, dass „den πολιτεύματα die βασιλεῖς gegenüber [stehen] wie [...] die ἔθνη; Monarchien und nichtgriechische Völker, die keine hellenistische Verfassung (πολιτεία) haben, werden von Polybios nicht π[ολίτευμα] genannt."[35] In Anbetracht dessen verwundert es wenig, wenn sich πολίτευμα bei Polybios zudem auch auf einen Bundesstaat wie das achäische κοινόν beziehen konnte,[36] und die Verwendung des Begriffes überdies nicht auf das griechische Staatswesen eingeengt wird, sondern ebenso im Zusammenhang mit Karthago oder Rom anzutreffen ist.[37]

Der semantische Wandel, der sich bei Polybios und dessen Gebrauch des Wortes πολίτευμα im Vergleich zu Aristoteles beobachten lässt, ist demnach dadurch gekennzeichnet, dass der Aspekt, der auf die politisch Teilhabeberechtigten aus dem Kreis der Bürgerschaft abzielt, von der Bedeutung her in den Hintergrund tritt, wohingegen die politische Entität, die die politisch Teilhabeberechtigten leiten und verwalten, in den Vordergrund gelangt: Aus der Umschreibung für die politische Handlung im ‚attischen' Sprachgebrauch bzw. den politisch Handelnden bei Aristoteles wird nun also ein Begriff für eine gesamtheitliche politische Ordnung abstrahiert. Dabei wird der Begriff nicht wahllos verwendet, denn Polybios bezeichnete nur solche Staatsformen als πολίτευμα, die als oder in der Art von Poleis strukturiert waren und deren Regierung von der Bürgerschaft gewählt wurde.[38] Somit ist die von der Mitte des 4. Jahrhunderts v.Chr. über Aristoteles bis hin zu Polybios zu verfolgende semantische Entwicklung des Begriffes in der griechischen Literatur keine willkürliche. Und dennoch führt der polybianische Sprachgebrauch zu einer Unsicherheit, denn er bringt es mit sich, dass der Begriff πολίτευμα in den nacharistotelischen Inschriften nicht immer ohne Weiteres als Terminus technicus für die regierende Bürgerschaft gedeutet werden kann. Sofern – anders als in den oben angeführten Beispielen aus Kyrene und Chios – im Text ein eindeutiger Bezug zu einer bestimmten Verfassung fehlt, wird man nämlich, Polybios Rechnung tragend, an den entsprechenden Stellen der epigraphischen Evidenz interpretatorisch auch dem gegenüber Aristoteles abstrahierten Wortverständnis Raum zu geben haben. Da πολίτευμα aus sich selbst heraus keinen Hinweis auf die zugrunde liegende Verfassung gibt, ist dann also ebenso an die Bedeutung ‚Bürgerschaft' (im unspezifischen Sinn), ‚Stadtgemeinde', ‚Gemeinwesen' oder ‚Staat' zu denken.[39]

Nach Polybios sind hinsichtlich der Semantik von πολίτευμα grundsätzlich keine weiteren Veränderungen mehr nachzuweisen. Die verschiedenen semantischen Felder, die das Wort aufweisen kann, begegnen nebeneinander in hellenistischer und römischer Zeit, wofür vor allem Plutarch ein lebhaftes Beispiel abgibt, der πολίτευμα in äußerst vielfälti-

34 Siehe Ruppel 1927, 275–279 und Lévy 1993, 69 mit Anm. 13.
35 Zitat nach Ruppel 1927, 277.
36 Siehe Ruppel 1927, 278.
37 Siehe Ruppel 1927, 276–277 und Lévy 1993, 69, Anm. 13.
38 Siehe auch Ruppel 1927, 454.
39 Siehe Biscardi 1984, 1212–1213; Jonnes – Ricl 1997, 20 (Komm. zu Z. 20); Sakellariou 1989, 108 mit Anm. 1; Hatzopoulos 2001, 96–97; Schinkel 2007, 56–58.

ger Weise gebraucht.[40] Nicht zu vergessen, aber hier nur abschließend kurz zu erwähnen, sind semantische Adaptionen, die die Bedeutungsfelder ‚Bürgerschaft' oder ‚Gemeinwesen' betreffen und sich auf die äußere und innere Gestalt bzw. Ausprägung derartiger als πολίτευμα bezeichneter Entitäten beziehen: So wird der Begriff πολίτευμα im hellenistisch-jüdischen Schrifttum von der ursprünglichen Rückanbindung an das politische Leben einer Polis und deren πολιτεία gelöst und auch auf anders konstituierte Gemeinwesen bezogen;[41] und bei den Ptolemäern war πολίτευμα (ab der Regierungszeit des Ptolemaios VI. Philometor) die Bezeichnung für eine spezifische Form der Vereinigung, die in administrativ-rechtlicher Hinsicht einer räumlich definierten Verwaltungseinheit innerhalb eines urbanen Siedlungsgebietes geglichen hat und insofern ein Gemeinwesen mit seiner (ideellen) ‚Bürgerschaft' darstellte.[42] Auch diese beiden semantischen Varianten entfernen sich aber nicht grundsätzlich von dem politischen, institutionellen und administrativen Kontext, in dem der Begriff πολίτευμα ‚traditionellerweise' steht; und sie verändern ebenso wenig das reale Wortverständnis, das auch in Bezug auf den hellenistisch-jüdischen Wortgebrauch und besagte Organisationsform generell oder vordergründig mit ‚Bürgerschaft' oder ‚Gemeinwesen' zu verknüpfen sein wird.[43] Dementsprechend stehen wir hier vor dem Ergebnis eines zunehmend vielschichtiger werdenden Wortgebrauches, der sich zwar von seiner strikten Polisgebundenheit löst, dabei aber weiterhin Parametern folgt, denen eine gewisse begriffsgeschichtliche Logik immanent ist. Auch an diesem Punkt lässt sich die Grundbedeutung von πολίτευμα also (weiterhin) in drei basale Stränge auffächern: ‚politische Handlung', ‚Regierungs-, Verwaltungstätigkeit' als ‚attische' Semantik und ‚(Aktiv)Bürgerschaft' sowie ‚Gemeinwesen' bzw. ‚Staat' als ‚nachattische' Entwicklungsstufen,[44] deren Ursprung in Aristoteles' Sprachgebrauch festgemacht werden kann.

---

40 Siehe Ruppel 1927, 289–291 und Leão 2016.

41 Siehe dazu Sänger 2016. In diesem Kontext wurde πολίτευμα als Bezeichnung für Gemeinschaften verwendet, die in ideeller oder religiöser Hinsicht gemäß ihrer eigenen (Rechts-)Vorstellungen lebten; die Juden folgten diesbezüglich der Torah, ihrem Gesetzesbuch, das ihrer Glaubensgemeinschaft einen institutionalisierten Anstrich verlieh; zu diesem Konzept der jüdischen πολιτεία siehe Sänger 2019, 66–67; 113; 258–259.

42 Zur Organisationsform πολίτευμα, die in rechtlicher Hinsicht im Übrigen klar von einer Polis zu unterscheiden ist, siehe unlängst ausführlich Sänger 2019.

43 Siehe dazu Sänger 2019, 179–180, wo im Zusammenhang mit der (ptolemäischen) Organisationsform auch darauf hingewiesen wird, dass der Begriff πολίτευμα durch diesen Wortgebrauch – neben der auf Aristoteles zurückgehenden ‚Aktivbürgerschaft' – ein zweites Bedeutungsfeld in der griechischen Verwaltungssprache im Sinn eines Terminus technicus erhielt; vgl. Lüderitz 1994, 185.

44 Vgl. dementsprechend auch die Hauptstränge, in die die Bedeutungsfelder in LSJ[9] 1434 s.v. gegliedert sind.

Literaturverzeichnis

Biscardi, A., Polis, politeia, politeuma, in: Atti del XVII Congresso Internazionale di Papirologia (Napoli, 19–26 maggio 1983) (Centro Internazionale per lo Studio dei Papiri Ercolanesi), Bd. III, Neapel 1984, 1201–1215.

Blok, H. J., Becoming Citizens. Some Notes on the Semantics of „Citizen" in Archaic Greece and Classical Athens, Klio 87, 2005, 7–40.

Förster, H. – Sänger, P., Ist unsere Heimat im Himmel? Überlegungen zur Semantik von πολίτευμα in Phil 3,20, Early Christianity 5, 2014, 149–177.

Hansen, M. H., *Polis*, *Politeuma* and *Politeia*, in: Whitehead, D. (Hg.), From Political Architecture to Stephanus Byzantius. Sources for the Ancient Greek *Polis* (Historia Einzelschriften 87), Stuttgart 1994, 91–98.

Hatzopoulos, M. B., L'organisation de l'armée macédonienne sous les Antigonides: Problèmes anciens et documents nouveaux (Meletemata 30), Athen 2001.

Jonnes, L. – Ricl, M., A New Royal Inscription from Phrygia Paroreios: Eumenes II Grants Tyriaion the Status of a *polis*, EA 29, 1997, 1–30.

Leão, D. F., Politeuma in Plutarch, Synthesis 23, 2016: http://www.synthesis.fahce.unlp.edu.ar/article/view/SYNe007 ⟨16.09.2023⟩.

Levi, M. A., I *politeumata* e la evoluzione della società ellenica nel IV sec. a.C., PP 18, 1963, 321–336.

Lévy, E., *Politeia* et *politeuma* chez Aristote, in: Piérart, M. (Hg.), Aristote et Athènes (Actes de la Table Ronde Centenaire de l'Athēnaiōn Politeia, Fribourg [Suisse]), 23–25 mai 1991), Paris 1993, 65–90.

Lüderitz, G., What is the Politeuma?, in: van Henten, J. W., et al. (Hg.), Studies in Early Jewish Epigraphy (Arbeiten zur Geschichte des antiken Judentums und des Urchristentums 21), Leiden u.a. 1994, 183–225.

Ober, J., The Polis as a Society: Aristotle, John Rawls, and the Athenian Social Contract, in: ders., The Athenian Revolution: Essays on Ancient Greek Democracy and Political Theory, Princeton 1996, 161–187.

Piepenbrink, K., Politische Ordnungskonzeptionen in der attischen Demokratie des vierten Jahrhunderts v. Chr. Eine vergleichende Untersuchung zum philosophischen und rhetorischen Diskurs (Historia Einzelschriften 154), Stuttgart 2001.

Rackham, H. (Hg. und Übers.), Aristotle. Politics (The Loeb Classical Library 264), Cambridge/MA 1959.

Robinson, R. (Hg. und Übers.), Aristotle. Politics. Books III and IV (Clarendon Aristotle Series), Oxford 1995.

Ruppel, W., Politeuma. Bedeutungsgeschichte eines staatsrechtlichen Terminus, Philologus 82, 1927, 268–312 und 433–454.

Sänger, P., The Meaning of the Word πολίτευμα in the Light of the Judaeo-Hellenistic Literature, in: Derda, T., et. al. (Hg.), Proceedings of the 27th International Congress of Papyrology, Warsaw, 29 July – 3 August 2013, Bd. III: Studying Papyri (JJP Suppl. 28), Warschau 2016, 1679–1693.

Sänger, P., Die ptolemäische Organisationsform politeuma. Ein Herrschaftsinstrument zugunsten jüdischer und anderer hellenischer Gemeinschaften (Texts and Studies in Ancient Judaism 178), Tübingen 2019.

Sakellariou, M. B., The Polis-State: Definition and Origin (Meletemata 4), Athen 1989.

Schinkel, D., Die himmlische Bürgerschaft. Untersuchungen zu einem urchristlichen Sprachmotiv im Spannungsfeld von religiöser Integration und Abgrenzung im 1. und 2. Jahrhundert (Forschungen zur Religion und Literatur des Alten und Neuen Testaments 220), Göttingen 2007.

Schütrumpf, E. (Hg. und Übers.), Aristoteles. Politik. Buch II/III (Aristoteles Werke in deutscher Übersetzung 9: Politik, Teil 2), Darmstadt 1991.

Schütrumpf, E. (Hg. und Übers.), Aristoteles. Politik. Buch IV/VI (Aristoteles Werke in deutscher Übersetzung 9: Politik, Teil 3), Darmstadt 1996.

Sinclair, Th. A. (Übers.), Aristotle. The Politics (Penguin Classics), Harmondsworth 1981 (revised and re-presented by T. J. Saunders).

Die Zumutungen der Appellation und die Ehre des Magistraten im späten Rom

Sebastian Schmidt-Hofner

Bei Hofe zeigte man sich schockiert über die Insubordination, von der man jüngst Kenntnis erhalten hatte: „Wir können nicht glauben, dass jemand so mutwillig die Gesetze bricht, dass er es wagen würde, eine Appellation zurückzuweisen, die gesetzeskonform eingelegt wurde.“ Wenn ein Statthalter oder anderer Magistrat sich dazu versteige, müsse er – so ließ das kaiserliche Schreiben aus dem Jahr 399, aus dem das Zitat stammt, einen Statthalter von Tripolitania wissen – mit einer vernichtenden Geldstrafe rechnen: je 30 Pfund Gold für sich und für seine Kanzlei, letztere deswegen, weil sie ihn nicht davon abgehalten hatte.[1] Die inszenierte Fassungslosigkeit darf uns jedoch nicht täuschen: Dass Magistrate das Appellationsrecht missachteten, war keineswegs so unerhört, wie die kaiserliche Empörungsrhetorik das Publikum des zitierten Erlasses glauben machen wollte. Im Gegenteil, Missachtung, ja regelrechte Obstruktion von Appellationen durch Statthalter und andere Magistrate waren nach Ausweis einer dichten Quellenlage alles andere als eine Seltenheit. Die Frage, warum dies so war, ist der Ausgangspunkt dieses Aufsatzes. Wie sich zeigen wird, weist das Phänomen weit über die Gerichtsbarkeit hinaus auf grundlegende Charakteristika des spätrömischen Staatswesens.

Problem und These

Das spätrömische Reich verfügte über einen hochdifferenzierten hoheitlichen Justizapparat von beträchtlichem Umfang. Neben der lokalen Rechtspflege durch die städtischen Obermagistrate und, flächendeckend seit 368 und seit Beginn des 5. Jh. zunehmend ausschließlich, durch den nominell kaiserlich bestallten, aber faktisch in den Städten bestimmten *defensor civitatis* existierte eine mehrfach gestaffelte Hierarchie von Gerichtsmagistraten auf allen Ebenen der Reichsverwaltung. Ihre unterste Ebene bildeten provinziale Amtsträger: allen voran die Provinzstatthalter, üblicherweise die erste Instanz für alle Zivil- und Kriminalsachen; neben ihnen fungierten in bestimmten Fällen provinziale Vertreter der *res privata* und der *sacrae largitiones* sowie Armeekommandanten als Rich-

1 Cod. Theod. 11, 30, 59: *Nullum ita credimus contumacem, ut appellationem interpositam legibus audeat recusare.*

ter. Oberhalb jener provinzialen Gerichtsinstanzen existierten mehrere überregionale, deren wichtigste – sieht man von der Militärgerichtsbarkeit ab – die Vikare und äquivalente Amtsträger (etwa der *comes Orientis*), die Finanz-*comites* sowie die Prätoriums- und Stadtpräfekten waren; ganz an der Spitze stand das kaiserliche Gericht. Diese überregionalen Gerichte wurden zwar oft auch direkt angegangen, ihre primäre Funktion war aber die der Appellationsinstanz: Die verschiedenen Ebenen der Gerichtsbarkeit waren durch ein mehrgliedriges Appellationssystem verbunden, das vom Statthaltergericht bis zu dem des Präfekten oder Kaisers führte. Die Funktionsweise dieses Systems war Gegenstand vieler Dutzender kaiserlicher Konstitutionen in zahlreichen, teilweise überaus umfangreichen Titeln der spätrömischen Rechtskodifikationen, u.a. Cod. Theod. 11, 30–38, Cod. Iust. 7, 61–70 und Dig. 49, 1–13; alleine der Titel Cod. Theod. 11, 30 *de appellationibus et poenis earum et consultationibus* enthält 69 Konstitutionen. Diese Masse zeigt für sich genommen bereits die Bedeutung des Appellationswesens im Rechtsleben des spätrömischen Reiches: Da die einschlägigen Konstitutionen zum allergrößten Teil auf konkrete Streitfälle zurückgingen, lässt sich aus ihrer beträchtlichen Zahl auf eine intensive Nutzung des Appellationssystems durch die Bevölkerung schließen, und der Umstand, dass Kaiser dabei entstehende Problemfälle so häufig zum Gegenstand allgemeingültiger Gesetzgebung machten, die den Weg in die Kodizes fand, bestätigt dies – nicht zuletzt, weil nicht wenige dieser Konstitutionen dem Zweck oder wenigstens Nebenzweck gedient haben dürften, publikumswirksam den Kaiser als Garanten für ein von vielen in Anspruch genommenes und offenbar für wichtig befundenes Element der Rechtsordnung zu demonstrieren. Auch Quellenzeugnisse, die direkt in die Rechtspraxis hineinführen, wie die *relationes* des Stadtpräfekten von Rom, Q. Aurelius Symmachus, zu Prozessen in seinem Jurisdiktionsbereich, zeigen die intensive Nutzung des Appellationsrechtes.[2] In der Tat wurde das Appellationsrecht so häufig in Anspruch genommen, dass die Kaiser immer wieder Versuche unternahmen, Appellationen zu beschränken – um endlose Prozesse zu vermeiden, aber auch in dem ureigenen, bisweilen sogar offen eingestandenen Interesse, die Gerichte einschließlich dem des Kaisers zu entlasten.[3]

Die dutzenden einschlägigen Konstitutionen zeigen ein System, an dem im Einzelnen beständig gearbeitet wurde, dessen Problem- und Konfliktpunkte aber immer dieselben blieben: die Appellationswege, d.h., welcher Magistrat für welches Gericht Berufungsinstanz war; Fälle, in denen Appellation aus sachlichen Gründen unzulässig war; der Zeitpunkt im Verfahren und die Verfahrensarten, die eine Appellation ermöglichten oder verunmöglichten; die bei einer Appellation vom Kläger oder dem Gerichtsmagistraten der höheren Instanz vorzulegenden Dokumente; Fristen für Appellation.[4] Ein weiterer, auffallend häufiger Gegenstand der Appellationsgesetzgebung ist der Ausgangspunkt dieses Aufsatzes: die Missachtung oder Obstruktion des Appellationsrechts durch Ma-

2 Symm. rel. 16; 28; 32; 33; 38–41; 48 §4.

3 Vgl. dazu Dillon 2012, 231–41, und bes. die Maßnahmen Justinians: Jones 1964, 482–484; 494–496; 505–506.

4 Zum spätrömischen Appellationsverfahren grundlegend Litewski 1965–1968 und Pergami 2000; knapper Kaser – Hackl 1996, 617–623 und Dillon 2012, 214–250.

gistrate, die Appellationen gegen ihr Urteil ablehnten, sie nicht an die nächsthöhere Instanz weiterleiteten oder generell eine Drohkulisse gegen Appellationen von ihrem Gericht aufbauten. Warum taten sie das, und warum war das Phänomen offenbar so verbreitet?

Die Frage ist in der Forschung – so weit ich sehe – bislang kaum je gestellt worden,[5] kann aber deswegen weitergehendes Interesse beanspruchen, weil sie den Blick auf grundsätzliche Wesensmerkmale der spätrömischen Reichsverwaltung lenkt. Dieser Aufsatz vertritt die These, dass sich im Appellationswesen ein grundlegender Konflikt kollidierender sozialer Systeme manifestierte: auf der einen Seite dem des Rechts mit den ihm inhärenten Regeln und Rollenzuweisungen für Richter, in dem ein Urteil überprüfen zu können einen Rechtsanspruch und regulären Vorgang darstellte; auf der anderen Seite soziale Logiken: zum einen die Dynamiken des protobürokratischen spätrömischen Verwaltungsapparates, in dem Amtsträger vielfältiger Überwachung unterlagen, auch im Bereich der Jurisdiktion, und es daher dazu kam, dass Magistrate Appellationen zu verhindern suchten; zum anderen tiefsitzende gesellschaftliche Überzeugungen und Ordnungsprinzipien, die zur Folge hatten, dass viele Gerichtsmagistrate eine Appellation sozusagen ‚persönlich nahmen', weil sie diese als Infragestellung ihrer Autorität, als Missachtung des Respekts, den sie aufgrund ihres Amtes und meist hohen sozialen Ranges erwarten zu dürfen glaubten, als Angriff auf ihre Reputation, kurz als Beschädigung all dessen empfanden, was ihre ‚Ehre' ausmachte.[6] In einem Wort, Appellationen galten ihnen als potentiell ehrverletzend, weswegen sie häufig (wenn auch keineswegs immer) obstruiert wurden.[7]

Diese Thesen werden im Folgenden ausführlicher dargelegt und begründet werden, indem zunächst die Evidenz für Widerstand gegen Appellationen näher vorgestellt und dann die sozialen Logiken weiter ausgeführt werden, die zu jenem Widerstand führten. Das Erkenntnisziel, das sich mit dieser Untersuchung verbindet, ist ein doppeltes. Zum einen will sie eine Perspektive auf das spätrömische Appellationswesen eröffnen, die in der bisherigen – vornehmlich rechtshistorischen – Forschung zu diesem Thema so gut wie keine Rolle gespielt hat: die Bedeutung der sozialen Dynamiken und Mentalitäten, die die Rechtspraxis auch in diesem Bereich beeinflussten. Zum anderen will der Aufsatz einen kleinen Aspekt zu einem viel größeren Thema beitragen, das nicht neu, für das Verständnis des spätrömischen Staatswesens aber essentiell und noch lange nicht

---

5 Nur andeutungsweise bei De Marini Avonzo 2001, 219 („vanità e venalità"), Pergami 2000, 52 Anm. 15 (Korruption), Harries 1999, 113 (judges „felt sensitive about appeals as reflecting on their competence") und Dillon 2012, 244 („corruption, spite, bureaucratic self-importance, and intolerance of being challenged").

6 Zum schillernden Bedeutungsgehalt des Konzepts ‚Ehre' – selbst wenn man nur die hier einschlägige ‚äußere' Ehre (im Sinne sozialer Anerkennung, Respekt etc.) in Betracht zieht, also von der ‚inneren' Ehre (im Sinne von Selbstachtung, persönlicher Würde, Haltung) absieht – s. nur die Einleitungen zu Schreiner – Schwerhoff 1995 und Burkhart 2006 sowie Speitkamp 2010. Grundlegend für Ehre als strukturierendem Prinzip der römischen Gesellschaft Lendon 1997.

7 Diese zweite These wird hier nicht zum ersten Mal geäußert; gelegentlich klang sie in der Forschung schon an, etwa bei Lendon 1997, 207, oder De Marini Avonzo 2001, 219 (mit weiteren Verweisen in Anm. 164–165), allerdings stets nur en passant und ohne weitergehende Überlegungen.

ausgeforscht ist: Strukturen und Verfahren jenes imposanten Verwaltungsstaates waren keineswegs so rational-bürokratisch wie sie auf den ersten Blick erscheinen, sondern durchsetzt von Anomalien, ‚irrationalen' Praktiken und Phänomenen, deren Grund in Mentalitäten, gesellschaftlichen Rollenerwartungen und Strukturen lag, die oftmals quer zu den rechtlichen und funktionalen Logiken der Verwaltung standen. Die verletzte Ehre des Magistraten als Hindernis in Appellationsverfahren war ein solches Phänomen.

Die Zumutung der Appellation

Ausgangspunkt des Folgenden ist wie einleitend erwähnt die Beobachtung, dass offenkundig viele Statthalter, Vikare oder andere Gerichtsmagistrate Appellationen von ihrem Gericht an eine höhere Instanz zu verhindern oder zu obstruieren suchten. Die Belege dafür sind so zahlreich, dass wir es mit Sicherheit nicht mit seltenen Einzelfällen zu tun haben, sondern eher mit der Spitze eines Eisbergs. So kann eine Konstitution Constantius' II. aus dem Jahr 355 vernichtende Geldstrafen androhen, „da *rectores ordinarii* (in erster Linie sind wohl Statthalter gemeint) der Meinung sind, Berufungen seien zu verschmähen (*respuere*)," und dies auch, obwohl „nicht aus der Vollstreckung heraus oder von einem Zwischenurteil, sondern von einem den Streitfall beendenden Urteil", also rechtmäßig appelliert worden war.[8] Appellation gegen Vollstreckung und aus dem Verfahren heraus war stets verboten, das Urteil, sofern nicht letztinstanzlich, anzufechten dagegen immer erlaubt;[9] für die Verweigerung des Appellationsrechts, auf die die Konstitution reagierte, können in dem hier zugrundeliegenden Fall demnach keine billigen rechtlichen Gründe ausschlaggebend gewesen sein, sondern nur persönliche des Richters – wofür auch die abschätzige Wortwahl *respuere* und die hohe Strafe (30 Pfund Gold jeweils für den Magistraten und seine Kanzlei) sprechen.[10] Andere Konstitutionen bestätigen, dass die Verweigerung des Appellationsrechts, ohne dass es dafür rechtliche Gründe

8 Cod. Theod. 11, 30, 25 = Cod. Iust. 7, 62, 21: *Quoniam iudices ordinarii provocationes aestimant respuendas, placet, ut, si quis appellationem suscipere recusaverit, quae non ab exsecutione vel a praeiudicio, sed a sententia iurgium terminante fuerit interposita, XXX pondo auri cogatur fisco inferre, triginta alias libras auri officio eius itidem soluturo.* Die „verschmähenden" Magistrate waren hier diejenigen, gegen deren Urteil Berufung eingelegt wurde; bei ihnen wurde stets die Appellation eingelegt, sie hatten dann die Weiterleitung an den Appellationsgerichtshof zu veranlassen: Kaser – Hackl 1996, 619. Dass es sich hier, wie auch bei den folgenden Beispielen, aller Wahrscheinlichkeit nach um die Richter handelt, gegen die appelliert wurde, nicht um die Appellationsrichter, geht zum einen daraus hervor, dass sie hier als *iudices ordinarii* bezeichnet werden, was meist „Statthalter", mithin die unterste Stufe der Appellationskette meint (es sei denn, man nimmt an, es gehe um Appellationen von städtischen Magistraten); zum anderen aus dem Kontext der weiteren in diesem Abschnitt behandelten Konstitutionen, bei denen zum größten Teil unzweifelhaft ist (weil es z.B. um die verschleppte Weiterleitung der Einspruchsunterlagen geht), dass die Richter gemeint sind, gegen deren Urteil appelliert wurde.

9 Kaser – Hackl 1996, 618–619.

10 Die Wortwahl *respuere* für ungerechtfertigte Verweigerung u.a. auch in Cod. Theod. 11, 30, 11 = Cod. Iust. 7, 62, 16 §1 (321) und 51 (393).

gab, oft vorkam: „Welcher Gerichtsmagistrat auch immer gegen den Willen des Gesetzes Appellationen missachtet", so heißt es in einem Erlass von 364, wird mit einer (wiederum exorbitanten) Strafe belegt;[11] und das eingangs zitierte Schreiben an einen Statthalter der Tripolitana aus dem Jahr 399 echauffiert sich über Magistrate, die „mutwillig die Gesetze brechen (*contumax esse*)," indem sie Appellationen zurückzuweisen, „die gesetzeskonform eingelegt wurde(n)."[12] Der kaiserliche Gesetzgeber geht in all diesen Fällen offenkundig davon aus, dass die Gerichtsmagistrate mit ihrem Widerstand gegen Appellationen bewusst Gesetze brachen.

Mit der Verweigerung gingen offenbar nicht selten Einschüchterungsversuche einher. So mahnt eine einschlägige Konstitution Constantius' II. aus dem Jahr 343 „alle Statthalter, dass sie, wenn jemand zu der Auffassung gelangt ist, Berufung einlegen zu müssen, die Eingabe nach Herkommen und gemäß der gesetzlichen Ordnung an diejenigen, die sie für gewöhnlich anhören, übermitteln", die Appellanten nicht „durch Anwendung von *iniuriae* abschrecken" und so eines notwendigen Rechtsmittels berauben sollen; Zuwiderhandlung wird wieder mit einer hohen Geldstrafe belegt.[13] Der Verweis auf *iniuriae* und die Strafandrohung zeigt, dass auch hinter dieser Maßnahme nicht die reguläre Ablehnung einer Appellation aus rechtlichen Gründen stand. Was genau hier mit *iniuriae* gemeint war, muss offenbleiben: einfach das Unrecht, eine Berufung zu verweigern? Ehrverletzende Behandlung des Appellanten? Oder gar Drohungen oder tätliche Nötigung? All das scheint es gegeben zu haben. Ein Erlass des Jahres 355 spricht davon, dass erstinstanzlich Unterlegene „Angst vor den Richtern" (*imminente iudicum metu territos*) namhaft machten, wenn sie die Appellationsfrist versäumten; die Rechtslage ermöglichte in solchen Fällen von „erwiesenem *terror*", wie die Konstitution sagt, wohl schon vor Constantius II. auch nach Ablauf der Frist eine Appellation.[14] Der Fall galt also als durchaus realistisch. In der Tat versicherte eine Konstitution Julians zum Thema von Fristversäumnissen bei Berufungen: „Während Wir das Gemeinwesen regieren, wird kein Richter wagen, Streitenden die Zuflucht der Appellation zu verweigern. Wer aber Nötigung (*vis*) ertragen musste" – und deshalb nicht fristgemäß Berufung einlegen konnte –, „möge innerhalb der gesetzmäßigen Frist für Appellationen in öffentlich vorgetragener Erklärung vor Zeugen die Gründe für die Appellation mit klaren Belegen darlegen"; dann werde die Berufung neu verhandelt.[15] Wie eine solche Nötigung aussehen konnte, dürfte aus zwei Konstitutionen Konstantins hervorgehen, die verbieten, Appellanten in Kerkerhaft oder unter scharfer Bewachung zu halten, um das Berufungsverfahren zu verschleppen. Noch die Kommentatoren der *interpretationes*, das Breviar Alarichs und

11 Cod. Theod. 11, 30, 33. Auch hier geht es eindeutig um Statthalter.

12 Cod. Theod. 11, 30, 59, s.o. Die Strafe beläuft sich wiederum auf je 30 Pfund Gold für Magistrat und Kanzlei.

13 Cod. Theod. 11, 30, 22.

14 Cod. Theod. 11, 34, 2, das im letzten Satz ein älteres, die nachträgliche Appellation gewährendes Gesetz bestätigt. Dabei kann es sich nicht um Cod. Theod. 11, 34, 1 von 331 handeln, das zuvor erwähnt wird, denn dort verweigerte Konstantin in solchen Fällen die Appellation. Auch dort ist aber davon die Rede, dass Angst vor dem Richter namhaft gemacht wurde.

15 Cod. Theod. 11, 30, 30 = Cod. Iust. 7, 67, 2.

das *Edictum Theoderici* fanden es nötig, diese Bestimmungen zu wiederholen.[16] Versuche, Appellanten durch Einschüchterung bis hin zur Nötigung von einer Urteilsanfechtung abzuhalten, gab es demnach immer wieder.

Doch gab es zu diesem Zwecke auch weniger aufsehenerregende Methoden. Dies wenigstens legen die zahlreichen Konstitutionen nahe, die unvollständige oder nicht fristgerecht eingereichte Dokumentation von Appellationen zum Gegenstand haben. So stellt ein Erlass Julians aus dem Jahr 363 fest, dass „sehr viele Statthalter *(plerique rectores) relationes*, die sie an den Hof Unserer Gnaden zu schicken versprachen, zu unterdrücken oder zu verschleppen versuchen, und sie tun dies mit schlechtem Gewissen." Daher werden ihnen und ihrer Kanzlei eine hohe Geldstrafe angedroht und weitere Maßnahmen getroffen.[17] Die Konstitution spricht für sich; bestätigt wird sie von mehreren weiteren Zeugnissen. Ein Erlass des Jahres 374 zum Beispiel droht Gerichtsmagistraten und ihren Kanzleien Bestrafung als *sacrilegium* an, wenn sie nach Appellationen oder auch im Falle selbst eingereichter *relationes* (im Verfahren der *consultatio ante sententiam*, dazu gleich) nicht alle nötigen Unterlagen – eigene ebenso wie die der Parteien – fristgemäß an das Kaisergericht weitergeben. In der Sache bestätigt er im Wesentlichen nur eine Konstitution Konstantins zu demselben Vergehen, auf die er auch Bezug nimmt. Deren scharfe Formulierungen und die in beiden Fällen angedrohte Todesstrafe lassen keinen Zweifel, dass auch diese Maßnahme sich gegen bewusste Verschleppung durch Gerichtsmagistrate richtet und nicht bloß gegen Versäumnisse vorging.[18] Eine andere Konstitution droht den Gerichtsmagistraten mit Infamie, wenn sie der Pflicht zur Übersendung der Prozessdokumente nicht nachkommen sollten.[19]

Diese ‚bürokratischen Methoden' der Obstruktion von Urteilsanfechtungen durch die betroffenen Magistrate waren freilich nicht die einzigen; es gab noch subtilere, ja gänzlich legale, die nach Ausweis der Rechtsüberlieferung ebenfalls nicht selten in Anwendung kamen. So heißt es in einem Erlass Konstantins: „Nicht wenige Richter niedrigeren Rangs ertragen nicht, dass von ihrem Urteil das Rechtsmittel der Appellation eingelegt wird, und richten es daher so ein, dass sie Uns unnötige und sachlich ungerechtfertigte *relationes* unterbreiten"; das solle unterbunden und stattdessen der reguläre Appellationsweg beschritten werden.[20] Um zu vermeiden, dass gegen ihr Urteil Appellation eingelegt wurde, zogen es die Richter demnach vor, die strittige Angelegenheit selbst dem Kaiser im Rahmen eines Konsultationsverfahrens – einer sogenannten *consultatio ante sententiam* – vorzulegen; dies geschah in Form einer *relatio*, die den Sachverhalt darlegte. Das Urteil blieb dann dem Kaisergericht überlassen und war inappellabel. Diese Vermeidungsstrategie bestätigen andere Erlasse. So wurde 319 Provinzstatthaltern verboten, „damit nicht

16 Cod. Theod. 11, 30, 15 = Brev. 11, 8, 2 mit der *interpretatio*; vgl. Cod. Theod. 11, 30, 2 = Brev. 11, 8, 1 und Cod. Iust. 7, 62, 12. Daran anknüpfend Edict. Theod. 55.

17 Cod. Theod. 11, 30, 31.

18 Cod. Theod. 11, 29, 5 (374) und 11, 30, 8 (319); letztere spricht von der *dissimulatio* der Richter und der *coniventia* seiner Kanzlei, setzt kriminelle Absicht also voraus.

19 Cod. Theod. 11, 30, 9 = Cod. Iust. 7, 62, 15 (318).

20 Cod. Theod. 11, 30, 13: *Nonnulli iudicum inferioris gradus a sententiis suis interponi provocationis auxilium aegre ferentes id efficiunt, ut nobis eorum relationes non necessariae et insolentes ingerantur.*

von ihnen (d.h ihrem Gericht) appelliert wird, Streitende (sc. von einer Appellation) abzuhalten, indem sie eine *relatio* an den Kaiser versprechen."[21] Und 342 sollte ein Präfekt „Statthalter, die, um Berufungen zu vermeiden, unter dem Vorwand einer *relatio* Zivilverfahren verschleppen, ermahnen, die begonnenen Prozesse zu beenden", wobei dann später regulär appelliert werden könne.[22]

Warum die Magistrate den Konsultationsweg einer regulären Appellation vorzogen, sagen die Gesetzestexte nicht, doch lässt sich dies teils vermuten, teils aus anderen Quellen – namentlich Symmachus' *Relationes*, die mehrere direkte Zeugnisse dieses Verfahrens enthalten – erschließen. Eigentlicher Zweck des Verfahrens der *consultatio ante sententiam* war, eine widersprüchliche Rechtslage oder einen von der bestehenden Gesetzeslage nicht abgedeckten Fall einer autoritativen Entscheidung zuzuführen; Symmachus griff in seiner Richtertätigkeit als Stadtpräfekt mehrmals darauf zurück.[23] Das Verfahren ermöglichte es dem Richter aber auch, sich juristisch heikler oder politisch brisanter Verfahren zu entledigen oder sich sozialen Drucks durch Parteien zu entziehen. Zudem bot es dem Magistrat die Möglichkeit, die Infragestellung seines eigenen Urteils oder seiner Prozessführung im Appellationsverfahren zu umgehen, in seiner *relatio* den strittigen Sachverhalt und das eigene Vorgehen als Richter in gewünschtem Licht erscheinen zu lassen und gegebenenfalls den Ausgang der Sache in seinem Sinne zu beeinflussen. Ein Beispiel für ein solches Manöver scheint in Symmachus' 40. *relatio* vorzuliegen.

Symmachus war hier in zweiter Instanz Richter eines ursprünglich vor dem Statthalter von Campania verhandelten Streits der Städte Tarracina und Puteoli über eine staatlich befohlene Getreideumverteilung zwischen den Städten der Provinz, nachdem Tarracina gegen die für Puteoli günstige Entscheidung des Statthalters appelliert hatte. Symmachus übergab das Verfahren ohne Urteil im Rahmen besagter *consultatio ante sententiam* an den Kaiser; die 40. *relatio* ist das übliche amtliche Schreiben mit der Darlegung des Sachverhalts. Warum er das tat und nicht selbst entschied, ist umstritten: Man hat persönliche Interessen erwogen, weil Symmachus selbst Landbesitzer in Kampanien und Grundbesitzer in beiden Städten war und Irritationen mit deren Kurien daher vermeiden wollte; umgekehrt wurde dagegen die komplizierte Rechtslage namhaft gemacht, die eine Weitergabe an den Kaiser gerechtfertigt habe. Klar ist, dass der Sachverhalt politische Brisanz besaß: wegen der ökonomischen Interessen vieler stadtrömischer Aristokraten in Kampanien, und weil das Umverteilungssystem dort auch mit der stadtrömischen Getreideversorgung verbunden war.[24] Was auch immer genau Symmachus' Motivation war, die Angelegen-

21 Cod. Theod. 11, 29, 2 = Cod. Iust. 7, 61, 1: ... *ne a se provocetur, relatione promissa terreat litigantes.*

22 Cod. Theod. 1, 5, 4.

23 Zu diesem Verfahren und seinem Zweck Hecht 2006, 299–305 sowie (rein verfahrensrechtlich) Litweski 1968, 262–283; Pergami 2007. Es ist nicht zu verwechseln mit dem der sog. *appellatio more consultationis* (Litweski 1968, 254–283; Kaser – Hackl 1996, 621–622; Dillon 2012, 218–221), deren Existenz als eigenständige Verfahrensform der Appellation allerdings von Pergami 2000, 447–462 infrage gestellt wird.

24 Zum strittigen Sachverhalt und zu Symmachus' Politik Vera 1981, 296–305 (mit weiterer Lit. ebd. 297), bes. 305, sowie grundlegend Hecht 2006, 461–475, die 471–472 und 474 die rechtliche Notwendigkeit der *consultatio* betont (vgl. aber sie selbst u.a. 470–471).

heit an den Kaiser zu geben, signifikant für unsere Zwecke ist jedenfalls eine beiläufige Bemerkung kurz vor Ende der *relatio*: „Freilich hielt die puteolanische Verteidigung eine Appellation für vergeblich, nachdem ich eine *relatio* angekündigt hatte.“[25] Die Puteolaner hatten also offenbar bereits eine Appellation für den Fall ihres Unterliegens angedroht oder durchblicken lassen, dies zu tun (in der Tat lässt die 40. *relatio* Symmachus' Sympathien für Tarracina erkennen); aber dem war der Präfekt durch die *consultatio ante sententiam* zuvorgekommen. Die Tatsache, dass Symmachus auf das Appellationsbegehren hinweisen zu müssen meint, wenn auch auffallend beiläufig und knapp, klingt rechtfertigend. Die Bemerkung legt nahe zu vermuten, dass er den Konsultationsweg genau aus demjenigen Grunde beschritt, den die oben zitierten Kaiserkonstitutionen Magistraten immer wieder vorhielten: um eine Appellation zu verhindern – welche Gründe auch immer er dafür hatte.

Appellation und Kontrolle

Die Liste von Belegen für solche Praktiken der Obstruktion von Appellationen ließe sich fortsetzen.[26] Warum, so muss man angesichts dieser dichten Evidenz fragen, suchten offenkundig so viele Magistrate Appellationen zu verhindern oder zu hintertreiben? Nahe liegt als Motiv Parteilichkeit, sei es aus Gefälligkeit gegenüber einer Streitpartei, aufgrund sozialen Drucks oder politischer Rücksichtnahmen, oder schlicht aufgrund von Bestechlichkeit. Nichts davon ist unplausibel, und im Falle der zitierten *relatio* 40 des Symmachus mag ein Beleg für die erstgenannten Motive vorliegen. Allerdings fällt auf, dass die einschlägigen Konstitutionen Parteilichkeit oder gar Bestechlichkeit kaum je erwähnen, obwohl die Gesetzgebung sonst bekanntlich keineswegs mit Korruptionsvorwürfen gegen Amtsträger geizt. Eine konstantinische Konstitution, die *dissimulatio* der Richter und *coniventia* ihrer Kanzleien bei der Umsetzung des kaiserlichen Appellationsurteils

25 Symm. rel. 40 §6: *Ergo ut in rebus dubiis fieri amat, ad clementiae vestra salubre iudicium convolamus, licet defensio Puteoloana post promissam relationem in cassum crediderit provocandum*. (Der Sinn der adversativen Formulierung *licet* bleibt unklar; vielleicht: „freilich ist noch darauf hinzuweisen, dass...“?)

26 Weitere Belege neben den im vorherigen Abschnitt genannten sind Cod. Theod. 11, 30, 4 (315), Cod. Theod. 11, 30, 16 = Cod. Iust. 1, 21, 3 (331), Cod. Theod. 11, 30, 20 = Brev. 11, 8, 3 (347), Cod. Theod. 11, 30, 29 (362), Cod. Theod. 11, 30, 32 = Cod. Iust. 7, 62, 24 (364/365), Cod. Theod. 11, 30, 60 (400) oder Cod. Theod. 11, 30, 67 = Cod. Iust. 7, 62, 31 (423); vgl. Noethlichs 1981, 177–180. Das Problem ist schon aus der Kaiserzeit bekannt: Quellen bei Litewski 1968, 162–175. Cod. Theod. 11, 30, 58 = Cod. Iust. 7, 62, 21 und 30 (399) reagiert auf *multorum querellae* hinsichtlich Appellationen und spricht dabei von *contumelia* und *iniuria iudiciorum*, erneut bei hohen Geldstrafen; Cod. Iust. 11, 63, 2 Ende (440) erwähnt, dass ein Appellant bei selbstverschuldetem Fristversäumnis so behandelt wird, als ob er das Urteil akzeptiert hat, „ohne in irgendeiner Weise dazu gezwungen worden zu sein“ – was demnach offenbar vorkam oder wenigstens ein geläufiger Vorwurf war.

erwähnt, bleibt eine Ausnahme.[27] Abhängigkeiten und Vorteilsnahme sollte man als Motiv daher vielleicht nicht überschätzen.

Eine nicht unwichtige Rolle könnte auch ein anderer Faktor gespielt haben: die Sorge, dass erfolgreiche Appellationen bei Hofe oder höherrangigen Amtsträgern ein ungünstiges Licht auf die eigene Amtsführung als Richter werfen und damit die weitere Karriere behindern könnten. Dies ist schon deswegen nicht unwahrscheinlich, weil spätrömische Beamte in ihrer Amtsführung unter permanenter Beobachtung standen: So förderten die Kaiser die Etablierung von Provinzialversammlungen, die über Angelegenheiten der Provinz oder Diözese berieten und routinemäßig Statthaltern Belobigungen aussprachen – oder auch nicht; sie ermutigten die Provinzialen zu Gesandtschaften an den Hof, um sich Beschwerden über Amtsträger vortragen zu lassen, und schärften Amtsträgern immer wieder ein, solche Versammlungen und ihre Gesandtschaften nicht zu obstruieren oder unter Druck zu setzen;[28] sie schrieben die regelmäßige Übersendung von Akklamationsprotokollen aus den Provinzen vor, um jenseits von Beamtenberichten die *vox populi* zu hören;[29] und sie entsandten immer wieder Sonderemissäre zur Kontrolle der Amtsführung regulärer Würdenträger in die Provinzen. Diese Überwachung galt auch der Rechtsprechung: Klagen von Untertanen, die Richter der Untätigkeit, der Bestechlichkeit oder Parteilichkeit bezichtigten, fanden Gehör und schlugen sich in einer Fülle einschlägiger Vorschriften und Strafandrohungen nieder. Nach einem Erlass Konstantins etwa, der noch in den *Codex Iustinianus* übernommen wurde, waren Statthalter verpflichtet, alle halbe Jahre eine Aufstellung der Rechtsgeschäfte für ihre Präfektur zu erstellen, aus denen die Zentralverwaltung ersehen konnte, „wer von den Richtern bei der Abwicklung von Fällen treuen Dienst verrichtet hat und so als Würdiger Lohn verdient oder als Nachlässiger Strafe auf sich ziehen wird."[30]

Vor diesem Hintergrund lässt sich nachvollziehen, warum Magistrate Appellationen von ihrem Gericht mit Misstrauen betrachteten und oft genug zu unterbinden oder hintertreiben suchten. Sicherlich, eine Appellation getreulich anzunehmen und weiterzuleiten war für den Magistraten auch eine Gelegenheit, seine Redlichkeit als Richter unter Beweis zu stellen; ein Beispiel werden wir im Falle des Symmachus noch sehen. So ließ sich auf einem zentralen Feld der Selbstdarstellung und Bewährung ziviler Amtsträger punkten. Auch die Bestätigung eines Urteils im Berufungsverfahren mochte diesen Effekt haben. Doch umgekehrt drohte jedes erfolgreich angefochtene Urteil, die Kompe-

27 Cod. Theod. 11, 30, 18. Bei Amm. 28, 1, 56 verhallt die Appellation eines zum Tode Verurteilten an den Kaiser an der Parteilichkeit der Richter.

28 So in Cod. Theod. 12, 12, 1 (355); 7 (380); 9 (382); 10 (385); 12 = Cod. Iust. 10, 65, 5 (392); 14 (408); vgl. zu den Provinzialversammlungen und -gesandtschaften Schmidt-Hofner 2023.

29 Cod. Theod. 1, 16, 6 = Cod. Iust. 1, 40, 3 mit Wiemer 2004 und 2013, 190–191 zu ergänzenden Quellen.

30 Cod. Theod. 1, 16, 3 (319) = Cod. Iust. 7, 49, 2: *Cum sex menses transcurrerint, breves omnium negotiorum ab officio tuo descripti commeent ad scrinia eminentissimae praefecturae, ut his recensitis et ad scrinia nostra perlatis pandatur, quis iudicum et in quibus discingendis causis fidelem operam praestiterit, quo vel dignus praemium mereatur vel neglegens coercitionem incurrat.* Vorschriften und Strafandrohungen zur Rechtsprechung sammelt Noethlichs 1981, 162–180.

tenz oder Gerechtigkeit des Magistraten als Richter infrage zu stellen und so höheren Orts ein ungünstiges Licht auf seine Amtsführung zu werfen. Zwar zogen erfolgreiche Berufungen keine Disziplinarstrafe oder dergleichen für den erstinstanzlichen Richter nach sich, wie bisweilen zu lesen ist (sofern er sich nicht eklatanter Pflichtverletzungen schuldig gemacht hatte);[31] aber sie mochten einen unvorteilhaften Eindruck hinterlassen und so für den Aufstieg zu weiteren Ämtern und höheren Würden hinderlich sein. Explizite Belege, dass solche Befürchtungen existierten, wird man in der Überlieferung zwar nicht erwarten können. Indirekt scheinen sie in den einschlägigen Quellen aber doch gelegentlich durch. Einen Hinweis gibt etwa einer der oben zitierten Erlasse, demzufolge es gerade „nicht wenige Richter niedrigeren Rangs (*nonnulli iudicum inferioris gradus*)" – also wohl in erster Linie Provinzstatthalter – „nicht ertragen, dass von ihrem Urteil Appellation eingelegt wird". Ein weiterer bestätigt dies, wenn er die Gerichtsmagistrate, die Appellationen „verschmähen" würden, als *iudices ordinarii* bezeichnet – auch dies ein Begriff, der in der Kanzleisprache in erster Linie Statthalter meinte.[32] Das Statthalteramt war in der Spätantike ein Einstiegsamt für die höheren Karrieren der Reichsverwaltung am Hof oder in der Territorialverwaltung; dass gerade Statthalter – aber keineswegs nur sie, für höhere Chargen traf dasselbe zu, wie wir gleich sehen werden – im Hinblick auf ihre Karrieren in ihrer Amtsführung untadelig erscheinen und deswegen Appellationen gegen ihre Urteile vermeiden wollten, erscheint nicht unplausibel.

Auch die oben erwähnte Neigung, Fälle selbst in einer *consultatio ante sententiam* darzulegen statt sie der Prüfung im Appellationsverfahren zu überlassen, dürfte nicht zuletzt mit der Sorge zusammenhängen, dass Appellationen schlechtes Licht auf die eigene Amtsführung als Magistrat werfen könnten. Und schließlich klingt diese Sorge auch in den einzigen direkten Zeugnissen für magistratische Korrespondenz aus dem Kontext des Appellationswesens, den ‚Relationen' des Symmachus, wiederholt an. In *relatio* 41 etwa unterbreitet Symmachus dem Kaiser die Appellation der *res privata* gegen sein Urteil in einem Streit über vermeintlich herrenloses Gut. Dies geht mit einer Darlegung des Sachverhaltes einher, die hier besonders ausführlich gerät und offensichtlich rechtfertigenden Charakter trägt: Symmachus verteidigt sein Urteil und seine Vorgehensweise. So schließt die *relatio* denn auch mit den bezeichnenden Worten: „Ich gehe davon aus, dass den gerechten Kaisern gefallen wird, wie ich gemäß den Gesetzen und in Ansehung des Ruhms unserer Zeit geurteilt habe." Hier klingt Sorge vor Missfallen durch; in der Tat war Symmachus' Agieren juristisch in diesem Fall womöglich nicht über jeden Zweifel erhaben, und die kaiserliche *res privata* als Appellant mag die Angelegenheit für Sym-

31 Bei Kaser – Hackl 1996, 620 (gefolgt z.B. von Hecht 2006, 314) findet sich die Behauptung: „Gibt der Appellationsrichter der Beschwerde statt, so wird der untere Richter bestraft." Das beruht auf einem Missverständnis der dafür gegebenen Belege, im Wesentlichen die hier in Abschnitt 1 behandelten Konstitutionen; keine davon erlässt Strafen für eine erfolgreiche Appellation, sondern für die Verweigerung oder Obstruktion des Appellationsrechts.

32 Cod. Theod. 11, 30, 13 und 25 = Cod. Iust. 7, 62, 21. Eindeutig Statthalter auch in Cod. Theod. 11, 30, 33.

machus potentiell verfänglich gemacht haben.[33] Ähnliches lässt sich, in einer ebenfalls heiklen Konstellation, in *relatio* 28 beobachten. Gegenstand des zugrundeliegenden Prozesses war Landraub; Symmachus hatte gegen die Interessen eines übergriffigen senatorischen Magnaten die einstweilige Wiedereinsetzung des Geschädigten in den Besitz des umstrittenen Guts bis zur endgültigen Klärung des Eigentums verfügt. Dagegen legten die Agenten des Magnaten Berufung ein. Dies war an dieser Stelle des Verfahrens nicht zulässig, doch wurde Symmachus die Angelegenheit angesichts der involvierten Kreise offenbar zu delikat; im Wissen um die Unzulässigkeit der Appellation nahm er sie daher an, beeilte sich aber, seiner *relatio* vorauszuschicken: „Was unsere gerechten Kaiser (sc. an meinem Vorgehen) kritisieren könnten, ist mir wohl bewusst“ (nämlich ebenjene Unzulässigkeit der Appellation); „doch habe ich die Berufung bewusst angenommen, damit sowohl die Unangemessenheit des Landraubs als auch die Art meines Urteils zur Prüfung Eurer Gnaden gelangen möge.“[34] Wie schon bei *relatio* 41 ist auch hier signifikant, dass Symmachus die Appellation nicht als einen bloßen Rechtsvorgang begreift, sondern ein Urteil über seine Person antizipiert und sich und sein Urteil zu rechtfertigen müssen meint.[35]

Neben Parteilichkeit aus sozialen und politischen Rücksichten oder schlicht aufgrund persönlicher Vorteilnahme dürfte ein Faktor für die verbreitete Ablehnung von Appellation durch Amtsträger also auch die Furcht vor negativer Beurteilung an höherer Stelle gewesen sein, die das weitere Fortkommen behindern oder andere nachteilige Konsequenzen zeitigen mochte. Allerdings würde es zu kurz greifen, den Widerstand gegen Appellation allein aus solchen pragmatischen Motivationen zu erklären. Er gründete tiefer: Die Appellation rührte an die Ehre, und zwar in mehr als einer Weise. In der sozialen Gruppe, um die es hier geht, den Inhabern hoher und höchster Ämter in der Reichsverwaltung, bestimmte sich die Stellung des Einzelnen maßgeblich durch das knappe und umkämpfte Gut der Ämter im Kaiserdienst, den mit ihnen einhergehenden Rang und die so erworbene Ehre. In der Tat waren diese Ämter ihrer Ideologie und Terminologie nach Ehrungen und Würden (*honores, dignitates*), mithin also persönliche Auszeichnungen. Sie waren damit Manifestation und zugleich wichtiger Quell des Ansehens, der gesellschaftlichen Reputation, eben der Ehre eines römischen Elitenangehörigen. Der Ehrgeiz eines jeden ambitionierten Angehörigen dieser Schicht war es daher, durch Erwählung zu solchen Ämtern, seine Amtsführung und ihm dafür zuteilgewordene Ehrungen (öffentliche Huldigungen, Ehrenstatuen, Belobigungen durch eine Provinzialversammlung, Vorgesetzte oder den Kaiser selbst) sein Ansehen zu steigern und sich so für neue, noch

33 Zum Sachverhalt und möglicherweise strittigen Aspekten des Urteils und der Vorgehensweise des Symmachus Giglio 2001, 191–199 und Hecht 2006, 475–508 mit weiterer Literatur.

34 *Quod possint iusti principes culpare, praesentio: in causis etenim, quibus momenti reformatio postulatur, appellationes recipi non oportet. Sed consulto nunc obiectum provocationis admisi, ut in examen clementiae vestrae et invasionis indignitas et modus iudicii perveniret, ddd. nnn.* Zum Fall und Symmachus' Verhalten (er konnte offenbar dem Druck des Magnaten nicht standhalten) De Bonfils 1973; Vera 1981, 202–220; Liebs 2015; Hecht 2006, 360–392.

35 Ähnlich auch in rel. 33; in rel. 31 fühlt er sich offenbar sicherer und fasst sich kurz, meint die Kürze aber begründen zu müssen.

höhere *honores* zu qualifizieren. Schlechter Eindruck an höherer Stelle, den man von Appellationen befürchtete, bedrohte mit dem persönlichen Fortkommen auch eine, ja wohl die wichtigste Ressource, um Ehre zu generieren, nämlich den Zugang zu weiteren Ämtern. Appellationen stellten insofern eine Bedrohung dessen dar, was wesentlich Rang und Ansehen, eben Ehre, begründete.

Allerdings scheinen Appellationen darüber hinaus schon per se als ehrverletzend empfunden worden zu sein. Jedenfalls gewinnt man, wenn Symmachus an den soeben zitierten Stellen und in weiteren einschlägigen *relationes* (siehe im folgenden Abschnitt) sein Vorgehen als Richter rechtfertigt, den Eindruck, dass es dem Präfekten nicht nur darum zu tun war, kein Missfallen bei Hofe zu erregen, sondern ganz generell um seine Reputation, seine Autorität und den ihm entgegengebrachten Respekt, kurz um seine Ehre. Die genannten pragmatischen Motive für das Misstrauen gegenüber Appellationen müssen daher um einen weiteren Faktor ergänzt werden: dass Appellationen gegen ihr Urteil offenbar von vielen Magistraten als persönlicher Angriff empfunden wurden, nämlich als Infragestellung ihrer Ehre. Diese These zu belegen ist der Gegenstand des folgenden Abschnitts.

Appellation und Ehre

Es bedarf keiner Erläuterung, welch fundamentale Bedeutung der Ehre in einer sozial stark stratifizierten Gesellschaft zukam, deren Ordnung maßgeblich durch ein hochformalisiertes System von in öffentlichen Ämtern erworbenen Rängen hergestellt und sichtbar gemacht wurde. Dies galt zumal für die Magistrate in der hohen Reichsverwaltung. Für sie definierte die durch Ämter (*honores, dignitates*) zu erwerbende Ehrenstellung wie gesagt nicht nur ihre Eminenz im gesamtgesellschaftlichen Gefüge sowie die darauf gegründete patronale Macht, ihre Einflussmöglichkeiten und politischen und ökonomischen Handlungsspielräume; auch ihre Stellung innerhalb ihrer Formation beruhte auf einer fein abgestuften, durch Insignien und Präzedenzregeln immer neu manifestierten Rangordnung, in der Ränge aufgrund von (faktisch oder nominell) bekleideten *honores* erworben wurden. Gerade an Letzterem lässt sich zeigen, wie ernst das Thema der Ehre für diese Gruppe war: Dutzende von kaiserlichen Erlassen befassten sich mit Ehrverletzungen, die aus Präzedenzkonflikten entstanden; einer von ihnen konnte einmal sagen:

> „Nichts ist so *iniuriosum* (d.h. unrecht, ehrverletzend, beleidigend) [...] wie die Anmaßung der Rangusurpation: Alles Vorrecht des Verdienstes (*praerogativa meritorum*) geht nämlich verloren, wenn ohne Ehrerbietung (*absque respectu*) [...] eine Ehrenstellung eher angemaßt denn besessen wird (*honoris locus praesumitur potius quam tenetur*), so dass einem Ranghöheren genommen wird, was

> ihm geschuldet ist, oder einem Rangniedrigeren zuteilwird, was unverdient erscheint."[36]

Das Denken in den Kategorien von Ehre war jedoch auf allen Ebenen zu spüren, es durchzog nahezu alle Aspekte von Amtsauffassung und Amtshandeln. So gehörten Ehrbezeugungen, die Statthalter und andere Amtsträger von den Untertanen empfingen, ebenso zu den Essenzialien der politischen Kommunikation wie umgekehrt von jenen Respekt und angemessene Behandlung in sensiblen Angelegenheiten wie Justiz oder Steuerwesen gerade gegenüber hochrangigen Provinzialen erwartet wurden. Selbst Verwaltungsinterna wurden als Ehrenfragen behandelt: So konnten, wie man gezeigt hat, Kompetenzstreitigkeiten zwischen Amtsträgern, ihren *officia* oder gar zwischen den einzelnen *scrinia* eines *officium* als Ehrverletzungen oder -anmaßung aufgefasst werden oder Probleme entstehen, weil sich Amtsträger durch Maßnahmen oder mangelnden Respekt anderer Würdenträger in ihrer Ehre verletzt fühlten.[37] Dies erstreckte sich auch auf Rechtsfragen: Eine Konstitution von Ende 395 etwa gesteht einem hohen Würdenträger zu, über Alltagskriminalität Gericht halten zu müssen „sei eine Beleidigung Deiner Amtsvollmacht" (*tuae iniuria potestatis*); er habe sich nur mit Kriminalsachen zu befassen, die einer formellen Inskription „würdig und wert" erscheinen.[38] Auch bei einer Konstitution, die die *praescriptio fori* von Angehörigen des Kaiserdienstes beschneidet, schwingt das Moment der Ehrverletzung mit, wenn sie dies damit begründet, dass „keine Anmaßung (*usurpatio*) Gericht und Gesetze in Verwirrung bringen und die regulären Richter/Statthalter des ihren zukommenden Urteils berauben" solle.[39] Und eine Konstitution Gratians fühlt sich bemüßigt zu versichern, dass er die *relationes* von Richtern „gerne höre, damit nicht die *auctoritas* der Amtsträger vor aller Augen beschädigt wird", wie es geschehen würde, wenn er sie wie die beliebige Eingabe eines Untertanen abweisen würde.[40]

Es ist vor diesem Hintergrund eine plausible Vermutung, dass Denken und Handeln in Kategorien der Ehre auch im Appellationswesen Niederschlag fanden. Tatsächlich gibt es dafür eine ganze Reihe von Hinweisen. So wies das Appellationssystem bis Justinian die Anomalie auf, dass die Prokonsuln von Africa und Asia keine Appellationsinstanz über sich hatten, wie dies für die übrigen Statthalter die Vikare und Präfekten waren, sondern selbst diese Funktion wahrnahmen, in Africa sogar selbst als Appellationsinstanz für die umliegenden Provinzen fungierten. Dies war zweifellos deswegen so, weil die Prokonsulate von Africa und Asia seit alters, und unter neuen Vorzeichen ebenso im

---

36 Cod. Theod. 6, 5, 1 = Brev. 6, 1, 1; vgl. zu Rang und Ehre generell Schmidt-Hofner 2010.

37 Grundlegend Lendon 1997, 176–236. Bekanntes Beispiel ist Symm. rel. 23, in der Symmachus Spannungen zwischen ihm und dem *vicarius urbis* wegen konkurrierender Gerichtsbarkeit als Ehrverletzung (*contumelia*, §1) und Infragestellung seiner Amtsautorität (§14) bezeichnet.

38 Cod. Theod. 2, 1, 8 = Cod. Iust. 8, 4, 8; 9, 2, 16; 9, 37, 1 sowie Brev. 2, 1, 8; zum Adressaten, wohl *vice agens PVR et PPO*, s. PLRE I s.v. Pasiphilus 2.

39 Cod. Theod. 2, 1, 2 = Brev. 2, 1, 2 (355): *Ne igitur usurpatio iudicia legesque confundat aut iudicibus ordinariis adimat propriam notionem.*

40 Cod. Theod. 1, 15, 8 = Cod. Iust. 1, 38, 2: *Et relationes iudicum libenter audimus, ne administratorum decrescere videatur auctoritas, si eorum consulta veluti profanorum preces a nostris adytis repellamus.*

4. Jahrhundert und darüber hinaus, herausgehobenes Prestige besaßen und besonders hochrangig und sozial exklusiv besetzt wurden; entsprechend rangierten seine Inhaber in der Präzedenzordnung der Reichsverwaltung noch vor Vikaren, direkt hinter den Präfekten.[41] Eine Unterordnung unter die Präfekten oder Vikare im Appellationswesen wäre daher, so darf man schließen, als Beleidigung ihres hohen Rangs und damit als Ehrverletzung empfunden worden. Über den Sonderfall hinaus weist diese Anomalie damit auf den Sachverhalt hin, dass das Appellationssystem von den Zeitgenossen nicht allein im Sinne einer funktionalen Hierarchie gedacht wurde, sondern ein personales Element hineinspielte, nämlich die Ordnung nach Rang und damit Ehre der involvierten Würdenträger. Dies ist auch anderswo gut bezeugt. In den Novellen Justinians etwa, die seine Provinzneuordnung seit 535 betreffen, wird die damit einhergehende Reorganisation der Appellationswege ausdrücklich mit der Rangstellung des jeweiligen Amtsträgers begründet. Von alters her, heißt es z.B. in der 23. Novelle (§3), habe es „hohe, mittlere, und niedrige Magistraturen" gegeben, „aber Appellationen wurden nicht einfach von den niedrigen Richtern zu den höchsten gesandt, sondern an solche im Rang eines *spectabilis*, so dass ebenjene den Fall in einer Sitzung des Kaisergerichts (*sacro auditorio adhibito*) prüfen konnten." Oder später (§4): „Zu beachten ist, dass Richter im Rang eines *spectabilis* ihre Appellationen nicht an mit derselben *spectabilitas* geschmückte Richter schicken [...], da es sich nicht gehört, an gleichrangige Richter Appellationen zu geben, sondern von einem niedriger(rangig)en Gericht zu einem höheren Richterstuhl emporzusteigen." Nicht die funktionale Hierarchie wird hier also herausgestellt, sondern die Hierarchie der Ehrenstellung.[42] Noch deutlicher wird dieses Denken aber in Konfliktfällen. Eine Konstitution Justinians von 529 insistierte, dass für den Fall einer Appellation vom Gericht eines *dux*, der persönlich *spectabilis*-, *illustris*- oder gar noch höheren Rang besaß, „nicht auf den Rang, sondern auf die amtliche Stellung des *dux*-Amtes gesehen wird" (*non dignitatem, sed ducatus magistratum spectari*), und die Appellation, welchen Rang auch immer der *dux* besaß, wie üblich vor *magister officiorum* und *quaestor sacri palati* verhandelt wird.[43] Offenkundig reagierte die Konstitution auf ein Problem, das dadurch entstanden war, dass eine Appellation von einem *dux* an *magister officiorum* und *quaestor sacri palati* ergangen war, die in der Verwaltungs- und Appellationsordnung zwar höher standen, in diesem Fall aber persönlich niedrigeren Rang besaßen. Vermutlich ging die Klage, die zu dem Erlass von 529 führte, von dem *dux* selbst aus, der sich durch die Appellation an Richter von niedrigerem Rang in seiner Ehre gekränkt fühlte.

Mit diesen Beobachtungen ist ein Kontext gegeben, der es plausibel macht, dass die verbreitete Ablehnung oder Obstruktion von Appellationen durch Magistrate auch etwas mit Ehrenfragen zu tun hatte. Und in der Tat gibt es dafür positive Evidenz. In einer

41 Kuhoff 1983, 148–186; zur Appellation Jones 1964, 481–482. Die Sonderrolle der Prokonsuln aufgrund ihres hohen Rangs wurde noch in Justinians Provinzreformen beibehalten: Novell. Iust. 20 §2, mit explizitem Verweis auf die Rangerhöhung des *praeses* zum *proconsul Cappadociae* mit *spectabilis*-Rang.

42 Dasselbe u.a. in Novell. Iust. 20 §2; 24 §5; 25; 26 §5; 27 §2; 30 §10.

43 Cod. Iust. 7, 62, 38.

Konstitution des Jahres 321, die sich gegen das „Verschmähen" (*respuere*) von Appellationen durch Richter wendet, fragt Konstantin rhetorisch:

> „Was ist schockierender und unwürdiger, als wenn jemand, dem (sc. von Uns) Amtsgewalt übertragen wurde, solche Überheblichkeit an den Tag legt, dass er den Nutzen einer Appellation missachtet, die Herausgabe seiner Stellungnahme verweigert und die Möglichkeit der Berufung verschmäht? Als ob die Appellation zur Schande (*contumelia*) des Richters, nicht zum Vorteil für den Rechtssuchenden erfunden worden wäre!"[44]

Konstantin sah also offenkundig Bedarf, seinen Amtsträgern einzuschärfen, dass eine Urteilsanfechtung keine „Schande für den Richter" darstellte, also seine Ehre nicht verletzte. Genau diese Auffassung aber scheint verbreitet gewesen zu sein. Einige Jahre später sah sich derselbe Konstantin bemüßigt festzuhalten, „Richter glauben zu Unrecht, dass ihnen eine Beleidigung (*iniuria*) widerfährt," wenn jemand Berufung an höherer Instanz einlegt – denn dies sei „den Gerichten weder neu noch fremd."[45] Und Constantius II. wiederholt erneut, „es ziemt einem Richter nicht zu meinen, dass ihm eine Beleidigung widerfährt (*iniuriam sibi fieri*), wenn ein Streitender zum Rechtsmittel der Berufung Zuflucht sucht."[46]

Iniuria meinte in diesen Fällen nicht bloß ein objektiv feststellbares Unrecht; dass Berufung einzulegen illegal war, kann angesichts jahrhundertealter Rechtspraxis niemand geglaubt haben, wie das erstgenannte Zeugnis selbst sagt: Berufungen seien „den Gerichten weder neu noch fremd." Es ging hier um die von der Semantik des Wortes *iniuria* immer mitumfasste Ehrverletzung oder Beleidigung (wie sie auch bei manifestem Unrecht oft empfunden sein dürfte).[47] Konstantins Verweis, dass Appellation keine „Schande" (*contumelia*) nach sich ziehe, bestätigt dies. Ebenso weitere Zeugnisse: *Iniuriae* im Sinne beleidigender, ehrverletzender Angriffe, die eine Appellation einem Richter (hier einem *defensor civitatis*) einbringen konnte, erwähnt auch eine Konstitution Justinians.[48] Und die Auffassung, dass eine Appellation ehrverletzend empfunden wurde, war offenbar so selbstverständlich, dass Appellanten selbst mit der Gefahr rechneten, einen Richter zu be-

---

44 Cod. Theod. 11, 30, 11 = Cod. Iust. 7, 62, 16 §1: *Quid enim acerbius indigniusque est, quam indulta quempiam potestate ita per iactantiam insolescere, ut despiciatur utilitas provocationis, opinionis editio denegatur, refutandi copia respuatur? Quasi vero appellatio ad contumeliam iudicis, non ad privilegium iurgantis inventa sit vel in hoc non aequitas iudicantis, sed litigantis debeat considerari utilitas.* Der (oben nicht übersetzte) Nachsatz ab *vel* muss wohl in dem Sinne verstanden werden, dass hier dem Richter ein Vertrauensvorschuss des Kaisers kommuniziert wird, also etwa: „als ob Wir (der Kaiser) bei der Beurteilung der Berufung nicht auch die Gerechtigkeit des Richters berücksichtigen würden, sondern nur den Nutzen der Prozesspartei."

45 Cod. Theod. 11, 31, 15 = Brev. 11, 8, 2.

46 Cod. Iust. 7, 62, 20 (341).

47 So auch Litewski 1968, 173.

48 Novell. Iust. 15 §5 (535) bestraft Provinz-*apparitores*, die sich *iniuriosus/hybristeron* gegenüber einem *defensor* benehmen, von dessen Urteil an das des Statthalters appelliert wurde.

leidigen und so gegen sich aufzubringen, und daher vor einer Appellation zurückschreckten. Tribonian ließ daher eine Ulpian-Stelle in die Digesten aufnehmen, nach der jemand

> „auch dann, wenn Berufung eingelegt wurde, andere Fälle, die er hat, vor demselben Richter, von dem <er> appelliert hat, zu verhandeln verpflichtet ist. Und er soll nicht als Vorwand benutzen, dass er nicht vor einem *offensus iudex* – einem beleidigten, gekränkten, voreingenommenen Richter – streiten müsse; denn er kann ja erneut Berufung einlegen."[49]

Selbst wenn, wie Ulpian annimmt, Parteivertreter die Angst vor der Rache eines wegen Appellation in anderer Sache gekränkten Richters nur vorschützten, weil sie anderswo auf ein gewogeneres Urteil hoffen, ist dies signifikant: Denn wenn man diese Einrede vortragen zu können glaubte, musste das Problem geläufig sein.

In der Tat finden wir denselben Gedanken auch anderswo: So wie Ulpians Parteien erwarteten, der Richter könne eine Appellation als Beleidigung empfinden, so antizipierte der Stadtpräfekt Symmachus diese Reaktion einmal von einer Prozesspartei und schrieb daher an den Hof, er habe deren Appellation, wiewohl sie unzulässig war, angenommen, „damit ich nicht den Eindruck erwecke, ich sei aufgrund des Einspruchs gekränkt, voreingenommen" (ebenfalls *offensus*).[50] Und vielleicht nicht in diesem Fall, aber unzweifelhaft in anderen empfand Symmachus Appellationen tatsächlich als Angriff auf seine Autorität. So konnte er in dem oben erwähnten Fall, als Vertreter der *res privata* gegen sein Urteil in einem Eigentumskonflikt Einspruch einlegten, seine Indignation nicht verhehlen: Diese Berufung sei „unerhört" (*inusitata*) und „ohne Beispiel".[51] Dieselbe Auffassung geht aus einer *relatio* zu einer weiteren Berufung hervor, die er dem Kaisergericht vorlegte:

> „Im Fall einer Appellation ziehe ich es vor, eher die Autorität meiner Amtsgewalt zu beschneiden als Zweifel bei einer Rechtsauslegung aufrechtzuerhalten, zumal ich ein gutes Gewissen habe, dass mein Urteil nicht ungerecht war. Außerdem wird es dem Urteil zur Ehre gereichen, wenn es durch den Spruch Eurer Ewigkeit bestärkt werden sollte, meine Kaiser und Herrn etc."[52]

---

49 Dig. 49, 12, 1: *tametsi appellatio interposita sit, tamen apud eundem iudicem, a quo quis provocavit, compelletur alias causas si quas habet agere: nec utetur hoc praetextu, quasi ad offensum iudicem non debeat experiri, cum possit denuo provocare.*

50 Symm. rel. 16: *Profiteor ultro quod scio clementiam vestram posse rescribere: uerecunde potius quam iure suscepi prouocationem non extante sententia, ne existimarer offensus liberae quidem sed inmaturae uocis obiectu.* Zum Gegenstand des Falls und Symmachus' Verfahren, s. Hecht 2006, 307–326 mit Überlegungen 316–320 zu den Gründen, warum er die Appellation annahm; der Vorwurf der Voreingenommenheit spielte ihr zufolge eine wichtige Rolle (318).

51 Symm. rel. 41 §7–8: *Tunc sententiam meam defensor uenerabilis Domus inusitata prouocatione suspendit. Sed cum huius rei nullum exemplum cognitionalis extare suggereret* ... Vgl. dazu Hecht 2006, 502–503 (die Appellation als „Affront"). Zum Kontext des Falls s.o. Anm. 33.

52 Symm. rel. 33 §1: *In causis appellationum malo ius potestatis infringere quam interpretationum dubia sustinere, praesertim conscius haud iniquae iudicationis cui nonnihil honoris eueniet, si Aeternitatis*

So wie die Bestätigung eines Urteils also ehrenvoll ist, mindert die Urteilsanfechtung, wie Symmachus einleitend festhält, die Autorität des Amtes und stellt damit das Ansehen, die Ehre des Amtsträgers infrage. Umso mehr wiege es – so will Symmachus daraus ein Argument zu seinem Vorteil machen –, wenn er diese Ehrverletzung im Interesse der Rechtlichkeit in Kauf nehme.

All dies bedeutet nun nicht, dass jede Appellation problematisch war und als Angriff auf die Ehre des Magistraten empfunden wurde; auch unter den einschlägigen *relationes* des Symmachus finden sich solche, in denen davon nichts zu spüren ist.[53] Es wird auf die Umstände angekommen sein. Bisweilen mag verletzte Ehre auch vorgeschützt worden sein, um profanere Gründe für die Obstruktion einer Appellation (Vorteils- und Rücksichtnahmen, Sorge um die Karriere) zu bemänteln. Doch zeigen die genannten Belege, dass Appellationen offenbar erhebliches Potential hatten, als ehrenrührig empfunden zu werden. Deswegen gereichte es umgekehrt dem Amt des Prätoriumspräfekten zur besonderen Ehre, dass gegen sein Gericht keine reguläre Berufung eingelegt werden konnte: „Keine andere Würde kommt ihm an Amtsgewalt gleich: an Kaisers Statt urteilt er"; „es ist beinahe so, dass er Gesetze erlassen kann, da sein ehrgebietendes Amt Prozesse ohne Appellationsmöglichkeit beenden kann" – so heißt es in dem Muster-Ernennungsschreiben für einen Präfekten bei Cassiodor.[54] Schon der diokletianische Jurist Arcadius Charisius hatte in seinem Werk über das Amt des Präfekten gesagt, dass „dessen *auctoritas* in einem solchen Maße erhöht zu werden für würdig befunden wurde, dass vom Prätoriumspräfekten nicht appelliert werden kann". Diese besondere Ehre des Präfektenamtes unterstrich Johannes Lydos 250 Jahre später noch einmal mehr, indem er, Arcadius Charisius zitierend, *auctoritas* mit ὑπεροχή, „Erhabenheit", übersetzte.[55] Derselbe Lydos veranschaulicht später die Erhabenheit des Appellationsgerichts des Präfekten an Kaisers Statt mit einer eindrücklichen Schilderung der ehrfurchtgebietenden Feierlichkeit der Verhandlungen in solchen Fällen – deren Glanz, wie der Kanzleibeamte Lydos anmerkt, auch seinem Kanzleipersonal besondere „Ehre", τιμή, einbrachte.[56]

Dass die Infragestellung des Urteils eines Magistraten als Angriff auf dessen Ehre empfunden werden konnte, mag abschließend ein Aspekt der in Prokops ‚Geheimgeschichte' greifbaren Elitenpolemik gegen Justinian bestätigen, die die Appellationsgerichtsbarkeit betrifft: Justinian, so kolportiert Prokop, „ließ keinen (sc. Magistraten) in selbständiger Rechtsprechung ein Urteil fällen", sondern habe alles an sich gerissen und

---

Vestrae oraculo roboretur, Domini Imperatores etc. Vgl. dazu Hecht 2006, 416–439 mit Überlegungen 432–439, inwiefern durch die Appellation das *ius potestatis* beschnitten wurde. Am wahrscheinlichsten scheint ihr, dass die Formulierung eine sich aus den speziellen Umständen des Verfahrens ergebende Beleidigung des Kaisers verschleiern sollte (436). Die hier vorgeschlagene Deutung ist angesichts der Parallelen einfacher. Ihr näher kommt Vera 1981, 304, der auf eine ähnliche Formulierung rel. 23 §14 verweist; dort geht es klar um Infragestellung der Amtsautorität.

53 Symm. rel. 32.

54 Cassiod. var. 6, 3, 4: *potestate igitur nulla dignitas est aequalis: vice sacra ubique iudicat.* Und 3: *paene est, ut leges possit condere, quando eius reverentia sine appellatione potest negotia terminare.*

55 Dig. 1, 11, 1 (Arcad. Char.) und Lyd. mag. 1, 14, 6.

56 Lyd. mag. 2, 15–17, 1; τιμή in 17, 1.

„hob bereits ergangene Urteile ohne Prüfung kurzerhand wieder auf".[57] Ganz am Ende der ‚Geheimgeschichte' kommt Prokop noch ein weiteres Mal auf dieses Thema zurück, und zwar als Abschluss und Höhepunkt einer Serie von Demütigungen der Senatoren durch das Kaiserpaar. Unter diesen war für Prokop offenbar nicht die geringste, dass der Kaiser in letzter Instanz angeblich massenhaft Rechtsakte der Magistrate in Zweifel zog oder kassierte – und sie damit, so legt es der Kontext nahe, einmal mehr demütigte, also ihre Autorität und Ehre beschädigte.[58] Ob wahr oder nicht, so zeigen diese Anwürfe doch die Sensibilität des Themas in den Kreisen der senatorischen Amtseliten.

Die Passage mag damit einmal mehr die These bestätigen, die die in diesem letzten Abschnitt gesammelten Zeugnisse belegen: Der bei nicht wenigen Gerichtsmagistraten des spätrömischen Reichs verbreitete Widerwille gegen Appellationen von ihrem Gericht an eine höhere Instanz, ja ihre aktive Obstruktion bis hin zur tätlichen Nötigung lag nicht allein in den Versuchungen der Vorteilsnahme, in Rücksichtnahmen oder in der Sorge vor dem karriereschädlichen Eindruck einer Urteilsanfechtung an höherer Stelle begründet. In einer stark hierarchisierten Gesellschaft und in einer Schicht, in der permanent und mit Nachdruck inszenierte (Amts-)Autorität und Ehre eine zentrale Ressource für Erwerb und Aufrechterhaltung von Prestige und patronaler Macht in beständigem Konkurrenzkampf mit anderen Elitenangehörigen darstellten, war die ‚professionelle' Funktion als Richter für einen Magistraten nur mit Mühe von den Anforderungen des sozialen Systems zu trennen. Appellationen waren daher viel mehr als ein bloßes Rechtsmittel – sie waren immer auch eine Frage der Ehre.

Literaturverzeichnis

Burkhart, D., Eine Geschichte der Ehre, Darmstadt 2006.

De Bonfils, G., Prassi giudiziaria e legislazione nel IV secolo: Symm. rel. 28, Rivista italiana per le scienze giuridiche 100, 1973, 145–179.

De Marini Avonzo, F., La giustizia nelle province agli inizi del basso impero, Bd. II, in: De Marini Avonzo, F., Dall' impero cristiano al medioevo: Studi sul diritto tardoantico, Goldbach 2001, 171–229 (zuerst 1962/1963).

Dillon, J. N., The Justice of Constantine: Law, Communication, and Control, Ann Arbor 2012.

57 Prok. HA 6, 5, im Kapitel zum Rechtsleben, wo das Kassieren der Urteile aber (sachlich unklar) mit Habgier begründet wird.

58 Prok. HA 30, 27–31; die Demütigungen des Senats ab 30, 21; erneut ist hier davon die Rede, dass es Amtsträgern unmöglich gemacht wurde, „in selbständiger Gerichtsbarkeit Recht und Gesetz zu pflegen" (27), weil Justinian und Theodora alles an sich rissen; daher seien die provinzialen Gerichtshöfe „menschenleer", am Kaiserhof dagegen drängten sich die Beamten und Parteien. Angesichts der Parallelen zur ersten Stelle denkt Prokop hier wohl nicht zuletzt an Appellationsverfahren am Kaisergericht. Realiter suchte Justinian die dezentrale Appellationsgerichtsbarkeit zu stärken, s.o. in diesem Abschnitt mit Anm. 42.

Giglio, S., Giurisdizione e fisco nelle *relationes* di Q. Aurelio Simmaco, AARC 13, 2001, 191–216.

Harries, J., Law and Empire in Late Antiquity, Cambridge 1999.

Hecht, B., Störungen der Rechtslage in den Relationen des Symmachus: Verwaltung und Rechtsprechung in Rom 384/385 n. Chr., Berlin 2006.

Jones, A. H. M., The Later Roman Empire 284–602: a Social Economic and Administrative Survey, Oxford 1964.

Kaser, M. – Hackl, K., Das römische Zivilprozessrecht (HdAW X 3.4), München ²1996 (vollst. überarb. und erw. Aufl. neu bearb. von K. Hackl).

Kuhoff, W., Studien zur zivilen senatorischen Laufbahn im 4. Jahrhundert n. Chr.: Ämter und Amtsinhaber in Clarissimat und Spektabilität, Frankfurt – Bern 1983.

Lendon, J. E., Empire of Honour. The Art of Government in the Roman World, Oxford 1997.

Liebs, D., Landraub und Gerechtigkeit im religiös gespaltenen Rom: Symmachus, Relatio 28, in: Liebs, D., Das Recht der Römer und der Christen: gesammelte Aufsätze in überarbeiteter Fassung, Tübingen 2015, 166–185 (zuerst 1996).

Litewski, W., Die römische Appellation in Zivilsachen I, RIDA³ 12, 1965, 347–436.

Litewski, W., Die römische Appellation in Zivilsachen II, RIDA³ 13, 1966, 231–323.

Litewski, W., Die römische Appellation in Zivilsachen III, RIDA³ 14, 1967, 301–403.

Litewski, W., Die römische Appellation in Zivilsachen IV, RIDA³ 15, 1968, 143–351.

Noethlichs, K.-L., Beamtentum und Dienstvergehen: zur Staatsverwaltung in der Spätantike, Wiesbaden 1981.

Pergami, F., L'appello nella legislazione del tardo impero, Mailand 2000.

Pergami, F., Amministrazione della giustizia e interventi imperiali nel sistema processuale della tarda antichità, Mailand 2007.

Speitkamp, W., Ohrfeige, Duell und Ehrenmord. Eine Geschichte der Ehre, Stuttgart 2010.

Schmidt-Hofner, S., Ehrensachen. Ranggesetzgebung, Elitenkonkurrenz und die Funktionen des Rechts in der Spätantike, Chiron 40, 2010, 209–243.

Schmidt-Hofner, S., Konsens und Kontrolle: Versammlungen und die politische Ordnung des spätrömischen Reiches, in: Depreux, Ph.– Patzold, S. (Hrsg.), Politik und Versammlung im Frühmittelalter (RGA 141, Ergänzungsband), Berlin 2023, im Druck.

Schreiner, K. – Schwerhoff, G. (Hrsg.), Verletzte Ehre. Ehrkonflikte in Gesellschaften des Mittelalters und der Frühen Neuzeit, Köln et al. 1995.

Vera, D., Commento storico alle Relationes di Quinto Aurelio Simmaco, Pisa 1981.

Wiemer, H.-U., Akklamationen im spätrömischen Reich. Zur Typologie und Funktion eines Kommunikationsrituals, Archiv für Kulturgeschichte 86, 2004, 27–73.

Wiemer, H.-U., Voces populi. Akklamationen als Surrogat politischer Partizipation, in: Flaig, E. (Hrsg.), Genesis und Dynamiken der Mehrheitsentscheidung (Schriften des Historischen Kollegs 85), München 2013, 173–202.

Räumliche Grenzen und die Gesellschaft am Beispiel des Übereinkommens zwischen Milet und Olbia (I.Delphinion 136)*

Ansgar Teichgräber

Die Interaktion zwischen Raum und Gesellschaft zeigt sich in vielen verschiedenen Situationen.[1] Ein wichtiges Charakteristikum des Raums ist hierbei seine Einteilung in verschiedene kleinere Räume durch die Gesellschaft,[2] wobei die einzelnen Räume mit bestimmten sozialen Gruppen verknüpft werden.[3] Diese Räume lassen sich vom Zentrum aus denken, aber auch von ihren Grenzen. Der Nutzen einer Betrachtung dieser Grenzen liegt darin, dass bei einer Grenzziehung die zentralen Merkmale angrenzender Räume bzw. der mit ihnen verbundenen sozialen Gruppen betont werden.[4] Auf diese Weise lassen sich soziale Strukturen anhand räumlicher Grenzen untersuchen.

Um die Analyse von Grenzen methodisch fundiert zu gestalten, wurde am Grenzforschungszentrum des Viadrina Centers B/ORDERS IN MOTION das Konzept der ‚komplexen Grenzen' entwickelt, das auf verschiedene Entwicklungen innerhalb der Grenzforschung der letzten Jahre reagiert.[5] So sollen die Forschungen zu politisch-territorialen Grenzen unter dem englischen Begriff ‚borders' und zu sozialen Grenzen unter dem englischen Begriff ‚boundaries' zusammengeführt werden.[6] Dieser Zugriff basiert auf dem Verständnis von Grenzen als komplexen Gebilden, da sie nicht nur zwei Bereiche auf einer Ebene voneinander abtrennen, sondern auch verschiedene Dimensionen besitzen, die miteinander verknüpft sind und sich gegenseitig beeinflussen.[7] So existieren

---

* Der vorliegende Aufsatz entstand im Rahmen des Forschungsprojekts ‚Grenzen in der griechischen Polis' an der Professur für Antike Kultur an der Universität Erfurt.

1 Dieses Verhältnis war z.B. Thema des Forschungsclusters 3 ‚Politische Räume' des DAI, vgl. Arnold et al. 2012, 1. Zu diesem Verhältnis grundlegend auch für die geschichtswissenschaftliche Forschung, vgl. Löw 2001 und Schroer 2006.

2 So schon Simmel 1992, 694–698.

3 Vgl. Rau 2017a, 149–150.

4 Vgl. Rau 2017b, 42–43. Zur aktuellen Grenzforschung sei grundsätzlich auf Gerst et al. 2021 sowie Eigmüller – Vobruba 2016 verwiesen.

5 Vgl. Gerst et al. 2018, bes. 3–4; 10.

6 Gerst et al. 2018, 3–4.

7 Gerst et al. 2018, 4–6. Hierbei beziehen sich die Autoren auf die Definition von Komplexität nach Luhmann 1984, 46: „Als komplex wollen wir eine zusammenhängende Menge von Elementen be-

Grenzen nicht einfach nur von sich aus, sondern sie sind gleichzeitig Produkt und Produzent vielfältiger Prozesse.[8]

Bei der Analyse komplexer Grenzen sollen deswegen vier Prämissen zugrunde gelegt werden:[9]

1. Grenzen müssen aus verschiedenen Blickwinkeln betrachtet werden, d.h. neben der räumlichen Dimension müssen auch soziale Dimensionen beachtet werden.
2. Grenzen sind relationale Prozesse; dementsprechend stehen die verschiedenen Aspekte einer Grenze miteinander in Verbindung und beeinflussen sich gegenseitig. Hierbei spielen auch die Akteure und Dinge eine Rolle, die eine Grenze definieren oder sichtbar machen.
3. Grenzen sind durchlässig, weswegen berücksichtigt werden muss, für wen und wann diese Grenzen gelten und wie die Durchlässigkeit organisiert ist.
4. Grenzen sind nicht an sich gegeben, sondern Ergebnisse vergangener Prozesse und werden von den verschiedenen Akteuren ständig weiterentwickelt.

Diese theoretischen Überlegungen sollen im Folgenden anhand des Übereinkommens zwischen Milet und Olbia (I.Delphinion 136) erläutert werden.[10]

Τάδε πάτρια Ὀλβιοπολίταις καὶ Μιλησ[ί]-
οις· τὸμ Μιλήσιον ἐν Ὀλβιηπόλει ὡς Ὀλ-
βιοπολίτην θύειν ἐπὶ τῶν αὐτῶμ βω-
μῶν καὶ εἰς τὰ ἱερὰ τὰ αὐτὰ φοιτᾶν τὰ
δημόσια κατὰ τὰ αὐτὰ καὶ Ὀλβιοπολί-
τας. εἶναι δὲ καὶ ἀτελείας Μιλησίοις κα-
θάσσα καὶ πρότερον ἦσαν· ἐὰν δὲ θέληι
τιμουχιῶμ μετέχειν, ἐπὶ βουλὴν ἐπίτω
καὶ ἀπογραφεὶς μετεχέτω καὶ ἔστω
ἐντελής, καθότι καὶ οἱ ἄλλοι πολῖται

zeichnen, wenn auf Grund immanenter Beschränkungen der Verknüpfungskapazität der Elemente nicht mehr jedes Element jederzeit mit jedem anderen verknüpft sein kann." Die verschiedenen Erscheinungsformen von Grenzen betonen auch Eigmüller 2016, 66–67 sowie Rau 2017a, 149 und Rau 2017b, 42.

8 Gerst et al. 2018, 3.

9 Gerst et al. 2018, 6–7.

10 Die Inschrift wurde 1903 im Pflaster des Delphinion in Milet entdeckt und befindet sich heute im Pergamonmuseum in Berlin (Inv. Nr. 678). Die Stele aus weißem Marmor besitzt oben und unten ein Profil und das Schriftfeld misst 1,30 m in der Höhe und 0,47–0,61 m in der Breite. Vgl. auch Staatsverträge III 408; Rhodes – Osborne, GHI 93; I.Milet, S. 170. Den neuesten Kommentar mit Literatur bietet Saba 2020, 37–44 Nr. 1. Datiert wird die Inschrift aufgrund paläographischer Parallelen und historischer Überlegungen ungefähr in die Herrschaft Alexanders des Großen: I.Delphinion 136: Zeit Alexanders des Großen; Staatsverträge III 408: „um 330 oder früher"; Rhodes – Osborne, GHI 93: „c. 330 (?)". Zu weiteren Datierungsansätzen, die zwischen 386 und 311 schwanken vgl. Rhodes – Osborne, GHI 93, S. 473; Saba 2020, 38 Anm. 3.

εἰσιν. εἶναι δὲ καὶ προεδρίαγ, καὶ εἰσκηρύσσεσθαι εἰς τοὺς ἀγῶνας καὶ ἐπαρᾶσθαι ταῖς τριακάσιγ, καθάσσα καὶ ἐμ Μιλήτωι ἐπαρῶνται. ἐὰν δέ τι συμβόλ̣αιον ἦ⟨ι⟩ τῶι Μιλησίωι ἐν Ὀλβίαι, ἰσχέτω δίκηγ καὶ ὑπεχέτω ἐμ πενθ' ἡμέραις ἐπὶ τοῦ δημοτικοῦ δικαστηρίου. εἶναι δὲ [ἀ]τελεῖς πάντας Μιλησίους, πλ⟨ὴ⟩ν ὅσοι ἐν ἄλλη⟨ι⟩ πόλει πολιτεύονται καὶ ἀρχείω⟨μ⟩ μετέχουσιγ καὶ δικαστηρίων. κατὰ ταὐτὰ δὲ καὶ Ὀλβιοπολίτας ἐμ Μιλήτωι ⟨ἀ⟩τελεῖς εἶναι, καὶ τὰ ἄλλα κατὰ τὸν αὐτὸν τρόπον Ὀλβιοπολίταις ἐμ Μιλήτωι ὑπάρχειγ καθότι καὶ Μιλησίοις ἐν Ὀλβιηπόλει.

(Z. 1) Die folgenden sind die traditionellen (Beziehungen) zwischen Olbiopoliten und Milesiern:
(Z. 2) Der Milesier soll in Olbia wie ein Olbiopolit an denselben Altären opfern und regelmäßig dieselben öffentlichen Heiligtümer besuchen, gemäß den gleichen Regeln wie die Olbiopoliten.
(Z. 6) Die Milesier sollen aber auch die Atelie haben, so wie sie sie auch vorher hatten.
(Z. 7) Wenn aber einer an den Ämtern teilhaben will, soll er zum Rat gehen und, nachdem er sich hat eintragen lassen, teilhaben und er soll abgabenpflichtig sein, wie es auch die anderen Bürger sind.
(Z. 11) Er soll aber auch die Prohedrie haben und vom Herold hereingerufen werden zu den Wettkämpfen und er soll an den Triakades verfluchen, so wie sie auch in Milet verfluchen.
(Z. 14) Wenn aber ein Milesier in Olbia irgendeinen Rechtsstreit in Geschäftsdingen hat, soll er klagen oder beklagt werden können innerhalb von fünf Tagen vor dem öffentlichen Gericht.
(Z. 17) Alle Milesier sollen die Atelie haben, außer denjenigen, die in anderen Poleis das Bürgerrecht ausüben und an den Ämtern und Gerichten teilhaben.
(Z. 20) Gemäß denselben (Regeln) sollen aber auch die Olbiopoliten in Milet die Atelie haben und das Übrige soll gemäß derselben Art und Weise den Olbiopoliten in Milet zuteilwerden wie auch den Milesiern in Olbia.

Das Präskript der Inschrift gibt kurz an, für wen dieses Übereinkommen galt: Die Bürger der Poleis Milet und Olbia (Z. 1–2).[11] Es folgen verschiedene Privilegien, die Milesier in

11 Aus der Formulierung τάδε πάτρια (Z. 1) sowie dem Verweis καθάσσα καὶ πρότερον ἦσαν (Z. 6–7) schließen I.Delphinion 136, S. 166, und Staatsverträge III 408, S. 20, dass es sich nicht um einen neuen Vertrag handele, sondern um eine Sammlung älterer, bereits bestehender Regelungen.

Olbia genießen durften: Die Teilnahme an Opfern und das Betreten von Heiligtümern (Z. 2–6), die Freiheit von Abgaben (Z. 6–7) – beschränkt allerdings auf diejenigen, die in keiner weiteren Stadt Bürgerrechte ausübten (Z. 17–20) –, eine vereinfachte Aufnahme in die Bürgerschaft von Olbia (Z. 7–11), Privilegien bei Festen und Kulten (Z. 11–14) sowie einen verbesserten Zugang zum Gericht (Z. 14–17). Abschließend werden die Privilegien auch umgekehrt für Olbiopoliten in Milet bestätigt (Z. 20–24).

Besondere Aufmerksamkeit hat diese Inschrift als frühes Beispiel für Isopolitiebestimmungen erregt,[12] auch wenn weder der Begriff Isopolitie erwähnt wird, noch die Annahme des Bürgerrechts den eindeutig wichtigsten Teil der Regelungen darstellt, sondern nur eines unter mehreren Privilegien, die sich die Bürger von Milet und Olbia wechselseitig gewähren.[13] Die Kommentare konzentrierten sich bisher auf die Datierung und historischen Hintergründe des Übereinkommens, die Stellung in der Entwicklung der Isopolitie sowie einzelne Aspekte z.B. die Atelie und den Zugang zum Gericht.[14] Mithilfe der Analyse von Grenzen lassen sich dagegen die Auswirkungen der Bestimmungen auf das Leben der Bewohner und Besucher der Poleis untersuchen.[15]

Explizit erwähnt werden Grenzen in dieser Inschrift nicht, und doch spielen sie im Hintergrund eine wichtige Rolle. Um diese zu erkennen, muss man sich auf die Ebene der Personen begeben, die von diesen Regelungen betroffen waren.

So waren z.B. die Teilnahme an Opfern an den Altären, die eigentlich den Bürgern der Polis vorbehalten war, und der Besuch der städtischen Heiligtümer nach den Regeln der Bürger mit dem Überschreiten räumlicher Grenzen verbunden.[16] Wie die räumlichen

---

Staatsverträge III 408, S. 20 hält Z. 1–6 für den Teil eines älteren Vertrags, Seibert 1963, 179–191 nimmt dies zusätzlich auch für Z. 20–24 an. Rhodes – Osborne, GHI 93, S. 472 akzeptieren zwar die Annahme, dass hier auf ältere Vereinbarungen zurückgegriffen wird, bezweifeln jedoch, dass es sich um schriftliche Verträge gehandelt haben müsse, und verweisen auf mögliche Änderungen zum Zeitpunkt der Niederschrift, ähnlich Gawantka 1975, 99–100 Anm. 19; Ehrhardt 1987, 86 mit Anm. 51. Saba 2020, 38–39; 44 schließt eine Zusammensetzung aus verschiedenen Verträgen aufgrund der Homogenität des Inhalts aus und geht von einem Abschluss des Vertrags zum Zeitpunkt der Niederschrift aus, auch wenn dabei auf ältere Verbindungen zurückgegriffen worden sein könnte.

12 So z.B. als erste Inschrift im Katalog zur Isopolitie Saba 2020, 37–45. Vgl. auch Cojocaru 2014, 51; Rhodes – Osborne, GHI 93, S. 472; Staatsverträge III 408, S. 20; Graham 1964, 99–103.

13 Vgl. Saba 2020, 42–44, sowie Gauthier 1972, 358.

14 Hintergründe des Übereinkommens: Saba 2020, 38–42; Rhodes – Osborne, GHI 93, S. 472–473; Ehrhardt 1987, 100; 115–116; Gawantka 1975, 139; Graham 1964, 99–101. Entwicklung der Isopolitie: Saba 2020, 42–44; Rhodes – Osborne, GHI 93, S. 472–473; Ehrhardt 1987, 86–90; Müller 1976, 34 Anm. 22; Staatsverträge III 408, S. 20; Graham 1964, 101; Seibert 1963, 179–191. Atelie: Saba 2020, 43–44; Staatsverträge III 408, S. 20. Zugang zum Gericht: Rhodes – Osborne, GHI 93, S. 473; Müller 1976, 34 Anm. 22; Gauthier 1972, 358–360; Graham 1964, 101–102.

15 Für Rhodos unternimmt Boyxen 2018 eine vergleichbare Untersuchung, vgl. bes. 7–24 zur Methodik.

16 Die Passage εἱς τὰ ἱερὰ τὰ αὐτὰ φοιτᾶν τὰ δημόσια (Z. 4–5) erfährt in den Übersetzungen verschiedene Interpretationen. Während die deutschen Übersetzungen HGIÜ 269 („dieselben Heiligtümer besuchen, die gemeindlichen“) und I.Milet S. 170 („dieselben öffentlichen Heiligtümer aufsuchen“) „Heiligtümer“ übersetzen und von dem Besuch von Orten ausgehen, übersetzen Rhodes – Osborne,

Grenzen dieser Heiligtümer genau ausgestaltet waren, ob sie etwa durch Zäune oder Mauern umschlossen waren,[17] lässt sich zwar nicht feststellen, ist aber auch von nachgeordneter Bedeutung. Die entscheidende Tatsache ist, dass es in Olbia und wahrscheinlich auch in Milet Altäre und Heiligtümer gab, zu denen, zumindest zu bestimmten Zeitpunkten oder Anlässen wie Opfern, nur Bürger der Polis Zutritt erhielten.[18] Somit war dieser Raum allen Nichtbürgern verschlossen.

Eine weitere räumliche Grenze, an der sich eine soziale Differenzierung fassen lässt, trennte verschiedene Zonen im Theater oder bei Wettkämpfen, in diesem Fall ist explizit die Prohedrie erwähnt. Dieser Bereich in vorderster Reihe, in dem individuell Geehrte und bestimmte Amtsträger Platz nehmen durften,[19] war im Bewusstsein der Besucher der Veranstaltung ein vom restlichen Theater abgetrennter Raum, dessen Grenze nur von berechtigten Personen überschritten werden durfte. Diese Heraushebung wird noch einmal dadurch deutlich gemacht, dass die Milesier bzw. Olbiopoliten gesondert durch den Herold hereingerufen wurden.[20]

GHI 93 „frequent the same public religious rites“ und Saba 2020, 37 „attend the same religious celebrations“. Somit wird in den deutschen Übersetzungen der räumliche Aspekt stärker betont, während in den englischen Übersetzungen der zeitliche und soziale Aspekt des Festes in den Vordergrund gerückt wird. Da ἱερὰ beide Übersetzungen zulässt, lässt sich die Differenz nicht endgültig klären, die Verwendung der Präposition εἰς verweist jedoch eher auf den räumlichen Aspekt. Die räumliche Interpretation findet sich auch bei Cojocaru 2014, 51.

17 Vgl. hierzu Hölscher 2013, 53–55; Sokolicek 2010, 226.

18 Funke 2010, 482–484 stellt fest, dass die zentralen, öffentlichen Heiligtümer einer Polis einen sozialen Raum v.a. für deren Bürger bildeten; ein vollständiges Zugangsverbot der Heiligtümer für Nichtbürger sei zwar sehr selten gewesen (als Ausnahme wird I.Délos 68 A+B angeführt), ein Ausschluss der Nichtbürger von Kulthandlungen dagegen verbreitet. Eine vergleichbare Regelung auf Ebene der Demen findet sich in IG II² 1214, Z. 11–17, worin dem Geehrten Kallidamas das Recht der Teilnahme an Opfermählern der Demoten des Demos Peiraieus in Heiligtümern zugestanden wird, außer in denjenigen, zu denen nur Demoten Zutritt hatten (Z. 15–17: ἐν ἅπασι τοῖς ἱεροῖς πλὴν | εἴ που αὐτοῖς Πειραιεῦσιν νόμιμόν ἐστ|ιν εἰσιέναι, ἄλλωι δὲ μή), vgl. Teichgräber 2021, bes. 52.

19 Vgl. Fensterbusch 1957.

20 Die Interpretation des Ausdrucks εἰσκηρύσσεσθαι εἰς τοὺς ἀγῶνας (Z. 11–12) als Ankündigung durch den Herold findet sich auch bei HGIÜ 269 („Ankündigung bei den Agonen“) und im Kommentar bei Staatsverträge III 408 („Ankündigung durch den Heroldsruf bei den öffentlichen Spielen“) sowie ähnlich bei I.Milet S. 170 („zu den Wettkämpfen vom Herold eingeladen werden“). Die Parallelen für εἰσκηρύσσω aus Inschriften sprechen ebenfalls für diese Interpretation: I.Priene 5 B – M = I.Priene 5, Z. 9–10 erwähnt, dass auch die Euergeten angekündigt werden sollen (καὶ προεδ[ρίαν] | ẹ̣ν τοῖς ἀγῶσι, καὶ εἰσκηρύσσεσθ[αι] α̣ὐτοὺς καθά̣[περ] | τοὺς εὐεργέτας); ebenso auch I.Magnesia 92b, Z. 12–13 (καὶ εἰσκηρύσσεσθαι αὐτὸν ἐν τοῖς ἀγῶσιν καθότι καὶ οἱ | ἄλλοι εὐεργέται); I.Magnesia 7b, Z. 11–13 spricht vom Hereinrufen in die Prohedrie (εἰσκηρύσ|[σε]ιν δὲ καὶ ἐν τοῖς ἀγῶσιν εἰς | [πρ]οεδρίαν); eine Kombination dieser beiden Elemente findet sich in I.Magnesia 92a, Z. 6–7 (εἰσκηρύσσεσθαι δὲ αὐτὸγ καὶ εἰς προεδρίαν μετὰ [τῶν ἀλ]|[λων εὐεργετ]ῶν ἐν τοῖς ἀγῶσιν οὓς ἂν ὁ δῆμος συντελῆι). Als Recht, an den Wettkämpfen selbst teilzunehmen, wird der Ausdruck von Rhodes – Osborne, GHI 93 („shall be proclaimed as competitors in the contests“) und Saba 2020, 38 („called in as competitors in the contests“) interpretiert, auch LSJ s.v. εἰσκηρύσσω nennt „call into the lists for combat“ als eine Übersetzung und verweist auf die vorliegende Inschrift als Beispiel.

Die letzte räumliche Grenze der Inschrift stellt die Grenze zur Gerichtsstätte dar. Während die Bürger Zugang zu ihrer eigenen Gerichtsstätte besaßen, war dieser Nichtbürgern wohl verwehrt und sie waren auf die Entscheidungen zuständiger Magistrate angewiesen.[21] Mit dem Recht, einen Prozess vor dem Gericht der Bürger führen zu dürfen, war auch die Überschreitung der räumlichen Grenze zum Gerichtsgebäude bzw. zu dem Ort, an dem das Gericht tagte, verbunden.

Eine Analyse dieser drei räumlichen Grenzen – die Grenze von Heiligtümern und Altären, die Grenze zwischen verschiedenen Zonen im Theater/bei Wettkämpfen und die Grenze zur Gerichtsstätte – beginnt mit der ersten Prämisse: Grenzen besitzen verschiedene Dimensionen. Die räumliche Dimension wurde bereits skizziert, also die Trennung eines Heiligtums vom umliegenden Raum, die Abtrennung einzelner Bereiche in Theatern oder Wettkampfstätten sowie die Trennung des Raums der Gerichtsstätte vom umliegenden Raum.

Zudem muss die zeitliche Dimension der Grenzen in Betracht gezogen werden. Im Fall der Grenze von Heiligtümern und Altären gewann sie Relevanz, wenn die räumliche Grenze nur zu bestimmten Zeitpunkten, also zu Opferhandlungen oder Festtagen, Nichtbürgern den Zutritt verwehrte.[22] Die räumliche Grenze blieb in diesem Fall zwar bestehen, besaß aber eine andere Wirkung. Für die Grenze zwischen verschiedenen Zonen im Theater/bei Wettkämpfen ist dieser zeitliche Aspekt deutlicher, da die Hervorhebung der gesondert Geehrten nur zu den jeweiligen Veranstaltungen stattfand und somit die räumliche Grenze auch nur dann relevant wurde. Gleiches gilt auch für die Grenze zur Gerichtsstätte, wobei in diesem Fall eine weitere zeitliche Einschränkung deutlich wird: Die Öffnung der Gerichtsstätte erfolgte nur, wenn der Prozess Verträge und Geschäfte betraf.[23] Wenn andere Prozesse stattfanden, war die Gerichtsstätte den Bürgern vorbehalten, zumindest in der Rolle des Klägers oder Angeklagten.

Die Durchlässigkeit räumlicher Grenzen nur für eine definierte Personengruppe zeigt die erste der sozialen Dimensionen von Grenzen auf, nämlich den personenrechtlichen Status, von dem die Zugangsmöglichkeiten abhingen. Alle genannten räumlichen Grenzen waren prinzipiell nur für Bürger der jeweiligen Polis überschreitbar und schieden die Bürger damit von den Nichtbürgern. Auch die in diesem Übereinkommen fixierten Übergangsrechte galten nur für Bürger der jeweils anderen Polis und waren damit eben-

21 Zur Diskussion der Bedeutung des Begriffs δημοτικὸν δικαστήριον (Z. 17), vgl. Gauthier 1972, 359.

22 Ob dies im hier diskutierten Fall vorlag, lässt sich nicht sicher feststellen, da keine bestimmten Feste erwähnt werden. Sollte mit φοιτᾶν (Z. 4) allerdings eine ständige Wiederholung impliziert sein, könnte dies darauf hinweisen, dass die ἱερὰ δημόσια normalerweise immer allein für Bürger zugänglich waren, vgl. als eine seltene Parallele für die Verwendung von φοιτᾶν: IG VII 235 = I.Oropos 277, Z. 2–3: τὸν ἱερέα τοῦ Ἀμφιαράου φοιτᾶν εἰς τὸ ἱερόν (Greek Ritual Norms 75 übersetzt „The priest of Amphiaraos should frequent the sanctuary" bzw. „Que le prêtre d'Amphiaraos se rende régulièrement au sanctuaire").

23 Zum Begriff συμβόλαιον und seiner Übersetzung als Prozess in Geschäftsdingen, vgl. Gauthier 1972, 160–161, der ihn von σύμβολον in der Bedeutung als Vertrag ableitet. Gauthier 1972, 360 nimmt an, dass die Bestimmungen in Olbia und Milet gleichermaßen galten. Müller 1976, 34 Anm. 22 merkt dagegen an, dass sich diese Bestimmung nicht direkt auf Milet übertragen ließe.

falls an den personenrechtlichen Status gekoppelt. Eine Besonderheit weist in diesem Fall die Grenze zur Prohedrie auf, da die Milesier bzw. Olbiopoliten, die diese Grenzen überschreiten durften, zusätzlich in der jeweils anderen Polis als Bürger registriert sein mussten.[24] Letzteres stellte also einen weiteren personenrechtlichen Status dar, anhand dessen die Überschreitung einer Grenze geregelt werden konnte.

Eine weitere soziale Dimension wird mit Blick auf die Grenze der Heiligtümer und Altäre sichtbar: die der Kultgemeinschaft. Diejenigen, die die räumliche Grenze überschritten und gemeinsam die Kulthandlungen begingen, bildeten eine Kultgemeinschaft, die neben dem religiösen auch einen sozialen Aspekt besaß. Gerade für den Zusammenhalt der Bürger spielte die Kultgemeinschaft eine wichtige Rolle.[25] Dies zeigt sich auch an der Erlaubnis für die Milesier, ihre traditionellen Bräuche genauso wie in Milet durchzuführen, auch wenn sie sich in Olbia als Bürger hatten registrieren lassen.[26] Die Grenzen besaßen zudem eine politisch-administrative Dimension, da die Durchlässigkeit von den Institutionen der Poleis geregelt wurde, wie dieses Übereinkommen zeigt.

Die zweite Prämisse besagt, dass Grenzen relational sind. Dies zeigt sich auf der Ebene der einzelnen hier vorgestellten Grenzen in der Verknüpfung der verschiedenen Dimensionen. So war das Überschreiten der räumlichen Dimension der Grenzen abhängig von der personenrechtlichen Dimension, wobei die Festlegung der Zugangsregeln die politisch-administrative Dimension bildet. Bei den Grenzen von Heiligtümern und Altären ergab sich aus dem zugelassenen Personenkreis wiederum die Kultgemeinschaft als sozial abgegrenzte Gruppe.

Eine Verbindung zwischen den verschiedenen Grenzen stellen die gemeinsamen Akteure dar. Hier fallen zunächst die beschlussfassenden Organe der beiden Poleis ins Auge, die die Regeln zur Durchlässigkeit der Grenzen beschlossen bzw. bestätigten. Außerdem wirkten diese Grenzen auf die gleichen Personengruppen: 1. Die Bürger der jeweiligen Polis, die die räumlichen Grenzen ungehindert überqueren konnten. Sie profitierten von der abschließenden Wirkung, die ihnen einen eigenen sozialen Raum, im Fall der Heiligtümer, oder Vorteile bei der Durchsetzung ihrer Rechte, im Fall der Gerichtsstätte, verschaffte. 2. Die Nichtbürger, die sich in der Polis aufhielten und denen die Überquerung dieser Grenzen verwehrt war. Ihnen war ein wichtiger Teil des sozialen Lebens der Polis versperrt und sie mussten Nachteile im Gerichtswesen hinnehmen. 3. Die Bürger der pri-

---

24 Die Privilegien Z. 11–14 galten nur für diejenigen, die den Prozess Z. 7–11 durchlaufen hatten. Dass ihr ursprüngliches Bürgerrecht davon nicht berührt wurde, zeigt die Einschränkung in Z. 17–20, die von der Atelie diejenigen ausschließt, die ein vergleichbares Verfahren bereits in einer Stadt durchlaufen hatten.

25 Vgl. Blok 2017, 119; Funke 2010, 482. Rhodes – Osborne, GHI 93, S. 473 verweisen als Parallele auf IG II² 1214, Z. 11–17, hierzu nun Teichgräber 2021, bes. 55.

26 Der Abschnitt ἐπα|ρᾶσθαι ταῖς τριακάσιγ, καθάσσα καὶ | ἐμ Μιλήτωι ἐπαρῶνται (Z. 12–14) hat in der Forschung verschiedene Interpretationen erfahren. Während z.B. Staatsverträge III 408 und Rhodes – Osborne, GHI 93, S. 473 der Interpretation von I.Delphinion 136, S. 167 folgen, dass es sich um Gebete an einem Totenfest gehandelt habe, schlägt Ehrhardt 1987, 89 eine rituelle Verfluchung vor, wofür sich auch I.Milet S. 170 und Saba 2020, 38 entscheiden. HGIÜ 269 führt beide Möglichkeiten auf.

vilegierten anderen Polis, die im Fall der Grenzen zu Heiligtümern und eingeschränkt auch den Gerichtsstätten den Bürgern der Polis gleichgestellt wurden und denen damit eine bessere soziale Integration und Rechtssicherheit, v.a. in wirtschaftlichen Belangen, ermöglicht wurde.[27] Wenn sie sich zusätzlich in der jeweils anderen Polis registrieren ließen, durften sie sogar Ämter bekleiden, wurden bei Wettkämpfen gesondert geehrt und durften trotzdem traditionelle Bräuche pflegen. Wer für die Kontrolle der Grenzen zuständig war, wird aus der Inschrift nicht ersichtlich, doch könnte es sich je nach Kontext um zuständige Amtsträger oder auch die Bürger der Polis selbst gehandelt haben.

Die dritte Prämisse betont die Durchlässigkeit von Grenzen. Die Bedeutung dieses Aspekts von Grenzen liegt bei dieser Inschrift auf der Hand, da der Zweck des Übereinkommens eben gerade in der Regelung der Durchlässigkeit von Grenzen bestand. Während die Durchlässigkeit der räumlichen Grenzen der hier erwähnten Räume – Heiligtümer/Altäre, Prohedrie sowie Gerichtsstätte – bisher anhand der Statuskategorien Bürger bzw. Nichtbürger geregelt wurde, werden nun die beiden Kategorien Bürger einer privilegierten Polis und Bürger einer privilegierten Polis, der auch das Bürgerrecht der Polis ausübt, in der er sich aufhält, ergänzt. Einschränkend lässt sich zur Striktheit der räumlichen Grenzen ergänzen, dass z.B. im Fall der Gerichtsstätte das Zutrittsrecht auch von der Rolle der betroffenen Person im Gerichtsprozess abhing, also ob er als Kläger bzw. Angeklagter auftreten wollte. Die zeitliche Komponente der Durchlässigkeit wurde bereits angesprochen und zeigt, dass die räumlichen Grenzen zu dem Zeitpunkt undurchlässig wurden, wenn im Heiligtum, im Theater, bei Wettkämpfen oder an der Gerichtsstätte für das soziopolitische Leben der Polis relevante Veranstaltungen stattfanden.

Die vierte Prämisse stellt die Eigenschaft von Grenzen als Prozesse heraus. Auch hier bietet schon die Inschrift selbst einen Beleg, da deutlich wird, dass die Grenzen nicht als unveränderlich begriffen, sondern aktiv verändert und weiterentwickelt wurden. Zwar wurde die räumliche Lage der Grenzen nicht verschoben, aber die Wirkung der Grenzen änderte sich durch die Modifikation der Durchlässigkeit. Die Veränderung der Grenzen wiederum bewirkte eine gesellschaftliche Veränderung durch die teilweise Integration einer bisher vom soziopolitischen Leben der Polis ausgeschlossenen Gruppe in die soziale Gruppe der Bürger.

Die räumlichen Grenzen innerhalb der Polis regelten also Zugangsmöglichkeiten und Bewegungsmuster der Bewohner und Besucher der Polis, was sich zum einen auf die konkrete körperliche Erfahrung auswirkte, zum anderen auf die Möglichkeiten der sozialen und wirtschaftlichen Partizipation. Im Fall der vorliegenden Inschrift führte dies dazu, dass sich die Lebensumstände der Milesier bzw. Olbiopoliten in der jeweils anderen Polis deutlich verbesserten. Für diejenigen, die sich nur zeitweise dort aufhielten oder zumindest keine engere Bindung an die andere Polis anstrebten, bedeutete dies, neben der zweifellos wichtigen und sehr attraktiven Atelie,[28] soziale Integration bei Festen, die sich z.B. in besseren Geschäften niederschlagen konnte, sowie eine verbesserte Rechtssicherheit in geschäftlichen Belangen. Für diejenigen, die längere Zeit oder dauerhaft in der anderen

27 Auf die soziale Integration verweist auch Saba 2020, 44.

28 Die besondere Bedeutung der Atelie hebt auch Saba 2020, 43 (mit weiterer Literatur) hervor.

Polis blieben, bedeutete der einfache Zugang zu Ämtern einen weiteren Schritt auch der sozialen Integration. Der Verlust der Atelie wurde zudem auf dem sozialen Feld durch die besondere Ehrung bei Wettkämpfen und im Theater ausgeglichen und zusätzlich durften traditionelle Bräuche beibehalten werden.

Die Analyse der komplexen Grenzen innerhalb der Polis zeigt die differenzierte Gesellschaftsstruktur mit fein abgestuften Zugehörigkeiten. So gab es Bürger und Fremde sowie diejenigen, die zusätzlich Bürgerrechte in einer anderen Polis ausübten oder aus einer bestimmten anderen Polis kamen. Jeder dieser Gruppen wurde in unterschiedlichem Maß Zugang zu Räumen gewährt, wobei an der Grenze der jeweilige Status relevant wurde. Jenseits der in diesem Beispiel vorkommenden relevanten Personenmerkmale gab es noch weitere, die weniger im Fokus zwischenstaatlicher Vereinbarungen standen, wie Geschlecht, Alter oder persönliche Freiheit. Gerade in diesen Fällen könnte eine Analyse der Grenzen weitere Erkenntnisse zur gesellschaftlichen Stellung ermöglichen.

Literaturverzeichnis

Arnold, F., et al. (Hg.), Orte der Herrschaft. Charakteristika antiker Machtzentren (Menschen – Kulturen – Traditionen 3), Rahden/Westf. 2012.

Blok, J., Citizenship in Classical Athens, Cambridge 2017.

Boyxen, B., Fremde in der hellenistischen Polis Rhodos. Zwischen Nähe und Distanz (Klio. Beihefte N. F. 29), Berlin 2018.

Cojocaru, V., Die Außenbeziehungen der griechischen Städte der nördlichen Schwarzmeerküste in hellenistischer und römischer Zeit auf Grundlage der epigraphischen Quellen, in: Cojocaru, V. – Schuler, C. (Hg.), Die Außenbeziehungen pontischer und kleinasiatischer Städte in hellenistischer und römischer Zeit. Akten einer deutsch-rumänischen Tagung in Constanţa, 20.–24. September 2010, Stuttgart 2014, 45–86.

Ehrhardt, N., Die politischen Beziehungen zwischen den griechischen Schwarzmeergründungen und ihren Mutterstädten. Ein Beitrag zur Bedeutung von Kolonialverhältnissen in Griechenland (Terra Antiqua Balcanica 2), 1987, 78–117.

Eigmüller, M., Der duale Charakter der Grenze. Bedingungen einer aktuellen Grenztheorie, in: Eigmüller, M. – Vobruba, G. 2016, 49–68.

Eigmüller, M. – Vobruba, G. (Hg.), Grenzsoziologie. Die politische Strukturierung des Raumes, Wiesbaden [2]2016.

Fensterbusch, C., RE 23.1, 1957, 114–115, s.v. Prohedria.

Funke, P., Bürgerschaft und Bürgersein – Teilnehmen als Teilhaben, in: Hölkeskamp, E. – Hölkeskamp, K.-J. (Hg.), Erinnerungsorte der Antike II. Die griechische Welt, München 2010, 472–486.

Gauthier, P., Symbola. Les étrangers et la justice dans les cités grecques, Nancy 1972.

Gawantka, W., Isopolitie. Ein Beitrag zur Geschichte der zwischenstaatlichen Beziehungen in der griechischen Antike (Vestigia 22), München 1975.

Gerst, D., et al., Komplexe Grenzen. Aktuelle Perspektiven der Grenzforschung, Berliner Debatte Initial 29.1, 2018, 3–11.

Gerst, D., et al. (Hg.), Grenzforschung. Handbuch für Wissenschaft und Studium (Border Studies. Cultures, Spaces, Orders 3), Baden-Baden 2021.

Graham, A. J., Colony and Mother City in Ancient Greece, Manchester 1964.

Hölscher, T., Die griechische Polis und ihre Räume: Religiöse Grenzen und Übergänge, in: Guggisberg, M. (Hg.), Grenzen in Ritual und Kult der Antike. Internationales Kolloquium, Basel, 5.–6. November 2009 (Schweizerische Beiträge zur Altertumswissenschaft 40), Basel 2013, 47–68.

Löw, M., Raumsoziologie, Frankfurt/Main 2001.

Luhmann, N., Soziale Systeme. Grundriß einer allgemeinen Theorie, Frankfurt/Main 1984.

Müller, H., Milesische Volksbeschlüsse. Eine Untersuchung zur Verfassungsgeschichte der Stadt Milet in hellenistischer Zeit (Hypomnemata 47), Göttingen 1976.

Rau, S., Räume. Konzepte, Wahrnehmungen, Nutzungen (Historische Einführungen 14), Frankfurt/Main ²2017.

Rau, S., Räume und Grenzen – Dynamiken und Relationen. Historische und systematische Betrachtungen, in: Neck, R., et al. (Hg.), Grenzen in den Wissenschaften (Wissenschaft – Bildung – Politik 20), Wien 2017, 35–54.

Saba, S., *Isopoliteia* in Hellenistic Times (Brill Studies in Greek and Roman Epigraphy 14), Leiden 2020.

Seibert, J., Metropolis und Apoikie. Historische Beiträge zur Geschichte ihrer gegenseitigen Beziehungen, Diss. Würzburg 1963.

Schroer, M., Räume, Orte, Grenzen. Auf dem Weg zu einer Soziologie des Raums, Frankfurt/Main 2006.

Simmel, G., Soziologie. Untersuchungen über die Formen der Vergesellschaftung, in: Rammstedt, O. (Hg.), Georg Simmel, Gesamtausgabe, Frankfurt/Main 1992.

Sokolicek, A., Grenzen und Mauern in der griechischen Stadt. Überlegungen zu Diateichisma, Temenos und Stadtmauern, in: Lorentzen, J., et al. (Hg.), Aktuelle Forschungen zur Konstruktion, Funktion und Semantik antiker Stadtbefestigungen. Kolloquium 9.–10. Februar 2007 in Istanbul (Byzas 10), Istanbul 2010, 219–237.

Teichgräber, A., Kallidamas im Übergang. Komplexe Grenzen in IG II² 1214, in: Bachmann, C., et al. (Hg.), Liminalisierung. Konfigurationen des Übergangs in antiken Kulturen (Potsdamer altertumswissenschaftliche Beiträge 76), Stuttgart 2021, 49–62.

Mommsens Staatsrecht: Ein Zeugnis des politischen Liberalismus?

Claudia Tiersch

Theodor Mommsens Römisches Staatsrecht ist mit einiger Wahrscheinlichkeit das wohl einflussreichste und wirkmächtigste althistorische Werk überhaupt. Mommsen entwarf hier zwischen 1871 und 1888 in insgesamt fünf Teilbänden und fußend auf einer stupenden Quellenkenntnis ein furioses Gesamtgemälde des Staatsaufbaus der römischen Republik, seiner Magistraturen, seiner politischen Institutionen, deren Rechten und Befugnissen sowie ihren Kompetenzgrenzen und Interaktionen. Das Werk, eine wahrhaft ingeniöse Neubearbeitung des von Joachim Marquardt verfassten Handbuchs der Römischen Altertümer, wirkt wahrscheinlich gerade deshalb so überzeitlich, weil es in systematisierendem Zugriff eine Fülle von Wesenseigentümlichkeiten der politischen Institutionen, ja auch der politischen Kultur Roms herausarbeitete.[1] Insofern ist dieses Werk bis zum heutigen Tage enorm wirkmächtig geblieben. Martin Jehne brachte dies auf die Formulierung, dass es das Bild der römischen Republik bei Generationen von Studenten und Forschern geprägt habe und man dann eher erstaunt sei, es so keineswegs in den Quellen zu finden.[2]

Zu erwähnen ist jedoch auch die andere Seite der Rezeption dieses Werkes, die einer gewissen Distanz zu den von Mommsen entwickelten Deutungskategorien. Bereits zum Zeitpunkt seines Erscheinens wurde das Werk trotz seines wahrhaft systemisch aufgestellten Deutungsangebots in Fachkreisen zu Mommsens Enttäuschung eher verhalten aufgenommen.[3] Und trotz der produktiven Herausforderung, welche Kategorien des Staatsrechts auch für die aktuelle Forschung ausmachen,[4] werden seine Annahmen von den unwandelbaren Rechtsprinzipien als wesentlicher Seinsräson des Römischen Staates heute vielfach nicht mehr vertreten.[5] Zahlreiche Studien haben nicht nur gegen Mommsen die institutionellen Zäsuren und Brüche in der römischen Republik stärker herausgearbeitet, sondern auch die entscheidende Bedeutung sozialer Mechanismen für die Funktionalität der politischen Kultur Roms deutlich gemacht.

---

1 Vgl. hierzu Rebenich 2017, XI–XX.
2 Jehne 2005, 132.
3 Vgl. hierzu Nippel 2005.
4 Illustriert z.B. von Winterling 2005 anhand der Dyarchiethese Mommsens.
5 Z.B. Hölkeskamp 2013; Rebenich 2017.

Deshalb mehrten sich in den letzten Jahren die Plädoyers dafür, dieses Werk verstärkt historisch zu rekontextualisieren. Stefan Rebenich charakterisierte das Staatsrecht denn auch als ein Monument des Liberalismus des 19. Jahrhunderts. „Mommsen fand in der römischen *res publica* ein historisches Paradigma für die liberale Forderung nach einem Staat, der durch ein komplexes System von Rechtsnormen zusammengehalten wurde. Nicht das Staatsrecht des vollendeten Imperium Romanum stand folglich im Mittelpunkt seines Interesses, auch nicht die großen Gesetzeskodifikationen der Spätantike, sondern die Genese der republikanischen Rechtsverhältnisse. In der römischen Republik sah er das Modell eines Staates, der auf Gewaltenteilung und Volkssouveränität beruhte, wenngleich Mommsen den Prinzipat als Fortsetzung, ja sogar Verfeinerung dieser Strukturen unter der Führung des Princeps als Spezialmagistraten präsentierte."[6] Auch Wilfried Nippel verwies auf das Spannungsverhältnis zwischen Monarchie und Volkssouveränität als Hintergrund des Mommsenschen Staatsrechts.[7]

Mommsen schöpfte in dieser Akzentuierung aus geschichtsphilosophischen Debatten des 19. Jahrhunderts mit enormer politischer Semantisierung ihrer Axiome und Kategorien.[8] Inspiriert von Erfahrungen der französischen und späteren europäischen Revolutionen traten hier kollektive Großgruppen in den Blick. Um Stärken und Defizite ihres Handlungspotentials zu bestimmen, forschte man nach deren spezifischer Identität, vor allem aber nach deren Genese. Zugrunde lag die Überzeugung, dass sich durch die jeweilige historische Genese der Individualcharakter dieser Entitäten entfaltet habe, wodurch sie Verbindlichkeit gegenüber anderen sozialen, ethnischen oder nationalen Gruppen gewannen. Das Ziel dieser Suche bestand also in der Identitätssicherung dieser Großgruppen durch die Deutung ihrer jeweiligen Genese und ihrer ‚individuellen' kulturellen Eigenarten, um hierdurch diese Gruppen als Nationen in der Gegenwart zu situieren und politisch im Zuge eines wachsenden Nationalbewusstseins in Europa für die Zukunft zu orientieren.

Rom erwies sich hierbei als Referenzsystem für zahlreiche liberale Bewegungen Europas,[9] doch Mommsens Staatsrecht gelang dies mit einem ingeniösen Konstrukt: Er gewann am republikanischen Rom einen Ursprungsmythos für die Entstehung wirksamer, gesetzlich geordneter Staatlichkeit, deren Deutung er anhand des genetischen Rechtsdenkens vornahm. Die Genese des römischen Staates entfaltete sich als Realisierung einer vorgängigen Struktur, die zwar historischen Wandlungen unterlag, jedoch in ihrer Eigenart, ihrem Wesen nicht zwingend von historischen Gegebenheiten abhängig war. Da die römische Ordnung hochgradig rechtlich strukturiert sei, so Mommsen, könne man sie am sinnhaftesten in juristischen Kategorien beschreiben. Dies schloss, so Egon Flaig zu Recht, gewalthafte Ereignisse, wie etwa die Dynamiken anhand von Kaisererhebungen keineswegs aus. Nach der Deutung Mommsens, der hier revolutionäre und konterrevolutionäre Diskurse über Volkssouveränität spiegelte, agierte in diesen Mo-

6 Rebenich 2005, 186–187.
7 Nippel 2005, 255.
8 Flaig 1997, 321.
9 Vgl. hierzu umfassend Leonhard 2001.

menten das souveräne Volk, welches dadurch die Legitimation der folgenden Herrschaft gewährleistete. Diese unterlag dann jedoch wieder der weitgehenden Rechtsbindung, das Staatsrecht wurde somit epochenübergreifend zum eigentlichen Wesenskern Roms.

Die vorliegende Studie folgt diesem historisierenden Ansatz, fokussiert sich jedoch auf einen Aspekt. Hierbei ist Mommsens Konzeption des Römischen Staatsrechts insbesondere in den Kontext deutscher Konstitutionalismusdebatten des 19. Jh. einzuordnen, innerhalb dessen sich der deutsche Liberalismus nach der gescheiterten Revolution von 1848 wesentlich verortete.[10] Mommsens Staatsrecht soll dabei selbstverständlich nicht als Resultat zeitgenössischer Debattenäußerungen, gar politischer Momentaufnahmen gedeutet werden. Dies würde auch seinen expliziten Abwehrhaltungen widersprechen, als politischer Historiker bezeichnet zu werden.[11] Meines Erachtens sind Mommsens politische Grundüberzeugungen dennoch durch ein hohes Maß an Kohärenz gekennzeichnet, die auch den Subtext des Staatsrechts bilden. Vor diesem Hintergrund sind einige Akzentuierungen und Prioritätensetzungen des Staatsrechts in Verbindung mit politischen Präferenzen des Verfassers zu deuten, wobei auch dem Begriffsinhalt scheinbar vertrauter Begriffe wie Volkssouveränität, Revolution o.Ä. nachzugehen ist. Hierfür sollen zuerst einige Grundzüge des Staatsrechts umrissen werden. Zweitens sind, bezogen darauf, Spezifika des politischen Liberalismus im 19. Jahrhundert zu erörtern, woran sich drittens einige Beobachtungen zu Schwerpunktsetzungen des Staatsrechts anschließen.

Mommsens Staatsrecht: Leitlinien und Spezifika

Die Gliederung des Werkes ist trotz seiner Opulenz höchst transparent und verdeutlicht Mommsens Intention, durch einen systematischen Aufbau sachliche Zusammenhänge, gleichsam das dahinterliegende Wesen des römischen Staates als rechtliche Gliederung sichtbar werden zu lassen. Behandelt der erste Band die römische Magistratur generell, gilt der zweite Band einzelnen Magistraturen, wie z.B. Konsulat und Diktatur als Modifikationen der römischen Magistratur mit ihren Befugnissen und deren Begrenzungen wie Kooperation, Interzession und Annuität. Erst Band III ist dann kollektiven Institutionen wie Volksversammlung und Senat gewidmet.

Komplementär zu seinem Fokus auf rechtlichen Institutionen bezeichnete Mommsen die Behandlung von Verwaltung oder Militär als „unerheblich".[12] Entscheidend war für den Verfasser des Staatsrechts hingegen die römische Magistratur, deren Wesenskern er durch den zusammenfassenden Herrschaftsbegriff *imperium* und *potestas* in einem vorgeschalteten Teil seines Werks in ihren Gemeinsamkeiten systematisieren wollte. Die Vielfalt der römischen Magistraturen zu untersuchen, blieb dagegen nachrangig. Die Bürgerschaft wurde von ihm als patrizische bzw. patrizisch-plebejische Gemeinde in ihrer Historizität erörtert. Parataktisch wurden weitere Bürger- und Bevölkerungsgruppen

10 Leonhard 2001, 514–523.
11 Vgl. hierzu ausführlich Malitz 1988.
12 Heuß 1996, 49.

angeschlossen, von denen einige im Begriff der Bürgerschaft gar nicht aufgingen (z.B. der Latinerbund). Allerdings waren es auch hier weniger die verschiedenen politischen Organisationsformen der Volksversammlung, welche für Mommsen von Interesse waren, da seine Auffassung eher von einer grundsätzlichen Einheit der Bürgerschaft ausging.[13]

Mommsen selbst hat die Entscheidung für diese Grundstruktur, d.h. die Priorisierung der Magistratur bei seiner Behandlung der römischen Institutionen, deren fallweise Doppelbehandlung bzw. den Verzicht auf Historizität bei der Genese der Institutionen explizit in seiner Einleitung gerechtfertigt: „Wenn der Staat ein organisches Ganzes ist, so müssen wir, um ihn zu begreifen, theils die Organe in ihrer Besonderheit, theils die aus dem Zusammenwirken mehrerer Organe hervorgehenden Funktionen verstehen [...]. Insbesondere die Eigentümlichkeit des römischen Gemeinwesens, das in den oberen Sphären nicht ein einzelnes Organ für eine einzelne Function entwickelt hat, sondern dessen Wesen es ist, die höheren Behörden an dem ganzen Staatswesen zu betheiligen, fordert diese Behandlung mit zwingender Nothwendigkeit. 3: Es liegt im Wesen der römischen Gemeinde, dass die Darstellung ihrer Rechtsordnung den Ausgang nehmen muss von den Beamten derselben; wie denn auch ihre in Form des Gründungsberichts uns aufbehaltene uralte Selbstschilderung den König älter macht als die Stadt und das Volk. Die Darstellung des Gemeinderaths sowie die der Gemeindeversammlungen können derjenigen der Magistratur schon darum nicht voraufgehen, weil beide nur in Gemeinschaft mit der Magistratur befähigt sind zu handeln und jeder Beschluss des versammelten Raths oder der versammelten Gemeinde zugleich auch ein magistratischer Akt ist.“[14]

Die dahinterstehende Überzeugung war somit die, dass magistratisches Handeln in Rom allen anderen Institutionen vorgängig war. Magistrate und Volksversammlung, so Mommsen, seien zwar stets aufeinander bezogen, dennoch sei sowohl die Volksversammlung als auch der Senat letztlich nur auf magistratische Initiative hin handlungsfähig. Deshalb wies er dem Königtum zeitliche Priorität zu. All dies ist Ausdruck seiner Überzeugung, dass in Rom der Staat der Stadt, insbesondere ihrer konstituierten Bürgerschaft, wesensmäßig vorausging, Strukturen von Ordnung, Rechtlichkeit und Funktionalität der römischen Bürgergemeinde also gleichsam von Anfang an eingeschrieben gewesen seien. Königtum wie Magistratur als deren veränderte Ausdrucksform werden von Mommsen auf Grund ihres *imperium* als deren Garanten bzw. Träger angesehen.

Selbstverständlich bedeutete dies keineswegs die Irrelevanz der Bürgerschaft, ganz im Gegenteil. Bereits Jehne hat darauf hingewiesen, dass Mommsen die Volksversammlungen in seinem Werk geradezu als Träger der dem Volk notwendig eingeborenen Souveränität bezeichnete, ohne allerdings genau zu definieren, was er darunter verstand.[15] Zudem, so Jehne, verknüpfte Mommsen nicht nur ahistorisch die Volkssouveränität bereits mit dem Beginn der Republik, sondern er argumentierte mit seiner Behauptung, wonach Magistratur und Senat ihre Macht der Volksversammlung verdankten, partiell

13 Jehne 2005.

14 Mommsen 1952 StR I, Vorwort zur zweiten Auflage, XI.

15 Mommsen 1952, StR I, 149–150; III.1, 351–352 (Einführung der Provocation), II.1, 16 (Verbot des Königtums), II.1, 525–527 (Einführung der Quästur); vgl. Jehne 2005, 134–135.

sogar gegen das Urteil der Quellen: Die Formulierung ‚*auspicia ad patres redeunt*', auf die Christian Meier hingewiesen hat, belegt sehr deutlich, dass im Fall des vorzeitigen Todes eines Magistrats die Amtsgewalt eben nicht unmittelbar ans Volk zurückfiel.[16]

Dennoch besaß der Gedanke der legitimierenden Volkssouveränität einen hohen Stellenwert im Staatsrecht. So unterstrich Mommsen z.B. das durch keinen legislatorischen Akt der Bürgerschaft zu beseitigende Versammlungs- und Beschließungsrecht der plebejischen Sondergemeinde, mit der Begründung, hierin finde „das revolutionäre Wesen der Institution seinen tiefsten und zugleich greifbarsten Ausdruck. Zum Schutz dieses Rechts dient neben der den Tribunen eingeräumten Intercession gegen Gemeinderogationen vor allen Dingen das angeblich Icilische Strafgesetz gegen jeden, der die Gemeindeversammlung irgendwie behindert."[17]

Mommsen sah die Volkssouveränität trotz seines Beharrens auf der Bedeutung magistratischer Koerzitionsgewalt somit als weiteres durchgreifendes Strukturprinzip der gesamten römischen Geschichte, welches sich innerhalb der verschiedenen Epochen lediglich in verschiedenen Aggregatzuständen manifestiert habe: Sei sie in der Königszeit in Latenz vorhanden, werde sie in der Republik zur vollen Entfaltung gebracht, und gerate in der Kaiserzeit durch das Ermächtigungsgesetz wieder in einen Schlummerzustand, aus dem sie aber jederzeit wieder erweckt werden könne. Dennoch lässt Mommsen keinen Zweifel daran, dass es sich hierbei nicht um eine Souveränität handelte, welche dem Volk Handlungsdominanz zuweise, denn er verweist immer wieder auf deren Einhegung. Immerhin könne die Volksversammlung ohne Initiative des Magistrats nicht tätig werden. Zudem seien ihre Angehörigen auch über Treueeide, Verpflichtungsverhältnisse und andere Formen der Gehorsamsbeziehungen sozial eingebunden. Doch das hindere sie keineswegs daran, den Kampf um juristisch verbriefte Rechte über weite Strecken v.a. der römischen Republik voranzutreiben, für ihn eines der zentralen Bewegungsgesetze der Republik. Hierzu fügt sich auch die Beobachtung von Nippel, wonach Mommsen „fundamentale Umgestaltungen" der *res publica* durch die Comitien ausschloss, und er die rechtlich konstituierte Volkssouveränität nur für „specielle Neuerungen" wirksam sah, ohne jedoch die Grenze zwischen beiden zu definieren.[18]

Insofern skizzierte Mommsen auch in seinem Staatsrecht trotz seines systematisierenden Zugriffs immer wieder Dynamiken der römischen Republik. Deren revolutionäre Momente sah er gleichsam als Voraussetzung für das aktive Streben nach einer juristisch fixierten Konstituierung und damit nach einer verbrieften Gewährung von Grundrechten, welche letztendlich das Staatsganze Roms ausmachten. Exemplarisch hierfür steht z.B. seine Beschreibung des Kampfs der *plebs* um eine Beseitigung ihrer Zurücksetzung hinsichtlich des Bürgerrechts seit Beginn der Ständekämpfe.[19]

Deren Charakteristik sah er erstens in der ‚widernatürlichen' und späten Konstituierung der *plebs* als Sondergemeinde mittels dreier *secessiones* sowie zweitens deren man-

16 Vgl. Meier 1980, 117–118.
17 Mommsen 1952, StR III.1, 153.
18 Nippel 2005, 252 bzw. 253–254.
19 Mommsen 1952, StR III.1, 143.

gelnden praktischen Abschluss, vielmehr eine Lösung durch Kompromiss bzw. durch rechtliche Einhegung, ähnlich wie später bei den Italikern der Bundesgenossenkrieg: „Es handelte sich immer um eine Revolution und deren Abwendung. Das, was die legitime Gemeinde den Austretenden gewährte und wodurch sie dieselben zur Rückkehr in die Gemeinschaft bestimmte, war, eben wie im Bundesgenossenkrieg, die halbe Erfüllung ihres Begehrens: die constituierte *plebs* ist die beschränkte und in die bestehende Ordnung eingefügte, aber permanente Ordnung desjenigen Gemeinwesens, das die durchgeführte Revolution geschaffen haben würde, die Gemeinde in der Gemeinde, eine Institution, welche, soweit sie reichte, den Staat aufhob. Keine Nation hat das Werk der Verfassungsreform mit so großartiger Stetigkeit durchgeführt wie die römische in dem Kampf der Plebejer um die Gleichberechtigung; aber keine hat auch das Werk der Revolution, wie sehr dasselbe theoretisch wie praktisch der Organisation spottet, dennoch so in dauernder Einrichtung zum Ausdruck gebracht wie die römische in den plebejischen Institutionen.“[20] Revolutionäre Dynamiken werden so zur Voraussetzung für die Konstituierung in organisierten Gruppen, deren juristische Einhegung die Bedingung für eine Verfassungsreform ist bzw. für die Ausbildung einer rechtlich fixierten Ordnung.

Denn Mommsen bestimmte hier durchaus epochenbedingte Differenzen etwa in der Manifestation der Volkssouveränität in verschiedenen ‚Aggregatzuständen‘:[21] „Unter dem Königthum findet der souveräne Wille der Gemeinde seinen Ausdruck in dem zusammentreffenden Willen des Königs und der Bürgerschaft“, wobei „die Herleitung des königlichen Imperiums aus dem Mandat der Bürgerschaft der echten römischen Anschauung widerstreitet.“ Das ändert sich in der Republik: „der Magistrat empfängt jetzt seine Amtsgewalt von der Gemeinde“, und damit „verschiebt sich die Gleichberechtigung zwischen Bürgerschaft und Magistratur; jene ist der Herr und diese die Dienerschaft. Als dann die Republik dem Principat weicht, verschiebt sich, wenn auf die Realität der Dinge gesehen wird, das Verhältnis zwischen Magistratur und Bürgerschaft abermals dahin, dass an Stelle des ursprünglichen Gleichgewichts beider Theile und der späteren Vorherrschaft der Bürgerschaft jetzt die Vorherrschaft der Magistratur tritt und der Wille des höchsten Beamten gefaßt wird als der rechte Ausdruck des Willens der Gemeinde.“[22]

Dennoch, so der Autor des Staatsrechts, seien entsprechende Transformationen immer durch den Willen des Volkes in rechtlicher Form legitimiert gewesen, nämlich durch Volksgesetze (zuletzt im Prinzipat durch die *lex de imperio*). Die juristische Gestaltung des Zukunftsweisenden, der Weg zum römischen Recht als Prozess wurde von Mommsen als Rechtsinstinkt gesehen.[23] Die spezifischen Formen der Auseinandersetzungen zwischen Volk und Aristokratie, so Mommsens Gesamtdeutung, trieben somit dialektisch die institutionelle Ordnung Roms in den jeweiligen Epochen der Geschichte voran und formten eine rechtlich höchst ausdifferenzierte Verfassungsordnung, welche für das gesamte römische Staatswesen Gültigkeit besaß.

20 Mommsen 1952, StR III.1, 145.
21 Mommsen 1952, StR II.2, 1133; Jehne 2005, 145.
22 Mommsen 1952, StR III.1, 300–302.
23 Heuß 1996, 42.

Historischer Kontext: Politischer Liberalismus im 19. Jahrhundert

Eine historisierende Deutung des hier skizzierten Kategoriensystems führt in den politischen Kontext der Verfassungsdebatte des deutschen Konstitutionalismus im 19. Jahrhundert. Forschungen z.B. von Paul Nolte über den badischen Liberalismus haben verdeutlicht, dass Verfassungen, insbesondere als verschriftlichte repräsentative Form, bereits im Vormärz nahezu Kultcharakter besaßen.[24] Sie rückten in den Mittelpunkt einer sich als autonom verstehenden bürgerlichen Gemeinschaft, konnten doch die in den Urkunden enthaltenen juristischen Bestimmungen als Instrument gegen Regierung und Bürokratie eingesetzt werden. Die prozessuale Verbesserung und Verfeinerung des bestehenden Rechtszustands wurde zu einem der Leitmotive dieser Bewegung, und die Entstehung von Verfassungsgeschichten, Verfassungskatechismen und Verfassungsfesten ist ein eindrucksvolles Zeugnis für die Kraft, welche man dem verschriftlichten Recht von Seiten des Liberalismus zumaß.[25]

Allerdings durchlief die Bewegung in der Phase der Revolution von 1848 einen inneren Differenzierungsprozess, in welchem sich radikalere Demokratisierungsbestrebungen von konstitutionellen Richtungen abgrenzten.[26] Zudem geriet sie nach der gescheiterten Revolution unter das Verdikt, hauptsächlich staatsfeindliche Opposition zu verfolgen und musste sich neu orientieren.[27] Neu formulierte Ziele richteten sich v.a. auf eine mögliche Regierungsfähigkeit, d.h. auf eine weitestmögliche politische Umsetzung liberaler Ideen innerhalb wiedererstarkter Monarchien sowie der intensivierten Debatte um einen deutschen Nationalstaat.[28] So verstärkten sich politische Strömungen, welche die Verfassungsidee aus dem Kontext eines bürgerlichen Selbstverständnisdiskurses lösten, und sie eher als formalisierte Teilordnung des monarchistischen Obrigkeitsstaates konzipierten, da man sich zugleich dezidiert gegen revolutionäre Tendenzen aussprach und nicht auf politisch-soziale, sondern auf Rechtsgleichheit setzte. Verfassung wurde als Leitbegriff, wie Bernhard Blänkner gezeigt hat, tendenziell durch Leitbegriffe wie Nation, Staat, Gesellschaft abgelöst,[29] wenngleich sie im politischen Denken weiterhin von Bedeutung blieb.

Der rationalistische, stärker auf naturrechtliche Begründungen rekurrierende Liberalismus verlor gegenüber dem konservativeren, staatsbezogeneren sogenannten organischen Liberalismus an Bedeutung.[30] Bei historisch-organischen Liberalen herrschte die Überzeugung, dass die Verfassungszustände mit den historischen Entwicklungsstufen wachsen und dass sie mit der jeweiligen politischen Kultur organisch verbunden sein müssen. Führende Liberale wie Friedrich Christoph Dahlmann fanden sich zu einer weit-

24 Schulz 2004, 110; Nolte 1994.
25 Vgl. von Aretin 1946.
26 Vgl. Mommsen 1998, 211.
27 Zum Scheitern der Frankfurter Reichsverfassung Mommsen 1998, 261–284.
28 Leonhard 2001, 374–376; 431; 514–516.
29 Blänkner 1996.
30 Vgl. Stolleis 2017, 180–181.

gehenden Bejahung des politischen Systems in Deutschland bereit, verbunden mit einer erheblichen Distanz zu Formen der politischen Repräsentation, die man als ‚Pöbelherrschaft' disqualifizierte. Diese sollte vielmehr weder altständisch noch demokratisch sein. Freiheitsrechte wurden in diesem Kontext eher als konkrete, historisch verortete Ordnung konzipiert. Ernst Wolfgang Böckenförde brachte diese politische Spielart auf die Formel: „Sein Anliegen war in erster Linie die rechtliche Kontrolle der Herrschaftsausübung."[31]

Der Staat wurde als personale sittliche, rechtlich konstitutionalisierte Ordnung gleichsam essentialisiert und der Gesellschaft vorgeordnet. Hierbei kam den Monarchen weiterhin eine integrative Bedeutung zu sowohl als Garanten staatlicher Ordnung und Einheit als auch, wie die dem preußischen Monarchen 1848 angetragene Kaiserkrone zeigt, als Garant der erstrebten nationalen Einheit.[32] Eine Mehrheit der Abgeordneten der Frankfurter Paulskirche befürwortete eine Weiterführung der konstitutionellen Monarchie, darunter gerade auch die Mehrheit der Liberalen, welche keinen entscheidenden Widerspruch zu Volkssouveränität und demokratischer Legitimation sah.[33] Ihre Kernforderungen richteten sich auf Herrschaftskontrolle und Rechtsgarantien durch die Entwicklung der Monarchie zum Rechtsstaat, nicht aber auf eine Demokratisierung.

Mommsen selbst fügt sich in diesen Debattenkontext zutiefst ein. Als glühender Liberaler und Patriot hatte er sich während der Revolutionsereignisse öffentlich positioniert, sowohl als Publizist wie auch während seiner Phase als Professor der Rechte in Leipzig und Mitglied des Deutschen Vereins, was schließlich sogar zu seiner Entlassung aus dem sächsischen Staatsdienst führte.[34] Die revolutionäre Niederlage erfüllte ihn anfänglich mit tiefer Verbitterung über verkrustete Eliten und die mangelnde Geschlossenheit der Bürger, welche in seiner in den fünfziger Jahren verfassten Römischen Geschichte durchschien.[35] Seit den 1860er Jahren positionierte er sich dann zugunsten liberaler Strömungen, welche für die Unterstützung der preußischen Monarchie optierten und sich von demokratischen Massenbewegungen abgrenzten.[36] Dies unterstreichen z.B. negative Äußerungen gegenüber der deutschen Sozialdemokratie, welche er 1871 als „Gemeiner Feind des edlen Menschentums. Evangelium der notwendigen Abschaffung der Zivilisation. Oligarchie des Pöbels"[37] bezeichnete, 1884 als „ein Weltenbrand, der sich hier entzündet, und auf der Brandstätte herrscht das Gesetz der Not."[38] Als Mitglied der Fortschrittspartei trat er gegen ein allgemeines und gleiches Wahlrecht ein.[39]

---

31 Böckenförde 1995, 74–76. Böckenförde verwies zugleich darauf, dass der organische Liberalismus als Gegenentwurf zur westlichen Aufklärung einen spezifisch deutschen Konstitutionalismus etablierte, der sehr viel skeptischer gegenüber Errungenschaften von Demokratie und Menschenrechten war als sein vernunftrechtlich geprägtes Pendant.

32 Kirsch 2007.

33 Mommsen 2000, 173–174.

34 Rebenich 2005, 26–27.

35 Flaig 2005.

36 Vgl. Jansen 2005.

37 Heuß 1996, 213–214.

38 Scheller 1883, Nr. 45; Nr. 58; Heuß 1996, 214.

39 Jansen 2005, 107.

Insofern erscheint es keineswegs als Widerspruch, dass er zwar zuweilen äußerst heftige Kritik an konkreten Monarchen übte (z.B. an Friedrich Wilhelm IV. wegen dessen Ablehnung der Kaiserkrone), er aber gegen eine mögliche Abschaffung der monarchischen Herrschaftsform war, wie sie radikal demokratische Kreise forderten, und seine politischen Überzeugungen lebenslänglich überraschend konstant blieben.[40] So vermerkte er bereits im Dezember 1837 in einer Rede an seiner Altonaer Schule zum Thema: Können Völker frei sein? „Die Geschichte zeigt: a) Republiken sind möglich, aber schnell vergänglich – eine kurze Aufwallung; b) der Egoismus zerstört sie bald [...] Das Resultat ist traurig. Es führt zum Indifferentismus und zur Zerstörung der Wirkungslust. Aber nur der Schwärmer darf sich verhehlen, was er für wahr erkannt hat."[41]

Weitere Äußerungen in ähnlicher Richtung finden sich z.B. 1856 nach der Niederschrift des dritten Bandes der Römischen Geschichte in einem Brief an Wilhelm Henze: „Wenn uns ein Axiom notwendig ist und wenn die römische Geschichte eines lehren kann, so ist es daß es weder eine alleinseligmachende Monarchie noch eine alleinseligmachende Republik gibt, sondern der Kern der Frage woanders liegt." Insofern ist es keineswegs nur als anlassbedingte Konvention zu sehen, dass er 1881 in einer akademischen Festrede aus Anlass des Kaisergeburtstages Wilhelm I. mit Augustus verglich und im Prinzipat der römischen Kaiserzeit ein Vorbild für das Deutsche Reich sah.[42]

Entscheidend war für Mommsen die Unterscheidung zwischen monarchischer Institution und Person des Herrschers, d.h. eine rechtliche Ordnung und Begrenzung staatlicher wie monarchischer Macht, wie er anhand der römischen Kaiser ausführte: Wenngleich die Herrscher der ersten drei Jahrhunderte als „eine Menge geringer nichtswürdiger, alberner Individuen einzustufen" seien, wobei „der geistig bedeutendste unter allen, Tiberius [...] in verbittertem Fürstenwahnsinn geendigt [hat], dürfe doch, was einzelnen Kaisern nachgerühmt wird, daß sie Fürstentum und Freiheit zu paaren verstanden haben, in höherem Sinn für die Institution als solche in Anspruch" genommen werden. Genau in diesem Punkt der Verbindung von Freiheit und Herrschertum, Republik und Monarchie bestand nach Mommsen eine Parallele zu den Hohenzollern: „Auch sie sind nicht bloß Fürsten, sondern zugleich Beamte, auch für sie bestehen nicht bloß Rechte, sondern zugleich Pflichten; auch sie sind verantwortlich, nicht dem Gericht oder der Volksvertretung, aber ihrem eigenen oder dem öffentlichen Gewissen."[43]

Gewiss wurde auch Mommsen, ebenso wie andere Liberale, infolge der sogenannten Konservativen Wende Bismarcks und seiner Nachfolger, von tiefer Frustration erfasst. Immerhin erwies sich die Hoffnung, den monarchischen Staat durch eine von der bürgerlichen Gesellschaft gegebene Verfassung in Besitz nehmen zu können, als vergeblich.[44]

---

40 Schlange-Schöningen 2005, v.a. 4247.

41 Ohne Angabe, zitiert bei Wickert 1959, 106, der jedoch nur vermerkt, dass ihm das Exposé zu dieser Rede vorgelegen habe.

42 Th. Mommsen, Rede zur Feier seiner Majestät des Kaisers und Königs am 24. März 1881, Monatsberichte der Königl. Preuß. Akademie der Wiss. 1881, 301–303, zitiert nach Mommsen 1905, 104.

43 Mommsen 1905, 110.

44 Zur Konservativen Wende vgl. Schulz 2004, 120–123.

Tatsächlich legte die Bismarcksche Reichsverfassung von 1871 ihren Fokus nicht auf die Festlegung von Grundrechten, sondern auf Organisationsstatuten der politischen Organe mitsamt ihren jeweiligen Ausführungsbestimmungen. Diese betrafen Zoll- und Handelswesen ebenso wie das Eisenbahnwesen, das Post- und Telegraphenwesen, das Schifffahrtswesen sowie das Reichskriegswesen. Der preußische Staat verstand sich hier also weniger als Garant von Grundrechten, sondern eher als stabiler und hierarchischer Garant der wirtschaftlichen und administrativen Struktur Deutschlands.

Mommsens Konzeption des Staatsrechts gewinnt vor diesem Hintergrund Plausibilität, denn obwohl er vorgeblich Militär und Verwaltung hier keinen erheblichen Platz einräumen wollte, widmete er gerade den diesbezüglichen Leistungen Roms v.a. im Prinzipat dann doch maßgeblichen Raum: Seine rechtliche Deutung Roms bot das Bild eines durchaus dynamischen und administrativ leistungsfähigen Gemeinwesens, welches eine starke und handlungsfähige Staatsmacht mit der Souveränität der römischen Bürger zu verbinden wusste. Hierbei schufen die sorgfältige, rechtliche Rahmung sowie die Kontrolle der wechselseitigen Kompetenzen und Verpflichtungen die Basis für Stabilität und nationale Einheit.

Konsequenzen für eine Deutung des Staatsrechts

Insgesamt schlägt das zwischen 1871 und 1888 verfasste Staatsrecht deutlich versöhnlichere Töne an, als die in den fünfziger Jahren verfasste Römische Geschichte, in welcher Mommsen in einer leidenschaftlichen, literarisch packenden Darstellung sowohl den machtorientierten römischen Eliten, als auch der versorgungssuchenden, ‚irrationalen' Volksmasse den Griff nach der Weltherrschaft vorgeworfen hatte, welche die Formierung Roms als italischem Nationalstaat und damit die Realisierung des historischen Telos für Rom verhindert habe.[45]

Das Römische Staatsrecht bot dagegen eine systematische Analyse, welche stupende Quellenkenntnisse mit ingeniösen Deutungen der spezifischen politischen Kultur Roms, aber auch mit normativen Konstruktionen verknüpfte, welche Stabilität und Funktionalität Roms sowie dessen Aufstieg zur Weltmacht auf dessen Rechtsordnung zurückführten. Die Integration der römischen Bevölkerung erfolgte dieser Deutung nach nicht durch sozioökonomische Faktoren oder politische Egalität, sondern auf Grund rechtlicher Mechanismen. Diese Entwicklung barg vielfältige Dynamiken, wie die Transformation von patrizischer und plebejischer Gruppierung zur patrizisch-plebejischen Gemeinde im Zuge der Ständekämpfe, doch Mommsen schilderte sie v.a. als prozessuale Dynamik zur immer vollendeteren Ausgestaltung der Rechtsordnung. Hierbei erschien Rom als weitgehend autonomer Akteur. Äußere Einflussfaktoren spielten in dieser Deutung eine untergeordnete Rolle.

45 Vgl. hierzu instruktiv Flaig 2005.

Der grundlegende Pfeiler dieser staatlichen Basis war das Zusammenspiel aus Magistraten, Volksversammlung und Senat, welche Mommsen insbesondere als rechtliche Institutionalisierungen beschrieb und in ihren vielfältigen Erscheinungsformen im Sinne eines sich entfaltenden ‚Rechtsgeistes' deutete. Anhand der Magistratur verwies er v.a. auf deren Durchsetzungsstärke und wirksame Handlungsmacht im Zuge von Initiativrecht und Coerzitionsgewalt.[46] Verstärkt wurde die Geltungskraft der Magistraturen nach Mommsen durch weitere Faktoren wie etwa die Auswahlprozesse oder spezielle Insignien.[47] Das hieß jedoch keineswegs, dass die Magistraturen autonom operieren konnten. Vielmehr barg das Konstrukt Mommsens sowohl positive als auch negative Rechte, welche unzulässige Ausübungsformen verhinderten und auch Interessenkollisionen zwischen Magistraturen rechtlich einhegten.[48] Die Summe dieser Rechtsregeln, so der Verfasser des Staatsrechts, ermöglichte Magistraturen, welche ein erhebliches Maß an Handlungsfähigkeit für Rom sicherten sowie letztlich dessen Aufstieg zur Weltmacht begünstigte, ohne jedoch eine Tyrannei zu fundieren.

Ihr rechtliches sowie politisches Widerlager fanden die initiativgebenden Magistraturen in der Souveränität der Volksversammlung. Die Kategorie der Volkssouveränität wird von Mommsen vielfach genutzt, um die staatliche Bedeutung der Volksversammlung zu unterstreichen. Eine genauere Prüfung der von ihm konstruierten Souveränitätssemantiken ergibt jedoch einen aufschlussreichen Befund. So verwendet er den Begriff eher unscharf, zumindest nicht im Sinne einer eigenständig handelnden Akteursgruppe, sondern eher als legitimitätsstiftende Kategorie.[49] Die Volksversammlung erscheint somit eher als Resonanzraum, als Wirkungsverstärker der Magistraturen, als deren Komplementärfaktor, nicht jedoch als eigenständig agierende, gar sozialrevolutionäre Gruppe. Vielmehr preist Mommsen auch hier die vielfache rechtliche Einhegung potentiell disruptiver Kräfte. So erscheint die Volksversammlung als Gremium mit Rechten und Pflichten, welche die Bürger vielfach einbinden, als hierarchisch gegliederte Ordnung, welche ihr Potential eher aus ihren rechtlichen Legitimationsfunktionen und ihrer Mitwirkung an den Comitien, denn aus tatsächlichen Handlungen schöpft.[50] Es war demnach ihre als Resultat der Ständekämpfe erlangte Integration in ein rechtliches Gesamtgefüge, eine Revolution als Rechtsevolution, welche nach Mommsen die Bedeutung der Volksversammlung ausmachte, weil sie erst dadurch als rechtlich konstituierte Säule das Staatsganze zu stützen vermochte.[51] Soziale Unruhen wurden durch die Erlangung rechtlicher Sicherheiten behoben. Mommsen fasst hier die aus dem tradierten System der patrizischen Geschlechter herausgefallenen Klienten, von welchen die Ständekämpfe ausgingen, unter dem Begriff der Hörigkeit.[52]

---

46 Lintott 2005; Mommsen 1952, StR I, 136–161.

47 Mommsen 1952, StR I, 372–435 zu Insignien und Ehrenrechten; 468–577 zu Qualifikationen für die Magistratur.

48 Mommsen 1952, StR I, 24; 258–292.

49 Mommsen 1952, StR III.1, 300; Jehne 2005.

50 Mommsen 1952, StR III.1, 199–239; 300–368.

51 Mommsen 1952, StR III.1, 127–142.

52 Mommsen 1952, StR III.1, 54–88.

Noch ambivalenter zeichnet Mommsen die Rolle des dritten Akteurs, des römischen Senats. Obwohl konstitutionell nicht im römischen Verfassungsrecht verankert, verweist Mommsen auf dessen essentielle Beratungsfunktion für die Magistrate und dessen Mitwirkung bei der Gesetzgebung, seine Rolle bei der Rechtsprechung sowie bei der Finanzverwaltung.[53] Allerdings sieht er auch hier deren Grundlage in einer Vielfalt an rechtlichen, und damit rechtlich legitimierenden Mechanismen. Hierunter subsumiert er z.B. Prinzipien der Rangkonstituierung, der Rekrutierung sowie der Geschäftsordnung.[54] Durch diese Regularien der Zugehörigkeit sowie der Verhaltensnormierung habe der Senat seine Funktion als Beratergremium ausfüllen können, welches erheblich zum Aufstieg Roms beigetragen habe. Allerdings habe sich der Senat allmählich zur politisch dominierenden Kraft gegenüber den Magistraten entwickelt, wodurch es in der Spätphase der Republik zu wechselnden Behauptungsversuchen von Magistraten und Senat gekommen sei, welche die Römische Republik politisch erheblich destabilisierten.[55]

Vor diesem Hintergrund wird der Prinzipat nicht als Zusammenbruch bürgerlich-republikanischer Institutionen gedeutet, sondern als weitere Phase der rechtlichen Ausgestaltung, in der das strukturell labile Verhältnis zwischen Senat und Magistrat durch die von Mommsen konstruierte Dyarchie, die ‚gemeinsame' Herrschaft von Senat und Prinzeps, für weitere drei Jahrhunderte stabilisiert wird.[56] Diese ist durch Quellen im eigentlichen Sinne letztlich nicht zu erhärten, doch stützt sich der Verfasser des Staatsrechts hier v.a. auf das Mitwirken des Senats bei Rechtsprechung und Provinzialverwaltung.[57] Die politische Entmachtung der Volksversammlung wird vom Autor konstatiert,[58] stellt aber in diesem Gesamtbild kein essentielles Problem dar: Zum einen habe der Senat als eine Schnittstelle zum Volk fungiert, weshalb er auch stellvertretend für dieses in den Prozess der politischen Willensbildung eintreten konnte, zum anderen habe das Volk in Gestalt der Armee seine Befugnisse bei Kaiserwechseln zum Ausdruck bringen können.[59] Und letztlich skizziert Mommsen den Prinzipat als Ordnung hoher Regelungsintensität, in der durch eine erfolgreiche Verwaltung und Rechtsgeltung den Interessen der Bürger entsprochen worden sei, wodurch gewaltsame Aktionen nicht erforderlich wurden.[60] Auch hier muss er, ähnlich wie in seiner Römischen Geschichte, den Abbruch dieser von ihm als erfolgreich gedeuteten Entwicklung mit der Herausbildung des Dominats zu Ende des 3. Jahrhunderts konstatierten.[61] Dennoch hat er mit dem Römischen Staatsrecht nicht nur ein Idealbild funktionierender Staatlichkeit geschaffen, sondern vor allem die Bedeutung einer differenzierten Rechtsordnung für den gesellschaftlichen Interessenausgleich.

53 Mommsen 1952, StR III.2, 1027–1032; 1037–1048; 1063–1070; 1111–1146.
54 Mommsen 1952, StR III.2, 854–877; 905–1003.
55 Mommsen 1952, StR III.2, 1252–1253.
56 Mommsen 1952, StR III.2, 1252–1271; Winterling 2005; Peachin 2005.
57 Mommsen 1952, StR III.2, 1265–1268.
58 Mommsen 1952, StR II.2, 747.
59 Mommsen 1952, StR III.2, 1255; II.2, 1132–1133.
60 Vgl. z.B. Mommsen 1952, StR II.2, 1025–1094 die Ausführungen zum ‚Reichsmünzwesen', ‚Reichspostwesen', zur Verwaltung Roms, Italiens und der Provinzen.
61 Mommsen 1952, StR II.2, 748.

Zusammenfassung

Anliegen der Studie war eine vertiefte Deutung von Mommsens Römischem Staatsrecht vor dem Hintergrund zeitgenössischer politischer Debatten des 19. Jahrhunderts als Folge der gescheiterten Revolution von 1848. Es wurde gezeigt, dass das ‚Römische Staatsrecht' fundierte Beobachtungen zur politischen Kultur Roms enthielt, Mommsen sein Werk jedoch auch dazu nutzte, um basierend auf liberalen Konstitutionalismusdebatten seiner Zeit das Vorbild einer funktionierenden und alle Akteure integrierenden Rechtsordnung als Garant stabiler Staatlichkeit vor Augen zu halten.

Literaturverzeichnis

von Aretin, E., Die Verfassung als Grundlage der Demokratie, München 1946.

Blänkner, B., Idee der Verfassung, in: Münkler, H. (Hg.), Bürgerreligion und Bürgertugend. Debatten über die vorpolitischen Grundlagen politischer Ordnung, Baden-Baden 1996, 309–341.

Böckenförde, E. W., Die deutsche verfassungsgeschichtliche Forschung im 19. Jahrhundert. Zeitgebundene Fragestellungen und Leitbilder, Berlin [2]1995.

Flaig, E., Volkssouveränität ohne Repräsentation. Zum Römischen Staatsrecht von Theodor Mommsen, in: Küttler, W., et al. (Hg.), Geschichtsdiskurs, Bd. III: Die Epoche der Historisierung, Frankfurt/Main 1997, 321–339.

Flaig, E., Die verfehlte Nation. Warum Mommsens Rom nicht ans geschichtliche Ziel gelangte, in: Demandt, A., et al. (Hg.), Theodor Mommsen. Wissenschaft und Politik im 19. Jahrhundert, Berlin – Boston 2005, 181–200.

Heuß., A., Mommsen und das 19. Jahrhundert, Stuttgart 1996.

Hölkeskamp, K. J., Ein Programm als Problem. Die „Verschmelzung von Geschichte und Jurisprudenz" in Theodor Mommsens Staatsrecht – Rückblicke, Seitenblicke und Ausblicke, in: Fargnoli, I. – Rebenich, S. (Hg.), Theodor Mommsen und die Bedeutung des Römischen Rechts (Freiburger Rechtsgeschichtliche Abhandlungen. N. F.), Berlin 2013, 65–92.

Jansen, C., Volk – Nation – Recht. Theodor Mommsen als engagierter Bürger, Liberaler und Nationalist, in: Wiesehöfer, J. – Börm, H. (Hg.), Theodor Mommsen: Gelehrter, Politiker und Literat, Stuttgart 2005, 97–120.

Jehne, M., Die Volksversammlungen in Mommsens Staatsrecht, in: Nippel, W. – Seidensticker, B. (Hg.), Theodor Mommsens langer Schatten. Das Römische Staatsrecht als bleibende Herausforderung für die Forschung (Spudasmata 107), Olms – Hildesheim 2005, 131–160.

Kirsch, M., Die Funktionalisierung des Monarchen im 19. Jahrhundert im europäischen Vergleich, in: Themenportal Europäische Geschichte, 2007 http://www.europa.clio-online.de/essay/id/fdae-1419 ⟨16.09.2023⟩.

Leonhard, J., Liberalismus. Zur historischen Semantik eines europäischen Deutungsmusters (Veröffentlichungen des Deutschen Historischen Instituts 50), München 2001.
Lintott, A., Die Magistratur in Mommsens Staatsrecht, in: Nippel, W. – Seidensticker, B. (Hg.), Theodor Mommsens langer Schatten. Das Römische Staatsrecht als bleibende Herausforderung für die Forschung (Spudasmata 107), Olms – Hildesheim 2005, 75–85.
Malitz, J. „Ich wünschte ein Bürger zu sein." Theodor Mommsen im wilhelminischen Reich, in: Christ, K. – Momigliano, A. (Hg.), Die Antike im 19. Jahrhundert in Italien und Deutschland. Bologna u.a. 1988, 321–360.
Meier, Ch., Res Publica amissa, Frankfurt/Main 1980.
Mommsen, Th., Römisches Staatsrecht, Tübingen [4]1952.
Mommsen, Th., Reden und Aufsätze, Berlin 1905.
Mommsen, Th., 1848. Die ungewollte Revolution, Frankfurt/Main [2]1998.
Nippel, W., „Rationeller Fortschritt" auf dem „antiquarischen Bauplatz" – Mommsen als Architekt des „Römischen Staatsrechts", in: Demandt, A., et al. (Hg.), Theodor Mommsen. Wissenschaft und Politik im 19. Jahrhundert, Berlin u.a. 2005, 246–258.
Nolte, P., Gemeindebürgertum und Liberalismus in Baden 1800–1850. Tradition – Radikalismus – Republik (Kritische Studien zur Geschichtswissenschaft 102), Göttingen 1994.
Peachin, M., Mommsens Princeps, in: Nippel, W. – Seidensticker, B. (Hg.), Theodor Mommsens langer Schatten. Das Römische Staatsrecht als bleibende Herausforderung für die Forschung (Spudasmata 107), Olms – Hildesheim u. a. 2005, 161–176.
Rebenich, S., „Unser Werk lobt keinen Meister." Theodor Mommsen und die Wissenschaft vom Altertum, in: Wiesehöfer, J. – Börm, H. (Hgg.), Theodor Mommsen: Gelehrter, Politiker und Literat, Stuttgart 2005, 185–205.
Rebenich, S., Einführung, in: Mommsen, Th., Römisches Staatrecht, Bd. I, Darmstadt 2017.
Scheller, F., Zeitung Fränkische Leuchte, Coburg 1883/84.
Schlange-Schöningen, H., Mommsen und die Hohenzollern, in: Demandt, A., et al. (Hg.), Theodor Mommsen. Wissenschaft und Politik im 19. Jahrhundert, Berlin u.a. 2005, 36–61.
Schulz, D., Verfassung und Nation. Formen politischer Institutionalisierung in Deutschland und Frankreich, Wiesbaden 2004.
Stolleis, M., Geschichte des öffentlichen Rechts in Deutschland, Bd. II: Staatsrechtslehre und Verwaltungswissenschaft 1800–1914, München 2017.
Wickert, L., Theodor Mommsen. Eine Biographie, Bd. I: Lehrjahre 1817–1844, Frankfurt/Main 1959.
Winterling, A., Dyarchie in der römischen Kaiserzeit. Vorschlag zur Wiederaufnahme der Diskussion, in: Nippel, W. – Seidensticker, B. (Hg.), Theodor Mommsens langer Schatten. Das Römische Staatsrecht als bleibende Herausforderung für die Forschung (Spudasmata 107), Olms – Hildesheim 2005, 177–198.

Die *tutrix* in justinianischer Gesetzgebung: Über das Paradoxon eines Mutterbildes

Katharina Wojciech

Im Jahr 2012 fragte mich Rudolf Haensch, ob ich in der Villa Vigoni aus meiner Forschung zur Stadtpräfektur in Rom berichten möchte. Enthusiastisch sagte ich erst zu und schaute dann auf das Kleingedruckte – die Konferenz sollte sich mit der Rechtsprechung des 6. Jahrhunderts n.Chr. beschäftigen. Unvermittelt katapultierte mich die Einladung von meinem angestammten Forschungsgebiet der Kaiserzeit fast bis ans Ende der Antike. Neugierig tauchte ich in eine Welt der Koexistenz zwischen den Römern und den Ostgoten ein – zum Glück! Denn die Arbeit am Vortrag sowie der Austausch während der Konferenz begründeten ein echtes Interesse für die Spätantike. Seitdem ist viel Zeit vergangen, es war nicht meine erste, nicht meine letzte Begegnung mit Rudolf Haensch. Doch noch heute empfinde ich es als besonders passend, den Jubilar mit einem kleinen Beitrag über das Recht im 6. Jahrhundert zu ehren und ihm auf diese Weise für die Horizonterweiterung zu danken.

Dieses Mal möchte ich jedoch den Blick nach Osten richten. Im Februar des Jahres 533 erhielt der *magister militum* Belisar, Sieger von Dara, bald auch Bezwinger der Vandalen, von Justinian einen Brief. Sein Inhalt war jedoch mitnichten militärischer Natur – vielmehr antwortete der Kaiser darin auf ein rechtliches Problem, wovon noch heute die Novelle 155 zeugt: Eine junge Frau namens Martha wandte sich an den großen Mann und erzählte eine herzzerreißende Lebensgeschichte. Sie berichtete, dass sie früh ihren Vater verloren hatte und dass zunächst ihre Mutter Auxentia die Vormundschaft für sie führte. Wie es damals üblich war, hatte die Mutter zuvor einen Eid geleistet, dass sie bis zur Mündigkeit der Tochter nicht wieder heiraten würde.[1] Doch schon bald wurde die Mutter eidbrüchig, heiratete doch und übergab die Vermögensverwaltung ihrer Tochter an einen neuen Vormund. Auxentia richtete sich gut in ihrem neuen Leben ein, sie schenkte dem zweiten Ehemann zwei Kinder, gegenüber ihrer Tochter aus erster Ehe verhielt sie sich zunehmend kühler. Als Martha das zwölfte Lebensjahr vollendet hatte, entließ die Mutter den Vormund und sorgte dafür, dass das Mädchen um einen Curator nachsuchte. Bevor allerdings der Curator bestellt und aktiv werden konnte, drängte sie die unerfahrene Tochter dazu, auf alle Ansprüche aus der Führung der Vormundschaft zu verzichten. Nach eini-

1 Cod. Iust. 5, 35, 2 (a. 390); 5, 35, 3 (a. 531).

ger Zeit schöpfte Martha Verdacht, dass sie übervorteilt worden war; sie appellierte also an die mütterlichen Gefühle Auxentias und bat sie, ihr das väterliche Vermögen zurückzuerstatten. Diese verweigerte die Bitte mit dem Hinweis, dass eine *restitutio in integrum* gegen die eigene Mutter nicht statthaft sei.[2] Dabei nahm sie Bezug auf eine Konstitution des Kaisers Justinian, die erst zwei Jahre zuvor verabschiedet worden war.[3] Doch Martha gab nicht auf, sondern wandte sich an den Autor der fraglichen Konstitution. Und in der Tat: Da die betreffende gesetzliche Vorkehrung nichts über Mütter aussagte, die die Vormundschaft für ihre Kinder übernahmen und dann erneut heirateten, stellte der Kaiser fest, dass das Gesetz auf Marthas Situation nicht anwendbar sei und dem Mädchen, das noch keine fünfundzwanzig Jahre alt war, geholfen werden müsse, indem sie in den vorigen Stand gesetzt werde. Justinian erläuterte weiter, dass eine Mutter haftbar für die aus der Vormundschaftsführung entstandenen Ansprüche sei, ob sie sie selbst führte oder an jemand anderen übergab.[4] Zuständig für die Umsetzung seiner Entscheidung machte er Belisar sowie den Erzbischof von Antiochia, wo die Familie anscheinend lebte.[5]

Soweit das Narrativ der Novelle. Dieses lässt viele rechtliche Details offen: Es klingt ungewöhnlich, dass die Mutter einen Vormund selbst eingesetzt haben soll;[6] wir erfahren auch nicht, welche Verluste Martha genau erlitten hat – im Grunde steht zunächst nur der Vorwurf im Raum, dass schon bei der Bestandsaufnahme des väterlichen Vermögens Fehler passiert seien.[7] Die Erzählung konzentriert sich hingegen auffällig auf die Charakterisierung der beiden Frauenfiguren und versteht es dabei gut, die Sympathien zu lenken. Der vertrauensseligen Tochter steht eine kaltherzige Frau gegenüber, die als Mutter versagt hat. Kurz erläutert Justinian den Sachverhalt damit, dass die Liebe Auxentias auf die Kinder aus zweiter Ehe übergegangen sei.[8] Mit der rechtlichen Entscheidung geht also eine Beurteilung der weiblichen Emotionen einher, die angeblich einer rechtlichen Regulierung bedürfen. Doch stellt die Novelle des Jahres 533 auch die Eignung einer Mutter für die Aufgabe als Tutorin grundsätzlich in Frage? Und wie zuverlässig unterrichten Rechtsquellen über die Wahrnehmung der Vormundschaft der Mutter im 6. Jahrhundert? Das Beispiel Auxentia lädt dazu ein, über Konstruktion, Bestärkung und Destruktion von Frauenrollen sowie ihre Funktion in Gesetzestexten nachzudenken.

Als Justinian 527 den Thron bestieg, war die Vormundschaft der Mutter längst gelebte Realität.[9] Im *Codex Iustinianus*, dessen zweite Auflage im Jahr 534 erschienen ist, stellte die kaiserliche Kommission zu diesem Thema allerdings bloß drei Konstitutionen zusammen.[10] Die erste stammt noch von Severus Alexander und deklariert, dass die Ver-

---

2 Novell. Iust. 155 praef. (a. 533).
3 Cod. Iust. 2, 41, 2 (a. 531).
4 Novell. Iust. 155, 1 (a. 533).
5 Novell. Iust. 155 epil. (a. 533).
6 Vgl. Beaucamp 1990, 320; Arjava 1996, 92.
7 Novell. Iust. 155 praef. (a. 533).
8 Novell. Iust. 155 praef. (a. 533).
9 Vgl. hier Chiusi 1994, 163–175; Arjava 1996, 90–91; Halbwachs 2016, 446.
10 Vgl. den *titulus*: *quando mulier tutelae officio fungi potest* (Cod. Iust. 5, 35).

waltung der Vormundschaft ein *virile munus* sei und Frauen überfordere.[11] Die Auswahl mag zunächst erstaunen, da in den beiden folgenden Konstitutionen doch Regeln für die weibliche Vormundschaft definiert werden. Bei genauem Hinsehen ist sie logisch. Die Öffnung der *tutela* für Mütter sollte wohl nicht den ‚Denkfehler' herbeiführen, man traue diese Aufgabe Frauen grundsätzlich zu. Schon die zweite Konstitution aus dem Jahr 390 lässt nämlich an dem Ausnahmecharakter keinen Zweifel. So durfte die Mutter die Aufgabe nur versehen, wenn sonst kein geeigneter (gesetzlicher oder testamentarischer) Vormund vorhanden war; sie musste außerdem unter Eid versprechen, bis zur Mündigkeit der Kinder nicht wieder zu heiraten. Tat sie es dennoch, dann wurde vom zuständigen Amtsträger ein *tutor dativus* bestellt.[12] Die dritte Konstitution stammt von Justinian selbst. Er erweiterte darin die Möglichkeiten der Mutter-Vormundschaft auf die natürlichen Kinder. Wir erfahren zusätzlich, dass die Mutter nicht nur den Eid leisten musste, Witwe zu bleiben, sondern auch ausdrücklich auf den Schutz des *SC Velleianum* verzichtete – damit konnte sie für die Geschäftsführung des Vermögens ihrer Kinder haftbar gemacht werden.[13]

Ein weiblicher Vormund war zur Justinians Zeit also als Mutter-Witwe definiert und mit diesem Status untrennbar verbunden. Interessant ist es deshalb, dass in der Konstitution des Jahres 531 zum ersten Mal in dem Zusammenhang das Wort *tutrix* auftaucht.[14] Anthony Corbeill zufolge ordneten die Römer durch den Gebrauch der *genera* ihre Welt automatisch nach Geschlechtern und schrieben auf diese Weise der sie umgebenden Umwelt geschlechtliche Merkmale zu.[15] Die präzise Benennung als *tutrix* müsste die Funktion folglich als eigene Erscheinung in die Sprache der Gesetze integriert haben. Der Fall bleibt jedoch singulär, in den Rechtstexten (lateinisch und griechisch) wird die Funktion der Mutter-Witwe normalerweise umschrieben. Nur in den griechischen Papyri existieren verschiedene Bezeichnungen für eine Tutorin,[16] doch beobachtet Anti Arjava, dass der Witwenstand auch dort im 6. Jahrhundert ausgereicht habe und eine weitere Benennung nicht notwendig gewesen sei.[17] Der Gesetzgeber verzichtete jedenfalls in Hinblick auf die Mutter-Vormundschaft üblicherweise auf das verfügbare Femininum.[18] Der Vormund war und blieb männlich, die Mutter-Witwe konnte das *virile munus* unter Bedingungen

11 Cod. Iust. 5, 35, 1 (a. 224): ... *ultra sexum femineae infirmitatis tale officium est.*

12 Cod. Iust. 5, 35, 2 = Cod. Theod. 3, 17, 4 (a. 390). Im Allgemeinen wird in der Forschung angenommen, dass es sich hierbei um eine Modifikation der bereits rechtlich möglichen Vormundschaft der Mutter handelt – damit stellt das Jahr 390 für die Einrichtung nur den terminus ante quem dar, vgl. Beaucamp 1990, 325–330; Arjava 1996, 91; Krause 1995, III 125. Chiusi 1994, 195 zufolge wäre auch eine Neuerung möglich. Unentschlossen Schnizlein 2012, 257–258.

13 Cod. Iust. 5, 35, 3 (a. 530). Zum *SC Velleianum* Halbwachs 2016, 450.

14 Cod. Iust. 5, 35, 3, 1 (a. 530).

15 Corbeill 2015, 3–4.

16 Dies sind: κηδέστρια, ἐπίτροπος (männlich und weiblich), ἐπακολουθήτρια, vgl. Beaucamp 1992, 172–175.

17 Arjava 1996, 93.

18 Serv. Aen. 12, 159 zufolge ist im Lateinischen die weibliche Endung *-trix* (als Pendant zur männlichen Endung *-tor*) immer dann möglich, wenn sich das Substantiv von einem Verb ableitet.

ausüben. Wir werden noch sehen, dass die Frage, ob diese unter die Gesetzgebung für *tutores* fiel, auch die Zeitgenossen beschäftigte.

Trotz der neuen Rechtslage seit dem ausgehenden 4. Jahrhundert veränderte sich die Aufgabe der Mutter eigentlich nicht grundlegend. Tiziana J. Chiusi zeigt, dass die Mutter-Vormundschaft bereits in der Klassik gelebte Praxis war, auch wenn die mangelnde Einklagbarkeit der Ansprüche ein benachteiligtes Kind vor Probleme stellte.[19] Die Legitimierung der mütterlichen *tutela* bedeutete vor allem einen besseren rechtlichen Schutz für das Mündel. Den Gesetzgeber wird aber noch etwas anderes beschäftigt haben. Die Führung der Vormundschaft und die damit einhergehende Vermögensverwaltung war eine lästige Pflicht; viele dazu berufene Männer versuchten, den Gefahren der Haftung zu entkommen und sich zu entschuldigen.[20] Die vielfältige Gesetzgebung gegen vertrauensunwürdige Tutoren bezeugt ihrerseits, dass die Wahl nicht immer glücklich war.[21] Erst recht wird sich die Suche nach einem Vormund schwierig gestaltet haben, wenn die Kinder illegitim waren. In den armen Familien musste aber wiederum die Vormundschaft im Sinne einer Vermögensverwaltung ohnehin überflüssig erschienen sein.[22] Standen keine Agnaten zur Verfügung und hatte der Vater keinen Vormund im Testament hinterlassen, dürfte die Verpflichtung der Mutter in vielen Fällen als eine natürliche Alternative erschienen sein. Zwar konnte auch sie nicht zur Übernahme der *tutela* gezwungen werden,[23] doch dürfte hier der gesellschaftliche Druck anders funktioniert haben. Viele Quellen formulieren die Erwartung an die Frau, sich um ihren Nachwuchs zu kümmern: Selbst nach der Scheidung blieben die Kinder nicht selten bei der Mutter;[24] es gab eine elterliche Pflicht zur Kinderernährung.[25] Mütter sollten den Vormündern ihrer Kinder auf die Finger schauen;[26] sie konnten sogar enterbt werden, wenn sie nicht innerhalb eines Jahres um einen Vormund für die Halbwaisen nachgesucht hatten.[27] Darüber hinaus

19 Chiusi 1994, 163–175; s. außerdem Krause 1995, III 113–125.

20 Arjava 1996, 90. Zu den noch im 6. Jh. gültigen Exkusationsgründen Inst. Iust. 1, 25. Hier geht man davon aus, ein Vater könne sogar aus Feindschaft jemanden zum Vormund im Testament bestellen, was allerdings zur Entschuldigung berechtigte (Inst. Iust. 1, 25, 9; 11). Zur Entwicklung des Exkusationsrechts im Prinzipat Viarengo 1996. Zu den Problemen, geeignete Vormünder zu finden, Krause 1995, III 93–96, der dies zu Recht als einen Grund für die Durchsetzung der Mutter-Vormundschaft sieht (ebda. 96–97).

21 Zu den Klagen gegen Vormünder Krause 1995, III 108–112. Als suspekt galt ein Vormund wegen Mängel bei der Verwaltung, Problemen des Unterhalts oder unsittlichem Benehmen (Inst. Iust. 1, 26, 5; 9; 13).

22 Im Allgemeinen entfielen Strafen für die arme Mutter, die nicht rechtzeitig um einen Vormund für ihre Kinder nachgesucht hatte, vgl. Ulp. dig. 38, 17, 2, 26 (13 ad Sab.).

23 Dies betont Arjava 1996, 92.

24 Gesammelt bei Arjava 1996, 87.

25 Gesammelt bei Schnizlein 2012, 115–117; Núñez Paz 2018.

26 In den *Institutiones Iustiniani* wird deutlich formuliert, dass auch Frauen zur Klage gegen die *suspecti* zugelassen sind, insbesondere, wenn sie *pietatis necessitudine ductae* seien; dazu zähle man die Mutter, Großmutter, Schwester und Amme (Inst. Iust. 1, 26, 3).

27 Die Bestimmung findet sich noch in Inst. Iust. 3, 3, 6. Zur Entwicklung Beaucamp 1990, 315–320; Chiusi 1994; Krause 1995, III 88–90; 116–117; Schnizlein 2012, 115.

waren sie in der spätantiken Mentalität auch für die sittliche Erziehung ihrer Kinder mitverantwortlich.[28]

Die legitime Vormundschaft der Mutter verlangte dennoch auf der sprachlich-normativen Ebene nach einer Rechtfertigung. Was befähigte eine Mutter, das zu tun, was andere Frauen überforderte? Schon im Prinzipat haben die Frauen ihre Geschäfte selbst geführt. Das Recht dazu erhielten sie zunächst durch das *ius trium liberorum*, wodurch seit der augusteischen Zeit eine Verknüpfung zwischen dem Mutterdasein und eigenständigem Handeln sichtbar wird. Dafür musste die Frau jedoch nicht tatsächlich Mutter sein – sie konnte auch einer Mutter gleichgestellt werden.[29] Unter Justinian wurde das Dreikinderrecht obsolet.[30] In den zeitgenössischen Rechtstexten wird dabei deutlich, dass bereits der natürlichen Veranlagung der Frau Respekt gezollt wurde. So wird in einer Konstitution aus dem Jahr 531 die Mitgift der Frau gegenüber den Ansprüchen von Gläubigern des Ehemannes geschützt – Justinian verteidigt die Idee damit, dass Frauen die Gefahren der Geburt auf sich nähmen und dazu fähig seien.[31] Dies gelte aber unabhängig davon, ob eine Frau tatsächlich Kinder geboren habe.[32] Dahinter steht die Annahme, dass Frauen nicht absichtlich kinderlos blieben. Der Kinderwunsch wird sogar an anderer Stelle als ihre *maxima cupiditas* bezeichnet.[33] Ebenfalls unter Justinians Herrschaft, als die zulässigen Scheidungsgründe immer stärker eingeschränkt wurden, galt die Impotenz des Mannes als eine unverhältnismäßige Härte für die Frau.[34] In diesem Weltbild war eine Frau immer eine potenzielle Mutter – führte sie einen tadellosen Lebenswandel, konnte sie auch denselben Respekt genießen.[35] Für die Vormundschaft wichtiger war aber das tatsächliche Verhältnis zwischen Mutter und Kind. Einer Mutter konnte nämlich unterstellt werden, dass sie für die Belange ihrer Kinder gewissenhaft sorgte und gerne die Gefahren des Geschäftslebens auf sich nahm. Ganz wie Justinian es in der Novelle 155 andeutete, an anderen Stellen wieder schärfer formulierte, war die Mutterliebe[36] eine Garantie dafür, dass die Frau der Aufgabe gerecht wurde. Die Befähigung der Mutter zur Übernahme der Vormundschaft war damit ganz und gar emotionaler Natur.

28 Zur Kindererziehung Krause 1995, III 16–32.

29 Vgl. zusammenfassend Arjava 1996, 77–78.

30 Vgl. bereits Cod. Iust. 8, 59, 2 (a. 528).

31 Cod. Iust. 8, 18, 12, 5 (a. 531).

32 Cod. Iust. 8, 18, 12, 6 (a. 531).

33 Cod. Iust. 6, 40, 2, 1 (a. 531).

34 Cod. Iust. 5, 17, 10 (a. 528); Novell. Iust. 22, 6 (a. 536); 117, 12 (a. 542). Ein Mann durfte seine Frau hingegen verlassen, wenn sie die Schwangerschaft unterbrochen hatte, vgl. Cod. Iust. 5, 17, 11, 12 (a. 533); Novell. Iust. 22, 16, 1 (a. 536). Zu den Scheidungsmöglichkeiten s. auch Novell. Iust. 117, 8 (a. 542).

35 Die Verbindung zwischen Mutterrolle und einer respektablen Lebensführung betont Peter Saller in der Auseinandersetzung mit dem Begriff *mater familias*; er konstatiert, dieser bezeichne nicht das reale Mutterdasein, sondern die „quality of chastity associated with the respectable Roman matron“, vgl. Saller 1999, 193–196 (Zitat 196).

36 In Novell. Iust. 94, 1 (a. 539) als ἔρως εὐσεβής / *amor pius*, in Novell. Iust. 22, 40 (a. 536) als στοργή/*caritas* bezeichnet.

Dieser Sichtweise war nun ein Paradoxon inhärent: Denn die Emotionalität der Frau barg gleichzeitig Gefahren für die Führung der Vormundschaft – nämlich dann, wenn die Mutter eine neue Familie gründete. Justinian schlussfolgert in der Novelle 155 explizit, dass Auxentia nach der zweiten Heirat den neuen Kindern ganz ergeben gewesen sei. Die mangelnde Liebe zur Tochter aus erster Ehe war dabei schwerlich eine Einschätzung *ad personam*. Viele spätantike Gesetze kreisen um das Thema Wiederverheiratung und machen aus dem Missfallen gegenüber den erneut heiratenden Mütter-Witwen keinen Hehl. Constantius etwa verweigert ihnen die Möglichkeit der Rücknahme von Schenkungen, wenn sich die Kinder undankbar gezeigt haben, da sie *portentuosae vilitatis abiectaeque pudicitiae* seien.[37] In einer Konstitution aus dem Jahr 382 erscheint wiederum das Bild einer *mater secundis nuptis funestata*, um zu verdeutlichen, warum das väterliche Vermögen inklusive früherer Geschenke an die Mutter nun gänzlich an die Kinder übergehen solle.[38] Seit dem 5. Jahrhundert bezieht die Gesetzgebung auch verwitwete Väter mit ein, um den Umgang mit den *bona materna* zu regeln, ohne jedoch so deutlich zu werten.[39] Justinian selbst hat kontinuierlich das bestehende Recht für Frau und Mann ergänzt.[40] In der Novelle 22, die sage und schreibe 48 Kapitel umfasst, regelte der Kaiser im Jahr 536 ausführlich die Möglichkeiten und Konsequenzen der Scheidung, nahm dabei auch auf die Witwenschaft und Wiederverheiratung Bezug. Die Novelle wurde mit großer Sorgfalt überall im Reich bekannt gemacht.[41] Hier findet sich das vertraute Narrativ: Wurde die Univira-Mutter als besonders vertrauenswürdig aufgefasst, um mit der Erziehung der Kinder betraut zu werden,[42] so büßte die erneut verheiratete Mutter dieses Vertrauen komplett ein.[43] Deutlich wird ebenso das Urteil formuliert, dass die Mutter mit der zweiten Ehe ihre Kinder entehre.[44] Speziell in Hinblick auf die Vormundschaft bestätigte der Kaiser schon 528 und dann erneut 536 ein Gesetz von 439, das besagte, dass eine Tutorin, die erneut heiratete, bevor ein neuer Vormund bestellt und die Rechnungslegung abgeschlossen worden war, das Kind nicht beerben durfte, falls es noch unmündig verstarb.[45] Moritz Schnizlein schlussfolgert wohl richtig, dass die Regelung möglichen ‚Unfällen' des Mündels vorbeugen sollte.[46] Es handelt sich also um eine Anpassung und

37 Cod. Iust. 8, 55, 7 (a. 349).

38 Cod. Iust. 5, 9, 3 (a. 382). Der vermögensrechtliche Schutz der Kinder aus vorausgegangenen Ehen ist minutiös geregelt, zusammenfassend bei Beaucamp 1990, 226–238; Krumpholz 1992, 178–184; Krause 1994, I 171–181; Arjava 1996, 167–177; Schnizlein 2012, 226–241; 247–294.

39 Vgl. etwa Cod. Iust. 5, 9, 5 (a. 439); 6, 49, 6 (a. 489).

40 Frühe Konstitutionen zum Thema sind: Cod. Iust. 5, 9, 8 (a. 528); 5, 9, 9 (s.a.); 5, 9, 10 (a. 529); 6, 56, 7 (a. 528); 6, 58, 13 (a. 532). S. auch Cod. Iust. 6, 40, 2 (a. 531); Novell. Iust. 2, 2, 1 (a. 535).

41 Novell. Iust. 22 epil. (a. 536).

42 Novell. Iust. 22, 38 (a. 536): *πάντων ἡ μήτηρ ἀξιοπιστοτέρα πρὸς τὴν τῶν παίδων ἀναγωγὴν ἐδόκει* / *omnium mater fide dignior ad filiorum educationem videbatur*.

43 Novell. Iust. 22, 38 (a. 536); so noch in Novell. Iust. 117, 7 (a. 542).

44 Novell. Iust. 22, 23 (a. 536); s. noch Novell. Iust. 2, 1 (a. 535).

45 Cod. Iust. 6, 56, 6 (a. 439); 6, 56, 7 (a. 528); Novell. Iust. 22, 40 (a. 536). Dasselbe galt schon unter Diokletian für die rechtzeitige Bestellung des Vormunds, da noch ganz unabhängig von einer erneuten Heirat der Mutter, vgl. Cod. Iust. 2, 34, 2 (a. 294).

46 Schnizlein 2012, 259.

Einschärfung des Rechts. Anscheinend gab es immer wieder Mütter, die die Sorge für das Vermögen der Kinder nicht aus der Hand geben wollten. Und anscheinend galt es als verdächtig, wenn der Erbfall vorzeitig eintrat. Doch Justinian ging noch einen Schritt weiter: Die Tutorinnen, die eine zweite Ehe eingingen, sollten wie die Witwen, die vor dem Ende der Trauerzeit eine zweite Ehe eingingen, mit Infamie belegt werden! Als Begründung gab der Kaiser an, dass auch diese Frauen vorzeitig heirateten. Nur der Kaiser konnte Verzeihung gewähren, falls die Frau bereit war, die Hälfte ihres Vermögens den Kindern zu überschreiben.[47]

Was war aber das Problem? Anti Arjava zufolge sahen die Römer den Einfluss des Stiefvaters mit besonderem Misstrauen.[48] Dies würde insofern Sinn ergeben, als die Ehe den Gehorsam der Ehefrau gegenüber dem Ehemann implizierte, wie auch Justinian betont.[49] Hingebungsvolle Mutter und folgsame Ehefrau zu sein, konnte sich in einer Patchworkfamilie als schlecht realisierbar erweisen.[50] Schon das Gesetz von 390 versuchte auch dem Mann die Lust an der Heirat mit einer Tutorin zu nehmen, indem es dem Stiefvater auferlegte, bis zur Bestellung des neuen Tutors mit seinem eigenen Vermögen für die Vormundschaftsführung der Mutter zu haften.[51] Die Gesetzestexte argumentieren jedoch nicht auf diese Weise. Sie suggerieren vielmehr, dass die Frau durch die Wiederheirat in ihrer emotionalen Struktur verändert wird. Es scheint, als beeinflusste die Beziehung zum neuen Ehemann ihr Denken und Empfinden. Anders formuliert: Vergisst die Mutter den Vater – liebt sie seine Kinder nicht mehr. Genau diese Beurteilung können wir in Hinblick auf Auxentia beobachten. In der Sprache der Gesetze destruiert die zweite Heirat das ansonsten überaus positive Mutterbild. Die Frage nach der Eignung der Frau als *tutrix* ist hier mit ihrem Rollenverständnis als Mutter und Witwe verbunden. Da sie mit der Aufgabe des Witwenstandes aus der gewünschten Mutterrolle herausfällt, wird sie als Tutorin ungeeignet. Das Bedauern einer emotionalen Schieflage zwischen Eltern und Kindern nach der erneuten Heirat begegnet dabei vielfach in christlicher Literatur, wo sie sich mal auf die Mutter, seltener auch auf den Vater bezieht.[52] Die Wiederverheiratung war seit dem frühen Christentum fraglos mit einem Makel belegt.[53] Doch das Misstrauen

47 Novell. Iust. 22, 40 (a. 536).

48 Arjava 1996, 92. Krause 1994, I 126–130 hebt noch hervor, dass Stiefkinder für eine Durchschnittsfamilie eine Belastung waren. Durch das agnatische Prinzip hätten die Kinder im Haushalt des Stiefvaters einen Fremdkörper dargestellt, vgl. Kause 1995, III 35. Der Mutter konnte entsprechend sogar das ‚Sorgerecht' entzogen werden, wenn die Person des Stiefvaters es erforderte, vgl. Schnizlein 2012, 116–117; 152.

49 Cod. Iust. 8, 18, 12, 5 (a. 531).

50 Möglicherweise ging es hierbei mehr um mangelnde Schutzmechanismen, denn es war zumindest im 3. Jh. kein Problem, wenn eine Witwe den Vormund heiratete, vgl. Cod. Iust. 5, 6, 2 (a. 223); 5, 58, 3 (a. 294).

51 Cod. Iust. 5, 35, 2, 2 = Cod. Theod. 3, 17, 4, 2 (a. 390); s. noch Cod. Iust. 8, 15, 6 (a. 439); Novell. Iust. 22, 23; 40 (a. 536).

52 S. etwa Ambr. hex. 6, 4, 22 (Vater); vid. 9, 58 (Mutter); Hier. epist. 54, 15, 18 (Mutter); Zeno 2, 7, 104 (Mutter).

53 Dazu Krumpholz 1992, 177–178; Evans Grubbs 1994; Krause 1994, I 157–171; Arjava 1996, 157–163; Schnizlein 2012, 60–77; 137–194. Diese Abneigung hatte nicht nur ideelle Motive. Finanz-

lässt sich keineswegs auf die christliche Tradition beschränken. Die byzantinischen Epigramme des 6. Jahrhunderts bezeugen ein breites Angebot an Topoi; überaus lebendig wird hier etwa an die Mythengestalten Medeia und Phaidra erinnert. Während die eine als verlassene Ehefrau ihre Kinder umbringt, entbrennt die andere in einer inzestuösen Liebe zu ihrem Stiefsohn.[54] Obwohl in beiden Fällen der Mann erneut heiratet, liegt die emotionale Verwirrung doch bei der Frau.[55]

Die Gesetzestexte argumentieren auch sonst mit den Emotionen der Mutter. Der Versuch, die möglichen Konsequenzen weiblicher Gefühle zu regulieren und dabei ein gewünschtes Mutterbild zu etablieren, ist an anderen Stellen der justinianischen Gesetzgebung deutlich. Dazu ein Beispiel: Dem Juristen Paulus zufolge konnte ein Kleinkind von seiner Mutter wegen Undankbarkeit enterbt werden, wenn es aus Hass auf den Vater geschah; Justinian hob diese Möglichkeit auf, da es der Mutter freistand, dem Kind etwas unter der Bedingung zu hinterlassen, dass es aus der väterlichen Gewalt entlassen wird – die Mutter sollte aber auf diese Weise nicht ihre Natur betrügen, beschied der Kaiser streng.[56] Die Bewunderung für Frauen, die die Gefahren der Geburt auf sich nahmen einerseits, sowie die Kritik und die Ermahnungen andererseits zeigen, dass Justinian eine idealisierte Vorstellung von der Mutterrolle propagierte und entsprechend empfindlich auf Defizite reagierte. Dies ist nicht grundsätzlich neu, doch möglicherweise sind es die besonderen Ansprüche und Anstrengungen des Kaisers, die Prokop dazu bringen, in der ‚Geheimgeschichte' Theodora als abtreibende Nicht-Mutter zu verunglimpfen und ihre Freundin Antonina als Paradebeispiel für eine Rabenmutter zu etablieren.[57] Der Historiograph betont jedenfalls, dass sie Belisar geheiratet habe, obwohl sie bereits Mutter war.[58] Da ihr Sohn Photios noch als Kind in das Haus Belisars gekommen war, wäre auch hier eine zeitweilige Mutter-Vormundschaft denkbar. Prokop zufolge wollte die Dame ihren nun erwachsenen Sohn sogar töten lassen, doch ließ sie sich ausgerechnet nicht von ihrem legitimen Ehemann, sondern von ihrem Adoptivsohn und angeblichem Liebhaber Theodosios durcheinanderbringen; überraschend ist hier umgekehrt das ausgesprochen gute Verhältnis zwischen Stiefsohn und Stiefvater, das den Charakter der Mutter noch negativer erscheinen lässt.[59] Prokop scheint an mehreren Stellen mit der Gesetzgebung

---

starke Witwen sollten sich nämlich lieber innerhalb der Kirche engagieren, vgl. Krause 1995, IV 93–108; Constantinou 2014, 57. Zu den widersprüchlichen weltlichen und kirchlichen Interessen Arjava 1996, 159–161. Das Ausmaß des christlichen Einflusses auf die gesetzliche Entwicklung ist in der Forschung umstritten, vgl. Schnizlein 2012, 241–247. Gegen eine Überbewertung christlicher Motive der Gesetzgebung Krause 1994, I 177–181.

54 Vgl. Anth. Gr. 14, 139 (Iulianos aus Ägypten); Anth. Gr. 5, 288 (Paulos Silentiarios); Anth. Gr. 16, 109 (Agathias). Zu solchen literarischen Mutterbildern im 6. Jh. Smith 2019.

55 Zu den negativen Topoi rund um die Stiefeltern in der Spätantike Schnizlein 2012, 138–147; 162–167; 196–216.

56 Cod. Iust. 3, 28, 33, 1 (a. 529).

57 Prok. HA 9, 19; 10, 3; 17, 16–23; dazu Brubaker 2005, 434–435; zur ‚Geheimgeschichte' jetzt Pfeilschifter 2021, zu Theodora bes. 129–130.

58 Prok. HA 1, 12–13.

59 Prok. HA 2, 1–14.

Justinians zu spielen und sich über die Scheinheiligkeit zu mokieren, da nicht einmal dem Kaiser nahe stehende Personen seinen Idealen gerecht wurden.[60]

Wie stark konnte also die negative Konnotation der Wiederheirat in der byzantinischen Gesellschaft wirken? In der Forschung werden die Chancen als recht hoch angesehen, falls eine noch junge oder reiche Mutter Witwe wurde, dass sie erneut heiratete; Jens-Uwe Krause ermittelt für die Häufigkeit der Witwenheirat einen Durchschnittswert von ca. 20 %.[61] Umgekehrt konnten Frauen, die noch unmündige Kinder zu betreuen hatten, noch nicht sehr alt sein. Zu keinem Zeitpunkt wurde in der weltlichen Gesetzgebung die zweite (oder dritte, vierte usw.) Heirat zur Disposition gestellt. In einer Novelle aus dem Jahr 535 versuchte sich Justinian an einer Erklärung: Eine gewisse Gregoria überließ nach dem Tod ihres Mannes dem gemeinsamen Sohn das Eigentum der *donatio propter nuptias*, sie behielt nur den Nießbrauch; nachdem der Sohn gestorben war, heiratete sie erneut. Nun verlangte die Tochter, dass alle Vermögenswerte des verstorbenen Vaters inklusive der Erbschaft des Bruders ihr gehörten.[62] Der Kaiser entschied, dass das Eigentum an der väterlichen *donatio* an die Tochter gehe, doch könne die Mutter den Sohn mit beerben.[63] Man wolle nämlich die Strafen nicht verschärfen und Frauen dazu treiben, dass sie statt zu heiraten, unangemessene Beziehungen eingingen und sich etwa mit Sklaven einließen.[64] Wenn die Witwe dem Drängen der Natur nicht widerstehen könne, so solle sie lieber ehrenvoll die Ehe mit einem anderen Mann eingehen; auf diese Weise könne man ebenfalls verhindern, dass eine Mutter ihre Kinder als Feinde ansehe.[65] Auch hier versucht Justinian eine vermögensrechtliche Regelung mit der Notwendigkeit eines regulierenden Einwirkens auf die Emotionen der Frauen zu erklären. Die Argumentation Justinians erinnert an den Topos der lustigen Witwe, der sich zeitgenössisch noch etwa bei Agathias findet: Auf eine amüsante Art und Weise gibt dieser zu verstehen, dass selbst die sittsame Witwe eher hinterher bereue als enthaltsam lebe.[66] Andererseits berichtet Prokop, dass Theodora zwei noch junge Witwen sogar gegen ihren Willen verheira-

60 Prokop rekurriert auch an anderen Stellen der ‚Geheimgeschichte' auf die Gesetzgebung Justinians, s. Kaldellis 2004, 223; Brown 2010, 363.

61 Zur ‚statistischen' Wiederverheiratung der Witwen in der Spätantike Krause 1994, I 181–191, bes. 187.

62 Novell. Iust. 2 praef. (a. 535). Zur Rechtslage vgl. Cod. Iust. 6, 56, 5 (a. 426) und Cod. Iust. 6, 56, 7 (a. 528).

63 Novell. Iust. 2, 3 (a. 535).

64 Dies war denkbar. Justinian schaffte bekanntlich die Gültigkeit des *SC Claudianum* ab. Eine freie Frau, die zum Sklaven eines Dritten eine Beziehung unterhielt, sollte nicht mehr ihre Freiheit, wohl aber den Liebhaber verlieren, vgl. Cod. Iust. 7, 24, 1 (a. 531–534).

65 Novell. Iust. 2, 3 (a. 535). Die Befürwortung der Wiederheirat, weil die Frauen sonst Schlimmeres tun, begegnet auch im christlichen Denken, z.B. bei Origenes (in Matth. 14, 23). Heute lässt der Fall einer Mutter schmunzeln, die elf Monate nach dem Tod des Ehemannes ein Kind zur Welt brachte und argumentierte, dass die Gesetze bezüglich der Wiederverheiratung auf sie nicht anwendbar seien, da sie nicht geheiratet, sondern bloß der körperlichen Lust nachgegeben habe; es waren wieder die Kinder, die gegen die Mutter prozessierten, die dann wegen *stuprum* belangt wurde (Novell. Iust. 39, 2; a. 536).

66 Anth. Gr. 5, 302.

tet hatte; dabei scheint der Hauptvorwurf darin zu bestehen, dass sie unter ihrem Stand heiraten mussten, denn so kann Prokop die Gehässigkeit der Kaiserin ‚dokumentieren'.[67] Interessant ist es jedoch, dass diese die Aktion damit begründet haben soll, die Art und Weise zu leben (nämlich ohne Ehemann) sei nicht sittsam (σωφρόνως).[68] Die Hartnäckigkeit, mit der Theodora die beiden jungen Frauen bis in die Kirche hinein verfolgen ließ, um sie zu verheiraten, nimmt dabei fast groteske Züge an. Die Begründung der Kaiserin hat natürlich nichts mit der kritisierten Auswahl der Kandidaten zu tun. Prokop lässt sie eine stereotype Erklärung vorbringen, die an Justinians Argumentationsmuster erinnert, und selbst alle guten Sitten vergessen, während es ihr ‚in Wirklichkeit' darum ging, dass die Frauen unter ihrem Stand heirateten. Die Darstellungen eines Agathias oder Prokop suggerieren, dass Justinians Befürchtungen gegenüber Single-Witwen als Topoi in der byzantinischen Gesellschaft virulent waren. Die Erwartungen an Frauen waren nicht ganz widerspruchsfrei. Zumindest die Witwen, die nicht Mütter waren oder keine minderjährigen Kinder hatten, sollten offenbar sehr wohl noch einmal heiraten oder alternativ die Abgeschiedenheit des Klosters suchen.[69]

Bei dieser zweckmäßigen Befürwortung der Wiederheirat lässt Justinian die äußeren Zwänge, denen Frauen unterworfen waren, außen vor. Denn es gilt zu bedenken, dass die Ehe für eine Frau auch Schutz und Unterstützung bedeutete, so dass es für viele Witwen bei der zweiten Heirat weniger um Gefühle als um simple Alltagsbewältigung ging. Witwen scheinen besonders häufig sexuellen Übergriffen ausgesetzt gewesen zu sein;[70] die Erziehung der Kinder konnte eine alleinstehende Mutter vor Herausforderungen stellen;[71] wieder andere Frauen brauchten Unterstützung bei der Vermögensverwaltung.[72] Man kann sich gut vorstellen, dass die Mütter mit den besten Absichten die Vormundschaft für ihre Kinder übernahmen und dann an der Prosa des Lebens scheiterten. Jens-Uwe Krause und Moritz Schnizlein argumentieren deshalb, dass die Erwartungen an die Frau an der Realität des Lebens vorbeigingen und die Wiederverheiratung kaum regelmäßig zu einer Stigmatisierung der Frau geführt haben kann.[73] Zwischen Stigmatisierung und Akzeptanz bleiben allerdings ein paar Schattierungen. Es ist gut, sich zu erinnern, dass der Erzbischof in Antiochia persönlich bei der *restitutio in integrum* Marthas beteiligt war. Möglicherweise ist es sogar seiner Initiative zu verdanken, dass der Fall an den Kaiser gelangte.[74] Die Rechtsprechungskompetenz einer kirchlichen Autorität konnte aber

67 Prok. HA 17, 7–15.

68 Prok. HA 17, 8.

69 Die Klosterpflicht wird für viele Geschiedene unter Justinian Realität, dazu Schnizlein 2012, 236; Hillner 2015, 314–316.

70 Vgl. Beaucamp 1990, 106; 117; 119; Krause 1994, II 232–243.

71 Krause 1995, III 17–18; 130–145. Der Stiefvater war nicht rechtlich verpflichtet, die Stiefkinder zu ernähren, dennoch konnte sich die Mutter im gemeinsamen Haushalt Unterstützung erhoffen.

72 Zu den Motiven der Wiederverheiratung insgesamt Krause 1994, I 108–113. Zu den Vorteilen einer Ehe aus weiblicher Perspektive Schnizlein 2012, 131–134, der die Häufigkeit der Patchworkfamilie als hoch ansieht.

73 Krause 1995, III 126–127; Schnizlein 2012, 190–191.

74 Zur Entwicklung der Rechtsprechungskompetenz der Bischöfe Haensch 2007, 162–166.

sehr wohl für eine Frau in einer ähnlichen Lage unangenehme Situationen kreiert haben. Viele Frauen werden regelmäßig in den Predigten an sie formulierte Erwartungen gehört haben und mussten sich darüber im Klaren sein, dass sie nicht einem Mutterideal entsprachen. Wie sehr sie sich das zu Herzen nahmen, lässt sich freilich nicht ergründen. Im alltäglichen Miteinander oder im eigenen Selbstverständnis könnte das Scheitern an der ‚Mutterrolle' durchaus eine Rolle gespielt haben. So mag sich manche Frau zwischen dem sprichwörtlichen Hammer und Amboss gesehen haben. Dabei dürften regionale Unterschiede und die soziale Stellung der Frau zusätzlich die Wahrnehmung auf sie beeinflusst haben.[75] In Hinblick auf die Mutter-Witwe lässt sich die Rechtslage so deuten, dass, wenn ihr Ehemann starb und kein testamentarischer oder legitimer Vormund zur Verfügung stand, sie sich faktisch zwischen der Sorge für die gemeinsamen Kinder (gute Mutter) und einem neuen Ehemann (schlechte Mutter) zu entscheiden hatte.[76]

Entsprechend interessant ist es, dass Justinian schon in der Novelle 2 von 535 versucht, der Mutter etwas entgegenzukommen, auf diese Weise auf die Mutter-Kind-Beziehung positiv einzuwirken und mögliche Konflikte zu entschärfen, wobei gerade die Perspektive der Mutter berücksichtigt wird.[77] Hinsichtlich der Mutter-Vormundschaft sind außerdem die Gesetze der folgenden Jahre erhellend. Für Justinian stellte offenbar der Eid, den die *tutrix* leisten musste, ein besonderes Ärgernis dar. Hielt die Frau ihren Witwenstand nicht aus, wurde sie nämlich eidbrüchig und beging Blasphemie. Dies konnten wir auch bei Auxentia beobachten, der Meineid dürfte dabei zusätzlich die Vertrauenswürdigkeit und das Ansehen der Mutter-Witwe getrübt haben.[78] Der Kaiser ging auch hier einen pragmatischen Weg, indem er 539 den Eid abschaffte, der angeblich beinahe so häufig gebrochen wie geleistet wurde.[79] Diese Entscheidung ist aussagekräftig. Es war sicher nicht wünschenswert, Frauen zum Meineid zu inspirieren. Justinian hatte auch an anderen Stellen die Eide aus dem Rechtssystem heraushalten wollen und dafür lange Praktiken beendet: Die Witwen sollten nicht mehr unter Eid versprechen müssen, dass sie nicht wieder heirateten, wenn ihnen der Ehemann etwas unter dieser Bedingung hinterließ;[80] die Schauspielerinnen durften aber nicht mehr unter Eid versprechen, den Beruf nicht wieder aufzugeben.[81] In allen Fällen beruhte die Begründung auf dem religiösen Empfinden des Kaisers.[82] Interessant ist hier der Vergleich zu den Schauspielerinnen: Der Kaiser

75 Die Wiederheirat hält z.B. Beaucamp 1992, 62–70 für eine normale Erscheinung in Ägypten; sie betont, dass die (notwendigerweise parteiischen) Klagen der Kinder ein schlechtes Licht auf die Wiederheirat der Mütter warfen (ebda. 68).

76 Novell. Iust. 94, 2 (a. 539) spricht deutlicher von der Wahl zwischen Kindern und Begierde (ἐπιθυμία/*concupiscentia*).

77 Schnizlein 2012, 281; 295–296 schätzt das Patchworkdasein in der Spätantike als weniger konfliktgeladen im Vergleich zur Kaiserzeit ein, weil die Kaiser hier für einen spezifischen rechtlichen Schutz sorgten, hat aber vor allem die Kinder im Blick.

78 Vgl. noch Novell. Iust. 22, 40 (a. 536).

79 Novell. Iust. 94, 2 (a. 539).

80 Novell. Iust. 22, 43 (a. 536).

81 Novell. Iust. 51 (a. 537).

82 S. hier noch Leppin 2011, 80–81.

befürchtet, diese könnten sich aus Angst vor Eidbruch verpflichtet fühlen, die Tätigkeit gegen ihren Willen weiter auszuüben.[83] Es lässt sich schwer annehmen, dass die Bühnenkünstlerinnen im Allgemeinen von einem tieferen religiösen Empfinden als die Mütter-Witwen geleitet wurden. Die Angst vor Blasphemie wird zumindest gelegentlich auch die Letzteren beschäftigt haben. Die Abschaffung des Eides minderte also zumindest in religiöser Hinsicht den Druck auf eine Tutorin.

Es ist allerdings bezeichnend, dass die Mütter-Witwen trotz angeblich geringer Aussichten, bis zur Mündigkeit der Kinder als ihre Tutorin zu fungieren, immer stärker der Rolle verpflichtet wurden. Noch im selben Jahr 539 verteidigten weitere Bestimmungen die Idee der mütterlichen *tutela*: Justinian schärfte ein, dass alle Bestimmungen rund um die Mutter-Vormundschaft auch in Hinblick auf die natürlichen, also illegitimen Kinder galten.[84] Der Kaiser echauffierte sich außerdem über die Tendenz, Müttern die Übernahme der Vormundschaft zu verweigern, wenn sie Schuldnerinnen oder Gläubigerinnen ihrer Kinder waren, und erlaubte dies ausdrücklich mit dem Hinweis auf die besondere Vertrauenswürdigkeit und liebende Natur der Mütter.[85] Nur ein Jahr zuvor setzte die Novelle 72 in Hinblick auf die Tutoren allgemein fest, dass sie in einem solchen Fall nicht zur Vormundschaft berufen würden.[86] Der Kaiser ergänzte das Gesetz dahingehend, dass es nicht auf eine mütterliche Vormundschaft angewendet werden soll. Während im ersten Fall die Präzisierung im Kontext neuer Gesetzgebung rund um illegitime Kinder erfolgte und keinen spezifischen Anlass erkennen lässt, verdeutlicht der zweite Fall, dass die Mutter-Tutorin nicht einfach so unter die ‚normale' Gesetzgebung zur Vormundschaft fiel. Nicht richtig *tutor* oder *tutrix* – dies konnte bei der Anwendung der Gesetze nur verwirrend sein. Da hier Justinian über die Situation berichtet wurde und er auf Beschwerden reagierte, fühlten sich entweder betroffene Mütter selbst ungerecht behandelt oder die hohe Verschuldung der Mündel hat die Suche nach einem geeigneten Tutor für die lokalen Autoritäten zur Herausforderung werden lassen.[87]

Seit 543 konnten die Mütter schließlich bei der Betrauung mit der *tutela* sogar den Agnaten vorgezogen werden; wurde kein Vormund im Testament des Vaters benannt, waren sie die erste Wahl. Dasselbe Vorrecht sollte außerdem auf Großmütter angewendet werden. Der rechtliche Kontext ist hier die Gleichstellung der agnatischen und cognatischen Verwandten in der Intestaterbfolge. Als weitere Konsequenz ergab sich, dass ebenso die männlichen Verwandten der Mutter als Vormünder berufen werden konnten und kein Entschuldigungsrecht hatten. Waren aber mehrere männliche erwachsene Verwandte am Leben, hafteten sie alle für eine ordnungsgemäße Führung der *tutela*. Die Verwaltung der Vormundschaft wurde zudem expressis verbis an die Berechtigung zur Erbschaft gekop-

83 Novell. Iust. 51 (a. 537).
84 Novell. Iust. 89, 14 (a. 539).
85 Novell. Iust. 94, 1 (a. 539).
86 Novell. Iust. 72 (a. 538).
87 Zur prekären Lage der verschuldeten Waisen und dem recht rücksichtlosen Vorgehen der Gläubiger Krause 1995, III 138–145.

pelt – hier ging ja Eigeninteresse und moralische Verpflichtung Hand in Hand.[88] Durch den Kontext bedingt wird im Text die Idee der Pflicht zur Führung der Vormundschaft auch in Hinblick auf die Mutter deutlich. Denn hier geht es ausnahmsweise nicht um ihre Eignung aufgrund der emotionalen Bindung zum Kind, ihre Aufgabe wird vielmehr ebenfalls im Erbrecht kontextualisiert. Sowohl Mutter als auch Großmutter seien dazu berufen *κατὰ τὴν τῆς κληρονομίας τάξιν* / *secundum hereditatis ordinem*.[89] Wir erinnern uns, dass eine Tutorin die Erbberechtigung wieder verlor, falls sie erneut heiratete, nicht für die Bestellung eines neuen Vormunds sorgte und das Kind unmündig verstarb. Das Gesetz, das ebenso die Großmutter und die Cognaten in die Pflicht nahm, bezeugt die Bemühung, für ganz unterschiedliche Szenarien die beste Besetzung des Vormundpostens zu finden. Dies mag mit dem historischen Kontext zusammenhängen; denn Justinian könnte mit der Konstitution zumindest teilweise auf die große Pestwelle 541/542 reagiert haben, die die Anzahl der Todesfälle vergrößert und damit die Situation der Waisen verschärft haben dürfte.[90] Das Recht zu erben bedeutete, Verantwortung zu tragen. In diese Verantwortung wurden die Mutter und ihre Familie nun explizit eingebunden. Die Stärkung der mütterlichen *tutela* ging hier mit dem Schutz der Kinderinteressen einher.

Die Einordnung der *tutrix* in justinianische Gesetzgebung macht es keineswegs leichter, sich ein ausgewogenes Bild von Auxentia als Mutter zu machen, da sie nach stereotypen Mustern beurteilt wird: Marthas Beschuldigung dient dazu, die desaströse Wirkung der Wiederheirat auf Mütter zu bestätigen und zu erklären, warum der Respekt vor ihnen aufgehoben und die *restitutio in integrum* gegen sie statthaft ist. Vorurteile gegenüber neu heiratenden Witwen, aber auch Single-Witwen begegnen gleichsam in literarischen sowie christlichen Quellen und zeigen, dass ihre Lebenssituation die Menschen über das Gericht hinaus beschäftigt hat. Dass die an sie formulierten Erwartungen nicht von allen Frauen erfüllt wurden und werden konnten, liegt in der Natur der Sache. Dennoch: In der Vorstellung Justinians durfte eine Mutter nicht nur Tutorin für ihre Kinder sein, sie sollte es auch. Auf der sprachlich-normativen Ebene stärkte der Kaiser deutlich das Ideal einer liebenden Mutter, das es der Witwe erlaubte, die Vormundschaft auszuüben, solange sie keine neue Familie gründete. Auf der sachlich-konkreten Ebene wurde die Führung der Vormundschaft als Pflicht mit der Erbberechtigung erklärt; Letztere konnte der Mutter-Witwe allerdings abgesprochen werden, wenn das Mündel verstarb, nachdem sie erneut geheiratet, aber die Vormundschaft noch nicht ordnungsgemäß beendet hatte. Durch die verfrühte Wiederheirat geriet die Vertrauenswürdigkeit der Mutter ins Wanken, die Liebe zu ihren Kindern galt nicht mehr als sicher. Mögliche berechtigte Sorgen wegen der neuen Familiensituation wurden dabei als diffuse Ängste aufgrund des emotionalen Zustandes

88 Novell. Iust. 118, 5 (a. 543).

89 Novell. Iust. 118, 5 (a. 543).

90 Mischa Meier 2004, 81–82 schätzt den Bevölkerungsrückgang vorsichtig auf ca. 25 %. Grundsätzlich dürfte die Bestimmung gerade jüngere Witwen mit Aussicht auf Wiederverheiratung betroffen haben, wenn der Großvater oder Onkel der Kinder väterlicherseits noch lebten (vgl. die demographischen Überlegungen bei Schnizlein 2012, 125), doch auch hier mag die Pest die Chancen auf einen neuen Ehemann minimiert haben.

der Frau artikuliert. Nicht besonders subtil wurde auf diese Weise Frauen suggeriert, dass sie sich zwischen ihren Kindern und ihrer Libido entscheiden müssten. Das Ideal war, dass eine Mutter-Witwe zuerst die Vormundschaft für ihre Kinder führte, wenn sie sich dazu in der Lage sah; nach der Entlassung der Kinder in die Mündigkeit stand es ihr frei, sich wiederzuverheiraten. Doch wir sehen auch, dass Justinian zunehmend gezwungen war, zwischen den Pflichten und Rechten als Mutter, den Zwängen als Witwe und dem Schutz der Kinderinteressen zu vermitteln. Dabei musste die Mutter-Vormundschaft immer wieder in das Familienrecht eingeordnet, ihre Besonderheit präzisiert, Missverständnisse ausgeräumt werden. Sie stellt ein sehr gutes Beispiel für die Aushandlung des Rechts zwischen den Vorstellungen der Gesetzgeber und den durchaus unterschiedlichen Bedürfnissen innerhalb der Gesellschaft des Reiches dar, darunter Mütter-Witwen, Halbwaisen, weitere Verwandte und kirchliche Autoritäten. War die Betrauung der Mutter mit der Vormundschaft nicht allen ganz geheuer – sie war doch notwendig. Die Bedeutung der Witwen als Tutorinnen in der byzantinischen Gesellschaft wird evident und findet sich zusätzlich durch die weitere Entwicklung bestätigt. Im 8. Jahrhundert sollten Mütter-Witwen standardmäßig als Familien- und Haushaltsvorstand das gesamte Vermögen des verstorbenen Mannes verwalten.[91] Eine eigene Bezeichnung brauchten auch sie dafür nicht. Justinian stärkte die mütterliche Vormundschaft aber schon im 6. Jahrhundert und machte auf diese Weise deutlich, dass diese längst nicht mehr verhandelbar war.

Literaturverzeichnis

Arjava, A., Women and Law in Late Antiquity, Oxford 1996.

Beaucamp, J., Le statut de la femme à Byzance (4e–7e siècle) (Travaux et mémoires du Centre de recherche d'histoire et civilisation de Byzance, Monographies 5), 2 Bde., Paris 1990 und 1992.

Brown, A., Justinian, Procopius, and Deception: Literary Lies, Imperial Politics, and the Archaeology of Sixth-Century Greece, in: Turner, A., et al. (Hg.), Private and Public Lies. The Discourse of Despotism and Deceit in the Graeco-Roman World (Impact of Empire 11), Leiden 2010, 355–369.

Brubaker, L., The Age of Justinian. Gender and Society, in: Maas, M. (Hg.), The Cambridge Companion to the Age of Justinian, Cambridge 2005, 427–447.

Chiusi, T. J., Zur Vormundschaft der Mutter, ZRG 111, 1994, 155–196.

Constantinou, S., Male Constructions of Female Identities: Authority and Power in the Byzantine Greek Lives of Monastic Foundresses, in: Theis, L., et al. (Hg.), Female Founders in Byzantium and Beyond (Wiener Jahrbuch für Kunstgeschichte 60/61), Wien u.a. 2014, 43–62.

Corbeill, A., Sexing the World: Grammatical Gender and Biological Sex in Ancient Rome, Princeton u.a. 2015.

91 Ecl. 2, 5, 1. Die allgemeine Bedeutung und das Selbstbewusstsein der vermögenden Witwen seit der Spätantike stellt Stavroula Constantinou 2014 sehr gut heraus.

Evans Grubbs, J., „Pagan“ and „Christian“ Marriage: The State of the Question, JECS 2.4, 1994, 361–412.
Haensch, R., Die Rolle der Bischöfe im 4. Jahrhundert: Neue Anforderungen und neue Antworten, Chiron 37, 2007, 153–182.
Halbwachs, V., Women as Legal Actors, in: Du Plessis, P. J., et al. (Hg.), The Oxford Handbook of Roman Law and Society, Oxford 2016, 443–456.
Hillner, J., Prison, Punishment and Penance in Late Antiquity, Cambridge 2015.
Kaldellis, A., Procopius of Caesarea: Tyranny, History, and Philosophy at the End of Antiquity, Pennsylvania 2004.
Krause, J.-U., Witwen und Waisen im Römischen Reich (Heidelberger Althistorische Beiträge und Epigraphische Studien 16–19), 4 Bde., Stuttgart 1994 (Bde. I–II); 1995 (Bde. III–IV).
Krumpholz, H., Über sozialstaatliche Aspekte in der Novellengesetzgebung Justinians (Habelts Dissertationsdrucke. Reihe Alte Geschichte 34), Bonn 1992.
Leppin, H., Justinian. Das christliche Experiment, Stuttgart 2011.
Meier, M., Justinian. Herrschaft, Reich und Religion (C. H. Beck Wissen), München 2004.
Núñez Paz, M. I., Childhood and Maintenance. Legal Norms Related to Education and Guardianship of Minors from Antoninus Pius to Justinian, in: Sánchez Romero, M. – Cid López, R. M. (Hg.), Motherhood and Infancies in the Mediterranean in Antiquity (Childhood in the Past Monographs Series 7), Oxford – Philadelphia 2018, 233–246.
Pfeilschifter, R., The *Secret History*, in: Meier, M., et al. (Hg.), A Companion to Procopius of Caesarea, Leiden u.a. 2021, 121–136.
Saller, R. P., *Pater familias, mater familias*, and the Gendered Semantics of the Roman Household, CPh 94, 1999, 182–197.
Schnizlein, M., Patchworkfamilien in der Spätantike (Hypomnemata 191), Göttingen u.a. 2012.
Smith, S., Greek Epigram and Byzantine Culture. Gender, Desire, and Denial in the Age of Justinian (Greek Culture in the Roman World), Cambridge 2019, 165–191.
Viarengo, G., L’*ecxcusatio tutelae* nell’età del Principato, Genua 1996.

Religion & Kirche

Deus Mentoviacus (Hispania Citerior)

Juan Manuel Abascal Palazón

Uno de los problemas más importantes en los estudios sobre la religión antigua de la península Ibérica radica en la identificación de las áreas de culto de los teónimos que conocemos sólo por la epigrafía. El reducido número de testimonios que conoció Hübner en 1869 para la primera edición del ‚Corpus Inscriptionum Latinarum' se ha visto incrementado hoy por un elenco de varios centenares de evidencias que, con mucha lentitud están ayudando a dibujar el mapa de las religiones primitivas de Hispania.[1] Con estas páginas quiero sumarme al merecido homenaje al Prof. Dr. Rudolf Haensch, que desde hace más de una década ha contribuido de forma decisiva al impulso de los trabajos epigráficos en Hispania.

En una sylloge epigráfica anónima conservada en la Biblioteca Nacional en Madrid, compilada seguramente entre 1517 y 1561 por Alfonso Chacón[2] y atribuida desde época de Hübner sin fundamento a Florián de Ocampo, se incluye la primera invocación conocida a un cierto *Deus Mentoviacus*. Esta inscripción de la ciudad de Zamora (fig. 1 n.° 1 y fig. 2)[3] fue incluida luego por Strada en el apéndice epigráfico de sus *C. Iulii Caesaris Rerum Gestarum commentarii XIV* (Frankfurt 1575) y, más tarde, pasó rápidamente a diferentes repertorios, de manera que en 1869 Hübner incorporó ese texto al volumen II del ‚Corpus Inscriptionum Latinarum' aunque, por error, atribuyó la primera noticia a Strada.

Más tarde, la construcción en 1953 de la presa y central eléctrica del río Duero en Villalcampo (Zamora) afectó de lleno al llamado Castro de Santiago y a la necrópolis inmediata, lo que hizo aparecer un importante conjunto de inscripciones y, entre ellas, dos altares dedicados a *Mentoviacus*, uno de los cuales fue correctamente publicado en 1964; el segundo no fue identificado más que el año 2006. En este intervalo de tiempo, las excavaciones en Muelas del Pan proporcionaron una cuarta evidencia de esta divinidad. En ninguna otra región de la península Ibérica o del Imperio Romano hay más testimonios del culto a *Mentoviacus*. Los cuatro altares dedicados a *Mentoviacus* ya han sido publicados con anterioridad, aunque no reunidos en un mismo trabajo, por lo que estas páginas sólo pre-

1 Estas páginas se han escrito en el marco del proyecto de investigación "Poblamiento de época romana y evolución del hábito epigráfico en Hispania citerior y norte de Lusitania", PID2019-106169GB-I00, subvencionado por el Ministerio de Ciencia e Innovación del Gobierno de España.

2 B. N. E. sign.n.° 5973. Cf. Hernando 2009, 237–239; Gimeno 2019, 223–245; CIL II²/13, p. LXXXVII.

3 Hübner CIL II 2628. Vide infra nota 6.

Fig. 1: Mapa de dispersión de los testimonios del teónimo *Mentoviacus*.

tenden agrupar la información disponible con toda la bibliografía anterior, presentar las fotografías y mostrar los resultados de las cuatro autopsias epigráficas que tuve oportunidad de hacer en agosto del año 2019 y febrero de 2020.[4] Los testimonios son los siguientes:

N.° 1 (fig. 2):

Ḍeo Menṭ[o]-
viaco
M(arcus) • Atilius
Silonis • f(ilius)
5 *Quir(ina) • Silo*
ex voto.

4 Quiero manifestar mi agradecimiento a D.ª Rosario García Rozas, directora del Museo de Zamora, por su apoyo en esta tarea y por habernos dado todas las facilidades para llevar a cabo la revisión de los fondos epigráficos conservados en esa institución. Mi gratitud también para D. Alberto del Olmo, conservador del mismo Museo, que nos prestó una ayuda imprescindible durante las jornadas de trabajo en los días finales del mes de febrero de 2020.

Fig. 2: Altar de *Mentoviacus* empotrado en la fachada del antiguo ayuntamiento de Zamora (n.° 1).

El texto está grabado en un altar de granito que ha perdido el coronamiento y que tiene el zócalo repicado para adaptar el monumento como material de construcción. En su estado actual mide (87) × (52) × (?) cm. La altura de las letras oscila entre 6,5 y 7 cm. Las interpunciones tienen formas de trazos rectos en posición oblicua u horizontal pero al final del cuarto renglón hay una de forma triangular y apuntada hacia la derecha. Según Fernández Duro, el altar fue descubierto en 1504 en el derribo de las antiguas Casas Consistoriales[5] y se encuentra empotrado en la fachada del antiguo ayuntamiento de Zamora,[6] donde lo describí el 31 de agosto de 2019.

La buena conservación de las letras podría hacer pensar que estamos ante una copia moderna. Sin embargo, más allá del hecho de que la primera línea está "surcada por una cinceladura moderna", como ya viera Manuel Gómez-Moreno,[7] el examen llevado a cabo a finales del siglo pasado por Eduardo Saavedra Moragas

5 En la publicación (Fernández Duro 1877, 54), que depende de ediciones anteriores, se indica por error el año 1404 en vez de 1504. La corrección de fechas ya fue efectuada por Manuel Gómez-Moreno (1927, 41).

6 Hübner CIL II 2628 (que no la vio) + p. XLV, con la bibliografía anterior; id., EE II, p. 242; Fernández Duro 1877, 55; id. 1882, 144–146; Hübner CIL II 5649 a partir de la revisión realizada por Eduardo Saavedra Moragas; id., EE VIII, p. 407 sobre informe enviado por Manuel Rodríguez de Berlanga (Blázquez 1962, 108, con la revisión posterior de Untermann 1967, 195; ILER 880; Crespo – Alonso 1999, 57–58 n.° 68); Gómez-Moreno 1927, 41–42 n.° 99; Sevillano 1978, 11 n.° 200 con fotografía; Bragado 1991, 196–198 n.° 78 con fotografía en lám. XLII.2; Abásolo 1993, 83 con fotografía; García Rozas – Abásolo 2011, 172–173; 175–176 y fig. 5a con fotografía (AE 2009, 600); Alonso – Crespo 2000, 137 n.° 324; Búa 2000, 429–430; Beltrán 2016, 476 n.° 431 con fotografía. – Cf. López Cuevillas – Pinto 1933/1934, 355; Schulten 1943, 91; Albertos 1975, 58 n.° 66a; ead. 1983, 483; Wiegels 1985, 125; Untermann 1985, 361 n.° 47.1; Albertos 1986, 269; Carbonell et al. 1992, 175; Gimeno 1997, 96–97; 182 n.° 107–109 y 553 sobre la tradición manuscrita anterior a Hübner; Prósper 2002, 338; Olivares 2002, 104–105; Vallejo 2005, 348, con la voz de dativo *Mentiviaco*; Abásolo – García Rozas 2006, 159; 161; Luján 2014, 537–538, que reproduce la lectura *Mentiviaco*; Bernardo 2016, 214; Hernando 2017, 206; 255 y 301, con parte de la traducción manuscrita recogida por Alejandro Panel.

7 Gómez-Moreno 1927, 41–42.

determinó que la pieza había sido regrabada, hasta el punto de que Hübner llegó a defender que "versus primus, evanidus fortasse antiquitus, refictus est aperte a manu imperita (fortasse saeculi XVI exeuntis)".[8] Un ilustre zamorano, Cesáreo Fernández Duro (1830–1908), que tuvo oportunidad de ver la pieza en muchas ocasiones, llegó a escribir que "esta piedra monumental [...] ha sido muchas veces picada y enjabelgada".[9] Parecidas opiniones han sido formuladas en fechas recientes[10] y es fácil advertir que los trazos han sido objeto de un retoque importante, hasta el punto de que la letra R del quinto renglón se aparta de la tipografía latina clásica y que todos los caracteres tienen una profundidad de trazo que desconocemos en la epigrafía sobre granito en esta y en otras regiones de Hispania. Eso no quiere decir que el texto haya sido alterado. El deterioro del final del primer renglón ha dado lugar a todo tipo de propuestas sobre el nombre de la divinidad, desde el *Menium|viaco* que llegó a leerse en el siglo XVI[11] hasta *Menii|viaco*,[12] *Menti|viaco*,[13] *Men[to]|viaco*,[14] etc. Incluso en su última edición, la de Ephemeris Epigraphica VIII, Hübner no llegó a tomar partido por ninguna de las opciones propuestas en la tradición literaria hasta aquel momento, tales como *Menum|viaco*, *Menti|viaco* y *Meno|viaco*. Hoy en día, el descubrimiento de otros tres altares con el teónimo legible ha resuelto todas las dudas y ya sabemos que el dativo del nombre de la divinidad es *Mentoviaco*.

N.° 2 (fig. 3):

> *Meñtoviaco*
> *Carisiụṣ • Fṛ-*
> *oñto • ex̣ voto.*

El altar conserva dos pulvinos y dos fastigios. La base y el coronamiento antiguamente tenían molduras en las cuatro caras, lo que indica que la pieza era exenta; hoy el zócalo está repicado. Sus dimensiones actuales son (69) × 33 × 24 cm. El texto se encuentran en una cartela rebajada que mide 14 × 20 cm y muestra algunos daños en la parte central, lo que dio lugar a algunas interpretaciones inexactas en las primeras ediciones.[15] La altura de las letras oscila entre 3 y 3,5 cm, aunque la letra O rara vez supera los 2 cm. Hay dos interpunciones de forma circular en la segunda y tercera líneas, así como sendos nexos NT en la primera y en la tercera. El monumento fue descubierto en 1953 en el Castro de San-

8 Hübner, EE II, 1875, p. 242 (el mismo texto en CIL II 5649); citado en Búa 2000, 430.
9 Fernández Duro 1877, 55.
10 Búa 2000, 429: "Las letras han sido retocadas"; Beltrán 2016, 431: "probablemente fue retocada [...] las letras parecen haber sido remarcadas con posterioridad".
11 Omito aquí las variantes de lectura de la tradición literaria anterior a Hübner.
12 Sevillano 1978, 11.
13 Hübner en EE II y en CIL II 5649; López Cuevillas – Pinto 1933/1934, 355; Schulten 1943, 91; Gómez-Moreno 1927, 42; Vallejo 2005, 348; Luján 2014, 537.
14 Alonso – Crespo 2000, 137; Bragado 1991, 197.
15 Omito las variantes de interpretación pues hoy no hay problemas de lectura en el texto.

Fig. 3: Altar de *Mentoviacus* de Villalcampo (n.° 2).

Fig. 4: Altar de *Mentoviacus* dedicado por M. Aelius Lupus en Villalcampo (n.° 3).

tiago durante las obras del embalse de Villalcampo. Se conserva en el Museo de Zamora (inv.n.° 309),[16] donde lo describí el 24 de febrero de 2020.

16 Diego 1954, 466–467 n.° 1 y lám. I.1 con fotografía (HAE 886; Blázquez 1962, 107 con fotografía; ILER 879; Crespo 1987, 220 n.° 123; Crespo – Alonso 1999, 57 n.° 67; Solana – Hernández 2000, n.° 232); Diego 1964, 100 y fig. 1 con fotografía (con la lectura correcta que sería recogida en HAE 17–20, 17 ad n.° 886); Velasco 1968, 46; 101; 106 y fig. 59 con fotografía; Sevillano 1978, 8 n.° 139; Bragado 1991, 114–115 n.° 2 con fotografía; García Rozas – Abásolo 2011, 172–176 y fig. 5b–6 con fotografías (AE 2009, 601); Alonso – Crespo 2000, 116 n.° 267; Búa 2000, 429; Abásolo – García Rozas 2006, 159; 161; Beltrán 2016, 411 n.° 371 con fotografía; González Rodríguez 2021, 205 n.° 27. – Cf. Diego 1962, 68; Albertos 1975, 58 n.° 66b; Blázquez 1975, 125; Tranoy 1981, 298; Albertos 1983, 483; Untermann 1985, 361 n.° 47.2; Albertos 1986, 269; Olivares 2001, 65; Prósper 2002, 338; Olivares 2002, 104; Vallejo 2005, 348; Luján 2014, 537; Bernardo 2016, 214.

N.° 3 (fig. 4):

Ḍẹọ M̂e-
ṇṭọṿị
ạc̣ọ Ṃ(arcus)
Ạeliuṣ
Ḷupus ṿ(otum)
s(olvit) • l(ibens) • m(erito).

Se trata de un altar de piedra caliza con zócalo y coronamiento salientes a cuatro caras, parcialmente retallado y fracturado en su perímetro. Sus dimensiones son 77 × 39 × 32 cm. La parte media, que alberga el texto, mide 46 × 30 × 24 cm. Las letras tienen un grabado muy fino y superficial, con una altura que oscila entre los 4,5 y los 5 cm. Hay un nexo ME al final del primer renglón y la letra A carece de travesaño horizontal. La mayor parte de las letras se leen con mucha dificultad. En el último renglón se distinguen interpunciones circulares. El avanzado estado de deterioro de la superficie frontal dificulta de manera importante la lectura. Los dos primeros editores (Diego y Velasco) sólo llegaron a identificar las abreviaturas de la última línea y habría que esperar a 2006 para que Abásolo y García Rozas establecieran la lectura correcta que es la que aquí presentamos.[17] El altar fue descubierto en el mismo lugar que el anterior.[18] Se conserva en el Museo de Zamora (inv.n.° 310),[19] donde lo describí el 26 de febrero de 2020.

N.° 4 (fig. 5):[20]

Deo • Me-
ṇtovi-
ạc̣ọ ṢẸṚ
ẠṬẠỊ[- - -]
a(nimo) • l(aetus) • v(otum) ṣ(olvit)
l(ibens) m(erito).

---

17 No obstante, véase Beltrán 2016, 405, que desarrolla el nombre del dedicante como M. Aelius Cur(undus).

18 Bragado 1991, 169 la hace proceder de Ricobayo pero la documentación del Museo de Zamora no permite apoyar esta propuesta.

19 Diego 1954, 467 n.° 2 (HAE 887; Crespo 1987, 220 n.° 124; Crespo – Alonso 1999, 180 n.° 260; Solana – Hernández 2000, 305 n.° 278 y 307 n.° 290 [HEp 10, 2000, 636]); Velasco 1968, 49; Sevillano 1978, 8 n.° 138; Bragado 1991, 169 n.° 61 con fotografía; Alonso – Crespo 2000, 127 n.° 295; Abásolo – García Rozas 2006, 160–161, con el establecimiento de la lectura correcta; Beltrán 2016, 405–406 n.° 366 con fotografía.

20 Reproduzco la lectura de García Rozas – Abásolo 2011, 175, no aceptada en Nuño – Domínguez 2019, 171, aunque el estado del monumento impide adoptar una solución definitiva.

Fig. 5: Altar de *Mentoviacus* de Muelas del Pan (n.° 4).

Este altar de piedra caliza está partido en dos fragmentos. En la cabecera se picaron los *pulvini* y el *foculus* para adaptar el monumento como sillar de construcción. En la arista izquierda muestra un desgaste que ha hecho desaparecer una parte de la primera letra de todas las líneas. Sus dimensiones totales son (72) × 37 × 34,5 cm. El zócalo y el coronamiento presentan molduras salientes a los cuatro lados, lo que indica que la pieza estuvo originalmente en posición exenta y no apoyada en una pared. La parte media, que alberga el texto, mide 43,5 × 26 × 22 cm. La altura de las letras oscila entre los 4,5 y los 5 cm. Llama la atención la presencia en el primer renglón de una E cursiva de doble hasta vertical (DIIO) y de una E mayúscula convencional (ME). El texto de las líneas centrales no se puede leer con claridad. Parecen verse algunas interpunciones circulares, aunque los daños de la superficie impiden reconocerlas en su totalidad. Fue descubierto en 1993 en las excavaciones de la antigua muralla en Muelas del Pan (Zamora). Se conserva en el Museo de Zamora (inv.n.° 93/25/D-2/73),[21] donde lo describí el 27 de febrero de 2020.

El mayor interés del culto a *Mentoviacus* radica en la concentración de los testimonios en un área geográfica reducida. Dos de los epígrafes (n.° 2–3) proceden del extremo meridional de la tierra de los Astures, integrado en época romana en el *conventus Asturum* (fig. 1). Los otros dos (n.° 1 y 4) fueron descubiertos en el extremo occidental del *conventus Cluniensis*, en una zona que en época prerromana formó parte del extremo occidental de las tierras de los Vacceos. En todo caso, las distancias entre unas evidencias y otras son mínimas, pues la línea recta entre Zamora y Muelas del Pan no alcanza los 20 km y entre esa segunda localidad y Villalcampo sólo hay 9 km. ¿Divinidad astur o divinidad vaccea? La pregunta no tiene una respuesta fácil pero hay que recordar que dos de las evidencias fueron descubiertas en el Castro de Santiago de Villalcampo, un emplazamiento colgado

21 García Rozas – Abásolo 2011, 172; 175–177 y fig. 8–9 con fotografías (AE 2009, 602; HEp 20, 2011, 560); Abásolo – García Rozas 2006, 161 y lám. V.1 con fotografía (Beltrán – Alonso 2010, 178); Nuño – Domínguez 2019, 169–172 con fotografías.

sobre una hoz del río Duero en tierra de Astures, por lo que los ejemplos de Muelas del Pan y la ciudad de Zamora podrían corresponder a emigrantes desplazados a una corta distancia en el mismo valle del Duero. En todo caso, los nombres de los dedicantes de los tres primeros altares, M. Atilius Silo, M. Aelius Lupus y el Carisius Fronto que conocemos como P. Carisius Fronto en otra inscripción de la misma procedencia,[22] nos ponen ante tres ciudadanos romanos de pleno derecho en una época avanzada del dominio romano en la región, muy lejos del horizonte prerromano en que este teónimo pudo extenderse.

Dado que, como ya notara Untermann,[23] algunas menciones de esta divinidad aparecen escritas con un nombre latino (*deus*) y un apelativo indígena (*Mentoviacus*), se ha considerado que la voz *Mentoviacus* es un epíteto en forma adjetival[24] derivado de un antiguo topónimo **Mentowyo-* o **Mentowyā* relacionado con la comarca de Trives (Ourense)[25] y en todo caso de origen geográfico, aunque "is also used, with *breviloquentia*, as secondary theonym".[26] En ese contexto, se ha escrito que "Mentoviaco (dat.) não é um teónimo, mas o apelativo de uma divindade cujo nome se desconhece".[27] No obstante, pese a esas opiniones, una reciente revisión ha demostrado que nombres personales como *Mentinus* y *Mentina* son frecuentes en zonas próximas al sur del Duero respecto a la zona de hallazgos de la divinidad,[28] y se ha llegado a proponer que la existencia de una *cognatio Mentovieq(um)* permita defender que *Mentoviacus* fuera la "divinidad protectora del grupo familiar de los *Mentovieci*".[29] Tales propuestas, del lado de la geografía o del lado de la antroponimia, permiten superar la antigua idea de vincular *Mentoviacus* a la protección de los caminos.[30]

Ahora bien, sin querer entrar en discusiones propias de los lingüistas, y pese a la forma 'adjetival' de *Mentoviacus*, hay que recordar que el uso de *deus/dea* antepuesto o pospuesto a un teónimo es frecuente en la epigrafía romana[31] y que cuando leemos *Neptuno deo* (CIL II 2777), *Deo Serapidi* (AE 1968, 232), *Silvano deo* (CIL II²/13, 226), *Deo Tutel(ae)* (CIL II 3021) o *Deo Vagodonnaego* (CIL II 2636), no damos por hecho que *Neptunus*, *Serapis*, *Silvanus*, *Tutela* o *Vagodonnaegus* sean epítetos de una divinidad de nombre desconocido.

Quizá simplemente haya que considerar que algunos teónimos de la Hispania prerromana tienen forma adjetival pero que no son epítetos.

---

22 HAE 897.
23 Untermann 1985, 361.
24 Abásolo – García Rozas 2006, 161.
25 Prósper 2002, 338.
26 Bernardo 2016, 214.
27 Redentor 2006, 262.
28 Luján 2014, 538 a partir de los datos de Vallejo 2005, 348.
29 Luján 2014, 537–538.
30 Blázquez 1962, 107 (seguido en Bragado 1991, 198), criticado en Abásolo – García Rozas 2006, 161.
31 Salinas de Frías 1995, 129–146.

Bibliografía citada

Abásolo, J. A., Inscripción votiva dedicada al dios Mentoviaco, in: Civitas (Catálogo de la exposición), Zamora 1993, 83.

Abásolo, J. A. – García Rozas, R., La romanización de la provincia de Zamora a la luz de sus hallazgos materiales, in: Segundo Congreso de Historia de Zamora. Actas, vol. I, Zamora 2006, 143–168.

Albertos, M.ª L., Organizaciones suprafamiliares en la Hispania antigua, BSEAA 40–41, 1975, 5–66.

Albertos, M.ª L., Apéndice III. Teónimos hispanos, in: Blázquez, J. M.ª, Primitivas religiones ibéricas II. Religiones prerromanas, Madrid 1983, 477–488.

Albertos, M.ª L., Appendix: Spanische Götternamen nach M. L. Albertos Firmat, in: Blázquez, J. M.ª, Einheimische Religionen Hispaniens in der römischen Kaiserzeit, ANRW II 18.1, 1986, 262–273.

Alonso Ávila, A. – Crespo Ortiz de Zárate, S., Corpus de inscripciones romanas de la provincia de Zamora. Fuentes epigráficas para la historia social de Hispania romana, Valladolid 2000.

Beltrán Ortega, A., Epigrafía y territorio: las civitates de la Asturia meridional y la Lusitania nororiental (Diss. Universidad Complutense), Madrid 2016.

Beltrán Ortega, A. – Alonso Burgos, F., El contexto epigráfico de Pino del Oro, Zamora: escritura, símbolo y poder en el área transmontano-zamorano occidental, in: Sastre, I. – Beltrán, A. (eds.), El bronce de El Picón (Pino del Oro). Procesos de cambio en el occidente de Hispania, Valladolid 2010, 173–200.

Bernardo Stempel, P. de, Celto-Roman and Other Divine Names Found in NW Spain, in: Matijevic, K. (ed.), Kelto-römische Gottheiten und ihre Verehrer. Akten des 14. F.E.R.C.A.N.-Workshops, Trier 12.–14. Oktober 2015 (Pharos 39), Rahden/Westf. 2016, 189–228.

Blázquez, J. M.ª, Religiones primitivas de Hispania I. Fuentes literarias y epigráficas (Biblioteca de la Escuela Española de Historia y Arqueología en Roma 14), Madrid 1962.

Blázquez, J. M.ª, Diccionario de las religiones prerromanas de Hispania, Madrid 1975.

Bragado Toranzo, J. M.ª, Fuentes literarias y epigráficas de la provincia de Zamora y su relación con las vías romanas de la cuenca del Duero (Diss. Universidad de León), León 1991.

Búa Carballo, J. C., Estudio lingüístico de la teonimia lusitano-gallega (Diss. Universidad de Salamanca), Salamanca 2000.

Crespo Ortiz de Zárate, S., Fuentes epigráficas para el estudio de las formas religiosas en el conventus Cluniensis durante la época romana, in: Bádenas de la Peña, P., et al. (eds.), Athlon. Satura grammatica in honorem Francisci R. Adrados, vol. II, Madrid 1987, 191–224.

Crespo Ortiz de Zárate, S. – Alonso Ávila, A., Las manifestaciones religiosas del mundo antiguo en Hispania romana: el territorio de Castilla y León, vol. I: Las fuentes epigráficas, Valladolid 1999.

Diego Santos, F., Las nuevas estelas astures. Importantes datos del ángulo sureste augustano para la onomástica indígena, Boletín del Instituto de Estudios Asturianos VIII 23, 1954, 461–492.

Diego Santos, F., Los nombres personales en la epigrafía romana de Asturias, Archivum 12, 1962, 63–68.

Diego Santos, F., Notas de epigrafía romana, Boletín del Instituto de Estudios Asturianos 51, 1964, 98–101.

Fernández Duro, C., El consistorio de Zamora, La Ilustración Española y Americana 21.3, 22 de enero de 1877, 54–55.

Fernández Duro, C., Memorias históricas de la ciudad de Zamora, su provincia y obispado, vol. I, Madrid 1882.

Carbonell, J. – Gimeno, H. – Vargas, G., Las inscripciones de los Adversaria de Antonio Agustín del ms. 5781 (= Q 87) de la Biblioteca Nacional de Madrid, Epigraphica 54, 1992, 167–190.

García Rozas, R. – Abásolo, J. A., Algunas aportaciones al conocimiento del panteón indígena en el occidente peninsular, in: Cardim Ribeiro, J. (ed.), Diis – Deabusque. Actas do II Colóquio Internacional de Epigrafia "Culto e Sociedade". Sintra, 16.–18.03.1995, São Miguel de Odrinhas 2011, 165–180.

Gimeno Pascual, H., Historia de la investigación epigráfica en España en los ss. XVI y XVII a la luz del recuperado manuscrito del Conde de Guimerá, Zaragoza 1997.

Gimeno Pascual, H., Alfonso Chacón: manuscritos y epigrafía hispana, in: Baratta, G., et al. (eds.), Cultura epigráfica e cultura literaria. Estudios en homenaje a Marc Mayer i Olivé (Epigrafia e Antichità 44), Faenza 2019, 223–245.

Gómez-Moreno, M., Catálogo monumental de España: inventario general de los monumentos históricos y artísticos de la nación, vol. V: Provincia de Zamora (1903–1905), Madrid 1927.

González Rodríguez, M.ª C, Nombres de divinidades locales en el noroeste español: revisitando a M.ª Lourdes Albertos, Veleia 38, 2021, 183–238.

Hernando Sobrino, M.ª R., Manuscritos de contenido epigráfico de la Biblioteca Nacional de Madrid (siglos XVI–XX). La transmisión de las inscripciones de la Hispania romana y visigoda, Madrid 2009.

Hernando Sobrino, M.ª R., Alejandro Javier Panel (1699–1764) y la epigrafía hispana. Un jesuita francés en el "infierno abreviado" (Ausonius Éditions 11), Bordeaux 2017.

López Cuevillas, F. – Pinto, R. de Serpa, Estudos sobre a Edade do Ferro no NW peninsular. A Relixión, Arquivos do Seminario de Estudos Galegos 6, 1933/1934, 295–367.

Luján Martínez, E. R., Nombres de unidades familiares indígenas y nombres de divinidad en inscripciones latinas del Occidente hispano, in: Banos Banos, J. M., et al. (eds.), Philologia, Universitas, Vita. Trabajos en honor de Tomás González Rolán, Madrid 2014, 533–542.

Nuño González, J. – Domínguez Bolaños, A., Lapidario romano procedente de "El Cristo de San Esteban", Muelas del Pan (Zamora). Retazos de un mundo en 179 fragmentos, Zamora 2019.

Olivares Pedreño, J. C., Teónimos y pueblos indígenas hispanos: los Vettones, Iberia 4, 2001, 57–69.
Olivares Pedreño, J. C., Los dioses de la Hispania céltica (Bibliotheca Archaeologica Hispana 15), Madrid 2002.
Prósper, B. M.ª, Lenguas y religiones prerromanas del occidente de la península Ibérica (Acta Salmanticensia 295), Salamanca 2002.
Redentor, A., Manifestações religiosas e onomástica na civitas Zoelarum, Conimbriga 45, 2006, 253–274.
Salinas de Frías, M., Los teónimos indígenas con la mención *Deus,-a* en la epigrafía hispana, Conimbriga 34, 1995, 129–146.
Sevillano Carbajal, V., Testimonio arqueológico de la provincia de Zamora, Zamora 1978.
Schulten, A., Los cántabros y astures y su guerra con Roma, Madrid 1943.
Solana Sáinz, J. M.ª – Hernández Guerra, L., Religión y sociedad en época romana en la Meseta Septentrional (Historia y Sociedad 82), Valladolid 2000.
Tranoy, A., La Galice romaine. Recherches sur le nord-ouest de la péninsule ibérique dans l'Antiquité (Collection de la Maison des Pays Ibériques 7), Paris 1981.
Untermann, J., Rec. de la obra de Blázquez 1962, BN 2, 1967, 192–198.
Untermann, J., Los teónimos de la región lusitano-gallega como fuente de las lenguas indígenas, in: Hoz Bravo, J. de (ed.), Actas del III Coloquio sobre Lenguas y Culturas paleohispánicas. Lisboa, 5–8 noviembre 1980 (Acta Salmanticensia 162), Salamanca 1985, 343–363.
Vallejo Ruiz, J. M.ª, Antroponimia indígena de la Lusitania Romana (Anejos de Veleia, Series Minor 23), Vitoria Gasteiz 2005.
Velasco Rodríguez, V., Catálogo – inventario del Museo Provincial de Bellas Artes de Zamora, Zamora ²1968.
Vives, J., Inscripciones latinas de la España romana (ILER). Antología de 6.800 textos, vol. I–II, Barcelona 1971/1972.
Wiegels, R., Die Tribusinschriften des römischen Hispanien. Ein Katalog (Madrider Forschungen 13), Berlin 1985.

Créditos de las ilustraciones

Fig. 1–5:

Arelate metropolis: Zu einem bekannten Problem der Geschichte Galliens im frühen fünften Jahrhundert

Bruno Bleckmann

Die spätantike Kirchengeschichte kennt zahlreiche Beispiele für erbittert ausgetragene Rangstreitigkeiten unter Bischöfen, die auch durch die Etablierung der fünf Patriarchate nicht beendet waren. In der südgallischen Kirche herrschte lange und bis weit ins Mittelalter hinein eine Rivalität zwischen den Sitzen von Vienne und von Arles. Der früheste Beleg für diese Rivalität ist im 2. Kanon des in das ausgehende vierte oder frühe fünfte Jahrhundert zu datierenden Konzils von Turin zu finden:[1]

> *Illud deinde inter episcopos urbium Arelatensis et Viennensis qui de primatus apud nos honore certabant, a sancto synodo definitum est ut qui ex his approbaverit suam civitatem esse metropolim, is totius provinciae honorem primatus obtineat, et ipse iuxta canonum praeceptum ordinationum habeat potestatem. Certe ad pacis vinculum conservandum hoc consilio utiliore decretum est, ut, si placet memoratarum urbium episcopis, unaquaeque de his viciniores sibi intra provinciam vindicet civitates, atque eas ecclesias visitet quas oppidis suis proximas magis esse constiterit, ita ut memores unanimitatis atque concordiae, non alter alterum longius sibi usurpando quod est alii proprium inquietet.*

> „Bezüglich des Streits der Bischöfe von Arles und Vienne, die vor uns über den Primat wetteiferten, ist von der heiligen Synode festgelegt worden, dass der von diesen, der beweisen kann, dass seine Stadt Metropole ist, dass dieser die Ehre des Primats der ganzen Provinz innehaben soll und er selbst gemäß der Vorschrift der kanonischen Regeln die Gewalt habe, die Weihen vorzunehmen. Um aber das Band des Friedens zu wahren, ist durch nützlicheren Ratschluss Folgendes festgelegt worden, dass, wenn es den Bischöfen der besagten Städte gefällt, ein jeder unter diesen die ihnen jeweils näheren Städte innerhalb der Provinzen in Anspruch nimmt und dass er diese Kirchen besucht, welche seinem eigenen Sitz jeweils nachweislich am nächsten sind, so dass, eingedenk der Einmütigkeit und

1 Conc. Taur. a. 398, 2; Munier 1963, 52–58. S. die Paraphrase bei Limmer 2004, 89–91.

der Eintracht, nicht der eine den anderen länger beunruhigt, indem er für sich in Anspruch nimmt, was dem anderen zueigen ist."[2]

Ausgegangen wird im Kanon von einer Situation, in der bezüglich von Vienne und Arles anscheinend Unklarheiten und ein nicht lösbares Patt bestehen bzw. von beiden Seiten gute Gründe geltend gemacht werden können, den Rang eines kirchlichen Metropoliten der Viennensis zu beanspruchen. Als Kompromiss wird anschließend eine Aufteilung der Kirchenprovinz zwischen den Kontrahenten vereinbart. Damit scheinen beide erst einmal einverstanden gewesen zu sein, bevor Arles in der Zeit des Papstes Zosimus erneut offensiv seinen Metropolitananspruch verteidigte und darin vom Papst, der zunächst das Konzil von Turin ignorierte, danach heftig attackierte, leidenschaftlich unterstützt wurde.[3]

In der abundanten Sekundärliteratur zum Konzil von Turin wird die Rivalität zwischen Vienne und Arles folgendermaßen erklärt. Vienne war zwar der traditionelle Sitz des Statthalters der Viennensis und damit auch gemäß der im 4. und 6. Kanon von Nicaea festgelegten Metropolitanordnung auch „Sitz des Metropoliten".[4] Arles hatte aber durch Veränderungen in der administrativen Struktur des weströmischen Reiches zu irgendeinem Zeitpunkt im ausgehenden vierten oder beginnenden fünften Jahrhundert einen höheren Rang erhalten, den es auch in kirchlicher Hinsicht gegen Vienne zur Geltung bringen wollte. Erklärt wird dieser höhere Rang mit der Verlegung des Sitzes der Prätorianerpräfektur von Trier nach Arles, die durch die germanische Bedrohung notwendig wurde und spätestens 407 vollzogen war.[5] Die Diskussion in der Forschungsliteratur zielte darauf, den genauen Zeitpunkt der Verlegung festzulegen bzw. den Terminus post quem dieser Verlegung, nämlich den im 2. Kanon des Konzils von Turin dokumentierten Ausbruch des Kampfes um die Metropolitenwürde der Viennensis, zu eruieren. Damit wird die Frage der Datierung des Turiner Konzils auch für den allgemeinen Historiker,

---

2 Zur Übersetzung s. Gaudemet 1977, 141: „Ensuite, entre les évêques des villes d'Arles et de Vienne qui se disputaient devant nous la dignité de primat, le saint concile a décidé que celui d'entre eux qui prouvera que sa cité est métropole possède la dignité de primat de la province tout entire et qu'il ait, conformément aux prescriptions canoniques, le pouvoir de procédér aux ordinations. Cependant, en vue de conserver le lien de la paix, il a été décidé, par une résolution plus opportune que si cela agrée aux évêques desdites villes, chacun s'attribue dans la province les cités les plus proches et qu'il visite les église qui paraîtront les plus voisines, de telle façon que, gardant en mémoire l'unité et la concorde, l'un ne gêne pals l'autre plus longtemps en empiétant à son profit sur ce qui appartient à l'autre." Im letzten *ut*-Satz gibt es einen in der Übersetzung nicht wiedergegebenen Wechsel von der Metropolis-Stadt (*unaquaeque*) zum Bischof.

3 Zur Arles-Korrespondenz des Zosimus vgl. Marcos 2013; Dunn 2015.

4 Pangerl 2011, 3: „An der Spitze eines jeden Provinzialverbandes stand der Bischof mit dem Sitz in der Provinzialhauptstadt, der μητρόπολις." Weitere Rechte des Metropoliten wurden im Konzil von Antiocheia 341 definiert, s. mit älterer Literatur Pangerl 2011, 3–5. Vgl. Sidon. epist. 4, 25: (Patiens, Bischof von Lyon): *Caput est civitati nostrae per sacerdotium, provinciae vero per civitatem*. Vgl. epist. 7, 5 (Bischof von Sens ist *Senoniae caput.)* S. zu diesen Stellen Griffe 1966, 140.

5 S. dazu unten S. 497, Anm. 7 (Literatur).

der die Geschichte des Zerfalls des weströmischen Reiches beschreiben möchte, durchaus relevant.

Das Konzil gehört nach der Überzeugung einer Fraktion der Forschenden in die ausgehenden 90er Jahre des vierten Jahrhunderts.[6] Nach der Überzeugung anderer gibt es dagegen zwei Konzilien in Turin, von denen das erste in das beginnende fünfte Jahrhundert, das zweite (nämlich das auch durch die Akten dokumentierte Konzil) in die Zeit des Papstes Zosimus (417–418) gehören soll, der dann in seiner Korrespondenz auf dieses Konzil reagierte.[7] Die lange Forschungsgeschichte hat Ralph W. Mathisen vor einiger Zeit erneut gemustert[8] und die Datierung des (einzigen!) Konzils von Turin auf 397 oder 398 bekräftigt.[9] Es zeichnet sich ab, dass sich diese frühe Datierung aus guten Gründen allgemein durchsetzen wird.[10]

Zieht man die Datierung auf 397/398 vor, gibt es, was die Verlegung der Prätorianerpräfektur betrifft, allerdings ein grundsätzliches Problem, das man bei der Spätdatierung 417 nicht hat. Sicher ist, dass der Prätorianerpräfekt in dieser Zeit in Arles und nicht mehr in Trier agierte, und zwar vermutlich nicht erst ab dem Terminus post quem 418, sondern bereits unmittelbar vor der Übernahme Galliens durch den Usurpator Constantinus III.[11] Für die Zeit vor 398 gibt es dagegen, außerhalb der möglichen Interpretation des 2. Kanons des Konzils von Turin, keine belastungsfähigen Hinweise auf die Verlegung des Sitzes des Prätorianerpräfekten. Vielmehr ist kaum zu erkennen, warum Stilicho, dem die Verteidigung der Rheingrenze weiterhin ein Anliegen war, vor 398 bereits Trier geräumt haben soll. Mathisen meint, dass die Verlegung des Sitzes der Prätorianerpräfektur von Trier nach Arles dazu passe, dass vor 402, dem Todesjahr des Symmachus, die Spitze der gallischen Administration Trier verlassen habe.[12] Dieser Bewegung entspreche der Befund, dass die aus Trier stammenden Brüder Minervius, Florentinus und Protadius in auffälliger Weise nach Italien wechselten und dort hohe Ämter bekleideten. Der Fall der Brüder kann aber ausreichend damit erklärt werden, dass es in den späten 390er Jahren, nach dem Tod Valentinians II., keinen in Gallien residierenden Kaiser mehr gab und dass daher auch Mitglieder der gallischen Elite für die eigenen Karrierechancen selbstverständlich nach Italien gehen mussten. Zwischen seiner Reise nach Mailand 395 und einer

---

6 Duchesne 1905 (um 400); Palanque 1935.

7 Chastagnol 1973. Vgl. Babut 1904; Babut 1905; Chastagnol 1992; Kulikowski 1996, 161–162. Vgl. dagegen die Argumentation von Griffe 1973; Mathisen 2013, 277–280. Gegen die Interpretation des Schreibens des Zosimus *Multa contra* durch Chastagnol 1992 s. Bleckmann 2003, 164–165. Die polemischen Äußerungen des Zosimus sind auch erklärbar, wenn er jüngst von einem schon lange zurückliegenden Konzil von Turin erfahren hat. Sie belegen auf keinen Fall, dass er sich auf ein gerade abgehaltenes Konzil bezieht.

8 Mathisen 2013.

9 Es handelt sich um den bereits von Palanque 1934 und Palanque 1935 vertretenen Ansatz. Zur Forschungsgeschichte s. Limmer 2004, 87–88. S. unter anderem Lumpe 1972; Bleckmann 2003.

10 Marcos 2013, der die Frage für unentschieden hält, kannte noch nicht die Argumentation von Mathisen 2013.

11 Belegt durch das Schreiben des Honorius von 418: epist. Arel. 8, p. 13–15 [Gundlach].

12 Mathisen 2013, 286–287.

weiteren Reise eben dorthin im Jahre 400 sowie seiner Erhebung zum *praefectus urbi* 401 ist Protadius nach Gallien zurückgekehrt und reiste zwischen Trier, wo er (nach 395) nicht definierbare Amtsaufgaben wahrnahm, und Südgallien.[13]

Die Lösung des Problems hat bereits Duchesne angedeutet. Man müsse sich von der Vorstellung lösen, dass es überall eine enge Entsprechung zwischen den „provinces administratives de l'Occident et les ressorts des métropoles ecclésiastiques" gibt.[14] Die Alte Kirche kenne zahlreiche Ausnahmen von den in Nicaea festgelegten *canones*, etwa in Ägypten, das in der Spätantike mehrere Provinzmetropolen, aber nur eine kirchliche Metropole (Alexandreia) hatte.[15]

Auch einige bekannte Fälle, in denen in einer Provinz neben der Hauptstadt eine weitere wichtige Stadt existierte, zeigen, dass in diesen Fällen der Bischof der Provinzhauptstadt keineswegs seine Metropolitanrechte durchsetzen konnte. Oft wird aufgrund einiger Angaben in byzantinischen Quellen angenommen, in der thrakischen Kleinprovinz Europa, zu der Konstantinopel gehörte, habe Herakleia-Perinthos eine Zeitlang gegenüber Byzanz/Konstantinopel den kirchlichen Vorrang einer Metropole innegehabt. Es handelt sich aber um rückblickende Konstruktionen, die das Verhältnis zwischen Konstantinopel und Herakleia in der Zeit zwischen 330 und dem Konzil von Konstantinopel 381 kaum richtig beschreiben und insbesondere ignorieren, dass die Kaiserresidenz von Anfang an sowohl in kirchlicher als auch in politischer Hinsicht einen Ausnahmefall darstellte.[16]

Gerade der Fall Konstantinopel macht deutlich, dass eine schematische Durchsetzung des Prinzips, dass die Provinzhauptstadt auch der Vorort einer Kirchenprovinz sein musste, dort, wo in dieser Provinz eine bedeutendere Stadt existierte, kaum erfolgt sein kann. Jerusalem konnte aufgrund seiner kirchlich-theologischen Bedeutung von Anfang an eine Unterordnung unter den Metropoliten der zu dieser Zeit politisch und demographisch weit wichtigeren Provinzhauptstadt Caesarea nicht akzeptieren. Bereits im Konzil von Nicaea war zwar einerseits der Vorrang des Metropoliten von Caesarea bestätigt, andererseits aber der hohe Ehrenrang von Jerusalem betont worden.[17] Im zähen Kampf gelang es Jerusalem den immer behaupteten Vorrang durchzusetzen und ab 451 zu einem der fünf Patriarchate zu avancieren. Schon vor Kyrill (ca. 350–387), der offen den ersten Platz in Palästina beanspruchte, hatte Bischof Makarios Metropolitanrechte in Anspruch genommen und den Bischof von Diospolis-Lydda geweiht, und sein Nachfolger auf dem Stuhl von Jerusalem, Maximos, hatte, ebenfalls das Recht des Metropoliten in Anspruch nehmend, eine Synode von Bischöfen aus Syrien und Palästina einberufen.[18]

---

13 Symm. epist. 4, 30, 1: *tu non iisdem sedibus immoraris, dum aut Treviros civica religione aut Quinque Provincias otii voluntate commutas*. Callu 1982 datiert den Brief 395/396.

14 Duchesne 1905, 289.

15 Duchesne 1905, 289–290.

16 Mit der angeblichen anfänglichen Unterordnung von Konstantinopel erklärte die byzantinische Kanonistik den Umstand, dass der Bischof von Herakleia den Patriarchen weihte. Vgl. hierzu Dagron 1984, 419 Anm. 1.

17 Drijvers 2004, 35–36.

18 Drijvers 2004, 36–38.

Im Westen war man von der schematischen Durchsetzung der in Nicaea vorgesehenen Metropolitanstruktur besonders weit entfernt. Auf den Ausnahmeumstand, dass in der Baetica zwar Cordoba die zivile Hauptstadt, Sevilla dagegen die kirchliche Metropole war, hat bereits Duchesne verwiesen.[19] In Südgallien fallen, was die vermeintliche Identität von Provinzialhauptstädten mit kirchlichen Metropolitansitzen betrifft, neben dem Sonderfall Arles und Vienne mehrere Besonderheiten auf. Die Provinz Alpes Maritimae hatte gar keinen Metropolitanbischof, sondern war der Narbonensis secunda angeschlossen, während die Provinz Alpes Graiae et Poeninae der Kirchenprovinz von Vienne zugeschlagen wurde.[20] Der Bischof von Marseille war, obwohl diese Stadt selbst der Provinz Viennensis angehörte, aus historischen Gründen noch eine Zeitlang Metropolit der neugeschaffenen Narbonensis secunda.[21] Die Angleichung der kirchlichen Verhältnisse an die durchaus wechselnden administrativen Strukturen erfolgte somit verzögert oder überhaupt nicht.

Im Falle der Konkurrenz zwischen Arles und Vienne, die beide der langgestreckten vom Genfer See bis zum Mittelmeer reichenden Provinz Viennensis angehörten, hatte Arles schon seit jeher eine außerordentliche überregionale Bedeutung als Hafen, Handelszentrum, bevölkerungsreichste Stadt und auch vorübergehende Kaiserresidenz mit dem dynastischen Namen Constantina.[22] Vienne wiederum war nicht nur Statthaltersitz der Viennensis,[23] sondern hatte durchaus ebenfalls überregionale Bedeutung durch die Funktion einer Kaiserresidenz. In Vienne verbrachte Kaiser Julian den Winter 360/361, wo er demonstrativ einen Gottesdienst besuchte. Vor allem aber war Vienne die Residenz Valentinians II. gewesen und hatte als Aufenthaltsort des Heermeisters Arbogast gedient.

Wäre das Konzil von Turin von einer eindeutigen Definition einer Metropole als den Sitz eines Statthalters ausgegangen, hätte es kaum bestimmen können, dass „derjenige, der beweisen kann, dass seine Stadt die Metropolis ist, den Primat der Gesamtprovinz innehaben soll" (*ut qui ex his approbaverit suam civitatem esse metropolim, is totius provinciae honorem primatus obtineat*). Es ging vielmehr, wie bereits hervorgehoben worden ist, von einer Situation aus, in der beide Städte Anspruch auf einen kirchlichen Metropolitanrang und den Primat in der Provinz erheben konnten.

19 Duchesne 1905, 289.

20 Griffe 1966, 137; Février 1986.

21 Griffe 1966, 137.

22 Zur überregionalen Bedeutung von Arles in der Spätantike vgl. Février 1978; Loseby 1996. Zusammenstellung der bekannten Passagen bei Bleckmann 2003. Honorius hat diese Vorzüge in seinem Schreiben vom 7. April 418 aufgezählt, vgl. epist. Arel. 8, p. 13–15 [Gundlach].

23 Zu den Schwierigkeiten, die Statthaltersitze in den spätantiken Kleinprovinzen zu bestimmen, vgl. Haensch 2021, 27–28. Für Vienne als Hauptstadt der Viennensis s. allerdings CIL XII 1852 mit Pelletier 1967, 491–498, ferner AE 1953, 200. Von späteren kirchlichen Verhältnissen ist möglicherweise die Notitia Galliarum (11, 3) beeinflusst, die eindeutig Vienne als Metropole der Viennensis benennt. Zu Vienne als Provinzhauptstadt s. auch Brühl 1975, 223–224.

Diese Besonderheit findet m.E. seine Erklärung darin, dass der Metropolitananspruch von Arles nicht nur durch die Größe und Bedeutung der Stadt begründet war,[24] sondern dass diese Bedeutung von kaiserlicher Seite ausdrücklich durch die Verleihung des weltlichen Metropolitanrangs bestätigt wurde. Aus diesem Grunde konnten deutlicher Ansprüche auf den kirchlichen Metropolitanrang für die Viennensis geltend gemacht werden. Rudolf Haensch hat darauf hingewiesen, dass die landläufig vorgenommene Identifizierung von Metropolis und Provinzhauptstadt keineswegs selbstverständlich ist.[25] Das lag bisweilen an der Tradition,[26] meist aber daran, dass die Kaiser den Titel Metropolis als Ehrentitel verleihen konnten. So erhielt beispielsweise Pergamon den Titel einer Metropole, konkurrierend zu Ephesos, das gleichwohl einen Ehrenvorrang behalten sollte.[27] Auch noch in spätantiker Zeit gab es Fälle von Provinzen, in denen neben der Provinzhauptstadt eine zweite Metropole existierte. So erhob Theodosius II. *propter multas iustasque causas* (also aus ähnlichen Gründen, wie sie beispielsweise für Arles hervorgehoben werden konnten) Berytos zur Metropole der Provinz Phoenice, beteuerte aber dabei, dass die alte Metropole Tyros nichts von ihren Vorrechten verlieren und den Metropolitanrang behalten sollte.[28] In der Provinz Cappadocia secunda erhielt Mokissos ebenfalls durch die Entscheidung Justinians den Rang einer Metropole, wobei unklar ist, welche Stellung der bisherige Statthaltersitz Tyana nach dieser Erhebung hatte.[29] In der Darstellung Prokops wird die Definition einer Metropole jedenfalls nicht davon abhängig gemacht, „dass dort ein Statthalter residierte.“[30]

Als im vierten Jahrhundert wiederholt Kaiser im südgallischen Raum residierten, nahmen sie direkt Einfluss auf die Förderung des Städtewesens – so erhielt Cularo den dynastischen Beinamen Gratianopolis. Am Ende dieser Zeit dürfte auch Arles durch

---

24 Palanque 1935, 488 wendet gegen Duchesne 1905, 289, der die allgemeine Bedeutung von Arles hervorhebt, ein: „L'argument est peu solide, car le débat a porté entre les deux cités uniquement sur la qualité de ‚métropole' c'est-à-dire de chef-lieu administratif. Ce n'est pas la beauté de ses monuments, l'activité de son port ou le prestige des résidences constantiniennes qui ont pu fonder les prétentions épiscopales.“ Im Prinzip sind die Bemerkungen von Palanque zutreffend, aber die Gleichsetzung von „métropole“ und „chef-lieu administratif“ ist eben nicht so evident.

25 Haensch 1997, 24–26. S. im Index Stichwort *metropolis.* Hinweis auf die Argumente von Haensch bereits bei Bleckmann 2003, 168–169.

26 Nikaia und Nikomedeia in der Provinz Bithynien, vgl. Amm. 26, 1, 3 und 17, 7, 1. S. hierzu auch Haensch 1997, 26.

27 Vgl. hierzu Berghammer 2022, 155–156. Den Titel trug Pergamon seit hadrianischer Zeit vgl. Zimmermann 2011, 63. Pergamon war nie Amtssitz des Proconsuls von Asia, vgl. Haensch 1997, 304–305.

28 Cod. Iust. 11, 22, 1: *propter multas iustasque causas metropolitano nomine ac dignitate Berytum decernimus exornandam iam suis virtutibus coronatam, igitur haec quoque metropolitanam habeat dignitatem, Tyro nihil de iure suo derogatur. Sit illa mater provinciae maiorum nostrorum beneficio, haec nostro, et utraque dignitate simili perfruatur.*

29 Prok. aed. 5, 4, 17.

30 Haensch 1997, 25. Haensch verweist auch auf Prok. aed. 6, 6, 1 (Hadrumetum). Hadrumetum war Provinzhauptstadt und Statthaltersitz der Byzacena. Trotzdem erklärt Prokop den Metropolis-Rangs nur mit der allgemeinen Bedeutung der Stadt, nicht mit dem Statthaltersitz.

kaiserliches Privileg den Status einer Metropole erhalten haben. Das geht m.E. aus der Petition hervor, die die Bischöfe von Gallien im April 450 an Papst Leo richteten. Dort verweisen diese ausdrücklich darauf, dass sie wörtlich aus früheren Dokumenten zitieren, in denen die Kaiser Valentinian und Honorius die Stadt durch Privilegien auszeichneten: *Hanc clementissimae recordationis Valentinianus et Honorius fidelissimi principes specialibus privilegiis et, ut verbo ipsorum utamur, matrem omnium Galliarum appellando decorarunt.*[31] Da der 392 verstorbene Valentinian II. und der 393 zum Mitregenten seines Vaters erhobene Honorius zu keinem Zeitpunkt in einem gemeinsamen Herrschaftskollegium regierten, wird hier offenkundig auf zwei hintereinander getroffene Verfügungen angespielt.[32] Es ist vorstellbar, dass Honorius sehr bald nach der Übernahme der Regierung im Westen (ab 395) eine Maßnahme seines Stiefonkels und Vorgängers Valentinians II. bestätigte. Denkbar ist auch, dass die Erwähnung des Honorius sich auf die Konstitution vom 17. April 418 bezieht, in der Honorius festgelegt hatte, dass sich in Zukunft der Landtag der südgallischen Diözese in der *metropolitana urbs* Arelate treffen sollte.[33] Arles wurde in dieser Konstitution nicht als Vorort der Provinz Viennensis, sondern als derjenige der südgallischen Diözese verstanden. Dass die Konstitution von 418 nach der Rückeroberung Südgalliens lediglich eine schon vor der Usurpation Constantins III. (407–411) getroffene Regelung erneuerte, geht aus dem Text selbst hervor: Der (von 405 bis 407 amtierende) Prätorianerpräfekt Galliens Petronius habe die Regelungen zur Diözesanversammlung in Aachen getroffen, die „durch die Vernachlässigung der Zeiten oder die Verweichlichung der Tyrannen“ dann vernachlässigt worden sei.[34] Angesichts der steten Förderung von Versammlungen auf Diözesan- und Provinzialebene im vierten Jahrhundert[35] dürfte es aber auch schon vor Honorius und vor dem Präfekten Petronius andere Regelungen dieser Art gegeben haben. Im Zusammenhang einer dieser Regelungen bezeichnete dann wohl bereits Valentinian II. Arles als eine *mater Galliarum*, wobei der Plural sich auf die Vielzahl von Provinzen in der Diözese Südgallien bezog. Dieser von Valentinian II. und Honorius gebrauchte Titel hatte dabei einen rein ehrenden Charakter und bezog sich lediglich darauf, dass Arles aufgrund seiner besonderen Begünstigung als Versammlungsplatz für die Diözesanversammlung geeignet war, sagte aber nichts über den Amtssitz des Prätorianerpräfekten aus.

---

31 Epist. Arel. 12, p. 17–20 [Gundlach] (= Jaffe[3] 970). Die zitierte Stelle ist p. 19, 14–16 (*haec* in *hanc* korrigiert).

32 Weniger wahrscheinlich ist, dass mit dem verstorbenen Kaiser Valentinian bereits Valentinian I. gemeint sein kann. Als ältestes Mitglied des zwischen 388 und 392 herrschenden Kaiserkollegiums muss Valentinian II. in Regelungen, die Gallien betrafen, auch als erster angeführt worden sein, so dass sich erklärt, warum Bischöfe 450 auf Valentinian (ohne die Erwähnung des Theodosius und Arcadius) verwiesen. Die Wahrscheinlichkeit hierfür ergibt sich vor allem daraus, dass Valentinian II. anders als sein Vater in Südgallien residierte. Vielleicht sah sich Valentinian II., der seinen Palast in Vienne hatte und damit scheinbar eine Entscheidung zugunsten der Rivalin gefällt hatte, genötigt, diesen Umstand durch die Erhebung Arles zur Metropolis auszugleichen.

33 Epist. Arel. 8, p. 13–15 [Gundlach].

34 Epist. Arel. 8, p. 14, 25–27 [Gundlach].

35 Larsen 1934.

Wie dem auch immer sei, es gibt einigen Grund für die Annahme, dass Arles spätestens unter Valentinian II. aufgrund seiner überregionalen Bedeutung, vielleicht aber auch als Zentrum der Versammlung der südgallischen Diözese durch kaiserliches Privileg den Metropolis-Titel getragen haben dürfte. Dieser Umstand und die Tatsache, dass eine glatte Umsetzung des Regelwerks des Konzils von Nicaea im Westen nicht ohne Weiteres erfolgte bzw. diese Umsetzung im Falle der Auseinandersetzungen zwischen überregional bedeutenden Städten und Provinzhauptstädten immer schwierig war, erklärt, dass bereits in den ausgehenden 390er Jahren die Auseinandersetzungen zwischen Arles und Vienne darüber, wer in der Provinz Viennensis kirchlicher Metropolit war, eskalieren konnten. Die Annahme, dass erst die Verlegung des Sitzes des Prätorianerpräfekten von Trier nach Arles diese Probleme schuf, ist nicht notwendig.

Literaturverzeichnis

Babut, E. Ch., Le concile de Turin. Essai sur l'histoire des églises provençales au Ve siècle et sur les origines de la monarchie ecclésiastique romaine, Paris 1904.

Babut, E. Ch., La date du concile de Turin et le développement de l'autorité pontificale au Ve siècle, RH 87, 1905, 57–82.

Berghammer, G., Caracalla. Die Militärautokratie des Kaisers Severus Antoninus, Gutenberg 2022.

Bleckmann, B., *Arelate metropolis:* Überlegungen zur Datierung des Konzils von Turin und zur Geschichte Galliens im 5. Jahrhundert, RQA 98, 2003, 162–173.

Brühl, C., Palatium und civitas. Studien zur Profantopographie spätantiker Civitates vom 3. bis zum 13. Jahrhundert, Bd. I: Gallien, Köln – Wien, 1975.

Callu, J.-P., Symmaque. Lettres. Livres III–V, Paris 1982.

Chastagnol, A., Le répli sur Arles des services administratifs gaulois en l'an 407 de notre ère, RH 249, 1973, 23–40.

Chastagnol, A., In ipso vestibulo resecandus. A propos de la date du concile de Turin, in: Holtz, L., et al. (Hg.), De Tertullien aux Mozarabes, Bd. I: Antiquité tardive et christianisme ancient (IIIe–VIe siècles). Mélanges offerts à Jacques Fontaine à l'occasion de son 70e anniversaire (Collection des Études Augustiniennes, Série Antiquité 132), Paris 1992, 300–315.

Dagron, G., Naissance d'une capitale. Constantinople et ses institutions de 330 à 451, Paris [2]1984.

Drijvers, J. W., Cyril of Jerusalem: Bishop and City (Vigiliae Christianae Suppl. 72), Leiden – Boston 2004.

Duchesne, L., Le concile de Turin, RH 87, 1905, 278–302.

Dunn, G. D., Zosimus' Synod of Rome in September 417 and His Letter to Western Bishops (*Cum Adversus),* AntTard 23, 2015, 395–405.

Février, P. A., Arles au IVe et Ve siècles, ville impériale et capitale régionale, in: XXV corso di cultura sull'arte ravennate e bizantina, 5.–15. Marzo 1978, Ravenna 1978, 127–158.

Février, P. A., L'organisation de la province, in: Biarne, J., et al. (Hg.), Provinces Ecclésiastiques de Vienne et d'Arles (Viennenis et Alpes Graiae et Poeninae), Paris 1986, 13–15.
Gaudemet, J., Conciles gaulois du IVe siècle (Sources Chrétiennes 241), Paris 1977.
Griffe, E., La Gaule chrétienne à l'époque romaine, Bd. II: L'Église des Gaules au Ve siècle, Paris 1966.
Griffe, E., La date du concile de Turin (398 ou 417), BLE 74, 1973, 289–293.
Haensch, R., Capita provinciarum. Statthaltersitze und Provinzialverwaltung in der römischen Kaiserzeit (Kölner Forschungen 7), Mainz 1997.
Haensch, R., Gold to Iron? Provincial Capitals and the Change from Marcus Aurelius to Constantine, in: Raycheva, M. – Steskal, M. (Hg.), Roman Provincial Capitals under Transition, Proceedings of the International Conference held in Plovdiv 04.–07.11.2019 (Sonderschriften des Österreichischen Archäologischen Institutes 61), Wien 2021, 15–32.
Kulikowski, M., Two Councils of Turin, JThS 47, 1996, 159–168.
Larsen, J. A. O., The Position of Provincial Assemblies in the Government and Society of the Late Roman Empire, CPh 29, 1934, 209–220.
Limmer, J., Konzilien und Synoden im spätantiken Gallien von 314 bis 696 nach Christi Geburt, Bd. I: Chronologische Darstellung, Bd. II: Zusammenschau wichtiger Themenkreise (Wissenschaft und Religion 10), Frankfurt 2004.
Loseby, T. S., Arles in Late Antiquity: *Gallula Roma Arelas* and *Urbs Genesii,* in: Christie, N. – Loseby, S. T. (Hg.), Towns in Transition: Urban Evolution in Late Antiquity and the Early Middle Ages, Aldershot 1996, 45–79.
Lumpe, A., Die Synode von Turin vom Jahre 398, AHC 4, 1972, 7–25.
Marcos, M., Papal Authority, Local Autonomy and Imperial Control: Pope Zosimus and the Western Churches (a. 417–418), in: Fear, A., et al. (Hg.), The Role of the Bishop in Late Antiquity: Conflict and Compromise, London 2013, 145–166.
Mathisen, R. W., The Council of Turin (398/399) and the Reorganization of Gaul ca. 395/406, Journal of Late Antiquity 6, 2013, 264–307.
Munier, C. (Hg.), Concilia Galliae a. 314 – a. 506 (Corpus Christianorum Series Latina 148), Turnhout 1963.
Palanque, J.-R., La date du transfert de la préfecture des Gaules de Trèves à Arles, REA 36, 1934, 359–365.
Palanque, J.-R., Les dissensions des Églises des Gaules à la fin du IVe siècle et la date du Concile de Turin, Revue d'Histoire de l'Église de France 21, 1935, 481–501.
Pangerl, D. C., Die Metropolitanverfassung des karolingischen Frankenreichs (MGH Schriften 63), Hannover 2011.
Pelletier, A., Vienne et la réorganisation provinciale de la Gaule aus Bas-Empire, Latomus 26, 1967, 491–498.
Zimmermann, M., Pergamon. Geschichte, Kultur, Archäologie, München 2011.

Restituta in Simitthus

Philipp von Rummel

In diesem Beitrag geht es um einen Fund, der im Mai 2013 beim Pflügen auf einem noch bewirtschafteten Feld auf dem Gebiet der abgegangenen Stadt Simitthus (Chimtou) im Nordwesten des heutigen Tunesien[1] ans Licht kam. In direkter Nachbarschaft der Steinbrüche des gelben numidischen Marmors[2] wäre der Block aus eben diesem Stein von dem Besitzer des Geländes fast entsorgt worden, wenn Salim Ghazouani, Vorarbeiter des tunesischen Denkmalamtes (INP) in Chimtou (Simitthus), nicht so aufmerksam gewesen wäre und eine Inschrift auf der im Feld unten liegenden Seite des Steines erkannt hätte. Er stellte den Stein sicher und brachte ihn in das Depot im Innenhof des Grabungshauses von Chimtou. Meinem Kollegen Moheddine Chaouali, der auf Seiten des tunesischen Institut National du Patrimoine für Chimtou verantwortlich ist, gilt Dank für die Erlaubnis, diesen Fund in der Festschrift für Rudolf Haensch vorzulegen, mit dem ich ein DAI-Forschungscluster zu „Lebensrealitäten in der Spätantike" leiten durfte, in dessen Rahmen auch der hier vorgelegte Fund einen geeigneten Diskussionsrahmen gefunden hätte.

Es handelt sich um einen ursprünglich langrechteckigen Block aus gelbem numidischen Marmor (erhaltene Maße: 73 × 33 × 13 cm, unten rechts größerer Ausbruch), der auf einer Seite glatt poliert ist, dabei aber keine ebene Fläche bildet, sondern leicht konkav zur Mitte hin abfällt, um dann wieder anzusteigen. An den Seiten und auf der Rückseite ist der Stein nur grob behauen (Abb. 1 a–c). In Hinsicht auf die Oberfläche sind ähnliche Blöcke als Werksteine für die Herstellung von Reibschalen aus *giallo antico* aus der späten Nutzungsphase des Arbeits- und Steinbruchlagers bekannt.[3] Dort sind jedoch die Seiten und Rückseiten wesentlich sorgfältiger bearbeitet als bei unserem Block. Da es unwahrscheinlich erscheint, für eine Wiederverwendung als Inschriftenträger die Seiten eines älteren Schleifblockes derart grob abzuschlagen, ist nicht davon auszugehen, dass der Block aus dem Lager kommt. Wahrscheinlicher ist eine (Wieder-)Verwendung irgendeines anderen größeren vor Ort vorhandenen Blockes unbekannter ursprünglicher Funktion. In einem Kreis mit einem Durchmesser von 21 cm findet sich mit einer Buchstabenhöhe von jeweils ca. 4 cm die Inschrift:

---

1 Einführend zu Simitthus/Chimtou s. Ardeleanu et al. 2019; von Rummel et al. 2013. Zum spätantiken und frühmittelalterlichen Chimtou s. Fenwick et al. 2022; von Rummel – Möller 2019.

2 Röder 1993; Ardeleanu 2018a; Beck (in Vorbereitung).

3 Rakob 1994, Taf. 83.

Abb. 1: Block mit Restituta-Inschrift.
a) Vorderansicht. b) Detail Inschrift. c) Seitenansicht von rechts.

Memo-
ria Res-
titut(a)e

Die Inschrift bezeugt demnach die Erinnerung an eine Person namens Restituta in Simitthus. Memoria-Inschriften in einem Kreis stammen in Nordafrika fast ausschließlich aus christlichem Kontext und weisen auf besonders verehrte Personen hin. Sie finden sich in funerärem Kontext als Bodeninschriften, auch in Form von Mosaiken, wo sie entweder das tatsächliche Grab der verehrten Person[4] markieren oder eine Installation für Reliquien,[5] können aber seltener in Form einer Bauinschrift auch ganze Gebäude bezeichnen.[6] In unserem Fall handelt es sich um eine Bodenplatte, die ursprünglich wohl entweder ein Grab oder eine Niederlegung von Reliquien bedeckte. Anhand des Formats lässt sich jedenfalls eine vertikale Aufstellung des Steins ausschließen. Wahrscheinlich war er wie hundertfach in Nordafrika und andernorts belegt in den Fußboden eines größeren Gebäudes eingelassen bzw. leicht oberhalb des Laufniveaus in horizontaler Aufstellung zu sehen.[7] Aufgrund der Eingangsformel *memoria*, der Onomastik und des Formats lässt sich der Stein mit der Inschrift nur grob in das 4.–6. Jh. datieren. Noël Duval ist, Paul-Albert Février folgend, am Beispiel von Haidra/Ammaedara zwar davon ausgegangen, dass die Verwendung von *memoria* auf das späte 4. Jh. hindeutet,[8] aber Fathi Béjaoui konnte zeigen, dass die gleiche Formel auch auf Grabmosaiken vorkommt, die aus dem 5. oder 6. Jh. stammen.[9] Die Analyse großer Serien christlicher Inschriften aus Nordafrika

4 Duval 1982, 468 mit Beispielen.
5 Duval 1982, 556–557.
6 Duval 1982, 584.
7 Vgl. unter vielen Beispielen etwa Duval – Prévot 1975 oder Ardeleanu 2019.
8 Duval – Prévot 1975, 454–455 und Nr. 205.
9 Béjaoui 2003, 303–333, hier 315 (Epitaph des Tercorius).

Abb. 2: Karte von Simitthus (Chimtou). X: Fundort der Inschrift, F2: Kirche 3, K: Kirche 1.

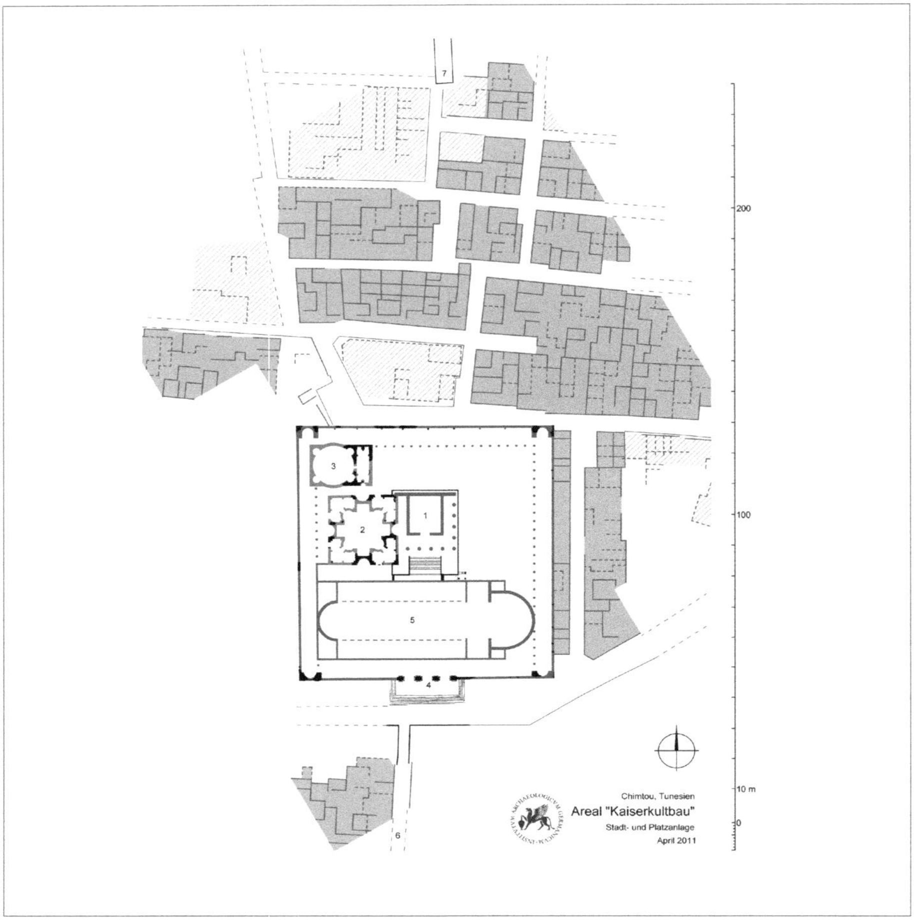

Abb. 3: Komplex mit frühkaiserzeitlichem Tempel und christlicher Kirche mit zugehörigen Gebäuden.

durch Noël Duval und Françoise Prévot zeigt auch, dass paläographische Indizien ohne weitere datierende Hinweise für eine präzisere Datierung nicht hilfreich sind.[10]

Mit großer Wahrscheinlichkeit stammt der Stein in seiner Verwendung als Inschriftenträger aus einer Kirche oder einem anderen spätantiken Gebäude (z.B. einem Mausoleum oder Grabbau). Leider erlaubt der Fundkontext keine genaueren Aussagen zum baulichen Zusammenhang der Inschrift. Der genaue Fundort des Steins lässt sich zwar bis auf wenige Meter eingrenzen, er ist aber nicht der Ort der ursprünglichen Verwendung

10 Duval – Prévot 1975, 347–386; 507–517.

als Inschriftenträger. Der Stein wurde zweifellos verlagert, sei es durch den Vorgang des Pflügens oder, mit wesentlich größerer Wahrscheinlichkeit, schon zuvor, da der Stein im unteren rechten Bereich einen großen alten Bruch aufweist. Der Fundort liegt im Norden von Simitthus im Bereich eines Stadtviertels, das zu einer frühkaiserzeitlichen Erweiterung der Stadt gehört (Abb. 2).[11] Oberirdisch sind am Fundort keine Strukturen zu erkennen, die weitere Informationen zum möglichen Kontext geben könnten. Auch die Daten der geomagnetischen Prospektion helfen hier nicht weiter; sie zeigen nur, dass sich der Fundort inmitten der ehemals lebendigen Stadt befindet.[12]

Nicht weit vom Fundort entfernt liegt eine große christliche Kirche, die 2011 durch eine geophysikalische Prospektion im Bezirk eines frühkaiserzeitlichen Tempels sichtbar wurde (Kirche 3). Dabei handelt es sich um eine große Ost-West-ausgerichtete Baustruktur mit zwei abschließenden Apsiden unterschiedlicher Größe und somit um eine der in Nordafrika häufigen sog. Doppelapsidenbasiliken.[13] Das einschließlich der Apsiden 69 m lange und 26 m breite Gebäude war bereits durch Grabungen von Friedrich Rakob angeschnitten, aber nicht als christliche Kirche erkannt worden.[14] Die Basilika gehört zu einem wohl im späten 4. Jh. in dem alten Tempelbezirk eingefügten und im 6. Jh. neu ausgestatteten christlichen Komplex, zu dem neben der Kirche ein Baptisterium, wohl ein Mausoleum und ein größerer Gebäudekomplex auf den Grundmauern des kaiserzeitlichen Tempels gehörten (Abb. 3).[15] Die Größe der Kirche[16] und der gesamte Komplex lassen auf besondere Bedeutung schließen. So könnte es sich um eine Bischofskirche von Simitthus mit anliegenden Gebäuden handeln, ohne sie einer katholischen, donatistischen oder arianischen Konfession zuweisen zu können. Aus Schriftquellen sind ausschließlich katholische Bischöfe von Simitthus bekannt. Spätestens bei ihrer Neuausstattung mit Mosaiken im 6. Jh. nach der Eroberung Nordafrikas durch Justinian war die Kirche katholisch. Es könnte sich aber auch um eine Wallfahrts- oder gar Klosterkirche handeln. Auszuschließen ist wegen der zugehörigen Bauten und ihrer zentralen Lage in der Stadt trotz des Nachweises von Gräbern inner- und außerhalb der Kirche lediglich eine reine Funktion als Zömeterialkirche. Ohne weitere Indizien, die hoffentlich bei zukünftigen Grabungen gewonnen werden können, lässt sich die genaue Bestimmung des christlichen Komplexes jedoch nicht erkennen. In der zweiten Hälfte des 7. Jhs. ist der Bau aufgegeben worden und eingestürzt. Vor dem Einsturz wurden ganz offensichtlich Gräber innerhalb der Kirche geplündert, worauf das Fragment einer vandalenzeitlichen cloisonné-verzierten Gürtelschnalle und Fragmente von Menschenknochen in den Schuttschichten der zerstörten Kirche hindeuten.[17]

11 Ardeleanu et al. 2019, § 4–5 mit Abb. 2.

12 Khanoussi – von Rummel 2012, 192–205; von Rummel et al. 2013.

13 Duval 1971.

14 Rakob 1994, 51 Beil. I. M; Abb. 52 Taf. 104 d.

15 von Rummel – Möller 2019, bes. 193–195.

16 Die große Pilgerbasilika von Tebessa/Theveste ist einschließlich der Apsis 46,50 m lang, die Basilika von Simitthus inklusive beider Apsiden 69 m (vgl. Christern 1976, 52).

17 von Rummel – Möller 2019, 195.

Es ist aufgrund der Nähe des Fundortes der Restituta-Inschrift zu dem beschriebenen christlichen Komplex und den Zerstörungen im Kirchengebäude naheliegend anzunehmen, dass die Inschrift ursprünglich von dort stammt. Es ist aber auch nicht auszuschließen, dass die Inschrift aus der christlichen Kirche beim dem ehemaligen Arbeits- und Steinbruchlager am nördlichen Hang des Djebel Bou R'fifa stammt oder gar aus einem bisher nicht bekannten Gebäude. Ohne Zweifel kann mit dem Neufund jedoch festgestellt werden, dass in Simitthus entweder eine Restituta bestattet war oder Reliquien einer Restituta verehrt wurden.

Die Frage jedoch, ob es sich um eine Grab- oder eine Märtyrerinschrift handelt, ist ohne weitere Kontextinformation anhand des Textes kaum zu beantworten. Bei einer Grabinschrift, die in der Spätantike in Nordafrika selten den Begriff *memoria* verwendet, wäre eigentlich eine Schließformel zu erwarten (z.B. *recessit/requiescit/iacet/dormit in pace*) oder Angaben zum Sterbedatum bzw. zum Alter der Verstorbenen. All dies fehlt hier, obwohl hinreichend Platz vorhanden gewesen wäre. In einer jüngst erforschten Zömeterialkirche in Bulla Regia, einer Nachbarstadt von Simitthus, haben die zahlreichen dokumentierten Grabinschriften sämtlich umfangreichere Formeln, keine Inschrift gleicht derjenigen aus Simitthus.[18] Dies spricht jedoch nicht gegen die Interpretation als Grabinschrift. Bei einer dem Text aus Simitthus gleichenden, aber als Mosaik einer *mensa* andersartigen Inschrift aus Tipasa *Memoria Avia|ni et Bavariae* handelt es sich sicher um eine Grabinschrift,[19] ähnlich einem Beispiel aus Karthago *Memoria [– – –] | Sura et B[– – –] | in pace [– – –].*[20] Es gibt auch Märtyrerinschriften mit *memoria* und dem Namen des oder der Heiligen im Genetiv, etwa eine *Memoria sa(nc)ti Iuli|ani* aus Dar Ali el-Hochani[21] oder *Memoria Vic|torini* aus Kairouan[22], in beiden Fällen jedoch als Teil eines umfangreicheren Textes. Für eine lediglich aus zwei Wörtern – *memoria* und Name im Genetiv – bestehende Inschrift gibt es kaum Vergleichsbeispiele, weshalb alleine aufgrund des Textes die eine oder andere Deutung als Grab- oder Reliquieninschrift nicht gewichtet werden kann. So bleibt der die Inschrift umschließende Kreis, der bei Grabinschriften in Stein selten ist und dort häufiger in Mosaikform auftaucht,[23] im Märtyrerkult aber durchaus in unterschiedlichen Formen anzutreffen ist.[24] Dort verweist er – in Mosaikdarstellungen zum Teil besser zu erkennen – zuweilen auf Kränze (*coronae*), die

18 Zur Kirche: Chaouali et al. 2018; Chaouali 2019. – Für Information zu den gerade in Vorbereitung der Publikation befindlichen Inschriften, u.a. auch ein Grab mit Mosaikepitaph einer Restituta, danke ich C. Fenwick und M. Chaouali.

19 AE 1998, 1592b; Ardeleanu 2018b, 493 und Abb. 8.

20 CIL VIII 14218; Ennabli 1991, 147–148 Nr. 196.

21 CIL VIII 2332.

22 AE 1942/1943, 48; AE 1950, +163; AE 1955, +201.

23 Als Mosaik etwa Beispiele in Haidra/Ammaedara (Duval – Prévot 1975, 221–223 Nr. 209) oder in Annaba/Hippo Regius (Ardeleanu 2019; in Stein sehr selten, etwa nur in einem einzigen Beispiel in Haidra (Duval – Prévot 1975, 281 Nr. 418), gar nicht in Maktar und sehr selten in Karthago (vgl. etwa Ennabli 1975, 152 Nr. 29 oder Ennabli 1982, 123 Nr. 135).

24 Duval 1982, 5 Nr. 1 (Karthago); 7–10 Nr. 3 (Karthago); 10–11 Nr. 4 (Karthago); 123–128 Nr. 57 (Tebessa); 134–135 Nr. 62 (Youks); 331–337 Nr. 157 (Khirbet Oum el Ahdam).

in manchen Märtyrerinschriften auch genannt sind. Auch der Kreis lässt demnach keine sichere Bestimmung des Inschriftenzwecks zu, gewichtet aber die Ansprache als Märtyrerinschrift mit einer etwas höheren Wahrscheinlichkeit als eine Grabinschrift.

Wenn wir mit der nötigen Vorsicht vermuten, dass der Stein die Verehrung einer Märtyrerin namens Restituta anzeigt, fällt zunächst ins Auge, dass die wichtigste Kirche Karthagos den Namen Basilica Restituta trägt. Wegen der wiederholt auftauchenden Form Restituta statt Restitutae handelt es sich hier jedoch wohl nicht um eine Kirche der (heiligen) Restituta, sondern, wie Yvette Duval überzeugend darlegte, um eine vom karthagischen Bischof Restitutus im 4. Jh. errichteten Kirche.[25] Eine Frau namens Restituta wird jedoch als Mitglied einer fast fünfzigköpfigen Gruppe aus Abitina (Chouhoud el-Batin, Tunesien)[26] benannt, die im Jahr 304 n.Chr. im Zuge der diokletianischen Verfolgung hingerichtet worden sein soll.[27] Außer in der Passio der Märtyrer von Abitina finden sich in Nordafrika bisher keine weiteren Belege für eine Märtyrerin Restituta. Der bekannte Kult der Restituta in Neapel könnte dagegen auf eine spätantike Kultübertragung von Nordafrika nach Neapel zurückgehen. Im Zuge der arianisch-katholischen Konflikte im nordafrikanischen Vandalenreich sind berühmte nordafrikanische Katholiken ins Exil nach Neapel gegangen, so zum Beispiel der Bischof von Karthago, Quodvultdeus, und Gaudiosus, Bischof von Abitina. Marcel Wegener-Rieckesmann hält es in einer aktuellen Studie zu Gaudiosus und Restituta in Neapel durchaus für möglich, dass Gaudiosus von Abitina bei seiner Flucht Reliquien der abitinischen Märtyrerin Restituta nach Neapel mitbrachte und dort bereits im 5. Jh. eine Restituta-Verehrung begründete.[28] Sollte sich die Inschrift aus Simitthus als Teil eines Restituta-Kultes erweisen, wäre ähnlich wie in Neapel ein Zusammenhang mit der Märtyrerin aus Abitina in Form einer spätantiken Reliquientranslation nach Simitthus denkbar. Sollte dies zutreffen, kann der neu gefundene Stein als horizontale Verschlussplatte des Märtyrergrabes (oder Kenotaphs) gedient haben, womit in diesem Fall die *memoria* als Monument angezeigt worden wäre. Dies muss jedoch die kommende Forschung, der nun die Inschrift aus Simitthus zur Verfügung steht, durch weitere Hinweise erhärten oder verwerfen.

25 Duval 1982, 685.

26 Beschaouch 1976.

27 *Abitinensium martyrum confessiones et actus* (BHL 7492: AA. SS. Februarius II. 513–519); Seeliger – Wischmeyer 2015, 312–357. Die Schrift stammt wahrscheinlich aus dem 5. Jh.: Dearn 2004, bes. 3–8.

28 Wegener-Rieckesmann 2018, bes. 385–417.

Literaturverzeichnis

Ardeleanu, S., Giallo Antico in Context. New Stratigraphic Data from the Western Mediterranean (2nd c. BC–1st c. AD), in: Marasović, K. (Hg.), ASMOSIA XI conference, Split 2015, Split 2018(a), 131–141.

Ardeleanu, S., Directing the Faithful, Structuring the Sacred Space. Funerary Epigraphy in its Archaeological Context in Late-antique Tipasa, JRA 31, 2018(b), 475–500.

Ardeleanu, S., Zum funerärepigraphischen Habit im spätantiken Hippo Regius. Gräber, Kirchen mit Bestattungen und Grabinschriften in ihrem urbanen und sozialen Kontext, MDAI(R) 125, 2019, 401–448.

Ardeleanu, S., et al., Die frühkaiserzeitlichen Grabsteine aus Simitthus (Chimtou). Stilistisch-epigraphische Analyse und urbaner Kontext, AA 1/2019, 276–323.

Beck, D. M., Marmor Numidicum: Gewinnung, Verarbeitung und Distribution eines antiken Buntmarmors vom 2. Jh. v. bis 7. Jh. n.Chr. (Simitthus 6) (in Vorbereitung).

Béjaoui, F., Les mosaiques funéraires de Sufetula (Sbeitla) et de Thagamuta (Kasr el Baroud), in: Khanoussi, M. (Hg.), L'Afrique du Nord antique et médiévale, VIIIe colloque international sur l'histoire et l'archéologie de l'Afrique du Nord, Tabarka, 8–13 Mai 2000, Tunis 2003, 303–333.

Beschaouch, A., Sur la localisation d'Abitina, la cité des célèbres martyrs africains, CRAI 1976, 255–266.

Chaouali, M., La nouvelle église ouest de Bulla Regia et les évêques Armonius et Procesius, in: Bockmann, R., et al. (Hg.), Africa – Ifriqiya. Continuity and Change in North Africa from the Byzantine to the Early Islamic Age (Palilia 34), Wiesbaden 2019, 173–183.

Chaouali, M., et al., Bulla Regia I: A New Church and Christian Cemetery, LibStud 49, 2018, 187–197.

Christern, J., Das frühchristliche Pilgerheiligtum von Tebessa. Architektur und Ornamentik einer spätantiken Bauhütte in Nordafrika, Wiesbaden 1976.

Dearn, A., The Abitinian Martyrs and the Outbreak Schism, JEH 55, 2004, 1–18.

Duval, N., Les églises africaines à deux absides. Recherches archéologiques sur la liturgie chrétienne en Afrique du Nord, Bd. 1: Sbeitla et les églises africaines à deux absides (Bibliothèque des Écoles Françaises d'Athènes et de Rome 218.1), Paris 1971.

Duval, N. – Prévot F., Recherches archéologiques à Haidra, Bd. I: Les inscriptions chrétiennes (Collection de l'École française de Rome 18), Rom 1975.

Duval, Y., Loca sanctorum Africae. Le culte des martyrs en Afrique du IVe au VIIe siècle (Collection de l'École française de Rome 58), Rom 1982.

Ennabli, L., Les inscriptions funéraires chrétiennes de la basilique dite de Sainte-Monique à Carthage (Collection de l'École française de Rome 25), Rom 1975.

Ennabli, L., Les inscriptions funéraires chrétiennes de Carthage 2. La basilique de Mcidfa (Collection de l'École française de Rome 62), Rom 1982.

Ennabli, L., Les inscriptions funéraires chrétiennes de Carthage 3 (Collection de l'École française de Rome 151), Rom 1991.

Fenwick, C., et al., Urban Transformation in the Central Medjerda Valley (NW Tunisia) in Late Antiquity and the Middle Ages: A Regional Approach, LibStud 53, 2022, 1–19.
Khanoussi, M. – von Rummel, Ph., Simitthus (Chimtou, Tunesien). Vorbericht über die Aktivitäten 2009–2012, MDAI(R) 118, 2012, 179–222.
Rakob, F. (Hg.), Der Tempelberg und das römische Lager (Simitthus 2), Mainz 1994.
Röder, J., Die Steinbrüche des numidischen Marmors von Chemtou, in: Rakob, F. (Hg.), Die Steinbrüche und die antike Stadt (Simitthus 1), Mainz 1993, 17–53.
von Rummel, Ph., et al., Geophysikalische Prospektionen in Simitthus (Chimtou, Tunesien). Vorbericht zu den Kampagnen 2010–2013, Kölner und Bonner Archaeologica 3, 2013, 203–216.
von Rummel, Ph. – Möller, H., Chimtou médiévale. Les derniers niveaux d'occupation de la ville de Simitthus (Tunisie), in: Bockmann, R., et al. (Hg.), Africa – Ifriqiya. Continuity and Change in North Africa from the Byzantine to the Early Islamic Age (Palilia 34), Wiesbaden 2019, 185–215.
Seeliger, H. R. – Wischmeyer, W., Märtyrerliteratur (Texte und Untersuchungen zur Geschichte der altchristlichen Literatur 172), Berlin u.a. 2015.
Wegener-Rieckesmann, M., Bischof Gaudiosus, die heilige Restituta und die ecclesia Neapolitana. Zu den Zeugnissen vandalenzeitlicher Exilanten und dem kulturellen nordafrikanischen Einfluss in Neapel sowie zur Entwicklungsgeschichte der örtlichen Bischofskirche zwischen dem 4. und 9. Jahrhundert (Nea Polis 2), Oberhausen 2018.

Abbildungsnachweis

Abb. 1 a–c: Bildautor: Ph. von Rummel. CC BY-SA.
Abb. 2: Bildautor: DAI, Chimtou-Projekt, J. Goischke. CC BY-SA.
Abb. 3: Bildautor: DAI, Chimtou-Projekt, S. Arnold. CC BY-SA.

Die niedergermanischen *Deae Domesticae* und ihre Verbreitung

Wolfgang Spickermann

Die Genese der Kulte mehrzahliger weiblicher Gottheiten in Niedergermanien kann bis heute nicht endgültig geklärt werden. Rudolf Haensch hat dazu bereits 1998 in einem vielbeachteten Beitrag darauf hingewiesen, dass die Annahme Christoph Rügers, der Bonner Vettius-Stein des Jahres 164 n.Chr. sei die älteste Darstellung der Matronendreiheit im Rheinland und der Matronenkult selbst ein Phänomen der Mitte des 2. Jh. n.Chr., nicht zutreffen kann.[1] Die epigraphischen Zeugnisse der Matronenverehrung setzen keinesfalls erst in der Mitte des 2. Jh. n.Chr. ein, wie Rüger behauptet, sondern stammen offenbar schon aus der Zeit zwischen 70 und 120 n.Chr. Die Darstellung der Dreiheit sei aus einem „antiquarischen Interesse" der höheren Offiziere und der lokalen Eliten im Heiligtum der *Matronae Aufaniae* beim Bonner Münster entstanden und habe sich von dort aus verbreitet.[2] Rudolf Haensch hat dagegen überzeugend nachgewiesen, dass zwei Altäre an die *Matronae* und an die *Matronae Rumanehae* aus Trier und Jülich von Soldaten der *legio VI* aus der Zeit der Stationierung der Einheit in Germanien zwischen 70 und 122 n.Chr. stammen müssen.[3] Neueren Überlegungen zufolge ist sie aber weder das älteste

1 Nesselhauf 1937, 165; vgl. dazu Rüger 1987, 10–11.

2 So noch Burns 1994, 267.

3 Nesselhauf 1937, 4 (Trier) an die Matronae und CIL XIII 7869 = ILS 4806 (Jülich) an die *Matronae Rumanehae* stammen beide von Soldaten der *legio VI,* die zwischen 70 und 122 n.Chr. in Germanien lag. Rüger 1987, 10–11 datiert beide Belege um, indem er argumentiert, dass die Dedikanten in den Jahren 185 oder 197/196 n.Chr. wegen des Maternus-Aufstandes, des sogenannten *bellum desertum,* bzw. des Clodius-Albinus-Krieges in besonderer Mission nach Niedergermanien bzw. in die Belgica gesandt worden waren. Dem haben Raepsaet-Charlier 1993, 35 u. Derks 1998, 127, vor allem aber Haensch 1998, mit guten Gründen widersprochen. Derks 1998, 84 hält ferner ein Altarbruchstück aus Morken-Harff (Kolbe 1960, 100 Nr. 103) für gleichzeitig. Ein Fragment eines Altars aus Pesch (Alföldy 1968, 55 Nr. 154) datiert er in Anlehnung an Alföldy 1968, 87 in antoninische Zeit und zwei weitere Weihungen an die *Matronae Austriatum* aus Jülich (Kolbe 1960, 57–58 Nr. 5) u. an die Matronae Gesationum (Schillinger-Häfele 1978, 148) grob in die erste Hälfte des 2. Jh. n.Chr.; anders Schillinger-Häfele 1978 (Kommentar zu Nr. 148) u. Spickermann 1994, 342. Auch die Datierung des Altarbruchstücks Kolbe 1960, 100 Nr. 103 ist unsicher, da sie keine eindeutige Ergänzung des Textes zu *[l]eg. V[I]* erlaubt. Ebenso wären *leg. VII* oder eher *VIII* möglich.

bekannte epigraphische Zeugnis, noch der früheste Aedicula-Altar mit Darstellung der Matronendreiheit.[4]

Die Matronen gehören zu den weiblichen Göttermehrheiten, die als Nothelfer für alle Bereiche des Lebens zuständig waren. Sie sind in Niedergermanien ausschließlich sitzend in Dreizahl dargestellt. Ähnlichkeiten ergeben sich zu einer maternalen Trinität, die von Orange und Marseille bis nach Ostgallien, aber auch in Oberitalien verbreitet war und am Niederrhein nur in der Darstellung der mittleren Matrone als Mädchen mit offenem Haar abgewandelt wurde.[5] Allerdings wurden die gallischen Matronen auch stehend dargestellt. Die Annahme, dass die Triadendarstellung von Südgallien ausging, dann zu Beginn des 2. Jh. n.Chr. so geläufig war, dass sie vom Atelier des Pistillus auf Terrakotten übernommen wurde und gegen Mitte des 2. Jh. n.Chr. den Rhein erreichte, geht zwar von einer falschen Datierung des Töpferateliers aus, dennoch lässt sich diese Möglichkeit aufgrund von stilistischen Übereinstimmungen nicht völlig ausschließen.[6] Eine Verbindung zu Oberitalien ergibt sich ferner auch durch die inschriftlich bezeugte Gleichsetzung der Matronen mit den dort verehrten Iunones, die man als Schützerinnen der Frauen und Mädchen ansah.[7] Ein Altar aus der Colonia Ulpia Traiana / Xanten ist den *Iunones sive Gabiae* geweiht,[8] ein anderer aus der CCAA/Köln den *Iunones Gabiae*.[9] Auch Terrakotten mit drei mütterlichen Gottheiten wurden hier gefunden. Angeregt durch die gallische Triade in Verbindung mit der mediterranen Bildkunst kam es wohl in der ersten Hälfte des 2. Jh. n.Chr. am Niederrhein zur Ausbildung der bekannten Matronendreiheit auf den Aedicula-Altären. Dass die weitverbreitete Darstellung der Dreiergruppe dem Kultbild in verschiedenen Matronenheiligtümern entspricht, ist kaum zu bezweifeln, nachweisbar ist dies aber erst ab Mitte des 2. Jh. n.Chr.[10] Zu diesem Zeitpunkt dürfte sich die

---

4 Vgl. Haensch 1998, 43; ferner Noelke 1990, 90–92; Raepsaet-Charlier 1993, 35 u. Derks 1998, 124–126, welche die Aedicula-Altäre schon in die erste Hälfte des 2. Jh. n.Chr. und einige Matronenaltäre in die Mitte des 2. Jh. n.Chr. vor den Vettius-Altar datieren. Noelke datiert die Altäre CIL XIII 7887 (Rödingen); 8216 = Galsterer 1975, 30–31 Nr. 97 u. CIL XIII 8221 = Galsterer 1975, 32 Nr. 104 (Köln) mittels Stilkritik in die Mitte des 2. Jh. n.Chr. Zu den frühesten inschriftlich fixierten Aedicula-Altären zählt er S. 91 die zwei Geniusweihungen aus Iversheim (Bad Münstereifel) CIL XIII 7943 u. 7945, die Alföldy 1968, 18 Nr. 1 u. 2 in das Jahr 145 n.Chr. datiert, vgl. Spickermann 2010, 218–219.

5 Birkhan 1997, 519–520; vgl. Deyts 1992, 60–62; ferner Scheid 1999, 411 u. zum Folgendem Spickermann 2008, 61–77.

6 Schauerte 1985, 110; vgl. 1987, 88–90 u. bes. 92; ferner Birkhan 1997, 519; anders von Gonzenbach 1995, 366–367, die das Atelier des Pistillus wohl richtiger in das späte 2. / Anfang des 3. Jh. n.Chr. datiert; vgl. auch Jeanlin et al. 1993, 201. Rebourg 1993, 64 datiert das Atelier in severische Zeit. Letztlich muss offenbleiben, wer wen inspiriert hat, von Gonzenbach 1995, 428 vermutet eine Inspiration des Pistillus zur Fertigung der ‚Göttinnen Selbdritt' durch die rheinischen Matronendenkmäler.

7 Vgl. de Vries 1957, II 295, ferner Birkhan 1970, 537 u. Spickermann 2009, 354–355.

8 CIL XIII 8612.

9 CIL XIII 8152. Vgl. auch die norditalienischen Inschriften *Matronis Iunonibus* (CIL V 3237: Verona; 5249: Como, u. 5450: Arcisate); dazu: de Vries 1957, II 295 u. Haug 1918, 1125.

10 Als wichtigster Beleg dient ein Relief aus Bonn, auf dem sich eine Prozession von Frauen einer Matronendreiheit nähert: Éspérandieu 1938, 7774 = Bauchhenß 1997, 809 Nr. 2; vgl. ebd. 815.

überörtliche kanonische Darstellung der drei sitzenden Frauen in ubischer Tracht durchgesetzt haben. Die Form der Darstellung vor einer Muschelnische mit Pilastern kam ursprünglich aus dem Grabkult. Wahrscheinlich kam der Anstoß zu dieser spezifischen Darstellung aus Innergallien, wobei die rheinischen Dreiheiten den örtlichen Religionen angepasst wurden und ihre typische Ausprägung fanden. In der Ausbildung dieses Kultbildes sind deutlich universalistische Tendenzen der Matronenkulte sichtbar. Wie die Kultbilder der frühen Matronenheiligtümer aussahen, entzieht sich allerdings unserer Kenntnis. Opferdarstellungen auf Matronenaltären bezeugen kultische Mahlzeiten wie im Rahmen des römischen Opferritus, aber leider konnte bisher vor den Matronentempeln kein Fundament eines Altares gefunden werden. Der niederländische Archäologe Ton Derks verbindet das Aufkommen der Matronenkulte am Niederrhein mit demjenigen der Villenwirtschaft im Hinterland der CCAA/Köln in claudisch-neronischer Zeit, wobei ihre Heiligtümer keine hölzernen Vorgängerbauten gehabt hätten und direkt in Stein errichtet worden seien. Er verwirft damit ebenfalls die Spätdatierung durch Christoph B. Rüger und Heinz-Günther Horn, die den Ausgangspunkt der bildlichen Matronenverehrung mit dem Bau des Heiligtums der *Matronae Aufaniae* unter dem Bonner Münster verbinden, das sie fälschlich in das Jahr 161 n.Chr. datieren.[11]

Ton Derks sieht italische Veteranen aus den Gebieten der Poebene, den alpinen Regionen, dem Piemont und der Lombardei als Initiatoren der Matronenkulte. Für eine Herkunft des Matronenkults aus dem oberitalischen Bereich spricht, dass man ihn dort durch die Weihung eines kaiserlichen Freigelassenen inschriftlich ab 36/37 n.Chr. fassen kann.[12] Die Veteranen hätten demnach die beinamenlosen Matronen ihrer Heimat mitgebracht und mit einem ubischen Ahnenkult verbunden. Nach der Gründung der Colonia Claudia Ara Agrippinensium sei dann im Hinterland der *colonia* mit der Villenwirtschaft auch die dort typische Form der Matronenverehrung in steinernen Heiligtümern eingeführt worden.[13] Die Benennung der Göttinnen mit dem Namen *Matronae* und ihre einheitliche Ikonographie könnten auf die Vermittlung italischer und gallischer Veteranen und anderer Zuwanderer in der Umgebung Kölns zurückgehen.[14]

Der Neufund einer Inschrift aus Köln an die *Domesticae* aus dem 1. Jh. n.Chr. ist nun erneut ein Anlass, über die ersten inschriftlichen Belege weiblicher Göttermehrheiten nachzudenken.[15] Den *Domesticae*, die auch in Verbindung mit den *Matres*, *Matronae*, *Iunones*, *Suleviae* oder *Lares Domesticae* vorkommen, sind in Bonna/Bonn neun meist kleine Altäre geweiht (Kat. 1–9). Dort wird daher das Zentrum der Verehrung dieser

---

Zur besonderen, von der Kultnische der Heiligtümer abgeleiteten Form der Aedicula-Altäre vgl. Noelke 1990.

11 Derks 1998, 119–121. Zum Kultbezirk beim Bonner Münster Spickermann 2019.

12 CIL V 6641 (Pallanza); vgl. dazu de Vries 1957, II 288; Birkhan 1997, 513.

13 Derks 1998, 119–121.

14 Derks erwähnt nur die oberitalischen Veteranen. Dennoch ist auch mit Soldaten aus Südgallien zu rechnen, wo die Matronenkulte ebenfalls verbreitet waren; vgl. die Zusammenstellung bei von Petrikovits 1976; ferner de Vries 1957, II 290–292; Deyts 1992, 64–66; Bauchhenß 1997 passim.

15 Kat. 1.

weiblichen Gottheiten gewesen sein.[16] Zwei weitere Dedikationen kommen aus dem benachbarten Köln (Kat. 10 u. 11), eine weitere, sehr unsichere für die *Iunones Domesticae* (?) stammt aus Zülpich (Kat. 12). In dem an Niedergermanien angrenzenden Gebiet der Germania Superior wurden in einem den Matronen zugewiesenen Heiligtum in Kottenheim zwei nicht ganz sicherere Zeugnisse gefunden (Kat. 13 u. 14) und ein weiteres frühes obergermanisches Zeugnis in Mainz (Kat. 15). Die *Lares Domesticae* sind nur in den Donauprovinzen Raetien, Pannonia Superior und Moesia Superior bezeugt (Kat. 16–18) und aus Britannien kennen wir fünf Dedikationen an die *Matres Domesticae*, mehrfach von Soldaten oder Funktionsträgern geweiht (Kat. 19–23). ‚*Domesticus, -a*' wird häufig als qualifizierendes Epitheton gedeutet, zumal auch ein *Iupiter Optimus Maximus Domesticus* aus Nijmegen bekannt ist,[17] doch nennen gerade die beiden frühesten Belege die *Domesticae* als eigenständige Gottheiten.

Diese beiden Dedikationen von Soldaten der *legio XXI Rapax* aus Mogontiacum/Mainz, wozu die neugefundene Inschrift aus Köln ebenfalls gehört,[18] zeigen, dass diese als Göttermehrheit in den germanischen Heeresbezirken schon im 1. Jh. n.Chr. verehrt wurden, da sie diese hier, wo die Legion von 71–83 n.Chr. stationiert war, vor der Verlegung seiner Einheit nach Mogontiacum kennengelernt haben dürften (Kat. 10 u. 15).

Auf einer weiteren Inschrift (Kat. Nr. 3) erscheint der Name *Domesticae* hinter den *Matronae Aufaniae*,[19] also nicht in der üblichen Verbindung mit *Matronae* oder *Matres*. Dass Aufanien und *Matres Domesticae* voneinander getrennt aufgefasst wurden, beweist die Katalognummer 9 aus Bonn. Gerhard Bauchhenß vermutet aufgrund der Häufung der Weihungen einen kleinen Tempel der *Matres Domesticae* bei der heutigen Stiftskirche.[20] Aufgrund der Fundlage kann jedenfalls davon ausgegangen werden, dass die *Domesticae* als eigene Göttermehrheit mit sprechenden Namen verehrt wurden, dabei später mit den *Matres* und dann mit den Matronen verbunden wurden, sodass man sie sich als eine Dreiheit vorstellen kann. Man wird sie zunächst als die ‚heimischen' Göttinnen aufzufassen haben, als die sie von den beiden Soldaten der *legio XXI Rapax* angerufen wurden, welche diese Bezeichnung für eine Mehrheit von Göttinnen wählten, die sie in verschiedenen Gegenden Germaniens vorfanden. Aus diesen entwickelten sich im Laufe des oben skizzierten Prozesses die verschiedenen Matronenkulte, in welche einheimische und römische Vorstellungen einflossen. Wir haben es also mit ‚Protomatronen' zu tun, die dann im Laufe der Zeit mit den *Matres* und Matronenkulten verbunden wurden und in

16 Stolte 1986, 644.

17 CIL XIII 8718.

18 Ich bevorzuge bei Kat. 10 anders als Kakoschke, der Maeilius Vegetus liest, wegen der frühen Datierung die angeführte Lesung der *tria nomina*, wobei der Gentilname offenbar eine Variante von Aelius darstellt.

19 Dazu Stolte 1986, 644.

20 Bauchhenß 2001, 275. Gechter 2001, 99 postuliert einen großen Bezirk, da die hier gefundenen Altäre nicht aus dem Fahnenheiligtum verschleppt worden sein können. Die in der Stiftskirche eingemauert gefundene Herculesinschrift des Legionslegaten Calpurnius Proclus, CIL XIII 8009, welche Bauarbeiten am *valetudinarium* erwähnt, wird aber ursprünglich dort aufgestellt gewesen sein; anders Gechter 2001, 96–97.

ihnen aufgingen. Dass die *Domesticae* auch später noch als eigene Göttergruppe angerufen wurden, scheinen die Funde von Kottenheim nahezulegen, doch ist die Auflösung der Götternamen auf den beiden inschriftlichen Zeugnissen nicht zweifelsfrei (Kat. 13 u. 14). So bleibt die Deutung des Namens auch ambivalent: zunächst eine allgemeine römische Bezeichnung für vorgefundene heimische göttliche Mächte, dann mit der Entwicklung der *Matres*- und Matronenverehrung auch ein Epitheton. Dies würde auch für die Verbindung mit den *Iunones* gelten, doch ist die Weihung aus Zülpich (Kat. 12) in ihrer Lesung zu unsicher, um hieraus weitere Schlüsse ziehen zu können. Bemerkenswert ist die Verbindung mit den keltischen *Suleviae* in Köln, wobei nicht zwei unterschiedliche pluralische Gottheiten angesprochen werden, sondern diese als eine Erscheinungsform der *Matres Domesticae* zu verstehen sind (Kat. 11). Die *Lares Domesticae* der östlichen Provinzen deuten dagegen auf einen Hauskult hin (Kat. 16–18). Bei den meisten der Weihungen handelt es sich um kleine, eher schlichte Altäre, von denen einige Verzierungen tragen. Zwei der Weihungen stammen von Frauen (Kat. 4 u. 6) und fünf von Soldaten (Kat. 3, 9, 10, 15, 19), welche den Kult auch von Niedergermanien nach Britannien mitgebracht haben dürften. Es ergibt sich, dass die *Domesticae* erstmalig in der zweiten Hälfte des 1. Jh. n.Chr. im militärischen Umfeld der germanischen Heeresbezirke auftauchen und dann bald mit den *Matres* und den *Matronae* verbunden wurden. Zunächst dürfte es sich um einen echten Götternamen zur Bezeichnung der weiblichen Göttermehrheiten gehandelt haben, welche die römischen Soldaten im weiteren Umfeld ihrer Lager vor allem auf ubischem Gebiet vorfanden. Im Laufe der Zeit setzte sich aber *Matronae* und zum Teil auch *Matres* als lateinische Bezeichnung dieser Göttinnen durch, deren oft keltische und germanische Theonyme als Kultnamen zugefügt wurden, wie z.B. die Bonner *Matronae Aufaniae*. In diesem Prozess machten die *Domesticae* eine interessante Wandlung von einem Theonym zu einem qualifizierenden Epitheton für Matronen und *Matres* durch.

Katalog

1. Lehner 1930, 19 Nr. 40 = AE 1931, 24 = Bauchhenß 2014, 172 Nr. 70 (Bonn, Münsterkirche; kleiner Kalksteinaltar)

C(aius) Blaesius [– – –]
Advento[r?]
Matronis Do-
mesticis v(otum) s(olvit)
l(ibens) m(erito).

2. Lehner 1930, 19 Nr. 41 = Bauchhenß 2014, 172 Nr. 71 (Bonn, Münsterkirche; oberer Teil eines kleinen Kalksteinaltares)

Matribus
Domesti-

cis T[± 3]d
[– – –].

3. CIL XIII 8021 = ILS 4780 = Lehner 1918, 317 = Bauchhenß 2014, 173 Nr. 75 (Bonn, Stiftskirche; kleiner Kalksteinaltar)

Matribus sive
Matronis Auf-
aniabus Dom-
esticis M(arcus) Clo-
dius Marcelli-
nus miles leg(ionis) I
M(inerviae) v(otum) s(olvit) l(ibens).

4. CIL XIII 8022 = Lehner 1918, 535 (Bonn, Landeskrankenhaus; kleiner Altar)

Iul(ia) Quint[a(?)]
Ma(tribus) Dom(esticis)
v(otum) s(olvit) l(ibens) m(erito).

5. CIL XIII 8023 = ILS 4779 = Lehner 1918, 534 = Bauchhenß 2014, 173 Nr. 79 (Bonn, Theaterbau beim Kölntor; kleiner Altar)

Mat{i}ribu[s]
Domest(i)cis
I[– – –].

6. CIL XIII 8024 = ILS 4766 (p. 183) = Lehner 1918, 533 = Bauchhenß 2014, 173 Nr. 77 (Bonn, „Neue medizinische Klinik“, heute Universitätsklinikum; kleiner Altar)

Iulia Tera-
tia Dom<e=I>s-
ticis v(otum) s(olvit) m(erito) l(ibens).

7. CIL XIII 8025 (Bonn, wie Nr. 6; oberer Teil eines kleinen Altares)

Domẹst[i]-
[cis?].

8. CIL XIII 8026 = Lehner 1918, 532 = Bauchhenß 2014, 173 Nr. 78 (Bonn, Theaterbau beim Kölntor; Altar)

[Matribus sive Matronis?]
[Do]mesticis
[± 3]vibus
[± 3]edonib-
[us] Flavius
[Apol]lodo-
[rus et] M(arcus) Aur(elius)
[± 3]SIG[- - -].

9. Nesselhauf 1937, 182 = AE 1931, 15 = Bauchhenß 2014, 171 Nr. 48 (Bonn, Münsterkirche; kleiner Kalksteinaltar)

Aufanis et
Matribus D-
omesticis
P(ublius) Vettius
Saturninus
vet(eranus) leg(ionis) I M(inerviae)
ex armatu(ra)
pro se et suis
v(otum) s(olvit) l(ibens) m(erito).

10. H. Galsterer, H. – Schäfer, A., KJ 46, 2013, 83–91 = A. Kakoschke, FERA 26, 2015, 20–22, Nr. 6 (Abb. 6) = AE 2013, 1117 = AE 2015, 947 (Köln-Deutz, Rheinufer; kleiner Kalksteinaltar)

Domestici-
s s[acr]um M(arcus) A-
eilius Ve-
getus
miles leg(ionis)
XXI Rapacis [(centuriae)]
Silani.

11. CIL XIII 12056 = ILS 9321 = AE 1907, 107 = CF-GeI-39, (hdl.handle.net/11471/504.50.39) (Köln, Aachener Straße; *tabula ansata* [?] aus Kalkstein)

Sule[v]is Do-
mest[i]cis su-
is Fab[i] Ianua-

rius [et] Bella-
tor Iullus
l(ibentes) [l(aeti)] m(erito).

12. CIL XIII 7920 = Lehner 1918, 545 (Zülpich, vor dem Münstertor; Sandsteinaltar)

Iunoni-
bus Dọm(esticis)?
NI[± 3]
vican[i T]-
olbia[ce]n(ses)
ex [imp(erio) ips(arum?).]

13. Finke 1927, 356 = Matijević 2010, 71 = AE 1989, 575 (Kottenheim, Matronenheiligtum; Aedicula aus Basaltlava)

D(eabus?) D(omesticis?)
Arertonus
Atticus.

14. Finke 1927, 357 = Matijević 2010, 72 = AE 1989, 574 (Kottenheim, Matronenheiligtum; schmaler, hoher Basaltaltar)

M(atribus) Do(mesticis)
Cassiu-
s Fort(unatus?)
v(otum) s(olvit) l(ibens) m(erito).

15. CIL XIII 11800 = ILS 9320 = Körber, MZ 6, 1911, 127 (Mainz, „zwischen Defensionskaserne und Gautor“; Unterteil eines kleinen Kalksteinaltares)

[– – –]s m(iles)
leg(ionis) XXI Rapa(cis)
Domesticis
v(otum) s(olvit) l(ibens) l(aetus) m(erito).

16. Vollmer 1915, 420b (Regensburg, Goliathstraße; kleiner Altar)

I(n) <h=N>(onorem) d(omus) d(ivinae)
I(ovi) O(ptimo) M(aximo)
Iu(noni) Re(ginae)
L(aribus?) d(omesticis?)
Tri(viis) C(u)a(driviis) (sic!)

For(tunae)
l(ibens) l(aetus) m(erito)
vo(tum) s(olvi).

17. CIL III 4160 = ILS 3607 (Szombathely; literarisch)

Laribus
Domest(icis)
sac(rum)
v(otum) s(olvit) l(ibens) m(erito).

18. IMS II 24 (Kostolac; Altar)

I(ovi) O(ptimo) M(aximo)
dis deabusq(ue)
et Larib(us) Domest(icis)
L(ucius) Dom(itius) Anthi[. .]po[- - -].

19. CIL VII 939 = RIB I 2050 (Burgh by Sands „On the Wall at Dykesfield"; kleiner Sandsteinaltar)

Matri(bus)
Dom(esticis)
vex(illatio)
[l]eg(ionis) VI
[V(ictricis)] p(iae) f(idelis).

20. RIB III 3210 = AE 1962, 251 (Catterick; kleiner Sandsteinaltar)

Matribus
Domesti(cis)
Iul(ius) Victo-
r pro se
et suis
v(otum) s(olvit) l(ibens) l(aetus) m(erito).

21. RIB III 3037 = AE 1979, 381 (Chichester, Eastgate; kleine Marmorplatte)

[Matri]ḅus Domest(icis)
[± 3]us ark(arius) (sic!)
[d(e) s(ua)] p(ecunia?).

22. CIL VII 915 = RIB I 2025 (Stanwix, Scaleby Castle; kleiner Sandsteinaltar)

Matribu[s D]-
omesticis [s]-
uis Asin[ius]
S[e]nili[s] v(otum) s(olvit) l(ibens) [m(erito).]

23. RIB I 652 (York, St. Mary's Convent; kleiner Kalksteinaltar)

C(aius) Iuliu(s)
Crescens
Matri-
bus Do-
mesticis
v(otum) s(olvit) m(erito) l(ibens).

Literaturverzeichnis

Alföldy, G., Epigraphisches aus dem Rheinland III, in: Epigraphische Studien 5, Düsseldorf 1968, 1–98.
Bauchhenß, G., LIMC 8.1, 1997, 808–816, s.v. *Matres, Matronae.*
Bauchhenß, G., Götter im römischen Bonn, in: van Rey, M. (Hg.), Geschichte der Stadt Bonn, Bd. I: Bonn von der Vorgeschichte bis zur Römerzeit, Bonn 2001, 265–311.
Bauchhenß, G., Die Weihealtäre aus Bonn, in: Busch, A. W. – Schäfer, A., Römische Weihealtäre im Kontext: Internationale Tagung in Köln vom 3. bis zum 5. Dezember 2009 "Weihealtäre in Tempeln und Heiligtümern", veranstaltet durch das Römisch-Germanische Museum der Stadt Köln und die Abteilung Rom des Deutschen Archäologischen Instituts, Friedberg 2014, 155–178.
Bémont, C., et al. (Hg.), Les figurines en terre cuite gallo-romaines (Documents d'archéologie française 38), Paris 1993.
Birkhan, H., Germanen und Kelten bis zum Ausgang der Römerzeit. Der Aussagewert von Wörtern und Sachen für die frühesten keltisch-germanischen Kulturbeziehungen (Sitzungsberichte der Österreichischen Akademie der Wissenschaften, Philosophisch-Historische Klasse 272), Wien u.a. 1970.
Birkhan, H., Kelten. Versuch einer Gesamtdarstellung ihrer Kultur, Wien [2]1997.
Burns, V. T., Romanization and Acculturation: The Rhineland *matronae*, Diss. Madison 1994.
Derks, T., Gods, Temples and Ritual Practices. The Transformation of Religious Ideas and Values in Roman Gaul (Amsterdam Archaeological Studies 2), Amsterdam 1998.
Deyts, S., Images des dieux de la Gaule (Collection des Hespérides), Paris 1992.
Éspérandieu, E., Recueil général des bas-reliefs, statues et bustes de la Gaule romaine, Bd. XI, Paris 1938.

Finke, H., Neue Inschriften, BRGK 17, 1927, 1–107 und 198–231.
Galsterer, B. – Galsterer, H., Die römischen Steininschriften aus Köln (Wissenschaftliche Kataloge des Römisch-Germanischen Museums Köln 2), Köln 1975.
Gechter, M., Das römische Bonn. Ein historischer Überblick, in: van Rey, M. (Hg.), Bonn von der Vorgeschichte bis zur Römerzeit (Geschichte der Stadt Bonn 1), Bonn 2001, 35–133.
von Gonzenbach, V., Die römischen Terracotten in der Schweiz. Untersuchungen zur Zeitstellung, Typologie und Ursprung der mittelgallischen Tonstatuetten, Bd. A (Handbuch der Schweiz zur Römer- und Merowingerzeit), Tübingen – Basel 1995.
Haensch, R., Die frühesten Inschriften der Matronen am Rhein. Zur Datierung zweier Zeugnisse der *legio VI Victrix*, KJ 31, 1998, 43–48.
Haug, F., RE 10.1, 1918, 1114–1125, s.v. Iuno.
Horn, H.-G. (Hg.), Die Römer in Nordrhein-Westfalen, Stuttgart 1987.
Jeanlin, M. – Joly, M. – Notet, J.-C., Bourgogne, in: Bémont et al. 1993, 201–204.
Kolbe, H.-G., Die neuen Matroneninschriften von Morken-Harff, Kr. Bergheim, BJ 160, 1960, 50–124.
Lehner, H., Die antiken Steindenkmäler des Provinzialmuseums in Bonn, Bonn 1918.
Lehner, H., Römische Steindenkmäler von der Bonner Münsterkirche, BJ 135, 1930, 1–48.
Matijević, K., Römische und frühchristliche Zeugnisse im Norden Obergermaniens (Pharos 27), Rahden/Westf. 2010.
Nesselhauf, H., Neue Inschriften aus dem römischen Germanien und den angrenzenden Gebieten, BRGK 27, 1937 [1939], 51–134.
Noelke, P., *Ara et aedicula*. Zwei Gattungen von Votivdenkmälern in den germanischen Provinzen, BJ 190, 1990, 79–124.
von Petrikovits, H., Ein Mädchenkopf und andere Plastiken aus dem Heiligen Bezirk in Zingsheim (1965), in: ders., Beiträge zur römischen Geschichte und Archäologie 1931–1974 (BJ Beihefte 36), Köln – Bonn 1976, 365–409.
Raepsaet-Charlier, M.-T., *Dis deabusque sacrum.* Formulaire votif et datation dans les trois Gaules et les deux Germanies (Gallia Romana 1), Paris 1993.
Rebourg, A., Autun (Saône-et-Loire). Centre de production, in: Bémont et al. 1993, 63–66.
Rüger, C. B., Beobachtungen zu den epigraphischen Belegen der Muttergottheiten in den lateinischen Provinzen des Imperium Romanum, in: Bauchhenß, G. – Neumann, G. (Hg.), Matronen und verwandte Gottheiten. Ergebnisse eines Kolloquiums veranstaltet von der Göttinger Akademiekommission für die Altertumskunde Mittel- und Nordeuropas (BJ Beihefte 44), Köln – Bonn 1987, 1–30.
Schauerte, G., Terrakotten mütterlicher Gottheiten. Formen und Werkstätten rheinischer und gallischer Tonstatuetten der römischen Kaiserzeit (BJ Beihefte 45), Köln 1985.
Scheid, J., Aspects religieux de la municipalisation. Quelques réflexions générales, in: Dondin-Payre, M. – Raepsaet-Charlier, M.-Th. (Hg.), Cités, municipes, colonies. Les processus de municipalisation en Gaule et en Germanie sous le Haut Empire romain (Histoire ancienne et médiévale 53), Paris 1999, 381–423.
Schillinger-Häfele, U., Vierter Nachtrag zu CIL XIII und zweiter Nachtrag zu Fr. Vollmer, Inscriptiones Baivariae Romanae. Inschriften aus dem deutschen Anteil der ger-

manischen Provinzen und des Treverergebietes sowie Rätiens und Noricums, BRGK 58, 1977 [1978], 449–603.

Spickermann, W., *Mulieres ex voto.* Untersuchungen zur Götterverehrung von Frauen im römischen Gallien, Germanien und Rätien (1.–3. Jahrhundert n.Chr.) (Bochumer historische Studien. Alte Geschichte 12), Bochum 1994.

Spickermann, W., Germania Inferior (Religionsgeschichte des römischen Germanien 2, Religion der römischen Provinzen 3), Tübingen 2008.

Spickermann, W., Matronen und Nehalennia. Die Verbreitung von mütterlichen Gottheiten in der Germania Inferior, in: Olshausen, E. – Sauer, V. (Hg.), Die Landschaft und die Religion. Stuttgarter Kolloquium zur Historischen Geographie des Altertums 9, 2005 (Geographica Historia 26), Stuttgart 2009, 353–373.

Spickermann, W., Die Matronenkulte in der südlichen Germania Inferior, in: Migliarino, E., et al. (Hg.), Società indigene e cultura greco-romana. Atti del convegno internazionale Trento, 7–8 giugno 2007 (Centro Ricerche e Documentazione sull'Antichità Classica. Monografie a Supplemento degli Atti 33), Rom 2010, 213–235.

Spickermann, W., Die legio I Minervia und das Kultzentrum in den canabae legionis in Bonn, in: Mihailescu-Bîrliba, L. – Spickermann, W. (Hg.), Roman Army and Local Society in the Limes Provinces of the Roman Empire. Papers of an International Conference, Iaşi, June 4th–6th, 2018 (Pharos 42), Rahden/Westf. 2019, 47–62.

Stolte, B. H., Die religiösen Verhältnisse in Niedergermanien, ANRW II 18.2, 1986, 591–671.

Vollmer, F., Inscriptiones Baivariae Romanae sive inscriptiones prov. Raetiae: adiectis aliquot Noricis Italicisque, München 1915.

de Vries, J., Altgermanische Religionsgeschichte (Grundriss der germanischen Philologie 12), 2 Bde., Berlin ²1956/1957.

Priesterliche Biographien in historisch bewegten Zeiten: Autobiographische Inschriften als Charakteristikum der ägyptischen Überlieferung von der Perserzeit bis zur Errichtung der makedonischen Herrschaft in Ägypten

Karl Strobel

Ausführliche autobiographische Hieroglyphentexte[1] von Würdenträgern, Priestern, Offizieren und Privatpersonen auf Stelen, Statuen und in Gräbern bilden bereits seit dem Alten Reich eine charakteristische Tradition der ägyptischen Überlieferung.[2] Vielfach sind sie gerade für Krisenphasen, wichtige dynastische Übergänge und die sogenannten Zwischenzeiten zentrale Quellen und bieten mit ihren genealogischen Angaben einen wesentlichen Zugang zu den inneren Strukturen der zeitgenössischen Eliten, nicht selten auch zu chronologischen Fragen.[3] Die Bedeutung dieser hieroglyphischen biographischen Texte gilt nicht zuletzt für die beiden Perioden der persischen Herrschaft in Ägypten,[4]

1 Vgl. Perdu 1995; Stauder-Porchet 2017; weiters Otto 1954; Gnirs 1996; Popko 2006; Doxey 2020.

2 Beispielhaft die autobiographischen Inschriften des Weni und des Harkhuf aus der 6. Dynastie (Simpson 2003, 401–407; 407–412) oder das Grab des Ptahhotep I. aus der späten 5. Dynastie (Mourad 2015).

3 Vgl. etwa die Autobiographie des Ahmose, Sohn der Ibana, von seinem Felsengrab in Elkab (Davies 2009; Popko 2006, 187–206; Dessoudeix 2019, 75–110) oder die Grabinschriften des Renseneb und Sobeknakht (Davies 2010). Für den Übergang 11./12. Dynastie die Gräber des Khumhotep I. und II. in Beni Hasan (Lashien – Mourad 2019); für das Ende der Dynastie von Herakleopolis und die Durchsetzung der 11. Dynastie unter Nebhetepré Mentuhotep II. die biographischen Inschriften des Kheti I., Iti-ibi, Kheti II. und Ankhtifi aus Asyut bzw. Moʿalla (Vandier 1950; Schenkel 1965; Edel 1984; Breyer 2005; El-Khadragy 2012).

4 Vgl. Menu 2008; Zusammenstellung von ägyptischen Texten zur ersten und zweiten Perserzeit bei Sternberg-el Hotabi 2017. Zur Perserzeit Vittmann 2011; Leahy 2020, 726–730; Payraudeau 2020, 275–301; 345–352; zur 2. Perserherrschaft Wojciechowska 2016, bes. 73–83, wo für die Eroberung Ägyptens durch Artaxerxes III. 340/339 statt dem weithin vertretenen Datum 343/342 v.Chr. vorgeschlagen wird, was jedoch nicht überzeugt. Zur Rolle der einheimischen Eliten Vittmann 2009; Wasmuth 2017a. Zur Herrschaftsrepräsentation Wasmuth 2017b.

aber ebenso für wichtige Aspekte der einheimischen ägyptischen Elite in makedonischer, ptolemäischer bis römischer Zeit.[5]

Zentrale Quelle für den Beginn der Perserzeit in Ägypten sind die Inschriften des Udjahorresnet[6], der in der Forschung lange als Kollaborateur mit den persischen Eroberern moralisch abqualifiziert wurde.[7] Zentral ist die naophore Statue (Vatikanische Museen Inv. 22690) mit der unter Dareios I. konzipierten großen biographischen Inschrift.[8] Hinzu kommt sein Grab, das schon im 41./42. Jahr des Amasis (530/529 v.Chr.) angelegt und noch vor der persischen Eroberung mit Inschriften dekoriert wurde.[9] Udjahorresnet dokumentiert in der großen biographischen Inschrift eine Reihe von Hofämtern und -titeln aus saitischer Zeit sowie mehrere hohe Priesterfunktionen, so die bedeutende Stellung des Propheten der Neith von Sais, in deren Heiligtum sich die Gräber der Pharaonen der 26. Dynastie befanden.[10] Nach der persischen Eroberung trägt er die traditionellen Hofrangtitel Freund des Königs (*smḫr*) und Leiter des Palastes sowie das ihm von Kambyses II. übertragene Amt des Oberarztes von Ober- und Unterägypten.[11] Dies ist auch das einzige Amt, das auf den für seine Bestattung gefertigten Uschebtis erscheint. Als Leibarzt des Großkönigs im eigentlichen Sinne ist Udjahorresnet nicht zu sehen. Der Rang eines Oberarztes bedeutete auch in der saitischen Dynastie die Stellung eines Vertrauten und Beraters des Herrschers in dessen unmittelbarer Umgebung, der sich nicht allein dessen Gesundheit widmete, sondern mit militärischen, wirtschaftlichen und finanziellen Zuständigkeiten in der Reichsverwaltung betraut werden konnte.[12] Sowohl in der großen biographischen Inschrift wie in den Grabinschriften bezeichnet sich Udjahorresnet als Vorsteher der königlichen *kbnt*-Schiffe unter Amasis und Psammetich III. und nur in der Grabinschrift zudem als Vorsteher der „Fremden des Mittelmeeres“, Letzteres offensicht-

5 Grundlegend Görre 2009; vgl. Huß 1994; Pfeiffer 2010; zum Bild der ägyptischen Priester in der antiken Literatur Escolano-Poveda 2020; für die Priesterschaft von Memphis Reymond 1981.

6 Zu den Zeugnissen des Udjahorresnet Sternberg-el Hotabi 2017, 17–33; zu seinem Grab in Abusir und den dortigen Uschebtis Bareš 1999. Zu den Statuen insgesamt Wasmuth 2017b, 244–249 mit Anm. 25, insbesondere zur demonstrativen Darstellung des vom Großkönig als Auszeichnung verliehenen Schmucks.

7 Dagegen zu Recht Vittmann 2011, 376–380; Briant 2017a, 188–189; 192–193. Ausführliche Diskussion zu Person und Funktionen bei Vittmann 2011, 376–381; 388; Schütze 2012, 100–105; Agut-Labordère 2013, 972; 991.

8 Sternberg-el Hotabi 2017, 17–28; Posener 1936, 1–26; Baines 1996; Lichtheim 2006, 36–41.

9 Bareš 1999, 52; Sternberg-el Hotabi 2017, 32–33.

10 Zur Saitendynastie Forshaw 2019.

11 Vittmann 2011, 377.

12 Zum Amt Gestermann 2001; Schütze 2012, 101–102; Agut-Labordère 2013, 972–973. Die in der 26. Dynastie bekannten Funktionen gehen über die eines Arztes hinaus und bezeichnen einen engen Vertrauten des Herrschers, oft mit einer breiten Palette von Kompetenzen. Vgl. die große biographische Inschrift des Paieftjauaneith (Louvre Inv. A 93; Klotz 2010) oder den obersten Arzt und obersten Dentisten Seneb, der ebenfalls die Funktion eines Flottenkommandeurs ausübte (vgl. zu den militärischen und priesterlichen Funktionen Chevereau 2001, 134–135). Zu einseitig im Kontext der Hofärzte am Achaimenidenhof ist Udjahorresnet bei Lopez 2015 gesehen.

lich angeworbene Flottenmannschaften.[13] Als *kbnt*-Schiffe wurden hochseetaugliche Schiffe bezeichnet, jedoch nicht zwingend Kriegsschiffe.[14] Die Vorsteher der königlichen Schiffe sind mit großer Wahrscheinlichkeit vielmehr als Zivilbeamte aufzufassen, welche die Aufsicht über die Finanzen für Logistik und Unterhalt der Flottenkontingente führten, bei Udjahorresnet zudem die entsprechende Aufsicht über die ägäischen Matrosen zur Bemannung der Hochseeschiffe. Diese Funktionen endeten offenkundig mit der persischen Eroberung.

An dieser Stelle ist kurz auf die Eroberung Ägyptens durch die erfolgreiche Invasion des Kambyses II. im Frühling 526 einzugehen,[15] zumal das Modell eines ägyptischen nationalen Widerstandes und nationaler Erhebungen gegen die Perser nicht aufrechtzuerhalten ist.[16] Begründet durch Herodots Darstellung hat die Herrschaft des Kambyses in Ägypten in der antiken Tradition eine gänzlich überzogene negative Darstellung gefunden. Eine negative Erinnerung an die Kambyseszeit, auf die zu Beginn der Regierung des Dareios I., eine erste Erhebung unter Petubastis (IV.) Seheribrê und einem weiteren belegten König Neferkarê Wahibrê folgte,[17] hatte sich aber offensichtlich in der priesterlichen ägyptischen Tradition verfestigt.[18] Noch während des doch langen Ägyptenaufenthalts des Kambyses war der Thronkonflikt durch die Usurpation des Bardiya am 11.3.522 v.Chr. ausgebrochen, dessen offensichtliche Ambitionen den Aufbruch des Großkönigs mit dem Heer aus Ägypten veranlasst hatten, gefolgt von der formellen Thronbesteigung des Bardiya am 1.7.522 nach dem Tode seines Bruders in Syrien, der Bildung der Verschwörung gegen Bardiya und dessen Niederlage gegen Dareios, gefolgt von dessen Thronbesteigung am 29.9.522, die wiederum Anlass zu Rebellionen in den Kerngebieten des Reiches 522–521 v.Chr. gab.[19] Die erste Erhebung in Ägypten, die sich 522/521 zuerst gegen die Herrschaft des Satrapen Aryandes gerichtet hatte (Polyain. 7, 1, 7), wurde durch das Erscheinen des Dareios I. mit einem starken Heer im Winter 519/518 v.Chr. beendet. Dareios leitete eine bewusst auf Versöhnung mit den ägyptischen Eliten ausgerichtete Politik ein, die von seiner Selbstdarstellung als des legitimen pharaonischen Herrschers, allerdings ohne persönliche Präsenz, und entsprechender Bautätigkeit geprägt war.[20]

---

13 Agut-Labordère 2013, 972; 989; 990–994, der auf ein Kommando über die Kriegsflotte und ägäische Söldnerkontingente schließt, dann aber von Supervision über die ägäischen Matrosen spricht; im Gegensatz zu Udjahorresnet war Hor, auch Psammetich genannt, Vorsteher der königlichen Kriegsschiffe im Mittelmeer, auch der Titel für sein Heereskommando weicht ab (zu ihm Agut-Labordère 2013, 990–991; Gozzoli 2017, 35; 44; 179–180).

14 Darnell 1992; für einen Zivilbeamten auch Schütze 2012, 104–105; 109.

15 Zur Datierung Quack 2011; vgl. Payraudeau 2020, 272–282; ferner Forshaw 2019, 172–181.

16 Briant 2017a und b; Vittmann 2011.

17 Payraudeau 2020, 284–286.

18 Zur Problematik der Überlieferung unter Betonung der negativen Wirkung der zweiten Perserzeit Devauchelle 1995.

19 Briant 2002, 97–122.

20 Vgl. Vittmann 2011, 382–395; Schütze 2012; Schütze 2017; Payraudeau 2020, 284–293; zur Organisation der Verwaltung Schütze 2012; Schütze 2017. Die von Dareios angeordnete Kompilation des ägyptischen Rechts in Aramäisch und Demotisch (P.Paris BnF 215 Verso c, 6–16) ermöglichte es den persischen Amtsträgern, Ägypten im Rahmen der überkommenen Ordnung administrativ

Unmittelbar nach der Einnahme von Memphis hatte Kambyses den besiegten Psammetich III. töten lassen (unglaubwürdig dazu Hdt. 3, 14–15); in Theben endete das Amt der Gottesgemahlin des Amun; die amtierende Gottesgemahlin, Tochter Psammetichs II., und ihre präsumtive Nachfolgerin, Tochter des Amasis, sind nicht mehr greifbar; das Nordostquartier von Karnak wurde nach einem großen Brand aufgegeben. Spuren von Plünderungen sind in Theben fassbar, wie sicherlich von verbreiteten Plünderungen durch die Invasionsarmee auszugehen ist. Einen schwerwiegenden Traditionsbruch leistete sich Kambyses, als er in Sais das Grab des Amasis im Tempelbezirk der Neith öffnen, die Mumie schänden und verbrennen ließ (Hdt. 3, 16); die angeordnete *damnatio memoriae* des Amasis ist in deutlichen Spuren greifbar. Allerdings wurde der Totenkult für Amasis bereits unter Dareios I. wieder aufgenommen. Nicht historisch ist dagegen die Geschichte von der Tötung des Apisstieres durch Kambyses bei Hdt. 3, 27–29. Kambyses selbst ließ den Sarkophag für den alten Apisstier, der am 6.11.525 feierlich bestattet wurde, anfertigen. Allerdings war der neue Apisstier bereits am 29.5.526 geboren[21], was zur Vermutung führte, dass es ein zuerst ausgewähltes Kalb gegeben haben könnte, das getötet wurde. Eine solche Tötung ist aber eineinhalb Jahre nach der Eroberung und in dem Bemühen um Darstellung als legitimer Herrscher Ägyptens unwahrscheinlich. Der neue Apisstier wurde jeweils nach dem Tod des alten gesucht und nach dessen Bestattung inthronisiert, die zeitgleiche Existenz zweier Apisstiere ist auszuschließen; der ältere muss vor dem 25.5.526 gestorben und seine Bestattung durch die Zeitumstände verzögert sein.[22] Offensichtlich wurden die feierliche Beisetzung und die folgende Inthronisation erst nach der Rückkehr des Großkönigs nach Memphis und damit in seiner Anwesenheit als amtierender König beider Länder durchgeführt, während dies unmittelbar nach der Eroberung und dem folgenden Vormarsch nach Oberägypten sowie während des anschließenden, durchaus erfolgreichen Nubienfeldzugs kaum möglich gewesen war.

Insgesamt verblieb Kambyses, wie die neue Datierung der Eroberung zeigt, vier Jahre in Ägypten, so dass von einer durchgreifenden Organisation der persischen Herrschaftsstruktur im Lande unter Übernahme der gut organisierten Administration der Saitenzeit auf lokaler wie regionaler Ebene durch ihn auszugehen ist. Die ägyptischen Zeugnisse dokumentieren die Annahme einer traditionellen pharaonischen Titulatur. Bei der Priesterschaft dürfte hingegen Kambyses' Einschränkung der königlichen Lieferungen an die Tempel für Bau- und Feuerholz sowie Vieh und der Silberzuwendung, ebenso seine Reform der Administration des Tempellandes, wie dies in Theben deutlich wird, zu einem negativen Bild wesentlich beigetragen haben.[23] Ein weiterer Grund war sicherlich die

und juristisch zu führen. Bereits die 26. Dynastie kannte die verschiedenen Zuständigkeiten von zivilen Distriktsgouverneuren und militärischen Distriktskommandeuren. Die oberste Verwaltungsebene wie die Richterfunktionen wurden mit Männern iranischer Herkunft besetzt, die Schreiber der mittleren und lokalen Ebene waren Ägypter. Vgl. auch Agut-Labordère 2017; Schütze 2017.

21 Liste der Apisstiere bei Vittmann 2011, 413–415, allerdings ist die neue Datierung Kambyses Jahr 5 auf 526 und Jahr 6 auf 525 zu berücksichtigen.

22 Auch Devauchelle 1995, 69–70.

23 Dekret des Kambyses P.Paris BnF 215 Verso d; dazu Agut-Labordère 2005a; 2005b; Vittmann 2011, 274–275; Schütze 2017, 496–498.

Schließung der Lebenshäuser in den großen Tempeln, die mit ihren Bibliotheken und Skriptorien geistig-wissenschaftliche und theologische Zentren und Orte der Ausbildung von Priestern, Schreibern und Heilkundigen waren.[24] Sie waren aber offensichtlich auch Orte der Opposition gegen die Fremdherrschaft. Insgesamt jedoch wird in der Forschung heute zu Recht die Kontinuität während der ersten Perserzeit betont.[25] Eine Abkehr von der Ägyptenpolitik des Dareios I. ist dann nach der Revolte unter Psammetich IV. 486 bis Anfang 484 v.Chr. und der Rückeroberung durch Xerxes festzustellen.[26] In der sogenannten Satrapenstele des Jahres 311 v.Chr.[27] bezeichnet die Priesterschaft von Buto Xerxes als Götterfeind, der das „Land der Uto" den Göttern von Pe und Dep (Doppelstadt Buto) weggenommen hatte; als göttliche Strafe wird auf die Ermordung des Xerxes und seines Thronfolgers hingewiesen. Derartige Konfiskationen waren kaum nur auf das Tempelland von Buto beschränkt und haben dieses negative Bild des Xerxes über Generationen tradiert.

Der autobiographische Bericht des Udjahorresnet beginnt mit der Invasion des Kambyses (Z. 11–12), der als Großer Fürst aller Fremdländer betitelt wird, der mit einem Heer von „Ausländern aus allen Fremdländern" gekommen ist. „Nachdem er das ganze Land erobert hatte, haben sie sich darin niedergelassen, und er war der große Herrscher Ägyptens und der große Fürst aller Fremdländer".[28] Die traditionelle delegitimierende Bezeichnung „Herrscher der Fremdländer", *ḥq3 ḫ3s.wt*, ist bewusst vermieden. Es folgt die Aufnahme in die Umgebung des Großkönigs (Z. 12–13): „Seine Majestät befahl mir das Amt des Oberarztes an, er veranlasste, dass ich als Freund und Leiter des Palastes an seiner Seite war. Ich verfasste seine Titulatur, das heißt seinen Namen des Königs von Ober- und Unterägypten Mestju-Rê." Ab jetzt wird Kambyses in der Inschrift nur mehr als legitimer Pharao mit dem Titel König von Ober- und Unterägypten benannt. Dass die persische Eroberung nicht ohne schwerwiegende Folgen für das Land abgelaufen war, sagt er später, wenn er sich als Retter und Wohltäter von Sais und seinen Bewohnern darstellt, und zwar „aus einem sehr großen Wüten, das im ganzen Land war, desgleichen noch nicht in diesem Land geschehen ist", aus einem sehr großen Sturm im Gau der Neith wie im gan-

24 Vgl. Burkard 1995; zur Institution des Lebenshauses Gardiner 1938; Westendorf 1999, 476–477; 480–481; Sabri Kolta – Schwarzmann-Schafhauser 2000, 149–160; Schütze 2012, 103.

25 Chauveau 2009; Vittmann 2009.

26 Payraudeau 2020, 293–295.

27 Das von der Priesterschaft im Vorhof des Tempels in Buto aufgestellte Hieroglyphenmonument (Schäfer 2011, 31–203) war wie andere Tempelinschriften nicht an eine Allgemeinheit, sondern an die eigene Priesterschaft oder Priester anderer Tempel und hinsichtlich der bildlichen Darstellungen mit ihrer formalisierten Bildsprache an einheimische Besucher als Publikum gerichtet; es war kein offizielles Monument des Satrapen und Herrschers in Ägypten Ptolemaios' (I.), verkündete aber wesentliche Teile von dessen propagandistischer Selbstdarstellung. Entgegen Wojciechowska 2016, 75–79 ist hier nicht Artaxerxes III., sondern Xerxes als Götterfeind genannt, vgl. Schäfer 2011, 144–151; 155–161; 196–197; auch Vittmann 2011, 396–397.

28 Übersetzung nach der Edition des hieroglyphischen Textes bei Sternberg-el Hotabi 2017, 20–28. Englische Übertragung bei Lichtheim 2006; deutsche Übersetzung bei Otto 1954, 112–114; 169–173 (teilweise überholt).

zen Land (Z. 33–34; 40–41). Das negative Bild der persischen Eroberung bei Herodot hat durchaus einen historischen Hintergrund.

Udjahorresnet hatte als hochgebildeter Vertreter der Priester- und Hofelite und unbelastet von militärischen Ämtern offensichtlich frühzeitig und nicht erst nach der Belagerung wie Einnahme von Memphis Kontakt zur Umgebung des Kambyses aufgenommen und einen Platz in dessen Beraterstab gefunden. Auf seinen Vorschlag gingen der bisher von keinem Herrscher getragene Thronname „Abbild des Rê“ und der mehr traditionelle Horus-Name „Vereiniger beider Länder“ zurück, auch wenn in seiner Inschrift nur ersterer erscheint.

Udjahorresnet rühmt sich, Kambyses die große religiöse Bedeutung der Göttin Neith und ihres Hauptkultortes in Sais vorgetragen und über die weiteren Kulte in Sais aufgeklärt zu haben (Z. 13–15; 23). Auf seine Petition hin veranlasste Kambyses, dass der Tempelbezirk der Neith von den Fremden (wohl Söldnern der persischen Armee), die sich dort niedergelassen hatten, geräumt und in seiner rituellen Reinheit wiederhergestellt wurde. Ebenso ordnete Kambyses die Wiederaufnahme des Opferkultes, den Udjahorresnet auf königlichen Befehl reorganisierte, sowie der Prozessionen und Feste an, und er erhöhte die königlichen Zuwendungen an den Tempel (Z. 16–23; 28–32). Kambyses begab sich sogar in eigener Person nach Sais und in den Tempel der Neith, wo er die Göttin kniefällig, wie alle Pharaonen zuvor, verehrte und ein großes Opfer darbrachte (Z. 24–26), und zwar alles auf Rat und Initiative des Udjahorresnet, wie dieser mehrfach wiederholt. Damit sollten offensichtlich der Frevel an dem Grab des Amasis und die Schändung des Tempelareals sowie die Unterbrechung des Kultes bei der Eroberung wiedergutgemacht werden; Kambyses hatte die große religiöse und ideologische Bedeutung der Neith insbesondere für Unterägypten[29] zur Kenntnis genommen, die in die Frühzeit Ägyptens zurückreichte. Für seine Angehörigen erreichte Udjahorresnet die Einsetzung in Priesterämter und königliche Landzuweisungen. Dass er selbst mit Landschenkungen belohnt wurde, ist wohl zu Recht zu ergänzen. Auch wenn die biographische Selbstdarstellung zweifellos apologetische Tendenzen aufweist, zeigt diese Quelle, dass sich Kambyses seit 525 v.Chr., als er für die Bestattung des Apisstieres sorgte, als legitimer und in Person präsenter König in Ägypten darstellte und Akzeptanz zu gewinnen suchte, ganz im Gegensatz zu der verzerrenden Darstellung Herodots.

29 Sie ist die Verkörperung des unterägyptischen Königtums (Darstellung mit der Roten Krone des Nordens, Schutzgöttin des Königtums), mit Uto/Wadjit Landesgöttin von Unterägypten, Kriegs- und Jagdgöttin, Große Mutter- und Schöpfergottheit des Nordens, jungfräuliche Mutter des Sonnengottes. Menes/Aha baute den ersten belegten Tempel für die Neith in Sais. Sie war Schutzgottheit der 26. Dynastie. Vgl. el-Sayed 1982; Bonnet 2000, 512–517. Zur frühen Bedeutung bei der Einrichtung des Gesamtstaates vgl. die hervortretenden Königsgemahlinnen Neithhotep (Gattin Ahas, Sohn Narmers, und Regentin für Djer) und ihrer Enkelin Meritneith (Gattin des Wadjit/Djet und regierende Königin, Mutter des unmündigen Den und seiner Gattin Nakhtneith; ihre Enkelin war Herneith, Mutter des Qaʿa) aus einer königlichen Linie des Deltas. Zur Bedeutung der Neith und von Sais unter der 26. und 30. Dynastie Forshaw 2019; Forgeau 2018, 72–76; zur griechischen Tradition etwa Rusch 1935, 2190–2218; zu Sais Schütze 2010.

Mit seiner letzten Aufgabenstellung in großköniglichem Auftrage wurde Udjahorresnet von Dareios I. am Hof in Susa betraut: „Die Majestät des Königs von Ober- und Unterägypten Dareios [...] großer Fürst aller Fremdländer und großer Herrscher von Ägypten“[30] befiehlt in Susa, Udjahorresnet habe sich nach Ägypten zu begeben, um die in Verfall geratenen Abteilungen der Lebenshäuser wiederherzustellen, weil der Großkönig „den Nutzen dieser Kunst kannte, um jeden am Leben zu erhalten, der unter einer Krankheit leidet und den Namen aller Götter, ihre Tempel, ihre Opferstiftungen und die Leitung ihrer Feste für ewig fortdauern zu lassen“ (Z. 43–45). Udjahorresnet rühmt sich, den Auftrag erfüllt zu haben, die Lebenshäuser mit hochgeborenem Personal unter der Leitung von Gelehrten und mit ihrer Einrichtung und Ausstattung gemäß den früheren Aufzeichnungen eingerichtet zu haben. Es bleibt unklar, unter welchen Umständen er an den Hof nach Susa gelangt war. Da er kein Leibarzt im eigentlichen Sinne war, braucht er Ägypten nicht 522 mit Kambyses verlassen zu haben. Er kann während der ersten ägyptischen Erhebung unter Petubastis (IV.) und Neferkarê Wahibrê das Land verlassen haben oder er hatte als schon bewährter Berater nach der Wiedereroberung Dareios in dessen Stab zu folgen. Letzteres ist wohl wahrscheinlich. Dareios hob in seiner Versöhnungspolitik nicht nur die *damnatio memoriae* gegen Amasis und Psammetich III. auf, sondern auch die einschneidende Restriktion der Schließung der Lebenshäuser für das theologische und geistige Leben sowie die ärztliche Versorgung in Ägypten, Letzteres sicher ein Hauptargument, das von Udjahorresnet und anderen ägyptischen Beratern des Großkönigs vorgebracht worden war. Udjahorresnet hat als Ägypter unter den neuen, von ihm als legitim anerkannten Herren für die Belange seines Landes gearbeitet, nicht anders wie die Angehörigen der Elite in anderen Teilen des Perserreiches.

Die zweite Perserzeit begann im Winter und Frühling 343/342 v.Chr. mit der erneuten Eroberung des Landes durch Artaxerxes III., der noch als Kronprinz im Winter 360/359 und dann 351/350 vergeblich eine Rückeroberung versucht hatte; der Ende 360 durch einen Putsch auf den Thron gelangte Nektanebo II. floh nach dem Verlust von Pelusium und Memphis 342 nach Nubien.[31] Dies war mit umfangreichen Plünderungen und Schäden verbunden; an der Konfiskation von Tempelschätzen, der Schleifung der Befestigungen der Städte und der Verschleppung der Tempelurkunden und heiligen Schriften ist kaum zu zweifeln (Diod. 16, 51, 2–3), andere Vorwürfe sind dagegen überzogen.[32] Es fehlen ferner im Gegensatz zur ersten Perserzeit, deren Großkönige als legitime Pharaonen in den Zeugnissen erscheinen, ägyptische Titulaturen für Artaxerxes III., seinen Sohn Artaxerxes IV. und für Dareios III.; an einer Integration ihrer Herrschaft in die ägyptische Königsideologie waren sie offenkundig nicht mehr interessiert. Ägypten wurde als untertänige Satrapie betrachtet. Nach dem Tode des Artaxerxes III. am 25.9.338 erhob sich Khababash Senenptah-Setepenptah, wahrscheinlich ein libyscher Vasallenfürst, der in seinem zweiten Jahr Theben, Memphis und das Delta kontrollierte, wo er von den

30 Wie Anm. 28.

31 Payraudeau 2020, 339–345 mit Diskussion der chronologischen Fragen; zur zweiten Perserzeit Vittmann 2011, 405–413; Wojciechowska 2016, 73–82; Payraudeau 2020, 345–351.

32 Plut. mor. 355c; 363c: Massaker, Schlachtung und Verachtung des Apisstieres.

Priestern als legitimer König anerkannt und so auch tradiert wurde.[33] Khababash hatte bei seiner Inspektion des Deltas zur Vorbereitung der Abwehr eines persischen Flottenangriffs („die Schiffe Asiens") das Sumpfland „Land der Uto" bei Buto, das Xerxes konfisziert hatte, besucht und an die Götter von Buto zurückgegeben; diese Rückgabe wurde von Ptolemaios 311 v.Chr. nach einer Petition der Priester von Pe und Dep/Buto bestätigt (sogenannte Satrapenstele). Khababash wurde von den Priestern noch 311 als legitimer König anerkannt und so Ptolemaios bei der Vorbringung der Bitte um Bestätigung des Tempellandes vorgestellt. Anfang 335 v.Chr. befand sich Ägypten wieder unter persischer Herrschaft, Dareios III. war anerkannter Landesherr und Sabakes als Satrap im Amt, der bei Issos fallen sollte. Über diese Rückgewinnung Ägyptens liegen keine genaueren Informationen vor.

Der hohe Würdenträger Semattauitefnakht aus Herakleopolis war nach seiner unter Ptolemaios I. verfassten autobiographischen Inschrift[34] zu Beginn seiner Laufbahn Priester des Harsaphes/Herischef-Rê, des Hauptgottes von Herakleopolis, gewann dann das Vertrauen des Nektanebo II., erhielt mehrere traditionelle Ehrentitel und weitere Priesterämter. Nach dem Sieg Artaxerxes' III. – der Gott habe Ägypten „den Rücken gekehrt", so die Inschrift – fand er Zugang zum persischen Hof – der Gott habe dem „Herrscher von Asien" Zuneigung zu ihm ins Herz gegeben –, sodass er zum Vorsteher der Wab-Priester der Sachmet für Ober- und Unterägypten ernannt wurde, ein Amt, in dem er seinem Onkel mütterlicherseits nachfolgte (Z. 8–10). Dieser war entweder verstorben oder wohl viel eher abgesetzt worden. 333 v.Chr. befand sich Semattauitefnakht in der Umgebung des Dareios III. und begleitete dessen Heer in die Schlacht von Issos, die er durch den Schutz seines Gottes, der „die Asiaten" zurückgedrängt habe, also den Griechen den Sieg gegeben habe, heil überlebte und sich anschließend, so die Inschrift, auf Grund einer Weisung seines Gottes im Traum allein nach Herakleopolis durchschlug (Z. 10–14). Danach hat er sich als Prophet seines Gottes nur mehr in den Dienst des Tempels und des Kultes des Harsaphes gestellt (Z. 5–7). Er hatte, wie anzunehmen ist, als Vorsteher der Sachmet-Priester, die als Priesterärzte mit medizinischem, hygienischem und veterinärmedizinischem sowie magischem Wissen zu bezeichnen sind, und selbst als Spezialist für das magische Wissen,[35] den ägyptischen Satrapen Sabakes, der bei Issos fiel, und seine Truppen mit einer Gruppe von Sachmet-Priestern auf dem Marsch nach Nordsyrien begleitet. Zweifellos hat Semattauitefnakht die persischen Großkönige während deren Herrschaft als legitime Herrscher anerkannt und sich als loyaler Gefolgsmann dargestellt; nach 333/332 sprach er sie dann als Fremdherrscher an. Auf die von ihm sicher erlebten

33 Schäfer 2011, 139–144; 195–196; Wojciechowska 2016, 75–79; Apissarkophag: 3. Monat seines 2. Jahres (Vittmann 2011, 415); zur Satrapenstele (Xerxes als Götterfeind, nicht Artaxerxes III.) bereits o. Anm. 27.

34 Naosplatte Neapel Inv. 1035; Sternberg-el Hotabi 2017, 121–124; Perdu 1985; Sternberg-el Hotabi 2005; Lichtheim 2006, 41–44; auch Vittmann 2011, 406–407. Ausführlich Gorre 2009, 210–215 Nr. 42; allerdings ist m.E. kein engeres Verhältnis zu Dareios III. anzunehmen.

35 Vgl. Gorre 2009, 210; Engelmann – Hallof 1996.

Ereignisse um Khababash und die Rückgewinnung des Landes durch Dareios III. ging er in seiner Inschrift nicht ein.

Im Gegensatz dazu sagt Petoriris, der Oberpriester des Thot in Hermopolis und Inhaber zahlreicher Priesterämter, in seiner großen biographischen Inschrift aus seinem Grabtempel in Tuna el-Gebel,[36] dass er, als der „Herrscher der Fremdländer", *ḥq3 ḫ3s.wt* (!), der Protektor von Ägypten gewesen ist und die traditionelle Ordnung im Lande zerstört war, seit die Kämpfe in Ägypten begonnen hatten, sieben Jahre Lesonis-Priester des Thot, der jährlich bestellte Tempeladministrator und -vorsteher war und das Amt fehlerlos geführt habe.[37] „Der Süden war in Aufruhr, der Norden im Umsturz" (Z. 30). Die Menschen seien kopflos umhergelaufen, alle Tempel seien von ihrem Personal und den Wab-Priestern verlassen gewesen, da diese die Geschehnisse nicht mehr zu deuten gewusst hätten (Z. 31–33). Petosiris aber rühmt sich, als Vorsteher den Tempel des Thot in seinen früheren Zustand versetzt und den Kult wiederhergestellt zu haben (Z. 33–38), gefolgt von einer Beschreibung seiner Bautätigkeit für die Heiligtümer von Hermopolis, wobei Petosiris die königlichen Prärogativen und zeremoniellen Privilegien als Bauherr für sich okkupiert hat. Zuletzt betont er, dass er die Gunst des (aktuellen) Herrschers von Ägyptens erlangt habe und Beliebtheit bei seinen Höflingen (Z. 87–88).[38] Dieser deutliche Gegensatz lässt eine Deutung des Herrschers der Fremdländer auf Philipp III. Arrhidaios und die Chaos-Schilderung für die Zeit der Makedonenherrschaft nicht zu.[39] Der zuletzt genannte gute Herrscher und seine Entourage beziehen sich zweifellos auf Ptolemaios als Landesherren vor der Annahme des Königstitels, wie Gorre zu Recht betont. Petosiris war seinem Vater und seinem älteren Bruder in der Leitung des Tempels des Thot gefolgt, und es wird ausdrücklich vermerkt, dass beide persönlichen Zugang zu den letzten Saitenpharaonen gefunden hatten und von diesen ins Amt eingesetzt waren.[40] Petosiris dagegen betont überdeutlich, dass ihn der Gott zum Tempelvorsteher bestellt habe (Z. 25–26). Offenkundig erhielt er das Amt nicht von einem als legitim angesehenen Pharao, sondern von dem Herrscher der Fremdländer, zweifellos von Artaxerxes III. bzw. seinem Satrapen und nochmals unter Dareios III.; sein durch die Nähe zu Nektanebo II. kompromittierter Bruder war, wie anzunehmen ist, nicht mehr im Amt bestätigt worden, in die Erblichkeit der Funktionen wurde aber von persischer Seite nicht eingegriffen.

36 Lefebvre 1924, I 136–145; Lichtheim 2006, 44–52; dazu Wojciechowska 2016, 61–62; ausführlich Gorre 2009, 176–193 mit sprachlicher Analyse und neuer französischer Übertragung der zentralen Passagen der biographischen Inschrift Lefebvre 1924, I 81; auch Vittmann 2011, 408–409. Gesamtcorpus der Inschriften des Grabkomplexes in Lefebvre 1924; ältere deutsche Übersetzung der großen biographischen Inschrift bei Otto 1954, 180–183.

37 Z. 24–30; zur grammatikalischen Analyse Gorre 2009, 186–188. Die gleiche Aussage wiederholt sich in den Inschriften zur Tätigkeit als Lesonis und Wiederhersteller von Tempel und Kult Nr. 59 (Lefebvre 1924, I 79–81, Z. 3) „damals als Menschen aus Fremdländern in Ägypten herrschten", und Nr. 62 (Lefebvre 1924, I 81–84), Z. 10 „Ausländer regierten damals Ägypten".

38 Rößler-Köhler 1991, 291–292.

39 So noch Huss 1994, 116–119; 137–138 Lesonis unter Philipp III. Arrhidaios.

40 Lefebvre 1924, I 59; 90; 102; 106; 138; Gorre 2009, 192.

Hier dürfte die direkte Parallele zu Sematauitefnakht vorliegen.[41] Die Korrespondenz des Satrapen Pherendates in den Jahren 493–492 mit den Priestern des Khnum-Tempels von Elephantine zeigt das Procedere: Wahl eines Kandidaten durch die Priesterschaft, Meldung an das Büro der zentralen Tempelverwaltung, Vorlage beim Satrapen und dessen letztliche Entscheidung.[42] Es ist von einer intensiven Oberaufsicht über die Tempel durch die Administration des Satrapen auszugehen.[43]

Dass Petosiris den „Herrscher der Fremdländer" als Protektor Ägyptens bezeichnet, verwundert zwar angesichts der Chaos-Schilderung für die Perserherrschaft, ist aber unter oben dargelegten Gesichtspunkten seiner Karriere zu verstehen. Auch Sematauitefnakht berief sich darauf, dass der Gott ihm die Gunst des Großkönigs und damit das Amt gegeben habe, er also letztlich im Auftrag des Gottes handelte. Auf der Fassade des Grabbaus hat sich Petosiris bei der bisher nur dem Pharao vorbehaltenen Kulthandlung des Opfers und der Anbetung vor den Göttern dargestellt.[44] Petosiris sah offensichtlich das durch die ideologischen und religiösen Vorstellungen bestimmte und durch Präsenz und Kultvollzug sich legitimierende ägyptische Königtum[45] mit der Flucht des Nektanebo II. 526 nach Nubien als unterbrochen an, wie er in der Inschrift für die Laufbahn seines Bruder Djedthotiufankh formuliert: „als der König noch im Palast gewesen ist".[46] Die folgenden nichtägyptischen Herrscher und ihr Regime waren für diesen wohl überwiegenden Teil der einheimischen Elite als Landesherren zu akzeptieren, als Pharaonen nach ägyptischem Verständnis aber nicht angesehen, was auch für die erste Makedonenzeit gilt.[47] Eine Parallele dazu bietet die Inschrift des memphitischen Priesters Ankh-hapi,[48] der auf die Gunst des Landesherren (*ḥq3 T3-mry)*, d.h. Ptolemaios, hinweist, diesen also als legitim anerkennt, nicht aber mit der ägyptischen Königswürde bezeichnet.[49] Ptolemaios I. gelang es allmählich, sich in die Tradition der legitimen ägyptischen Könige zu stellen, eine Entwicklung, die unter Ptolemaios II. ihren Abschluss fand, wie die biographische Inschrift des Oberpriesters des Ptah von Memphis Esisut-Petobasis I. zeigt,[50] der Prophet der Göttin, Königstochter und Königsschwester Philotera und der Arsinoe, Königstochter, Königsschwester und Königsgemahlin, Tochter des Amun-Rê, Herrin

41 Ebenso Gorre 2009, 192.
42 Pap. Berlin P. 13539–13540; Chauveau 1999; Gorre 2009, 481; Agut-Labordère 2017, 681; 685–686.
43 Gorre 2009, 480–481; Agut-Labordère 2017, 685; 687.
44 Dazu Rößler-Köhler 1991, bes. 291–292; Lembke 2012, 4.
45 Dazu Rößler-Köhler 1991; Pfeiffer 2008, 19–30; Payraudeau 2020, 370–374.
46 Inschrift Lefebvre 1924, I 106, 15–16.
47 Gorre 2009, 491–499; 507–510. Zur problematischen Biographie des Hôros vom Ausgang des 30. Dynastie zur frühen Makedonenzeit ausführlich Gorre 2009, 198–209.
48 Gorre 2009, 216–219; 489–491 Priester „X".
49 Derchain-Urtel 1992.
50 Gorre 2009, 285–296; Reymond 1981, 60–70. Vgl. Huß 1994, 98–99 Anm. 115; Huß 2001, 213–218; 307–310; 328–330. Zur Entwicklung des ptolemäischen Königs- und Dynastiekultes Hölbl 2004, 69; 82; 94–97; Minas 2000; Pfeiffer 2008, bes. 77–114; zur Entwicklung des Verhältnisses zur priesterlichen Elite unter Ptolemaios I. und seinen Nachfolgern Gorre 2009, 489–512, zur sich entwickelnden Integration in den Staatsapparat ebd. 557–603. Zur Weiterentwicklung in römischer Zeit Pfeiffer 2010.

beider Länder, Göttin Philadelphos, Isis Mutter des Apis, war, d.h. der erste Priester des Kultes der vergöttlichten Arsinoe II. Philadelphos nach deren Tod im Juli 270. Den Höhepunkt findet diese Entwicklung in den Reliefs und Inschriften des Horus-Tempels in Edfu.[51]

Literaturverzeichnis

Agut-Labordère, D, Le sens du décret de Cymbyse, Transeuphratène 29, 2005, 9–16.

Agut-Labordère, D., Le titre du ‚décret de Cambyse' (P.Bn 215 Verso Colonne D), REgypt 56, 2005, 45–54.

Agut-Labordère, D., The Saite Period: The Emergence of a Mediterranean Power, in: Moreno García, J. C. (Hg.), Ancient Egyptian Administration (Handbuch der Orientalistik I 104), Leiden – Boston 2013, 965–1027.

Agut-Labordère, D., Administrating Egypt under the First Period: The Empire as Visible in the Demotic Sources, in: Jacobs, B., et al. (Hg.), Die Verwaltung im Achämenidenreich. Imperiale Muster und Strukturen, Akten des 6. Internationalen Kolloquiums zum Thema ‚Vorderasien im Spannungsfeld klassischer und altorientalischer Überlieferungen', Landgut Castelen bei Basel, 14.–17. Mai 2013 (Classica et Orientalia 17), Wiesbaden 2017, 677–697.

Baines, J., On the Composition and Inscriptions of the Vatican Statue of Udjahorresnet, in: Der Manuelian, P. (Hg.), Studies in Honor of William Kelly Simpson, Bd. I, Boston 1996, 83–92.

Bareš, L., Abusir IV. The Shaft Tomb of Udjahorresnet at Abusir, Prag 1999.

Bonnet, H., Reallexikon der Ägyptischen Religionsgeschichte 2000, 512–517, s.v. Neith.

Breyer, F., Die Inschrift des Anchtifi aus Mo'alla, in: Breyer, F. – Lichtenstein, M. (Hg.), Staatsverträge, Herrscherinschriften und andere Dokumente zur politischen Geschichte (Texte aus der Umwelt des Alten Testaments N.F. 2), Gütersloh 2005, 187–196.

Briant, P., From Cyrus to Alexander. A History of the Persian Empire, Winona Lake 2002.

Briant, P., The Ruling Class and Subject Population in the Achaemenid Empire: The Egyptian Example, in: ders., Kings, Countries, Peoples. Selected Studies on the Achaemenid Empire (Oriens et Occidens 26), Stuttgart 2017, 169–206 (= Briant 2017a).

Briant, P., A Strange Affair at Elephantine in 410 B.C. Widranga, the Sanctuary of Khnûm and the Temple of Yahweh, in: ders., Kings, Countries, Peoples. Selected Studies on the Achaemenid Empire (Oriens et Occidens 26), Stuttgart 2017, 207–220 (= Briant 2017b).

Burkard, G., Literarische Tradition und historische Realität: Die persische Eroberung am Beispiel von Elephantine II, ZÄS 122, 1995, 31–37 und 183.

51 Kurt 1998–2021.

Chauveau, M., La chronologie de la correspondance dite de ‚Pherendatès', REgypt 50, 1999, 269–271.
Chauveau, M., Titres et fonctions en Égypte perse d'après les sources égyptiennes, in: Briant, P. – Chauveau, M. (Hg.), Organisation des pouvoirs et contacts culturels de l'empire achéménide (Persika 14), Paris 2009, 123–131.
Chevereau, P. M., Prosopographie des cadres militaires égyptiens de la Basse époque: Carrières militaires et sacerdotiales en Égypte du XIe au IIe siècle avant J.-C., Paris ²2001.
Darnell, J., The *kbn.wt* Vessels of the Late Period, in: Johnson, J. H. (Hg.), Life in a Multi-Cultural Society. Egypt from Cambyses to Constantine and Beyond (Studies in Ancient Oriental Civilization 51), Chicago 1992, 67–89.
Davies, W. V., The Tomb of Ahmose Son-of-Ibana at Elkab. Documenting the Family and other Observations, in: Claes, W., et al. (Hg.), Elkab and Beyond. Studies in Honour of Luc Limme (Orientalia Lovaniensia Analecta 191), Leuven 2009, 139–175.
Davies, W. V., Renseneb and Sobeknakht of Elkab: The Genealogical Data, in: Marrée, M. (Hg.), The Second Intermediate Period (Thirteenth–Seventeenth Dynasties). Current Research, Future Prospects (Orientalia Lovaniensia Analecta 192), Leuven 2010, 223–240.
Derchain-Urtel, M.-Th., *Tꜣ-mry* ‚Terre d'héritage', in: dies. (Hg.), L'atelier de l'orfèvre. Mélanges Ph. Derchain (Lettres Orientales et Classiques 1), Leuven 1992, 55–61.
Dessoudeix, M., Lettres égyptiennes. La Naissance du Nouvel Empire de Kamosis à Thoutmosis II, Arles ²2019.
Devauchelle, D., Le sentiment anti-perse chez les anciens Égyptiens, Transeuphratène 9, 1995, 67–80.
Doxey, D., Autobiographical Texts, in: Shaw, I. – Bloxham, E. (Hg.), The Oxford Handbook of Egyptology, Oxford 2020, 994–1006.
Edel, E., Die Inschriften der Grabfronten der Siut-Gräber in Mittelägypten aus der Herakleopolitenzeit. Eine Wiederherstellung nach den Zeichnungen der Description de l'Égypte (Abhandlungen der Rheinisch-Westfälischen Akademie der Wissenschaften 71), Opladen 1984.
El-Khadragy, M., The Nomarchs of Asyut During the First Intermediate Period and the Middle Kingdom, in: Kahl, J., et al. (Hg.), Seven Seasons at Asyut. First Results of the Egyptian-German Cooperation in the Archaeological Fieldwork, Proceedings of an International Conference at the University of Sohag, 10th–11th October, 2009 (Asyut Project 2), Wiesbaden 2012, 31–46.
El-Sayed, R., La désse de Neith de Sais, Kairo 1982.
Engelmann, H. – Hallof, J., Der Sachmetpriester, ein früher Repräsentant der Hygiene und des Seuchenschutzes, Studien zur Altägyptischen Kultur 23, 1996, 103–146.
Escolano-Poveda, M., The Egyptian Priests of the Graeco-Roman Period. An Analysis on the Basis of the Egyptian and Graeco-Roman Literary and Paraliterary Sources (Studien zur spätägyptischen Religion 29), Wiesbaden 2020.
Forgeau, A., Nectanébo. La dernière dynastie égyptienne, Paris 2018.
Forshaw, R., Egypt of the Saite Pharaos 664–525 BC, Manchester 2019.
Gardiner, A. H., The House of Life, JEA 24, 1938, 157–179.

Gestermann, L., Grab und Stele von Psametich, Oberarzt und Vorsteher der *Ṯmḥ.w*, REgypt 52, 2001, 127–147.

Gnirs, A., Die ägyptische Autobiographie, in: Loprieno, A. (Hg.), Ancient Egyptian Literature: History and Forms (Probleme der Ägyptologie 10), Leiden – Boston 1996, 191–241.

Gorre, G., Les relations du clergé égyptien et des Lagides d'après les sources privées (Studia Hellenistica 45), Leuven 2009.

Gozzoli, R. B., Psammetichus II. Reign, Documents and Officials (Egyptology 25), London 2017.

Huß, W., Der makedonische König und die ägyptischen Priester. Studien zur Geschichte des ptolemaiischen Ägypten (Historia Einzelschriften 85), Stuttgart 1994.

Huß, W., Ägypten in hellenistischer Zeit: 332–30 v.Chr., München 2001.

Klotz, D., Two Studies on the Late Period Temples at Abydos, BIAO 110, 2010, 127–163.

Kurth, D., Edfou IV–VIII, Wiesbaden – Hützel 1998–2021.

Lashien, M. – Mourad, A.-L., Beni Hassan V. The Tomb of Khnumhotep I (The Australian Centre of Egyptology: Reports 43), Oxford 2019.

Leahy, A., Egypt in the Late Period, in: Shaw, I. – Bloxham, E. (Hg.), The Oxford Handbook of Egyptology, Oxford 2020, 720–743.

Lefebvre, G., Le tombeau de Pétosiris I–III, Kairo 1924.

Lembke, K., Interpretatio aegyptiaca vs. interpretatio graeca? Der ägyptische Staat und seine Denkmäler in der Ptolemäerzeit, MediterrAnt 14, 2012, 1–17.

Lichtheim, M., Ancient Egyptian Literature III. The Late Period, Berkeley – Los Angeles ²2006.

Lopez, F., Democede di Crotone e Udjahorresnet di Sais: Medici primari alla corte achemenide di Dario il Grande, Pisa 2015.

Menu, B., L'apport des autobiographies hiéroglyphiques à l'histoire des deux dominations perses, Transeuphratène 35, 143–163.

Mourad, A.-L., The Tomb of Ptahhotep I (The Australian Centre of Egyptology: Reports 37), Oxford 2015.

Otto, E., Die biographischen Inschriften der ägyptischen Spätzeit (Probleme der Ägyptologie 2), Leiden 1954.

Payraudeau, F., L'Égypte et la vallée du Nil III. Les époques tardives (1069–332 av. J.-C.), Paris 2020.

Perdu, O., Le monument de Samtoutefnakht à Naples, REgypt 49, 1985, 89–113.

Perdu, O., Ancient Egyptian Autobiographies, in: Sasson, J. M. (Hg.), Civilizations of the Ancient Near East IV 2, New York 1995, 2243–2254 (ND 2001).

Pfeiffer, S., Herrscher- und Dynastiekulte im Ptolemäerreich (Münchener Beiträge zur Papyrusforschung und antiken Rechtsgeschichte 98), München 2008.

Pfeiffer, S., Der römische Kaiser und das Land am Nil. Kaiserverehrung und Kaiserkult in Alexandria und Ägypten von Augustus bis Caracalla (30 v.Chr. – 217 n.Chr.) (Historia Einzelschriften 212), Stuttgart 2010.

Popko, L., Untersuchungen zur Geschichtsschreibung der Ahmosiden- und Thutmosidenzeit „... damit man von seinen Taten noch in Millionen von Jahren sprechen wird." (Wahrnehmungen und Spuren Altägyptens 2), Würzburg 2006.

Posener, G., La première domination perse en Égypte (Bibliothèque d'étude 11), Kairo 1936.

Quack, J., Zum Datum der persischen Eroberung Ägyptens unter Kambyses, Journal of Egyptian History 4, 2011, 228–246.

Reymond, E. A. E., From Records of a Priestly Family from Memphis I (Ägyptologische Abhandlungen 38), Wiesbaden 1981.

Rößler-Köhler, U., Individuelle Haltungen zum ägyptischen Königtum der Spätzeit. Private Quellen und ihre Königswertung im Spannungsfeld zwischen Erwartung und Erfahrung (Göttinger Orientforschungen, Reihe 4.21), Wiesbaden 1991.

Rusch, A., RE 16.2, 1935, 2190–2218, s.v. Neith.

Sabri Kolta, K. – Schwarzmann-Schafhauser, D., Die Heilkunde im Alten Ägypten (Sudhoffs Archiv Beih. 42), Stuttgart 2000.

Schäfer, D., Makedonische Pharaonen und hieroglyphische Stelen. Historische Untersuchungen zur Satrapenstele und verwandten Denkmälern (Studia Hellenistica 50), Leuven 2011.

Schenkel, W., Memphis, Herakleopolis, Theben. Die epigraphischen Zeugnisse der 7.–11. Dynastie Ägyptens (Ägyptologische Abhandlungen 12), Wiesbaden 1965.

Schütze, A., WiBiLex. Das wissenschaftliche Bibellexikon im Internet (2010) s.v. Sais, https://www.bibelwissenschaft.de/stichwort/25834/ ⟨16.09.2023⟩.

Schütze, A., Ägypten unter der Herrschaft der Achämeniden. Untersuchungen zur Verwaltung und Gesellschaft einer Provinz des Perserreiches, Diss. München 2012.

Schütze, A., Local Administration in Persian Period Egypt According to Aramaic and Demotic Sources, in: Jacobs, B., et al. (Hg.), Die Verwaltung im Achämenidenreich. Imperiale Muster und Strukturen, Akten des 6. Internationalen Kolloquiums zum Thema ‚Vorderasien im Spannungsfeld klassischer und altorientalischer Überlieferungen', Landgut Castelen bei Basel, 14.–17. Mai 2013 (Classica et Orientalia 17), Wiesbaden 2017, 489–515.

Simpson, W. K., The Literature of Ancient Egypt. An Anthology of Stories, Instructions, Stelae, Autobiographies, and Poetry, New Haven – London 2003.

Stauder-Porchet, J., Les autobiographies de l'Ancien Empire égyptien. Étude sur la naissance d'un genre (Orientalia Lovaniensia Analecta 255), Leuven 2017.

Sternberg-el Hotabi, H., Der Denkstein des Sematauitefnacht, in: Breyer, F. – Lichtenstein, M. (Hg.), Staatsverträge, Herrscherinschriften und andere Dokumente zur politischen Geschichte (Texte aus der Umwelt des Alten Testaments N.F. 2), Gütersloh 2005, 279–282.

Sternberg-el Hotabi, H., Quellentexte zur Geschichte der ersten und zweiten Perserzeit in Ägypten (Einführungen und Quellentexte zur Ägyptologie 11), Berlin 2017.

Vandier, J., Mo'alla. La tombe de Ankhtifi et la tombe de Sébekhotep (Bibliothèque d'étude 18), Kairo 1950.

Vittmann, G., Rupture and Continuity. On Priests and Officials in Egypt during the Persian Period, in: Briant, P. – Chauveau, M. (Hg.), Organisation des pouvoirs et contacts culturels de l'empire achéménide (Persika 14), Paris 2009, 89–121.
Vittmann, G., Ägypten zur Zeit der Perserherrschaft, in: Rollinger, R., et al. (Hg.), Herodot und das persische Weltreich, Akten des 3. Internationalen Kolloquiums zum Thema ‚Vorderasien im Spannungsfeld klassischer und altorientalischer Überlieferungen,' Innsbruck, 24.–28. November 2008 (Classica et Orientalia 3), Wiesbaden 2011, 373–429.
Wasmuth, M., Persika in der Repräsentation der ägyptischen Elite, JEA 103, 2017, 241–250.
Wasmuth, M., Ägypto-persische Herrscher- und Herrschaftsrepräsentation in der Achämenidenzeit (Oriens et Occidens 27), Stuttgart 2017.
Westendorf, W., Handbuch der ägyptischen Medizin (Handbook of Oriental Studies I 36), Leiden – Boston 1999.
Wojciechowska, A., From Amyrtaeus to Ptolemy. Egypt in the Fourth Century B.C. (Philippika 97), Wiesbaden 2016.

Kirchen als (neue) Räume der sozialen Repräsentation in den Städten des westlichen Imperium Romanum?

Christian Witschel

Rudolf Haensch hat sich in zahlreichen Arbeiten zur spätantiken Inschriftenkultur geäußert und sich hierbei insbesondere mit der Rolle von Bischöfen sowie mit der Bedeutung von Inschriften in den Kirchen vornehmlich des östlichen Imperium Romanum, aber auch in Italien auseinandergesetzt.[1] Hieran soll die vorliegende kleine Studie anknüpfen, die danach fragt, welche Rolle Kirchenräume im Kommunikationsgefüge spätantiker Städte im Westen des Römischen Reiches gespielt haben könnten und welche Bedeutung in diesem Kontext gerade den Inschriften im Kirchenraum zukam.[2]

Die Entwicklung der städtischen Inschriftenkultur während der Spätantike

Der Ausgangspunkt für meinen Beitrag ist eine schon häufig gemachte Beobachtung: Im Laufe der Spätantike ist ein deutlicher Wandel der städtischen Inschriftenkultur, also eines spezifisch urbanen ‚epigraphic habit', auszumachen.[3] Besonders auffällig ist dabei folgendes Phänomen: Im Westen des Imperium Romanum scheint die Nutzung der zentralen Platzanlagen in den Städten, der Fora, für die Errichtung von (neuen) statuarischen Monumenten sowie von Ehren- und Bauinschriften (also der sog. ‚civic inscriptions'), die für die soziale Repräsentation, Kommunikation und Kommemoration in den Jahrhunderten zuvor eine zentrale Rolle gespielt hatten, vielerorts bereits im Laufe des 4., spätestens aber am Anfang des 5. Jhs. zu Ende gekommen zu sein,[4] was nicht notwendi-

1 Vgl. nur Haensch 2006, 2007b und 2017.

2 Diese Arbeit entstand im Rahmen des von der DFG geförderten SFB 933 ‚Materiale Textkulturen'. Für zahlreiche wichtige Hinweise danke ich Sebastian Watta.

3 Zur Entwicklung des ‚epigraphic habit' in der Spätantike vgl. allgemein die Beiträge in Donati 1988 und Bolle et al. 2017; ferner die wichtigen Bemerkungen von Tantillo 2017a.

4 Das gilt selbst für diejenigen Regionen, die in Bezug auf die epigraphische und statuarische Praxis im Laufe des 4. Jhs. am konservativsten gewesen waren, so insbesondere Süditalien und die Kernprovinzen Africas. Vgl. hierzu allgemein Machado 2010; Smith – Ward-Perkins 2016 sowie die Datenbank ‚The Last Statues of Antiquity': http://laststatues.classics.ox.ac.uk/ ⟨16.09.2023⟩. Zu Italien: Witschel 2007; Machado 2016. Zu Africa: Lepelley 1979/1981; Tantillo 2017b. Anderswo,

gerweise heißt, dass die Plätze selbst bereits jegliche Funktion verloren hätten, obwohl sie mancherorts aufgelassen oder überbaut wurden.

In den meisten Regionen des Westens ist somit spätestens für die Zeit ab dem frühen 5. Jh. durch den Wegfall neu angefertigter ‚civic inscriptions' in den Städten eine erhebliche Veränderung der öffentlichen Zonen in ihrer Funktion als ‚Schriftraum', welcher mit zahlreichen Schriftartefakten unterschiedlicher Art angefüllt war, auszumachen. Dabei ist zwar in Rechnung zu stellen, dass ältere Inschriften noch für eine lange Zeit, teilweise Jahrhunderte nach ihrer Erstaufstellung, zu sehen waren und dadurch die Wahrnehmung des Stadtraumes weiterhin (mit)bestimmten;[5] und auch, dass es neben der monumentalen Epigraphik andere Schriftpraktiken im urbanen Kontext gab, die sich teilweise besser hielten, so die Anbringung von Graffiti.[6] Dennoch hatte das Auslaufen der ‚civic inscriptions' für die epigraphische Praxis in den Städten bedeutende Folgen. Denn selbst dort, wo im 5./6. Jh. noch eine Inschriftenkultur in quantitativ größerem Umfang existierte, so in einigen Teilen Italiens und Africas,[7] aber auch an bestimmten Orten in Hispanien und Gallien,[8] war diese nun fast ausschließlich auf zwei Bereiche konzentriert: Das Grab[9] und den Kirchenraum – auf letzteren konzentrieren sich die folgenden Überlegungen.

Diese Entwicklung konvergierte mit einem weiteren auffälligen Phänomen: Etwa zur gleichen Zeit, d.h. ab dem späten 4. Jh., setzte in vielen Regionen des westlichen (und auch des östlichen) Imperium Romanum ein veritabler ‚Kirchenbau-Boom' ein.[10] Hierdurch kam es einerseits zur Errichtung großer Gemeindekirchen *intra muros* und andererseits von Kirchen zur Verehrung von Märtyern und Heiligen, welche zumeist *extra muros* lagen und häufig auch intensiv als Begräbnisorte genutzt wurden. Die in diesen Kirchen eingebrachten Bestattungen waren nicht selten mit steinernen oder in Mosaik

so in den meisten Teilen Galliens, waren schon im 4. Jh. kaum noch neue (Ehren-)Statuen errichtet worden: Witschel 2016.

5 Vgl. dazu beispielsweise den Befund auf dem Forum von Aquileia (Witschel 2012/2013, 31–35) sowie die wichtigen methodischen Überlegungen von Smith 2007 zu Aphrodisias.

6 Solche spätantiken Graffiti sind vor allem aus den Städten des Ostens vorgelegt worden; vgl. dazu etwa Roueché 2006.

7 Italien: Witschel 2006; Bolle 2019. Africa: Zum zumindest an einigen Orten quantitativ noch sehr umfangreichen Bestand an Grabinschriften des 5./6. Jhs. vgl. zusammenfassend Duval 1988; Ardeleanu 2020.

8 Hispanien: Végh 2017. Gallien: Zu Südgallien vgl. zusammenfassend Hildebrandt 2017; in Nordgallien ist besonders auf den reichen Bestand an spätantik-frühchristlichen Grabinschriften in Trier zu verweisen: Gauthier 1975 sowie u. Anm. 12 zu den Befunden in dem ‚Grabgroßbau' unter St. Maximin.

9 Vgl. dazu die Synthese in Ardeleanu – Cubas Díaz 2023.

10 Zum Kirchenbau in den verschiedenen Regionen des Westens zwischen dem späteren 4. und dem 6. Jh. vgl. folgende Überblicke. Italien: Testini et al. 1989. Gallien: Duval 1995–1998 sowie die einzelnen Bände der Serie ‚Topographie chrétienne des cités de la Gaule des origines au milieu du VIIIe siècle'. Africa: Gui et al. 1992; Baratte – Bejaoui 2014. Die Gründe für das Einsetzen des ‚Kirchenbau-Booms' ab dem späteren 4. Jh. sind nicht völlig klar; eventuell standen erst jetzt entsprechende Baugrundstücke in größerer Zahl zur Verfügung, ebenso wie die benötigten, über längere Zeit akkumulierten Finanzmittel.

ausgeführten Grabinschriften verbunden. Diese konnten Teile des oder sogar den gesamten Fußboden einer solchen Anlage bedecken. Ein Beispiel hierfür stellt die knapp außerhalb der Stadtmauern von Tridentum gelegene Kirche San Vigilio in Trento dar, wo nach einer Umbauphase im späteren 5. Jh. zahlreiche Gräber auch von hochgestellten Persönlichkeiten eingebracht wurden, die mit beschrifteten Grabplatten verschlossen wurden.[11] Vergleichbar präsentiert sich der Befund in dem im 4. Jh. errichteten ‚Grabgroßbau' unter St. Maximin in Trier, wo (marmorne) Tafeln mit Grabinschriften in gemauerte Sockel auf dem Fußboden eingelassen wurden, während die zumeist der Oberschicht angehörenden Toten in darunter versenkten Sarkophagen ruhten. Dieser Bau wurde allerdings erst im 6. Jh. in eine Kirche mit entsprechenden liturgischen Einrichtungen umgewandelt.[12] Hinzu kamen Verehrungsstätten für (vermeintlich) in solchen Kirchen begrabene Märtyrer und *confessores*, die ebenfalls eine aufwändige epigraphische Ausstattung erhalten konnten. In diesem Kontext ist insbesondere auf Africa zu verweisen, von wo zahlreiche solcher ‚Märtyrerinschriften' bekannt sind.[13] Ein instruktives Beispiel hierfür bietet Ammaedara: Hier waren bis zum späten 6. Jh. mindestens acht Kirchen errichtet worden, teils innerhalb des (spätantiken) Siedlungsgebietes, teils im *suburbium*. In praktisch allen dieser Kirchen wurden Bestattungen vorgenommen, wie entsprechende Grabinschriften ausweisen, und zwar sowohl von privilegierten Personen wie Bischöfen und Angehörigen der städtischen Oberschicht als auch von einfachen Gemeindemitgliedern.[14] In fünf dieser Kirchen ist zudem eine Verehrung von Märtyrern bzw. Heiligen nachzuweisen, und zwar durch Inschriften-Tafeln oder beschriftete Reliquiare. Besonders aufwändig gestaltet war eine im 6. Jh. in der Basilika II installierte Märtyrer-Memoria, welche in einem abgeschrankten Geviert dem Gedenken an die angeblich dort bestatteten Gebeine von 34 Opfern der diokletianischen Verfolgung galt.[15] Hieran erinnerte sowohl ein mosaizierter Text auf dem Boden als auch eine fast wortgleiche Inschrift auf einer der Balustraden-Platten der Einfriedung.[16] Solche Märtyrer-Verehrungsstätten dienten dann wiederum als Anlagerungspunkte für weitere Bestattungen mit entsprechenden Grabinschriften und anderen Installationen. Gut zu sehen ist dies in Salona, wo sich im nördlichen *suburbium* der Stadt drei solche Komplexe (Kapljuč, Marusinac und Manastirine) herausbildeten, in denen zahlreiche Grabinschriften und -mosaike gefunden wurden.[17] Im Bezirk Manastirine befand sich das Grab des Bischofs Domnius, der unter Diokletian das Martyrium erlitten haben soll, und offenbar auch die (vermeintlichen) Bestattungsorte von weiteren Märtyrern. Diese Gräber wurden im Laufe des 4. Jhs. monumental ausgestaltet. Gleichzeitig erfolgten im Umfeld weitere Bestattungen, und zwar sowohl von Bischöfen der Stadt als auch von Eliteangehörigen, die hierfür prächtig ausgestalte-

11 Vgl. Mazzoleni 2001.
12 Dazu Neyses 1999; Merten 2018.
13 Gesammelt sind diese in Duval 1982.
14 Die christlichen Inschriften von Ammaedara sind ediert in Duval 1975.
15 Vgl. zu dieser Kirche Baratte et al. 2011.
16 Duval 1982, 105–115 Nr. 51 und 52.
17 Vgl. zum Folgenden Duval – Marin 2000 sowie zu den Inschriften Marin et al. 2010. Zu beachten sind aber auch die kritischen Bemerkungen von Yasin 2012.

te Mausoleen mit Apsiden errichten ließen. Schließlich wurde der gesamte Komplex im mittleren 5. Jh. mit einer dreischiffigen Basilika überbaut. Zu nicht wenigen Gräbern gehörten permanente Einrichtungen für die Abhaltung von Totenmählern an bestimmten Fest- oder Gedenktagen, die zwar von den Kirchenführern nicht gerne gesehen, aber bei vielen Gemeindemitgliedern dennoch sehr populär waren. Zu beobachten ist dies beispielsweise in Tipasa, wo im Vorfeld der Stadtmauern mehrere ausgedehnte spätantike Nekropolen existierten, in denen auch größere Kirchen angelegt wurden, welche dann ebenfalls für Bestattungen genutzt wurden.[18] Zahlreiche Grabinschriften, einige davon in Mosaik ausgeführt, waren mit den Gräbern inner- und außerhalb der Kirchen verbunden. Über nicht wenigen der Gräber wurden zudem spezielle Anlagen errichtet, nämlich (teilweise beschriftete) ‚Tische' (*mensae*) und Liegen zur Abhaltung der Festspeisungen (*convivia*), zu denen größere Menschengruppen zusammenkamen. Im Folgenden wird jedoch auf solche ‚Bestattungskirchen' nur am Rande eingegangen; das Hauptaugenmerk soll vielmehr auf den innerstädtischen Gemeindekirchen liegen.

Kirchen als spätantike ‚Schrifträume'

Die seit dem 4. Jh. in den Städten des westlichen Imperium Romanum neu errichteten Kirchenbauten waren in ihrer Außenwirkung eher bescheiden, da sie oftmals keinen ausgeprägten christlichen Baudekor etwa an der Fassade aufwiesen.[19] Umso reicher waren häufig die Innenräume der Kirchen ausgestaltet. Einen Eindruck hiervon kann der Komplex der Bischofskirche(n) in Trier vermitteln, der im Laufe des 4. Jhs. mehrfach ausgebaut wurde, insbesondere durch die Errichtung eines hervorgehobenen ‚Quadratbaues' gegen Ende des 4. Jhs. Diese Anlage war mit einem Opus-sectile-Fußboden, Granit- und Porphyrsäulen, marmorner Bauskulptur (insbesondere Kapitellen und Reliefpfeilern), (Bunt-)Marmor-Inkrustationen, teilweise vergoldeten Wandmosaiken, Deckenmalereien sowie Marmor- und Glasgefäßen ausgestattet.[20]

Zu der Ausstattung der Kirchen gehörten nicht zuletzt auch zahlreiche Schriftartefakte, welche im Kontext des Kirchenbaues unterschiedliche Funktionen erfüllten.[21] Viele der im Kirchenraum sichtbaren Texte bezogen sich auf die Errichtung und Ausgestaltung des Baues durch unterschiedliche Akteure. Zu unterscheiden ist dabei zwischen den ‚Hauptbauinschriften',[22] zumeist längeren Texten, welche den Bau der gesamten Kirche und die daran beteiligten Personen kommemorierten, und sog. ‚Stifterinschriften', die an die Finanzierung einzelner Teile der (Innen-)Ausstattung der Kirche – so etwa des Fußboden- und Wandschmucks oder von liturgischem Mobiliar – durch individuelle Spen-

18 Vgl. zusammenfassend Ardeleanu 2018.
19 Vgl. zu diesem Phänomen Bauer 2008, bes. 186–190; ferner Brandenburg 2004, 22; 168.
20 Dazu Gross-Morgen 2022.
21 Allgemein hierzu vgl. Yasin 2009, 101–150; Watta 2018, 74–77 und jetzt Leatherbury 2020.
22 Zu diesem Begriff s. Haensch 2017, 539; ferner Haensch 2007, 696.

Abb. 1: Poreč (Parentium). Eufrasius-Basilika: Apsismosaik mit Bauinschrift (InscrIt X 2, 81).

der oder Kollektive erinnerten.[23] Diesen Arten von Inschriften gilt im Folgenden unser Hauptaugenmerk; daneben waren aber im Kirchenraum noch weitere Schriftzeugnisse wie etwa Beischriften auf bildlichen Darstellungen oder Monogramme auf Kapitellen zu sehen. Hinzu traten nicht selten Grabinschriften – vor allem, wie schon im vorangegangenen Abschnitt dargestellt, im Bereich der Funerärzonen außerhalb der Mauern, bisweilen aber auch in innerstädtischen Kirchen. Schließlich zeugen sekundär beispielsweise auf Säulen oder Schrankenanlagen angebrachte Graffiti von einem intensiven ‚Schrift-Handeln' der Besucher von Kirchen.[24]

Das anschauliche Beispiel eines gut erhaltenen Kirchenbaues kann die Vielzahl der dort präsenten Schriftartefakte aufzeigen, die hier nur in Auswahl vorgeführt werden können. Dabei handelt es sich um die Gemeindekirche im istrischen Parentium (Poreč), welche der örtliche Bischof Eufrasius um die Mitte des 6. Jhs. über früheren Kirchenbauten errichten ließ.[25] Der Bau der Basilika durch Eufrasius wurde in einer großen, sorgfältig gestalteten Mosaikinschrift festgehalten, welche im Rund der Apsis angebracht war

23 Der Terminus ‚Stifter' wird hier und im Folgenden in einem allgemeinen, eher untechnischen Sinn verwendet; dazu Watta 2018, 74–75.

24 Zu den Graffiti im Kirchenraum vgl. Binsfeld 2006 sowie die Beiträge in Felle – Ward-Perkins 2021.

25 Vgl. zur Ausstattung der Eufrasius-Basilika Terry – Maguire 2007; Bolle 2019, 238–243.

(Abb. 1).[26] In dem ebenfalls als Mosaik ausgeführten Bildfeld darüber war die Gottesmutter mit dem Christuskind zu sehen, umgeben von Engeln, Heiligen und den Stiftern der Kirche – neben Eufrasius auch der Archidiakon Claudius und dessen kleiner Sohn, deren Namen mit schwarzen Buchstaben in den goldenen Hintergrund des Bildes eingearbeitet worden waren.[27] Der Name des Eufrasius war noch an weiteren Stellen in der Kirche (omni)präsent: zum einen auf einem marmornen Altarunterbau, dessen Inschrift davon berichtete, dass der Bischof *a fondamen(tis) ... hunc loc(um) condidit*;[28] und zum anderen durch zahlreiche Monogramme, welche auf den Kapitellen der Säulenstellung sowie in Opus sectile in der Wand der Apsis angebracht waren (Abb. 2).[29] Weitere Teile der Kirchenausstattung wurden – ebenfalls inschriftlich kommemoriert – von anderen Personen finanziert.[30] Zudem waren ‚Stifterinschriften' in den Mosaikfußboden der Kirche eingearbeitet; sie nannten als Akteure sowohl hochrangige Laien als auch Kleriker.[31] Schließlich wurden in späterer Zeit im Apsisrund der Kirche zahlreiche Graffiti eingeritzt, welche vor allem an Verstorbene erinnerten.[32]

Abb. 2: Poreč (Parentium). Eufrasius-Basilika: Kapitell mit Monogramm des Bischofs Eufrasius (InscrIt X 2, 90).

Kirchen fungierten also, wie dieser kurze Überblick hat erkennen lassen, in hohem Maße als (neue) ‚Schrifträume' innerhalb der spätantiken Städte. Das leitet über zu meiner zentralen Frage, ob nämlich zumindest ein Teil der sozialen Repräsentation und Kommunikation, welche über Inschriften zum Ausdruck kam bzw. in diese ‚eingeschrieben' war, nunmehr von den öffentlichen Plätzen und Gebäuden (insbesondere den Fora) in die Kirchen ‚verlagert' wurde und was hiermit an Veränderungen verbunden war.[33]

26 InscrIt X 2, 81; vgl. dazu auch u. Anm. 74.
27 InscrIt X 2, 80.
28 ILCV 1854 = InscrIt X 2, 92.
29 InscrIt X 2, 90.
30 So eine Säule, welche von Stefanus *c(ustos?) ec(clesiae)* gestiftet wurde, und zwar *de donis Dei et s(an)c(ta)e Mari(ae)*: InscrIt X 2, 91; oder ein eventuell zu einem Bischofsstuhl gehöriges Architekturteil, dessen Inschrift einen Mann namens Theodorus nennt: InscrIt X 2, 93.
31 CIL V 365–367 = ILCV 219a–c = InscrIt X 2, 87 = Caillet 1993, 327 Nr. 23 [u.a. *Fausta inlustris fem(ina) cum suis*]; InscrIt X 2, 89 = Caillet 1993, 329 Nr. 25 [*Iohannes v(ir) c(larissimus)*]; InscrIt X 2, 88 = Caillet 1993, 329 Nr. 24 (*[D]ominicus archidiaconu[s]*).
32 InscrIt X 2, 95–182.
33 Vgl. zu diesem Aspekt auch Lavan 2003, 324–326.

Bevor wir diese Frage angehen können, ist noch kurz auf die Überlieferungsbedingungen von Inschriften im Kirchenraum einzugehen, denn hierdurch könnten sich gewisse Verzerrungen ergeben: Während sich die Fußböden der Kirchen mit den darin eingelassenen Mosaikinschriften oftmals recht gut erhalten haben, ist das bei den aufgehenden Wänden und deren Dekoration (inklusive der dort angebrachten Texte) sehr viel weniger der Fall. Einen möglichen Ersatz hierfür bieten Syllogen, in denen Gedichte gesammelt waren, die als Inschriften in Kirchenbauten gedient haben könnten,[34] bei denen aber teilweise umstritten ist, ob sie tatsächlich existiert haben.[35] In nicht wenigen dieser Gedichte finden sich immerhin explizite Hinweise darauf, dass sie für eine reale Anbringung in den Kirchen gedacht und auf ein größeres Publikum ausgerichtet waren. Gerade in bestimmten Regionen wie Gallien scheint somit vieles an spätantiker ‚Kirchenepigraphik' verloren gegangen zu sein, was sich nur noch teilweise rekonstruieren lässt.

Verschiedene Aspekte der ‚Kirchenepigraphik'

Folgende Aspekte möchte ich mit Blick auf die Inschriften im/am spätantiken Kirchenbau sowie im Vergleich mit der traditionellen Inschriftenkultur in den antiken Städten etwas intensiver diskutieren: Örtlichkeiten/Kontexte, Materialien, Medien, Akteure und Adressaten. Zunächst zur räumlichen Verortung der jeweiligen epigraphischen Praxis: Die städtische Inschriftenkultur der römischen Kaiserzeit war im Wesentlichen von der Präsentation epigraphischer Monumente im öffentlichen Raum, insbesondere auf den zentralen Plätzen sowie im Kontext gemeinschaftlich genutzter Gebäude, geprägt gewesen. Diese Orte waren in der Regel ‚offen', d.h. frei zugänglich. Zwar entwickelten sich die Fora in manchen römischen Städten zu einer Art ‚Binnenraum', der durch die rahmende Umbauung aus dem normalen Straßenverkehr herausgehoben war und daher eigens betreten werden musste, aber es handelte sich hierbei dennoch um ‚open air'-Komplexe. Die Kirchen waren hingegen eindeutig Innenräume, welche nach außen abgeschlossen waren, sich unter einem Dach befanden und nur über regulierte Zugänge zu erreichen waren. Hinzu kam die Fokussierung der liturgischen Handlungen auf eben diesen Innenraum, während die meisten Kulthandlungen der traditionellen (polytheistischen) Kulte unter freiem Himmel stattgefunden hatten.

Damit verbunden ist der bereits kurz angesprochene Aspekt, dass sich bei den spätantiken Kirchen der Dekor im Wesentlichen auf das Innere der Kirche konzentrierte. Das galt nun offenbar in hohem Maße auch für die Inschriften, die am oder im Kirchenbau zu sehen waren. Wie zunächst für Rom herausgearbeitet werden konnte,[36] befanden sich im Westen die meisten der Inschriften nicht an den Außenfassaden der Kirchen, sondern in deren Innerem. Das gilt gerade für die bereits angesprochenen ‚Hauptbauinschriften'. Als

34 Das gilt etwa für Ravenna durch das Werk des Agnellus, in dem neben Angaben zur Bautätigkeit der Bischöfe auch die entsprechenden Bauinschriften überliefert sind; dazu Nauerth 1974.

35 Vgl. hierzu die Überlegungen von Pietri 1988.

36 Vgl. Krautheimer 1989, bes. 9–12; Witschel 2012, 381–382.

Abb. 3: Narbonne (Narbo). Türsturz mit Bauinschrift des Bischofs Rusticus (CIL XII 5336 = ILCV 1806).

bevorzugte Anbringungsorte solcher Tituli, ob sie nun in Stein gemeißelt oder – häufiger – als Mosaik gesetzt waren, können das Rund der Apsiden,[37] die sog. ‚Triumphbögen', die Wände gerade über der Eingangstür[38] und bisweilen auch die Fußböden der Bauten in deren Mittelachse[39] benannt werden. Nicht wenige dieser Inschriften waren zudem auf Architekturteilen angebracht, deren ursprünglicher Anbringungsort allerdings oftmals nicht sicher auszumachen ist; einige dürften über den Eingängen der Kirchen angebracht und daher nach außen gerichtet gewesen sein.[40] Ein Beispiel hierfür stellt die ausführliche Inschrift auf einem marmornen Türsturz dar, welche von der Wiedererrichtung einer Kirche in Narbonne unter der Leitung des Ortsbischofs Rusticus im Jahr 445 berichtete (Abb. 3).[41] Die zahlreichen Texte, welche an Ausstattungsmaßnahmen in den Kirchen

37 Vgl. zu dem Befund in Rom Thunø 2015.

38 S.u. Anm. 75 zu Santa Sabina in Rom.

39 Das trifft etwa auf die ‚Hauptbauinschrift' des Bischofs Elias aus dem späten 6. Jh. in der Kirche Sant' Eufemia in Grado zu: Caillet 1993, 226 Nr. 7 = InscrAqu III 3331.

40 S. etwa Bolle 2017, 182–191 für einige Beispiele aus Tuscia et Umbria. Vgl. ferner Duval 1982, 582–587 zu den ‚Märtyrerinschriften' in Africa, deren genaue architektonische Zuordnung jedoch ebenfalls häufig problematisch ist.

41 CIL XII 5336 = ILCV 1806; vgl. zu dieser und weiteren steinernen Bauinschriften des Rusticus die Untersuchung von Marrou 1970.

erinnerten, befanden sich hingegen fast ausnahmslos in den Innenräumen, so auf den Fußböden oder an Teilen des Mobiliars.[42] Dabei handelte es sich nur selten um freistehende epigraphische Monumente, sondern vornehmlich um Schriftartefakte, welche auf Flächen wie Böden und Wänden angebracht waren – wir beobachten hier also eine Tendenz, dass Inschriften nun hauptsächlich als zweidimensionale Texte wahrgenommen wurden. Gerade durch die Platzierung zahlreicher Texte auf den (Mosaik-)Fußböden der Kirchen, über welche die Besucher hinwegschritten oder auf denen sie während des Gottesdienstes standen, ergaben sich zudem neue Betrachterperspektiven, denn man musste nun nach unten schauen, um diese ‚Botschaften' zu erfassen. Zusammenfassend können wir die hier beschriebenen Phänomene unter dem Begriff der ‚Interiorisierung' der gesellschaftlichen Repräsentation fassen.[43]

Auch bei den Materialien, in bzw. auf denen die Texte im Kirchenraum angebracht wurden, ergaben sich wichtige Veränderungen zur früheren Zeit und zur ‚Forumsepigraphik'. Zwar wurden auch in den Kirchen weiterhin nicht wenige Inschriften in Stein gemeißelt, aber zunehmend wurden nun wichtige Texte als Teile von Mosaiken gestaltet.[44] Das Vorkommen von Mosaiktexten in Kirchen war allerdings regional ziemlich ungleich verteilt, ohne dass sich diese Divergenzen bislang überzeugend erklären lassen. Man kann nun fragen, welche Vorteile die spezifische Materialität der Mosaiken gegenüber den herkömmlichen Steininschriften bot.[45] Hierzu lassen sich einige Hypothesen anführen: Zunächst einmal bedeckten Mosaiken oftmals große Flächen auf den Böden und Wänden im Inneren der Kirchen; entsprechend viel Platz stand hier entweder für einzelne umfangreiche Inschriften oder aber für eine Vielzahl kleinformatiger Tituli zur Verfügung. Zudem erlaubte es die häufig farbige Gestaltung der Mosaiken, die Buchstaben und auch das Textfeld besonders hervorzuheben (vgl. dazu auch u.). Ebenso möglich war eine direkte Kombination mit figürlichen Abbildungen (auch über Beischriften). Dadurch ergab sich nicht zuletzt ein höheres Narrationspotential von solchen zweidimensionalen Darstellungen gegenüber den traditionellen statuarischen Monumenten auf den Fora der Städte.

Ein wesentliches Medium sozialer Repräsentation in den antiken Städten, welches auch zur Abbildung gesellschaftlicher Beziehungen diente, waren eben solche im öffentlichen Raum präsente Ehrenmonumente, welche in der Regel aus einer Basis mit einer auf der Frontseite eingemeißelten (Ehren-)Inschrift sowie einer rundplastischen Statue des Geehrten bestanden. Im Laufe der Zeit hatten sich gerade die Fora mit einer Vielzahl von solchen statuarischen Monumenten gefüllt, und man kann hier geradezu von einem charak-

42 So etwa die Bauinschrift eines *vir inlustris* namens Opilio aus dem früheren 6. Jh., welche auf einem kleinen Tympanon in der Kirche der Hl. Iustina in Patavium angebracht war: CIL V 3100 = ILS 1297 = ILCV 1803 = AE 1991, 807; oder eine weitere Bauinschrift auf dem Architrav einer Pergola in dem Kultraum neben der Kirche SS. Felice e Fortunato in Vicenza, welche als Initiator der Maßnahme im frühen 6. Jh. einen Gregorius, *sublimis vir referendarius*, benannte: AE 2011, 412.

43 Vgl. hierzu Hansen 2001.

44 Im strengen Sinne kann man hier nicht von ‚Inschriften' sprechen, denn diese Texte wurden nicht in ein anderes Material eingetragen, sondern wie auch das übrige Mosaik mit Tesserae in einen Untergrund gesetzt; dennoch hat sich der Terminus ‚Mosaikinschriften' weitgehend durchgesetzt.

45 Zum Folgenden vgl. Kiilerich 2011; Bolle et al. 2015.

teristischen ‚statue habit' sprechen, welcher den antiken ‚epigraphic habit' ergänzte. Auf diesem Feld ist nun ebenfalls ein deutlicher Wandel auszumachen: Statuen und generell rundplastische Skulpturen spielten augenscheinlich im spätantiken Kirchenraum und für die Repräsentation im kirchlichen Kontext (etwa für Bischöfe)[46] nur eine sehr untergeordnete Rolle.[47] Jedenfalls hat es kaum Versuche gegeben, den traditionellen ‚statue habit' zu christianisieren. Auf einen Fall – allerdings im Osten des Reiches – ist jedoch hinzuweisen: Aus dem kleinasiatischen Stratonikeia sind vier Statuenbasen bekannt, welche im 5. Jh. an verschiedenen Stellen im Stadtraum zu Ehren eines lokalen Wohltäters und Christen namens Maximos errichtet wurden. Die Inschriften auf den Basen wiesen eine ungewöhnliche Mixtur aus traditionellen Formen der Ehrung eines Euergeten und neuen christlichen Gedanken auf; so etwa: „Du siehst mich, Maximos, der dieser Stadt und ihren Bewohnern durch meine Mühen viel Gutes erwiesen hast [...] vor dem heiligen Haus des Gottes Christos [d.h. vor einer Kirche]. Wie ist es doch gut, sich nicht allzu sehr um den Besitz zu kümmern!".[48] Solche Ansätze sind dann aber im christlichen Bereich nicht wirklich weiterverfolgt worden, so dass dem Medium der Ehrenstatue/inschrift in den Kirchen keine Bedeutung zukam – und hierdurch ergab sich ein deutlicher Kontrast zu der Situation auf den Fora, wiewohl angemerkt werden muss, dass auch dort die Errichtung neuer statuarischer Monumente vielerorts schon seit dem mittleren 3. Jh. stark rückläufig gewesen war (vgl. o.).

Es gab aber im Kirchenraum andere Möglichkeiten, wichtige Persönlichkeiten im Bild zu präsentieren, und zwar in zweidimensionalen Medien wie Mosaiken und Wandmalereien. So waren in manchen Kirchen – vor allem ab dem 6. Jh. – ‚Stifterbilder' mit Namensbeischriften zu sehen, von denen einige einen gleichsam ‚statuarischen Typus' vertraten.[49] Diese Abbildungen von Personen, welche sich um die Kirche verdient gemacht hatten, dienten zum einen der sozialen Repräsentation vor der Gemeinde, zum anderen aber auch dazu, die Dargestellten in Beziehung zu den in der jeweiligen Kirche verehrten Heiligen zu setzen, auch durch die spezielle Platzierung der Bilder. Auf diesem Feld lässt sich also ebenfalls eine funktionale Neuausrichtung erkennen.

Wenn wir nun die in den Inschriften im Kirchenraum hervortretenden Akteure betrachten, die uns insbesondere in den ‚Hauptbauinschriften' entgegentreten, so ist zunächst – wenig überraschend – zu konstatieren, dass gerade in diesen zumeist besonders auffällig gestalteten Tituli die Bischöfe und manchmal auch andere Kleriker eine prominente Rolle einnahmen, da unter ihrer Leitung die entsprechenden Bauaktivitäten durchgeführt worden waren. Den Kirchenführern bot sich hierdurch nicht zuletzt eine Bühne zur Selbstdarstellung vor ihrer Gemeinde, von der zumindest einige wie der bereits angesprochene Eufrasius in Parentium intensiv Gebrauch machten.[50] Bisweilen wurden in den Bauinschriften neben dem Bischof auch weltliche Amtsträger angesprochen, so

46 Zur Diskussion um die Repräsentationsstrategien der Bischöfe vgl. Haensch 2003 und 2007a.

47 Vgl. hierzu die Diskussion bei Bauer – Witschel 2007, 13–15; die Gründe für diese Zurückhaltung gegenüber Statuen sind allerdings nicht wirklich klar.

48 I.Stratonikeia II 1, 1204 = Steinepigramme I, 02/06/15; dazu ausführlich Ward-Perkins 2015.

49 Dazu Baumann 1999; Jäggi 2002/2003; Watta 2018, 104–106.

50 S.o. Anm. 25. Zu den Repräsentationsabsichten der Bischöfe vgl. ferner o. Anm. 46.

in den bereits angesprochenen Tituli des Bischofs Rusticus von Narbonne, in denen als Unterstützer und Geldgeber nicht nur befreundete Bischöfe und Angehörige des Klerus, sondern auch Mitglieder der Reichsverwaltung sowie lokale *honorati* namentlich aufgeführt wurden.[51]

Der Name des Kaisers, der in den städtischen Bauinschriften durch Formeln wie *pro salute* oder *beatissimis temporibus* häufig evoziert worden war, tauchte in den Kirchenbauinschriften (außer als Zeitangabe) hingegen nur noch sehr selten auf. Etwas anders gestaltete sich die Situation in den großen Metropolen des Reiches, wo bei einigen Kirchen der Kaiser als Initiator oder Hauptfinanzier agierte und dieses Engagement in entsprechend großformatigen Inschriften festgehalten wurde. Besonders deutlich tritt dies etwa in der Petersbasilika in Rom hervor, wo mehrere Inschriften den siegreichen Konstantin als Bauherren feierten.[52] Es gab daneben weitere Möglichkeiten, den Namen des Herrschers in den Kirchenraum ‚einzuschreiben'; das zeigen etwa die zahlreichen Monogrammkapitelle in der Hagia Sophia in Konstantinopel, welche den Namen des Kaisers Justinian und seiner Frau Theodora wiedergaben.[53] Auch andere Laien und unter diesen gerade Angehörige der Elite waren im Kirchenraum durch epigraphische Zeugnisse präsent.[54] Zwei Beispiele hierfür mögen genügen: Zum einen ist auf die auf Steintafeln angebrachten oder in Mosaik ausgeführten Inschriften in einigen der großen Kirchen der Stadt Rom zu verweisen, in denen Mitglieder des *ordo senatorius* ihr Engagement für den jeweiligen Kirchenbau bzw. dessen Ausstattung verewigten.[55] Auffällig ist dabei, dass die Formulierung dieser Inschriften zwar teilweise dem Kontext angepasst war (etwa durch eine dezidierte Anrufung des Heiligen), sich aber teilweise auch deutlich an dem Formular traditioneller Bauinschriften orientierte und kaum dezidiert christliche Inhalte erkennen ließ.[56] Zum anderen sind die zahlreichen ‚Stifterinschriften' auf den Mosaikböden von Kirchen in Venetia et Histria anzuführen.[57] Hier waren unter den Donatoren neben Klerikern auch Mitglieder der (Reichs-)Aristokratie, die mit ihren Rangtiteln genannt wurden, sowie Angehörige einer ‚Mittelschicht', etwa Handwerker und Soldaten, aufgeführt.[58] Wir sehen also bei den inschriftlich kommemorierten Personen in den Kirchen auf der einen Seite eine Bedeutungsverschiebung hin zu den Bischöfen und Klerikern, auf der anderen Seite aber nach wie vor eine Vielzahl unterschiedlicher Akteure.

Schließlich stellt sich die Frage nach den Adressaten bzw. dem Publikum der spätantiken ‚Kirchenepigraphik'. Die spätantiken Kirchenbauten waren häufig großzügig di-

51 S.o. Anm. 41.
52 S. Krautheimer 1989; Witschel 2012, 383–384 (mit den Einzelnachweisen).
53 Vgl. Stroth 2021.
54 Vgl. dazu auch Deliyannis 2021.
55 Dazu Witschel 2012, 389–395.
56 Eine Mischung aus beidem vertritt die als Mosaik ausgeführte Bauinschrift der Kirche von Pisaurum (Pesaro) aus der Mitte des 6. Jhs., für deren Errichtung der *magister militum* Iohannis verantwortlich zeichnete, welcher *auxiliante Deo et intercedente beata Maria … hanc basilicam … a fundam[ent]is construx[it]*: AE 1998, 432.
57 Zu diesen vgl. u. Anm. 69.
58 Witschel 2006, 375–376.

mensioniert und boten daher grundsätzlich vielen Menschen Platz. Dennoch waren sie keine völlig frei zugänglichen Räume, wie es die öffentlichen Plätze und Straßen in den Städten (gewesen) waren. So ist nicht sicher, ob die (Gemeinde-)Kirchen auch außerhalb der Gottesdienstzeiten von jedermann besucht werden konnten.[59] Zu beachten ist zudem, dass nicht alle Stellen in den Kircheninnenräumen gleichermaßen für ‚normale' Besucher zugänglich waren, denn es gab vielfach etwa durch Schrankenanlagen abgetrennte Zonen, welche nicht von jedermann betreten werden konnten, sondern bestimmten Gruppen, insbesondere dem Klerus, vorbehalten waren. Gerade an solchen Orten waren nicht selten besonders prominente Inschriften platziert, die offenbar dadurch in gewisser Weise ‚nobilitiert' wurden. Man kann hier von einer Form ‚restringierter Schriftpräsenz' sprechen, wie sie in Kirchen nicht selten vorkam.[60] Noch stärker ausgeprägt war diese Situation im Falle von beschrifteten Sarkophagen, welche unter den Fußboden einer Kirche versenkt wurden, so dass die Inschrift nur bei dem ephemeren, jedoch rituell aufgeladenen Akt des Begräbnisses zu sehen waren und danach aus dem Blickfeld der Kirchenbesucher ‚verschwanden', wenn auch vielleicht im Gedächtnis der Gemeinde noch präsent blieben – hier stellt sich umso mehr die Frage nach den (eigentlichen) Adressaten solcher Schriftzeugnisse.[61] Es ist jedoch nicht auszuschließen, dass es auf eine direkte Lesbarkeit solcher Texte gar nicht vorrangig ankam, sondern bereits das Wissen um ihre Präsenz ausreichte.

Trotzdem kann kein Zweifel daran bestehen, dass spätantike Kirchenräume, deren Zahl im Laufe der Zeit und insbesondere im 5./6. Jh. sowohl *intra* als auch *extra muros* in vielen Städten stark zunahm (vgl. o.), wichtige Interaktions- und Kommunikationsräume waren. Zu bestimmten Anlässen versammelten sich hier jedenfalls nicht unerhebliche Mengen an Menschen.[62] Wenn wir nun aber die Fora und die Kirchen in den (spät)antiken Städten als jeweils ausgeprägte ‚Schrifträume' in Bezug auf die (potentiellen) Adressaten solcher Text-Botschaften miteinander vergleichen, so ist zunächst auf einen wichtigen Unterschied hinzuweisen: Die öffentlichen Plätze in den Städten des 4. Jhs. lassen sich als religiös eher ‚neutrale' Räume beschreiben, auch wenn dieses Konzept nicht überstrapaziert werden sollte.[63] Hier konnten sowohl Christen als auch Nicht-Christen zusammenkommen, und gerade in den dort während dieser Zeit neu produzierten Inschriften wurden explizite religiöse Statements in der Regel vermieden.[64] Das lag zum einen daran, dass es die Kirche nach der ‚konstantinischen Wende' weitgehend vermieden hatte, den öffentlichen Raum der Städte mit eigenen – epigraphischen und statuarischen – Monumenten zu ‚besetzen',[65] sondern vielmehr auf eine räumliche Abgrenzung drang. Zum anderen wurden aber auch in denjenigen Inschriften, welche von bzw. für Nicht-Christen

59 Dazu Heid 2013, bes. 41–42.
60 Vgl. hierzu die Beiträge in Frese et al. 2014.
61 So Ardeleanu 2018, 480–481; 487–488.
62 Vgl. Brenk 1995.
63 Vgl. zur Diskussion um dieses Phänomen Lepelley 2002; Bauer 2008, 197–200; Witschel 2012, 374–375; 380–381.
64 Dazu Lepelley 2011.
65 Ebenso gab es offenbar während des 4. und früheren 5. Jhs. kaum Versuche einer – intensiven – Christianisierung der öffentlich-städtischen Inschriftenkultur. Vgl. aber die Beobachtungen

auf den Fora errichtet wurden, direkte Hinweise etwa auf traditionelle Priesterämter oder Kulte zumeist nicht mehr aufgeführt. Zwar standen auf den Plätzen noch zahlreiche ältere Götterstatuen, ferner wurden im 4. Jh. einige (wenige) neu errichtet bzw. hierher umgesetzt; und zudem wurden die die Plätze rahmenden Tempel auch nach deren Auflassung als Kultorte nicht selten noch für einige Zeit instandgehalten. Diese Phänomene hatten jedoch einen eher ‚antiquarischen' bzw. dekorativen Charakter.[66] Hierzu passt die Beobachtung, dass sich in einigen Städten (so in Aquileia)[67] das Forum während des 4. Jhs. zu einem Ort der Präsentation der Stadtgeschichte entwickelte – und hiermit konnten sich alle Einwohner gleich welcher religiösen Affiliation identifizieren. Ein solcher religiös eher indifferenter Raum waren die Kirchen nun aber gerade nicht, denn bei ihnen handelte es sich auch in ihrer Ausstattung (nicht zuletzt der epigraphischen) um dezidiert christliche Kulträume und ‚heilige Orte',[68] die für entsprechende Zeremonien genutzt wurden. Im Wesentlichen waren sie nur für die jeweilige christliche Gemeinde gedacht und nicht für die Gesamtbevölkerung einer Stadt, unter der sich im 4. und früheren 5. Jh. noch eine nicht unerhebliche Zahl von Nicht-Christen befand.

Ein zweiter wichtiger Unterschied mit Bezug auf die Adressaten von Inschriften lässt sich gerade beim Blick auf die zahlreichen Texte auf den Mosaikböden der Kirchen Norditaliens, vor allem in der Provinz Venetia et Histria, ausmachen.[69] Das Gros dieser zumeist knapp gehaltenen Texte erinnerte daran, dass einzelne Personen bestimmte Teile des Bodenschmucks finanziert hatten. Diese Spenden waren, so nimmt es ein größerer Teil der Forschung an, auf das individuelle Seelenheil ausgerichtet und unterschieden sich dadurch erheblich von dem klassischen Euergetismus – der eigentliche Fokus der entsprechenden Inschriften in den Kirchen wäre somit nicht die städtische Gesellschaft, sondern in erster Linie Gott gewesen.[70] Das ist grundsätzlich nicht von der Hand zu weisen (und stellte eine weitere wichtige Neuerung dar), zumal einige dieser Texte tatsächlich dezidiert auf diese neue christliche Wertewelt rekurrierten, indem sie etwa prononciert auf die Herkunft des für den Fußboden gespendeten Geldes als Gottesgeschenk verwiesen oder aber den Namen des Stifters verschwiegen, da Gott diesen ja kenne. Solche explizit christlichen Wendungen sind jedoch in dem – ziemlich umfangreichen – Gesamtbestand der Texte auf den Fußbodenmosaiken der Kirchen in Venetia et Histria eher rar gesät.[71] Sehr viel häufiger nannten diese Inschriften hingegen die Namen der Stifter (teilweise mit einer Rang- oder Berufsbezeichnung) sowie die von ihnen finanzierte Bodenfläche in (Qua-

---

von Avdokhin – Shakhov 2020 zu (möglichen) subtileren Formen einer Übernahme christlicher Sprachbilder in den Ehreninschriften-Diskurs.

66 Vgl. die Diskussion bei Machado 2009.

67 Vgl. o. Anm. 5.

68 Watta 2018, 14–24.

69 Vgl. zum Folgenden Caillet 1993; Zettler 2001; Witschel 2006; Bolle 2019, 222–237 sowie die Datenbank „Mosaikinschriften auf den Fußböden von Kirchenräumen in der spätantiken Provinz Venetia et Histria": https://mosaikinschriften.materiale-textkulturen.de/ ⟨16.09.2023⟩.

70 Vgl. etwa die Thesen von Zettler 2001, bes. 151–164 zur Rolle der Stifterinschriften im ‚Gebetsgedenken'; ferner Watta 2018, 78–84.

71 Witschel 2006, 375.

Abb. 4: Aquileia. Mosaik-Stifterinschrift aus der Basilika ‚Fondo Tullio'
(AE 1975, 410a = Caillet 1993, 153–154 Nr. 10).

drat-)Fuß; und nicht selten wurde zudem – wie schon in den früheren Weiheinschriften – auf die Einlösung eines *votum* verwiesen. Hier lagen also durchaus Anknüpfungspunkte an die traditionelle Inschriftenkultur vor.

Dafür kann man noch eine weitere Beobachtung anführen. Zwar vermögen wir über das konkrete Verhalten der Kirchenbesucher in Bezug auf die dort anzutreffenden Inschriften nur wenig zu sagen, da explizite Beschreibungen entsprechender Rezeptionspraktiken praktisch nicht vorliegen – das gilt allerdings für die gesamte Antike. Wir können aber eine andere Zugangsweise wählen: Im materiellen Befund der Schriftartefakte – d.h. sowohl in der Platzierung der Schriftfelder als auch in der Gestaltung der Schriftbilder – ist nämlich gerade auf den Mosaikfußböden der Kirchen, wo sie sich besonders gut erhalten haben, ein deutliches Bestreben zu erkennen, das Interesse desjenigen, der über sie hinwegschritt oder darauf stand, zu erregen, wozu die Mosaike besondere Möglichkeiten boten (vgl. o.). So waren die Texte auf den Fußböden zwar nicht überall regelhaft angeordnet (zumindest soweit wir das erkennen können), aber in manchen Kirchenräumen ist doch zu beobachten, dass die Stifterinschriften prominenter Personen einen herausgehobenen Platz einnahmen, etwa in der Mittelachse des Gebäudes oder in Altarnähe.[72] Aufmerksamkeit dürfte ferner die farbige Gestaltung vieler Texte eingefordert haben – so wurden beispielsweise die Namen der Stifter teilweise durch Goldbuchstaben

72 Dazu Zettler 2001, 70–116; Yasin 2009, 123–124; Watta 2018, 79–80.

oder rote Unterstrich-Linien hervorgehoben (Abb. 4). In manchen Gegenden wurde dies zudem durch bildliche Darstellungen der Stifter betont (vgl. o.).

In noch höherem Maße gilt dies für die allerdings deutlich seltener erhaltenen Texte auf Wandmosaiken, insbesondere bei großformatigen Bautituli. Hierfür kann noch einmal auf die Eufrasius-Basilika in Poreč verwiesen werden.[73] Dort wurde die ‚Hauptbauinschrift' des Bischofs Eufrasius im Rund der Apsis platziert und in großen weißen Lettern auf blauem Grund gestaltet. Sie stach dadurch einem Besucher, der das Gotteshaus betrat, sofort ins Auge.[74] Im Formular des Textes finden sich Anklänge an frühere Bau- und Renovierungsinschriften (etwa in dem Verweis auf den ruinösen Zustand eines Vorgängerbaues); hier wurde also durchaus vertrautes Gedankengut aufgerufen. Ähnlich eindrucksvoll präsentierte sich die Bauinschrift der Kirche Santa Sabina auf dem Aventin in Rom, die im früheren 5. Jh. errichtet wurde. Der Mosaiktext befand sich über der Innenseite des Eingangs.[75] Das Layout der metrisch gefassten Inschrift mit goldenen und sorgfältig gesetzten Buchstaben auf leuchtend blauem Grund war gut dazu geeignet, den Blick eines Besuchers auf sich zu ziehen. Allerdings musste sich dieser dazu nach dem Betreten der Kirche umdrehen, um den Text zu sehen – es war hier also Bewegung im Kirchenraum gefragt. In diesem Kontext ist auffällig, wie in einigen Kirchenbauten die spezifische Platzierung und Ausrichtung von Texten gerade auf den (Mosaik-)Fußböden einen Hinweis darauf gibt, dass bestimmte Bewegungsabläufe für die Besucher vorgesehen waren oder ihnen zumindest nahegelegt wurden.[76]

Diese Beispiele ließen sich leicht vermehren; sie können auf jeden Fall zeigen, dass solche Schriftartefakte im Kirchenraum eine Art ‚Angebot' an denjenigen, der eine Kirche betrat, machten, um wahrgenommen zu werden. Daraus kann gefolgert werden, dass diese Texte nach wie vor auf einen (potentiellen) Betrachter ausgerichtet waren (und eben nicht nur auf das Jenseits) und dass mit ihnen weiterhin ein größeres Publikum angesprochen werden sollte. Ob Letzteres dieses ‚Angebot' dann tatsächlich wahrnahm, ist eine andere, von uns kaum zu beantwortende Frage. Zu rechnen ist mit unterschiedlichen Betrachtertypen und -situationen – aber das war letztlich keine neue Situation, denn Ähnliches hatte sich bereits auf den mit Schriftzeugnissen angefüllten Fora der Städte ergeben.

Fazit

Die vorangegangene Diskussion dürfte einerseits gezeigt haben, dass die Unterschiede bzw. Veränderungen zwischen der ‚klassischen' und der ‚kirchlichen' Inschriftlichkeit nicht unterschätzt werden sollten und jedenfalls so weitreichend waren, dass man keine einfache und direkte Verlagerung der öffentlichen Epigraphik in den spätantiken Städten von den Fora in die Kirchen postulieren kann. Mit dem immer wichtiger werdenden

73 Vgl. o. Anm. 25.
74 InscrIt X 2, 81.
75 ILCV 1778a; zu der Kirche vgl. Brandenburg 2004, 167–176.
76 Vgl. insbesondere Ardeleanu 2018 zu dem Befund in Tipasa.

,Schriftraum Kirche' war vielmehr – gerade nach dem drastischen Rückgang der ,civic inscriptions' spätestens zu Beginn des 5. Jhs. – in verschiedener Hinsicht eine Neuausrichtung verbunden. Das gilt in räumlicher und materieller Hinsicht ebenso wie mit Blick auf Medien, Akteure und Adressaten. Auf der anderen Seite sollten aber bei der Betrachtung der Schriftartefakte in den Kirchen des 4. bis 6. Jhs. die hierbei aufscheinenden Kontinuitätslinien zu der traditionellen städtischen Inschriftenkultur nicht übersehen werden, die sowohl bei der Formulierung und Gestaltung der Inschriften als auch bei deren nach wie vor deutlich werdenden Ausrichtung auf ein größeres Publikum, das mehr oder minder direkt angesprochen werden sollte, erkennbar werden. Die Kirchen waren somit nicht zuletzt aufgrund der in ihnen gehäuft anzutreffenden Schriftzeugnisse, in denen unterschiedliche Themen und Personenkreise angesprochen wurden, ein wichtiger Raum sozialer Kommunikation in den spätantiken Städten, auf den sich das ,Inschriften-Handeln' zunehmend fokussierte. Es erscheint daher aus meiner Sicht nicht völlig abwegig, dieses Phänomen als Bestandteil einer in ihren Grundzügen immer noch als ,antik' zu bezeichnenden Epigraphik und Stadtkultur aufzufassen.[77]

Literaturverzeichnis

Ardeleanu, S., Directing the Faithful, Structuring the Sacred Space: Funerary Epigraphy in its Archaeological Context in Late-Antique Tipasa, JRA 31, 2018, 475–501.

Ardeleanu, S., L'épigraphie funéraire de l'Afrique du Nord tardo-antique: bilan, problèmes et perspectives de la recherche récente (1988–2018), in: Aounallah, S. – Mastino, A. (Hg.), Atti dell XXI Convegno de l'Africa Romana. L'epigrafia del Nord Africa: Novità, riletture, nuove sintesi, Faenza 2020, 639–651.

Ardeleanu, S. – Cubas Díaz, J. C. (Hg.), Funerary Landscapes of the Late Antique *oecumene*. Contextualizing Epigraphic and Archaeological Evidence of Mortuary Practices, Proceedings of an International Conference in Heidelberg, May 30–June 1, 2019 (Cultural Heritage: Materiality – Text – Edition 3), Heidelberg 2023, https://doi.org/10.17885/heiup.1176 ⟨16.09.2023⟩.

Avdokhin, A. – Shakhov, Y., Christianizing Statues Unawares? Imperial Imagery and New Testament Phrasing in a Late Antique Honorific Inscription (IEph 4.1301), ZPE 216, 2020, 55–68.

Baratte, F., et al., Recherches archéologiques à Haïdra, Bd. IV: La basilique II dite de Candidus ou des martyrs de la persécution de Dioclétien, Rom – Paris 2011.

Baratte, F. – Bejaoui, F. (Hg.), Basiliques chrétiennes de l'Afrique du Nord, Bd. II: Monuments de la Tunisie (Ausonius éditions 38), Bordeaux 2014.

Bauer, F. A., Die Stadt als religiöser Raum in der Spätantike, ARG 10, 2008, 179–206.

Bauer, F. A. – Witschel, Ch., Statuen in der Spätantike, in: dies. (Hg.), Statuen in der Spätantike (Spätantike – Frühes Christentum – Byzanz 23), Wiesbaden 2007, 1–24.

77 Dazu Witschel im Druck.

Baumann, P., Spätantike Stifter im Heiligen Land. Darstellungen und Inschriften auf Bodenmosaiken in Kirchen, Synagogen und Privathäusern (Spätantike – Frühes Christentum – Byzanz 5), Wiesbaden 1999.

Binsfeld, A., Vivas in deo. Die Graffiti der frühchristlichen Kirchenanlage in Trier (Die Trierer Domgrabung 5), Trier 2006.

Bolle, K., Spätantike Inschriften in Tuscia et Umbria: Materialität und Präsenz, in: Bolle et al. 2017, 147–212.

Bolle, K., Materialität und Präsenz spätantiker Inschriften. Eine Studie zum Wandel der Inschriftenkultur in den italienischen Provinzen (Materiale Textkulturen 25), Berlin – Boston 2019.

Bolle, K. – Westphalen, S. – Witschel, Ch., Mosaizieren, in: Meier, T., et al. (Hg.), Materiale Textkulturen. Konzepte – Materialien – Praktiken (Materiale Textkulturen 1), Berlin – Boston 2015, 485–501.

Bolle, K., et al. (Hg.), The Epigraphic Cultures of Late Antiquity (Heidelberger Althistorische Beiträge und Epigraphische Studien 60), Stuttgart 2017.

Brandenburg, H., Die frühchristlichen Kirchen Roms vom 4. bis zum 7. Jahrhundert. Der Beginn der abendländischen Kirchenbaukunst, Regensburg 2004.

Brenk, B., Der Kultort, seine Zugänglichkeit und seine Besucher, in: Akten des XII. Internationalen Kongresses für Christliche Archäologie, Bonn, 22.–28. September 1991, Bd. I, Münster 1995, 69–122.

Caillet, J.-P., L'évergétisme monumental chrétien en Italie et à ses marges d'après l'épigraphie des pavements de mosaique (IVe–VIIe s.), Rom – Paris 1993.

Deliyannis, D. M., Exarchs and Others. Secular Patrons of Churches in the Sixth to Eighth Centuries, in: MacMaster, T. J. – Matheou, N. S. M. (Hg.), Italy and the East Roman World in the Medieval Mediterranean: Empire, Cities and Elites 476–1204 (Birmingham Byzantine and Ottoman Studies 30), New York 2021, 122–141.

Donati, A. (Hg.), La terza età dell'epigrafia (Epigrafia e Antichità 9), Faenza 1988.

Duval, N., Recherches archéologiques à Haïdra, Bd. I: Les inscriptions chrétiennes, Rom – Paris 1975.

Duval, N., L'épigraphie funéraire chrétienne d'Afrique: traditions et ruptures, constantes et diversités, in: Donati 1988, 265–314.

Duval, N. (Hg.), Les premiers monuments chrétiens de la France, Bd. I–III, Paris 1995–1998.

Duval, N. – Marin, E. (Hg.), Salona, Bd. III: Manastirine. Établissement préromain, nécropole et basilique paléochrétienne, Rom – Split 2000.

Duval, Y., Loca sanctorum Africae. Le culte des martyrs en Afrique du IVe au VIIe siècle, Bd. I–II, Rom – Paris 1982.

Felle, A. E. – Ward-Perkins, B. (Hg.), Cultic Graffiti in the Late Antique Mediterranean and Beyond, Turnhout 2021.

Frese, T., et al. (Hg.), Verborgen, unsichtbar, unlesbar – zur Problematik restringierter Schriftpräsenz (Materiale Textkulturen 2), Berlin – Boston 2014.

Gauthier, N., Recueil des inscriptions chrétiennes de la Gaule antérieures à la Renaissance carolingienne, Bd. I: Première Belgique, Paris 1975.

Gross-Morgen, M., Zur Ausstattung des Kernbaus des Trierer Domes, in: ders. (Hg.), Im Zeichen des Kreuzes. Eine Welt ordnet sich neu, Trier 2022, 139–154.
Gui, I. – Duval, N. – Caillet, J.-P., Basiliques chrétiennes d'Afrique du Nord, Bd. I: Inventaire des monuments d'Algérie, Paris 1992.
Haensch, R., Römische Amtsinhaber als Vorbilder für die Bischöfe des vierten Jahrhunderts?, in: de Blois, L. (Hg.), The Representation and Perception of Roman Imperial Power (Impact of Empire 3), Amsterdam 2003, 117–136.
Haensch, R., Le financement de la construction des églises pendant l'Antiquité tardive et l'évergétisme antique, AntTard 14, 2006, 47–58.
Haensch, R., Die Rolle der Bischöfe im 4. Jahrhundert. Neue Anforderungen und neue Antworten, Chiron 37, 2007, 153–182 (= Haensch 2007a).
Haensch, R., Der Bezug zwischen Inschriften und architektonischem Kontext im Falle der Kirchen der östlichen Reichshälfte, in: Mayer, M., et al. (Hg.), XII Congressus Internationalis Epigraphiae Graecae et Latinae – provinciae imperii romani inscriptionibus descriptae, Barcelona 2007, 695–706 (= Haensch 2007b).
Haensch, R., Zwei unterschiedliche epigraphische Praktiken: Kirchenbauinschriften in Italien und im Nahen Osten, in: Bolle et al. 2017, 535–554.
Hansen, M. F., Meanings of Style. On the ‚Interiorization' of Late Antique Architecture, in: Fleischer, J., et al. (Hg.), Late Antiquity – Art in Context, Kopenhagen 2001, 71–83.
Heid, S., Die Nutzung der vielen Kirchen im frühchristlichen Rom, in: Brandt, O., et al. (Hg.), Acta XV Congressus internationalis Archaeologiae Christianae, Bd. I: Episcopus, civitas, territorium, Vatikanstadt 2013, 41–46.
Hildebrand, L., Fragmentation and Unity: Elites and Inscriptions in Late Antique Southern Gaul, in: Bolle et al. 2017, 111–146.
Jäggi, C., Donator oder Fundator? Zur Genese des monumentalen Stifterbildes, Georges-Bloch-Jahrbuch 9/10, 2002/2003, 27–45.
Kiilerich, B., Visual and Functional Aspects of Inscriptions in Early Church Floors, AAAH 24, 2011, 45–63.
Krautheimer, R., The Building Inscriptions and the Dates of Construction of Old St. Peters's: a Reconsideration, Römisches Jahrbuch der Bibliotheca Hertziana 25, 1989, 3–23.
Lavan, L., The Political Topography of the Late Antique City: Activity Spaces in Practice, in: ders. – Bowden, W. (Hg.), Theory and Practice in Late Antique Archaeology (Late Antique Archaeology 1), Leiden 2003, 314–337.
Leatherbury, S. V., Inscribing Faith in Late Antiquity: Between Reading and Seeing, London – New York 2020.
Lepelley, C., Les cités de l'Afrique romaine au Bas-Empire, Bd. I: La permanence d'une civilisation municipal, Bd. II: Notices d'histoire municipale, Paris 1979/1981.
Lepelley, C., Le lieu des valeurs communes. La cité terrain neutre entre païens et chrétiens dans l'Afrique romaine tardive, in: Inglebert, H. (Hg.), Idéologies et valeurs civiques dans le monde romain, Paris 2002, 271–285.
Lepelley, C., De la réaction païenne à la sécularisation: la témoignage d'inscriptions municipales romano-africaines tardives, in: Brown, P. – Lizzi Testa, R. (Hg.), Pagans

and Christians in the Roman Empire: The Breaking of a Dialogue (IVth–VIth Century A.D.) (Christianity and History 9), Wien – Berlin 2011, 273–289.
Machado, C., Religion as Antiquarianism: Pagan Dedications in Late Antique Rome, in: Bodel, J. – Kajava, M. (Hg.), Dediche sacre nel mondo greco-romano. Diffusione, funzioni, tipologie, (Acta Instituti Romani Finlandiae 35), Rom 2009, 331–354.
Machado, C., Public Monuments and Civic Life: The End of the Statue Habit in Italy, in: Delogu, P. – Gasparri, S. (Hg.), Le trasformazioni del V secolo. L'Italia, i barbari e l'Occidente romano (Seminari Internazionali del Centro Interuniversitario per la Storia e l'Archeologia dell'Alto Medioevo 2), Turnhout 2010, 237–257.
Machado, C., Italy, in: Smith – Ward-Perkins 2016, 43–55.
Marin, E., et al., Salona IV: Inscriptions de Salone chrétienne (IVe–VIIe siècles), Bd. I–II, Rom – Split 2010.
Marrou, H.-I., Le dossier épigraphique de l'évêque Rusticus de Narbonne, RAC 46, 1970, 331–349.
Mazzoleni, D., Reperti epigrafici dalla basilica vigiliana di Trento, in: Rogger, I. – Cavada, E. (Hg.), L'antica basilica di San Vigilio in Trento. Storia, archeologia, reperti, Bd. II, Trento 2001, 381–412.
Merten, H., Die frühchristlichen Inschriften aus St. Maximin bei Trier, Trier 2018.
Nauerth, C., Agnellus von Ravenna. Untersuchungen zur archäologischen Methode des ravennatischen Chronisten (Münchener Beiträge zur Mediävistik und Renaissance-Forschung 15), München 1974.
Neyses, A., Lage und Gestaltung von Grabinschriften im spätantiken Coemeterial-Großbau von St. Maximin in Trier, JRGZ 46, 1999 [2003], 413–446.
Pietri, L., Pagina in pariete reserata: épigraphie et architecture religieuse, in: Donati 1988, 137–157.
Roueché, C., Written Display in the Late Antique and Byzantine City, in: Jeffreys, E. (Hg.), Proceedings of the 21st International Congress of Byzantine Studies, Bd. I, Aldershot 2006, 235–253.
Smith, R. R. R., Statue Life in the Hadrianic Baths at Aphrodisias, AD 100–600: Local Context and Historical Meaning, in: Bauer, F. A. – Witschel, Ch. (Hg.), Statuen in der Spätantike (Spätantike – Frühes Christentum – Byzanz 23), Wiesbaden 2007, 203–235.
Smith, R. R. R. – Ward-Perkins, B. (Hg.), The Last Statues of Antiquity, Oxford 2016.
Stroth, F., Monogrammkapitelle. Die justinianische Bauskulptur Konstantinopels als Textträger (Spätantike – Frühes Christentum – Byzanz 50), Wiesbaden 2021.
Tantillo, I., Defining Late Antiquity through Epigraphy?, in: Lizzi Testa, R. (Hg.), Late Antiquity in Contemporary Debate, Newcastle 2017, 56–77 (= Tantillo 2017a).
Tantillo, I., La trasformazione del paesaggio epigrafico nelle città dell'Africa romana, con particolare riferimento al caso di Leptis magna (Tripolitana), in: Bolle et al. 2017, 213–270 (= Tantillo 2017b).
Terry, A. B. – Maguire, H., Dynamic Splendor. The Wall Mosaics in the Cathedral of Eufrasius at Poreč, University Park/PA 2007.
Testini, P. – Cantino Wataghin, G. – Pani Ermini, L., La cattedrale in Italia, in: Actes du XIe congrès international d'archéologie chrétienne, Bd. I, Rom – Paris 1989, 5–232.

Thunø, E., The Apse Mosaic in Early Medieval Rome: Time, Network, and Repetition, Cambridge 2015.

Végh, J., Inschriftenkultur und Christianisierung im spätantiken Hispanien: Ein Überblick, in: Bolle et al. 2017, 55–110.

Ward-Perkins, B., Four Bases from Stratonikeia: A (Failed) Attempt to Christianize the Statue Habit, in: Busine, A. (Hg.), Religious Practices and Christianization of the Late Antique City (4th–7th cent.) (Religions in the Graeco-Roman World 182), Leiden 2015, 179–187.

Watta, S., Sakrale Zonen im frühen Kirchenbau des Nahen Ostens. Zum Kommunikationspotential von Bodenmosaiken für die Schaffung heiliger Räume (Spätantike – Frühes Christentum – Byzanz 45), Wiesbaden 2018.

Witschel, Ch., Der epigraphic habit in der Spätantike: Das Beispiel der Provinz Venetia et Histria, in: Krause, J.-U. – Witschel, Ch. (Hg.), Die Stadt in der Spätantike – Niedergang oder Wandel? (Historia Einzelschriften 190), Stuttgart 2006, 359–411.

Witschel, Ch., Statuen auf spätantiken Platzanlagen in Italien und Africa, in: Bauer, F. A. – Witschel, Ch. (Hg.), Statuen in der Spätantike (Spätantike – Frühes Christentum – Byzanz 23), Wiesbaden 2007, 113–169.

Witschel, Ch., Alte und neue Erinnerungsmodi in den spätantiken Inschriften Roms, in: Behrwald, R. – Witschel, Ch. (Hg.), Rom in der Spätantike: Historische Erinnerung im städtischen Raum (Heidelberger Althistorische Beiträge und Epigraphische Studien 51), Stuttgart 2012, 357–406.

Witschel, Ch., Inschriften und Inschriftenkultur der konstantinischen Zeit in Aquileia, Aquileia Nostra 83/84, 2012/2013 [2015], 29–66.

Witschel, Ch., Hispania, Gallia, and Raetia, in: Smith – Ward-Perkins 2016, 69–79.

Witschel, Ch., When Did ‚Late Antique Epigraphy' Come to an End?, in: Debiais, V. – Uberti, M. (Hg.), Traversées. Limites, cheminements et créations en épigraphie, im Druck.

Yasin, A. M., Saints and Church Spaces in the Late Antique Mediterranean. Architecture, Cult, and Community, Cambridge 2009.

Yasin, A. M., Reassessing Salona's Churches: Martyrium Evolution in Question, JECS 20, 2012, 59–112.

Zettler, A., Offerenteninschriften auf den frühchristlichen Mosaikfußböden Venetiens und Istriens (Reallexikon der Germanischen Altertumskunde 26), Berlin – New York 2001.

Abbildungsnachweis

Abb. 1–4: Photos: Ch. Witschel.

Wirtschaft

Livres commerciales, livres italiques et mines: la métrologie pondérale à l'époque impériale

Charles Doyen

En collaboration étroite avec Peter Weiß, Rudolf Haensch a apporté une contribution décisive à l'étude des poids de la province du Pont-Bithynie.[1] Ces objets, certainement produits à Nicomédie, se présentent comme des plaques de plomb opisthographes, aux bords épais, qui affectent des formes variées (feuille de lierre, triangle, carré, parallélogramme, pentagone irrégulier, hexagone, heptagone ou octogone). Leur légende mentionne régulièrement, sur une face, l'année régnale et la titulature de l'empereur et, sur l'autre face, les noms du gouverneur de la province, de l'agoranome en charge et, le cas échéant, du *curator rei publicae*.

Le corpus continue de croître régulièrement, à la suite de l'apparition de nouveaux exemplaires sur le marché des antiquités ou dans des collections privées. Depuis le dernier décompte,[2] trois nouveaux poids sont passés en vente publique[3] et six autres poids inédits, conservés au Musée Halûk Perk à Istanbul, ont été renseignés,[4] ce qui porte le nombre d'exemplaires connus à 33 poids au total, dont la plupart sont datés du deuxième quart du IIIe s.

Cette documentation nouvelle a considérablement enrichi nos connaissances sur la province du Pont-Bithynie, notamment en renseignant les noms de dix-huit gouverneurs de la province,[5] en précisant l'évolution de la place du gouvernorat de Pont-Bithynie dans

---

1 Weiß 1994; Haensch – Weiß 2005; Haensch – Weiß 2007; Dönmez-Öztürk et al. 2008a–b; Haensch – Weiß 2014; Öztürk 2018; Öztürk 2019; Adak 2019; Haensch – Weiß 2019.

2 Haensch – Weiß 2019 (24 poids).

3 Pondera #12842; #13358; #15301. Voir désormais Öztürk et al. 2021, 305–306, n° 2; Öztürk et al. 2022, 207–208, n° 2; Haensch 2022.

4 Öztürk 2022; Perk 2022.

5 Au total, trente-deux noms de gouverneurs sont attestés par nos sources. Voir Haensch – Weiß 2014, 540–546. La datation du gouverneur Claudius Aelius Pollio (220–221 ap. J.-C.) peut être précisée sur la base d'un poids récemment passé sur le marché des antiquités: voir Haensch 2022. Le gouverneur C. Julius Octavius Volusenna Rogatianus a, quant à lui, exercé ses fonctions sous Gordien III (238–239 ap. J.-C.), et non sous Valérien: voir Pondera #3718 et #12842. Les poids inédits conservés au Musée Halûk Perk feraient connaître deux noms de gouverneur supplémentaires et permettent de préciser d'autres dates: voir Öztürk 2022.

la carrière consulaire,[6] ou encore en permettant d'appréhender les relations entre gouverneurs, *curatores rei publicae* et agoranomes dans un chef-lieu provincial aux IIe s. et IIIe s. ap. J.-C.[7]

Dans ces quelques pages, nous souhaitons revenir sur la distinction entre livre italique (λίτρα ἰταλική) et livre commerciale (λίτρα ἀγοραία), qui est attestée dans le corpus de Nicomédie. Cette dichotomie prolonge certainement la distinction entre mine attique (μνᾶ ἀττική) et mine commerciale (μνᾶ ἐμπορική) attestée dans le monde grec à l'époque hellénistique. Si tel est le cas, l'emploi concomitant de deux normes pondérales différentes, qui servent à peser des denrées spécifiques, se serait poursuivi à l'époque impériale: comme la mine attique, la livre italique aurait été utilisée pour peser les métaux nobles et les denrées précieuses (or, argent, ivoire, perles, encens, etc.), tandis que, comme la mine commerciale, la livre commerciale aurait servi pour peser la majorité des marchandises (pain, viande, poisson, etc.).[8] Les unités monétaires et commerciales partagent des diviseurs communs, qui permettent non seulement d'effectuer la conversion d'un étalon à l'autre, mais aussi de modifier périodiquement la masse de l'étalon commercial par rapport à l'étalon monétaire. Ainsi, à Athènes, durant l'époque hellénistique, la drachme sert de dénominateur commun entre la mine monétaire (100 drachmes) et la mine commerciale, dont la masse augmente graduellement de 112 drachmes à 150 drachmes entre le IVe s. et la fin du IIe s. av. J.-C.[9] Durant l'époque impériale, il paraît probable que l'once permette de définir à la fois la livre monétaire (12 onces) et la livre commerciale,[10] dont la masse, supérieure à celle de la livre monétaire, est susceptible de varier au fil du temps.

Au départ de l'exemple de Nicomédie, nous proposons en hommage aux travaux de Rudolf Haensch une première étude exploratoire sur les dénominations pondérales utilisées en Méditerranée orientale à l'époque impériale. Nous étudierons plus particulièrement les séries de poids bien datés des provinces du Pont-Bithynie (Nicomédie, Nicée, Tieion), de Thrace (Périnthe) et de Syrie (Antioche, Séleucie et Laodicée).[11]

Poids de Nicomédie

La notation de la dénomination et de l'étalon sur les 27 poids publiés de Nicomédie est très fluctuante, et tend à disparaître au fil du temps. La dénomination n'est mentionnée que sur quinze poids, pour la plupart antérieurs à 225 ap. J.-C. (tableau 1); dans ce cas, elle se trouve systématiquement à la fin de la légende d'une des deux faces du poids. Lorsque l'étalon est indiqué, au moyen de l'adjectif épithète ἰταλικός ou ἀγοραῖος, il apparaît quatre

6 Haensch – Weiß 2014, 524–526.
7 Haensch – Weiß 2014, 526–528.
8 Voir e.g. Bresson 2000; Doyen 2017, 191–197.
9 Doyen 2012, 38–55.
10 Ainsi, voir Haensch – Weiß 2007, 200–201.
11 Pour une présentation générale des poids d'époque impériale, voir Weiß 2005.

fois à proximité immédiate du substantif indiquant la dénomination[12] et quatre fois en position d'hyperbate, à l'extrémité de la face opposée.[13] Sur deux poids, la dénomination apparaît sur les deux faces du poids, d'abord seule, ensuite avec la mention de l'étalon.[14]

Un seul poids, daté de la 14ᵉ année d'un empereur non nommé, qui doit être Marc Aurèle, se présente comme une double livre "italique" (ἰταλικός). La masse renseignée dans l'inventaire du Musée National Romain (602,35 g), nettement inférieure à celle de tous les autres poids du corpus, se réfère à la livre monétaire de 12 onces (326 g). À l'inverse, les quatorze poids faisant référence soit à la livre "commerciale" (ἀγοραῖος) (7 poids), soit à la livre tout court (7 poids), sont construits sur une norme nettement plus lourde, comprise entre 15 et 22 onces (avec une prévalence de l'intervalle 18–20 onces).[15]

Les douze autres poids du corpus ne mentionnent par contre aucune dénomination (tableau 2). La forme des objets n'est d'aucune aide pour identifier la dénomination, puisqu'une même forme peut être utilisée pour des dénominations différentes et qu'une même dénomination peut recevoir des formes diverses. Si les dénominations des poids datés du deuxième et du troisième quarts du IIIᵉ s. peuvent être restituées avec une certaine confiance sur la base de leur masse,[16] qui s'inscrit dans une échelle strictement binaire, dans le même ordre de grandeur que les poids avec dénomination (½ livre, 1 livre, 2 livres), les deux poids les plus anciens sont plus problématiques.

Le poids de la 18ᵉ année de Trajan (2600 g) est identifié comme un probable *pentalitron* par Haensch et Weiß.[17] La dénomination de 5 livres est bien attestée à l'époque impériale, notamment par un poids de Nicée et trois poids de Périnthe,[18] mais pas encore à Nicomédie. Par ailleurs, dans les quatre cas précités, il s'agit toujours d'un *pentalitron* construit sur la livre italique (60 onces), et non sur la livre commerciale. Nous ne disposons pour le moment d'aucun élément de comparaison immédiat. Si l'étalon est similaire à celui du poids de 6 livres commerciales daté de la 20ᵉ année d'Antonin le Pieux,[19] il pourrait s'agir d'un poids de 5 ou de 6 livres commerciales, en référence à une livre de 433 g (6 livres) ou de 520 g (5 livres). Cependant, ce pourrait également être un poids de 8 livres italiques (96 onces).

Le poids de la 18ᵉ ou 19ᵉ année de Caracalla, qui présente la masse la plus faible du corpus (138 g), est identifié comme un *hemilitron* italique par Haensch et Weiß.[20] Cette proposition s'appuie sur les circonstances de découverte de l'objet, au large des côtes de Camarina, avec six autres poids caractéristiques de la Propontide et de la Mer Noire à

12 Pondera #3671; #3672; #3700; #3715.
13 Pondera #3721–3722; #1764; #2401.
14 Pondera #3693; #13358.
15 Le poids #2422, fragmentaire, n'est pas pris en compte dans cette analyse.
16 La dénomination du poids #12213, dont la masse n'est pas renseignée par l'éditeur, ne peut être définie avec certitude.
17 Pondera #3667. Haensch – Weiß 2005, 451–452, n° 1 ("wohl Pentalitron").
18 Pondera #13144 (Nicée); #1770; #13566; #13581 (Périnthe).
19 Pondera #3671.
20 Pondera #3723. Haensch – Weiß 2007, 189–195, n° 1 ("wohl Hemilitron italikon"). Cet objet était auparavant identifié comme un poids de 5 onces: Di Stefano et al. 1998, 196; Di Stefano 1999, 268.

l'époque impériale, tous de standard italique, qui forment un set complet de 10 livres à 4 onces.[21] Toutefois, comme le notent Haensch et Weiß, l'étalon italique n'est attesté de manière certaine que pour un seul poids du corpus de Nicomédie et la masse de l'objet est sensiblement inférieure (de 15 %) à l'étalon supposé. Il nous paraît donc plus probable qu'il s'agisse d'un quart de livre commerciale, qui s'inscrirait parfaitement dans le paysage des poids attestés sous Caracalla et Élagabal.[22] Il s'agirait, le cas échéant, de la première attestation du quart de livre à Nicomédie.

Si l'on excepte ces deux cas discutables et les cas insuffisamment documentés, deux étalons pondéraux différents sont attestés à Nicomédie. D'une part, l'étalon italique est représenté par une seule dénomination: la double livre italique (1 poids). D'autre part, l'étalon commercial compte quatre dénominations: la demi-livre commerciale (7 poids), la livre commerciale (11 poids), la double livre commerciale (4 poids) et la sextuple livre commerciale (1 poids). La masse des exemplaires conservés peut montrer une disparité importante durant le règne d'un même empereur, voire d'une année à l'autre. Ces fluctuations s'expliquent probablement par les conditions de conservation des poids (corrosion) et les techniques de nettoyage appliquées après leur découverte. Il faut également critiquer avec précaution la fiabilité des pesées anciennes d'objets aujourd'hui perdus et la précision des informations issues des catalogues de vente ou de collections privées.

Ceci étant, les poids commerciaux du IIe s. semblent s'articuler autour d'une livre pesant de 15 à 18 onces, tandis que les poids du IIIe s. pourraient s'inscrire dans une norme plus élevée, entre 18 et 20 onces. Haensch et Weiß forment l'hypothèse que la livre commerciale est l'adaptation d'une mine épichorique plus ancienne, qui aurait été ajustée à la livre romaine et restructurée autour d'une norme de 18 onces, afin de créer une équivalence simple entre la livre italique (12 onces) et la livre commerciale (18 onces).[23] Ils admettent implicitement que la livre commerciale employée à Nicomédie est demeurée stable aux IIe s. et IIIe s. Dans des études plus récentes, ils avancent l'idée qu'à Nicomédie, la livre commerciale se trouve en concurrence avec la livre italique et qu'elle finit par s'imposer au détriment de celle-ci au IIIe s., alors même que la plupart des autres cités grecques auraient eu recours à la livre italique comme unique étalon pondéral.[24]

Or, l'analogie avec les mines monétaire et commerciale à l'époque hellénistique tend à montrer que les livres italique et commerciale n'étaient pas utilisées par des groupes de personnes différents, qui auraient préféré peser à la manière romaine ou à la manière locale, mais bien plutôt pour peser des denrées différentes. La surreprésentation de la livre commerciale par rapport à la livre monétaire dans notre corpus n'étonne guère, dans ce cas: la même disproportion s'observe dans les corpus de poids en plomb des époques classique et hellénistique, où les poids d'étalon monétaire sont rarissimes et les poids d'étalon commercial extrêmement répandus.

---

21 Pondera #15592–15597.

22 Voir e.g. Pondera #3700 (½ livre commerciale); #2401 (1 livre commerciale); #13358 (½ livre).

23 Haensch – Weiß 2005, 200–201.

24 Haensch – Weiß 2014, 529–530 et n. 67; Haensch – Weiß 2019, 471–472.

La comparaison avec les périodes anciennes montre également que les livres italique et commerciale ne doivent pas forcément s'inscrire dans un rapport numérique simple, ni même constant, puisque chaque étalon connaît une logique propre: ainsi, à Olympie, trois standards pondéraux différents sont attestés aux Ve s. et IVe s. av. J.-C.;[25] à Athènes, six standards entre le Ve s. et le IIe s. av. J.-C., et probablement trois standards supplémentaires au Ier s. av. J.-C.;[26] à Cyzique, six standards entre le IVe s. et le Ier s. av. J.-C.[27] La seule nécessité absolue est de disposer d'une unité fixe qui soit commune à l'étalon monétaire et à l'étalon commercial: la drachme aux époques classique et hellénistique, l'once à l'époque impériale. Il est donc parfaitement plausible que la livre commerciale ait vu sa masse augmenter au fil du temps, avec un incrément d'une ou deux onces. Si le standard de 18 onces à la livre commerciale a pu avoir court dans le courant du IIe s., il semble trop faible pour rendre compte de la plupart des poids du IIIe s., qui se rapprochent d'une norme de 20 onces, voire davantage.

Poids de Nicée

Éternelle rivale de sa voisine Nicomédie,[28] la cité de Nicée n'a pour le moment livré que deux poids publiés,[29] tous deux datés du règne d'Antonin le Pieux (138–161), qui portent chacun des contremarques mentionnant le nom de la cité (Ἡ Νεικεέων πόλις/Ἡ Νεικαιέ|ων πόλις) (tableau 3). Le premier, jadis conservée à l'Antikensammlung de Berlin, semble être une livre, un peu plus lourde que la norme monétaire (344,9 g), dont il est difficile de déterminer s'il s'agit d'une livre italique ou d'une livre commerciale.[30] Le second est un *pentalitron* italique (1595 g) daté de la 5e année d'Antonin le Pieux (141–142), appartenant à une collection privée.[31] Weiß suggère très justement de lire εἰ-τα(λικαὶ) || λί(τραι) – ε' "5 livres italiques" dans le champ des deux faces du poids, de part et d'autre des symboles.[32]

Poids de Tieion

Notre connaissance du système pondéral de Tieion à l'époque impériale a été considérablement augmentée par l'apparition, en 2003, de six poids sur le marché des antiquités[33] et par la découverte, entre 2009 et 2012, de six autres poids mis au jour à Üçburgu (Gök-

25 Hitzl 1996, 47–65.
26 Willocx 2020; Willocx sous press.
27 Leblanc 2021.
28 Voir Robert 1977, ainsi que Lichtenberger 2020, et plus particulièrement Weiß 2020.
29 Un poids inédit, conservé au Musée Halûk Perk, est signalé par Öztürk 2022.
30 Pondera #13145. Weiß (2020, 152) interprète ce poids comme une livre italique.
31 Pondera #13144.
32 Weiß 2020, 153–154.
33 Pondera #13916; #13919–13923.

çebey), après une crue du Filyos, dans un complexe du IIe s. à vocation commerciale.[34] Les poids ont la forme d'un médaillon aux bords saillants, muni d'un épais tenon percé. La taille des objets, la distribution de leurs masses et l'emploi des symboles au droit et au revers semblent indiquer l'usage de cinq modules distincts, qui correspondent probablement à 10 livres commerciales (Zeus/Dionysos), 5 livres commerciales (Hermès/Dionysos), 2 ou 2,5 livres commerciales (Hermès/Zeus ou balance/set de poids), 1 livre commerciale (cloche/balance) et ½ livre commerciale (caducée).[35] Outre les divinités, qui sont représentées de face, l'iconographie de ces poids met en scène les attributs des agoranomes, qui sont également représentés sur plusieurs autels découverts à Tieion et à Amastris: la cloche, peut-être le fouet, divers types de balance et surtout un set de cinq poids, qui confirme l'existence d'une échelle de cinq modules.[36]

L'absence de dénomination explicite dans la légende ne permet malheureusement pas de fixer avec certitude la valeur de chaque module, mais l'ordre de grandeur entre les différents modules est assez clair.[37] La seule hésitation concerne le module de 2 livres ou 2,5 livres: la masse des cinq poids conservés est compatible avec l'un ou l'autre module, qui se justifient l'un comme l'autre dans la logique à la fois binaire et décimale du système (2 livres est le double de 1 livre et le quadruple de ½ livre; 2,5 livres est la moitié de 5 livres et le quart de 10 livres). L'emploi de deux couples de symboles pourrait même faire pencher la balance pour la coexistence des deux modules, à savoir 2,5 livres (Hermès/Zeus; 1 poids) et 2 livres (balance/set de poids; 4 poids), même si cette hypothèse contredit l'idée d'un set de cinq modules. Il est également possible qu'un module ait remplacé l'autre à un moment donné. Sur le tenon du module de 10 livres commerciales (2 poids), un monogramme formé des lettres *mu* et *nu* dessinant un *alpha* a été interprété de manière convaincante comme le mot μνᾶ.[38] Le module le plus lourd du système pondéral est donc également appelé "mine".

Les exemplaires disponibles montrent que la livre commerciale pourrait peser autour de 18 onces, ce qui fournit un excellent parallèle avec les poids de Nicomédie. Il est parfaitement possible que cet étalon ait varié au fil du temps. L'aspect des poids, la graphie des légendes et le contexte de découverte suggèrent une datation des IIe–IIIe s. Les modules de 10 livres précisent que les poids appartiennent au conseil et au peuple de Tieion et in-

34 Trois poids sont publiés: Pondera #13914–13915; #15567. Atasoy – Yıldırım (2015, 443–444) déclarent qu'au total six poids ont été découverts en 2009 et 2012 sur les rivages du Filyos. Deux poids inédits sont illustrés dans Yıldırım 2017, 231, fig. 7, et un autre dans Atasoy 2018, 120–122, fig. 12–13.

35 Nous n'intégrons pas dans cette analyse les poids pour lesquels nous disposons uniquement de photographies, sans description précise ni masse (voir note précédente). Les symboles qui apparaissent sur ces objets semblent être la cloche, la balance, la hache, le fouet et le caducée.

36 Voir Akyürek Şahin – Uyar 2009, 142–144 (= 2012, 166–169); Uyar 2012, 191–196.

37 La structure 10 – 5 – 2 – (1) – ½, déjà proposée dans le catalogue de vente CNG, Triton VI (14/01/2003), n° 293, est reprise par Akyürek Şahin – Uyar 2009, Akyürek Şahin – Uyar 2012 et Uyar 2012. Toutes les publications identifient ces poids comme des multiples et diviseur de la mine; voir également Gorny & Mosch, vente 126 (13–14/10/2003), n° 3021; CPAI II n° 76.

38 Akyürek Şahin – Uyar 2009, 139–140.

diquent le nom de l'épistate Areianus. Sur les autres modules, la légende est généralement trop fruste ou insuffisamment publiée pour fournir d'autres indications chronologiques. Cependant, un poids de cette série, découvert en 1967 à Constanţa (Tomis),[39] apporte une information capitale. Cet objet présente sur une face la cloche de l'agoranome (erronément interprétée comme un bonnet des Dioscures par le premier éditeur) et sur l'autre une balance à deux plateaux. Les deux légendes circulaires qui entourent les types mentionnent, sur le droit, Septime Sévère et, sur le revers, son corégent Caracalla, ainsi que Geta qui ne porte pas encore le titre d'Auguste. Ces éléments permettent de dater l'objet du tournant des IIe s. et IIIe s. (entre 198 et 209). Malgré le lieu de découverte de ce poids, ses différences profondes avec les autres poids de Tomis et sa parfaite similitude avec un autre poids d'une livre découvert à Üçburgu[40] invitent à l'intégrer au corpus de Tieion. Il faut toutefois noter que sa masse actuelle (439,7 g) est faible par rapport au reste du corpus. Le premier éditeur de cet objet lisait les mots μν(ᾶ) à la fin de l'inscription du droit et μνᾶ à la fin de l'inscription du revers, et interprétait cet objet comme une résurgence de l'antique mine commerciale de 105 drachmes attiques, attestée aux Ve s. et IVe s. av. J.-C.[41] La photographie du poids ne nous permet pas de vérifier la lecture de la légende sur ce point et, en particulier, la curieuse abréviation MN pour μν(ᾶ). En tout état de cause, la référence anachronique à un étalon vieux de plusieurs siècles nous semble tout à fait improbable. Si ce poids d'une livre commerciale est effectivement appelée "mine", comme le poids de 10 livres, il faut admettre que cette dénomination aurait une valeur purement générique et pourrait qualifier tous les poids commerciaux, indépendamment de leur dénomination réelle.[42]

Poids de Périnthe

Les poids de Périnthe ont la forme de carrés ou de pentagones irréguliers en plomb, aux bords saillants, qui portent une inscription opisthographe. Ce poids sont aisément identifiables par la présence systématique de l'ethnique de Périnthe, soit au génitif pluriel Περινθίων, soit sous la forme de l'adjectif épithète Περίνθιος accordé au nom de la dénomination. Seize poids sont connus à l'heure actuelle (tableau 5), qui se trouvent pour la plupart dans des collections privées. Nous connaissons la provenance de trois d'entre eux: deux ont été trouvés en Thrace, le troisième a été découvert à proximité de Dubravica, en Serbie.

39 Pondera #13768. Ocheşeanu 1975; Avram 2012–2015, 180–181, n° P23.
40 Pondera #13915.
41 Ocheşeanu 1975, 82; 84–88. Sur la mine de 105 drachmes attiques, voir, en dernier lieu, Kroll 2020.
42 Le même type d'ambiguïté est notamment attesté dans le décret agoranomique athénien IG II/III² 1013, daté de la fin du IIe s. av. J.-C., où le terme "chénice" (χοῖνιξ) est utilisé pour désigner tantôt une mesure de capacité sèche précise, tantôt n'importe quel instrument de mesure des capacités sèches. Voir Doyen 2017, 197–199 et n. 58.

Cinq dénominations sont attestées: 1 mine ou 5 livres (3 poids); 2 livres (1 poids); 1 livre (10 poids); ½ livre (1 poids); 1 once (1 poids). Le module le plus lourd est appelé "mine" ou "*pentalitron*".[43] Sa masse correspond à 5 livres italiques. Les autres modules semblent construits sur une livre commerciale comprise entre 14 et 16 onces monétaires,[44] même si un seul poids porte explicitement l'épithète ἀγοραῖος.[45] Par contre, huit poids sont qualifiés de δίκαιος ou δίκεος "conforme".[46] L'une des mines évoque la deuxième néocorie de Périnthe, ce qui indique une datation entre 219 et 286.[47]

Le corpus de Périnthe offre donc une association originale entre la livre commerciale et le *pentalitron* monétaire (60 onces), également identifié comme une mine. Il n'est guère aisé de combiner les deux étalons, sauf à imaginer que la livre commerciale périnthienne pèse précisément 15 onces, auquel cas, la mine de 60 onces vaudrait quatre livres commerciales (4 × 15 onces) et le système pondéral de Périnthe s'inscrirait dans une échelle strictement binaire (4 livres, 2 livres, 1 livre, ½ livre). Cependant, notre ignorance du nombre d'onces à la livre commerciale, notre incertitude sur la stabilité de la livre commerciale aux IIe s. et IIIe s., ainsi que l'absence de référence à la livre commerciale sur les trois mines conservées, incitent à la prudence. Il est possible que la mine et la livre commerciale n'avaient pas vocation à être utilisées lors des mêmes opérations de pesée, mais étaient liées à des denrées ou à des contextes de pesée spécifiques. Les poids provenant de la province de Syrie montrent les mêmes caractéristiques.

Poids d'Antioche

Deux poids découverts à Antioche et aujourd'hui conservés au Cabinet des médailles de la Bibliothèque nationale de France témoignent de l'existence d'une mine lourde à Antioche au début de l'époque impériale (tableau 6). Le premier est une demi-mine datée de l'an 2 (535,3 g);[48] le second, mutilé, est une mine datée de l'an 7 (1069,2 g).[49] Henri Seyrig date le deuxième poids de l'ère césarienne débutant en 49/48 av. J.-C., puisque la cité porte les titres qui lui ont été conférés par Jules César; par contre, l'absence de ces titres sur le premier poids permettrait de le dater d'une ère pompéienne débutant en 66/65 av. J.-C.[50] Cet argument *ex silentio* ne nous paraît pas définitif, puisque le premier poids ne donne

43 Les poids #1770 et probablement #13566 portent à la fois les légendes μνᾶ | Περι|νθία sur une face et πεντ|αλίτ|ρον δί|κεον sur l'autre face. Le poids #13581 est seulement décrit comme une mine: μνᾶ δικαία | ἀγο-ρα-νο|μοῦν-τος | Φι-λο|μήτορος | Τρύφωνος || Περιν|θίων | δὶς νε|οκόρων.

44 Seule la masse du poids #14826 (331 g), qui est abîmé, s'approche de norme de la livre italique. Même l'once conservée (#12828) semble taillée sur le standard commercial, si la masse renseignée (36,1 g) est fiable.

45 Pondera #14281.

46 Pondera #1770; #12829–12831; [#13566]; #13581–13582; #14284.

47 Weiß 2005, 408–412.

48 Pondera #3589.

49 Pondera #3496.

50 Seyrig 1946–1948, 43–44.

même pas le nom de la cité. Au contraire, les similitudes entre ces deux poids (standard métrologique, symboles sur les deux faces, disposition des légendes sur le pourtour et dans le champ, mention de deux agoranomes, etc.) et leurs nombreuses différences avec l'abondante série des poids à la double corne d'abondance probablement produite à Antioche au cours du Ier s. av. J.-C.[51] nous invitent à les rapprocher dans le temps et à les dater tous les deux de l'ère césarienne.

En tout cas, ces deux poids d'Antioche se réfèrent à une mine nettement plus lourde (c. 1070 g) que les poids à la double corne d'abondance (c. 640–740 g). Il est probable que la nouvelle mine de référence soit supérieure ou égale à 40 onces romaines, d'autant plus que la mine de l'an 7 est endommagée.

Poids de Séleucie

Poids se référant à la mine

Trois poids et un fragment de moule, respectivement datés des années 41, 43, 50 et 87 d'une ère inconnue, présentent des similitudes qui invitent à les attribuer à la même cité (tableau 7): après l'année, la légende indique systématiquement le nom de l'agoranome au génitif régissant le participe ἀγορανομοῦντος, ainsi que le nom de la dénomination. Les deux poids les plus anciens, tous deux des mines (704,4 g; 734,6 g), sont de forme carrée et sont munis d'un tenon; leur tranche et leur revers sont décorés du quadrillage losangé caractéristique des poids syriens hellénistiques.[52] Le troisième poids, également une mine (1305 g), est circulaire, avec un tenon; son revers présente un quadrillage carré.[53] Si les pesées sont exactes, le troisième poids montre donc une masse deux fois supérieure aux deux précédents, ce qui pourrait indiquer un doublement de la masse de la mine entre l'année 43 et l'année 50. Le moule n'apporte évidemment pas d'autre information métrologique, mais indique l'existence d'un poids de 2 mines produit durant l'année 87 de cette ère.[54]

L'identification de la cité et de l'ère en question permettrait donc de dater une possible réforme de la mine en Syrie. Le premier poids connu de cette série fut attribué tantôt à Antioche,[55] tantôt à Laodicée.[56] Dans l'un et l'autre cas, l'ère la plus probable serait l'ère

51 Pondera #3566; #3560; #3574; #3564; #3750; #3558; #14413; #3557; #12844; #1617; #12819; #3565; #3559; #3562; #14847; #14482; #14415; #14061; #12867; #12824; #3581; #3579; #3576; #3569; #3056. Voir Gatier – Shaath 1993; Finkielsztejn 2014, 81–84.

52 Pondera #3629 et #3617.

53 Pondera #3614.

54 Pondera #3613.

55 Babelon 1898, 463–464, n° 7463; Michon 1913, 324–325, n. 3; IGLS III 1071j.

56 Seyrig 1946–1948, 54, n° I.C.8; IGLS IV 1271h; Finkielsztejn 2014, 74, n° 40. Seyrig (1946–1948, 57) fonde son attribution sur la similitude entre la légende de ce poids et celle du poids #3655, qu'il attribue à Laodicée. Cependant, la forme, l'aspect général et le traitement du revers des deux objets sont très différentes. Des légendes similaires se retrouvent sur des poids attribués à Antioche (e.g. Pondera

césarienne, qui a pour point de départ l'année 49/48 av. J.-C. à Antioche, l'année 48/47 av. J.-C. à Laodicée.[57] La réforme daterait donc du tournant de l'ère chrétienne, entre 7/6 av. J.-C. (an 43 selon l'ère césarienne d'Antioche) et 2/3 ap. J.-C. (an 50 selon l'ère césarienne de Laodicée). Ces données ne cadrent pas avec la métrologie des poids d'Antioche (tableau 6) et de Laodicée (tableau 9), qui se fondent sur une mine lourde dès la seconde moitié du Ier s. av. J.-C. Par ailleurs, le moule de poids, qui présente le même formulaire que les trois poids conservés, provient du site ancien de Séleucie; il peut donc être attribué avec vraisemblance à cette cité et daté selon l'ère de la liberté de Séleucie.[58] Ce rapprochement permettrait d'attribuer les trois poids à Séleucie et de dater la réforme de la mine entre 67/66 et 60/59 av. J.-C. (entre l'an 43 et l'an 50 de l'ère de la liberté de Séleucie), c.-à-d. au moment de la réduction de la Syrie séleucide en province romaine.

Poids se référant à la livre

Henri Seyrig fut le premier à attribuer à Séleucie une série de cinq poids carrés avec un tenon circulaire présentant des légendes analogues (datation, nom de l'agoranome et dénomination), caractérisées par l'utilisation de la formule ἐσηκώθη "(cet objet) a fait l'objet d'un étalonnage".[59] Cette série a été enrichie par six autres exemplaires (tableau 8), dont le dernier fut mis au jour tout récemment sur l'agora de Nea Paphos, à Chypre.[60] Les poids datés font référence aux années 200 et au début des années 300 de l'ère de la liberté de Séleucie (109/108 av. J.-C.), qui indique une datation entre la fin du Ier s. ap. J.-C. (91/92) et le début du IIIe s. (204/205).

Les deux seuls poids qui ne portent pas de date sont identifiés comme des demi-livres de 6 onces (ἐσηκώθη ἡμιλίτριν ὀνκίων ἕξ),[61] qui se rapportent donc à la livre monétaire. La masse actuelle de ces deux poids (161,4 g et 156,5 g) confirme cette analyse. Un troisième poids (321,51 g), daté de 91/92 mais sans mention de dénomination, semble taillé sur le même étalon.[62] Par ailleurs, deux autres poids font explicitement référence à une livre plus lourde: un poids (580 g), daté de 171/172, est identifié comme une livre de 21 onces (ἐση|κώθη ὀνκί|ων κα' | λίτρ<α>),[63] et un autre poids (340,5 g), daté de 204/205, est une demi-livre de 10 onces et demie (ἐσηκώ|θη ἡμιλίτριν | ὀνκίων ι' <).[64] Si la masse actuelle de la livre correspond effectivement à 21 onces (571 g), celle de la demi-livre est nettement supérieure à 10,5 onces (285,5 g). Un sixième poids (294 g), qui porte exactement la même date, au jour près, que la livre de 21 onces, semble bien être une demi-livre du même étalon,

#3589), à Laodicée (e.g. Pondera #3658) ou à des cités non identifiées (Pondera #3640; #12575), ainsi que sur le moule attribué à Séleucie (Pondera #3613).

57 Voir Seyrig 1950, 5–15 (Antioche); 26–32 (Laodicée).
58 Seyrig 1946–1948, 48–49, n° 15; IGLS III 1214.
59 Seyrig 1946–1948, 50–52 (Séleucie, 3e série).
60 Twardecki 2020; Łajtar 2021.
61 Pondera #3609–3610.
62 Pondera #1765.
63 Pondera #3605.
64 Pondera #3606.

même si elle ne porte pas de dénomination.[65] En l'absence de légende explicite, il est difficile de se prononcer pour les cinq derniers poids du corpus. Les masses conservées, pour quatre d'entre eux, indiquent un standard sensiblement plus léger (c. 16,5–18,5 onces), mais cette impression pourrait être liée à l'état de conservation des objets.

Poids de Laodicée

Poids se référant à la mine

La plupart des nombreux poids d'époque impériale attribués à Laodicée sont des fractions d'une mine lourde (tableaux 9 et 10). Si de rares exemplaires étalonnés à la demi-mine (1 poids), au quart de mine (?) (1 poids) et au huitième de mine (3 poids) sont attestés à la fin du Ier s. av. J.-C. et au début du Ier s. ap. J.-C., l'immense majorité des dénominations sont des seizièmes de mine (30 poids) et des trente-deuxièmes de mine (43 poids).[66] Ces poids prennent des formes très diverses (triangle, carré, losange, rectangle, disque, polygone, feuille); dans un quart des cas, ces objets présentent au moins un côté échancré. Aucun poids ne mentionne explicitement le nom de la cité de Laodicée, mais un tiers d'entre eux portent sur le revers une palme en relief, qui semble être le symbole de la cité, et quelques-uns présentent le monogramme de Laodicée. La moitié des poids portent une date, exprimée selon l'ère césarienne de Laodicée (48/47 av. J.-C.).[67] Quatre poids présentent une double datation avec l'ère d'Actium (31/30 av. J.-C.), et trois d'entre eux ajoutent une troisième datation avec l'année régnale de Tibère ou de Caligula.[68] Six poids produits au début du IIIe s. sont datés de l'ère de la métropole (193/194) et/ou de l'ère de la colonie

65 Pondera #3608. Le poids, fortement endommagé (220,5 g), a été étudié au Musée de Beyrouth par Gatier 2016, n° 535. D'après les archives inédites de Henri Seyrig conservées au Cabinet des médailles de la Bibliothèque nationale de France, ce poids pesait jadis 294 g (HS 328, I).

66 Nous n'incluons pas dans le corpus les poids #3615–3616 (et #3659), daté de l'année 29 des Laodicéens, "(cité) sainte, asyle et autonome". Seyrig (1946–1948, 53, n° I.C.3) date le poids qui lui était connu de l'ère de la liberté de Laodicée, débutant en 82/81 ou en 81/80 av. J.-C. (Seyrig 1950, 26–32), c.-à-d. en 54/53 or 53/52 av. J.-C. Par contre, Gatier – Olivier (2015, 259–260) datent ces deux poids d'après l'ère césarienne, soit en 20/19 av. J.-C. Ces poids se singularisent par leur revers losangé orné du monogramme de Laodicée et s'inscrivent par ailleurs dans une série de poids datés, qui présentent régulièrement un symbole, mentionnent explicitement le nom de la cité et/ou celui de l'agoranome, et font référence à une mine de c. 785–815 g (Pondera #12418; #3655; #12820; #3644; #12577; #1768; #12419; #3658) – autant de traits qui les distinguent des poids datés de l'ère césarienne. Il nous semble donc préférable de nous en tenir à la datation calculée sur la base de l'ère de la liberté de Laodicée.

67 Seyrig (1946–1948, 66–67) situe les poids non datés au Ier s. ap. J.-C., en supposant qu'ils prennent tous place entre deux séries cohérentes de poids datés. Nous préférons laisser ouverte la question de leur datation (Ier–IIIe s.) et nous n'excluons pas que ces objets puissent être contemporains de poids datés.

68 Pondera #3630; #3642; #12537; #3736.

(197/198).[69] Sur le plan métrologique, tous ces poids se réfèrent à une mine lourde, pesant entre 1300 g et 1800 g. L'imprécision de certaines pesées, l'absence de datation précise pour la moitié du matériel et le risque d'erreur liée à l'extrapolation de la masse de la mine au départ de fractions si petites ne permettent pas de préciser cette fourchette, ni de vérifier si la masse de référence de la mine a varié significativement entre la fin du Ier s. av. J.-C. et le début du IIIe s. ap. J.-C. Nous pouvons toutefois souligner que cette mine s'inscrit dans le même ordre de grandeur que la mine périnthienne de 60 onces.

Poids se référant à la livre

Quatre poids de Laodicée, datés du IIe s. et du début du IIIe s. sont fondés sur la livre (tableau 11). Sur le plan formel, ces poids ne diffèrent pas des fractions de la mine: les mêmes formes sont attestées, le symbole de la palme figure sur le revers de tous les poids, la datation est donnée par l'ère césarienne (complétée, dans le dernier cas, par les ères de la métropole et de la colonie). Les dénominations attestées sont la livre et la demi-livre, avec une unité de référence pesant entre 15 et 16 onces. Les dates indiquées sur les poids montrent que des fractions de la mine et des fractions de la livre sont produites en même temps[70] et sont donc certainement utilisées concomitamment. Toute la question est de savoir si ces différentes dénominations sont utilisées au sein d'un seul et même système, ou si elles appartiennent à deux systèmes pondéraux différents.

Ainsi, s'il était établi que la livre est étalonnée à 16 onces et la mine à 64 onces, le ¹⁄₁₆ mine pèserait 4 onces et le ¹⁄₃₂ mine, 2 onces. Dans ce cas, la livre et la demi-livre correspondraient respectivement au ¼ mine et au ⅛ mine, et l'on pourrait imaginer que ces dénominations grecques, encore attestées au début de l'ère chrétienne, auraient été remplacées par leurs équivalents romains aux IIe s. et IIIe s.

D'autre part, il se pourrait également que la mine et ses fractions s'articulent indépendamment de la livre et de la demi-livre, de telle sorte que deux systèmes pondéraux distincts coexisteraient à Laodicée, au moins jusqu'à la première moitié du IIIe s. Ces deux systèmes seraient utilisés pour peser des denrées différentes et/ou pour peser dans des contextes spécifiques.

Conclusion

Cette recherche préliminaire s'est focalisée sur 159 poids romains produits dans les provinces du Pont-Bithynie, de Thrace et de Syrie. Nous avons jusqu'à présent concentré

---

69 Pondera #14437; #12821; #3685; #3656; #3741; #3686. Sur les ères de la métropole et de la colonie de Laodicée, voir Seyrig 1950, 31–32; Seyrig 1963; Meyer 1987–1988, 58–62.

70 Comparer les poids #3740 (¹⁄₃₂ mine) et #12584 (½ livre), tous deux produits en 209 de l'ère césarienne (161/162). Les poids #12016 (¹⁄₃₂ mine) et #3645 (½ livre) sont produits à un an d'intervalle, de même que les poids #3684 (¹⁄₃₂ mine) et #3742 (¹⁄₁₆ mine) sont respectivement produits un an avant et un an après le poids #12584 (½ livre).

notre attention sur les corpus les plus complets et les mieux datés (plus de la moitié des poids étudiés sont datés à l'année près ou dans une fourchette de quelques années), mais toute recherche future devrait idéalement inclure les autres poids produits dans la partie orientale de l'Empire entre le Ier s. et le IIIe s., particulièrement dans les provinces de Mésie inférieure et d'Asie, ainsi que les sources littéraires et épigraphiques qui nous informent sur les usages pondéraux et les pratiques comptables à l'époque impériale.

Il ressort de ce premier examen que la plupart des cités grecques – sinon toutes – recourent à une livre commerciale (λίτρα ἀγοραία) pour peser le commun des marchandises. La masse de cette livre commerciale semble varier d'une cité à l'autre et peut également évoluer dans une même cité au cours du temps. Il est probable que cette norme ait été établie à l'once près. Dans la plupart des cas, la livre commerciale est comprise entre 14 et 20 onces. La seule mention explicite de valeur, à Séleucie, concerne une livre de 21 onces (en 171/172) et une demi-livre de 10,5 onces (en 204/205). Les dénominations les plus courantes sont la livre, la demi-livre et la double livre. Des dénominations plus lourdes sont attestés à Tieion (10 livres, 5 livres et peut-être 2,5 livres) et à Nicomédie (6 livres et peut-être 5 livres). À l'exception d'un possible quart de livre dans le corpus de Nicomédie, les dénominations inférieures à la demi-livre étaient vraisemblablement les multiples et diviseurs de l'once très fréquents dans les corpus de poids d'époque impériale (¼ once, ½ once, 1 once, 2 onces, 3 onces et 4 onces).

Comme à l'époque hellénistique, les matières les plus précieuses sont pesées au moyen de la livre italique (λίτρα ἰταλική) de 12 onces. Les corpus de Nicomédie et de Séleucie comprennent une double livre italique (24 onces) et deux demi-livres italiques (6 onces), qui semblent contemporaines des poids commerciaux produits dans ces cités. Cette coïncidence prouve l'utilisation concomitante des poids italiques et des poids commerciaux dans une même cité. Comme pour les poids commerciaux, les multiples et diviseurs de l'once servent à peser les masses inférieures à la demi-livre monétaire. À l'autre extrémité de l'échelle pondérale, un multiple de 8 livres pourrait être attesté à Nicomédie. Des multiples de 5 livres italiques sont connus à Nicée et à Périnthe; dans un cas au moins, cette dénomination porte également le nom de mine.

Dans les corpus de Tieion et de Périnthe, la mine est la plus lourde dénomination du système pondéral: elle correspond à un *dekalitron* commercial dans le premier cas, un *pentalitron* italique dans le second. Les poids syriens permettent de reconstituer l'évolution de cette dénomination depuis le milieu du Ier s. av. J.-C., au départ de la mine commerciale de la basse époque hellénistique. En Syrie, nous n'avons conservé aucun poids correspondant à la mine entre la seconde moitié du Ier s. av. J.-C. et le IIIe s., et nous ne connaissons que quelques rares fractions de ½ mine, ¼ mine et ⅛ mine datées du tournant de l'ère chrétienne. Les dénominations de loin les plus fréquentes sont les 1/16 mine et 1/32 mine, qui ne font aucune référence explicite à la livre commerciale ni à l'once romaine. Il n'est pas impossible, toutefois, que ces dénominations équivaillent respectivement à ¼ livre et ⅛ livre et/ou à 4 onces et 2 onces, si la livre commerciale pèse 16 onces et la mine, 64 onces.

Les poids les plus récents de notre corpus sont datés, à Périnthe, de la période de la deuxième néocorie (219–286), à Laodicée, de l'année 44 de l'ère de la métropole (236/237) et, à Nicomédie, de la quatrième année du règne d'Aurélien (272–274). L'utilisation de poids de formes et de facture variées, qui se réfèrent à des étalons différents d'une cité à l'autre (livre commerciale, livre italique, mine), perdure donc longtemps durant le IIIe s. Cette diversité régionale prendra fin au IVe s., lorsque d'importantes réformes métrologiques imposent l'utilisation dans tout l'empire de poids d'aspect identique, qui se réfèrent désormais à la seule livre romaine, aussi bien pour l'étalon monétaire que pour l'étalon commercial. Cette uniformisation du système pondéral s'inscrit dans un mouvement plus large de centralisation et de restructuration administrative, notamment marqué par les réformes de Dioclétien et de Constantin. Hormis quelques exceptions épichoriques,[71] les poids civiques en plomb disparaissent définitivement et laissent la place à de nouvelles séries, très standardisées et abondantes, de poids en alliage cuivreux.[72]

Bibliographie

Adak, M., Die Agoranomen von Nikomedeia, Philia 5, 2019, 20–33.

Akyürek Şahin, N. E. – Uyar, S., Ein neues Bleigewicht aus dem Territorium von Tios in Ostbithynien, Gephyra 6, 2009, 137–148.

Akyürek Şahin, N. E. – Uyar, S., Tios'un Teritoryumu'ndan (Doğu Bithynia) Yeni Bir Kurşun Ağırlık, in: Şahin, S., et al. (eds.), Eskiçağ Yazıları 1 (Akron 1), Istanbul 2012, 157–174.

Atasoy, S., Surveys and Excavations on the Southern Black Sea Coast, in: Manoledakis, M., et al. (eds.), Essays on the Archaeology and Ancient History of the Black Sea Littoral (Colloquia Antiqua 18), Louvain 2018, 109–146.

Atasoy, S. – Yıldırım, Ş., Recent Discoveries at Tios and its Territory, in: Tsetskhladze, G. R., et al. (eds.), The Danubian Lands between the Black, Aegean, and Adriatic Seas (7th Century BC – 10th Century AD), Oxford 2015, 441–444.

Avram, A., Poids de Tomis portant des légendes, Il Mar Nero 9, 2012–2015, 167–255.

Babelon, É., Inventaire sommaire de la collection Waddington acquise par l'État en 1897 pour le département des médailles et antiques de la Bibliothèque nationale, Paris 1898.

Bendall, S., Byzantine Weights. An Introduction, Londres 1996.

Bresson, A., Unité de pesée et poids des offrandes dans les sanctuaires grecs, in: Bresson, A. (éd.), La cité marchande (Scripta antiqua 2), Bordeaux 2000, 211–242.

Campagnolo, M. – Weber, K., Poids romano-byzantins et byzantins en alliage cuivreux. Collections du Musée d'art et d'histoire, Genève 2015.

Charrey, P., Le poids et la croix. Instruments de mesure et représentation du pouvoir dans le commerce byzantin (IVe–VIIIe siècle), thèse de doctorat inédite Paris 2021.

Di Stefano, G., Museo Regionale di Camarina. Pesi e monete nel padiglione subacqueo del Museo, AIIN 46, 1999, 265–269.

71 Ainsi, pour le Proche-Orient, voir Gatier 2014, 159–161.

72 Sur les poids tardo-romains et byzantins, voir Bendall 1996; Campagnolo – Weber 2015; Charrey 2021.

Di Stefano, G. – Oddone, M. – Savio, A., I pesi-campione ritrovati nelle acque di Camarina, RIN 99, 1998, 195–211.

Dönmez-Öztürk, F. – Haensch, R. – Öztürk, H. S. – Weiß, P., Aus dem Pera Museum (Istanbul): Weitere Gewichte mit Nennung von Statthaltern von Pontus et Bithynia, Chiron 38, 2008a, 243–259.

Dönmez-Öztürk, F. – Haensch, R. – Öztürk, H. S. – Weiß, P., Aus dem Halûk Perk Museum (Istanbul): Ein weiteres Gewicht mit Nennung eines Statthalters von Pontus et Bithynia, Chiron 38, 2008b, 261–265.

Doyen, Ch., Études de métrologie grecque II. Étalons de l'argent et du bronze en Grèce hellénistique (Études numismatiques 4), Louvain-la-Neuve 2012.

Doyen, Ch., Réformes métrologiques grecques à la fin du IIe s.: pour une réévaluation de l'influence romaine, in: Doyen, Ch. (éd.), Étalons monétaires et mesures pondérales entre la Grèce et l'Italie. Actes du colloque de Bruxelles (5–6 septembre 2013) (Numismatica Lovaniensia 21), Louvain-la-Neuve 2017, 187–208.

Finkielsztejn, G., The Weight Standards of the Hellenistic Levant I. The Evidence of the Syrian Scale Weights, Israel Numismatic Research 9, 2014, 61–94.

Gatier, P.-L., Poids et vie civique du Proche-Orient hellénistique et romain, in: Saliou, C. (éd.), La mesure et ses usages dans l'Antiquité: la documentation archéologique, Besançon 2014, 125–162.

Gatier, P.-L., Poids, in: Yon, J.-B., et al. (eds.), Inscriptions grecques et latines du Musée national de Beyrouth, Beyrouth 2016, 247–252, n°s 532–544.

Gatier, P.-L. – Olivier, J., Un poids antique de Laodicée-sur-Mer (Syrie), Syria 92, 2015, 255–261.

Gatier, P.-L. – Shaath, S., Poids inscrits de la Syrie hellénistique et romaine II, Syria 70, 1993, 171–178.

Haensch, R., Un thème commun franco-allemand: les gouverneurs de la province de *Pontus et Bithynia*, in: Hoët-van Cauwenberghe, Ch. (éd.), Au service de l'épigraphie romaine: SFER, 1995–2020. Vingt-cinq années d'engagement de la Société Française d'Épigraphie sur Rome et le monde romain (Scripta Antiqua 160), Bordeaux 2022, 265–271.

Haensch, R. – Weiß, P., Gewichte mit Nennung von Statthaltern von Pontus et Bithynia, Chiron 35, 2005, 443–498.

Haensch, R. – Weiß, P., "Statthaltergewichte" aus Pontus et Bithynia. Neue Exemplare und neue Erkenntnisse, Chiron 37, 2007, 183–218.

Haensch, R. – Weiß, P., Weitere "Statthaltergewichte" von Nikomedeia. Neue Ergebnisse zur Stadt- und Reichsgeschichte, Chiron 44, 2014, 513–549.

Haensch, R. – Weiß, P., L. Egnatius Victor Lollianus, zum Dritten. Ein weiteres "Statthaltergewicht" aus Nikomedeia in Pontus et Bithynia, Chiron 49, 2019, 467–474.

Hitzl, K., Die Gewichte griechischer Zeit aus Olympia (Olympische Forschungen 14), Berlin – New York 1996.

Kroll, J. H., Reconstructing the Chronology of Athenian Balance Weights on the "Solonian" Trade Standard, in: Doyen, C., et al. (eds.), Pondera antiqua et mediaevalia I (Numismatica Lovaniensia 22), Louvain-la-Neuve 2020, 47–72.

Łajtar, A., A Weight of Seleucia in Pieria in Nea Paphos, Études et Travaux 34, 2021, 255–263.
Leblanc, T., Le système pondéral de Cyzique, RBN 167, 2021, 1–18.
Lichtenberger, A., et al. (eds.), Imperial Residence and Site of Councils. The Metropolitan Region of Nicaea/Nicomedia (Asia Minor Studien 96), Bonn 2020.
Meyer, E., Die Bronzeprägung von Laodikeia in Syrien 194–217, JNG 37–38, 1987–1988, 57–92.
Michon, É., Nouveaux poids antiques du Musée du Louvre, RN s. 4.17, 1913, 314–332.
Ocheşeanu, R., Un poids de Tomi, de l'époque de l'empereur Septime Sévère, RBN 121, 1975, 81–90.
Öztürk, H. S., A New Date for L. Egnatius Victor Lollianus' Governorship in the Province of Pontus et Bithynia, Acta Classica Mediterranea 1, 2018, 43–51.
Öztürk, H. S., The Re-Evaluation of a New Weight from Nicomedia, Phaselis 5, 2019, 251–256.
Öztürk, H. S., Roman Imperial Inscribed Weights at the Halûk Perk Museum, in: Delanaye, L., et al. (eds.), Pondera antiqua et mediaevalia II (Numismatica Lovaniensia 23), Louvain-la-Neuve 2022, 149–155.
Öztürk, H. S. – Yalvaç, U. – Şahin, H., Addenda, Corrigenda et Commentarii Inscriptionum II, Acta Classica Mediterranea 4, 2021, 301–309.
Öztürk, H. S. – Yalvaç, U. – Oral, N. Ü., Addenda, Corrigenda et Commentarii Inscriptionum III, Acta Classica Mediterranea 5, 2022, 205–211.
Perk, H., Transition from the Hellenistic to the Roman Weight System with Examples from the Halûk Perk Museum Collection, in: Delanaye, L., et al. (eds.), Pondera antiqua et mediaevalia II (Numismatica Lovaniensia 23), Louvain-la-Neuve 2022, 131–148.
Pondera Online Database, https://pondera.uclouvain.be/ ⟨16.09.2023⟩.
Robert, L., La titulature de Nicée et de Nicomédie: la gloire et la haine, HSPh 81, 1977, 1–39 (= OMS VI, 211–249 = Choix d'écrits, Paris 2007, 673–703).
Seyrig, H., Poids antiques de la Syrie et de la Phénicie sous la domination grecque et romaine, Bulletin du Musée de Beyrouth 8, 1946–1948, 37–79 (corrigenda, p. 17) (= Scripta varia. Mélanges d'archéologie et d'histoire, Paris, 1985, 367–415).
Seyrig, H., Antiquités syriennes 42. Sur les ères de quelques villes de Syrie: Antioche, Apamée, Aréthuse, Balanée, Épiphanie, Laodicée, Rhosos, Damas, Béryte, Tripolis, l'ère de Cléopâtre, Chalcis du Liban, Doliché, Syria 27, 1950, 5–50 (= Antiquités syriennes, vol. IV, Paris, 1953, 72–117).
Seyrig, H., Antiquités syriennes 85. Un poids de Laodicée, Syria 40, 1963, 30–32 (= Antiquités syriennes, vol. VI, Paris, 1966, 132–134).
Twardecki, A., Lead Weight with an Inscription by Seleukos, in: Papuci-Władyka, E. (éd.), Interdisciplinary Research of the Jagiellonian University in Nea Paphos UNESCO World Heritage Site (2011–2015) – First Results, Cracovie 2020, 419–420.
Uyar, S., Gökçebey/Tefen'den (Zonguldak) Yeni Kurşun Ağırlıklar, in: Şahin, S., et al. (eds.), Eskiçağ Yazıları 3 (Akron 3), Istanbul 2012, 187–199.
Weiß, P., Kaiser und Statthalter auf griechischen Marktgewichten, in: Günther, R., et al. (eds.), E fontibus haurire. Beiträge zur römischen Geschichte und zu ihren Hilfswis-

senschaften (Studien zur Geschichte und Kultur des Altertums 1/8), Paderborn 1994, 351–389.
Weiß, P., Von Perinth in die Dobrudscha, nach Bithynien und Westkleinasien. Regionale und überregionale Gestaltungsweisen bei den Marktgewichten in der Kaiserzeit, Chiron 35, 2005, 405–441.
Weiß, P., "Mia san mia." Konträre Konzepte der Selbstdarstellung von Nikomedeia und Nikaia in den Medien der Marktgewichte und Münzen, in: Lichtenberger, A., et al. (eds.), Imperial Residence and Site of Councils. The Metropolitan Region of Nicaea/Nicomedia (Asia Minor Studien 96), Bonn 2020, 147–162.
Willocx, L., Athenian Commercial Weights: A History of Museum Collections and a General Overview of the Corpus, in: Doyen, C., et al. (eds.), Pondera antiqua et mediaevalia I (Numismatica Lovaniensia 22), Louvain-la-Neuve 2020, 23–46.
Willocx, L., Une mine supérieure à 150 drachmes? Évolution des mesures pondérales athéniennes à la basse époque hellénistique, in: Badoud, N., et al. (eds.), Un marché commun dans l'Antiquité? (Aegeum 3), Bâle, sous presse.
Yıldırım, Ş., Tios-Tieion: Söylenecek Çok Önemli Bir Şeyi Olmayan Kent, Trakya Üniversitesi Edebiyat Fakültesi Dergisi 7.14, 2017, 206–242.

Annexe

Tableau 1: Poids de Nicomédie présentant une dénomination.

Pondera	Forme	Dénomination	Masse	(Livre)	Empereur et année de règne	Datation
#3671	Pentagone	6 livres commerciales	2980 g	496,7 g	Antonin le Pieux, 20e année	156–157
#3721	Carré	2 livres italiques	602,35 g	301,2 g	(Marc Aurèle), 14e année	173–174
#3722	Carré	1 livre commerciale	468 g	468,0 g	(Marc Aurèle), 14e ou 15e année	173–175
#1764	Hexagone	1 livre commerciale	431,73 g	431,7 g	(Marc Aurèle), 17e année	176–177
#2422	Carré	1 livre	(191,4 g)	(–)	Septime Sévère	193–197
#3672	Parallélogramme	½ livre commerciale	295 g	590,0 g	Septime Sévère et Caracalla, 8e année	199–200
#3693	Octogone	2 livres commerciales	803 g	401,5 g	Septime Sévère et Caracalla, 8e année	199–200

Pondera	Forme	Dénomination	Masse	(Livre)	Empereur et année de règne	Datation
#3700	Feuille	½ livre commerciale	275,08 g	550,2 g	Caracalla, 17ᵉ année	212
#2401	Hexagone	1 livre commerciale	512,75 g	512,8 g	Élagabal, 2ᵉ année	218–219
#13358	Hexagone	½ livre commerciale	267,91 g	535,8 g	Élagabal, 4ᵉ année	220
#3724	Feuille	½ livre	263 g	526,0 g	Sévère Alexandre, 4ᵉ année	224–225
#485	Hexagone	1 livre	506,62 g	506,6 g	Gordien III, 7ᵉ année	243–244
#3715	Pentagone	1 livre commerciale	500 g	500,0 g	Philippe l'Arabe et Philippe II, 2ᵉ année	244–245
#15301	Hexagone	1 livre	507,65 g	507,7 g	Philippe l'Arabe et Philippe II, 5ᵉ année	247–248
#3737	Triangle	2 livres	994,45 g	497,2 g	Dèce, 1ʳᵉ année	249–250

Tableau 2: Poids de Nicomédie ne présentant pas de dénomination.

Pondera	Forme	Dénomination	Masse	(Livre)	Empereur et année de règne	Datation
#3667	Hexagone	(8 livres?) (6 livres?) (5 livres?)	2600 g	325 g? 433 g? 520 g?	Trajan, 18ᵉ année	114–115
#3723	Carré	(½ livre?) (¼ livre?)	138 g	276 g? 552 g?	Caracalla, 18ᵉ ou 19ᵉ année	214–215
#3701	Pentagone	(1 livre)	494,06 g	494,1 g	Maximin, 2ᵉ année	236
#3718	Hexagone	(1 livre)	465,68 g	465,7 g	Gordien III, 1ʳᵉ année	238–239
#12842	Triangle	(½ livre)	267,43 g	534,9 g	Gordien III, 1ʳᵉ ou 4ᵉ année	238–241
#3714	Feuille	(½ livre)	271,3 g	542,6 g	Philippe l'Arabe et Philippe II, 2ᵉ année	244–245

Pondera	Forme	Dénomination	Masse	(Livre)	Empereur et année de règne	Datation
#12213	Hexagone	(inconnue)	(–)	(–)	Philippe l'Arabe et Philippe II, 5e année	244–245
#3716	Feuille	(2 livres)	1040 g	520,0 g	Dèce, 1re année	249
#2390	Feuille	(2 livres)	1006,4 g	503,2 g	Dèce, 2e année	249–250
#2400	Heptagone	(1 livre)	461,5 g	461,5 g	Valérien et Gallien, 4e année	255–256
#3720	Hexagone	(1 livre)	489 g	489,0 g	Valérien et Gallien, 8e année	259–260
#2395	Triangle	(½ livre)	276,65 g	553,3 g	Aurélien, 4e année	272–274

Tableau 3: Poids de Nicée.

Pondera	Forme	Dénomination	Masse	(Livre)	Empereur et année de règne	Datation
#13145	Carré	(1 livre)	344,9 g	344,9 g	Antonin le Pieux	139–161
#13144	Carré	5 livres italiques	1595 g	319 g	Antonin le Pieux, 5e année	141–142

Tableau 4: Poids de Tieion.

Pondera	Forme	Dénomination	Masse	(Livre)	Empereur et année de règne	Datation
#13914	Disque et tenon	1 mine, (10 livres)	c. 4900 g	c. 490 g	(inconnu)	IIe–IIIe s.
#13919	Disque et tenon	1 mine, (10 livres)	4885 g	488,5 g	(inconnu)	IIe–IIIe s.
#13920	Disque et tenon	(5 livres)	2710 g	542 g	(inconnu)	IIe–IIIe s.
#13921	Disque et tenon	(2,5 livres?)	1197 g	478,8 g?	(inconnu)	IIe–IIIe s.

Pondera	Forme	Dénomination	Masse	(Livre)	Empereur et année de règne	Datation
#15567	Disque et tenon	(2 livres?)	1210 g	605 g?	(inconnu)	IIe–IIIe s.
#13922	Disque et tenon	(2 livres?)	1142 g	571 g?	(inconnu)	IIe–IIIe s.
#13916	Disque et tenon	(2 livres?)	1012 g	506 g?	(inconnu)	IIe–IIIe s.
#13917	Disque et tenon	(2 livres?)	964 g	482 g?	(inconnu)	IIe–IIIe s.
#13915	Disque et tenon	(1 livre)	493 g	493 g	(inconnu)	IIe–IIIe s.
#13768	Disque et tenon	1 mine?, (1 livre)	439,7 g	439,7 g	Septime Sévère et Caracalla	198–209
#1767	Disque et tenon	(½ livre)	241,72 g	483,4 g	(inconnu)	IIe–IIIe s.
#13918	Disque et tenon	(½ livre)	c. 241 g	c. 482 g	(inconnu)	IIe–IIIe s.
#13923	Disque et tenon	(½ livre)	240 g	480 g	(inconnu)	IIe–IIIe s.

Tableau 5: Poids de Périnthe.

Pondera	Forme	Dénomination	Masse	(Livre)	Empereur et année de règne	Datation
#13581	Carré	1 mine conforme, (5 livres)	1666 g	333,2 g	(inconnu)	219–286
#1770	Carré	1 mine, 5 livres conformes	1500 g	300 g	(inconnu)	IIe–IIIe s.
#13566	Carré	(1 mine, 5 livres conformes)	1542,2 g	308,44 g	(inconnu)	IIe–IIIe s.
#12831	Carré	2 livres conformes	795 g	397,5 g	(inconnu)	IIe–IIIe s.

Pondera	Forme	Dénomination	Masse	(Livre)	Empereur et année de règne	Datation
#14283	Carré	1 livre	421 g	421 g	(inconnu)	IIe–IIIe s.
#12829	Carré	1 livre conforme	420 g	420 g	(inconnu)	IIe–IIIe s.
#14283	Carré	1 livre	400 g	400 g	(inconnu)	IIe–IIIe s.
#14826	Carré	1 livre	331 g	331 g	(inconnu)	IIe–IIIe s.
#12827	Carré	1 livre	(–)	(–)	(inconnu)	IIe–IIIe s.
#14281	Pentagone	1 livre commerciale	443 g	443 g	(inconnu)	IIe–IIIe s.
#14443	Pentagone	1 livre	387,49 g	387,49 g	(inconnu)	IIe–IIIe s.
#13583	Pentagone	1 livre	384,22 g	384,22 g	(inconnu)	IIe–IIIe s.
#14284	Pentagone	1 livre conforme	368,5 g	368,5 g	(inconnu)	IIe–IIIe s.
#13582	Pentagone	1 livre conforme	365 g	365 g	(inconnu)	IIe–IIIe s.
#12830	Carré	½ livre conforme	200 g	400 g	(inconnu)	IIe–IIIe s.
#12828	Carré	1 once	36,1 g	433,2 g	(inconnu)	IIe–IIIe s.

Tableau 6: Poids d'Antioche.

Pondera	Forme	Dénomination	Masse	(Mine)	Ère civique	Datation
#3589	Carré	½ mine	535,3 g	1070,6 g	Année 2 (de l'ère pompéienne? ou de l'ère césarienne?)	65/64 ou 48/47 av. J.-C. (?)
#3496	Carré	1 mine	1069,2 g	1069,2 g	Année 7 (de l'ère césarienne)	43/42 av. J.-C.

Tableau 7: Poids de Séleucie (?) (mine).

Pondera	Forme	Dénomination	Masse	(Mine)	Ère de la liberté de Séleucie (?)	Datation
#3629	Carré	1 mine	704,4 g	704,4 g	Année 41	69/68 av. J.-C. (?)
#3617	Carré	1 mine	734,6 g	734,6 g	Année 43	67/66 av. J.-C. (?)
#3614	Disque	1 mine	1305 g	1305 g	Année 50	60/59 av. J.-C. (?)
#3613	Carré	2 mines (moule)	(–)	(–)	Année 87	23/22 av. J.-C. (?)

Tableau 8: Poids de Séleucie (livre).

Pondera	Forme	Dénomination	Masse	(Livre)	Ère de la liberté de Séleucie	Datation
#1765	Carré	(1 livre)	321,51 g	321,51 g	Année 200	91/92
#14503	Carré	(1 livre)	451 g	451 g	Année 251	142/143
#3611	Carré	1 livre	504 g	504 g	Année 258	149/150
#13011	Carré	(inconnue)	(–)	(–)	Année 271 or 291	162/163 ou 182/183
#3605	Carré	1 livre; 21 onces	580 g	580 g	Année 280	171/172
#3608	Carré	(½ livre)	294 g	588 g	Année 280	171/172
#3607	Carré	(½ livre)	227 g	454 g	Année 300	191/192
#3606	Carré	½ livre; 10,5 onces	340,5 g	681 g	Année 313	204/205
#1763	Carré	(1 livre)	468,93 g	468,93 g	(datation illisible)	IIe s.
#3609	Carré	½ livre; 6 onces	161,4 g	322,8 g	(pas de datation)	IIe s.
#3610	Carré	½ livre; 6 onces	156,5 g	313 g	(pas de datation)	IIe s.

Tableau 9: Poids datés de Laodicée (mine).

Pondera	Forme	Dénomination	Masse	(Mine)	Ère césarienne de Laodicée	Datation
#3705	Rectangle	(1/32 mine)	47 g	1504 g	Année 8 (de l'ère césarienne?)	41/40 av. J.-C. (?)
#12578	Pentagone	1/8 mine	156 g	1248 g	Année 20 (de l'ère césarienne?)	29/28 av. J.-C. (?)
#3663	Carré	1/16 mine	90 g	1440 g	Année 37 (de l'ère césarienne?)	12/11 av. J.-C. (?)
#3630	Disque	1/2 mine	703,7 g	1407,4 g	Année 50 = Année 33 (d'Actium)	2/3
#3647	Hexagone	1/8 mine	182 g	1456 g	Année 51	3/4
#3687	Rectangle	1/32 mine	53,09 g	1698,9 g	Année 71	23/24
#3642	Carré	(1/4 mine?)	355 g	1420 g	Année 71 = Année 54 (d'Actium) = Année 10 (de Tibère)	23/24
#12537	Pentagone	1/32 mine	46 g	1472 g	Année 72 = Année 55 (d'Actium) = Année 11 (de Tibère)	24/25
#3736	Carré	1/32 mine	43 g	1376 g	Année 85 = Année 68 (d'Actium) = Année 2 (de Caligula)	37/38
#3704	Rectangle	1/32 mine	47,32 g	1514,2 g	Année 120	72/73
#3661	Triangle	1/16 mine	97 g	1552 g	Année 170	122/123
#12231	Rectangle	1/32 mine	49,92 g	1597,4 g	Année 170	122/123
#3734	Rectangle	1/32 mine	44 g	1408 g	Année 175	127/128
#12843	Carré	1/32 mine	54,71 g	1750,7 g	Année 176	128/129

Pondera	Forme	Dénomination	Masse	(Mine)	Ère césarienne de Laodicée	Datation
#12572	Carré	1/32 mine	33 g	1056 g	Année 182	134/135
#3738	Rec-tangle	1/32 mine	40 g	1280 g	Année 184	136/137
#3707	Rec-tangle	1/32 mine	46 g	1472 g	Année 188	140/141
#12016	Carré	1/32 mine	52,9 g	1692,8 g	Année 192	144/145
#3695	Rec-tangle	1/32 mine	48,1 g	1539,2 g	Année 194	146/147
#12017	Carré	1/16 mine	105,4 g	1686,4 g	Année 196	148/149
#3744	Feuille	1/16 mine	103,27 g	1652,3 g	Année 197	149/150
#3691	Disque	1/32 mine	50 g	1600 g	Année 200	152/153
#3683	Triangle	1/32 mine	55 g	1760 g	Année 202	154/155
#3684	Losange	1/32 mine	54 g	1728 g	Année 208	160/161
#3740	Triangle	1/32 mine	53,2 g	1702,4 g	Année 209	161/162
#3742	Feuille	1/16 mine	109,06 g	1745,0 g	Année 210	162/163
#12585	Triangle	1/32 mine	52 g	1664 g	Année 216	168/169
#3677	Rec-tangle	1/16 mine	72,3 g	1156,8 g	Année 221	173/174
#3657	Hexa-gone	1/16 mine	105 g	1680 g	Année 226	178/179
#3681	Triangle	1/32 mine	56 g	1792 g	Année 227	179/180
#12569	Rec-tangle	1/32 mine	57 g	1824 g	Année 23[.]	183–192
#12587	Hexa-gone	1/32 mine	53 g	1696 g	Année 236	188/189
#3680	Carré	1/32 mine	57 g	1824 g	Année 237	189/190
#12586	Rec-tangle	1/32 mine	49 g	1568 g	Année 2[3]9	191/192 (?)

Pondera	Forme	Dénomination	Masse	(Mine)	Ère césarienne de Laodicée	Datation
#14437	Carré	(1/16 mine)	82,61 g	1321,8 g	Année [250] = Année 10 (de la métropole) = Année 6 (de la colonie)	202/203
#12821	Carré	1/16 mine	96,8 g	1548,8 g	Année 11 de la colonie	207/208
#3685	Carré	1/32 mine	54 g	1728 g	Année 14 (de la colonie?)	210/211 (?)
#3656	Carré	1/16 mine	106 g	1696 g	Année 14 de la colonie	210/211
#12588	Triangle	(inconnue)	(–)	(–)	Année 260	212/213
#3741	Carré	(1/16 mine)	84 g	1344 g	Année 44 de la métropole	236/237
#3686	Carré	1/32 mine	53,2 g	1702,4 g	Année 44 (de la métropole)	236/237

Tableau 10: Poids non datés de Laodicée (mine).

Pondera	Forme	Dénomination	Masse	(Mine)	Ère césarienne de Laodicée	Datation
#1481	Triangle	1/8 mine	149,4 g	1195,2 g	(inconnue)	Ier–IIIe s.
#12580	Carré	1/16 mine	112 g	1792 g	(inconnue)	Ier–IIIe s.
#3660	Carré	1/16 mine	98 g	1568 g	(inconnue)	Ier–IIIe s.
#12567	Triangle	1/16 mine	98 g	1568 g	(inconnue)	Ier–IIIe s.
#3662	Triangle	1/16 mine	94,4 g	1510,4 g	(inconnue)	Ier–IIIe s.
#3668	Carré	1/16 mine	92 g	1472 g	(inconnue)	Ier–IIIe s.
#13051	Triangle	1/16 mine	90,75 g	1452 g	(inconnue)	Ier–IIIe s.
#3664	Triangle	1/16 mine	90 g	1440 g	(inconnue)	Ier–IIIe s.
#1881	Losange	1/16 mine	88,7 g	1419,2 g	(inconnue)	Ier–IIIe s.

Pondera	Forme	Dénomination	Masse	(Mine)	Ère césarienne de Laodicée	Datation
#3666	Triangle	1/16 mine	86,8 g	1388,8 g	(inconnue)	Ier–IIIe s.
#12230	Carré	1/16 mine	86,5 g	1384 g	(inconnue)	Ier–IIIe s.
#3669	Disque	1/16 mine	83 g	1328 g	(inconnue)	Ier–IIIe s.
#3670	Triangle	1/16 mine	82 g	1312 g	(inconnue)	Ier–IIIe s.
#3675	Penta-gone	1/16 mine	81 g	1296 g	(inconnue)	Ier–IIIe s.
#3674	Carré	1/16 mine	76,7 g	1227,2 g	(inconnue)	Ier–IIIe s.
#12579	Hepta-gone	1/16 mine	61 g	976 g	(inconnue)	Ier–IIIe s.
#3678	Triangle	1/16 mine	58,5 g	936 g	(inconnue)	Ier–IIIe s.
#13153	Triangle	1/16 mine	(–)	(–)	(inconnue)	Ier–IIIe s.
#13154	Triangle	(1/16 mine)	(–)	(–)	(inconnue)	Ier–IIIe s.
#13155	Triangle	(1/16 mine)	(–)	(–)	(inconnue)	Ier–IIIe s.
#3679	Carré	1/32 mine	57,1 g	1827,2 g	(inconnue)	Ier–IIIe s.
#3682	Carré	1/32 mine	55,5 g	1776 g	(inconnue)	Ier–IIIe s.
#3688	Rec-tangle	1/32 mine	50,5 g	1616 g	(inconnue)	Ier–IIIe s.
#14851	Rec-tangle	1/32 mine	50,15 g	1604,8 g	(inconnue)	Ier–IIIe s.
#3689	Carré	1/32 mine	50 g	1600 g	(inconnue)	Ier–IIIe s.
#3690	Rec-tangle	1/32 mine	50 g	1600 g	(inconnue)	Ier–IIIe s.
#3692	Rec-tangle	(1/32 mine)	50 g	1600 g	(inconnue)	Ier–IIIe s.
#3694	Rec-tangle	1/32 mine	49 g	1568 g	(inconnue)	Ier–IIIe s.
#3702	Rec-tangle	1/32 mine	48 g	1536 g	(inconnue)	Ier–IIIe s.

Pondera	Forme	Dénomination	Masse	(Mine)	Ère césarienne de Laodicée	Datation
#3703	Rec-tangle	¹⁄₃₂ mine	48 g	1536 g	(inconnue)	Ier–IIIe s.
#12583	Rec-tangle	¹⁄₃₂ mine	48 g	1536 g	(inconnue)	Ier–IIIe s.
#3706	Triangle	¹⁄₃₂ mine	47,3 g	1513,6 g	(inconnue)	Ier–IIIe s.
#12581	Carré	¹⁄₃₂ mine	47 g	1504 g	(inconnue)	Ier–IIIe s.
#1891	Triangle	¹⁄₃₂ mine	45,3 g	1449,6 g	(inconnue)	Ier–IIIe s.
#3733	Triangle	¹⁄₃₂ mine	44,7 g	1430,4 g	(inconnue)	Ier–IIIe s.
#12582	Carré	¹⁄₃₂ mine	43 g	1376 g	(inconnue)	Ier–IIIe s.
#12568	Hexa-gone	¹⁄₃₂ mine	39 g	1248 g	(inconnue)	Ier–IIIe s.
#3739	Rec-tangle	¹⁄₃₂ mine	35 g	1120 g	(inconnue)	Ier–IIIe s.
#11523	Hexa-gone	(inconnue)	(–)	(–)	(inconnue)	Ier–IIIe s.

Tableau 11: Poids de Laodicée (livre).

Pondera	Forme	Dénomination	Masse	(Livre)	Ère césarienne de Laodicée	Datation
#3645	Triangle	½ livre	208 g	416 g	Année 191	143/144
#12584	Triangle	½ livre	212 g	424 g	Année 209	161/162
#3646	Disque	½ livre	199 g	398 g	Année 215	167/168
#3641	Rec-tangle	1 livre	406,8 g	406,8 g	Année 253 = Année 9 de la colonie = Année 13 de la métropole	205/206

Summus Poeninus: Zur wirtschaftlichen Bedeutung des Grossen St. Bernhard in der römischen Kaiserzeit

Kai Ruffing

Unter den im Tropaeum Alpium in La Turbie genannten Völkern, deren Unterwerfung Augustus in dem besagten Denkmal feierte, findet sich in Gestalt der Salasser unter anderem auch ein Ethnonym, das etwas überraschend aufgeführt wird. Die dort erwähnten Salasser,[1] die mit Rom eine längere Konfliktgeschichte verband, wurden nämlich nicht erst im Rahmen des Alpenfeldzugs 15 v.Chr. unterworfen, sondern bereits im Jahr 25 v.Chr. entscheidend von den Römern geschlagen.[2] Der Sieg über die Salasser brachte auch die Kontrolle des südlichen Zugangs zum Summus Poeninus mit sich. Der Pass des Großen St. Bernhard sollte, wie die anderen Alpenpässe auch, eine größere ökonomische Bedeutung entfalten, obwohl der Weg über die verschiedenen Alpenpässe nicht nur beschwerlich war, sondern aufgrund der Geomorphologie auch den Transportwiderstand der jeweiligen Waren erhöhte. So charakterisierte denn auch vor kurzem Silvia Giorcelli Bersani zu Recht die Wirtschaft der Alpen in der römischen Kaiserzeit als eine ‚economia del transito', die vor allem vor dem Hintergrund des Warenaustausches zwischen Norditalien und den Provinzen nördlich des Gebirges zu sehen ist.[3] In der Tat deutet sich an, dass dem kaiserzeitlichen Warenverkehr über die Alpen eine weit größere Bedeutung zuzusprechen ist, als man ihm angesichts der Schwierigkeiten des Landtransports und der damit verbundenen hohen Kosten in der früheren Forschung zuzusprechen geneigt war. Dies gilt insbesondere für die Verbindung von Como über den Julier-Maloja- oder den Septimer-Pass und den Splügen-Pass in das obere Rheintal,[4] aber auch für andere Verbindungen über die Ost-Alpen. Selbiges zeigt nicht zuletzt der Befund an Amphoren, die

1 CIL V 7817. Zum Text und zum Tropaion vgl. Formigé 1949; Lamboglia 1976; Arnaud 2004; Binninger 2004. Die propagandistische Wichtigkeit des Alpenfeldzugs für die Selbstdarstellung des Augustus wird nicht zuletzt auch durch Erwähnung der ‚Befriedung' der Alpen in den *Res Gestae Divi Augusti* offenbar (RGDA 26): *[Alpes a re]gione ea quae proxima est Ha|driano mari [ad Tuscum pacari fec]i nulli genti bello per iniuriam | inlato.*

2 Vgl. Ruffing 2018.

3 Vgl. Giorcelli Bersani 2019, 105.

4 Vgl. Ruffing 2023.

nicht nur die wirtschaftliche Verknüpfung der Provinzen nördlich der Alpen mit Norditalien, sondern auch mit der nördlichen Adria demonstrieren.[5]

So wird denn im Folgenden versucht, die ökonomische Bedeutung des Summus Poeninus näher zu konturieren.[6]

Der Pass, der erst vergleichsweise spät die Aufmerksamkeit antiker Literaten erregte, wurde schon in der vorrömischen Zeit genutzt, wie insbesondere die keltischen und massiliotischen Münzen zeigen,[7] die auf der Passhöhe der keltischen Gottheit **penninos* dargebracht wurden.[8] Die latinisierte Form des Götternamens – Poeninus – wurde dann zum Namensgeber sowohl des Passweges als auch des Gebirges, wie Livius zu entnehmen ist.[9] In der Tat ging der Kult für Poeninus, der in der *interpretatio Romana* nach Ausweis der Votivinschriften vom Pass Iuppiter Poeninus hieß,[10] in der Kaiserzeit ungebrochen weiter, bis er wohl im Jahr 394 n.Chr. ein gewaltsames Ende fand, als Theodosius die Iuppiter-Statuen in den Alpen umstürzen ließ.[11]

Seine auf 2473 m über NN liegende Passhöhe verband Octodurus/Forum Claudii Vallensium (heute Martigny) im Norden mit Augusta Praetoria (heute Aosta) im Süden, womit eine Verbindung bestand zwischen der norditalienischen Tiefebene, die über das Tal der Dora Baltea mit Aosta verbunden war, sowie dem Wallis und damit dem Genfer See. Diese Verbindung verlieh dem Pass eine militärische Bedeutung und in der Tat ist es nach dem Ausweis der literarischen Überlieferung insbesondere das römische Militär, das diesen Weg nutzte.[12] Und auch in den *ex voto*-Inschriften aus dem Pass-Heiligtum taucht mehrheitlich militärisches Personal auf.[13] Hinzu treten die auf dem Pass in größerer Zahl nachgewiesenen Militaria.[14] Die Rolle, die der Pass für den Warenverkehr zwischen Norditalien und den Provinzen im Norden des Alpenkamms gespielt hat, könnte man als dementsprechend gering betrachten. Für die augusteische Zeit dürfte das in gewisser Weise auch den Kern der Dinge treffen. Zumindest betont Strabo den steilen Anstieg und die Enge des Passweges im Vergleich zu demjenigen über den Kleinen St. Bernhard, der im Gegensatz zum Großen St. Bernhard auch mit Wagen überquert werden könne, obwohl der erstere eine Abkürzung für die bilde, die über die Pässe im Salassergebiet nach Lugdunum zu gelangen trachteten.[15] Eine gewisse Bestätigung findet seine Einlassung insofern, als auf dem Summus Poeninus offenkundig das Maultier das Transportmittel der Wahl war, wie zumindest die bildliche Darstellung eines solchen auf einer der besagten Votivta-

5 Vgl. Ehmig 2011–2012.
6 Zum Pass und seiner Geschichte vgl. grundlegend Walser 1984. Siehe ferner Wiblé 2008a.
7 Vgl. Geiser 2005, 289.
8 Vgl. Casini – Fossati 2016, 6.
9 Liv. 21, 38, 9.
10 Kataloge der Votivinschriften von der Passhöhe werden von Walser 1984, 82–126 und Wiblé 2008b, 97–102 gegeben.
11 Aug. civ. 5, 26.
12 Vgl. Walser 1984, 36–50.
13 Vgl. Walser 1984, 74–76; Wiblé 2008b, 95.
14 Vgl. Deschler-Erb 2008, 265–273; Deschler-Erb 2012.
15 Strab. 4, 6, 11.

feln nahe legt.[16] Problematisch erscheint hingegen die bei Strabo behauptete Nutzung des Großen St. Bernhard, um nach Lugdunum zu gelangen, würde das doch gegenüber dem Kleinen St. Bernhard einen weiten Umweg, noch dazu über einen verkehrstechnisch weit anspruchsvolleren Pass bedeuten.[17] Wie dem auch sei, in der augusteischen Zeit scheint die wirtschaftliche Bedeutung des Handelsweges über den Summus Poeninus eher gering gewesen zu sein.

Auch für die Folgezeit sind direkte Hinweise auf eine gesteigerte wirtschaftliche Bedeutung des Passes nur schwer zu fassen. Direkte Belege für die Nutzung des Passes als Handelsweg sind mit einer Ausnahme nicht vorhanden. Einzig die Votiv-Inschrift eines helvetischen Sklavenhändlers namens Caius Domitius Carassounus bildet eine Ausnahme, der seinen Weg über den Pass genommen und hierfür eine Votivinschrift für den Gott des Passes hat anfertigen lassen: *I(ovi) O(ptimo) M(aximo) Poenino | C(aius) Domitius | Carassounus | Helv(etius) mango | v(otum) s(olvit) l(ibens) m(erito).*[18]

So ist man denn für eine Eruierung der wirtschaftlichen Bedeutung des Handelsweges auf mittelbare Hinweise angewiesen, die eine gesteigerte Bedeutung desselben seit der Regierungszeit des Claudius nahelegen. Wie auch in anderen Bereichen der Alpen und darüber hinaus, scheint Claudius der Infrastruktur und der Verwaltung besondere Aufmerksamkeit gewidmet zu haben. So hat derselbe eine Fahrstraße bauen lassen,[19] die die Nutzung des Passes erleichtert haben wird. Im Wallis wurde Octodurus in einen Marktort umgewandelt und erhielt dementsprechend den Namen Forum Claudii Augusti bzw. Forum Claudii Vallensium. Die bauliche Ausstattung desselben spricht nicht nur für einen gewissen, möglicherweise sogar nicht unerheblichen Wohlstand, der aus der Funktion als Marktort resultiert haben mag, sondern zeigt auch in Gestalt der in der Forschung als ‚Karawanserei' bezeichneten Herbergsstation die Bedeutung des Handels über den Pass für den Ort auf.[20] Auch die baulichen Strukturen auf der Passhöhe selbst in Form des Tempels für den Iuppiter Poeninus und zweier *mansiones* sowie zwei weitere Gebäude unbestimmbaren Charakters dürften auf die Regierungszeit des Claudius zurückgehen.[21] Gleichzeitig wurde die administrative Gliederung der Region zum Gegenstand der kaiserlichen Aufmerksamkeit, indem die Stämme des Wallis zu einer *civitas Vallensium* zusammengefasst und mit dem latinischen Bürgerrecht beglückt wurden. Hinzu trat die Konstituierung der Provinz Alpes Poeninae, die offenkundig schon seit Claudius gemeinsam mit der Provinz Alpes Graiae verwaltet wurde.[22] Man wird mit einigem Recht davon ausgehen dürfen, dass die administrativen und infrastrukturellen Maßnahmen des Claudius in den Alpen allgemein wie auch in Bezug auf den Großen St. Bernhard als

16 Vgl. Drack – Fellmann 1988, 94–95 mit Abb. 53.
17 Vgl. aber Giorcelli Bersani 2019, 134, die diese Verbindung nach Lugdunum als gegeben ansieht.
18 InscrIt XI 1, 65, in den Katalogen bei Walser 1984, 93 und Wiblé 2008b, 98 als Nr. 11 geführt.
19 Vgl. Walser 1984, 40–41.
20 Vgl. Drack – Fellmann 1988, 438; Wiblé 2001, 48–49; Wiblé 2008c, 66; Segard 2009, 78–81, bes. 80.
21 Vgl. Segard 2009, 87; Framarin 2008, 37–39.
22 Vgl. Walser 1984, 20–22; Walser 1986, 20–21; Wesch-Klein 2008, 246–247.

Handelsroute überaus positive Effekte gehabt haben werden, auch wenn der Pass im Vergleich zu den anderen Routen ein eher schwieriger blieb.

Ein anderes wesentliches Indiz für die trotz der Ungunst der natürlichen Bedingungen hohen Bedeutung des Passes für den Handelsverkehr bildet der offensichtliche Reichtum einiger Familien im Wallis. Diese schafften es nach der Evidenz der epigraphischen Überlieferung, sowohl das notwendige Vermögen als auch das ebenso notwendige soziale Kapital zu akkumulieren, um den Senatorenstand zu erlangen, und dies trotz der ansonsten dort fehlenden Verdienstmöglichkeiten im Bereich der Landwirtschaft, wie bereits Gerold Walser eindringlich aufgezeigt hat.[23] Eben jener brachte dies in Verbindung mit dem weiten Netzwerk, das das *corpus Cisalpinorum et Transalpinorum* in Italien, Gallien, Germanien und Pannonien unterhielt.[24] Wiederum nach Ausweis der Inschriften lassen sich Verbindungen dieses Corpus auch zu anderen Berufsvereinigungen, die im Transportgeschäft des Handels über die Alpen involviert waren, beobachten, wofür die *nautae Comenses* vom Comer See ein beredtes Beispiel bilden.[25] Beide Vereinigungen mögen übrigens auf solche keltischen Passeure und Schiffer zurückgehen.[26]

Damit deutet sich für den Großen St. Bernhard ein Befund an, den man zu einer generellen Aussage über Wirtschaft und Handel in den Alpen ausweiten kann. So existiert ohne Zweifel die von Giorcelli Bersani so bezeichnete ‚economia del transito', will sagen, die Wirtschaft der Alpen in der römischen Antike lässt sich nur im Kontext ihrer Verflechtungen mit Norditalien und den Provinzen jenseits der Gebirgskette verstehen. Dies aber ist gleichzeitig eine allgemeinere Feststellung, ist doch die Wirtschaft in Gebirgen generell vor dem Hintergrund ihrer Austauschbeziehungen mit dem Flachland zu analysieren und zu interpretieren. Gerade diese Verflechtung bildet die Grundvoraussetzung für die Möglichkeit, durch Transportunternehmen sowie durch die Ausbeutung der natürlichen Ressourcen Vermögen zu generieren.[27] Genau Ersteres zeichnet sich aber im Falle des Warenverkehrs über den Großen St. Bernhard in der Kaiserzeit ab, nämlich die offensichtlich bestehende Möglichkeit, durch Transportdienstleistungen größere Vermögen anzusammeln, die das Erreichen des *ordo senatorius* für einzelne Familien des Wallis ermöglichte. Wenn man so will, führte also horizontale Mobilität zu vertikaler Mobilität. Gewiss ist die Einvernahme der Alpen in den römischen Reichsverband für die Einheimischen mit einer erheblichen Erfahrung von militärischer Gewalt verbunden gewesen,[28] worüber nicht zuletzt die Militaria Zeugnis ablegen, die im Zuge des Alpenfeldzugs in den archäologischen Befund gelangt sind.[29] Die Anbindung an die reichsweiten Austauschnetzwerke sowie die im Imperium Romanum zunehmende Marktmächtigkeit (‚market thickness'),[30] nicht zuletzt auch die insbesondere an der Peripherie des Reiches steigende Nachfrage nach Versor-

23 Vgl. Walser 1994, 73–76.
24 Vgl. Walser 1994, 77–80 sowie Chevallier 1983, 299 und Luraschi 1995, 68.
25 CIL V 5911.
26 Vgl. Walser 1994, 77 und Schmidts 2011, 38 und 44.
27 Vgl. Purcell 2017, 85–101.
28 Zur Gewaltanwendung durch das römische Militär in republikanischer Zeit vgl. Baker 2021.
29 Vgl. Martin-Kilcher 2011.
30 Vgl. dazu Ruffing 2021.

gungsgütern für das Militär und damit verbunden nach weiteren Konsumgütern für die römischen Militärgesellschaften führten offenkundig zur Nutzung von Handelsrouten, im Zuge derer hohe Transportkosten anfielen. Dies machte wiederum eine sozio-ökonomische Entwicklung möglich, die offensichtlich dort zu wirtschaftlichem Wachstum und zur Akkumulation größerer Vermögen führte bzw. führen konnte, wo die Standortfaktoren eigentlich eine bestenfalls auskömmliche Land- und Viehwirtschaft ermöglichten. Insofern ist die ‚economia del transito' ein Ergebnis der imperialen Ausdehnung der Römer, die nachhaltige Auswirkungen auf die Wirtschaft der Alpen zeitigte. Dies für den gesamten Alpenraum zu konturieren, muss freilich Aufgabe der künftigen Forschung bleiben.

Literaturverzeichnis

Arnaud, P., La Turbie, i popoli alpini dall'iscrizione dedicatoria, in: de Marinis, R. C. – Spadea, G. (Hg.), I Liguri. Un antico popolo europeo tra Alpi e Mediterraneo, Genua 2004, 537–539.

Baker, G., Spare No One. Mass Violence in Roman Warfare, Lanham 2021.

Binninger, S., Il monumento della Turbie, in: de Marinis, R. C. – Spadea, G. (Hg.), I Liguri. Un antico popolo europeo tra Alpi e Mediterraneo, Genua 2004, 539.

Casini, St. – Fossati, A., Aspetti della religiosità antica in relazione ai valichi alpini, Bulletin d'Études Préhistoriques et Archéologiques Alpines 27, 2016, 237–246.

Chevallier, R., La romanisation de la Celtique du Po. Essai d'histoire provincial (BEFAR 249), Rom 1983.

Deschler-Erb, E., Instrumentum e militaria du Grand Saint-Bernard, in: Vesan, E. M. (Hg,), Alpis Poenina. Grand Saint-Bernard. Une voie à travers Europe. Séminaire de Clôture, 11/12 avril 2008, Fort de Bard (Vallée d'Aoste), Aosta 2008, 257–309.

Deschler-Erb, E., Die römische Armee auf dem Grossen St. Bernhard/Summus Poeninus, in: Cabouret, B., et al. (Hg.), Visions de l'Occident romain. Hommages à Yann Le Bohec, Paris 2012, 455–477.

Drack, W. – Fellmann, R., Die Römer in der Schweiz, Stuttgart 1988.

Ehmig, U., Über alle Berge. Früheste mediterrane Warenlieferungen in den römischen Ostalpen-Raum, Römisches Österreich 34/35, 2011–2012, 13–35.

Formigé, J., Le Trophée des Alpes (La Turbie). Fouilles et monuments archéologiques en France métropolitaine (Gallia Suppl. 2), Paris 1949.

Framarin, P., La ripresa degli scavi e l'aggiornamento della topografia del sito Plan de Jupiter. I sondaggi tra 2000 e 2007, in: Vesan, E. M. (Hg.), Alpis Poenina. Grand Saint-Bernard. Une voie à travers Europe. Séminaire de Clôture, 11–12 avril 2008, Fort de Bard (Vallée d'Aoste), Aosta 2008, 33–39.

Geiser, A., Comparaison des faciès monétaires du sanctuaire du Grand-Saint-Bernard avec ceux de dépôts à offrandes découverts entre les Alpes Pennines et le Jura, in: Haselgrove, C., et al. (Hg.), Iron Age Coinage and Ritual Practices (Studien zu den Fundmünzen der Antike 20), Mainz 2005, 287–300.

Giorcelli Bersani, S., L'impero in quota. I Romani e le Alpi, Turin 2019.

Lamboglia, N., Le Trophée d'Auguste à La Turbie, o.O. 41976.
Luraschi, G., Via Regina: inquadramento storico, in: L'antica via Regina. Tra gli itinerari stradali e le vie d'Acqua del Comasco, Como 1995, 59–75.
Martin-Kilcher, St., Römer und *gentes Alpinae* im Konflikt – archäologische und historische Zeugnisse des 1. Jahrhunderts v. Chr., in: Moosbauer, G., et al. (Hg.), Fines imperii – imperium sine fine? Römische Okkupations- und Grenzpolitik im frühen Prinzipat (Osnabrücker Forschungen zu Altertum und Antike-Rezeption 14), Rahden/Westf. 2011, 27–62.
Purcell, N., Mountain Margins. Power, Resources and Environmental Inequality in Antiquity, in: Derron, P. (Hg.), Économie e inégalité. Ressources, échanges et pouvoir dans l'antiquité classique (Entretiens sur l'Antiquité Classique 63), Vandœuvres 2017, 75–105.
Ruffing, K., Augustus und die Salasser, in: Kasper, M., et al. (Hg.), Sterben in den Bergen. Realität – Inszenierung – Verarbeitung (Montafoner Gipfeltreffen 3), Wien 2018, 257–270.
Ruffing, K., Market Thickness and the Specialization of Crafts and Trades in the Roman Empire: The Evidence of the Greek Inscriptions and Papyri, MBAH 39, 2021, 51–67.
Ruffing, K., Von Comum nach Brigantium – ein Handelsweg durch die Alpen, in: Berkes, L., et al. (Hg.), Papyrologische und althistorische Studien zum 65. Geburtstag von Andrea Jördens, Wiesbaden 2023, 63–74.
Schmidts, Th., Akteure und Organisation der Handelsschifffahrt in den nordwestlichen Provinzen des Römischen Reiches (Monographien des Römisch-Germanischen Zentralmuseums 97), Mainz 2011.
Segard, M., Les Alpes occidentales romaines. Développement urbain et exploitation des ressources des régions de montagne (Gaule Narbonnaise, Italie, provinces alpines) (Bibliothèque d'Archéologie Méditerranéenne et Africaine 1), Aix-en-Provence 2009.
Walser, G., Summus Poeninus. Beiträge zur Geschichte des Großen St. Bernhard-Passes in römischer Zeit (Historia Einzelschriften 46), Wiesbaden 1984.
Walser, G., Via per Alpes Graias. Beiträge zur Geschichte des Kleinen St. Bernhard-Passes in Römischer Zeit (Historia Einzelschriften 48), Stuttgart 1986.
Walser, G., Corpus mercatorum cisalpinorum et transpalpinorum, in: ders. (Hg.), Studien zur Alpengeschichte in antiker Zeit, Stuttgart 1994, 73–80.
Wesch-Klein, G., Provincia. Okkupation und Verwaltung der Provinzen im Imperium Romanum von der Inbesitznahme Siziliens bis auf Diokletian (Antike Kultur und Geschichte 10), Münster 2008.
Wiblé, F., Dieux et sanctuaires du Valais romain, in: Giorcelli Bersani, S. (Hg.), Gli antichi e la montagna. Ecologia, religione, economia e politica del territoria. Atti del conveg-no – Aosta, 21–23 settembre 1999, Turin 2001, 45–64.
Wiblé, F., Le Col du Grand Saint-Bernard à l'époque romaine d'après les sources écrites, in: Vesan, E. M. (Hg.), Alpis Poenina. Grand Saint-Bernard. Une voie à travers Europe. Séminaire de Clôture, 11/12 avril 2008, Fort de Bard (Vallée d'Aoste), Aosta 2008a, 23–30.
Wiblé, F., Les tablettes votives, in: Vesan, E. M. (Hg.), Alpis Poenina. Grand Saint-Bernard. Une voie à travers Europe. Séminaire de Clôture, 11–12 avril 2008, Fort de Bard (Vallée d'Aoste), Aosta 2008b, 93–107.
Wiblé, F., Martigny-la-Romaine, Martigny 2008c.

Quellenverzeichnis

Literarische Quellen

Rechtstexte

Inschriften

Papyri und Ostraka

Tablets

Münzen

Philippika. Altertumswissenschaftliche Abhandlungen / Contributions to the Study of Ancient World Cultures

Herausgegeben von / Edited by Joachim Hengstl, Elizabeth Irwin, Andrea Jördens, Torsten Mattern, Robert Rollinger, Kai Ruffing und Orell Witthuhn

169: Krzysztof Nawotka

The Nourisher of Apollo

Miletos from Xerxes to Diocletian

2023. X, 294 pages, 1 graph, 2 maps, 1 table, pb
170x240 mm
ISBN 978-3-447-12021-0
€ 68,– (D)
DOI: 10.13173/9783447120210

This is the first modern monograph of Miletos from the Classical Age until the Late Empire, concerned with history rather than with archaeology. Hence it is based primarily on plentiful epigraphic sources enriched by reference to Milesian coins and archaeological evidence. It pays much attention to the internal development of Miletos, from urban evolution to transformations of its government, ranging from oligarchy of Persian times, to Hellenistic democracy, to the regime of notables in the Imperial age. Much attention is devoted to the position of Miletos in the world dominated by major powers – Hellenistic monarchies, late Roman republic and Empire. The book shows that Miletos largely owed its quasi-independent position, markedly exceeding its real economic or military strength, to skillful exploitation of the prestige of the great temple and Oracle of Apollo in Didyma, enormously influential with many kings and emperors. Apart from the diachronic narrative of history of Miletos the book contains chapters on economy and population of Miletos, the professed identity of its elite and on role of Didyma and its games within the polis who named itself "the nourisher of Apollo".

170: Agnieszka Wojciechowska

Metropoleis in Hellenistic and Roman Egypt to Septimius Severus

2023. Ca. 192 pages, pb
170x240 mm
ISBN 978-3-447-12022-7
E-Book: ISBN 978-3-447-39409-3
each ca. € 49,– (D)
In Preparation

This is the first monograph of metropoleis in Egypt from the Hellenistic age until high Empire. Metropoleis were capital units of nomes or the basic administrative units of ancient Egypt. Their later history, from the moment emperor Septimius Severus raised their status to that of a polis (city), has elicited substantial interest of modern scholarship.

Agnieszka Wojciechowska goes beyond the chronological constraints of earlier scholarship, aiming at researching the evolution of metropoleis before they became cities by imperial fiat. She begins with the notion of nome capitals in pharaonic Egypt, to continue through the Ptolemaic age when metropoleis were first named in sources. It is argued that the major turning point in history of metropoleis was the reign of Augustus when the administrative duties in Egypt, once performed by temple staff, were reassigned to metropoleis and their officials. Much attention is devoted to urbanization of metropleis, the process which occurred at much different speed through some but not all nome capitals. In this way, this book measures urbanization both through proliferation of urban features (baths, gymnasia, theatres, administrative buildings), and through the direct attestation of some metropoleis as cities in written documents.

Philippika. Altertumswissenschaftliche Abhandlungen / Contributions to the Study of Ancient World Cultures

Herausgegeben von / Edited by Joachim Hengstl, Elizabeth Irwin, Andrea Jördens, Torsten Mattern, Robert Rollinger, Kai Ruffing und Orell Witthuhn

---

172: Andreas Gerstacker, Stefanie Holder, Michael Zerjadtke (Hg.)

Discere et militare

Studien zu Antike, Militär und Universität
Festschrift für Burkhard Meißner
zum 60. Geburtstag

2023. X, 364 Seiten, 4 Abb., gb
170x240 mm
ISBN 978-3-447-12048-7
⊙E-Book: ISBN 978-3-447-39437-6
je € 98,– (D)

Mit dieser Festschrift soll der Althistoriker und Strategiewissenschaftler Burkhard Meißner gewürdigt werden. Die inhaltliche Breite der 13 darin enthaltenen akademischen Beiträge spiegelt die Vielfalt der wissenschaftlichen Hintergründe der Autorinnen und Autoren und die Weite der Interessen des Jubilars als Forscher wider. Etwa die Hälfte der Artikel ist antiken Themen gewidmet, vor allem Fragen zur Historiographie, sowie zur Politik-, Konflikt- und Militärgeschichte. Die Beiträge beschäftigen sich mit Herodots Sicht auf Migrationsoptionen, mit politischen Aktivitäten der „Platonisten" im vierten Jahrhundert und mit den Attaliden von Pergamon und ihrer Beziehung zu den Athenischen Philosophieschulen. Es folgen Aufsätze zu König Pharasmanes I. als Bumberazi bei Tacitus, der Truppe als Ersatzfamilie am Beispiel des Claudius Terentianus, einer Betrachtung von Lukians Anacharsis sowie von antiken Wasserwesen. In vier transepochalen Betrachtungen werden die Nutzung antiker Quellen im althistorischen Proseminar, die Anfänge der Universitäten in Europa und die Antikenrezeption in Stefan Georges Dichtung thematisiert sowie antike und moderne Counterinsurgency miteinander verglichen. Zwei neuzeitliche Beiträge behandeln die Möglichkeit des Lernens aus der Geschichte und werfen einen Blick auf die britische Beschäftigung mit Krieg und Strategie.

173: Lucrețiu Mihailescu-Bîrliba, Ioan Piso (Eds.)

Romans and Natives in the Danubian Provinces (1st–6th C. AD)

2023. Ca. 618 pages, hc
170x240 mm
ISBN 978-3-447-12096-8
⊙E-Book: ISBN 978-3-447-39440-6
each ca. € 120,– (D)
In Preparation

This volume presents the proceedings of the 5th International Conference on the Roman Danubian Provinces, held at the University "Alexandru Ioan Cuza" in Ia i (Romania) from 5 to 9 November 2019. They mainly deal with the interaction between the local population and the Roman authorities in the Danubian provinces. The approaches come from different fields: Epigraphy, Archaeology, Papyrology, Linguistics, Literary Criticism. New epigraphic and papyrological sources are published and new archaeological finds are presented.

The conference was organised in memory of Angela Donato, who, as a permanent staff member and former secretary of the Association Internationale d'Épigraphie Grecque et Latine (AIEGL), had substantially been involved in the organisation of the scientific events. The proceedings are dedicated to her and two other great scholars who had devoted most of their work to the Danubian provinces: Tadeusz Sarnowski and Octavian Bounegru.

VERLAG PUBLISHERS
HARRASSOWITZ